中华人民共和国行业标准

Gonglu Gongcheng Biaozhun Guifan Huibian Quanshu

公路工程标准规范汇编全书

桥隧施工卷

本社汇编

人民交通出版社

内 容 提 要

《公路工程标准规范汇编全书》分九卷对现行公路工程类行业标准、规范、规程进行了汇编，并对上述图书出版过程中的疏漏予以校正。本书为《公路工程标准规范汇编全书》之桥隧施工卷，汇编了《公路桥涵施工技术规范》(JTJ 041—2000)、《公路隧道施工技术规范》(JTJ 042—94)、《公路工程基桩动测技术规程》(JTG/T F81- 01—2004)、《公路工程施工安全技术规程》(JTJ 076—95)、《公路工程施工监理规范》(JTG G10—2006)、《公路工程质量检验评定标准(第一册 土建工程)》(JTG F80/1—2004)6 部现行公路工程行业标准，以便于相关公路工程技术人员使用。

图书在版编目（CIP）数据

公路工程标准规范汇编全书．桥隧施工卷/人民交通出版社汇编．—北京：人民交通出版社，2007.12
ISBN 978-7-114-06708-2

Ⅰ.公... Ⅱ.人... Ⅲ.①道路工程-标准-汇编-中国②桥梁工程-工程施工-标准-汇编-中国③隧道工程-工程施工-标准-汇编-中国 Ⅳ.U41-65

中国版本图书馆 CIP 数据核字 (2007) 第 112201 号

书　　名：公路工程标准规范汇编全书·桥隧施工卷
著 作 者：本社
责任编辑：刘 涛 李 农
出版发行：人民交通出版社
地　　址：(100011)北京市朝阳区安定门外外馆斜街 3 号
网　　址：http://www.ccpress.com.cn
销售电话：(010)85285838，85285995
总 经 销：北京中交盛世书刊有限公司
经　　销：各地新华书店
印　　刷：北京鑫正大印刷有限公司
开　　本：880 × 1230　1/16
印　　张：52.25
字　　数：1643 千
版　　次：2007 年 12 月第 1 版
印　　次：2007 年 12 月第 1 次印刷
书　　号：ISBN 978-7-114-06708-2
印　　数：0001 – 2000 册
定　　价：166.00 元
(如有印刷、装订质量问题的图书由本社负责调换)

目　录

JTJ

中华人民共和国行业标准 JTJ 041—2000

1

公路桥涵施工技术规范

Technical Specifications for Construction
of Highway Bridges and Culverts

2000-08-24 发布 2000-11-01 实施

中华人民共和国交通部发布

中华人民共和国交通部文

交公路发[2000]434号

关于发布《公路桥涵施工技术规范》(JTJ 041—2000)的通知

各省、自治区直辖市交通厅(局、委),北京市公路局,上海市市政工程管理局,天津市公路局,各有关公路设计、施工、科研、监督单位及院校:

现批准发布《公路桥涵施工技术规范》(编号JTJ 041—2000),作为行业标准,自2000年11月1日起施行。1989年发布的《公路桥涵施工技术规范》(编号JTJ 041—89)同时废止。

该规范由路桥集团第一公路工程局主编并负责解释,由人民交通出版社出版。希各单位在实践中注意积累资料,总结经验,及时将发现的问题和修改意见函告路桥集团第一公路工程局,以便修订时参考。

中华人民共和国交通部

2000年8月24日

前　言

根据交通部交公路发[1997]1085号文及交通部公路司公技字[1997]028号文等文件关于修订《公路桥涵施工技术规范》的要求，经过三年多的时间，本规范及相应的条文说明已完成修订工作。

鉴于本次修订内容较多，交通部公路司为此成立了编写领导小组，由下列人员组成。组长：沈天勇；组员：陈明宪、郑玉书、黄建跃、张政先。编写领导小组对本规范的修订承担了组织、协调工作。

修订后的本规范，较好地反映了近年来我国公路桥梁建设的施工技术，在许多规定上与国家及行业相应的最新标准衔接，具有先进性。本次修订后，规范内容基本涵盖了我国公路桥梁施工的各种技术、工艺及主要环节的施工要求，对提高我国的桥梁施工技术，规范施工方法，保证施工质量，将起到行业技术指导作用。

本次修订的主要内容为：取消了原规范的第6章管柱基础、第17章木桥；将原规范的第14章装配式混凝土、钢筋混凝土和预应力混凝土的安装调整为第15章钢筋混凝土和预应力混凝土梁式桥；原第16章吊桥和斜张桥调整为第18章悬索桥及第19章斜拉桥，原第19章桥涵顶入及第20章通道桥涵的排水及防水合并为第22章通道桥涵；新增加了第8章地下连续墙、第16章拱桥及第21章桥面及附属工程。同时各章均补充了较多的内容。

请各有关单位将执行本规范中所发现的问题和意见函告路桥集团第一公路工程局（地址：北京市朝阳区管庄，邮政编码：100024），以便下次修订时参考。

主 编 单 位：路桥集团第一公路工程局
参 编 单 位：湖南省公路桥梁建设总公司
广东省长大公路工程有限公司
四川路桥建设集团有限公司
主要起草人：刘吉士　阎洪河　田克平　吴同鳌　黄厚璋
林荣有　李文琪　范文理　丁泽远　何朝富

目　次

1 总则

1.0.1 为适应我国公路桥涵建设的需要,确保公路桥涵的施工质量,特制定本规范。

1.0.2 本规范适用于公路桥涵新建、改建工程的施工,公路桥涵大、中修工程可参照执行。

1.0.3 桥涵施工必须按照国家有关的基本建设程序进行。施工单位的工程质量负责人对工程应进行自检,在工程完成后应配合监理工程师检查验收。

1.0.4 桥涵施工必须做好施工前的准备工作和施工中的技术交底、施工组织、施工管理工作,应严格执行本规范及有关技术操作规程的规定。

1.0.5 桥涵施工应积极推广使用成熟的并经主管部门批准的新技术、新工艺、新材料、新设备,以加速实现公路桥涵施工现代化。

1.0.6 桥涵施工应节约用地,少占农田,并按照国家相关规定采取相关措施降低或减少环境污染,保护环境。

1.0.7 桥涵工程竣工后,应对临时工程、临时辅助设施、临时用地和弃土等及时进行处理,做到工完场清。

1.0.8 桥涵工程必须文明施工,安全生产,严格遵守安全操作规程,加强安全生产教育,建立和健全安全生产管理制度。

1.0.9 公路桥涵施工,除执行本规范外,尚应符合国家及行业现行的有关强制性标准的规定。

2 术语

2.0.1 控制测量 control survey

为建立测量控制网而进行的测量工作。包括平面控制测量、高程控制测量和三维控制测量。

2.0.2 公路GPS控制测量 GPS control survey of highway

利用全球定位系统(GPS)测量公路各控制点坐标的测量。

2.0.3 跨河水准测量 river-crossing leveling

视线长度超过规定,跨越江河(或湖塘、宽沟、洼地、山谷等)的水准测量。

2.0.4 施工测量 construction survey

工程开工前及施工中,根据设计图在现场恢复道路中线、定出构造物位置等测量放样的作业。

2.0.5 竣工测量 final survey

工程竣工后,为编制竣工文件,对实际完成的各项工程进行的一次全面测量的作业。

2.0.6 围堰 coffer dam

用于水下施工的临时性挡水设施。

2.0.7 锚锭 anchor

将系于水中船只或双壁钢围堰的缆索固定的临时构造物。

2.0.8 围幕法排水 ring curtain wall de-watering

用以隔断水源,减少渗流水量,防止流沙、突涌、管涌、潜蚀等,在基坑边线外设置的一圈隔水幕。

2.0.9 地基 subsoil

直接承受构造物荷载影响的地层。

2.0.10 加固地基 consolidated subsoil

用换土、夯实、有机或无机结合料稳定等方法加固处理的地基。

2.0.11 天然地基 natural subsoil

未经加固处理或扰动的地基。

2.0.12 沉入桩 penetrated pile

钢、木、钢筋混凝土等材料制作的柱状构件,经锤击、振动、射水、静压等方式沉入或埋入地基而成的桩。

2.0.13 贯入度 penetration

锤击沉入桩时,根据锤的种类取每锤或每分钟桩的贯入量,以mm/击、mm/min计。

2.0.14 灌注桩 cast-in-place concrete pile

在地基中以人工或机械成孔,在孔中灌注混凝土而成的桩。

2.0.15 大直径桩 large diameter pile

本规范把直径大于等于2.5m的钻孔灌注桩界定为大直径桩。

2.0.16 PHP泥浆 PHP mud

丙烯酰胺泥浆即PHP泥浆,以膨润土、碳酸钠、聚丙烯酰胺的水解物和锯木屑、稻草、水泥或有机纤维复合物按一定比例配制的不分散、低固相、高黏度泥浆。

2.0.17 摩擦桩 friction pile

主要靠桩表面与地基之间的摩擦力支承荷载的桩。

2.0.18 支承桩 bearing pile

主要靠桩的下端反力支承荷载的桩。

2.0.19 沉井基础 open caisson foundation

上下敞口带刃脚的空心井筒状结构物,下沉水中到设计标高处,以井筒作为结构外壳而建筑成的基础。

2.0.20 地下连续墙 underground continuous wall

用专用的挖槽(孔)设备,沿着深基础或地下构筑物周边,采用泥浆护壁,开挖出具有一定宽度(或直径)与深度的沟槽(或孔),在槽(或孔)内设置钢筋笼,采用导管法浇筑混凝土,筑成一个单元墙(或桩柱)段,依次施工,以某种接头方式连接成一道连续的地下钢筋混凝土墙,作为基坑开挖时防渗、挡土、邻近建筑物基础的支护以及直接成为承受垂直荷载的基础结构物的一部分。这种地下墙体即是现浇钢筋混凝土地下连续墙。

2.0.21 导墙 guide wall

用于地下连续墙施工导向、蓄积泥浆并维持表面高度,支承挖墙机械设备,维护槽顶表土层的稳定和阻止地面水流入沟槽的板形、匚形、倒L形构造物。

2.0.22 钢筋闪光对焊 flash butt welding of reinforcing steel bar

将两根钢筋安放成对接形式,利用电阻热使接触点金属熔化,产生强烈飞溅,形成闪光,迅速加顶锻力完成的一种压焊方法。

2.0.23 钢筋电渣压力焊 electroslag pressure welding of reinforcing steel bar

将钢筋安放成竖向对接形式,利用焊接电流通过两钢筋端面间隙,在焊剂层下形成电弧过程和电渣过程,产生电弧热和电阻热,熔化钢筋,加压完成的一种压焊方式。

2.0.24 预埋件钢筋埋弧压力焊 submerged-arc pressure welding of reinforcing steel bar at embeded components

将钢筋与钢板安放成T形接头形式,利用焊接电流通过,在焊剂层下产生电弧,形成熔池,加压完成的一种压焊方法。

2.0.25 钢筋机械连接 rebar mechanical splicing

通过连接件的机械咬合作用或钢筋端面的承压作用,将一根钢筋中的力传递至另一根钢筋的连接方法。

2.0.26 挤压套筒接头 compressed sleeve coupler

通过挤压力使连接用钢套塑性变形与带肋钢筋紧密咬合形成的接头。

2.0.27 锥螺纹套筒接头 coupler of taper threaded sleeve

通过钢筋端头特制的锥形螺纹和锥纹套管咬合形成的接头。

2.0.28 直螺纹套筒接头 coupler of linear screw thread sleeve

通过钢筋端头特制的直螺纹和直螺纹套管咬合形成的接头。

2.0.29 焊接网 welded fabric

具有相同或不同直径的纵向和横向钢筋分别以一定距离垂直排列,全部交叉点均用电阻点焊在一起的钢筋网片。

2.0.30 水泥强度 cement strength

水泥强度用强度等级表示,水泥强度等级按规定龄期的抗压强度和抗折强度来划分,单位为MPa,水泥的强度等级依次为32.5,32.5R,42.5,42.5R,52.5,52.5R,62.5,62.5R。

2.0.31 混凝土耐久性 durability of concrete

在正常设计、施工、使用和维护条件下,混凝土在设计使用期内具有抗冻、防止钢筋腐蚀和抗渗的能力。

2.0.32 大体积混凝土 major volume concrete

现场浇筑的最小边尺寸为1~3m且必须采取措施以避免水化热引起的温差超过25℃的混凝土称为大体积混凝土。

2.0.33 先张法 pretensioning method

先在台座上张拉预应力钢材,然后浇筑水泥混凝土以形成预应力混凝土构件的施工方法。

2.0.34 后张法 post-tensioning method

先浇筑水泥混凝土,待达到规定的强度后再张拉预应力筋以形成预应力混凝土构件的施工方法。

2.0.35 片石 rubble

符合工程要求的岩石，经开采选择所得的形状不规则的、边长一般不小于15cm的石块。

2.0.36 块石 block stone

符合工程要求的岩石，经开采并加工而成的形状大致方正的石块。

2.0.37 料石 dressed stone

按规定要求经凿琢加工而成的形状规则的石块。

2.0.38 结构物的表面系数 surface factor of structure

是指结构物冷却面积(m^2)与结构体积(m^3)的比值。

2.0.39 移动支架逐跨施工法 span by span method (stepping formwork)

采用可在桥墩上纵向移动的支架及模板，在其上逐跨拼装水泥混凝土梁体预制件或现浇梁体水泥混凝土，并逐跨施加预应力的施工方法。

2.0.40 悬臂浇筑法 cast-in-place cantilever method

在桥墩两侧设置工作平台，平衡地逐段向跨中悬臂浇筑水泥混凝土梁体，并逐段施加预应力的施工方法。

2.0.41 挂篮 movable suspended scaffolding

用悬臂浇筑法浇筑斜拉、T构、连续梁等水泥混凝土梁时，用于承受施工荷载及梁体自重，能逐段向前移动经特殊设计的主要工艺设备。主要组成部分有承重系统、提升系统、锚固系统、行走系统、模板与支架系统。

2.0.42 伸缩缝 expansion joint

为减轻材料膨胀对建筑物的影响而在建筑物中预先设置的间隙。

2.0.43 沉降缝 settlement joint

为减轻地基不均匀变形对建筑物的影响而在建筑物中预先设置的间隙。

2.0.44 施工缝 construction joint

当混凝土施工时，由于技术上或施工组织上的原因，不能一次连续灌注时，而在结构的规定位置留置的搭接面或后浇间隔槽。

2.0.45 悬臂拼装法 erection by protrusion

在桥墩两侧设置吊架，平衡地逐段向跨中悬臂拼装水泥混凝土梁体预制块件，并逐段施加预应力的施工方法。

2.0.46 托架 corbel

墩顶梁段及附近梁段施工，浇筑悬浇部分时利用墩身预埋件与型钢或万能杆件拼制联结而成的支架。

2.0.47 膺架 falsework

悬臂浇筑施工墩顶梁段及附近梁段，根据墩身高度、承台型式和地形情况用分别支承在墩身、承台上的型钢或万能杆件拼制的支架。

2.0.48 箱梁基准块 datum segment of box girder

是悬臂拼装施工过程中作为控制桥轴线和高程标准的首块梁块，预制时在该梁块顶面埋置轴线和高程控制标志，预制尺寸精度要求高，悬拼时安放在墩侧。

2.0.49 胶接缝 glued joint with epoxy resin

预应力混凝土梁体分块预制，悬臂拼装成大跨度连续梁，梁体间采用环氧胶黏剂使相邻的两梁块黏合为一体的接缝。

2.0.50 湿接缝 wet joint

预应力混凝土梁体分块预制，悬臂拼装成大跨度连续梁，梁体间采用现浇混凝土把梁块连成整体的接缝。

2.0.51 顶推法 incremental launching method

梁体在桥头逐段浇筑或拼装，在梁前端安装导梁，用千斤顶纵向顶推，使梁体通过各墩顶的临时滑动支座就位的施工方法。

2.0.52 滑板 sliding plate(PTFE)

在顶推施工的顶进过程中,在主梁与墩、台上的滑道或导向装置之间随顶进而填加进滑道内的临时块件,由钢板夹橡胶等粘贴聚四氟乙烯板组成。

2.0.53 预拱度 camber

为抵消梁、拱、桁架等结构在荷载作用下产生的位移(挠度),而在施工或制造时所预留的与位移方向相反的校正量。

2.0.54 施工荷载 construction load

施工阶段为验算桥梁结构或构件安全度所考虑的临时荷载,如结构重力、施工设备、人群、风力、拱桥单向推力等。

2.0.55 分环(层)分段浇筑法 concreting layer by layer and segment by segment

在拱架上浇筑大跨径拱圈(拱肋)时,为减轻拱架负荷,沿拱圈纵向分成若干条幅或上下分层浇筑。分为条幅时中间条幅先行浇筑合龙,再横向对称、分次浇筑其他条幅,其浇筑顺序应通过计算确定。

2.0.56 分环多工作面均衡浇筑法 balanced concreting layer by layer with multi-workpoint

浇筑大跨径劲性骨架混凝土拱圈(拱肋)时,为使劲性骨架变形均匀并有效地控制拱圈内力和变形,将拱圈沿纵向分为多个工作面,每个工作面沿横向又分成多个工作段,各工作面对称、均衡浇筑。

2.0.57 斜拉扣挂分环连接浇筑 concreting under control of stress adjustment with a cable-stayed system

浇筑劲性骨架混凝土拱圈(拱肋)时,在拱圈(拱肋)适当位置选取扣点,用钢绞线作为扣索(斜拉索)联结于两岸设置的临时塔架,在混凝土浇筑过程中,根据各断面的应力情况对扣索进行张拉或放松,以实现从拱脚到拱顶连续浇筑混凝土。

2.0.58 风缆系统 cable-stayed stability system

为实现拱肋无支架吊装,确保拱肋横向稳定而进行专门设计的包括风缆及其附属设施的固定拱肋的临时装置。

2.0.59 缆索吊装法 erection with cableway

利用支承在索塔上缆索运输和安装桥梁构件的施工方法。

2.0.60 转体架桥法 construction by swing

利用河岸地形预制两个半孔桥跨结构,在岸墩或桥台上旋转就位跨中合龙的施工方法。

2.0.61 零件 part

组成部件或构件的最小单元,如节点板、翼缘板等。

2.0.62 部件 component

由若干零件组成的单元,如焊接H形钢、牛腿等。

2.0.63 构件 element

由零件或零件和部件组成的钢结构基本单元,如梁、柱、支撑等。

2.0.64 高强度螺栓连接副 a set of high strength bolt

高强度螺栓和与之配套的螺母、垫圈的总称。

2.0.65 抗滑移系数 slip factor

高强度螺栓连接中,使连接件摩擦面产生滑动时的外力与垂直于摩擦面的高强度螺母预拉力之和的比值。

2.0.66 超声波探伤 supersonic sounding

利用超声波对结构或钢材焊接进行质量检验的方法。

2.0.67 射线探伤 γ or X-ray inspecting

利用X、γ射线对结构或钢材焊接进行质量检验的方法。

2.0.68 预拼装 test assembling

为检验构件是否满足安装质量要求而进行的拼装。

2.0.69 环境温度 ambient temperature

制作或安装时现场的温度。

2.0.70 锚碇 anchor

一般指主缆索的锚固系统。包括锚块、鞍部及其他附属构造的锚体和基础的总称。

2.0.71 索塔 cable bent tower

悬索桥或斜拉桥支承主索的塔形构造物。

2.0.72 施工猫道 catwalk for construction

因悬索桥索股架设、紧缆、索夹安装、吊索架设、加劲梁架设、缠丝等的施工需要而架设的施工便道。

2.0.73 索鞍 cable saddle

在悬索桥索塔顶部设置的鞍状支承装置。

2.0.74 索夹 cable clamp

将悬索桥吊索与主缆联结的夹箍式构件。

2.0.75 吊索 suspender

将悬索桥主缆与主梁相联系的受拉构件。将主梁承受的恒荷载及活荷载传递给主缆。

2.0.76 加劲钢箱梁 stiffened steel box girder

支承桥面,与桥面结合成一体并将恒荷载及活荷载通过吊、拉索传递给索塔或通过梁底支座传递给墩台的钢制箱形构件。

2.0.77 拉索 main cable

承受拉力并作为主梁主要支承的结构构件。

2.0.78 初拉力 initial tension

安装拉索时,给拉索施加的张拉力。

2.0.79 拉索调整力 adjustment of cable tension

为改善主梁及索塔的截面内力及变形而调整拉索的拉力。

2.0.80 模数式伸缩装置 module expansion equipment(joint)

伸缩体由异形钢梁与单元橡胶密封带组合而成的伸缩装置。它适用于伸缩量为 80 ~ 1 200mm 的公路桥梁工程。

2.0.81 弹塑体材料填充式伸缩装置 expansion equipment(joint)filled with elastic materials

伸缩体由高黏弹塑性材料和碎石结合而成,填充于伸缩缝内,称为填充式弹塑体材料伸缩装置,它适用于伸缩量小于 50mm 的中、小跨径公路桥梁工程。

2.0.82 复合改性沥青填充式伸缩装置 expansion equipment (joint) filled with compound modified asphalt

伸缩体由复合改性沥青及碎石混合而成,填充于伸缩缝内,称为复合改性沥青填充式伸缩装置,它适用于伸缩量小于 50mm 的中、小跨径公路桥梁工程。

2.0.83 顶进法 jack-in method

利用顶进设备将预制的箱形或圆管形构造物逐渐顶入路基,以构成立体交叉通道或涵洞的施工方法。

2.0.84 桥涵顶进后背 temporary reaction support

在桥涵顶进施工中,承受千斤顶反力的临时结构物。

3 施工准备和施工测量

3.1 施工准备

3.1.1 应根据招、投标文件,施工合同,设计文件及有关规范编报施工组织设计。

3.1.2 应做好施工现场准备,修建施工临时设施,安装调试施工机具及标定试验机具,进行施工测量及复核测量资料,做好材料的储存和堆放,做好开工前的试验检测工作。

3.1.3 施工组织设计宜包括以下内容:编制说明,施工组织机构,施工平面布置图,施工方法,施工详图,资源计划,总进度计划和进度图,质量管理,安全生产,环境保护。

3.1.4 施工单位必须建立健全质量保证体系。主要内容为:质量方针、质量目标、质量保证机构、质量保证程序、质量保证措施。

3.2 施工测量

3.2.1 施工测量的内容和要求

1 根据桥梁的形式、跨径及设计要求的施工精度,确定利用原设计网点加密或重新布设控制网点。

2 补充施工需要的水准点,桥涵轴线、墩台控制桩。

3 桥涵放样测量及要求

1)当有良好的丈量条件时可采用直接丈量法进行墩台施工定位。直接丈量,应对尺长、温度、拉力、垂度和倾斜度进行改正计算(改正计算公式见附录A)。

2)大、中桥的水中墩、台和基础的位置,宜用校验过的电磁波测距仪测量。桥墩中心线在桥轴线方向上的位置中误差不应大于±15mm。

3)曲线上的桥梁施工测量,应按照设计文件参照公路曲线测定方法处理。

4)涵洞测量放样时,应注意核对涵洞纵横轴线的地形剖面图是否与设计图相符,应注意涵洞长度、涵底标高的正确性。对斜交涵洞、曲线上和陡坡上的涵洞,应考虑交角、加宽、超高和纵坡对涵洞具体位置、尺寸的影响,并注意锥坡、翼墙、一字墙和涵洞墙身顶部和上下游调治构造物的位置、方向、长度、高度、坡度,使之符合技术要求。

4 桥梁施工过程中的测量和竣工测量

1)施工过程中,应测定并经常检查桥涵结构浇砌和安装部分的位置和标高,并作出测量记录和结论,如超过允许偏差时,应分析原因,并予以补救和改正。各结构部分的允许偏差见有关各章节。

桥轴线超过1 000m的特大桥梁和结构复杂的桥梁施工过程,应进行主要墩、台(或塔、锚)的沉降变形监测,桥梁控制网应每年复测一次,以确保施工安全和质量。

2)桥梁竣工后应进行竣工测量,测量项目如下:

(1)测定桥梁中线,丈量跨径;

(2)丈量墩、台(或塔、锚)各部尺寸;

(3)检查桥面高程。

5 为防止差错,施工测量必须由两个人相互检查校对并作出测量和检查核对记录。

3.2.2 平面、水准控制测量及质量要求

1 平面控制网可采用三角测量和GPS测量。三角测量和GPS测量等级的确定应符合表3.2.2-1、表3.2.2-7的规定。

2　平面控制网三角测量。三角网的基线不应少于 2 条,依据当地条件,可设于河流的一岸或两岸。基线一端应与桥轴线连接,并尽量近于垂直。当桥轴线较长时,应尽可能两岸均设基线,长度一般不小于桥轴线长度的 0.7 倍,困难地段不得小于 0.5 倍。设计单位布设的基线桩精度够用时应予以利用。三角网所有角度宜布设在 30°～120°之间,困难情况下不应小于 25°。

表 3.2.2-1　平面控制测量等级

等　　级	桥位控制测量	等　　级	桥位控制测量
二等三角	>5 000m 的特大桥	一级小三角	500～1 000m 的特大桥
三等三角	2 000～5 000m 的特大桥	二级小三角	<500m 的大、中桥
四等三角	1 000～2 000m 的特大桥		

1)三角测量的技术要求应符合表 3.2.2-2 至表 3.2.2-5 的规定。

表 3.2.2-2　三角测量的技术要求

等　　级	平均边长(km)	测角中误差(″)	起始边边长相对中误差	最弱边边长相对中误差	测回数			三角形最大闭合差(″)
					DJ_1	DJ_2	DJ_6	
二等	3.0	±1.0	≤1/250 000	≤1/120 000	12	—	—	±3.5
三等	2.0	±1.8	≤1/150 000	≤1/70 000	6	9	—	±7.0
四等	1.0	±2.5	≤1/100 000	≤1/40 000	4	6	—	±9.0
一级小三角	0.5	±5.0	≤1/40 000	≤1/20 000	—	3	4	±15.0
二级小三角	0.3	±10.0	≤1/20 000	≤1/10 000	—	1	3	±30.0

表 3.2.2-3　水平角方向观测法的技术要求

等　　级	仪器型号	光学测微器两次重合读数之差(″)	半测回归零差(″)	一测回中 2 倍照准差较差(″)	同一方向值各测回较差(″)
四等及以　上	DJ_1	1	6	9	6
	DJ_2	3	8	13	9
一级及以　下	DJ_2	—	12	18	12
	DJ_6	—	18	—	24

注:当观测方向的垂直角超过±3°的范围时,该方向一测回中 2 倍照准差较差,可按同一观察时段内相邻测回同方向进行比较。

表 3.2.2-4　测距的主要技术要求

平面控制网等级	测距仪精度等级	观测次数		总测回数	一测回读数较差(mm)	单程各测回较差(mm)	往返较差
		往	返				
二、三等	I	1	1	6	≤5	≤7	$\leq\sqrt{2}(a+b\cdot D)$
	II			8	≤10	≤15	
四等	I	1	1	4～6	≤5	≤7	
	II			4～8	≤10	≤15	
一级	II	1	—	2	≤10	≤15	
	III			4	≤20	≤30	
二级	II	1	—	1～2	≤10	≤15	
	III			2	≤20	≤30	

注:①测回是指照准目标 1 次,读数 2～4 次的过程;

②根据具体情况,测边可采取不同时间段观测代替往返观测;

③a——标称精度中的固定误差(mm);

b——标称精度中的比例误差系数(mm/km);

D——测距长度(km)。

表 3.2.2-5 测量精度等级

测距仪精度等级	每公里测距中误差 m_D(mm)	
Ⅰ级	$m_D \leqslant 5$	$m_D = \pm(a + b \cdot D)$
Ⅱ级	$5 < m_D \leqslant 10$	
Ⅲ级	$10 < m_D \leqslant 20$	

注:表中符号意义同前。

2)三角网平差一般按角度以条件观测平差为主。平差计算结束后,验算精度应符合表3.2.2-2的规定。

(1)三角网测角中误差按式(3.2.2-1)计算:

$$m_{\beta} = \sqrt{\frac{(WW)}{3n}} \tag{3.2.2-1}$$

式中:m_{β}——测角中误差(″);

W——三角形闭合差(″);

n——三角形的个数。

(2)测边单位权中误差按式(3.2.2-2)计算:

$$\mu = \sqrt{\frac{(Pdd)}{2n}} \tag{3.2.2-2}$$

式中:μ——测边单位权中误差;

d——各边往、返距离的较差(mm),应不超过按仪器标称精度的极限值(2倍);

n——测距的边数;

P——各边距离测量的先验权,其值为 $1/\delta_D^2$,δ_D 为测距的先验中误差,可按测距仪的标称精度计算。

(3)任一边的实际测距中误差按式(3.2.2-3)计算:

$$m_{Di} = \mu\sqrt{\frac{1}{P_i}} \tag{3.2.2-3}$$

式中:m_{Di}——第 i 边的实际测距中误差(mm);

P_i——第 i 边距离测量的先验权;

μ——意义同前。

当网中的边长相差不大时,可按式(3.2.2-4)计算平均测距中误差:

$$m_D = \sqrt{\frac{(dd)}{2n}} \tag{3.2.2-4}$$

式中:m_D——平均测距中误差(mm)。

3 桥位测量的精度要求见表3.2.2-6。

表 3.2.2-6 桥轴线相对中误差

测量等级	桥轴线相对中误差	测量等级	桥轴线相对中误差
二等	1/130 000	一级	1/20 000
三等	1/70 000	二级	1/10 000
四等	1/40 000		

注:对特殊的桥梁结构,应根据结构特点确定桥轴线控制测量的等级与精度。

4　GPS 测量控制网的设置精度和作业方法应符合《公路全球定位系统(GPS)测量规范》(JTJ 066)的规定。

控制网相邻点间弦长标准差按式(3.2.2-5)确定:

$$\sigma = \sqrt{a^2 + (bd)^2} \tag{3.2.2-5}$$

式中:σ——弦长标准差(mm);

a、b、d 见表 3.2.2-7。

表 3.2.2-7　GPS 控制网的主要技术指标

级　别	每对相邻点平均距离 d (km)	固定误差 a (mm)	比例误差 b (mm/km)	最弱相邻点点位中误差 m (mm)
一级	4.0	5	1	10
二级	2.0	5	2	10
三级	1.0	5	2	10

注:各级 GPS 控制网每对相邻点间最小距离不应小于平均距离的 1/2,最大距离不宜大于平均距离的 2 倍。

5　高程控制测量

1)水准测量等级的确定应符合下列要求:2 000m 以上的特大桥一般为三等,1 000~2 000m 的特大桥为四等,1 000m 以下的桥梁为五等。水准测量的等级划分及主要技术要求见表 3.2.2-8。

表 3.2.2-8　水准测量的主要技术要求

等 级	每公里高差中数中误差(mm)		水准仪的型号	水准尺	观 测 次 数		往返较差、附合或环线闭合差(mm)
	偶然中误差 M_Δ	全中误差 M_W			与已知点联测	附合或环线	
二等	±1	±2	DS_1	铟瓦	往返各一次	往返各一次	$\pm 4\sqrt{L}$
三等	±3	±6	DS_1	铟瓦	往　返各一次	往一次	$\pm 12\sqrt{L}$
			DS_3	双面		往返各一次	
四等	±5	±10	DS_3	双面	往返各一次	往一次	$\pm 20\sqrt{L}$
五等	±8	±16	DS_3	单面	往返各一次	往一次	$\pm 30\sqrt{L}$

注:L 为往返测段、附合或环线的水准路线长度(km)。

2)水准测量精度计算应符合表 3.2.2-8 的规定。

(1)高差偶然中误差 M_Δ 按式(3.2.2-6)计算:

$$M_\Delta = \sqrt{\left(\frac{1}{4n}\right) \Big/ \left(\frac{\Delta\Delta}{L}\right)} \tag{3.2.2-6}$$

式中:M_Δ——高差偶然中误差(mm);

Δ——水准路线测段往返高差不符值(mm);

L——水准测段长度(km);

n——往返测的水准路线测段数。

(2)高差全中误差 M_w 按式(3.2.2-7)计算:

$$M_w = \sqrt{\left(\frac{1}{N}\right)\left(\frac{WW}{L}\right)} \tag{3.2.2-7}$$

式中:M_w——高差全中误差(mm);

W——闭合差(mm);

L——计算各闭合差时相应的路线长度(km);

N——附合路线或闭合路线环的个数。

当二、三等水准测量与国家水准点附合时，应进行正常水准面不平行修正。

3）特大、大、中桥施工时设立的临时水准点，高程偏差（Δh）不得超过按式（3.2.2-8）计算的值：

$$\Delta h = \pm 20\sqrt{L} \quad (\mathrm{mm}) \tag{3.2.2-8}$$

式中：L——水准点间距离（km）。

对单跨跨径≥40m的T形刚构、连续梁、斜拉桥等的偏差（Δh）不得超过按式（3.2.2-9）计算的值：

$$\Delta h_1 = \pm 10\sqrt{L} \quad (\mathrm{mm}) \tag{3.2.2-9}$$

式中：L——水准点间距离（km）。

在山丘区，当平均每公里单程测站多于25站时，高程偏差（Δh）不得超过按式（3.2.2-10）计算的值：

$$\Delta h_2 = \pm 4\sqrt{n} \quad (\mathrm{mm}) \tag{3.2.2-10}$$

式中：n——水准点间单程测站数。

高程偏差在允许值以内时，取平均值为测段间高差，超过允许偏差时应重测。

4）当水准路线跨越江河（或湖塘、宽沟、洼地、山谷等）时，应采用跨河水准测量方法校测。跨河水准测量方法可按照《公路勘测规范》（JTJ 061）执行。

4 明挖地基

4.1 基坑

4.1.1 一般规定

1 基坑顶面应设置防止地面水流入基坑的设施，基坑顶有动荷载时，坑顶边与动荷载间应留有不小于 1m 宽的护道，如动荷载过大宜增宽护道。如工程地质和水文地质不良，应采取加固措施。

2 基坑坑壁坡度不易稳定并有地下水影响，或放坡开挖场地受到限制，或放坡开挖工程量大，应根据设计要求进行支护。设计无要求时，施工单位应结合实际情况选择适宜的支护方案。

4.1.2 不支护加固基坑坑壁的施工要求

1 基坑尺寸应满足施工要求。当基坑为渗水的土质基底，坑底尺寸应根据排水要求（包括排水沟、集水井、排水管网等）和基础模板设计所需基坑大小而定。一般基底应比基础的平面尺寸增宽 0.5 ~ 1.0m。当不设模板时，可按基础底的尺寸开挖基坑。

2 基坑坑壁坡度应按地质条件、基坑深度、施工方法等情况确定。当为无水基坑、且土层构造均匀时，基坑坑壁坡度可按表 4.1.2 确定。

表 4.1.2 基坑坑壁坡度

坑壁土类	坑壁坡度		
	坡顶无荷载	坡顶有静荷载	坡顶有动荷载
砂类土	1:1	1:1.25	1:1.5
卵石、砾类土	1:0.75	1:1	1:1.25
粉质土、黏质土	1:0.33	1:0.5	1:0.75
极软岩	1:0.25	1:0.33	1:0.67
软质岩	1:0	1:0.1	1:0.25
硬质岩	1:0	1:0	1:0

注：①坑壁有不同土层时，基坑坑壁坡度可分层选用，并酌设平台；
②坑壁土类按照现行《公路土工试验规程》（JTJ 051）划分；
③岩石单轴极限强度 <5.5、5.5 ~ 30、>30 时，分别定为极软、软质、硬质岩；
④当基坑深度大于 5m 时，基坑坑壁坡度可适当放缓或加设平台。

3 如土的湿度有可能使坑壁不稳定而引起坍塌时，基坑坑壁坡度应缓于该湿度下的天然坡度。

4 当基坑有地下水时，地下水位以上部分可以放坡开挖；地下水位以下部分，若土质易坍塌或水位在基坑底以上较深时，应加固开挖。

4.1.3 喷射及锚杆加固基坑坑壁的施工要求

1 喷射或锚杆喷射加固基坑坑壁，应按设计要求，逐层开挖、逐层加固。

2 基坑开挖深度小于 10m 的较完整风化基岩，可直接喷射素混凝土。喷射前应定距离埋设钢筋，以露出岩面的长度作为喷射厚度的标志。

3 当用锚杆挂网喷射混凝土支护、开挖基坑时，各层锚杆要求进入稳定层的长度和间距、钢筋的直径或钢绞线的束数，应符合设计要求。

4 坑壁上有明显出水点处,应设置导管排水。

5 喷射完成后,检查混凝土的平均厚度、强度,其值均不得小于设计要求,锚杆的平均抗拔力不小于设计值,最小拔力不小于设计值的90%。混凝土喷射表面应平顺,钢筋和锚杆不外露。

4.2 围堰

4.2.1 一般规定

1 围堰高度应高出施工期间可能出现的最高水位(包括浪高)0.5~0.7m。

2 围堰外形应考虑河流断面被压缩后,流速增大引起水流对围堰、河床的集中冲刷及影响通航、导流等因素,并应满足堰身强度和稳定的要求。

3 堰内平面尺寸应满足基础施工的需要。

4 围堰要求防水严密,减少渗漏。

4.2.2 土围堰

1 水深1.5m以内,水流流速0.5m/s以内,河床土质渗水较小时,可筑土围堰。

2 堰顶宽度可为1~2m。当采用机械挖基时,应视机械的种类确定,但不宜小于3m。堰外边坡迎水流冲刷的一侧,边坡坡度宜为1:2~1:3,背水冲刷的一侧的边坡坡度可在1:2之内,堰内边坡宜为1:1~1:1.5,内坡脚与基坑的距离根据河床土质及基坑开挖深度而定,但不得小于1m。

3 筑堰材料宜用黏性土或砂夹黏土。填出水面之后应进行夯实。填土应自上游开始至下游合龙。

4 在筑堰之前,必须将堰底下河床底上的树根、石块及杂物清除干净。

5 因筑堰引起流速增大使堰外坡面有受冲刷的危险时,可在外坡面用草皮、柴排、片石、草袋或土工织物等加以防护。

4.2.3 土袋围堰

1 水深在3m以内,流速在1.5m/s以内,河床土质渗水性较小时,可筑土袋围堰。

2 围堰中心部分可填筑黏土及黏性土芯墙。堰外边坡为1:0.5~1:1,堰内边坡为1:0.2~1:0.5,坡脚与基坑顶边缘的距离和堰顶的宽度同4.2.2条。

3 堰底河床处理及堆码方向同4.2.2条。

4 堆码的土袋的上下层和内外层应相互错缝,尽量堆码密实平整。

4.2.4 钢板桩围堰

1 钢板桩围堰适用于各类土(包括强风化岩)的深水基坑。

2 钢板桩的机械性能和尺寸应符合规定要求。经过整修或焊接后的钢板桩,应用同类型的钢板桩进行锁口试验、检查。

3 钢板桩堆存、搬运、起吊时,应防止因自重而引起的变形及锁口损坏。

4 当起吊能力许可时,宜在打桩之前,将2~3块钢板桩拼为一组并夹牢。

5 施打钢板桩时,应注意如下事项:

1)在施打钢板桩前,应在围堰上下游一定距离及两岸陆地设置经纬仪观测点,用以控制围堰长、短边方向的钢板桩的施打定位。

2)施打前,钢板桩的锁口应用止水材料捻缝,以防漏水。

3)施打钢板桩必须备有导向设备,以保证钢板桩的正确位置。

4)施打顺序按施工组织设计进行,一般由上游分两头向下游合龙。施打时宜先将钢板桩逐根或逐组施打到稳定深度,然后依次施打至设计深度。在垂直度有保证的条件下,也可一次打到设计深度。

5)钢板桩可用锤击、振动、射水等方法下沉,但在黏土中不宜使用射水下沉办法。

6)接长的钢板桩,其相邻两钢板桩的接头位置应上下错开。

7)同一围堰内使用不同类型的钢板桩时,宜将两种不同类型的钢板桩的各半块拼焊成一块异形钢板桩以便联结。

8)施打时,应随时检查其位置是否正确,桩身是否垂直,不符合要求时应立即纠正或拔起重新施打。

6 拔桩前,宜向堰内灌水使内外水位持平并从下游侧开始拔桩。拔桩时宜用射水、锤击等松动措施,并应尽可能采用振动拔桩法。

7 拔出来的钢板桩应进行检修涂油,堆码保存。

4.2.5 钢筋混凝土板桩围堰

1 钢筋混凝土板桩适用于黏性土、砂类土及碎石土类河床。

2 板桩断面应符合设计要求。板桩桩尖角度视土质坚硬程度而定。沉入砂砾层的板桩桩头,应增设加劲钢筋或钢板。

3 钢筋混凝土板桩的制作,应用刚度较大的模板,榫口接缝应顺直、密合。如用中心射水下沉,板桩预制时,应留射水通道,其余制作要点可参照第5章钢筋混凝土桩的制作。

4 钢筋混凝土板桩的插打、就位、位置的控制以及拔除,可按照4.2.4条有关内容执行。

4.2.6 竹、铅丝笼围堰

1 竹、铅丝笼围堰适用于流速较大而水深在1.5~4m的情况。

2 竹、铅丝围堰制作应坚固,可使用钢筋串联、螺栓连接以及铁丝捆扎等方法加固。

3 按照水深、流速、基坑大小及防渗要求,可以用单层或双层竹、铅丝笼围堰,单层时在围堰内填土袋,在外侧堆土袋,双层时在两层之间填土,防止渗漏。竹、铅丝笼的宽度为水深的1.0~1.5倍。

4 竹、铅丝笼可用浮运、吊装或滑移就位,就位后填石(装土)下沉,在堰底外围堆土袋,以防堰底渗漏。

4.2.7 套箱围堰

1 套箱围堰适用于埋置不深的水中基础。

2 无底套箱用木板、钢板或钢丝网水泥制作,内部设木、钢料支撑。根据现场起吊、移运能力,套箱可制成整体式或装配式。制作中应采取措施,防止套箱接缝渗漏。

3 在下沉套箱前,应按4.2.2条第4款清理河床。若套箱设置于岩层上时,应整平岩面。如果基岩岩面倾斜,将套箱底做成与岩面相同的倾斜度,以增加套箱的稳定性并减少渗漏。

4.2.8 双壁钢围堰

1 双壁钢围堰应进行专门设计,其强度、刚度及结构稳定性、锚碇系统、使用期等应满足施工要求。

2 双壁钢围堰适用于深水基础施工,围堰的尺寸及高度应根据基础尺寸及放样误差、墩位处河床标高、围堰下沉深度和施工期间可能出现的最高水位高程以及浪高等因素确定。

3 双壁间距应根据下沉需克服的水的浮力、土壤摩阻力、基底抗力而定。双壁钢围堰本身应分设多个对角的横向互不通水的隔水仓,以便在下沉过程中分仓对称灌水、砂砾石或混凝土。

4 双壁钢围堰的制作,应按设计要求在工厂施工,其分节分块的大小应按工地吊装、移运能力确定。

5 双壁钢围堰拼焊后应进行焊接质量检验及水密试验。

6 各节、块拼焊时,应按预先安排的顺序对称进行。

7 围堰浮运定位应符合本规范7.3.3条的规定。

8 围堰清基应符合设计要求,清基完成后,由潜水员逐片检查,合格后,方可浇注水下混凝土封底。封底要求按本规范第7章的规定进行。

9 围堰着床后的允许偏差应符合设计要求。设计无要求而又作为承台模板用时,其误差应符合模板的施工要求。

10 围堰拆除时,应采取措施防止撞击墩身。

4.3 挖基和排水

4.3.1 一般规定

1 挖基施工宜安排在枯水或少雨季节进行,开工前应做好计划和施工准备工作,开挖后应连续快速施工。

2　基础的轴线、边线位置及基底标高应精确测定，检查无误后方可施工。

3　在附近有其他结构物时，应有可靠的防护措施。

4　挖基废方应按指定的位置处治。

5　排水应不影响基坑安全，应不影响农田和周边环境。

6　基坑的回填应分层压实，施工要求应符合本规范 13.5.2 条的规定。

4.3.2　挖基

1　应避免超挖。如超挖，应将松动部分清除，其处理方案应报监理、设计单位批准。

2　挖至标高的土质基坑不得长期暴露、扰动或浸泡，并应及时检查基坑尺寸、高程、基底承载力，符合要求后，应立即进行基础施工。

3　排水困难或具有水下开挖基坑设备，可用水下挖基方法，但应保持基坑中的原有水位高程。

4.3.3　集水坑排水

基坑开挖中，在坑底基础范围之外设置集水坑并沿坑底周围开挖排水沟，使水流入集水坑内，排出坑外。集水坑宜设在上游，尺寸视渗水的情况而定。

排水设备的能力宜大于总渗水量的 1.5～2.0 倍。

4.3.4　井点降水

1　井点降水法适用于粉、细砂、地下水位较高、有承压水、挖基较深、坑壁不易稳定的土质基坑。井点类别的选择，宜按照土壤的渗透系数、要求降低水位深度以及工程特点而定，见表 4.3.4。在无砂的黏质土中不宜使用。

表 4.3.4　各种井点法的适用范围

井点类别	土壤渗透系数(m/d)	降低水位深度(m)	井点类别	土壤渗透系数(m/d)	降低水位深度(m)
一级轻型井点法	0.1～80	3～6	电渗井点法	<0.1	5～6
二级轻型井点法	0.1～80	6～9	管井井点法	20～200	3～5
喷射井点法	0.1～50	8～20	深井泵法	10～80	>15
射流泵井点法	0.1<50	<10			

注：①降低土层中地下水位时，应将滤水管埋设于透水性较大的土层中；

②井点管的下端滤水长度应考虑渗水土层的厚度，但不得小于 1m。

2　井管的成孔可根据土质分别用射水成孔、冲击钻机、旋转钻机及水压钻探机成孔。井点降水曲线至少应深于基底设计标高 0.5m。

3　井点的布置应随基坑形状与大小、土质、地下水位高低与流向、降水深度等要求而定。

4　应做好沉降及边坡位移观测，确保水位降低区域内建筑物的安全。必要时应采取防护措施。

4.3.5　帷幕法排水的要求

帷幕法是在基坑边线外设置一圈隔水幕，用以隔断水源，减少渗流水量，防止流砂、突涌、管涌、潜蚀等地下水的作用。方法有深层搅拌桩隔水墙、压力注浆、高压喷射注浆、冻结围幕法等，采用时均应进行具体设计并符合有关规定。

4.4　地基处理

4.4.1　一般规定

1　地基处理应根据地基土的种类、强度和密度，按照设计要求，结合现场情况，采取相应的处理方法。

2　地基处理的范围至少应宽出基础之外 0.5m。

3　符合设计要求的细粒土、特殊土基底，修整妥善后，应尽快修建基础，不得使基底浸水和长期暴露。

4.4.2 细粒土及特殊土地基的处理

属细粒土或特殊土类的饱和软弱黏土层、粉砂土层及湿陷性黄土、膨胀土和黏土及季节性冻土，强度低，稳定性差，处理时应视该类土的处治深度、含水量等情况，按基底的要求采取固结处理，以满足设计要求。

4.4.3 粗粒土和巨粒土地基的处理

对于强度和稳定性满足设计要求的粗粒土及巨粒土基底，应将其承重面平整夯实，其范围应满足基础的要求。

基底有水不能彻底排干时，应将水引至排水沟，然后在其上修筑基础。

4.4.4 岩层基底的处理

1 风化的岩层，应挖至满足地基承载力要求或其他方面的要求为止。

2 在未风化的岩层上修建基础前，应先将淤泥、苔藓、松动的石块清除干净，并洗净岩石。

3 坚硬的倾斜岩层，应将岩层面凿平。倾斜度较大，无法凿平时，则应凿成多级台阶。台阶的宽度宜不小于0.3m。

4.4.5 多年冻土地基的处理

1 基础不应置于季节冻融土层上，并不得直接与冻土接触。

2 基础的基底修筑于多年冻土层（即永冻土）上时，基底之上应设置隔温层或保温层材料，且铺筑宽度应在基础外缘加宽1m。

3 按保持冻结的原则设计的明挖基础，其多年平均地温等于或高于-3℃时，应于冬季施工；多年平均地温低于-3℃时，可在其他季节施工，但应避开高温季节，并应按下列规定处理：

1）严禁地表水流入基坑；

2）及时排除季节冻层内的地下水和冻土本身的融化水；

3）必须搭设遮阳棚和防雨棚；

4）施工前做好充分准备，组织快速施工。做好的基础应立即回填封闭，不宜间歇。必须间歇时，应以草袋、棉絮等加以覆盖，防止热量侵入。

4 施工时，明水应在距坑顶10m之外修排水沟。水沟之水，应引于远离坑顶宣泄并及时排除融化水。

4.4.6 溶洞地基的处理

1 影响基底稳定的溶洞，不得堵塞溶洞水路。

2 干溶洞可用砂砾石、碎石、干砌或浆砌片石及灰土等回填密实。

3 基底干溶洞较大，回填处理有困难时，可采用桩基处理，桩基应进行设计，并经有关单位批准。

4.4.7 泉眼地基的处理

1 可将有螺口的钢管紧紧打入泉眼，盖上螺帽并拧紧，阻止泉水流出；或向泉眼内压注速凝的水泥砂浆，再打入木塞堵眼。

2 堵眼有困难时，可采用管子塞入泉眼，将水引流至集水坑排出或在基底下设盲沟引流至集水坑排出，待基础圬工完成后，向盲沟压注水泥浆堵塞。采用引流排水时，应注意防止砂土流失，引起基底沉陷。

3 基底泉眼，不论采用何种方法处理，都不应使基底饱水。

4.4.8 当地基需要加固时，应根据设计要求及有关规范处理。

4.5 地基检验

4.5.1 检验内容

检查基底平面位置、尺寸大小、基底标高；

检查基底地质情况和承载力是否与设计资料相符；

检查基底处理和排水情况是否符合本规范要求；

检查施工记录及有关试验资料等。

4.5.2 检验方法

按桥涵大小、地基土质复杂(如溶洞、断层、软弱夹层、易溶岩等)情况及结构对地基有无特殊要求,可采用以下检查方法:

1 小桥涵的地基检验:可采用直观或触探方法,必要时可进行土质试验。

2 大、中桥和地基土质复杂、结构对地基有特殊要求的地基检验,一般采用触探和钻探(钻深至少4m)取样做土工试验,或按设计的特殊要求进行荷载试验。

3 特大桥按设计要求处理。

4.5.3 基底平面位置和标高允许偏差规定如下:

1 平面周线位置不小于设计要求。

2 基底标高:土质 ±50mm;

石质 +50mm,-200mm。

5　沉入桩基础

5.1　一般规定

5.1.1　沉桩前应具备工程地质钻探资料、水文资料、打桩资料。

5.1.2　桩基础轴线的定位点应设置在不受沉桩影响处，允许偏差应在设计容许范围内。

5.1.3　沉桩顺序一般由一端向另一端连续进行，当桩基平面尺寸较大或桩距较小时，宜由中间向两端或四周进行。如桩埋置有深浅，宜先沉深的，后沉浅的。在斜坡地带，应先沉坡顶的，后沉坡脚的。

5.1.4　贯入度应通过试桩或做沉桩试验后与监理、设计单位研究确定。

5.1.5　施工过程中如发现地质情况与勘测报告有出入时，应根据具体情况进行补充钻探。

5.1.6　有关承台的施工要求可按本规范第6章6.7节的规定执行。

5.2　试桩与基桩承载力

5.2.1　试桩试验的一般规定见附录B.1。沉桩工程开工前，如需做试桩确定沉桩工艺和检验桩的承载力时，试验项目包括：

1)工艺试验和冲击试验，见附录B.2。

2)单桩承载力试验。若采用静载试验，可分静压、静拔、静推试验。

5.2.2　除一般的中、小桥沉桩工程有可靠的依据和实践经验可不进行试桩外，其他沉桩工程在施工前，应先沉试桩，以确定沉桩工艺和检验桩的承载力。

5.2.3　特大桥和地质复杂的大、中桥，应采用静压试验方法确定单桩容许承载力。一般的大、中桥的试桩，可采用静载试验法，在条件适宜时，亦可采用可靠的动力检测法或静力触探法。锤击沉入的中、小桥试桩，在缺乏上述试验条件时，可结合具体情况，选用适当的动力公式计算单桩容许承载力。确定的单桩容许承载力如不能满足设计要求时，应报有关部门研究处理。

5.2.4　试桩的单桩容许承载力可按下列方法确定：

1　单桩抗压容许承载力：

1)采用静压试验得到的极限荷载除以设计规定的安全系数后，作为单桩容许承载力。若结构上要求限制桩顶沉降值的基桩，可在静压试验曲线中，按设计要求的允许沉降值(应适当考虑长期荷载效应)取其对应的荷载作为单桩抗压容许承载力。静压试验方法见附录B.3。

2)采用可靠的动测法，检测单桩的抗压容许承载力。

3)根据锤击沉桩的贯入度，选用适当的动力公式计算单桩抗压容许承载力。

2　单桩抗拔容许承载力：静拔试验方法见附录B.4。

3　单桩抗推容许承载力：静推试验方法见附录B.5。

5.2.5　施工中如对基桩桩身质量或承载力发生疑问时，可选用可靠的无破损检验方法或按附录B.3方法进行检验。

5.3　桩的制作要求

5.3.1　钢筋混凝土桩和预应力混凝土桩的制作

1　钢筋混凝土桩和预应力混凝土桩的模板制作和装卸应符合本规范第9章的有关要求。

2　制作钢筋混凝土桩和预应力混凝土桩的钢筋或预应力筋的技术要求，除应符合本规范第10章、第12章有关规定外，尚应符合下列要求：

1）钢筋混凝土桩的主筋，宜采用整根钢筋，如须接长时，宜采用对接焊接或机械连接。

2）箍筋或螺旋筋必须箍紧纵筋，与纵筋交接处用点焊焊接或用铁丝扎结牢固。

3）预应力混凝土桩的预应力筋采用冷拉钢筋，如须焊接时，应在冷拉前采用对接焊接。

4）使用法兰盘连接的混凝土桩，法兰盘应对准位置连接在钢筋或预应力筋上。先张法预应力混凝土桩采用法兰盘连接时，应先将法兰盘连接在预应力筋上，然后进行张拉。

5）桩的钢筋骨架（包括预应力钢筋骨架）的允许偏差应符合表5.3.1-1的规定。

表5.3.1-1　桩的钢筋骨架的允许偏差

项　　目	允许偏差(mm)	项　　目	允许偏差(mm)
纵钢筋间距	±5	桩顶钢筋网片位置	±5
箍筋间距或螺旋筋螺距	0，-20	纵钢筋底尖端的位置	±5
纵钢筋保护层	±5		

3　预制桩的混凝土材料、拌制、运输和浇筑，除应按本规范第11章、第15章有关规定执行外，还应符合下列要求：

1）预制混凝土桩的粗骨料宜采用碎石。

2）每根或每节桩的混凝土必须连续浇筑，不得中断，不得留施工缝。

3）桩的混凝土浇筑完毕后，应在桩上标明编号、灌制日期和吊点位置，并填写制桩记录。

4　预制钢筋混凝土桩和预应力混凝土桩的制作偏差应符合表5.3.1-2的规定。

表5.3.1-2　预制钢筋混凝土桩和预应力混凝土桩的允许偏差

项　　目		允许偏差(mm)
混凝土强度(MPa)		符合设计要求
长度		±50
横截面	横截面边长	±5
	空心桩空心(管心)直径	±5
	空心(管心或管桩)中心对桩中心	±5
桩尖对桩纵轴线		10
桩轴线的弯曲矢高		桩长的0.1%且≤20
桩顶面与桩纵轴线的倾斜偏差		1%桩径或边长，且不大于3
接桩的接头平面与桩轴平面垂直度		0.5%

5　预制钢筋混凝土桩和预应力混凝土桩的制作质量除按表5.3.2-1和表5.3.2-2要求外，尚应符合下列规定：

1）钢筋混凝土桩的收缩裂缝宽度不得超过0.2mm，深度不得超过20mm；裂缝长度不得超过1/2桩宽。

2）预应力混凝土桩桩身不得有裂缝。

3）桩表面应无蜂窝、麻面。若因特殊情况出现表面蜂窝时，蜂窝深度不得超过5mm，每面蜂窝面积不得超过该面总面积的0.5%。

4）有棱角的桩，棱角碰损深度应在5mm以内且每10m长的边棱角上只有一处破损，在一根桩上边棱破损总长度不得大于500mm。

5)预制桩出场前应进行检验,出场时应具备出场合格检验记录。

6)预制桩的吊运和堆存应符合第15章的有关规定。

5.3.2 钢管桩制作

1 制作钢管桩的材料应符合设计要求,并有出厂合格证明和试验报告。

2 钢管桩的分段长度应满足桩架的有效高度、制作场地条件、运输与装卸能力。

3 钢管桩可采用成品钢管或自制钢管。焊接钢管的制作工艺应符合有关规定。

4 焊接管的管节制作偏差应符合下列要求:

1)管节外形尺寸的允许偏差,应符合表5.3.2-1的规定。

表5.3.2-1 管节外形尺寸的允许偏差

偏差部位	允许偏差(mm)	偏差部位	允许偏差(mm)
周长	±0.5%周长,且≤10	管端平整度	2
管端椭圆度	0.5%D,且≤5	管端平面倾斜	小于0.5%D,且≤4

注:D为管外径。

2)管节对口拼装时,相邻管节的焊缝必须错开1/8周长以上。相邻管节的管径偏差应符合表5.3.2-2的规定。

表5.3.2-2 相邻管径允许偏差

管径(mm)	相邻管节的管径偏差(mm)	管径(mm)	相邻管节的管径偏差(mm)
≤700	≤2	>700	≤3

3)管节对口拼接时,相邻管节对口的板边高差应符合表5.3.2-3的规定。

表5.3.2-3 相邻管节对口板边的允许偏差

板厚δ(mm)	相邻管节对口板边高差Δ(mm)	板厚δ(mm)	相邻管节对口板边高差Δ(mm)
$\delta \leq 10$	<1.0	$\delta > 20$	$<\delta/10$,且≤3
$10 < \delta \leq 20$	<2.0		

5 钢管桩焊接应符合设计要求,设计无要求时,除应符合本规范第17章有关规定外,还应注意下列事项:

1)焊接前,应将焊缝上下30mm范围内的铁锈、油污、水汽和杂物清除干净。

2)将焊丝、焊条、焊剂焊前应烘干。

3)焊接定位点和施焊应对称进行。露天焊接时,应考虑由于阳光照射所造成的桩身弯曲。

4)钢管桩应采用多层焊,焊完每层焊缝后,应及时清除焊渣,并做外观检查,每层焊缝的接头应错开。

5)管节拼接所用辅助工具(如夹具等)不应妨碍管节焊接时的自由伸缩。

6)当气温低于-10℃时不宜焊接。

7)焊缝处外观允许偏差应符合表5.3.2-4的规定。

表5.3.2-4 焊缝外观允许偏差

缺陷名称	允许偏差
咬边	深度不超过0.5mm,累计总长度不超过焊缝长度的10%
超高	3mm
表面裂缝、未熔合、未焊透	不允许
弧坑、表面气孔、夹渣	不允许

6　钢管桩成品外形尺寸的允许偏差应符合表5.3.2-5的规定。

表5.3.2-5　钢管桩外形尺寸的允许偏差

项　目	允 许 偏 差(mm)	项　目	允 许 偏 差(mm)
桩长偏差	+300,0	桩纵轴线的弯曲矢高	桩长的0.1%且≤30

7　钢管桩防腐应按设计要求和有关规定进行。

8　钢管桩应按不同的规格分别堆存，堆放形式和层数应安全可靠，避免产生纵向变形和局部压曲变形。长期堆存时，应采取防腐蚀等保护措施。

9　钢管桩在起吊、运输和堆存过程中，应尽量避免由于碰撞、摩擦等原因造成涂层破损、管身变形和损伤。

10　钢管桩出厂应具备合格证明书。

5.4　沉桩

5.4.1　桩的连接

1　在一个墩、台桩基中，同一水平面内的桩接头数不得超过基桩总数的1/4，但采用法兰盘按等强度设计的接头，可不受此限制。

2　采用法兰接桩，应符合下列规定：

1)法兰结合处，可加垫沥青纸等材料，如法兰有不密贴处，应用薄钢片塞紧。

2)法兰螺栓应逐个拧紧，并加设弹簧垫圈或加焊，防止锤击时螺栓松动。

3　桩的连接应按设计要求或有关规定进行。

5.4.2　锤击沉桩

1　预制钢筋混凝土桩和预应力混凝土桩在锤击沉桩前桩身混凝土强度应达到设计要求。

2　桩锤的选择应根据地质条件、桩形、土的密实程度、单桩轴向承载力及现有的施工条件等确定。

3　开始沉桩时，宜采用较低落距，桩锤、替打、送桩和桩宜保持在同一轴线上。在锤击过程中，应采用重锤低击。

4　锤击沉桩时，应采用与锤、桩相适应的、适当弹性和厚度的锤垫和桩垫，并在锤击过程中及时修理和更换，避免打坏桩。

5　锤击沉桩应考虑锤击振动对新浇筑混凝土的影响，当混凝土强度未达到5MPa，距新浇筑的混凝土30m范围内，不得进行沉桩。

6　环境温度在-10℃以下时，应尽量避免进行钢管桩的锤击沉桩工作。

7　沉桩过程中，若遇到贯入度剧变，桩身突然发生倾斜、位移或有严重回弹，桩顶或桩身出现严重裂缝、破碎等情况时，应暂停沉桩，分析原因，采取有效措施。

8　斜坡上沉桩，应掌握桩的外移规律，并根据土质、坡度、水深、水流等情况，斜桩尚应考虑自重的影响，结合施工实践经验，桩身宜向岸移一定距离下桩，以使沉桩后桩位符合设计要求。

9　锤击沉桩应考虑锤击振动和挤土等对岸坡稳定或临近建筑物的影响，可根据具体情况采取措施并对岸坡和邻近建筑物位移和沉降等进行观察，及时记录，如有异常变化，应停止沉桩并研究处理。

10　沉桩时，以控制桩尖设计标高为主。当桩尖已达设计标高，而贯入度仍较大时，应继续锤击，使贯入度接近控制贯入度。

贯入度已达到控制贯入度，而桩端标高未达到设计标高时，应继续锤击100mm左右(或锤击30～50击)，如无异常变化时，即可停锤。若桩尖标高比设计标高高得多时，应与设计单位和监理研究确定。

5.4.3　在砂土地基中锤击沉桩困难时，可采用水冲锤击沉桩并应符合下列要求：

1　水冲锤击沉桩，应根据土质情况随时调节冲水压力，控制沉桩速度。

2　为保证桩的承载力，当桩端沉至距设计标高为下列距离时，应停止冲水，将水压减至0～0.1MPa，并改用锤击。

1)桩径或边长≤600mm时,为1.5倍桩径或边长;

2)桩径或边长>600mm时,为1.0倍桩径或边长。

3 用水冲锤击沉桩后,应及时与邻桩或固定结构夹紧,防止倾斜位移。

5.4.4 水上沉桩

1 在浅水中沉桩,一般可设置施工便桥、便道等方法进行施工;在深水或有潮汐影响的河流中沉桩,可用固定平台、浮式平台等方法进行施工,并应设置导向设施,防止桩发生偏移和倾斜。如桩的自由长度较大,应适当增设支点。

2 用固定平台沉桩的注意事项同本规范5.4.2条和5.4.3条的规定。

3 用打桩船沉桩可参照现行《港口工程桩基规范》(JTJ 254)的规定执行。

5.5 沉桩质量标准

预制混凝土桩(钢桩)的沉桩允许偏差应符合表5.5的规定。

表5.5 沉桩施工要求

项目		允许偏差(mm)
桩中轴线偏斜率	直桩	1%
	斜桩	±0.15tanθ
单排桩桩位	垂直帽梁轴线	40
	沿帽梁轴线	50
群桩桩位	边桩	d/4
	中桩	d/2且≤250

注:①d为桩的直径或短边;

②深水中采用打桩船沉桩的允许偏差,按设计要求办理;

③倾斜角θ为桩纵轴线与垂直线的夹角。

6 灌注桩基础

6.1 一般规定

6.1.1 本章适用于钻、挖孔灌注桩施工。

6.1.2 灌注桩施工应具备工程地质资料和水文地质资料，水、水泥、砂、石、钢筋等原材料及制品的质量检验报告。

6.1.3 灌注桩施工时，应按有关规定制定安全生产、保护环境等措施。

6.1.4 灌注桩施工应有完善的施工记录。

6.2 钻孔灌注桩

6.2.1 施工平台与护筒

1 施工平台

1）场地为浅水时，宜采用筑岛法施工。筑岛的技术要求应符合本规范第7章的有关规定。筑岛面积应按钻孔方法、机具大小等要求决定；高度应高于最高施工水位0.5～1.0m。

2）场地为深水时，可采用钢管桩施工平台、双壁钢围堰平台等固定式平台，也可采用浮式施工平台。平台须牢靠稳定，能承受工作时所有静、动荷载。平台的设计与施工可按本规范的有关规定执行。

（1）钢管桩施工平台施工质量要求：

①钢管桩倾斜率在1%以内；

②位置偏差在300mm以内；

③平台必须平整，各联结处要牢固，钢管桩周围需要抛砂包，并定期测量钢管桩周围河床面标高，冲刷是否超过允许程度；

④严禁船只碰撞，夜间开启平台首尾示警灯，设置救生圈以保证人身安全。

（2）双壁钢围堰平台，应符合本规范4.2.8条的规定。

2 护筒设置

1）护筒内径宜比桩径大200～400mm。

2）护筒中心竖直线应与桩中心线重合，除设计另有规定外，平面允许误差为50mm，竖直线倾斜不大于1%，干处可实测定位，水域可依靠导向架定位。

3）旱地、筑岛处护筒可采用挖坑埋设法，护筒底部和四周所填黏质土必须分层夯实。

4）水域护筒设置，应严格注意平面位置、竖向倾斜和两节护筒的连接质量均需符合上述要求。沉入时可采用压重、振动、锤击并辅以筒内除土的方法。

5）护筒高度宜高出地面0.3m或水面1.0～2.0m。当钻孔内有承压水时，应高于稳定后的承压水位2.0m以上。若承压水位不稳定或稳定后承压水位高出地下水位很多，应先做试桩，鉴定在此类地区采用钻孔灌注桩基的可行性。当处于潮水影响地区时，应高于最高施工水位1.5～2.0m，并应采用稳定护筒内水头的措施。

6）护筒埋置深度应根据设计要求或桩位的水文地质情况确定，一般情况埋置深度宜为2～4m，特殊情况应加深以保证钻孔和灌注混凝土的顺利进行。

有冲刷影响的河床，应沉入局部冲刷线以下不小于1.0～1.5m。

7）护筒连接处要求筒内无突出物，应耐拉、压，不漏水。

6.2.2 泥浆的调制和使用技术要求

1 钻孔泥浆一般由水、黏土（或膨润土）和添加剂按适当配合比配制而成，其性能指标可参照表6.2.2选用。

表6.2.2 泥浆性能指标选择

钻孔方法	地层情况	泥浆性能指标							
		相对密度	黏度（Pa·s）	含砂率（%）	胶体率（%）	失水率（ml/30min）	泥皮厚（mm/30min）	静切力（Pa）	酸碱度（pH）
正循环	一般地层	1.05~1.20	16~22	8~4	≥96	≤25	≤2	1.0~2.5	8~10
	易坍地层	1.20~1.45	19~28	8~4	≥96	≤15	≤2	3~5	8~10
反循环	一般地层	1.02~1.06	16~20	≤4	≥95	≤20	≤3	1~2.5	8~10
	易坍地层	1.06~1.10	18~28	≤4	≥95	≤20	≤3	1~2.5	8~10
	卵石土	1.10~1.15	20~35	≤4	≥95	≤20	≤3	1~2.5	8~10
推钻 冲抓	一般地层	1.10~1.20	18~24	≤4	≥95	≤20	≤3	1~2.5	8~11
冲击	易坍地层	1.20~1.40	22~30	≤4	≥95	≤20	≤3	3~5	8~11

注：①地下水位高或其流速大时，指标取高限，反之取低限；

②地质状态较好，孔径或孔深较小的取低限，反之取高限；

③在不易坍塌的黏质土层中，使用推钻、冲抓、反循环回转钻进时，可用清水提高水头（≥2m）维护孔壁；

④若当地缺乏优良黏质土，远运膨润土亦很困难，调制不出合格泥浆时，可掺用添加剂改善泥浆性能，各种添加剂掺量可按附录C-1选取；

⑤泥浆的各种性能指标测定方法见附录C-2。

2 直径大于2.5m的大直径钻孔灌注桩对泥浆的要求较高，泥浆的选择应根据钻孔的工程地质情况、孔位、钻机性能、泥浆材料条件等确定。在地质复杂，覆盖层较厚，护筒下沉不到岩层的情况下，宜使用丙烯酰胺即PHP泥浆，此泥浆的特点是不分散、低固相、高黏度。

6.3 钻孔施工

6.3.1 一般要求

1 钻机就位前，应对钻孔各项准备工作进行检查。

2 钻孔时，应按设计资料绘制的地质剖面图，选用适当的钻机和泥浆。

3 钻机安装后的底座和顶端应平稳，在钻进中不应产生位移或沉陷，否则应及时处理。

4 钻孔作业应分班连续进行，填写的钻孔施工记录，交接班时应交代钻进情况及下一班应注意事项。应经常对钻孔泥浆进行检测和试验，不合要求时，应随时改正。应经常注意地层变化，在地层变化处均应捞取渣样，判明后记入记录表中并与地质剖面图核对。

6.3.2 钻孔灌注桩钻进的注意事项

1 无论采用何种方法钻孔，开孔的孔位必须准确。开钻时均应慢速钻进，待导向部位或钻头全部进入地层后，方可加速钻进。

2 采用正、反循环钻孔（含潜水钻）均应采用减压钻进，即钻机的主吊钩始终要承受部分钻具的重力，而孔底承受的钻压不超过钻具重力之和（扣除浮力）的80%。

3 用全护筒法钻进时，为使钻机安装平正，压进的首节护筒必须竖直。钻孔开始后应随时检测护筒水平位置和竖直线，如发现偏移，应将护筒拔出，调整后重新压入钻进。

4 在钻孔排渣、提钻头除土或因故停钻时，应保持孔内具有规定的水位和要求的泥浆相对密度和黏度。处理孔内事故或因故停钻，必须将钻头提出孔外。

5 变截面桩的施工

全断面一次成孔或再分级扩孔钻进，分级扩孔时变截面桩开始用大直径钻头，钻到变截面处换小直径钻头钻进，达到设计高程后，再换钻头扩孔到设计直径，依次作业2~3次直到完成符合设计要求的变截面桩。钻孔时为保持孔壁稳定,覆盖层进尺不能过快,宜采用减压吊钻钻进。

6.4 清孔

6.4.1 清孔要求

1 钻孔深度达到设计标高后,应对孔深、孔径进行检查,符合表 6.8.3 的要求后方可清孔。

2 清孔方法应根据设计要求、钻孔方法、机具设备条件和地层情况决定。

3 在吊入钢筋骨架后,灌注水下混凝土之前,应再次检查孔内泥浆性能指标和孔底沉淀厚度,如超过规定,应进行第二次清孔,符合要求后方可灌注水下混凝土。

6.4.2 清孔时应注意事项

1 清孔方法有换浆、抽浆、掏渣、空压机喷射、砂浆置换等,可根据具体情况选择使用。

2 不论采用何种清孔方法,在清孔排渣时,必须注意保持孔内水头,防止坍孔。

3 无论采用何种方法清孔,清孔后应从孔底提出泥浆试样,进行性能指标试验,试验结果应符合表 6.8.3 的规定。灌注水下混凝土前,孔底沉淀土厚度应符合表 6.8.3 的规定。

4 不得用加深钻孔深度的方式代替清孔。

6.5 灌注水下混凝土

6.5.1 钢筋骨架的制作、运输及吊装就位的技术要求

1 钢筋骨架的制作应符合设计要求和本规范第 10 章的有关规定。

2 长桩骨架宜分段制作,分段长度应根据吊装条件确定,应确保不变形,接头应错开。

3 应在骨架外侧设置控制保护层厚度的垫块,其间距竖向为 2m,横向圆周不得少于 4 处。骨架顶端应设置吊环。

4 骨架入孔一般用吊机,无吊机时,可采用钻机钻架、灌注塔架。起吊应按骨架长度的编号入孔。

5 钢筋骨架的制作和吊放的允许偏差为:主筋间距 ±10mm;箍筋间距 ±20mm;骨架外径 ±10mm;骨架倾斜度 ±0.5%;骨架保护层厚度 ±20mm;骨架中心平面位置 20mm;骨架顶端高程 ±20mm,骨架底面高程 ±50mm。

6 变截面桩钢筋骨架吊放按设计要求施工。

6.5.2 灌注水下混凝土时应配备的主要设备及备用设备

1 灌注水下混凝土的搅拌机能力,应能满足桩孔在规定时间内灌注完毕。灌注时间不得长于首批混凝土初凝时间。若估计灌注时间长于首批混凝土初凝时间,则应掺入缓凝剂。

2 水下灌注混凝土的泵送机具宜采用混凝土泵,距离稍远的宜采用混凝土搅拌运输车。采用普通汽车运输时,运输容器应严密坚实,不漏浆、不吸水,便于装卸,混凝土不应离析。其途中运输与灌注混凝土温度有关时,可参照本规范第 11 章、第 14 章有关规定执行。

3 水下混凝土一般用钢导管灌注,导管内径为 200 ~ 350mm,视桩径大小而定。导管使用前应进行水密承压和接头抗拉试验,严禁用压气试压。进行水密试验的水压不应小于孔内水深 1.3 倍的压力,也不应小于导管壁和焊缝可能承受灌注混凝土时最大内压力 p 的 1.3 倍,p 可按式(6.5.2)计算:

$$p = \gamma_c h_c - \gamma_w H_w \tag{6.5.2}$$

式中:p——导管可能受到的最大内压力(kPa);

γ_c——混凝土拌合物的重度(取 $24kN/m^3$);

h_c——导管内混凝土柱最大高度(m),以导管全长或预计的最大高度计;

γ_w——井孔内水或泥浆的重度(kN/m^3);

H_w——井孔内水或泥浆的深度(m)。

6.5.3 水下混凝土配制

1 可采用火山灰水泥、粉煤灰水泥、普通硅酸盐水泥或硅酸盐水泥,使用矿渣水泥时应采取防离析

措施。水泥的初凝时间不宜早于2.5h,水泥的强度等级不宜低于42.5。

2 粗集料宜优先选用卵石,如采用碎石宜适当增加混凝土配合比的含砂率。集料的最大粒径不应大于导管内径的1/6~1/8和钢筋最小净距的1/4,同时不应大于40mm。

3 细集料宜采用级配良好的中砂。

4 混凝土配合比的含砂率宜采用0.4~0.5,水灰比宜采用0.5~0.6。有试验依据时含砂率和水灰比可酌情增大或减小。

5 混凝土拌合物应有良好的和易性,在运输和灌注过程中应无显著离析、泌水现象。灌注时应保持足够的流动性,其坍落度宜为180~220mm。混凝土拌合物中宜掺用外加剂、粉煤灰等材料,其技术条件及掺用量可参照本规范第11章有关规定办理。

6 每立方米水下混凝土的水泥用量不宜小于350kg,当掺有适宜数量的减水缓凝剂或粉煤灰时,可不少于300kg。

混凝土拌合物的配合比,可在保证水下混凝土顺利灌注的条件下,按照本规范第11章有关混凝土配合比设计方法计算确定。

7 对沿海地区(包括有盐碱腐蚀性地下水地区)应配制防腐蚀混凝土。

6.5.4 灌注水下混凝土的技术要求

1 首批灌注混凝土的数量应能满足导管首次埋置深度(≥1.0m)和填充导管底部的需要,见图6.5.4,所需混凝土数量可参考公式(6.5.4)计算:

$$V \geqslant \frac{\pi D^2}{4}(H_1 + H_2) + \frac{\pi d^2}{4}h_1 \qquad (6.5.4)$$

式中: V——灌注首批混凝土所需数量(m^3);

D——桩孔直径(m);

H_1——桩孔底至导管底端间距,一般为0.4m;

H_2——导管初次埋置深度(m);

d——导管内径(m);

h_1——桩孔内混凝土达到埋置深度H_2时,导管内混凝土柱平衡导管外(或泥浆)压力所需的高度(m),即$h_1 = H_w\gamma_w/\gamma_c$;

H_w、γ_w、γ_c——意义同式(6.5.2)。

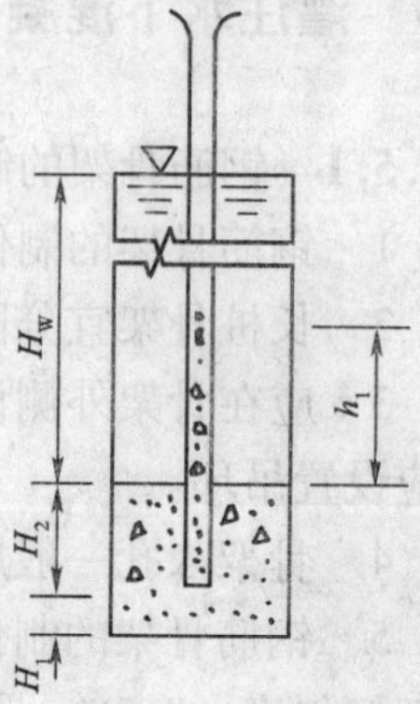

图6.5.4 首批混凝土数量计算

2 混凝土拌合物运至灌注地点时,应检查其均匀性和坍落度等,如不符合要求,应进行第二次拌和,二次拌和后仍不符合要求时,不得使用。

3 首批混凝土拌合物下落后,混凝土应连续灌注。

4 在灌注过程中,特别是潮汐地区和有承压力地下水地区,应注意保持孔内水头。

5 在灌注过程中,导管的埋置深度宜控制在2~6m。

6 在灌注过程中,应经常测探井孔内混凝土面的位置,及时地调整导管埋深。

7 为防止钢筋骨架上浮,当灌注的混凝土顶面距钢筋骨架底部1m左右时,应降低混凝土的灌注速度。当混凝土拌合物上升到骨架底口4m以上时,提升导管,使其底口高于骨架底部2m以上,即可恢复正常灌注速度。

8 灌注的桩顶标高应比设计高出一定高度,一般为0.5~1.0m,以保证混凝土强度,多余部分接桩前必须凿除,残余桩头应无松散层。

在灌注将近结束时,应核对混凝土的灌入数量,以确定所测混凝土的灌注高度是否正确。

9 变截面桩灌注混凝土的技术要求

对变截面桩,应从最小截面的桩孔底部开始灌注,其技术要求与等截面桩相同。灌注至扩大截面处时,导管应提升至扩大截面下约2m,应稍加大混凝土灌注速度和混凝土的坍落度;当混凝土面高于扩大截面处3m后,应将导管提升至扩大截面处上1m,继续灌注至桩顶。

10 使用全护筒灌注水下混凝土时,当混凝土面进入护筒后,护筒底部始终应在混凝土面以下,随导管的提升,逐步上拔护筒,护筒内的混凝土灌注高度,不仅要考虑导管及护筒将提升的高度,还要考虑因上拔护筒引起的混凝土面的降低,以保证导管的埋置深度和护筒底面低于混凝土面。要边灌注、边排水,保持护筒内水位稳定,不至过高,造成反穿孔。

11 在灌注过程中,应将孔内溢出的水或泥浆引流至适当地点处理,不得随意排放,污染环境及河流。

6.5.5 灌注中发生故障时,应查明原因,合理确定处理方案,进行处理。

6.6 挖孔灌注桩

6.6.1 一般要求

1 适用范围 挖孔灌注桩适用于无地下水或少量地下水,且较密实的土层或风化岩层。若孔内产生的空气污染物超过现行《环境空气质量标准》(GB 3095)规定的三级标准浓度限值时,必须采取通风措施,方可采用人工挖孔施工。

2 挖孔直径 应按照设计规定。挖孔过程中,应经常检查桩孔尺寸、平面位置和竖轴线倾斜情况,如有偏差应随时纠正。

6.6.2 挖孔时的技术要求

1 挖孔施工应根据地质和水文地质情况,因地制宜选择孔壁支护方案报批,并应经过计算,确保施工安全并满足设计要求。

2 孔内遇到岩层须爆破时,应专门设计,宜采用浅眼松动爆破法,严格控制炸药用量并在炮眼附近加强支护。孔深大于5m时,必须采用电雷管引爆。

孔内爆破后应先通风排烟15min并经检查无有害气体后,施工人员方可下井继续作业。

3 挖孔达到设计深度后,应进行孔底处理。必须做到孔底表面无松渣、泥、沉淀土。如地质复杂,应钎探了解孔底以下地质情况是否能满足设计要求,否则应与监理、设计单位研究处理。

6.6.3 孔内无积水方可不采用水下灌注混凝土施工,不采用水下灌注混凝土时,可按本规范第11章、第15章的规定施工 。

6.7 承台

6.7.1 无水或浅水施工承台的挖基工作可按本规范第4.2节的规定办理,承台模板、钢筋、混凝土的施工可按本规范第9章、第10章、第11章的规定办理。

6.7.2 用套箱法围堰施工水中桩基承台时,宜先填塞桩和预留孔之间的缝隙,然后在套箱内灌注水下混凝土封底,待混凝土达到设计规定强度后抽干水,施工承台。抽水时应限制抽水速度,以确保安全。

6.7.3 边桩外侧与承台边缘的净距不得小于设计规定的最小值。

6.7.4 承台的质量检验标准见表6.7.4。

表 6.7.4 承台的质量检验标准

项 目	允许偏差(mm)	项 目	允许偏差(mm)
混凝土强度(MPa)	符合设计要求	平面尺寸	±30
轴线偏位	15	顶面高程	±20

6.8 质量检验及质量标准

6.8.1 钻、挖孔在终孔和清孔后,应进行孔位、孔深检验。

6.8.2 孔径、孔形和倾斜度宜采用专用仪器测定,当缺乏专用仪器时,可采用外径为钻孔桩钢筋笼直径加100mm(不得大于钻头直径),长度为4~6倍外径的钢筋检孔器吊入钻孔内检测。

6.8.3 钻、挖孔成孔的质量标准见表6.8.3。

表6.8.3 钻、挖孔成孔质量标准

项　目	允许偏差
孔的中心位置(mm)	群桩:100;单排桩:50
孔径(mm)	不小于设计桩径
倾斜度	钻孔:小于1%;挖孔:小于0.5%
孔深	摩擦桩:不小于设计规定 支承桩:比设计深度超深不小于50mm
沉淀厚度(mm)	摩擦桩:符合设计要求,当设计无要求时,对于直径≤1.5m的桩,≤300mm;对桩径>1.5m或桩长>40m或土质较差的桩,≤500mm 支承桩:不大于设计规定
清孔后泥浆指标	相对密度:1.03~1.10;黏度:17~20 Pa·s;含砂率:<2%;胶体率:>98%

注:清孔后的泥浆指标,是从桩孔的顶、中、底部分别取样检验的平均值。本项指标的测定,限指大直径桩或有特定要求的钻孔桩。

6.8.4 钻、挖孔灌注桩的混凝土质量检测

1 桩身混凝土抗压强度应符合设计规定,每桩试件组数为2~4组,检验要求按本规范第11章的规定。

2 检测方法和数量应符合设计要求。

一般选有代表性的桩用无破损法进行检测,重要工程或重要部位的桩宜逐根进行检测,设计有规定时或对桩的质量有疑问时,应采用钻取芯样法对桩进行检测,对柱桩并应钻到桩底0.5m以下。

3 当检测后,桩身质量不符合要求时,应研究处理方案,报监理单位处理。

6.8.5 钻、挖孔灌注桩的承载力试验

钻、挖孔灌注桩的承载力试验,参照本规范附录B进行。

7 沉井基础

7.1 一般规定

7.1.1 沉井施工前,应根据设计单位提供的地质资料决定是否增加补充施工钻探,为编制施工技术方案提供准确依据。

7.1.2 沉井下沉前,应对附近的堤防、建筑物和施工设备采取有效的防护措施,并在下沉过程中,经常进行沉降观测及观察基线、基点的设置情况。

7.1.3 沉井施工前,应对洪汛、凌汛、河床冲刷、通航及漂流物等做好调查研究,需要在施工中度汛、度凌的沉井,应制订必要的措施,确保安全。

7.2 沉井的制作

7.2.1 沉井位于浅水或可能被水淹没的岸滩上时,宜就地筑岛制作;沉井在制作至下沉过程中位于无被水淹没可能的岸滩上时,如地基承载力满足设计要求,可就地整平夯实制作,如地基承载力不够,应采取加固措施。在地下水位较低的岸滩,若土质较好时,可开挖基坑制作沉井。

7.2.2 筑岛沉井的制作与下水

1 制作沉井的岛面、平台面和开挖基坑施工的坑底标高,应比施工最高水位高出 0.5 ~ 0.7m,有流冰时,应再适当加高。

2 水中筑岛除应按第 4 章有关规定办理外,还应符合以下要求:

1) 筑岛尺寸应满足沉井制作及抽垫等施工要求,无围堰筑岛,宜在沉井周围设置不小于 2m 宽的护道;有围堰筑岛其护道宽度可按式(7.2.2)计算:

$$b \geqslant H \tan\left(45^\circ - \frac{\phi}{2}\right) \tag{7.2.2}$$

式中:b——护道宽度;

H——筑岛高度;

ϕ——筑岛土饱和水时的内摩擦角。

护道宽度在任何情况下不应小于 1.5m,如实际采用的护道宽度 b 小于按式(7.2.2)计算的值时,则应考虑沉井重力等对围堰所产生的侧压力的影响。

2) 筑岛材料应用透水性好、易于压实的砂土或碎石土等,且不应含有影响岛体受力及抽垫下沉的块体。岛面及地基承载力应满足设计要求。无围堰筑岛的临水面坡度一般可采用 1∶1.75 ~ 1∶3。

3) 在施工期内,水流受压缩后,应保证岛体稳定,坡面、坡脚不被冲刷,必要时应采取防护措施。

4) 在斜坡上筑岛时应进行设计计算,应有防滑措施;在淤泥等软土上筑岛时,应将软土挖除,换填或采用其他加固措施。

3 筑岛沉井一般采用钢筋混凝土厚壁沉井,制作前应检查沉井纵、横向中轴线位置是否符合设计要求。

4 在支垫上立模制作沉井时,应符合下列要求:

1) 支垫布置应满足设计要求及抽垫方便。

2) 支垫顶面应与钢刃脚底面紧贴,使沉井重力均匀分布于各支垫上。

3) 模板及支撑应具有足够的强度和较好的刚性。内隔墙与井壁连接处支垫应联成整体,底模应支承于支垫上,以防不均匀沉陷;外模与混凝土面贴接一侧应平直并光滑。

5 刃脚部分采用土模制作时,应符合下列要求:

1)刃脚部分的外模,应能承受井壁混凝土的重力在刃脚斜面上产生的水平分力。土模顶面的承载力应满足设计要求,土模顶面一般宜填筑至沉井隔墙底面。

2)土模表面及刃脚底面的地面上,均应铺筑一层20~30mm的水泥砂浆,砂浆层表面应涂隔离剂。

3)应有良好的防水、排水设施。

6 沉井分节制作高度,应能保证其稳定,又有适当重力便于顺利下沉。底节沉井的最小高度,应能抵抗拆除支垫或挖除土模时的竖向挠曲强度,除土条件许可时,宜高些。

7 筑岛沉井底节支垫的抽除应符合以下要求:

1)沉井混凝土强度满足沉井抽垫受力的要求时方可抽垫。

2)支垫应分区、依次、对称、同步地向沉井外抽出,随抽随用砂土回填捣实。抽垫时应防止沉井偏斜。

3)定位支点处的支垫,应按设计要求的顺序尽快地抽出。

8 拆除土模应符合下列要求:

1)底节混凝土达到设计要求强度后方可拆除土模。

2)自中心向四周分区、分层、同步、对称挖土,防止沉井发生倾斜。

3)拆除土模时,不得先挖沉井外围的土,刃脚斜面及隔墙底面黏附于土模的残留物应清除干净,防止影响封底混凝土质量。

7.2.3 制作沉井对模板、钢筋、混凝土的技术要求按本规范第9章、第10章、第11章的规定执行。

7.2.4 制造浮式沉井的方法及浮运前的准备工作

1 位于深水中的沉井,可采用浮式沉井。根据河岸地形、设备条件,进行技术经济比较,确定沉井结构、制作场地及下水方案。在浮船上或支架平台上制作沉井时,浮船、支架平台的承载力应满足设计要求。

2 浮式沉井可采用空腔式钢丝网水泥薄壁沉井、钢筋混凝土薄壁沉井、钢壳沉井、装配式钢筋混凝土薄壁沉井以及带临时井底的沉井和带气筒的沉井等,其制造工艺可参照本规范有关规定和有关资料。

7.3 沉井浮运到位

7.3.1 浮运前应进行下列工作:

1 各类浮式沉井均须灌水下沉,各节沉井均应进行水密性检查,底节还应根据其工作压力,进行水压试验,合格后方可下水。

2 应对所经水域和沉井位置处河床进行探查,所经水域应无妨碍浮运的水下障碍物,沉井位置处河床应基本平整。

3 检查拖运、定位、导向、锚锭、潜水、起吊及排、灌水设施。

4 掌握水文、气象和航运情况,并与有关部门取得联系、配合,必要时宜在浮运沉井过程中中断航运。

5 浮运沉井的实际重力与设计重力不符时,应重新验算沉入水中的深度是否安全可靠。

7.3.2 浮式沉井的底节可采用滑道、起重机具、涨水自浮、浮船等方法下水。

浮式沉井底节入水后,悬浮接高时的初步定位位置,应根据下水方法,底节沉井的高度、大小、形状与水深、流速、河床土质及沉井接高和下沉过程中墩位处河床受冲淤的影响,综合分析确定。

浮式沉井在悬浮状态下接高时,应符合下列要求:

1 沉井底节下水后接高前,应向沉井内灌水或从气筒内排气,使沉井入水深度增加到沉井接高所要求的深度,在灌筑接高混凝土过程中,同时向井外排水或向气筒内补气,以维持沉井入水深度不变。

2 在灌水或排气过程中,应检查并调整固定沉井位置的锚锭系统。

3 在灌水、排气或排水、补气及灌筑接高混凝土过程中,应均匀、对称地进行。

4　带临时性井底的浮式沉井和空腔井壁沉井，应严格控制各灌水隔舱间的水头差不得超过设计规定。

5　带气筒的浮式沉井，气筒应加防护。

7.3.3　沉井浮运就位

1　浮式沉井必须对浮运、就位和灌水着床时的稳定性进行验算。

2　浮运和灌水着床应在沉井混凝土达到设计要求的强度后，并尽可能安排在能保证浮运工作顺利进行的低水位或水流平稳时进行。

3　沉井浮运宜在白昼无风或小风时，以拖轮拖运或绞车牵引进行。对水深和流速大的河流，为增加沉井稳定，可在沉井两侧设置导向船，沉井下沉前初步锚锭于墩位的上游处，在沉井浮运、下沉的任何时间内，露出水面的高度均不应小于1m。

4　就位前应对所有缆绳、锚链、锚锭和导向设备进行检查调整，使沉井落床工作顺利进行，并注意水位涨落时对锚锭的影响。

布置锚锭体系时，应使锚绳受力均匀，锚绳规格和长度应相差不大，边锚预拉力要适当，避免导向船和沉井产生过大摆动或折断锚绳。

5　准确定位后，应向井孔内或在井壁腔格内迅速、对称、均衡地灌水，使沉井落至河床。在水中拆除底板时，应注意防止沉井偏斜。薄壁空腔沉井着床后，可对称、均衡地灌水、灌筑混凝土和加压下沉。

6　沉井着床后，应随时观测由于沉井下沉的阻力和压缩流水断面引起流速增大而造成的河床局部冲刷，必要时可在沉井位置处用卵、碎石垫填整平，改变河床上的粒径，减小冲刷深度，增加沉井着床后的稳定。

7　沉井着床后，应采取措施使其尽快下沉，并加强对沉井上游侧冲刷情况的观测和沉井平面位置及偏斜的检查，发现问题时立即采取措施并予调整。

7.4　沉井除土下沉

7.4.1　沉井下沉

1　沉井宜采用不排水除土下沉，在稳定的土层中，也可采用排水除土下沉。采用排水除土下沉时，应有安全措施，防止发生人身安全事故。

2　下沉沉井时，不宜使用爆破方法，在特殊情况下，经批准必须采用爆破时，应严格控制药量。

3　下沉过程中，应随时掌握土层情况，做好下沉观测记录，分析和检验土的阻力与沉井重力的关系，选用最有利的下沉方法。

4　下沉通过黏土胶结层或沉井自身重力偏轻下沉困难时，可采用井外高压射水、降低井内水位等方法下沉。在结构受力容许的条件下，亦可采用压重或接高沉井下沉。

5　正常下沉时，应自中间向刃脚处均匀对称除土。对于排水除土下沉的底节沉井，设计支承位置处的土，应在分层除土中最后同时挖除。由数个井室组成的沉井，为使下沉不发生倾斜，应控制各井室之间除土面的高差，并避免内隔墙底部在下沉时受到下面土层的顶托。

6　下沉时应随时注意正位，保持竖直下沉，至少每下沉1m检查一次。沉井入土深度尚未超过其平面最小尺寸的1.5～2倍时，最易出现倾斜，应及时注意校正。但偏斜时的竖直校正，一般均会引起平面位置的移动。

7　合理安排沉井外弃土地点，避免对沉井引起偏压。在水中下沉时，应注意河床因冲淤引起的土面高差，必要时可用沉井外弃土来调整。

8　采用吸泥吹砂等方法在不稳定的土或砂土中下沉时，必须备有向井内补水的设施，保持井内外的水位相平或井内略高于井外水位，防止翻砂。吸泥器应均匀吸泥，防止局部吸泥过深，造成沉井下沉偏斜。

9　下沉至设计标高以上2m左右时，应适当放慢下沉速度并控制井内除土量和除土位置，以使沉井平稳下沉，正确就位。

10　可采用下列辅助措施下沉：

1）高压射水：当局部地点难以由潜水员定点定向射水掌握操作时，在一个沉井内只可同时开动一套射水设备，并不得进行除土或其他起吊作业。射水水压应根据地层情况、沉井入土深度等因素确定，可取1～2.5MPa。

2）抽水助沉：不排水下沉的沉井，对于易引起翻砂、涌水地层，不宜采用抽水助沉方法。

3）压重助沉：沉井圬工尚未接筑完毕时，可利用接筑圬工压重助沉，也可在井壁顶部用钢铁块件或其他重物压重助沉。除为纠正沉井偏斜外，压重应均匀对称旋转。采用压重助沉时，应结合具体情况及实际效果选用。

4）炮振助沉：一般不宜采用炮振助沉方法。在特殊情况下必须采用时，应严格控制用药量。在井孔中央底面放置炸药起爆助沉时，可采用0.1～0.2kg，具体使用应视沉井大小、井壁厚度及炸药性能而定。同一沉井每次只能起爆一次，并应根据具体情况，适当控制炮振次数。

5）利用空气幕下沉：

（1）空气幕的制作，应符合下列要求：

气斗的选型应以布设简单、不易堵塞、便于喷气扩散为原则，可采用150mm×50mm棱锥形，喷气孔直径为1mm，气斗喷气孔数量应以每个气斗所作用的有效面积决定。气斗可按下部为1.3m^2/个、上部为2.6m^2/个考虑，喷气孔平均可按1.0～1.6m^2/个考虑。气斗喷气孔布置按等距离分布，上下交错排列，距刃脚底面以上3m左右可不设，防止压气时引起翻砂。

井壁内预埋管可为环形管与竖管，喷气孔设在环形管上，也可以只设竖管。喷气孔设在竖管上，可根据施工设备条件和实际情况决定，但管尾端均应有防止砂粒堵塞喷气孔的储砂筒设施。

（2）风压设备的规定：

压风机具有设计要求的风压和风量，风压应大于最深喷气孔处的水压力加送气管路损耗，一般可按最深喷气孔处理论水压的1.4～1.6倍考虑；风量可按喷气孔总数及每个喷气孔单位时间内所耗风量计算；地面风管应尽量减少弯头、接头，以降低气压损耗。为稳定风压，在压风机与井外送气管间，应设置必要数量的储气风包。

每节沉井下沉前，管道、气斗应经压风检验，如有堵塞，应采取补救措施。

（3）沉井下沉时应注意下列事项：

在整个下沉过程中，应先在井内除土，消除刃脚下土的抗力后再压气，但也不得过分除土而不压气，一般除土面低于刃脚0.5～1.0m时，即应压气下沉。压气时间不宜过长，一般不超过5min/次。放气顺序应先上部气斗，后下部气斗，以形成沿沉井外壁上喷的气流。气压不应小于喷气孔最深处理论水压的1.4～1.6倍，应尽可能使用风压机的最大值。

停气时应先停下部气斗，依次向上，最后停上部气斗，并应缓慢减压，不得将高压空气突然停止，防止造成瞬间负压，使喷气孔内吸入泥沙而被堵塞。

空气幕下沉沉井适应于砂类土、粉质土及黏质土地层，对于卵石土、砾类土、硬黏土及风化岩等地层不宜使用。

7.4.2　沉井接高和防水、防土措施

1　沉井接高应符合以下规定：

1）沉井接高前应尽量纠正倾斜，接高各节的竖向中轴线应与前一节的中轴线相重合。

2）水上沉井接高时，井顶露出水面不应小于1.5m；地面上沉井接高时，井顶露出地面不应小于0.5m。

3）接高前不得将刃脚掏空，避免沉井倾斜，接高加重应均匀、对称地进行。

4）混凝土接缝应按本规范第11章的规定处理。

2　沉井下沉时，如需在沉井顶部设置防水或防土围堰，围堰底部与井顶应连接牢固，防止沉井下沉时围堰与井顶脱离。

7.4.3　沉井下沉遇到倾斜岩层时，应将表面松软岩层或风化岩层凿去，并尽量整平，使沉井刃脚的2/3以上嵌搁在岩层上，嵌入深度最小处不宜小于0.25m，其余未到岩层的刃脚部分，可用袋装混凝土

等填塞缺口。刃脚以内井底岩层的倾斜面，应凿成台阶或榫槽后，清渣封底。

7.4.4 纠正沉井倾斜和位移时，可按下列规定处理：

1 纠偏前，应分析原因，然后采取相应措施，如有障碍物应首先排除。

2 纠正倾斜时，一般可采取除土、压重、顶部施加水平力或刃脚下支垫等方法进行。对空气幕沉井可采取侧压气纠偏。

3 纠正位移时，可先除土，使沉井底面中心向墩位设计中心倾斜，然后在对侧除土，使沉井恢复竖直，如此反复进行，使沉井逐步移近设计中心。

4 纠正扭转，可在一对角线两角除土，在另外两角填土，借助于刃脚下不相等的土压力所形成的扭矩，使沉井在下沉过程中逐步纠正其扭转角度。

7.5 基底检验

7.5.1 沉井沉至设计标高后，应检验基底的地质情况是否与设计相符，排水下沉时，可直接检验、处理；不排水下沉时，应进行水下检查、处理，必要时取样鉴定。

7.5.2 基底应符合下列要求：

1 不排水下沉的沉井基底面应整平，且无浮泥。基底为岩层时，岩面残留物应清除干净，清理后有效面积不得小于设计要求；岩基底倾斜时，应符合7.4.3条的规定。井壁隔墙及刃脚与封底混凝土接触面处的泥污应予清除。

2 排水下沉的沉井，应满足基底面平整的要求，还应符合本规范第3章有关规定。

7.5.3 沉井下沉至设计标高时，应进行沉降观测，满足设计要求后，方可封底。

7.6 沉井封底

7.6.1 基底检验合格后，应及时封底。对于排水下沉的沉井，在清基时，如渗水量上升速度小于或等于6mm/min，可按第11章普通混凝土浇筑方法进行封底；若渗水量大于上述规定时，宜采用水下混凝土进行封底。

7.6.2 用刚性导管法进行水下混凝土封底时，应满足如下要求：

1 混凝土材料可参照钻孔灌注桩水下混凝土有关规定，混凝土的坍落度宜为150～200mm。

2 灌注封底水下混凝土时，需要的导管间隔及根数，应根据导管作用半径及封底面积确定。

3 用多根导管灌注时的顺序，应进行设计，防止发生混凝土夹层。若同时浇注，当基底不平时，应逐步使混凝土保持大致相同的标高。

4 每根导管开始灌注时所用的混凝土坍落度宜采用下限，首批混凝土需要数量应通过计算确定。

5 在灌注过程中，导管应随混凝土面升高而徐徐提升，导管埋深应与导管内混凝土下落深度相适应，一般不宜小于表7.6.2-1的规定。用多根导管灌注时，导管埋深不宜小于表7.6.2-2的规定。

6 在灌注过程中，应注意混凝土的堆高和扩展情况，正确地调整坍落度和导管埋深，使每盘混凝土灌注后形成适宜的堆高和不陡于1:5的流动坡度，抽拔导管应严格使导管不进水。混凝土面的最终灌注高度，应比设计值高出不小于150mm，待灌注混凝土强度达到设计要求后，再抽水凿除表面松弱层。

表7.6.2-1 不同灌注深度导管的最小埋深

灌注深度(m)	≤10	10～15	15～20	>20
导管最小埋深(m)	0.6～0.8	1.1	1.3	1.5

表7.6.2-2 导管不同间距的最小埋深

导管间距(m)	≤5	6	7	8
导管最小埋深(m)	0.6～0.9	0.9～1.2	1.2～1.4	1.3～1.6

7.6.3 沉井封底,若为水下压浆混凝土时,应按设计要求施工。

7.7 井孔填充和顶板浇筑

7.7.1 井孔填充应按设计规定处理。

7.7.2 不排水封底的沉井,应在封底混凝土强度满足设计要求时方可抽水。

7.7.3 当沉井顶部需要浇筑钢筋混凝土顶板时,应保持无水施工。

7.8 质量检验与质量标准

7.8.1 沉井基础施工应分阶段进行质量检验并填写检查记录。

7.8.2 沉井基底应按本规范第4.5节进行检查验收。沉井的制作以及封底、填充、封顶等检验内容及质量标准,除符合本章规定外,还应符合本规范有关章节的规定。

7.8.3 沉井制作的允许偏差应符合表7.8.3的规定。

表7.8.3 沉井制作允许偏差

项目		允许偏差
沉井平面尺寸	长度、宽度	±0.5%,当长、宽大于24m时,±120 mm
	曲线部分的半径	±0.5%,当半径大于12m时,±60 mm
	两对角线的差异	对角线长度的±1%,最大±180 mm
沉井井壁厚度	混凝土、片石混凝土	+40 mm,-30mm
	钢筋混凝土	±15mm

注:①对于钢沉井及结构构造、拼装等方面有特殊要求的沉井,其平面尺寸允许偏差值应按照设计要求确定;

②井壁的表面要平滑而不外凸,且不得向外倾斜。

7.8.4 沉井基础的质量应符合下列规定:

1 混凝土的强度应符合设计要求。

2 沉井刃脚底面标高应符合设计要求。

3 底面、顶面中心与设计中心的偏差应符合设计要求,当设计无要求时,其允许偏差纵横方向为沉井高度的1/50(包括因倾斜而产生的位移)。对于浮式沉井,允许偏差值增加250mm。

4 沉井的最大倾斜度为1/50。

5 矩形、圆端形沉井的平面扭转角偏差,就地制作的沉井不得大于1°,浮式沉井不得大于2°。

8 地下连续墙

8.1 一般规定

8.1.1 适用范围

地下连续墙适于作为地下挡土墙、挡水围堰，承受竖向和侧向荷载的桥梁基础和平面尺寸大、形状复杂的地下构造物及适用于除岩溶和地下承压水很高处的其他各类土层中施工。

地下连续墙可采用直线单元节段式施工，亦可采用桩排式施工方式。

8.1.2 地下连续墙工程施工前，必须具备工程地质资料、区域内障碍物资料、必要的试验资料等。

8.1.3 在原有构造物附近施工前，必须了解原有构造物结构及基础情况，如影响构造物的安全时，应研究采取有效处理措施。

8.2 导墙

8.2.1 用泥浆护壁挖槽构成的地下连续墙应先构筑导墙。导墙应能满足地下连续墙的施工导向、蓄积泥浆并维持其表面高度，支承挖槽机械设备和其他荷载，维护槽顶表土层的稳定和阻止地面水流入沟槽。

8.2.2 导墙的材料、平面位置、型式、埋置深度、墙体厚度、顶面高度应符合设计文件要求。当设计文件未规定时，应符合以下要求：

1 导墙宜采用钢筋混凝土材料构筑。混凝土等级不宜低于 C20。

2 导墙的平面轴线应与地下连续墙轴线平行，两导墙的内侧间距宜比地下连续墙体厚度大 40 ~60mm。

3 导墙型式根据土质情况可采用板墙形、匚形或倒 L 形。墙体厚度应满足施工要求。

4 导墙底端埋入土内深度宜大于 1m。基底土层应夯实，遇有特殊情况须作妥善处理。导墙顶端应高出地面，遇地下水位较高时，导墙顶端应高于地下水位，墙后应填土与墙顶齐平，全部导墙顶面应保持水平，内墙面应保持竖直。

5 导墙支撑应每隔 1 ~1.5m 距离设置。

8.2.3 导墙施工除按照本规范有关规定执行外，还应符合下列要求：

1 导墙要求分段施工时，段落划分应与地下连续墙划分的节段错开。

2 安装预制导墙块时，必须按照设计施工，保证连接处质量，防止渗漏。

3 混凝土导墙在浇筑及养护时，重型机械、车辆不得在附近作业行驶。

8.2.4 导墙的质量标准

导墙平面轴线应与地下连续墙的平面轴线平行，允许偏差为 10mm。导墙内墙面应竖直，顶面应水平。两导墙内墙面间的距离允许偏差为 5mm，导墙顶面高程允许偏差为 ±10mm。

8.3 地下连续墙施工

8.3.1 地下连续墙的沟槽施工，应根据地质情况和施工条件选用能满足成槽要求的机具与设备。

8.3.2 桩排式地下连续墙的主要施工工艺和技术要求可按本规范第 6 章有关规定执行。桩排间的土层可压注化学溶液或水泥浆予以加固和防渗透，可按本规范第 4 章有关规定执行。

8.3.3 槽壁式地下连续墙的沟槽开挖应符合下列要求：

1 开挖前应按已划分的单元节段，决定各段开挖先后次序。挖槽施工开始后应连续进行，直到节段完成。

2 成槽机械开挖一定深度后，应立即输入调制好的泥浆，并宜保持槽内泥浆面不低于导墙顶面300mm。配制优质泥浆，起到良好的护壁作用是成槽的关键，重复使用的泥浆若性质变化，应进行再生处理或舍弃。

3 挖掘的槽壁及接头处应保持竖直，竖直度允许偏差应符合第7.4节的规定。接头处相邻两槽段的挖槽中心线在任一深度的偏差值不得大于墙厚的1/3。槽底高度不得高于墙底设计高度。

4 挖槽时应加强观测，如槽壁发生坍塌时，应查明原因，采取相应措施，妥善处理。对于严重大面积坍塌，应提出挖槽机械后，填入较好的黏质土，必要时可掺拌10%～20%的水泥，回填至坍塌处以上1～2m，待沉积密实后再进行挖掘。对局部坍塌，可加大泥浆相对密度和黏度，已坍入的土块宜清理后再继续挖掘。

5 挖掘时如遇到槽沟偏斜等故障，应查明原因，采取措施，予以排除。

6 槽段开挖达到槽底设计标高后，应对成槽质量进行检查，符合本章第7.4节的规定后，方可进行下一工序清底、换浆。

7 挖槽施工应做好施工记录，妥善处理废弃泥浆及钻渣，防止环境污染。

8.3.4 槽段清底工作应在吊放接头装置之前进行。清底工序包括清除槽底沉淀的泥渣和置换槽中的泥浆，清底应按下列技术要求办理：

1 清底之前应检测节段平面位置、横截面和竖面。如槽壁竖向倾斜、弯曲和宽度不足等超过允许偏差时，应进行修槽工作，使其符合要求。节段接头处应用刷子或高压射水清扫。

2 清底工作宜根据设备条件采用抓斗排渣法、反循环泥浆泵排泥法、潜水电泵排泥法、空气升液排泥法等。施工时可参照本规范第6章有关规定办理。

3 清理槽底和置换泥浆工作结束1h后，应进行检验，槽底以上200mm处的泥浆相对密度不应大于1.15，槽底沉淀物厚度应符合设计要求。

8.3.5 施工接头应符合设计要求，当设计无规定时，可按下列规定办理：

1 对受力和防渗要求较小的施工接头，宜采用接头管式接头。当初期的单元节段开挖完成并清底后，应用吊机将钢制接头管竖直吊放入槽内，紧靠单元节段两端，接头管底端应插入槽底以下100～150mm，管长应略大于地下连续墙设计值。接头管可分节于管内用销子连接固定。管外平顺无突出物，管外径宜比墙厚小50mm。此后可进行吊放钢筋骨架、灌注水下混凝土工序。灌注水下混凝土时，应经常转动及小量提升接头管。待混凝土初凝后将接头管拔出，拔管时不得损坏接头处的混凝土。

2 对受力、防渗和整体性要求较大的接头装置宜采用接头箱式或隔板式接头。接头箱式其吊放的钢筋骨架一端带有堵头板，堵头钢板向外伸出的水平钢筋可插入接头箱管中，灌注混凝土时，由堵头板挡住，使混凝土不流入接头箱管内。混凝土初凝后，逐步吊出接头箱管，先灌节段骨架的外伸钢筋可灌入邻段混凝土内。

3 当地下连续墙设计与梁、承台或墩柱连接时，应于连接处设置结构接头。结构接头的型式应按照设计规定。施工时应在连接处按照设计文件埋设连接钢筋，待墙体混凝土灌注并凝固后，开挖墙体内侧土体，并凿去混凝土保护层，露出预埋钢筋。将其弯成所需形状，与后浇的梁、承台或墩柱的主钢筋连接。

8.3.6 地下连续墙钢筋骨架的制作和吊放除应按本规范6.5.1条的规定办理外，还应符合下列规定：

1 钢筋骨架应根据设计图和单元节段的划分长度制作，并宜在工地的工作台上试装配成型，骨架中间应留出上下贯通的导管位置。

2 吊放钢筋骨架时，必须使骨架中心对准单元节段中心，竖直不变形并准确地下放插入槽内，不得使骨架发生摆动。

3 全部钢筋骨架入槽后，应固定在导墙上，并应使骨架顶端高度符合设计要求。

4　当钢筋骨架不能顺利插入槽内时,应重新吊起,查明原因,解决后,重新放入,不得强行压入槽内。

8.3.7　灌注水下混凝土时,应符合下列要求:

1　混凝土拌合物应采用导管法灌注。单元节段长度小于4m时,可采用1根导管灌注;单元节段长度超过4m时,宜采用2或3根导管同时灌注。采用多根导管灌注时,导管间净距不宜大于3m,导管距节段端部不宜大于1.5m。各导管灌注的混凝土拌合物表面高差不宜大于0.3m。导管内径不宜小于200mm。

2　灌注水下混凝土的其他技术要求,应符合本规范第6章的有关规定。

8.4　质量标准

地下连续墙裸露墙面应平整,外轮廓线应平顺,无突变转折现象,允许偏差应符合表8.4的规定。

表8.4　地下连续墙的允许偏差

项　目	规定值或允许偏差	项　目	规定值或允许偏差
混凝土强度	在合格标准内	倾斜度	0.5%
轴线位置(mm)	30	顶面高程(mm)	±10
外形尺寸(mm)	0,+30	沉淀厚度	符合设计要求

9 模板、支架和拱架

9.1 一般规定

9.1.1 本章适用于公路桥涵就地浇筑和工地、工厂预制构件的混凝土、钢筋混凝土、预应力混凝土和砌石圬工所用的模板、支架及拱架的设计和施工。

9.1.2 模板、支架和拱架的设计原则

1 宜优先使用胶合板和钢模板。

2 在计算荷载作用下，对模板、支架及拱架结构按受力程序分别验算其强度、刚度及稳定性。

3 模板板面之间应平整，接缝严密，不漏浆，保证结构物外露面美观，线条流畅，可设倒角。

4 结构简单，制作、装拆方便。

9.1.3 模板、支架和拱架可采用钢材、胶合板、塑料和其他符合设计要求的材料制作。钢材可采用现行国家标准《碳素结构钢》(GB 700)中的标准。

9.1.4 浇筑混凝土之前，模板应涂刷脱模剂，外露面混凝土模板的脱模剂应采用同一品种，不得使用废机油等油料，且不得污染钢筋及混凝土的施工缝处。

9.1.5 重复使用的模板、支架和拱架应经常检查、维修。

9.2 模板、支架和拱架的设计

9.2.1 设计的一般要求

1 模板、支架和拱架的设计，应根据结构型式、设计跨径、施工组织设计、荷载大小、地基土类别及有关的设计、施工规范进行。

2 绘制模板、支架和拱架总装图、细部构造图。

3 制定模板、支架和拱架结构的安装、使用、拆卸保养等有关技术安全措施和注意事项。

4 编制模板、支架及拱架材料数量表。

5 编制模板、支架及拱架设计说明书。

9.2.2 设计荷载

1 计算模板、支架和拱架时，应考虑下列荷载并按表9.2.2进行荷载组合。

1)模板、支架和拱架自重；

2)新浇筑混凝土、钢筋混凝土或其他圬工结构物的重力；

3)施工人员和施工材料、机具等行走运输或堆放的荷载；

4)振捣混凝土时产生的荷载；

5)新浇筑混凝土对侧面模板的压力；

6)倾倒混凝土时产生的水平荷载；

7)其他可能产生的荷载，如雪荷载、冬季保温设施荷载等。

普通模板荷载计算见附录D。

表9.2.2 模板、支架和拱架设计计算的荷载组合

模板结构名称	荷载组合	
	计算强度用	验算刚度用
梁、板和拱的底模板以及支承板、支架及拱等	(1)+(2)+(3)+(4)+(7)	(1)+(2)+(7)
缘石、人行道、栏杆、柱、梁、板、拱等的侧模板	(4)+(5)	(5)
基础、墩台等厚大建筑物的侧模板	(5)+(6)	(5)

2 钢、木模板，支架及拱架的设计，可按《公路桥涵钢结构及木结构设计规范》(JTJ 025)的有关规定执行。

3 计算模板、支架和拱架的强度和稳定性时，应考虑作用在模板、支架和拱架上的风力。设于水中的支架，尚应考虑水流压力、流冰压力和船只漂流物等冲击力荷载。

4 组合箱形拱，如系就地浇筑，其支架和拱架的设计荷载可只考虑承受拱肋重力及施工操作时的附加荷载。

9.2.3 稳定性要求

1 支架的立柱应保持稳定，并用撑拉杆固定。当验算模板及其支架在自重和风荷载等作用下的抗倾倒稳定时，验算倾覆的稳定系数不得小于1.3。

2 支架受压构件纵向弯曲系数可按《公路桥涵钢结构及木结构设计规范》(JTJ 025)进行计算。

9.2.4 强度及刚度要求

1 验算模板、支架及拱架的刚度时，其变形值不得超过下列数值：

1)结构表面外露的模板，挠度为模板构件跨度的1/400；

2)结构表面隐蔽的模板，挠度为模板构件跨度的1/250；

3)支架、拱架受载后挠曲的杆件(盖梁、纵梁)，其弹性挠度为相应结构跨度的1/400；

4)钢模板的面板变形为1.5mm；

5)钢模板的钢棱和柱箍变形为$L/500$和$B/500$(其中L为计算跨径，B为柱宽)。

2 拱架各截面的应力验算，根据拱架结构形式及所承受的荷载，验算拱顶、拱脚及1/4跨各截面的应力，铁件及节点的应力，同时应验算分阶段浇筑或砌筑时的强度及稳定性。验算时不论板拱架或桁拱架均作为整体截面考虑，验算倾覆稳定系数不得小于1.3。

9.3 模板的制作及安装

9.3.1 钢模板制作

1 钢模板宜采用标准化的组合模板。组合钢模板的拼装应符合现行国家标准《组合钢模板技术规范》(GB 214)。各种螺栓连接件应符合国家现行有关标准。

2 钢模板及其配件应按批准的加工图加工，成品经检验合格后方可使用。

9.3.2 木模板制作

1 木模可在工厂或施工现场制作，木模与混凝土接触的表面应平整、光滑，多次重复使用的木模应在内侧加钉薄铁皮。木模的接缝可做成平缝、搭接缝或企口缝。当采用平缝时，应采取措施防止漏浆。木模的转角处应加嵌条或做成斜角。

2 重复使用的模板应始终保持其表面平整、形状准确，不漏浆，有足够的强度和刚度。

9.3.3 其他材料模板制作

1 钢框覆面胶合板模板的板面组配宜采取错缝布置，支撑系统的强度和刚度应满足要求。吊环应采用Ⅰ级钢筋制作，严禁使用冷加工钢筋，吊环计算拉应力不应大于50MPa。

2 高分子合成材料面板、硬塑料或玻璃钢模板，制作接缝必须严密，边肋及加强肋安装牢固，与模板成一整体。施工时安放在支架的横梁上，以保证承载能力及稳定。

3 圬工外模

1)土胎模制作的场地必须坚实、平整，底模必须拍实找平，土胎模表面应光滑，尺寸准确，表面应涂隔离剂。

2)砖胎模与木模配合时，砖做底模，木做侧模，砖与混凝土接触面应抹面，表面抹隔离剂。

3)混凝土胎模制作时保证尺寸准确，表面抹隔离剂。

4 土牛拱胎

在条件适宜处，可使用土牛拱胎。制作时应有排水设施，土石应分层夯实，密实度不得小于90%，拱顶部分选用含水量适宜的黏土。土牛拱胎的尺寸、高程应符合设计要求。

9.3.4 模板安装的技术要求

1 模板与钢筋安装工作应配合进行,妨碍绑扎钢筋的模板应待钢筋安装完毕后安设。模板不应与脚手架联结(模板与脚手架整体设计时除外),避免引起模板变形。

2 安装侧模板时,应防止模板移位和凸出。基础侧模可在模板外设立支撑固定,墩、台、梁的侧模可设拉杆固定。浇筑在混凝土中的拉杆,应按拉杆拔出或不拔出的要求,采取相应的措施。对小型结构物,可使用金属线代替拉杆。

3 模板安装完毕后,应对其平面位置、顶部标高、节点联系及纵横向稳定性进行检查,签认后方可浇筑混凝土。浇筑时,发现模板有超过允许偏差变形值的可能时,应及时纠正。

4 模板在安装过程中,必须设置防倾覆设施。

5 当结构自重和汽车荷载(不计冲击力)产生的向下挠度超过跨径的1/1 600时,钢筋混凝土梁、板的底模板应设预拱度,预拱度值应等于结构自重和1/2汽车荷载(不计冲击力)所产生的挠度。纵向预拱度可做成抛物线或圆曲线。

6 后张法预应力梁、板,应注意预应力、自重和汽车荷载等综合作用下所产生的上拱或下挠,应设置适当的预挠或预拱。

9.3.5 中小跨径的空心板制作时所使用的芯模应符合下列要求:

1 充气胶囊在使用前应经过检查,不得漏气,安装时应有专人检查钢丝头,钢丝头应弯向内侧,胶囊涂刷隔离剂。每次使用后,应妥善存放,防止污染、破损及老化。

2 从开始浇筑混凝土到胶囊放气时止,其充气压力应保持稳定。

3 浇筑混凝土时,为防止胶囊上浮和偏位,应采取有效措施加以固定,并应对称平衡地进行浇筑。

4 胶囊的放气时间应经试验确定,以混凝土强度达到能保持构件不变形为宜。

5 木芯模使用时应防止漏浆和采取措施便于脱模。要控制好拆芯模时间,过早易造成混凝土坍落,过晚拆模困难。应根据施工条件通过试验确定拆除时间。

6 钢管芯模应由表面匀直、光滑的无缝钢管制作,混凝土终凝后,即可将芯模轻轻转动,然后边转动边拔出。

7 充气胶囊芯模在工厂制作时,应规定充气变形值,保证制作误差不大于设计规定的误差要求。在设计无规定时,应满足本规范第15章对板梁构造尺寸的要求。

9.3.6 滑升、提升、爬升及翻转模板的技术要求

1 滑升模板适用于较高的墩台和吊桥、斜拉桥的索塔施工。采用滑升模板时,除应遵守现行《液压滑动模板施工技术规范》(GBJ 113)外,还应遵守下列规定:

1)滑升模板的结构应有足够的强度、刚度和稳定性,模板高度宜根据结构物的实际情况确定,滑升模板的支承杆及提升设备应能保证模板竖直均衡上升。滑升时应检测并控制模板位置,滑升速度宜为100~300mm/h。

2)滑升模板组装时,应使各部尺寸的精度符合设计要求。组装完毕须经全面检查试验后,才能进行浇筑。

3)滑升模板施工应连续进行,如因故中断,在中断前应将混凝土浇筑齐平。中断期间模板仍应继续缓慢地提升,直到混凝土与模板不至粘住时为止。

2 提升模板 提升模架其结构应满足使用要求。大块模板应用整体钢模板,加劲肋在满足刚度需要的基础上应进行加强,以满足使用要求。

3 爬升及翻转模板 模板、模架爬升或翻转时结构的混凝土强度必须满足拆模时的强度要求。

9.4 支架、拱架的制作及安装

9.4.1 支架、拱架制作的强度和稳定

1 支架

支架整体、杆配件、节点、地基、基础和其他支撑物应进行强度和稳定验算。

就地浇筑梁式桥的支架,参照本规范第15.2节的规定执行。

2　木拱架

拱架所用的材料规格及质量应符合要求。桁架拱架在制作时,各杆件应当采用材质较强、无损伤及湿度不大的木材。夹木拱架制作时,木板长短应搭配好,纵向接头要求错开,其间距及每个断面接头应满足使用要求。面板夹木按间隔用螺栓固定,其余用铁钉与拱肋固定。

木拱架的强度和刚度应满足变形要求。杆件在竖直与水平面内,要用交叉杆件联结牢固,以保证稳定。木拱架制作安装时,应基础牢固,立柱正直,节点连接应采取可靠措施以保证支架的稳定,高拱架横向稳定应有保证措施。

3　钢拱架

1)常备式钢拱架纵、横向距离应根据实际情况进行合理组合,以保证结构的整体性。

2)钢管拱架　排架的纵、横距离应按承受拱圈自重计算,各排架顶部的标高要符合拱圈底的轴线。为保证排架的稳定应设置足够的斜撑、剪力撑、扣件和缆风绳。

9.4.2　施工预拱度和沉落

1　支架和拱架应预留施工拱度,在确定施工拱度值时,应考虑下列因素:

1)支架和拱架承受施工荷载引起的弹性变形;

2)超静定结构由于混凝土收缩、徐变及温度变化而引起的挠度;

3)承受推力的墩台,由于墩台水平位移所引起的拱圈挠度;

4)由结构重力引起梁或拱圈的弹性挠度,以及1/2汽车荷载(不计冲击力)引起的梁或拱圈的弹性挠度;

5)受载后由于杆件接头的挤压和卸落设备压缩而产生的非弹性变形;

6)支架基础在受载后的沉陷。

2　为便于支架和拱架的拆卸,应根据结构形式、承受的荷载大小及需要的卸落量,在支架和拱架适当部位设置相应的木楔、木马、砂筒或千斤顶等落模设备。

9.4.3　支架、拱架制作安装

1　支架和拱架宜采用标准化、系列化、通用化的构件拼装。无论使用何种材料的支架和拱架,均应进行施工图设计,并验算其强度和稳定性。

2　制作木支架、木拱架时,长杆件接头应尽量减少,两相邻立柱的连接接头应尽量分设在不同的水平面上。主要压力杆的纵向连接,应使用对接法,并用木夹板或铁夹板夹紧。次要构件的联结可用搭接法。

3　安装拱架前,对拱架立柱和拱架支承面应详细检查,准确调整拱架支承面和顶部标高,并复测跨度,确认无误后方可进行安装。各片拱架在同一节点处的标高应尽量一致,以便于拼装平联杆件。在风力较大的地区,应设置风缆。

4　支架和拱架应稳定、坚固,应能抵抗在施工过程中有可能发生的偶然冲撞和振动。安装时应注意以下几点:

1)支架立柱必须安装在有足够承载力的地基上,立柱底端应设垫木来分布和传递压力,并保证浇筑混凝土后不发生超过允许的沉降量。

2)船只或汽车通行孔的两边支架应加设护桩,夜间应用灯光标明行驶方向。施工中易受漂流物冲撞的河中支架应设坚固的防护设备。

5　支架或拱架安装完毕后,应对其平面位置、顶部标高、节点联结及纵、横向稳定性进行全面检查,符合要求后,方可进行下一工序。

9.5　模板、支架和拱架的拆除

9.5.1　拆除期限的原则规定

1　模板、支架和拱架的拆除期限应根据结构物特点、模板部位和混凝土所达到的强度来决定。

1)非承重侧模板应在混凝土强度能保证其表面及棱角不致因拆模而受损坏时方可拆除,一般应在混凝土抗压强度达到2.5MPa时方可拆除侧模板。

2)芯模和预留孔道内模,应在混凝土强度能保证其表面不发生塌陷和裂缝现象时,方可拔除,拔除时间可按第12.4.4条的有关规定确定。采用胶囊作芯模时,其拔除时间可按第9.3.5条的规定办理。

3)钢筋混凝土结构的承重模板、支架和拱架,应在混凝土强度能承受其自重力及其他可能的叠加荷载时,方可拆除,当构件跨度不大于4m时,在混凝土强度符合设计强度标准值的50%的要求后,方可拆除;当构件跨度大于4m时,在混凝土强度符合设计强度标准值的75%的要求后,方可拆除。

如设计上对拆除承重模板、支架、拱架另有规定,应按照设计规定执行。

2　石拱桥的拱架卸落时间应符合下列要求:

1)浆砌石拱桥,须待砂浆强度达到设计要求,或如设计无要求,则须达到砂浆强度的70%。

2)跨径小于10m的小拱桥,宜在拱上建筑全部完成后卸架;中等跨径的实腹式拱,宜在护拱砌完后卸架;大跨径空腹式拱,宜在拱上小拱横墙砌好(未砌小拱圈)时卸架。

3)当需要进行裸拱卸架时,应对裸拱进行截面强度及稳定性验算,并采取必要的稳定措施。

9.5.2　拆除时的技术要求

1　模板拆除应按设计的顺序进行,设计无规定时,应遵循先支后拆,后支先拆的顺序,拆时严禁抛扔。

2　卸落支架和拱架应按拟定的卸落程序进行,分几个循环卸完,卸落量开始宜小,以后逐渐增大。在纵向应对称均衡卸落,在横向应同时一起卸落。在拟定卸落程序时应注意以下几点:

1)在卸落前应在卸架设备上画好每次卸落量的标记。

2)满布式拱架卸落时,可从拱顶向拱脚依次循环卸落;拱式拱架可在两支座处同时均匀卸落。

3)简支梁、连续梁宜从跨中向支座依次循环卸落;悬臂梁应先卸挂梁及悬臂的支架,再卸无铰跨内的支架。

4)多孔拱桥卸架时,若桥墩允许承受单孔施工荷载,可单孔卸落,否则应多孔同时卸落,或各连续孔分阶段卸落。

5)卸落拱架时,应设专人用仪器观测拱圈挠度和墩台变化情况,并详细记录。另设专人观察是否有裂缝现象。

3　墩、台模板宜在其上部结构施工前拆除。拆除模板,卸落支架和拱架时,不允许用猛烈地敲打和强扭等方法进行。

4　模板、支架和拱架拆除后,应维修整理,分类妥善存放。

9.6　质量检验

9.6.1　模板、支架和拱架制作应根据设计要求确定模板的型式及精度要求,在设计无规定时,可按表9.6.1执行。

表9.6.1　模板、支架及拱架制作时的允许偏差

项目			允许偏差(mm)
木模板制作	模板的长度和宽度		±5
	不刨光模板相邻两板表面高低差		3
	刨光模板相邻两板表面高低差		1
	平板模板表面最大的局部不平	刨光模板	3
		不刨光模板	5
	拼合板中木板间的缝隙宽度		2
	支架、拱架尺寸		±5
	榫槽嵌接紧密度		2

续上表

项目			允许偏差(mm)
钢模板制作	外形尺寸	长和高	0,-1
		肋高	±5
	面板端偏斜		≤0.5
	连接配件(螺栓、卡子等)的孔眼位置	孔中心与板面的间距	±0.3
		板端中心与板端的间距	0,-0.5
		沿板长、宽方向的孔	±0.6
	板面局部不平		1.0
	板面和板侧挠度		±1.0

注:①木模板中第5项已考虑木板干燥后在拼合板中发生缝隙的可能。2mm以下的缝隙,可在浇筑前浇湿模板,使其密合;

②板面局部不平用2m靠尺、塞尺检测。

9.6.2 模板、支架和拱架安装的允许偏差,在设计无要求时,应符合表9.6.2的规定。

表9.6.2 模板、支架及拱架安装的允许偏差

项目		允许偏差(mm)
模板标高	基础	±15
	柱、墙和梁	±10
	墩台	±10
模板内部尺寸	上部构造的所有构件	+5,0
	基础	±30
	墩台	±20
轴线偏位	基础	15
	柱或墙	8
	梁	10
	墩台	10
装配式构件支承面的标高		+2,-5
模板相邻两板表面高低差		2
模板表面平整		5
预埋件中心线位置		3
预留孔洞中心线位置		10
预留孔洞截面内部尺寸		+10,0
支架和拱架	纵轴的平面位置	跨度的1/1 000或30
	曲线形拱架的标高(包括建筑拱度在内)	+20,-10

10 钢筋

10.1 一般规定

10.1.1 钢筋混凝土中的钢筋和预应力混凝土中非预应力钢筋必须符合现行《钢筋混凝土用热轧光圆钢筋》(GB 13013)、《钢筋混凝土用热轧带肋钢筋》(GB 1499)、《冷轧带肋钢筋》(GB 13788)、《低碳钢热轧圆盘条》(GB 701)的规定。其力学、工艺性能可参见附录E-1。环氧树脂涂层钢筋的标准可按照现行《环氧树脂涂层钢筋》(JG 3042)执行。

10.1.2 钢筋必须按不同钢种、等级、牌号、规格及生产厂家分批验收，分别堆存，不得混杂，且应设立识别标志。钢筋在运输过程中，应避免锈蚀和污染。钢筋宜堆置在仓库(棚)内，露天堆置时，应垫高并加遮盖。

10.1.3 钢筋应具有出厂质量证明书和试验报告单。对桥涵所用的钢筋应抽取试样做力学性能试验。

10.1.4 以另一种强度、牌号或直径的钢筋代替设计中所规定的钢筋时，应了解设计意图和代用材料性能，并须符合现行《公路钢筋混凝土及预应力混凝土桥涵设计规范》(JTJ 023)的有关规定。重要结构中的主钢筋在代用时，应由原设计单位做变更设计。

10.1.5 预制构件的吊环，应采用未经冷拉的I级热轧钢筋制作。

10.2 钢筋的加工

10.2.1 钢筋调直和清除污锈应符合下列要求：

1 钢筋的表面应洁净，使用前应将表面油渍、漆皮、鳞锈等清除干净。

2 钢筋应平直，无局部弯折，成盘的钢筋和弯曲的钢筋均应调直。

3 采用冷拉方法调直钢筋时，I级钢筋的冷拉率不宜大于2%；HRB335、HRB400牌号钢筋的冷拉率不宜大于1%。

10.2.2 钢筋的弯制和末端的弯钩应符合设计要求，如设计无规定时，应符合表10.2.2的规定。

表10.2.2 受力主钢筋制作和末端弯钩形状

弯曲部位	弯曲角度	形状图	钢筋种类	弯曲直径 D	平直部分长度	备注
末端弯钩	180°		I	$\geq 2.5d$	$\geq 3d$	d为钢筋直径
	135°		HRB335	$\phi 8 \sim \phi 25$ $\geq 4d$	$\geq 5d$	
			HRB400	$\phi 28 \sim \phi 40$ $\geq 5d$		
	90°		HRB335	$\phi 8 \sim \phi 25$ $\geq 4d$	$\geq 10d$	
			HRB400	$\phi 28 \sim \phi 40$ $\geq 5d$		
中间弯钩	90°以下		各类	$\geq 20d$		

注：环氧树脂涂层钢筋当进行弯曲加工时，对直径 d 不大于20mm的钢筋，其弯曲直径不应小于 $4d$，对直径 d 大于20mm的钢筋，其弯曲直径不小于 $6d$。

10.2.3　用Ⅰ级钢筋制作的箍筋，其末端应做弯钩，弯钩的弯曲直径应大于受力主钢筋的直径，且不小于箍筋直径的2.5倍。弯钩平直部分的长度，一般结构不宜小于箍筋直径的5倍，有抗震要求的结构，不应小于箍筋直径的10倍。弯钩的形式，如设计无要求时，可按图10.2.3a)、b)加工；有抗震要求的结构，应按图10.2.3c)加工。

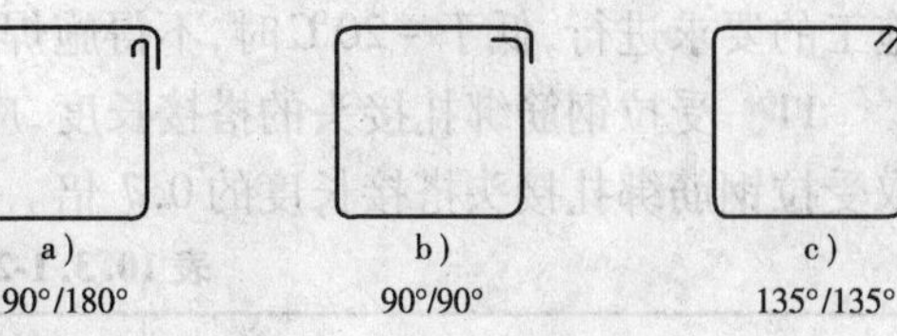

图10.2.3　箍筋弯钩形式图

10.3　钢筋的连接

10.3.1　钢筋的焊接与绑扎接头

1　轴心受拉和小偏心受拉杆件中的钢筋接头，不宜绑接。普通混凝土中直径大于25mm的钢筋，宜采用焊接。

2　钢筋的纵向焊接应采用闪光对焊(HRB 500钢筋必须采用闪光对焊)。当缺乏闪光对焊条件时，可采用电弧焊、电渣压力焊、气压焊。钢筋的交叉连接，无电阻点焊机时，可采用手工电弧焊。各种预埋件T形接头钢筋与钢板的焊接，也可采用预埋件钢筋埋弧压力焊。电渣压力焊只适用于竖向钢筋的连接，不能用作水平钢筋和斜筋的连接。钢筋焊接的接头型式、焊接方法、适用范围应符合现行《钢筋焊接及验收规程》(JGJ 18)的规定。质量验收标准见附录E-2。

3　钢筋焊接前，必须根据施工条件进行试焊，合格后方可正式施焊。焊工必须持考试合格证上岗。

4　钢筋接头采用搭接或帮条电弧焊时，宜采用双面焊缝，双面焊缝困难时，可采用单面焊缝。

5　钢筋接头采用搭接电弧焊时，两钢筋搭接端部应预先折向一侧，使两接合钢筋轴线一致。接头双面焊缝的长度不应小于$5d$，单面焊缝的长度不应小于$10d$(d为钢筋直径)。

钢筋接头采用帮条电弧焊时，帮条应采用与主筋同级别的钢筋，其总截面面积不应小于被焊钢筋的截面积。帮条长度，如用双面焊缝不应小于$5d$，如用单面焊缝不应小于$10d$(d为钢筋直径)。

6　凡施焊的各种钢筋、钢板均应有材质证明书或试验报告单。焊条、焊剂应有合格证，各种焊接材料的性能应符合现行《钢筋焊接及验收规程》(JGJ 18)的规定。各种焊接材料应分类存放和妥善管理，并应采取防止腐蚀、受潮变质的措施。

7　电渣压力焊、气压焊、预埋件钢筋埋弧压力焊的技术规定及电弧焊中的坡口焊、窄间隙焊、熔槽帮条焊和钢筋与钢板焊接的技术规定可参照现行《钢筋焊接及验收规程》(JGJ 18)的规定执行。

8　受力钢筋焊接或绑扎接头应设置在内力较小处，并错开布置，对于绑扎接头，两接头间距离不小于1.3倍搭接长度。对于焊接接头，在接头长度区段内，同一根钢筋不得有两个接头，配置在接头长度区段内的受力钢筋，其接头的截面面积占总截面面积的百分率应符合表10.3.1-1的规定。对于绑扎接头，其接头的截面面积占总截面面积的百分率，亦应符合表10.3.1-1的规定。

表10.3.1-1　接头长度区段内受力钢筋接头面积的最大百分率

接头型式	接头面积最大百分率(%)	
	受拉区	受压区
主钢筋绑扎接头	25	50
主钢筋焊接接头	50	不限制

注：①焊接接头长度区段内是指35d(d为钢筋直径)长度范围内，但不得小于500mm，绑扎接头长度区段是指1.3倍搭接长度；
②在同一根钢筋上应尽量少设接头；
③装配式构件连接处的受力钢筋焊接接头可不受此限制；
④绑扎接头中钢筋的横向净距不应小于钢筋直径且不应小于25mm；
⑤环氧树脂涂层钢筋绑扎搭接长度，对受拉钢筋应至少为涂层钢筋锚固长度的1.5倍且不小于375mm；对受压钢筋为无涂层钢筋锚固长度的1.0倍且不小于250mm。

9　电弧焊接和绑扎接头与钢筋弯曲处的距离不应小于10倍钢筋直径，也不宜位于构件的最大弯矩处。

10　焊接时，对施焊场地应有适当的防风、雨、雪、严寒设施。冬期施焊时应按本规范第14章冬期施工的要求进行,低于-20℃时,不得施焊。

11　受拉钢筋绑扎接头的搭接长度,应符合表10.3.1-2的规定;受压钢筋绑扎接头的搭接长度,应取受拉钢筋绑扎接头搭接长度的0.7倍。

表10.3.1-2　受拉钢筋绑扎接头的搭接长度

钢筋类型		混凝土强度等级		
		C20	C25	高于C25
I级钢筋		35d	30d	25d
月牙纹	HRB335牌号钢筋	45d	40d	35d
	HRB400牌号钢筋	55d	50d	45d

注:①当带肋钢筋直径d不大于25mm时,其受拉钢筋的搭接长度应按表中值减少5d采用;当带肋钢筋直径d大于25mm时,其受拉钢筋的搭接长度应按表中值增加5d采用;

②当混凝土在凝固过程中受力钢筋易受扰动时,其搭接长度宜适当增加;

③在任何情况下,纵向受拉钢筋的搭接长度不应小于300mm;受压钢筋的搭接长度不应小于200mm;

④当混凝土强度等级低于C20时,I级、HRB335牌号钢筋的搭接长度应按表中C20的数值相应增加10d;HRB500钢筋不宜采用;

⑤对有抗震要求的受力钢筋的搭接长度,当抗震烈度为七度(及以上)时应增加5d;

⑥两根不同直径的钢筋的搭接长度,以较细的钢筋直径计算。

12　受拉区内I级钢筋绑扎接头的末端应做弯钩,HRB335、HRB400牌号钢筋的绑扎接头末端可不做弯钩。

直径等于和小于12mm的受压I级钢筋的末端,可不做弯钩,但搭接长度不应小于钢筋直径的30倍。钢筋搭接处,应在中心和两端用铁丝扎牢。

10.3.2　钢筋的机械连接

1　钢筋的机械连接,其接头性能指标应符合附录E-3的规定。

2　钢筋连接件处的混凝土保护层宜满足设计要求,且不得小于15mm,连接件之间的横向净距不宜小于25mm。

3　对受力钢筋机械连接接头的位置要求,可依照焊接接头要求办理。

4　带肋钢筋套筒挤压接头(以下简称挤压接头)适用直径为16~40mm的HRB335、HRB400牌号带肋钢筋的径向挤压连接。用于挤压连接的钢筋应符合现行国家标准的要求。

1)不同直径的带肋钢筋可采用挤压接头连接,当套筒两端外径和壁厚相同时,被连接钢筋的直径相差不应大于5mm。

2)当混凝土结构中挤压接头部位的温度低于-20℃时,宜进行专门的试验。

3)对HRB335、HRB400牌号带肋钢筋挤压接头所用套筒材料,应选用适于压延加工的钢材,其实测力学性能、承载力及尺寸偏差应符合有关规定。

4)套筒应有出厂合格证,套筒在运输和储存中,应按不同规格分别堆放,不得露天堆放,应防止锈蚀和玷污。

5)挤压接头施工时有关挤压设备、人员、挤压操作、质量检验、施工安全应符合现行《带肋钢筋套筒挤压连接技术规程》(JGJ 108)的规定。

5　钢筋锥螺纹接头,适用于直径为16~40mm的HRB335、HRB400牌号钢筋的连接,用于连接的钢筋应符合现行国家标准的要求。锥螺纹连接套的材料宜用45号优质碳素结构钢材或其他经试验确认符合要求的钢材。钢筋锥螺纹接头的技术要求,应符合现行《钢筋锥螺纹接头技术规程》(JGJ 109)的规定。

1)钢筋锥螺纹接头的应用,应符合下列规定:

(1)接头端头距钢筋弯曲点不得小于钢筋直径的10倍;

(2)不同直径的钢筋连接时,一次连接钢筋直径规格不宜超过2级;

2)锥螺纹接头施工时,有关材料、加工、操作、质量检验应符合现行《钢筋锥螺纹接头技术规程》

(JGJ 109)的规定。

10.4 钢筋骨架和钢筋网的组成及安装

10.4.1 对于预制钢筋骨架或钢筋网必须具有足够的刚度和稳定性。

10.4.2 骨架的焊接拼装应在坚固的工作台上进行,操作时应符合下列要求:

1 拼装时应按设计图纸放大样,放样时应考虑焊接变形和预留拱度。

2 钢筋拼装前,对有焊接接头的钢筋应检查每根接头是否符合焊接要求。

3 拼装时,在需要焊接的位置用楔形卡卡住,防止电焊时局部变形。待所有焊接点卡好后,先在焊缝两端点焊定位,然后进行焊缝施焊。

4 骨架焊接时,不同直径的钢筋的中心线应在同一平面上。为此,较小直径的钢筋在焊接时,下面宜垫以厚度适当的钢板。

5 施焊顺序宜由中到边对称地向两端进行,先焊骨架下部,后焊骨架上部。相邻的焊缝采用分区对称跳焊,不得顺方向一次焊成。

10.4.3 钢筋网焊点应符合设计规定,当设计无规定时,应按下列要求焊接:

1 当焊接网的受力钢筋为Ⅰ级或冷拉Ⅰ级钢筋时,如焊接网只有一个方向为受力钢筋,网两端边缘的两根锚固横向钢筋与受力钢筋的全部相交点必须焊接;如焊接网的两个方向均为受力钢筋,则沿网四周边缘的两根钢筋的全部相交点均应焊接,其余的交叉点,可根据运输和安装条件决定,一般可焊接或绑扎一半交叉点。

2 当焊接网的受力钢筋为冷拔低碳钢丝,而另一方向的钢筋间距小于100mm时,除网两端边缘的两根钢筋的全部相交点必须焊接外,中间部分的焊点距离可增大至250mm。

10.4.4 在现场绑扎钢筋网时,应遵守下列规定:

1 钢筋接头的布置,应符合本章第10.3节的有关规定。

2 钢筋的交叉点应用铁丝绑扎结实,必要时,亦可用点焊焊牢。

3 除设计有特殊规定者外,柱和梁中的箍筋应与主筋垂直。

4 墩、台身,柱中的竖向钢筋搭接时,转角处的钢筋弯钩应与模板成45°,中间钢筋的弯钩应与模板成90°。如采用插入式振捣器浇筑小型截面柱时,弯钩与模板的角度最小不得小于15°,在浇筑过程中不得松动。

5 箍筋弯钩的叠合处,在梁中应沿梁长方向置于上面并交错布置,在柱中应沿柱高方向交错布置,若是方柱则必须位于箍筋与柱角竖向钢筋交接点上。但有交叉式箍筋的大截面柱,其接头可位于箍筋与任何一根中间纵向钢筋的交接点上。圆柱或圆管涵螺旋形箍筋的起点和终点应分别绑扎在纵向钢筋上。

10.4.5 应在钢筋与模板间设置垫块,垫块应与钢筋扎紧,并互相错开。非焊接钢筋骨架的多层钢筋之间,应用短钢筋支垫,保证位置准确。钢筋混凝土保护层厚度应符合设计要求。

10.4.6 在浇筑混凝土前,应对已安装好的钢筋及预埋件(钢板、锚固钢筋等)进行检查。

10.5 质量检查和质量标准

10.5.1 加工钢筋的偏差不得超过表10.5.1的规定。

表10.5.1 加工钢筋的允许偏差

项目	允许偏差(mm)	项目	允许偏差(mm)
受力钢筋顺长度方向加工后的全长	±10	箍筋、螺旋筋各部分尺寸	±5
弯起钢筋各部分尺寸	±20		

10.5.2 焊接钢筋的验收和允许偏差

1　焊接钢筋的质量验收内容和标准应按附录 E-2 的规定执行。

2　焊接钢筋网和焊接骨架的偏差不得超过表 10.5.2 的规定。

表 10.5.2　焊接网及焊接骨架的允许偏差

项　目	允许偏差(mm)	项　目	允许偏差(mm)
网的长、宽	±10	骨架的宽及高	±5
网眼的尺寸	±10	骨架的长	±10
网眼的对角线差	10	箍筋间距	0,-20

10.5.3　机械接头的施工现场检验与验收

1　应用钢筋机械连接时,应提交有效的型式检验报告,型式检验应符合现行《钢筋机械连接通用技术规程》(JGJ 107)的规定。

2　钢筋连接开始前及施工过程中,应对每批进场钢筋进行接头工艺检验,工艺检验应符合下列要求:

(1)每种规格钢筋的接头试件不应少于 3 根;

(2)对接头试件的钢筋母材应进行抗拉强度试验;

(3)3 根接头试件的抗拉强度均应满足本规范附录 E-3 中附表 E-3-1 的强度要求。试件抗拉强度尚应大于等于 0.95 倍钢筋母材的实际抗拉强度。计算实际抗拉强度时,应采用钢筋的实际横截面面积。

3　现场检验应符合现行《钢筋机械连接通用技术规程》(JGJ 107)、《钢筋锥螺纹接头技术规程》(JGJ 109)、《带肋钢筋套筒挤压连接技术规程》(JGJ 108)的规定。

10.5.4　安装钢筋的允许偏差

钢筋的级别、直径、根数和间距均应符合设计要求。绑扎或焊接的钢筋网和钢筋骨架不得有变形、松脱和开焊,钢筋位置的偏差不得超过表 10.5.4 的规定。

表 10.5.4　钢筋位置允许偏差

检查项目			允许偏差(mm)
受力钢筋间距	两排以上排距		±5
	同排	梁、板、拱肋	±10
		基础、锚碇、墩台、柱	±20
	灌注桩		±20
箍筋、横向水平钢筋、螺旋筋间距			0,-20
钢筋骨架尺寸	长		±10
	宽、高或直径		±5
弯起钢筋位置			±20
保护层厚度	柱、梁、拱肋		±5
	基础、锚碇、墩台		±10
	板		±3

11 混凝土及钢筋混凝土工程

11.1 一般规定

11.1.1 本章适应于公路桥涵混凝土施工及预应力混凝土中混凝土的施工，水下混凝土及预应力混凝土等的施工还应符合本规范第5章、第12章的规定。

11.1.2 在进行混凝土强度试配和质量评定时，混凝土的抗压强度应以边长为150mm的立方体尺寸标准试件测定。试件以同龄期者三块为一组，并以同等条件制作和养护，每组试件的抗压强度应以三个试件测值的算术平均值为测定值，如有一个测值与中间值的差值超过中间值的15%时，则取中间值为测定值；如有两个测值与中间值的差值均超过15%时，则该组试件无效。

11.1.3 当采用非标准尺寸试件做抗压强度试验时，其抗压强度应按表11.1.3所列系数进行换算。

表11.1.3 混凝土试件抗压强度换算系数

集料最大粒径(mm)	试件尺寸(mm)	换算系数
60	200×200×200	1.05
30	100×100×100	0.95

注：采用150mm×150mm×150 mm的标准试件，其集料最大粒径为40mm。

11.1.4 混凝土抗压强度应为标准尺寸试件在温度为20℃±3℃及相对湿度不低于90%的环境中养护28d做抗压试验时所测得的抗压强度值(单位MPa)，在进行混凝土强度试配和质量评定时，取其保证率为95%。

11.1.5 拌制混凝土所使用的各项材料及拌合物的质量应经过检验，试验方法应符合现行《公路工程水泥混凝土试验规程》(JTJ 053)的有关规定。未列入该规程的试验项目，可参照其他有关试验规程。

11.2 配制混凝土用的材料

11.2.1 水泥

1 选用水泥时，应注意其特性对混凝土结构强度、耐久性和使用条件是否有不利影响。

2 选用水泥时，应以能使所配制的混凝土强度达到要求、收缩小、和易性好和节约水泥为原则。常用水泥的强度等级及软练胶砂抗压强度见附录F-1。

3 水泥应符合现行国家标准，并附有制造厂的水泥品质试验报告等合格证明文件。水泥进场后，应按其品种、强度、证明文件以及出厂时间等情况分批进行检查验收。对所用水泥应进行复查试验。为快速鉴定水泥的现有强度，也可用促凝压蒸法进行复验。

4 袋装水泥在运输和储存时应防止受潮，堆垛高度不宜超过10袋。不同强度等级、品种和出厂日期的水泥应分别堆放。

5 散装水泥的储存，应尽可能采用水泥罐或散装水泥仓库。

6 水泥如受潮或存放时间超过3个月，应重新取样检验，并按其复验结果使用。

11.2.2 细集料

1 桥涵混凝土的细集料，应采用级配良好、质地坚硬、颗粒洁净、粒径小于5mm的河砂，河砂不易得到时，也可用山砂或用硬质岩石加工的机制砂。细集料不宜采用海砂，不得不采用海砂时，其氯离子的含量对于钢筋混凝土应符合本章11.3.6条的规定。细集料的试验可按现行《公路工程集料试验规程》(JTJ 058)执行。

2　砂的筛分应符合下列规定：

1)砂的分类见表11.2.2-1。

表11.2.2-1　砂的分类

砂组	粗砂	中砂	细砂
细度模数	3.7～3.1	3.0～2.3	2.2～1.6

注：细度模数主要反映全部颗粒的粗细程度，不完全反映颗粒的级配情况，混凝土配制时应同时考虑砂的细度模数和级配情况。

2)砂的级配应符合表11.2.2-2中任何一个级配区所规定的级配范围。

表11.2.2-2　砂的分区及级配范围

标准筛筛孔尺寸(mm)	级配区			标准筛筛孔尺寸(mm)	级配区		
	Ⅰ区	Ⅱ区	Ⅲ区		Ⅰ区	Ⅱ区	Ⅲ区
	累计筛余(%)				累计筛余(%)		
10.00	0	0	0	0.63	85～71	70～41	40～16
5.00	10～0	10～0	10～0	0.315	95～80	92～70	85～55
2.50	35～5	25～0	15～0	0.16	100～90	100～90	100～90
1.25	65～35	50～10	25～0				

注：①表中除5mm、0.63mm、0.16mm筛孔外，其余各筛孔累计筛余允许超出分界线，但其总量不得大于5%；

②Ⅰ区砂宜提高砂率以配低流动性混凝土；Ⅱ区砂宜优先选用以配不同等级的混凝土；Ⅲ区砂宜适当降低砂率以保证混凝土的强度；

③对于高强泵送混凝土用砂宜选用中砂，细度模数为2.9～2.6。2.5mm筛孔的累计筛余量不得大于15%，0.315mm筛孔的累计筛余量宜在85%～92%范围内。

3　当对河砂、海砂或机制砂的坚固性有怀疑时，应用硫酸钠进行坚固性试验，试验时循环5次，砂的总质量损失应符合表11.2.2-3的规定。

表11.2.2-3　砂的坚固性指标

混凝土所处的环境条件	循环后的质量损失(%)
在寒冷地区室外使用，并经常处于潮湿或干燥交替状态下的混凝土	≤8
在其他条件下使用的混凝土	≤12

注：①寒冷地区系指最寒冷月份的月平均温度为0～-10℃且日平均温度≤5℃的天数不超过145d的地区；

②对同一产源的砂，在类似的气候条件下使用已有可靠经验时，可不做坚固性检验；

③对于有抗疲劳、耐磨、抗冲击要求的混凝土用砂，或有腐蚀介质作用或经常处于水位变化区的地下结构混凝土用砂，其循环后的质量损失率应小于8%。

4　砂中杂质的含量应通过试验测定，其最大含量不宜超过表11.2.2-4的规定。

表 11.2.2-4 砂中杂质的最大含量

项　　目	≥C30 的混凝土	<C30 的混凝土
含泥量(%)	≤3	≤5
其中泥块含量(%)	≤1.0	≤2.0
云母含量(%)	<2	
轻物质含量(%)	<1	
硫化物及硫酸盐折算为 SO_3(%)	<1	
有机质含量（用比色法试验）	颜色不应深于标准色，如深于标准色，应以水泥砂浆进行抗压强度对比试验，加以复核	

注：①对有抗冻、抗渗或其他特殊要求的混凝土用砂，总含泥量应不大于 3%，其中泥块含量应不大于 1.0%，云母含量不应超过 1%；

②对有机质含量进行复核时，用原状砂配制的水泥砂浆抗压强度不低于用洗除有机质的砂所配制的砂浆的 95% 时为合格；

③砂中如含有颗粒状的硫酸盐或硫化物，则要进行混凝土耐久性试验，满足要求时方能使用；

④杂质含量均按质量计。

11.2.3 粗集料

1 桥涵混凝土的粗集料，应采用坚硬的卵石或碎石，应按产地、类别、加工方法和规格等不同情况，分批进行检验，机械集中生产时，每批不宜超过 400m^3；人工分散生产时，每批不宜超过 200m^3。粗集料的试验可按现行《公路工程集料试验规程》(JTJ 058)执行。

2 粗集料的颗粒级配，可采用连续级配或连续级配与单粒级配合使用。在特殊情况下，通过试验证明混凝土无离析现象时，也可采用单粒级。粗集料的级配范围应符合表 11.2.3-1 的要求。

3 粗集料最大粒径应按混凝土结构情况及施工方法选取，但最大粒径不得超过结构最小边尺寸的 1/4 和钢筋最小净距的 3/4；在两层或多层密布钢筋结构中，不得超过钢筋最小净距的 1/2，同时最大粒径不得超过 100mm。用混凝土泵运送混凝土时的粗集料最大粒径，除应符合上述规定外，对碎石不宜超过输送管径的1/3；对于卵石不宜超过输送管径的 1/2.5，同时应符合混凝土泵制造厂的规定。

4 粗集料的技术要求及有害物质含量的规定见表 11.2.3-2 及表 11.2.3-3。

5 混凝土结构物处于表 11.2.3-4 所列条件下时，应对碎石或卵石进行坚固性试验，试验结果应符合表内的规定。

6 施工前应对所用的碎石或卵石进行碱活性检验，在条件许可时尽量避免采用有碱活性反应的集料，或采取必要的措施。具体试验方法可参照现行《公路工程集料试验规程》(JTJ 058)进行。

7 集料在生产、采集、运输与储存过程中，严禁混入影响混凝土性能的有害物质。集料应按品种规格分别堆放，不得混杂。在装卸及存储时，应采取措施，使集料颗粒级配均匀，并保持洁净。

11.2.4 拌和用水

拌制混凝土用的水，应符合下列要求：

1 水中不应含有影响水泥正常凝结与硬化的有害杂质或油脂、糖类及游离酸类等。

2 污水、pH 值小于 5 的酸性水及含硫酸盐量按 SO_4^{2-} 计超过水的质量 0.27mg/cm^3 的水不得使用。

3 不得用海水拌制混凝土。

4 供饮用的水，一般能满足上述条件，使用时可不经试验。

11.2.5 外加剂

1 应根据外加剂的特点，结合使用目的，通过技术、经济比较来确定外加剂的使用品种。如果使用一种以上的外加剂，必须经过配比设计，并按要求加入到混凝土拌合物中。在外加剂的品种确定后，掺量应根据使用要求、施工条件、混凝土原材料的变化进行调整。

2 所采用的外加剂，必须是经过有关部门检验并附有检验合格证明的产品，其质量应符合现行《混凝土外加剂》(GB 8076)的规定，使用前应复验其效果，使用时应符合产品说明及本规范关于混凝土配合比、拌制、浇筑等各项规定以及外加剂标准中的有关规定。有关混凝土外加剂现场复试检测项目及

表 11.2.3-1 碎石或卵石的颗粒级配规格

级配情况	公称粒级(mm)	累计筛余(按质量百分率计)											
		圆孔筛筛孔尺寸(mm)											
		2.5	5	10	16	20	25	31.5	40	50	63	80	100
连续级配	5~10	95~100	80~100	0~15	0	—	—	—	—	—	—	—	—
	5~16	95~100	90~100	30~60	0~10	0	—	—	—	—	—	—	—
	5~20	95~100	90~100	40~70	—	0~10	0	—	—	—	—	—	—
	5~25	95~100	90~100	—	30~70	—	0~5	0	—	—	—	—	—
	5~31.5	95~100	90~100	70~90	—	15~45	—	0~5	0	—	—	—	—
	5~40	—	95~100	75~90	—	30~60	—	—	0~5	0	—	—	—
单粒级	10~20	—	95~100	85~100	—	0~15	0	—	—	—	—	—	—
	16~31.5	—	95~100	—	85~100	—	—	0~10	0	—	—	—	—
	20~40	—	—	95~100	—	80~100	—	—	0~10	0	—	—	—
	31.5~63	—	—	—	95~100	—	—	75~100	45~75	—	0~10	0	—
	40~80	—	—	—	—	95~100	—	—	70~100	—	30~60	0~10	0

表 11.2.3-2　粗集料的技术要求

项　　目	混凝土强度等级			
	C55～C40	≤C35	≥C30	<C30
石料压碎指标值(%)	≤12	≤16	—	—
针片状颗粒含量(%)	—		≤15	≤25
含泥量(按质量计)(%)	—	—	≤1.0	≤2.0
泥块含量(按质量计)(%)	—	—	≤0.5	≤0.7
小于 2.5mm 的颗粒含量(按质量计)(%)	≤5	≤5	≤5	≤5

注:①混凝土强度等级为 C60 及以上时应进行岩石抗压强度检验,其他情况下,如有必要时也可进行岩石的抗压强度检验。岩石的抗压强度与混凝土强度等级之比对于大于或等于 C30 的混凝土,不应小于 2,其他不应小于 1.5,且火成岩强度不宜低于 80MPa,变质岩不宜低于 60MPa,水成岩不宜低于 30MPa。岩石的抗压强度试验可按现行《公路工程石料试验规程》(JTJ 054)执行;

②混凝土强度在 C10 及以下时,针片状颗粒最大含量可为 40%。

表 11.2.3-3　碎石或卵石中的有害物质含量

项　　目	品　质　指　标
硫化物及硫酸盐折算为 SO_3(按质量计)不大于(%)	1
卵石中有机质含量(用比色法试验)	颜色不应深于标准色,如深于标准色,则应配制混凝土进行强度试验,抗压强度应不低于 95%

注:如含有颗粒硫酸盐或硫化物,则要进行混凝土耐久性试验,确认能满足要求时方能用。

表 11.2.3-4　碎石或卵石的坚固性试验

混凝土所处环境条件	在溶液中循环次数	试验后质量损失不宜大于(%)
寒冷地区,经常处于干湿交替状态	5	5
严寒地区,经常处于干湿交替状态	5	3
混凝土处于干燥条件,但粗集料风化或软弱颗粒过多时	5	12
混凝土处于干燥条件,但有抗疲劳、耐磨、抗冲击要求高或强度大于 C40	5	5

注:有抗冻、抗渗要求的混凝土用硫酸钠法进行坚固性试验不合格时,可再进行直接冻融试验。

标准见附录 F-2。不同品种的外加剂应分别存储,做好标记,在运输与存储时不得混入杂物和遭受污染。

11.2.6　混合材料

1　混合材料包括粉煤灰、火山灰质材料、粒化高炉矿渣等,应由生产单位专门加工,进行产品检验并出具产品合格证书,其技术条件应分别符合现行《用于水泥和混凝土中的粉煤灰》(GB 1596)、《用于水泥中的火山灰质混合材料》(GB/T 2847)、《用于水泥中的粒化高炉矿渣》(GB/T 203)等标准的规定。使用单位对产品质量有怀疑时,应对其质量进行复查,混合材料技术条件见附录 F-3。

2　混合材料在运输与存储中,应有明显标志,严禁与水泥等其他粉状材料混淆。

11.3　混凝土的配合比

11.3.1　混凝土的配合比,应以质量比计,并应通过设计和试配选定。试配时应使用施工实际采用的材料,配制的混凝土拌合物应满足和易性、凝结速度等施工技术条件,制成的混凝土应符合强度、耐久性(抗冻、抗渗、抗侵蚀)等质量要求。

11.3.2 普通混凝土的配合比，可参照现行《普通混凝土配合比设计规程》(JGJ/T 55)，通过试配确定。混凝土的试配强度，应根据设计强度等级，考虑施工条件的差异和变化以及材料质量可能的波动，可参照附录F-4计算确定。对于有特殊要求的混凝土的配合比设计(包括抗渗混凝土、抗冻混凝土、高强混凝土、泵送混凝土、大体积混凝土)，亦可参照上述规程，经过试配确定。在施工过程中，应及时积累资料，为合理调整混凝土配合比提供依据。

11.3.3 配制混凝土时，应根据结构情况和施工条件确定混凝土拌合物的坍落度，浇筑时的坍落度可按表11.3.3选用。

表11.3.3 混凝土浇筑入模时的坍落度

结构类别	坍落度(mm)(振动器振动)
小型预制块及便于浇筑振动的结构	0～20
桥涵基础、墩台等无筋或少筋的结构	10～30
普通配筋率的钢筋混凝土结构	30～50
配筋较密、断面较小的钢筋混凝土结构	50～70
配筋极密、断面高而窄的钢筋混凝土结构	70～90

注：①水下混凝土、泵送混凝土的坍落度，另见本规范有关章节的规定；

②用人工捣实时，坍落度宜增加20～30mm。

当工程需要获得较大的坍落度时，可在不改变混凝土的水灰比，不影响混凝土的质量的情况下，适当掺加外加剂。

11.3.4 混凝土的最大水灰比和最小水泥用量应符合表11.3.4的规定。

表11.3.4 混凝土的最大水灰比和最小水泥用量

混凝土结构所处环境	无筋混凝土		钢筋混凝土	
	最大水灰比	最小水泥用量(kg/m^3)	最大水灰比	最小水泥用量(kg/m^3)
温暖地区或寒冷地区，无侵蚀物质影响，与土直接接触	0.60	250	0.55	275
严寒地区或使用除冰盐的桥涵	0.55	275	0.50	300
受侵蚀性物质影响	0.45	300	0.40	325

注：①本表中的水灰比，系指水与水泥(包括外掺混合材料)用量的比值；

②本表中的最小水泥用量，包括外掺混合材料。当采用人工捣实混凝土时，水泥用量应增加25kg/m^3。当掺用外加剂且能有效地改善混凝土的和易性时，水泥用量可减少25kg/m^3；

③严寒地区系指最冷月份平均气温≤－10℃且日平均温度在≤5℃的天数等于≥145d的地区。

11.3.5 混凝土的最大水泥用量(包括代替部分水泥的混合材料)不宜超过500kg/m^3，大体积混凝土不宜超过350kg/m^3。

11.3.6 在混凝土中掺入外加剂时，除应符合11.2.5条的规定外，还应符合下列规定：

1 在钢筋混凝土中不得掺用氯化钙、氯化钠等氯盐。

2 位于温暖或严寒地区、无侵蚀性物质影响及与土直接接触的钢筋混凝土构件，混凝土中的氯离子含量不宜超过水泥用量的0.30%；位于严寒和海水区域、受侵蚀环境和使用除冰盐的桥涵，氯离子含量不宜超过水泥用量的0.15%。从各种组成材料引入的氯离子含量(折合氯盐含量)如大于上述数值时，应采取有效的防锈措施(如掺入阻锈剂、增加保护层厚度、提高混凝土密实性等)。当采用洁净水和无氯骨料时，氯离子含量可主要以外加剂或混合材料的氯离子含量控制。

3 无筋混凝土的氯化钙或氯化钠掺量，以干质量计，不得超过水泥用量的3%。

4 掺入加气剂的混凝土的含气量宜为3.5%～5.5%。

5 对由外加剂带入混凝土的碱含量应进行控制。每立方米混凝土的总含碱量，对一般桥涵不宜大于3.0kg/m^3，对特殊大桥、大桥和重要桥梁不宜大于1.8 kg/m^3；当处于受严重侵蚀的环境，不得使用有碱活性反应的集料。

11.3.7 粉煤灰、火山灰及粒化高炉矿渣等混合材料作为水泥代替材料或混凝土拌合物的填充材料掺于硅酸盐水泥、普通水泥或其他水泥配制的混凝土拌合物中时，其掺量应通过试验确定，用于代替部分水泥时的掺量不应大于现行国家标准《矿渣硅酸盐水泥、火山灰质硅酸盐水泥及粉煤灰硅酸盐水泥》(GB 1344)的规定。

11.3.8 泵送混凝土的配合比宜符合下列规定：

1 集料最大粒径与输送管内径之比应符合本章 11.2.3 条第 3 款的规定。通过 0.315mm 筛孔的砂不应少于 15%，砂率宜控制在 40% ~50%。

2 最小水泥用量 280 ~300kg/m^3(输送管径 100 ~150mm)。

3 混凝土拌合物的坍落度宜为 80 ~180mm。

4 宜掺用适量的外加剂或混合材料。

11.3.9 通过设计和试配确定配合比后，应填写试配报告单，提交施工监理或有关方面批准。混凝土配合比使用过程中，应根据混凝土质量的动态信息，及时进行调整、报批。

11.4 混凝土的拌制

11.4.1 拌制混凝土配料时，各种衡器应保持准确。对集料的含水率应经常进行检测，雨天施工应增加测定次数，据以调整集料和水的用量。配料数量的允许偏差(以质量计)见表 11.4.1。

表 11.4.1 配料数量允许偏差

材料类别	允许偏差(%)	
	现场拌制	预制场或集中搅拌站拌制
水泥、混合材料	±2	±1
粗、细集料	±3	±2
水、外加剂	±2	±1

放入拌和机内的第一盘混凝土材料应含有适量的水泥、砂和水，以覆盖拌和筒的内壁而不降低拌合物所需的含浆量。每一工作班正式称量前，应对计量设备进行重点校核。计量器具应定期检定，经大修、中修或迁移至新的地点后，也应进行检定。

11.4.2 混凝土应使用机械搅拌，零星工程的塑性混凝土也可用人工拌和。用机械搅拌时，自全部材料装入搅拌筒至开始出料的最短搅拌时间应按设备出厂说明书的规定，并经试验确定，且不得低于表 11.4.2 的规定。

表 11.4.2 混凝土最短搅拌时间

搅拌机类别	搅拌机容量(l)	混凝土坍落度(mm)		
		< 30	30 ~70	>70
		混凝土最短搅拌时间(min)		
自落式	≤400	2.0	1.5	1.0
	≤800	2.5	2.0	1.5
	≤1 200	—	2.5	1.5
强制式	≤400	1.5	1.0	1.0
	≤1 500	2.5	1.5	1.5

注：①搅拌细砂混凝土或掺有外加剂的混凝土时，搅拌时间应适当延长 1 ~2min；

②外加剂应先调成适当浓度的溶液再掺入；

③搅拌机装料数量(装入粗集料、细集料、水泥等松体积的总数)不应大于搅拌机标定容量的 110%；

④搅拌时间不宜过长，每一工作班至少应抽查两次；

⑤表列时间为从搅拌加水算起；

⑥当采用其他形式的搅拌设备时，搅拌的最短时间应按设备说明书的规定或经试验确定。

11.4.3 对于在施工现场集中搅拌的混凝土，应检查混凝土拌合物的均匀性。

1 混凝土拌合物应拌和均匀，颜色一致，不得有离析和泌水现象。

2 混凝土拌合物均匀性的检测方法应按现行国家标准《混凝土搅拌机技术条件》(GB 9142)的规定进行。

3 检查混凝土拌合物均匀性时，应在搅拌机的卸料过程中，从卸料流的1/4至3/4之间部位，采取试样，进行试验，其检测结果应符合下列规定：

1)混凝土中砂浆密度两次测值的相对误差不应大于0.8%；

2)单位体积混凝土中粗集料含量两次测值的相对误差不应大于5%。

11.4.4 混凝土搅拌完毕后，应按下列要求检测混凝土拌合物的各项性能：

1 混凝土拌合物的坍落度，应在搅拌地点和浇筑地点分别取样检测，每一工作班或每一单元结构物不应少于两次。评定时应以浇筑地点的测值为准。如混凝土拌合物从搅拌机出料起至浇筑入模的时间不超过15min时，其坍落度可仅在搅拌地点取样检测。在检测坍落度时，还应观察混凝土拌合物的黏聚性和保水性。

2. 根据需要还应检测混凝土拌合物的其他质量指标并应符合本章的其他规定。

11.4.5 掺用高效减水剂或速凝剂且混凝土运距较远时，可运至浇筑地点再掺入重拌。

11.5 混凝土的运输

11.5.1 混凝土的运输能力应适应混凝土凝结速度和浇筑速度的需要，使浇筑工作不间断并使混凝土运到浇筑地点时仍保持均匀性和规定的坍落度。当混凝土拌合物运距较近时，可采用无搅拌器的运输工具运输；当运距较远时，宜采用搅拌运输车运输。运输时间不宜超过表11.5.1的规定。

表11.5.1 混凝土拌合物运输时间限制

气　　温(℃)	无搅拌设施运输(min)	有搅拌设施运输(min)
20～30	30	60
10～19	45	75
5～9	60	90

注：①当运距较远时，可用搅拌运输车运干拌料到浇筑地点后再加水搅拌；

②掺用外加剂或采用快硬水泥拌制混凝土时，应通过试验查明所配制混凝土的凝结时间后，确定运输时间限制；

③表列时间系指从加水搅拌至入模时间。

11.5.2 用无搅拌运输工具运送混凝土时，应采用不漏浆、不吸水、有顶盖且能直接将混凝土倾入浇筑位置的盛器。

11.5.3 采用泵送混凝土应符合下列规定：

1 混凝土的供应必须保证输送混凝土的泵能连续工作。

2 输送管线宜直，转弯宜缓，接头应严密，如管道向下倾斜，应防止混入空气，产生阻塞。

3 泵送前应先用适量的、与混凝土内成分相同的水泥浆润滑输送管内壁。混凝土出现离析现象时，应立即用压力水或其他方法冲洗管内残留的混凝土，泵送间歇时间不宜超过15min。

4 在泵送过程中，受料斗内应具有足够的混凝土，以防止吸入空气产生阻塞。

11.5.4 用带式运输机运送混凝土时，应符合下列规定：

1 传送带的倾斜度不应超过表11.5.4的规定。

2 混凝土卸于传送带上和由传送带卸下时，应通过漏斗等设施，保持垂直下料。

3 传送带上应设置刮刀等清理设备。

4 传送带运转速度不应超过1.2m/s。

5 做配合比设计时，应考虑有2%～3%的砂浆损失。

表 11.5.4 传送带最大倾斜角度

混凝土坍落度（mm）	最大倾斜角度（°）	
	向上运送	向下运送
<40	18	12
40～80	15	10

11.5.5 用搅拌运输车运输已拌成的混凝土时，途中应以 2～4 r/min的慢速进行搅动，混凝土的装载量约为搅拌筒几何容量的2/3。

11.5.6 混凝土运至浇筑地点后发生离析、严重泌水或坍落度不符合要求时，应进行第二次搅拌。二次搅拌时不得任意加水，确有必要时，可同时加水和水泥以保持其原水灰比不变。如二次搅拌仍不符合要求，则不得使用。

11.6 混凝土的浇筑

11.6.1 一般要求

1 浇筑混凝土前，应对支架、模板、钢筋和预埋件进行检查，并做好记录，符合设计要求后方可浇筑。模板内的杂物、积水和钢筋上的污垢应清理干净。模板如有缝隙，应填塞严密，模板内面应涂刷脱模剂。浇筑混凝土前，应检查混凝土的均匀性和坍落度。

2 自高处向模板内倾卸混凝土时，为防止混凝土离析，应符合下列规定：

1）从高处直接倾卸时，其自由倾落高度不宜超过 2m，以不发生离析为度。

2）当倾落高度超过 2m 时，应通过串筒、溜管或振动溜管等设施下落；倾落高度超过 10m 时，应设置减速装置。

3）在串筒出料口下面，混凝土堆积高度不宜超过 1m。

3 混凝土应按一定厚度、顺序和方向分层浇筑，应在下层混凝土初凝或能重塑前浇筑完成上层混凝土。上下层同时浇筑时，上层与下层前后浇筑距离应保持 1.5m 以上。在倾斜面上浇筑混凝土时，应从低处开始逐层扩展升高，保持水平分层。混凝土分层浇筑厚度不宜超过表 11.6.1-1 的规定。

表 11.6.1-1 混凝土分层浇筑厚度

捣实方法		浇筑层厚度（mm）
用插入式振动器		300
用附着式振动器		300
用表面振动器	无筋或配筋稀疏时	250
	配筋较密时	150
人工捣实	无筋或配筋稀疏时	200
	配筋较密时	150

注：表列规定可根据结构物和振动器型号等情况适当调整。

4 浇筑混凝土时，除少量塑性混凝土可用人工捣实外，宜采用振动器振实。用振动器振捣时，应符合下列规定：

1）使用插入式振动器时，移动间距不应超过振动器作用半径的 1.5 倍；与侧模应保持 50～100mm 的距离；插入下层混凝土 50～100mm；每一处振动完毕后应边振动边徐徐提出振动棒；应避免振动棒碰撞模板、钢筋及其他预埋件。

2）表面振动器的移位间距，应以使振动器平板能覆盖已振实部分 100mm 左右为宜。

3）附着式振动器的布置距离，应根据构造物形状及振动器性能等情况并通过试验确定。

4）对每一振动部位，必须振动到该部位混凝土密实为止。密实的标志是混凝土停止下沉，不再冒出气泡，表面呈现平坦、泛浆。

5 混凝土的浇筑应连续进行，如因故必须间断时，其间断时间应小于前层混凝土的初凝时间或能重塑的时间。混凝土的运输、浇筑及间歇的全部时间不得超过表 11.6.1-2 的规定。当需要超过时应预留施工缝。

表 11.6.1-2 混凝土的运输、浇筑及间歇的全部允许时间(min)

混凝土强度等级	气温不高于 25℃	气温高于 25℃
≤C30	210	180
>C30	180	150

注:当混凝土中掺有促凝或缓凝剂时,其允许时间应根据试验结果确定。

6 施工缝的位置应在混凝土浇筑之前确定,宜留置在结构受剪力和弯矩较小且便于施工的部位,并应按下列要求进行处理:

1)应凿除处理层混凝土表面的水泥砂浆和松弱层,但凿除时,处理层混凝土须达到下列强度:

(1)用水冲洗凿毛时,须达到 0.5MPa;

(2)用人工凿除时,须达到 2.5MPa;

(3)用风动机凿毛时,须达到 10MPa。

2)经凿毛处理的混凝土面,应用水冲洗干净,在浇筑次层混凝土前,对垂直施工缝宜刷一层水泥净浆,对水平缝宜铺一层厚为 10~20mm 的 1:2的水泥砂浆。

3)重要部位及有防震要求的混凝土结构或钢筋稀疏的钢筋混凝土结构,应在施工缝处补插锚固钢筋或石榫;有抗渗要求的施工缝宜做成凹形、凸形或设置止水带。

4)施工缝为斜面时应浇筑成或凿成台阶状。

5)施工缝处理后,须待处理层混凝土达到一定强度后才能继续浇筑混凝土。需要达到的强度,一般最低为 1.2MPa,当结构物为钢筋混凝土时,不得低于 2.5MPa。混凝土达到上述抗压强度的时间宜通过试验确定,如无试验资料,可参见附录 F-5。

7 在浇筑过程中或浇筑完成时,如混凝土表面泌水较多,须在不扰动已浇筑混凝土的条件下,采取措施将水排除。继续浇筑混凝土时,应查明原因,采取措施,减少泌水。

8 结构混凝土浇筑完成后,对混凝土裸露面应及时进行修整、抹平,待定浆后再抹第二遍并压光或拉毛。当裸露面面积较大或气候不良时,应加盖防护,但在开始养生前,覆盖物不得接触混凝土面。

9 浇筑混凝土期间,应设专人检查支架、模板、钢筋和预埋件等稳固情况,当发现有松动、变形、移位时,应及时处理。

10 浇筑混凝土时,应填写混凝土施工记录。

11.6.2 墩台混凝土的浇筑

1 对墩台基底的处理,除应符合第 4 章天然地基的有关规定外,尚应符合下列规定:

1)基底为非黏性土或干土时,应将其润湿。

2)基面为岩石时,应加以润湿,铺一层厚 20~30mm 的水泥砂浆,然后于水泥砂浆凝结前浇筑第一层混凝土。

2 一般墩台及基础混凝土,应在整个平截面范围内水平分层进行浇筑。

3 较大体积的混凝土墩台及其基础,在混凝土中埋放石块时应符合下列规定:

1)可埋放厚度不小于 150mm 的石块,埋放石块的数量不宜超过混凝土结构体积的 25%。

2)应选用无裂纹、无夹层且未被烧过的、具有抗冻性能的石块。

3)石块的抗压强度不应低于 30MPa 及混凝土的强度。

4)石块应清洗干净,应在捣实的混凝土中埋入一半左右。

5)石块应分布均匀,净距不小于 100mm,距结构侧面和顶面的净距不小于 150mm,石块不得接触钢筋和预埋件。

6)受拉区混凝土或当气温低于 0℃时,不得埋放石块。

4 采用滑升模板浇筑墩台混凝土时,应符合下列规定:

1)宜采用低流动度或半干硬性混凝土。

2)浇筑应分层分段进行,各段应浇筑到距模板上口不小于 10~150mm 的位置为止。若为排柱式墩台,各立柱应保持进度一致。

3)应采用插入式振动器振捣。

4)为加速模板提升,可掺入一定数量的早强剂。

5)在滑升中须防止千斤顶或油管接头在混凝土或钢筋处漏油。

6)每一整体结构的浇筑应连续进行,若因故中途停工,应按施工缝处理。

7)混凝土脱模时的强度宜为0.2~0.5MPa,脱模后如表面有缺陷时,应及时予以修理。

5　大体积墩台基础混凝土,当平截面过大,不能在前层混凝土初凝或能重塑前浇筑完成次层混凝土时,可分块进行浇筑。分块浇筑时应符合下列规定:

1)分块宜合理布置,各分块平均面积不宜小于50m^2。

2)每块高度不宜超过2m。

3)块与块间的竖向接缝面应与基础平截面短边平行,与平截面长边垂直。

4)上下邻层混凝土间的竖向接缝,应错开位置做成企口,并按施工缝处理。

6　大体积混凝土的浇筑应在一天中气温较低时进行。应参照下述方法控制混凝土的水化热温度:

1)用改善集料级配、降低水灰比、掺加混合料、掺加外加剂等方法减少水泥用量。

2)采用水化热低的大坝水泥、矿渣水泥、粉煤灰水泥或低强度水泥。

3)减小浇筑层厚度,加快混凝土散热速度。

4)混凝土用料要遮盖,避免日光曝晒,并用冷却水搅拌混凝土,以降低入仓温度。

5)在混凝土内埋设冷却管通水冷却。

6)在遇气温骤降的天气或寒冷季节浇筑混凝土后,应注意覆盖保温,加强养生。

注:混凝土的浇筑温度系指混凝土振捣后,在混凝土50~100mm深处的温度。

11.7　混凝土的抗冻、抗渗及防腐蚀

11.7.1　本节内容适用于有抗冻性、抗渗性及防止钢筋腐蚀性能要求的混凝土的施工。

11.7.2　海水环境中(包括处于有盐碱腐蚀性水的环境中)的混凝土的施工应符合如下规定:

1　海水环境混凝土在建筑物上部位的划分应符合表11.7.2-1的规定。

表11.7.2-1　海水环境混凝土部位划分

大气区	浪溅区	水位变动区	水下区
设计高水位加1.5m以上	设计高水位加1.5m至设计高水位减1.0m之间	设计高水位加1.0m至设计低水位减1.0m之间	设计低水位减1.0m以下

注:①对开敞式建筑物,其浪溅区上限可根据受浪的具体情况适当调高;

②对掩护条件良好的建筑物,其浪溅区上限可适当调低。

2　海水环境钢筋混凝土结构的施工缝不宜设在浪溅区或拉应力较大部位。

3　按耐久性要求,海水环境混凝土水灰比最大允许值应满足表11.7.2-2的规定。

表11.7.2-2　海水环境混凝土的水灰比最大允许值

环境条件		钢筋混凝土和预应力混凝土		无筋混凝土	
		北方	南方	北方	南方
大气区		0.55	0.50	0.65	0.65
浪溅区		0.50	0.40	0.65	0.65
水位变动区	严重受冻	0.45	—	0.45	—
	受冻	0.50	—	0.50	—
	微冰	0.55	—	0.55	—
	偶冰、不冻	—	0.50	—	0.65

<table>
<tr><th colspan="3" rowspan="2">环 境 条 件</th><th colspan="2">钢筋混凝土和预应力混凝土</th><th colspan="2">无筋混凝土</th></tr>
<tr><th>北方</th><th>南方</th><th>北方</th><th>南方</th></tr>
<tr><td rowspan="4">水
下
区</td><td colspan="2">不受水头作用</td><td>0.60</td><td>0.60</td><td>0.65</td><td>0.65</td></tr>
<tr><td rowspan="3">受水
头作
用</td><td>最大作用水头与混凝土壁厚之比<5</td><td colspan="4">0.60</td></tr>
<tr><td>最大作用水头与混凝土壁厚之比为5～10</td><td colspan="4">0.55</td></tr>
<tr><td>最大作用水头与混凝土壁厚之比>10</td><td colspan="4">0.50</td></tr>
</table>

注:①除全日潮型区域外,其他海水环境有抗冻性要求的细薄构件(最小边尺寸小于300mm者,包括沉箱工程),混凝土的水灰比最大允许值宜减小;

②对有抗冻要求的混凝土,如抗冻性要求高时,浪溅区范围内下部1m应随水位变动区按抗冻性要求确定其水灰比;

③位于南方海水环境浪溅区的钢筋混凝土宜掺用高效减水剂。

4 按耐久性要求,海水环境混凝土的最低水泥用量应符合表11.7.2-3的规定,但不宜超过500kg/m^3。

5 海水环境钢筋混凝土结构的混凝土保护层垫块质量应符合下列规定:

1)垫块的强度、密实性应高于构件本体混凝土,垫块宜采用水灰比不大于0.40的砂浆或细石混凝土制作。

2)垫块厚度尺寸不允许负偏差,正偏差不得大于5mm。

6 对于海水环境的混凝土的含碱总量及氯离子含量的限制要求同11.3.6。

表11.7.2-3 海水环境混凝土的最低水泥用量(kg/m^3)

<table>
<tr><th colspan="2" rowspan="2">环 境 条 件</th><th colspan="2">钢筋混凝土和预应力混凝土</th><th colspan="2">无筋混凝土</th></tr>
<tr><th>北方</th><th>南方</th><th>北方</th><th>南方</th></tr>
<tr><td colspan="2">大气区</td><td>300</td><td>360</td><td>280</td><td>280</td></tr>
<tr><td colspan="2">浪溅区</td><td>360</td><td>400</td><td>280</td><td>280</td></tr>
<tr><td rowspan="4">水位变动区</td><td>F350</td><td>395</td><td rowspan="4">360</td><td>395</td><td rowspan="4">280</td></tr>
<tr><td>F300</td><td>360</td><td>360</td></tr>
<tr><td>F250</td><td>330</td><td>330</td></tr>
<tr><td>F200</td><td>300</td><td>300</td></tr>
<tr><td colspan="2">水下区</td><td>300</td><td>300</td><td>280</td><td>280</td></tr>
</table>

注:①有耐久性要求的大体积混凝土,水泥用量应按混凝土的耐久性和降低水泥水化热综合考虑;

②掺加混合材料时,水泥用量可适当减少,但应符合本规范11.3.7条的规定;

③掺外加剂时,南方地区水泥用量可适当减少,但不得降低混凝土的密实性;

④对于有抗冻性要求的混凝土,浪溅区范围内下部1m应随同水位变动区按抗冻性要求确定其水泥用量。

11.7.3 有抗冻性要求的混凝土,应符合如下规定:

1 位于水位变动区有抗冻要求的混凝土,其抗冻等级不应低于表11.7.3-1的规定。

表 11.7.3-1 水位变动区混凝土抗冻等级选定标准

建筑物所在地区	海水环境		淡水环境	
	钢筋混凝土及预应力混凝土	无筋混凝土	钢筋混凝土及预应力混凝土	无筋混凝土
严重受冻地区(最冷月的月平均气温低于 -8℃)	F350	F300	F250	F200
受冻地区(最冷月的月平均气温在 -4 ~ -8℃之间)	F300	F250	F200	F150
微冻地区(最冷月的月平均气温在 0 ~ -4℃之间)	F250	F200	F150	F100

注:①试验过程中试件所接触的介质应与建筑物实际接触的介质相近;

②墩、台身和防护堤等建筑物的混凝土应选用比同一地区高一级的抗冻等级;

③面层应选用比水位变动区抗冻等级低 2 ~ 3 级的混凝土。

2 有抗冻性要求的混凝土必须掺入适量引气剂,其拌合物的含气量应在表 11.7.3-2 范围内选择。

表 11.7.3-2 有抗冻要求的混凝土拌合物含气量控制范围

集料最大粒径(mm)	含气量范围(%)	集料最大粒径(mm)	含气量范围(%)
10.0	5.0 ~ 8.0	40.0	3.0 ~ 6.0
20.0	4.0 ~ 7.0	63.0	3.0 ~ 5.0
31.5	3.5 ~ 6.5		

3 当要求的含气量为某一定值时,其检查结果与要求值的允许偏差范围应为 ±1.0%。当含气量要求值为某一范围时,检测结果应满足规定范围的要求。

4 混凝土抗冻性试验方法应符合现行《公路工程水泥混凝土试验规程》(JTJ 053)的规定。

11.7.4 有抗渗要求的混凝土应符合如下规定:

1 有抗渗要求的混凝土,其抗渗等级应符合设计要求。

2 混凝土抗渗性试验方法应符合现行《公路工程水泥混凝土试验规程》(JTJ 053)的规定。

11.8 混凝土的养护及修饰

11.8.1 混凝土的养护

1 对于在施工现场集中养护的混凝土,应根据施工对象、环境、水泥品种、外加剂以及对混凝土性能的要求,提出具体的养护方案,并应严格执行规定的养护制度。

2 一般混凝土浇筑完成后,应在收浆后尽快予以覆盖和洒水养护。对干硬性混凝土、炎热天气浇筑的混凝土以及桥面等大面积裸露的混凝土,有条件的可在浇筑完成后立即加设棚罩,待收浆后再予以覆盖和洒水养生。覆盖时不得损伤或污染混凝土的表面。混凝土面有模板覆盖时,应在养护期间经常使模板保持湿润。

3 当气温低于 5℃时,应覆盖保温,不得向混凝土面上洒水。

4 混凝土养护用水的条件与拌和用水相同。

5 混凝土的洒水养护时间一般为 7d,可根据空气的湿度、温度和水泥品种及掺用的外加剂等情况,酌情延长或缩短。每天洒水次数以能保持混凝土表面经常处于湿润状态为度。用加压成型、真空吸水等法施工的混凝土,其养护时间可酌情缩短。采用塑料薄膜或喷化学浆液等养护层时,可不洒水养护。

6 当结构物混凝土与流动性的地表水或地下水接触时,应采取防水措施,保证混凝土在浇筑后 7d

以内不受水的冲刷侵袭。当环境水具有侵蚀作用时，应保证混凝土在10d以内，且强度达到设计强度的70%以前，不受水的侵袭。

7 对大体积混凝土的养护，应根据气候条件采取控温措施，并按需要测定浇筑后的混凝土表面和内部温度，将温差控制在设计要求的范围内，当设计无要求时，温差不宜超过25℃。

8 混凝土强度达到2.5MPa前，不得使其承受行人、运输工具、模板、支架及脚手架等荷载。

9 用蒸汽养护混凝土时，按本规范第14章的规定执行。

11.8.2 混凝土的修饰

1 混凝土表面的光洁程度依不同部位而异，外露面无装饰设计时，应按11.6.1条第8款的规定对浇筑时无模板的外露面进行压光或拉毛；对有模板的外露面应安装同一类别的模板和涂刷同一类别的脱模剂，模板应光洁，无变形、无漏浆。发现表面质量有缺陷时，应报有关部门批准后再进行修饰。

2 对表面有一般抹灰（水泥砂浆抹面）和装饰抹灰（水刷石、水磨石、剁斧石）等装饰设计的结构，应在浇筑混凝土时采用表面平整的模板，拆模后按设计要求的装饰类别进行装饰。

11.9 高强度混凝土

11.9.1 一般规定

1 本节适用于按常规工艺生产的C50到C80级高强度混凝土的施工。

2 对高强度混凝土除本节的特殊要求外，其强度测定、保证率、强度测定条件、检验及试验方法等规定均同11.1.1～11.1.5条，但测定混凝土抗压强度的试件应用边长为150mm的标准尺寸立方体。

11.9.2 配制用的材料

1 配制高强度混凝土宜选择高强度水泥，可采用硅酸盐水泥、普通硅酸盐水泥，所使用的水泥应符合11.2.1条的规定。立窑生产的水泥须经仔细检验其化学成分后方可确定使用与否。

2 配制用的细集料，除应符合11.2.2条的规定外，尚应满足如下要求：宜使用级配良好的中砂，细度模数不小于2.6，含泥量应小于2%。

3 配制用的粗集料，除应满足11.2.3条的规定外，尚应满足如下要求：应使用质地坚硬、级配良好的碎石，集料的抗压强度应比所配制的混凝土强度高50%以上，含泥量应小于1%，针片状颗粒含量应小于5%，集料的最大粒径宜小于25mm。

4 拌制高强度混凝土用的水应符合11.2.4条的规定。

5 配制高强度混凝土必须使用高效减水剂，并根据不同的要求辅以助剂配制，其掺量应根据试验确定，外加剂的性能必须符合11.2.5条的规定。

6 配制时宜外掺的混合材料为磨细粉煤灰、沸石粉、硅粉。混合材料的技术条件应符合11.2.6条的规定，其掺量应根据试验确定。

7 高强度混凝土中的氯离子含量，对位于温暖或寒冷地区、无侵蚀物质影响及与土直接接触的桥梁不应超过水泥重量的0.2%，对位于严寒和海水区域，受侵蚀环境，使用除冰盐的桥涵，不应超过水泥重量的0.1%。混凝土的含碱总量的限制要求同11.3.6条。

11.9.3 配合比

1 高强度混凝土的配合比应符合第11.3节及第11.7节的各项规定。当无可靠的强度统计数据及标准差数值时，混凝土的施工配制强度（平均值）对于C50～C60应不低于强度等级的1.15倍，对于C70～C80应不低于强度等级值的1.12倍。

2 配制高强度混凝土宜符合如下要求：

1）所用水胶比（水与胶结料的重量比，后者包括水泥及混合材料的重量）宜控制在0.24～0.38的范围内。

2）所用水泥重量不宜超过500kg/m^3，水泥与混合材料的总量不超过550～600kg/m^3。粉煤灰掺量不宜超过胶结料重量的30%，沸石粉不宜超过10%，硅粉不宜超过8%～10%。掺用混合材料的种类和数量，必须经试验报监理工程师批准后确定。

3)混凝土的砂率宜控制在28% ~34%的范围内。

4)高效减水剂的掺量宜为胶结料的0.5% ~1.8%。

11.9.4 施工技术要求

1 高强度混凝土的施工技术要求除应符合第11.4节~第11.8节的规定外,尚应符合以下规定:

1)配料数量的允许偏差应符合表11.4.1中预制场或集中搅拌站拌制的规定。

2)配制高强度混凝土必须准确控制用水量,砂石中的含水量应仔细测定后从用水量中扣除。除事先规定的部分用水可留在现场补加外,严禁在材料出机后再加水。

3)高效减水剂宜采用后掺法,如制成溶液加入,应在用水量中扣除这部分溶液用水。加入减水剂后,混凝土拌合料在搅拌机中继续搅拌的时间,当用粉剂时不得少于60s,当用溶液时不得少于30s。

2 拌制高强度混凝土必须使用强制式搅拌机,宜采用二次投料法拌制。

3 混凝土的浇筑应连续进行,如因故必须间断时,其间断时间应小于前层混凝土的初凝时间或能重塑时间。允许间断时间应经试验确定。若超过允许间断时间,须采取保证质量的措施或按工作缝处理。

11.10 热期、雨期混凝土的施工

11.10.1 热期混凝土施工,应制定在高温条件下保证工程质量的技术措施并应符合如下要求:

1 混凝土配制和搅拌

1)材料要求:

(1)拌和水使用冷却装置,对水管及水箱加遮荫和隔热设施。在拌和水中加碎冰作为拌和水的一部分。

(2)水泥、砂、石料应遮荫防晒,以降低集料温度,可在砂石料堆上喷水降温。

2)配合比设计应考虑坍落度损失。

3)可掺加减水剂以减少水泥用量和提高混凝土的早期强度。

4)掺用活性材料粉煤灰取代部分水泥,减少水泥用量。

5)拌和站料斗、储水器、皮带运输机、拌和楼都要尽可能遮荫。尽量缩短拌和时间。经常测混凝土的坍落度,以调整混凝土的配合比,满足施工所必需的坍落度。

2 混凝土的运输及浇筑

1)运输时尽量缩短时间,宜采用混凝土运输搅拌车,运输中应慢速搅拌。

2)不得在运输过程加水搅拌。

3)热期施工混凝土、钢筋混凝土、预应力混凝土应有全面的组织计划,准备工作充分,施工设备有足够的备件,保证连续进行;从拌和机到入仓的传递时间及浇筑时间要尽量缩短,并尽快开始养护。

4)混凝土的浇筑温度应控制在32℃以下,宜选在一天温度较低的时间内进行。

5)浇筑场地应遮荫,以降低模板、钢筋的温度和改善工作条件;也可在模板、钢筋和地基上喷水以降温,但在浇筑时不能有附着水。

6)应加快混凝土的修整速度,修整时可用喷雾器洒少量水,防止表面裂纹,但不准直接往混凝土表面洒水。

3 混凝土的养护

1)不宜单独使用专用养护膜覆盖法养护高强度混凝土,除非当地无足够的清洁水用于养护混凝土。

2)洒水养护宜用自动喷水系统和喷雾器,湿养护应不间断,不得形成干湿循环。

3)混凝土浇筑完,表面应立即覆盖清洁的塑料膜,初凝后撤去塑料膜,用浸湿的粗麻布覆盖,经常洒水,保持潮湿状态最少7d。如有可能湿养期间采取遮光和挡风措施,以控制温度和干热风的影响。构造物的竖直面拆模后,宜立即用湿粗麻布把构件缠起来,麻布处整个用塑料膜包紧,粗麻布应至少7d保持潮湿状态,随后可用树脂类养生化合物喷涂。

4)养生的其他要求可参照本章的有关规定执行。

4 热期施工应检查下列项目:

1)砂、石料的含水量,每台班不少于1次。

2)混凝土浇筑与养护时,环境温度每日检查4次,并做好检查记录;当温度超过热期规定的要求时,混凝土拌和时应采取有效降温、防晒措施,以保证混凝土的浇筑质量,否则应停止施工。

3)混凝土热期施工,除应留标准条件下养护的试件外,还应制取相同数量的试件与结构在相同的环境条件下养护,检查28d的试件强度以指导施工。

4)在混凝土浇筑前应通过试验确定在最高气温条件下,混凝土分层浇筑的覆盖时间,施工时应严格控制,不得超过。

5)在混凝土的浇筑过程中,应严格控制缓凝剂的掺量,并检查混凝土的凝固时间,以防因缓凝剂掺量不准造成危害。

11.10.2 混凝土雨期施工是指在降雨量集中季节且对混凝土的质量造成影响时进行的施工。雨期要按时收集天气预报资料,混凝土施工要尽可能避开大风大雨天气。雨期施工应制定防洪水、防台风措施,施工场地、生活区做好排水措施。施工材料如钢材、水泥的码放应防雨漏及潮湿。建立安全用电措施,防漏电、触电。

1 雨期施工准备

1)准备雨期施工的防洪材料、机具和必要的遮雨设施。

2)工程材料特别是水泥、钢筋应防水、防潮;施工机械防洪水淹没。

2 施工方法及技术措施

1)雨期施工的工作面不宜过大,应逐段、逐片分期施工;对受洪水危害的工程应停止施工,若必须施工时,应有防洪抢险措施。

2)雨期施工应加强地基不良地段沉陷的观测,基础施工应防止雨水浸泡基坑,若被浸泡,应挖除被浸泡部分,用与基础同样的材料回填。

基坑要设挡水埂,防止地面水流入。基坑内设集水井,配足抽水机,坡道内设接水措施。

基坑挖好后应及时浇筑混凝土或垫层,防止被水浸泡。

3)施工前对排水系统应进行检查、疏通或加固,必要时增加排水措施。

4)雨后模板及钢筋上的淤泥、杂物,在浇筑混凝土前应清除干净。

5)雷区应设置防雷措施,高耸结构应有防雷设计。沿海地区应考虑防台风措施,露天使用的电器设备要有可靠的防漏电措施。

11.11 工程质量检验和质量标准

11.11.1 实施混凝土质量控制应符合下列规定:

1 通过对原材料的质量检验与控制、混凝土配合比的确定与控制、混凝土生产和施工过程各工序的质量检验与控制,以及合格性检验控制,使混凝土的质量符合规定要求。

2 在施工过程中应进行质量检测,应用各种质量管理图表,掌握动态信息,控制整个生产和施工期间的混凝土质量,制订保证质量的措施,完善质量控制过程。

3 必须配备相应的技术人员和必要的检验及试验设备,建立和健全必要的技术管理与质量控制制度。

11.11.2 质量检验

1 各种材料、各工程项目和各个工序,应经常进行检验,保证符合设计和施工技术规范的要求。检验项目和次数应符合下列规定:

1)浇筑混凝土前的检验:

(1)施工设备和场地;

(2)混凝土组成材料及配合比(包括外加剂);

(3)混凝土凝结速度等性能；

(4)基础、钢筋、预埋件等隐蔽工程及支架、模板；

(5)养护方法及设施，安全设施。

2)拌制和浇筑混凝土时的检验：

(1)混凝土组成材料的外观及配料、拌制，每一工作班至少2次，必要时随时抽样试验；

(2)混凝土的和易性(坍落度等)每工作班至少2次；

(3)砂石材料的含水率，每日开工前1次，气候有较大变化时随时检测；当含水率变化较大、将使配料偏差超过规定时，应及时调整；

(4)钢筋、模板、支架等的稳固性和安装位置；

(5)混凝土的运输、浇筑方法和质量；

(6)外加剂使用效果；

(7)制取混凝土试件。

3)浇筑混凝土后的检验：

(1)养护情况；

(2)混凝土强度，拆模时间；

(3)混凝土外露面或装饰质量。

4)结构外形尺寸、位置、变形和沉降。

2　隐蔽工程检查、分部工程检查、工程变更设计、施工技术修改、施工方案变更、质量事故的发生和处理等事项，应按有关规定及时通知有关人员。

3　对混凝土的强度，应制取试件检验其在标准养护条件下28d龄期的抗压极限强度。试件制取组数应符合下列规定：

1)不同强度及不同配合比的混凝土应分别制取试件，试件应在浇筑地点或拌和地点随机制取。

2)浇筑一般体积的结构物(如基础、墩台等)时，每一单元结构物应制取2组。

3)连续浇筑大体积结构物混凝土时，每80～200m^3或每一工作班应制取2组。

4)每片梁长16m以下应制取1组，16～30m制取2组，31～50m制取3组，50m以上者不少于5组。

5)就地浇筑混凝土小桥涵，每一座或每一工作班制取不少于2组；当原材料和配合比相同，并由同一拌和站拌制时，可几座合并制取2组。

4　应根据施工需要，制取与结构物同条件养护的试件作为考核结构混凝土在拆模、出池、吊装、预施应力、承受载荷等阶段强度的依据。

11.11.3　质量标准

1　混凝土抗压强度应以标准条件下养护28d龄期试件的抗压强度进行评定，其合格条件如下：

1)应以强度等级相同、龄期相同以及生产工艺条件和配合比相同的混凝土组成同一验收批，同一验收批的混凝土强度应以同批内所有各组标准尺寸试件的强度测定值(当为非标准尺寸试件时应进行强度换算)为代表值。

2)大桥等重要工程及中小桥、涵洞工程的试件大于或等于10组时，应以数理统计方法按下述条件评定：

$$R_n - K_1 S_n \geqslant 0.9R \qquad (11.11.3\text{-}1)$$

$$R_{min} \geqslant K_2 R \qquad (11.11.3\text{-}2)$$

式中：R_n——同批n组试件强度的平均值(MPa)；

n——同批混凝土试件组数；

S_n——同批n组试件强度的标准差(MPa)，当$S_n < 0.06R$时，取$S_n = 0.06R$；

R——设计的混凝土强度等级(MPa)；

R_{min}——n组试件中强度最低一组的值(MPa)；

K_1、K_2——合格判定系数，见表11.11.3-1。

表 11.11.3-1　K_1、K_2 的值

n	10 ~ 14	15 ~ 24	≥25
K_1	1.70	1.65	1.60
K_2	0.9		0.85

3）中小桥及涵洞等工程，同批混凝土试件少于10组时，可用非统计方法按下述条件进行评定：

$$R_n \geqslant 1.15R \tag{11.11.3-3}$$

$$R_{min} \geqslant 0.95R \tag{11.11.3-4}$$

2　当混凝土强度按试件强度进行评定达不到合格条件时，可采用钻取试样或以无损检测法查明结构实际混凝土的抗压强度和浇筑质量，如仍有不合格，应由有关单位共同研究处理。

3　结构混凝土应符合下列规定：

1）表面应密实、平整。

2）如有蜂窝、麻面，其面积不超过结构同侧面积的0.5%。

3）如有裂缝，其宽度不得大于设计规范的有关规定。

4）预制桩桩顶、桩尖等重要部位无掉边或蜂窝、麻面。

5）小型构件无翘曲现象。

6）对蜂窝、麻面、掉角等缺陷，应凿除松弱层，用钢丝刷清理干净，用压力水冲洗、湿润，再用较高强度的水泥砂浆或混凝土填塞捣实，覆盖养护；用环氧树脂等胶凝材料修补时，应先经试验验证。

7）如有严重缺陷，影响结构性能时，应分析情况，研究处理。

4　混凝土和钢筋混凝土结构物的位置及外形尺寸允许偏差应符合本规范各章节的有关规定。

5　抹灰工程应符合下列规定：

1）一般抹灰成分、颜色必须一致，黏结牢固，不得有脱层、空鼓、掉角等现象。

2）水刷石必须石粒清晰、分布均匀、平整密实，不得有掉粒和接茬痕迹。

3）水磨石必须表面平整、光滑，石子显露均匀，格条位置正确，不得有砂眼、磨纹和漏磨。

4）剁斧石必须剁纹均匀，深浅一致，棱角完整。

5）干粘石必须石粒分布均匀，黏结牢固，不露浆，不漏粘，阳角处不得有明显的黑边。

6）拉毛灰必须花纹、斑点分布均匀，同一平面上不显接茬。

7）抹灰允许偏差见表11.11.3-2和表11.11.3-3。

表 11.11.3-2　一般抹灰允许偏差

项　　目	允 许 偏 差(mm)
平整度	5
阴阳角方正	5
墙面平整度	5

表 11.11.3-3　装饰抹灰允许偏差

项　　目	允 许 偏 差(mm)			
	水磨石	水刷石	剁碎石	干粘石
平整度	2	4	4	5
阴阳角方正	2	4	4	4
墙面平整度	3	5	5	5
分格条平直	2	5	5	5

12　预应力混凝土工程

12.1　一般规定

12.1.1　本章适用于预应力混凝土结构的施工，内容包括采用预应力筋制作的预制构件和现浇混凝土结构。对于预应力混凝土工程中的模板和非预应力钢筋，其施工按本规范有关章节的规定执行。

12.1.2　预应力混凝土工程施工时，应采取必要的安全技术措施，防止发生事故。

12.2　预应力筋

12.2.1　钢丝、钢绞线和热处理钢筋

预应力混凝土结构所采用的钢丝、钢绞线和热处理钢筋等的质量，应符合现行国家标准的规定。预应力混凝土用钢丝应符合《预应力混凝土用钢丝》（GB/T 5223）的要求；预应力混凝土用钢绞线应符合《预应力混凝土用钢绞线》（GB/T 5224）的要求；预应力混凝土用热处理钢筋应符合《预应力混凝土用热处理钢筋》（GB 4463）的要求。其力学性能及表面质量的允许偏差分别见附录G-1、附录G-2和附录G-3。

新产品及进口材料的质量应符合相应现行国家标准的规定。

12.2.2　冷拉钢筋和冷拔低碳钢丝

1　冷拉Ⅳ级钢筋可用作预应力混凝土结构的预应力筋，其力学性能应符合附录G-4的规定。

2　冷拔低碳钢丝的力学性能应符合附录G-5的规定。

12.2.3　精轧螺纹钢筋

用于预应力混凝土结构中的高强精轧螺纹钢筋，其力学性能和表面质量应符合附录G-6的规定。

12.2.4　预应力筋进场时应分批验收，验收时，除应对其质量证明书、包装、标志和规格等进行检查外，尚须按下列规定进行检验。

1　钢丝

应分批检验，每批重量不大于60t。先从每批中抽查5%，但不少于5盘，进行形状、尺寸和表面检查，如检查不合格，则将该批钢丝逐盘检查。在上述检查合格的钢丝中抽取5%，但不少于3盘，在每盘钢丝的两端取样进行抗拉强度、弯曲和伸长率的试验，其力学性能应符合附录G-1的要求。试验结果如有一项不合格时，则不合格盘报废，并从同批未试验过的钢丝盘中取双倍数量的试样进行该不合格项的复验，如仍有一项不合格，则该批钢丝为不合格。

2　钢绞线

从每批钢绞线中任取3盘，并从每盘所选的钢绞线端部正常部位截取一根试样进行表面质量、直径偏差和力学性能试验。如每批少于3盘，则应逐盘取样进行上述试验。试验结果如有一项不合格时，则不合格盘报废，并再从该批未试验过的钢绞线中取双倍数量的试样进行该不合格项的复验，如仍有一项不合格，则该批钢绞线为不合格。

每批钢绞线的重量应不大于60t。

3　热处理钢筋

1）从每批钢筋中抽取10%的盘数（不小于25盘）进行表面质量和尺寸偏差的检查。如检查不合格，则应对该批钢筋进行逐盘检查。

2）从每批钢筋中抽取10%的盘数（不小于25盘）进行力学性能试验。试验结果如有一项不合格

时，该不合格盘应报废，并再从未试验过的钢筋中取双倍数量的试样进行复验，如仍有一项不合格，则该批钢筋为不合格。

3）每批钢筋的重量应不大于60t。

注：对大桥等重要工程使用的钢丝、钢绞线和热处理钢筋，进场时应进行上述检验；对其他桥梁，其预应力钢材的力学性能，可仅进行抗拉强度试验，或由生产厂家提供力学性能试验报告。

4　冷拉钢筋

应分批进行检验，每批重量不得大于20t。每批钢筋的级别和直径均应相同。每批钢筋外观经逐根检查合格后，再从任选的两根钢筋上各取一套试件，按照现行国家标准的规定进行拉力试验（屈服强度、抗拉强度、伸长率）和冷弯试验。如有一项试验结果不符合附录G-4所规定的要求时，则另取双倍数量的试件重做全部各项试验，如仍有一根试件不合格，则该批钢筋为不合格。

计算冷拉钢筋的屈服强度和抗拉强度时，采用冷拉前的公称截面面积。

钢筋冷拉后，其表面不得有裂纹和局部缩颈。

冷弯试验后，冷拉钢筋的外观不得有裂纹、鳞落或断裂现象。

5　冷拔低碳钢丝

应逐盘进行抗拉强度、伸长率和弯曲试验。从每盘钢丝上任一端截去不少于500mm后再取两个试样，分别做拉力和180°反复弯曲试验，试验结果应符合附录G-5的要求。弯曲试验后，不得有裂纹、鳞落或断裂现象。

6　精轧螺纹钢筋

应分批进行检验，每批重量不大于100t，对表面质量应逐根目视检查，外观检查合格后在每批中任选2根钢筋截取试件进行拉伸试验。试验结果如有一项不符合附录G-6所规定的要求时，则另取双倍数量的试件重做全部各项试验，如仍有一根试件不合格，则该批钢筋为不合格。

拉伸试验的试件，不允许进行任何形式的加工。

12.2.5　预应力筋的实际强度不得低于现行国家标准的规定。预应力筋的试验方法应按现行国家标准的规定执行。

12.3　锚具、夹具和连接器

12.3.1　预应力筋锚具、夹具和连接器应具有可靠的锚固性能、足够的承载能力和良好的适用性，能保证充分发挥预应力筋的强度，安全地实现预应力张拉作业，并应符合现行国家标准《预应力筋用锚具、夹具和连接器》（GB/T 14370）的要求。

12.3.2　预应力筋锚具应按设计要求采用。锚具应满足分级张拉、补张拉以及放松预应力的要求。用于后张结构时，锚具或其附件上宜设置压浆孔或排气孔，压浆孔应有足够的截面面积，以保证浆液的畅通。

12.3.3　夹具应具有良好的自锚性能、松锚性能和重复使用性能。需敲击才能松开的夹具，必须保证其对预应力筋的锚固没有影响，且对操作人员的安全不造成危险。

12.3.4　用于后张法的连接器，必须符合锚具的性能要求；用于先张法的连接器，必须符合夹具的性能要求。

12.3.5　进场验收规定

1　锚具、夹具和连接器进场时，除应按出厂合格证和质量证明书核查其锚固性能类别、型号、规格及数量外，还应按下列规定进行验收：

1）外观检查：应从每批中抽取10%的锚具且不少于10套，检查其外观和尺寸。如有一套表面有裂纹或超过产品标准及设计图纸规定尺寸的允许偏差，则应另取双倍数量的锚具重做检查，如仍有一套不符合要求，则应逐套检查，合格者方可使用。

2）硬度检验：应从每批中抽取5%的锚具且不少于5套，对其中有硬度要求的零件做硬度试验，对多孔夹片式锚具的夹片，每套至少抽取5片。每个零件测试3点，其硬度应在设计要求范围内，如有一个零件不合格，则应另取双倍数量的零件重做试验，如仍有一个零件不合格，则应逐个检查，合格者方可使用。

3）静载锚固性能试验：对大桥等重要工程，当质量证明书不齐全、不正确或质量有疑点时，经上述两项试验合格后，应从同批中抽取6套锚具（夹具或连接器）组成3个预应力筋锚具组装件，进行静载锚固性能试验，如有一个试件不符合要求，则应另取双倍数量的锚具（夹具或连接器）重做试验，如仍有一个试件不符合要求，则该批锚具（夹具或连接器）为不合格品。

对用于其他桥梁的锚具（夹具或连接器）进场验收，其静载锚固性能可由锚具生产厂提供试验报告。

2 预应力筋锚具、夹具和连接器验收批的划分：在同种材料和同一生产工艺条件下，锚具、夹具应以不超过1 000套组为一个验收批；连接器以不超过500套组为一个验收批。

12.4 管道

12.4.1 一般规定

1 在后张有黏结预应力混凝土结构中，力筋的孔道宜由浇筑在混凝土中的刚性或半刚性管道构成，对一般工程，也可采取钢管抽芯、胶管抽芯及金属伸缩套管抽芯等方法进行预留。

2 浇筑在混凝土中的管道应不允许有漏浆现象。管道应具有足够的强度，以使其在混凝土的重量作用下能保持原有的形状，且能按要求传递黏结应力。

12.4.2 管道材料

1 除本规范规定之外，刚性或半刚性管道应是金属的。刚性管道应具有光滑的内壁并可被弯曲成适当的形状而不出现卷曲或被压扁；半刚性管道应是波纹状的金属螺旋管。金属管道宜尽量采用镀锌材料制作。

2 制作半刚性波纹状金属螺旋管的钢带应符合现行《铠装电缆用冷轧钢带》（GB 4175.1）和现行《铠装电缆用镀锌钢带》（GB 4175.2）的有关规定，并附有合格证书。钢带厚度应根据管道直径、设置时间（在浇筑混凝土前或后设置钢束）及是否有特殊用途而定，一般情况厚度不宜小于0.3mm。

12.4.3 金属螺旋管的检验

1 金属螺旋管进场时，除应按出厂合格证和质量保证书核对其类别、型号、规格及数量外，还应对其外观、尺寸、集中荷载下的径向刚度、荷载作用后的抗渗漏及抗弯曲渗漏等进行检验。工地自行加工制作的管道亦应进行上述检验。上述检验方法可参照现行《预应力混凝土用金属螺旋管》（JG/T 3013）的规定执行，其取样数量、检验内容和顺序及质量要求见附录G-7。

2 金属螺旋管应按批进行检验。每批应由同一钢带生产厂生产的同一批钢带所制造的金属螺旋管组成，累计半年或50 000m生产量为一批，不足半年产量或50 000m也作为一批的，则取产量最多的规格。

3 当按本条第1款规定的项目检验结果有不合格项目时，应以双倍数量的试件对该不合格项目进行复验，复验仍不合格时，则该批产品为不合格。

12.4.4 管道的其他要求

1 在桥梁的某些特殊部位，当设计规定时，可采用符合要求的平滑钢管和高密度聚乙烯管。

2 用做管道的平滑钢管和聚乙烯管，其壁厚不得小于2mm。

3 一般情况下，管道的内横截面积至少应是预应力筋净截面积的2.0～2.5倍。如果由于某种原因，管道与预应力筋的面积比低于给定的极限，则应通过试验验证其可以进行正常压浆作业。对于超长钢束的管道，亦应通过试验来确定其面积比。

4 制孔采用胶管抽芯法时，胶管内应插入芯棒或充以压力水，以增加刚度；采用钢管抽芯法时，钢管表面应光滑，焊接接头应平顺。抽芯时间应通过试验确定，以混凝土抗压强度达到0.4～0.8MPa时为宜，抽拔时不应损伤结构混凝土。抽芯后，应用通孔器或压气、压水等方法对孔道进行检查，如发现孔道堵塞或有残留物或与邻孔有串通，应及时处理。

12.5 预应力材料的保护

12.5.1 预应力材料必须保持清洁,在存放和搬运过程中应避免机械损伤和有害的锈蚀。如进场后需长时间存放时,必须安排定期的外观检查。

12.5.2 预应力筋和金属管道在仓库内保管时,仓库应干燥、防潮、通风良好、无腐蚀气体和介质;在室外存放时,时间不宜超过6个月,不得直接堆放在地面上,必须采取垫以枕木并用苫布覆盖等有效措施,防止雨露和各种腐蚀性气体、介质的影响。

12.5.3 锚具、夹具和连接器均应设专人保管。存放、搬运时均应妥善保护,避免锈蚀、玷污、遭受机械损伤或散失。临时性的防护措施应不影响安装操作的效果和永久性防锈措施的实施。

12.6 预应力筋制作

12.6.1 预应力筋下料

1 预应力筋的下料长度应通过计算确定,计算时应考虑结构的孔道长度或台座长度、锚夹具厚度、千斤顶长度、焊接接头或镦头预留量、冷拉伸长值、弹性回缩值、张拉伸长值和外露长度等因素。

钢丝束两端采用镦头锚具时,同一束中各根钢丝下料长度的相对差值,当钢丝束长度小于或等于20m时,不宜大于1/3 000;当钢丝束长度大于20m时,不宜大于1/5 000,且不大于5mm。长度不大于6m的先张构件,当钢丝成组张拉时,同组钢丝下料长度的相对差值不得大于2mm。

2 钢丝、钢绞线、热处理钢筋、冷拉Ⅳ级钢筋、冷拔低碳钢丝及精轧螺纹钢筋的切断,宜采用切断机或砂轮锯,不得采用电弧切割。

12.6.2 冷拉钢筋接头

1 冷拉钢筋的接头,应在钢筋冷拉前采用一次闪光顶锻法进行对焊,对焊后尚应进行热处理,以提高焊接质量。钢筋焊接后其轴线偏差不得大于钢筋直径的1/10,且不得大于2mm,轴线曲折的角度不得超过4°。采用后张法张拉的钢筋,焊接后尚应敲除毛刺,但不得减损钢筋截面面积。

对焊接头的质量检验方法,应符合本规范第10章的有关规定。

2 预应力筋有对焊接头时,除非设计另有规定,宜将接头设置在受力较小处,在结构受拉区及在相当于预应力筋直径30倍长度的区段(不小于500mm)范围内,对焊接头的预应力筋截面面积不得超过该区段预应力筋总截面面积的25%。

3 冷拉钢筋采用螺丝端杆锚具时,应在冷拉前焊接螺丝端杆,并应在冷拉时将螺母置于端杆端部。

12.6.3 预应力筋镦粗头

预应力筋镦头锚固时,对于高强钢丝,宜采用液压冷镦;对于冷拔低碳钢丝,可采用冷冲镦粗;对于钢筋,宜采用电热镦粗,但Ⅳ级钢筋镦粗后应进行电热处理。冷拉钢筋端头的镦粗及热处理工作,应在钢筋冷拉之前进行,否则应对镦头逐个进行张拉检查,检查时的控制应力应不小于钢筋冷拉的控制应力。

12.6.4 预应力筋的冷拉

预应力筋的冷拉,可采用控制应力或控制冷拉率的方法。但对不能分清炉批号的热轧钢筋,不应采取控制冷拉率的方法。

1 当采用控制应力方法冷拉钢筋时,其冷拉控制应力下的最大冷拉率,应符合表12.6.4-1的规定。冷拉时应检查钢筋的冷拉率,当超过表中的规定时,应进行力学性能检验。

表12.6.4-1 冷拉控制应力及最大冷拉率

钢筋级别	钢筋直径(mm)	冷拉控制应力(MPa)	最大冷拉率(%)
Ⅳ级	10~28	700	4.0

2 当采用控制冷拉率方法冷拉钢筋时,冷拉率必须由试验确定。测定同炉批钢筋冷拉率时,其试样不少于4个,并取其平均值作为该批钢筋实际采用的冷拉率。测定冷拉率时钢筋的冷拉应力应符合

表 12.6.4-2 的规定。

表 12.6.4-2 测定冷拉率时钢筋的冷拉应力

钢筋级别	钢筋直径(mm)	冷拉应力(MPa)
Ⅳ级	10~28	730

注:当钢筋平均冷拉率低于1%时,仍应按1%进行冷拉。

冷拉多根连接的钢筋,冷拉率可按总长计,但冷拉后每根钢筋的冷拉率应符合表 12.6.4-1 的规定。

3 钢筋的冷拉速度不宜过快,宜控制在 5MPa/s 左右。冷拉至规定的控制应力(或冷拉率)后,应停置 1~2min 再放松。冷拉后,有条件时宜进行时效处理。应按冷拉率大小分组堆放,以备编束时选料。冷拉钢筋时应做记录。

当采用控制应力方法冷拉钢筋时,对使用的测力计应经常进行校验。

12.6.5 预应力筋的冷拔

预应力筋采用冷拔低碳钢丝时,应采用 6~8mm 的Ⅰ级热轧钢筋盘条拔制。拔丝模孔为盘条原直径的 0.85~0.9,拔制次数一般不超过 3 次,超过 3 次时应将拔丝退火处理。拉拔总压缩率应控制在 60%~80%,平均拔丝速度应为 50~70m/min。冷拔达到要求直径后,应按本章 12.2.4 条进行检验,以决定其组别和力学性能(包括伸长率)。

12.6.6 预应力筋编束

预应力筋由多根钢丝或钢绞线组成时,同束内应采用强度相等的预应力钢材。编束时,应逐根理顺,绑扎牢固,防止互相缠绕。

12.7 混凝土的浇筑

12.7.1 混凝土用料(水泥、细集料、粗集料、水)及配合比应符合本规范第 11 章的有关规定。可掺入适量的外加剂,但不得掺入氯化钙、氯化钠等氯盐。从各种组成材料引进混凝土中的氯离子总含量(折合氯化物含量),不宜超过水泥用量的 0.06%,当超过 0.06% 时,宜采取掺加阻锈剂、增加保护层厚度、提高混凝土密实度等防锈措施;对于干燥环境中的小型构件,氯离子含量可提高 1 倍。

12.7.2 混凝土的水泥用量不宜超过 $500kg/m^3$,特殊情况下不应超过 $550kg/m^3$。

12.7.3 浇筑混凝土时,宜根据结构的不同型式选用插入式、附着式或平板式等振动器进行振捣。对箱梁腹板与底板及顶板连接处的承托、预应力筋锚固区以及其他钢筋密集部位,宜特别注意振捣。

浇筑混凝土时,对先张构件应避免振动器碰撞预应力筋;对后张结构应避免振动器碰撞预应力筋的管道、预埋件等。并应经常检查模板、管道、锚固端垫板及支座预埋件等,以保证其位置及尺寸符合设计要求。

12.7.4 纵向拼接的后张梁,梁段接缝应符合设计规定,施工注意事项可参照本规范各有关章节执行。

12.7.5 浇筑箱形梁段混凝土时,应尽可能一次浇筑完成;梁身较高时也可分两次或三次浇筑;梁身较低时可分为两次浇筑。分次浇筑时,宜先底板及腹板根部,其次腹板,最后浇顶板及翼板,同时应符合本规范第 15 章的有关规定。

12.7.6 混凝土浇筑完成并初凝后,应立即开始养护,并应符合本规范第 11 和第 14 章的规定。

12.8 施加预应力

12.8.1 机具及设备

施加预应力所用的机具设备及仪表应由专人使用和管理,并应定期维护和校验。千斤顶与压力表应配套校验,以确定张拉力与压力表之间的关系曲线,校验应在经主管部门授权的法定计量技术机构定期进行。

张拉机具设备应与锚具配套使用,并应在进场时进行检查和校验。对长期不使用的张拉机具设备,应在使用前进行全面校验。使用期间的校验期限应视机具设备的情况确定,当千斤顶使用超过 6 个月或 200 次或在使用过程中出现不正常现象或检修以后应重新校验。弹簧测力计的校验期限不宜超过2个月。

12.8.2 施加预应力的准备工作

1 对力筋施加预应力之前,必须完成或检验以下工作:

1)施工现场应具备经批准的张拉程序和现场施工说明书;

2)现场已有具备预应力施工知识和正确操作的施工人员;

3)锚具安装正确,对后张构件,混凝土已达到要求的强度;

4)施工现场已具备确保全体操作人员和设备安全的必要的预防措施。

2 实施张拉时,应使千斤顶的张拉力作用线与预应力筋的轴线重合一致。

12.8.3 张拉应力控制

1 预应力筋的张拉控制应力应符合设计要求。当施工中预应力筋需要超张拉或计入锚圈口预应力损失时,可比设计要求提高5%,但在任何情况下不得超过设计规定的最大张拉控制应力。

2 预应力筋采用应力控制方法张拉时,应以伸长值进行校核,实际伸长值与理论伸长值的差值应符合设计要求,设计无规定时,实际伸长值与理论伸长值的差值应控制在6%以内,否则应暂停张拉,待查明原因并采取措施予以调整后,方可继续张拉。

3 预应力筋的理论伸长值ΔL(mm)可按式(12.8.3-1)计算:

$$\Delta L = \frac{P_P L}{A_P E_P} \tag{12.8.3-1}$$

式中:P_P——预应力筋的平均张拉力(N),直线筋取张拉端的拉力,两端张拉的曲线筋,计算方法见附录G-8;

L——预应力筋的长度(mm);

A_p——预应力筋的截面面积(mm^2);

E_p——预应力筋的弹性模量(N/mm^2)。

4 预应力筋张拉时,应先调整到初应力σ_0,该初应力宜为张拉控制应力σ_{con}的10%~15%,伸长值应从初应力时开始量测。力筋的实际伸长值除量测的伸长值外,必须加上初应力以下的推算伸长值。对后张法构件,在张拉过程中产生的弹性压缩值一般可省略。

预应力筋张拉的实际伸长值ΔL(mm),可按式(12.8.3-2)计算:

$$\Delta L = \Delta L_1 + \Delta L_2 \tag{12.8.3-2}$$

式中:ΔL_1——从初应力至最大张拉应力间的实测伸长值(mm);

ΔL_2——初应力以下的推算伸长值(mm),可采用相邻级的伸长值。

5 必要时,应对锚圈口及孔道摩阻损失进行测定,张拉时予以调整。锥形锚具摩阻损失值的测定方法可参见附录G-9。

6 预应力筋的锚固,应在张拉控制应力处于稳定状态下进行。锚固阶段张拉端预应力筋的内缩量,应不大于设计规定或不大于表12.8.3所列容许值。

表12.8.3 锚具变形、预应力筋回缩和接缝压缩容许值(mm)

锚具、接缝类型		变形型式	容许值ΔL
钢制锥形锚具		力筋回缩、锚具变形	6
夹片式锚具(用于预应力钢绞线)		力筋回缩、锚具变形	6
镦头锚具		缝隙压密	1
JM15锚具	用于预应力钢丝时	力筋回缩、锚具变形	3
	用于预应力钢绞线时		6
粗钢筋锚具(用于精轧螺纹钢筋)		力筋回缩、锚具变形	1
每块后加垫板的缝隙		缝隙压密	1
水泥砂浆接缝		缝隙压密	1
环氧树脂砂浆接缝		缝隙压密	1

7 预应力筋张拉及放松时,均应填写施工记录。

12.9 先张法

12.9.1 台座

先张法墩式台座结构应符合下列规定：

1 承力台座须具有足够的强度和刚度，其抗倾覆安全系数应不小于1.5，抗滑移系数应不小于1.3。

2 横梁须有足够的刚度，受力后挠度应不大于2mm。

3 在台座上铺放预应力筋时，应采取措施防止玷污预应力筋。

4 张拉前，应对台座、横梁及各项张拉设备进行详细检查，符合要求后方可进行操作。

12.9.2 张拉

1 同时张拉多根预应力筋时，应预先调整其初应力，使相互之间的应力一致；张拉过程中，应使活动横梁与固定横梁始终保持平行，并应抽查力筋的预应力值，其偏差的绝对值不得超过按一个构件全部力筋预应力总值的5%。

2 预应力筋张拉完毕后，与设计位置的偏差不得大于5mm，同时不得大于构件最短边长的4%。

3 预应力筋的张拉应符合设计要求，设计无规定时，其张拉程序可按表12.9.2-1的规定进行。

表12.9.2-1 先张法预应力筋张拉程序

预应力筋种类	张拉程序
钢筋	0 →初应力→$1.05\sigma_{con}$（持荷2min）→ $0.9\sigma_{con}$→σ_{con}（锚固）
钢丝、钢绞线	0 →初应力→$1.05\sigma_{con}$（持荷2min）→ 0 →σ_{con}（锚固）
	对于夹片式等具有自锚性能的锚具： 普通松弛力筋　0 →初应力→$1.03\sigma_{con}$（锚固） 低松弛力筋　0 →初应力→σ_{con}（持荷2min锚固）

注：①表中σ_{con}为张拉时的控制应力值，包括预应力损失值；

②超张拉数值超过12.8.3条规定的最大超张拉应力限值时，应按该条规定的限制张拉应力进行张拉；

③张拉钢筋时，为保证施工安全，应在超张拉放张至$0.9\sigma_{con}$时安装模板、普通钢筋及预埋件等。

4 张拉时，预应力筋的断丝数量不得超过表12.9.2-2的规定。

表12.9.2-2 先张法预应力筋断丝限制

类　别	检查项目	控制数
钢丝、钢绞线	同一构件内断丝数不得超过钢丝总数的	1%
钢筋	断筋	不容许

12.9.3 放张

1 预应力筋放张时的混凝土强度须符合设计规定，设计未规定时，不得低于设计的混凝土强度等级值的75%。

2 预应力筋的放张顺序应符合设计要求，设计未规定时，应分阶段、对称、相互交错地放张。在力筋放张之前，应将限制位移的侧模、翼缘模板或内模拆除。

3 多根整批预应力筋的放张，可采用砂箱法或千斤顶法。用砂箱放张时，放砂速度应均匀一致；用千斤顶放张时，放张宜分数次完成。单根钢筋采用拧松螺母的方法放张时，宜先两侧后中间，并不得一次将一根力筋松完。

4 钢筋放张后，可用乙炔—氧气切割，但应采取措施防止烧坏钢筋端部。钢丝放张后，可用切割、锯断或剪断的方法切断；钢绞线放张后，可用砂轮锯切断。

长线台座上预应力筋的切断顺序，应由放张端开始，逐次切向另一端。

12.10 后张法

12.10.1 预留孔道

1 预应力筋预留孔道的尺寸与位置应正确，孔道应平顺，端部的预埋钢垫板应垂直于孔道中心线。

2　管道应采用定位钢筋固定安装，使其能牢固地置于模板内的设计位置，并在混凝土浇筑期间不产生位移。固定各种成孔管道用的定位钢筋的间距，对于钢管不宜大于1m；对于波纹管不宜大于0.8m；对于胶管不宜大于0.5m；对于曲线管道宜适当加密。

3　金属管道接头处的连接管宜采用大一个直径级别的同类管道，其长度宜为被连接管道内径的5～7倍。连接时应不使接头处产生角度变化及在混凝土浇筑期间发生管道的转动或移位，并应缠裹紧密防止水泥浆的渗入。

4　所有管道均应设压浆孔，还应在最高点设排气孔及需要时在最低点设排水孔。压浆管、排气管和排水管应是最小内径为20mm的标准管或适宜的塑性管，与管道之间的连接应采用金属或塑料结构扣件，长度应足以从管道引出结构物以外。

5　管道在模板内安装完毕后，应将其端部盖好，防止水或其他杂物进入。

12.10.2　预应力筋安装

1　预应力筋可在浇筑混凝土之前或之后穿入管道，对钢绞线，可将一根钢束中的全部钢绞线编束后整体装入管道中，也可逐根将钢绞线穿入管道。穿束前应检查锚垫板和孔道，锚垫板应位置准确，孔道内应畅通，无水和其他杂物。

2　预应力筋安装后的保护

1）对在混凝土浇筑及养生之前安装在管道中但在下列规定时限内没有压浆的预应力筋，应采取防止锈蚀或其他防腐蚀的措施，直至压浆。

不同暴露条件下，未采取防腐蚀措施的力筋在安装后至压浆时的容许间隔时间如下：

空气湿度大于70%或盐分过大时	7d
空气湿度40%～70%时	15d
空气湿度小于40%时	20d

2）在力筋安装在管道中后，管道端部开口应密封以防止湿气进入。采用蒸汽养生时，在养生完成之前不应安装力筋。

3）在任何情况下，当在安装有预应力筋的构件附近进行电焊时，对全部预应力筋和金属件均应进行保护，防止溅上焊渣或造成其他损坏。

3　对在混凝土浇筑之前穿束的管道，力筋安装完成后，应进行全面检查，以查出可能被损坏的管道。在混凝土浇筑之前，必须将管道上一切非有意留的孔、开口或损坏之处修复，并应检查力筋能否在管道内自由滑动。

12.10.3　张拉

1　对力筋施加预应力之前，应对构件进行检验，外观和尺寸应符合质量标准要求。张拉时，构件的混凝土强度应符合设计要求，设计未规定时，不应低于设计强度等级值的75%。

2　预应力筋的张拉顺序应符合设计要求，当设计未规定时，可采取分批、分阶段对称张拉。

3　应使用能张拉多根钢绞线或钢丝的千斤顶同时对每一钢束中的全部力筋施加应力，但对扁平管道中不多于4根的钢绞线除外。

4　预应力筋张拉端的设置应符合设计要求，当设计无具体要求时，应符合下列规定：

1）对曲线预应力筋或长度大于等于25m的直线预应力筋，宜在两端张拉；对长度小于25m的直线预应力筋，可在一端张拉。

2）曲线配筋的精轧螺纹钢筋应在两端张拉，直线配筋的可在一端张拉。

3）当同一截面中有多束一端张拉的预应力筋时，张拉端宜分别设置在构件的两端。预应力筋采用两端张拉时，可先在一端张拉锚固后，再在另一端补足预应力值进行锚固。

5　后张预应力筋的张拉应符合设计要求，设计无规定时，其张拉程序可参照表12.10.3-1进行。

6　后张预应力筋断丝及滑移不得超过表12.10.3-2的控制数。

7　预应力筋在张拉控制应力达到稳定后方可锚固。预应力筋锚固后的外露长度不宜小于30mm，锚具应用封端混凝土保护，当需长期外露时，应采取防止锈蚀的措施。一般情况下，锚固完毕并经检验合格后即可切割端头多余的预应力筋,严禁用电弧焊切割,强调用砂轮机切割。

表 12.10.3-1　后张法预应力筋张拉程序

预应力筋		张拉程序
钢筋、钢筋束		0 →初应力→$1.05\sigma_{con}$(持荷 2min)→σ_{con}(锚固)
钢绞线束	对于夹片式等具有自锚性能的锚具	普通松弛力筋　0 →初应力→$1.03\sigma_{con}$(锚固) 低松驰力筋　0 →初应力→σ_{con}(持荷 2min 锚固)
	其他锚具	0 →初应力→$1.05\sigma_{con}$(持荷 2min)→σ_{con}(锚固)
钢丝束	对于夹片式等具有自锚性能的锚具	普通松弛力筋　0 →初应力→$1.03\sigma_{con}$(锚固) 低松弛力筋　0 →初应力→σ_{con}(持荷 2min 锚固)
	其他锚具	0 →初应力→$1.05\sigma_{con}$(持荷 2min)→ 0 →σ_{con}(锚固)
精轧螺纹钢筋	直线配筋时	0 →初应力→σ_{con}(持荷 2 min 锚固)
	曲线配筋时	0 →σ_{con}(持荷 2 min)→0(上述程序可反复几次)→初应力→σ_{con}(持荷 2 min 锚固)

注:①表中 σ_{con} 为张拉时的控制应力,包括预应力损失值;

②两端同时张拉时,两端千斤顶升降压、画线、测伸长、插垫等工作应基本一致;

③梁的竖向预应力筋可一次张拉到控制应力,然后于持荷 5min 后测伸长和锚固;

④超张拉数值超过 12.8.3 条规定的最大超张拉应力限值时,应按该条规定的限值进行张拉。

表 12.10.3-2　后张预应力筋断丝、滑移限制

类别	检查项目	控制数
钢丝束和钢绞线束	每束钢丝断丝或滑丝	1 根
	每束钢绞线断丝或滑丝	1 丝
	每个断面断丝之和不超过该断面钢丝总数的	1%
单根钢筋	断筋或滑移	不容许

注:①钢绞线断丝系指单根钢绞线内钢丝的断丝;

②超过表列控制数时,原则上应更换,当不能更换时,在许可的条件下,可采取补救措施,如提高其他束预应力值,但须满足设计上各阶段极限状态的要求。

12.11　后张孔道压浆

12.11.1　预应力筋张拉后,孔道应尽早压浆。

12.11.2　孔道压浆宜采用水泥浆,所用材料应符合下列要求:

1　水泥

宜采用硅酸盐水泥或普通水泥。采用矿渣水泥时,应加强检验,防止材性不稳定。水泥的强度等级不宜低于 42.5。水泥不得含有任何团块。

2　水

应不含有对预应力筋或水泥有害的成分,每升水不得含 500mg 以上的氯化物离子或任何一种其他有机物。可采用清洁的饮用水。

3　外加剂

宜采用具有低含水量、流动性好、最小渗出及膨胀性等特性的外加剂,它们应不得含有对预应力筋或水泥有害的化学物质。外加剂的用量应通过试验确定。

12.11.3 水泥浆的强度应符合设计规定,设计无具体规定时,应不低于30MPa。对截面较大的孔道,水泥浆中可掺入适量的细砂。水泥浆的技术条件应符合下列规定:

1 水灰比宜为0.40~0.45,掺入适量减水剂时,水灰比可减小到0.35。

2 水泥浆的泌水率最大不得超过3%,拌和后3h泌水率宜控制在2%,泌水应在24h内重新全部被浆吸回。

3 通过试验后,水泥浆中可掺入适量膨胀剂,但其自由膨胀率应小于10%。泌水率和膨胀率的试验方法见附录G-10。

4 水泥浆稠度宜控制在14~18s之间,稠度的试验方法见附录G-11。

12.11.4 孔道的准备

压浆前,应对孔道进行清洁处理。对抽芯成型的混凝土空心孔道应冲洗干净并使孔壁完全湿润;金属管道必要时亦应冲洗以清除有害材料;对孔道内可能发生的油污等,可采用已知对预应力筋和管道无腐蚀作用的中性洗涤剂或皂液,用水稀释后进行冲洗。冲洗后,应使用不含油的压缩空气将孔道内的所有积水吹出。

12.11.5 水泥浆自拌制至压入孔道的延续时间,视气温情况而定,一般在30~45min范围内。水泥浆在使用前和压注过程中应连续搅拌。对于因延迟使用所致的流动度降低的水泥浆,不得通过加水来增加其流动度。

12.11.6 压浆时,对曲线孔道和竖向孔道应从最低点的压浆孔压入,由最高点的排气孔排气和泌水。压浆顺序宜先压注下层孔道。

12.11.7 压浆应缓慢、均匀地进行,不得中断,并应将所有最高点的排气孔依次一一放开和关闭,使孔道内排气通畅。较集中和邻近的孔道,宜尽量先连续压浆完成,不能连续压浆时,后压浆的孔道应在压浆前用压力水冲洗通畅。

12.11.8 对掺加外加剂泌水率较小的水泥浆,通过试验证明能达到孔道内饱满时,可采用一次压浆的方法;不掺外加剂的水泥浆,可采用二次压浆法,两次压浆的间隔时间宜为30~45min。

12.11.9 压浆应使用活塞式压浆泵,不得使用压缩空气。压浆的最大压力宜为0.5~0.7MPa;当孔道较长或采用一次压浆时,最大压力宜为1.0MPa。梁体竖向预应力筋孔道的压浆最大压力可控制在0.3~0.4MPa。压浆应达到孔道另一端饱满和出浆,并应达到排气孔排出与规定稠度相同的水泥浆为止。为保证管道中充满灰浆,关闭出浆口后,应保持不小于0.5MPa的一个稳压期,该稳压期不宜少于2min。

12.11.10 压浆过程中及压浆后48h内,结构混凝土的温度不得低于5℃,否则应采取保温措施。当气温高于35℃时,压浆宜在夜间进行。

12.11.11 压浆后应从检查孔抽查压浆的密实情况,如有不实,应及时处理和纠正。压浆时,每一工作班应留取不少于3组的70.7mm×70.7mm×70.7mm立方体试件,标准养护28d,检查其抗压强度,作为评定水泥浆质量的依据。

12.11.12 对需封锚的锚具,压浆后应先将其周围冲洗干净并对梁端混凝土凿毛,然后设置钢筋网浇筑封锚混凝土。封锚混凝土的强度应符合设计规定,一般不宜低于构件混凝土强度等级值的80%。必须严格控制封锚后的梁体长度。长期外露的锚具,应采取防锈措施。

12.11.13 对后张预制构件,在管道压浆前不得安装就位,在压浆强度达到设计要求后方可移运和吊装。

12.11.14 孔道压浆应填写施工记录。

12.12 质量检验及质量标准

12.12.1 对工程质量的检验,除一般混凝土、钢筋混凝土工程的应有检验项目外,尚应进行钢筋冷拉、预应力钢材编束、孔道预留、施加预应力、孔道压浆等项目的施工检验以及预应力筋、张拉机具、锚夹具的质量检验。

12.12.2 预应力筋制作安装的允许偏差列于表12.12.2-1及表12.12.2-2。

表12.12.2-1 先张预应力筋制作安装允许偏差

项目		允许偏差(mm)
镦头钢丝同束长度相对差	束长>20m	$L/5000$ 及5
	束长6~20m	$L/3000$
	束长<6m	2
冷拉钢筋接头在同一平面的轴线偏位		2及1/10直径
力筋张拉后的位置与设计位置之间偏位		4%构件最短边长及5

表12.12.2-2 后张预应力筋制作安装允许偏差

项目		允许偏差(mm)
管道坐标	梁长方向	30
	梁高方向	10
管道间距	同排	10
	上下层	10

12.12.3 梁体质量应符合下列规定:

1 混凝土质量检验应符合本规范第11章的有关规定。

2 混凝土表面应平整、密实,预应力部位不得有蜂窝、露筋现象。

13 砌体

13.1 一般规定

13.1.1 本章适用于用砌石及混凝土预制块砌筑的公路桥涵拱圈、墩台、挡土墙及其附属工程等的施工。

13.1.2 天然地基上的基础砌体，施工前应按本规范第4章的有关规定，对基坑进行检查和处理。

13.1.3 砌体沉降缝、伸缩缝、泄水孔及防水层的设置，应符合设计和有关规定。

13.2 材料

13.2.1 石料的要求

1 石料应符合设计规定的类别和强度，石质应均匀、不易风化、无裂纹。石料强度、试件规格及换算应符合设计要求，石料强度的测定应按现行《公路工程石料试验规程》(JTJ 054)执行。

2 一月份平均气温低于-10℃的地区，除干旱地区的不受冰冻部位或根据以往实践经验证明材料确有足够抗冻性者外，所用石料及混凝土材料须通过冻融试验证明符合表13.2.1的抗冻性指标时，方可使用。

3 片石：一般指用爆破或楔劈法开采的石块，厚度不应小于150mm(卵形和薄片者不得采用)。用做镶面的片石，应选择表面较平整、尺寸较大者，并应稍加修整。

表13.2.1 石料及混凝土材料抗冻性指标

结构物类别	大、中桥	小桥及涵洞
镶面或表层	50	25

注：抗冻性指标系指材料在含水饱和状态下经-15℃的冻结与融化的循环次数。试验后的材料应无明显损伤(裂缝、脱层)，其强度不低于试验前的0.75倍。

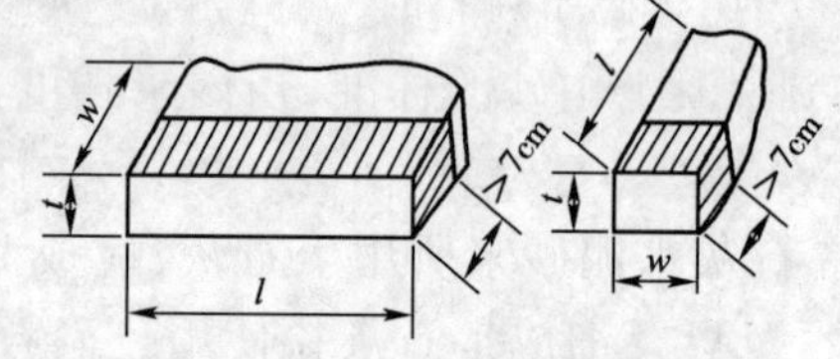

图13.2.1 镶面块石
w-宽度；t-厚度；l-长度

4 块石：形状应大致方正，上下面大致平整，厚度200~300mm，宽度约为厚度的1.0~1.5倍，长度约为厚度的1.5~3.0倍(如有锋棱锐角，应敲除)。块石用做镶面时，应由外露面四周向内稍加修凿，后部可不修凿，但应略小于修凿部分。其加工形状如图13.2.1所示。

5 粗料石：是由岩层或大块石料开劈并经粗略修凿而成，外形应方正，成六面体，厚度200~300mm，宽度为厚度的1~1.5倍，长度为厚度的2.5~4倍，表面凹陷深度不大于20mm。加工镶面粗料石时，丁石长度应比相邻顺石宽度至少大150mm，修凿面每100mm长须有錾路约4~5条，侧面修凿面应与外露面垂直，正面凹陷深度不应超过15.0mm，加工精度应如图13.2.2所示。

镶面粗料石的外露面如带细凿边缘时，细凿边缘的宽度应为30~50mm。

6 拱石：可根据设计采用粗料石、块石或片石；拱石应立纹破料，岩层面应与拱轴垂直，各排拱石沿拱圈内弧的厚度应一致。用粗料石砌筑曲线半径较小的拱圈，辐射缝上下宽度相差超过30%时，宜将粗料石加工成如图13.2.3所示的楔形，其具体尺寸可根据设计及施工条件确定，但应符合下列规定：

(1)厚度 t_1 不应小于200mm，t_2 按设计或施工放样确定；

(2)高度 h 应为最小厚度 t_1 的1.2~2.0倍；

(3)长度 l 应为最小厚度 t_1 的2.5~4.0倍。

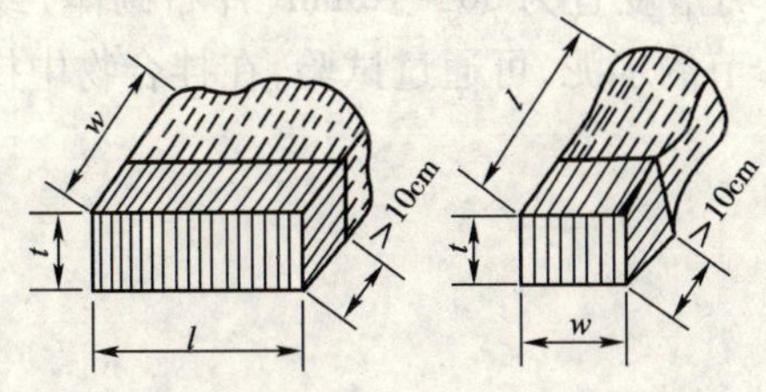

图13.2.2　镶面粗料石

w-宽度；t-厚度；l-长度

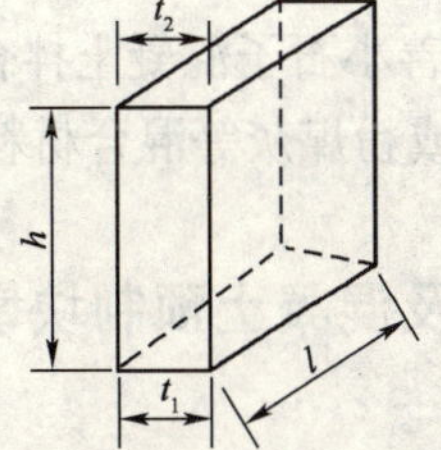

图13.2.3　拱石

7　桥涵附属工程采用卵石代替片石时，其石质及规格须符合片石的规定。

13.2.2　混凝土预制块的要求

混凝土预制块砌体形状、尺寸应统一，其规格应与粗料石相同，砌体表面应整齐美观。预制块做拱石时，混凝土块可提前预制，使其收缩尽量消失在拱圈封顶以前，避免拱圈开裂；蒸汽养护混凝土预制块可加速收缩，可按试验确定提前时间。

13.2.3　砂浆的技术要求

1　砌筑用砂浆的类别和强度等级应符合设计规定。砂浆强度等级以M××表示，为70.7mm×70.7mm×70.7mm试件标准养护28d的抗压强度(单位为MPa)。标准养护条件如下：

(1)水泥石灰等混合砂浆养护温度20±3℃，相对湿度60%~80%；

(2)水泥砂浆和微沫水泥砂浆养护温度20±3℃，相对湿度为90%以上；

(3)常用的砂浆强度等级分别为M20，M15，M10，M7.5，M5，M2.5六个等级。

2　砂浆中所用水泥、砂、水等材料的质量标准宜符合混凝土工程相应材料的质量标准。砂浆中所用砂，宜采用中砂或粗砂，当缺乏中砂及粗砂时，在适当增加水泥用量的基础上，也可采用细砂。砂的最大粒径，当用于砌筑片石时，不宜超过5mm；当用于砌筑块石、粗料石时，不宜超过2.5mm。如砂的含泥量达不到混凝土用砂的标准，当砂浆强度等级大于或等于M5时，可不超过5%，小于M5时可不超过7%。

3　石灰水泥砂浆所用生石灰，应成分纯正，煅烧均匀、透彻。一般宜熟化成消石灰粉或石灰膏使用，也可磨细成生石灰粉使用。消石灰粉和石灰膏应通过网筛过滤，并且石灰膏应在沉淀池内储存14d以上。磨细生石灰粉应经4 900孔/cm^2 筛子过筛。生石灰及消石灰粉的技术指标见附录H。

4　砂浆的配合比可通过试验确定，可采用质量比或体积比，并应满足该规范中技术条件的要求。当变更砂浆的组成材料时，其配合比应重新试验确定。

5　砂浆必须具有良好的和易性，其稠度以标准圆锥体沉入度表示，用于石砌体时宜为50~70mm，气温较高时可适当增大。零星工程用砂浆的稠度，也可用直观法进行检查，以用手能将砂浆捏成小团，松手后既不松散、又不由灰铲上流下为度。

6　为改善水泥砂浆的和易性，可掺入无机塑化剂或以皂化松香为主要成分的微沫剂等有机塑化剂，其掺量可参照生产厂家的规定并通过试验确定，一般为水泥用量的0.5/10 000~1.0/10 000(微沫剂按100%纯度计)。采用时应符合下列规定：

1)微沫剂宜用不低于70℃的水稀释至5%~10%的浓度，稀释后存放不宜超过7d。

2)宜用机械拌和，拌和时间宜为3~5min。

7　砂浆配制应采用质量比，砂浆应随拌随用，保持适宜的稠度，一般宜在3~4h内使用完毕；气温超过30℃时，宜在2~3 h内使用完毕。在运输过程或在贮存器中发生离析、泌水的砂浆，砌筑前应重新拌和；已凝结的砂浆，不得使用。

13.2.4 小石子混凝土的技术要求

1 小石子混凝土的配合比设计、材料规格和质量检验标准,应符合本规范第11章的有关规定。

2 小石子混凝土的粗集料可采用细卵石或碎石,最大粒径不宜大于20mm。

3 小石子混凝土拌合物应具有良好的和易性,坍落度宜为50~70mm(片石砌体)或70~100mm(块石砌体)。为改善小石子混凝土拌合物的和易性,节约水泥,可通过试验,在拌合物中掺入一定数量的减水剂等外加剂或粉煤灰等混合材料。

13.3 浆砌石块及混凝土预制块墩台、挡土墙

13.3.1 一般要求

1 砌块在使用前必须浇水湿润,表面如有泥土、水锈,应清洗干净。

2 砌筑基础的第一层砌块时,如基底为岩层或混凝土基础,应先将基底表面清洗、湿润,再坐浆砌筑;如基底为土质,可直接坐浆砌筑。

3 砌体应分层砌筑,砌体较长时可分段分层砌筑,但两相邻工作段的砌筑差一般不宜超过1.2m;分段位置宜尽量设在沉降缝或伸缩缝处,各段水平砌缝应一致。

4 各砌层应先砌外圈定位行列,然后砌筑里层,外圈砌块应与里层砌块交错连成一体。砌体外露面镶面种类应符合设计规定,位于流冰或有严重漂流物河中的墩台,宜选用较坚硬的石料或高强度混凝土预制块进行镶砌。砌体里层应砌筑整齐,分层应与外圈一致,应先铺一层适当厚度的砂浆再安放砌块和填塞砌缝。砌体外露面应进行勾缝,并应在砌筑时靠外露面预留深约20mm的空缝备作勾缝之用。砌体隐蔽面砌缝可随砌随刮平,不另勾缝。

5 各砌层的砌块应安放稳固,砌块间应砂浆饱满,黏结牢固,不得直接贴靠或脱空。砌筑时,底浆应铺满,竖缝砂浆应先在已砌石块侧面铺放一部分,然后于石块放好后填满捣实。用小石子混凝土塞竖缝时,应以扁铁捣实。

6 砌筑上层块时,应避免振动下层砌块。砌筑工作中断后恢复砌筑时,已砌筑的砌层表面应加以清扫和湿润。

13.3.2 浆砌片石的技术要求

1 片石应分层砌筑,宜以2~3层砌块组成一工作层,每一工作层的水平缝应大致找平。各工作层竖缝应相互错开,不得贯通。

2 外圈定位行列和转角石,应选择形状较为方正及尺寸较大的片石,并长短相间地与里层砌块咬接。砌缝宽度一般不应大于40mm,用小石子混凝土砌筑时,可为30~70mm。

3 较大的砌块应使用于下层,安砌时应选取形状及尺寸较为合适的砌块,尖锐突出部分应敲除。竖缝较宽时,应在砂浆中塞以小石块,不得在石块下面用高于砂浆砌缝的小石片支垫。

13.3.3 浆砌块石的技术要求

1 石块应平砌,每层石料高度应大致一致。外圈定位行和镶面石块,应丁顺相间或两顺一丁排列,砌缝宽度不大于30mm,上下层竖缝错开距离不小于80mm。

2 砌体里层平缝宽度不应大于30mm,竖缝宽度不应大于40mm,用小石子混凝土砌筑时不应大于50mm。

13.3.4 浆砌粗料石及混凝土预制块的技术要求

1 砌筑前,应先计算层数,选好料,砌筑时应严格控制平面位置和高度。镶面石应一顺一丁排列,砌缝应横平竖直。砌缝宽度,当为粗料石时不应大于20mm,当为混凝土砌块时不应大于10mm;上下层竖缝错开距离不应小于100mm,同时在丁石的上层或下层不宜有竖缝。砌体里层为浆砌块石时,其要求同13.3.3条第2款。

2 桥墩破冰体镶面的砌筑应符合下列要求:

1)破冰棱与垂线的夹角大于20°时,破冰体镶面横缝应垂直于破冰棱;夹角小于等于20°时,镶面横缝可成水平。

2)破冰体镶面的砌筑层次应与墩身一致。

3)砌缝宽度为10~12mm。

4)不得在破冰棱中线上及破冰棱与墩身相交线上设置砌缝。

13.4 浆砌石块及混凝土预制块拱圈

13.4.1 一般要求

1 拱圈和拱上结构所用砌块的规格应符合设计规定,施工时应按设计留置施工预拱度。

2 砌筑拱圈工作开始前,应先详细检查拱架和模板,在质量和安全等各方面均符合要求后方可开始砌筑。

3 拱圈的辐射缝应垂直于拱轴线,辐射缝两侧相邻两行拱石的砌缝应互相错开(同一行内上下层砌缝可不错开),错开距离不应小于100mm,错缝规则见图13.4.1。

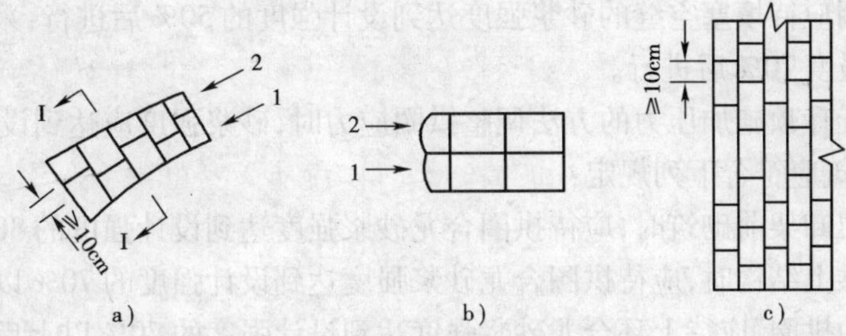

图13.4.1 拱圈错缝

a)拱立面;b)I-I截面;c)拱底面

1-下层;2-上层

4 浆砌粗料石和混凝土预制块拱圈的砌缝宽度应为10~20mm,块石拱圈的砌缝宽度不应大于30mm,片石拱圈的砌缝宽度不应大于40mm。用小石子混凝土砌块石时,不应大于50mm。

5 砌筑各类浆砌拱圈时,对于不甚陡的辐射缝,应先在侧面已砌拱石上铺浆,再放拱石挤砌;辐射缝较陡时,可在拱石间先嵌入木条,再分层填塞,捣实砂浆。

13.4.2 砌筑程序

1 砌筑拱圈前,应根据拱圈跨径、矢高、厚度及拱架的情况,设计拱圈砌筑程序,砌筑时,须设置变形观测缝,随时注意观测拱架的变形情况,必要时对砌筑程序进行调整,控制拱圈的变形。

2 跨径≤10m的拱圈,当用满布式拱架砌筑时,可从两端拱脚起顺序向拱顶方向对称、均衡地砌筑,最后砌拱顶石。当用拱式拱架砌筑时,宜分段、对称地先砌拱脚段和拱顶段,后砌1/4跨径段。

3 跨径13~20m的拱圈,不论用何种拱架,每半跨均应分成三段砌筑(如图13.4.2),先砌拱脚段(I)和拱顶段(II)、后砌1/4跨径段(III),两半跨应同时对称地进行。

隔开砌的拱段,其倾斜角大于砌块与模板间的摩擦角时,应在拱段下侧临时设置支撑。

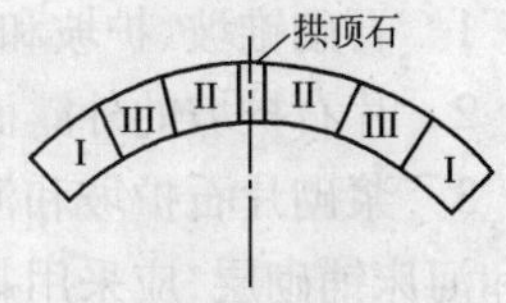

图13.4.2 拱圈分六段砌示意

4 跨径≥25m的拱圈,砌筑程序应符合设计规定。一般采用分段砌筑或分环分段相结合的方法砌筑,必要时应对拱架预加一定的压力。分环砌筑时,应待下环砌筑合龙、砌缝砂浆强度达到设计强度的75%以上后,再砌筑上环。

5 多孔连续拱桥拱圈的砌筑,应考虑连拱的影响,制定相应的砌筑程序。

13.4.3 空缝的设置和填塞的技术要求

1 砌筑拱圈时,应在拱脚、拱顶石两侧、分段点等部位临时设置空缝;小跨径拱圈不分段砌筑时,应在拱脚附近临时设置空缝。

2 设置和填塞空缝时,应注意下列事项:

1)空缝的宽度,在拱圈外露面应与相应类别砌块的一般砌缝相同。当拱圈为粗料石时,为便于砂浆的填塞，可将空缝内腔宽度加大至30～40mm。为保证空缝的宽度，当拱圈跨径≥16m时，拱脚部位附近的空缝宜用铸铁垫隔，其他部位的空缝可用M2.5水泥砂浆块垫隔。

2)用于空缝两侧的拱石，靠空缝一面应加工凿平。

3)空缝的填塞，应在砌缝砂浆强度达到设计强度的70%后进行，填塞时应分层捣实。

4)填塞空缝可使用M2.5以上或体积比为1:1的半干硬水泥砂浆，砂子宜用细砂或筛除较大颗粒的中砂。

5)空缝的填塞顺序视具体情况确定，可由拱脚逐次向拱顶对称填塞，或先填塞拱脚处，次填塞拱顶处，然后自拱顶向两端对称逐条填塞，所有空缝也可同时填塞。

13.4.4 拱圈合龙及拱上结构砌筑的技术要求

1 拱圈封拱合龙时的温度、砂浆强度和封拱方法应符合设计规定，设计无规定时，应符合下列规定：

1)封拱合龙宜在接近当地年平均温度或5～15℃时进行。

2)分段砌筑的拱圈应待填塞空缝的砂浆强度达到设计强度的50%后进行，采用刹尖封顶的拱圈应待砂浆强度达到设计强度70%后进行。

3)封拱合龙前用千斤顶施加压力的方法调整拱圈应力时，砂浆强度应达到设计强度。

2 拱上结构的砌筑应符合下列规定：

1)拱上结构在拱架卸架前砌筑时，应待拱圈合龙砂浆强度达到设计强度的30%以上后进行。

2)当先松架后砌拱上结构时，应待拱圈合龙砂浆强度达到设计强度的70%以上后进行。

3)采用分环砌筑的拱圈，应待上环合龙砂浆强度达到设计强度的70%以上后进行。

4)采用施加压力调整拱圈应力时，应待封拱砂浆强度达到设计的规定后砌筑拱上结构。

5)拱上结构一般应由拱脚至拱顶对称、均衡地砌筑。

13.4.5 小石子混凝土砌筑拱圈的技术要求

1 用小石子混凝土砌筑片石拱圈时，应注意下列事项：

1)靠拱模一面，应选用底面较大且较平整的石块，必要时稍加修整，拱背面则应大致平顺。

2)砌缝中的小石子混凝土，应先铺放一部分再填塞，以达到饱满、密实。较宽的竖缝，可在填塞小石子混凝土的同时，填塞一部分小石块，将砌缝挤满。

3)砌筑中设置空缝时，在空缝两侧应选用较大和较平整的石块。

2 用小石子混凝土砌块石拱圈时，块石靠拱模一面应稍加修整，砌缝宽度不应大于50mm，砌筑注意事项可参照用小石子混凝土砌片石拱圈的有关规定。

13.5 桥涵附属工程

13.5.1 砌体工程的技术要求

1 石砌锥坡、护坡和河床铺砌层等工程，必须在坡面或基面夯实、整平后，方可开始铺砌。

2 片石护坡的外露面和坡顶、边口，应选用较大、较平整并略加修凿的石块。

3 浆砌片石护坡和河床铺砌，石块应相互咬接，砌缝砂浆饱满，砌缝宽度40～70mm。浆砌卵石护坡和河床铺砌层，应采用栽砌法，砌块应互相咬接。

4 干砌片石护坡及河床铺砌时，铺砌应紧密、稳定、表面平顺，但不得用小石块塞垫或找平。干砌卵石河床铺砌时，应采用栽砌法。用于防护急流冲刷的护坡、河床铺砌层，其石块尺寸不得小于有关规定。

5 铺砌层的砂砾垫层材料，粒径一般不宜大于50mm，含泥量不宜超过5%，含砂量不宜超过40%。垫层应与铺砌层配合铺筑，随铺随砌。

6 防护工程采用石笼时，除应符合设计规定外，并应注意下列事项：

1)石笼的构造、形状及尺寸应适应水流及河床的实际情况。

2)笼内石料一般用片石和大卵石，石块尺寸须大于笼网孔眼。

3）笼内石块应塞紧、装满，笼网应锁口牢固。

4）石笼应铺放整齐，笼与笼间的空隙应用石块填满。

13.5.2 填土工程的技术要求

1 桥涵台背、锥坡、护坡及拱上各种填料，宜采用透水性材料，不得采用含有泥草、腐殖物或冻土块的土。

2 台背填土顺路线方向长度，应自台身起，顶面不小于桥台高度加2m，底面不小于2m，拱桥台背填土长度不应小于台高的3～4倍。锥坡填土应与台背填土同时进行，并应按设计宽度一次填足。

3 台背填土的质量直接关系到竣工后行车的舒适与安全，应严格控制分层厚度和密实度，应设专人负责监督检查，检查频率每50m^2检验1点，不足50m^2时至少检验1点，每点都应合格，宜采用小型机械压实。透水性材料不足时，可采用石灰土或水泥稳定土回填；回填土的分层厚度宜为0.1～0.2m。高速公路和一级公路的桥台、涵身背后和涵洞顶部的填土压实度标准，从填方基底或涵洞顶部至路床顶面均为95%，其他公路为93%。软土地基的台背填土应符合设计要求。

4 台背填土的顺序应符合设计要求。拱桥台背填土宜在主拱圈安装或砌筑以前完成；梁式桥的轻型桥台台背填土，宜在梁体安装完成以后，在两侧平衡地进行；柱式桥台台背填土，宜在柱侧对称、平衡地进行。

13.6 砌体勾缝及养护

13.6.1 砌体勾缝，除设计有规定者外，一般可采用凸缝或平缝。浆砌较规则的块材时，可采用凹缝。

13.6.2 勾缝砂浆强度不应低于砌体砂浆强度，一般主体工程不低于M10，附属工程不低于M7.5。流冰和严重冲刷部位应采用高强度水泥砂浆。

13.6.3 石砌体勾缝应嵌入砌缝内约20mm深。缝槽深度不足时，应凿够深度后再勾缝。干砌片石勾缝时，应嵌入砌缝20mm以上。

13.6.4 干砌片石护坡、锥坡的勾缝，宜待坡体土方稳定后进行，除设计有规定外，一般可做平缝。

13.6.5 浆砌砌体，应在砂浆初凝后，洒水覆盖养生7～14d。养护期间应避免碰撞、振动或承重。

13.7 质量检验及质量标准

13.7.1 对砂浆及小石子混凝土的抗压强度应按不同强度等级、不同配合比分别制取试件，重要及主体砌筑物，每工作班应制取试件2组；一般及次要砌筑物，每工作班可制取试件1组。拱圈砂浆应同时制取与砌体同条件养护试件，以检查各施工阶段的强度。

小石子混凝土抗压强度评定方法同一般混凝土，砂浆抗压强度合格条件如下：

1 同等级试件的平均强度不低于设计强度等级。

2 任意一组试件最低值不低于设计强度等级的75%。

13.7.2 砌体质量应符合下列规定：

1 砌体所用各项材料类别、规格及质量符合要求。

2 砌缝砂浆或小石子混凝土铺填饱满，强度符合要求。

3 砌缝宽度、错缝距离符合规定，勾缝坚固、整齐，深度和型式符合要求。

4 砌筑方法正确。

5 砌体位置、尺寸不超过允许偏差。

13.7.3 墩、台砌体位置及外形尺寸允许偏差如表13.7.3。

13.7.4 拱圈砌体允许偏差如下：

1 拱圈和拱上砌体侧面位置与设计位置的偏差，有镶面时为+20mm，-10mm；无镶面时为+30mm，-10mm。

2 拱圈厚度不小于设计值，超厚不大于设计值的3%。

3　拱圈侧面粗料石镶面两邻接砌块表面彼此错位不大于3mm。

4　拱圈侧面块石镶面两邻接砌块表面彼此错位不大于5mm。

5　内弧线偏离设计弧线，当跨径小于等于30m时，为±20mm；当跨径大于30m时，为±1/1500跨径（对于拱式桥涵、箱涵、圆管涵为净跨径）。

表13.7.3　墩、台砌体位置及外形尺寸允许偏差

项目		允许偏差（mm）
名称	类别	
轴线偏位		10
墩台宽度与长度	片石	+40，−10
	块石	+30，−10
	粗料石	+20，−10
大面积平整度（2m直尺检查）	片石	30
	块石	20
	粗料石	10
竖直度或坡度	片石	0.5%H
	块石、粗料石	0.3%H
墩台顶面高程		±10

注：① H为墩台高度；

② 混凝土预制砌体允许偏差可按粗料石标准执行。

13.7.5　浆砌片石基础位置及外形尺寸允许偏差见表13.7.5。

表13.7.5　浆砌片石基础允许偏差

项目	允许偏差（mm）	项目		允许偏差（mm）
轴线偏位	25	基底高程	土质	±50
平面尺寸	±50		石质	+50，−200
顶面高程	±30			

13.7.6　浆砌片石、块石挡土墙位置及外形尺寸允许偏差见表13.7.6。

表13.7.6　浆砌片石、块石挡土墙允许偏差

项目	允许偏差（mm）	项目	允许偏差（mm）
平面位置	50	顶面高程	±20
表面平整度	片石30，块石20	断面尺寸	不小于设计值
竖直度或坡度	0.5%H	底面高程	±50

注：H为砌体高度。

13.7.7　侧墙砌体位置及外形尺寸允许偏差见表13.7.7。

表13.7.7　侧墙砌体允许偏差

项目		规定值或允许偏差
外侧平面偏位（mm）	无镶面	+30，−10
	有镶面	+20，−10
宽度（mm）		+40，−10
顶面高程（mm）		±10
竖直度或坡度	片石砌体	0.5%
	块石、粗料石、混凝土块镶面	0.3%

14　冬期施工

14.1　一般规定

14.1.1　冬期施工是指根据当地多年气温资料，室外日平均气温连续5d稳定低于5℃时混凝土、钢筋混凝土、预应力混凝土及砌体工程的施工。冬期施工除应按本规范第10章、第11章、第12章、第13章的有关规定执行外，还应遵照本章的规定。

1　冬期施工的工程，应预先做好冬期施工组织计划及准备工作，对各项设施和材料应提前采取防雪、防冻等措施，对钢筋的冷拉和张拉，还应专门制定施工工艺要求及安全措施。

2　冬期施工期间，用硅酸盐水泥或普通硅酸盐水泥配制的混凝土，在抗压强度达到设计强度的40%及5MPa前，用矿渣硅酸盐水泥配制的混凝土，在抗压强度达到设计强度的50%前，不得受冻。未采取抗冻措施的浆砌砌体，在砂浆抗压强度达到70%前不得受冻。

3　基础的地基(永冻地区除外)，在工程施工时和完工后，均不得受冻。

4　冬期铺设防水层时，应先将结构物表面加热至一定温度，并应按防水层冬期施工的有关规定执行。

5　冬期施工时，应制定防火、防冻、防煤气中毒等安全措施，并与当地气象部门取得联系，做好气温观测工作。

14.2　混凝土、钢筋混凝土及预应力混凝土冬期施工

14.2.1　钢筋的焊接、冷拉及张拉的技术要求

1　焊接钢筋宜在室内进行，当必须在室外进行时，最低温度不宜低于-20℃，并应采取防雪挡风措施，减小焊件温度差，焊接后的接头严禁立刻接触冰雪。

2　冷拉钢筋时的温度不宜低于-15℃，当采取可靠的安全措施时可不低于-20℃；当采用控制应力或冷拉率方法冷拉时，冷拉控制应力宜较常温时酌予提高，提高值应经试验确定，但不得超过30MPa。

3　张拉预应力钢材时的温度不宜低于-15℃。

4　钢筋的冷拉设备、预应力钢材张拉设备以及仪表工作油液，应根据实际使用时的环境温度选用，并应在使用时的环境温度条件下进行配套校验。

14.2.2　混凝土配制和搅拌的技术要求

1　配制混凝土时，宜优先选用硅酸盐水泥、普通硅酸盐水泥，水泥的强度等级不宜低于42.5，水灰比不宜大于0.5。采用蒸汽养护时，宜优先选用矿渣硅酸盐水泥。用加热法养护掺加外加剂的混凝土，严禁使用高铝水泥。使用其他品种的水泥时，应注意其掺合材料对混凝土强度、抗冻、抗渗等性能的影响。

2　浇筑混凝土宜掺用引气剂、引气型减水剂等外加剂，以提高混凝土的抗冻性。在钢筋混凝土中掺用氯盐类防冻剂时，氯离子含量不得超过本规范第11章、第12章的规定，且不宜采用蒸汽养生。当采用素混凝土时，氯盐掺量不得大于水泥质量的3%。预应力混凝土不得掺用引气剂、引气型减水剂及氯盐防冻剂。掺用的引气剂、引气型减水剂及防冻剂，应符合现行国家标准《混凝土外加剂》(GB 8076)的规定。

3　拌制混凝土的各项材料的温度，应满足混凝土拌合物搅拌合成后所需要的温度。当材料原有温度不能满足需要时，应首先考虑对拌和用水加热，仍不能满足需要时，再考虑对集料加热。水泥只保温，

不得加热。各项材料需要加热的温度应根据附录J冬期施工热工计算公式计算确定,但不得超过表14.2.2的规定。

4 冬期搅拌混凝土时,集料不得带有冰雪和冻结团块。严格控制混凝土的配合比和坍落度;投料前,应先用热水或蒸汽冲洗搅拌机,投料顺序为集料、水,搅拌,再加水泥搅拌,时间应较常温时延长50%。混凝土拌合物的出机温度不宜低于10℃,入模温度不得低于5℃。

表14.2.2 拌和水及集料最高温度(℃)

项 目	拌和水	集 料
强度等级小于52.5的普通硅酸盐水泥、矿渣硅酸盐水泥	80	60
强度等级等于及大于52.5的普通硅酸盐水泥、矿渣硅酸盐水泥	60	40

注:当集料不加热时,水可加热到100℃,但水泥不应与80℃以上的水直接接触。投料顺序为先投集料和已加热的水,然后再投入水泥。

14.2.3 混凝土运输和浇筑的技术要求

1 混凝土的运输时间应尽可能缩短,运输混凝土的容器应有保温措施。

2 混凝土在浇筑前应清除模板、钢筋上的冰雪和污垢,成型开始养护时的温度,用蓄热法养护时不得低于10℃;用蒸汽法养护时不得低于5℃,细薄结构不得低于8℃。

3 冬期施工接缝混凝土时,在新混凝土浇筑前应加热使接合面有5℃以上的温度,浇筑完成后,应采取措施使混凝土接合面继续保持正温,直至新浇筑混凝土获得规定的抗冻强度。

4 浇筑预应力混凝土构件的湿接缝时,宜采用热混凝土或热水泥砂浆,并应适当降低水灰比。浇筑完成后应加热或连续保温养护,直至接缝混凝土或水泥砂浆抗压强度达到设计强度的75%。

5 预应力混凝土的孔道压浆应在正温下进行,具体要求按第12章的规定执行。

14.2.4 混凝土养护的技术要求

1 混凝土的养护方法,应根据技术经济比较和附录J的热工计算确定。当气温较低、结构表面系数较大,蓄热法不能适应强度增长速度的要求时,可根据具体情况,选用蒸汽加热、暖棚加热或电加热等方法。

2 用蓄热法养护混凝土时,应符合下列规定:

1)蓄热方法应根据环境条件,经过计算在能确保结构物不受冻害的条件下采用。

2)应采取加速混凝土硬化和降低混凝土冻结温度的措施。

3)混凝土应采用较小的水灰比。

4)对容易冷却的部位,应特别加强保温。

5)不应往混凝土和覆盖物上洒水。

3 用蒸汽加热法养护混凝土时,除应按第11章有关规定执行外,混凝土的升、降温速度不得超过表14.2.4-1的规定。

表14.2.4-1 加热养护混凝土的升、降温速度(℃/h)

表面系数(m^{-1})	升温速度	降温速度
≥6	15	10
<6	10	5

注:①大体积混凝土应根据实际情况确定;

②表面系数系指结构冷却面积(m^2)与结构体积(m^3)的比值,当采用普通硅酸盐水泥时,养护温度不宜超过80℃;当采用矿渣硅酸盐水泥时,养护温度可提高到85~95℃。

4 用电热法养护混凝土时,一般采用电极法和电热器加热法。

1)电极法养生 电极的布置,应保证混凝土温度均匀,加热时间为混凝土强度达到设计强度的50%,并应符合下列规定:

(1)加热时,混凝土的外露面应加以覆盖。

(2)须用交流电,对于钢筋混凝土结构,一般应将电压降至50~110V的范围内。

注:①对于无筋结构和钢筋用量不大于50kg/m^3的配筋结构,可采用电压为120~220V的电流加热;

②当电压为380V时，必须将一个电极接通零线，使混凝土内的工作电压不超过220V，当电压超过380V时，不得直接用于电热法。

(3)升降温速度同蒸汽加热法。

(4)混凝土的最高温度不得超过表14.2.4-2的规定。

表14.2.4-2 电热法养护混凝土的温度(℃)

水泥强度等级	结构表面系数(m^{-1})		
	<10	10~15	>15
42.5	40		35

(5)在加热过程中，应观察混凝土表面的湿度，出现干燥现象时应停电，并用温水润湿表面。

(6)掺用减水剂时，应预先用试件检查电热对混凝土强度的影响，证明无损失时，方可掺用。

2)混凝土电热器加热法养生，是利用工厂生产的电热器片通电加热养生。混凝土的覆盖要求同蒸汽养生，电热片的用量及布置应根据环境温度、覆盖情况及养生时间长短通过试验确定。混凝土使用电热器加热养护应注意如下事项：

(1)在养生混凝土上设置洒水装置。

(2)升、降温速度及养护要求同蒸汽养护。

(3)应设置控制温度的自动装置，及用电安全保险装置，若控温装置为手工操作，应设专人值班测温，随时调节养护温度。

5 用暖棚法加热养护混凝土时，应符合下列规定：

1)暖棚应坚固、不透风，靠内墙宜采用非易燃性材料。

2)在暖棚中用明火加热时，须特别加强防火、防煤气中毒措施；

3)暖棚内气温不得低于5℃。

4)暖棚内宜保持一定的湿度，湿度不足时，应向混凝土面及模板上洒水。

6 模板的拆除应符合下列规定：

1)根据与结构同条件养护试件的试验，证明混凝土已达到要求的抗冻强度及拆模强度后，模板方可拆除。

2)加热养护结构的模板和保温层，在混凝土冷却至5℃以后方可拆除。当混凝土与外界气温相差大于20℃时，拆除模板后的混凝土表面应加以覆盖，使其缓慢冷却。

7 掺用防冻剂的混凝土养护应符合下列规定：

1)在负温条件下严禁浇水，外露表面必须覆盖养护。

2)养护温度不得低于防冻剂规定的温度，当达不到规定温度，且混凝土强度小于3.5MPa时应采取加热保温措施。

3)当拆模后混凝土的表面温度与环境温度差大于15℃时，混凝土表面应覆盖保温养护。

14.2.5 灌注桩冬期施工

灌注桩混凝土的冬期施工，主要是保证混凝土在灌注时不冻结，能顺利灌注，一般情况不需要养护，只有在桩头露出水面及地面或虽未露出水面、地面，但在冰冻范围之内时，才进行桩头混凝土的覆盖保温养护，覆盖的厚度应当考虑到钢筋导热的影响。灌注桩混凝土冬期施工的要求如下：

1 灌注桩混凝土的配制和搅拌同14.2.2条第3款，灌注时对拌合物的温度要求不低于5℃。

2 混凝土的运输要求同14.2.3条第1款。

3 混凝土不准掺防冻剂、抗冻剂。

4 混凝土灌注的其他要求参见本规范第6章的规定。

14.3 砌体冬期施工

14.3.1 材料

1 砌块应干净，无冰霜附着；砂中不得含有冰块或冻结团块。遇水浸泡后受冻的砌块不能使用。

2 冬期施工的砌筑砂浆必须保持正温，砂浆与石材表面的温度差不宜超过20℃。石灰膏不宜受冻，如有冻结，应经融化并重新拌和后方可使用，但因受冻而脱水者不得使用。

3 冬期砌筑砌体，只准使用水泥砂浆或水泥石灰砂浆，不准使用无水泥配制的砂浆，砂浆宜采用普通硅酸盐水泥拌制。砂浆应随拌随用，搅拌时间应比常温时增加0.5～1倍，砌石砂浆的稠度要求40～60mm。

4 小石子混凝土的配制和使用，应符合本章第14.2节的有关规定。

14.3.2 保温法砌筑

1 砌体在暖棚中砌筑时，应符合下列规定：

1）砌块的温度应在5℃以上。

2）砂子和水加温后拌制的砂浆，其温度不得低于15℃，加温计算方法同混凝土。

3）室内地面处的温度不得低于5℃。

4）砂浆的保温时间应以达到其抗冻强度的时间为准。

5）养护时应洒水，保持砌体湿润。

2 冬期施工前后气温突然降低时，正在施工的砌体工程应采取下列措施：

1）拌和砂浆的材料加热，水温不得超过80℃，砂子不得超过40℃，使砂浆温度不低于20℃。

2）拌制砂浆的速度与砌筑进度密切配合，随拌随用。

3）砌完部分用保温材料覆盖，气温低于5℃时，不能洒水养护。

3 为加速砂浆硬化，缩短保温时间，可在水泥砂浆中掺加氯化钙等早强剂，其掺量通过试验确定。气温低于5℃时，不能洒水养护。

14.3.3 抗冻砂浆砌筑

氯化钠或氯化钙掺量超过早强用量的水泥砂浆或水泥混合砂浆，称为抗冻砂浆。

1 抗冻砂浆在严寒地区宜采用硅酸盐水泥或普通硅酸盐水泥，其他地区可采用矿渣水泥、火山灰水泥或粉煤灰水泥。抗冻砂浆应尽量用细度模数较大的砂。

2 抗冻砂浆使用时的温度不得低于5℃。当一天中最低气温低于－15℃时，承重砌体的砂浆强度宜按常温时提高一级。

3 用抗冻砂浆砌筑的砌体，应在砌筑后加以覆盖，但不得浇水。

4 抗冻砂浆的抗冻剂掺量可通过试验确定。

5 桥梁支座垫石不宜采用抗冻砂浆。

14.4 质量检查

14.4.1 冬期施工时，混凝土、钢筋混凝土、预应力混凝土工程的质量除按本规范第11章、第12章有关规定进行检查外，尚应检查混凝土在浇筑及养护期间的环境温度。冬期施工还应进行下列检查：

1 混凝土用水和集料的加热温度。

2 混凝土的加热养护方法和时间等。检查结果应分别记入混凝土工程施工记录和温度检查记录。

3 集料和拌和水装入搅拌机时的温度、混凝土自搅拌机倾出时的温度及浇筑时的温度，每一工作班应至少检查3次。

4 混凝土在养护期间温度的检查，不应少于下列次数：

1）用蓄热法养护时，每昼夜定时4次。

2）用蒸汽加热法及电加热法养护时，升温及降温期间每小时1次，恒温期间每两小时1次。

3）室内外环境温度，每昼夜定时定点4次。

5 检查混凝土温度时，应符合下列规定：

1）测温孔应绘制布置图并编号。

2）温度计应与外界气温隔绝，并应在测温孔内留置不少于3min。

3）测温孔的位置，当采用蓄热法养护时，应设置在易冷却部位；当采用加热法养护时，应在离热源不同位置分别设置。厚大结构应在表层及内部分别设置。

6 混凝土冬期施工时,除留标准养护试件外,并应制取相同数量与结构同条件养护的试件。对于用蒸汽加热法养护的混凝土结构,除制取标准养护试件外,应同时制取与混凝土结构同条件蒸养后再在标准条件下养护到28d的试件,以检查经过蒸养后混凝土28d的强度。冬期施工混凝土质量的评定方法与常温施工混凝土相同。

14.4.2 砌体

1 砌体冬期施工时,应注意进行下列检查并记入施工记录:

1)室外气温、暖棚气温及砂浆温度,每昼夜定时检查不少于3次。

2)抗冻剂的掺量,每一工作班检查不少于1次。

2 砌体冬期施工时,砂浆强度应以在标准条件下养护28d的试件试验结果为准。试件制取组数不应少于常温下施工的试件组数。每一单元砌体(如墩台、拱圈、涵洞)应同时制取与砌体同条件养护的试件,以检查砂浆强度实际增长情况。砂浆强度的评定方法与常温施工的砂浆相同。

15 钢筋混凝土和预应力混凝土梁式桥

15.1 一般规定

15.1.1 本章适用于连续梁桥、刚构—连续梁桥、简支梁桥及墩台基础的预制、浇筑及安装。

15.1.2 模板的设计与安拆参照本规范第9章的有关规定执行。

15.1.3 用以施工的所有临时性承重结构均应进行设计计算,确保施工过程有足够的强度、刚度和稳定性,且变形值应在允许范围内。

15.1.4 材料要求

1 木材应符合本规范第9章的规定。

2 钢材(预应力筋、普通钢筋、钢板)的力学要求及加工应符合第10章、第12章的规定。

3 混凝土材料[水泥、砂子、碎(卵)石、混合材料、外加剂]应符合第11章、第12章的规定。

15.1.5 混凝土配合比设计、拌和、运输、浇筑、养生除满足本章的规定外还应符合第11章、第12章的规定。

15.1.6 大桥、特大桥或重要结构在施工阶段,对结构物的应力、变形值应有针对性的施工监测控制,以保证结构物的强度和稳定。

15.1.7 临时承重结构的地基及基础的设计及施工计划应及时书面报监理工程师审查,签认批准后方可施工。

15.2 在支架上浇筑梁式桥

15.2.1 在移动模架上浇筑预应力混凝土连续梁

1 支架长度必须满足施工要求。

2 支架应利用专用设备组拼,在施工时能确保质量和安全。

3 浇筑分段工作缝,必须设在弯矩零点附近。

4 箱梁外、内模板在滑动就位时,模板平面尺寸、高程、预拱度的误差必须在容许范围内。

5 混凝土内预应力筋管道、钢筋、预埋件设置应符合本规范第10章、第11章、第12章的规定。

15.2.2 在支架上浇筑梁式桥

在支架上现浇混凝土梁的技术要求和注意事项:

1 支架应稳定,强度、刚度的要求应符合本规范第9.2.3条及9.2.4条的规定。

2 支架的弹性、非弹性变形及基础的允许下沉量应满足施工后梁体设计标高的要求。

3 整体浇筑时应采取措施,防止梁体不均匀下沉产生裂缝,若地基下沉可能造成梁体混凝土产生裂缝时,应分段浇筑。

15.3 悬臂浇筑

15.3.1 挂篮、模板、钢筋及预应力筋

1 挂篮的设计要求:挂篮质量与梁段混凝土的质量比值宜控制在0.3~0.5之间,特殊情况下也不应超过0.7。

主要设计参数:

挂篮总重控制在设计限重之内；

允许最大变形(包括吊带变形的总和):20mm；

施工时、行走时的抗倾覆安全系数:2；

自锚固系统的安全系数:2；

斜拉水平限位系统安全系数:2；

上水平限位安全系数:2。

2　挂篮加工试拼及加载试验:挂篮所使用的材料必须是可靠的,有疑问时应进行材料力学性质试验。挂篮试拼后,必须进行荷载试验。

3　挂篮支承平台除要有足够的强度外,还应有足够的平面尺寸,以满足梁段的现场作业需要。

4　现浇梁模板的制作与安装必须正确、牢靠,安装误差应符合本规范第 9.6.2 条的规定。后吊杆和下限位拉杆孔道应严格按计划尺寸准确预留。

5　钢筋制作及安装,除应符合本规范第 10 章的规定外,还应注意以下几点:

1)在进行腹板和底板钢筋安装时,应将底板钢筋与腹板钢筋连接牢固,最好采用焊接。

2)底板上、下两层钢筋网应形成一个整体。

3)顶板底层横向钢筋最好采用通长筋。

4)钢筋与管道相碰时,只能移动,不得切断钢筋。

5)若挂篮下限位器、下锚带、斜拉杆等部位影响下一步操作,必须切断钢筋时,应待该工序完工后,将割断的钢筋联好再补孔。

6　梁段的预应力筋、管道、钢筋、预埋件的加工及安装应符合本规范第 10 章、第 12 章的规定。

15.3.2　混凝土悬臂浇筑

1　桥墩顶梁段及桥墩顶附近梁段的施工,按 15.3.6 条第 2 款的规定执行。

2　在梁段混凝土浇筑前,应对挂篮(托架或膺架)、模板、预应力筋管道、钢筋、预埋件、混凝土材料、配合比、机械设备、混凝土接缝处理情况进行全面检查,经签认后方准浇筑。

3　连续梁悬臂浇筑施工时,要有保证梁体施工稳定的措施。

4　桥墩两侧梁段悬臂施工进度应对称、平衡,实际不平衡偏差不得超过设计要求值。

5　悬臂浇筑段前端底板和桥面的标高,应根据挂篮前端的垂直变形及预拱度设置,施工过程中要对实际高程进行监测,如与设计值有较大出入时,应会同有关部门查明原因进行调整。

6　箱形截面混凝土浇筑顺序应按设计要求办理,当采用两次浇筑时,各梁段的施工应错开。箱体分层浇筑时,底板可一次浇筑完成,腹板可分层浇筑,分层间隔时间宜控制在混凝土初凝前且使层与层覆盖住。

7　梁段混凝土达到要求的强度后,方可按第 12 章的有关规定进行预应力筋的张拉、压浆。

8　梁段混凝土的拆模时间,应根据混凝土强度及施工安排确定。混凝土应尽量采用早强措施,使混凝土的强度及早达到预施应力的强度要求,缩短施工周期,加快施工进度。

9　混凝土养护应覆盖洒水,如冬期施工应按第 14 章冬期施工的规定执行。

15.3.3　穿束、张拉和压浆

1　穿束

束的前端必须认真处理。

2　预应力张拉

1)挂篮移动前,顶、腹板纵向束的张拉应按设计要求的张拉顺序张拉,如设计无要求时,应注意上下、左右对称张拉。张拉时注意梁体和锚具的变化。

2)张拉按本规范第 12 章的规定及设计要求执行。

3)横向预应力在采用扁锚张拉时宜测定锚口、管道摩阻损失值。

3　压浆按本规范第 12 章的规定执行。

15.3.4　连续梁的合龙、体系转换和支座反力调整

1　测量箱梁顶面标高及轴线,连续测试温度影响偏移值,观测合龙段在温度影响下梁体长度的

变化。

2 合龙顺序:按设计要求办理,设计无要求时,一般先边跨,后次中跨,再中跨。多跨一次合龙时,必须同时均衡对称地合龙。合龙时,一切临时荷载均要与设计单位商量决定。

3 连续梁合龙段长度及体系转换应按设计规定,将两悬臂端的合龙口予以临时联结,联结注意事项如下:

1)复查、调整两悬臂端合龙施工荷载,使其对称相等,如不相等时,应用压重调整。

2)检查梁内预应力钢束是否张拉完成。

3)复测、调整中跨、边跨悬臂的挠度及两端的高差。

4)观测了解合龙前的温度变化与梁端高程及合龙段长度变化的关系。

5)合龙前应在两端悬臂预加压重,并于浇筑混凝土过程中逐步撤除,使悬臂挠度保持稳定。合龙宜在一天中最低气温时完成。合龙段的混凝土强度等级可提高一级,以尽早张拉。合龙段混凝土浇筑完成后,应加强养护,悬臂端应覆盖,防止日晒。

4 体系转换及支座反力调整,按设计程序要求施工。

15.3.5 支座安装

其注意事项参照本规范第 20 章 20.2 节的规定执行。

15.3.6 T 形刚构及悬臂梁挂孔梁架设安装的其他技术要求

1 T 形刚构或悬臂梁挂孔的预制挂梁通过悬臂梁段架设时,应验算悬臂梁段的强度及稳定性,并应对悬臂端预埋件及支座位置进行校核。

2 墩顶梁段及附近箱梁段施工:墩顶梁段及附近梁段可采用托架或膺架为支架就地浇筑混凝土。托架或膺架要经过设计,计算弹性及非弹性变形。模板、预应力管道、钢筋、预埋件安装、混凝土浇筑应符合设计要求及本规范第 9 章、第 10 章、第 11 章、第 12 章的规定。

3 边跨现浇段:现浇段的浇筑顺序是靠近边墩(台)的先浇,逐段向合龙段靠拢,逐渐调整现浇梁段的标高,使合龙高差在允许误差内。浇筑混凝土前确保支架与梁底之间能相对滑动,使边跨合龙时现浇段能随原浇筑 T 构自由伸缩,避免混凝土拉应力过大。

4 合龙及体系转换:合龙顺序按本节第 15.3.4 条要求施工。合龙后拆除临时支座,并将支座限位,按本章第 15.4.3 条体系转换要求进行体系转换。

5 T 形刚构的转体施工,参见本规范第 16 章的有关规定。

15.4 悬臂拼装

15.4.1 梁段预制、吊运的规定

1 梁段预制应在台座上连续啮合预制。钢筋、混凝土和预应力管道安装应符合本规范第 10 章、第 11 章、第 12 章的规定。

2 梁段的存放场地应平整,承载力应满足要求。支垫位置与吊点一致。

3 预制梁块的测量

1)箱梁基准块出坑前必须对所有梁块进行测量,详细记录,并根据其在桥上的设计位置进行校正。

2)箱梁标高控制点和挠度观测点,在箱梁顶面埋置 4 ~6 个。

3)在预制梁段上标出梁号、中轴线、横轴线。

4 节段吊运工作参照本章第 15.6.3 条的规定。

15.4.2 梁段拼装、接缝处理的技术要求

1 梁段拼装

1)浇筑墩顶梁块及附近梁块,具体要求参照 15.3.6 条执行。

2)采用悬臂拼装法修建预应力连续梁或预应力悬臂梁桥时,应先将梁 、墩临时锚固或在墩顶两侧设立临时支承,待全部块件安装完毕后,再撤除临时锚固或支承。

3)采用悬臂吊机、缆索、浮吊悬拼安装时,应按施工荷载进行强度、刚度、稳定验算,使安全系数符

合15.3.1条的规定。施工注意事项如下:

(1)块件起吊安装前,应对起吊设备进行全面的安全技术检查,并按设计荷载的60%、100%和130%分别进行起吊试验。

(2)吊机重应符合设计要求,应注意吊机的定位和锚固,经检查符合要求后再进行起吊拼装。

(3)桥墩两侧块件宜对称起吊,以保证桥墩两侧平衡受力。

(4)墩侧相邻的1号块件提升到设计标高初步定位后,应立即测量、调整1号块件的纵轴线,使之与梁顶块件纵轴线的延伸线重合,使其横轴线与梁顶块件的横轴线平行且间距符合设计要求。应检查梁顶块件与1号块件间孔道的接头情况,调整并制作接缝间孔道接头后,方可将1号块件牢靠固定,其他各个块件连接时,均应按本条规定测量调整其位置。

(5)应在施工前绘制主梁安装挠度变化曲线,悬臂拼装过程中应随时观测桥轴线安装挠度曲线的变化情况,并与设计值进行对比,遇有较大偏差时应及时处理,以便控制块件的安装高程。

2 接缝处理

1)各块件间的接缝施工应按设计规定办理。

2)采用胶接缝拼装的块件,涂胶前应就位试拼。胶黏剂一般采用环氧树脂,使用前应经过试验,符合设计要求方可使用。

接缝施工注意事项:

(1)混凝土表面应尽量平整,疏松表面层及附着的水泥应清除干净,涂胶前表面应干燥或烘干。

(2)胶黏剂使用过程中应继续搅拌以保证均匀,胶缝加压被挤出的胶黏料应及时刮干净。

(3)涂胶人员应有防护设施。

(4)安装调整位置、标高应在3h内完成。

(5)胶接缝采用预施应力(挤压)0.2MPa,挤压应在3h以内完成。当施工时间超过明露时间的70%时,在固化之前应清除被挤出的胶结料。

15.4.3 张拉封锚和体系转换

1 块件拼装完毕(检查合格)后张拉预应力束时,除应按照第12章有关规定办理外尚应注意下列事项:

1)胶接块件拼装完毕,经检查合格后,即可张拉预应力束进行块件挤压,挤压力应符合本章15.4.2条的规定。

2)湿接缝块件应待混凝土强度达到设计强度等级的70%以上时,才能张拉预应力束。

3)同一截面中各预应力束的张拉顺序及张拉力应按照设计规定分批张拉并做好记录。

4)块件拼装和预应力钢材张拉时,应注意温度和气象变化,当气温在0℃以下、风力在5级以上时,不宜进行张拉。桥面明槽内已张拉的预应力束应加以保护,禁止在上面堆放物件和抛物撞击。

2 每对块件拼装完毕并张拉后,应立即压浆封锚。当块件的预应力束按设计要求张拉完毕后,方准许放松吊钩。

3 有吊梁的T形刚构桥明槽混凝土,应在吊梁安装完毕后立即浇筑,浇筑程序应由悬臂端开始同时向根部推进。

4 体系转换按设计顺序进行。

在转换体系前,应按照设计要求张拉一部分块件底部的预应力束,并在悬臂梁端设置向下的预拱度,防止梁上部已张拉的明槽预应力钢材上漂,以保证转换体系前后拼装、张拉各阶段的安全。

15.5 顶推安装

15.5.1 预制场地

1 选择梁段预制场地时,除应按照本章第6节有关规定执行外,还应注意下列事项:

1)预制场地应设在桥台后面桥轴线的引道或引桥上,当为多联顶推时,为加速施工进度,可在桥两端均设场地,从两端相对顶推。

2）预制场地长度应考虑梁段悬出时反压段的长度、梁段底板与腹（顶）板预制长度、导梁拼装长度和机具设备材料进入预制作业线的长度；预制场地的宽度应考虑梁段两侧施工作业的需要。

3）预制场地上空宜搭设固定或活动的作业棚，其长度宜大于2倍预制梁段长度，使梁段作业不受天气影响，并便于混凝土养护。

4）在桥端路基上或引桥上设置预制台座时，其地基或引桥的强度、刚度和稳定性应符合设计要求，并应做好台座地基的防水、排水设施，以防沉陷。在荷载作用下，台座顶面变形不应大于2mm。

2 台座的轴线应与桥梁轴线的延长线重合，台座的纵坡应与桥梁的纵坡一致。台座施工的允许偏差如下：

轴线偏差：5mm；

相邻两支承点上台座中滑移装置的纵向顶面标高差：2mm；

同一个支承点上滑移装置的横向顶面标高差：1mm；

台座（包括滑移装置）和梁段底模板顶面标高差：2mm。

15.5.2 梁段预制及养护

1 模板宜采用钢模板，底模与底架联成一体并可升降，侧模宜采用旋转式的整体模板，内模板采用在可移动的台车上加上安装的升降旋转整体模板。模板应保证刚度，制作精度应符合本规范第9章的规定。

2 钢筋工作除应符合本规范第10章的规定外，还应做好接缝处纵向钢筋的搭接。预应力管道安装应符合第12章的要求。

3 梁段混凝土浇筑

梁段模板、钢筋、预应力管道、滑道、预埋件等应经检查签认后方可浇筑混凝土。混凝土的材料要求、配合比设计、搅拌、运输、浇筑等的具体要求，可参照本规范第11章的规定执行。在必要时可使用早强水泥或掺入早强减水剂，以提高早期强度，缩短顶推周期。梁段工作缝的接触面应凿毛，并洗刷干净，或采用其他可加强混凝土接触的措施。若工作缝为多联连续梁的解联断面，干接缝依靠张拉临时预应力束来实现，断面尺寸应准确，表面平整，解联时分开方便。

混凝土可采用全断面整段浇筑或采用两次浇筑，分两次浇筑时，第一次浇筑箱梁底板及腹板根部，第二次浇筑其他部分。支座位置处的隔板，在整个梁顶推到位并完成解联后，进行浇筑，振捣时应避免振动器碰撞预应力筋管道、预埋件等。

第一梁段前端设置导梁端的混凝土浇筑，应注意振捣密实，导梁的中心线与水平位置应准确平整。

15.5.3 梁段施加预应力

1 梁段预应力束的布置、张拉次序、临时束的拆除次序等，应严格按照设计规定执行。其施工的技术要求应按照本规范第12章有关规定办理。

2 在桥梁顶推就位后需要拆除的临时预应力束，张拉后不应灌浆，锚具外露多余预应力钢材不必切除。

3 梁段间需连接的永久预应力束，应在两梁段间留出适当空间，用预应力束连接器连接，张拉后用混凝土填塞。

15.5.4 导梁和临时墩

1 梁段前端设置导梁时，导梁全部节间拼装应平整，预埋在梁段前端的预埋件联结强度、刚度必须满足梁顶推时的安全要求。

2 采用钢桁架导梁时，应注意导梁与梁段刚度的协调，不得采用刚度过小的导梁，并应减小每个节点的非弹性变形，使梁端挠度不大于设计要求。

导梁拼装允许误差：

导梁中线：5mm；

导梁纵、横向底面高程：±5mm。

3 桥跨中间设置有临时墩时，其施工技术要求应按照设计规定和本规范有关章节的规定执行。各联主梁顶推作业完成并落位到正式支座上以后，应将临时墩拆除。

15.5.5 梁段顶推

1 顶推施工前，应根据主梁长度、设计顶推跨度、桥墩能承受的水平推力、顶推设备和滑动装置等条件，选择适宜的顶推方式。

2 梁段中各种预应力钢材按顶推设计张拉完成后，在顶推前应对顶推设备如千斤顶、高压油泵、控制装置及梁段中线、各滑道顶的标高等检验合格，并做好顶推的各项准备工作后，方可开始顶推。

3 采用单点或多点水平—竖直千斤顶方式顶推时，应符合下列规定：

1）水平千斤顶的实际总顶推力不应小于计算顶推力的2倍。

2）墩、台顶上水平千斤顶的台背必须坚固，应（经过计算）能抵抗顶推时的总反力；在顶推过程中各桥墩的纵向位移值不超过设计规定。

3）主梁在各墩（包括临时墩）支承处，均应按本章第15.5.6条的要求设立滑动装置。

4）单点或多点的水平千斤顶顶推时，左右两条顶推线应横向同步运行；多点顶推时，各墩台的水平千斤顶均应沿纵向同步运行，保证主梁纵向轴线在设计容许偏差范围内。

5）主梁被顶推前进时，如梁的中线偏离较大，应按本章15.5.6条要求的导向装置纠偏。

6）水平千斤顶顶推了一个行程，用竖向千斤顶将梁顶高，以便拉回滑块时，其最大顶升高度不得超过设计规定。如设计无规定时，不得超过5～10mm。

7）采用单点水平—竖直千斤顶顶推方式顶推，在开始时，如因导梁轻，设置顶推装置处的反力不大，滑块与梁底打滑，不能使梁被顶推前进时，应采取措施（如用卷扬机拉拽）使梁前进一定距离，顶推装置的墩、台反力具有一定数值后，再用水平—竖直千斤顶的顶推装置，或将顶推装置移到主梁与导梁连接段中间反力最大的临时墩上，并加强该墩抗水平推力的能力。

4 采用单点或多点拉杆方式顶推时，除应按照本条第3款办理外，还应遵照下列规定：

1）设拉杆千斤顶的墩顶应设置反力台，反力台应牢固，满足顶推时反力的要求。

2）主梁底部或侧面应按一定距离设置拉锚器，拉锚器的锚固、放松应方便、快速。

3）拉杆的截面积和根数应满足顶推力的要求。

5 顶推过程中还应注意下列事项：

1）顶推时，如导梁杆件有变形、螺丝松动、导梁与主梁联结处有变形或混凝土开裂等情况时，应停止顶推，进行处理。

2）梁段中未压浆的各预应力钢材的锚具如有松动，应停止顶推，并将松动的锚具重新张拉、锚固。

3）采用拉杆方式顶推时，如拉杆有变形、锚碇联结螺丝有松动等情况，应及时处理。

4）顶推时至少应在两个墩上设置保险千斤顶，如遇到滑移故障用千斤顶处理时，起顶的反力值不得大于计算反力的1.1倍，起顶高度不得大于5～10mm。

15.5.6 顶推装置

1 滑动装置

1）水平—竖向千斤顶顶推方式的滑动装置，一般由摩擦垫、滑块（支承块）、滑板和滑道组成。

摩擦垫用氯丁橡胶与钢板夹层制成后，黏附在滑块顶面，其尺寸大小应根据墩顶反力和橡胶板容许承载力计算决定。

滑块可用铸钢或高强度混凝土块制成，其高度不宜小于正式支座的高度，其尺寸不宜小于摩擦垫和滑板的尺寸；滑板有多种构造，一般宜用硬木板、钢板夹橡胶板等粘聚四氟乙烯板（四氟板）组成。四氟板面积由最大反力计算决定，对无侧限的容许应力可按5MPa计算，对有侧限的可按15MPa计算。

滑道一般可用不锈钢或镀铬钢带包卷在铸钢底层上，铸钢底层应用螺栓固定在支座垫石上。滑道顺桥向长度应大于水平千斤顶行程加滑块顺桥向长度；其宽度应为滑板宽度的1.2～1.5倍。相邻墩（包括主墩与临时墩）滑道顶面标高的允许偏差为±2mm；同墩两滑道标高的允许偏差为±1mm。

2）拉杆顶推方式的滑动装置由滑板与滑道组成。其构造、技术要求及滑道的宽度应按照本章的规定办理，但滑道长度应大于3块滑板的长度。

3）滑动装置的摩擦系数宜由滑板和滑道的材料进行试验确定。一般在选用水平千斤顶顶力时，对四氟滑板与不锈钢或镀铬钢滑道面，启动摩擦系数（静摩擦系数）可按0.07～0.08，动摩擦系数可按

0.04～0.05 考虑。

4)当主梁底部与滑板接触时,随着梁段的顶推前进,滑道上的滑板从前面滑出后,应立即自后面插入补充,补充的滑块应涂以润滑剂,并端正插入。在任何情况下,每条顶推线各墩顶滑道上的滑板不得少于2块。滑板的磨损较大,应按顶推梁的长短和滑板损耗率准备足够的滑板,滑板磨损过多时应及时更换。

2 导向装置

梁段顶推时,为纠正梁体偏移,应按具体情况采取下列导向装置:

1)楔形导向滑板:其构造与滑板基本相同,但导向板系楔形,横向设在梁段两侧的反力架间,梁段通过时,利用楔形板的横向分力来纠偏。

2)千斤顶:适用于梁体偏移较大时,横向装置于桥墩两侧的钢支架上,当需要纠偏时开动一侧的千斤顶使梁横移。

3)导向装置应具有足够的承载力,防止纠偏时损坏。

3 多联连接顶推

多孔多联预应力连续梁桥顶推时,可根据顶推方式采取分联顶推或将各联间伸缩缝临时连接,顶推完毕后将临时连接设施拆除。临时连接方法应按设计规定办理。

15.5.7 平面曲线与竖曲线顶推

1 用顶推法安装的平曲线桥只适用于同半径的圆曲线桥,而且其曲线半径不能太小,即每孔曲线桥的平面重心应落在相邻两座桥墩上箱梁底板的内外两侧弦连接线以内。当桥梁大部分为直线,而桥梁前端为曲线时,可采取特殊措施用千斤顶安装。

顶推安装平曲线桥应注意如下事项:

1)宜采用多点拉杆方式顶推,亦可采用水平—竖直千斤顶方式顶推。

2)预制台座的平面及梁身均应按设计制成圆弧形。

3)导梁宜制成直线,但与主梁连接处应偏转一角度,使两片导梁前端的中心落在曲线梁圆弧的中线上。

4)平曲线的顶推应采取纵向与横向顶推结合的工艺,即在纵向水平千斤顶向前顶推的同时,还启动各墩曲线外侧的横向千斤顶,使梁体沿圆弧曲线前进。

2 用顶推法安装的竖曲线桥只适用于同曲率的竖曲线桥。桥上设的竖曲线多为凸曲线,顶推时宜对向顶推,在竖曲线顶点处合龙。当桥梁不长、跨数不多时,亦可自一端顶推全桥。

顶推工艺基本上与顶推平桥相同。顶推竖曲线桥应注意如下事项:

1)各桥墩墩顶标高应与设计竖曲线符合。

2)预制台座的底模板标高应符合设计竖曲线的曲率。

3)所需水平顶推力的大小,应考虑纵坡正负的影响。

15.5.8 落梁

1 全梁顶推到设计位置、将梁落到正式支座上时,应按照下列规定办理:

1)按照设计文件规定的张拉顺序,对补充的预应力钢材进行张拉、锚固、压浆。将供顶推用的临时预应力钢材按设计规定顺序拆除。

2)落梁前应拆除墩、台上的滑动装置。拆除时,各支点宜均匀顶起,其顶力应按设计支点反力大小进行控制。相邻墩各顶点的高差不得大于5mm;同墩两侧梁底顶起高差不得大于1mm。落梁反力允许偏差为 ±10%设计反力。

3)落梁时,应根据设计规定的顺序和每次下落量进行,同一墩、台的千斤顶应同步运行。

2 支座的安装应符合本规范15.3.5条规定的要求。

15.6 装配式桥施工

15.6.1 一般规定

1 本节适用于装配式混凝土、钢筋混凝土和预应力混凝土梁板桥(以下简称装配式桥)构件的预制、移运、堆放和安装施工。

2 装配式桥构件在脱底模、移运、堆放、吊装时，混凝土的强度不应低于设计所要求的吊装强度，一般不得低于设计强度的75%。对孔道已压浆的预应力混凝土构件，其孔道水泥浆的强度不应低于设计要求，如设计无规定时，一般不低于30MPa。

3 安装构件时，支承结构(墩台、盖梁)的强度应符合设计要求。支承结构和预埋件(包括预留锚栓孔、锚栓、支座钢板等)的尺寸、标高及平面位置应符合设计要求。

4 构件安装前必须检查其外形和构件的预埋件尺寸和位置，其允许偏差不得超过设计规定，如设计无规定时，不得超过本章的有关规定。

5 构件安装就位完毕并经过检查校正符合要求后，才允许焊接或浇筑混凝土，以固定构件。

6 分层、分段安装的构件继续安装时，必须在先安装的构件固定和受力较大的接头混凝土达到设计要求的强度后，方可进行。如设计无规定时，应达到设计强度的75%后方可进行。

7 分段拼装梁的接头混凝土或砂浆，其强度不应低于构件的设计强度。不承受内力的构件的接缝砂浆，其强度不应低于M10。

8 需与其他混凝土或砌体结合的预制构件的砌筑面应按施工缝处理。

9 构件吊运安装时，必须遵守有关安全操作技术规程。

10 吊运工具、设备的使用技术要求，应参照起重吊装的有关规定执行。25m以上的预应力简支梁应验算裸梁的稳定性。

15.6.2 装配式构件预制规定

1 一般要求

1)预制场地应平整、坚实，应根据地基及气候条件，采取必要的排水措施，防止场地沉陷。

2)后张法预应力混凝土简支梁的预制台座应坚固、无沉陷，台座各墩间距应适宜，以保证底模挠度不大于2mm。台座表面应光滑平整，在2m长度上平整度的允许偏差为2mm，气温变化大时应设伸缩缝。

3)预制模板除应符合本规范第9章的有关规定外，底模板应根据桥梁跨度设置预拱度。装配式桥中的预应力混凝土梁、板预制构件在预制施工前，应根据设计单位提供的理论拱度值，结合施工的实际情况，正确预计梁体拱度的变化情况，采取相应措施。当后张法全预应力混凝土梁预计的拱度值较大时，可考虑在预制台座上设置反拱。当梁体的实际拱度已较大，将对桥面混凝土的施工造成影响时，应书面报告监理工程师，会同设计单位协商解决。

4)钢筋、混凝土及预应力筋的施工应符合本规范第10章、第11章、第12章的有关规定。

5)采用平卧重叠法支立模板、浇筑构件混凝土时，下层构件顶面应设临时隔离层；上层构件须待下层构件混凝土强度达到5.0MPa后方可浇筑。

2 各种构件混凝土的浇筑除应符合本规范第11章的规定外，还应遵守如下规定：

1)梁、板应按一定厚度、顺序和方向分层浇筑。

2)腹板底部为扩大断面的T形梁，应先浇筑扩大部分并振实后，再浇筑其上部腹板。

3)U形梁可上下一次浇筑或分两次浇筑。一次浇筑时，应先浇筑底板(同时腹板部位浇筑至底板承托顶面)，待底板混凝土稍沉实后再浇筑腹板；分两次浇筑时，先浇筑底板至底板承托顶面，按施工缝处理后，再浇筑腹板混凝土。

4)小型构件宜在振动台上振动浇筑。混凝土砌块、小型盖板、路缘石等小型构件，可在移动式底模或平整的地面上浇筑。

15.6.3 构件移运及堆放的规定

1 构件的移运

1)构件移运时混凝土强度应符合15.6.1条第2款的规定。

2)构件移运时的吊点位置应按设计规定。如设计无规定时，梁、板构件的吊点应根据计算决定。

构件的吊环应顺直。吊绳与起吊构件的交角小于60°时，应设置吊架或扁担，尽可能使吊环垂直受力。

3)梁、板、构件移运和堆放的支承位置应与吊点位置一致，并应支承牢固，避免损伤构件。在顶起各种构件时应随时置好保险垛。

4)吊移板式构件时，不得吊错上、下面，以免折断。构件运输时，应有特制的固定架以稳定构件。小构件宜顺宽度方向侧立放置，并注意防止倾倒，如平放，两端吊点处必须设置支搁方木。

5)梁的运输应顺高度方向竖立放置，并有防止倾倒的固定措施。装卸梁时，必须等支撑稳妥后，才许卸除吊钩。

6)使用平板拖车或超长拖车运输大型构件时，车长应能满足支承间的距离要求，支点处应设活动转盘以免搓伤构件混凝土。运输道路应平整，如有坑洼而高低不平时，应事先修理平整。

2 构件的堆放

成垛堆放装配式构件时，应注意下列事项：

1)堆放构件的场地应整平夯实。

2)构件应按吊运及安装次序顺序堆放，宜尽量缩短预应力混凝梁或板的堆放时间。

3)构件堆垛时，应放置在垫木上，吊环向上，标志向外。混凝土养护期未满的，应继续洒水养护。

4)水平分层堆放构件时，其堆垛高度应按构件强度、地面承载力、垫木强度以及堆垛的稳定性而定。承重大构件一般以2层为宜，不应超过3层；小型构件一般不宜多于6～10层，层与层之间应以垫木隔开，各层垫木的位置应在吊点处，上下层垫木必须在一条竖直线上。

5)雨季和春季融冻期间，必须注意防止因地面软化下沉而造成构件断裂及损坏。

15.6.4 装配式墩台及基础安装

1 砌块式墩台安装技术要求

1)砌块在使用前必须浇水湿润，表面如有泥土、水锈，应清洗干净。

2)基底应加清理，非砾类土地基应加铺薄层砂砾夯平，预制块安装前必须坐浆，基础预制块安装时，应水平放落，如放落不平，位置不对，应吊起重放，不得用撬棍拨移，以免造成基底凹陷。

3)各砌层的砌块应安放稳固，砌块间应砂浆饱满，黏结牢固，不得直接贴靠或脱空。

4)安装高度每升高1m左右时应抹平，并测量纵横向轴线，以控制砂浆缝厚度、标高及平面位置。

5)砌筑上层砌块时，应避免振动下层砌块；砌筑工作中断后恢复砌筑时，已砌筑的砌层表面应加以清扫和湿润。

6)桥墩破冰体镶面的砌筑按本规范第13.3.4条的规定执行。

7)砂浆的技术要求请参照本规范第13.2.3条的规定执行。

2 柱式墩台安装技术要求

1)墩、台柱式构件与基础顶面的预留槽洞应编号，并检查各个墩、台高度和基底标高是否符合要求，否则应进行调整。基座槽洞四周与柱边的空隙不得小于20mm。

2)墩、台柱吊入基座洞就位时，柱身竖直度或倾斜度以及平面位置符合设计要求后，再将楔子塞入槽洞打紧。对重大、细长的墩柱，尚需用风缆或撑木固定，方可摘除吊钩。

3)在墩、台柱顶安装盖梁前，应先检查梁口预留槽眼位置是否符合要求，否则应先修凿。

4)柱身与盖梁安装完毕并检查符合要求后，可在基底座槽洞空隙与盖梁槽眼处灌注稀砂浆，待其硬化后，拆除楔子、支撑及风缆，再在楔子孔中灌填砂浆。

3 环管式墩台安装技术要求

1)在基础或承台上安装预制混凝土管节、环圈做墩、台时，由混凝土基础或承台中伸出钢筋应插入管节、环圈中间的现浇混凝土内，插入钢筋的数量和锚固长度应按设计规定或通过计算决定。

2)管节或环圈安装时，应严格控制轴线的设计位置，不得出现倾斜或上下错位现象。

3)应用砂浆将管节或环圈处的接缝填塞抹平。

4)管节或环圈内的钢筋绑扎和混凝土浇筑，应按本规范第10章、第11章的规定执行。

4 整体式基础安装技术要求

1)安装前应检查支承结构的尺寸、标高、平面位置和承载能力，均应符合设计要求。

2)构件的混凝土强度达到设计要求,设计无要求时应符合本章15.6.1条的规定。

3)基础安装的岩面或混凝土的表面应平整,安装时冲刷干净,坐浆时要将水泥浆抹平,厚薄均匀。

4)安装就位后应采取保证构件稳定的措施,平面位置、高程、垂直度经检查校正符合设计要求后方准焊接或浇筑接头混凝土。

5)吊装大薄壁构件,应采取避免构件变形或损坏的临时加固措施。

6)构件固定后方可摘去吊钩。

7)分层安装时接头或接缝的混凝土强度未达到设计要求时,不得吊装上一层构件。

8)接头或接缝混凝土或砂浆宜采取快凝措施,强度等级宜比构件混凝土强度等级提高一级。

9)已安装完毕的整体基础接头或接缝混凝土强度达到设计要求后,方可承受施工荷载。

15.6.5 简支梁、板的安装

1 一般要求

1)除应验算构件在起吊过程中所产生的应力是否符合要求外,应按15.6.1条及15.6.4条的有关规定执行。

2)支座的安装应参照本规范第20章20.2节的规定执行。

2 安装施工

1)简支梁和板可根据现场情况、梁和板的重力及所用设备制定安装方案,各受力部分的设备、杆件应经过验算。

2)斜桥、弯桥安装时,应按照设计要求办理,如设计无规定时,可按本章规定办理。

3 梁、板就位

每根大梁就位后,应及时设置保险垛或支撑,将梁固定并用钢板与先安装好的大梁预埋横向联结钢板焊接,防止倾倒,待全孔大梁安装完毕后,再按设计规定使全孔大梁整体化。梁、板就位后按设计要求及时浇筑接缝混凝土。

15.7 施工观测及控制

15.7.1 在支架上浇筑梁式桥的观测内容

施工时应对支架的变形、位移、节点和卸架设备的压缩和支架基础的沉陷等进行观测,如发现超过允许值的变形、变位,应及时采取措施予以调整。

15.7.2 悬臂浇筑混凝土过程中对桥梁的中轴线、高程进行测量观测,误差应在允许范围内。

高程:±10mm;

中轴线偏差:5mm。

15.7.3 悬拼测量及挠度观测。控制每节箱梁施工中的中轴线及标高,监测施工过程中各块箱梁的挠度变化情况,并不断进行调整。

基准梁块四角高差的允许误差为±2mm。

悬拼允许误差:

湿接缝第一块箱梁中线允许误差:2mm;

湿接缝第一块箱梁顶面标高允许误差:±2mm;

悬臂合龙时箱梁中线允许误差:30mm;

悬臂合龙时箱梁相对标高允许误差:±30mm。

15.7.4 应力跟踪测量:对梁体主要断面应力观测值与理论值比较,研究体系转换过程中的应力变化,分析其他因素对箱梁的影响。

15.7.5 顶推过程中的施工观测项目如下:

1)墩台和临时墩承受竖直荷载和水平推力所产生的竖直、水平位移,需要时,观测其应力变化;

2)桥梁顶推过程中,主梁和导梁控制截面的挠度,需要时,观测其应力变化;

3)滑动装置的静摩擦系数和动摩擦系数。

观测的结果应随时记录、整理,如超过设计规定限值,应分析原因,采取措施纠正。

15.7.6 装配式桥安装施工过程中,应经常对构件混凝土进行裂缝观测,若发现裂缝超过规定或有继续发展的趋势时,应及时分析研究,找出原因,采取有效措施。

15.8 质量检查和质量标准

15.8.1 质量检查

各种材料、各工程项目和各个工序应经常进行检验,保证符合设计和施工技术规范的要求。检验项目和次数按本规范11.11.2条第1款的规定执行。

15.8.2 质量标准

1 在支架上浇筑梁式桥的质量标准按第15.8.2条第2款的规定执行。

2 悬臂浇筑预应力混凝土梁式桥的质量标准见表15.8.2-1。

表15.8.2-1 悬臂浇筑预应力混凝土梁质量标准

项目		规定值或允许偏差(mm)
混凝土强度(MPa)		符合设计要求
轴线偏位	L≤100m	10
	L>100m	L/10 000
顶面高程	L≤100m	±20
	L>100m	L/5 000
	相邻节段高差	10
断面尺寸	高度	+5,-10
	顶宽	±30
	顶底腹板厚	+10,-0
同跨对称点高程差	L≤100m	20
	L>100m	L/5 000

3 预应力悬臂拼装梁桥安装完成时的质量标准见表15.8.2-2。

表15.8.2-2 预应力悬臂拼装梁桥安装完成时的质量标准

项目		规定值或允许偏差(mm)
混凝土强度(MPa)		符合设计要求
轴线偏位	L≤100m	10
	L>100m	L/10 000
顶面高程	L≤100m	±20
	L>100m	±L/5 000
	相邻节段高差	10
同跨对称点高程差	L≤100m	20
	L>100m	L/5 000

4 预应力混凝土桥顶推安装完成后的允许偏差可按照本条第2款的规定执行。

5 预制梁、板的允许偏差见表15.8.2-3。

表 15.8.2-3 预制梁、板的允许偏差

检查项目		规定值或允许偏差(mm)
梁(板)长度		+5,-10
宽度	干接缝(梁翼缘、板)	±10
	湿接缝(梁翼缘、板)	±20
	箱梁顶宽	±30
	腹板或梁肋	+10,0
高度	梁、板	±5
	箱梁	+0,-5
跨径(支座中心至支座中心)		±20
支座平面平整度		2
平整度		5
横系梁及预埋件位置		5

6 墩、台安装允许偏差见表 15.8.2-4。

表 15.8.2-4 墩、台安装允许偏差

检查项目	允许偏差(mm)	检查项目	允许偏差(mm)
轴线平面位置	10	倾斜度	0.3%墩、台高,且不大于 20
顶面高程	±10	相邻墩、台柱间距	±15

7 简支梁、板就位后与支座须密合,否则应重新安装,安装的允许偏差见表 15.8.2-5。

表 15.8.2-5 简支梁、板安装允许偏差

检查项目		允许偏差	检查项目	允许偏差
支座中心偏位(mm)	梁	5	竖直度	1.2%
	板	10	梁、板顶面纵向高程(mm)	+8,-5

8 基础施工允许偏差见表 15.8.2-6。

表 15.8.2-6 基础施工允许偏差

检查项目	允许偏差(mm)	检查项目		允许偏差(mm)
轴线偏位	25	基底高程	土质	±50
断面尺寸	±50		石质	+50,-200
顶面高程	±30			

16 拱桥

16.1 一般规定

16.1.1 本章适用于就地浇筑钢筋混凝土拱圈、装配式拱桥安装施工、转体施工拱桥及钢管混凝土拱桥施工。其他类型桥梁采用无支架缆索吊装、转体施工可参照本章的有关规定执行。圬工拱桥应按照本规范第13章的规定执行。钢管混凝土拱桥、劲性骨架拱桥及钢拱桥的钢构件制造应按照本规范第17章的有关规定执行。

16.1.2 拱桥施工前应编报施工组织设计,并按批准的施工组织设计和施工方案施工,对施工全过程进行监测和控制。

16.1.3 混凝土就地浇筑施工的一般技术要求应按照本规范第11章的规定办理,拱桥构件的预制、移运应按照本规范第15章的规定执行。

16.1.4 装配式拱桥构件在脱模、移运、堆放、吊装时,混凝土的强度不应低于设计所要求的强度,一般不得低于设计强度的75%。

16.1.5 大跨度拱桥施工过程中,特别是无支架缆索吊装合龙前后,应掌握桥址处历史气象资料和近期的天气预报资料,避开可能突发的灾害性天气,并采取必要的预防措施确保结构安全。

16.2 就地浇筑混凝土拱圈

16.2.1 在拱架上浇筑混凝土拱圈

1 跨径小于16m的拱圈或拱肋混凝土,应按拱圈全宽度从两端拱脚向拱顶对称地连续浇筑,并在拱脚混凝土初凝前全部完成。如预计不能在限定时间内完成,则应在拱脚预留一个隔缝并最后浇筑隔缝混凝土。

2 跨径大于或等于16m的拱圈或拱肋,应沿拱跨方向分段浇筑。分段位置应以能使拱架受力对称、均匀和变形小为原则,拱式拱架宜设置在拱架受力反弯点、拱架节点、拱顶及拱脚处;满布式拱架宜设置在拱顶、$L/4$部位、拱脚及拱架节点等处。各段的接缝面应与拱轴线垂直,各分段点应预留间隔槽,其宽度一般为0.5~1.0m,但安排有钢筋接头时,其宽度尚应满足钢筋接头的需要。如预计拱架变形较小,可减少或不设间隔槽,而采取分段间隔浇筑。

3 分段浇筑程序应符合设计要求,应对称于拱顶进行,使拱架变形保持均匀和尽可能的最小,并应预先做出设计。分段浇筑时,各分段内的混凝土应一次连续浇筑完毕,因故中断时,应浇筑成垂直于拱轴线的施工缝;如已浇筑成斜面,应凿成垂直于拱轴线的平面或台阶式接合面。

4 间隔槽混凝土,应待拱圈分段浇筑完成后且其强度达到75%设计强度和接合面按施工缝处理后,由拱脚向拱顶对称进行浇筑。拱顶及两拱脚间隔槽混凝土应在最后封拱时浇筑。封拱合龙温度应符合设计要求,如设计无规定时,宜在接近当地年平均温度或5~15℃时进行,封拱合龙前用千斤顶施加压力的方法调整拱圈应力时,拱圈(包括已浇间隔槽)的混凝土强度应达到设计强度。

5 浇筑大跨径钢筋混凝土拱圈(拱肋)时,纵向钢筋接头应安排在设计规定的最后浇筑的几个间隔槽内,并应在这些间隔槽浇筑时再连接。

6 浇筑大跨径拱圈(拱肋)混凝土时,宜采用分环(层)分段法浇筑,也可沿纵向分成若干条幅,中间条幅先行浇筑合龙,达到设计要求后,再按横向对称、分次浇筑合龙其他条幅。其浇筑顺序和养护时间应根据拱架荷载和各环负荷条件通过计算确定,并应符合设计要求。

7　大跨径钢筋混凝土箱形拱圈(拱肋)可采取在拱架上组装并现浇的施工方法。先将预制好的腹板、横隔板和底板钢盘在拱架上组装,在焊接腹板、横隔板的接头钢筋形成拱片后,立即浇筑接头和拱箱底板混凝土,组装和现浇混凝土时应从两拱脚向拱顶对称进行,浇底板混凝土时应按拱架变形情况设置少量间隔缝并于底板合龙时填筑,待接头和底板混凝土强度达到设计强度的75%以上后,安装预制盖板,然后铺设钢筋,现浇顶板混凝土。

16.2.2　劲性骨架浇筑拱圈

1　大跨径劲性骨架混凝土拱圈(拱肋)的浇筑,可采用分环多工作面均衡浇筑法、水箱压载分环浇筑法和斜拉扣挂分环连接浇筑法。浇筑前应进行加载程序设计,准确计算和分析钢骨架以及钢骨架与先期混凝土层联合结构的变形、应力和稳定安全度,并在施工过程中进行监控。

2　分环多工作面均衡浇筑劲性骨架混凝土拱圈(拱肋)时,各工作面可根据模板长度分成若干工作段,各工作面要求对称均衡浇筑,两对应工作面浇筑进度差不得超过一个工作段。

3　用水箱压载分环浇筑劲性骨架混凝土(拱肋)时,当混凝土浇筑至 $L/4$ 截面区段,应严格控制好拱圈的竖向及横向变形,防止钢骨架杆件应力超过极限强度而导致失稳。为使混凝土适应钢骨架变形,避免开裂,浇筑第一环(层)混凝土时,可在 $L/4$ 截面处设变形缝,变形缝宽200mm,待浇完第一环混凝土后用高一级混凝土填实。

4　用斜拉扣挂分环连接浇筑劲性骨架混凝土拱圈(拱肋)时,应选择可靠和操作方便的扣挂及张拉系统,选好扣点和索力,设计好扣索的张拉与放松程序,以便有效地控制拱圈截面应力和变形,确保混凝土从拱脚向拱顶连续浇筑。

5　浇筑劲性骨架混凝土拱圈(拱肋)时,应严格控制钢骨架及先期混凝土层的竖、横向变形,其变形值应符合设计要求,相对高差和横向位移应符合检测标准,否则应采取纠正措施。

16.3　装配式混凝土、钢筋混凝土拱圈

16.3.1　一般规定

1　本节适用于箱形拱、肋拱及箱肋组合拱(以下均称为箱形拱)的少支架或无支架施工。

2　大、中跨径装配式箱形拱施工前,必须掌握、核对各种构件的预制、吊运堆放、安装、拱肋合龙及施工加载等各个阶段强度和稳定性的设计验算。

3　墩、台帽建成后,应及时复测每根拱肋的拱座起拱线处的实际高程、跨间距离、拱座的横向间隔、拱座斜面的斜度及各几何尺寸,检查每根拱肋的实际跨长、几何尺寸及拱肋接头、吊环情况。拱肋上缘弧长宜小于设计弧长5~10mm,使拱肋合龙时保留上缘开口,便于嵌塞铁片,调整拱轴线。如不符合以上要求,吊装前应采取相应措施。

16.3.2　少支架安装拱圈

1　为了便于拱肋吊装和减少扣索,在条件许可的情况下,可采用少支架施工。支架的构造,应根据支架高度及荷载大小而定,并满足稳定性要求。地基必须有足够的承载力,对漂浮物要有可靠的防护措施。

2　吊装构件时,应结合实际情况和设备条件采用独脚扒杆、人字扒杆、自行式吊机或缆索吊机进行吊装,河中有水时可在船上设立人字扒杆进行吊装。

3　拱肋分段吊装搁在支架上以后,拱肋接头的连接处理应符合设计规定。

4　支架架设和拆卸的技术要求,除应符合本规范第9章的规定外,还应符合下列要求:

1)当拱肋接头混凝土及拱肋横向联结构件混凝土的强度达到设计强度的75%或满足设计规定后,方可开始卸架,为避免一次卸架突然发生较大变形,可在主拱安装完成时,分两次或多次卸架,使拱圈及墩、台逐渐成拱受力。

2)卸架前应对主拱圈的混凝土质量、拱轴线的坐标尺寸、卸架设备情况、气温引起拱圈变化情况、台后填土情况进行全面检查,符合设计要求后可卸架。卸架时应观测拱圈挠度和墩、台变位情况。

3)拱上建筑宜在卸架后施工,其施工的技术要求应按第16.7节的有关规定办理。

4）支架基础不得设置在有冻胀影响的土上。在严寒地区，主拱圈不宜在支架上过冬，支架宜在冰冻前拆除。

16.3.3 无支架安装拱圈

1 构件拼装应结合桥梁规模、河流、地形及设备等条件采用适宜的吊装机具，各项机具设备和辅助结构的规格、型号、数量等均应按有关规定经过设计计算确定。缆索吊机在吊装前必须按规定进行试拉和试吊。

2 拱肋吊装时，除拱顶段以外，各段应设一组扣索悬挂。

3 扣架的布置应符合下列规定：

1）扣架一般设在墩、台顶上，扣架底部应固定，架顶应设置风缆。

2）各扣索位置必须与所吊挂的拱肋在同一竖直面内。

3）扣架上索鞍顶面的高程应高于拱肋扣环高程。

4）扣架应进行强度和稳定性验算。

4 各段拱肋由扣索悬挂在扣架上时，必须设置风缆，其布置与安装应符合下列规定：

1）拱肋分3段或5段拼装时，至少应保持2根基肋设置固定风缆，拱肋接头处应横向联结。

2）固定风缆应待全孔合龙、横向联结构件混凝土强度满足设计要求后才可撤除。

3）在河流中设置风缆时，必须采取可靠的防护措施，防止风缆受到碰撞。

4）情况复杂时应按照有关规定对风缆进行专门设计。

5 多孔装配式拱桥吊装应按设计加载程序进行。

6 整根拱肋吊装或每根拱肋分两段预制、吊装，对中小跨径的箱形拱桥，当其拱肋高度大于0.009～0.012跨径，拱肋底面宽度为肋高的0.6～1.0且横向稳定安全系数不小于4时，可采取单肋合龙，嵌紧拱脚后，松索成拱，如图16.3.3a）。

7 大、中跨径的箱形拱，其单肋合龙横向稳定安全系数小于4时，可先悬扣多段拱脚段或次拱脚段拱肋，然后用横夹木临时将相邻两肋联结后，安装拱顶段单根肋合龙，松索成拱，如图16.3.3b）、c）。

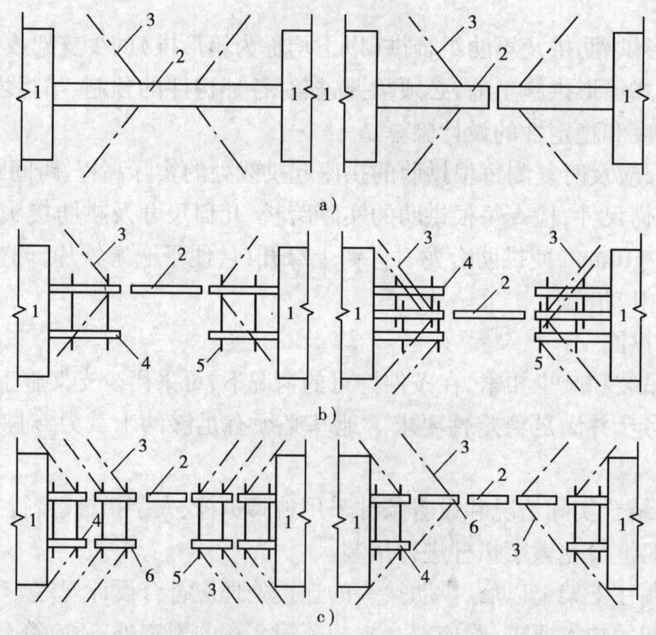

图16.3.3 拱肋合龙方式示意图

a）单基肋合龙；b）3段吊装单肋合龙；c）5段吊装单肋合龙

1-墩台；2-基肋；3-风缆；4-拱脚段；5-横尖木；6-次拱脚段

拱肋的合龙温度应符合设计规定，如设计无规定，宜在气温接近年平均温度（一般在5～15℃）时进行；天气炎热时可在夜间洒水降温进行合龙。

8 当拱肋跨径不小于80m或横向稳定安全系数小于4时，应采用双基肋合龙松索成拱的方式，即当第一根拱肋合龙并校正拱轴线，楔紧拱肋接头缝后，稍松扣索和起重索，压紧接头缝，但不卸掉扣索和起重索，待第二根拱肋合龙，两根拱肋横向联结固定好并拉好风缆后，再同时松卸两根拱肋的扣索和起重索。

9 当拱肋分3段吊装，采用阶梯形搭接接头时，宜先准确扣挂两拱脚段，调整扣索使其上端头较设计值抬高30~50mm，再安装拱顶段使之与拱脚段合龙。采用对接接头，宜先悬扣拱脚段初步定位，使其上端头高程比设计值抬高50~100mm，然后准确悬扣拱顶段，使其两端头比设计值高出10~20mm，最后放松两拱脚段扣索使其两端均匀下降与拱顶段合龙。

10 当拱肋分5段吊装时，宜先从拱脚段开始，依次向拱顶分段吊装就位，每段的上端头断面不得扭斜。首先使拱脚段的上端头较设计高程抬高150~200mm，次边段定位后，使拱脚段的上端头抬高值下降为50mm左右，应保持次边段的上端头抬高值约为拱脚段的上端头抬高值的2倍的关系，否则应及时调整，以防拱肋接头处开裂。

11 7段拱肋吊装，受施工条件或地形限制无法采用双肋合龙时，在对风缆系统进行专门设计，确保拱肋横向稳定安全系数不小于4，拱肋接头强度满足该施工阶段设计要求，并经监理工程师审批后，可采用单肋合龙。

12 在各段拱肋松索过程中，应符合下列规定：

1)松索前应校正拱轴线位置及各接头高程，使之符合要求。

2)每次松索均应采用仪器观测，控制各接头、拱顶及1/4高程，防止拱肋接头发生非对称变形而导致拱肋失稳或开裂。

3)松索应按照拱脚段扣索、次拱脚段扣索、起重索三者的先后顺序，并按比例定长、对称、均匀松卸。

4)每次松索量宜小，各接头高程变化不宜超过10mm，每次松索压紧接头缝后应普遍旋紧接头螺栓一次。当接头高程接近设计值时，宜用钢板嵌塞接头缝隙，再将扣索、起重索放松到基本不受力，压紧接头缝，拧紧接头螺栓，同时用风缆调整拱肋轴线的横向偏位，并应观测拱肋各接头、1/8跨及拱顶的高程，使其在允许偏差之内。

5)大跨径箱形拱桥分3段或5段吊装合龙成拱后，根据拱肋接头密合情况及拱肋的稳定度，可保留起重索和扣索部分受力，等拱肋接头的连接工序基本完成后再全部松索。

13 拱肋接头电焊作业应在调整完轴线偏差、嵌塞并压紧接头缝钢板之后和全部松索成拱之前进行。拱肋接头部件电焊时，应采取分层、间断、交错方法施焊，每层不可一次焊得过厚，以免周围混凝土烧坏。最后应将各接头螺栓拧紧并焊死。

16.4 转体施工

16.4.1 转体施工安装方法

平转施工主要适用于刚构梁式桥、斜拉桥、钢筋混凝土拱桥及钢管拱桥。竖转施工主要适用于转体重量不大的拱桥或某些桥梁预制部件(塔、斜腿、劲性骨架)。

16.4.2 预制及拼装

桥体的预制及拼装，应按照设计规定的位置、高程，并视两岸地形情况，设计适当的支架和模板(或土胎)进行。预制时除按照本规范第9章至第11章的有关规定执行外，还应符合下列规定：

1)应充分利用地形，合理布置桥体预制场地，使支架稳固，工料节省，易于施工和安装。

2)应严格掌握结构的预制尺寸和重量，其允许偏差为±5mm，重量偏差不得超过±2%，桥体轴线平面允许偏差为预制长度的±1/5 000，轴线立面允许偏差为±10mm。环道转盘应平整，球面转盘应圆顺，其允许偏差为±1mm；环道基座应水平，3m长度内平整度不大于 ±1mm，环道径向对称点高差不大于环道直径的1/5 000。

16.4.3 有平衡重平转施工

1 有平衡重平转施工工艺，可以采用不同的锚扣体系。箱形拱、肋拱宜采用外锚扣体系；桁架拱、刚架拱宜采用内锚扣(上弦预应力钢筋)体系;刚构梁式桥、斜拉桥为不需另设锚扣的自平衡体系。

2 桥体混凝土达到设计规定强度或者设计强度的80%后,方可分批、分级张拉扣索,扣索索力应进行检测,其允许偏差为±3%。张拉达到设计总吨位左右时,桥体脱离支架成为以转盘为支点的悬臂平衡状态,再根据合龙高程(考虑合龙温度)的要求精调张拉扣索。

3 采用外锚扣体系时,除应按本规范第16.3节的有关规定办理外,还应符合下列规定:

1)扣索宜采用精轧螺纹钢筋、带轧丝锚的Ⅳ级圆钢筋、带镦头锚的高强钢丝、预应力钢绞线等高强材料,安全系数不应低于2。

2)扣点应设在梁悬臂端点或拱顶点附近,控制好扣索合力作用点的位置,使桥体截面应力处于允许的受力状态。

3)扣索锚点高程不应低于扣点,宜与通过锚点的水平线形成0~5°的角度,以利于扣索调整和桥体脱架。

4)宜用千斤顶张拉扣索,张拉力先按设计张拉吨位控制,再按桥体脱开支架的要求适当调整。

4 采用内锚扣体系时,应符合下列规定:

1)扣索采用结构本身钢筋或在其杆件内另穿入高强钢筋。利用结构钢筋时应验算其强度。

2)完成桥体转体合龙,浇筑接头混凝土并达到设计强度时,应解除扣索张力。

5 转体平衡重视情况利用桥台或另设临时配重。扣索和锚索之间宜通过置于扣、锚支承(桥台或立柱)的顶部交换梁相连接。

6 转体合龙时应符合下列规定:

1)应严格控制桥体高程和轴线,误差符合要求,合龙接口允许相对偏差为±10mm。

2)应控制合龙温度。当合龙温度与设计要求偏差3℃或影响高程差±10mm时,应计算温度影响,修正合龙高程。合龙时应选择当日最低温度进行。

3)合龙时,宜先采用钢楔刹尖等瞬时合龙措施。再施焊接头钢筋,浇筑接头混凝土,封固转盘。在混凝土达到设计强度的80%后,再分批、分级松扣,拆除扣、锚索。

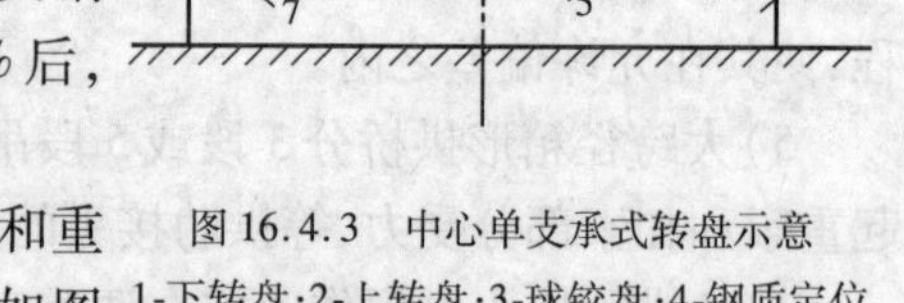

图16.4.3 中心单支承式转盘示意

1-下转盘;2-上转盘;3-球铰盘;4-钢质定位销;5-球面铰柱;6-支腿;7-环道

7 平转转盘有双支承式转盘和单支承式转盘两种,除大桥和重心较高的桥体外,宜采用构造简单实用的中心单支承式转盘,如图16.4.3。制作安装时应符合下列规定:

1)球面铰柱由不低于C50的混凝土浇筑于盘中央,球面用母线器成型,直径不小于100mm的定位销(钢质或钢管混凝土)固于球面铰柱中心,在球面打磨光滑,偏差符合要求后,其上覆盖塑料薄膜3~5层,浇筑球面铰柱混凝土盖,达到设计强度后,拆去薄膜,将盖、铰进行反复磨合,至单人以3m杠杆推动为止。

2)盖、铰磨合符合要求后,其接触面应涂以二硫化钼或黄油四氟粉等润滑剂,再将铰盖浇固于上盘混凝土中。

3)浇固于上盘周边的四个或六个辅助支腿,应对称均匀布置,与下环道保持不大于20mm间距,以备浇筑上盘混凝土或转体时做保持平衡临时支撑(支垫钢板)。

8 转体牵引力按式(16.4.3)计算:

$$T = \frac{2fGR}{3D} \quad (16.4.3)$$

式中:T——牵引力(kN);

G——转体总重力(kN);

R——铰柱半径(m);

D——牵引力偶臂(m);

f——摩擦系数,无试验数据时,可取静摩擦系数为0.1~0.12,动摩擦系数为0.06~0.09。

9　转体牵引索可用两根(钢绞线、高强钢丝束),其一端引出,一端绕固于上转盘上,形成一转动力偶。牵引动力可用卷扬机、牵引式千斤顶等,也可用普通千斤顶斜置在上、下转盘之间(注意应预留顶位)。转动时应控制速度,通常角速度不宜大于 0.01 ~ 0.02 rad/min 或桥体悬臂线速度不大于 1.5 ~ 2.0m/min。

16.4.4　无平衡重平转施工

1　采用锚固体系代替平衡重平转法施工,是利用锚固体系、转动体系和位控体系构成平衡的转体系统。

2　转动体系由拱体、上转轴、下转轴、下转盘、下环道和扣索组成。转动体系施工可按下列程序进行:安装下转轴、浇筑下环道、安装转盘、浇筑转盘混凝土、安装拱脚铰、浇筑铰脚混凝土、拼装拱体、穿扣索、安装上转轴等等。施工时应符合下列要求:

1)下转轴一般设置在桩基上,桩柱混凝土浇筑至环道设计高程下时,应安装用钢板卷制加工的轴圈。

2)轴圈安装前应先进行试装,防止钢轴的支撑角钢与桩柱主钢筋发生干扰,轴圈与转轴的平面位置与竖直度应符合设计要求;然后点焊固定在桩柱主盘上,浇筑填心混凝土。

3)转盘可用钢带焊制而成,其内径、走板平面平整度、焊缝均应符合设计要求。转轴与转盘套合部分应涂润滑油脂。环道上的滑道宜采用固定式,其平整度应控制在 ±1.0mm 内,环道上应按照设计尺寸铺设四氟板。当转盘填心混凝土达到75%设计强度后,可拨动转盘转至拱体预制位置。转轴与轴套应转动灵活,其配合误差应控制在 0.6 ~ 1.0mm。

4)拱铰铰头可用钢板加工,其配合误差应小于2mm。浇筑铰脚角锥体混凝土时可采用预制钢筋混凝土模板,承托拱体可利用第一段拱体的横隔板,并将其封闭,增设受弯钢筋来承担。

5)拱体一般设计为现浇钢筋混凝土,其技术要求可按 16.4.2 条的规定执行。

6)扣索宜采用精轧螺纹钢筋,靠近锚块处宜接以柔性工作索,使其通过转向滑轮接至卷扬机,将钢筋张拉安装在立柱上的环套锚块上。

7)上转轴的轴心平面位置应按照设计要求与下转轴的轴心设置偏心距。

3　锚固体系由锚碇、尾索、支撑、锚梁(或锚块)及立柱组成。锚碇可设于引道或其他适当位置的边坡岩层中。锚梁(或锚块)支承于立柱上。支撑和尾索一般设计成两个不同方向,形成三角形稳定体系,稳定锚梁和立柱顶部的上转轴使其为一固定点。当拱体设计为双肋,并采取对称同步平转施工时,非桥轴向(斜向)支撑可省去。锚固体系施工时,应符合下列规定:

1)锚碇可按照设计要求参照第18.2 节的有关规定施工。锚固尾索时应考虑其着力点和受力方向,防止混凝土开裂。

2)锚梁锚固处应设置张拉尾索的设备。锚梁施工时,应注意防止钢筋尾索、扣索和预应力钢材穿孔的干扰。浇筑的锚梁混凝土达到设计强度的50%后,方可将轴套穿入上下轴套和环套中。

3)桥轴向的支撑可根据实际情况,利用引桥的梁作为支撑,或采用预制、现浇的钢筋混凝土构件。非桥轴向(斜向)的支撑须采用预制或现浇的钢筋混凝土构件。各类支撑按设计要求和本规范第 11 章及本章的有关规定执行。

4)立柱宜为钢筋混凝土结构,可参照第 16.3 节的规定施工。

4　位控体系包括扣点缆风索和转盘牵引系统,安装时的技术要求应按照本章有关规定执行。

5　尾索张拉、扣索张拉、拱体平转、合龙卸扣等工序,必须进行有关的施工观测。

6　尾索张拉时应符合下列规定:

1)尾索张拉一般在立柱顶部的锚梁(锚块)内进行,操作程序与一般预应力梁后张法类似,可参照第 12 章有关规定执行。

2)两组尾索应按照上下左右对称、均衡张拉的原则,对桥轴向和斜向尾索分次、分组交叉张拉。

3)张拉一级荷载时,应按照上一级荷载张拉后的伸长值与拉索中的应力数值进行分析,调整本级张拉荷载,力求各尾索内力均衡。

4)尾索张拉荷载达到设计要求后,应对尾索观测和钢索内力测量 1 ~ 3d,如发现内力损失导致尾索间内力相差过大时，应再进行一次尾索张拉，以求均衡达到设计内力。

7 扣索张拉的技术要求，除应按照16.4.3条第3款的有关规定外，还应符合下列规定：

1）张拉前应设立桥轴向和斜轴向支撑以及拱体轴线上拱顶、3/8、1/4、1/8跨径处的平面位置和高程观测点，在张拉前和张拉过程中随时观测。

2）全面检查支撑、锚梁、轴套、拱铰、拱体、锚碇，并列表记录，分析确认不影响安全时，才可开始张拉。

3）每索应分级张拉至设计张拉力，每级荷载张拉时，应对称于拱体，按由下向上的次序进行，各索内力相对偏差应控制在5kN以内，应同时检查并调整各支承点木楔，以免过大或过小。

4）重复上述操作至张拉到设计荷载而使拱体脱架。

8 无平衡重拱体进行平转时，除应参照16.4.3条第5～9款的规定办理外，还应符合下列规定：

1）应对全桥各部位包括转盘、转轴、风缆、电力线路、拱体下的障碍等进行测量、检查，符合要求后，方可正式平转。

2）若起动摩阻力较大，不能自行起动时，宜用千斤顶在拱顶处施加顶力，使其起动，然后应以风缆控制拱体转速；风缆走速在起动和就位阶段一般控制在0.5～0.6m/min，中间阶段控制在0.8～1.0mm/min。

3）上转盘采用四氟板做滑板支垫时，应随转随垫并密切注意四氟板接头和滑动支垫情况。

4）拱体旋转到距设计位置约5°时，应放慢转速，距设计位置相差1°时，可停止外力牵引转动，借助惯性就位。

5）当拱体采用双拱肋在一岸上下游预制进行平转达一定角度后，上下游拱体宜同步对称向桥轴线旋转。

9 当两岸拱体旋转至桥轴线位置就位后，两岸拱顶高程超差时，宜采用千斤顶张拉、松卸扣索的方法调整拱顶高差。操作时应符合下列要求：

1）测出两岸各扣索内力，建立拱顶水平和轴线观测站。

2）对低于设计高程的拱顶端，其扣索可按对称均衡原则进行张拉，应先张拉内力较低的一排扣索，并分次张拉，使其尽可能达到设计高程。

3）对高于设计高程的拱顶端，按与上相反的程序进行。

4）若两岸拱顶端高差仍较大，可利用千斤顶再一次调整拱顶高程。

5）当两岸拱体合龙处轴线与高程偏差符合要求后，尽量按设计要求规定的合龙温度进行合龙施工，其内容包括用钢楔顶紧合龙口，将两端伸出的预埋件用型钢连接焊牢，连接两端主钢筋，浇筑台座混凝土，浇筑拱顶合龙口混凝土。

10 当台座和拱顶合龙口混凝土达到设计强度的75%后，可按下述要求卸除扣索：

1）按对称均衡原则，分级卸除扣索，同时应复测扣索内力、拱轴线和高程。

2）全部扣索卸除后，再测量轴线位置和高程。

16.4.5 竖转施工

1 对混凝土肋拱、刚架拱、钢管混凝土拱，当地形、施工条件适合时，可选择竖转法施工。其转动系统由转动铰、提升体系（动、定滑车组，牵引绳等）、锚固体系（锚索、锚碇等）等组成，如图16.4.5所示。

2 待转桥体在桥轴线的河床上设架或拼装，要求符合本规范第9章的规定。根据提升能力确定转动单元为单肋或双肋，宜采用横向连接为整体的双肋为一个转动单元。

3 支承提升和锚固体系的台后临时塔架可由引桥墩或立柱替代，提升动力可选用30～80kN卷扬机。

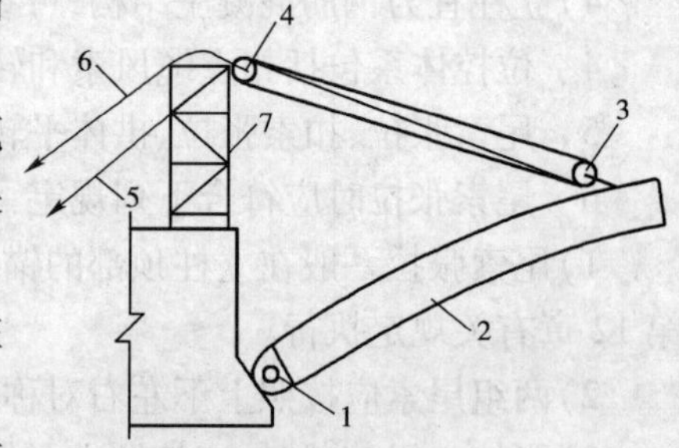

图16.4.5 竖转施工转动系统示意图
1-转动铰；2-桥体；3-动滑车；4-定滑车；5-牵引车（接卷扬机）；6-锚索（接锚碇）；7-塔架

4 桥体下端转动铰可根据推力大小选用轴销铰、弧形柱面铰、球面铰等，前者为钢制，后两者为混凝土制并用钢板包裹铰面。

5 转动时应符合下列规定：

1）转动前应进行试转，以检验转动系统的可靠性。竖转速度可控制在0.005～0.01rad/min，提升重量大者宜采用较低的转速，力求平稳。

2）两岸桥体竖转就位，调整高程和轴线应符合第16.9节的要求，楔紧合龙缺口，焊接钢筋，浇筑合龙混凝土，封填转动铰至混凝土达到设计强度后，拆除提升体系，完成竖转工作。

16.5 钢管混凝土拱

16.5.1 钢管拱肋（桁架）加工

1 钢管混凝土拱桥所用钢管直径超过600mm的应采用卷制焊接管，卷制钢管宜在工厂进行。在有条件的情况下，优先选用符合国家标准系列的成品焊接管。

2 成品管及制管用的钢材和焊接材料等应符合设计要求和国家现行标准的规定，具备完整的产品合格证明。

3 钢管拱肋（桁架）加工的分段长度应根据材料、工艺、运输、吊装等因素确定。在加工制作前，应根据设计图的要求绘制施工详图，包括零件图、单元构件图、节段单元图及组焊、拼装工艺流程图等。加工前应按半跨拱肋进行1:1精确放样，注意考虑温度和焊接变形的影响，并精确确定合龙节段的尺寸，直接取样下料和加工。

4 工地弯管宜采用加热顶压方式，加热温度不得超过800℃。钢管对接端头应校圆，除成品管按相应国家标准外，失圆度不宜大于钢管外径的0.003倍。钢管的对接环焊缝可采用有衬管的单面坡口焊和无衬管的双面熔透焊。两条对接环焊缝的间距应符合设计要求，设计无规定时，直缝焊接管不小于管的直径，螺旋焊接管不小于3m。对接径向偏差不得超过壁厚的0.2倍。为减少运输及安装过程中对口处的失圆变形，应适当在该处加设内支撑。

5 拱肋（桁架）节段焊接宜要求与母材等强度焊接。所有焊缝均应按规定进行强度和外观检查，宜要求主拱的焊缝达到二级焊缝标准。对接焊缝应100%进行超声波探伤，其质量检查标准可按照本规范第17章的有关规定执行。

桁架式钢管拱主管与腹管采用相贯焊接时，宜采用自动或半自动的加工方式来保证相贯线和坡口的制作精度，对焊接材料和工艺的选择在满足焊接接头强度的原则下，应尽量提高接头的韧性指标。要力求避免和减少焊缝多次相交的不良结构细节。

6 在钢管拱肋（桁架）加工过程中，应注意设置混凝土压注孔、防倒流截止阀、排气孔及扣点、吊点节点板。如拱肋（桁架）节段采用法兰盘连接，为保证螺栓连接的精度，宜采用3段啮合制孔工艺。对压注混凝土过程中易产生局部变形的结构部位（如腹箱）应设置内拉杆。

7 钢管拱肋（桁架）节段形成后，钢管外露面应按设计要求做长效防护处理，宜采用热喷涂防护，其喷涂方式、工艺及厚度应符合设计要求。可参照本规范第17章有关规定执行。

16.5.2 钢管拱肋（桁架）安装

1 钢管拱肋（桁架）的安装采用少支架或无支架缆索吊装、转体施工或斜拉扣索悬拼法施工的，可参照本章有关规定执行。

2 钢管拱肋成拱过程中，应同时安装横向联结系，未安装联结系的不得多于一个节段，否则应采取临时横向稳定措施。

3 节段间环焊缝的施焊应对称进行，施焊前需保证节段间有可靠的临时连接并用定位板控制焊缝间隙，不得采用堆焊。合龙口的焊接或栓接作业应选择在结构温度相对稳定的时间内尽快完成。

4 采用斜拉扣索悬拼法施工时，扣索与钢管拱肋的连接件应进行设计计算。扣索根据扣力计算采用多根钢绞线或高强钢丝束，安全系数应大于2。

16.5.3 钢管混凝土浇筑

1 管内混凝土应采用泵送顶升压注施工，由两拱脚至拱顶对称均衡地一次压注完成。除拱顶外不宜在其余部位设置横隔。

2 钢管混凝土应具有低泡、大流动性、收缩补偿、延后初凝和早强的工程性能。

3 钢管混凝土压注前应清洗管内污物,润湿管壁,泵入适量水泥浆后再压注混凝土,直至钢管顶端排气孔排出合格的混凝土时停止。完成后应关闭设于压注口的倒流截止阀。管内混凝土的压注应连续进行,不得中断。

4 钢管混凝土的质量检测办法应以超声波检测为主,人工敲击为辅。

5 为保证混凝土泵送工艺的顺利进行,对大跨径钢管混凝土拱桥,需按实际泵送距离和高度进行模拟混凝土压注试验。

6 钢管混凝土的泵送顺序应按设计要求进行,宜采用先钢管后腹箱的程序。

16.5.4 桥面系安装

1 带有可靠锚头的吊杆宜采用具有良好力学性能和防腐效果的挤包护层扭绞成型拉索。纵、横梁安装完成后,按高程控制的吊杆应按设计要求进行内力调整(内力测定),再进行桥面施工。

2 预应力系杆应有可靠的防腐措施。位于拱肋及横梁上的吊杆锚头应做防水、防老化的构造措施。

3 预应力系杆的张拉应与加载相对应。施工过程中除了严格控制系杆的内力和伸长量外,尚应监测和控制关键结构的变位,不得超过设计允许范围。

16.6 装配式桁架拱和刚构拱

16.6.1 装配式桁架拱和刚构拱预制

1 装配式桁架拱和刚构拱的拱片宜根据跨径和场地大小及吊装能力等因素,选取整片、分段或分杆件的预制方法。分段或分杆件预制时,其分段长度、接头连接类型和方法应按设计规定执行。有关预应力的施工工序应按照本规范第12章的规定办理。拱片预制时应设置预拱度,拱顶预拱度确定后,其余各点预拱度可按直线变化设置。

2 卧式预制拱片脱模吊移时应符合下列规定:

1)卧式预制的拱片不得就地掀起竖立,必须将全片水平吊起后,再悬空翻身竖立。在拱片悬空翻身整个过程中,各吊点受力应均匀,并始终保持在同一平面内,不得扭折。

2)拱片起吊前,对拱片的薄弱部位应根据构件受力情况予以加固。

3)预制拱片前应对预制场拱片翻身技术设备、技术状况进行详细研究计算,必要时在预制拱中按吊装应力进行加筋处理。

3 拱片宜采用平卧运输,运输和装卸过程中应严格控制支点或吊点位置,使拱片受力均匀,防止损坏。

16.6.2 装配式桁架拱和刚构拱安装

1 装配式桁架拱和刚构拱的安装程序为:在墩台上安装预制的桁架(刚架)拱片,同时安装横向联系构件,在组成的桁架拱(刚架拱)上铺装预制的桥面板。

2 拱片采用少支架安装时可按第16.3节的有关规定办理。少支架安装后一般采用一次卸架成拱,卸架宜安排在气温较高的时间进行。

3 多孔桁架拱(刚构拱)采用少支架安装时宜逐孔进行,卸架应安排在各孔拱片都合龙后进行,卸架程序应按照设计要求或根据桥墩所能承受的最大不平衡推力计算确定。

4 拱片采用无支架安装时,可采用分段、分杆件或悬臂拼装等方法进行。在成拱过程中,应及时安装横向联结系和横向临时稳定风缆等。拱片分杆件安装时,宜先安装由下弦杆与跨中实腹段组成的"拱肋"单元,再由实腹段两端向拱脚对称地逐个安装由斜杆、竖杆和上弦杆组成的三角形单元。拱片采用悬臂拼装方案时,除应按照本规范第15.4节的有关规定执行外,还应注意张拉预应力筋必须在相邻两段拱片吊装好并横向联系牢固,形成较稳定的框架之后进行,防止单拱片张拉时发生横向失稳。

5 桁架拱、刚构拱采用转体法施工时,应按照第16.4节的规定执行。

6 装配式桁架拱、刚构拱无支架安装的接头类型应符合设计规定,其技术要求可按本章有关规定办理。大跨径桁式组合拱的拱顶接头施工还应符合下列规定:

1）两岸合龙段构件吊装就位，在封顶以前，应对拱顶接头施加预压力调整应力，然后浇筑拱顶湿接头混凝土，待接头混凝土达到规定强度后方可松索合龙。

2）湿接头混凝土宜采用较构件混凝土强度高一级的早强混凝土。

16.7 拱上结构

16.7.1 拱上结构的立柱、横墙的基座，在施工前对其位置和高程复测检查，如超过允许偏差应予以调整。基座与主拱的联结应牢固。

16.7.2 大跨径拱桥的拱上结构，应严格按照设计加载程序进行，使施工过程中的拱轴线与设计拱轴线尽量吻合，如有拱架应先卸除。如无设计加载程序，一般应根据施工验算由拱脚至拱顶均衡、对称加载，并加强施工观测。

16.7.3 在支架上浇筑的上承式拱桥，其拱上结构混凝土浇筑应在拱圈及间隔槽混凝土浇筑完成且封拱间隔槽混凝土强度达到设计要求强度以后进行；如设计无规定，可按达到混凝土设计强度的30%以上控制。如封拱前需在拱顶施加预压力，应达到设计强度的75%以上。在支架上浇筑的下承式或中承式拱桥，其悬吊桥面系混凝土应在拱架松落后进行浇筑，其吊杆混凝土应在桥面系完成后对称地浇筑。

16.7.4 在支架上浇筑的拱桥，其拱上结构混凝土的浇筑除应符合本规范第11.6节的规定外，还应符合下列规定：

1 立柱底座应与拱圈（拱肋）同时浇筑，立柱上端施工缝应设在横梁承托底面上。

2 桥面系的梁与板应尽量同时浇筑。

3 两相邻伸缩缝间的桥面板应一次浇筑完成。

16.7.5 中、小跨径装配式拱桥的拱上结构施工，应待主拱圈混凝土和砂浆强度达到设计强度的75%以上，少支架施工的应先卸除支架，一般可由拱脚至拱顶对称进行。

16.7.6 拱上腹拱圈施工时，应注意腹拱圈所产生的推力对立柱或横墙的影响，相邻腹板的施工进度应同步。

16.7.7 采用无支架施工的大、中跨径的拱桥，其拱上结构宜充分利用缆索吊装施工。

16.8 施工观测和控制

16.8.1 装配式拱桥施工过程中，除应按照本规范第3章及其他有关规定进行观测外，还应配合施工进度对拱肋、拱圈的挠度和横向位移、混凝土裂缝、墩台变位、安装设施的变形和变位等项目进行观测。施工观测应尽量采用全站仪进行。

16.8.2 拱肋吊装定位合龙时，应进行接头高程和轴线位置的观测，以控制、调整其拱轴线，使之符合设计要求。其允许偏差见第16.9节。拱肋松索成拱以后，从拱顶上施工加载起，一直到拱上建筑完成，应随时对1/4跨、1/8跨及拱顶各点进行挠度和横向偏移的观测。

多孔拱桥，一孔吊装拱上建筑时，应观测相邻孔拱圈和墩台的影响。当发现挠度和横向偏移值超过允许值时，应及时分析，调整施工程序或采取其他有效措施。

16.8.3 采取少支架安装施工时，应对支架的变形、位移，节点和卸架设备的压缩及支架基础的沉陷等进行观测，如发现超过允许值的变形、变位，应及时采取措施予以调整。

采取无支架安装施工时，应随时观测吊装设备的塔架、主索、扣索、索鞍、锚碇等的变形和位移，如发现异常，应及时采取措施。

16.8.4 在安装施工过程中，应经常对构件混凝土进行裂缝观测，若发现裂缝超过规定或有继续发展的趋势时，应及时分析研究，找出原因，采取有效措施。

16.8.5 就地浇筑钢筋混凝土拱圈及卸落拱架的过程中，应设专人用仪器配合施工进度随时观测拱圈、拱架、劲性骨架的挠度和横向位移以及墩台的变化情况，并详细记录，如发现异常，应及时分析，采取措施,必要时可调整加载或卸架程序。

16.8.6 大跨度拱桥施工过程中,应配合施工进度对拱圈(肋)混凝土、拱肋接头、劲性骨架、吊杆、系杆、钢管混凝土、扣索、转盘、锚碇(梁)等关键受力部位进行应力监测,并与控制计算值相比较,一旦偏差超出设计允许范围,应立即进行调整。

16.8.7 大跨度拱桥的施工观测和控制宜在每天气温、日照变化不大的时候进行,尽量减少温度变化等不利因素的影响。

16.9 质量检查和质量标准

拱桥施工过程中,各部件的允许偏差已在上述各有关条文中规定。完成后各分部工程的混凝土强度应在合格标准内,其余按下列规定进行检查。

16.9.1 钢筋混凝土拱圈外形轮廓清晰顺直,表面平整,施工缝修饰光洁,一般不应有蜂窝麻面,无表面受力裂缝或缝宽不应超过0.15mm。钢筋混凝土拱圈的质量检测标准见表16.9.1-1、表16.9.1-2。

表16.9.1-1 现浇拱圈的质量检测标准

检查项目		规定值或允许偏差(mm)
混凝土强度(MPa)		在合格标准内
轴线偏位	板拱	10
	肋拱	5
内弧线偏离设计弧线	跨径 $L \leq 30m$	±20
	跨径 $L>30m$	± $L/1\,500$
断面尺寸	高度	±5
	顶底腹板厚	+10,0
拱肋间距		5

表16.9.1-2 预制拱圈的质量检测标准

检查项目		规定值或允许偏差(mm)
混凝土强度(MPa)		在合格标准内
每段拱箱内弧长		0,-10
内弧偏离设计弧长		±5
断面尺寸	顶底腹板厚	+10,0
	宽度及高度	+5,-10
轴线偏位	肋拱	5
	箱拱	10
拱箱接头尺寸及倾角		±5
预埋件位置	肋拱	5
	箱拱	10

16.9.2 装配式拱桥接头垫塞楔形钢板均匀合理,应无因焊接或局部受力造成的混凝土开裂、缺损或露筋。拱桥安装质量检测标准见表16.9.2-1、表16.9-2.2。

表 16.9.2-1 主拱圈安装质量检测标准

检 查 项 目		规定值或允许偏差(mm)
轴线横向偏位	$L \leqslant 60m$	10
	$L > 60m$	$L/6\ 000$
拱圈底面高程	$L \leqslant 60m$	±20
	$L > 60m$	$\pm L/3\ 000$
两对称接头相对高差	$L \leqslant 60m$	20
	$L > 60m$	$\pm L/3\ 000$
同跨各拱肋相对高差	$L \leqslant 60m$	20
	$L > 60m$	$\pm L/3\ 000$
同跨各拱肋间距		±10

表 16.9.2-2 腹拱圈安装质量检测标准

检 查 项 目	规定值或允许偏差(mm)	检 查 项 目	规定值或允许偏差(mm)
轴线横向偏位	10	起拱线高程	±20
跨径	±20	相邻块件底面高差	5

16.9.3 转体施工合龙段两侧高差必须在设计允许范围内,合龙段混凝土应平整密实,色泽一致,其强度应符合设计要求。其质量检测标准见表 16.9.3。

表 16.9.3 转体施工拱桥质量检测标准

检 查 项 目	规定值或允许偏差(mm)	检 查 项 目	规定值或允许偏差(mm)
轴线偏位	$L/6\ 000$	同一横截面两侧或相邻上部构件高差	10
跨中梁或拱顶面高程	±20		

16.9.4 钢管混凝土拱桥管壁与混凝土结合紧密,钢管表面防护涂料和层数符合设计要求,线形圆顺,无弯折。在同温度条件下,其质量检测标准见表 16.9.4-1、表 16.9.4-2。

表 16.9.4-1 钢管拱肋制作与安装质量检测标准

检 查 项 目	规定值或允许偏差(mm)	检 查 项 目	规定值或允许偏差(mm)
焊缝质量	符合设计要求	轴线横向偏位	$L/6\ 000$
内弧偏离设计弧线	8	拱肋接缝错台	0.2 壁厚
每段拱肋内弧长	0,-10	拱圈高程	符合设计要求
钢管直径	$d/500$ 及 5		

注:d 为钢管内径。

表 16.9.4-2 钢管拱肋混凝土浇筑质量检测标准

检 查 项 目		规定值或允许偏差(mm)
混凝土强度(MPa)		符合设计要求
轴线横向偏位	$L \leqslant 60m$	10
	$L = 200m$	50
	$L > 200m$	$L/4\ 000$
拱圈高程		$L/3\ 000$
对称点高差		$L/3\ 000$

注:①L 为跨径;

②L 在 60~200m 之间时,轴线偏位允许偏差内插。

16.9.5 装配式桁架拱合龙段两侧高差在设计允许范围内，节点应平整，接头两侧杆件无错台，上下弦杆线形顺畅，表面平整。其质量检查标准见表16.9.5。

表16.9.5 装配式桁架拱质量检测标准

检 查 项 目		规定值或允许偏差(mm)
轴线偏位	$L\leqslant60$m	10
	$L>60$m	$L/6\ 000$
节点混凝土强度(MPa)		在合格标准内
弦杆高程	$L\leqslant60$m	±20
	$L>60$m	$\pm L/3\ 000$
相邻拱片高差		20
对称点相对高差	$L\leqslant60$m	20
	$L>60$m	$L/3\ 000$
拱片竖直度		1/300 高度且≤20

注：L 为跨径。

16.9.6 劲性骨架拱桥骨架线形符合设计要求，混凝土分环分段浇筑应无空洞和露筋现象，蜂窝麻面符合规定。其质量检测标准见表16.9.6。

表16.9.6 劲性骨架拱桥混凝土浇筑质量检测标准

检 查 项 目		规定值或允许偏差(mm)
混凝土强度(MPa)		在合格标准内
轴线横向偏位	$L\leqslant60$m	10
	$L=200$m	50
	$L>200$m	$L/4\ 000$
拱圈高程		$L/3\ 000$
对称点高程		$L/3\ 000$
断面尺寸		±10

注：L 为跨径，当 L 在 60～200m 之间时，轴线偏位允许偏差内插。

16.9.7 中、下承式拱桥吊杆安装应顺直，无扭转，防护层完整，无破损。其质量检查标准见表16.9.7。

表16.9.7 中、下承式拱桥吊杆安装质量检测标准

检 查 项 目		规定值或允许偏差
吊杆的拉力(kN)		符合设计要求(mm)
吊点位置(mm)		10
吊点高程(mm)	高程	±10
	两侧高差	20
吊杆锚固处防护		符合设计要求

17　钢桥

17.1　一般规定

17.1.1　适用范围

本章适用于以工厂化制造,在工地以高强螺栓连接或焊缝连接的钢桥施工。

17.1.2　钢桥材料

1　钢桥制造使用的材料必须符合设计要求和现行有关标准的规定,必须有材料质量证明及进行复验;钢材应按同一炉批、材质、板厚每10个炉(批)号抽验一组试件,焊接与涂装材料应按有关规定抽样复验,复验合格后方可使用。

2　采用进口钢材时，应按合同规定进行商检，应按现行标准检验其化学成分和力学性能；并应按现行有关标准进行抽查复验和与匹配的焊接材料做焊接试验，不符合要求的钢材不得使用。

3　当钢材表面有锈蚀、麻点或划痕等缺陷时,其深度不得大于该钢材厚度允许负偏差值的1/2。

17.1.3　钢桥的制作和安装应符合设计图和施工图的要求,并应符合本规范的规定。当需要修改设计时,应取得原设计单位的同意,并应签署设计变更文件。

1　提交钢桥制造厂的设计文件应包括:

1)钢桥主要受力杆件的应力计算表及杆件断面的选定图表;

2)钢桥全部杆件的设计详图、材料明细表、工地螺栓表,制作时应考虑荷载引起的挠度对钉孔的影响;

3)特定的设计、施工及安装说明;

4)安装构件、附属构件的设计图。

2　钢桥施工图由制造厂绘制,包括下列各项:

1)按杆件编号绘制的施工图;

2)厂内试装简图;

3)发送杆件表;

4)工地拼装简图。

3　在工地应有预拼图。

17.1.4　钢桥制造和检验所用的量具、仪器、仪表等应经主管部门授权的法定计量技术机构进行校验。大桥工地用尺与工厂用尺应互相校对。

17.2　钢桥制造

17.2.1　放样、号料和切割

1　放样和号料应根据施工图和工艺要求进行,应预留制作和安装时的焊接收缩余量及切割、刨边和铣平等加工余量。

2　对于形状复杂的零、部件,在图中不易确定的尺寸,应通过放样校对后确定。

3　样板、样杆、样条制作的允许偏差应符合表17.2.1-1的规定。

表 17.2.1-1　样板、样杆、样条制作允许偏差

项　　目	允　许　偏　差(mm)	项　　目	允　许　偏　差(mm)
两相邻孔中心线距离	±0.5	宽度、长度	+0.5，-1.0
对角线、两极边孔中心距离	±1.0	曲线样板上任意点偏离	1.0
孔中心与孔群中心线的横向距离	0.5		

4　号料前应检查钢料的牌号、规格、质量，如发现钢料不平直，有蚀锈、油漆等污物，应矫正清理后再号料；号料外形尺寸允许偏差为±1mm。

5　切割时应注意下列事项：

1）切割前应将料面的浮锈、污物清除干净。钢料应放平、垫稳，割缝下面应留有空隙。

2）切割应优先采用精密切割如数控、自动、半自动切割。手工切割仅适用于次要零件或切割后仍需加工的零件。

3）剪切钢板厚度不宜大于12mm，剪切边缘应平整，无毛刺、反口、缺肉等缺陷。

4）剪切长度允许偏差为±2mm，边缘缺棱1mm，型钢端部垂直度≤2.0mm。

5）碳素结构钢在环境温度低于-20℃、低合金结构钢在环境温度低于-15℃时，不得进行剪切、冲孔。

6）切割零件尺寸手工切割时允许偏差为±2mm；精密（数控、自动、半自动）切割时应符合表17.2.3-1、表17.2.3-2的规定。

7）精密切割面质量应符合表17.2.1-2的规定，切割面硬度不超过HV350。

表 17.2.1-2　切割表面质量要求

项　目	等级 1	等级 2	备　注
表面粗糙度 *Ra*	25μm	50μm	按GB 1031—83用样板检测
崩坑	不容许	1m长度内容许有1处1mm	超限应修补，按焊接有关规定
塌角	圆角半径≤0.5mm		
切割面垂直度	≤0.05t，且不大于2.0mm		

注：t为钢板厚度。

17.2.2　矫正和弯曲

1　钢材矫正前，剪切的反口应修平，切割的挂渣应铲净。

2　碳素结构钢在环境温度低于-16℃、低合金结构钢在环境温度低于-12℃时，不得进行冷矫正和冷弯曲。

3　主要受力零件冷作弯曲时，环境温度不宜低于-5℃，内侧弯曲半径不得小于板厚的15倍，小于者必须热煨，热煨温度宜控制在900～1 000℃之间。冷作弯曲后零件边缘不得产生裂纹。

4　热矫温度应控制在600～800℃，矫正后钢材温度应缓慢冷却，降至室温以前，不得锤击钢料或用水急冷。

5　矫正后的钢材表面不应有明显的凹痕或损伤。零件矫正后的允许偏差应符合表17.2.2的规定。

表 17.2.2 零件矫正允许偏差

项目		允许偏差(mm)
钢板平面度	每米	1.0
钢板直线度	$L \leq 8m$	3.0
	$L > 8m$	4.0
型钢直线度	每米	0.5
角钢肢垂直度	全长范围	0.5①
角肢平面度	连接部位	0.5
	其余	1.0
工字钢、槽钢腹板平面度	连接部位	0.5
	其余	1.0
工字钢、槽钢翼缘垂直度	连接部位	0.5
	其余	1.0

注:①角度不得大于90°。

17.2.3 边缘加工

1 零件刨(铣)加工深度不应小于3mm,加工面的表面粗糙度 Ra 不得低于25μm;顶紧加工面与板面垂直度偏差应小于0.01t(板厚),且不得大于0.3mm。

2 坡口可采用机加工或精密切割,坡口尺寸及允许偏差应由焊接工艺确定。

3 边缘加工的允许偏差应符合表17.2.3-1和表17.2.3-2的规定。

表 17.2.3-1 零件加工尺寸允许偏差

项目			允许偏差(mm)	
名称		范围	宽度	孔边距
桁梁的弦、斜、竖杆,纵横梁,板梁主梁、平联杆件①	盖板(工形)	两边	±2.0	—
	竖板(箱形)	两边	±1.0	—
	腹板	两边	②	—
主桁节点板		三边	—	+2.0
座板		四边	±1.0	—
拼接板、鱼形板,桥门架用钢板		两边	±2.0	—
支承节点板、拼接板、支承角		支承边端	—	+0.5 +0.3
平联、横联节点板		焊接边	—	±0.3
箱形杆件内隔板		四边	+0.5 0③	—

注:①长度不大于10m的直线度允许偏差为2.0mm,10m以上为3.0mm,但不得有锐弯;

②腹板宽度必须按盖板厚度及焊接收缩量配制;

③箱形杆件内隔板板边垂直度偏差不得大于0.5mm。

表 17.2.3-2　箱形梁零部件加工尺寸允许偏差

简图	项目 名称	范围		允许偏差(mm)
	盖板	周边	长度	+2.0,−1.0
			宽度	+2.0,0
	腹板	周边	长度	+2.0,−1.0
			宽度	①
	隔板	周边	宽 B	+0.5 0
			高 H	+0.5 −0.5
			对角线差	<1.0
			垂直度	$\leqslant\frac{H}{2\ 000}$
		缺口定位尺寸	b	+2.0
			h	0
	纵肋与横肋	按工艺文件	高 h_1(长 l)	±0.5 (0,−2.0)
			缺口定位尺寸 h_2	0 0.2

注:①腹板宽度必须按盖板厚度及焊接收缩量配制。

4　零件应根据预留加工量及平直度要求,两边均匀加工。已有孔的零件应按其中心线找正边缘。

17.2.4　制孔

1　螺栓孔应成正圆柱形,孔壁表面粗糙度 $Ra\leqslant25\mu m$,孔缘无损伤不平,无刺屑。

2　组装件可预钻小孔,然后扩钻。预钻孔径至少应较设计孔径小 3mm。扩钻孔时,严禁飞刺和铁屑进入板层。

3　使用卡板(卡样)时,必须按施工图检查零件规格尺寸,核对所用钻孔样板无误后,方可钻孔。对卡固定式样板钻孔的杆件,应检查杆件外形尺寸和制造偏差,并将误差均分。卡固限度应符合下列要求:

1)工形杆件腹板中心与样板中心允许偏差 1mm。

2)纵向偏差应以两端部边距相等为原则。

3)箱形杆件两竖板水平中线与样板中线允许偏差 1.5mm,但有水平拼接时,其允许偏差为 1mm。

4　螺栓孔的允许偏差应符合表 17.2.4-1 的规定。

表 17.2.4-1　螺栓孔允许偏差

螺栓直径	螺栓孔径	允许偏差(mm)	螺栓直径	螺栓孔径	允许偏差(mm)
M12	14	+0.5,0	M24	26	+0.7,0
M16	18	+0.5,0	M27	29	+0.7,0
M20	22	+0.7,0	M30	33	+0.7,0
M22	24	+0.7,0			

5　螺栓孔距允许偏差应符合表 17.2.4-2 的规定。

表 17.2.4-2　螺栓孔距允许偏差

项　目		允许偏差(mm)		
		主要杆件		次要杆件
		桁梁杆件	板梁杆件	
两相邻孔距		±0.4	±0.4	±0.4(±1.0)②
多组孔群两相邻孔群中心距		±0.8	±1.5	±1.0(±1.5)②
两端孔群中心距	$l \leq 11$m	±0.8	±4.0①	±1.5
	$l > 11$m	±1.0	±8.0①	±2.0
孔群中心线与杆件中心线的横向偏移	腹板不拼接	2.0	2.0	2.0
	腹板拼接	1.0	1.0	—

注：①连接支座的孔群中心距允许偏差；

②括号内数值为人检结构的允许偏差。

17.2.5　组装

1　组装前，零件、部件应经检查合格；连接接触面和焊缝边缘每边 30～50mm 范围内的铁锈、毛刺、污垢、冰雪等应清除干净，露出钢材金属光泽。

2　杆件的组装应在工作台上或工艺装备内进行。组装时应将焊缝错开，错开最小距离应符合图 17.2.5 的规定。

3　组装时，应用冲钉使绝大多数孔正确就位，每组孔应打入 10% 的冲钉，但不得少于 2 个，冲钉直径不应小于设计孔径0.1mm。采用预钻小孔组装的杆件，使用的冲钉直径不应小于预钻孔径 0.5mm。

4　组装时，应用螺栓紧固，保证零件、杆件相互密贴，一般在任何方向每隔 320mm 至少有一个螺栓。组装螺栓的数量不得少于孔眼总数的 30%；组装螺栓的螺母下最少应放置一个垫圈，如放置多个垫圈时，其总厚不应超过 30mm。

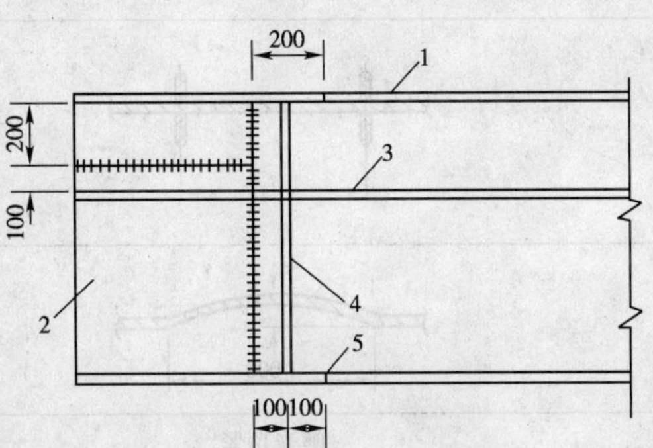

图 17.2.5　焊缝错开的最小距离

1-盖板；2-腹板；3-板梁水平肋或箱形梁纵肋；4-板梁竖肋或箱形梁横肋；5-盖板对接焊缝

5　焊接杆件和焊接箱形梁的组装允许偏差应分别符合表 17.2.5-1 和表 17.2.5-2 之规定。

6　卡样钻孔应经常检查钻孔套模的质量情况，如套模松动或磨耗超限时，应及时更换。

表 17.2.5-1　杆件组装允许偏差

简　图	项　目		允许偏差(mm)
	对接高低差	$t \geq 25$	1.0
		$t < 25$	0.5
	对接间隙 b		+1.0
	桁梁的箱梁杆件宽度 b		±1.0 （有拼接时）
	桁梁的箱形杆件对角线差		2.0
	桁梁的 H 形杆件和箱形杆件高度 h		+1.5 0
	盖板中心与腹板中心线的偏移 Δ		1.0
	组装间隙 Δ		0.5

续上表

简图	项目		允许偏差(mm)
	纵横梁高度 h		+1.5 0
	板梁高度 h	$h \leq 2\text{m}$	+2.0 0
		$h > 2\text{m}$	+4.0 0
	盖板倾斜 Δ		0.5
	组合角钢肢高低差 Δ	结合处	0.5
		其余处	1.0
	板梁，纵、横梁加劲肋间距 s	有横向联结	±1.0
		无横向联结	±3.0
	板梁腹板，纵、横梁腹板的局部平面度 Δ		1.0
磨光顶紧	局部缝隙		≤0.2

表 17.2.5-2　箱形梁组装允许偏差(mm)

简图	项目		允许偏差
腹板　腹板　盖板	箱形梁盖板、腹板的纵肋、横肋间距 s		±1.0
	箱形梁隔板间距 s		±2.0
	箱形梁宽度 b		±2.0
	箱形梁高度 h	$h \leq 2\text{m}$	+2.0 0
		$h > 2\text{m}$	+4.0 0
	箱形梁横断面对角线差		3.0
	箱形梁旁弯 f		5.0

17.2.6　焊接

1　在工厂或工地首次焊接工作之前或材料、工艺在施工过程中遇有须重新评定的变化，必须分别进行焊接工艺评定试验。焊接工艺评定按现行《铁路钢桥制造规范》(TB 10212)进行。

2　焊工应经过考试,熟悉焊接工艺要求,取得资格证书后方可从事焊接工作。焊工停焊时间超过6个月,应重新考核。

3　工厂焊接宜在室内进行,湿度不宜高于80%。焊接环境温度,低合金高强度结构钢不应低于5℃,普通碳素结构钢不得低于0℃。主要杆件应在组装后24h内焊接。

4　低合金高强度结构钢厚度为25mm以上时进行定位焊、手弧焊及埋弧焊时应进行预热,预热温度80~120℃,预热范围为焊缝两侧,宽度50~80mm。厚度大于50mm的碳素结构钢焊接前也应进行预热。

5　焊接材料应通过焊接工艺评定确定,没有生产厂家质量证明书的材料不得使用。对储存期较长的焊接材料,使用前应重新按标准检验。

6　焊接时应符合下列规定:

1)施焊前必须按17.2.5条第1款的规定,清除焊接区的有害物。

2)施焊时母材的非焊接部位严禁焊接引弧。

3)多层焊接宜连续施焊,应注意控制层间温度,每一层焊缝焊完后应及时清理检查,清除药皮、熔渣、溢流和其他缺陷后,再焊下一层。

7　定位焊时应符合下列规定:

1)焊前必须按施工图及工艺文件检查坡口尺寸、根部间隙等,如不合要求应处理改正。

2)所采用的焊接材料型号应与焊件材质相匹配。

3)定位焊缝应距设计焊缝端部30mm以上,焊缝长应为50~100mm,间距应为400~600mm,定位焊缝的焊脚尺寸不得大于设计焊脚尺寸的1/2。

4)定位焊不得有裂纹、气孔、夹渣、焊瘤等缺陷,否则应处理改正。如有焊缝开裂应查明原因,清除后重焊。

8　埋弧焊时应符合下列规定:

埋弧自动焊必须在距杆件端部80mm以外的引板上起、熄弧。焊接中不应断弧,如有断弧必须将停弧处刨成1:5斜坡后,并搭接50mm再引弧施焊。

9　焊缝磨修和返修焊时应符合下列规定:

1)杆件焊接后两端引板或产品试板必须用气割切掉,并磨平切口。

2)焊脚尺寸超出表17.2.7-1中允许的正偏差的焊缝,及小于1mm超差的咬边必须磨修匀顺。

3)焊缝咬边超过1mm或外观检查超出负偏差的缺陷应用手弧进行返修焊。16Mn钢板厚度大于25mm返修焊时,应预热至100~150℃。

4)返修焊采用埋弧自动焊、半自动焊时,必须将清除部位的焊缝两端刨成不陡于1:5的斜坡,再进行焊接。

5)返修后的焊接应随即铲磨匀顺,并按原质量要求进行复检。返修焊次数不宜超过两次。

17.2.7　焊缝检验

1　焊接完毕,所有焊缝必须进行外观检查,不得有裂纹、未熔合、夹渣、未填满弧坑和超出表17.2.7-1规定的缺陷。

2　外观检查合格后,零、部(杆)件的焊缝应在24h后进行无损检验。

3　进行超声波探伤,内部质量分级应符合表17.2.7-2的规定。其他技术要求可按现行《钢焊缝手工超声波探伤方法和探伤结果分级》(GB 11345)执行。

表17.2.7-1　焊缝外观检查质量标准(mm)

项　目	质　量　要　求		
气孔	横向对接焊缝	不容许	
	纵向对接焊缝、主要角焊缝	直径小于1.0	每米不多于3个,间距不小于20
	其他焊缝	直径小于1.5	

续上表

项　目		质 量 要 求
咬边	受拉杆件横向对接焊缝及竖加劲肋角焊缝(腹板侧受拉区)	不容许
	受压杆件横向对接焊缝及竖加劲肋角焊缝(腹板侧受压区)	≤0.3
	纵向对接及主要角焊缝	≤0.5
	其他焊缝	≤1.0
焊脚尺寸	主要角焊缝	$K_0^{+2.0}$
	其他焊缝	$K_{-1.0}^{+2.0}$①
焊波	角焊缝	任意25mm范围内高低差≤2.0
余高	对接焊缝	焊缝宽$b<12$时,≤3.0
		$12<b\leq25$时,≤4.0
		$b>25$时,≤$4b/25$
余高铲磨后表面	横向对接焊缝	不高于母材0.5
		不低于母材0.3
		粗糙度$Ra50$

注:①手工角焊缝全长10%区段内允许$K_{-1.0}^{+3.0}$。

表17.2.7-2　焊缝超声波探伤内部质量等级

项　目	质量等级	适 用 范 围
对接焊缝	Ⅰ	主要杆件受拉横向对接焊缝
	Ⅱ	主要杆件受压横向对接焊缝、纵向对接焊缝
角焊缝	Ⅱ	主要角焊缝

4　箱形杆件棱角焊缝探伤的最小有效厚度为$\sqrt{2t}$(t为水平板厚度,以mm计)。

5　焊缝超声波探伤范围和检验等级应符合表17.2.7-3的规定,距离—波幅曲线灵敏度及缺陷等级评定应符合本规范附录K-1的规定。

表17.2.7-3　焊缝超声波探伤范围和检验等级(mm)

焊缝质量级别	探伤比例	探伤部位	板　厚	检验等级
Ⅰ、Ⅱ级横向对接焊缝	100%	全长	10~45	B
			>46~56	B(双面双侧)
Ⅱ级纵向对接焊缝	100%	焊缝两端各1 000	10~46	B
			>46~56	B(双面双侧)
Ⅱ级角焊缝	100%	两端螺栓孔部位并延长500,板梁主梁及纵、横梁跨中加探1 000	10~46	B
			>46~56	B(双面单侧)

6　对接焊缝除应用超声波探伤外,尚须用射线抽探其数量的10%(并不得少于一个接头)。探伤范围为焊缝两端各250~300mm,焊缝长度大于1 200mm时,中部加探250~300mm。当发现裂纹或较多其他缺陷时,应扩大该条焊缝探伤范围,必要时可延长至全长。进行射线探伤的焊缝,当发现超标缺

陷时应加倍检验。

用射线和超声波两种方法检验的焊缝,必须达到各自的质量要求,该焊缝方可认为合格。焊缝的射线探伤应符合现行国家标准《钢熔化焊对接接头射线照相和质量分级》(GB 3323)的规定,射线照相质量等级为 B 级,焊缝内部质量为Ⅱ级。

17.2.8 杆件矫正

1 杆件矫正时除应符合第 17.2.2 条的规定外,还应注意冷矫时应缓慢加力,室温不宜低于 5℃,冷矫总变形率不得大于 2%。时效冲击值不满足要求的拉力杆件,不得冷矫。

2 杆件矫正的允许偏差应符合表 17.2.8-1 和表 17.2.8-2 的规定。

表 17.2.8-1 箱形梁矫正允许偏差

简图	项目		允许偏差(mm)
	盖板对腹板的垂直度 Δ	有孔部位	1.0
		其余部位	3.0
	隔板弯曲 f	横向 纵向	2.0
	腹板平面度 Δ	横向	$\frac{h}{250}$
		有孔部位	2.0
		纵向	$\frac{L}{500}$
	盖板平面度 Δ	有孔部位	2.0
		横向	$\frac{s}{250}$
		纵向 4m 范围	4.0
	腹板平面度	横向 Δ_1	$\frac{h}{250}$且≤3
		纵向 Δ_2	$\frac{l_0}{500}$且≤5.0
	盖板平面度	横向 Δ_3	$\frac{s}{250}$且≤3.0
		纵向 Δ_4	$\frac{l_1}{500}$且≤5.0
	扭曲		每米≤1,且每段≤10

表 17.2.8-2　板梁、桁梁杆件矫正允许偏差

简　图	项　目		允许偏差(mm)
	盖板对腹板的垂直度 Δ	有孔部位	0.5
		其余部位	2.0
	工形、箱形杆件的扭曲 Δ		3.0
	箱形杆件中对角线差		2.0
	盖板平面度 Δ	有孔部位	0.3
		其余部位	1.0
	板梁，纵、横梁腹板的平面度 Δ		$\Delta \leqslant \frac{h}{500}$ 且≤5.0
	工形、箱形杆件的弯曲或纵横梁的旁弯 f		2.0(l≤4 000) 3.0(4 000≤l≤16 000) 5.0(l>16 000)
	板梁，纵、横梁的拱度 f	不设拱度	+3.0,0
		设拱度	+10.0，-3.0

17.2.9　节点钢枢及枢孔

1　枢孔直径允许偏差为 ±0.2mm，拉力杆件两枢孔外缘至外缘，或压力杆件两端枢孔内缘至内缘之距离，除设计文件另有规定外，允许偏差为 ±0.5mm。枢孔应于杆件焊接矫正后镗(钻)制。

枢接结构中，钢枢设计直径一般较枢孔设计直径小 0.4mm，钢枢直径制造允许偏差为 ±0.1mm。

2　公路装配式钢桥的枢孔、钢枢直径和杆件两端枢孔距离允许偏差以及其他质量要求应符合设计文件的规定。

3　公路装配式钢桥的钢枢除设计另有规定外，应采用 30 铬锰钛(30CrMnTi)合金结构钢制造。

17.2.10　高强度螺栓

公路钢桥所用的高强度螺栓可选用大六角形(GB/T 1228～1231)和扭剪型(GB/T 3632、3633)两类。制造高强度螺栓、螺母、垫圈的材料应符合 17.1.2 条的规定，并应在专门螺栓厂制造。制成后的高强度螺栓、螺母和垫圈应符合下列规定：

1　外形尺寸、允许偏差应符合 GB/T 1228、GB/T 1229、GB/T 1230 和 GB/T 3632、3633 的规定。高

强度螺栓、螺母、垫圈的表面宜进行表面防锈处理。

2 垫圈两面应平直，不得翘曲，其维氏硬度 HV30 应为 329～436（HRC35～45）。

3 每批高强度螺栓应有出厂合格证，强度试验方法应按 GB/T 1231、GB/T 3633 的规定，螺栓运到工地后，除检查出厂合格证外，应从各批螺栓中抽样检验，每批抽检 8 副，但不得少于3 副。

17.2.11 摩擦面处理

在工地以高强度螺栓栓接的构件板面（摩擦面）必须进行处理，处理后的抗滑移系数值应符合设计要求。摩擦面的处理还应注意：

经处理的摩擦面，出厂时应按批按照附录 K-2 做抗滑移系数试验，应按批附 3 套与杆件相同材质、相同处理方法的试件，由工地安装单位复验抗滑移系数。在运输过程中试件摩擦面不得损伤。

17.2.12 除锈

表面和摩擦面的除锈应在制作质量合格后进行，并应符合下列要求：

1 表面的除锈方法和除锈等级设计无规定时，其质量要求应符合表 17.2.12 的规定。

2 适应范围还应与设计采用的涂装及所处环境相适应。

3 除锈后的摩擦面宜进行喷铝防锈处理。

表 17.2.12 表面除锈质量要求

除锈方法	喷射或抛射除锈			手工和动力工具除锈	
除锈等级	Sa2	Sa2.5	Sa3	St2	St3
适用范围	除右边两类条件以外的其他地区	年平均相对湿度在 50% 以上及有一般大气污染的工业地区	1. 大气含盐雾的沿海地区； 2. 大气中 SO_2 含量大于 250mg/m^3 的工业地区； 3. 杆件浸水部分； 4. 防腐要求高的钢梁及构件	与 Sa2 条件同	与 Sa3 条件同
质量标准	一般喷射、抛射除锈，钢材表面的油脂和污垢，氧化皮、锈和油漆涂层等附着物已基本清除，其残留物应是牢固附着的	较彻底的喷射、抛射除锈，钢材表面应无可见的油脂和污垢，氧化皮、锈和油漆涂层等附着物，任何残留的痕迹应仅是点状或条纹状的轻微色斑	彻底的喷射、抛射除锈，钢材表面应无可见的油脂和污垢，氧化皮、锈和油漆涂层等附着物，表面应呈现均匀的金属光泽	一般的手工和动力工具除锈。钢材表面应无可见的油脂和污垢，没有附着不牢的氧化皮、锈和油漆涂层等附着物	彻底的手工和动力工具除锈。钢材表面应无可见的油脂和污垢，没有附着不牢的氧化皮、锈和油漆涂层等附着物，除锈比 St2 彻底，底材显露部分的表面应具有金属光泽

4 采用喷射或抛射除锈时回收的钢丸应去除锈屑、锈粉等杂物。

17.2.13 钢梁试拼装

1 钢梁试拼装前的杆件应将孔边飞刺、板层间刺屑、电焊熔渣飞溅等清除干净；杆件边缘和端部的允许缺陷应铲磨匀顺。

2 有磨光顶紧要求的杆件，应有 75% 以上的面积密贴，用0.2mm 的塞尺检查，其塞入面积不应超过 25%。

3 钢梁杆件成品经检验符合要求后，应进行钢梁试拼装。试拼装应符合下列要求：

1）试拼装宜采用具有代表性的局部试拼装法，未经试拼装合格，不得成批生产。

2）试拼装应根据试件施工图进行。每拼完一个单元（或节间）应检查并调整好几何尺寸，再继续进行。

3）试拼装时螺栓应紧固，使板层紧密。冲钉不得少于孔眼总数的 10%，螺栓不得少于螺栓孔总数的 20%。

4　钢梁试拼装的质量标准如下：

1）钢梁试拼时，必须用试孔器检查所有螺栓孔。主桁的螺栓孔应能100%自由通过较设计孔径小0.75mm的试孔器；桥面系和连接系的螺栓孔应100%能自由通过较设计孔径小1.0mm的试孔器；板梁的螺栓孔应100%自由通过较设计孔径小1.5mm的试孔器方可认为合格。

2）钢梁试拼装的主要尺寸允许偏差应符合表17.2.13-1和表17.2.13-2的规定。

表17.2.13-1　板梁试拼装主要尺寸允许偏差

项目		允许偏差（mm）
梁高 h	$h \leqslant 2m$	±2
	$h > 2m$	±4
跨度 L	支座中心至中心	±8
全长	全桥长度	±15
主梁中心距		±3
旁　弯	桥梁中心线与其试拼装全长 L 的两端中心所连直线的偏差	$L/5\,000$
平联节间对角线差		3
横联对角线差		4
主梁倾斜		5
支点高低差	支座处三点水平时，另一点翘起高度	3

表17.2.13-2　桁梁试拼装主要尺寸允许偏差

项目		允许偏差（mm）
桁　高	上下弦杆中心距离	±2
节间长度		±2
旁　弯	桥面系中线与其试拼装全长 L 的两端中心所连接直线的偏差	$\frac{L}{5\,000}$
试装全长	$L \leqslant 50\,000$	±5
	$L > 50\,000$	$\pm\frac{L}{10\,000}$
拱　度（计算拱度）	$f \leqslant 60$	±3
	$f > 60$	$\pm\frac{5}{100}f$
对角线	每个节间	±3
主桁中心距		±3

5　试拼装应有详细检查记录，合格后方可批量生产。

17.2.14　厂内涂装

1　涂装应先按17.2.12进行防锈处理并符合表17.2.12规定要求后，于4h内开始，8h内完成。

2　需在工地采用焊缝连接处的两侧应留出30～50mm宽暂不涂装。

3　涂装层数、涂层厚度应符合设计要求，当设计无规定时，可按下述规定执行：

1）栓焊梁杆件涂底漆两道，工地安装孔部位应涂刷能保证防滑移系数的防锈材料。

2）纵梁、上承板梁和箱形梁上盖板顶面涂耐磨底漆两道（高强度螺栓孔部位除外）。

3）箱形梁内部涂装环氧沥青厚底漆一道，环氧沥青厚浆面漆一道。

4）备用梁涂底漆两道和面漆一道。

5）以上各层涂漆厚度应符合设计要求。

4　杆件码放必须在涂层干燥后进行，对漆膜损伤者应及时补涂。

17.3 验收

17.3.1 板梁尺寸允许偏差应符合表 17.3.1 的规定。

表 17.3.1 板梁基本尺寸允许偏差

项目：名称		项目：检查方法	允许偏差（mm）
梁高 h	$h\leqslant 2\text{m}$	测量两端腹板处高度	±2
	$h>2\text{m}$		±4
跨度		测量两支座中心距离	±8
全长		测量全桥长度	±15
纵梁长度		测量两端角钢背与背之间的距离	+0.5 −1.5
横梁长度			±1.5
纵梁高度		测量两端处腹板处高度	±1.0
横梁高度			±1.5
纵、横梁旁弯		梁立置时在腹板一侧距主焊缝 100mm 处拉线测量	3
主梁拱度 f		梁卧置时在下盖板外侧拉线测量	+3 （不设拱度） 0
			+10 （设拱度） −3
两片主梁拱度差		分别测量两片主梁拱度，求差值	4
主梁腹板平面度		用平尺测量（h 为梁高或纵向加劲肋至下盖板间的距离）	$<\frac{h}{350}$且$\leqslant 8$
纵、横梁腹板平面度			$\frac{h}{500}$且$\leqslant 5$
主梁、纵横梁盖板对腹板的垂直度	有孔部位	用直角尺测量	0.5
	其余部位		1.5

17.3.2 桁梁杆件尺寸应符合表 17.3.2 的规定。

表 17.3.2 桁梁杆件基本尺寸允许偏差

简图	项目：名称		项目：检查方法	允许偏差（mm）
b, h	联结系杆件	高度 h	测量两端腹板处高度	±1.5
		盖板宽度 b	每 2m 测一次	±2.0
		长度 l	测量全长	±5

续上表

简图	项目			允许偏差(mm)
		名称	检查方法	
	纵横梁	纵梁高度 h	测量两端腹板处高度	±1.0
		横梁高度 h		±1.5
		盖板宽度 b	每2m测一次	±2.0
		纵梁长度 l	测量两端角钢背至背之间的距离	+0.5 -1.5
		横梁长度 l		±1.5
	纵横梁	旁弯 f	梁立置时,在腹板一侧距主焊缝100m处拉线测量	3
		上拱度 f	梁卧置时,在下盖板外侧拉线测量	+3,0
		腹板平面度 Δ	用平尺测量	h/500 且≤5
		盖板对腹板的垂直度 Δ 有孔部位	用直角尺测量	0.5
		盖板对腹板的垂直度 Δ 其余部位		1.5
	主桁杆件	高度 h	测量两端腹板处高度	±1.0
		盖板宽度 b	每2m测一次	±2.0①
		长度 l	测量全长	±5
		工形件的盖板对腹板的垂直度 Δ 有孔部位	用直角尺测量	0.5
		工形件的盖板对腹板的垂直度 Δ 其余部位		1.5
		弯曲 f	拉线测量	2(l≤4 000) 3(4 000<l≤16 000) 5(l≤16 000)
近端 远端 远端		扭曲 Δ	杆件置于平台上,四角中有三角接触平台,悬空一角与平台之间隙	3

注:①箱形杆件有拼接要求时为±1.0。

17.3.3 箱形梁尺寸允许偏差应符合表17.3.3的规定。

表17.3.3 箱形梁基本尺寸允许偏差

项目			允许偏差(mm)
名称		检查方法	
梁高 h	h≤2m	测量两端腹板处高度	±2
	h>2m		±4
跨度 L		测两支座中心距离,L以m计	±(5+0.15L)

续上表

项　　目		允许偏差(mm)
名　称	检 查 方 法	
全长	—	±15
腹板中心距	测两腹板中心距	±3
盖板宽度 b	—	±4
横断面对角线差	测两端断面对角线差	4
旁弯	L 以 m 计	$3+0.1L$
拱度	—	+10，-5
支点高度差	—	5
腹板平面度	h 为盖板与加劲肋或加劲肋与加劲肋之间的距离	$<\frac{h}{250}$ 且 ≤8
扭曲	每段以两端隔板处为准	每米≤1，且每段≤10

注：①分段分块制造的箱形梁拼接处，梁高及腹板中心距允许偏差按施工文件要求办理；

②箱形梁其余各项检查方法可参照板梁检查方法。

17.3.4 钢桥构件出厂时，应提交下列资料：

(1)产品合格证；

(2)钢材和其他材料质量证明书或试验报告；

(3)施工图、拼装简图和设计变更文件，设计变更内容应在施工图中相应部位注明；

(4)产品试板的试验报告；

(5)焊缝重大修补记录；

(6)高强度螺栓摩擦面抗滑移系数试验报告，焊缝无损检验报告及涂层检测资料；

(7)工厂试拼装记录；

(8)构件发运和包装清单。

17.3.5 钢梁构件包装必须在涂层干燥后进行。包装和存放应保证构件不变形、不损坏、不散失，包装和发运应符合运输的有关规定。

17.4 钢桥工地安装

17.4.1 一般要求

1 钢桥安装应按施工图进行。安装前应对临时支架、支承、吊机等临时结构和钢桥结构本身在不同受力状态下的强度、刚度及稳定性进行验算。

2 安装前，应按照构件明细表核对进场的构件、零件，查验产品出厂合格证及材料的质量证明书。

3 钢桥杆件在工地安装过程中矫正、制孔、组装、焊接和涂装等工序的施工质量要求应符合本规范第17.2节中有关规定。

4 钢桥构件在运输、存放和安装过程中损坏的涂层，应按照第17.2节中的有关规定补涂。钢桥面层涂装应在钢桥结构完成后进行。

5 钢梁安装前，应对桥台、墩顶面高程、中线及各孔跨径进行复测，误差在允许偏差内方可安装。

6 钢梁工地安装，可根据跨径大小、河流情况、起吊能力选择安装方法。

17.4.2 安装

1 杆件宜采用预先组拼、栓合或焊接，扩大拼装单元进行安装，对容易变形的构件应进行强度和稳定性验算，必要时应采取加固措施。

2 杆件组拼前应清除杆件上的附着物，摩擦面应保持干燥、整洁。应根据外界环境和焊接等变形因素的影响，采取措施，保证钢梁的建筑拱度及中心线位置。

3　在支架上拼装钢梁时，冲钉和粗制螺栓总数不得少于孔眼总数的1/3，其中冲钉不得多于2/3。孔眼较少的部位，冲钉和粗制螺栓总数不少于6个或将全部孔眼插入冲钉或粗制螺栓。

用悬臂或半悬臂法拼装钢梁时，联结处所需冲钉数量应按所承受荷载计算决定，但不得少于孔眼总数的一半，其余孔眼布置精制螺栓。冲钉和精制螺栓应均匀地安放。

高强度螺栓栓合梁拼装时，冲钉数量应符合上述规定，其余孔眼布置高强度螺栓。吊装杆件的吊钩，必须等杆件完全固定后方可卸去。

4　拼装用的冲钉直径（中段圆柱部分）应较孔眼设计直径小0.2～0.3mm，其长度应大于板束厚度。

拼装用精制螺栓直径应较孔眼设计直径小0.4mm，拼装板束用的粗制螺栓直径应较孔眼直径小1.0mm。冲钉和螺栓可用35号碳素结构钢制造。

5　钢桥安装过程中，每完成一节间应测量其位置、标高和预拱度，如不符合要求时应进行校正。

17.4.3　高强度螺栓连接的规定

1　由制造厂处理的钢桥杆件的摩擦面，安装前应复验所附试件的抗滑移系数，合格后方可安装，并应符合设计要求。

2　高强度螺栓的设计预拉力、施加预拉力应符合表17.4.3的规定。

表17.4.3　高强度螺栓的预拉力（kN）

螺纹规格 d	M22	M24	M27	M30
设计预拉力 P	190	225	270	355
施加预拉力 P_C	210	250	300	390

3　高强度螺栓连接副在运输过程中应轻装轻卸，储存时应分类分批存放，不得混淆，并防止受潮生锈，在使用前应进行外观检查并应在同批内配套使用。

4　施工前，高强度螺栓连接副应按出厂批号复验扭矩系数，每批号抽验不少于8套，其平均值和标准偏差应符合设计要求。设计无要求时平均值应在0.11～0.15范围内，其标准偏差应小于或等于0.01。复验数据应作为施拧的主要参数。

5　安装钢梁的高强度螺栓的长度必须与安装图一致。安装时，高强度螺栓应顺畅穿入孔内，不得强行敲入，穿入方向应全桥一致。高强度螺栓不得作为临时安装螺栓。被栓合板束的表面应垂直于螺栓轴线，否则应在螺栓垫圈下面加垫斜坡垫板。

6　施拧高强度螺栓应按一定顺序，从板束刚度大、缝隙大之处开始，对大面积节点板应由中央向外拧紧，并应在当天终拧完毕。施拧时，不得采用冲击拧紧和间断拧紧。

7　用扭矩法拧紧高强度螺栓连接副时，初拧、复拧和终拧应在同一工作日内完成。初拧扭矩应由试验确定，一般为终拧扭矩的50%。终拧扭矩应按公式（17.4.3）计算：

$$T_C = K \cdot P_C \cdot d \tag{17.4.3}$$

式中：T_C——终拧扭矩（N·m）；

K——高强度螺栓连接副的扭矩系数平均值，按本条第4款要求测得；

P_C——高强度螺栓的施工预拉力（kN），见表17.4.3；

d——高强度螺栓公称直径（mm）。

8　用扭角法施拧高强度螺栓可按照现行《铁路钢桥高强度螺栓连接施工规定》（TBJ 214）的规定执行。

9　高强度螺栓施拧采用的扭矩扳手，在作业前后均应进行校正，其扭矩误差不得大于使用扭矩值的±5%。

10　高强度螺栓终拧完毕应按下列规定进行质量检查：

1）检查应由专职质量检查员进行，检查扭矩扳手必须标定，其扭矩误差不得大于使用扭矩的±3%，且应进行扭矩抽查。

2）松扣、回扣法检查，先在螺栓与螺母上做标记，然后将螺母退回30°，再用检查扭矩扳手把螺母重新拧至原来位置测定扭矩，该值不小于规定值的10%时为合格。

3）对主桁节点及板梁主体及纵、横梁连接处，每栓群以高强螺栓连接副总数的5%抽检，但不得少于2套，其余每个节点不少于1套进行终拧扭矩检查。

4）每个栓群或节点检查的螺栓，其不合格者不得超过抽验总数的20%，如超过此值，则应继续抽验，直至累计总数80%的合格率为止。然后对欠拧者补拧，超过者更换后重新补拧。

17.4.4 工地焊缝连接和固定

钢桥工地焊缝连接分全焊连接和焊缝与高强度螺栓合用连接两类。合用连接中高强度螺栓连接的技术要求应符合17.4.3条的规定。工地焊缝连接的技术要求应符合下列规定：

1 钢桥杆件工地焊缝连接应按设计规定的顺序进行。设计无规定时，纵向宜从跨中向两端，横向宜从中线向两侧对称进行。

2 工地焊接应设立防风设施，遮盖全部焊接处。雨天不得焊接（箱形梁内除外）。箱形梁内采用CO_2气体保护焊时，必须使用通风防护安全设施。

3 焊接施工时的技术要求应符合第17.2.6条的规定。

4 工地焊接接缝应按第17.2.7条的规定检验。

17.4.5 钢桥构件连接固定后落梁就位时，应符合下列规定：

1 钢梁就位前应清理支座垫石，其标高及平面位置应符合设计要求。

2 固定支座与活动支座的精确位置应按设计图并考虑施工安装温度、施工误差等确定。

3 钢梁落梁前后应检查其建筑拱度和平面尺寸，并做记录，校正支座位置。

4 钢梁安装后的允许偏差见表17.4.5。

表17.4.5 钢梁安装后的允许偏差

项目			规定值或允许偏差（mm）
轴线偏位	钢梁中线		10
	两孔相邻横梁中线相对偏差		5
梁底标高	墩台处梁底		±10
	两孔相邻横梁相对高差		5
支座偏位	支座纵、横线扭转		1
	固定支座顺桥向偏差	连续梁或60m以上简支梁	20
		60m以下简支梁	10
	活动支座按设计气温定位前偏差		3
支座底板四角相对高差			2
连接	对接焊缝的对接尺寸、气孔率		符合本规范17.2.7条要求
	高强度螺栓扭矩		±10%

17.4.6 钢桥工地涂装应符合设计要求。防腐蚀涂料应具有良好的附着性、耐蚀性，并具有出厂合格证和检验资料，工地涂装施工组织设计应满足使用要求。喷涂金属的表面处理的最低等级为Sa2.5。喷涂金属系统的封闭涂层，其底漆应具有良好的封孔性能。

17.4.7 工地涂装质量检验

1 涂层系统

1）涂装前应进行表面处理的质量检查，合格后方可进行涂装。

2）涂装时，涂层遍数和漆膜厚度应符合设计要求，应及时测定湿膜厚度，保证干膜厚度。

涂装时发现漏涂、流挂发白、皱纹、针孔、裂纹等缺陷，应及时进行处理。每层涂装前，应对上一层涂层进行检查。涂装后，应进行涂层外观检查。表面应均匀、无气泡、无裂纹等缺陷。

3）涂层干膜厚度大于或等于设计厚度值的点数占总测点数的90%以上，其他测点的干膜厚度不应低于90%的设计厚度值。当不符合上述要求时，应进行修补。

4)厚膜涂层应进行针孔检测,针孔数不应超过测点总数的 20%,当不符合要求时,应进行修补。

2　喷涂金属系统

1)可目视或用 5~10 倍放大镜观察,喷涂金属层应颗粒细密、厚薄均匀,并不得有固体杂质、气泡及裂缝等缺陷。

2)喷涂厚度达不到要求时,应进行补喷或重喷。

3)孔隙率检测,检测面积宜占总面积的 5%,当不合格时,应进行补喷或重喷。

4)对喷涂金属层与钢结构的结合性能,可采用敲击或刀刮进行检测,当不合格时,应进行补喷或重喷。

3　封闭涂层质量可按涂层质量检查的有关规定进行。

17.4.8　钢桥验收

钢桥工程的验收应在钢桥全部安装并涂装完成后进行。钢桥安装、涂装的质量和允许偏差应符合本章各节的有关要求,并应符合现行《公路工程质量检验评定标准》(JTJ 071)的规定。

18 悬索桥

18.1 一般规定

18.1.1 本章适用于主缆采用平行高强钢丝制作的大跨悬索桥的制造、安装、架设施工。

18.1.2 施工准备除满足第3章的要求外，还应根据悬索桥的构造和施工特点，预先编制经济可行的实施性施工组织设计，有计划地做好构件的加工、特殊机械设备的设计制作和必要的试验工作。索股、索鞍、索夹应严格执行国家或部颁的行业标准和规定制作，并应进行检测和验收。

18.1.3 施工过程中，必须进行施工监控，确保施工质量。

18.1.4 本章根据悬索桥施工的基本特点对主要事项作出规定，其余有关事项应按本规范相应章节的规定执行。

18.2 锚碇

18.2.1 重力式锚碇基础施工除必须按本规范第4章有关规定执行外，还必须注意以下问题：

1 基坑开挖时应采取沿等高线自上而下分层开挖，在坑外和坑底要分别设置排水沟和截水沟，防止地面水流入积留在坑内而引起塌方或基底土层破坏。原则上应采用机械开挖，开挖时应在基底标高以上预留150～300mm土层用人工清理，不要破坏基底结构。如采用爆破方法施工，应使用如预裂爆破等小型爆破法，尽量避免对边坡造成破坏。

2 对于深大基坑边坡处理，应采取边开挖边支护措施保证边坡稳定。支护方法应根据地质情况采用。

18.2.2 重力式锚碇锚固体系施工

1 型钢锚固体系可按下列规定进行：

1）所有钢构件安装均应按照本规范第17章的要求进行。

2）锚杆、锚梁制造时必须严格按设计要求进行抛丸除锈、表面涂装和无破损探伤等工作。出厂前应对构件连接进行试拼，其中应包括锚杆拼装、锚杆与锚梁连接、锚支架及其连接系平面试装。

3）锚杆、锚梁制作及安装精度应符合表18.2.2-1的要求。

2 对预应力锚固体系可按下列规定进行：

1）预应力张拉与压浆工艺，除需严格按照设计与第12章的要求进行外，锚头要安装防护套，并注入保护性油脂。

2）加工件必须进行超声波和磁粉探伤检查。

3）预应力锚固系统施工精度应符合表18.2.2-2的要求。

表18.2.2-1 锚杆、锚梁制作安装要求

项目		规定值或允许偏差
锚杆制造（mm）	长度	±3
	高度	
	宽度	
支架安装（mm）	中心线偏差	±10
	横向安装锚杆之平联高差	−2，+5

续上表

项目		规定值或允许偏差
锚杆安装（mm）	X轴	±10
	Y轴	±5
	Z轴	±5
后锚梁安装	中心偏位	5mm
	偏角	符合设计要求
漆膜厚度		不小于设计要求

表18.2.2-2 预应力锚固系统施工要求

项目	规定值或允许误差	项目	规定值或允许误差
拉杆张拉力	符合设计要求	拉杆轴线偏位（mm）	5
前锚孔道中心坐标（mm）	±10	连接器轴线（mm）	5
前锚面孔道角度（°）	±0.2		

18.2.3 重力式锚碇锚体混凝土施工

1 大体积混凝土施工需采取下列措施进行温度控制，防止混凝土开裂。

1）采用低水化热品种的水泥。对于普通硅酸盐水泥应经过水化热试验比较后方可使用。

2）采用下列方法降低水泥用量、减少水化热：掺入质量符合要求的粉煤灰和缓凝型外掺剂，粉煤灰用量一般为水泥用量的30%～40%；混凝土可按60d的设计强度进行配合比设计。

3）降低混凝土入仓温度。可对砂石料加遮盖，防止日照；采用冷却水作为混凝土的拌和水等。

4）在混凝土结构中布置冷却水管，混凝土终凝后开始通水冷却降温。设计好水管流量、管道分布密度和进水温度，使进出水温差控制在10℃左右，水温与混凝土内部温差不大于20℃。

2 大体积混凝土施工时应注意以下问题：

1）大体积混凝土应采用分层施工，每层厚度可为1～1.5m，应视混凝土浇筑能力和降温措施而定。后一层混凝土浇筑前需对已浇好的混凝土面进行凿毛、清除浮浆，确保混凝土结合面黏结良好。层间间歇宜为4～7d。

2）根据锚碇的结构形式、大小等采取分块施工，块与块之间预留湿接缝，槽缝宽度宜为1.5～2m，槽缝内宜浇筑微膨胀混凝土。

3）混凝土浇筑完后应按照规定覆盖并洒水进行养护。当气温急剧下降时须注意保温，并应将混凝土内外温差控制在25℃以内。

18.2.4 隧道式锚碇在隧道开挖时应采用小型爆破，并不得损坏周围岩体。开挖后应正确支护并进行锚体灌筑。

18.2.5 隧道式锚碇混凝土施工应符合以下要求：

1 锚体混凝土必须与岩体结合良好，宜采用微膨胀混凝土，防止混凝土收缩与拱顶基岩分离。

2 混凝土浇筑完毕后，必须采取混凝土养生措施，确保混凝土的质量。

3 洞内应具备排水和通风条件。

18.2.6 锚碇混凝土施工精度应符合表18.2.6的要求。

表18.2.6 锚碇混凝土施工精度要求

项目		允许偏差（mm）
锚碇结构轴线偏位	基础	20
	锚面槽口	10
断面尺寸		±30

续上表

项　　目		允 许 偏 差 （mm）
基础底面高程	土质	±50
	石质	+50，-200
顶面高程		±20
大面积平整度		5
预埋件位置		符合设计要求

18.3　索塔

18.3.1　塔基、混凝土塔身施工应按第19章中的有关规定进行。

18.3.2　塔顶钢框架的安装必须在索塔上系梁施工完毕后方能进行。

18.3.3　塔完工后，须测定裸塔倾斜度、跨距和塔顶标高，作为主缆线形计算调整的依据。

18.3.4　塔施工精度应符合表18.3.4的要求。

表18.3.4　索塔施工精度要求

项　　目	规定值或允许偏差（mm）	项　　目	规定值或允许偏差（mm）
混凝土强度	在合格标准内	系梁高程	±10
塔柱底水平偏位	10	索鞍底板面高程	+10，-0
倾斜度	塔高的1/3 000，且不大于30或设计要求	预埋件位置	符合设计要求
断面尺寸	±20		

18.4　施工猫道

18.4.1　猫道形状及各部尺寸应满足主缆工程施工的需要。猫道面层标高到被架设的主缆底面距离沿全长宜保持一致，宜为1.3~1.5m；猫道净宽宜为3~4m，扶手高宜为1.50m。上、下游猫道间宜设置若干条人行通道，以增强抗风稳定性。

18.4.2　猫道承重索可用钢丝绳或钢绞线。设计时充分考虑猫道自重及可能作用其上的其他荷载，承重索的安全系数不小于3.0。猫道宜设抗风缆，确保其稳定性。

18.4.3　采用钢丝绳做承重索时，须进行预张拉消除非弹性变形。预张拉荷载不得小于各索破断荷载的1/2，保持60min，进行两次。测长和标记在温度稳定的夜间进行。承重索按被指定的长度切断以后，其端部灌铸锚头，锚头顶面须与承重索垂直，并对锚头进行静载检验，以策安全。

18.4.4　架设时总的原则是：做到对称施工，边跨与中跨作业平衡，减少对塔的变位的影响，控制裸塔塔顶变位及扭转在设计容许范围内。猫道承重索架设后要进行线形调整，应预留500mm以上的可调长度，各根索的跨中标高相对误差宜控制在±30mm之内。承重索在边跨与中跨应连续架设。

18.4.5　猫道面层宜由阻风面积小的两层大、小方格钢丝网组成。

18.4.6　猫道面层从塔顶向跨中、锚碇方向铺设，并且上、下游两幅猫道要对称、平衡地进行。铺设过程中设牵引及反拉系统，防止面层下滑失控而出现事故及卡环与猫道承重索卡死的现象。

18.4.7　中跨、边跨猫道面的架设进度，要以塔的两侧水平力差异不超过设计要求为准。在架设过程中须监测塔的偏移量和承重索的垂度。

18.4.8　抗风缆采用钢丝绳时，使用前应进行预张拉。抗风缆架设时宜按先内侧后外侧的架设顺序进行。架设前须先与有关部门联系，设置通航标志，保证航道安全。

18.4.9　加劲梁架设前，须将猫道改吊于主缆上，然后解除猫道承重索与塔和锚碇的联结，以利施工控制。

18.4.10 主缆防护工程完成以后,可进行猫道拆除工作。拆除时严禁伤及吊索、主缆和桥面。

18.5 主缆工程

18.5.1 索股牵引应符合下列规定:

1 牵引过程中应对索股施加反拉力。

2 牵引最初几根时,宜压低牵引速度,注意检查牵引系统运转情况,对关键部位进行调整后方能转入正常架设工作。

3 牵引过程中发现绑扎带连续两处被切断时,应停机进行修补。监视索股中的着色丝,一旦发生扭转,须采取措施加以纠正。

4 牵引到对岸,在卸下锚头前须把索股临时固定,防止滑移。索股后端宜施加反拉力。

5 索股两端的锚头引入锚固系统前,须将索股理顺,对鼓丝段进行梳理,不许将其留在锚跨内。

6 索股横移时,须将索股从猫道滚筒上提起,确认全跨径的索股已离开猫道滚筒后,才能横向移到索鞍的正上方。横移时拽拉量不宜过大,任何人不允许站在索股下方。

18.5.2 在索鞍区段内的索股从六边形断面整理呈矩形,其钢丝在矩形断面内的排列应按既能顺利入鞍槽又使空隙率最小的原则。整形过程应在索股处于无应力状态下使用专用的整形器进行。整形完毕的索股方能放入鞍槽,并用木块楔紧。整形时应保持钢丝平顺,不能交叉、扭转,不允许损伤钢丝。

18.5.3 索股锚头入锚后进行临时锚固。为便于夜间调整线形,应给索股一定的抬高量(一般为200~300mm),并做好编号标志。

18.5.4 索股线形调整应按下列要求执行:

1 垂度调整须在夜间温度稳定时进行。温度稳定的条件为:

长度方向索股的温差$\Delta T \leq 2$℃;

横截面索股的温差$\Delta T \leq 1$℃。

1)绝对垂度调整(即对基准索股标高的调整):应测定基准索股下缘的标高及跨长,塔顶标高及变位,主索鞍预偏量,散索鞍预偏量,主缆垂度和标高、气温、索股温度等值后经计算决定其调整量。基准索股标高必须连续三天在夜间温度稳定时进行测量,三次测出结果误差在容许范围内时取三次的平均值作为该基准索股的标高。

2)相对垂度调整:指一般索股相对于基准索股的垂度调整,按与基准索股若即若离的原则进行调整。

2 垂度调整精度标准如下:

索股标高允许误差:基准索股中跨跨中 $\pm L/20\,000$(L为跨径);

边跨跨中为中跨跨中的2倍;

上下游基准索股高差10mm;

一般索股(相对于基准索股)-5mm,10mm。

3 调整好的索股不得在鞍槽内滑移。

18.5.5 索力的调整以设计提供的数据为依据,其调整量应根据调整装置中测力计的读数和锚头移动量双控确定。其精度要求为:实际拉力与设计值之间的允许误差为设计锚固力的3%。

18.5.6 紧缆工作须分两步进行,即预紧缆和正式紧缆。

1 预紧缆应在温度稳定的夜间进行。预紧缆时宜把主缆全长分为若干区段分别进行,以免钢丝的松弛集中在一处。索股上的绑扎带采用边紧缆边拆除的方法,不宜一次全部拆除。预紧缆完成处必须用不锈钢带捆紧,保持主缆的形状,不锈钢带的距离可为5~6m,预紧缆目标空隙率宜为26%~28%。

2 正式紧缆宜用专用的紧缆机把主缆整成圆形。其作业可以在白天进行。正式紧缆的方向宜向塔柱方向进行。当紧缆点空隙率达到设计要求时,在靠近紧缆机的地方打上两道钢带,其间距可取100mm,带扣放在主缆的侧下方。紧缆点间的距离约1m。

3　正式紧缆质量控制：

1）空隙率须满足设计要求，空隙率偏差为±2%。

2）不圆度（即紧缆后主缆横径与竖径之差）不宜超过主缆设计直径的5%。

18.5.7　主缆防护

1　主缆防护应在桥面铺装完成后进行。

2　防护前必须清除主缆表面灰尘、油污和水分等污物，临时覆盖，待对该处进行涂装及缠丝时再揭开。

3　主缆涂装应按涂装设计进行。

4　缠丝工作宜在二期恒载作用于主缆之后进行，缠丝材料以选用软质镀锌钢丝为宜。缠丝工作应由电动缠丝机完成。

1）缠丝总体方向宜由高处向低处进行，而两个索夹之间则应从低到高，以保证缠丝的密实程度。

2）缠丝始端应设法嵌入索夹内不少于2圈（或按设计要求），并施加固结焊。

3）节间内钢丝需要焊接时，宜用闪光对接焊。钢丝缠绕中须保持设计张力，缠绕应紧密均匀，电源应稳定。

4）缠丝终端应设法嵌入索夹端部槽内并予固结焊，以免松弛。

5）一个节间内缠好的钢丝宜用固结焊固结。对接钢丝除施加对接焊外需采用固结焊固结。

5　质量控制

钢丝缠绕应密贴，缠丝张力应符合设计要求。

18.6　索鞍

18.6.1　索鞍安装

1　安装索鞍时必须满足高空吊装重物的安全要求。选择在白天晴朗时连续完成工作。

2　索鞍安装时应根据设计提供的预偏量就位，加劲梁架设、桥面铺装过程中按设计提供的数据逐渐顶推到永久位置。顶推前应确认滑动面的摩阻系数，严格掌握顶推量，确保施工安全。

3　索鞍安装精度见表18.6.1-1和表18.6.1-2。

表18.6.1-1　主索鞍安装精度实测项目

项　目	规定值或允许偏差（mm）	项　目	规定值或允许偏差（mm）
纵向最终偏差	符合设计要求	高程	+20，-0
横向偏位	10	四角高差	2

表18.6.1-2　散索鞍安装实测项目

项　目	规定值或允许偏差（mm）	项　目	规定值或允许偏差（mm）
纵、横向偏位	5	角度	符合设计要求
高程	±5		

18.7　索夹与吊索

18.7.1　索夹安装

1　索夹安装前，须测定主缆的空缆线形，提交给设计及监控单位，对原设计的索夹位置进行确认。然后在温度稳定时在空缆上放样定出各索夹的具体位置并编号，清除索夹位置处主缆表面的油污及灰尘，涂上防锈漆。

2　索夹在运输和安装过程中应注意保护，防止碰伤及损坏表面。

3　索夹安装方法应根据索夹结构形式、施工设备和施工人员经验确定。当索夹在主缆上精确定位后,即固紧索夹螺栓。

4　紧固同一索夹螺栓时,须保证各螺栓受力均匀,并按三个荷载阶段(即索夹安装时、钢箱梁吊装后、桥面铺装后)对索夹螺栓进行紧固,补足轴力。索夹位置要求安装准确,纵向误差不应大于10mm。记录每次紧固的数据存档,并交大桥管理部门备查。

18.7.2　吊索制作须按有关产品标准执行。

18.7.3　吊索安装

1　运输、安装过程中保证吊索不受损伤。

2　安装时须采取措施,防止吊索扭转。

18.8　加劲梁

18.8.1　加劲钢箱梁制作

1　本节条款适用于全焊加劲钢箱梁的制造,加劲钢桁架梁的制造可按第17章中的规定执行。

2　零部件加工

1)除施工图及工艺文件另有规定外,零部件加工范围及允许偏差应按表18.8.1-1执行。

表18.8.1-1　零件的加工范围及允许偏差

项目		允许偏差(mm)
零　　件	范　　围	
桥面板、桥底板、横隔板、锚底板	四边	±1.5
	埋弧自动焊拼板	±1.0
加劲肋	焊接边(端)	±2.0

注:①板厚 $t<10$mm 时,板边垂直度偏差不得大于1mm;板厚 $t>10$mm 时,板边垂直度偏差为 $0.1t$,但不得大于3mm;

②马刀形弯曲,长度10m及以下允许2mm,10m以上允许3mm,但不得有锐弯。

2)零部件边缘的加工,应优先选用精密切割。

3)边缘加工后,必须将边缘刺屑清除干净,磨去飞刺、挂渣及波纹,还应将崩坑等缺陷部位磨修匀顺。

4)零件应根据零件预留加工量及平直度要求,加工端边。已有孔(或锁口)的零件按孔(或锁口)中心线定位加工边缘。

5)按设计要求需要刨(铣)加工的零件,刨(铣)边时应避免油污污染钢料,加工面的表面粗糙度 Ra 不大于25μm,顶紧加工面与板面垂直度偏差应小于 $0.01t$(t 为板厚)且不得大于0.3mm。

6)经刨边后的边缘,其表面质量及公差应符合表18.8.1-2的要求。

表18.8.1-2　刨边要求及公差

项目		要求及公差(mm)
范　围	名　称	
一般结构	刨削边垂直度	$\leqslant 0.05t$ 且不大于2
	粗糙度	$Ra\leqslant 25\mu m$
顶紧传力面	刨削边垂直度	$\leqslant 0.01t$ 且不大于0.3
	粗糙度	$Ra\leqslant 12.5\mu m$

注:t 为板厚。

7)焊接坡口的加工偏差应符合表 18.8.1-3 的规定。

表 18.8.1-3　焊接坡口加工允许偏差

简　　图	接头类别	允许偏差
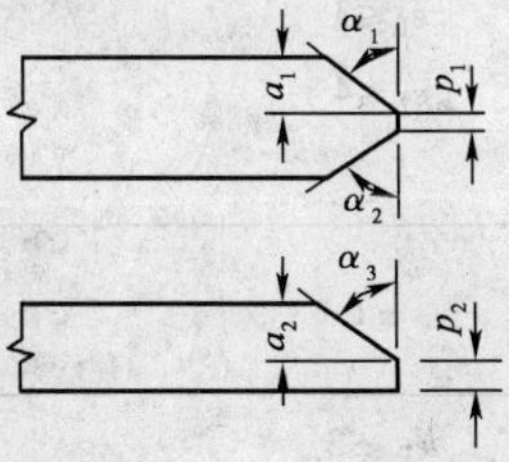	对接接头	α_1、α_2、α_3：±1° a_1、a_2：±1mm p_1、p_2：±1.5mm
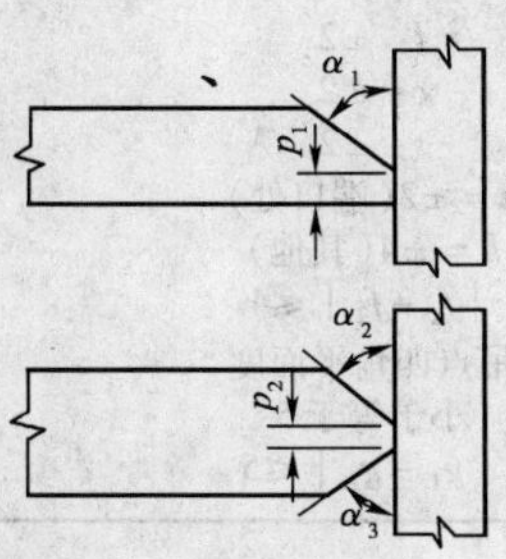	角接接头	α_1、α_2、α_3：±3° p_1、p_2：±1.5mm
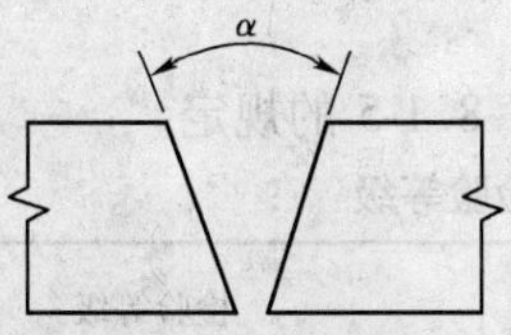	CO_2 单面衬垫焊接头	α：±3°

3　板件、部件及节段组装

1)组装

(1)组装前应熟悉施工图和工艺文件，核对编号及图纸无误后方可组装。

(2)板件、部件及节段组装应在专用平台或胎架上进行，使用专用夹具或马板进行固定，并按工艺要求施放余量或补偿量，在确保产品组装精度、控制焊接变形的条件下应尽量使用夹具，减少使用马板的数量。

(3)松开马板约束时，必须采用火焰切割的方式进行，并将约束部位修磨匀顺。

(4)桥面板、桥底板纵、横对接焊缝应带产品试板，对产品试板进行拉伸试验及焊缝热影响区低温冲击试验。产品试板数量为桥面板、桥底板纵向对接焊缝每 10 条带 1 块产品试板，横向对接焊缝每 5 条焊缝带 1 块产品试板。

(5)组装合格后的板块或部件，应在规定部位打上编号钢印。

(6)组装精度应满足设计要求，设计无规定时，可按表18.8.1-4的要求执行。

表 18.8.1-4　组装精度要求

简　　图	项　　目	允许偏差(mm)
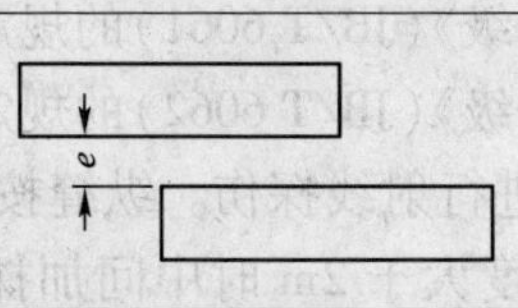	搭接接头的间隙	0，2
	接合的错位	小于 $t/5$，且不大于 4(t 为板厚)
	横向构件与理论线位置偏差	±2

简图	项目	允许偏差(mm)
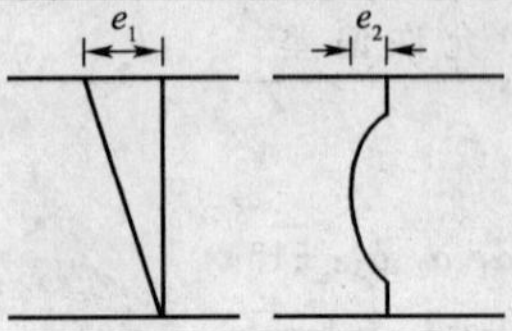	纵隔板和横隔板垂直度和平面度	$e_1 \leqslant 3$ $e_2 \leqslant 4$
	纵向构件与理论线位置偏差	±1
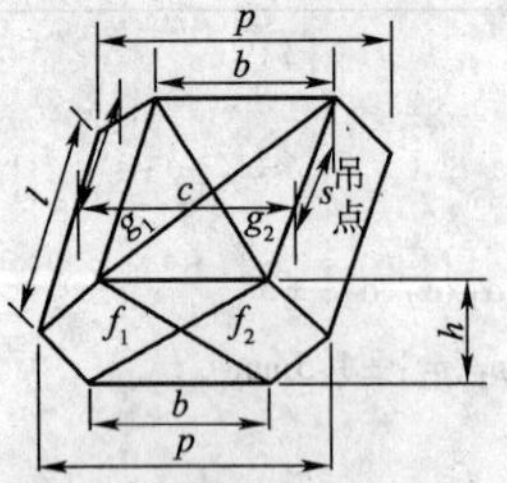	一般箱形梁节段的外形尺寸	b：±3 p：±3 l：±2 c：±2 s：±2 $h=\pm2$(端口处) $h=\pm4$(其他) $\lvert f_1-f_2\rvert \leqslant 4$ 吊点四角平面度小于等于5 $\lvert g_1-g_2\rvert \leqslant 5$

2)焊接

(1)焊接要求除本章要求外执行第17.2.6条的规定。

(2)焊缝超声波无损探伤范围、内部质量分级及检验等级应符合表18.8.1-5的规定。

表18.8.1-5　焊缝超声波无损探伤范围、内部质量分级及检验等级

项目	探伤方法	适用范围	探伤范围	质量等级	检验等级
对接焊缝	超声波	桥面板、桥底板、风嘴(参与强度计算时)的纵、横向对接焊缝	全长	Ⅰ级	B级
	超声波	U肋、球扁钢、扁钢等的对接焊缝;加劲肋的对接焊缝;隔板对接焊缝	全长	Ⅱ级	B级
角焊缝	超声波	U肋、球扁钢、扁钢与桥面板、桥底板、风嘴的角焊缝;加劲肋的对接焊缝;隔板与桥板的角焊缝	全部杆件两端各1m,中间加探1m	Ⅱ级	B级
	超声波	锚箱本体的角焊缝及与锚箱连接处的角焊缝	全长	Ⅱ级	B级
	磁粉或渗透	锚箱本体的角焊缝及与锚箱连接处的角焊缝	全长		

(3)焊缝的超声波探伤应符合现行《钢焊缝手工超声波探伤方法和探伤结果分级》(GB 11345)的规定。

(4)焊缝的磁粉探伤应符合现行《焊缝磁粉检验方法和缺陷磁痕的分级》(JB/T 6061)的规定。

(5)焊缝的渗透探伤应符合现行《焊缝渗透检验方法和缺陷迹痕的分级》(JB/T 6062)的规定。

(6)桥面板、桥底板、风嘴(参与强度计算时)的纵、横向对接焊缝须进行射线探伤。纵缝按接头数量的10%进行射线探伤,探伤范围为焊缝两端各250~300mm,接焊长度大于2m时中间加探250~300mm。横缝应按横缝长度的5%随机进行射线探伤。

(7)焊缝的射线探伤应符合现行《钢熔化焊对接接头射线照相和质量分级》(GB 3323)的规定。射线照相质量等级为AB级;焊缝内部质量为Ⅱ级。

(8)焊缝修磨和返修:

①外观检查超标者应按第17章表17.2.7-1进行返修;

②超出规定的内部缺陷应在查明原因后用碳弧气刨清除缺陷，用手工焊进行返修；

③返修焊后的焊缝应修磨匀顺，并按原质量标准进行复检。

3）部件矫正

（1）部件矫正时，应优先采用机械矫正方法，矫正时应缓慢加力，环境温度不应低于5℃，冷矫角变形总量不应大于2%。

（2）仅做定位焊或焊缝尚未完成的构件，不宜进行矫正。

（3）板件和节段应在装焊完毕松弛约束后进行矫正。

（4）热矫时加热温度应控制在600～800℃范围，同一部位加热不宜超过2次。

4　试拼装

1）钢梁应按拼装图进行厂内试拼装，试拼不少于3个节段，按架梁顺序进行试拼装。

2）试拼装前，应认真做好各项准备工作，仔细检查试拼装胎位、工具、仪器及吊具是否完好和安全可靠。

3）依据设计图及工艺文件核对每个零件、部件、梁段，不允许使用未经检验或不合格的零部件及梁段参加厂内试拼装。

4）每次试拼按第17章表17.2.8-1和表17.2.8-2进行检测，其结果应有详细的记录，首次由工厂技术负责主管组织鉴定，其余各次由工厂检验部门检验确认合格后方可进行下道工序。

5　成品

1）成品梁段基本尺寸允许偏差应符合表18.8.1-6的要求。

2）钢梁成品应由工厂检验部门进行全面检查、验收，并与业主委派的质量监理工程师共同确认，合格后方可填发产品合格证。

3）成品移交用户时，工厂应提供下列文件：

（1）产品合格证；

（2）完工图；

（3）工厂内试拼装记录；

（4）焊缝重大修补检验记录。

表18.8.1-6　梁段验收允许误差

项目 名称	项目 范围	允许误差（mm）
跨度（L）	L为三段试装时最外两吊点的中心距（m）	$\pm(5+0.15L)$
	分段时两吊点中心距	±2
全长	分段累加总长	±20
	分段长	±2
盖板宽	盖板单元纵向有对接时的盖板宽	±1
	箱梁段的盖板宽	±3
旁弯	桥面中心线在平面内的偏差，L为三段试装长度（m）	$3+0.1L$ 最大12
	单段箱梁	≤5
拱度	L为跨度或试装匹配时三段的长度（m）	超过的 +{$3+0.15L$，最大12} 不足的 −{$3+0.05L$，最大6}
工地对接板面高低差	安装匹配件后板面高差	≤1.5

注：梁高（H），腹板中心距，横截面对角线差，左右支点高度差（吊点），盖板、腹板平面度，扭曲等项目验收条件见表17.3.3和表18.8.1-4。

18.8.2 钢箱梁安装

1 待索夹、吊索安装完毕并做好以下前期准备工作后方可进行吊装:

1)对桥下地形及河床进行探测,根据实际情况进行清理。

2)潮汐河段须掌握桥位区海域水文情况,了解该处潮汐变化规律。

3)完成施工组织设计,并经审定。

4)确定吊装期间封航和航道运输管理方案。

5)应充分掌握有关气象资料,特别是突发性风情预报,并做好防范措施。

6)吊机安装就位,并完成各项设备安装及检查工作。

2 安装钢箱梁的吊机可选用卷扬机提升跨缆吊机或液压提升跨缆吊机,启用前必须进行试吊。

3 吊装方法可根据以下情况选定:

1)如能将梁段运至吊点位置处,可采用垂直起吊法架设。

2)因河床的限制,梁段不能运至吊点正下方时,可将吊机偏位将梁段垂直起吊,然后纵向牵引箱梁就位。

4 吊装过程应符合下面规定:

1)吊装过程必须严格遵守高空作业及水上作业的安全规定。

2)吊装过程应观察索塔变位情况,应根据设计要求和实测塔顶位移量分阶段调整索鞍偏移量,以保证工程质量和施工安全。

3)安装前应确定安装顺序,一般可以从中跨跨中对称地向两边进行,安装完一段跨中梁段后,再从两边跨对称地向索塔方向进行。

4)钢箱梁水上运输必须由有经验的人员担任。架设前,宜进行现场驳船定位试验,以保证定位精度。

5)各工作面上,吊装第二节段起须与相邻节段间预偏一定间隙(0.5~0.8m),至标高后,牵拉连接,避免吊装过程与相邻节段发生碰伤,影响吊装工作顺利进行。

6)安装合龙段前,必须根据实际的合龙长度,对合龙段长度进行修正。

5 调试和定位

1)在节段吊装过程中应对箱梁节段接头进行测试,并随时拧紧定位临时螺栓。

2)当节段吊装超过一定数量时,跨中段的挠度曲线趋于平缓,接近设计要求,此时可对该接头进行定位焊,随节段吊装的增加,其他节段的挠度曲线将逐渐趋于平缓,其他节段接头也将就位,可实施定位焊。

6 工地焊接

1)工地焊接应做工艺评定,并严格按工地焊接工艺进行工地焊接。

2)工地焊缝焊接前应用钢丝砂轮进行焊缝除锈,并在除锈后24h内进行工地焊接。

3)焊接前应检查接头坡口、间隙和板面高低差是否符合要求,同时检查环境是否满足工地焊接的环境要求,如不满足应采取措施。

工地焊接环境要求:风力<5级;温度>5℃;湿度<85%。

雨天不能进行工地焊接(箱内除外)。

4)工地接头焊接时,应注意温度变化对接头焊接的影响。安装时须有足够数量的固定点并保证足够的强度。当工地焊缝形成并具有足够的刚度和强度时,方能解除安装固定点,防止焊缝裂纹及接口处错边量超差。

5)箱内焊接须有通气排尘措施,钢桥上应有安全用电措施,确保施工安全。

6)桥面板和桥底板应使用单面焊双面成形技术,其他结构应尽可能采用高效焊接以减少焊接变形。当箱内采用CO_2气体保护焊时,应采取通风防护安全措施。

7)为控制变形,应对施焊顺序进行控制,横向施焊顺序宜从桥面中轴线向两侧焊接,并尽量做到对称施焊。

8)工地焊接接头应进行100%的超声波探伤,其中抽其30%进行X光探伤拍片检查,当有一片不合格时则对该焊缝进行100%的X光拍片。

9)纵向加劲肋的对接接缝只做超声波探伤。

10)焊缝缺陷的修补应按第17章的有关规定执行。

7 工地涂装

1)工地焊接后应按防腐设计要求进行表面处理。

2)工地焊接的表面补涂油漆应在表面除锈24h内进行,分层补涂底漆和面漆,并达到设计的漆膜总厚度。

3)根据技术文件的要求,工地焊接完成后,应按涂装工艺文件的要求涂箱外装饰面漆。

18.8.3 钢桁架梁安装可按第17章钢桥及第18.8.2条的有关规定执行。悬臂吊装时,可先利用塔顶的吊装设备安装好靠塔柱的节段,再在桁梁上安装移动式悬臂吊机,利用移动式悬臂吊机从塔柱往主跨跨中及锚碇方向对称均衡地将桁梁安装到位。对于桁梁节段重量较轻者,也可采用缆索吊装。

18.8.4 钢加劲梁的安装应符合表18.8.4的要求。

表18.8.4 钢加劲梁安装后的允许偏差

项 目	规定值或允许偏差(mm)	项 目	规定值或允许偏差(mm)
吊点偏位	20	吊索防护	符合设计要求
箱或桁梁顶面高程在两吊索处高差	20	箱或桁梁段工地连接	符合本规范和设计要求
相邻节段匹配高差	2	钢箱或桁梁工地防护	符合设计要求

18.9 钢桥面铺装

18.9.1 钢桥面板出厂时应按设计要求涂防锈漆,在桥面铺装前应喷丸除锈。

18.9.2 钢桥面铺装施工应符合设计要求,施工前应对各种材料进行调查试验,并对各种施工机械和设备做全面检查。铺装各层施工前应进行施工试验。

18.9.3 钢桥面铺装施工时在一道工序完工之后,下道工序应紧跟或尽快进行,施工前下层应保持干燥、整洁,不得有尘土、杂物、油污或损坏,当不符合要求时应予处理。除沥青铺装层外,完工后的铺装层表面严禁通行非施工车辆。

18.9.4 沥青铺装施工之前,必须铺筑试验段,以验证沥青混合料配合比设计结果,并确定沥青混合料施工工艺。

18.9.5 沥青铺装施工气温不得低于15℃,且应在钢桥面左右两幅平行对称分段铺筑。

18.9.6 钢桥面人行道及中央分隔带铺装,除沥青铺装外其余应与行车道相同。沥青铺装层宜人工铺筑,当使用大型压路机有困难时,应采用小型振动压路机或振动夯板压实,对不能采用压实机具的部位,可采用人工夯实。

18.9.7 质量检查与验收

钢桥面沥青铺装的质量检查与验收标准应符合现行《公路工程质量检验评定标准》(JTJ 071)的规定。对钢桥面沥青铺装进行检测时,不得采用钻孔法,而应改用其他适合的办法。

18.10 其他

18.10.1 伸缩装置

1 悬索桥桥面铺装施工前应安装好伸缩装置。

2 当伸缩装置一端为钢梁另一端为混凝土梁时,则在靠混凝土梁一端底座及端头约800mm范围内,必须用高强度混凝土或特种混凝土,提高其抗压强度及耐冲击能力。

3 伸缩装置安装时应严格遵守重物吊装及运输安全有关规定,结构焊接可按伸缩装置制作厂家提供的技术标准执行。

18.10.2 支座

1 支座安装前必须认真地检查支座的制作质量及加工精度,满足设计要求后方可使用。

2 安装方法可先与梁段连接好后随梁段吊装就位,此时对梁段吊点位置必须考虑支座重量,如现场安装施工条件较好时,也可等梁段就位后安装。

3 安装精度应符合表18.10.2的要求。

表18.10.2 支座安装精度

支座类型	允许偏差(mm)		
竖向支座	纵 轴	横 轴	标 高
	±5	±5	±10
抗风支座	牛腿垂直度	与牛腿侧面的间隙	
	±10	2	

注:竖向支座垫石钢板平整度允许偏差为2mm。

18.10.3 防撞栏安装

可按第20章的有关内容执行。

19 斜拉桥

19.1 一般规定

19.1.1 本章适应于预应力混凝土斜拉桥、钢斜拉桥、钢—混凝土叠合梁斜拉桥、混合梁斜拉桥以及吊拉组合斜拉桥的制作、安装施工。

19.1.2 本章根据斜拉桥施工的基本特点对主要事项作出规定,其余有关事项应按本规范相应章节的规定执行。

19.1.3 斜拉桥施工与设计有互补和互反馈关系,施工前应全面了解设计的要求和意图,编制施工组织设计,使成桥线形和内力符合设计要求。

19.1.4 斜拉桥施工组织设计的主要内容应包括:

1)基础、墩塔和主梁的施工工艺;

2)塔、梁施工控制及施工测量方法;

3)拉索制作、安装、张拉及锚固工艺。

19.1.5 梁的施工方法可视设计要求、桥位条件、施工经验、设备状况及技术经济比较选定。

19.2 索塔

19.2.1 索塔的施工可视其结构、体形、材料、施工设备和设计要求综合考虑选用适合的方法。裸塔施工宜用爬模法,横梁较多的高塔宜采用劲性骨架挂模提升法。

19.2.2 索塔施工,除设置相应的塔吊外,还应设置工作电梯及安全通道。

19.2.3 斜拉桥施工时应避免塔梁交叉施工干扰。必须交叉施工时应根据设计和施工方法采取保证塔梁质量和施工安全的措施。

19.2.4 索塔横梁施工时应根据其结构、重量及支撑高度设置可靠的模板和支撑系统,考虑弹性和非弹性变形、支承下沉、温差及日照的影响。必要时应设支承千斤顶调控。体积过大的横梁可两次浇筑。

19.2.5 斜塔柱施工时,必须对各施工阶段塔柱的强度和变形进行计算,应分高度设置横撑,使其线形、应力、倾斜度满足设计要求并保证施工安全。

19.2.6 索塔混凝土现浇应选用输送泵施工,超过一台泵的工作高度时,允许接力泵送,但必须做好接力储斗的设置,并尽量降低接力站台高度。

19.2.7 宜在索塔施工中设置劲性钢骨架,以保证索管空间定位精度和钢筋架立的精度。

19.2.8 索塔施工组织设计中必须制定整体和局部的安全措施。

1 设置运输安全设施,如塔吊起重量限制器、断索防护器、钢索防扭器、风压脱离开关等。

2 防范雷击、强风、暴雨、寒暑、飞行器对施工的影响。

3 防范吊落和作业事故并有应急的措施。

4 应对塔吊、支架安装、使用和拆除阶段的强度稳定等进行计算和检查。

19.2.9 必须避免上部塔体施工时对下部塔体表面的污染。

19.3 主梁

19.3.1 主梁施工时必须进行施工控制,即对梁体每一施工阶段的结果进行详细的检测分析和验算,以确定下一施工阶段拉索张拉量值和主梁线形、高程及索塔位移控制量值,周而复始直至合龙成桥。

19.3.2 施工监控测试的主要内容

(1)变形:主梁线形、高程、轴线偏差、索塔的水平位移;

(2)应力:拉索索力、支座力以及梁塔应力在施工过程中的变化;

(3)温度:温度场及指定测量时间塔、梁、索的变化。

19.3.3 非与索塔结构固结的主梁,施工时必须使梁塔临时固结,并按要求程序解除临时固结,完成设计的支承体系。必须加强施工期内对临时固结的观察。

19.3.4 混凝土主梁

1 主梁零号段及其两旁的梁段,在支架和塔下托架上浇筑时,应消除温度、弹性和非弹性变形及支承等因素对变形和施工质量的不良影响。

2 采用挂篮悬浇主梁时,除应符合梁桥挂篮施工的有关规定外,还应按下列规定执行:

1)挂篮的悬臂梁及挂篮全部构件制作后均应进行检验和试拼,合格后再于现场整体组装检验,并按设计荷载及技术要求进行预压,同时测定悬臂梁和挂篮的弹性挠度、调整高程性能及其他技术性能。

2)挂篮设计和主梁浇筑时应考虑抗风振的刚度要求。

3)拉索张拉时应对称同步进行,以减少其对塔与梁的位移和内力影响。

3 为防止合龙梁段施工出现的裂缝,应采用以下方法改善受力和施工状况:

1)在梁上下底板或两肋端部预埋临时连接钢构件,或设置临时纵向连接预应力索,或用千斤顶调节合龙口的应力和合龙口长度。

2)合龙两端高程在设计允许范围内时,可视情况进行适当压重。

3)观测合龙前连日的昼夜温度场变化与合龙高程及合龙口长度变化的关系,选定适当的合龙浇筑时间。

4)合龙梁段浇后至纵向预应力索张拉前应禁止施工荷载的超平衡变化。

4 主梁采用悬拼时,除应遵守连续梁及斜拉桥主梁悬浇的有关规定外,还应按下列规定施工:

1)预制梁段,如设计无规定,宜选用长线台座(可分段设置),亦可采用多段的联线台座,每联宜多于5段,先预制顺序中的1、3、5段,脱模后再在其间浇2、4段,使各端面啮合密贴,端面不应随意修补。

2)应在底模上调整主梁分段形体所受竖曲线的影响。拼装中多段积累的超误差,可用湿接缝调整。

3)梁段拼合前应试拼,以便及时调整。

4)湿接缝拼合面应进行表面凿毛和清扫,干接缝应保持结合面清洁,黏合料应涂刷均匀。

5)采用垫片调整梁段拼装线形时,每次垫片调整的高程不应大于20mm。

5 长拉索在抗振阻尼支点尚未安装前,应采用钢索或杆件(平面索时)将一侧拉索联结以抑制和减小拉索的振动。

6 大跨径主梁施工时应缩短双向长悬臂持续时间,尽快使一侧固定,以减少风振的不利影响,必要时应采取临时抗风措施。

19.3.5 钢主梁(包括叠合梁和混合梁)

1 钢主梁应由资质合格的专业单位加工制作、试拼,经检验合格后安全运至工地备用。堆放应无损伤、无变形和无腐蚀。

2 钢梁制作的材料应符合设计要求。焊接材料的选用、焊接要求、加工成品、涂装等项的标准和检验内容均应按本规范第17章、第18章的有关规定执行。

3 应进行钢梁的连日温度变形观测对照,确定适宜的合龙温度及实施程序,并应满足钢梁安装就位时高强螺栓定位所需的时间。

19.4 拉索

19.4.1 拉索和锚具的制作

1 拉索及其锚具应委托专业单位制作,严格执行国家或部颁的行业标准和规定生产,并应进行检测和验收。

2　拉索成品、锚具交货时应提供下列资料：

(1)产品质量保证书、产品批号、设计索号及型号、生产日期、数量、长度、重量等；

(2)产品出厂检验报告及有关数据。

3　拉索的运输和堆放应无破损、无变形、无腐蚀。

19.4.2　拉索的安装与张拉

1　拉索安装可根据塔高、布索方式、索长、索径、索的刚柔程度、起重设备和施工现场状况等综合选择架设方法。

2　安装前应根据索长、索重、斜度和风力等因素计算其安装过程中锚头距索管口2.0m、1.0m，距锚板0.70m以及锚头带锚环时的牵引力，以综合选择架设方案和设备。

3　施工中不得损伤索体保护层和索端锚头及螺纹，不得堆压弯折索体。

1)不得用起重钩或易于对索体产生集中应力的吊具直接挂扣拉索，宜用带胶垫的管形夹具尼龙吊带或设置多吊点起吊。

2)放索时索体应贴在特制的滚轮上拖拉，并应控制索盘的转速，防止转速突变或倾覆。

3)为防止锚头和索体穿入塔、梁索管时的偏位和损伤，应在放管处设置控制的力点或限位器调控。

4)安装过程中锚头螺纹应包裹，及时清除拉索的包护物。拉索防护层和锚头损伤应及时修补并记入有关表格存档以便跟踪维护。

4　施工中，拉索抗振的约束环和减振器未安装前，必须确保索管(特别是梁上索管)和锚端的防水、防腐和防污染。

5　斜拉桥拉索的张拉应按下列各项执行：

1)张拉施工的设备和方法应根据设计的索型、锚具、布索方式，塔和梁的构造确定。

2)拉索张拉的顺序、级次数和量值应按设计规定执行。应以振动频率计测定的索力或油压表量值为准，以延伸值作校核，并应视拉索防振圈以及弯曲刚度的状况对测值予以修正。

3)拉索张拉可于塔端或梁端单端进行，也可顶升索鞍支座进行。平行钢丝拉索宜采用整体张拉，平行钢绞线拉索可用整体或分索张拉，分索张拉应按“分级”、“等力”的原则进行，每根同级的索力允许误差为±1%。

4)索塔顺桥向两侧的拉索(组)和桥横向对称的拉索(组)必须对称同步张拉；同步张拉的不同步索力的相差值不得超出设计规定；两侧不对称的或设计拉力不同的拉索，应按设计规定的索力分级同步张拉，各千斤顶同步之差不得大于油表读数的最小分格，索力终值误差小于±2%。

5)拉索锚固时不宜在锚环与承压板间加垫，需要加垫时，其垫圈材料和强度应符合承压要求，并应设成两个密贴带扣的半圆。

6)拉索张拉完成后，悬臂施工跨中合龙前后，当梁体内预应力钢筋全部张拉完且桥面及附属设备安装完时，应采用传感器或振动频率测力计检测各拉索索力值，同时应视防振圈及索的弯曲刚度等状况对测值予以修正。每组及每索的拉力误差超过设计规定时应进行调整，调整时可从超过设计索力最大或最小的拉索开始(放或拉)，直调至设计索力。调索时应对塔和相应梁段进行位移检测，并做出存档记录，记录内容包括日期、时间、环境温度、索力、索伸缩量、桥面荷载状况、塔梁的变位量及主要相关控制断面应力等。

19.5　质量标准

19.5.1　斜拉桥基础、混凝土、钢筋、预应力筋及钢结构等方面的施工质量标准，应参照本规范中的有关规定执行。

19.5.2　斜拉桥索塔和梁的施工质量标准

1　钢筋混凝土索塔的施工质量标准见表19.5.2-1。

表 19.5.2-1　钢筋混凝土索塔

项　目	规定值或允许偏差(mm)	项　目	规定值或允许偏差(mm)
混凝土强度	在合格标准内	锚固点高程	±10
地面处水平偏位	10	系梁高程	±10
倾斜度	塔高的 1/3 000,且不大于 30 或设计要求	孔道位置	10,且两端同向
断面尺寸	±20		

2　悬臂浇筑混凝土梁的施工质量标准见表 19.5.2-2。

表 19.5.2-2　悬臂浇筑混凝土梁

项　目		规定值或允许偏差
混凝土强度(MPa)		在合格标准内
轴线偏位(mm)	$L \leqslant 100$m	10
	$L > 100$m	$L/10\ 000$
斜拉索拉力(kN)		符合设计要求
断面尺寸(mm)	高	+5, -10
	顶高	±30
	板厚	+10,0
梁锚固点高程(mm)	$L \leqslant 100$m	±20
	$L > 100$m	$\pm L/5\ 000$
锚具轴线与孔位轴线偏位(mm)		5

注:L 为跨径。

3　悬臂拼装钢筋混凝土梁应符合表 19.5.2-3 的要求。

表 19.5.2-3　悬臂拼装混凝土梁的施工要求

项　目		规定值或允许偏差
轴线偏位(mm)	$L \leqslant 100$m	10
	$L > 100$m	$L/10\ 000$
斜拉索拉力(kN)		符合设计要求
锚具轴线与孔道轴线偏位(mm)		5
梁锚固点高程(mm)	$L \leqslant 100$m	±20
	$L > 100$m	$\pm L/5\ 000$
合龙段混凝土强度(MPa)		在合格标准内

注:L 为跨径。

4　悬臂施工钢及钢筋混凝土结合梁,应符合表 19.5.2-4 的要求。

表 19.5.2-4　悬臂施工结合梁施工要求

项　目		规定值或允许偏差
轴线偏位(mm)	$L \leqslant 200$m	10
	$L > 200$m	$L/20\ 000$
混凝土强度(MPa)		在合格标准内
混凝土板断面尺寸(mm)	厚	+10, -0
	宽	±30
斜拉索拉力(kN)		符合设计要求
梁锚固点顶面高程(mm)	$L \leqslant 200$m	±20
	$L > 200$m	$\pm L/10\ 000$
钢梁防护		涂装符合设计要求

注:L 为跨径。

20 桥面及附属工程

20.1 一般规定

20.1.1 本章适用于桥面及附属工程的施工。

20.1.2 板式橡胶支座应符合现行《公路桥梁板式橡胶支座》(JT/T 4)标准的规定。安装是相当重要的环节,对水平面应仔细校核,支座不得发生偏歪,不能脱空。盆式橡胶支座应符合现行《公路桥梁盆式橡胶支座》(JT 391)标准的规定。支座安装位置应准确,并注意安装平整,且盆式橡胶支座应注意使其滑动方向符合设计要求。

20.1.3 橡胶伸缩装置应符合现行《公路桥梁橡胶伸缩装置》(JT/T 327)标准的规定。伸缩装置的位置、构造应按设计规定办理。安装各种伸缩装置时,定位值均应通过计算决定。

梁体温度应测量准确,伸缩体横向高度应符合桥面线形。装设伸缩装置的缝槽应清洁干净,如有顶头现象或缝宽不符合设计要求时,应凿剔平整。现浇混凝土时宜在接缝伸缩开放状态下浇筑,应防止已定位的构件变位。伸缩缝两边的组件及桥面应平顺,无扭曲。

梳形钢板伸缩装置、板式橡胶伸缩装置,施工前必须认真做好伸缩装置部位的清理工作。施工中应加强锚固系统的锚固,防止锚固螺栓松动,螺帽脱落,注意养护。

20.1.4 沥青混凝土桥面铺装的施工应符合现行《公路沥青路面施工技术规范》(JTJ 032)的有关规定。

20.1.5 桥面防护的防撞护栏的施工应符合现行《高速公路交通安全设施设计及施工技术规范》(JTJ 074)的有关规定。

20.2 支座

20.2.1 板式橡胶支座

板式橡胶支座安装时,应注意下列事项:

1 橡胶支座在安装前,应检查产品合格证书中有关技术性能指标,如不符合设计要求时,不得使用。

2 支座下设置的支承垫石,混凝土强度应符合设计要求,顶面要求标高准确,表面平整,在平坡情况下同一片梁两端支承垫石水平面应尽量处于同一平面内,其相对误差不得超过3mm,避免支座发生偏歪、不均匀受力和脱空现象。

3 安装前应将墩、台支座垫石处清理干净,用干硬性水泥砂浆抹平,并使其顶面标高符合设计要求。

4 将设计图上标明的支座中心位置标在支承垫石及橡胶支座上,橡胶支座准确安放在支承垫石上,要求支座中心线同支承垫石中心线相重合。

5 当墩、台两端标高不同,顺桥向有纵坡时,支座安装方法应按设计规定办理。

6 吊装梁、板前,抹平的水泥砂浆必须干燥并保持清洁和粗糙。梁、板安放时,必须仔细,使梁、板就位准确且与支座密贴,就位不准时,或支座与梁板不密贴时,必须吊起,采取措施垫钢板和使支座位置限制在允许偏差内,不得用撬棍移动梁、板。

20.2.2 盆式橡胶支座

支座规格和质量应符合设计要求,支座组装时其底面与顶面(埋置于墩顶和梁底面)的钢垫板,必须埋置密实。垫板与支座间平整密贴，支座四周不得有0.3mm以上的缝隙，严格保持清洁。活动支座的聚四氟乙烯板和不锈钢板不得有刮伤、撞伤。氯丁橡胶板块密封在钢盆内，要排除空气，保持紧密。

1　活动支座安装前用丙酮或酒精仔细擦洗各相对滑移面，擦净后在四氟滑板的储油槽内注满硅脂类润滑剂，并注意硅脂保洁；坡道桥注硅脂应注意防滑。

2　盆式橡胶支座的顶板和底板可用焊接或锚固螺栓栓接在梁体底面和墩台顶面的预埋钢板上；采用焊接时，应防止烧坏混凝土；安装锚固螺栓时，其外露螺杆的高度不得大于螺母的厚度；现浇梁底部预埋的钢板或滑板，应根据浇筑时的温度、预应力张拉、混凝土收缩与徐变对梁长的影响，设置相对于设计支承中心的预偏值。

20.2.3　球形支座

球形支座各向转动性能一致，适用于弯桥、坡桥、斜桥、宽桥及大跨径桥，球形支座无承重橡胶块，特别适用于低温地区。

1　支座出厂时，应由生产厂家将支座调平，并拧紧连接螺栓，以防止支座在安装过程中发生转动和倾覆。支座可根据设计需要预设转角及位移，但施工单位应在订货前提出预设转角及位移量的要求，由生产厂家在装配时预先调整好。

2　支座安装前方可开箱，并检查装箱清单，包括配件清单、检验报告复印件、支座产品合格证书及支座安装养护细则。施工单位开箱后，不得任意转动连接螺栓，并不得任意拆卸支座。

3　支座安装高度应符合设计要求，要保证支座平面的水平及平整。支座支承面四角高差不得大于2mm。

4　支座安装注意事项：

1）支座开箱并检查清单及合格证。

2）安装支座板及地脚螺栓：在下支座板四周用钢楔块调整支座水平，并使下支座板底面高符合设计要求，找出支座纵、横向中线位置，使之符合设计要求。用环氧砂浆灌注地脚螺栓孔及支座底面垫层。

3）环氧砂浆硬化后，拆除支座四角临时钢楔块，并用环氧砂浆填满抽出楔块的位置。

4）在梁体安装完毕后，或现浇混凝土梁体形成整体并达到设计强度后，在张拉梁体预应力之前，拆除上、下支座连接板，以防止约束梁体正常转动。

5）拆除上、下支座连接板后，检查支座外观，并及时安装支座外防尘罩。

6）当支座与梁体及墩台采用焊接连接时，应先将支座准确定位后，用对称间断焊接，将下支座板与墩台上预埋钢板焊接，焊接时应防止烧伤支座及混凝土。

5　支座在试运营期一年后应进行检查，清除支座附近的杂物及灰尘，并用棉丝仔细擦除不锈钢表面的灰尘。

20.2.4　其他特殊型式支座：聚四氟乙烯滑板式支座、圆形板式橡胶支座等。

1　聚四氟乙烯滑板式橡胶支座，四氟板表面应设置贮油槽，支座四周设置防尘设施，在安装时应注意以下各点：

1）墩台上设置的支承垫石，其标高应考虑预埋的支座下钢板厚度，或在支承垫石上预留一定深度的凹槽，将支座下钢板用环氧树脂砂浆黏结于凹槽内。

2）在支座下钢板上及四氟滑板式支座上标出支座位置中心线，两者中心线相重合放置，为防止施工时移位，应设置临时固定措施。安装时宜在与年平均气温相差不大时进行。

3）梁底预埋有支座上钢板，与四氟滑板式支座密贴接触的不锈钢板嵌入梁底上钢板内，或用不锈钢沉头螺钉固定在上钢板上，并标出不锈钢板中心线位置。安装支座时，不锈钢板、四氟板表面均应清洁、干净，在四氟滑板表面涂上硅脂油，落梁时要求平稳、准确，无振动，梁与支座密贴，不得脱空。

4）支座正确就位后，拆除临时固定装置，采取安装防尘围裙措施。

2　圆形板式橡胶支座安装注意事项同本条第1款。

20.2.5 支座安装的质量标准见表 20.2.5。

表 20.2.5 支座安装规定值或允许偏差

检查项目		规定值或允许偏差
支座中心与主梁中线(mm)		应重合,最大偏差<2
高程		符合设计要求
支座四角高差(mm)	承压力≤5 000kN	<1
	承压力>5 000kN	<2
支座上下各部件纵轴线		必须对正
活动支座	顺桥向最大位移(mm)	±250
	双向活动支座横桥向最大位移(mm)	±25
	横轴线错位距离(mm)	根据安装时的温度与年平均最高、最低温差计算确定
	支座上下挡块最大偏差的交叉角	必须平行<5′

20.3 伸缩装置

20.3.1 梳形钢板伸缩装置

1 采用梳形钢板伸缩装置安装时的间隙,应按安装时的梁体温度决定,一般可按式(20.3.1)计算:

$$\Delta_1 = l - l_1 + l_2 \qquad (20.3.1)$$

式中:Δ_1——安装时的梳形板间隙;

l——梁的总伸缩量;

l_1——施工时梁的伸长量,应考虑混凝土干燥收缩引起的收缩量,预应力混凝土梁还应考虑混凝土徐变引起的收缩量;

l_2——富余量。

2 梳形钢板伸缩装置所用钢材的力学性能应符合有关规定。安装时注意事项见第 20.1.3 条。

3 应设置橡胶封缝条防水。

20.3.2 橡胶伸缩装置

1 采用橡胶伸缩装置时,材料的规格、性能应符合设计要求。根据桥梁跨径大小或连续梁(包括桥面连续的简支梁)的每联长度,可分别选用纯橡胶式、板式、组合式橡胶伸缩装置。对于板式橡胶伸缩装置,应有成品解剖检验证明。安装时,应根据气温高低,对橡胶伸缩体进行必要的预压缩。气温在5℃以下时,不得进行橡胶伸缩装置施工。

2 采用后嵌式橡胶伸缩体时,应在桥面混凝土干燥收缩完成且徐变也大部完成后再进行安装。

3 伸缩装置安装时应注意下列事项:

1)检查桥面板端部预留空间尺寸、钢筋,注意不受损伤,若为沥青混凝土桥面铺装,宜采用后开槽工艺安装伸缩缝,以提高与桥面的顺适度。

2)根据安装时的环境温度计算橡胶板伸缩装置的模板宽度与螺栓间距。将准备好的加强钢筋与螺栓焊接就位,嗣后浇筑混凝土与养生。

3)将混凝土表面清洁后,涂防水胶黏材料。利用调正压缩的工具,将伸缩装置安装就位,安装时注意事项见第 20.1.3 条。向伸缩装置螺栓孔内灌注防蚀剂后,注意及时盖好盖帽。

20.3.3 模数式伸缩装置

1 伸缩装置由异形钢梁与单元橡胶密封带组合而成的称为模数式伸缩装置。它适用于伸缩量为80~1 200mm 的桥梁工程。

2 伸缩装置中所用异形钢梁沿长度方向的直线度应满足1.5mm/m,全长应满足 10mm/10m 的要求。伸缩装置钢构件外观应光洁、平整,不允许变形扭曲。

3　伸缩装置必须在工厂进行组装。组装钢构件应进行有效的防护处理。吊装位置应用明显颜色标明。出厂时应附有效的产品质量合格证明文件。

4　伸缩装置在运输中应避免阳光直接暴晒，雨淋雪浸，并应保持清洁，防止变形，且不能与其他物质相接触，注意防火。

5　伸缩装置施工安装时注意事项：

1)要按照设计核对预留槽尺寸，预埋锚固筋若不符合设计要求，必须首先处理，满足设计要求后方可安装伸缩装置。

2)伸缩装置安装之前，应按照安装时的气温调整安装时的定位值，用专用卡具将其固定。

3)安装时，伸缩装置的中心线与桥梁中心线重合，并使其顶面标高与设计标高相吻合，按桥面横坡定位、焊接。

4)浇筑混凝土前将间隙填塞，防止浇筑混凝土把间隙堵死，影响伸缩，并防止混凝土渗入模数式伸缩装置位移控制箱内，也不允许将混凝土溅填在密封橡胶带缝中及表面上，如果发生此现象，应立即清除，然后进行正常养护。

5)待伸缩装置两侧混凝土强度满足设计要求后，方可开放交通。

20.3.4　弹塑体材料填充式伸缩装置

1　伸缩体由高黏弹塑性材料和碎石结合而成的称为填充式伸缩装置。它适用于伸缩量小于50mm的中、小跨径桥梁工程。适应温度为-25~60℃。应按设计要求设置。

2　弹塑体材料物理性能应符合有关规定，产品应附有效的合格证书。弹塑体材料加热熔化温度应按要求严格控制。主层石料压碎值不大于30%，扁平及细长石料含量少于15%~20%，石料使用前应清洗干净。其加热温度控制在100~150℃。

3　风力大于3级，气温低于10℃及有雨时不宜施工。

4　施工可采用分段分层浇灌铺筑法，亦可采用分段分层拌和铺筑法。

20.3.5　复合改性沥青填充式伸缩装置

1　伸缩体由复合改性沥青及碎石混合而成。适用于伸缩量小于50mm的中、小跨径桥梁工程，适用温度-30~70℃。应按设计要求设置。

2　复合改性沥青应符合产品有关规定，其加热熔化温度要控制在170℃以内。

粗石料(14~19mm)和细石料(6~10mm)应满足下列要求：

强度>100MPa；

相对密度2.6~3.2；

磨耗值(L.A)<30；

磨光值(P.S.V)>42；

压碎值(A.C.V)<20；

扁平细长颗粒含量<15%。

3　嵌入桥梁伸缩缝空隙中的T形钢板厚度3~5mm，长度约为1m左右。

20.3.6　伸缩缝质量标准见表20.3.6。

表20.3.6　伸缩缝安装允许偏差

项　目		允许偏差
缝宽		符合设计要求
与桥面高差(mm)		2
纵坡	大型	±0.2%
	一般	±0.3%
横向平整度		用3m直尺，不大于3mm

20.4 沉降缝

20.4.1 沉降缝的位置应按设计要求设置缝宽均匀一致,从上到下竖直贯穿桥涵结构物。缝端面必须平整,按设计要求设置嵌缝材料。

20.5 桥面防水

20.5.1 桥面防水层应按设计要求设置。

20.5.2 铺设桥面防水层时应注意下列事项:

1 防水层材料应经过检查,在符合规定标准后方可使用。

2 防水层通过伸缩缝或沉降缝时,应按设计规定铺设。

3 防水层应横桥向闭合铺设,底层表面应平顺、干燥、干净。沥青防水层不宜在雨天或低温下铺设。

4 水泥混凝土桥面铺装层当采用油毛毡或织物与沥青黏合的防水层时,应设置隔断缝。

20.6 泄水管

20.6.1 泄水管的施工应按设计要求执行。泄水管应伸出结构物底面100~150mm。

20.6.2 立交桥及高速公路上的桥梁,泄水管不宜直接挂在板下,可将泄水管通过纵向及竖向排水管道直接引向地面,或按设计要求办,并且管道要有良好的固定装置,如锚锭轨及抱箍等预埋件。

20.7 桥面铺装

20.7.1 沥青混凝土桥面铺装应按设计要求施工。

1 沥青混凝土铺装前应对桥面进行检查,桥面应平整、粗糙、干燥、整洁。桥面横坡应符合要求,不符合时应予处理。铺筑前应洒布黏层沥青,石油沥青洒布量为0.3~0.5 L/m^2。

2 沥青混凝土的配合比设计、铺筑、碾压等施工程序,应符合现行《公路沥青路面施工技术规范》(JTJ 032)的有关规定。

20.7.2 水泥混凝土桥面铺装时,除应按本规范第11章有关规定执行外,还应注意下列事项:

1 水泥混凝土桥面铺装的厚度应符合设计规定,其使用材料、铺装层结构、混凝土强度、防水层设置等均应符合设计要求。

2 必须在横向联结钢板焊接工作完成后,才可进行桥面铺装工作,以免后焊的钢板引起桥面水泥混凝土在接缝处发生裂纹。

3 浇筑桥面水泥混凝土前使预制桥面板表面粗糙,清洗干净,按设计要求铺设纵向接缝钢筋网或桥面钢筋网,然后浇筑。

4 水泥混凝土桥面铺装如设计为防水混凝土,施工时应按照有关规定办理。

5 水泥混凝土桥面铺装,其做面应采取防滑措施,做面宜分两次进行,第二次抹平后,沿横坡方向拉毛或采用机具压槽,拉毛和压槽深度应为1~2mm。

6 钢纤维水泥混凝土桥面铺装,除应按本规范第11章有关规定执行外,宜符合现行中国工程建设标准化协会标准《钢纤维混凝土结构设计与施工规程》(CECS 38)的规定。

20.7.3 复合式桥面铺装:上层为沥青桥面铺装,下层为水泥混凝土桥面铺装。其铺筑方法同20.7.1条和20.7.2条。

20.7.4 特大桥桥面铺装应按专门设计施工。

20.7.5 桥面铺装施工允许偏差见表20.7.5。

表20.7.5 桥面铺装施工允许偏差

项目			允许偏差
厚度(mm)			+10,-5
平整度(mm)	高速公路、一级公路	水泥混凝土	1.8(3.0)
		沥青混凝土	1.5(2.5)
	其他公路	平整度仪	2.5(4.2)
		3m直尺	5
横坡	水泥混凝土面层		±0.15%
	沥青混凝土面层		±0.3%
抗滑构造要求			符合设计要求

注:括号内的数值为全桥每车道连续检测,每100m计算*IRI*(m/km)值,桥长不满100m者,按100m处理。

20.8 桥面防护设施

20.8.1 一般要求

1 桥面安全带和路缘石、人行道梁、人行道板、栏杆、扶手、灯柱等,在修建安装完工后,其竖向线形或坡度、断缝或伸缩缝必须符合设计规定。

2 钢筋混凝土墙式护栏的高度必须在纵坡变化点处调整,以便线形顺适、美观。

3 钢筋混凝土柱式护栏、金属制护栏放样前应选择桥梁伸缩缝附近的端部立柱等作为控制点,当间距出现零数,可用分配办法使之符合规定的尺寸,立柱宜等距设置。

4 轮廓标的安装高度宜尽量统一,其联结应牢固。

20.8.2 安装桥面安全带和缘石,应满足下列要求:

1 悬臂式安全带构件必须与主梁横向联结或拱上建筑完成后才可安装。

2 安全带梁必须安放在未凝固的M20稠水泥砂浆上,以便形成顶面设计的横向排水坡。

3 为减少从缘石与桥面铺装缝中渗水,缘石宜采用现浇混凝土,使其与桥面铺装的底层混凝土结为整体。

20.8.3 安装人行道应满足下列要求:

1 悬臂式人行道构件必须与主梁横向联结或拱上建筑完成后才可安装。

2 人行道梁必须安放在未凝固的M20稠水泥砂浆上,并以此来形成人行道顶面设计的横向排水坡。

3 人行道板必须在人行道梁锚固后才可铺设,对设计无锚固的人行道梁、人行道板的铺设应按照由里向外的次序。

4 在安装有锚固的人行道梁时,应对焊缝认真检查,必须注意施工安全。

5 人行道铺设应符合表20.8.3的要求。

表20.8.3 人行道铺设要求

项目	规定值或允许偏差	项目	规定值或允许偏差
人行道边缘平面偏位(mm)	5	横坡	±0.3%
纵向高程(mm)	+10,0	平整度(mm)	5
接缝两侧高差(mm)	2		

20.8.4 栏杆块件必须在人行道板铺设完毕后才可安装,安装栏杆柱时,必须全桥对直、校平(弯桥、坡桥要求平顺),竖直后用水泥砂浆填缝固定。桥上灯柱应按设计位置安装,必须牢固、线条顺直、整齐美观。灯柱线路必须安全可靠。栏杆、护栏安装质量应符合表20.8.4的要求。

表 20.8.4 栏杆、护栏安装要求

项　　目	规定值或允许偏差(mm)	项　　目	规定值或允许偏差(mm)
护栏、栏杆平面偏位	4	护栏、栏杆柱纵、横向竖直度	4
栏杆、扶手平面偏位	3	相邻栏杆扶手高差及护栏接缝两侧高差	5
栏杆柱顶面高差	4		

20.9 桥头搭板

20.9.1 钢筋混凝土桥头搭板,台后填土的填料应以透水性材料为主,分层压实应按本规范第13章执行。台背回填前应按设计要求做防水处理。

20.9.2 台后地基如为软土,应按设计依照本规范第4章进行处理,预压时应进行沉降观测,预压沉降控制值应在施工搭板前完成。

20.9.3 桥头搭板下路堤可设置排水构造物。

20.9.4 钢筋混凝土搭板及枕梁宜采用就地浇筑。

21 涵洞

21.1 一般规定

21.1.1 涵洞开工前应根据设计资料进行现场核对，核对时还需注意农田排灌的要求，如确需变更设计时，可按有关变更设计的规定办理。

21.1.2 地形复杂处的陡峻沟谷涵洞、斜交涵洞、平曲线和纵坡上的涵洞，应先绘出施工详图，然后再依图放样施工。

21.1.3 涵洞中线和墩台位置的测定应按第3章的有关规定办理。

21.1.4 涵洞（基础和墙身）沉降缝处两端面应竖直、平整，上下不得交错。填缝料应具有弹性和不透水性，并应填塞紧密。沉降缝宽度应符合设计规定，设计无规定时，可采用20～30mm。预制涵管的沉降缝应设在管节接缝处。

21.1.5 防水层的设置应按设计规定进行。防水层的材料可用沥青、油毛毡、防水布、水泥砂浆、三合土等，应按设计要求和工地具体情况选用。

21.1.6 涵洞完成后，当涵洞砌体砂浆或混凝土强度达到设计强度的75%时，方可进行回填土，回填土应按第13.5.2条和第21.3.7条的规定办理。涵洞处路堤缺口填土应从涵洞洞身两侧不小于2倍孔径范围内，同时按水平分层、对称地按照设计要求的压实度填筑、夯（压）实，填土的具体方法应按照现行《公路路基施工技术规范》（JTJ 033）的有关规定办理。

用机械填土时，除应按照上述规定办理外，涵洞顶上填土厚度必须大于0.5～1m时，才允许机械通过。

21.1.7 涵洞进出水口的沟床应整理顺直，与上下游导流排水系统（天沟、侧沟、排水沟、取土坑等）的连接应圆顺、稳固，保证流水顺畅，避免水流损害路堤、村舍、农田、道路等。

21.1.8 涵洞冬期施工应按本规范第14章的有关规定办理。

21.2 管涵

21.2.1 钢筋混凝土圆管成品应符合下列要求：

1 管节端面应平整并与其轴线垂直。斜交管涵进出水口管节的外端面，应按斜交角度进行处理。

2 管壁内外侧表面应平直圆滑，如有蜂窝，每处面积不得大于30mm×30mm，其深度不得超过10mm；总面积不得超过全面积的1%并不得露筋，蜂窝处应修补完善后方可使用。

3 管节各部尺寸不得超过表21.2.1规定的允许偏差。

表21.2.1 钢筋混凝土圆管成品允许偏差

项目	允许偏差(mm)	项目	允许偏差(mm)
管节长度	0～10	管壁厚度	-3，正值不限
内(外)直径	不小于设计值	顺直度	矢度不大于0.2%

4 管节混凝土强度应符合设计要求。

5 管节外壁必须注明适用的管顶填土高度，相同的管节应堆置在一处，以便于取用，防止弄错。

21.2.2 管节在运输、装卸过程中,应采取防碰措施,避免管节损坏。

21.2.3 当管涵设计为混凝土或砌体基础时,基础上面应设置混凝土管座,其顶部弧形面应与管身紧密贴合,使管节受力均匀。基底处理和混凝土浇筑应分别按本规范第4章和第11章的有关规定办理。当管身直接搁置在天然地基上时,应按照设计要求将管底土层夯压密实,并做成与管身弧度密贴的弧形管座,安装管节时应注意保持完整。若管底土层承载力不符合设计要求,应按照第4章有关规定进行处理或加固。

21.2.4 安装管节时应注意下列事项:

1 应注意按涵顶填土高度取用相应的管节。对管节应按第21.2.1条检查合格后方可使用。

2 各管节应顺流水坡度安装平顺,当管壁厚度不一致时应调整高度使内壁齐平,管节必须垫稳坐实,管道内不得遗留泥土等杂物。

3 对插口管,接口应平直,环形间隙应均匀,并应安装特制的胶圈或用沥青、麻絮等防水材料填塞,不得有裂缝、空鼓、漏水等现象;对平接管,接缝宽度应不大于10~20mm,禁止用加大接缝宽度来满足涵洞长度要求;接口表面应平整,并用有弹性的不透水材料嵌塞密实,不得有间断、裂缝、空鼓和漏水等现象。

21.3 拱涵、盖板涵

21.3.1 拱涵、盖板涵施工时,除应符合本规范第10章和第11章的有关规定外,尚应符合下列要求:

1 拱圈和出入口拱上端墙的施工,应由两侧向中间同时对称进行。

2 钢筋混凝土、混凝土拱圈和盖板混凝土的现场浇筑施工宜连续进行,避免施工接缝,当涵身较长时,可沿长度方向分段进行,接缝应设在涵身沉降缝处。

21.3.2 就地浇筑的拱涵和盖板涵,宜采用组合钢模板,在缺乏钢木材料的情况下,可采用全部土胎。

21.3.3 采用土胎建造拱圈或盖板时,应注意下列事项:

1 当用松散沙石料堆筑土胎时,表面应包300mm厚黏土保护层。

2 土胎填土应在涵台砌筑砂浆或现浇混凝土强度达到设计强度的75%以后进行,应分层夯填,每层厚度宜为0.2~0.3m,土的压实度应在90%以上。

有条件时,涵台外侧的填土可与土胎填土同时进行。涵台高度较高,采取土胎单侧填土时,应验算涵台的稳定性。

3 填土宽度应伸出端墙外0.5~1.0m,并保持1:1.5的边坡。土胎顶部应用样板拉线进行检查校正。

4 土胎表面应设保护层,保护层应具有一定的强度和适当的光滑度,并易于脱模。

5 施工时应防止土胎被水浸蚀。

21.3.4 当河沟中有少量流水而采用土胎施工时,除采用木排架土胎外,亦可根据水流大小,在全填土土胎下设渗水沟,埋设钢筋混凝土管、瓦管或用木料做成三角形泄水孔。

21.3.5 预制钢筋混凝土拱圈和盖板的施工,应按本规范第15章有关规定办理。预制涵洞盖板时,应注意检查上下面的方向,斜交涵洞应注意斜交角的方向,避免发生反向错误。

21.3.6 预制拱圈和盖板的安装应注意下列事项:

1 成品混凝土强度达到设计强度的70%时,方可搬运安装。

2 成品安装前,应检查成品及拱座、墩、台的尺寸。

3 安装后,成品拱圈和盖板上的吊装孔,应以砂浆填塞,如系吊环应锯掉。

4 拱座与拱圈、拱圈与拱圈的拼装接触面,应先拉毛或凿毛(沉降缝处除外),安装前应浇水湿润,再以M10水泥砂浆砌筑。

21.3.7 拱架拆除和拱顶填土的时间应符合下列条件:

1 拱圈砌筑砂浆或混凝土强度达到设计强度的75%时,方可拆除拱架,达到设计强度后,方可回填土。

2　在拱架未拆除的情况下,拱圈砌筑砂浆或混凝土强度达到设计强度的75%时,可进行拱顶填土,但在拱圈强度达到设计强度100%后,方可拆除拱架。

21.4　倒虹吸管

21.4.1　倒虹吸管宜采用钢筋混凝土或混凝土圆管,进出水口必须设置竖井,包括防淤沉淀井。施工时管节接头及进出水口砌缝应特别严格,不漏水。填土覆盖前应做灌水试验,符合要求后,方可填土。

21.4.2　倒虹吸管如须在冰冻期施工时,除应按照本规范第14章的规定办理外,还应在冰冻前将管内积水排出,以防冻裂。

21.4.3　倒虹吸管的进出水口应在竣工后及时盖上。

21.5　质量标准

21.5.1　管涵施工质量标准如下:

1　各部尺寸允许偏差参见表21.5.1。

表21.5.1　管涵允许偏差

项　　目	允许偏差(mm)
轴线偏位	50
流水面高程	±20
涵管长度	+100,-50
管座宽度(包括基础)	≥设计值
相邻管节面错口 (应下游低于上游)	3(管径≤1.0m) 5(管径>1.0m)

2　管身顺直,进出水口平整,无阻水现象。

3　帽石及一字墙或八字墙平直,无翘曲现象。

21.5.2　拱涵、盖板涵施工质量标准如下:

1　各部尺寸允许偏差参见表21.5.2-1及表21.5.2-2。

2　涵身顺直,涵底铺砌紧密平整,拱圈圆滑。

3　进出水口与上下游沟槽连接圆顺,流水畅通。

表21.5.2-1　拱涵允许偏差

项　　目		允许偏差(mm)
轴线偏位		30
流水面高程		±20
跨　径		±20
拱圈厚度	混凝土	±15
	石　料	±20
涵台尺寸		±20
长　度		+100,-50
砌体平整度		20

表 21.5.2-2　盖板涵允许偏差

项　　目		允 许 偏 差(mm)
轴线偏位	明　涵	20
	暗　涵	50
结构尺寸		±20
流水面高程		±20
长　度		+100，-50
孔　径		±20
顶面高程	明　涵	±20
	暗　涵	±50

21.5.3　倒虹吸管施工质量标准如下：

1　各部尺寸允许偏差参见表 21.5.3-1。

2　灌水试验允许渗水量见表 21.5.3-2。

表 21.5.3-1　倒虹吸管允许偏差

项　　目		允 许 偏 差(mm)
轴线偏位		30
流水面高程		±20
相邻管节内底面错口	管径≤1.0m	3
	管径 >1.0m	5
竖井尺寸	长 、宽	±20
	直 径	±20
竖 井 顶 部 高 程		±20
井 底 高 程		±15

表 21.5.3-2　倒虹吸管灌水试验允许渗水量

管径	允许渗水量(混凝土和钢筋混凝土)		管径	允许渗水量(混凝土和钢筋混凝土)	
(m)	($m^3/d \cdot km^{-1}$)	($l/h \cdot m^{-1}$)	(m)	($m^3/d \cdot km^{-1}$)	($l/h \cdot m^{-1}$)
0.50	22	0.9	1.50	42	1.7
0.70	26	1.1	2.00	52	2.1
1.00	32	1.3	2.20	56	2.3
1.20	36	1.5	2.40	60	2.5

22　通道桥涵

22.1　桥涵的顶进施工

22.1.1　当公路须从现有铁路、公路路基下面立交通过时，对原有路线采取必要的加固措施后，可采取顶入法施工通道桥涵。

1　施工前应根据设计文件中提出的施工方案，结合现场情况、工期要求、工程量大小、机具设备情况选择合理的顶进方法，并应对顶进地点的工程地质、水文地质、埋置管路、电缆及其他障碍物等进行调查。

2　顶进作业应在地下水位降至基底以下0.5～1.0m进行，并宜避开雨季施工，必须在雨季施工时应做好防洪及防雨排水工作。

22.1.2　顶进工作坑及后背

1　顶进的工作坑位置应根据现场地形、土质、结构物尺寸及施工需要决定，在保证排水和安全的前提下，工作坑边缘距公路、铁路应有足够的安全距离。

2　工作坑基底的承载力应能满足顶入桥涵的要求，否则应加固。

3　工作坑滑板应满足下列要求：

1)滑板中心线与桥涵中心线一致。

2)具有足够的强度、刚度和稳定性，必要时可在滑板上层配置钢筋网，以防顶进时滑板开裂。

3)表面平整，减小顶进时的阻力。

4)底面设粗糙面或锚梁，增加抗滑能力。

5)宜将滑板做成前高后低的仰坡，坡度为3‰左右。

6)沿顶进方向，在滑板的两侧，距桥涵外缘50～100mm处设置导向墩，以控制桥涵顶入方向。

4　顶进桥涵的后背，应根据现场条件、地质、材料设备情况及强度、稳定性的要求，进行设计计算，确保顶进工作顺利和安全。

22.1.3　通道桥涵预制

1　预制桥涵支模时应将两侧侧墙前端保持10mm的正偏差，后端保持10mm的负偏差，以减小顶入阻力。顶进桥涵预制的其他要求应符合本规范各有关章节的规定。

2　预制桥涵前端应按设计设置钢刃角。

22.1.4　顶进作业

1　桥涵顶进前应检查验收桥涵主体结构的混凝土强度、后背，应符合设计要求。应检查顶进设备并做预顶试验。

2　千斤顶应按桥涵的中轴线对称布置。顶进法的传力设备安装时应与顶力线一致，并与横梁垂直。顶程较长时，顶柱与横梁应用螺栓固定。

3　桥涵顶进挖土时保持刃角有足够的吃土量，挖掘进尺及坡度应视土质情况确定。挖土必须与观测紧密配合，根据偏差随时改变挖土方法。

列车通过时不得挖土，施工人员应离开土坡1m以外，发现有危险的坍方影响行车安全时，应迅速组织抢修加固。

4　顶管施工应在工作坑内安装导轨，导轨高程允许偏差为±2mm，中心线允许偏差为3mm。首节管节安放在导轨上，应测量其中线和前后两端高程，合格后方可顶进。

5　顶管施工时，可在管前端先挖土，后顶进，一般轴向超挖量在铁路道砟下不得大于100mm，其余情况不得大于300mm，管节上部超挖量不得大于15mm，管节下部135°范围内不应超挖。

6　桥涵顶进中，应经常对桥涵中线和高程进行观测，发现偏差及时纠正。发生左右偏差时，可采用挖土校正法和千斤顶校正法调整;发生上下偏差时,可采用调整刃角挖土量或铺筑石料等方法调整。

7 顶进作业应连续进行,不得长期停顿,以防地下水渗出,造成路基坍塌。出现事故时应立即停止顶进。

8 桥涵顶进时,对节间接缝及结构物应按设计要求进行防水处理。

22.2 通道桥涵的防水与排水

22.2.1 一般规定

1 通道的防水设施应符合设计要求,并应在结构物验收合格后施工。

2 通道桥涵地面以下结构和防、排水设施施工时,应防止周围地面水流入基坑,当基坑底低于地下水位时,应采取井点法或其他排水方法将地下水位降低至桥涵底部防水层以下不小于0.3m处。严禁在带泥水情况下进行防水混凝土和其他防、排水设施的施工。

22.2.2 排水工程应按设计要求设置,设计无规定时,集水井、排水管、水泵、总排水管(明渠)的排水能力应大于地面水设计流量的1.5倍。

1 通道桥涵内的集水井应符合下列要求:

1)井口应设平箅盖,并应设深度不小于0.3m的沉淀池。

2)集水井的深度应考虑通道桥涵排水构造和冻胀的影响,宜为1.5m左右。

3)集水井的数量、尺寸应根据地面水流量和每个集水井的泄水能力确定。

2 排水管和排水总管施工时,除应按照有关规定办理外,还应符合下列要求:

1)排水管道应垫稳并连接平顺,管间承插口或套环接口应平直,环间间隙均匀。管道与集水井间应连接牢固,接缝处和结合处均应用弹性不透水材料充填密实。采用抹带接口,表面应平整,不得有裂缝、间断及空鼓等现象。

2)排水管道或排水总管每隔50m左右及转弯处均应设检查井,井底设沉淀池。管道的纵坡不应小于0.5%。

3)排水管道和排水总管应做闭水试验,该试验允许渗水量参见表21.5.3-2。

3 通道桥涵排水泵站可用沉井法或现浇混凝土等法施工。施工时除应按照有关规定外,还应符合以下要求:

1)采用沉井泵站的沉井就位后,其内壁和底板均不得有渗漏现象;采用现浇混凝土泵站时,混凝土的抗渗标号、强度等级均应满足设计要求。

2)水泵房集水井的设计最高水位应低于通道桥涵地面最低点0.2m以上;设计最低水位应按水泵运行时需要的最低水深确定。水泵的运行应按设计最高水位和设计最低水位设置自动开关。

4 自流式盲沟排水或渗排水层排水

1)盲沟滤管基座应用混凝土浇筑,并与滤管密贴。纵坡应均匀,无反向坡。管节应逐节检查,不合格者不得使用。

2)渗排水层可由粗细卵石和粗细砂分层构成,使之起过滤的作用。施工时,基坑如有积水,应将水位降到砂滤水层以下,不得在泥水层中做滤水层。

施工好的渗排水系统应保持畅通。

22.3 质量检查及质量标准

22.3.1 桥涵顶进后其允许偏差应不超过表22.3.1的规定。

表22.3.1 桥涵顶进允许偏差

检查项目		允许偏差(mm)	
		箱涵(桥)	管涵
轴线偏位	涵(桥)长<15m	100	50
	涵(桥)长15~30m	150	100
	涵(桥)长>30m	300	200

续上表

检查项目		允许偏差（mm）	
		箱涵（桥）	管涵
高程	涵(桥)长＜15m	+30，-100	+20
	涵(桥)长15～30m	+40，-150	±40
	涵(桥)长＞30m	+50，-200	+50，-100
相邻两节高差		30	20

22.3.2 通道桥涵排水设施质量应符合下列要求：

1 排水管与排水管、排水管与集水井间应连接牢固，结合严密。排水管应连接平顺，纵坡均匀。

2 盲沟和渗排水层应粒料铺填密实，排水通畅。

3 水泵站的各种水泵、管道、电气线路、仪表应安装准确、牢固，工作有效。

4 通道桥涵排水管道、集水井允许偏差见表22.3.2-1、表22.3.2-2。

表22.3.2-1 集水井及检查井允许偏差

检查项目	允许偏差（mm）	检查项目	允许偏差（mm）
轴线偏位	50	通道内检查井井盖与邻接路面高差	0～+4
圆井直径或方井长度	±20	集水井与邻接路面高差	0～-4
井盖高程	±10		

表22.3.2-2 管道工程允许偏差

检查项目	允许偏差（mm）	检查项目	允许偏差（mm）
轴线偏位	50	基座宽度	不小于设计值
管底高程	±20	相邻管内底错口	5(下游低于上游)

附录 A　距离测量改正及长度计算公式

1　尺长改正(Δl)

改正数

$$\Delta l = -\frac{L' \cdot l}{L} \tag{A-1}$$

式中：L——钢尺总长(刻度数)；

$$L' = L - L_0$$

L_0——钢尺检定时标准长度；

l——实测尺段长度。

2　温度改正(Δt)

改正数

$$\Delta t = lk(t - t_0) \tag{A-2}$$

式中：l——实测尺段长度；

t_0——钢尺标准长度时的温度；

t——测量时的实际平均温度；

k——经检定的钢尺的线膨胀系数，如不确知时，可用0.000 011 7/℃。

3　拉力改正(ΔP)

所施拉力不同于标准拉力时

改正数

$$\Delta P = \frac{l\,(P - P_0)}{A\,E} \tag{A-3}$$

式中：l——实测尺段长度；

P——测量时的实际拉力；

P_0——检定时的标准拉力；

A——钢尺的断面积；

E——钢尺材料的弹性模量。

4　垂度改正(Δf)

改正数

$$\Delta f = -\frac{d}{24}\left(\frac{md}{P}\right)^2 \tag{A-4}$$

式中：d——量距时钢尺两端支点间距离；

m——钢尺每单位长度的质量；

P——测量时的实际拉力。

5　倾斜度改正(Δh)

改正数

$$\Delta h = -\left(\frac{h^2}{2L} + \frac{h^4}{8L^3}\right) \tag{A-5}$$

式中：L——倾斜尺段长度；

h——两端高差。

6　每一尺段之实际长(dn)

$$dn = l + \Delta l + \Delta t + \Delta P + \Delta f + \Delta h \quad \text{(A-6)}$$

7　距离全长(d)

$$d = \Sigma dn = \Sigma(l + \Delta l + \Delta t + \Delta P + \Delta f + \Delta h) \quad \text{(A-7)}$$

附录 B　试桩试验办法

B.1　一般规定

B.1.1　本办法适用于施工阶段检验性的试桩，其内容包括工艺试验、动力试验及静压、静拔和静推试验。但在多年冻土、湿陷性黄土等地层的试桩试验，不适用本办法。

B.1.2　试桩的位置应符合设计要求，设计无要求时，宜选择在有代表性地质的地方，并尽量靠近地质钻孔或静力触探孔，其间距一般不宜大于 5m 或小于 1m。

试桩的桩径、测试内容应符合设计要求。

B.1.3　勘测设计阶段的试桩数量由设计部门确定，施工阶段的试桩数量规定如下：

1　静压试验应按施工合同规定的数量进行试桩，可按下列规定进行：

1）在相同地质情况下，按桩总数的 1% 计，并不得少于 2 根。

2）位于深水处的试桩，根据具体情况，由主管单位研究确定。

2　静拔、静推试验根据合同要求进行办理。

3　工艺试验由施工单位拟定，报主管单位批准。

B.1.4　试桩前应进行下列准备工作：

1　试桩的桩顶如有破损或强度不足时，应将破损和强度不足段凿除后，修补平整。

2　做静推试验的桩，如系空心桩，则应于直接受力部位填充混凝土。

3　做静压、静拔的试桩，为便于在原地面处施加荷载，在承台底面以上部分或局部冲刷线以上部分设计不能考虑的摩擦力应予扣除。

4　做静压、静拔的试桩，桩身需通过尚未固结新近沉积的土层或湿陷性黄土、软土等土层对桩侧产生向上的负摩擦力部分，应在桩表面涂设涂层，或设置套管等方法予以消除。

5　在冰冻季节试桩时，应将桩周围的冻土全部融化，其融化范围：静压、静拔试验时，离试桩周围不小于 1m；静推试验时，不小于 2m。融化状态应保持到试验结束。

在结冰的水域做试验时，桩与冰层间应保持不小于 100mm 的间隙。

B.2　工艺试验和冲击试验

B.2.1　施工阶段的工艺试验和冲击试验的主要目的：

1）选择合理的施工方法和机具设备；

2）检验桩沉入土中的深度能否达到设计要求；

3）选定锤击沉桩时的锤垫、桩垫及其参数；

4）利用静压试验等方法，验证选用的动力公式在该地质条件下的准确程度；

5）选定射水设备及射水参数（水量、水压等）；

6）查定沉桩时有无“假极限”或“吸入”现象，并确定是否需要复打以及决定复打前的“休止”天数；

7）确定施工工艺和停止沉桩的控制标准。

B.2.2　冲击试验的程序按下列规定执行：

1　使用蒸汽锤时，预先将汽锤加热。

2　用单动汽锤、坠锤沉桩时，记录桩身每下沉 1.0m 的锤击数和全桩的总锤击数，并测量锤击每米沉桩平均落锤高度；用双动汽锤、柴油锤、振动锤沉桩时，记录桩身每下沉 1.0m 的锤击（或振动）时间和全桩的总锤击（或总振动）时间。

3　当桩沉至接近设计标高附近（约1.0m左右）时，用单动汽锤、坠锤沉桩，记录每100mm的锤击数，至设计标高时，最后加打5锤，记录桩的下沉量，算出每锤平均值（以mm/击计），作为停锤贯入度；用双动汽锤、柴油锤、振动锤沉桩，记录每100mm的锤击（或振动）时间，算出最后100mm每分钟平均值（以mm/min计），作为停锤贯入度。

4　冲击（复打）试验和注意事项：

1）冲击试验应经过"休止"后进行，"休止"时间按照本条第6款的规定。

2）用沉桩时达到最后贯入度相同的功能（用坠锤、单动汽锤或柴油锤时，使落锤高度相同；用双动汽锤时，使汽压相同，并迅速送汽锤击；用振动锤时使其各项技术条件相同）和相同的设备（包括桩锤规格、桩帽、锤垫、桩垫等）进行锤击或振动。

3）用坠锤、单动汽锤沉桩，着实的锤击5锤取其平均贯入度；用双动汽锤、柴油锤、振动锤沉桩，取其最后100mm的锤击、振动时间的每分钟平均贯入度作为最终贯入度；贯入度的单位分别为mm/击，mm/min。

5　填写沉桩试验记录。

6　"休止"时间应按土质不同而异，可由试验确定，一般不少于下列天数：

1）桩穿过砂类土，桩尖位于大块碎石土、紧密的砂类土或坚硬的黏质土上，不少于1d。

2）在粗、中砂和细砂里，不少于3d。

3）在黏质土和饱和的粉质土里，不少于6d。

B.3　静压试验

B.3.1　试验目的：通常用来确定单桩承载力和荷载与位移的关系，以及校核动力公式的准确程度。

B.3.2　试验方法：采用慢速维持荷载法，若设计无特殊要求时，用单循环加载试验。

B.3.3　试验时间：静压试验应在冲击试验后立即进行。对于钻（挖）孔灌注桩，须待混凝土达到能承受设计要求荷载后，才可进行试验。

B.3.4　试验加载装置：一般采用油压千斤顶加载。千斤顶的反力装置可根据现场的实际条件选用下列三种形式之一：

1　锚桩承载梁反力装置：锚桩承载梁反力装置能提供的反力，应不小于预估最大试验荷载的1.3～1.5倍。

锚桩一般采用4根，如入土较浅或土质松软时可增至6根。锚桩与试桩的中心间距，当试桩直径（或边长）小于或等于800mm时，可为试桩直径（或边长）的5倍；当试桩直径大于800mm时，上述距离不得小于4m。

2　压重平台反力装置：利用平台上压重作为对桩静压试验的反力装置。压重不得小于预估最大试验荷载的1.2倍，压重应在试验开始前一次加上。

试桩中心至压重平台支承边缘的距离与上述试桩中心至锚桩中心距离相同。

3　锚桩压重联合反力装置：当试桩最大加载量超过锚桩的抗拔能力时，可在承载梁上放置或悬挂一定重物，由锚桩和重物共同承受千斤顶反力。

B.3.5　测量位移装置：测量仪表必须精确，一般使用1/20mm光学仪器或力学仪表，如水平仪、挠度仪、偏移计等。支承仪表的基准架应有足够的刚度和稳定性。基准梁的一端在其支承上可以自由移动，不受温度影响引起上拱或下挠。基准桩应埋入地基表面以下一定深度，不受气候条件等影响。基准桩中心与试桩、锚桩中心（或压重平台支承边缘）之间的距离宜符合附表B.3.5的规定。

附表B.3.5　基准桩中心至试桩、锚桩中心（或压重平台支承边）的距离

反力系统	基准桩与试桩	基准桩与锚桩（或压重平台支承边）
锚桩承载梁反力装置	$\geqslant 4d$	$\geqslant 4d$
压重平台反力装置	≥2.0m	≥2.0m

注：表中为试桩的直径或边长$d \leqslant 800$mm的情况；若试桩直径$d > 800$mm时，基准桩中心至试桩中心（或压重平台支承边）的距离不宜小于4.0m。

B.3.6 加载方法

1 加载重心应与试桩轴线相一致。加载时应分级进行,使荷载传递均匀,无冲击。加载过程中,不使荷载超过每级的规定值。

2 加载分级:每级加载量为预估最大荷载的1/10～1/15。当桩的下端埋入巨粒土、粗粒土以及坚硬的黏质土中时,第一级可按2倍的分级荷载加载。

3 预估最大荷载:对施工检验性试验,一般可采用设计荷载的2.0倍。

B.3.7 沉降观测

1 下沉未达稳定不得进行下一级加载。

2 每级加载的观测时间规定为:每级加载完毕后,每隔15min观测一次;累计1h后,每隔30min观测一次。

B.3.8 稳定标准:每级加载下沉量,在下列时间内如不大于0.1mm时即可认为稳定:

1 桩端下为巨粒土、砂类土、坚硬黏质土,最后30min。

2 桩端下为半坚硬和细粒土,最后1h。

B.3.9 加载终止及极限荷载取值

1 总位移量大于或等于40mm,本级荷载的下沉量大于或等于前一级荷载的下沉量的5倍时,加载即可终止。取此终止时荷载小一级的荷载为极限荷载。

2 总位移量大于或等于40mm,本级荷载加上后24h未达稳定,加载即可终止。取此终止时荷载小一级的荷载为极限荷载。

3 巨粒土、密实砂类土以及坚硬的黏质土中,总下沉量小于40mm,但荷载已大于或等于设计荷载×设计规定的安全系数,加载即可终止。取此时的荷载为极限荷载。

4 施工过程中的检验性试验,一般加载应继续到桩的2倍的设计荷载为止。如果桩的总沉降量不超过40mm,及最后一级加载引起的沉降不超过前一级加载引起的沉降的5倍,则该桩可以予以检验。

5 极限荷载的确定有时比较困难,应绘制荷载—沉降曲线(P-s曲线)、沉降—时间曲线(s-t曲线)确定,必要时还应绘制s-lg$t$曲线、s-lg$P$曲线(单对数法)、s-$[1-P/P_{max}]$曲线(百分率法)等综合比较,确定比较合理的极限荷载取值。

B.3.10 桩的卸载和回弹量观测

1 卸载应分级进行,每级卸载量为两个加载级的荷载值。每级荷载卸载后,应观测桩顶的回弹量,观测办法与沉降相同。直到回弹稳定后,再卸下一级荷载。回弹稳定标准与下沉稳定标准相同。

2 卸载到零后,至少在2h内每30min观测一次,如果桩尖下为砂类土,则开始30min内,每15min观测一次;如果桩尖下为黏质土,第一小时内,每15min观测一次。

B.3.11 试验记录:所有试验数据应按附表B.3.11及时填写记录,绘制静压试验曲线,如附图B.3.11所示,并编写试验报告。

附表 B.3.11 静压试验记录表

____线____桥____号试桩　　地质情况____

沉桩方法及设备型号____　　桩的类型、截面尺寸及长度____

桩的入土深度____(m)　设计荷载____(kN)　　最终贯入度____(mm/击)

加载方法____　　加载顺序____

荷载编号	起止时间			间歇时间(min)	每级荷载(kN)	各表读数(mm)		平均读数(mm)	位移(mm)			气温(℃)	备注
	日	时	分			1号	2号		下沉	上拔	水平		

其他记录:

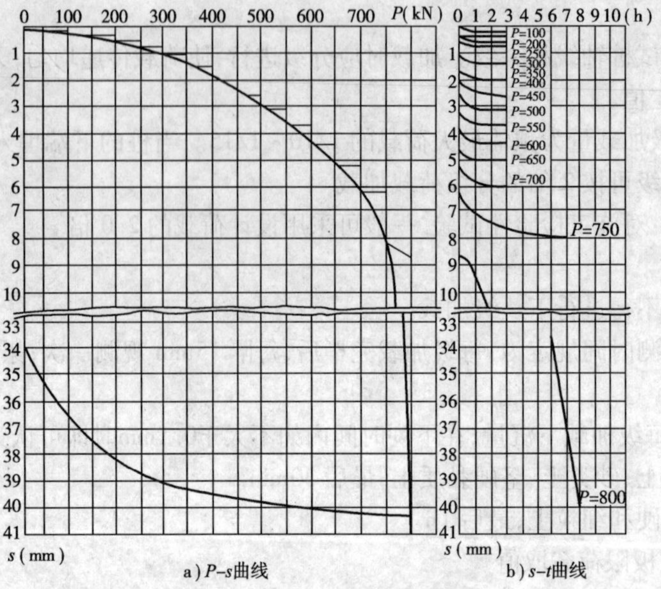

附图 B.3.11　静压试验曲线

B.4　静拔试验

B.4.1　试验目的:在个别桩基中设计承受拉力时,用以确定单桩抗拔容许承载力。

B.4.2　试验时间:一般可按复打规定的"休止"时间以后进行。对于钻(挖)孔灌注桩,须待灌注的混凝土强度达到设计要求的强度后才可进行。静拔试验也可在静压试验后进行。

B.4.3　加载装置:可采用油压千斤顶加载。千斤顶的反力装置一般采用两根锚桩和承载梁组成,试桩和承载梁用拉杆连接,将千斤顶置于两根锚桩之上,顶推承载梁,引起试桩上拔。试桩与锚桩间中心距离可按 B.3.4 条第 1 款确定。

B.4.4　加载方法:一般采用慢速维持荷载法进行。施加的静拔力必须作用于桩的中轴线。加载应均匀、无冲击。每级加载量不大于预计最大荷载的 1/10 ~ 1/15。

B.4.5　位移观测:按 B.3.7 条沉降观测规定办理。

B.4.6　稳定标准:位移量小于或等于 0.1mm/h,即可认为稳定。

B.4.7　加载终止:勘测设计阶段,总位移大于或等于 25mm,加载即可终止;施工阶段,加载不应大于设计容许抗拔荷载。

B.4.8　试验记录:所有试验观测数据应按附表 B.3.11 及时填写记录,并绘制如附图 B.3.11 所示曲线(代表拔出位移的纵坐标改为向上)。

B.5　静推试验

B.5.1　试验目的及试验方法:试验目的主要是确定桩的水平承载力、桩侧地基土水平抗力系数的比例系数。试验方法,对于承受反复水平荷载的基桩,采用多循环加卸载方法;对于承受长期水平荷载的基桩,采用单循环加载方法。

B.5.2　加载装置

1　一般采用两根单桩通过千斤顶相互顶推加载;或在两根锚桩间平放一根横梁,用千斤顶向试桩加载;有条件时可利用墩台或专设反力座以千斤顶向试桩加载。在千斤顶与试桩接触处宜安设一球形铰座,保证千斤顶作用力能水平通过桩身轴线。

2　加载反力结构的承载能力应为预估最大试验荷载的 1.3 ~ 1.5 倍,其作用方向的刚度不应小于试桩。反力结构与试桩之间净距按设计要求确定。

3　固定百分表的基准桩宜设在桩侧面靠位移的反方向，与试桩净距不小于试桩直径的1倍。

B.5.3　多循环加卸载试验法按下列规定进行：

1　加载分级：可按预计最大试验荷载的1/10~1/15，一般可采用5~10kN，过软的土可采用2kN级差。

2　加载程序与位移观测：各级荷载施加后，恒载4min测读水平位移，然后卸载至零，2min后测读残余水平位移，至此完成一个加载循序，如此循环5次，便完成一级荷载的试验观测。加载时间应尽量缩短，测量位移间隔时间应严格准确，试验不得中途停歇。

3　加载终止条件：当出现下列情况之一时即可终止加载：

1）桩顶水平位移超过20~30mm（软土取40mm）；

2）桩身已经断裂；

3）桩侧地表明显裂纹或隆起。

B.5.4　多循环加卸载法的资料整理

单桩水平静推试验记录参照附表B.5.4。

附表 B.5.4　单桩水平静推试验记录

试桩号：　　　　　　　　　　　　　　　　　　　　　　　　　　上下表距：

荷载（kN）	观测时间 d/h/min	循环数	加载		卸载		水平位移(mm)		加载上下表读数差	转角	备注
			上表	下表	上表	下表	加载	卸载			

试验＿＿＿＿　　　　记录＿＿＿＿　　　　校核＿＿＿＿　　　　施工负责人＿＿＿＿

由试验记录绘制水平荷载—时间—桩顶位移关系曲线（H-t-x 曲线），见附图B.5.4-1，水平荷载—位移梯度关系曲线（H-$\Delta x/\Delta H$ 曲线），见附图B.5.4-2。

当桩身具有应力量测资料时，尚应绘制应力沿桩身分布和水平力—最大弯矩截面钢筋应力关系曲线（H-σ_g 曲线）见图B.5.4-3。

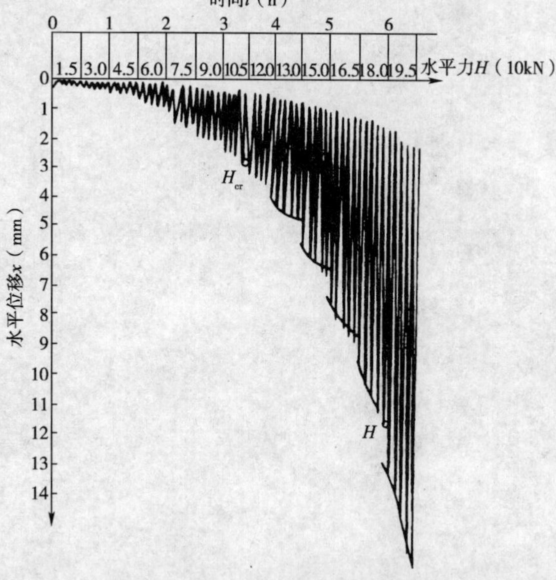

附图 B.5.4-1　H-t-x 曲线

B.5.5　多循环加卸载临界荷载（H_{cr}）、极限荷载（H_u）及水平抗推容许承载力

1　临界荷载 H_{cr}：相当于桩身开裂，受拉混凝土不参加工作时的桩顶水平力，其数值可按下列方法综合确定：

1）取 H-t-x 曲线出现突变点的前一级荷载；

2）取 H-$\Delta x/\Delta H$ 曲线的第一直线段的终点所对应的荷载；

3）取 H-σ_g 曲线第一突变点对应的荷载。

2　极限荷载 H_u：其数值可按下列方法综合确定：

1）取 H-t-x 曲线明显陡降的前一级荷载；

2）取 H-t-x 曲线各级荷载下水平位移包络线向下凹曲的前一级荷载；

3）取 h-$\Delta x/\Delta h$ 曲线第二直线终点所对应的荷载；

4）桩身断裂或钢筋应力达到流限的前一级荷载。

3　水平抗推容许荷载：为水平极限荷载除以设计规定的安全系数。

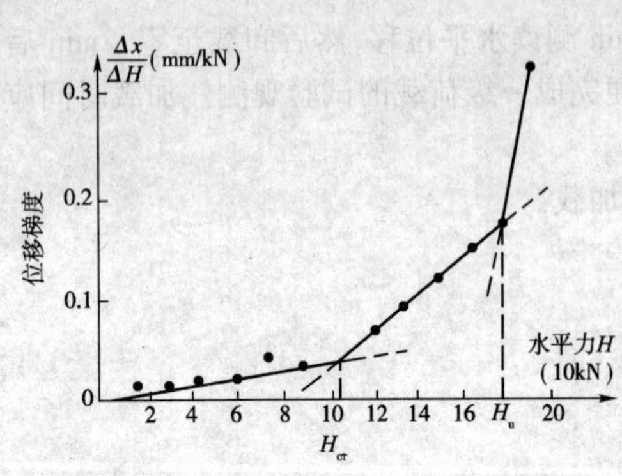

附图 B.5.4-2 H-$\Delta x/\Delta H$ 曲线

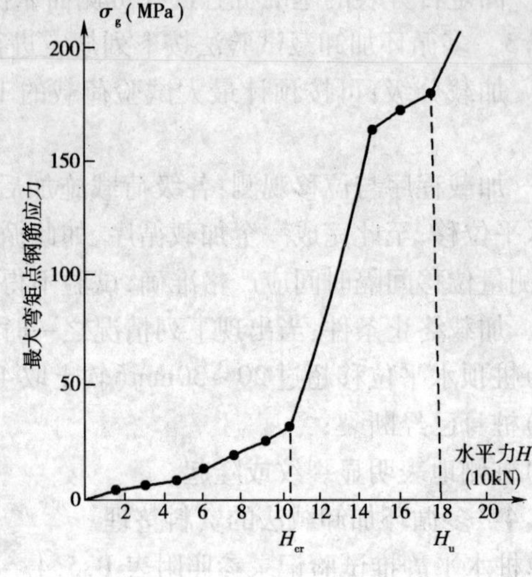

附图 B.5.4-3 H-σ_g 曲线

B.5.6 单循环加载试验法可按下列规定执行：

1 加载分级与多循环加卸载试验方法相同。

2 加载后测读位移量与静压试验测读的方法相同。

3 静推稳定标准：如位移量小于或等于 0.05mm/h 即可认为稳定。

4 终止加载条件：勘测设计阶段的试验，水平力作用点处位移量大于或等于 50mm，加载即可终止；施工检验性试验，加载不应超过设计的容许荷载。

5 试验记录：所有试验观测数据应填写记录，并绘制如附图B.3.11所示曲线图。将水平位移量改为横坐标，荷载改为纵坐标。

附录 C-1　泥浆原料和外加剂的性能要求及需要量计算方法

1　泥浆原料黏质土的性能要求

一般可选用塑性指数大于 25，粒径小于 0.074mm 的黏粒含量大于 50% 的黏质土制浆。当缺少上述性能的黏质土时，可用性能略差的黏质土，并掺入 30% 的塑性指数大于 25 的黏质土。

当采用性能较差的黏质土调制的泥浆其性能指标不符合要求时，可在泥浆中掺入 Na_2CO_3（俗称碱粉或纯碱）、氢氧化钠（NaOH）或膨润土粉末，以提高泥浆性能指标。掺入量与原泥浆性能有关，宜经过试验决定。一般碳酸钠的掺入量约为孔中泥浆土量的0.1% ~0.4%。

2　泥浆原料膨润土的性能和用量

膨润土分为钠质膨润土和钙质膨润土两种。前者质量较好，大量用于炼钢、铸造中，钻孔泥浆中用量也很大。膨润土泥浆具有相对密度低、黏度低、含砂量少、失水量少、泥皮薄、稳定性强、固壁能力高、钻具回转阻力小、钻进率高、造浆能力大等优点。一般用量为水的 8%，即 8kg 的膨润土可掺 100L 的水。对于黏质土地层，用量可降低到 3% ~5%。较差的膨润土用量为水的 12% 左右。

3　泥浆外加剂及其掺量

1）CMC（Carboxy Methyl Celluose）全名羧甲基纤维素，可增加泥浆黏性，使土层表面形成薄膜而防护孔壁剥落并有降低失水量的作用。掺入量为膨润土的 0.05% ~0.01%。

2）FCI，又称铬铁木质素磺酸钠盐，为分散剂，可改善因混杂有土，砂粒，碎、卵石及盐分等而变质的泥浆性能，可使上述钻渣等颗粒聚集而加速沉淀，改善护壁泥浆的性能指标，使其继续循环使用。掺量为膨润土的 0.1% ~0.3%。

3）硝基腐殖碳酸钠（简称煤碱剂），其作用与 FCI 相似。它具有很强的吸附能力，在黏质土表面形成结构性溶剂水化膜，防止自由水渗透，能使失水量降低，使黏度增加，若掺入量少，可使黏度不上升，具有部分稀释作用，掺用量与 FCI 同。2）、3）两种分散剂可任选一种。

4）碳酸钠（Na_2CO_3）又称碱粉或纯碱。它的作用可使 pH 值增大到 10。泥浆中 pH 值过小时，黏土颗粒难于分解，黏度降低，失水量增加，流动性降低；小于 7 时，还会使钻具受到腐蚀；若 pH 过大，则泥浆将渗透到孔壁的黏土中，使孔壁表面软化，黏土颗粒之间凝聚力减弱，造成裂解而使孔壁坍塌。pH 值以 8 ~10 为宜，这时可增加水化膜厚度，提高泥浆的胶体率和稳定性，降低失水量。掺入量为膨润土的 0.3% ~0.5%。

5）PHP，即聚丙烯酰胺絮凝剂。它的作用为，在泥浆循环中能清除劣质钻屑，保存造浆的膨润土粒；它具有低固相、低相对密度、低失水、低矿化、泥浆触变性能强等特点。掺入量为孔内泥浆的 0.003%。

6）重晶石细粉（$BaSO_4$），可将泥浆的相对密度增加到 2.0 ~2.2，提高泥浆护壁作用。为提高掺入重晶粉后泥浆的稳定性，降低其失水性，可同时掺入 0.1% ~0.3% 的氢氧化钠（NaOH）和0.2% ~0.3% 的橡胶粉。掺入上述两种外加剂后，最适用于膨胀的黏质塑性土层和泥质页岩土层。重晶石粉掺量根据原泥浆相对密度和土质情况检验决定。

7）纸浆、干锯末、石棉等纤维质物质，其掺量为水量的 1% ~2%，其作用是防止渗水并提高泥浆循环效果。

以上各种外加剂掺入量，宜先做试配，试验其掺入外加剂后的泥浆性能指标是否有所改善，并符合要求。

各种外加剂宜先制成小剂量溶剂，按循环周期均匀加入，并及时测定泥浆性能指标，防止掺入外加剂过量。每循环周期相对密度差不宜超过 0.01。

4　调制泥浆的原料用量计算

在黏质土层中钻孔，钻孔前只需调制不多的泥浆。以后可在钻进过程中，利用地层黏质土造浆、补浆。

在砂类土、砾石土和卵石土中钻孔时，钻孔前应备足造浆原料，其数量可按以下公式和原则计算：

$$m = V\rho_1 = \frac{\rho_2 - \rho_3}{\rho_1 - \rho_2} - \rho_1$$

式中：m——每立方米泥浆所需原料的质量(t)；

V——每立方米泥浆所需原料的体积(m^3)；

ρ_1——原料的密度(t/m^3)；

ρ_2——要求的泥浆密度(t/m^3)，

$$\rho_2 = V\rho_1 t(1 - V)\rho_3$$

ρ_3——水的密度，取 $\rho_3 = 1t/m^3$。

若造成的泥浆的黏度为 20～22s 时，则各种原料造浆能力为：黄土胶泥 1～3m^3/t，白土、陶土、高岭土 3.5～8 m^3/t，次膨润土为 9 m^3/t，膨润土为 15 m^3/t。

从以上资料得知，膨润土的造浆能力为黄土胶泥的 5～7 倍。

附录 C-2　泥浆各种性能指标的测定方法

1　相对密度 ρ_x：可用泥浆相对密度计测定。将要量测的泥浆装满泥浆杯，加盖并洗净从小孔溢出的泥浆，然后置于支架上，移动游码，使杠杆呈水平状态（即气泡处于中央），读出游码左侧所示刻度，即为泥浆的相对密度。

若工地无以上仪器时，可用一口杯，先称其质量设为 m_1，再装清水称其质量为 m_2，再倒去清水，装满泥浆并擦去杯周溢出的泥浆，称其质量为 m_3，则 $\rho_x = \frac{m_3 - m_1}{m_2 - m_1}$。

2　黏度 η(s)：工地用标准漏斗黏度计测定，黏度计如附图C-2-1所示。用两端开口量杯分别量取200ml 和 500ml 泥浆，通过滤网滤去大砂粒后，将泥浆 700ml 均注入漏斗，然后使泥浆从漏斗流出，流满500ml 量杯所需时间（s），即为所测泥浆的黏度。

校正方法：漏斗中注入 700ml 清水，流出 500ml，所需时间应是 15s，如偏差超过 ±1s，则量测泥浆黏度时应校正。

3　含砂率（%）：工地用含砂率计（如附图 C-2-2 所示）测定。量测时，把调制好的泥浆 50ml 倒进含砂率计，然后再倒 450ml 清水，将仪器口塞紧，摇动 1min，使泥浆与水混合均匀，再将仪器竖直静放3min，仪器下端沉淀物的体积（由仪器上刻度读出）乘 2 就是含砂率（%）。（有一种大型的含砂率计，容积 1 000ml，从刻度读出的数不乘 2 即为含砂率）。

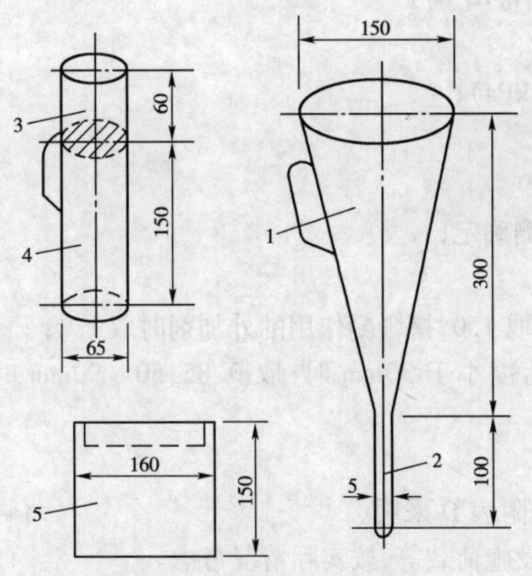

附图 C-2-1　黏度计（单位：mm）
1-漏斗；2-管子；3-量杯 200ml 部分；4-量杯 500ml 部分；5-筛网及杯

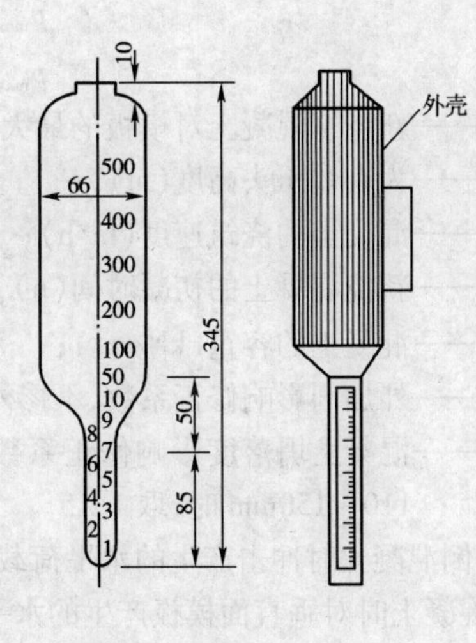

附图 C-2-2　含砂率计（单位：mm）

4　胶体率（%）：亦称稳定率，它是泥浆中土粒保持悬浮状态的性能。测定方法：可将 100ml 的泥浆放入干净量杯中，用玻璃板盖上，静置 24h 后，量杯上部的泥浆可能澄清为透明的水，量杯底部可能有沉淀物。以 100 -（水 + 沉淀物）体积即等于胶体率。

5　失水量（ml/30min）和泥皮厚（mm）：用一张 120mm × 120mm 的滤纸，置于水平玻璃板上，中央画一直径 30mm 的圆圈，将 2ml 的泥浆滴于圆圈中心，30min 后，量算湿润圆圈的平均半径减去泥浆坍平成为泥饼的平均半径（mm）即失水量，算出的结果（mm）值代表失水量，单位：ml/min。在滤纸上量出泥饼厚度（mm）即为泥皮厚。泥皮愈平坦、愈薄，则泥浆质量愈高，一般不宜厚于 2 ~ 3mm。

附录D 普通模板荷载计算

1 模板、支架和拱架的容重应按设计图纸计算确定。

2 新浇筑混凝土和钢筋混凝土的混凝土容重 $24kN/m^3$，钢筋混凝土的容重可采用 $25 \sim 26kN/m^3$（以体积计算的含筋量≤2%时采用 $25kN/m^3$，>2%时采用 $26kN/m^3$）。

3 施工人员和施工材料、机具行走运输或堆放荷载标准值：

1）计算模板及直接支承模板的小棱时，均布荷载可取2.5kPa，另外以集中荷载2.5kN进行验算；

2）计算直接支承小棱的梁或拱架时，均布荷载可取1.5kPa；

3）计算支架立柱及支承拱架的其他结构构件时，均布荷载可取1.0kPa；

4）有实际资料时按实际取值。

4 振捣混凝土时产生的荷载（作用范围在有效压头高度之内）：

对水平面模板为2.0kPa；对垂直面模板为4.0kPa。

5 新浇混凝土对模板侧面的压力：

采用内部振捣器，当混凝土的浇筑速度在6m/h以下时，新浇筑的普通混凝土作用于模板的最大侧压力可按式（D-1）和式（D-2）计算，侧压力分布图如附图D：

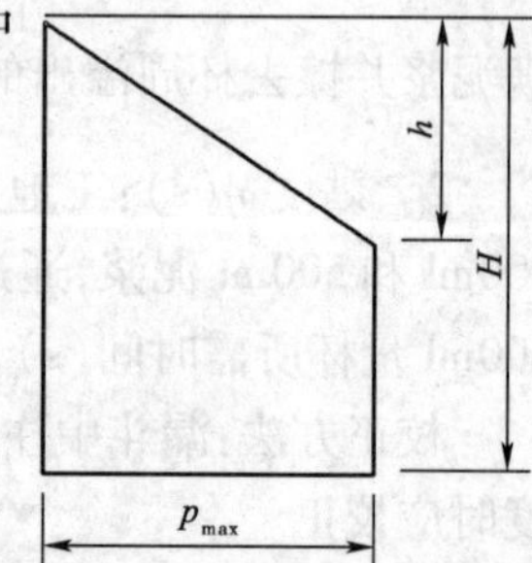

图 D

H-混凝土浇筑层（在水泥初凝时间以内）的厚度（m）

$$p_{max} = 0.22\gamma t_0 K_1 K_2 v^{1/2} \tag{D-1}$$

$$p_{max} = \gamma h \tag{D-2}$$

式中：p_{max}——新浇筑混凝土对模板的最大侧压力（kPa）；

h——为有效压头高度（m）；

v——混凝土的浇筑速度（m/h）；

t_0——新浇混凝土的初凝时间（h），可按实测确定；

γ——混凝土的容重（kN/m^3）；

K_1——外加剂影响修正系数，不掺外加剂时取1.0，掺缓凝作用的外加剂时取1.2；

K_2——混凝土坍落度影响修正系数，当坍落度小于30mm时，取0.85；50～90mm时，取1.0；110～150mm时，取1.15。

6 倾倒混凝土时冲击产生的水平荷载：

倾倒混凝土时对垂直面模板产生的水平荷载按附表D采用。

7 其他可能产生的荷载：如雪荷载、冬季保温设施荷载等，按实际情况考虑。

附表D 倾倒混凝土时产生的水平荷载

向模板中供料方法	水平荷载（kPa）	向模板中供料方法	水平荷载（kPa）
用溜槽、串筒或导管输出	2.0	用容量 $0.2 \sim 0.8m^3$ 的运输器具倾倒	4.0
用容量小于或等于 $0.2m^3$ 的运输器具倾倒	2.0	用容量大于 $0.8m^3$ 的运输器具倾倒	6.0

附录 E-1　钢筋的力学、工艺性能

钢筋的力学、工艺性能见附表 E-1。

附表 E-1　钢筋的力学、工艺性能

品种		强度等级代号	公称直径（mm）	屈服点 σ_s（MPa）	抗拉强度 σ_b（MPa）	伸长率（%）		冷弯	反向弯曲 正弯45° 反弯23°	应力松弛 $\sigma_{con}=0.7\sigma_b$		备　注
外形	钢筋级别			不小于				d=弯心直径 a=钢筋公称直径		1 000h 不大于（%）	10h 不大于（%）	
光圆钢筋	I	R235	8～20	235	370	δ_5 25		180° $d=a$				摘自《钢筋混凝土用热轧光圆钢筋》（GB 13013—91）
热轧带肋钢筋	牌号	HRB 335	6～25 28～50	335	490	δ_5 16		180° $d=3a$ $d=4a$	$d=4a$ $d=5a$			摘自《钢筋混凝土用热轧带肋钢筋》（GB 1499—98）
	牌号	HRB 400	6～25 28～50	400	570	δ_5 14		180° $d=4a$ $d=5a$	$d=5a$ $d=6a$			
	牌号	HRB 500	6～25 28～50	500	630	δ_5 12		180° $d=6a$ $d=7a$	$d=7a$ $d=8a$			
冷轧带肋钢筋		LL550	5～10	$\sigma_{0.2}$ 550	550	σ_{10} 8		180° $d=3a$		8	5	摘自《冷轧带肋钢筋》（GB 13788—92）
		LL650		$\sigma_{0.2}$ 520	650		σ_{100} 4	180° $d=4a$				
		LL800		$\sigma_{0.2}$ 640	800		σ_{100} 4	180° $d=5a$		8	5	
低碳钢热轧圆盘条		Q215 Q235	5.5～30	215 235	375 410	σ_{10} 27 23		180° $d=0$ $d=0.5a$				摘自《低碳钢热轧圆盘条》（GB 701—1997）

附录 E-2　焊接钢筋的质量验收内容和标准

一、钢筋闪光对焊接头

1　批量规定:在同一台班内,由同一焊工按同一焊接参数完成的300个同类型(指钢筋级别和直径均相同的接头)接头作为1批。一周内连续焊接时可以连续计算,一周内累计不足300个接头时,亦按1批计算。

2　外观检查:每批抽查10%的接头,并不得少于10个。

3　焊接等长的预应力钢筋(包括螺丝端杆与钢筋)时,可按生产时同等条件制作模拟试件。

4　螺丝端杆接头可只做拉伸试验。

(1)接头处不得有横向裂纹。

(2)与电极接触处的钢筋表面,对Ⅰ级钢筋、HRB335、HRB400钢筋,不得有明显烧伤;对HRB500钢筋不得有烧伤;低温对焊时,对HRB335、HRB400、HRB500钢筋,不得有烧伤。

(3)接头处的弯折不得大于4°。

(4)接头处的钢筋轴线偏移不得大于0.1倍的钢筋直径,同时不得大于2mm。

当有一个接头不符合要求时,应对全部接头进行检查,剔出不合格品。不合格接头切除重焊后,可再次提交验收。

5　力学性能试验:包括拉伸试验和弯曲试验。应从每批成品中切取6个试件,3个进行拉伸试验,3个进行弯曲试验。试验结果应符合下列要求:

(1)3个热轧钢筋接头试件的抗拉强度均不得小于该级别钢筋规定的抗拉强度;余热处理Ⅲ级钢筋接头试件的抗拉强度均不得小于HRB400钢筋的抗拉强度。

(2)应至少有2个试件断于焊缝之外,并呈延性断裂。

当试验结果有1个试件的抗拉强度小于上述规定值,或有2个试件在焊缝或热影响区发生脆性断裂时,应再取6个试件进行复验,复验结果,当仍有1个试件的抗拉强度小于规定值时,或有3个试件断于焊缝或热影响区,呈脆性断裂,应确认该批接头为不合格品。

(3)预应力钢筋与螺丝端杆闪光对焊接头拉伸试验结果,3个试件应全部断于焊缝之外,呈延性断裂。

当试验结果有1个试件在焊缝或热影响区发生脆性断裂时,应从成品中再切取3个试件进行复验,复验结果,当仍有1个试件在焊缝或热影响区发生脆性断裂时,应确认该批接头为不合格品。

(4)模拟试件的试验结果不符合要求时,应从成品中再切取试件进行复验,其数量和要求应与初始试验时相同。

(5)闪光对焊接头弯曲试验时,应将受压面的金属毛刺和镦粗变形部分消除,且与母材的外表齐平。

弯曲试验可在万能试验机、手动或电动液压弯曲试验器上进行,焊缝应处于弯曲中心点,弯心直径和弯曲角应符合附表E-2-1的规定,当弯至90°,至少有2个试件不得发生破断。

附表 E-2-1　闪光对焊接头弯曲试验指标

钢筋级别	弯心直径	弯曲角(°)	钢筋级别	弯心直径	弯曲角(°)
Ⅰ级	$2d$	90	HRB400	$5d$	90
HRB335	$4d$	90	HRB500	$7d$	90

注:①d 为钢筋直径(mm);

②直径大于28mm的钢筋对焊接头,弯曲试验时弯心直径应增加1倍钢筋直径。

当试验结果有2个试件发生破断时,应再取6个试件进行复验,复验结果,当仍有3个试件发生破断,应确认该批接头为不合格品。

二、钢筋电弧焊接头

1　批量规定:以 300 个同类型接头为 1 批,不足 300 个时仍作为 1 批。

2　外观检查:应在接头清渣后逐个进行目测或量测,检查结果应符合下列要求:

(1)焊缝表面平整,不得有较大的凹陷、焊瘤。

(2)接头处不得有裂纹。

(3)咬边深度,气孔、夹渣的数量和大小以及接头偏差,不得超过附表 E-2-2 所规定的数值。

附表 E-2-2　钢筋电弧焊接头尺寸偏差及缺陷允许值

名称		单位	接头型式		
			帮条焊	搭接焊	坡口焊及熔槽帮条焊
帮条沿接头中心线的纵向偏移		mm	$0.5d$		
接头处弯折		°	4	4	4
接头处钢筋轴线的偏移		mm	$0.1d$ 3	$0.1d$ 3	$0.1d$ 3
焊缝厚度		mm	$+0.05d$ 0	$+0.05d$ 0	
焊缝宽度		mm	$+0.1d$ 0	$+0.1d$ 0	
焊缝长度		mm	$-0.5d$	$-0.5d$	
横向咬边深度		mm	0.5	0.5	0.5
在长 $2d$ 的焊缝表面上	数量	个	2	2	
	面积	mm^2	6	6	
在全部焊缝上	数量	个			2
	面积	mm^2			6

注:① d 为钢筋直径(mm);

②低温焊接接头的咬边深度不得大于 0.2mm。

(4)坡口焊及熔槽帮条焊接头,其焊缝加强高度不大于 3mm。

外观检查不合格的接头,经修整或补强后,可再次提交二次验收。

3　强度检验试验:从成品中每批切取 3 个接头做拉伸试验,试验结果应符合下列要求:

(1)3 个热轧钢筋接头试件的抗拉强度均不得低于该级别钢筋的规定抗拉强度值,余热处理 III 级钢筋接头试件抗拉强度均不得小于 HRB400 钢筋规定的抗拉强度。

(2)至少有 2 个试件呈塑性断裂,3 个试件均断于焊缝之外。

当检验结果有 1 个试件的抗拉强度低于规定指标或有 2 个试件发生脆性断裂时,应取双倍数量的试件进行复验,复验结果若仍有 1 个试件的抗拉强度低于规定指标,或有 1 个试件断于焊缝或有 3 个试件呈脆性断裂时,则该批接头即为不合格品。

模拟试件数量和要求应与从成品中切取时相同,当模拟试件试验结果不符合要求时,复验应再从成品中切取,其数量和要求应与开始试验时相同。

三、焊接骨架和焊接网片

1　焊接骨架和焊接网片应按下列规定进行质量检验:

(1)外观检查应按同一类型制品分批抽验,一般制品每批抽查 5%;梁柱、骨架等重要制品每批抽查 10%;均不得少于 3 件。

(2)强度检验时,试件应从每批成品中切取。切取过试件的制品,应补焊同级别、同直径的钢筋,其每边的搭接长度应符合规定。当所切取试件的尺寸不能满足试验要求或受力钢筋直径大于 8mm 时,可在生产过程中焊接试验用网片,从中切取试件,试件尺寸见附图 E-2-1。

(3)热轧钢筋焊点应做抗剪试验,试件为 3 件;冷拔低碳钢丝焊点,除做抗剪试验外,还应对较小钢

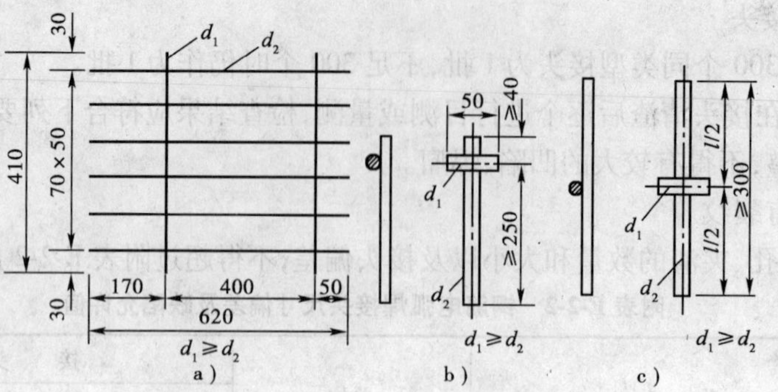

附图 E-2-1 钢筋焊接试验试件(尺寸单位:mm)

a)焊接网片试验简图;b)钢筋焊点抗剪试件;c)钢筋焊点拉伸试件

丝做抗拉伸试验,试件各为 3 件。

(4)焊接制品由几种钢筋组合时,每种组合均做强度试验。

(5)凡钢筋级别、直径及尺寸均相同的焊接制品,即为同一类型制品,每 200 件为 1 批。

2 焊接骨架和焊接网片的外观质量检查,应符合下列要求:

(1)焊点处熔化金属均匀。

(2)热轧钢筋点焊时,压入深度为较小钢筋直径的 30% ~45%;冷拔低碳钢丝点焊时,压入深度为较小钢丝直径的 30%~35%。

(3)焊点无脱落、漏焊、裂纹、多孔性缺陷及明显的烧伤现象。

焊接骨架的长度、宽度的允许偏差见现行《公路工程质量检验评定标准》(JTJ 071)的要求。当外观检查结果不符合上述要求时,则逐件检查,并剔出不合格品。对不合格品经整修后,可再次提交验收。

3 焊点的抗剪试验结果应符合附表 E-2-3 规定的数值。拉伸试验结果不得小于冷拔低碳钢丝乙级规定的抗压强度。

附表 E-2-3 钢筋焊点抗剪指标(N)

钢筋级别	较小一根钢筋直径(mm)								
	3	4	5	6	6.5	8	10	12	14
Ⅰ 级				6 640	7 800	11 810	18 460	26 580	36 170
HRB335						16 840	26 310	37 890	51 560
冷拔低碳钢丝	2 530	4 490	7 020						

试验结果,如 1 个试件达不到上述要求,则取双倍数量的试件进行复验,复验结果,若仍有 1 个试件不能达到上述要求,则该批制品即为不合格品。对于不合格品,经采取加固处理后,可再次提交验收。

当模拟试件试验结果达不到规定要求,复验试件应从成品中切取,试件数量和要求应与初始试验时相同。

焊接网片的质量验收内容和标准应符合现行《钢筋焊接及验收规程》(JGJ 18)的规定。

四、预埋件钢筋 T 形接头

1 预埋件钢筋 T 形接头的外观检查,应从同一台班内完成的同一类型预埋件中抽查 10%,且不得少于 10 件。

2 当进行力学性能试验时,应以 300 件同类型预埋件作为 1 批。

一周内连续焊接时,可累计计算。当不足 300 件时,亦应按 1 批计算。应从每批预埋件中随机切取 3 个试件进行拉伸试验,试件的钢筋长度应大于或等于 200mm,钢板的长度和宽度均应大于或等于 60mm(附图 E-2-2)。

3 预埋件钢筋手工电弧焊接头外观检查结果应符合下列要求:

(1)当采用 I 级钢筋时,角焊缝焊脚 k 不得小于钢筋直径的 0.5 倍;采用 HRB335 钢筋时,焊脚 k 不得小于钢筋直径的 0.6 倍。

(2)穿孔塞焊焊缝表面平顺,局部下凹不得大于 1mm。

(3)焊缝不得有裂纹。

(4)焊缝表面不得有3个直径大于1.5mm的气孔。

(5)钢筋咬边深度不得超过0.5mm。

(6)钢筋相对钢板的直角偏差不得大于4°。

(7)钢筋间距偏差不应大于10mm。

4 预埋件钢筋埋弧压力焊接头外观检查结果应符合下列要求：

(1)四周焊包凸出钢筋表面的高度应符合如下要求：

敲去渣壳，四周焊包应较均匀，凸出钢筋表面的高度应大于或等于4mm(附图E-2-3)。

(2)钢筋咬边深度不得超过0.5mm。

(3)与钳口接触处钢筋表面应无明显烧伤。

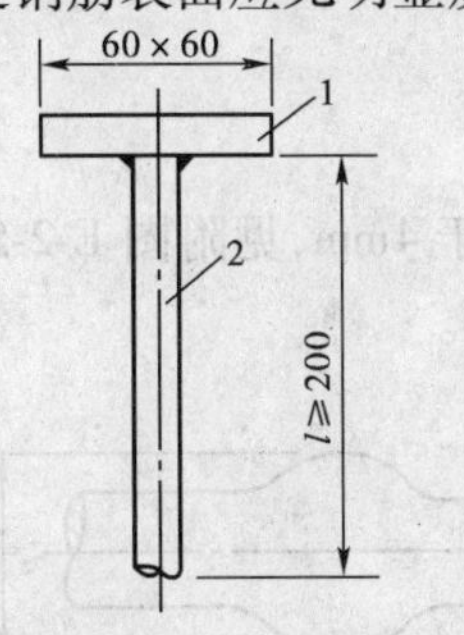

附图E-2-2 预埋件T形接头拉伸试件
1-钢板；2-钢筋

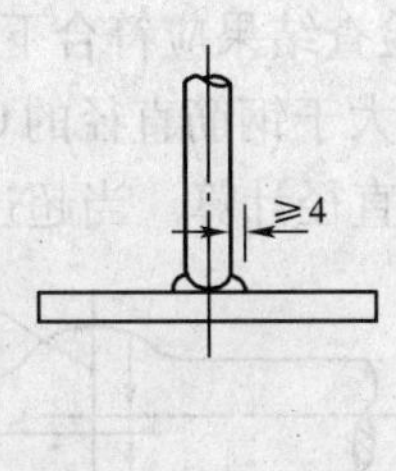

附图E-2-3 预埋件钢筋埋弧压力焊接头

(4)钢板应无焊穿，根部应无凹陷现象。

(5)钢筋相对钢板的直角偏差不得大于4°。

(6)钢筋间距偏差不应大于10mm。

5 预埋件外观检查结果，当有1个接头不符合上述要求时，应逐个进行检查，并剔出不合格品。不合格接头经焊补后可提交二次验收。

6 预埋件钢筋T形接头3个试件拉伸试验结果，其抗拉强度应符合下列要求：

(1)I级钢筋接头均不得小于350MPa；

(2)HRB335钢筋接头均不得小于490MPa。

当试验结果有1个试件的抗拉强度小于规定值时，应再取6个试件进行复验，复验结果，当仍有1个试件的抗拉强度小于规定值时，应确认该批接头为不合格品。对于不合格品采取补强焊接后，可提交二次验收。

五、电渣压力焊

1 接头质量检查

电渣压力焊接头应逐个进行外观检查。定做力学性能试验时，从每批接头中随机切取3个试件做拉伸试验。

(1)在一般构筑物中，以300个同级别钢筋接头作为1批；

(2)在现浇钢筋混凝土结构中，每一施工区段中以300个同级别钢筋接头作为1批，不足300个接头仍作为1批。

2 外观检查质量要求

电渣压力焊接头外观检查结果应符合下列要求：

(1)接头焊毕，应停歇适当时间，才可回收焊剂和卸下焊接夹具。敲去渣壳，四周焊包应较均匀，凸出钢筋表面的高度至少4mm，确保焊接质量，见附图E-2-4。

(2)电极与钢筋接触处，无明显的烧伤缺陷。

(3)接头处的弯折角不大于4°。

(4)接头处的轴线偏移不超过0.1倍钢筋直径，同时不大于2mm。

外观检查不合格的接头应切除重焊，或采取补强措施。

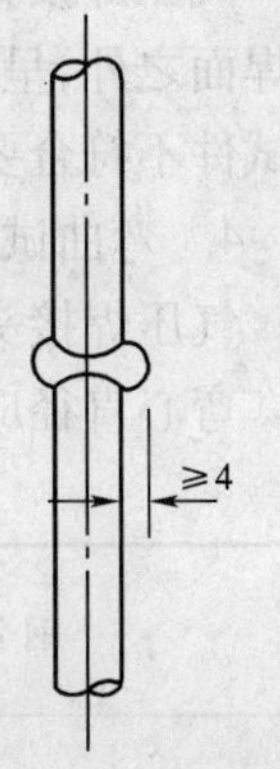

附图E-2-4 钢筋电渣压力焊接头

3　拉伸试验质量要求

电渣压力焊接头拉伸试验结果,3 个试件的抗拉强度均不得低于该级别钢筋规定的抗拉强度值。

当试验结果有 1 个试件的抗拉强度低于规定指标,应取 6 个试件进行复验,复验结果,若仍有 1 个试件的抗拉强度低于规定指标,该批接头为不合格品。

六、气压焊

1　接头质量检查

气压焊接头应逐个进行外观检查。当进行力学性能试验时,应从每批接头中随机切取 3 个接头做拉伸试验。在梁、板的水平钢筋连接中,应另切取 3 个接头做弯曲试验,且应按下列规定抽取试件:

以 300 个接头作为 1 批,不足 300 个接头仍作为 1 批。

2　外观检查质量要求

气压焊接头外观检查结果应符合下列要求:

(1)偏心量 e 不得大于钢筋直径的 0.15 倍,同时不得大于 4mm,见附图 E-2-5a)。当不同直径钢筋相焊接时,按较小钢筋直径计算。当超过限量时,应切除重焊。

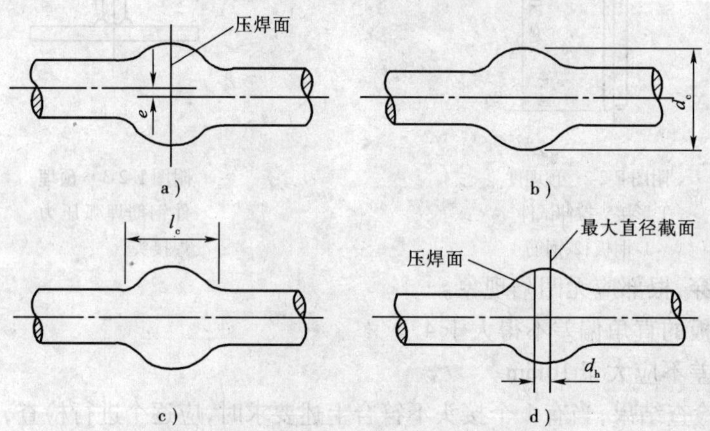

附图 E-2-5　钢筋气压焊接头外观质量图解

a)偏心量;b)镦粗直径;c)镦粗长度;d)压焊面偏移

(2)两钢筋轴线弯折角不得大于 4°,当超过限量时,应重新加热矫正。

(3)镦粗直径 d_c 不得小于钢筋直径的 1.4 倍,见附图E-2-5b)。当小于此限量时,应重新加热镦粗。

(4)镦粗长度 l_c 不得小于钢筋直径的 1.2 倍,且凸起部分平缓圆滑,见附图 E-2-5c)。当小于此限量时,应重新加热镦长。

(5)压焊面偏移 d_h 不得大于钢筋直径的 0.2 倍,见附图E-2-5d)。

3　拉伸试验质量要求

气压焊接头拉伸试验结果,3 个试件的抗拉强度均不得低于该级别钢筋规定的抗拉强度值,并断于压焊面之外,呈延性断裂。若有 1 个试件不符合要求时,应切取 6 个试件进行复验,复验结果,若仍有 1 个试件不符合要求,该批接头为不合格品。

4　弯曲试验质量要求

气压焊接头弯曲试验时,应将试件受压面的凸起部分除去,与钢筋外表面齐平。

弯心直径应符合附表 E-2-4 的规定。

附表 E-2-4　气压焊接头弯曲试验弯心直径

钢 筋 等 级	弯　心　直　径	
	$d \leq 25$mm	$d > 25$mm
I	2d	3d
HRB335	4d	5d
HRB400	5d	6d

注:d 为钢筋直径(mm)。

弯曲试验可在万能试验机、手动或电动液压弯曲试验器上进行，压焊面应处在弯曲中心点，弯至90°，3个试件均不得在压焊面发生破断。

当试验结果有1个试件不符合要求，应切取6个试件进行复验，复验结果，若仍有1个试件不符合要求，该批接头为不合格品。

附录 E-3　钢筋机械连接接头的设计原则与性能等级

1　钢筋机械连接接头的设计应满足接头强度(屈服强度及抗拉强度)及变形性能的要求。

2　钢筋机械连接件的屈服承载力和抗拉承载力的标准值不应小于被连接钢筋的屈服承载力和抗拉承载力标准值的 1.10 倍。

3　钢筋接头应根据接头的性能等级和应用场合,对静力单向拉伸性能、高应力反复拉压、大变形反复拉压、抗疲劳、耐低温等各项性能确定相应的检验项目。

4　接头抗拉强度达到或超过母材抗拉强度标准值,并具有高延性及反复拉压性能。

5　接头性能应符合附表 E-3-1 的规定。

附表 E-3-1　接头性能检验指标

单向拉伸	强度	$f^{o}_{mst} \geqslant f^{o}_{st}$或$\geqslant 1.15 f_{tk}$	高应力反复拉压	强度	$f^{o}_{mst} \geqslant f^{o}_{st}$或 $\geqslant 1.15 f_{tk}$
				残余变形	$u_{20} \leqslant 0.3$mm
	极限变形	$\varepsilon_u \geqslant 0.04$	大变形反复拉压	强度	$f^{o}_{mst} \geqslant f^{o}_{st}$或 $\geqslant 1.15 f_{tk}$
	残余变形	$u \leqslant 0.01$mm		残余变形	$u_4 \leqslant 0.3$mm 且 $u_8 \leqslant 0.6$mm

接头性能检验指标主要符号见附表 E-3-2。

附表 E-3-2　接头性能检验指标主要符号

符　号	单　位	含　　义
ε_u		受拉接头试件、极限应变试件在规定标距内测得的最大拉应力下的应变值
u	mm	接头半日向拉伸的残余变形
u_4, u_8, u_{20}	mm	接头反复拉压 4、8、20 次后的残余变形
$f^{o}_{mst}, f^{o'}_{mst}$	MPa	机械连接接头的抗拉、抗压强度实测值
f^{o}_{st}	MPa	钢筋抗拉强度实测值
f_{tk}, f'_{tk}	MPa	钢筋抗拉、抗压强度标准值

6　对直接承受动力荷载的结构,其接头应满足设计要求的抗疲劳性能。

当无专门要求时,对连接 HRB335 钢筋的接头,其疲劳性能应能经受应力幅为 100MPa,上限应力为 180MPa 的 200 万次循环加载。对连接 HRB400 钢筋的接头,其疲劳性能应能经受应力幅为 100MPa,上限应力为 190MPa 的 200 万次循环加载。

7　当混凝土结构中钢筋接头部位的温度低于 -10℃时,应进行专门的试验。

附录 F-1　常用水泥强度等级及抗压强度

常用水泥强度等级及抗压强度见附表 F-1-1 和附表 F-1-2。

附表 F-1-1　常用水泥强度等级及抗压强度(新标准)

品　　种	强度等级	抗压强度(MPa)	
		3d	28d
硅酸盐水泥(GB 175—1999)	42.5	17.0	42.5
	42.5R	22.0	42.5
	52.5	23.0	52.5
	52.5R	27.0	52.5
	62.5	28.0	62.5
	62.5R	32.0	62.5
普通水泥(GB 175—1999)	32.5	11.0	32.5
	32.5R	16.0	32.5
	42.5	16.0	42.5
	42.5R	16.0	42.5
	52.5	22.0	52.5
	52.5R	26.0	52.5
矿渣硅酸盐水泥、火山灰质硅酸盐水泥、粉煤灰硅酸盐水泥(GB 1344—1999)	32.5	10.0	32.5
	32.5R	15.0	32.5
	42.5	15.0	42.5
	42.5R	19.0	42.5
	52.5R	23.0	52.5

注:①本表标准自 1999 年 12 月 1 日起实施,GB 175—92 及 GB 1344—92 标准 2000 年 12 月 1 日起废止,过渡期间以 GB 175—92 及 GB 1344—92 标准为准;

②水泥强度检验方法同期由 GB/T 17671—1999 水泥胶砂强度检验方法(ISO 法)代替 GB 177—85 水泥胶砂强度检验方法。

附表 F-1-2　常用水泥标号及抗压强度(旧标准)

类别及龄期		水泥标号 275	325	425	425R	525	525R	625	625R	725R
		软练胶砂抗压强度(MPa)								
硅酸盐水泥(GB 175—92)	3d				22.0	23.0	27.0	28.0	32.0	37.0
	28d				42.5	52.5	52.5	62.5	62.5	72.5
普通水泥(GB 175—92)	3d		12.0	16.0	21.0	22.0	26.0	27.0	31.0	
	28d		32.5	42.5	42.5	52.5	52.5	62.5	62.5	
矿渣水泥、火山灰水泥、粉煤灰水泥(GB 1344—92)	3d				19.0	21.0	23.0		28.0	
	7d	13.0	15.0	21.0						
	28d	27.5	32.5	42.5	42.5	52.5	52.5		62.5	

注:①标号带有 R 的水泥系早强型;

②本表标准自 2000 年 12 月 1 日起废止。

附录 F-2　结构混凝土外加剂现场复试检测项目

结构混凝土外加剂现场复试检测项目见附表 F-2。

附表 F-2　结构混凝土外加剂现场复试检测项目

品　种	检　验　项　目	检验标准
普通减水剂	钢筋锈蚀,28d 抗压强度比,减水率	GB 8076
高效减水剂	钢筋锈蚀,28d 抗压强度比,减水率	GB 8076
早强减水剂	钢筋锈蚀,1d、28d 抗压强度比,减水率	GB 8076
缓凝减水剂	钢筋锈蚀,凝结时间,28d 抗压强度比,减水率	GB 8076
引气减水剂	钢筋锈蚀,1d、28d 抗压强度比,减水率,含气量	GB 8076
缓凝高效减水剂	钢筋锈蚀,凝结时间,28d 抗压强度比,减水率	GB 8076
早强剂	钢筋锈蚀,1d、28d 抗压强度比	GB 8076
引气剂	钢筋锈蚀,28d 抗压强度比,含气量	GB 8076
泵送剂	钢筋锈蚀,28d 抗压强度比,坍落度保留值,压力泌水率比	JC 473
防水剂	钢筋锈蚀,28d 抗压强度比,渗透高度比	JC 474
防冻剂	钢筋锈蚀,-7、-7+28d 抗压强度比	JC 475
膨胀剂	钢筋锈蚀,28d 抗压、抗折强度,限制膨胀率	JC 476
喷射用速凝剂	钢筋锈蚀,凝结时间,28d 抗压强度比	JC 477

附录 F-3 混合材料技术条件

一、掺用于混凝土的粉煤灰的质量指标(GBJ 1596—91)

用于混凝土中的粉煤灰的质量指标划分为三个等级,其质量指标应符合附表 F-3 的规定。

附表 F-3 粉煤灰质量指标的分级(%)

粉煤灰等级	质量指标			
	细度(45μm 方孔筛筛余)	烧失量	含水量	三氧化硫含量
I	≤12	≤5	≤1	≤3
II	≤20	≤8	≤1	≤3
III	≤45	≤15	不规定	≤3

二、火山灰质材料做混合材料的技术条件(GB/T 2847—96)

1 人工的火山灰质混合材料烧失量不得超过 10%。

2 三氧化硫含量不得超过 3%。

3 火山灰性试验必须合格。

4 水泥胶砂 28d 抗压强度比不得低于 62%(m/m)。

5 放射性物质:人工的火山灰质混合材料应符合 GB 6763 的规定,具体数值由水泥厂根据人工的火山灰质混合材料掺加量确定。

三、粒化高炉矿渣做混合材料的技术条件(GB/T 203—94)

1 粒化高炉矿渣质量系数($CaO + MgO + Al_3O_3/SiO_2 + MnO + TiO_2$)不得小于 1.2(式中化学成分均为质量百分数)。

2 钛化合物含量(以 TiO 计)不得超过 10%,氟化物含量(以 F 计)不得超过 2%。冶炼锰铁所得粒化高炉渣,其锰化物的含量(以 MnO 计)不得超过 15%,硫化物的含量(以 S 计)不得超过 3%。

3 高炉矿渣的淬冷处理必须充分,粒化高炉矿渣的密度不得大于 1.2kg/L。未经淬冷的块状矿渣,其最大粒度不得大于 100mm,大于 10mm 的颗粒含量(以重量计)不得大于 8%。

4 不得混有任何外来夹杂物。金属铁的含量应严格控制。

附录 F-4　混凝土配制强度计算

混凝土的施工配制强度 R_p，可根据强度标准差的历史平均水平按下列公式计算确定：

$$R_p = R + 1.645\sigma$$

式中：R—— 混凝土设计强度等级；

σ——强度标准差，$\sigma = \sqrt{\dfrac{\sum_{i=1}^{n} R_i^2 - nR_n^2}{n-1}}$；

R_i——统计周期内同一品种混凝土第 i 组试件的强度值(MPa)；

R_n——统计周期内同一品种混凝土 n 组强度的平均值(MPa)；

n——统计周期内同一品种混凝土试件的总组数，$n \geqslant 25$。

注：①“同一品种混凝土”系指混凝土强度相同且生产工艺和配合比基本相同的混凝土。

②对预拌混凝土厂和预制混凝土构件厂，统计周期可取为 1 个月；对现场拌制混凝土的施工单位，统计周期可根据实际情况确定，但不宜超过 3 个月。

③当混凝土强度为 20 或 25 时，如计算得到的 $\sigma < 2.5$MPa，取 $\sigma = 2.5$MPa；当混凝土强度高于 25 时，如计算得到的 $\sigma < 3.0$MPa，取 $\sigma = 3.0$MPa。

当施工单位不具有近期的同一品种混凝土强度资料时，其混凝土强度标准差 σ 可按附表 F-4 取用。

附表 F-4　σ 值(MPa)

混凝土强度等级	低于20	20 ~ 35	高于35
σ	4.0	5.0	6.0

注：在采用本表时，施工单位可根据实际情况，对 σ 值作适当调整。

附录 F-5 混凝土达到 0.5MPa 及 1.2MPa 强度所需时间

混凝土达到 0.5MPa 及 1.2MPa 强度所需时间见附表 F-5-1 和附表 F-5-2。

附表 F-5-1 混凝土达到 0.5MPa 强度所需时间(h)

混凝土强度等级	日平均气温(℃)		
	5 ~ 15	16 ~ 20	21 ~ 30
30	10	7	4
15 ~ 20	11	8	5

附表 F-5-2 混凝土达到 1.2MPa 强度所需时间(d)

水泥品种及强度等级	外界平均气温(℃)			
	≤5	≤10	≤15	>15
硅酸盐水泥及强度等级大于等于 32.5 的普通水泥	2.5	2.0	1.5	1.0
矿渣水泥、火山灰水泥、粉煤灰水泥及强度等级小于 32.5 的普通水泥	4.0	3.0	2.0	1.5

附录 G-1　预应力混凝土用钢丝力学性能及表面质量要求

1　力学性能见附表 G-1-1、附表 G-1-2。

附表 G-1-1　消除应力钢丝力学性能（GB/T 5223—1995）

公称直径（mm）	抗拉强度 σ_b（MPa）不小于	规定非比例伸长应力 σ_p（MPa）不小于	伸长率（L_0 = 100mm）（%）不小于	弯曲次数		松弛		
				次数/180° 不小于	弯曲半径（mm）	初始应力相当于公称抗拉强度的百分数（%）	1 000h 应力损失（%），不大于	
							I 级松弛	II 级松弛
4.0	1 470 1 570	1 250 1 330	4	3	10	60	4.5	1.0
5.0	1 670 1 770	1 410 1 500		4	15	70	8	2.5
6.0	1 570 1 670	1 330 1 420						
7.0	1 470 1 570	1 250 1 330			20	80	12	4.5
8.0								
9.0					25			

注：①I 级松弛即普通松弛、II 级松弛即低松弛，它们分别适用所有钢丝；

②屈服强度 $\sigma_{p0.2}$ 值不小于公称抗拉强度的 85%；

③除非生产厂家另有规定，弹性模量取为 205 ± 10GPa，但不作为交货条件。

附表 G-1-2　刻痕钢丝的力学性能（GB/T 5223—1995）

公称直径（mm）	抗拉强度 σ_b（MPa）不小于	规定非比例伸长应力 σ_p（MPa）不小于	伸长率（%）（L_0 = 100mm）不小于	弯曲次数		松弛		
				次数/180° 不小于	弯曲半径（mm）	初始应力相当于公称抗拉强度的百分数（%）	1 000h 应力损失（%），不大于	
							I 级松弛	II 级松弛
≤5.0	1 470 1 570	1 250 1 340	4	3	15	70	8	2.5
>5.0	1 470 1 570	1 250 1 340	4	3	20			

注：规定非比例伸长应力值不小于公称抗拉强度的 85%。

2　表面质量

钢丝表面不得有裂纹、小刺、机械损伤、氧化铁皮及油污；回火成品表面允许有回火颜色。除非另有协议，表面允许有浮锈，但不得锈蚀成肉眼可见的麻坑。

附录 G-2 预应力混凝土用钢绞线力学性能及表面质量要求

1 力学性能见附表 G-2。

附表 G-2 预应力钢绞线力学性能（GB/T 5224—1995）

钢绞线结构		钢绞线公称直径（mm）	强度级别（MPa）	整根钢绞线的最大负荷（kN）	屈服负荷（kN）	伸长率（%）	1 000h 松弛率（%），不大于			
							I 级松弛		II 级松弛	
							初始负荷			
				不小于			70%公称最大负荷	80%公称最大负荷	70%公称最大负荷	80%公称最大负荷
1×2		10.00	1 720	67.9	57.7					
1×2		12.00	1 720	97.9	83.2					
1×3		10.80	1 720	102	86.7					
1×3		12.90	1 720	147	125					
1×7	标准型	9.50	1 860	102	86.6					
1×7	标准型	11.10	1 860	138	117	3.5	8.0	12	2.5	4.5
1×7	标准型	12.70	1 860	184	156					
1×7	标准型	15.20	1 720	239	203					
1×7	标准型	15.20	1 860	259	220					
1×7	模拔型	12.70	1 860	209	178					
1×7	模拔型	15.20	1 820	300	255					

注：①I 级松弛即普通松弛级，II 级松弛即低松弛级，它们分别适用所用钢绞线；

②屈服负荷不少于整根钢绞线公称最大负荷的 85%；

③除非生产厂家另有规定，弹性模量取为 195±10GPa，但不作为交货条件。

2 表面质量

钢绞线表面不得带有降低钢绞线与混凝土黏结力的润滑剂、油渍等物质，允许有轻微的浮锈，但不得锈蚀成肉眼可见的麻坑。

附录 G-3 预应力混凝土用热处理钢筋力学性能及表面质量要求

1 力学性能见附表 G-3。

附表 G-3 热处理钢筋的力学性能(GB 4463—84)

公称直径(mm)	牌 号	屈服强度 $\sigma_{0.2}$(MPa)	抗拉强度 σ_b(MPa)	伸长率 δ_{10}(%)
		不小于		
6	40Si2Mn	1 325	1 470	6
8.2	48Si2Mn			
10	45Si2Cr			

2 表面质量

钢筋表面不得有肉眼可见的裂纹、结疤、折叠;允许有凸块,但不得有超过横肋高度的凸块;表面允许有不影响使用的缺陷,但不得沾有油污。

附录 G-4　预应力混凝土用冷拉钢筋力学性能

力学性能见附表 G-4。

附表 G-4　冷拉钢筋力学性能

钢筋级别	直径(mm)	屈服强度(MPa)	抗拉强度(MPa)	伸长率 δ_{10}(%)	冷弯	
		不小于			弯曲直径	弯曲角度
冷拉 IV 级钢筋	10~28	700	835	6	5d	90°

注:表中 d 为钢筋直径(mm),直径大于 25mm 的钢筋,冷弯弯曲直径应增加一个 d。

附录 G-5　预应力混凝土用冷拔低碳钢丝力学性能及表面质量要求

1　力学性能见附表 G-5 。

附表 G-5　冷拔低碳钢丝力学性能

直　径 (mm)	抗拉强度(MPa) 不　小　于		伸长率 δ_{100}(%) 不小于	180°反复弯曲 次　数
	Ⅰ组	Ⅱ组		
4	700	650	2.5	4
5	650	600	3.0	

注:冷拔低碳钢丝经机械调直后,抗拉强度标准值应降低 50MPa。

2　表面质量

钢丝表面不得有裂纹和机械损伤。

附录 G-6 预应力混凝土用精轧螺纹钢筋力学性能及表面质量要求

1 力学性能见附表 G-6。

附表 G-6 精轧螺纹钢筋力学性能

级 别	屈服点 $\sigma_{0.2}$ (MPa)	抗拉强度 σ_b (MPa)	伸长率 δ_5 (%)	冷 弯	10h 松弛率 (%),不大于
	不 小 于				
JL540	540	835	10	$d=6a$ 90°	1.5
JL785	785	980	7	$d=7a$ 90°	
JL930	930	1 080	6		

注:①a 为钢筋直径(mm),其规格一般为 18mm, 25mm, 32mm, 40mm;d 为弯心直径;

②除非生产厂家另有规定,弹性模量取为 2×10^6 MPa;

③冷弯指标不作为交货条件。

2 表面质量

钢筋表面不得有横向裂纹、结疤和机械损伤,钢筋表面允许有不影响力学性能和连接的缺陷。

附录 G-7 预应力混凝土用金属螺旋管取样数量、检验内容及质量要求

1 检验内容及取样数量见附表 G-7。

附表 G-7 金属螺旋管检验内容及取样数量

检验顺序	检验内容	取样数量
1	外观	全部
2	尺寸	6
3	集中荷载下径向刚度	3
4	荷载作用后抗渗漏	不另取样
5	抗弯曲渗漏	3

2 质量要求

外观要求:外观应清洁,内外表面无油污,无引起锈蚀的附着物,无孔洞和不规则的折皱,咬口无开裂、无脱扣。

抗渗漏性能:经规定的集中荷载和均布荷载作用后,或在弯曲情况下,不得渗出水泥浆,但允许渗水。

附录 G-8 预应力筋平均张拉力的计算

预应力筋平均张拉力按下式计算：

$$P_{\mathrm{P}} = \frac{P(1 - e^{-(kx+\mu\theta)})}{kx + \mu\theta}$$

式中：P_{P}——预应力筋平均张拉力(N)；

P ——预应力筋张拉端的张拉力(N)；

x——从张拉端至计算截面的孔道长度(m)；

θ——从张拉端至计算截面曲线孔道部分切线的夹角之和(rad)；

k——孔道每米局部偏差对摩擦的影响系数，参见附表G-8；

μ——预应力筋与孔道壁的摩擦系数，参见附表 G-8。

注：当预应力筋为直线时 $P_{\mathrm{P}} = P$。

附表 G-8 系数 k 及 μ 值表

孔道成型方式	k	μ 值		
		钢丝束、钢绞线、光面钢筋	带肋钢筋	精轧螺纹钢筋
预埋铁皮管道	0.003 0	0.35	0.40	—
抽芯成型孔道	0.001 5	0.55	0.60	—
预埋金属螺旋管道	0.001 5	0.20 ~ 0.25	—	0.50

附录 G-9　预应力损失的测定

1　锚圈口摩阻损失的测定

用油压千斤顶测定时，可在张拉台上或用一根直孔道钢筋混凝土柱进行。两端均用锥形锚时，其测定步骤如下：

(1)两端同时充油，油表数值均保持 4MPa，然后将甲端封闭作为被动端，乙端作为主动端，张拉至控制吨位。设乙端控制吨位为 N_a 时，甲端相应吨位为 N_b，则锚圈口摩阻力：

$$N_0 = N_a - N_b$$

克服锚圈口摩阻力的超张拉系数：

$$n_0 = \sqrt{\frac{N_a}{N_b}}$$

测试反复进行 3 次，取平均值。

(2)乙端封闭，甲端张拉，同样按上述方法进行 3 次，取平均值。

(3)两次的 N_0 和 n_0 平均值，再予以平均，即为测定值。

2　孔道摩阻损失的测定

用千斤顶测定曲线孔道摩阻时，测试步骤如下：

(1)梁的两端装千斤顶后同时充油，保持一定数值(约 4MPa)。

(2)甲端封闭，乙端张拉。张拉时分级升压，直至张拉控制应力。如此反复进行 3 次，取两端压力差的平均值。

(3)仍按上述方法，但乙端封闭，甲端张拉，取两端 3 次压力差的平均值。

(4)将上述两次压力差平均值再次平均，即为孔道摩阻力的测定值。如两端为锥形锚，上述测定值应扣除锚圈口摩阻力。

附录 G-10 水泥浆泌水率和膨胀率试验

1 容器

试验容器如附图 G-10，用有机玻璃制成，带有密封盖，高 120mm，置放于水平面上。

2 试验方法

往容器内填灌水泥浆约 100mm 深，测填灌面高度并记录下来，然后盖严。置放 3h 和 24h 后量测其离析水水面和水泥浆膨胀面，然后按下列公式计算泌水率及膨胀率：

$$泌水率 = \frac{100(a_2 - a_3)}{a_1}(\%)$$

$$膨胀率 = \frac{100(a_3 - a_1)}{a_1}(\%)$$

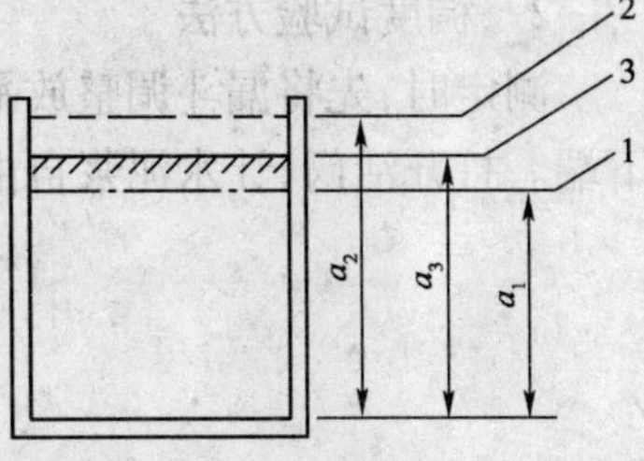

附图 G-10 水泥浆泌水率和膨胀率试验

1-最初填灌的水泥浆面；2-水面；3-膨胀后的水泥浆面

附录 G-11　水泥浆稠度试验

1　容器如附图 G-11。

2　稠度试验方法

测定时，先将漏斗调整放平，关上底口活门，将搅拌均匀的水泥浆倾入漏斗内，直至表面触及点测规下端。打开活门，让水泥浆自由流出，水泥浆全部流完时间(s)，称为水泥浆的稠度。

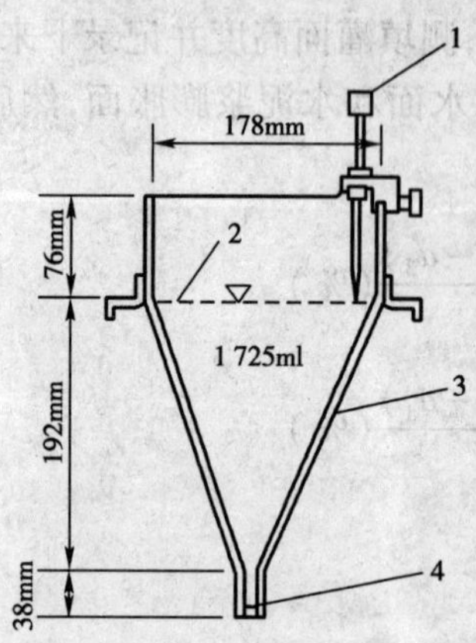

附图 G-11　水泥浆稠度试验漏斗
1-点测规；2-水泥浆表面；3-不锈钢制 3mm 厚；4-流出口（内径 13mm）

附录H　生石灰及消石灰技术指标

生石灰及消石灰的技术指标见附表H-1、附表H-2、附表H-3。

附表H-1　生石灰的技术指标

项　目	钙质生石灰			镁质生石灰		
	优等品	一等品	合格品	优等品	一等品	合格品
CaO + MgO含量(%)不小于	90	85	80	85	80	75
未消化残渣含量(5mm圆孔筛筛余)(%)不大于	5	10	15	5	10	15
CO_2(%)不大于	5	7	9	6	8	10
产浆量(L/kg)不小于	2.8	2.3	2.0	2.8	2.3	2.0

附表H-2　生石灰粉的技术指标

项　目		钙质生石灰			镁质生石灰		
		优等品	一等品	合格品	优等品	一等品	合格品
CaO + MgO含量(%)不小于		85	80	75	80	75	70
CO_2含量(%)不大于		7	9	11	8	10	12
细度	0.90mm筛的筛余(%)不大于	0.2	0.5	1.5	0.2	0.5	1.5
	0.125mm筛的筛余(%)不大于	7.0	12.0	18.0	7.0	12.0	18.0

附表H-3　消石灰粉的技术指标

项　目		钙质消石灰粉			镁质消石灰粉			白云石消石灰粉		
		优等品	一等品	合格品	优等品	一等品	合格品	优等品	一等品	合格品
CaO + MgO含量(%)不小于		70	65	60	65	60	55	65	60	55
游离水(%)		0.4~2	0.4~2	0.4~2	0.4~2	0.4~2	0.4~2	0.4~2	0.4~2	0.4~2
体积安定性		合格	合格		合格	合格		合格	合格	
细度	0.90mm筛筛余(%)不大于	0	0	0.5	0	0	0.5	0	0	0.5
	0.125mm筛筛余(%)不大于	3	10	15	3	10	15	3	10	15

注：生石灰及消石灰技术指标摘自建筑石灰及试验方法(JC/T 479~481—92)。

附录J　冬期施工热工计算

1　混凝土拌合物的温度按式(J-1)计算：

$$T_0 = [0.9(W_cT_c + W_sT_s + W_gT_g) + 4.2T_w(W_g - P_s \cdot W_s - P_g \cdot W_g) + c_1(P_s \cdot W_s \cdot T_s + P_gW_gT_g) - c_2(P_s \cdot W_s + P_gW_s)] \div [4.2W_w + 0.9(W_c + W_s + W_g)] \tag{J-1}$$

式中：T_0——混凝土拌合物的温度(℃)；

W_w、W_c、W_s、W_g——水、水泥、砂、石的用量(kg)；

T_w、T_c、T_s、T_g——水、水泥、砂、石的温度(℃)；

P_s、P_g——砂、石的含水率(%)；

c_1、c_2——水的比热容[kJ/(kg·K)]及溶解热(kJ/kg)。

当集料温度>0℃时，$c_1 = 4.2$，$c_2 = 0$；

当集料温度≤0℃时，$c_1 = 2.1$，$c_2 = 335$。

2　混凝土拌合物的出机温度按式(J-2)计算：

$$T_1 = T_0 - 0.16(T_0 - T_b) \tag{J-2}$$

式中：T_1——混凝土拌合物的出机温度(℃)；

T_b——搅拌机棚内温度(℃)。

3　混凝土拌合物经运输至成型完成时的温度按式(J-3)计算：

$$T_2 = T_1 - (\alpha t + 0.032n)(T_1 - T_a) \tag{J-3}$$

式中：T_2——混凝土拌合物经运输至成型完成时的温度(℃)；

t——混凝土自运输至浇筑成型完成的时间(h)；

n——混凝土转运次数；

T_a——运输时的环境气温(℃)；

α——温度损失系数(h_m^{-1})，当用混凝土搅拌输送车时，$\alpha = 0.25$；当用开敞式大型自卸汽车时，$\alpha = 0.20$；当用开敞式小型自卸汽车时，$\alpha = 0.30$；当用封闭式自卸汽车时，$\alpha = 0.10$；当用手推车时，$\alpha = 0.50$。

4　考虑模板和钢筋吸热影响，混凝土成型完成时的温度按式(J-4)计算：

$$T_3 = (c_cW_cT_2 + c_tW_tT_t + c_gW_gT_g)/(c_cW_c + c_tW_t + c_gW_g) \tag{J-4}$$

式中：T_3——考虑模板和钢筋吸热影响，混凝土成型完成时的温度(℃)；

c_c、c_t、c_g——混凝土、模板材料、钢筋的比热容[kJ/(kg·K)]；

W_c——每立方米混凝土的质量(kg)；

W_t、W_g——与每立方米混凝土相接触的模板、钢筋的质量(kg)；

T_t、T_g——模板、钢筋的温度，未预热者可采用当时环境气温(℃)。

5　混凝土蓄热养护过程中的温度计算公式：

(1) 混凝土蓄热养护开始至任一时刻 t 的温度按式(J-5)计算：

$$T = \eta e^{-\theta vt} - \varphi e^{-vt} + T_m \tag{J-5}$$

(2) 混凝土蓄热养护开始至任一时刻 t 的平均温度按式(J-6)计算：

$$T = \frac{1}{vt}\left[\varphi e^{-vt} - \left(\frac{\eta}{\theta}\right)e^{-\theta vt} + \left(\frac{\eta}{\theta}\right) - \varphi\right] + T_m \tag{J-6}$$

其中综合参数 θ、φ、η 如下：

$$\theta = \frac{(\omega K\varphi)}{(vc_c\rho_c)}, \quad \varphi = \frac{(vc_cW_c)}{(vc_c\rho_c - \omega K\varphi)}$$

$$\eta = T_s - T_m + \varphi$$

式中：T——混凝土蓄热养护开始至任一时刻 t 的温度(℃)；

T_m——混凝土蓄热养护开始至任一时刻 t 的平均温度(℃)；

t——混凝土蓄热养护开始至任一时刻的时间(h)；

ρ_c——混凝土质量密度(kg/m^3)；

W_c——每立方米混凝土水泥用量(kg/m^3)；

c_c——水泥累积最终放热量(kJ/kg)；

v——水泥水化速度系数(h^{-1})；

ω——透风系数；

φ——结构表面系数(m^{-1})；

K——围护层的总传热系数($kJ/m^2 \cdot h \cdot K$)；

e——自然对数之底，可取 $e = 2.72$。

注 ①结构表面系数 φ 值可按下式计算：

$$\varphi = \frac{A_c(\text{混凝土结构表面积})}{V_c(\text{混凝土结构总体积})}$$

②平均气温 T_m 的取法，可采用蓄热养护开始至 t 时气象预报的平均气温，若遇大风雪及寒潮降临，可按每时或每日平均气温计算。

③围护层的总传热系数 K 值可按下式计算：

$$K = \frac{3.6}{0.04 + \sum_{i=1}^{n} \frac{d_i}{k_i}}$$

式中：d_i——第 i 围护层的厚度(m)；

k_i——第 i 围护层的导热系数[W(/m · K)]。

④水泥累积最终放热量 c_c、水泥水化速度系数 v 及透风系数 ω 按附表 J-1 和附表J-2 取值。

附表 J-1 水泥累积最终放热量 c_c 和水泥水化速度系数 v

水泥品种及强度等级	c_c(kJ/kg)	v(h^{-1})
52.5 硅酸盐水泥	400	0.013
52.5 普通硅酸盐水泥	360	
42.5 普通硅酸盐水泥	330	
42.5 矿渣、火山灰、粉煤灰水泥	240	

附表 J-2 透 风 系 数 ω

保温层的种类	透 风 系 数 ω		
	小风	中风	大风
保温层由容易透风材料组成	2.0	2.5	3.0
在容易透风材料外面包以不易透风材料	1.5	1.8	2.0
保温层由不易透风材料组成	1.3	1.45	1.6

注：$v_w < 3m/s$，小风；$3m/s \leq v_w \leq 5m/s$，中风；$v_w > 5m/s$，大风。

(3)当施工需要计算混凝土蓄热养护冷却至0℃的时间时，可根据公式(J-5)采用逐次逼近的方法进行计算，如果实际采取的蓄热养护条件满足 $\varphi/T_m \geq 1.5$，且 $K_\varphi \geq 50$ 时，也可按式(J-7)直接计算：

$$t_0 = \frac{1}{V}\ln(\varphi/T_m) \tag{J-7}$$

式中：t_0——混凝土蓄热养护冷却至0℃的时间(h)。

混凝土蓄热养护开始冷却至0℃时间 t_0 内的平均温度，可根据公式(J-6)取 $t = t_0$ 进行计算。

附录 K-1　超声波探伤

1　超声波探伤的距离—波幅曲线灵敏度应符合附表 K-1-1 的规定。

附表 K-1-1　超声波探伤距离—波幅曲线灵敏度

焊缝质量等级	板 厚(mm)	判 废 线	定 量 线	评 定 线
对接焊缝 Ⅰ、Ⅱ级	10 ×46	ϕ3 ×40 −6dB	ϕ3 ×40 −14dB	ϕ3 ×40 −20dB
	>46 ×56	ϕ3 ×40 −2dB	ϕ3 ×40 −10dB	ϕ3 ×40 −16dB
角焊缝Ⅱ级	10 ×25	ϕ1 ×2	ϕ1 ×2 −6dB	ϕ1 ×2 −12dB
	>25 ×56	ϕ1 ×2 +4dB	ϕ1 ×2 −4dB	ϕ1 ×2 −10dB

注:角焊缝超声波探伤采用铁路钢桥制造专用柱孔标准试块或与其校准过的其他孔形试块。

2　超声波探伤缺陷等级评定应符合附表 K-1-2 的规定,判断为裂纹、未熔合、未焊透(对接焊缝)等危机性缺陷者,应判断为不合格。

附表 K-1-2　超声波探伤缺陷等级评定

评 定 等 级	板　厚(mm)	单个缺陷指示长度	多个缺陷的累计指示长度
对接焊缝Ⅰ级	10 ~56	t/4,最小可为 8	在任意 9t 焊缝长度范围不超过 t
对接焊缝Ⅱ级	10 ~56	t/2,最小可为 10	在任意 4.5t 焊缝长度范围不超过 t
角焊缝Ⅱ级	10 ~56	t/2,最小可为 10	—

注:①母材板厚不同时,按较薄板评定;

②缺陷指示长度小于 8mm 时,按 5mm 计。

附录 K-2　高强度螺栓连接抗滑移系数试验方法

1　基本要求

(1) 制造厂家和安装单位应分别以钢结构制造批为单位进行抗滑移系数试验。制造批可按单位工程划分规定的工程量每 2 000t 为一批,不足 2 000t 的可视为一批。选用两种及两种以上表面处理工艺时,每种处理工艺应单独检验。每批三组试件。

(2)抗滑移系数试验应采用双摩擦面的两栓或三栓拼接的拉力试件(附图 K-2)。

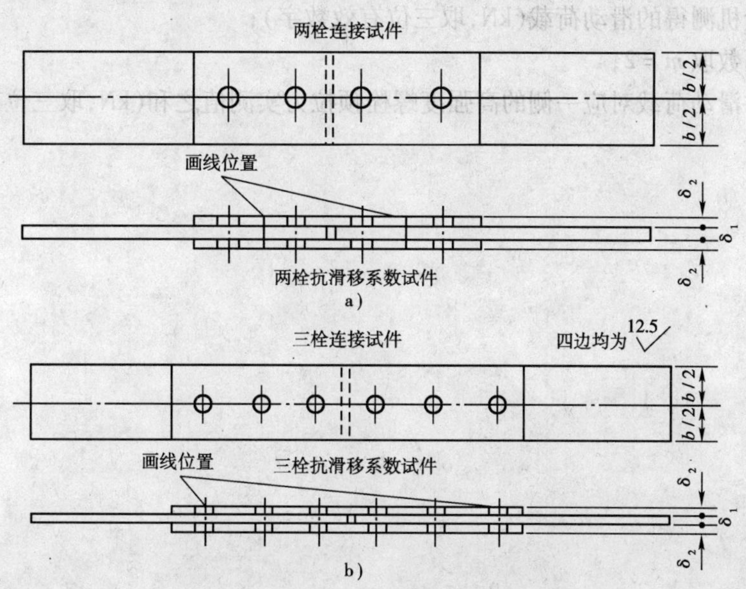

附图 K-2　抗滑移系数试件的型式和尺寸

a)两栓拼接试件;b)三栓拼接试件

2　试验方法

(1)试验用的试验机误差应在 1% 以内。

(2)试验用的贴有电阻片的高强度螺栓、压力传感器和电阻应变仪应在试验前用试验机进行标定,其误差应在 2% 以内。

(3)测定抗滑移系数的试件为拉力试件。

(4)测定抗滑移系数的试件应由钢桥制造厂加工,试件与所代表的钢桥应为同一材质、同批制作、同一摩擦面处理工艺,使用同一性能等级和同一直径的高强度螺栓连接副,并在相同条件下运输、存放。

(5)测定抗滑移系数的试件为双面拼装试件,其试件尺寸如附图 K-2。

(6)试件的钢板厚度 δ_1、δ_2 应为所代表的钢桥中有代表性部件的钢板厚度,试件的宽度 b 应按附表 K-2 确定。

附表 K-2　试件板的宽度

螺栓直径 d(mm)	16	20	22	24
板宽 b(mm)	60	75	80	85

(7)试件加工应符合图中规定。

(8)试件板面应平整,无油污、孔边,板面无飞边、毛刺。

(9)按图所示进行试件组装,先打入冲钉定位,然后逐个换成贴有电阻应变片的高强度螺栓(或用压力传感器),拧紧高强度螺栓的预应力达到 0.95 ~ 1.05P(P 为高强度螺栓设计预拉力)。

(10)将试件装在试验机上，使试件的轴线与试验机夹具中心线严格对中，在试件侧面画直线，画线位置如图所示，测出高强度螺栓预拉力实测值，然后进行拉力试验，平稳加载，加载速度为 3 ~ 5kN/s，拉至滑动测得滑动荷载 N。

(11)在试验中发生以下情况之一时，认为达到滑动荷载：

①试验机发生回针现象；

②X-Y 记录仪中变形发生突变；

③试件侧面画线发生错动。

3　抗滑移系数计算方法

抗滑移系数 f 按下式计算，取两位有效数字：

$$f=\frac{N}{m\sum P}$$

式中：N——由试验机测得的滑动荷载(kN，取三位有效数字)；

m——摩擦面数取 $m=2$；

$\sum P$——与试件滑动荷载对应一侧的高强度螺栓预拉力实测值之和(kN，取三位有效数字)。

本规范用词说明

执行条文严格程度的用词。

1　表示很严格，非这样不可的用词：

正面词采用“必须”；

反面词采用“严禁”。

2　表示严格，在正常情况下均应这样做的用词：

正面词采用“应”；

反面词采用“不应”或“不得”。

3　表示允许稍有选择，在条件许可时首先这样做的用词：

正面词采用“宜”；

反面词采用“不宜”。

4　表示允许有选择，在一定条件下可以这样做的用词：采用“可”。

《公路桥涵施工技术规范》

（JTJ 041—2000）

条　文　说　明

编制说明

《公路桥涵施工技术规范》(JTJ 041—89)(以下简称原规范),自1989年发布以来,使用已逾10年。规范中有些技术、工艺要求已经过时,质量要求宽严有不适之处,有的条款规定不确切,有的条款规定与部颁配套的有关规范、标准有矛盾,也不全部符合国标规定。另外,近年来涌现的新材料、新工艺、新技术,经过多年的实践,有的已有成熟的经验,但未纳入本规范中。综上所述,原规范已不适应当前公路桥涵建设的新形势。交通部公路司根据当前情况,下达了修订本规范的任务。

本次修订本着以下原则进行:①与部颁相关规范协调配套;②强调施工关键工序的控制;③基本内容与编排以原规范为基础;④面向省级施工队伍的水平,在可靠的基础上,尽可能反映先进技术;⑤与国标接轨,向国际标准靠拢。

经过3年多的努力,本规范条文及相应的条文说明现已完成修订工作。

本次修订取消的章节为:原规范第6章管柱基础,取消的原因是,该结构施工工艺是50年代的,而自50年代起至今仅有两座桥的设计采用过该结构;现阶段大口径沉入桩比它先进而优越;在征求意见的专家会上,已形成取消该章节的一致意见,故而取消。原规范第17章木桥,因现代桥梁已无此种结构,也应在取消之列。

新增加了第8章地下连续墙、第16章拱桥、第20章桥面及附属工程。地下连续墙,自90年代以来已应用于桥梁结构,故此次新增。第16章拱桥,此次修订把原规范中有关拱桥的内容单列出来,并增加了劲性骨架浇筑拱圈、钢管混凝土拱桥等内容,同时,对原规范内容进行修改和补充,使之适应当代拱桥建筑的需要。第20章桥面及附属工程的各节内容均是90年代已成熟的施工技术,特别是支座、伸缩装置、桥面防护等以前不被重视的施工技术要求,此次均已列入。

其余各章均增加了较多的内容。第3章施工准备和施工测量,增加了GPS测量定位技术要求,增加了测距仪的测量精度要求。第6章就地灌注桩基础,界定了大直径桩的范围,增加了大直径及变截面就地灌注桩基础的施工技术规定和要求。第10章钢筋,增加了近年来已使用的新的焊接和机械连接技术的规定。第11章混凝土和钢筋混凝土,增加了混凝土的耐久性的要求,增加了高强度混凝土的施工要求;对大体积混凝土给予定义,对其施工作出了规定。第12章预应力混凝土工程,收入了新的高强预应力材料的各种性能指标及要求,补充了适应现阶段预应力混凝土工程施工的技术要求,更具操作性。第15章钢筋混凝土及预应力混凝土梁式桥,内容增加较多,包括了现阶段一般大、中、小梁式桥的各种施工技术要求。第17章钢桥,对比新的相关行业标准进行了修订,特别对近年来修建的大跨径桥梁主梁采用钢箱的实际情况,增加了新的规定。第18章悬索桥,全部更新了原有的吊桥章节的内容,尽可能反映了我国悬索桥修建技术发展的现状。第19章斜拉桥,亦是根据90年代斜拉桥建筑技术的发展而进行了修订。

总之,本次修订后,规范内容基本涵盖了我国公路桥涵施工的各种技术、工艺及主要施工环节的施工要求,对提高我国的桥梁施工技术、规范施工方法、保证施工质量,将起到行业技术指导的作用。

本规范编写分工如下:

第19章斜拉桥由湖南省公路桥梁建设总公司编写,第18章悬索桥由广东省长大公路工程有限公司编写,第16章拱桥由四川路桥建设集团有限公司编写,其余各章均由路桥集团第一公路工程局编写。

统稿和审稿均由路桥集团第一公路工程局承担。

相关条款的条文说明亦由以上相关编写单位编写。

本规范的修订严格遵照建设部建标[1996]626号文件“关于印发《工程建设标准编写规定》和《工程建设出版印刷规定》的通知”,并坚持按编写计划进行。

1996年底完成了本规范的编写大纲,1997年5月通过了交通部公路司对大纲的审查,1998年5月完成了征求意见稿(第一稿),送全国多家单位征求意见,此次征求意见共回收意见400多条,据此,编写组又进行了修改,于1998年10月完成了征求意见稿(第二稿)。

1998 年 11 月底，召开了征求意见稿（第二稿）的征求意见会。到会的有全国省级以上本行业及外行业施工、科研、建设、设计等单位的专家和代表。参会专家和代表对征求意见稿（第二稿）进行了讨论并提出了许多宝贵意见。编写单位根据专家意见及建议多次进行了认真的讨论与修改，形成了送审稿。

1999 年 4 月中旬，由交通部公路司分别就下部构造，悬索桥、斜拉桥，上部构造三大内容主持召开了送审稿审查会。与会专家认真逐章逐节对送审稿提出修改意见，并形成会议纪要。编写组根据会议纪要再次进行讨论、修改，1999 年 7 月下旬形成报批稿后，又请有关专家逐章逐节审阅，部主管领导也仔细审阅修改。编写组又根据专家及部主管领导意见再次进行了修改。

本次修订，时间比上次修订时间缩短，规范内容又增加很多，限于时间和水平，难免有问题存在，欢迎广大同行在使用中提出宝贵意见，以便再次修改，使之更趋完善。

1 总则

1.0.2 条文中改建的含义包括了扩建。桥涵工程的扩建与厂矿的扩建不一样，后者在扩建时，原有的设施基本上可以照常生产，而前者在扩建(例如桥面加宽、载重加大)时原桥结构常不能维持通车，故扩建可包含在改建内。大、中修是指各省市利用养路费改造原有桥涵的项目。

1.0.3 关于桥涵施工的工程质量监督和监理，应按照交通部的有关规定及规范办理。关于桥涵施工中建设单位、设计单位、施工单位、监理单位的关系问题和施工中需要修改设计的问题，应按照交通部颁布的有关规定办理。

1.0.4 桥涵施工准备工作和技术交底、施工组织、施工管理工作是完成施工任务和工程质量的保证条件，故本条予以强调。有关技术操作规程，包括交通部标准，如水泥混凝土、石料、金属等材料的试验规程，以及各省(区)、市等自行编制的施工工艺规程等。

1.0.5 为了加速实现公路桥涵施工现代化，推广使用新技术、新工艺、新材料、新设备是非常必要的。但在推广使用上述“四新”时，必须采取既积极又稳妥的方针，一般应先做试验，以防止发生质量、安全事故，特别是大型桥梁更应慎重。

1.0.6 桥涵施工节约用地、少占农田，主要是指在施工时生产和施工人员生活的临时用地。这类临时用地，在第1.0.7条规定桥涵竣工后，应和弃土等及时进行清理，交还原主。桥涵竣工后，虽经过处理，有些土地要恢复原来农产量，已较为困难；或需增加大量农业投入，根据国家土地政策，要求桥涵施工节约用地、少占农田是非常必要的。

环境保护是关系我们民族和子孙后代生存的极为重要的问题，国家对此极为重视，除宪法中对此有专门的条文规定外，还颁发有《中华人民共和国环境保护法》、《中华人民共和国水污染防治法》、《征收排污费暂行办法》、《水土保持工作条例》、《工业“三废”排放试行标准》(GBJ 4—73)等法规。根据上述法规，桥涵施工需要注意的环境保护问题是：

1. 开采土、石、砂料，可能导致水土流失的，必须采取水土保持措施；废弃的土、石、砂料和矿渣必须妥善处理，不准倒入江河、水库；工程竣工时，取料场、开挖面等范围内的裸露土地，由施工单位负责采取种植措施和必要的工程措施，保持水土资源。

2. 禁止向一切水域倾倒垃圾、废渣，排放污水必须符合国家标准。工业废水中pH值的最高容许排放浓度为6~9。在钻孔灌注桩施工中所采用的泥浆，为了提高其性能指标，常掺入碳酸钠、硝基腐殖酸钠盐、铬铁木质素磺酸钠盐等化学物质。这些物质超过一定限度，就可能使泥浆的pH值大于6~9的容许排放范围，因此，施工中应予注意。

3. 在明挖地基、就地灌注桩基础或沉井基础施工中，常需挖出大量泥渣排入河道；在河中筑岛、筑围堰时，则需填入大量泥土，桥梁竣工后这些泥土如不及时清除，将造成河流堵塞或污染水域。根据上述法规，本规范第1.0.7条作了应进行处理的规定。若从钻孔或沉井中取出有可溶性剧毒的渣土，应运至安全场所，并采取防水、防渗措施。严禁就地排入水域中。

1.0.8 文明施工是相对于野蛮施工、混乱施工而言。文明施工的特征是按设计要求及施工技术规范，严密组织施工，并做到施工场地清洁，井然有序，没有随地乱扔的废旧材料、工具，如短钢筋头、圆钉、码钉、铁丝、木料、水泥纸袋、扳手、铁锤、钢管、橡皮管等。使用过的机械和多余的材料，在短期内不再使用的应及时归库，不随地乱搁。工人的调度、安排，随着工程需要而定，没有因窝工而到处闲逛或聚坐长时间闲谈的情况。施工中的废水、废渣不随地乱排、乱放。能否做到文明施工是施工单位施工管理水平的体现。

安全生产是我国对职工身体关怀的一贯方针。应当制止那种只顾完成施工任务而不顾职工安全的倾向。安全操作要求，本规范有关章节中，对极易发生安全事故的操作，作了必要的规定。较为详细的可参见交通部颁发的安全操作规程或参考其他部门的安全生产有关规定。

2 术语

2.0.1 控制测量

建立控制测量网一般可分为平面和高程单独布设，在目前由于建网的手段和技术的发展也可以布设成三维控制网，因此所进行的测量工作各不相同。

2.0.13 贯入度

贯入度的单位按沉桩机具不同而不同，坠锤、单动汽锤在桩尖接近设计标高时着实的打5锤取其平均贯入量作为最终贯入度，单位为mm/击；双动汽锤、柴油锤、振动锤在桩尖接近设计标高时记录最后100 mm的锤击、振动时间的每分钟平均贯入量作为停打贯入度，单位为mm/min。

2.0.15 大直径桩

根据目前设计桩径、施工机具、施工方法的实际情况，采用一般施工技术的2.5m以下钻孔灌注桩施工已很普通，本规范把直径大于等于2.5m的钻孔灌注桩界定为大直径桩。

2.0.32 大体积混凝土

目前我国对大体积混凝土的定义有多种提法，国标《混凝土结构工程施工及验收规范》(GB 50204—92)条文说明第四章混凝土工程第4.5.3条中有关内容为：

大体积混凝土在硬化过程中，产生的水化热不易散发，施工中如不采取措施，会由于混凝土内外温差过大而出现裂缝，因此必须使温差控制在设计要求以内。当设计无要求时，温差以不超过25℃为宜，是适用于建筑物的基础大体积混凝土(即最小边尺寸在1~3m范围内)。这一温差值与我国《钢筋混凝土高层建筑结构设计与施工规程》(JGJ 3—91)的要求相一致。**即指大体积混凝土为最小边尺寸在1~3m范围内的混凝土。**

《普通混凝土配合比设计规程》(JGJ/T 55—96)第6.5.1条的描述："混凝土结构物中实体最小尺寸在1m的部位即为大体积混凝土"。

国标《混凝土质量控制标准》(GB 50164—92)条文说明第4.6.5条有关内容为：

关于大体积混凝土的定义，针对本标准的适用范围是工业与民用建筑用普通混凝土，大体积混凝土一般指的是最小边尺寸在1m以上的结构。

综合以上几种定义，结合我国的具体情况，认为这个定义既要能明确大体积混凝土与一般混凝土的区别，但在实践中又要能容易界定、容易操作。桥涵结构与房建工程有一定的区别，基础尺寸变化大，外部环境等因素的影响都比较大，故其定义应较为宽松。

从施工实践看，基础结构最小尺寸为80~100cm以上，混凝土浇筑时，内外温度差一般大都达到或超过25℃，而在此前提下规定一个尺寸范围又比较容易操作。所以可以采用国标《混凝土结构工程施工及验收规范》(GB 50204—92)的提法，即最小边尺寸在1~3m范围内的基础混凝土为大体积混凝土。

2.0.48 箱梁基准块

T构、连续梁在悬拼预制梁块安装施工时，墩顶0号梁块现浇混凝土强度达到设计要求后，墩侧0号梁块附近首批悬拼的梁块是基准梁块，基准梁块在预制、安装时精度要求高，以后接拼的梁块以此梁块为准进行桥轴线及高程控制，所以基准梁块悬拼就位的正确与否对以后的悬臂拼装质量影响很大，因此箱梁基准梁块的预制及悬拼安装应该重视。

2.0.55 分环(层)分段浇筑法

分环(层)分段浇筑法，分段位置应以使拱架受力对称、均匀和变形小为原则，一般设在拱架受力反弯点、拱架节点、拱顶及拱脚处。各段的接缝面应与拱轴线垂直。

2.0.56 分环多工作面均衡浇筑法

大跨径劲性骨架混凝土拱圈或拱肋浇筑混凝土时，为使拱圈或拱肋受力均衡合理，不用锚索或水箱调载,而将拱圈或拱肋的断面分成多环(层)多工作面均衡对称浇筑,以保证先期浇筑混凝土不产生裂缝并与劲性骨架共同承载,完成拱圈或拱肋的形成过程。

2.0.57 斜拉扣挂分环连接浇筑

大跨径拱桥无支架施工时,利用劲性拱圈或拱肋浇筑混凝土,为了浇筑工作连续进行,根据扣点和扣索的选择和拱圈或拱肋的断面分环(层)分段的浇筑划分,计算出各断面的叠加应力,根据应力值的变化,利用斜拉索的张拉和放松来控制、调整断面应力在允许范围内,以保证劲性拱圈或拱肋的稳定性和施工安全。

2.0.61、2.0.62、2.0.63 在施工过程中,对"零件"、"部件"和"构件"有不同的要求,许多情况下不能混淆,文中根据钢结构工程的特点,给出了这3个术语的定义,以使正确理解和操作。

2.0.69 环境温度

由于钢结构的特点,经常对施工环境的温度提出要求,而对环境温度的理解不同,又经常引起争议。因此将"环境温度"加以解释,以便正确操作。

2.0.70 锚碇

锚碇是悬索桥的主要承重构件,主缆两端均锚固于锚碇内,以抵抗来自主缆的巨大拉力并将拉力传递给地基基础。常用的主要有重力式和隧道式。

2.0.72 施工猫道

一般按上、下游分别设置,形状及各部尺寸应能满足悬索桥主缆施工的需要,猫道面层标高到被架设的主缆底面距离沿全长保持一致,一般为1.3~1.5m,猫道净宽一般取3~4 m,上、下游猫道间设若干条人行道,以增强抗风稳定性。猫道承重索可用钢丝绳或钢绞线。

猫道面层由抗风面积小的两层大、小方格钢丝网组成。

猫道面层从塔向跨中、锚碇方向铺设,并且上、下游两幅猫道要对称、平衡地进行。铺设过程中设牵引及反拉系统。

中跨、边跨猫道的架设进度,要以塔的两侧水平力差异不超过设计为准。

2.0.73 索鞍

索鞍是专供悬索绕过塔顶的支撑结构,索鞍的上座由肋形的铸钢块件组成,上设有索槽安放悬索。在刚性桥塔中的索鞍,一般还在上座下设一排辊轴,辊轴下设下座板,以把辊轴传来的集中荷载很好地分布在塔柱上。在摆柱式或柔性桥塔中的索鞍,仅设铸钢的上座,并通过螺栓与塔柱固定。

2.0.74 索夹

主缆和吊索的连接一般采用刚性索夹把主缆箍紧,使主缆在受拉时产生收缩变形也不致滑动。索夹的型式,根据主缆的排列常分为六边形和圆形两种型式的钢铸件。

2.0.76 加劲钢箱梁

悬索桥、斜拉桥的主梁可做成钢板梁、钢桁梁和钢箱梁,钢箱梁抗扭刚度大,抗风性能较好,风的阻力系数小,构造简单,易于制造、养护,是目前采用较广的悬索桥、斜拉桥的主梁。

2.0.80 模数式伸缩装置

模数式伸缩装置有如下型式:TS,J—75,SSF,SG,XF斜向型,GQF—MZL型。公路上采用较多的GQF—MZL系列伸缩装置是由专用异形钢材作为主要受力构件,由边梁、中梁、横梁、位移控制系统、密封橡胶带等构件组合而成的系列伸缩装置。其特点是伸缩装置的承重结构和位移控制系统分开,结构上充分考虑了除能满足水平变位需要外,还能满足桥梁横向、垂直方向和梁端转角产生变形的需要,在公路桥梁的使用上有更大的适用性。

3 施工准备和施工测量

3.1.1 施工单位在编制施工组织设计前,应组织有关人员对设计文件、图纸、资料进行研究和现场核对,必要时进行补充调查。研究设计文件、图纸、资料时,应首先查明是否齐全、清楚,图纸本身及相互之间有无矛盾和错误,如发现图纸和资料欠缺、错误、矛盾等情况,应向建设单位提出,予以补全、更正。较复杂的中桥、大桥和特大桥,可要求建设单位进行设计交底,施工单位可提出修改意见供建设单位考虑。

3.1.3 参考文献《施工组织设计与进度管理》(中国建筑出版社,1995)拟定。

3.1.4 是根据文献《质量振兴纲要》及《质量保证》拟定。

3.2.2 1 三角测量的等级划分是根据文献《工程测量规范》(GB 50026—93)制定的。

3.2.2 2 1) 三角测量等级(表3.2.2-1)是根据文献《公路勘测规范》(JTJ 061—99)制定的。

三角测量的主要技术要求(表3.2.2-2)是根据文献《公路勘测规范》(JTJ 061—99)及《工程测量规范》(GB 50026—93)第3.1.3条表3.1.3制定的。

水平角方向观测法的技术要求(表3.2.2-3)是根据文献《公路勘测规范 》(JTJ 061—99)制定的。

测距的主要技术要求(表3.2.2-4)、测量精度等级(表3.2.2-5)是根据文献《公路勘测规范》(JTJ 061—99)制定的;表3.2.2-7是根据《公路全球定位系统(GPS)测量规范》(JTJ/T 066—98)制定的。

3.2.2 2 2) (1) 公式(3.2.2-1)是根据文献《公路勘测规范》(JTJ 061—99)制定的。

3.2.2 2 2) (2)公式(3.2.2-2)是根据文献《公路勘测规范》(JTJ 061—99)制定的。

3.2.2 2 2) (3) 公式(3.2.2-3)、公式(3.2.2-4)是根据文献《工程测量规范》(GB 50026—93)制定的。

3.2.2 3 桥位测量的精度要求(表3.2.2-6)是根据文献《公路勘测规范》(JTJ 061—99)制定的。

3.2.2 4 公式(3.2.2-5)是根据《公路全球定位系统(GPS)测量规范》(JTJ/T 066—98)第3.1.2条拟定的。

3.2.2 5 1) 水准测量的主要技术要求(表3.2.2-8)是根据文献《公路勘测规范》(JTJ 061—99)及《工程测量规范》(GB 50026—93)第3.2.1条表3.2.1制定的。

3.2.2 5 2) (1) 公式(3.2.2-6)是根据文献《工程测量规范》(GB 50026—93)第3.2.8条公式(3.2.8-1)制定的。

3.2.2 5 2) (2) 公式(3.2.2-7)是根据文献《工程测量规范》(GB 50026—93)第3.2.8条公式(3.2.8-2)制定的。

3.2.2 5 3) 公式(3.2.2-8)、公式(3.2.2-9)、公式(3.2.2-10)参照原规范第2.2.15条公式(2.2.15-1)、公式(2.2.15-2)、公式(2.2.15-3)制定的。

4 明挖地基

4.1 基坑

4.1.1 基坑顶面设置防止地面水流入基坑的措施,可防止地面水集中冲刷基坑边坡而影响基坑边坡的稳定,还可减少基坑内需要排出的水量。

基坑顶的动荷载是指从基坑中挖出的弃土和排水设备。这些动荷载离基坑顶边缘越近,影响基坑边坡的稳定性越大。但排水设备如搁置离基坑顶边缘过远,则其进水管道延长过多,影响抽水效率,故规定如条文。

4.1.2 1 本款对基坑尺寸增大的规定,系指有渗水的基坑而言。对无渗水的基坑尺寸,可以减少设置排水系统所需面积;对无渗水、土质密实(不致坍方)、开挖边缘整齐(如风化岩)而不需设置基础模板的基坑,可按基底平面尺寸开挖。

4.1.2 2 根据土力学原理,斜坡的稳定与斜坡度大小、地质条件、斜坡高度、坡顶有否附加荷载及荷载类别等因素有关。若其余因素相同时,则各因素影响斜坡的稳定规律为:斜坡度越平缓越稳定,越陡峻越易坍塌;土的黏聚力大的(如岩石、黏性土)比黏聚力小的(如砂土)较稳定;土的含水量较少的较稳定;坡顶有荷载特别是动荷载的较不稳定。

规范表4.1.2是根据土力学斜坡稳定理论、施工经验和适当的安全系数规定的,适用于基坑深度在5m以内的情况。因为常用的离心式抽水机的吸水高度理论上虽可达10m,但由于机器效率和各种水头摩阻损失,实际吸水高度只约6m。当坡顶至基坑底高5m时,抽水机置于坡顶,则其吸水高度等于抽水机进水管口至坡顶地面高,再加工作水位降至基坑底面以下约0.5m,即约6m,与抽水机吸水高大致相同。

当渗水基坑深度≥8m以上,采用明挖地基以抽水机排水是否合算,应与其他方法如井点法排水进行技术经济比较决定。

4.1.2 3 在天然含水量范围内时,砂类土的天然坡度大致等于其计算的内摩擦角。黏性土在天然含水量范围内的天然坡度,除考虑其计算的内摩擦角外,还要考虑黏聚力、孔隙比、塑限含水量、容重等因素。

4.1.3 是根据《锚杆喷射混凝土支护技术规范》(GBJ 86—85)拟定的。

4.2 围堰

4.2.1 1 这里的施工期间是指从围堰开始修筑至完成，即从排除堰内积水，边排水边挖除堰内基坑土（石）方，砌筑墩台基础及墩台身（高出施工水位或堰顶高程），到可以撤除围堰时为止。在这期间可能出现的最高水位即作为决定堰顶高程的依据。确定这一水位的方法，一般设计单位在施工组织设计中已经提供。若设计单位未提供时，则应向该河流桥位附近的水文站索取历年水位高程记录、降雨量记录、未来气象中期预报资料，会同水文站分析并考虑一定的安全预留量确定。对某类围堰，其堰顶可随水位上涨而增高的，其预留量可小一点，否则应大一点。

墩台基础施工应尽量安排在枯水期进行,这样,围堰高度可降低,断面可减小,挖基时排水工作量也可减少。

4.2.1 2　围堰外形有圆形、圆端形(上下游为半圆形,中部为矩形)、矩形、带三角尖的矩形等。围堰外形的选择,不仅应考虑条文所述的因素,而且要按围堰种类来选择适当的外形。例如钢筋混凝土板桩围堰不宜用于曲线形围堰;而钢板桩围堰可用于圆形或圆端形等。此外,围堰外形还影响其堰内抵抗水压力的支撑受力情况。这些都是在选择围堰外形时均应考虑的因素。

4.2.1 3　围堰内的净面积(指围堰断面放坡后,原河床表面坡脚净面积)可按规范第4.1节规定办理。若采用土围堰、土袋围堰、竹(铅丝)笼围堰,堰内基坑挖下去后,可不设支撑维护基坑壁,而依靠放宽坡脚自身稳定,此时围堰内净面积还应满足坑壁放坡所需宽度的要求。围堰内坡脚至基坑顶边缘,无论基坑采用支撑护壁或放坡开挖,都应留有台阶,其宽度根据河床土质及基坑深度而定,但不得小于1.9 m。

4.2.1 4　本条主要是对土围堰、土袋围堰和竹(铅丝)笼围堰依靠自身重力抵抗水压力而稳定的围堰而规定的。其验算法可根据土力学、水力学和结构力学的理论进行。当这类围堰高度分别不超过规范第4.2.2条、第4.2.3条、第4.2.6条所述情况时,其围堰断面可分别按各该条下面各款的规定办理。

板桩型围堰其断面尺寸应能满足抗剪应力和抗弯矩应力的要求。

4.2.2 1　土围堰是完全依靠堰本身的重力获得稳定和强度的。填筑土围堰时,内外都须放坡,因此,堰身断面较大,压缩河床断面过多,需用筑堰土料较多,且填筑费时,特别是堰身较高时更甚。实践中有在水深2 m以上使用土围堰获得成功的先例。由于上述原因,本条推荐土围堰使用范围为水深1.5m以内。当河中墩台不多,筑堰土料易得,并采用机械化施工时,堰身高度使用范围,可较条文规定放宽。

河床土质如为渗水量大的砂土,如中砂、细砂、粉砂时,不得使用土围堰。因为这类砂土不仅渗水量大,增加挖基时排水工作量,而且排水时,堰下砂土极易发生管涌、翻砂,使堰下基底沉陷,毁坏围堰。

河床如为不透水的黏土,当然很好,实际上极难遇到,也没有必要如此要求,徒然限制了土围堰的使用范围,故规定如条文。当河床为砾砂、角砾、圆砾、卵石、漂石时,虽然翻砂的可能性较小,但渗水量很大,决定采用土围堰时要慎重,并应考虑相应的排水设施。

当堰外边坡设有防护措施时,流速范围可略超过0.5 m/s的规定。

4.2.2 2　土围堰因为浸泡在水中,故其边坡比应当较规范表4.1.2的规定为缓,以满足土围堰的稳定和强度要求。围堰外坡还要遭受水流冲刷,故条文规定堰外边坡较堰内边坡要求更缓一些。内外边坡比都规定了上下限的范围,可根据使用的筑堰土料类别比照规范表4.1.2的规定考虑确定。

土堰坡脚与基坑边缘间设置平台的理由,参见第4.1.2条的说明。平台的宽度不仅如条文所述,与土质、基坑深度有关,而且与基坑坑壁是否支撑加固有关。一般土质差、基坑较深、无支撑加固时,平台宽度应加大。

4.2.2 3　采用筑堰土料的原则是不渗水、易压实,遇水不致泡软成泥浆,因此,纯黏土并不是好的筑堰土料。砂土渗水量大,黏聚力小,易发生管涌、翻砂,不能用于填筑土围堰。

土围堰夯实机具可采用蛙式打夯机、小型手扶压路机或手工夯具等。

4.2.2 4　因混有树根、石块、杂物的填筑土不易夯压并易形成渗水孔道,故施工前应将其清除。

填筑围堰程序是上游开始至下游合龙,这样可减小围堰填筑过程中的水流冲刷,易于填筑牢固。首先填筑的上游部分,可加大围堰宽度,以抵抗水流冲刷力。

4.2.3 1　用草袋、麻袋、玻璃纤维袋和无纺塑料袋等装土码叠而成的围堰统称土袋围堰。

原规范规定水深3.5m以内,流速2.0 m/s以内时,可筑草袋围堰,但施工较困难,亦不经济,现参考文献《桥涵施工手册》修改如条文。

4.2.3 2　土袋围堰的袋与袋之间的空隙易造成漏水通道,防治方法,一为堆码内外两层土袋,在其中间填筑防水黏土,厚0.5~1.0m;二是不分内外层,在每层堆码间的空隙填以松散黏土层。前法防水性较好,但堰身较厚,后者反之。可根据水深、水流速度和河床允许压缩等因素决定。

土袋中以装不渗水的黏性土为宜,装土量宜为土袋容量的1/2~2/3。袋口应缝合。装土过少,用袋太多,不经济;装土过多,堆码不平稳,空隙多,易渗漏。

若采用黏土心的土袋围堰时,也可用砂土装袋。

4.2.3 4　当流速较大时，外围土袋可装小卵石或粗砂，以免袋内土粒被淘空，而使土袋冲走。

4.2.4 1　大漂石及坚硬岩层的河床，不宜使用钢板桩围堰。

4.2.4 2　经过整修或焊接后，钢板桩必须用同类型钢板桩作为锁口通过试验，防止打桩时插打不下去。一般可用2~3 m长同类型钢板桩以5kN左右的拉力做通过试验。通过的试验拉力不能过大，否则会损坏锁口，在插打时发生困难。

4.2.4 5　2)锁口内填防水填充材料，系为增强围堰的防水性能。填充料的质量比为黄油: 沥青: 干锯末: 干黏土粉 =1:1:1:0.5；组拼桩间亦应填防水材料。

4.2.4 5　6)接长桩上下错开的距离以2m为宜。

4.2.5 1　钢筋混凝土板桩围堰，目前在我国使用尚不多。但在缺少钢板桩和木材地区，使用钢筋混凝土板桩仍有其无可比拟的优点，因为不仅可用于基坑挡土防水，还可不拔除而作为建筑结构物的一部分，且可作为水中墩台基础的防护结构物。

4.2.5 2、3　钢筋混凝土板桩，目前用空心板桩的较多，可节约制桩材料，桩较轻，故打桩锤亦可较轻，还可利用空心孔道射水加快下沉。空心多为圆形，用钢管做芯模，待混凝土初凝后，将钢管转动以减小黏结力，达到一定强度后可将钢管由桩头用卷扬机拔出。钢筋混凝土桩的榫口以半圆形的较好，因无棱角，在预制吊装时榫口不易损坏，桩尖一般斜度为1:2.5~1:1.5。

4.2.6 2　随着水深增加，水流冲击增大，竹笼的高度与宽度相应增加，竹笼内填筑土石后受侧压力也变大，故竹笼必须制作坚固，采用钢筋、螺栓、铁丝等钢材予以加固是非常必要的，采用铅丝笼时，也需用钢筋等加固。

4.2.6 3　水深在3 m以下时，可采用单层竹笼围堰，笼内填筑土夹石防水，并在堰外堆以土袋或填土防渗漏。水深超过3 m时，应采用双层围堰，在两层之间填土防水，此时围堰较宽，抵抗水流的冲击力亦加强。

4.2.7 3　下沉套箱前，可用射水方法清除河床覆盖土，然后由潜水工整平套箱位置的河床基岩。当基岩倾斜过甚时，可照条文所述制成底部倾斜套箱。如倾斜度不大时，可在套箱下面岩基低凹处用装石麻袋垫平。

4.2.8 8　清基的标准，基底上的泥砂清除干净，露出基岩。并按条文规定方法进行，经潜水员检查合格后，方可浇灌水下封底混凝土。清底分区，是要求清理干净(包括清除风化岩层及松动岩层)，使封底的水下混凝土连接良好。浇封底混凝土时，应用多根导管，按顺序浇筑。混凝土应满足设计强度，坍落度宜控制在180~220mm，混凝土流动半径宜不大于2.5m。

4.3　挖基和排水

4.3.1 1　无论哪种基础，开工后都应连续不断地快速施工。但各种基础比较，天然地基挖基排水对连续不断地快速施工就显得更为必要，因为基坑排水时，如水泵休息停顿，水就渗满基坑，不仅重新排水费时，而且基坑壁经水浸泡后最易坍塌，要做到连续不断地快速施工，就必须在开工前安排轮班劳力，及各种建筑材料(水泥、砂、石子)和各种机具(水泵、吊机、搅拌机)等的准备工作。

在枯水位或少雨季节开挖基坑的排水，可较大地减少施工困难。

4.3.1 3　在已完成的浅基桥墩周围挖基做防护工程，或在已完成的桥台前面、侧面挖基做护坡、锥坡工程时，既有墩台基础侧面被淘空，由于侧面土压力的影响，会使墩台发生不均匀沉陷甚至坍塌，因此，应有适当的防护措施。

防护措施包括：了解既有墩台基础厚度、基底土的种类、性能；新挖基坑底不宜低于原墩台基底；距原墩台基础尽可能远一点；新基坑施工不可延续过长；挖好后立即浇筑基础；必要时在原墩台周围打桩防护等。

4.3.2 1、2　人工开挖基坑只宜在无机械设备且基坑较小时采用。基坑较大时，宜采用挖掘机，抓斗挖土机挖基。但机械挖基容易超挖，可在机械挖到标高以上200mm时改用人工挖基。

无论何种土质，一经暴露于空气中或浸泡水中很容易降低承载力，故挖到基础标高经检验符合要求后,应突击施工砌筑基础。

4.3.2 3 排水困难或发生严重流砂、涌泥现象,或具有水中挖基机具时,应放弃排水挖基方法。

水中挖基达到设计标高后,不能采取排干水砌筑基础,必须按照规范第7章沉井封底方法灌注水下混凝土封底。封底之后,能否排干水砌筑墩台,还要看封底标高以上基坑壁的土质是否易于翻砂而定。若是易于翻砂的细砂、粉砂土,则宜采用套箱围堰,以完成墩台砌筑施工。

4.3.3 需要的抽水设备能力应按基坑中渗水量多少而定。这与基坑之大小、围堰种类、工程地质与水文地质条件、距河水远近等情况有关,预先准确测定或计算是困难的,一般可在类似基坑条件下的试坑中做抽水试验得出,或根据基坑各类土质的渗透系数按照经验公式计算得出。

4.4 地基处理

4.4.1 一般岩层倾斜度大于15°时,基底应凿成台阶,以免滑动。

风化岩层暴露在空气或水中后将加速其风化,故基坑底基础外围的风化岩层均应以混凝土封闭,防止基础底岩层风化。

4.4.4 3 倾斜大于15°的岩层,基底可凿成台阶。小于15°的倾斜岩层宜凿平,使承重面与重力线垂直,以免滑动,故规定如条文。

4.4.5 2 隔温材料可用煤渣,中、粗砂或其他材料,其厚度宜为300mm或稍厚一些。

4.5 地基检验

4.5.2 本条所提示的触探,包括动力触探和静力触探两种。动力触探又分轻型、中型和重型3种。重型动力触探按触探头不同分为I型(管式贯入器)和II型(圆锥头),前者为标准贯入用具,适用于细粒砂类土、黏性土;后者适用于砂类土和圆砾、卵石层。静力触探是利用电测原理确定大的力学性质的一种原位测试方法,试验时利用静压力装置将探头压入土层,适用于黏性土及砂类土。

土工试验只在特殊地基处理(如软土地基等)时才有必要。荷载试验是研究和取得地基承载力[R]、形变模量 E_0 的基本方法之一,但做此试验很费时间,一般只在大、中桥的特殊地基处理时,应设计部门的要求才做。

5 沉入桩基础

5.1 一般规定

5.1.3 在一个基坑内沉入较多的桩时,桩会把土挤紧或使土上拱,因此,布置沉桩顺序是很重要的问题。如采用先沉基坑四周的桩,后沉中间的桩,则愈往中间沉,土就挤得愈紧,可能使中间的桩很难沉入,并会造成桩已沉到控制贯入度,而桩尖的标高达不到规定的标高,甚至会沉不下去,导致今后基础不均匀下沉。因此规定,一般情况可由一端向另一端连续进行,以减少桩架迁移工作量,加快沉桩速度。当桩基平面较大,桩数较多或桩距较小时,宜由中间向两端或四周沉入,减小后沉桩沉入的困难,并减小土被挤紧或上拱现象。先沉深的后沉浅的桩,可以防止降低后沉桩的极限承载力,否则应对先沉的浅桩进行复打。在斜坡地带,先沉坡顶后沉坡脚的桩,可使坡顶先沉入的桩在土中起加固作用,以减小土的侧向总压力。

沉入土中的桩,将使桩周附近约3~5倍桩径范围内的土受到相当大的重塑作用,因此在黏性土层中沉桩,若桩距较小时,沉桩顺序更要注意。斜桩在地表面的平面位置随地表面的标高而异,测量放样时应注意。沉入斜桩时,桩头常发生干扰,影响沉桩,事先应考虑避免。

5.1.4 本条规定锤击沉桩和振动沉桩控制贯入的确定原则,是以试桩求得的控制贯入度为准。因试桩的目的之一是判断桩的承载力。试桩经过试验,其承载力符合设计要求,则沉入试桩时最后贯入度,即可作为控制贯入度。若试桩承载力比设计要求承载力相差较大时,则应按修正桩长后的相应贯入度作为控制贯入度。

5.2 试桩与基桩承载力

5.2.2 沉桩时先进行试桩,主要是解决下列问题:

1. 提供桩—土体系荷载承载力的正确资料,以检验所需的桩长与设计桩长是否适宜,使在经济上与技术上达到合理;
2. 了解采用的沉桩工艺及配用的沉桩机具是否合适;
3. 有无假极限或吸入情况,确定是否复打等。

对于一般的中、小桥梁,由于沉桩数量少,地质情况不复杂,若均需要进行试桩,有时在经济上和施工进度上不一定合理。故规定有可靠依据和实践经验,能保证质量的前提下,可以不做试桩。对于特大桥、大桥和地质复杂的中桥,为了做到经济上合理、技术上可靠,要求在施工前先沉试桩。

5.2.3 静压试验是确定单桩承载力方法中最基本、最可靠的方法,各种测定方法(如静力触探、动测法等)的成果,都必须与静压试验相比较,才能判明其准确性。国内外规范一致规定,对重要工程都应通过静载试验。故本条规定对特大桥和地质复杂的大中桥试桩,应采用静载试验确定单桩承载力。静载试验的方法主要与试验要求有关,国内外采用的试验方法主要有慢速维持荷载法、快速维持荷载法、等贯入速率法、循环加卸载法。

5.3 桩的制作要求

5.3.1 2 3)冷拉的预应力钢筋需要焊接时,应在冷拉前焊接。这是因为冷拉后钢筋的强度增高,伸长率降低,脆性增大,焊接性能变差。并且在冷拉后再进行焊接,将使经冷拉后提高了的强度又降低。

在冷拉前焊接可避免上述缺点。钢筋焊接后的技术要求,可按本规范第 10 章有关规定办理。

5.3.1 2 4)混凝土方桩或矩形桩连接用的法兰盘,一般可采用角钢增焊加劲肋钢板制成。将角钢的一肢焊接在纵向主钢筋上,另一肢位于桩的连接平面端上。桩连接时利用法兰盘两连接端的连接肢用螺栓连接。已张拉的预应力钢筋不允许进行任何焊接。

5.3.1 4 表 5.3.1-2 是根据《公路工程质量检验评定标准》(JTJ 071—98)拟定的。

5.4 沉桩

5.4.2 1、5、8、9 是参照《港口工程桩基规范》(JTJ 254—98)第 8.4 节拟定的。

5.4.2 7 在饱和的细、中、粗砂中连续沉桩时,易使流动的砂紧密挤实于桩的周围,妨碍砂中水分沿桩上升,在桩尖下形成水压很大的“水垫”,使桩产生暂时的极大贯入阻力。休息一定时间之后贯入阻力就降低。这种现象称为桩的“假极限”。

在黏性土中连续沉桩时,由于土的渗透系数小,桩周围水不能渗透扩散而沿着桩身向上挤出,形成桩周围的滑润套,使桩周摩阻力大为减小,但休息一定时间后,桩周围水消失,桩周摩阻力恢复增大。这种现象称为“吸入”。

锤击沉桩发现上述两种情况时,均应进行复打,以确定桩的实际承载力。复打前桩的休息时间,按规范附录 B.2.1 的规定。

桩的上浮有两种情况,被锤击的桩上浮和附近的桩上浮。对于前者,如使用桩锤时,可将桩锤停留在桩头时间长一些;当用柴油锤时,如系空心管桩,桩尖不要封闭,将桩内土排除,可减少桩上浮。无论何种情况,桩都应进行复打。

5.4.2 10 当贯入度已达到控制贯入度,应再锤入 10cm 左右或锤击 30 ~ 50 击,如无异常变化时,一般可以说不是遇到障碍物等情况,此时桩尖标高与设计要求标高相差不大时,即可停锤。若桩尖标高与设计规定标高相差过多时,则需要考虑桩的侧向稳定是否足够,应与有关部门研究确定。

设计桩尖处为一般黏土或其他较松软土层时,则桩尖承载力占桩总承载力的比例不大,桩侧摩阻力是主要因素,因此停锤时应以桩尖标高控制为主,以求沉入一定的桩长。贯入度较大时,应继续锤击至接近控制贯入度。

5.4.3 1、2、3 是参照《港口工程桩基规范》(JTJ 254—98)拟定的。

5.4.4 在深水中沉桩,若桩身露出河床面较长时,则桩受波浪、水流、恒载(指斜桩)和突然的冲击,都可能引起桩身过大的力矩,应采用临时支承等方法予以防护,直至桩最后连接到构造物上为止。

6 灌注桩基础

6.1 一般规定

6.1.1 本次修订时,取消了沉管灌注桩和钻、挖孔灌注斜桩,如施工中需要,可参照原规范执行。

6.2 钻孔灌注桩

6.2.1 2 护筒内径要求的大小与钻机的钻锥钻孔时在孔内摆动程度有关,有钻杆导向的钻机钻锥摆动较小,否则摆动较大,条文是按此原则和各地施工经验拟定的。

护筒顶端高出地下水位或施工水位的高度要求与钻孔方法、地层情况有关。无论采用何种钻孔方法,当地质不良(如松散的砂类土)容易坍孔时,应比同类钻孔方法而地质较好,不易坍孔的孔内水头提高0.5m以上。

孔内有承压水时,护筒顶端高度应按稳定后的承压水位考虑,否则易造成塌孔。若孔内承压水位时高时低,高低差很大或承压水位高出地面2m以上,应按条文规定做试桩,鉴定在该地区采用钻孔灌柱桩基的可行性。试桩若不成功,则宜采用沉入桩基。这个问题最好在设计阶段解决。若设计文件已确定为钻孔灌注桩,施工前才发现有大承压水,则较为麻烦。

6.2.2 1、2 规范表6.2.2较原规范的表补充了泥皮厚指标。泥皮厚薄与失水量大小有很大关系。泥浆失水量小者,泥皮薄而致密,有利于巩固孔壁;失水量大者易形成厚泥皮,在泥页岩地层易造成地层软化膨胀,产生缩径或坍孔。其泥皮厚指标是参考钻探书刊拟定的。

PHP泥浆的主要成分:膨润土、碳酸钠、聚丙烯酰胺的水解物、锯木屑、稻草、水泥或有机纤维复合物。

PHP泥浆的配比应通过试验确定,参考配比如下:

(1)膨润土为水质量的6%~8%;

(2)碳酸钠为膨润土质量的0.3%~0.5%;

(3)羧甲基纤维素(CMC)为膨润土质量的0.5%~0.1%;

(4)聚丙烯酰胺(PHP)为泥浆量的0.003%。

孔内有渗漏时,加锯木屑为水质量的1%~2%,稻草末或水泥填加量为每立方米泥浆17kg;孔内有承压水或地下水位高,渗漏严重时,加重晶粉、珍珠岩粉及方铝矿粉,填加量为每立方米泥浆17kg。

应设置泥浆制造、循环、净化系统。

6.3 钻孔施工

6.3.1 2 按不同地层选用适当的钻锥,钻进速度和泥浆性能可以防止钻进时的故障,加速钻孔完成。

6.3.1 4 泥浆的性能在钻进中是不断变化的。为了使泥浆的性能指标随时都符合规范表6.2.2的要求,以加快钻孔速度,避免或减少孔壁坍塌事故,故条文规定应经常对泥浆进行试验。

捞取钻孔中土样的目的是为了与勘察设计时的地质剖面图核对,使对泥浆、钻锥、钻进压力和钻进速度的选择更为合适。

6.3.2 1　各种钻孔方法的开孔都具有导向作用，若在开孔时孔位偏移，竖直度、孔径超过允许偏差，则继续钻进时，偏差会越来越大。

6.3.2 2　减压钻进可使钻杆在整个钻进过程中维持竖直状态，使钻进回转平稳，避免或减少斜孔、弯孔和扩孔现象。

6.3.2 3　全护筒下压至挖掘面下多深，或挖掘面深入到护筒底端多少，完全按土质硬度和是否易于坍塌而定。

全护筒压入土内总深度要考虑各地层总摩阻力和拔筒功率，避免压入过深拔不出来。

6.3.2 4　条文规定的目的是为了防止坍孔。

6.4　清孔

6.4.1 2　掏渣法清孔只能淘取粗粒钻渣，不能降低泥浆相对密度，故只能作为初步清孔。使用高压水管插入孔底射清水时，射入水所需压力应稍大于清孔前泥浆的密度与钻孔深度的乘积。

喷射清孔法采用射水或射风的时间约3～5min，所需射水（射风）的压力应比孔底水（泥浆）压力大0.05MPa，射水压力过大易引起坍孔，过小则水或风射不出来，或虽能射出来，但不能起到翻腾沉淀物的效果。

砂浆置换清孔法也可适用于换浆法清孔后，孔底沉淀物太厚不能满足设计要求的情况。

6.5　灌注水下混凝土

6.5.1 5　钢筋骨架制作和吊放的允许偏差是参照《公路工程质量检验评定标准》（JTJ 071—98）及《建筑桩基技术规范》（JGJ 94—94）的有关规定拟定的。

6.5.3 4　混凝土拌合物中含砂率较大时，其和易性较好，灌注水下混凝土要求较好的和易性，故宜用较大的含砂率。

6.5.3 5　混凝土拌合物中掺用外加剂、粉煤灰等材料可以提高其和易性和缓凝性能。

6.5.4 4　在潮汐地区或水位涨落甚急的河流和有承压力地下水地区，其水位高涨时，将使护筒内水头不足，而导致孔壁坍塌，故规定如条文。

6.5.4 5　钻孔灌注桩灌注过程中，导管的最小埋置深度，从理论上说应与灌注深度（漏斗底口至混凝土表面深度）成正比。灌注深度较大时，超压力和冲击力也较大，导管最小埋深宜较大一些，以缓和超压力和冲击力，使冲出导管底口的混凝土拌合物缓缓上升。否则，新灌注的拌合物可能冲破首批混凝土，冒到其上面，将泥浆沉淀物裹入桩中，形成夹层断桩。条文规定的最小埋深2m是根据文献“水下灌注预防断桩夹层及钢筋顶托上升技术研究报告”的试验结果并考虑适当的安全系数确定的，与过去常用的经验数据相符。灌注后期，灌注深度小，超压力减小，最小埋深也不宜小于2m。因为灌注后期，首批混凝土表面的泥浆沉淀增厚，有时还夹有少量坍土。若导管埋深太小，特别是在探测混凝土表面高度不精确时，容易造成导管提漏、进水，造成夹层断桩。

为了防止埋管事故，导管埋深不宜过大。条文规定为6m。

6.5.4 7　条文规定的目的是为了防止钢筋骨架被混凝土拌合物从漏斗向下灌注混凝土的冲击力转为向上的顶托力而上升。

6.5.4 9　变截面桩的水下混凝土灌注技术要求基本上与单截面的相同，只是在截面变换处须按条文规定办理。

6.5.4 10　护筒底口以上积存的混凝土高度不能太小。因为筒外与井壁之间有一定的空隙，护筒壁本身也有一定的体积，护筒提升后，护筒内的混凝土要填充此项空隙，可能使混凝土表面突然下降，甚至降至护筒底口以下，使护筒进水或涌入泥砂，故规定如条文。

6.6 挖孔灌注桩

6.6.1 1 当地下水位太高、流量太大,挖孔时排水较困难,工人常在水中作业不安全,进度也慢,故规定如条文。

孔内若产生有毒气体或浮尘超过 GB 3095—96 的规定,对井下施工人员有害,不得采用人工挖孔施工。

挖孔桩平面尺寸,文献 JTJ 024—85 规定不得小于 120cm,人工挖孔时要考虑孔壁支护和便于井下挖掘,应比 120cm 尺寸为大。孔深大于 15m 时,通风较为困难,工人施工有危险,工效也大为降低,一般不宜采用人工挖孔,如设计桩长大于 15m,必须采用人工施工时,应加强机械通风和安全措施,或采用机械挖掘。

6.6.2 1 孔壁支护,为了确保施工人员安全,不论地质松紧和地下渗水情况,均须如条文规定设置孔壁支护。

木、竹等非永久性支护,如不能在浇筑混凝土时拆除,则桩身与孔壁被隔离,因摩阻力产生的桩承载力不复存在,故规定如条文。

有些混凝土护壁是预制框圈,按上、下分节安装,上、下层间不能承受拉力;有些现浇混凝土护壁因条件限制,质量较差,强度较低,也不能承受拉力,故规定如条文。

挖孔时如有水渗入,开始时水很小,越往下挖,渗水量越大,可能造成孔壁坍塌,故必须加强孔壁支护。用井点法降低地下水位只适宜于砂类土地层和渗水量较大的情况,其设备安装费用大,应进行技术经济比较决定。

在挖孔深度达 10m 时,孔底空气自然流通条件变坏,空气中 CO_2 的含量逐渐积累,当达到 3% 时,就会引起人的呼吸紊乱、头疼、呕吐等症[文献前苏联,潜水员手册]。为了确保安全和提高工效,条文规定 CO_2 含量达到 0.3% 或挖孔深度达 10m,就应当采取机械通风,一般工地很少配备气体化学分析仪器,可按挖掘深度达 10m,就采用机械通风。

当孔底岩层倾斜时,凿成水平或台阶是为了防桩底承载力产生水平分力。由于有些炸药的质量问题,爆破后不能达到零氧平衡(氧元素含量恰好使碳、氧元素的含量完全氧化),而为正氧平衡,产生 NO 或 NO_2;或负氧平衡,产生 CO 对人体有毒气体。故规定如条文。若采用化学分析方法检测有困难时,可将小动物送入孔底数分钟后提出检查,如无异状,工人才可下井工作。

6.8 质量检验及质量标准

6.8.3 钻、挖孔成孔质量标准(表 6.8.3)中孔底沉淀土厚度和清孔后泥浆指标两项因原规范规定不符合现状,经广泛征求意见予以调整。表 6.8.3 清孔后的泥浆指标检测主要是要保证灌注前符合表内各项要求,注中有特定要求的钻孔桩一般指孔内有承压水、遇透水性很强的地层易坍孔、孔深超过 50m、柱桩等对泥浆有特定要求的钻孔桩。

6.8.4 1 每根桩试件组数 2 ~ 4,具体取值按现行《公路工程质量检验评定标准》(JTJ 071)规定执行。

6.8.4 2 需要钻取芯样鉴定的数量、合格的规定可参照《桩基低应变动力检测规程》(JGJ/T 93—95)拟定。钻取法可参见《钻芯法检测混凝土强度技术规程》(CECS 03:88)。

附:大直径空心桩施工简介

大直径空心桩近年来在一些地区得到应用,现对这种施工技术作一介绍。

1. 大直径空心桩的类型及适用范围

大直径空心桩按施工方法不同,分成钻埋和沉挖两种。钻埋空心桩适应于一般土质地基,沉挖空心桩适应于砂类土、巨粒土及风化岩。

2. 钻埋大直径空心桩成孔

1）施工平台与护筒的技术要求

（1）施工平台：参见本规范第6.2.1条的规定；

（2）护筒：参照本规范第6.2.1条的规定。

2）泥浆与清孔的技术要求

（1）泥浆的技术要求可参照本规范第6.2.2条的规定；

（2）钻孔、清孔，可按钻孔灌注桩有关规定施工。

3）成孔验收

大直径钻埋空心桩在终孔前，应特别强调成孔验收，验收标准如下：

（1）钻孔的倾斜度≤5‰，检查成孔直径误差<10mm；

（2）孔内泥浆含砂率≤1%，相对密度≤1.08，黏度≥20，pH值≥10；

（3）为保证桩底无沉淀，可在桩底注入3m厚新鲜泥浆。

3. 钻孔、挖孔埋置大直径空心桩

1）空心桩的预制，一般采用立式预制，为保证接触面密贴，应按节的顺序预制。预制节长按桩长及吊装能力分节，先预制底节、若干中节及顶节，节与节之间的连接由锥形螺纹筋和相应的锚具张拉连接而成。

（1）模板，在立好的外侧模板上涂刷一层混凝土的缓凝剂，拆模后桩表层混凝土在缓凝剂的作用下不凝固，用水冲洗桩身，使桩表面露出骨料层为止。

（2）预应力筋孔道的形成，用设计要求直径的钢管按设计位置准确安装固定，钢管在浇筑混凝土时应经常转动，在混凝土初凝后及时拔出。

（3）空心桩壳的底节是钢板和钢筋混凝土的封闭结构，钢板厚度应经过设计计算，以保证桩尖进行压浆时的安全，压浆孔按设计要求设置。

（4）预制桩节，长度以设计为准，设计未明确的可按吊装能力分节，一般分节高度为2~4m，混凝土强度应符合设计要求。

（5）顶节一般在护筒内，是桩的实心段，与墩帽相似，为减轻自重力，所以此节高度不宜过高；预应力筋的锚具预留位置应准确。

（6）除以上施工规定外，预制工作的其他要求可参照本规范第9章、第11章、第12章的各有关规定执行。

（7）桩壳预制技术要求

必须严格控制竖向垂直度，要求误差应小于1%节高；内模上、下口中心位置应处于同一铅垂线上。壁厚误差≤5mm；桩节长度误差≤5mm；预应力孔道位置必须准确竖直，上下节孔道要对齐贯通；管道位置偏差<1mm；预制桩节上下表面要平整，以便于上下节的连接。

2）空心桩的沉放要求

（1）准备工作：

①桩孔及预制桩节经检查验收符合设计要求；

②吊装机具经过设计验算，有操作安全防护措施；

③安装导向架，导向架与钢护筒或施工平台连接固定，导向架的中心线必须与设计桩孔中心线重合；

④支承托架安放在施工平台上，用来临时支承预制桩节，托架的中心线必须与设计桩孔中心线重合；

⑤孔底填石厚度应按设计规定施工，若设计无规定时，可按0.25~0.30倍桩直径计算确定，一般取1~2m，孔底为砂土时可取低值；填石的要求是石质坚硬无风化，规格20~40mm经水洗过的碎石或砾石；填石后的底面要平整，在填石的过程中要检测，最终高差控制在100mm；在填石过程中，注浆管应同时插入及压入空气，使泥浆不断搅动，以防沉淀，注浆管一般用4根直径50mm的钢管伸至孔底。

（2）底节沉放前，应在底节预埋钢板上焊接桩底压浆管；空心桩底节内压浆管上安装阀门并关闭，对桩底各部分进行检查；然后将桩底节沉入钻孔中，检查桩内是否漏水，若有漏水，须提至水面进行堵漏处理，同时保持护筒内水头。

(3)接缝处理：清除拼合面的污迹后烘干、吹净，再用丙酮清洗；涂抹环氧树脂；再按编号进行，以保证接头牢固、密合，不漏浆。

(4)桩壳拼接：吊放要稳，预应力筋的预留孔要上下对齐，再接长预应力筋张拉预应力；接缝外涂一层防水沥青，在沥青外缠裹防水纤维布，以防接缝外向内漏水；解除底节上的锚固，拆除夹箍，慢慢下放中节吊点，将桩节沉入孔内一定深度；桩节顶面高度应视工作平台高度而定，一般应高出工作平台500mm左右；将第二节夹箍锚固，并防止打滑现象，然后进行下一接缝的处理，依此作业直到桩长满足设计要求。

(5)顶节拼接：因顶节要锚固预应力筋，张拉时不允许一次张拉到位，应按一放一张，两放两张，三张超张，顶塞锚固的张拉程序进行，其他应注意的事项按本规范第12章的规定执行。

(6)桩的纵、横轴线及高程，在施工过程中要不间断地检查调整，最终满足设计要求后，应连续进行桩周填石工作。

3)桩周压浆填石混凝土的规定

(1)洗孔：利用桩底节预埋的压浆管，压入泥浆，将孔底及桩周填石层中的泥砂带出桩底。

(2)浇注隔离层混凝土，先填与孔内同规格的碎石、砾石，厚0.5m，接着再填0.5～1.0m厚的细砂和小于20mm的碎石，然后浇注0.5～1.0m高的混凝土隔离层，以防桩周压浆时水泥浆渗入桩底。

(3)桩周设置压浆管：应按设计要求设置，设计无要求时，压浆管直径的选择按桩径及压浆机的排量和压力的大小及分布与设计单位协商选择。

压浆管按桩直径大小布置，按孔深分层分段埋设，每层高度不允许超过10m，当桩长小于20m时，可采用单层；压浆管底端呈梅花形，或在封闭管端壁上钻若干直径为5mm的小孔。

(4)在护筒四周或在桩壁顶面按设计要求设置排污管和扬压管及压重层。

(5)桩周填石，压浆管设置定位后，即在桩周内均匀地抛填粒径为20～40mm、40～80mm碎石、砾石各半，填至护筒内桩顶设计标高；抛石应连续作业，质量要求同本简介中的3.2)。

(6)桩周清孔：压浆管中开始先注入清水，检查压浆设备及管道，再从第二根管中注入泥浆，清除碎石、砾石中的泥砂；清洗应按从下而上的顺序，先单数管后双数管循环冲洗；待排污管、扬压管排放的泥砂污水变清后，停止冲洗。

(7)桩周压浆：应用2台压浆机，压注按设计配合比配制的水泥砂浆，可将压浆管交替压浆，压浆时可根据压浆管埋置深度抽拔压浆管，当排浆管孔口流出合格的水泥砂浆后，经检查桩周压浆已饱满，再持压5～10min后关闭扬压管、压浆管，顶层拔出压浆管后，需向孔内再灌满水泥浆。

4)桩底填石压浆混凝土，当桩周填石压浆混凝土强度达到设计强度的50%后，方可进行压浆。

(1)抽干空心桩内积水，连接桩底压浆管。桩底节钢板上压浆管比回流管的梅花管要长一些，伸出桩底0.5～1.0m，在底节压浆管和回流管上接压力表、阀门与法兰；在接好压浆管时，要将各管上的闸阀关闭，以防桩孔底的高压水冒出。

(2)桩底清孔：可先用桩底压浆管做进浆管，再利用底节钢板上的回流管做回流管，清孔方法同第3.3)。

(3)桩底压浆：压浆方法同桩周，关闭回流管继续压浆，当压力达到设计值时，应检查压力是否与设计值相符，当符合要求后稳压15min停机。做好压浆机出口管压力的记录。根据绘制的桩底反力与上抬量的关系曲线，与设计值比较，以便调正和检验空心桩的承载力。

5)压浆标准

(1)按碎石、砾石的空隙率计算压浆量，以核对实际压浆量；

(2)压浆压力一般为0.1～0.3MPa，但要超过孔深压力。

6)压浆时注意事项：

(1)注意压力表的数据，如压力上不去，应分析原因，停机10min，将水泥浆加浓后再压，如压力急剧增长，可能管道堵塞，要及时停机换管；

(2)水泥浆用量明显增多时,应加浓水泥浆;

(3)压浆操作过程应设专人监督,发现问题及时提示;

(4)压浆操作要有安全措施。

4. 沉挖空心桩

1)沉挖空心桩的结构特点

沉挖空心桩是将沉井与挖桩相结合的基础型式。在河床上筑岛,就地浇筑钢筋混凝土薄壳沉井,混凝土强度达到设计强度的75%时人工开挖下沉,必要时抽水及护壁;沉完一节后再浇筑第二节,依次接至设计长度,安装内模板浇筑钢筋混凝土或填石压 浆混凝土;最后封底、浇筑顶盖,形成大直径空心桩。

2)沉挖空心桩的方法

(1)预制管沉挖空心桩,当地层中有较大渗水或涌水或有流砂、淤泥土层时,井中现浇护壁不能保证施工安全的情况下,应现浇带刃脚桩壳边下沉边接长,通过该地层后,再按正常挖孔施工。

(2)钢护筒中挖孔桩:在水中施工平台上,打入钢护筒至风化层,护筒内水下挖孔至风化层,潜水封底;抽水开挖至设计高程,检查验收应符合设计要求。

若采用钢内模填石压浆混凝土,随钢内模直径的变化,可按设计完成变截面大直径空心桩的施工。

3)沉挖空心桩止水措施

(1)钢护筒沉入岩面,向沉井内抽水,潜水工将沉井刃脚处与钢套筒间的砂砾掏净,从井上放导管将不分散水泥砂浆灌入,以封闭止水。

(2)钢护筒与沉井刃脚处由潜水工插入直径50mm压浆管,间距按满足压浆要求布设;填碎石或砾石的高度按能保证压浆后止水而定;用装土纤维袋压顶封闭;从井上压注水泥浆。

4)沉井空心桩的开挖、护壁,人工开挖遇到渗水时,每挖0.5~1m后,支护模板浇护壁混凝土,护壁混凝土的厚度由所承受的力计算确定;有关挖井作业和注意事项按4.2)执行。

5)沉挖空心桩,桩孔检查符合要求后,放钢筋笼及内模板,浇筑混凝土或填石压浆混凝土。

5. 质量检验及质量标准

1)质量检验

(1)钢筋骨架、桩节预制的质量检验与质量标准,参照本规范第10章、第15章的有关规定;

(2)质量检验

①用无破损法检验水下填石压浆混凝土桩的完整性;

②必要时钻芯取样检验桩周和桩底混凝土的强度和清孔、洗孔质量,钻芯直径不小于70mm,其检测要求见钻孔灌注桩。

2)成桩的质量标准见表1。

表1 钻孔、挖孔埋置大直径空心桩质量标准

检查内容			规定值或允许偏差
压浆强度(MPa)			不低于设计值
桩位(mm)	群桩	直径2.5m	150
		每增1m	50(其间内插)
	排架桩	直径2.5m	75
		每增1m	25(其间内插)
倾斜度			1%
孔径(m)			不小于设计值
孔深(m)			不小于设计值
沉淀厚度(mm)			符合设计要求

7 沉井基础

7.1 一般规定

7.1.1 沉井施工前对沉井范围内的地层及地基重点进行分析研究的目的，是为了查清下沉沉井时可能遇到诸如大孔隙漏水土层、承压水层、硬质胶结层，大孤石、树根、铁件等障碍物及岩面高差、断层、溶洞等情况，以防临时采取措施，耽误施工工期。此种事例在过去沉井施工中遇到不少，故条文强调此点。

7.1.2 沉井下沉时，位于邻近的土体可能随着下沉，土体范围内的堤防、建筑物和施工设备将受到危害，必须采取有效的防护措施和沉井下沉方案。一般不应采取抽水除土下沉方案。采用不排水取土下沉方案时，还应维持沉井内水位不低于沉井外水位，防止井外土、砂涌进井内而使地面下沉。

7.2 沉井的制作

7.2.2 2 1）无围堰筑岛是指带边坡的土岛；有围堰筑岛，是指在设有钢板桩、钢筋混凝土板桩等防护围堰内的筑岛。有围堰护道宽度比无围堰护道宽度规定为小，这是考虑有围堰边缘比无围堰边缘坚固的原因。

7.2.2 2 4）在斜坡上筑岛时，因新筑土体易沿斜坡下滑，使筑成的岛不稳定，浇筑的沉井易产生偏斜或开裂，因此规定应进行设计及采取防滑措施，如将斜坡表面开挖成台阶状等。

7.2.2 4 1）沉井下设支垫是为了将沉井荷载均匀扩散分布在砂垫层上，并便于均衡下沉沉井。支垫要便于抽除，铺设方向应与刃脚垂直。

7.2.2 4 3）要求支垫连续通过隔墙与井壁连接处，是为了防止浇筑混凝土时井壁与隔墙产生不同的垂直压力，引起岛面不均匀沉降，使井壁与隔墙连接处发生开裂。若支垫不够长时，其搭接缝应交错分设在连接处两侧一定距离处，使隔墙与井壁下支垫具有一定的整体性。

7.2.2 5 1）采用土内模支承制作底节沉井时，由于井壁混凝土的重力在刃脚斜面上产生的水平分力，要将刃脚土外模向外推移，若土外模的抗力不足，则使刃脚产生滑移，引起刃脚混凝土开裂。土模顶面高度要填至隔墙的底面，是为了不需另设隔墙底模，还可增加对沉井的承载力。

7.2.2 5 2）、3）土模表面及刃脚底下的地面，为了防止浇筑沉井混凝土时不与土面黏结，条文规定须铺筑一层20～30mm厚水泥砂浆层，或采用油毡等其他隔离层。从填筑土模到挖除土模过程中，应做好排水、防水措施，防止土体受水浸泡后松软变形，产生不均匀沉陷，甚至破坏土模及沉井。

7.2.2 6 沉井分节太高，则施工不便，且易失稳；太低则重力小，下沉慢，且又增加接高次数，影响施工进度。特别对于底节沉井高度更应注意，若太低，在抽除支垫或挖除土模或下沉沉井时，沉井部分被搁支，部分悬空，可能会使沉井开裂。故底节沉井的高度需要满足在最不利的刃脚支承条件下，能有足够的竖向抗挠强度。一般情况下，在取土和稳定条件许可时，沉井分节制作高度应尽可能高一些，一般以不小于3.0m为宜。对于松软地基的底节沉井，其重力不宜过大，一般以高度不超过0.8倍沉井宽度为宜。

7.2.2 7 2）抽垫顺序一般是先抽除隔墙下的支垫，然后分区、依次、对称、同步地向沉井壁外抽出刃脚下的支垫。在抽出一批支垫的同时，应立即在刃脚和隔墙下回填适当高度的砂土（或砂砾石），使沉井压力从支垫上逐步转移到砂土上，防止压力集中在后抽的支垫上，而使沉井倾斜。支垫下土体承受压力以不超过岛面土层的极限承压应力为准。回填土不得从沉井内或筑岛土中挖取，以防沉井倾斜。

7.2.2 7 3）底节沉井支点处的支垫位置是沉井强度计算的依据，故必须按设计要求的顺序，最后尽快地抽出。

7.3 沉井浮运到位

7.3.1 1 沉井底节在入水前应按其工作压力进行水压试验，以防止底节入水下沉时产生渗水现象。其他需灌水下沉各节，因不便做水压试验，故规定只做水密性试验。

7.3.2 2 底节沉井入水后，一般是初步定位于墩位附近，然后在悬浮状态下接高和下沉。但在这一施工过程中，由于水流受沉井阻力的影响，将使墩位处河床面的冲淤条件发生变化。为使墩位处经冲淤后的河床面高差较小，便于沉井能平稳地落在河床面上，故必须考虑底节沉井的高度、大小、形状和水深、流速、河床土质与高低等情况，综合分析后方能大致估定沉井的初步定位位置。由于影响墩位处河床的冲淤因素很复杂，估定沉井初步定位的位置亦仅是粗略的参考值，重要的是要经常量测墩位处河床冲淤情况，及时采取相应措施。根据一些资料介绍，初步定位位置是在墩位上游10～30m处，可供参考。主要的是经常量测墩位处河床冲刷情况，以便及时采取相应的措施。

7.3.2 3、5 带气筒的浮式沉井，气筒如遭受损坏，则沉井将产生下沉或倾斜，或使井壁超过允许受力的条件，甚至可能使沉井整个沉没，故条文规定对气筒应加以防护。

7.3.3 1 浮式沉井在浮运、就位、下沉时，受到风力或其他外力因素的影响，易倾斜而丧失稳定，故条文规定应对其稳定进行验算。沉井浮运时受力情况如图7.3.3所示。图a)中沉井重心 G 在浮心 B 之上，且 G 与 B 处于平衡位置(浮力作用总是通过浮心 B)，在此种情况下，风浪作用时所产生的力偶则易使沉井倾覆；图b)中沉井重心 G 在浮心 B 之下，风浪作用时沉井发生倾斜，沉井重力 W 通过 G 点作用，总浮力 F_W 通过瞬时新浮心 B' 作用，则产生一扶正力矩 $M=We$，使稳定沉井。

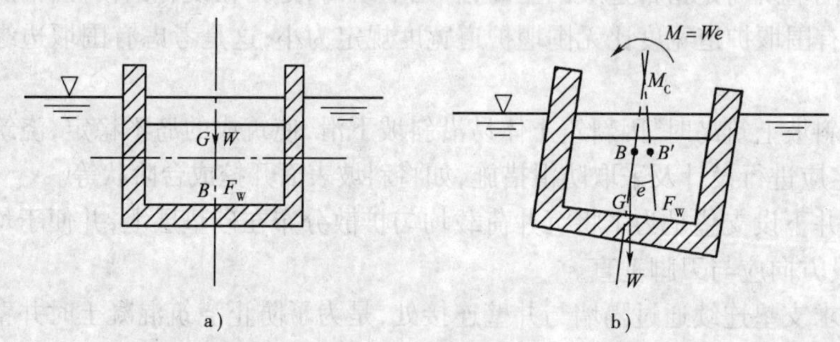

图7.3.3 浮式沉井浮运时受力情况

沉井重心 G 可由沉井的全部构件对沉井顶或底力矩之和求得；沉井浮心 B 可由沉井外侧的水面到被浸没面积中心的垂直距离求得；沉井的定倾中心 M_C 是通过瞬时的新浮心位置 B' 作用的总浮力和沉井的原始中线相交点求得；定倾中心至重心的距离 M_CG 可按式(7.3.3-1)和式(7.3.3-2)求得：

$$M_CB = \frac{I}{V_s} \tag{7.3.3-1}$$

式中：M_CB——沉井定倾中心至浮心的距离(m)；

I——沉井平面面积对旋转轴的惯性矩；

V_s——沉井沉没部分的体积。

$$M_CG = M_cB \pm GB \tag{7.3.3-2}$$

式中：GB——沉井重心至浮心的距离(m)，如果 G 在 B 以上，则用“-”号，在 B 以下则用“+”号。当 M_C 在 G 以上，沉井是稳定的；当 M_C 在 G 以下，沉井是不稳定的。

7.3.3 2 浮运沉井采用高水位浮运时，则要增加悬浮状态接高沉井的工作量，或增加沉井底节的高度，因此条文规定浮运落床应尽可能安排在能保证浮运工作顺利完成的低水位时进行。

7.4 沉井除土下沉

7.4.1 1 沉井不排水进行挖基，是沉井下沉的基本方法，故条文推荐首先采用。但当缺乏开挖设备时，在稳定的土层中也可以采用排水人工开挖下沉沉井的方法。采用排水人工开挖时，若抽水机需放在井内抽水时，应采用电动水泵，不得采用内燃机水泵，以免废气排入井内，危害人身健康。沉井较深时，应设置通风设备。

7.4.1 2 下沉沉井时，一般不宜使用爆破方法助沉。只有在特殊情况下，如遇大漂石、硬层(包括风化石)等，用一般清除方法无法清除，或当刃脚下土已掏空，采取其他措施不能克服井壁土的摩阻力时，不得已才可采用炮震方法。但必须严格控制炸药用量和操作方法，保证不损伤井壁。

7.4.1 10 5)空气幕法是通过沉井井壁内预埋管路上的喷气孔向壁外喷射压缩空气，使井壁外的土液化以降低井壁与土层的摩阻力，使沉井加速下沉。特别对水深流急或下沉深度较深的沉井，更为适用。

(1)气斗，即设在沉井外壁的凹槽及槽中的喷气孔，是空气幕沉井的关键设施。凹槽的主要作用是保护喷气孔，使之避免与土直接磨损，便于气体扩散，使喷出的压气束有一扩散空间，然后较均匀地沿井壁上升形成空气幕。条文所述的气斗形状为150mm×50mm棱锥形，喷气孔直径为1mm，是外形简单、制作方便的常用的一种。喷气孔形式，条文规定的150mm×50mm气斗采用的较多，也有的采用250mm×80mm气斗。喷气孔必须钻准、钻通，直径为1mm，日本有的使用1~6mm。喷气孔的数量和布置，沉井下部宜密些，上部可稀些，下部每个气斗作用面积可按0.7~1.3m^2，上部每个气斗可按1.5~2.0m^2考虑。

(2)井壁预埋管路有两种制作形式，一种是同时设环形分气管和垂直管，环形分气管沿井壁半圈或1/4圈设一根，视沉井大小及纠偏需要而定，喷气孔设在环形分气管上，垂直管与环形管连接伸出井顶，压气时，气体由垂直管进入环形分气管，然后由各气斗喷出；另一种是只设垂直管，喷气孔设在垂直管上，此法的优点是管路顺直，空气损耗少，缺点是用料较多，每灌注一节沉井，接长管路的工作量大，故只有在采用特殊气斗时才考虑使用。

(3)供气系统所需风量可按每个气斗平均耗气0.015~0.023m^3/min考虑。风压与下沉深度有关，下沉深度40m左右的空气幕沉井，风压一般为0.4~0.7MPa，亦可按条文规定的理论水压的1.4~1.6倍计算。

(4)空气幕沉井施工的要点是均匀除土，勤压气下沉，禁止过分除土而不压气。每次压气时间不宜太长，太长不仅对下沉无效果，而且使沉井外土体扰动太大，停气后气斗易堵塞。

7.4.3 沉井下沉遇到倾斜岩层时，为了防止沉井滑移，应尽量整平。但实际上要全部整平岩层是很难办到的，故条文规定，对于刃脚部分至少要使刃脚周长2/3以上搁在岩层上，并嵌入岩层深度不小于0.25m。刃脚以内井底岩层应凿成台阶或榫槽。对于刃脚搁空部分，可以人工(潜水工)袋装混凝土等物填塞缺口，以防清底后在缺口处渗入砂土等。对于表面松软或风化的岩层，应凿除(若风化岩层较厚，设计不要求凿除的除外)。

7.5 基底检验

7.5.2 沉井基底的处理，对于非岩石地基应处理平整；对于岩石地基若全部整平有困难时，可以整理成台阶状。为了保证封底混凝土的浇注质量和基底承载力不小于设计的要求，故条文规定应尽量清除基底面的陡坎、浮泥或岩面残留物等，使清除后基底的有效面积(即沉井底面积扣除在刃脚下一定宽度不可能完全清除干净的面积)不小于设计要求。

7.6 沉井封底

7.6.1 本条规定，沉井封底时若每分钟渗水量上升速度小于或等于6mm时，可按一般无水浇筑混凝土的方法进行封底。这是因为渗水量不大，浇筑混凝土的上升速度可以堵住渗水上升的水头压力。否则须用灌注水下混凝土的方法进行封底。水下混凝土封底的厚度，应根据沉井是空心沉井还是实心沉井而定。空心沉井是在取土井内用砂等填充料填满，或根本不填填充料，其封底厚度按墩台所受的全部最不利荷载组合计算确定；实心沉井是在取土井内浇筑混凝土或砌石，其封底厚度按施工时封底抽水后受力条件计算确定。

7.6.2 4 每根导管开始灌注混凝土时，要求用较小的坍落度，是因为沉井底面积大，若坍落度大，则落下的混凝土流动范围大，不能使水下混凝土面形成一定的坡率，甚至埋不住管底口，难以保证混凝土的质量。

7.6.2 5　导管最小埋入深度应与灌注深度相适应。若灌注深度大，而导管埋入深度过浅，则后灌注的混凝土将冲破先灌注的混凝土而与水接触，发生夹层，影响质量，故规定如表7.6.2-1。导管埋深还应与两根导管的间距相适应。若导管间距过远，而导管埋入过浅，则由于混凝土表面的流布坡度为1/6～1/4，两根导管中点处会流布不到或混凝土厚度不够，故规定如表7.6.2-2。施工时应按具体情况，对导管埋入深度采用两表的最大值。导管埋深也不宜过大。过大时，则混凝土流布速度降低，延长灌注时间，甚至使超压力过小混凝土从导管中流不出来（参见条文说明第6章）。

7.6.3　进行水下压浆混凝土封底时，如设计无规定，可按如下要求施工：

1. 压浆混凝土的材料与配合比

1）粗集料应尽量采用较大粒径，最小粒径应在15mm以上，可用碎石或卵石。

2）细集料以采用圆颗粒的细砂为宜，砂的最大粒径应满足式（7.6.3-1）及式（7.6.3-2）的要求：

$$d_{max} \leqslant D_h/(15 \sim 20) \leqslant 2.5\text{mm} \quad (7.6.3\text{-}1)$$

$$d_{max} \leqslant D_{min}/(8 \sim 10) \quad (7.6.3\text{-}2)$$

式中：d_{max}——砂的最大粒径（mm）；

D_h——预填粗集料的平均粒径（mm）；

D_{min}——预填粗集料的最小粒径（mm）。

3）压注的砂浆应符合下列要求：

（1）进入压注管前的流动度宜为15～20［流动度（稠度）试验方法见附录G-11］；

（2）砂浆的压注度不应小于5；

（3）砂浆的极限切应力应为44～50Pa，黏度应为0.46～0.68Pa·s；

（4）砂浆静置3h后的泌水率不应大于1.1%（泌水率的试验方法参见附录G-10）；

（5）在一个大气压（0.1MPa）下水泥砂浆膨胀率宜为5%～10%；

（6）初凝时间不应早于每一压注区段的压注完成时间。

4）水下压注砂浆中宜掺用木质素磺酸类减水剂，以降低混凝土的用水量并增加其流动度；还应掺入铝粉等膨胀剂，以减少水泥砂浆凝结时的收缩，增大水泥砂浆与粗集料的黏结力，铝粉掺量约为水泥用量的0.01%～0.02%。

5）砂浆中宜掺入粉煤灰，以增加砂浆的流动度并节约水泥，粉煤灰的技术标准及掺量可按照第11章有关规定办理。

6）压浆混凝土的配制强度（MPa）一般不应小于设计强度的1.2倍，配制的水泥砂浆强度应以压浆混凝土强度除以小于1的强度换算系数a，a值应由试验确定，一般为0.8～0.9。水泥砂浆的水灰比，根据使用的水泥品种、水泥强度等级和水泥砂浆的强度而定，当水泥砂浆强度为20MPa时，水灰比约为0.45～0.60。水泥砂浆的灰砂比与水灰比和水泥中混合料掺量的关系，可参考表7.6.3选定。

表7.6.3　灰砂比与水灰比的关系

水　灰　比	0.45	0.50	0.55	0.60	0.65
混合料掺量（%）			灰　砂　比		
0	1.5	1.1	0.8	0.67	0.56
10	1.4	1.03	0.76	0.63	
20	1.3	0.98	0.72	0.59	
30	1.25	0.91	0.68		
40	1.2	0.85	0.64		

注：本表适用于砂浆流动度为19±2，砂的细度模数为1.55；条件不同时，灰砂比应酌予调整。

2. 压浆混凝土的砂浆压注注意事项

1）压注管应按设计布置预埋在粗集料内，当预填石料（碎、卵石或片石）厚度<2m时，压浆过程中可不提管；当其厚度≥4m时，为了减小上拔阻力和防止水下抛石时击坏压注管，宜在压注管下部套一有

孔护管筒，护管筒应高出填石高度 1.5m 以上，管底口应切成 45°的斜面。

2）压注管的内径与要求的压注流量（L/min）和所填粗集料粒径有关，一般粗集料的最小粒径为 30mm、60mm、80mm 时，对于加压灌注，压注管内径可分别采用 25～38mm、38～ 50mm、38～55mm；对于自流灌注，可分别采用 38～50mm、50～56mm、60～75mm。

3）压注管插入水泥浆面的深度宜为砂浆上升极限高度的 0.4～0.5 倍，一般可控制为 0.8～1.2m。

水泥砂浆用量按式（7.6.3-3）计算：

$$V_c = K_n e V \tag{7.6.3-3}$$

式中：V_c——水泥砂浆用量（m^3）；

K_n——充填增实系数，1.03～1.10；

e——所填石料的空隙率，由试验得出，一般为 38%～48%；

V——水下压浆混凝土数量（m^3）。

当采用水灰比较大的水泥砂浆压注时，还应考虑泌水影响，应适当增加水泥用量。

4）水下压浆混凝土应连续施工，避免水下接缝。

8　地下连续墙

8.1　一般规定

8.1.1　岩溶地区,因有溶洞,挖掘其上面土层时,需要的护壁泥浆易从溶洞中流失,使上面的槽壁坍塌,处理困难;地下承压水很高处的土层多为砂类土,其槽壁极易坍塌。除上述两种地层外,其他各类土层,均适用于以护壁泥浆成槽施工。

8.2　导墙

8.2.2　2　导墙内侧间距应比地下连续墙墙体稍宽,是考虑用各种型式的成槽机挖槽时,虽然挖槽机上部一般都设有导向装置,但仍难免有些摆动。为了避免机械摆动时导致槽壁坍塌,故规定导墙内侧间距比地下连续墙墙体厚度稍为增大些。增大的尺度,根据使用的成槽机械的类别而定。机械锥头上部装有导向板的,增大尺度可小一些,否则应大一些。

8.2.2　3　板墙导墙断面最简单,适用于表层土质良好(如紧密的黏质土等)和导墙较矮的情况;匚形导墙使用较多,适用于填土、软黏质土等土的承载力较弱的土层。倒L形导墙适用于其上竖直荷载很大时,可根据荷载大小计算确定墙下端伸出部分的长度。

8.2.2　4　导墙底部土层要求按条文规定处理是为了防止导墙沉陷和漏失护壁泥浆;条文提出的基底特殊情况,是基底为软弱土层或松散砂类土时,一般应进行换土处理,可参阅公路施工手册桥涵分册。导墙顶面要求高出原地面是为了防止地面污水流入槽坑,破坏泥浆性能;要求高出水位是为了增加泥浆水头,加大槽壁的抗坍塌能力;导墙顶面应水平是防止护壁泥浆从低处流失;导墙内墙应竖直,一是为挖槽正确导向,二是防止导墙在挖槽施工时倾倒。

8.2.2　5　导墙内部每隔1.0~1.5m设置支撑,可防止导墙被外侧土压力挤垮。

8.3　地下连续墙施工

8.3.5　1　地下连续墙的接头分为施工接头和结构接头两大类。后者是地下连续墙与承台、梁、墩柱连接时的构造性接头。连接处的钢筋、预埋件等构造和施工要求,应按照设计图纸办理。施工接头是地下连续墙划分若干单元节段,可分段挖槽、分段灌注水下混凝土。为使各节段在接头处具有整体性,能传递竖向荷载、横向各项压力和防止渗漏,应在接头处设立施工接头。此类接头有多种型式。如设计有规定时,应按照设计施工。如设计无规定时,应按照本条各项规定办理。

8.3.5　2　如对地下连续墙传力和防渗要求较高时,宜选用接头箱式或隔板式接头。施工工艺较复杂些。详细施工工艺可参阅中国计划出版社出版的《基础工程施工手册》和同济大学出版社1991年出版,赵志缙主编的《高层建筑施工手册》。

8.3.7　1　因地下连续墙墙体截面都是窄而长的矩形,而导管灌注的水下混凝土从导管底部流出以后,向周围成圆形状分布。单元节段长度超过4m时,宜采用2根导管同时灌注,是按灌注半径为2.5m时考虑的。采用多根导管灌注时,导管间的混凝土宁可使其重叠,不可脱节成凹形,故规定导管净距不宜大于3m。导管距节段端部不宜大于1.5m,是考虑接头管(箱)拔出来后留下的空隙,须以混凝土填充。本款是根据中国计划出版社出版的《基础工程施工手册》第四篇第五章拟定的。

9 模板、支架和拱架

9.2 模板、支架和拱架的设计

9.2.2 2 按部颁标准《公路桥涵钢结构及木结构设计规范》(JTJ 025—86)进行验算时,设计荷载不折减,容许应力的提高系数按1.2.10条表1.2.10临时性结构施工荷载取值。

9.2.2 3 风力可参照《公路桥涵设计通用规范》(JTJ 021—89)第2.3.8条的有关规定进行计算。

9.2.3 2 纵向弯曲系数可参照《公路桥涵钢结构及木结构设计规范》(JTJ 025—86)有关规定计算或取用。

9.2.4 1 (5)根据《组合钢模板技术规范》(GBJ 214—89)第4.2.2条表4.2.2拟定的。

9.2.4 2 按原规范第8.2.3条拟定。

9.3 模板的制作及安装

9.3.2 1 木模接缝是平缝时,为防止漏浆,可采取在缝内镶嵌塑料管(线),拼缝处钉以铁皮,或在拼缝外面钉板条、缝内压塑料薄膜或水泥纸袋等措施,可根据具体情况选定防漏的方法。多次重复使用的木模板,在内侧钉以薄铁皮,可以降低木模表面损耗,增加其周转使用次数。木模的转角加嵌条或做成斜角(钝角),可使拆模时构造物的转角处不易损伤破裂,并较美观。

9.3.3 1 钢框覆面胶合板,吊环拉应力不应大于50N/mm²,参考《混凝土结构设计规范》(GBJ 10—89)第7.9.8条预制件的吊环拟定的。

9.3.3 2 玻璃钢模板,采用不饱和树脂黏结材料,低碱玻璃布作增强材料,加入引发剂、促凝剂、耐磨材料,经过拌制,在模具上铺贴涂刷而成,可做成不同直径的圆柱模板和其他模板,特别是重量轻、强度高、韧性好、耐磨等,形成后的混凝土表面光滑平整。玻璃钢板厚,根据混凝土的侧压力大小,柱箍及支承的间距,经过计算确定,一般厚度4~5mm。参考中国建筑工业出版社1997年出版,杨嗣信主编的《建筑工程模板施工手册》第3.13条其他模板拟定的。

9.3.4 2 就地灌筑的基础侧模板,因离地面较低,且其平面尺寸较大,在模板外侧设置斜支撑固定模板位置即可。墩、台、梁、板的侧面模板(包括钢、木模板)因离地面较高,除支撑外,并宜在两侧模板间设置拉杆。梁、板本身不很高时,拉杆可设在混凝土结构上面;当墩、台结构本身较高大,拉杆需要在混凝土中设置多层时,无论是钢、木模板,其拉杆位置均应设在模板的肋条处。对需抽拔出来的拉杆,应在其外周设混凝土套或塑料管套,待混凝土灌筑完毕,拉杆拔出时,用水泥浆填堵孔眼。不抽出的拉杆,其两端伸出部位应在浇筑完成后锯掉,或采用两端可拆卸的拉杆。

9.3.4 5 模板设置预拱度的界限和预拱度的线形及计算原则是参照《公路钢筋混凝土及预应力混凝土桥涵设计规范》(JTJ 023—85)第4.2.4条的规定拟定的。

9.3.5 芯模的种类有充气胶囊芯模、木芯模、钢管芯模和其他材料的芯模。充气胶囊由工厂生产。

9.3.5 3 胶囊芯模在浇筑混凝时易上浮,可采取如下措施:如在浇筑混凝土时,加工几个与模板联系的弧形卡具,把胶囊卡紧,随着混凝土的浇筑位置移动而移动,可有效的防止上浮,同时浇筑混凝土时应对称平衡地进行,防止胶囊因受到浇筑混凝土的偏心压力而位移。

9.3.5 4 空心桩、板的胶囊放气时间与气温高低关系很大,对于直径为250~300mm的胶囊,其放气时间可参考表9.3.5确定。

表 9.3.5　胶囊放气时间

气　温　(℃)	0～5	5～15	15～20	20～30	>30
混凝土浇筑完后(h)	10～12	8～10	6～8	4～6	3～4

9.3.5　6　采用钢管芯模并应涂刷隔离剂。结构混凝土浇筑完成后，应定时转动芯管模，防止与混凝土黏结。抽拔芯管模的时间，以混凝土抗压强度达到 0.4～0.8MPa 时为宜。抽拔时应细心，用力方向应平行于芯管轴线，防止损伤结构混凝土。

9.3.6　1　参考中国建筑工业出版社 1997 年出版，杨嗣信主编的《建筑工程模板施工手册》第 3 章 3.7。

9.3.6　2　参考中国建筑工业出版社 1997 年出版，杨嗣信主编的《建筑工程模板施工手册》第 3 章 3.8 及同济大学出版社 1991 年出版，赵志缙主编的《高层建筑施工手册》第 16 章拟定的。

9.3.6　3　参考 1995 年桥梁学术讨论会《论文集》"虎门大桥高塔施工电动爬架拆翻模板技术"及《桥梁建设》(1993.3)"JPM—I 型高墩爬模的设计与施工"拟定的。

9.4　支架、拱架的制作及安装

9.4.1　1　参考中国建筑工业出版社 1997 年出版，杨嗣信主编的《建筑工程模板施工手册》5.4.5 模板支柱计算拟定的。

9.4.1　2　参考《西南公路》(1992.2)"肋式拼合木拱架截面的型式和尺寸"及《西南公路》(1993.1)"桁式梳形木拱架介绍"及人民交通出版社 1961 年出版的高等学校试用教材《桥梁及道路人工构造物》第三分册。

9.4.1　3　参考中国铁道出版社 1994 年出版的铁路工程施工技术手册《桥涵》下册第十三章拱桥；人民交通出版社 1992 年出版的公路施工手册《基本作业》第一章第一节及第五节；《贵州交通科技》(1988.3)"扣件式钢管拱架的使用及经济效益"。

9.4.2　1　设置施工拱度时需要考虑的因素，不仅要考虑结构物本身的重力，还要加上 1/2 的汽车荷载(不计冲击力)，这是因为如全部不考虑动荷载，则梁或拱设置的施工上拱度太小，遇到动荷载时，梁或拱会下挠过大；如按全部荷载考虑，则当荷载未上去时，梁或拱会上凸过大。因此，规定按 1/2 的动荷载计算设置施工拱度，以防梁或拱下挠过大或上凸过大。

预留施工沉落值参考数据见表 9.4.2。

表 9.4.2　预留施工沉落值参考数据

项　目		沉　落　值(mm)
接头承压非弹性变形	木与木	每个接头顺纹约为 2，横纹为 3
	木与钢	每个接头约为 2
卸落设备的压缩变形	砂筒	2～4
	木楔或木马	每个接缝约 1～3
支架基础沉陷	底梁置于砂土上	5～10
	底梁置于黏土上	10～20
	底梁置于砌石或混凝土上	约 3
	打入砂土中的桩	约 5
	打入黏土中的桩	约 5～10(桩承受极限荷载时用 10，低于极限荷载时用 5)

9.4.3　2　木支架、拱架的接头是受力的弱点，而且要多耗用材料，故规定接头应尽量减少。相邻立柱的接头如设在同一水平面上，对承受水平方向的力很不利，故规定尽量分设在不同的水平面上。压力杆件在接头处最易受压失稳，因此，规定主要压力杆件的接头应采用对接并用夹板夹紧，以弥补

其弱点。

9.4.3 3　拱圈轴线是否符合设计,对拱圈受力情况非常重要,现场灌筑混凝土拱圈或砌体圬工拱圈的拱轴线都受拱架顶端高度制约。当各排拱架立柱的长度确定后,则拱架底部支承面的标高是否正确将影响拱架顶端的拱圈轴线,故规定对拱架支撑面标高应详细检查。

9.4.3 4　1)支架立柱必须安装在有足够承载力的地基上,是为了防止支架沉陷过大,使浇筑或砌筑的混凝土结构或石砌体变形,影响其承受活荷载的能力。若地基承载力达不到上述要求,应采取加固地基或将立柱支承在砖石或混凝土的扩大基础上或基桩上。扩大基础和基桩的构造、尺寸应通过计算确定。

9.5　模板、支架和拱架的拆除

9.5.1 1　1)为保证非承重侧模板拆模时混凝土表面及棱角不致因拆模而被损坏、断裂,混凝土本身不致不能支持自重而变形、坍塌,这就要求拆模时混凝土的抗拉强度和抗剪强度要大于模板与混凝土间的脱模(黏结)力,其抗压强度则须足以支持其自重。从交通部第一公路工程局设计科研所1987年的《混凝土与钢、木模板黏结力试验报告》及《新灌筑混凝土的侧压力试验报告》中查得混凝土的抗拉强度一般为其抗压强度的1/10~1/16,抗剪强度为抗压强度1/4~1/6,因此,为控制拆模时混凝土的抗拉强度和抗剪强度,拆模前应测定其抗压强度。一般情况下,抗压强度达到2.5MPa时,可满足拆除侧模时所需各项强度,拆模参考时间可见表9.5.1-1。

表9.5.1-1　拆除非承重模板的估计期限

混凝土强度(MPa)	水泥品种及强度等级	混凝土强度达2.5MPa所需时间(h)及硬化时昼夜平均温度(℃)						
		+5	+10	+15	+20	+25	+30	+35
20	32.5矿渣水泥	23	16	13	10	9	8	7
40	42.5矿渣水泥	22	10	9	7	6	5	5
	52.5普通水泥	15	11	9	8	6	5	4
	52.5硅酸盐水泥	14	9	7	6	4	4	4

注:①本表拆模期限按混凝土强度达到2.5MPa的时间考虑;

②当采用火山灰水泥、粉煤灰水泥时,可参照矿渣水泥考虑;

③混凝土强度小于或等于C15时,拆模时间应酌情予以延长。

混凝土与模板间的黏结力可分为受拉和受剪。与模板垂直方向脱模时,其脱模力是受拉,例如结构物底模板整体向下脱模,箱梁内室板利用机械整体脱离混凝土面等;与模板平行方向(切向)脱模时,其脱模力是受剪,例如拉模、滑模等,只适用于混凝土尚未初凝,具有可塑性时的情况,拆除非承重侧模板或承重底模板时都不会使用这种方法。

将模板整体同时法向脱离混凝土面的方法也是不常使用的,因为这需要很大的牵引脱模力,除了克服模板与混凝土的黏结力外,还要克服大气压力加在模板上的压强,后者可达0.1MPa,一块1m^{2}的模板仅克服大气压力就需要100kN之牵引力。故一般拆除模板的方法是采用转角法,即用撬棍或其他机械、液压设备,先将模板的某一边脱离混凝土,然后逐步使全部模板脱离混凝土。这样就不需要考虑大气的压力,同时其脱离面积小,总的牵引力也小得多。模板与混凝土的抗拉黏结力与模板材料和是否涂脱模剂及脱模剂种类有关。一般不涂脱模剂的钢模板与混凝土的黏结力约为14~16kPa,本条条文规定混凝土抗压强度达到2 500kPa,即其抗拉强度最小已达到156kPa时方可拆除侧面模板,此值较脱模受力大10倍以上,可保证混凝土表面及棱角不致因拆模而被损坏。

9.5.1 1　3)钢筋混凝土结构的承重模板和其支架、拱架的拆除,原则上应以混凝土实际抗弯、抗剪强度能承受其自身重力及其他可能的叠加荷载为准,拆模参考时间可见表9.5.1-2。

表 9.5.1-2　拆除承重模板的估计期限

达到设计强度(%)	水泥		拆模期限(d)及硬化时昼夜平均温度(℃)						
	品　种	强度等级	+5	+10	+15	+20	+25	+30	+35
50	硅酸盐水泥、普通水泥	52.5	6.5	5	4.2	3	3	2.5	2
	矿渣水泥	42.5	17	13	9.5	6	4	3	2.5
	矿渣水泥	32.5	18	15	12	8	6.5	5	3.8
100	硅酸盐水泥、普通水泥	52.5	41	36	32	28	19	15	13
	矿渣水泥	42.5	56	47	39	28	26	19	17
	矿渣水泥	32.5	62	51	41	28	25	22	18

注:①本表按 C20 级以上一般混凝土考虑;

②火山灰水泥、粉煤灰水泥可参照表中矿渣水泥考虑;

③普通水泥强度等级小于或等于42.5 的,拆模期限应酌情予以延长;

④采用干硬性、低流动性或掺有外加剂的混凝土时,拆模期限可通过试验确定。

表9.5.1-3、表9.5.1-4 的数值引自交通部第一公路工程局设计科研所 1987 年的《混凝土与钢、木模板黏结力试验报告》,给出模板与混凝土的黏结力,可作为活动模板设计和拆卸模板期限的参考。

表 9.5.1-3　混凝土与模板的法向黏结力(kPa)

混凝土强度(MPa)	钢模板				木模板			
	机　油		隔离剂		机　油		隔离剂	
	平均值	最大值	平均值	最大值	平均值	最大值	平均值	最大值
50	10.6	21.9	6.6	10.7	11.9	22.1	7.4	15.6
35	10.0	18.2	4.1	9.6	10.2	18.8	5.7	11.7
20	7.8	15.1	3.2	8.1	8.7	16.7	4.5	10.2
12.5	3.6	5.7	2.4	6.0	2.7	4.7	2.9	6.3

表 9.5.1-4　混凝土与模板的切向黏结力(kPa)

混凝土强度(MPa)	钢模板				木模板			
	机　油		隔离剂		机　油		隔离剂	
	平均值	最大值	平均值	最大值	平均值	最大值	平均值	最大值
50	15.1	27.5	5.9	18.0	17.6	29.7	8.2	24.2
35	9.5	23.9	3.4	4.9	10.0	22.6	3.8	7.3
20	7.5	15.6	2.9	4.6	8.2	19.6	3.3	6.4
12.5	1.2	2.6	2.7	4.1	2.2	5.4	1.9	3.4

9.5.1　2　1)当石拱桥封顶合龙,砂浆强度达到设计强度的70%后,完全可以承受施工荷载所产生的应力,故可以不必等到砂浆强度达到设计强度才卸架。另外,无论混凝土或砂浆,强度增长都比前期缓慢,大跨径拱桥砌拱上结构时,如未先拆卸拱架,有可能使拱圈(拱肋)或拱上建筑开裂。故条文规定达到砂浆强度70%即可以卸架,既可保证工程质量与安全,又可缩短工期,而且便于掌握。

9.5.1　2　2)中小跨径的石拱桥,因施工期短,待拱上建筑或护拱全部砌筑完成并待砂浆强度达到设计强度后一并卸架,这样可加速施工进度。至于大跨度空腹式拱,宜在拱上小拱横墙砌好、未砌小拱圈时卸架的理由如第1)项所述,避免开裂。

9.5.1　2　3)当拱上建筑或护拱未砌筑,进行裸拱卸架时,拱圈的自由长度较大,容易产生顺桥向压屈失稳或横桥向摆动失稳,有时还因拱圈应力超过允许应力而发生危险,故规定应进行验算。验算方法可参考人民交通出版社1976 年出版的《拱桥设计计算手册》,或其他技术资料。

9.5.2　2　卸落支架或拱架的总的原则要求是对称、少量、多次、逐渐完成,使结构物逐步承受荷载。总的目的是避免结构物在卸架过程中发生开裂等质量事故。拆卸支架、拱架时,用仪器观测拱圈或梁的变形情况,以指导卸架的程序,以免发生变形过大,产生裂缝等质量事故,是完全必要的。作出记录和积累资料可总结经验以指导今后施工，并可作为本桥养护时的原始资料。

9.5.2 3　墩台模板上部构造施工前拆除，可便于检查墩台位置、标高、结构质量，如有问题可及时予以调整、改正。

9.6　质量检验

9.6.1　钢框胶合板模板制作允许偏差见表9.6.1-1。

表9.6.1-1　钢框胶合板模板制作允许偏差

项目		允许偏差(mm)
外形尺寸	长度	-1.0
	宽度	-1.0
	厚(高)度	±0.50
	对角线	1.50
连接孔眼	沿板长度的孔中心距	±0.60
	沿板宽度的孔中心距	±0.50
	孔中心与板面的间距	±0.30
	累计误差	±1.00
	孔眼直径	±0.3
板面平整度		1/1 000
边板平直度		1/1 000
板面与边框成直角		-0.30
板面与边框局部间隙		1.00
边框高于板面		0~0.5
埋头螺栓与板面距		±0.30

注：平整度、平直度用2m靠尺、塞尺检测。

液压滑动模板构件制作的允许偏差见表9.6.1-2。

表9.6.1-2　液压滑动模板构件制作的允许偏差

项目			允许偏差(mm)
钢模板	表面平整度		1
	长度		2
	宽度		-2
	侧面平整度		2
	连接孔位置		0.5
围圈	长度		-5
	弯曲长度	≤3m	2
		>3m	4
	连接孔位置		0.5
提升架	高度		3
	宽度		3
	围圈支托位置		2
	连接孔位置		0.5
支承杆	弯曲		$<\frac{2}{1000}L$
	直径		-0.5
	丝扣接头中心		0.25

注：①L为支承杆加工长度；

②表面平整度用2m靠尺、塞尺检测。

10 钢筋

10.1 一般规定

10.1.1 本条附录系摘自国标《钢筋混凝土用热轧带肋钢筋》(GB 1499—98)、《钢筋混凝土用光圆钢筋》(GB 13013—91)及《低碳钢热轧圆盘条》(GB 701—97);环氧树脂涂层钢筋的标准可参照《环氧树脂涂层钢筋》(JG 3042—1997)执行。

10.1.3 不论大、中、小桥,使用的钢筋均应具有如条文所述的出厂质量证明书。对无出厂质量证明书的钢筋,原则上不宜使用,必须使用时,应按现行《公路工程金属试验规程》(JTJ 055)进行各项力学性能试验,视其符合 GB 1499 的何种等级,再按试验结果选用,而且不得使用于承重结构的重要部位上。需要焊接的结构物受力钢筋,还应做可焊性试验。

钢筋的可焊性试验与第 10.3.1 条所规定的钢筋焊接前必须试焊,二者的目的与要求是不同的。可焊性试验是确定钢筋在一定的焊接工艺条件下,能否达到要求的质量标准,如不能满足要求,说明这批钢筋的可焊性差,应不予验收,或者在焊接工艺上采取措施解决,或考虑采用机械连接接头。钢筋可焊性的好坏,主要决定于钢筋的化学成分,一般含碳低的,可焊性较好,含碳量高的则反之。有时需要采取预热、缓冷等工艺措施以防止产生裂缝等缺陷。此外,合金钢中含锰、硅、镍、铬等元素时,也可能影响可焊性。可焊性试验方法很多,可参考有关焊接技术资料,一般可参照《公路工程金属试验规程》(JTJ 055)有关的规定进行。10.3.1 条规定是为了考核焊工技术水平,看其能否保证焊件的力学性能和质量。

10.1.4 由于钢筋的供应问题,以另一强度、牌号或直径的钢筋代替设计所规定的钢筋在施工中经常发生,除按照条文规定办理外,一般还应注意下列事项:

1. 应将两者的计算强度进行换算,并对钢筋截面积作相应的改变。

2. 其直径变化范围最好不超过 4 ~ 5mm,变更后的钢筋总截面面积差值不小于 -2%,或大于 +5%。

3. 钢筋强度等级的变换不宜超过 1 级。用高一级钢筋代替低一级钢筋时,宜采用改变直径的方法而不宜采用改变钢筋根数的方法来减少钢筋截面积,必要时尚需对构件的裂缝和变形进行校核。

4. 以较粗钢筋代替较细钢筋时,应校核握裹力。

5. 当代用钢筋的排数比原来的增多,截面有效高度减小或改变弯起钢筋的位置时,应复核其截面的抵抗力矩或斜截面的抗剪配筋。

10.1.5 已冷拉过的 I 级钢筋或未冷拉过的 HRB335、HRB400 牌号钢筋,因其冷弯性能较差,用做吊环易发生脆断(特别是在冬季),故本条规定吊环应采用未经冷拉的 I 级热轧钢筋。

10.2 钢筋的加工

10.2.1 用冷拉法调直 I 级钢筋,可同时去掉钢筋表面锈皮,提高除锈工作效率。冷拉率的大小以能将钢筋调直并去掉锈皮为宜,不必也不宜过多的提高冷拉率。因为目前国内生产的 I 级钢筋多属 12mm 以下的光面圆钢筋,且多用于箍筋、分布钢筋或构造钢筋,没有必要通过冷拉来提高它的强度,故其冷拉率以不过多超过钢筋的屈服点时的伸长率为宜。I 级钢筋的额定屈服点为 235MPa(规范附录 E-1),此时的伸长率为 1.1%(I 级钢筋的伸长率 $\delta_5=25\%$ 是抗拉强度 370MPa 时的伸长率)。本条参考《水工混凝土施工规范》(SDJ 207—82)规定,I 级钢筋的调直最大冷拉率不宜大于 2%。HRB335、HRB400、HRB500 牌号钢筋调直冷拉率不宜大于 1%。

10.2.2 本条所指钢筋主要是受力主筋,其弯制的形状由设计规定。为了防止弯钩加工时弯钩部分发生裂纹,降低弯钩部分的抗拉强度,规定了各级钢筋弯钩的最小半径。有些受压截面里的变形钢筋,设计上认为它的黏结力已够,可不设弯钩。有些主钢筋在跨径中弯起,规定其弯曲最小半径是为了防止弯曲处的混凝土被钢筋的合成应力压碎。一般主钢筋末端除应做弯钩外,并应有适当的锚着平直长度,以便发挥其受力作用。锚着平直长度,I 级钢筋≥$3d$;HRB335、HRB400 牌号钢筋应分别≥$5d$ 和 $10d$。

10.3 钢筋的连接

10.3.1 1 本条依据国标《混凝土结构工程施工及验收规范》(GB 50204—92)修订。

10.3.1 2 本条及以下相关条款均依据《钢筋焊接及验收规程》(JGJ 18—96)进行了修订。

10.3.1 3 钢筋焊接的质量与焊工的技术水平关系极大,故参加钢筋焊接的焊工必须有考试合格证。考试内容和方法可参照《钢筋焊接及验收规程》(JGJ 18—96)。

10.3.1 4 钢筋接头如采用搭接或帮条电弧焊接而做成单面焊缝时,钢筋产生偏心应力,对钢筋受力情况不利,故条文规定应尽量采用双面焊缝。有时由于钢筋布置密集,双面帮条摆不下去(或其他原因),才允许做成单面帮条电弧焊或单面搭接焊。

10.3.1 5 电弧焊缝所需长度按焊缝厚度 h 不小于 $0.3d$,焊缝宽度 b 不小于 $0.7d$(d 为钢筋直径),见《钢筋焊接及验收规程》(JGJ 18—96),是按接头强度与钢筋强度等强原则并考虑焊接质量安全系数而定的。

10.3.1 6 电弧焊条选用主要原则是焊条熔解后形成的金属强度应与被焊接的钢筋强度相同。表 10.3.1 中焊条型号第 3 位、第 4 位数字为 03 的,是钛钙型焊条,是一种最常用的焊条,在实际生产中,根据具体情况,亦可选用相同熔敷金属抗拉强度的其他药皮类型焊条。

表 10.3.1 钢筋电弧焊焊条型号

钢筋级别	电弧焊接接头型式			
	帮条焊 搭接焊	坡口焊、熔槽帮条焊 预埋件穿孔塞焊	窄间隙焊	钢筋与钢板搭接焊、 预埋件 T 形角焊
I	E4303	E4303	E4316 E4315	E4303
HRB335	E4303	E5003	E5016 E5015	E4303
HRB400	E5003	E5503	E6016 E6015	—

注:窄间隙焊不适用于余热处理 III 级钢筋。

焊剂应按有关要求使用,主要指焊剂应存放在干燥的库房内,当受潮时,在使用前应经 250～300℃烘焙 2h。使用中回收的焊剂应清除熔渣和杂物,并应与新焊剂混合均匀后使用。

在电渣压力焊和埋弧压力焊中所用的焊剂,可采用 HJ431 焊剂,或经技术鉴定,符合国家有关标准规定的专用焊剂。同时,氧气的质量应符合现行国家标准《工业用气态氧》(GB 3863)的规定,其纯度应大于或等于 99.5%;乙炔的质量应符合现行国家标准《溶解乙炔》(GB 6819)的规定,其纯度应大于或等于 98.0%。

当采用低氢型碱性焊条时,应按使用说明书的要求烘焙,且宜放入保温筒内保温使用;酸性焊条若在运输或存放中受潮,使用前亦应烘焙后方能使用。

适用于焊接的钢筋,其性能应符合附录 E-1 的规定。对于预埋件接头、熔槽帮条焊接头和坡口焊接头中的钢板和型钢,宜采用低碳钢或低合金钢,其性能应符合现行国家标准《碳素结构钢》(GB 700)或《低合金高强度结构钢》(GB/T 1591)的规定。

10.3.1 8 本条规定是依据国标《混凝土结构工程施工及验收规范》(GB 50204—92)拟定的。

10.3.1 11 钢筋绑扎接头的最小搭接长度,依据《混凝土结构工程施工及验收规范》(GB 50204—92),较原规定有较大的修改,已按混凝土的强度等级不同而提出了不同的规定。

10.3.2 1 《钢筋机械连接通用技术规程》(JGJ 107—96)中把机械连接接头分为SA、A、B三个性能等级,考虑到桥涵结构基本上都要承受动力荷载并有各级抗震要求,所以规定采用与上述规程中SA级接头性能等级相符的接头。对于抗疲劳性能,当设计无明确要求时,亦应满足(JGJ 107—96)(含1998年局部修订)3.0.6条的规定。

对于镦粗直螺纹钢筋接头,如其接头性能指标符合附录E-3中附表E-3-1的规定,其材料、接头质量符合相关行业标准,经主管部门批准,也可使用。

镦粗直螺纹钢筋接头有关技术要求如下:

镦粗直螺纹钢筋接头适用于HRB335、HRB400热轧带肋钢筋。用于镦粗的钢筋应符合现行国家标准的要求,套筒与锁母材料宜使用优质碳素结构钢或合金结构钢。

1. 制造工艺要求

(1)钢筋下料时,切口端面应与钢筋轴线垂直,不得有马蹄形或挠曲;

(2)镦粗头的基圆直径应大于丝头螺纹外径,长度应大于1/2套筒长度,过渡段坡度应小于1.3;

(3)镦粗头不得有与钢筋轴线相垂直的横向表面裂纹;

(4)不合格的镦粗头,应切去后重新镦粗,不得对镦粗头进行二次镦粗;

(5)如选用热镦工艺镦粗钢筋,则应在室内进行钢筋镦头加工;

(6)钢筋丝头的螺纹应与连接套筒的螺纹相匹配,公差带应符合《普通螺纹公差与配合》(GB 197)的要求。

2. 接头质量要求

(1)接头拼接时用管钳扳手拧紧,应使两个丝头在套筒中央位置相互顶紧;

(2)拼接完成后,套筒每端不得有一扣以上的完整丝扣外露,加长型接头的外露丝扣数不受限制,但应有明显标记,以检查进入套筒的丝头长度是否满足要求;

(3)丝头加工现场检验及套筒出厂检验应合格,检验方法应符合相关行业标准的规定。

接头的标志、包装、运输和储存亦应符合相关行业标准的规定。

10.3.2 2 因为机械连接中连接件的强度比钢筋母材一般高出10%以上,局部锈蚀对连接件的影响不如对钢筋锈蚀敏感。此外,连接件保护层厚度是局部问题,要求过严会影响全部受力主筋间距和保护层厚度,故适当放宽。

10.3.2 4 挤压接头规定为直径16~40mm的HRB335、HRB400牌号带肋钢筋和余热处理钢筋,对进口带肋钢筋可参考应用,但需进行补充试验,符合接头性能要求后方可采用。挤压接头按其挤压方法不同可分为径向挤压和轴向挤压两种,本条是针对径向挤压接头编制的。轴向挤压接头也可参照本条办理。

10.3.2 4 1)挤压接头可以连接不同直径的钢筋。但当采用的套筒两端直径和壁厚均相同时,连接钢筋的直径不宜相差过大,否则套筒过度变形后塑性严重降低,影响连接接头的性能和质量稳定性。

10.3.2 4 2)由于目前低温时试验数据代表面不够广,为留有余地,暂定为-20℃。低于该温度时应补充进行低温试验。

10.3.2 4 3)本项所述的有关规定,系指应符合本条第1款的规定。

10.3.2 4 4)分类规格的钢筋都要与相应规格的套筒相匹配,避免随意混用。

10.3.2 4 5)本项是参照《带肋钢筋套筒挤压连接技术规程》(JG 108—96)"挤压接头的施工"编写的。

10.3.2 5 本条及相关条文是参照《钢筋锥螺纹接头技术规程》(JGJ 109—96)编写的,进口钢筋亦可参考本规范应用锥螺纹接头。

(1)为了保证套丝质量,减少套丝机和梳刀的损坏,钢筋下料时,应做到切口端面垂直钢筋轴线。

钢筋平直，切口无马蹄形，且不挠曲。

(2)鉴于国内现有的钢筋锥螺纹接头的技术参数不相同，其套丝机、螺纹锥度、牙形、螺距等也不一样，为此施工单位采用时要特别注意，对技术参数不一样的接头决不能混用，避免出现质量问题。检查加工质量用的牙形规、卡规或环形规、锥螺纹塞规应由提供钢筋连接技术的单位配套提供。

(3)钢筋锥螺纹丝头质量好坏直接影响接头的连接质量，为此要求在工人自检的基础上，按每种规格钢筋加工批量的10%抽验。决不允许使用牙形撕裂、掉牙、牙瘦、小端直径过小、钢筋纵肋上无齿形等不合格丝头连接钢筋。查出一个不合格丝头，则应重检该批丝头，对不合格丝头可切去一部分，再重新加工出合格丝头，并及时填写检验记录，不得追记。

(4)①接头的质量和锥螺纹的加工质量有关。如果弄脏或碰伤钢筋丝头会影响接头的连接质量。为此必须保持钢筋丝头及连接套螺纹的干净和完好无损。②上海、南京、北京地铁车站的顶板、底板与连续墙的水平钢筋连接，曾发生过由于带连接套的钢筋固定不牢，在连续墙钢筋笼下沟槽时，将水平钢筋碰弯或将带连接套的钢筋碰掉，给连接钢筋带来很大困难。为此必须把带连接套的钢筋固定牢固。为了防止水泥浆等杂物进入连接套而影响接头的连接质量，一定要坚持取下一个密封盖连接一根钢筋的施工顺序。③力矩扳手是连接钢筋和检验接头连接质量的定量工具，可确保钢筋连接质量。为保证产品质量，力矩扳手应由具有生产计量器具许可证的工厂加工制造。产品出厂时应有产品出厂合格证。④考虑到力矩扳手的使用次数不一样，可根据需要将使用频繁的力矩扳手提前校准。不准用力矩扳手当锤子或撬棍使用，要轻拿轻放，不许坐、踏。不用时，将力矩扳手调到0刻度，以保持力矩扳手精度。⑤连接钢筋时，应先将钢筋对正轴线后拧入锥螺纹连接套筒，再用力矩扳手拧到规定的力矩值。决不应在钢筋锥螺纹没拧入锥螺纹连接套筒，就用力矩扳手连接钢筋，以免损坏接头丝扣，造成接头质量不合格。不许接头拧的过紧的目的是防止损坏接头丝扣。为了防止接头漏拧，每个接头拧到规定的力矩值之后，一定要在接头上做标记，以便检查。⑥力矩扳手使用一段时间后，精度有可能发生变化。为确保质检用的力矩扳手精度，规定质检用的力矩扳手与施工用的扳手应分开使用，不得混用。

10.4 钢筋骨架和钢筋网的组成及安装

10.4.1 钢筋的安装应尽可能先制成骨架片和网片，放入模板内焊接或扎结成整体。若起重、运输条件许可，应尽可能组成单元，吊入模板内稍加整理即可浇灌混凝土，这对保证钢筋安装质量和加快施工进度都有好处。

10.4.2 跨径较大的T梁、箱梁以及预应力混凝土梁等的预留拱度应由设计规定。

10.4.2 1 梁的钢筋骨架放样时应设预留拱度，除考虑焊接变形外，还要考虑建成后由恒载、徐变、部分活载引起的拱度不致过大。装配式T梁钢筋骨架的预留拱度可参照表10.4.2。

表10.4.2 T梁钢筋骨架的预留拱度

T梁跨径(m)	<10	10	16	20
工作台上预拱(mm)	30	30~50	40~50	50~70

10.4.2 5 按照条文规定的施焊顺序进行，可防止或减少骨架的变形。

10.4.3 钢筋网交叉点进行点焊或绑扎的目的，是防止钢筋网在运输和安装过程中变形，导致钢筋不能按设计就位和受力。条文中提出了设置焊点或绑扎点的原则要求和位置，组装钢筋网时应参照办理，以达到牢固不变形。

10.4.4 本条规定的目的，是使箍筋弯钩尽可能地伸入混凝土中，加强箍筋固定主钢筋的作用。

10.4.5 钢筋的保护层厚度以及钢筋的间距，对保持钢筋与混凝土的握裹力，防止钢筋锈蚀，保证结构的耐久性具有重要的作用，因此，必须严格使其符合设计要求。条文中提出了保证保护层厚度的几种方法，重要的是垫块要绑扎牢固，间距不能过大，以达到支垫的效果。对钢筋保护层厚度，当设计未明确提出要求时，应按表 10.4.5 控制。

表 10.4.5　钢筋的混凝土保护层厚度

项	目	保护层厚度(mm)
钢筋混凝土梁	主钢筋侧面主钢筋底面箍筋、防裂缝筋	≥25 ≥30　≤50 ≥15
预应力混凝土梁先张法	预应力钢筋	≥25
预应力混凝土梁后张法	侧面、顶面底面	≥35 ≥50
板	主钢筋钢筋网上下层钢筋	≥20 ≥15
柱与墩台	受力钢筋侧面	≥25
钢筋混凝土肋式桥台	钢筋	≥30
涵管	钢筋	≥20

注：本表仅适用于一般情况，对处于腐蚀作用的环境，保护层应符合第 11 章的有关规定。

10.5　质量检查和质量标准

10.5.1　本条修订后已与国标《混凝土结构工程施工及验收规范》(GB 50204—92)一致。

10.5.2　本条系依据《钢筋焊接及验收规程》(JGJ 18—96)进行修订的。

10.5.3　钢筋的机械连接的相关条文及条文说明均是参照《钢筋机械连接通用技术规程》、《带肋钢筋套筒挤压连接技术规程》、《钢筋锥螺纹接头技术规程》有关章节编写的。

钢筋连接工程开始前及施工过程中，应对每批钢筋进行接头工艺检验，目的是检验接头技术提供单位所确定的工艺参数是否与本工程中的进场钢筋相适应。为了防止某些单位选用面积超公差和超强度的钢筋制作接头试件，以满足附录 E-3 中附表 E-3-1 的强度要求，造成接头试件的实测数据不能正确反映接头工艺的质量水准和接头对母材强度的削弱状况，故在本条中规定了试件抗拉强度尚应满足大于等于 0.95 倍钢筋母材的实际抗拉强度。附加这项要求后，除提高了工艺检验的可靠性，减少错判概率外，还可提高实际工程中抽样试件的合格率，减少工程使用后再发现问题造成的经济损失。

现场检验也叫施工检验，是由检验部门在施工现场进行的抽样检验。一般只进行外观质量检验和单向拉伸试验。有特殊要求的接头，由设计图纸另行提出相应的检验要求。

按验收批进行现场检验，同批条件为：材料、型式、等级、规格、施工条件相同。批的数量为 500 个接头，不足此数时也按 1 批考虑。

规定了单向拉伸试验的数量(每批在结构工程中随机抽取 3 件)、检验要求(附录 E-3 中附表 E-3-1 中强度指标)和合格条件。同时又规定了复式抽检时的检验规则。钢筋机械接头的破坏形态有三种：钢筋母材拉断、连接件拉断、钢筋从连接件中滑脱。只要满足附录 E-3 附表 E-3-1 的要求，任何破坏形式均可判为合格。本条强调要在结构工程中随机截取接头试件作为现场检验的单向拉伸试件，这是为了充分保证试件的随机性和代表性。国内工程经验表明，送样或车间抽样和随机在工程中抽样两种方法的试验结果和合格百分率有不少差异，为了提高抽样的代表性，严把质量关，应坚持在工程中随机抽取。某些类型的机械接头，如锥螺纹接头，在现场结构中(尤其是在柱子中)割取后不能继续再使用锥螺纹接头时，应允许采用焊接或搭接等方法来局部替代被割去的接头。因为被替代的接头数在结构中所占比例通常都很小，它不会造成对结构强度的损害。

现场检验当连续 10 个验收批均一次抽样合格时，表明其施工质量优良且稳定。故检验批接头数量可扩大一倍，即按不大于1 000个接头为 1 批，以减少检验工作量。

带肋钢筋套筒挤压连接规定接头外观质量检验的内容和要求。对外形尺寸的检查，给出了两个指标，即挤压后的套筒长度和压痕处套筒外径。工地外观检验时任选其中一种方法即可。本条规定外观检验的抽检数，并规定外观质量不合格时进行复检的制度。鉴于外观检查是接头质量（强度和变形性能）的一种附加的辅助性检验手段，因而不能把它作为直接判定接头性能合格与否的标准之一，而只能是影响抽检制度的一种指标，当外观检验合格时为正常抽检制度，外观不合格时，要在外观不合格的接头中补充抽检接头。这种方法较为经济合理，错判的概率比较小。

钢筋锥螺纹接头如发现接头有完整丝扣外露，说明有丝扣损坏或有脏物进入接头丝扣或丝头小端直径超差或用了小规格的连接套；连接套和钢筋之间如有一圈明显的间隙，说明用了大规格连接套连接了细钢筋。出现以上情况应及时查明原因排除故障，重新连接钢筋。如接头已不能重新连接，可采用E50XX型焊条补强，将钢筋与连接套焊在一起，焊缝高度不小于5mm。当连接HRB400牌号钢筋时，应先做可焊性能试验，经试验合格后，方可焊接。

11　混凝土及钢筋混凝土工程

11.1　一般规定

11.1.1　水下混凝土及预应力混凝土有与普通钢筋混凝土不同的要求,还应符合相关规定。

11.1.2　混凝土的强度等级，应按立方体抗压强度标准值划分。混凝土强度等级采用符号 C 与立方体抗压强度标准值（以 MPa 计）表示。以边长为 150mm 的立方体混凝土为标准试件系用“等级 C××”来表示其强度分级值，而原规范中规定的以边长为 200mm 的立方体为标准试件则是用“标号”来表示其强度分级值。现取消了原 200mm 立方体试件作标准试件的规定，已与现行国标规定一致。因现行设计图纸仍使用“标号”来表示其强度分级值，在设计图纸未作出改变以前，暂不考虑混凝土的设计“标号”与混凝土的设计强度“等级 C××”的区别。

11.1.3　表 11.1.3 的混凝土试件强度换算系数按国标《混凝土结构工程施工及验收规范》(GB 50204—92)中的规定采用。标准值的测定系按《公路工程水泥混凝土试验规程》(JTJ 053—94)拟定的。

11.2　配制混凝土用的材料

11.2.1　1　水泥的类别、定义参照国标《硅酸盐水泥》(GB 175—92)及《矿渣水泥、火山灰水泥、粉煤灰水泥》(GB 1344—92)拟定的。常用水泥的选用参见表 11.2.1。

11.2.1　2　水泥混凝土的强度与水灰比、集料的配合比等多种因素有关,而关系最大的是水泥的强度(软练砂浆抗压强度)。选用水泥强度应与需要配制的混凝土的强度相适应,若以低强度的水泥配制高强度混凝土,而每立方米混凝土需用的水泥量(kg/m^3)大为增加,不仅不经济,而且水泥用量多,水化热大,易发生收缩裂纹,影响混凝土的质量。若以较高强度的水泥配制低强度混凝土,虽然可以少用水泥,但不能少于规范表 11.3.4 的规定,否则,混凝土的和易性不好,容易离析,浇筑混凝土质量差。水泥的强度与配制混凝土强度的具体比例是参考文献《混凝土结构工程施工及验收规范》(GB 50204—92)拟定的。

表 11.2.1　常用水泥的选用参考表

项次	混凝土结构环境条件或特殊要求	优先使用	可以使用	不得使用
1	地面以上不接触水流的普通环境中	硅酸盐水泥、普通水泥	矿渣水泥、火山灰水泥、粉煤灰水泥	
2	干燥环境中	硅酸盐水泥、普通水泥	矿渣水泥	火山灰水泥、粉煤灰水泥
3	受水流冲刷或冰冻	硅酸盐水泥、普通水泥	矿渣水泥	火山灰水泥、粉煤灰水泥
4	处于河床最低冲刷线以下	矿渣水泥、火山灰水泥、粉煤灰水泥	硅酸盐水泥、普通水泥	钻孔灌注桩慎用矿渣水泥
5	严寒地区露天或寒冷地区水位升降范围内	硅酸盐水泥、普通水泥	矿渣水泥	火山灰水泥、粉煤灰水泥
6	严寒地区水位升降范围内	硅酸盐水泥、普通水泥		矿渣水泥、火山灰水泥、粉煤灰水泥

续上表

项次	混凝土结构环境条件或特殊要求	优先使用	可以使用	不得使用
7	厚大体积结构物施工时要求水化热低	矿渣水泥、粉煤灰水泥	普通水泥、火山灰水泥	硅酸盐水泥
8	要求快速脱模	硅酸盐水泥、快硬水泥	普通水泥	
9	低温环境施工要求早强	硅酸盐水泥、快硬水泥	普通水泥	
10	蒸汽养护	矿渣水泥、火山灰水泥、粉煤灰水泥	硅酸盐水泥、普通水泥	
11	要求抗渗	普通硅酸盐水泥	火山灰水泥、粉煤灰水泥	不宜使用矿渣水泥
12	要求耐磨	硅酸盐水泥、普通水泥	矿渣水泥、快硬水泥	火山灰水泥、粉煤灰水泥
13	接触其他侵蚀性物质	根据侵蚀介质种类、浓度等具体条件，按有关规定或通过试验选用(见条文11.7)		

11.2.1 3　对所用水泥应检验其安定性和强度。有要求时，尚应检验其他性能。其检验方法应符合现行国家有关标准的规定。

11.2.2 1　一般桥涵混凝土多用河砂，因其质地较坚硬，颗粒较洁净。当工地缺乏河砂时，可采用山砂或机制砂，山砂含泥和杂质较多，用岩石加工的机制砂级配成分不好，且价格昂贵。有关不宜采用海砂的限定系参照《水运工程混凝土质量控制标准》(JTJ 269—96)及国标《混凝土质量控制标准》(GB 50164—92)修订。当海砂中氯离子含量超过限值时，应通过淋洗，使其降低到小于此限值。如淋洗确有困难，可在拌制的钢筋混凝土中掺入经论证和试验的缓蚀剂。各类砂应分批检验，各项指标合格时方可采用。由于目前尚无测混凝土拌合物中氯离子含量的试验方法标准，但各组成材料的氯离子含量的检测方法均有标准规定，因此可根据各组成材料的氯离子含量通过计算求出混凝土拌合物的总含量。无论采用何种砂，均应符合有关规定的指标。

11.2.2 2　细度模数只反映了砂的全部颗粒粗细程度，而不能反映颗粒级配程度，细度模数相同而级配不同的砂，会具有不同的混凝土配制性质。因此，条文列入了各种级配区如条文中表11.2.2-2，其中I区基本属于粗砂范畴，II区基本属于中砂范畴，III区基本属于细砂范畴。使用I区砂时，因其拌合物内摩擦大，易产生泌水，均匀性不易保证和不易密实成型，增加配制砂率可改善以上情况。采用III区砂配制混凝土时，应比用II区砂的配制砂率减小，使配成的混凝土黏性增大，比较细软，易插捣成型并节省水泥。

11.2.2 3　机制砂是将石块经机械轧制成粒径小于0.5mm并具有一定级配的砂。本条系用硫酸钠饱和溶液渗入砂中形成结晶时的裂胀力对砂产生的破坏程度来间接地判断砂的坚固性，即耐久性。我国河砂或海砂的坚固性一般是合格的，仅在对其有怀疑时，才做此试验。

11.2.2 4　砂中杂质含量限值，根据原规范并参照有关规定作了相应的修改。增加了对泥块含量的限值，明确了砂中如含有颗粒状硫化物，则要进行耐久性试验。但原规范中的要求基本都予以保留。砂中云母过多时，会削弱水泥的胶结力，降低混凝土的强度；有机物和轻物质过多时，将延缓水泥的硬化过程，降低混凝土的强度，特别是早期强度；含泥量过多，将引起混凝土的拌合物需水量和水泥用量增加，并且降低混凝土的强度和抗渗性、抗冻性。硫化物可与水泥中的铝酸三钙发生化学反应，体积膨胀2.5倍，影响混凝土的强度和耐久性并腐蚀钢筋。故砂中这些杂质应予以限制。

11.2.3 2　本条对原规范该表内连续级配中公称粒级及相应的累计筛余值作了调整。粗集料的良好级配应是孔隙小、水泥用量少、不易离析及和易性好。连续级配是粗集料的分级尺寸互相衔接，每级均占一定数量。天然卵石属此种级配，拌制混凝土时和易性好，不易发生离析。单粒级的集料分级尺寸不相衔接，拌制混凝土时易离析，捣固较困难。一般轧制的碎石有时单粒级多，需经拌制混凝土试验，无离析现象时方可采用。

11.2.3 3　粗集料最大粒径的规定原则，主要是防止集料过大被钢筋的间隙卡住，绝对最大粒径为100mm。条文中泵送混凝土粗集料最大粒径不宜超过输送管径的1/3（碎石）或1/2.5（卵石）的规定，与有关单位使用泵送混凝土的经验相符。但同时应符合混凝土泵生产厂家的有关规定。

11.2.3 5　混凝土结构物处于规范表11.2.3-4所列环境中时，对粗集料的抗腐蚀、抗磨损等均甚不利，特别当风化或软弱颗粒过多时更为严重。因此规定在这种情况下，应用硫酸钠法对粗集料进行坚固性即耐久性试验，以保证结构物的使用寿命。

11.2.3 6　碱—集料反应在我国的部分地区造成了对桥梁等构造物的严重破坏。尤其是近十几年来水泥含碱量增加，及混凝土中含碱外加剂的应用，使得混凝土含碱量剧增，应该引起足够的重视。为此推出了当碱含量较高时，应对所使用的碎石或卵石进行碱活性检验。同时对检验为有潜在危害的集料应采取措施。碱是产生碱—集料反应的必要条件。各国对使用具有碱—硅反应潜在危害集料的混凝土，为防止碱集料反应限定混凝土的碱含量不同，多数国家限定为$3kg/m^3$，也有的为$2.5kg/m^3$或$1.8kg/m^3$，我国在这方面还有待进一步研究。提出抑制措施一是使用含碱量小于0.6%的水泥，水泥的碱含量按氧化钠当量计（$NaO+0.658K_2O$）。这个碱含量的限值是国际上公认的安全指标。另外国内外的研究与实践均证明某些混凝土掺合料有抑制碱—硅反应的作用，故又提出另一个抑制碱集料反应的方法是采用抑制碱集料反应的材料，一般认为掺30%的粉煤灰，或40%的矿渣，或10%的硅灰可以抑制碱集料反应。但由于混合材料品质有较大差异，混凝土使用状况不同，使用混合材料的品种、掺量要进行试验研究后才能确定。

对属碱—硅反应的集料使用中应指出，当使用含钾、钠离子的外加剂时，必须进行专门试验。一些混凝土外加剂虽含有钾、钠离子，但含量较少，不会对混凝土产生危害。但我国目前使用的早强剂、防冻剂、膨胀剂一般均含硫酸钠、硝酸钠（钾）、亚硝酸钠、碳酸钾（钠）、硫酸铝钾等无机盐，且掺量也较高，含碱外加剂的掺入，使混凝土中的含碱量剧增，大大超过了引发碱集料反应的临界值，应禁止使用。故提出必须进行专门试验。

对具有碱—碳酸盐潜在危害的集料，由于目前还没有抑制方法，不宜用做混凝土集料，如必须使用，应以专门的混凝土试验结果作出最后评定。

11.2.4　水中硫酸盐含量原规范规定不超过1%，规定太宽，交通部水质规范规定不超过1 500mg/L（相当于0.15%）似又太严，现参考《水工混凝土施工规范》（SDJ 207—82）修改为不超过0.27%。

11.2.6　混凝土中掺用粉煤灰等混合材料者日益增多。混合材料掺入混凝土中可起两种作用，一为代替部分水泥使硅酸盐水泥或普通水泥成为粉煤灰水泥等掺用混合材料的水泥；二为起填充材料的作用，可改善混凝土的和易性等性能。但混合材料须有一定的技术条件以保证混凝土质量，故将此项材料的技术条件列入规范附录F-3。

11.3　混凝土的配合比

11.3.1　拌制混凝土用的水泥、集料、外加剂等材料，质量差异很大，故对配合比除进行设计计算外，并应通过实际试验确定。试验宜进行多次，必要时可先采用早期推定强度的试验方法作为试配配合比的参考。

11.3.2　公路桥涵施工技术水平、材料质量等的变异较大，因此混凝土配制强度在条文中未统一规定，可根据施工部门的具体情况确定。但验收批强度须具有不低于95%的保证率并应满足评定标准的要求。为适应具有统计资料的部门合理地确定配合比，在规范附录F-4按数理统计法编制了配制强度的计算方法。附录F-4所提供的有关计算规定均采用《混凝土结构工程施工及验收规范》（GB 50204—92）第四章第二节的有关内容。

11.3.3　配制混凝土的坍落度越小，则配制同样水灰比、同样强度的混凝土时，可节约越多的水泥。但坍落度越小，和易性越差，越不容易捣实，易产生蜂窝、麻面，故坍落度大小应适当。应根据混凝土捣实条件的难易、含钢筋的稀密情况而定。条文表11.3.3中数值未加修改。但表中坍落度未考虑外加剂的作用，掺用减水剂等外加剂时，坍落度可适当放大。

11.3.4 影响混凝土的抗冻性、抗渗性和防止钢筋腐蚀的主要因素是它的渗透性，为了获得耐久性良好的混凝土，混凝土应尽可能密实。为此，除了选择级配良好密实的集料和精心施工、保证混凝土的充分捣实以及采用适当的养护方法来保证水泥的充分水化外，水灰比是影响混凝土密实性的最主要因素。表11.3.4系根据《混凝土结构设计规范》(GBJ 1089)的局部修订稿与修订中的《公路桥梁结构设计规范》协调制定的。

11.3.5 拌制每立方米混凝土的水泥用量太多，则产生的水化热量很大，混凝土凝结时易产生很多的收缩裂缝，影响混凝土质量，特别是养护条件较差时更甚。一般在配制高强度预应力混凝土时，最易超过最大水泥用量，解决的办法是采用高强度水泥，掺加混合材料的配合比设计合理，加强捣实和养护等。本次修订参阅了大量近期施工实例资料，大量的大体积混凝土配制时水泥用量都在350kg/m^{3}以下，所以修改了原规范中的大体积混凝土不宜超过300kg/m^3，但实际运用中，以不超过350kg/m^{3}为宜。

11.3.6 钢筋混凝土中如含有氯离子并达到一定的含量时，将对钢筋产生很显著的腐蚀，影响钢筋混凝土结构物的使用寿命。同时，目前掺入混凝土的外加剂中常常带有一定含量的氯离子，混凝土所用集料及水也常含有氯化物，所以即使不在钢筋混凝土中掺加氯化物，钢筋混凝土也有可能被组成材料带入氯离子。因此，为保证钢筋混凝土结构的耐久性，除限制氯化物掺量外，并应控制由其他各方面带入的氯离子数量。本次修订除强调工程复验的有关规定外，仍保留原规范条文内容，并增加了对碱含量的限制。

11.3.8 本次修订依据《混凝土结构工程施工及验收规范》(GB 50204—92)修改了原规范本条的内容。

对于特大桥的施工，主要是须满足高泵程的要求，参照上海市建筑工程材料公司等单位及冯圣清等“南浦大桥主塔工程商品混凝土可泵性优化技术的研究”一文，摘录下列文字供施工时参考：

混凝土的可泵性可用坍落度S和压力泌水总量(恒压30MPa，恒压时间140s)PB两个指标来表征。为满足高泵程要求，必须首先确定混凝土可泵性指标。

一般认为，$14cm \leqslant S < 23cm$和$70ml \leqslant PB \leqslant 110ml$，可泵性良好。而根据泵送混凝土的施工实践，混凝土拌合物的坍落度可按表11.3.8选用。

表11.3.8 坍落度与泵送高度的关系

泵送高度(m)	30以下	30~60	60~100	100以上
坍落度(cm)	12~14	14~16	16~18	18~23

一、基准混凝土组成材料的优化

必须通过各种优化途径来提高混凝土的可泵性，而混凝土组成材料的优化则是首要的基础工作。

1.石子级配的优化

从试验结果可以认为，对于低用水量和高石子用量，并用泵送剂配制的混凝土，组合石子级配改变所导致的石子比表面积与空隙率变化的两项因素中，空隙率大小对混凝土拌合物的流动性起着关键的作用。

2.砂子细度模数的优化区间

为了配制稳定的饱和混凝土，以减小混凝土在管道中的阻力，许多国家除了控制最小水泥用量限额外对砂率和砂的细度模数也给予了较充分的重视。对这种低用水量、高石子用量，处于临界饱和状态的混凝土，砂子细度模数的变化对其可泵性起着极其重要的作用。砂子细度模数适宜，混凝土坍落度大于18cm，PB达70ml，处于流化可泵状态。砂子细度模数过大，混凝土拌合物中集料处于堆聚状态，混凝土不可泵。当细度模数过小时，混凝土竟处于半干硬性状态，泵送剂不起流化作用。因此可认为砂子细度模数的优化区间为2.3~2.7。

二、混凝土可泵性优化技术

在基准混凝土组成材料优化的前提下优化混凝土可泵性的基本途径是采用泵送剂与粉煤灰相结合的双掺技术。用双掺技术配制的混凝土，坍落度经时损失小，能使混凝土拌合物中产生均匀的微小气泡，有助于改善混凝土可泵性及硬化混凝土的物理力学性能。由于粉煤灰含有一定数量的玻璃珠，其提高混凝土可泵性的效果相当于等量水泥的两倍。泵送剂改善可泵性的实质是增稠或提高水的黏度，防止水泥浆在压力下泌水或浆体通过集料内部空隙渗透。在基准混凝土组成材料优化的基础上,根据泵送高度调整泵送剂掺量是调整混凝土可泵性的一条技术途径。

三、结语

1. 在低用水量、低水灰比、高石子用量制约条件下,采用优化集料级配,并用泵送剂与粉煤灰相结合的双掺技术来提高可泵性是实现一次泵送高度达 100m 以上的重要技术措施。

2. 通过混凝土可泵性优化技术研究,在低用水量、高石子用量制约条件下,处于临界饱和状态的混凝土,其可泵性不单纯决定于用水量及泵送剂掺量,而且受石子级配的空隙率、砂子的细度模数及砂子用量所制约,因此优化集料级配、合理选择砂子细度模数及用量是不可忽视的重要因素。

11.4 混凝土的拌制

11.4.1 试验室试配混凝土配合比是以集料表面干燥时计算的理论配合比。工地进行混凝土的拌制施工时,试验室应根据砂、石集料的实际含水量换算成实际施工拌制的材料用量配合比(以质量比计),以配料通知单通知工地执行。一般每日开工前应测定砂、石表面含水率一次,以后每隔 4h 再测定一次。如因下雨或其他原因致含水率发生变化,应立即测定。每次测定含水率后,应由试验人员填写配料通知单通知工地执行。含水率测定方法可参阅《公路工程水泥混凝土试验规程》(JTJ 053—94)。

11.4.2 考虑到特大桥的施工,表 11.4.2 注⑥系按国标《混凝土结构工程施工及验收规范》(GB 50204—92)表 4.3.2 注 5 所列。

11.4.3、**11.4.4** 条文中的规定均是依据国标《混凝土质量控制标准》(GB 50164—92)修订的。

11.5 混凝土的运输

11.5.1 混凝土拌合物运输时间过长则将增加离析和降低坍落度而影响拌合物的质量,故规定运输时间限制是必要的。条文表 11.5.1 是参考《水工混凝土施工规范》(SDJ 207—82)搅拌设施的运输条件拟定的。在有搅拌设施的运输时,在运输途中同时对拌合物搅拌,不易离析 ,故运输时间限制可延长。

11.5.3 泵送混凝土,本次修订系采用国标《混凝土结构工程施工及验收规范》(GB 50204—92)的规定。

11.6 混凝土的浇筑

11.6.1 2 自高处倾卸混凝土应注意的问题是防止混凝土离析。当自由倾落高度超过 2m 时,采用串筒或振动漏管(斜管)可降低混凝土降落速度,限制混凝土倾落范围,并可防止混凝土的离析。对高墩台、索塔或挖孔灌注桩等倾落高度超过 10m 时,应在串筒内设置各个方向不同的斜挡板,以减低混凝土下落速度。串筒料口下面的混凝土,应随落随即转运到各模板内,如堆积高超过 1m,则后落的混凝土拌合物中粗集料向远方滚去,造成严重离析。

11.6.1 3 混凝土一般是分层浇筑,但为使上下层成为整体,避免形成接缝,浇筑上层时插入式振动器应伸入到下层一定深度(50 ~ 100mm),同时下层混凝土须仍保持一定的塑性,因此规定须在下层混凝土初凝或重塑以前浇筑完成上层混凝土。用插入式振动器振捣混凝土时,浇筑层的最大厚度以往多规定不超过振动器作用部分长度的 1.25 倍。但所称作用部分长度比较费解,浇筑层厚度不明确,根据一些插入式振动器规定的浇筑层厚度不超过振动棒长 2/3 ~ 3/4 以及振动棒长多为 500mm 左右的情况(见《建筑机械使用手册》及《路桥施工机械手册》),本条表 11.6.1-1 规定用插入式振动器时,浇筑层厚度不得超过 300mm。

11.6.1 4 1)插入式振动器移动时插点若相距过远,则两次振动作用半径之间的混凝土可能未得到振实;若相距过近,则一方面施工进度较慢,另一方面可能造成重复振捣而使混凝土产生离析。

振动器的作用半径除与本身的功率、性能有关外,还与混凝土的工作度或坍落度(前者对于硬性混凝土,后者对塑性混凝土)大小有关,最好由工地试验确定。

振动器与侧模板保持50~100mm距离,是为了防止侧模板受振动影响而变形或振动器碰撞模板、钢筋、预埋件等。振动器插入下层混凝土50~100mm可使上下层结合成整体,防止产生工作缝。振动完毕如急速提出,则振捣器周围的混凝土来不及填补其孔洞,故规定应边振捣边徐徐提出振动棒。

11.6.1 4 2)表面振动器仅可用于振捣混凝土表面和薄板结构。表面振动器功率较小,覆盖已振实部分100mm左右可避免发生竖向工作缝。

11.6.1 4 3)钢筋较密的构件,用插入式振动器有困难时,可用附着式振动器,但模板结构必须坚固,并有固定振动器的设备。振动器的布置宜经过试验,使构件任何部位新浇混凝土均能受到振动为准。

11.6.1 5 混凝土浇筑工作在正常情况下应尽可能连续进行,但遇到停电、搅拌机故障、下雨等意外时(工人吃饭、休息应轮班,不得间断浇筑),间断时间如超过已浇筑前层混凝土的初凝时间或重塑时间,则应按工作缝处理。如不做处理继续浇筑时,上下两层或前后两段结合不好,影响混凝土整体质量。允许间断时间应从混凝土加水搅拌起计,包括运输时间、前层混凝土浇筑时间和后一层混凝土浇筑振捣时间。

表11.6.1-2是根据《混凝土结构工程施工及验收规程》(GB 50204—92)修订的。

混凝土的初凝时间与水泥品种、外加剂、配合比及气温环境有关,是以金属测针竖直插入从混凝土拌合物筛出的砂浆中,使其深度达到25mm时的贯入阻力为3.5MPa的时间计算的(引自美国ASTM试验方法)。一般混凝土的初凝时间与重塑时间很接近,但前者须在试验室测试,后者在施工现场做较方便和可靠,故重塑试验最好在现场做。有条件时,也可先在试验室做初凝试验与现场做的重塑试验进行对比。

重塑试验方法:用插入式振动器靠自重插入混凝土中,振动15s后,周围100mm内能泛浆,并且拔出振动器时,不留孔沿者即认为能重塑。

11.6.1 6 施工缝不可避免时,应按条文要求,进行表面处理。

11.6.1 6 1)将松弱层凿除,以免影响混凝土整体强度。根据凿除机具和方法规定了处理层混凝土应达到的强度,以免处理层下面的混凝土受损伤。

11.6.1 6 2)涂刷强度较高的水泥砂浆以加强前后两层的黏结。

11.6.1 6 3)施工缝的抗剪强度较差,重要部位和有抗震要求的施工缝应插埋锚固钢筋,以增强其抗剪强度。

11.6.1 6 4)斜面凿成台阶以防止滑移,增强抗剪力。

11.6.1 6 5)施工缝的后层混凝土浇筑振捣时,为防止前层混凝土被振裂或发生其他缺陷,条文按结构物类型规定了前层已浇混凝土需要达到1.2MPa或2.5MPa的强度。如要求施工缝有较高的密实性(不渗水性)时,最好达到2.5MPa的强度后,再按条文规定浇筑后层混凝土。混凝土达到0.5MPa和1.2MPa强度所需时间,参见规范附录F-5。

对于钢筋混凝土连续梁分段浇筑时的横向工作缝,箱梁或梁悬臂板边需现浇混凝土的纵向垂直工作缝,大体积混凝土的分块垂直工作缝,大型悬索桥锚碇外墙口内侧模板等,施工时可采用一次性金属网模板做工作缝。这种金属网能提供良好的粗粒结构结合面,不再需要仔细凿除打毛。这种一次性金属网,系进口高科技产品。

11.6.1 7 浇筑中混凝土发生泌水较多时,应及时研究其原因和采取减少泌水的措施。泌水原因可从配合比、运输方法和机具、间歇时间过久等考虑,针对其原因采取措施防止泌水继续增多。已发生的泌水宜从上部采用吸管等方法排除,禁止在模板侧面开孔放走泌水,因这样做可能带走水泥砂浆。泌水过多必须设法排除,否则混入后层混凝土中,增大其水灰比,降低其强度,这是不允许的。排净表面泌水后,最好再捣实一遍。

11.6.2 1 在天然地基上浇筑墩台基础混凝土时,如基底过干,混凝土中的水分被基底吸收,影响混凝土与基底的黏结,所以要先将基底润湿,如同砌砖时要将砖润湿一样。基面为岩石时,要加以润湿,铺一层砂浆,再浇筑基础,这样可增强混凝土与基底的黏结,如同处理混凝土施工缝一样。

11.6.2 2 墩台及基础混凝土以承受竖直荷载为主,应在整个范围内水平分层浇筑,使承压面与竖直荷载垂直,不致产生侧向分力,承压效果最好。

11.6.2 3 较大体积的混凝土中埋入片石可以节约水泥,在石料来源丰富的地方,更宜提倡。但沉埋的片石数量不宜过多,否则将影响混凝土的强度。根据《公路砖石及混凝土桥涵设计规范》(JTJ 022—85)的规定,混凝土中按体积掺入25%的片石时,其各项极限强度和弹性模量与同强度的未掺片石的混凝土相同。但如混凝土中掺入片石达50% ~60%时,则成为片石混凝土砌体(它是在混凝土中分层铺入片石,石块净距为40~60mm)。混凝土与片石混凝土强度相同时,后者的抗压、抗剪和弯曲抗拉的极限强度以及受压弹性模量均较前者为低,故条文按设计要求规定了埋入片石的含量。埋入片石的强度不低于30MPa是考虑适应混凝土抗压强度的需要。石块与混凝土的黏结强度通常小于同等级的混凝土强度,《公路砖石及混凝土桥涵设计规范》(JTJ 022—85)规定C10混凝土弯曲抗拉强度为1.6MPa,而同强度片石混凝土砌体只0.54MPa,故条文规定受拉区混凝土不得埋放石块。当气温低于0℃时,浇筑混凝土须采取冬期施工措施(见本规范第14章),也不得埋放石块。

11.6.2 4 采用滑升模板浇筑墩台混凝土时,在模板方面的技术要求应按照本规范第9章有关规定办理,本条只列入浇筑混凝土时应注意事项。

11.6.2 5 墩台基础或台身混凝土进行分块浇筑,是当其截面面积大于100m²,在前层混凝土开始初凝或失去重塑能力前来不及将后层混凝土浇妥捣实时的一种措施。分块浇筑也就是分块间歇浇筑。分块连接面与墩台截面尺寸较小的方向平行,有使结构整体性良好的作用。

11.6.2 6 混凝土墩台基础或台身体积很大时,混凝土在浇筑初期水泥发生大量水化热,内部温度迅速升高,体积膨胀,此时由于受基岩或先期混凝土的约束随即产生压应力。在混凝土硬化后期冷却收缩时,将产生拉应力,且拉应力将大于升温膨胀产生的压应力值。当拉应力超过混凝土的极限抗拉应力时,就会在其内部产生裂缝,并可能发展成为贯穿裂缝,对结构造成较大的危害,因此**必须控制大体积混凝土的温差在设计要求以内。当设计无要求时,温差以不超过25℃为宜,这一要求适用于最小边尺寸在1~3m范围内的大体积混凝土。**

11.7 混凝土的抗冻、抗渗及防腐蚀

11.7.2 随着跨海大桥的兴建及特大型桥涵构造物的修建日益增多,要求混凝土有较高的耐久性能。本条中的相应规定均是依据《水运工程混凝土质量控制标准》(JTJ 269—96)制定的。条文中关于南方与北方的划分规定为,当地最冷月月平均气温大于0℃的地区为南方。

11.7.3 水位变动区是冻融破坏最严重的区域,这是有抗冻性要求的混凝土首先应注意的。混凝土抗冻等级的适当标准是参照《水运工程混凝土质量控制标准》(JTJ 269—96)制定的。

11.7.4 混凝土的抗渗性能是混凝土耐久性能的重要部分。本次修订根据近年特大型桥梁的修建日益增多而增加了本条内容。

11.8 混凝土的养护及修饰

11.8.1 1 本条是依据国标《混凝土质量控制》(GB 50164—92)修订的。

11.8.1 2 混凝土浇筑成型后,由于其中水泥的水化作用,逐渐开始凝结硬化。混凝土拌合物中所含水分足够水化作用的需要,但由于硬化是逐渐进行,当空气中相对湿度较小时,混凝土中水分就会不断地被蒸发掉,造成混凝土由表到里逐渐脱水(失水),极易产生干燥收缩裂纹。同时,失水过多还会阻滞混凝土的继续硬化甚至停止硬化。为使混凝土有适宜的硬化条件,使强度不断增长,并避免发生干燥收缩裂纹,按照条文规定,对混凝土进行适当的养护是不容忽视的。

11.8.1 3 当气温低于5℃时,混凝土的水泥水化凝结速度大为降低,其中的水分也不易蒸发出来,混凝土不会发生如前条所说的脱水(失水)现象,故条文规定不得向混凝土表面洒水,而应当覆盖保温,

以加快混凝土中水泥水化凝结速度。

11.8.1 5 决定混凝土养护所需时间的原则,是以混凝土获得正常强度,停止养护后表面不再产生干缩裂纹时为标准,正常强度值大小与水泥品种、气候条件及养护方法有关。条文中洒水养护7d的规定是根据国际国内一般实际经验确定的。前条已说明混凝土拌合物中的水分较水泥水化作用所需的水分为多,混凝土浇筑完毕后用塑料薄膜或喷涂化学浆液保护层,可防止混凝土内的水分蒸发散失,不致产生干缩裂纹,可不用洒水养护方法。此法适用于特别缺水地区。

11.8.1 6 当混凝土未达到一定强度以前,与流动的地表水或地下水接触的混凝土结构有被冲刷、侵蚀的危险,故应采取如临时排水、堵塞水流、设置防水围堰、防水层或其他办法的防水措施。7d时间的规定是考虑在5℃时,混凝土强度约已达到设计强度的50%,已有抗水流冲刷的能力。如果水的流速过大,使用缓凝性水泥或水温低,则临时防水时间应酌予延长。条文中提出的侵蚀性地下水,系指一般有海水渗入的地下水。如地下水中含有硫酸盐等侵蚀性较强的物质,则除按条文规定的时间和混凝土强度要求外,结构混凝土还应采用抗硫酸盐水泥。

11.8.1 7 本条是根据国标《混凝土结构工程施工及验收规范》(GB 50204—92)修订的。大体积混凝土在硬化过程中,产生的水化热不易散发,施工中如不采取措施,会由于混凝土内外温差过大而出现裂缝。

11.8.2 2 随着国民经济的发展,公路标准逐渐提高,立交构造逐渐增多,对桥涵的美化问题也日益引起人们的重视。为适应此新形势的发展,本条参考城市道路桥涵工程有关规定,拟定了混凝土表面修整、一般抹灰(水泥砂浆抹面)和装饰抹灰(水刷石、水磨石、剁斧石)等质量标准,列于第11.11.3条第5款。

11.9 高强度混凝土

11.9.1 1 在不同的历史发展阶段,不同的国家和地区,高强度混凝土的涵义是不同的。条文中高强度混凝土的强度区域系采用《高强度混凝土结构施工指南》(HSCC 93—2)的定义值。

关于高性能混凝土,其含意为:具有高强度、高弹性模量、低渗透性和抵抗外界破坏的性能的混凝土。有时,还扩展为具有自密实性、高流动性等性能。目前这仍是一个不断探索的课题。

高性能混凝土与常规混凝土的配比基本上是一样的,不同点是高性能混凝土通常含有微硅粉或含有磨细粉煤灰或磨细高炉矿渣;集料必须具有高强度、清洁,最大粒径小于普通混凝土使用的集料,一般介于10~14mm;细集料用较好的粗砂,细度模数2.7~3.0,低水灰比,以及掺相容的高效减水剂等与高强度混凝土的要求是一致的。高强度混凝土本身抗渗性能就高,但还不同于高性能混凝土,高性能混凝土主要指高耐久性。

11.9.2 2 细集料的矿物组成影响混凝土的强度性能,用有棱角的辉绿岩砂代替石英砂,可使细砂混凝土的抗压强度提高约15%~25%。砂中夹杂的黏土或杂质对混凝土的强度有十分不利的影响。用于配制高强度混凝土的粗细集料,如果含泥量不符合要求,必须进行机械加工或振动冲洗。

11.9.2 3 选择不仅具有高强度而且具有坚硬胶结物的集料如花岗岩来拌制高强度混凝土,可增大混凝土的塑性断裂进而大幅度降低混凝土的脆性。另外,选择最佳粗集料粒径,可以在相同原材料的情况下有效地降低混凝土的脆性。据有关资料,粗集料的最佳粒径为7~8mm,此时混凝土的脆性约可降低10%。

11.9.2 5 高效减水剂的减水率可高达20%以上。减水率达到25%~35%时,才便于配制出既具有高强度又具有大流动性的混凝土。配制时,不应使用引气性外加剂。但在应用外加剂时必然会引入一定数量的空气,适量的引气能增加拌合物的流动性,降低混凝土的脆性。含气量过高会导致强度的下降。下列情况下可降低拌合物的引气量:采用中粗砂,降低砂率,水泥砂浆含量相对较低,拌和水量相对较少,水泥用量相对较高,水泥细度相对较小。

11.9.2 6 活性掺合料对于混凝土的增强作用,在于掺合料中的活性成分参与了混凝土的水化反应,以减水剂为主的化学外加剂能使水泥中的硅酸钙水化,从而激发掺和料的活性。粉煤灰作为一种优良的活性掺合料已有了多年的应用历史,已成为混凝土的第六组成部分,应用于高强混凝土中应为首选的掺合料。一般应选择Ⅰ级粉煤灰,尽可能选用细度大且烧失量低的粉煤灰,必要时通过试验也可使用Ⅱ级粉煤灰。

11.9.3 2　在高强度混凝土的配合比设计上,应遵循低水灰比(或水胶比),低砂率,高骨灰比(或骨胶比)的原则。同时应遵守"先试验,后使用"的原则。

11.9.4 2　采用"二次投料法"的搅拌工艺,可以达到提高水泥砂浆与砂子界面黏结强度的目的。采用这种工艺生产的混凝土,国外称做SEC混凝土,即用水泥包裹砂子的混凝土。可参考图11.9.4所示的投料顺序。

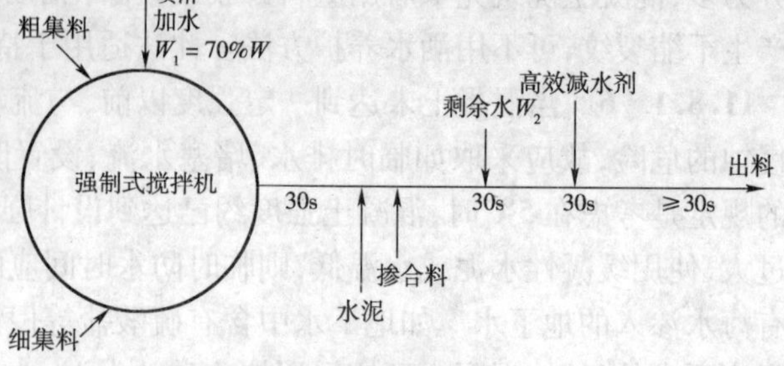

图11.9.4 "二次投料法"投料顺序

采用这一工艺配制的混凝土,各龄期强度都得到较大提高,早期强度提高约10%,28d强度提高约16%~25%。混凝土的其他性能也得到改善,坍落度增大约5%,含气量减少约9%,析水量下降约40%。

11.10　热期、雨期混凝土的施工

混凝土的浇筑温度应控制在32℃以下,是根据《干热地区的混凝土施工(下)》拟定的。(McGraw-Hill力书公司出版的《Handbook of Structural Concrete》第26章编评,中国铁道出版社安鸿逵编译)

11.11　工程质量检验和质量标准

11.11.1　本条是依据国标《混凝土质量控制标准》(GB 50164—92)增订的。进行混凝土质量控制的目的是使所生产的混凝土稳定地保持在所要求的质量水平。原材料的质量及其变异、生产工艺条件和各工序所用生产设备性能的变异、检验测试仪器质量的变异,以及操作人员技术素质的变异等等,均将对混凝土质量产生一定影响。因此,应通过对生产全过程各道工序的质量控制,以保证所生产的混凝土达到合格评定标准。

大桥等重要工程项目为实施质量控制,应定期(月、季、年)对材料的质量检测结果(水泥强度、细集料细度模数、集料含泥量等)生产过程中各工序的生产工艺参数、产品质量参数(混凝土搅拌时间,混凝土拌合物的稠度、水灰比及水泥含量,混凝土强度等)等进行统计,应用计量型、计数型等各种管理图表,掌握生产过程的质量动态,保持生产的稳定性,使混凝土质量处于控制状态,并遵循升级循环的方式,制订改进与提高质量的措施,使混凝土质量不断稳定提高。施工单位应结合本单位的实际,配备相应的合格人员和必要的试验检验设备,建立各项规章制度,按有关标准、规范的规定,制定实施细则,进行质量检验、生产控制及合格控制,保证生产出符合质量要求的混凝土。

11.11.2 3　本条对混凝土试件制取组数的规定,基本与《公路工程质量检验评定标准》(JTJ 071)一致,但鉴于公路小桥涵一般单座的工程量较小,同时工程地点比较分散,因此补充了小桥涵混凝土当原材料和配合比相同并由同一拌和站拌制时,可几座合并制取的规定。

11.11.2 4　前条规定的混凝土试件,均是在标准养护条件下,于28d龄期做抗压试验以评定混凝土质量用的。而结构物混凝土是在自然条件或人工加热条件下养护的,与试件养护条件不同,且结构物拆模、出池、吊装、预施应力、承受荷载的龄期也不是试件规定的28d,其强度应根据实际养护条件下构件所达到的实际强度而定,不能由标准条件养护下的各个龄期的试件强度决定,故条文规定应另制取与结构物同条件养护的试件。这种试件的尺寸大小与标养试件相同,试件组数应按实际需要决定。

11.11.3 1　关于验收批的划分

验收批的批量不宜过大,因为批量过大,一旦检验不合格,需作处理的混凝土量太大,造成不必要的

经济损失。但批量过小,检验工作量也不会太小。应根据对混凝土取样频率的要求、检验评定方法的规定结合本单位的总体生产条件来确定。对于施工现场现浇混凝土,可按《公路工程质量检验评定标准》(JTJ 071—98)第6章桥梁工程“混凝土浇筑”节中所确定的单位工程的验收批项目划分验收批。但根据中国建筑科学研究院的统计调查,同一个验收批的时间范围以不超过一个季度,同时验收批内日平均气温之差小于15℃为宜。

关于非标准尺寸试件,可按表11.1.3进行换算。

关于以数理统计方法进行评定

当试件数量较少时,非统计方法的检验效率较差,即存在着将合格品误判为不合格品(生产方风险)或将不合格品误判为合格品(用户方风险)的可能性较大。为此,对工地混凝土构件,主要应采用统计方法评定。《混凝土强度检验评定标准》(GBJ 107—87)规定,“预拌混凝土厂、预制混凝土构件厂和采用现场集中搅拌混凝土的施工单位,应按本标准规定的统计方法评定混凝土强度。对零星生产的预制构件的混凝土或现场搅拌的批量不大的混凝土,可按本标准规定的非统计方法评定。”

不少工地提出,“工地制作的盖梁、梁板等的混凝土强度,可否将同一类型合在一起用统计方法评定?”我们认为,按照“国标”规定,只要强度相同、龄期相同、生产工艺条件和配合比相同,应该而且强调作统计评定,能较真实地反映实际情况。

11.11.3 2 如用钻取芯样法检测混凝土强度,推荐使用由中国工程建设标准化委员会编写的《钻芯法检测混凝土强度技术规程》(CECS 03:88)。

12 预应力混凝土工程

12.1 一般规定

12.1.1 保留原规范条文,仅作文字修改。

12.1.2 预应力混凝土工程施工时,应特别注意加强安全技术防护措施。安全防护措施包括三个方面的内容:作业人员的人身安全、操作设备的安全以及结构物本身的安全。为保证施工作业安全地进行,应制定安全作业操作细则,创造良好的工作环境。实际上,为预应力混凝土工程施工提供良好的工作环境也是保证最终产品优质的前提。施工前,要对所有工作人员进行必要的培训,使之掌握安全操作所需的知识和技能。冷拉或张拉预应力筋时,应由专人负责指挥,严禁任何人站在千斤顶的后方,或踏踩、碰撞预应力筋;量测力筋的伸长值及拧紧螺母时,应停止开动千斤顶或卷扬机;孔道压浆时,作业人员应佩戴防护眼镜,以防灰浆喷出而射伤眼睛。

12.2 预应力筋

12.2.1 国家技术监督局于1995年分别发布了钢丝和钢绞线的新标准《预应力混凝土用钢丝》(GB/T 5223—1995)和《预应力混凝土用钢绞线》(GB/T 5224—1995),故此次修订中对钢丝和钢绞线按新标准进行了修改,但冷拉钢丝未被本规范采用,这是因为作为预应力钢筋抗拉强度设计值的条件屈服点只有其抗拉强度的0.75倍,利用率较低;热处理钢筋仍按《预应力混凝土用热处理钢筋》(GB 4463—84)执行。

在本规范施行期间如上述国家标准有修改时,应相应采用新标准执行。

12.2.2 冷拉钢筋本规范仅选用了Ⅳ级钢筋,是为与正在修订的设计规范取得一致,其力学性能根据国家标准《混凝土结构工程施工和验收规范》(GB 50204—92)的规定采用。

12.2.3 对精轧螺纹钢筋,目前还没有相应的国家标准(有关部门正在着手制定行业标准),但实际上已在桥梁工程中大量采用,为保证这种预应力筋的正常使用,促进该项技术的发展,本规范修订时参考有关企业标准对此作出了规定。

12.2.4 预应力筋的进场验收,原规范除对冷拉钢筋和冷拔低碳钢丝的检验有规定外,对于钢丝、钢绞线及热处理钢筋的进场验收,在取样方法、分批取样数量及合格判定方面均无明确规定。故本次修订根据相关国家标准的规定作出了较具体的要求,以确保工程的材料品质。

除大桥等重要工程外,在一般桥梁工程中使用的预应力筋可仅对抗拉强度进行试验,如果对某厂的产品经常使用,证明质量有保证,经有关方面同意后,可不一定屡次、每批都进行全部力学性能复验,而由生产厂家提供试验报告,因此条文中对预应力筋力学性能检验办法有一定的灵活性。但对预应力筋的外观质量以及冷拉钢筋、冷拔低碳钢丝和精轧螺纹钢筋的力学性能,不论用于何种工程,均应按规定在进场时进行严格检验。

12.3 锚具、夹具和连接器

12.3.1、12.3.2、12.3.3、12.3.4 原规范对锚具、夹具和连接器的性能的规定比较笼统,本次修订参考现行国家标准《预应力筋用锚具、夹具和连接器》(GB/T 14370)对其作出了较具体的规定。锚固性能不可靠或承载能力不够的锚具、夹具和连接器不得用于预应力混凝土结构。

12.3.5 本条系参照《预应力筋用锚具、夹具和连接器》（GB/T 14370）的规定拟定的。对锚具、夹具和连接器的进场验收原规范的规定不便于操作，本次修订对此作出了比较具体的规定。

12.4 管道

12.4.2 条文中要求金属管道宜尽量采用镀锌材料制作，是基于提高管道及力筋的防锈蚀性能来考虑的。

12.4.3 1、2、3 这3款是参照《预应力混凝土用金属螺旋管》（JG/T 3013—94）的有关条款制定的，原规范无此内容，为加强对管道的检验，保证工程质量，故规定如条文。

12.4.4 2 规定平滑钢管和聚乙烯管的壁厚不得小于2mm的理由是，为防止空管在安置和浇筑混凝土的过程中变形和挠曲；抵抗高的压浆压力；防止由于特殊的环境造成管道损坏。

12.4.4 3 工程实践证明，管道内横截面积的大小与穿束的难易程度有关，用穿束机时更是如此，因此，一般情况下管道面积应不小于预应力钢材净截面积的2.0～2.5倍。当束长超过70m时，其管道面积与钢束面积之比应大于2.5倍，穿束才不致困难；对于更长的多根力筋的钢束，从理论计算的结果来看其穿束并不困难，但实际施工时往往不好穿，特别当穿至力筋的2/3以上，尤其是最后几根时，十分困难，甚至无法穿入，故条文规定穿长束时应通过试验来确定其面积比。穿长束时，也可采用穿束网套或将力筋一端按宝塔型电焊成尖头，用卷扬机整束拖拉一次穿入。

12.4.4 4 采用胶管或钢管抽芯法制孔时，抽管时间应根据水泥品种、水灰比、气温和养护方法等条件，通过试验确定。抽管以能顺利抽出来且孔道不坍塌为原则，故抽管时间应在混凝土初凝后终凝前为宜，一般可在100温度小时左右时进行。

钢管抽芯法只能用于直线孔道的成形，采用充水或充气的胶管抽芯法，对直线和曲线孔道成形均可适用。胶管充水后管径膨胀，放水后管径缩小，抽管省力，且对抽管时间的要求不如钢管抽芯法严，稍迟仍可抽出。采用充水或充气胶管抽芯时，应预先进行充水充气试验，胶管外径应符合孔道直径要求，管内压力不低于0.5MPa，并应保持不变，直至抽拔。

12.6 预应力筋制作

12.6.1 1 对同一束中各根钢丝下料长度的相对差值的规定，只有当钢丝束两端采用镦头锚具时才应符合这一规定，当一端采用镦头锚具时无此要求。钢丝束两端采用镦头锚具时，同束钢丝长度的相对差值对钢丝的张拉控制应力是否均匀关系很大，因此下料长度需特别严格的控制，本规范的规定与《公路工程质量检验评定标准》（JTJ 071）的规定是一致的。

12.6.1 2 如用电弧切断预应力筋，在高温下将使力筋的抗拉强度降低，故规定如条文。

12.6.2 冷拉钢筋在冷拉前焊接，可防止先冷拉、后焊接时受高温影响而使钢筋抗拉强度降低。

1. Ⅳ级钢筋按牌号不同，其化学成分（%）中含C量为0.36～0.52，平均为0.44；含Si量为1.1～1.8，平均为1.5；含Mn量为0.7～1.4，平均为1.1；按碳当量 $C_q = C + Mn/6 + Si/24$，计算得 $C_q = 0.69$，超过易焊性指标，故Ⅳ级钢筋的焊接性能较差。用预热闪光对焊以后，应进行通电热处理，热处理温度约750～850℃，然后在空气中自然冷却。

2. 预应力筋的对焊接头，虽然规定有质量要求，但由于施工工艺的各种因素影响，其抗拉强度可能较低，成为薄弱环节。对焊接头处其直径常较预应力钢材为大，为避免薄弱环节和大直径接头集中在一个断面内，故规定如条文。

3. 按条文规定办理可使端杆和接头在冷拉时同时受拉。在整个工艺操作中应对螺杆妥为保护，以免碰坏螺纹。

12.6.3 预应力钢材镦粗头的方法和机具是根据其硬度和直径大小来决定的。硬度较低、直径较小的冷拔低碳钢丝，可采用人工或电动冷镦器，也可使用小型液压冷镦器；高强钢丝因其硬度较高，一般宜采用最大镦头力为450kN的液压冷镦器；冷拉钢筋如其直径大于12mm，则不能用前述冷镦器，而需采用对焊机进行热镦，直径25mm以上的粗钢筋则宜用汽锤镦头。Ⅳ级钢筋热镦头后须进行通电热处理的理由见12.6.2条的说明。

冷拉钢筋采用镦头锚时，一般应在冷拉前镦粗头，如此则其质量较冷拉后再进行镦粗头为好。对于两端均使用镦头锚的预应力筋，如先镦粗头，其长度将受到限制，再进行冷拉时可能会出现预应力筋长度不符合要求的现象，在这种情况下只有先进行冷拉，然后按需要长度下料进行镦粗头，但这样处理时，应对镦头逐个进行张拉检查，以保证镦头的使用质量。

12.6.4 钢筋的冷拉工艺已改变了过去"双控"和"单控"的方法，现根据现行国家标准《混凝土结构工程施工及验收规范》(GB 50204—92)的规定，采用控制应力或控制冷拉率的方法。当采用控制应力的方法时，冷拉控制应力采用钢筋屈服强度(标准值)，同时检查钢筋的冷拉率；当采用控制冷拉率的方法时，冷拉应力在前者屈服强度的基础上加30MPa，并以此应力通过试验确定相应的冷拉率。

冷拉时，如钢筋已达到控制应力，而冷拉率未超过允许值，则认为合格；若钢筋已达到允许冷拉率，而冷拉应力尚小于控制应力，则这根钢筋应降低强度使用。

钢筋冷拉时，使材料内的晶体结构开始变形，拉力达到屈服点后再放松，晶体的平面变成不平的面，阻碍了原来平面的继续滑动，因此提高了屈服点。冷拉应力变动速度如过快，使材料内的晶体来不及顺利地变形，就达不到冷拉后提高屈服点的要求。

由于钢筋材料的不均匀性，以相同应力冷拉后的预应力钢材，其延伸率可能不同。在同一束预应力钢材或同一构件内，应使用延伸率大致相同的预应力钢材，使其受力均匀。故冷拉后，应将预应力钢材按延伸率相近的(不超过0.5%)编为一组。

12.6.5 冷拔与冷拉相比，后者只是纯拉伸的线应力，而前者是拉伸与压缩兼有的复杂应力。钢筋冷拔后，横向压缩(即断面缩小)，纵向拉伸，材料内部晶体结构产生滑移，抗拉强度可提高50%~90%(较冷拉提高得多些)，塑性降低，硬度提高，呈硬钢性质。

冷拔工艺过程包括除锈、酸洗、扎头(将钢筋端头逐级压细，便于穿过拔丝模孔)和拔丝等。冷拔时不似冷拉时用应力或冷拉率控制，而是按条文规定逐级穿过模孔拉伸即可。冷拔到需要的直径后，应按条文规定进行检验。

12.6.6 按强度高低分别编束的理由见12.6.4条说明。编束时，梳理顺直，可防止钢丝或钢绞线在穿束、张拉时由于互相缠绕紊乱而导致的受力不均匀现象，当受力不均匀时，将使有的钢丝达不到张拉控制应力，而有的则可能被拉断。

12.7 混凝土的浇筑

12.7.1 混凝土中掺入氯盐可导致钢筋和预应力筋锈蚀而影响结构物的耐久性，为提高结构的耐久性和使用寿命，根据有关试验资料及其他国家(如英、美、日、德)的规定，将原规范中氯离子总含量不超过水泥用量的0.1%调整为0.06%。

混凝土中掺入引气剂时，虽可改善和易性，提高抗冻、抗渗和抗侵蚀性能，但强度从3d至28d标养均有所下降，一般每增加1%的空气含量，强度下降约5%。如能采取使强度不降低的措施，例如减少拌和用水量、降低水灰比等，则经过试验验证认为掺入引气剂不降低混凝土强度时，可酌量掺入引气型减水剂。

12.8 施加预应力

12.8.1 保留原规范条文，原规范为两条，现合并为一条。

12.8.2 本条为新增内容，系参照《FIP工程实践指南》(1992年10月版本)制定的。

12.8.3 1 对于拉丝体系的后张法构件，设计规范规定了锚下的预应力筋的张拉控制应力，加上锚圈口预应力损失值才是体外最大张拉控制应力。冷拔低碳钢丝不宜超张拉。

12.8.3 2 预应力筋张拉时，实际伸长值与理论伸长值的偏差控制，原规范规定为6%，国内工程的实践表明，只要在施工中精心操作，均能达到此要求，故本次修订时未作变动，仍保留原规范的规定。

12.8.3 3 条文中式(12.8.3-1)及附录 G-8 为后张法预应力筋张拉理论伸长值的精确计算公式,公式中考虑了孔道局部偏差的摩阻影响和曲线孔道的摩阻影响。采用此公式时,可分为下列不同情况:

1. 当预应力筋为直线且无孔道摩阻影响时,$P_p = P$,L 代表预应力筋长度,得公式

$$\Delta L = \frac{PL}{A_p E_p}$$

2. 对由多曲线组成的曲线预应力筋,或由直线与曲线混合组成的预应力筋,其伸长值宜分段计算,然后叠加。

12.8.3 4 预应力筋张拉时,一般先张拉调整到初应力后再正式分级张拉和量测预应力筋伸长值,而量测的伸长值并未包括从零张拉到初应力时的伸长值,因此,在确定实际伸长值时,除量测的伸长值外,还应计入初应力时的伸长值,以便与理论伸长值相对应。最初张拉时各根(束)预应力筋的松紧、弯直程度不一定一致,所以初应力时的伸长值不宜采用量测方法,而宜采用推算的方法。推算时,可采用相邻级的伸长值,例如初应力 σ_0 为 10%σ_{con}时,其伸长值可采用由 10% 张拉到 20% 的伸长值。

12.8.3 6 对原规范中锚固阶段张拉端锚具变形及预应力筋的变形允许值,为与正在修订的设计规范取得一致,进行了适当调整。根据锚固原理的不同,对支承式、锥塞式和夹片式等几类锚具的变形值均作了规定,如此则概括了目前常用的各种锚具。当设计对变形值有专门规定时,可按设计规定确定,设计无具体规定时,可按本条文办理。

JM15 锚具为带有锥形内孔的锚环(圆形或方形)和一组合成锥形的夹片组成。夹片数量和被锚固的钢筋数量相等,每组锚具可锚固 3~6 根 ϕ12 光圆钢筋、ϕ16 螺纹钢筋、7ϕ4、7ϕ15 钢绞线。

12.9 先张法

12.9.2 1 多根预应力钢丝同时张拉时,应按本条文规定用钢丝应力测定仪等仪具抽查钢丝的应力值。考虑到构件受力的整体性,按构件全部钢丝预应力总值计算,如偏差不大于 5% 即认为合格,否则应检查原因,予以处理。

12.9.2 3 无论使用何种材料的预应力筋,在按设计控制应力 σ_{con}(包括估计到的预应力损失值在内)张拉并持荷到浇筑混凝土期间,预应力筋中的应力都将产生松弛损失,而使实际的张拉应力达不到设计要求。为减少预应力筋的应力松弛损失,可采用条文所述的超张拉程序。

使用夹片式等具有自锚性能的锚具时,因力筋按 1.05σ_{con}施行超张拉后,由于该类锚具具有的自锚性能,在千斤顶回程时力筋即被锚固而不便放松回零,参照国标《混凝土结构工程施工及验收规范》(GB 50204—95),规定将普通松弛力筋从初应力分级张拉至 1.03σ_{con}后锚固,低松弛力筋从初应力张拉至 σ_{con}后即可锚固。

超张拉值超过第 12.8.3 条的限值时,应按该条规定的限值进行张拉,这主要是为安全起见,以避免预应力筋被拉过屈服点或屈服强度。初应力程序的目的是在多根预应力筋同时张拉时,调整其每根预应力筋的应力,使其一致。

12.9.3 1 本款按国标 GB 50204—95 将放张时混凝土强度的要求提高到 75%。

12.9.3 2、3 先张法构件放张的原则,就是要防止在放张过程中构件发生翘曲、裂纹及预应力筋断折等现象。按条文规定放张时,一般可防止发生这些现象。

预应力筋放松,不可采用骤然切割的方法,骤然切断会使构件两端受到冲击力,出现裂纹。一般可采用千斤顶、砂箱、螺杆张拉架和混凝土缓冲块等工具使预应力筋的拉应力逐渐减小,然后再用砂轮锯、钢丝钳(锯)等工具或氧炔焰(注意散热)切断预应力筋。

12.9.3 4 规定由放张端开始逐次切向另一端,是为防止切断过程中发生钢丝自行拉断现象。

12.10 后张法

12.10.1 2 为保证管道定位准确,安装时应采用定位钢筋固定,使之平顺,并在浇混凝土时不产生位移,因此其定位钢筋的间距不宜过大,条文对各种管道的定位钢筋间距作出了具体规定。对于曲线管

道,应视实际情况适当加密。

12.10.1 3 管道的接头如处理不当,很容易造成漏浆,因此连接管应具有一定长度,并应有足够的密封性能防止水泥浆浸入。

12.10.1 4 压浆孔用于将水泥浆注入管道内;排气孔用于排出空气、水、灰浆和泌水。当认为需要时,可在管道的最低点设置排水孔以防止水的积存,排水孔应保持开放直至压浆开始。压浆孔和排气孔的位置与灰浆流动的方向、管道的倾斜度、锚具和接头及允许的压浆压力有关,在某些情况下,它们应可以互换使其可用以压浆和再次压浆。

12.10.2 1 在混凝土浇筑之前或浇筑之后穿束,将力筋逐根穿入或编束后整体装入管道中,这些方式都是允许的。对浇筑混凝土之后穿束的孔道,应首先用压力水冲洗,将可能黏附于孔壁的杂物冲洗掉,同时可检查出有无串孔现象,然后用不含油的压缩空气吹干孔道内水分,并用检孔器检查孔道是否畅通,检孔器不能通过的地方,应画上标记,作特殊处理。

12.10.2 2 1)尽管如本条第1款所规定,预应力筋可在混凝土浇筑之前穿入管道,但要注意在穿束期间和穿束后对力筋进行保护,使其力学性能保持不变。因此在施工中由于管道和力筋安装后放置时间过长而需采取额外的防锈蚀措施时,穿束宜尽量推迟,以使穿束与压浆之间的间隔尽可能缩短。当在某种特殊情况下必须这样做时,则应严格执行条文规定的时限,否则应对力筋采取防止锈蚀或其他防腐蚀的措施。

12.10.2 2 2)力筋装入管道后,湿气的大量进入将会使力筋加速锈蚀,故规定如条文。

12.10.2 2 3)被电火花损伤的钢丝或钢绞线在张拉时可能会产生断裂,故作此规定。

12.10.2 3 在浇筑混凝土之前穿束,应防止损坏管道,如检查发现有损坏,应及时进行修复。为防止力筋卡在管道内,宜在浇筑混凝土之前先检查力筋能否在管道内自由滑动,发现问题及时处理。

12.10.3 1 如混凝土未达到要求的强度即行张拉,则因混凝土收缩、徐变所引起的预应力损失值将大为增加,严重时可使锚下混凝土产生裂纹甚至破碎。按国标 GB 50204—92 调整了构件张拉时的最低强度要求。

12.10.3 2 后张法多根(束)预应力筋张拉时,应使张拉的合力作用线处在构件核心截面以内,以防构件截面产生过大的偏心受压和边缘拉力。因此,张拉宜分批、分阶段、对称地进行。分批先后张拉时,按控制应力先张拉的预应力筋会因后批预应力筋张拉时所产生的混凝土弹性压缩而引起应力损失。但如设计上安排张拉顺序时已考虑到这种应力损失的补偿问题,应按设计规定的顺序和张拉力进行。

12.10.3 4 曲线预应力筋或长度大于等于25m的直线预应力筋与孔道壁的摩阻力较大,如采取一端锚固,只在另一端张拉的方法,则摩阻力集中在一端的锚夹具和千斤顶上,实际预应力可能达不到要求,故条文规定在这种情况下应两端同时张拉。如限于设备只能先张拉一端时,可按条文规定先在一端张拉锚固后,再在另一端张拉补足预应力值。

12.10.3 5 增加了对采用有自锚性能的夹片式锚具的预应力筋的张拉程序,理由见第12.9.2条第3款的说明。

12.10.3 6 保留原规范条文,仅将钢绞线的检查项目单列一项,以示明确,避免理解困难。

12.10.3 7 预应力筋锚固后的外露长度,主要考虑到热影响不波及锚固部位和外露部分不影响构件的安装。

12.11 后张孔道压浆

12.11.1 预应力钢束孔道压浆的目的,主要是防止预应力筋锈蚀,并通过凝结后的水泥浆将预应力传递至混凝土结构中。对防锈蚀而言,孔道压浆越早越好,而且可防止力筋的松弛,使构件尽快安装。

12.11.2 1 矿渣水泥一般早期强度较低,泌水性较大,如经试验符合要求时也可采用。水泥中不应含有团块及任何对预应力筋有害的杂质。

12.11.2 2 在没有清洁饮用水的情况下,需对水质进行化学分析,符合条文要求的指标的水方可用于拌制水泥浆。

12.11.2 3 外加剂的使用将有助于增加水泥浆在给定的水灰比条件下的流动性,减少泌水,防止在高压压浆时的离析,但所采用的类型和用量应经试验验证确定。

12.11.3 水泥浆的强度应不低于30MPa的规定系参照《FIP工程实践指南》(1989年10月版)制定的,国标GB 50204—92规定为不小于20MPa。如12.11.1条说明所述,孔道压浆的目的主要是为防止力筋的锈蚀,应强调的是压浆的密实性,而水泥浆与力筋之间的黏结力起着向结构传递预应力的作用,因此水泥浆亦应具有一定的黏结强度及剪切强度,故规定水泥浆的强度应不低于30MPa。

为使水泥浆能全部充满预应力筋周围的孔隙,以压注纯水泥浆为宜。当孔隙较大,且为单根力筋时,为节约水泥和减少收缩,可在水泥浆中掺入适量(不大于水泥质量的50%)细砂。

为减少水泥浆凝结时的收缩,增加压注的密实性,水灰比不宜过大,以0.40~0.45为宜;掺外加剂时,水灰比可减小到0.35。

水泥浆中掺入一定数量的膨胀剂,可增加其密实性,但掺量过大时,将显著降低水泥浆的强度,故条文中规定膨胀率须小于10%。

原规范推荐的泌水率、膨胀率及稠度试验方法简单方便,予以保留,仅在文字上作了调整。

12.11.4 压浆前将孔道用高压水冲洗,可冲走杂物并将孔道内壁予以湿润,还可防止干燥的孔壁吸收水泥浆中的水分而降低浆液的流动度;对于金属管道亦有必要进行冲洗以清除管道内可能有的杂物。中性洗涤剂或皂液必须对预应力筋和管道无腐蚀作用,方可用于清洗管道内可能发生的油污。曲线孔道内低凹处的积水,可用不含油的压缩空气排除。

12.11.5 水泥浆拌制好后,应尽快使用,如延续时间过久,将降低其流动度,增加压注时的压力,且不易密实。条文规定在压注前和压注过程中应经常搅动,是为防止水泥浆沉淀泌水、过快地降低流动度。

12.11.6 因为空气和水的密度较水泥浆小,压浆时由最低的压浆孔压入,可使空气和水聚集在水泥浆上面,逐步由最高点的排气孔排除,如从高点压入,则空气易窜入水泥浆内形成气塞,阻碍水泥浆的流动,并在水泥浆凝结后产生气孔。

先压注下层孔道的好处是下层的预应力筋抗弯力矩较大,先压浆,使其松弛损失少一些,对结构较为有利。

12.11.8 孔道压浆的次数一般宜为两次,这是考虑如仅压注一次,在水泥浆有泌水和凝结收缩时,会使孔道上部产生空隙,对孔道进行二次压浆,可使水泥浆完全充满孔道,但二次压浆的间隔时间应掌握好,宜以先压注的水泥浆既充分泌水又未初凝为度。

12.11.9 压浆泵有活塞式和风压式两类,后者可能使空气窜入水泥浆中产生气孔,故条文规定应使用前者,不得使用后者。压浆泵需要的压力,以能将水泥浆压入并充满孔道孔隙为原则,一般在出浆口先后排出空气、水、稀浆、浓浆时,封闭出浆口,并保持不小于0.5MPa的压力2min以上,再拔出喷嘴,立即用木塞塞住。

12.11.11 规定试模为有底试模,留取试件要按标准条件养护28d时的强度作为质量评定依据。

12.12 质量检验及质量标准

12.12.2、12.12.3 结构允许偏差本规范的规定与《公路工程质量检验评定标准》(JTJ 071)的规定是一致的。

13 砌体

13.1 一般规定

13.1.2 砌体基础工程属于隐蔽工程，故在基坑开挖至设计高并进行相应的处理后，须经有关方面检查签证方可开始砌筑。基坑渗透水是难免的，而砌筑砂浆中的水泥比混凝土更易被水冲走，因此砌筑基础时，必须采取可靠的排水措施。

13.2 材料

13.2.1 1 现行的《公路砖石及混凝土桥涵设计规范》(JTJ 022—85)规定，石料强度标号为20cm×20cm×20cm含水饱和试件的极限抗压强度。用较小的试件时，应乘以表13.2.1所列系数。

表 13.2.1

试件尺寸(cm)	20×20×20	15×15×15	10×10×10	7.07×7.07×7.07	5×5×5
换算系数	1.0	0.9	0.8	0.7	0.6

13.2.1 2 抗冻性差的石料，含有一定水分时，经过多次冻结与融化，将会产生脱层、裂缝等损伤，因此，寒冷地区所用石料需具备一定的抗冻性。一月份一般为一年气温最低的月份，因此本条规定需进行抗冻性试验的地区，实际上是气温最低月份平均气温低于-10℃的地区。

13.2.1 3、4、5 片石、块石、粗料石规格的划分，主要依石料的形状、尺寸和表面粗糙程度而定。所耗加工量依次递增，以同样强度砂浆砌筑的三种石料，其砌体抗压强度也依次递增，砌体表面美观程度也是如此。施工时，对石料规格的选择应按设计规定。设计允许施工单位选择时，可根据石场情况、工期和美观要求决定。

13.2.1 6 拱圈承受的压力较墩台及基础、挡土墙为大，故设计规范要求拱石材料和砌筑砂浆的最低强度等级较高，因而对拱石的施工要求也相应地高些。无论采用何种规格的石料，其层面应尽量与拱轴线垂直，以免产生切向分力。粗料石拱石要求做成楔形，就是这个原因。

13.2.2 混凝土预制块的规格应与粗料石相同，其强度应符合第11章的有关规定，尺寸应根据砌体形状确定。预制块作拱石时，应比封顶时间提前2~4个月预制，以减少混凝土的收缩。

13.2.3 1 砌筑用砂浆一般应采用水泥砂浆，但为就地取材，规定在缺乏水泥地区可采用石灰水泥砂浆。但设计有规定时，应按设计规定的砂浆类别和强度采用。

13.2.3 2 砂浆中砂的最大粒径是按各种砌体设计规定的最大砌缝宽度而定的。片石因形状不规则，未规定砌缝宽度，但一般不大于40mm，故可用粒径较粗的砂；块石形状需大致方正，砌缝一般不大于30mm；粗料石砌体的砌缝宽度不大于20mm；混凝土砌块砌体缝宽不大于10mm，故只能用较细的砂。

砂浆中砂的含泥量限制较混凝土用砂的规定为松，主要是因为设计规定砌体的极限强度较混凝土的为低。虽然含泥量限制较松，并可使用黏土混合砂浆，但砂浆中含泥量愈多，则其砂浆强度愈低，故条文按砂浆强度分别规定最大含泥量。原规范中砂浆强度按标号计，修订后砂浆强度以M××表示，它们之间的换算关系为：M5.0级=50号，M2.5级=25号等等。

13.2.3 5 砂浆的稠度应根据不同的基材、气候条件、施工方法和砌筑要求确定。

13.2.3 6 水泥砂浆中掺入微沫剂可改善和易性，节约水泥，故参考国标《砖石工程施工及验收规范》(GBJ 203—83)等资料将该法列入本条内。

13.2.4 1、2、3 小石子混凝土多用于砌筑片石或块石拱圈，它比同强度等级砂浆砌筑的片石、块石砌体抗压极限强度高30%～10%，可以节约水泥和砂。条文内规定的各项指标是参考交通部第一公路工程局所拟《小石子混凝土浆砌片石拱圈操作须知》提出的。

13.3 浆砌石块及混凝土预制块墩台、挡土墙

13.3.1 3 砌体分层砌筑可使基底受荷均匀，避免不均匀沉陷。但当砌体较长（如挡土墙），第一层砌完再回转来砌第二层时，第一层间的砂浆可能已初凝，在其上面铺砌加荷可能使下面砂浆振动开裂，影响其黏结力，故须分段又分层砌筑。分段位置宜设在变形缝（包括沉降缝和伸缩缝）处。规定相邻工作段高差不超过1.2m，是为了防止在施工过程中产生过大的不均匀沉陷。

13.3.1 4 石砌墩台，为使外表美观，常选择较整齐的石料砌筑外层。里层则可使用一般石料，但应注意里外交错地连接成一体，不可砌成外面一环后，里面杂乱填芯。

位于流冰或有严重漂流物河流中的墩台所受摩擦力和冲击力较大，应如条文规定，表面采用较硬石料或高强度混凝土预制块。

13.3.2 2 片石为形状大小不整齐的石料，为了使结构物便于砌筑成型和美观，应选择形状较方正、尺寸较大的片石，稍经修凿后作为转角和曲线讫点等处的标石。

13.3.2 3 在石块下面如用高于砂浆砌缝的小石片支垫，则石块重力集中在小石片上，易将小石片压碎，使石块倾斜不稳，影响结构的安全稳定，故规定如条文。

13.3.3 1、2 块石一般由成层的岩石开出，再按需要尺寸断开成长条形。此种石料如条文规定采取平砌时，则每层高度可基本一致，这对结构物的稳固和承受竖直荷载均有利。砌筑时按丁顺相间或两顺一丁相间，则结构物内外咬合较紧密。上下层竖缝错开距离较大，荷载自上向下传布时，可分布在较大面积上。否则，易造成自上而下的通缝，构造物基础不能均匀受荷，且可能产生不均匀沉陷。

砂浆强度比石材强度标号低，故平缝和竖缝均不宜过宽，否则将影响砌体总体强度，而且多耗用水泥。

13.3.4 1 用粗料石和混凝土预制块砌筑的结构物，因强度要求较高并要求外表整齐和美观，砌缝厚度就不能大于20mm和10mm，若想用逐层改变砌缝厚度的方法来调整砌体累计高度是很困难的，故应先计算层数，选好料。此外，还应预先预制一些不同高度的砌块用以调节砌体高度。

13.3.4 2 第13.3.1条第4款已规定位于流冰或有严重漂流物河流中的墩台选用石料或混凝土砌块时在强度方面的要求，本条则规定了桥墩上游破冰体的形状、砌缝等较详细的要求。破冰体的作用是在流冰顺流冲向桥墩时，能以被动压力将流冰顶破使其向两旁通过桥孔流走，故破冰体砌筑高应为从最低流冰水位到最高流冰水位再分别加上0.5m及1.0m，作为安全储备。流冰水位的确定，一般应由设计规定。

13.4 浆砌石块及混凝土预制块拱圈

13.4.1 1 拱圈放样时的预拱度，可根据跨度大小、拱架类型、拱架刚度、地质情况和恒载大小等因素决定，一般取计算跨度的1/400～1/800。一般拱桥的预拱度在拱顶为总量，拱脚为零，其间按抛物线计算分配于各节。对于跨径小于20m的拱桥，亦可简化按直线比例分配。拱顶预拱度总量应按本规范第9章有关规定计算。

13.4.1 5 不甚陡的砌缝，砂浆铺垫在拱石表面下不致顺坡滑落，再放另一块拱石可利用其自重压紧，并可保证整个砌缝都充满砂浆。过陡的砌缝，砂浆铺贴在拱石上会立即滑落，故只能预留砌缝，待砌块安妥后再将砂浆分层填塞、捣实。

13.4.2 2 拱圈砌筑程序安排原则，除按条文规定保持对称、均衡外，还应考虑拱圈逐步砌筑时砌块加在拱架上的重力逐步增加而使拱架沉降。满布式拱架和拱式拱架的沉降情况是不同的，前者拱圈跨径间的立柱较多，砌块荷载大部通过其拱架下的立柱传到地基，对四旁拱架沉降影响较少。而后者一般

只两墩旁有立柱支撑,跨径间无或很少有立柱支撑,每一砌块的荷载都需经过拱架传到墩旁立柱再传到地基,因此每一砌块的加载都影响全拱架的挠度(有下沉或上凸两种情况),故条文对两种拱架砌筑程序分别作了规定。

13.4.2 3 跨径13~20m的拱圈,因跨径较大,拱圈较厚,无论何种拱架,如砌筑程序不当,砌块重力分布不匀,则在砌筑过程中,拱架变形过大,故规定分6段砌筑,防止拱架发生较大变形和已砌拱圈开裂。

13.4.2 4 跨径≥25m的拱圈,可能设计为变厚度的悬链线拱轴,分段砌筑程序较为复杂,一般设计有规定。如无规定时,应按条文规定的原则进行施工设计。

13.4.2 5 多孔连续拱桥,相邻孔的施工顺序应按设计规定的控制条件确定,尽量平衡邻孔所产生的水平推力,以保证每一施工阶段在施工荷载作用下桥墩及拱圈(拱肋)截面应力和偏心距以及稳定性都能满足设计要求。否则将导致桥墩及拱圈破坏。多孔连续拱桥施工工序也不宜分的过多,否则对施工进度、技术管理都带来一定困难。一般可按拱圈、边墙(或立柱、腹拱)和填腹(桥面系)三个工序安排。

13.4.3 1 分段砌筑或不分段从拱脚直砌至拱顶,都需要在节段间或拱脚处设置空缝。设置空缝是为了当拱架变形时,拱圈各节段有一相对活动的余地,从而避免节段间砌缝砂浆开裂。预留空缝的位置为拱圈易于变形开裂的部位。设置空缝还可以在填塞砂浆捣实时产生挤压力(1.0~1.7MPa),挤紧各砌缝砂浆,并可使拱圈受挤压升高脱离模板,便于拱架的拆除。

13.4.3 2 拱圈底面和外露侧面的空缝宽度与相应的砌块类别的砌缝相同,一般约为10~15mm,这样,从外面看各条砌缝宽度相同,较美观;拱圈顶面和内腔的空缝宽度则为30~40mm,空缝较宽,砂浆容易填塞、充入、捣实,且不易从底面或侧面挤压出来。

拱圈内各砌缝中承受的压力离拱脚越近越大,而且跨径越大压力越大。当跨径≥16m时,M2.0水泥砂浆垫块已不能承受拱脚以上拱圈的压力,故条文要求跨径≥16m时要用铸铁垫块隔垫。一般跨径16~25m时,由拱脚起的两道空缝,跨径30~40m时,由拱脚起的三道空缝宜用30mm×30mm×100mm的铸铁块隔垫。因填塞空缝的砂浆经捣固后向两侧砌体挤压,空缝变宽,铸铁垫块可抽出以便倒用,故可多用铸铁垫块少用水泥垫块(水泥垫块不抽出)。

填塞空缝捣固砂浆时,对拱圈产生一定的冲击力和挤压力,故应待拱圈砌缝砂浆达到设计强度的70%后才能填塞空缝。

13.4.4 1 拱圈封顶合龙一般均在各空缝砂浆填塞完毕并有一定强度后进行。若设计规定封顶时不采取刹尖封顶(用铁楔击入,多用于小跨径拱圈)时,则待空缝砂浆强度达到设计强度等级的50%即可进行,否则应待空缝砂浆强度达到设计强度等级的70%后方可进行。若采用千斤顶在合龙前对拱顶两侧拱圈预加压力,则应按照设计规定的强度进行。几种封顶方法对强度要求不同,采用刹尖法时会对两侧已砌拱圈产生压力,对空缝砂浆强度要求较高。若用千斤顶预加压力时,则关系到压力大小、施加方法、时间等许多问题,一般应由设计规定。

13.4.4 2 不卸拱架施工拱上构造时,主拱圈和砂浆尚未承受拱上结构的荷载,只是受到拱上构造施工时的振动,主拱圈混凝土和砂浆达到设计强度等级的30%时可承受此项振动荷载,故规定达到30%即可施工。空腹式的腹拱拱圈,为防止卸架时主拱圈各段沉降不均匀而发生开裂,故拱上构造宜在卸架后砌筑。卸架后砌筑拱上构造时,荷载全部由拱圈承受,故须待砂浆强度达到设计强度等级的70%后进行。

13.4.5 1 一般砌筑用的小石子混凝土其设计强度等级较水泥砂浆高,砌体极限强度也可较高,因此用小石子混凝土砌筑拱圈时,其砌缝比砂浆的可较宽。但也不宜过宽,以防止小石子混凝土凝结时过多的收缩,产生不利影响。

13.5 桥涵附属工程

13.5.1 铺砌层下面的垫层为排水倒滤层,既要有一定的稳固性,又要有透水作用,因此泥砂含量均应有一定的限制。

13.5.2 3 本条是根据《公路路基施工技术规范》(JTJ 033—95)及近年施工情况制定的。

13.5.2 4 本条是为防止因台背填土引起桥台位移制定的。台背填土的顺序如果设计有要求,应首先满足;对不同桥台的填土顺序要求,这里用的都是“宜”, 这是因为各地施工具体情况不同,设计对台背填土的要求也有区别,在保证不致因台背填土引起桥台位移的情况下允许稍有选择,但条件许可时首先这样做。

13.6 砌体勾缝及养护

13.6.1 砌体表面勾缝主要是为了美观并可将靠近砌体表面砌缝空隙用砂浆填塞,提高砌体强度。

13.7 质量检验及质量标准

13.7.1 小石子混凝土抗压强度的评定可与一般混凝土相同,但因数量一般不大,可采用非统计的方法。

14 冬期施工

14.1.1 2 国标(GBJ 50204—92)规定用硅酸盐水泥或普通硅酸盐水泥配制的混凝土的抗冻强度为设计强度的30%,用矿渣水泥配制的混凝土的抗冻强度为设计强度的40%,考虑公路桥涵冬季施工的气温、湿度等环境条件较差,因此本规范将抗冻强度各提高10%,分别定为40%和50%。

14.2.1 1 在室外环境温度低于-5℃条件下进行钢筋闪光对焊或电弧焊时,除应按照常温焊接的有关规定外,还应调整焊接工艺参数(包括焊接电流、电弧电压、焊接通电时间、调伸长度、闪光留量、引弧提升高度等),使焊缝和热影响区缓慢冷却。风力超过四级时,应采取挡风措施。环境温度低于-20℃时,焊接不能保证质量,故不宜施焊。

14.2.1 2 钢筋冷拉是以超过钢筋屈服点的拉应力拉伸钢筋,使钢筋产生塑性变形,以提高屈服点强度,节约钢材。低温时钢筋的屈服点较常温时略有升高,而拉伸率与常温时差不多,故条文规定低温时冷拉控制应力应酌予提高,否则就达不到冷拉钢筋提高屈服点强度的目的。提高值应经过试验确定,因拉应力过大可能发生冷脆拉断,过小则达不到目的,30MPa 是参考国标(GBJ 50204—92)拟定的。

14.2.1 3 预应力钢材不论是钢丝、钢绞线或冷拉钢筋,其屈服强度与抗拉极限强度相差较小,常温下张拉时就应小心,低温下张拉时安全性更差,因此张拉时气温不宜低于-15℃。

14.2.2 1 冬期施工选用混凝土水泥的原则是早期强度较高,能较早地达到耐冻的强度。用矿渣水泥拌制的混凝土用蒸汽养护时,其后期强度不降低,故用蒸汽养护混凝土时宜优先选用矿渣硅酸盐水泥。冬季施工使用高炉矿渣水泥或火山灰水泥等混合料较多的水泥时,因其抗冻性能较差,应同时掺入适量的抗冻剂,以提高混凝土的抗冻性。用高铝水泥拌制的混凝土,在硬化过程中,环境温度如超过25~30℃,则由于水化将形成水化铝酸三钙,使强度大大降低,故不能用加热法养护用高铝水泥拌制的混凝土。

14.2.2 2 混凝土中掺入引气型减水剂后,在拌和过程中产生大量均匀而封闭的微小气泡,这些气泡可以缓冲由于游离水冻结而产生的膨胀压(一般水分在冻结时,其体积膨胀9%),避免混凝土破损。氯盐(包括氯化钙、氯化钠等)促进混凝土硬化和早强的机理是它能使水泥在水中充分分散,增加水泥颗粒对水的吸附能力,降低水泥浆的沉降度,使水化和硬化速度加快。而且氯盐加入后,可形成水化氯铝酸钙,发生胶体膨胀,使混凝土孔隙减小,密实性增大,从而可提高混凝土的强度。氯盐的掺量与水泥的品种、混凝土类别、养护条件等有关,应结合工程要求(如强度、凝结时间等指标)和施工条件通过试验选择最优用量。一般对无筋混凝土可为水泥质量的1%~3%;在钢筋混凝土中可为0.2%~0.5%。含氯盐的钢筋混凝土如用蒸汽养护,将加速钢筋的锈蚀,故不宜用蒸汽养护。

14.2.2 3 附录J是根据国际(GBJ 50204—92)附录三拟定的,条文表14.2.2中规定了拌和用水的最高温度,表注中又规定了水泥不可与80℃以上的水直接接触,这是因为水泥与高于80℃以上的水接触时,将使水泥发生假凝现象,影响水泥颗粒的分散和与集料充分包裹,而就将降低混凝土的强度。

14.2.4 2 以蓄热法养护混凝土时,为了使混凝土在入模浇筑成型后其水化热能满足强度增长的需要,应有一定的入模温度。否则强度增长慢,就不能达到混凝土本身抗冻的要求。

14.2.4 3 在已硬化的温度过低的混凝土上续浇混凝土时,续浇的混凝土温度将迅速降至5℃以下,从而使其强度不能增长或增长很慢,有被冻坏的可能,故规定如条文。

冬期施工用蒸汽养护混凝土注意事项,一般与第11章有关规定相同,本条只编列冬期施工时的特殊要求,其主要目的是防止混凝土内外温差过大,构件裂缝。

14.2.4 6 混凝土温度与外界气温相差20℃时,应对拆模后的外露面加以覆盖,防止混凝土表面冷却过快,产生收缩裂纹。

14.2.4 7 2) 3)是根据现行国家标准《混凝土结构工程施工及验收规范》(GB 50204—92)第7章冬期施工,第五节混凝土养护拟定的。

14.3.1 2、3 是根据中国计划出版社1996年《基础工程施工手册》第七编第二章冬期施工,第二节砌筑工程冬期施工拟定的。

14.3.2 2 1)是参照国家标准《砖石工程施工及验收规范》(GBJ 203—89)第六章冬期施工拟定的。

14.3.2 3 表14.3.2是在保温暖棚中或露天气温在5℃以上时,砂浆(小石子混凝土)中掺入氯化钙早强剂后早期强度对比,与第14.3.3条抗冻砂浆的作用不同。

表14.3.2 氯化钙掺量和砂浆相对强度

砂浆龄期(d)	氯化钙与水泥用量比			砂浆龄期(d)	氯化钙与水泥用量比		
	1%	2%	3%		1%	2%	3%
1	180	210	240	5	130	150	160
2	160	200	230	7	120	130	140
3	140	170	190				

注:以未加早强剂的同龄期砂浆强度为100。

14.3.3 抗冻砂浆是在砂浆内掺入一定数量的抗冻化学剂(一般为氯盐),使砂浆在一定负温下不冻结,且强度能够继续缓慢增长;或在砌筑后慢慢受冻,而在冻结前便达到一定强度(一般为20%以上)。此种砂浆解冻后其强度与黏结力仍和在常温下一样能继续上升,强度不受损失或损失很小。抗冻砂浆在使用前不得低于5℃,这样可使砂浆有较好的和易性,并在气温降到砂浆的冻结温度时,强度还可慢慢增长。抗冻砂浆的抗冻剂掺量见表14.3.3。

表14.3.3 抗冻砂浆的抗冻剂掺量

抗冻剂类别	砌后预计7d内最低气温(℃)			
	-5	-10	-15	-20
	掺量(%)			
单盐氯化钠	6	10	—	—
单盐氯化钙	8	10	—	—
氯化钠+氯化钙	3+3	6+4	8+5	10+5

注:①掺量按拌和水质量的百分数计;

②表中掺量可根据具体情况和强度增长速度要求,参照可靠经验或通过试验增减,不允许严重析盐的砌体,应采用较小掺量。

14.4.1 6 加热养护的混凝土采用不适宜的水泥时,后期强度可能降低,因此条文规定增加与结构同条件加热养护后再标养28d的试件,以检验和保证其强度。

15　钢筋混凝土和预应力混凝土梁式桥

15.2.1　交通部公路一局现使用的一套模架构造如下：

每套模架由2组钢梁组成，承重部分为钢箱梁，由6个单元组成，长61.25m，高2.25m，宽1.90m，前后分别有钢桁架导梁，前导梁长31.25m，后导梁长21.25m，全长113.75m。钢梁各单元之间均用高强螺栓连接。前后导梁与承重梁连接处分别有一可水平转动的铰，以适应弯桥需要。自移设备在承重钢箱梁的箱内，通过液压夹头夹紧钢索后，用长杆千斤顶驱动。钢梁下弦底部装有不锈钢带，以便在托架的四氟滑板上滑行。前导梁上各有一组150kN液压式卷扬机，用以提升托架等部件。每套钢箱梁质量约497t。

外侧模每节长1.25m，通过可调节高度和水平位置的螺杆支座固定在钢梁上，预拱度即用此螺杆来调整。内模为每节长5m的钢支架结构，伸缩采用液压装置，装拆方便，其竖杆下端支承于钢轨上，钢轨下垫有与箱梁同强度等级的混凝土预制块。在前方有一工作平台固定在前导梁上，平台上设牵引绞车，可将内模逐节牵引就位。底模每节长1.25m，与侧模配套使用，在与侧模架联结处用钢销销紧。底模的装拆可采取吊车及卷扬机等配合使用，拆下的底模放在车上或船上，运至下一孔位置安装。墩身内外侧均设有托架，每个托架上有4台大千斤顶，用以顶升钢梁，托架下有钢立柱支承于下部承台顶面。

浇筑箱梁时，钢梁前支点通过前横梁上的长杆千斤顶支承在墩顶，中间支点直接搁置在托架上，后支点则是通过横梁上的4根吊杆将钢梁悬挂在已完成箱梁悬臂端上，悬挂点在距支座中心线6.25m处。参见文献《厦门高集海峡大桥主桥上部箱梁采用移动式模架逐孔施工》。

15.2.1　1　每一跨施工阶段采用可移动的支架，支架总长一般为桥跨的2.5倍。参见文献肖恩源《预应力混凝土连续梁桥逐跨施工的设计》。

15.2.1　3　第一次浇筑到第二孔的第一个反弯点处，此处的位置一般为0.2L附近，以后每次都把工作缝设在此处。

15.2.2　参照文献《刚构—连续组合梁》，王文涛主编，人民交通出版社出版；汤俊生《桥梁建设》1993年第二期。

支架不均匀下沉，会造成混凝土产生裂缝。应特别注意，支撑在承台上与土基上的支架很难做到均匀下沉，因此施工时此部分最好设施工缝分开浇筑。

15.2.2　2　支架上浇筑混凝土可采取支架预压、设置预拱度、合理的浇筑顺序和分段浇筑、使用缓凝剂等措施，防止因支架变形引起混凝土开裂和梁体线形不顺适。

15.3.1　1　参照文献《预应力混凝土梁悬臂施工及发展》及《刚构—连续组合梁》。

15.3.2　4　对称、平衡浇筑是为了不产生或产生不大的扭矩、力矩。施工时不可能做到绝对平衡，偏差应不超过设计规定。

15.3.2　5　连续箱梁悬浇施工时的预拱度，应根据梁本身可能产生的挠度进行设计和预留。可能产生的挠度一般应包括：各墩上分段悬浇时形成的"T构"静定体系的挠度，各墩上悬臂梁跨进行浇筑直至形成连续梁体系的挠度和全联连续体系形成后由于静荷载、活荷载和后期混凝土收缩、徐变引起的挠度。对挂篮受重后的下垂变形，应分次及时调整。

15.3.3　2　1）对称张拉为避免偏心力矩。

15.3.3　2　3）参照文献《刚构—连续组合梁》。

15.3.4　3　悬浇连续梁合龙前，合龙梁段两端悬臂受温度变化的影响可能产生纵向伸缩使合龙口间距变化，从而导致合龙梁段混凝土凝固过程中受到张拉或压缩的超应力的影响而产生裂缝。需将合龙跨一侧墩的临时锚固改换成活动支座，以减少影响。同时，在浇筑合龙段混凝土前应将两端悬臂临时联结，临时形成刚性连接，保护合龙段混凝土完整，一直到合龙段混凝土养护到一定强度并施加预应力与悬臂形成整体。联结方法是在合龙口设置支撑型钢或钢管(可兼作制孔管用)并张拉一部分预应力钢材。

临时联结力应大于支座摩阻力,以使联结构造与悬臂共同变形。

15.3.4 4 预应力连续梁在悬臂浇筑施工时,是悬臂静定结构体系,梁与墩是临时固结;浇筑混凝土合龙并张拉预应力钢材后,转换为连续梁超静定结构体系。在转换体系时,应将临时固结解除,将梁落于正式支座上,并按标高调整支座高度和反力。

15.3.6 2 参照文献帅长斌等"樟树大桥施工简介",《公路》(1996.11)。

15.4.2 1 2)预应力连续梁桥、悬臂梁桥主梁与桥墩间设有支座(不是与墩连成整体)的结构,不能承受不平衡力矩,需要采取如条文所述的临时措施,以承受墩两侧悬臂可能产生的不平衡力矩。硫磺水泥砂浆块作为临时支承较纯水泥块好,前者拆除时只需用加热即可逐步熔化,使梁下落到正式支座上,为避免烧热熔化硫磺水泥砂浆块而将正式支座中的四氟板和橡胶板烧坏,应在硫磺水泥砂浆块与正式支座间设置石棉垫等隔热层。梁通过硫磺水泥砂浆块与桥墩是否需设置锚固筋应按照设计规定办理。

15.4.2 1 3) (1)吊装设备在吊装前按设计荷载分3级加载分别进行荷载试验,可在正式吊装构件前发现问题,能提前予以调整、解决,避免正式起吊时发生事故。

15.4.2 1 3) (5)悬臂拼装时,随着块件一对对的安装,悬臂端块件和已安装的中间块件的挠度经常在变化,事先绘制主梁各块件安装时的挠度变化曲线,以控制块件安装高程是非常必要的。此曲线由设计提供,当设计未提供时,施工单位应会同设计单位绘制。

15.4.2 2 2) (4)、(5)参照文献兰远钧等"在桥墩上修建V形支撑的施工方法"《桥梁建设》(1996.2)。

15.4.3 1 1)采用环氧树脂胶接缝时,涂胶并将块件靠拢调正后,即可开始张拉,对块件进行挤压。因为一般黏胶剂涂抹在被黏胶物体内,都须进行挤压,才能黏结良好。挤压力大小与黏胶剂种类有关。

15.4.3 1 3)同一截面中的预应力筋根数较多,位置各异,不能也不宜将所有预应力筋同时张拉,必须分批张拉。每批张拉先后次序和每批张拉根数均应按照设计规定办理。

15.4.3 1 4)气温在0℃以下张拉预应力筋易脆断。拼装块件是高空作业,在五级以上大风中进行是危险的,故规定如条文。

15.4.3 2 每块块件在拼装过程中,起重吊钩要始终悬挂着块件。当块件预应力钢材按设计要求被张拉后,能保证稳固时才允许放松吊钩,以免发生块件掉落事故。需要张拉多少根预应力钢材才允许放松吊钩,应通过计算确定。

15.4.3 3 明槽中的预应力筋是暴露在大气中且不与明槽的混凝土黏结的,为了避免预应力筋长期暴露在大气中发生锈蚀及产生意外,故规定明槽混凝土在设计许可下应尽快浇筑。混凝土浇筑一开始悬臂的挠度即可完成大部分,向根部靠近后,其增加的挠度逐渐减小,原已浇较久的混凝土不致因挠度变化过大而开裂。

15.4.3 4 预应力连续桥梁在用悬臂拼装时,梁顶部是承受负弯矩,即预应力筋都布置在梁截面上部,两个悬臂在跨中合龙以后,跨中附近变为正弯矩,即该部位梁截面下部成为受拉状态,梁上部变换成受压状态,若在合龙前不采取措施,则原在梁截面上部张拉的预应力筋拉应力松弛,如预应力筋置于明槽内侧可能向上漂浮,如梁下部未曾张拉预应力筋时,则拼装的块件就会折断坠落。

15.5.1 1 1)条文所述桥轴线包括纵坡和平曲线的轴线,因顶推法在纵坡上和平曲线上均适用。为了确保顶推的导梁端部通过第一跨时的稳定性,预制场地应适当往后布置。

15.5.1 1 2)预制场长度一般可按2倍预制梁段长加2m决定,宽度可按桥梁宽度加2×2.5m为准。

15.5.1 1 4)预制台座地基或引桥的强度、刚度和稳定性很重要,如地基有沉陷,或引桥挠度过大,将使预制的梁段底面不平整,并增大了梁底板厚度,导致顶推摩阻力增加和梁重力增加,造成顶推作业困难。设在路基上的预制台座顶面应比路基设计标高低一个梁高,故宜选在填方路基上,避免设在挖方地段。预制台座应尽可能利用引桥,可减少临时支墩和地基处理工作量以及防水、排水设施等费用。

15.5.3 1 顶推安装的预应力连续梁，由于在顶推过程中，各截面要多次承受交替变化的正负弯矩，因此梁段中的预应力索有些是从顶推开始到连续梁就位都必须具有的永久索；有些是在顶推过程中所必需的，但到连续梁顶推就位后须拆除的临时索；还有一些是为了减小在顶推过程中产生过大的反向弯矩，适当地减少张拉索数，待全梁顶推就位后再按需要添加的补充索。以上3种预应力索均应严格按照设计规定进行穿束张拉或拆除，不得随意增减或漏拆。

15.5.3 2 需拆除的临时索，如灌浆就不能拆除了，故规定如条文。其锚具外露多余的预应力索，不宜立即切除，可在预应力索上画线注明锚具的位置，以便在顶推时检查锚具是否松动。

15.5.3 3 对较长的永久索，因孔道上下弯曲，不可能用一根索从孔道头穿到尾，这样的索也不便于张拉，故采取分段穿索用连接器连接是必要的。

15.5.4 1、2 导梁以采用刚度大、变形小的钢板梁为好。限于条件，国内目前多采用万能杆件或贝雷杆件或贝雷拼装的钢桁梁。有的桥梁曾因对导梁的安装和导梁与梁体的连接注意不够，造成导梁个别杆件局部变形，使连接处梁体混凝土开裂，影响了顶推工作的正常进行，为此，条文对导梁的施工作了有关规定。

15.5.4 3 临时墩可以减小主梁的顶推跨径，从而减小顶推时最大正负弯矩和它所产生的主梁截面应力。临时墩应能承受顶推时的最大荷载，不致产生不能容许的沉陷；承受顶推时的最大水平摩阻力，不致发生不能容许的水平位移。在通航或流冰河流中设立临时墩，还要能防范船只和流冰的冲撞。某桥曾发生过因流冰冲毁一个临时墩的事故，不得不重建2个临时墩（原墩位不能利用）补救。拆除临时墩的方法，应在建墩时即布置。拆墩时，墩顶应与主梁底面脱开。

15.5.5 1 各种顶推方式均有其优缺点，集中顶推方式的动力设备数量少，易于集中控制和同步，但要求动力设备的功率大，传递给墩台的水平力较大；分散顶推方式的动力设备数量多，功率小，不易集中控制和同步，但传递给墩台的水平力较小；水平—竖直千斤顶顶推方式，全部操作可在墩台顶上进行，传力直接，但在顶推循环过程中，每次循环均需竖向顶梁，对梁体受力不利；拉杆顶推方式不需顶起梁，对梁体受力易于掌握，不易产生意外，但顶推力通过拉杆传递给梁，梁体内需预埋连接零件，而且每次顶推循环后拆移拉杆时，有时会出现高空作业。施工时可根据施工条件选择适当的顶推方式。

15.5.5 3 1）计算顶推力是按多种因素如滑动装置的摩擦系数和滑动装置使用中变形情况以及梁段底板的平整度、预制梁段各部尺寸、千斤顶的工作效率等都较为理想的情况下考虑的，为了防止因发生意外而使水平顶力过小而影响顶推工作的顺利进行。

15.5.5 3 4）左右两条顶推线如横向不同步运行，就可能使被顶推的梁体发生偏离。这里的"同步"包括同时顶推，而且左右的顶推力大小相等。多点顶推时，纵向各墩的水平千斤 顶如不同步运行，则加重了早启动千斤顶的负担，甚至超过其顶推能力，而使顶推工作不能顺利进行。

15.5.5 3 5）在顶推过程中，往往由于左右两条顶推线未能完全同步，各墩顶的滑动装置的摩阻力也不尽一致，使梁的走向偏离中轴线是经常发生的，故需采用导向装置纠偏。

15.5.5 3 6）用竖向千斤顶将梁顶高的最大升高必须有所限制，否则梁被顶高时将产生临时局部弯矩，此值如过大就可能使箱梁顶板和底板的上缘发生裂纹。各支承点最大相对的顶高差值要控制在主梁能容许的竖向变位范围内，其值与墩距（含临时墩）、梁高、梁顶板和底板厚等有关，最好由设计方面通过计算决定。为了便于拉回滑块，梁底一次顶高一般不宜小于5mm。设计无规定时，最大一次顶高不超过5～10mm。顶推跨径较大时可采用上限。

15.5.5 3 7）顶推装置的墩、台水平顶推力如小于梁段（包括导梁）压在其他墩、台上的摩阻力，则梁不会前进，而在滑块与梁底间做相对滑移运动（即打滑）。

15.5.5 4 拉杆式的水平千斤顶一般采用穿心式的，使拉杆一端能穿过千斤顶锚固在千斤顶活塞顶端，另一端穿过拉锚器用尾套锚固。为了减少拉杆的根数，增强拉锚器和千斤顶的锚固力，可使用高强度螺纹钢筋做拉杆。拉锚器常通过箱梁外侧的预埋钢板固定在箱梁上，但为了拆装方便，减轻高空作业的劳动强度，拉锚座常制成插销式活动装置，见文献《包头黄河大桥施工技术总结》。

15.5.5 5 1）、2）、3）顶推过程中，应对条文所述各注意事项加强检查，这些部分如出了问题，后果是严重的。顶推的速度虽重要，但更重要的是顶推过程中的质量与安全。

15.5.5 5 4）顶推过程中最常见的故障是滑板被卡住，梁体不能前进，常用千斤顶将梁顶起取出滑板或调整滑板。条文对起顶反力值和起顶高度值的限制，主要为了控制主梁竖向位移所产生的附加应力，防止梁体开裂。

15.5.6 1 1）水平—竖向千斤顶顶推滑动装置的摩擦垫、滑板、滑块等部件的尺寸大小，均应按其使用材料的容许承载力计算决定。否则，在顶推过程中被压破，更换处理费时误事。

四氟板的容许应力分无侧限和有侧限两种，且与工作时的温度高低有关，温度低时其屈服点强度高。四氟板与金属板摩擦时，产生的热量多由金属板排走，如果两块四氟板互相摩擦移动，则产生的热量很多，温度很高，易使四氟板被烧坏，故滑动装置不采用上下两层四氟板互相滑移。四氟板的容许应力是参考文献《公路施工手册·桥涵》拟定的。对滑道的基本要求是表面光滑、摩擦系数小、不锈蚀。用不锈钢或镀铬带制作可符合要求。滑道长度和宽度的规定，是考虑在滑动过程中，滑道容纳滑板数应不少于3块和防止滑板偏离滑道。滑道顶面高差的规定是防止滑板局部受力而被压坏。

15.5.6 1 3）滑动装置的摩擦系数，主要取决于四氟滑板与滑道面的摩擦系数，研究试验结果表明，启动摩擦系数为动摩擦系数的1.1～1.5倍；摩擦系数与滑道所用材料无关，而与滑道表面的光洁度关系大；滑道磨损变形或折皱，摩擦系数会增大；摩擦系数随单位压力增加而减小；随温度降低而增加；摩擦系数随荷载压在四氟板上滞留时间延长而增加。故顶推工作一经开始，最好一气完成该节梁段。在四氟板与滑道之间涂以矿物油脂如轻机油或钾肥皂，可使摩擦系数降低。条文所列启动摩擦系数与动摩擦系数的推荐值是根据一般试验结果拟定的。

15.5.6 3 多联顶推目前常用的伸缩缝临时连接方案有两种：一是在各联相邻间伸缩缝中灌注硫磺砂浆，冷凝后张拉临时预应力索，然后照正常程序进行顶推施工，待全桥顶推完毕，即可拆除临时预应力索，并把缝中硫磺砂浆加温熔化掉，落梁后进行伸缩缝的施工；另一方案是在两梁段之间以塑料布隔开，张拉临时预应力索，然后按正常程序施工，待后一梁段达到设计位置，拆除临时预应力索，再将前面一联的连续梁向前顶推到伸缩缝所需距离，达到设计位置时，再落梁进行伸缩缝施工。单点顶推时只能采用第一方案，多点顶推则两方案均可适用。

15.5.7 1 平曲线桥的曲率如变化太大，则其预制台座和预制的梁段均需随曲率变化而变动。顶推过程中的方向也需经常调整改变，这些都很困难，故条文规定顶推安装的平曲线桥只适用同半径的圆曲线桥。与桥头引道衔接的桥梁两端为变曲率缓和曲线时，可采取特殊措施，见《公路施工手册·桥涵》。

顶推法安装的平曲线桥的另一主要限制条件，是其平曲线半径不能太小。如果每孔曲线桥的平面重心落在相邻两座桥墩上箱梁底板的弦连接线以外，箱梁就会倾覆，当然谈不上顶推了。满足条文所述条件，不仅与曲线桥的半径大小有关，而且与箱梁底板的宽度有关。设曲线梁的弦中距 M 值小于1/2箱梁底板宽度，则一定可满足上述条件。

当梁的重心在底板范围以内时，还要验算桥墩所受的偏心荷载反力所产生的应力及梁本身产生的扭转挠曲应力，见《公路施工手册·桥涵》。

15.5.7 2 与上条所述理由相同，用顶推法安装的竖曲线桥只适用于同曲率的竖曲线桥。自一端顶推全桥时，开始一段是向上坡顶推，水平顶推力应按顶推平坡时的摩阻力加上坡阻力考虑，顶过坡顶以后，水平顶推力应按顶推平坡时的摩阻力减去下坡阻力考虑。若纵坡太大，顶推下坡时，虽不施加顶推力，全梁也自动往下滑时，则下坡时不宜采取顶推施工。

15.5.8 落梁工作包括：全桥顶推就位后，按营运阶段内力，将补充预应力筋进行穿束、张拉、锚固、压浆；再将临时预应力筋按设计规定顺序拆除，安装正式支座，将梁顶起，取出滑动装置，然后将全梁落于正式支座上。为了消除由于预制产生的箱梁底部高程误差，支座安设中的高程误差和预加应力所引起的二次力矩，使梁体受力状态符合于其自重力引起的弯矩和反力，落梁时千斤顶顶力应以支座反力调整控制为主，同时适当考虑梁底高程。

15.6.1 2 构件移运、堆放或吊装时，混凝土只承受构件本身自重产生的弯曲应力或轴心压应力（按规定另考虑动力系数），比受荷后的应力要小得多，故条文规定构件混凝土强度达到设计强度的75%时进行构件脱底模、移运、堆放、吊装等工作，应当是安全的。

15.6.1 3　条文中支承结构(墩、台、盖梁、拱座等)应符合所要求的强度,系指安装上面的构件时所要求的强度,一般也不应小于混凝土设计强度的75%。

15.6.1 8　混凝土预制构件或砌块与新浇混凝土砌筑砂浆的粘着强度,与接触面的粗糙度关系甚大,据《铁路桥涵施工规范》试验资料介绍,同样配合比的砂浆,凿毛的比未凿毛的表面其粘着强度高出一倍以上,故规定须按施工缝处理。

15.6.2 1　3)预制混凝土梁、板构件时,应考虑梁体拱度对桥面铺装的影响,如预计的上拱度偏大,宜在预制台座上设置反拱。

15.6.2 2　2)T形梁腹板底面的扩大断面(马蹄形断面)从腹板上部往下浇筑混凝土时,由于扩大断面内的空气不易排出,最易造成空洞,一般可在扩大断面顶板处开临时浇筑窗,从窗口向下灌入混凝土,待充满并捣实后再封闭窗口。

15.6.2 2　3)浇筑U形梁时,宜将底板上面的模板暂不安装,待底板混凝土浇筑完并振捣后再安装底板上面的模板,继续从腹板顶部往下灌筑。

15.6.3 1　2)直杆一点吊时,常以一端搁地另一端先吊起,此时杆件离着地端某处发生最大正弯矩,吊点处发生最大负弯矩,当这两项弯矩值相等时,杆件内发生的弯矩值在起吊时 最为有利。经计算,等截面直杆吊点位置设在距一端0.29L处时,符合上述要求。同理,两点吊吊点设在距两端0.21L处,杆件内发生的弯矩值亦最为有利。

15.6.3 1　4)板式构件上、下布筋不同,如上、下面吊错必然断折。有些预制板埋有吊钩,不易弄错,有些预制板只有吊孔,有些甚至无吊孔,靠用绳索捆绑起吊,最易弄错上下方向,应特别注意,需在预制完毕时用油漆在每块板的同一位置处注明上下方向。

15.6.3 2　4)水平多层堆放板式构件时,层与层之间以垫木隔开极为重要,因它可以明确板的支搁位置在设计支点附近,否则由于板的上下面不平整,凸出处成为支点,使板产生负弯矩,造成顶面开裂或折断等事故。支垫位置应靠近设计点(即吊点),上下各层垫木必须在同一条竖直线上 ,也是为了防止板的开裂或折断。

15.6.5 2　2)斜桥、弯桥安装时的特殊要求,主要是斜交方向、斜交角度较大时的支座型式及其安装问题,弯桥的超高与支座安装以及桥梁内侧与外侧长度不同等问题,这些都应按照设计规定办理。

15.7.5　是根据广东佛开高速公路《九江大桥施工》(1996年11月)第五章5.4.1拟定的。

16 拱桥

16.1 一般规定

16.1.1 拱桥按构造可分为板拱、肋拱、箱形拱、箱肋组合拱、桁架拱、刚构拱、系杆拱、提篮拱等；按拱轴线形可分为圆弧拱、悬链线拱和抛物线拱；按静力体系可分为三铰拱、两铰拱和无铰拱；按行车道位置可分为上承式拱桥、中承式拱桥和下承式拱桥；按建筑材料可分为圬工拱桥、混凝土拱桥、钢筋混凝土拱桥、预应力混凝土拱桥、钢管混凝土拱桥、劲性骨架拱桥、钢拱桥等。双曲拱桥工序复杂、跨度小，是我国70年代的产物，目前已被箱形拱桥所取代，故本规范不包含双曲拱的条文规定。

16.1.2 施工技术人员必须掌握施工过程中的结构强度和稳定性验算，对各个施工状态下的结构安全系数心中有数。施工组织设计中应包含施工安全措施，大跨度拱桥应组织专门人员对施工全过程进行监测和控制，确保施工安全。

16.1.5 施工过程中的大跨度拱桥承受施工荷载，其安全系数比成桥后承受恒载时小得多，在施工过程因对灾害性天气估计不足造成损毁的事故已有先例，故条文规定要求掌握气象资料，尽量避开可能突发的灾害性天气，并提前采取适当措施防患于未然。

16.2 就地浇筑混凝土拱圈

16.2.1 1 跨径小于16m的拱圈或拱肋，其全孔的混凝土数量较少，连续浇筑需要的时间较短，有可能在全拱浇筑完毕时最先浇筑的混凝土仍具有可塑性，不致因拱架下沉而使拱圈或拱肋开裂。如果拱圈或拱肋混凝土连续浇筑不能在最先浇筑的混凝土初凝前完成，则应在拱脚处留一隔缝，以防拱脚处最先浇筑的混凝土开裂。

16.2.1 2 跨径大于或等于16m的拱圈或拱肋，为避免先浇筑混凝土因拱架下沉而开裂，应沿拱跨方向分段浇筑，各段之间留间隔槽。当拱架沉陷时，拱圈(肋)各节段有相对活动的余地，从而避免拱圈开裂。预留间隔槽的位置为拱圈易于产生裂缝的部位，如条文规定的各处。分段浇筑还可避免混凝土连续浇筑的收缩应力，并使拱架易于拆除。连续浇筑完成时，拱圈因收缩影响，拱轴缩短，使压在拱架上的荷载增加，拆除拱架困难，分段浇筑时此影响很小，较大跨径拱圈还可在间隔槽内用千斤顶施加压力调整应力，使拱架更易于拆除。间隔槽如过小，对拱段两侧接合面按施工缝处理和端面模板的安装均不方便；如过大则本身有较大的收缩量，不利于拱与拱段接合。条文规定为0.5~1.0m，可按拱圈断面大小选择。

16.2.1 3 分段的长度和数量，应根据拱架形式、拱架和拱圈的受力情况以及浇筑混凝土的方法等方面确定，一般分段长度为6~15m，应做出设计和进行必要的计算。分段浇筑程序应先下后上，左右对称均衡进行，使拱架变形均匀和尽可能小，以保证浇筑过程中拱圈变形均匀，不发生开裂。拱圈是以轴向受压为主的结构，因此施工缝应处理成垂直于拱轴线的平面或台阶式接合面。

16.2.1 4 等待拱圈分段混凝土浇筑完成，且强度达到75%设计强度后再浇筑间隔槽混凝土，其间隔时间较长，可使拱圈各段混凝土在合龙前完成一部分收缩，以减少合龙后拱圈内产生的收缩应力，从而减少收缩裂缝。

间隔槽合龙时温度应符合设计要求或接近当地年平均温度，如白天气温较高可在夜间合龙，如夜间气温仍嫌高，可在拱圈上浇水，降低温度防止以后气温过低时发生收缩裂缝。

16.2.1 5 大跨径钢筋混凝土拱肋浇筑时,如纵向钢筋为整根钢筋,将随气温变化和拱架的沉陷而产生附加应力或隆起变形。为避免产生这种现象,条文规定不得采用整根钢筋,以便在拱架沉陷时在接头处调节钢筋的长度,使钢筋保持正确的位置和受力情况。有钢筋接头间隔槽的数目,一般选择 2 个对称的即可,数目过多会增加钢筋接头焊接或绑扎的麻烦。

16.2.1 6 分环分段浇筑拱圈并分环合龙的施工方法可使已合龙的环层产生拱架作用,在浇筑后一环层混凝土时,可减轻拱架的负担,使拱架结构及安装简单。但各环层受力复杂和施工周期较长,故适用于大跨径拱圈混凝土浇筑。

先后环层混凝土浇筑时间不同,各环间所受荷载、混凝土收缩徐变影响以及温差影响均不同,因此分环分段方法、浇筑次序、养护时间、各环间的结合等必须按照计算控制施工质量。浇筑上环时,下环混凝土强度应达到设计规定要求。

16.2.1 7 这是一种预制和现浇结合以现浇为主的施工方法。在拱架上组装时,先将腹板、横隔板的接头钢筋焊接固定,待全部组装完成后,才能浇筑接头和底板混凝土。由于安装腹板及横隔板对拱架起了预压作用,且各板间通过钢筋连接,垫块可以传力,起到部分拱的作用。此时拱架已完成了部分变形,变形已基本稳定,因此,浇筑底板的分段及间隔缝可减少。当底板浇筑完成且达到一定强度后,已形成开口槽形箱,能承担一定荷载,如有必要并经过验算,在施工顶板前可以拆除拱架。

16.2.2 1 条文所列三种方法,分别成功地应于用重庆万县长江大桥、四川宜宾金沙江南门大桥和广西邕宁邕江大桥的主拱施工中。劲性骨架混凝土拱圈或拱肋,施工阶段多,施工周期长,主拱截面逐步形成,内力不断变化,应特别注意在钢骨架安装、拱圈或拱肋混凝土浇筑及桥面系安装阶段结构的变形、强度和稳定性,事先做出加载程序设计和详细的结构分析计算,并在施工过程中进行监测和控制。

16.2.2 2 分环多工作面浇筑劲性骨架混凝土拱圈(拱肋)的关键是分次多点均衡加载,使劲性骨架变形均匀,并有效地控制结构内力和稳定性。例如万县长江大桥,其主拱圈三室箱形截面分 8 次浇筑完成,每次纵向浇筑混凝土采用“六工作面”法,即将拱圈沿纵轴线等分为 6 个工作面,每工作面底板混凝土又分为 13 个工作段,顶板混凝土分 12 个工作段,腹板混凝土分 6 个工作段。各工作面要求对称、均衡浇筑,最多允许有一个工作段的进度差。

16.2.2 3 水箱压载法,即在拱圈(或拱肋)顶部布置水箱,随着混凝土浇筑面从拱脚向拱顶的推进,根据拱圈(或拱肋)变形和应力的观测值,通过对水箱注水加载和放水卸载来实现对拱轴线竖向变形的控制。

水箱加载的一般规律是,当混凝土浇筑至 $L/4$ 区域时,拱 $L/4$ 截面高程下降,拱顶上升,两者达到最大值,同时水箱加载也达到最大值。这是整个拱圈(拱肋)施工的关键阶段,要及时控制好竖向、横向变位,防止钢骨架弦杆应力超限而导致失稳。

16.2.2 4 斜拉扣挂法就是在拱圈(拱肋)适当位置选取扣点,用钢绞线作为扣索(斜拉索),两岸设置临时塔架,在混凝土浇筑过程中,根据各断面的应力情况进行张拉或放松,实现从拱脚到拱顶连续浇筑混凝土。

扣点作为施加在拱肋上拉力的作用点,其位置很重要,可根据受力要求并考虑钢骨架吊装大段的接头位置合理选择。

扣索的索力可采用指定应力法来确定。即指定拱肋断面的应力在某一范围内,在浇筑某一环混凝土时,如应力在此范围内,可不张拉扣索,如超出指定范围,则用扣索来调整应力。扣索的张拉与放松过程,一般是从拱脚往上浇筑混凝土时,拱脚附近的截面上缘受拉,这时就需要靠张拉扣索来调整应力,浇至一定长度后,拱脚转而受压,趋于全拱均匀受荷,就要逐渐放松扣索。混凝土浇完扣索已松完,转变为纯拱受荷体系。

16.2.2 5 条文所规定的相对高差和横向位移值,是根据宜宾金沙江南门大桥、广西邕宁邕江大桥和重庆万县长江大桥三座桥的实践得出的。对应截面的高差如超过 30mm,高程低的一岸就停止浇筑,另一岸加快进度,待两边高程大致对称时,再同时并进。在浇筑混凝土过程中,拱肋发生横向变形时,利用八字缆风进行调整,把横向变形控制在规定值内。

16.3 装配式混凝土、钢筋混凝土拱圈

16.3.1 1 箱肋组合拱是指将预制 T、U 或 ‖ 形(单拱肋吊装合龙后再横向组成的多肋箱形拱或开口箱形拱,即通常所称的箱形拱。刚架拱与桁架拱大致相同,但刚架拱的节点都是刚性联结,节间数目较少,杆件较长,其安装方法与桁架拱基本相同。

少支架是对应满堂支架而言,仅在拱肋或拱片接头处设立单排或双排支架以支搁接头,便于接头连接施工,称为少支架安装施工。

16.3.1 2 装配式拱桥的各个施工阶段的强度和稳定安全度,常小于拱桥建成后的安全度,因此,对拱圈、拱肋必须在条文所述各个阶段进行强度和稳定性的施工验算,以保证安全和质量。对吊运、安装过程中的验算尚应考虑 1.2 ~ 1.5 的冲击安全系数,验算方法和验算公式可参考有关文献。

16.3.1 3 拱桥合龙时在上缘开口,可在口中嵌塞不同厚度的铁片以调整拱轴线;如果下缘开口,则铁片从下插入困难,而且易掉落,故规定如条文。

16.3.2 1 只要河床地形允许,无洪水威胁,应采用少支架施工,因它比无支架施工方便和安全。

16.3.2 3 拱肋接头的连接型式和方法,一般与无支架施工拱肋的接头连接相似,可采用对接、搭接或现浇型式及焊接、栓接或胶接等方法。

16.3.3 3 2)扣索位置如果偏移拱肋的竖直面,就会使所扣挂的拱肋偏移设计平面位置,造成拱肋横向失稳,故规定如条文。

16.3.3 3 3)扣架上索鞍顶面的高程如果低于拱肋扣环高程,则扣索不产生向上的分力,就无法使拱肋扣环端升高,拱肋轴线就无法调整,故规定如条文。

16.3.3 4 风缆是加强拱肋横向稳定和调整拱肋中线的重要措施。为了保证拱肋吊装时的横向稳定,分 3 段或 5 段吊装的拱肋至少应有 2 根基肋在接头附近设置稳定的风缆,如规范图 16.3.3 所示。

16.3.3 6、7、8 拱肋高度影响纵向稳定系数,拱肋底面宽度影响横向稳定系数。横向稳定系数 $K = N_L/N$ 中,N 为拱肋自重的平均轴向力,N_L 为临界轴向力,其计算方法可参考文献《公路施工手册》。条文中各项指标的规定,是根据文献《公路双曲拱桥设计施工技术规范》拟定的。拱肋高度和宽度一般已在设计时考虑,吊装施工时只验算横向稳定系数,如达不到要求,应采取措施提高横向稳定。

16.3.3 11 5 段以上拱肋吊装,对风缆系统应进行专门设计。是将风缆作为结构的一部分,在最不利横向荷载时,计入风缆的弹性变形和非线性影响,进行拱肋稳定计算。横向稳定系数不小于 4。

16.3.3 12 拱肋吊装合龙、松索过程中,各项工作应紧密配合。各阶段松索工序相当于有拱架施工时拆卸拱架工序,稍有疏忽,容易造成拱肋开裂、失稳事故。

大跨径拱桥分 3 段或 5 段吊装合龙成拱后,保留起重索和扣索部分受力,称为“留索”(一般起重索拉力保留 5% ~10%,扣索基本放松),可增加拱肋接头的连接工序的安全度。

16.3.3 13 拱肋接头部件一经焊接,则拱轴线和中线均已固定,不能再调整,故条文规定应在轴线、中线调整之后进行焊接,焊接之后再全部松索成拱。

16.4 转体施工

16.4.1 桥梁转体施工是 50 年代以后发展起来的新工艺,具有机具设备简单、材料节省、施工期间不受洪水威胁又不影响通航等优点。自 1977 年四川首创 70m 箱形拱转体施工以来,目前国内转体施工桥梁已有 50 余座,数量居世界第一,其中拱桥最多。

转体施工发展较快,平转法由平衡重到无平衡重转体,无平衡重转体由单边转体到双边转体或不对称转体;由平转到竖转、或平移竖转、或先竖转后平转。本节主要规定不平衡重平转施工、无平衡重平转施工和竖转施工的技术要求和注意事项,其他组合转体方法可参照执行。

平转施工适用于刚构梁式桥、斜拉桥和各式混凝土拱桥。其基本原理是,将桥体(主要上部构造)整跨或从跨中分成两个半跨,利用两岸地形搭架或设胎预制,在桥梁墩(台)处设置转盘,将待转

桥体的部分或全部置于其上预制，通过张拉锚扣体系实现脱架和对于转轴的重力平衡，再以适当动力（卷扬机、千斤顶等）牵引转盘，将桥体平转至合龙位置，浇筑合龙段接头混凝土，封固转盘，完成平转施工。

竖转施工适用于转体重量不大的各式混凝土拱桥或某些桥梁预制部件（塔、斜腿、劲性骨架）。其基本原理是，将桥体从跨中分成两个半跨，在桥轴方向上的河床设架预制，待转桥体的岸端设铰，桥台或台后设临时塔架支承提升系统，通过卷扬机回收提升牵引绳，将桥体竖转至合龙位置，浇筑合龙段接头混凝土，封固转铰，完成竖转施工。

16.4.2 1）转体施工的拱桥的桥体、转盘体系必须精心施工，各部分的几何尺寸如发生较大的偏差，易产生转体不平衡等恶果，故对预制场地的选择、桥体结构尺寸和旋转环道精度规定如条文。

16.4.3 1　外锚扣体系是用外加扣索或拉杆扣住桥跨中点附近的扣点后，进行张拉、锚扣；内锚扣体系是利用结构本身作拉杆，如桁架拱或刚架拱的上弦。

16.4.3 3　1）当转体重量较小时，也可采用钢丝绳作扣索，采用卷扬机牵引，但不便于索力检测和调整。

16.4.3 3　2）外锚扣体系的扣点宜采用一个，如采用两个以上的扣点时，扣索内力计算较麻烦，施工也不便。

16.4.3 3　3）为使扣点处的扣索能产生向上的分力和横向分力，便于调整悬臂端的高程和轴线，故规定如条文。

16.4.3 4　1）内锚扣体系适用于桁架拱、刚构拱等桥型，如经过计算在桁架拱上弦内布设钢筋（加设部分钢筋）可代替扣索，可节约用钢量。

16.4.3 6　2）拱是轴向承力结构，严格控制合龙温度有利于成拱受力状态与计算值更吻合。

16.4.3 8　按条文公式计算的转体牵引力，根据实际情况增加适当富余量后作为配备牵引机具的依据。

16.4.4　无平衡重平转施工的特点是用锚固体系取代平衡重，其基本原理、施工要求及注意事项均如条文所述。

16.4.5　国内于1990年首次采用竖转方法施工拱桥。竖转施工是一种充分利用地形、比较经济的施工方法，利用竖转施工可代替缆索吊装，一般适用于岸坡陡峭，无水、浅水、局部流水或季节性流水河床（河床深浅不限），桥梁跨径不大或竖转桥体重量不大，多用于山区。

16.5　钢管混凝土拱

16.5.1 1　工厂卷制焊管质量容易控制，当条件许可时，也可在工地冷弯卷制。根据不同的板厚和管径，钢管焊接可采用纵向直焊缝或螺旋焊缝两种形式，宜采用螺旋焊缝形式，宜采用符合国家标准系列的成品焊接管，对其质量和精度更有保证。

16.5.1 2　加工的钢材还应按规定进行抽样检验。对钢管除应按产品质量标准验收外，还应按规定对加工的原材料进行抽样检验。

16.5.1 4　采用加热顶压方式弯管时，如果加热温度超过800℃，加热次数超过2次，会引起钢材微观组织的变化，导致力学性能变坏，可能破坏钢管材质，故规定如条文。

16.5.1 5　拱肋（桁架）节段焊接应按设计要求进行，如设计无具体规定时，可按条文规定办理。

桁架拱主管与腹管采用相贯连接时，因系无节点钣结构，主管应力复杂，再加上闭合型焊接，接头区域易于造成粗晶硬化和焊接缺陷，接头韧性常成为控制结构承载的关键，因而在焊接材料的选择和焊接工艺的控制上要特别注意，因相贯线的加工精度对连接质量影响较大，注意焊接线热量的控制和焊材与母材强度的匹配，以小热量和低组配为宜。因相贯线及坡口的加工精度直接影响其焊缝的熔透深度和内在质量，成为结构承载力的保证条件，所以对加工方式特别加以限制。焊条多次交叉使交叉点附近的母材材质受反复加热而变化，极易引发焊接裂纹，故需加以控制（某桥发生7.73mm裂纹的事故应引起重视）。

16.5.1 6　哑铃形钢管拱截面压注腹箱混凝土出孔变形已为常见,若加设内腹杆,则问题得以解决。

16.5.1 7　钢管防护的质量直接影响钢管混凝土拱桥的使用寿命,条文所指的钢管为卷制焊接管或普通无缝钢管,首先对钢管外露面进行喷砂除锈,然后做长效防护处理。

16.5.2 4　扣索与钢管拱肋的连接件通常与拱肋加工为一体,依托拱肋部件共同承力,故施工完成后不能拆除。每组扣索一般采用多根钢绞线或高强钢丝束,考虑不均衡受力和冲击荷载等因素,条文要求安全系数应大于2,以策安全。

16.5.3 1　钢管混凝土若采用分段浇筑将形成施工接缝,对拱肋混凝土质量和拱肋受力不利,故规定如条文。

16.5.3 4　通过人工敲击听声音的变化,可以检查出钢管混凝土与钢管内壁间的空隙,精确度可达1~2mm,这是最常用的方法,但准确性不够理想。超声检测可以检查管内混凝土是否均匀、缺陷大小、混凝土与钢管是否密贴及混凝土密实度和强度,精确度较高,故规定如条文。

16.5.3 6　先钢管后腹箱的程序可避免钢管产生压扁变形。

16.5.4 1　吊杆采用成品索,可以确保锚头的可靠,以解决非预应力吊索采用预应力锚具时出现的事故。

16.5.4 3　预应力系杆的张拉与管道内预应力索的张拉不同(无管内摩阻力),采用控制空索长度内的伸长量较合理。

16.6　装配式桁架拱和刚构拱

16.6.1 2　桁架拱和刚构拱的拱片多采用平卧预制,吊装时由平卧改为竖立时最易发生杆件折断事故。拱片由平卧改为竖立时一般设有4~8个吊点。防止拱片起吊时折断的主要措施,是在拱片吊起翻身竖立过程中使各个吊点始终保持在同一平面内。

16.6.1 3　由于拱片太高(矢跨比一般为1/6~1/10,跨径30m的桁架拱,拱脚杆件为3m以上),竖立运输易倾倒,故多采用平卧运输。运输和装卸过程中应遵守条文规定。

16.6.2 1　桁架拱和刚构拱的区别在于杆件连接的节点,前者假设为铰接,后者为刚性固结;节间距离前者较短,后者较长,二者的吊装施工方法基本相同。

16.6.2 4　拱片采用无支架吊装的方案根据拱片预制方案确定,一般采用分段预制方案较多,吊装时请参照第16.3节的规定执行。要特别注意横向失稳问题,故条文对此予以强调。

条文所述的按杆件分别安装方案又称为拱肋式安装方案。三角单元的安装宜自实腹段两端对称地向拱脚进行,以保证裸拱肋的竖向稳定。

16.7　拱上结构

16.7.2　大跨径拱桥的拱上结构较重,纵向分配较长,故需进行加载程序的施工验算和施工观测,使施工过程中的压力线(实际拱轴线)与设计轴线尽量接近,防止拱纵向失稳。

16.7.3　条文中的规定是针对中、小跨径不卸除拱架施工拱上结构而言。下承式或中承式拱桥,其悬吊桥面系混凝土在拱架拆除后施工,可避免拱架干扰,防止桥面系完成后拆除拱架引起拱肋变形,影响桥面系的质量。

16.7.4　拱上结构混凝土浇筑的原则是尽可能连续浇筑,一次浇完,避免设置施工缝。有些部位不可能连续浇筑时,按规定设置施工缝。

16.7.5　中、小跨径装配式拱桥按条文规定施工拱上结构,可以避免拱上结构完成后卸架时拱圈沉降不均匀,造成拱圈和拱上结构开裂。

主拱圈混凝土和砂浆强度达到设计强度的75%以后,已能无支架承受拱上结构荷载,故规定如条文。中、小跨径装配式拱桥的拱上结构较轻,纵向分配较短,一般由拱脚至拱顶对称施工,不会发生拱纵向失稳。

16.8 施工观测和控制

16.8.1 装配式拱桥施工过程中,对条文所述各项目进行施工观测极为重要,否则很容易造成拱圈(拱肋)纵向、横向失稳,而使吊装工作失败。

16.8.2～16.8.6 规定了装配式拱桥及就地浇筑施工的拱桥应进行观测的部位、要求和处理措施。

16.8.7 大跨度拱桥的施工观测和控制受气温、光线影响较大,且通过计算不易修正,故规定如条文,提高观测的精度。

16.9 质量检查和质量标准

本节各条规定的质量标准,与现行《公路工程质量检验评定标准》(JTJ 071)一致。

17　钢桥

17.1　一般规定

17.1.1　钢桥施工分制造和安装两大部分。目前,钢桥杆件、构件在工厂内制造多以焊缝连接。在工地安装分铆接、高强度螺栓连接和工地焊接三大类。铆接已渐趋淘汰。故本章规定的适用范围如条文所述。若个别钢桥需采用铆接工艺时,应另按有关规程办理。

17.1.2　钢桥工程施工需要使用的标准很多,不可能在条文中一一转录,现将引用的国家标准和重要的行业标准列入本说明,以减少本章条文的篇幅。

本章引用标准目录

一、钢桥材料

1. GB 699—88 *　优质碳素结构钢技术条件
2. GB 700—88 *　碳素结构钢
3. YB/T 10—81　桥梁用结构钢
4. GB 715—89 *　标准件用碳素钢热轧圆钢
5. GB 979—67　碳素钢铸件分类及技术条件
6. GB/T 1591—94　低合金高强度结构钢
7. GB 3077—88 *　合金结构钢技术条件
8. GB 3078—82　优质结构钢冷拉钢材技术条件
9. GB 3274—88 *　碳素结构钢和低合金结构钢热轧厚钢板和钢带
10. GB 4171—84 *　高耐候性结构钢
11. GB 4172—84 *　焊接结构用耐候钢
12. GB 8162—87 *　结构用无缝钢管
13. GB 11251—89　合金结构钢热轧厚钢板
14. GB 11263—89 *　热轧 H 型钢尺寸、外形、重量及允许偏差

二、紧固件和焊接材料

1. GB 38—76　螺栓技术条件
2. GB 61—76　螺母技术条件
3. GB 90—85　紧固件验收、检查、标志与包装
4. GB 98—76　垫圈技术条件
5. GB/T 1228 ~ 1231—91　钢结构用高强度大六角头螺栓、大六角螺母、垫圈与技术条件
6. GB 3098—86　紧固件机械性能
7. GB 3103—82　紧固件公差、螺栓、螺钉、螺母与平垫圈
8. GB/T 3632 ~ 3633—1995　钢结构用扭剪型高强度螺栓连接副
9. GB 324—88　焊缝代号表示法
10. GB 980—76　焊条分类及型号编制办法

11. GB 985—88　气焊、手工电弧焊、埋弧焊及气体保护焊焊缝坡口
12. GB 986—88　埋弧焊焊缝坡口的基本形式和尺寸
13. GB/T 14958—94　气体保护焊用钢丝
14. GB 4242—84　焊接用不锈钢丝
15. GB 5117—1995 *　碳钢焊条
16. GB 5118—1995 *　低合金钢焊条
17. GB 5293—85　碳素钢埋弧焊用焊剂
18. GB 8110—1995 *　气体保护电弧焊用碳钢、低合金钢焊丝
19. GB 10045—88　碳钢药芯焊丝
20. GB 10854—89　钢结构焊缝外形尺寸
21. GB 12470—90　低合金钢埋弧焊用焊剂
22. GB/T 14957—94　熔化焊用钢丝
23. GB/T 14958—94　气体保护焊用钢丝

三、钢材粗糙度及涂装

1. GB 1031—83　表面粗糙度、参数及其数值
2. GB 1764—79　漆膜厚度测定法
3. GB 1766—79　漆膜耐候性评级方法
4. GB 3505—83　表面粗糙度、术语、表面及其参数
5. GB 8923—88　涂装前钢材表面锈蚀等级和除锈等级
6. GB/T 12612—90　多功能钢铁表面处理液通用技术条件
7. GB 14907—94　钢结构防火涂料技术条件
8. TB/T 1527　铁路钢桥保护涂装

四、紧固件、焊缝、包装、试验

1. GB 90—85　紧固件验收检查、标志与包装
2. GB 226—91　钢的低倍组织及缺陷酸蚀试验法
3. JGJ 81—91　建筑钢结构焊接规程
4. GB 229—84　金属夏比(U 形缺口)冲击试验方法
5. GB/T 15169—94　钢熔化焊手焊工资格考试方法
6. GB/T 12468—90　焊接质量保证对企业的要求
7. GB 1225—76　焊条检验、包装和标志
8. GB/T 12469—90　焊接质量保证钢熔化焊接头的要求和缺陷分级
9. GB 2649～2655—81　焊接接头机械性能试验方法
10. GB 2656—81　焊缝金属和焊接接头疲劳试验方法
11. GB 2975—82　钢材力学及工艺性能试验取样规定
12. GB 3323—87　钢熔化焊对接接头射线照相和质量分级
13. GB/T 12467—90　焊接质量保证一般原则
14. GB 11345—89　钢焊缝手工超声波探伤方法和探伤结果分级
15. TB 10212—98　铁路钢桥制造规范
16. TBJ 214—92　铁路钢桥高强度螺栓连接施工规定
17. JTJ 230—89　海港工程钢结构防腐蚀技术规定

18. TBJ 2137—90　铁路钢桥栓接面抗滑移系数试验方法

19. GB 50221—95　钢结构工程质量检验评定标准

注:目录中注有＊者,已改为推荐性标准。

17.1.2　2　当国产钢材不能满足供应,需采用进口钢材时,应按条文规定进行化学成分和力学性能检验,特别要注意其可焊性是否符合要求。

17.1.2　3　本款参照《钢结构工程施工及验收规范》(GB 50205—95)3.03.1 款拟定。

17.1.3　本条包括了提交制造厂的设计文件内容及由工厂绘制的施工图应包括的主要内容,这些是为确保制造质量不可少的。

17.1.4　钢桥杆件、构件制造要求极为严格,准确度要求很高。若制造时使用的量具、仪具精确度不符合要求或工厂与工地使用的量具、仪具精确度不一致,极易发生杆件、构件运往工地无法安装的事故,故规定如条文。

17.2　钢桥制造

17.2.1　3　条文对样板、样杆、样条的制作规定了允许偏差,可作为号料加工时的依据。具体制作时,一般应根据施工图尺寸做实样,并预留加工余量。钻孔时应将样板卡紧,以防错位。

17.2.1　5　钢材在负温度下进行剪切和冲孔时,易因钢材的低温淬硬性而产生冷裂现象,故条文规定了不同钢种剪切、冲孔的最低环境温度限制,以保证钢材不致在加工过程中造成冷脆和冷裂的质量事故。

17.2.2　2　对冷矫正和冷弯曲的最低环境温度进行限制,是为了保证钢材在低温加工时,不致产生冷脆裂。在低温下钢材进行矫正或弯曲而脆断比冲孔和剪切加工更敏感,故环境温度限制较严。

17.2.2　3　冷矫正和冷弯曲的最小半径是为了保证成形后的外观质量和防止产生裂纹而规定的。

17.2.2　4　此处热矫温度的控制是指低于此温度时不宜进行热矫正。实践证明,加工温度低于700℃时,加工困难,成形压力增加很快,低于600℃加工,钢材容易出现蓝脆。故规定如条文。

17.2.3　1　规定零件加工深度不应小于3mm是为了消除切割加工对钢材造成的冷作硬化和热影响区的不利影响。

表 17.2.3-1 和表 17.2.3-2 引自《铁路钢桥制造规范》(TB 10212—98)。

17.2.4　5　表 17.2.4-1、表 17.2.4-2 引自《铁路钢桥制造规范》(TB 10212—98)。

17.2.5　2　板材、型材尺寸不足应在组装前进行焊拼,这样,可减少焊接残余应力。待焊接、矫正后再进行杆件、构件的组装、焊接。

17.2.5　3　杆件组装按条文规定的顺序和在工艺装备内进行,可减少焊接变形和矫正工作量。

17.2.5　4、5　条文的要求是为了保证杆件、构件组装的准确性和质量。

17.2.5　6　表 17.2.5-1 和表 17.2.5-2 各类杆件、构件允许偏差引自《铁路钢桥制造规范》(TB 10212—98)。

17.2.6　1　焊接工艺评定是保证钢桥焊缝质量的前提。通过焊接工艺评定选择最佳的焊接材料、焊接方法、焊接工艺参数、焊后热处理等,以保证焊接接头的力学性能达到设计要求。

17.2.6　2　焊接质量虽然经过焊接工艺评定,保证了焊接质量的前提条件,但仍须通过焊工施焊来实现。焊工施焊工艺水平的高低影响焊接质量的好坏。故条文规定参加钢桥施焊工作的焊工必须经过考试合格。焊工考试可参考《建筑钢结构焊接规程》(JGJ 81—91)中焊工考试一章进行。焊工停焊时间超过6个月,其焊接工艺会生疏,工艺参数可能忘了,故条文规定应重新考核。

17.2.6 3　在工厂内制造钢桥构件有条件在室内和条文规定的环境条件下焊接，焊接质量易于得到保证。主要杆件在组装后24h内焊接可防止焊缝坡口锈蚀，保证焊接质量。

17.2.6 4　低合金高强度结构钢的较厚板材应在焊接前一定宽度范围内进行预热，可减少施焊时钢材变形和残余应力，故规定如条文。

17.2.6 6　焊接时不得在母材的非焊接部位引弧，是为了防止电弧烧伤、弧坑及裂纹出现在母材上，而影响焊件的质量。

多层焊焊接如连续施焊，可防止焊件温度降低从而须预热焊件的麻烦。为清理焊接熔渣或缺陷，可能会出现间断，应使这种间断的次数和时间降低到最低程度。清理药皮、熔渣、溢流等缺陷的目的是防止产生夹渣，影响焊缝质量。

17.2.6 7　定位焊的难度较大，易出现裂纹和未焊透、气孔等缺陷，故条文对坡口尺寸、焊接材料、定位焊的位置和长度等都有严格规定。如发现焊接缺陷，应按照条文规定，查明原因，清除缺陷后重焊。

17.2.6 8　埋弧焊必须在距杆件端部80mm以外的引板上起弧、熄弧是为了防止弧坑缺陷出现在构件应力集中的端部。

17.2.6 9　焊缝焊接完毕必须对焊缝表面磨修平整，本款第1)、2)项规定了磨修焊缝表面的具体要求。焊缝表面和内部如发现质量缺陷应按本款第3)、4)项进行返修焊。焊缝反修影响了焊缝整体质量，会增加局部应力。故规定返修焊不宜超过2次。

17.2.8 1　杆件焊接时，由于焊接受热的高温区金属产生膨胀力，而使相距较远的低温区金属产生压应力，导致杆件在两力交界处的组织松疏。一旦高温区急冷，无热量供给，松疏组织使其收缩复原而产生拉应力，有时出现应力大于金属材料的屈服点的变形，故在矫正时应按照第17.2.2条的规定。

冷矫是在室温下对变形的杆件施加外力，使其恢复原状。它有一定的局限，因此，对杆件的冷矫要求严格些。

17.2.8 2　杆件矫正后的允许偏差表17.2.8-1和表17.2.8-2引自《铁路钢桥制造规范》(TB 10212—98)。

17.2.9 3　公路装配式钢桥的钢枢(销子)所受压应力、剪应力和弯曲应力很大，又受弦杆尺寸的限制，不能设计为很大直径，故条文规定应采用高强度合金结构钢制造，这样可减小钢枢所需直径。

17.2.10　钢桥用高强度螺栓工地连接具有施工简便、拆装灵活、承载能力高、受力性能好、耐疲劳、自锁性能好而不松动、安全性能较高等优点，故目前已基本上取代了铆接和部分焊接。高强度螺栓副的制造精度要求高，使用数量较大，故条文规定宜在专门螺栓厂制造。

17.2.10 1　高强度螺栓杆、螺母和垫圈在工地拼装使用后，其孔内部分难于涂装防护，故条文规定宜进行防锈处理。

17.2.11　附录K-2高强度螺栓连接抗滑移系数试验方法引自《钢结构工程质量检验评定标准》(GB 50221—95)附录H及《铁路钢桥栓接面抗滑移系数试验方法》(TBJ 2137—90)。

17.2.12　杆件表面和摩擦面除锈工作应在制作质量合格后进行，可防止因杆件质量不合格即进行除锈工作的浪费。

17.2.12 1　表17.2.12杆件除锈方法、除锈等级和适用范围系参照《涂装前钢材表面锈蚀等级和除锈等级》(GB 8923—88)和原规范附录15-4钢件除锈清净度要求及《海港工程钢结构防腐蚀技术规定》(JTJ 230—89)编拟的。

17.2.12 2　不同涂料对底层除锈要求是不同的，一般常规的油性涂料湿润性和浸透性较好，对除锈要求可略低一些；而高性能涂料如富锌涂料等对底层表面处理要求较高。不同涂料与除锈方法和等级的适用性可参考附表17.2.12。

Sa2.5是最常用的除锈等级，适用于各种涂料，与Sa3相比，所需费用可大大降低。动力和手工工具除锈方法，只适用于常规涂料，除锈等级应不低于St2。

17.2.12 3 除锈后的摩擦面进行防锈处理，不仅要求防锈耐久可靠，而且要求不过多地降低抗滑移系数。

17.2.12 4 喷射与抛射除锈技术是目前除锈质量较高、采用较多的技术。二者的区别是喷射的被除锈杆件不动，喷射工具移动；抛射是抛射工具不动，被除锈杆件移动。

17.2.13 3 1）工厂内钢梁（桁架梁、箱形梁、板梁）试拼装不需要全桥钢梁都进行拼装，应选择具有代表性的局部单元（节间）或一跨试拼装，以能通过试拼装发现上述质量问题为准。

附表 17.2.12 除锈质量等级与涂料的适应性

除锈方法	除锈等级（GB 8923—88）	涂料种类							
		洗涤底漆	有机富锌	无机富锌	油性涂料	长油醇酸涂料	环氧沥青涂料	环氧树脂涂料	氯化橡胶涂料
喷砂除锈	Sa3	○	○	○	○	○	○	○	○
	Sa2.5	○	○	○—△	○	○	○	○	○
	Sa2	○	○—△	×	○	○	○—△	○—△	○
动力工具除锈	St3	△	△	×	○	○—△	△	△	△
手工工具除锈	St2	×	×	×	△	△	×	×	×

注：○为适合；△为稍不适合；×为不适合。

17.2.13 3 2）每拼完一个单元（节间）应检查和调整好几何尺寸，以免试拼装完毕，误差积累过多，难于调整。

17.2.13 3 3）试装时采用普通螺栓和冲钉，使孔眼对位、板层紧密，本项规定了使用螺栓和冲钉的最小数量。

17.2.13 4 本款规定了工厂内试拼装的质量要求，引自《铁路钢桥制造规范》（TB 10212—98）。

17.2.14 1 为了防止钢桥锈蚀，延长其使用寿命，必须进行涂装，并分厂内涂装和工地涂装两道工序。钢件表面除锈后，在不同湿度空气下 4 ~ 8h 就开始生锈，故条文规定，除锈后应在 4h 内开始涂漆，8h 内完成。

17.2.14 2 试验证明在涂过漆的钢材表面上施焊，焊缝根部会出现密集气孔，影响焊缝质量，故规定如条文。

17.3 验收

17.3.1、17.3.2 钢桥构件在工厂内制作完成后，施工单位应按施工图和本规范进行验收。钢梁构件允许偏差引自《铁路钢桥制造规范》（TB 10212—98）。

17.4 钢桥工地安装

17.4.1 4 钢桥构件的底漆除设计或本规范另有规定者外，一般都在工厂内涂装。在运输、存放、吊装过程中，难免有被损坏的涂层，应按照条文规定予以补涂。

17.4.2 1 钢桥安装采用先在地面上将杆件组拼成扩大单元（构件）可以减少高空安装工作量。对容易变形的构件进行强度和稳定性验算，可防止构件在吊装过程中局部受力大而变形。需要时应采取临时加强措施，如增加起吊桁架、铁扁担、滑轮组等。

17.4.2 2 清除螺栓表面的附着物是为了防止增加施拧时的摩阻力。钢桥杆件对温差的影响特别敏感，天气变化使杆件时冷时热发生温差，如日照、焊接，这些温差变化不仅使钢材产生局部应力，而且影响构件安装尺寸，故条文规定应采取相应的调整措施。

17.4.2 3 在支架上拼装钢梁时,因钢梁自重支承在支架上,故冲钉和粗制螺栓总数不少于孔眼总数的1/3即可,其中冲钉占2/3。此处冲钉承受剪力作用,粗制螺栓只起夹紧板束的作用。按照《螺栓技术条件》(GB 38—76)的规定,螺栓名称未注明"粗制"的,均为精制螺栓。精制与粗制是按尺寸精度、表面光洁度及技术要求划分的,与生产工艺无关。

悬臂法拼装钢梁时,悬臂部分的重力由节点处的冲钉、螺栓承受,故所需冲钉、螺栓数量应按所承受的荷载计算确定,但不得少于孔眼总数的一半,其余孔眼全部布置精制螺栓。

17.4.2 4 条文分别规定了冲钉、粗制螺栓和精制螺栓的直径。直径不同的理由见上述说明。

17.4.3 1 高强度螺栓连接处节点的各杆件的应力都是通过摩擦力传递的。如果抗滑移系数达不到设计要求,就会使节点处的安全和稳定发生问题。故杆件摩擦面处的抗滑移系数不论是厂内处理的或工地处理的,在组拼安装前都应进行复验,以求达到设计要求。

17.4.3 2 表17.4.3是参照《铁路钢桥高强度螺栓连接施工规定》(TBJ 214—92)拟定的。

17.4.3 5 螺栓长度过长不仅浪费钢材,有时螺栓虽长,而螺纹长度不够,螺母拧不到板面。强行穿入螺栓会损伤螺纹,改变扭矩系数,甚至螺母不能拧上。螺栓穿入方向一致可便于扳手操作,且较美观。高强度螺栓不得作为临时安装螺栓的理由有三:①防止屡次穿入扳束又拔出来会损伤螺纹;②从杆件组装到螺栓拧紧要经过一段时间,是为防止高强度螺栓的扭矩系数、标准偏差、预拉力和变异系数发生变化;③钢桥用的高强度螺栓杆比普通螺栓小1~2mm,比栓孔小2~3mm,作为组拼螺栓不能准确固定板块连接位置。故条文规定高强度螺栓不能兼作安装螺栓。扳束表面要求与螺栓轴线垂直,是因同样的扭矩夹紧扳束的拉力比非垂直的大,试验的扭矩系数都是按扳束与轴线垂直的情况试验的。

17.4.3 6 按条文规定的顺序施拧,可以防止扳束发生凸拱现象,施拧效率高。用扳手夹着螺母敲打扳柄称为冲击拧紧,可能会损伤螺纹,同时冲击力大小不同难以正确判定施拧扭矩。间断拧紧是施拧一个时期,停止一个时期,再施拧,因为不论是直线运动或旋转运动都是起动时阻力大,起动后再继续运动,阻力较小些。故规定如条文。

17.4.3 7 一个节点处连接的高强度螺栓数量很多,必然有先拧和后拧之别。为了减小先拧与后拧的预拉力差别,施拧高强度螺栓必须分为初拧、复拧和终拧。初拧只是将扳束完全夹紧密贴;而终拧则是用于完成螺栓的预拉力,达到要求的初拧值是通过大量试验值获得的;终拧扭矩值则按公式(17.4.3)计算。公式中考虑了高强度螺栓施拧后,由于应力松弛及其他原因引起的应力损力。

17.4.3 9 高强度螺栓施拧用的扳手,在班前和班后均应进行扭矩校正。班前校正是为保证施拧的扭矩可靠;班后校正是确认该班使用的此扳手在操作过程中的扭矩未发生变化。如班后校正时发现扭矩误差超过允许范围,则该班用此扳手施拧的螺栓全部判为不合格,应重新校正扳手,重新施拧。

17.4.3 10 条文是参照《铁路钢桥高强度螺栓连接施工规定》(TBJ 214—92)拟定的。

17.4.4 钢桥构件在工厂焊接后运到工地,再全部用焊接组装成钢桥,称为工地全焊连接;若在工地部分构件用高强度螺栓连接,另一部分用焊缝焊接组装成钢桥则称为合用连接。在工地采用何种方式连接,应在设计阶段确定,并在设计文件中示出。

钢桥构件组拼安装在工地以焊缝连接较以高强度螺栓连接的困难大些。受环境条件的制约;对焊工技术要求严格;施焊时对焊缝两边构件的固定工作也较为麻烦。其优点是能节省高强度螺栓的购置、施拧等费用。

17.4.4 2 是参考《广东省悬索桥全焊加劲钢箱梁制造及工地焊接技术规程》(DB44/T 59—91)制定的。

17.4.5 2 由于钢桥跨度较大,钢梁长度受工厂制造时温度与施工时安装温度差,以及出厂时实际制造误差和桥墩中线(垂直于桥位轴线)的施工误差,钢梁端的间隙等因素的影响,钢桥的固定支座和活动支座的正确位置,需要经过综合考虑,严密计算才能确定,故规定如条文。

17.4.6 防腐蚀涂料设计使用年限,参考取值见表 17.4.6-1。

表 17.4.6-1 涂 层 系 统

设计使用年限	配套涂层系统			涂层	平均涂层厚度(μm)	
					(1)	(2)
10~20	底层			富锌漆(无机或有机富锌漆)	40	75
	面层	I		氧化橡胶漆	280	250
		II		聚氨酯漆		
		III		丙烯酸树脂漆		
		IV		乙烯树脂漆		
5~10	底层			富锌漆(无机或有机富锌漆)	40	
		I		氧化橡胶漆	100	
		II		聚氨酯漆		
		III		乙烯树脂漆		
	同品种底面层配套	第一类	I	橡胶树脂漆(氧化橡胶漆或氧碳化聚乙烯漆)	180~220	
			II	乙烯树脂漆		
			III	丙烯酸树脂漆		
		第二类	I	油性漆	190~230	
			II	酚醛树脂漆		
			III	醇酸树脂漆		
			IV	环氧树脂漆		
		第三类		聚氨酯漆	220~240	
		第四类		环氧树脂漆	240~260	
<5	同品种底面层配套	I		油性漆	170~190	
		II		酚醛树脂漆		
		III		醇酸树脂漆		
		IV		环氧树脂漆		
				其他	200	

注:①涂层厚度可按《漆膜厚度测定法》(GB 1764—79)测定;

②表列 I、II、III、IV 配套涂料及平均涂层厚度(1)、(2)可任选其中一种;

③表列各种涂料,系指该涂料系列中的防锈漆和防腐蚀漆。

不同涂料表面处理的最低等级,参考值见表 17.4.6-2。

表 17.4.6-2 不同涂料表面处理的最低等级

涂料品种		表面处理最低等级	
		喷射或抛射除锈	手工和动力工具除锈
非油性漆	无机富锌漆	Sa2.5	不允许
	酚醛树脂漆、氧化沥青漆	Sa2	St3
	醇酸树脂漆		St2
	其他漆类		不允许
油性漆		Sa2	St2

喷涂金属系统包括喷涂金属层和封闭涂层,可参考表17.4.6-3确定。一般采用磷化底漆以及环氧、环氧脂、聚氨酯、乙烯树脂、氯化橡胶等作底漆。

表 17.4.6-3 喷涂金属系统

设计使用年限 t	喷涂金属层厚度(μm)	封闭涂层厚度(μm)
$t \geqslant 20$	锌 250	30 ~ 60
	铝 200	
$10 \leqslant t < 20$	锌 150	30 ~ 60
	铝 100	

注:表中喷锌、喷铝可任选一种。

17.4.7 此条是根据《海港工程钢结构防腐蚀技术规定》(JTJ 230—89)(试行)拟定的。

18 悬索桥

18.1 一般规定

18.1.2 悬索桥工程是庞大的系统工程,一个环节考虑不周到就有可能延误整个工期。部分构件(如索鞍、索夹、索股、吊索、钢加劲梁等)需由专业厂家制造;有些关键工序的施工工艺需通过试验才能确定,所以这些工作要有计划的安排,并做好合同管理工作。索鞍、索夹、索股、吊索、钢加劲梁等成品交货时应提供产品质量保证书、产品批号、设计型号、生产日期、数量、长度、重量等,产品出厂检验报告及有关数据。拉索的运输和堆放应无破损、无变形、无腐蚀。

18.1.3 大跨悬索桥的施工精度要求很高,每个环节都不能忽视,随着工程进度要及时做好监控工作,监控的内容包括:校核主要设计数据;提供施工各理想状态线形及内力数据;对施工各状态控制数据实测值与理论值进行对比分析;进行设计参数识别与调整;对成桥状态进行预测及反馈控制分析,提供必要的控制数据;对结构线形及内力(或应力)进行监控;防止施工中出现结构位移与应力过大现象,确保施工高质安全快速地进行。

18.2 锚碇

18.2.2 条文中表 18.2.2-1、表 18.2.2-2、表 18.2.2-3 是根据虎门大桥、海沧大桥等的施工实践拟定的。

重力式锚碇是靠庞大体积混凝土的自重抵抗主缆的拉力。根据主缆索股锚固位置的不同可分为前锚式和后锚式。其锚固体系又分型钢锚固体系和预应力锚固体系。

18.2.4 隧道式锚碇是在特定的地质条件下,即基岩坚实、完整的情况下可使用的锚碇。它可直接采用岩体作为锚碇,也可先开挖成隧道再浇筑混凝土成为锚碇。

18.3 索塔

18.3.2 塔顶钢框架是支承主索鞍的构件,安装精度要求较高,如果在索塔上系梁未施工完安装,将会影响索鞍安装精度。

18.4 施工猫道

18.4.1 猫道是为悬索桥索股架设、紧缆、索夹安装、吊索架设、加劲梁架设、缠丝等的需要而架设的施工便道。除应具有足够的强度和抗风稳定性外,还要考虑施工的方便、操作空间及放置机械的需要而确定其标高和宽度。

18.4.3 猫道承重索可采用钢丝绳或钢绞线。钢丝绳受力后非弹性变形较大,如果不进行预张拉,猫道线形很难控制,因此要求进行预张拉。条文中规定的预张拉荷载的大小、持续时间及进行的次数是个经验数。

18.4.4 猫道承重索一般是边跨和中跨分开设置,这样施工比较方便,至于架设方法可根据具体情况选择。对于跨度大,又要不影响通航的情况,在架设过程中就要求对承重索施加较大的牵引力和反拉力才能使其保持不影响通航的高度,这样对卷扬机的功率要求较高,并且在整个工程中起控制作用。在这种情况下，先架设托架（托架承重绳较细，对卷扬机功率要求较低），然后再通过托架架设猫道承重索是比较经济又安全的办法。

18.4.6 猫道面层的铺设采用预制卷的方法，是本规范推荐的方法。日本自大鸣门桥开始采用这种方法，大大提高了工作效率。虎门大桥也成功地采用了这种方法。采用这种方法时，在下滑过程中，为了下滑能顺利进行和安全，面层前端应设置导向装置，并设置反向滑轮系统控制下滑速度。

18.4.8 抗风缆架设是在猫道架设完毕后进行的，猫道一般按两幅分上下游设置，两幅猫道由几根横向通道连接，因此在架设抗风缆时必须从猫道的外侧向下抛，这就要求抗风缆架设时宜按先内侧后外侧的架设顺序进行。

18.4.9 为了便于施工，要求猫道线形与主缆线形保持一致。加劲梁开始架设后，主缆受集中荷载线形发生突变，为了适应这种情况，要求在吊装钢梁前必须将猫道改吊于主缆上，使猫道线形与主缆线形保持一致。

18.5 主缆工程

18.5.1 牵引索股的方法多种多样，目前常用的是拽拉器牵引和轨道小车牵引。从已成桥的施工方法可以看出，日本习惯采用拽拉器牵引，我国虎门大桥也成功地采用了这种方法；丹麦的小带桥、大带桥，我国的汕头海湾大桥等成功地运用了轨道小车牵引方法。

索股牵引（在主缆位置的侧边进行）完毕后，要经过横移，将其移到索鞍的正上方。横移过程是先把索股从猫道滚筒上提起，为了不损伤索股，要确认全跨径索股已离开猫道滚筒后，才能横向移动。横移时拽拉量不要过大，以免与周围结构发生碰撞和使索股损伤。

18.5.4 索股垂度调整精度标准是参考国内外几座已成桥确定的。具体情况见表18.5.4。

表18.5.4 索股垂度精度标准

项次	项目	允许偏差(mm)		
		虎门大桥	汕头海湾大桥	大鸣门桥
1	基准索股(绝对值)	0~35	±20	±60
2	上下游基准索股高差	10	30	42*
3	一般索股(相对于基准索股)	±10	3	

注：带*的为紧缆后主缆中心线高差（实测值）。

18.6 索鞍

18.6.1 索鞍安装时的预偏量是为调整主缆拉力而设置的。悬索桥主缆在空缆状态下索塔两侧的水平拉力是平衡的，但在上部构造施工过程中，这种平衡很难保持，尤其是单跨悬索桥在加劲梁架设时及桥面铺装时，中跨主缆拉力明显加大，这将导致索塔受弯，弯曲量过大时将会危及索塔结构安全。通过设置预偏量，逐渐调整索鞍位置，可以不断调整主缆拉力，达到确保结构安全的目的。

18.7 索夹与吊索

18.7.1 1 目前设计主缆时，其弹性模量基本是采用主缆高强钢丝的弹性模量，实际上主缆与主缆钢丝的弹性模量有一定差别，另外还有索股制作及架设所产生的误差，导致实际的空缆线形与设计的空缆线形不一致。因此在确定索夹位置前，必须先测定实际的主缆线形，对原理论空载线形进行修正，相应修正其索夹位置。

18.8 加劲梁

18.8.1 本规定主要引用标准见第17章条文说明17.1.2。

主要术语：

1. 桥面、桥底板件

指一件桥面板（或桥底板）及其上的若干纵肋及部分横向构件组成的结构。

2. 横隔板板件

指一件横隔板及其上的加强材组成的结构。

3. 节段组装

指将桥面、桥底板件、横隔板件及散装件组成箱形节段的过程。

18.8.2 3 文中介绍的方法是根据近阶段国情而定。实际随着科技进步、国力增强，也可选大型浮吊安装，目前世界上最大浮吊吨位已达8 000t。

18.9 钢桥面铺装

钢桥面铺装技术在国内还处于起步阶段，仍在不断总结经验。各地在执行本节规定时，可根据当地实际，结合国内外施工的成功经验，通过研究与试验，制定出本节的附加规定。

钢桥面铺装与普通路面、机场道面以及混凝土桥面铺装有很大的不同，这是因为①钢桥面板刚性较小，在交通荷载作用下局部变形大；②钢桥面板热容量小且易导热，温度变动范围大；③桥面用钢板制作，须特别注意防锈。

正交异性钢桥面板是由钢板下面用纵肋或纵向腹板以及横梁加强的行车道板，钢板刚性较小，由交通荷载引起的桥梁整体和局部变形很大，特别是在纵肋、纵向腹板和横梁上方引起的局部变形相当大，这种反复的变形很容易导致铺装层疲劳开裂，因此桥面铺装的抗裂性和适应变形的能力成为最突出的问题。

钢桥面板热容量小，属于导热体，因此容易受周围气温变化影响，温度变动范围大，给钢桥面沥青铺装带来很大影响。低温季节，沥青铺装发生硬化，变形能力降低，容易产生裂缝；高温季节，沥青铺装又长期处在较高温度条件下，在交通荷载作用下容易产生车辙和推拥，因此，钢桥面沥青铺装应兼顾低温抗裂性和高温稳定性，以求铺装有良好的使用性能。

钢桥面板极易生锈，尤其是在腐蚀性环境中更是如此，钢板生锈无疑会严重影响钢桥面板的使用寿命，因此必须特别注意防锈问题，钢桥面铺装应能防止路表水浸入钢桥面板。另外，由于钢桥面铺装一般结构层次相对较多，因此铺装的整体性相当重要，层与层之间只有黏结牢固才能保证彼此协同作用。层间黏结不好，会导致铺装的早期破坏。

目前国内外采用的钢桥面沥青铺装层混合料类型主要有三种，分别是GA、SMA和AC。

GA是一种矿料与硬质沥青胶结料在高温下进行拌和，采用浇注法进行摊铺的沥青混合料，它是一种传统的钢桥面沥青铺装混合料，具有良好的抗裂性和适应变形的能力，通过采取特殊的工艺措施其抗车辙性能也能得到很大程度的改善。另外，GA铺装层密水性好，空隙率几乎为零，因此采用GA时钢桥面铺装中可不设防水层。国外对GA的研究较多，并积累了较为丰富的经验，同时也不乏成功的实例。在欧洲和日本等地，GA得到了较多的应用，但国内尚缺乏这方面的实践经验，且国内目前还没有引进GA混合料施工的成套机械设备，因此当钢桥面铺装中采用GA时，应根据当地实际情况，进行充分地调查研究，通过借鉴和吸收国外的成功经验，并经过试验及试验段的铺筑，掌握GA混合料的施工工艺。

SMA属于间断级配密实骨架型沥青混合料，具有较好的抗裂和抗车辙性能，通过采用性能优良的聚合物改性沥青，SMA混合料的性能还可得到进一步的改善和提高，因此，SMA是钢桥面铺装中一种较为适合的沥青混合料。虽然国内外在钢桥面沥青铺装中采用SMA的并不多，但随着对SMA铺装技术研究的逐渐深入,SMA 的优越性已越来越受到人们的重视。

AC 属于密级配沥青混凝土混合料,其特点是热稳性较好,但抗变形能力较差,难以适应钢桥面板的变形,在交通荷载作用下铺装容易产生裂缝,虽然通过采用改性沥青其抗裂性会有所改善,但仍不能很好解决铺装开裂问题。因此,在钢桥面沥青铺装中本规范不推荐采用 AC。当需要采用 AC 时,必须经试验论证确定可行,而且只限用于钢桥面沥青铺装上层中。

钢桥面铺装施工过程中,施工前下层保持干燥和整洁相当重要,施工时若下层有任何锈蚀、油污或水分等,都将严重影响层与层之间的黏结效果,从而影响铺装的使用寿命。在进行任何一道工序前,都应对下层进行检查,只有当检查合格并经监理工程师认可后方可进行施工。对于悬索桥来说,钢桥面铺装的施工有时会受到其他工序作业的干扰,比如主缆清洗、缠丝、涂装和紧索夹等,如果处理不当,就会给桥面铺装的施工造成不利影响,因此当出现交叉作业情况时,应采取有效、妥当的保护措施,而且各工序之间应协调好。车辆在铺装层上快速行驶、刹车或调头,会对防锈层、防水层或黏结层造成损害,因此本规范规定不允许非施工车辆在铺装层上通行(沥青铺装层除外)。当施工车辆在铺装层上通行时,车轮应保持干净,并避免在铺装层上急刹车或调头,且时速不得超过 5km/h。

在日本,钢桥面沥青铺装层厚度一般要求为 60 ~ 80mm,且分两层铺筑,上下层厚度分别为 30 ~ 40mm 左右。德国钢桥面铺装规范中把沥青铺装分为保护层(即沥青铺装下层)和面层(即沥青铺装上层)两层,并规定保护层厚度当采用浇注式沥青混凝土时通常为 35mm,采用 SMA 时一般为 40mm,面层厚度通常为 35mm。

钢桥面沥青铺装与其他路面相比,在抗裂性(疲劳开裂和低温开裂两方面)、高温稳定性和防水性三方面有更高的要求,因此本规范对钢桥面沥青铺装层混合料性能提出了较高的要求。

关于 SMA 和 GA 混合料的矿料级配和沥青用量,表 18.9-1 列出广东虎门大桥钢桥面铺装 SMA 混合料矿料级配范围,表 18.9-2 列出日本《本州四国连络桥桥面铺设标准(草案)》中 GA 混合料矿料级配范围,可供参考。

表 18.9-1　虎门大桥钢桥面铺装 SMA 混合料矿料级配范围

级配类型	通过下列筛孔(方孔筛,mm)的质量百分率(%)										
	19.0	16.0	13.2	9.5	4.75	2.36	1.18	0.6	0.3	0.15	0.075
SMA—10			100	90 ~ 100	28 ~ 50	21 ~ 34	16 ~ 25	12 ~ 20	10 ~ 17	9 ~ 14	8 ~ 13
SMA—13		100	90 ~ 100	34 ~ 75	23 ~ 41	18 ~ 30	15 ~ 24	13 ~ 21	11 ~ 17	10 ~ 15	9 ~ 13
SMA—16	100	90 ~ 100	60 ~ 90	40 ~ 80	25 ~ 40	18 ~ 30	15 ~ 24	12 ~ 20	10 ~ 17	9 ~ 14	8 ~ 13

注:沥青用量宜为 6.0% ~7.5%。

表 18.9-2　日本《本州四国连络桥桥面铺设标准(草案)》GA 混合料矿料级配范围

筛孔尺寸(mm)	13	5	2.5	0.6	0.3	0.15	0.074
通过质量百分率(%)	100	65 ~ 85	45 ~ 62	35 ~ 50	28 ~ 42	25 ~ 34	20 ~ 27

注:硬质沥青用量以 7% ~10% 为准。

为了使钢桥面沥青铺装混合料满足使用性能要求,采用性能优良的胶结料是关键之一。对于 SMA 混合料,宜采用聚合物改性沥青,对于 GA 混合料,国外通常采用天然沥青与石油沥青混合而成的硬质沥青。

国内对改性沥青研究较多,并准备制订这方面的施工技术规范,日本《本州四国连络桥桥面铺设标准(草案)》中对改性沥青提出了具体的标准,见表 18.9-3,可供参考。

表 18.9-3　日本《本州四国连络桥桥面铺设标准(草案)》改性沥青标准

项目		标准值 I 型	标准值 II 型	试验方法
针入度(25℃)(0.1mm)		60~100	60~100	JIS K2207
软化点(℃)		55~65	60~75	JIS K2207
延度(10℃)(cm)		50 以上	10 以上	JIS K2207
费拉斯脆点(℃)		-12 以下	-12 以下	JIS K2207
韧度(25℃)(kg·cm)		120 以上	30 以上	桥面铺装标准
黏结力(25℃)(kg·cm)		100 以上	10 以上	桥面铺装标准
黏度	60℃(泊)	4 000 以上	16 000 以上	ASTM D2171
	160℃(SFS)	500 以下	1 000 以下	JIS K2207
	200℃(SFS)	200 以下	300 以下	JIS K2207
闪点(COC)(℃)		280 以上	280 以上	JIS K2274
灰分(%)		1.0 以下	1.0 以下	JIS K2272
相对密度(25℃/25℃)		1.000 以上	1.000 以上	JIS K2249
薄膜加热(180℃×2.5h)后	蒸发量(%)	0.3 以下	0.3 以下	JIS K2207
	针入度比(%)	65 以上	65 以上	条件有变化
	软化点(%)	80~110	80~110	—

注:按重量比例,I 型是在 100 单位的 60~80 直馏沥青中添加 7 单位的橡胶,II 型是在 100 单位的 80~200 直馏沥青中添加 3~6 单位的橡胶,4~6 单位的热塑性树脂。I 型的特点是韧度、黏结力和延度高,II 型的特点是软化点高。另外,I 型与 II 型相比,高温黏度低,故施工性良好,但若使用机械施工,II 型也能达到良好的施工性。

硬质沥青在日本是指针入度在 40 以下的沥青,由天然沥青与石油沥青按一定比例混合而成。在国外天然沥青一般采用精制而成的特里尼达湖沥青,将特里尼达湖沥青用于 GA 混合料是为了提高混合料的施工性(流动性)和稳定性(贯入量、动稳定度)等。日本标准中规定硬质沥青中特里尼达湖沥青所占比例不得低于 20%,石油沥青的针入度要求在 20~40 之间,表 18.9-4 列出日本《本州四国连络桥桥面铺设标准(草案)》硬质沥青标准,可供参考。

表 18.9-4　日本《本州四国连络桥桥面铺设标准(草案)》硬质沥青标准

项目	标准值	试验方法
针入度(25℃)(0.1mm)	15~30	JIS K2207
软化点(℃)	58~68	JIS K2207
延度(25℃)(℃)	10 以上	JIS K2207
蒸发质量变化率(%)	0.5 以下	JIS K2207
三氯乙烷可溶成分(%)	86~91	JIS K2207
闪点(COC)(℃)	240 以上	JIS K2274
相对密度(25℃/25℃)	1.07~1.13	JIS K2249

国内在钢桥面沥青铺装方面尚未积累丰富的施工经验,特别是 GA 混合料的施工,更缺乏实践经验,对 GA 混合料施工的专用机械设备的操作也比较陌生,为了确保在实桥上施工能顺利进行,施工质量能符合要求,本规范规定钢桥面沥青铺装施工前,必须铺筑试验段。

为了确保改性沥青的质量,防止其在使用过程中改性剂发生离析相当重要。为使改性剂均匀分布于基质沥青中,采用胶体磨设备现场加工改性沥青是最有效的方法。国内已建成的高速公路中,有好几条在沥青面层施工时,采用了由奥地利理查德费尔辛格公司的胶体磨设备现场加工而成的、被称做 Novophalt 的改性沥青,如首都机场路、广佛高速公路和深汕高速公路的部分路段等,并取得了成功,这方面的经验值得推广。使用成品改性沥青时,由于改性沥青在使用前须经过两次升温加热(其中一次是在沥青生产厂加工时,另外一次是在成品改性沥青脱水时),再加上成品改性沥青脱水后若不采取有效的措施(须充分进行搅拌),这些都会造成沥青一定程度的老化和改性剂发生离析,以致影响改性沥青的质量，因此钢桥面沥青铺装不宜采用成品改性沥青，当条件不够不得已须采用时，应采取有效措施防止改性剂发生离析。

SMA 混合料的施工温度与改性沥青的品种及黏度有关，不同品种的改性沥青，其施工温度也不一样，因此本规范对 SMA 混合料的施工温度未作统一规定，而是建议应根据试拌试铺来确定混合料的施工温度，供施工质量控制用。一般地，改性沥青 SMA 混合料的拌和出料温度较普通沥青混合料的高 10～20℃左右。

不得振动碾压和采用轮胎压路机碾压 SMA 混合料，这是因为压路机振动碾压不仅会对桥梁造成损坏，而且由于 SMA 混合料中由细集料、填料、纤维和改性沥青形成的沥青玛蹄脂含量较高，容易使混合料产生推挤拥包，而若采用轮胎压路机碾压，则可能由于轮胎的搓揉造成沥青玛蹄脂挤到表面而达不到压实效果。

施工缝的设置，首先，由于沥青铺装层下是防水层或黏结层及防锈层，还有钢桥面板，处理施工缝时，如切缝机切割、人工凿边等，应特别小心，对下层及钢桥面板不得有任何损害。其次，施工缝的设置应避开铺装受力较为不利的位置，如加劲肋、腹板、横梁顶面位置及吊杆位置，这是因为沥青铺装两幅相接的部分一般结合不是特别好，在上述位置设置施工缝，极易导致铺装开裂。

关于 GA 混合料的施工，由于国内尚缺乏这方面的实践经验，规范不可能作较细的规定，而只能参照国外 GA 混合料施工的有关标准，作一些简单而必要的规定。各地在进行 GA 混合料施工时，可结合本地实际，通过调查研究、室内试验及试验路的铺筑，摸索确定 GA 混合料的施工工艺，并制订相关的施工实施细则，报上级主管部门批准，作为 GA 混合料施工质量控制及工程监理的依据。

在沥青铺装与构造物相接触的部分应设置接缝，是为了防止结合部位渗水。德国和日本的钢桥面铺装标准中都规定要设置接缝。

19 斜拉桥

19.1 一般规定

19.1.1 斜拉桥的分类还可以按结构型式分。如桁架斜拉桥、板拉斜拉桥、吊拉组合斜拉桥以及塔梁固结或不固结等多种斜拉桥。结构型式变化所致的影响及差异主要由设计考虑并提出相应要求,施工主要着重于材料的差异。

吊拉组合桥中有关悬索部分的施工应遵照悬索桥施工技术规范的要求执行。

本章突出异于一般桥梁施工的斜拉桥索塔、主梁和拉索的施工特点,减少与本规范中各相关章的重复。如基础、钢桥、钢结构以及桥面施工可参照相关规定。我国目前的斜拉桥主梁多为预应力钢筋混凝土结构,其桥面结构不论是采用沥青材料还是混凝土材料,其要求已列在规范有关章节。斜拉桥钢主梁上路面的施工要求,与钢桥及悬索桥中钢梁上路面的施工规范要求相同。

因施工阶段的斜拉桥对风所致的影响更为敏感,施工时应予复核,以确保施工阶段的安全。

19.1.3 斜拉桥设计与施工相辅相成的密切关系是斜拉桥的特点。设计时一般已设定其施工方法,并以此完善设计计算。施工方法与设计不符时,可由设计单位重新计算结构内力和配筋,也可由施工单位依程序提出修改方案和资料,会同设计单位确定后实施。

19.1.5 平衡悬臂法包括悬浇和悬拼两种方法。梁的施工方法有成梁转体法、顶推成梁后张法、支架法、吊悬组合法、劲性骨架法等。劲性骨架法,即在成桥前完成劲性骨架(或桁架),再进行梁的整体施工。

19.2 索塔

斜拉桥索塔的外形有柱式、门式、H 式、A 形、倒 Y 形及菱形等多种,就其支承情况又可分为:①悬浮体系,塔墩固结,塔梁分离;②支承体系,塔墩固结,梁墩支承;③塔梁固结体系,梁墩支承;④刚构体系,塔墩梁固结。

按塔身建造材料可分钢、钢筋混凝土和钢管混凝土三类。我国现代斜拉桥索塔多为钢筋混凝土类。塔柱的施工方法与技术要求亦以此类塔为主。钢塔的制作、拼接安装及质量标准应参照钢桥及悬索桥的有关规定执行。由于钢管混凝土拱桥的发展,我国已有钢管混凝土施工的有关规范。钢管混凝土索塔可参照执行。

19.3 主梁

19.3.1 由于斜拉桥的施工方法和程序对成桥后主梁线形和结构恒载内力具有决定性的作用,特别是施工阶段斜拉桥结构体系和荷载状态的不断变化直接引起结构内力和变形的不断变化,所以对斜拉桥每一施工阶段和步骤的结果必须进行详细的检测分析和验算,从而确定下一施工阶段拉索张拉量值和主梁标高及索塔位移等控制量值,以便进行下一阶段的施工,如此直至合龙和成桥。这一过程控制就是斜拉桥的施工监控。

施工监控是斜拉桥主梁架设设计计算的继续。

斜拉桥在主梁架设过程中,结构实际参数难免与设计值存在差异,加之施工荷载的不确定性,使结构内力与变位偏离设计值。这种偏离的积累,不仅影响成桥后的正常使用,而且涉及施工中的结构安全,因此必须对每个节段架梁循环采取监控测试措施。将监控测试所取得的实际架梁参数,经过温度修正和标准化处理并与设计值的偏差作出分析、判断,对偏差超限作出调整对策等。以上过程一般由设计单位通过监控软件系统完成,最后得出下一节段主梁架设的索力和节段高程等,以指导架梁施工。

施工监控实际上是对每个节段架梁循环逐步调整计算的过程,常以设计计算为主牵头进行;由设计指导施工,由试验提供已架梁段的实际参数。

施工监控中设计、施工、试验三者的关系可参见图19.3.1所列施工监控流程循环图。

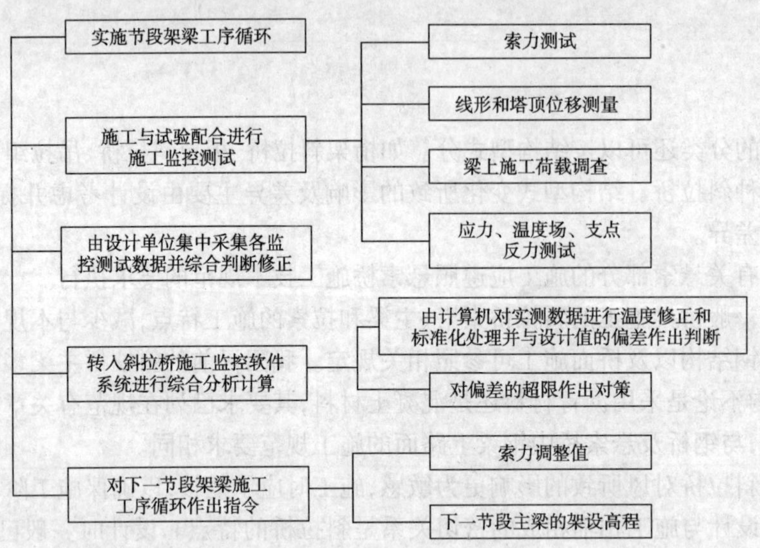

图19.3.1 施工监控流程循环图

19.3.2 对于偏差的处理和索力的调整,常用的方法主要有:

1. 一次张拉法

在施工过程中每一根斜拉索张拉至设计索力后不再重复张拉。对于施工中出现的梁端挠度和塔顶水平位移偏差不用索力调整,或任其自由发展,或通过下一块件接缝转角进行调整,直至跨中合龙,其挠度的偏差采用压重等方法强迫合龙。一次张拉法简单易行,施工方便,但对构件的制作要求较高。因为对已完成的主梁标高和索力不予调整,主梁线形较难控制,跨中强迫合龙则扰乱了结构理想的恒载内力状态。

2. 多次张拉

在整个施工过程中对拉索进行分期分批张拉,使施工各阶段结构的内力较为合理,梁塔的受力处于大致平衡的状态,即梁塔仅承受轴向力和数值不大的弯矩。主梁的线形主要是通过斜拉索索力在一定范围内的调整而加以控制的。

19.3.4 混凝土主梁系指钢筋混凝土梁或预应力钢筋混凝土梁。

19.3.4 2 挂篮是主梁施工时,利用已施工梁段作挂靠的支撑体,以支承待施工梁段模架及施工梁体重力的施工设施。挂篮有多种型式,一般由施工单位根据拥有材料设备等情况自行设计。设计力求安全轻便,使用可靠,按结构一般可分两类:

1. 悬臂梁式,包括悬臂桁架梁式挂篮,特点是悬出的梁或桁架梁前端没有支点;

2. 前支点式(牵索式),利用主梁的斜拉索作悬出梁端的前支点,待新浇梁段混凝土达到设计强度后再将斜拉索拉力转移到主梁上,这种简支式的结构使挂篮的结构和自重大为简化。设计合理的挂篮,其自重约为待施工梁段自重的0.4倍。

19.3.5 钢梁比混凝土梁传热快,温度变化大,确定合龙梁长和选择合龙时间尤为重要。

组合梁斜拉桥适合于跨度大于400m的斜拉桥。组合梁包括主梁采用预应力混凝土与钢的混合结构及主梁采用钢梁与混凝土车道板联结的复合梁结构,二者均属钢结构为主的梁段结构。在金属构件的加工制作中焊接工艺对梁的施工误差、变形及诸项的质量标准影响大,根据林元培所著《斜拉桥》中的施工经验,钢梁焊接时,为确保焊接接头热影响区的粗晶区与母材标准的最低值等强度、等韧性,即

20℃条件下，焊接热影响区的粗晶区的断裂韧性平均 $Akv \geqslant 39j$ 纵向。为此，必须严格控制该区的 $t8/5$ 值（粗晶区由800℃冷至500℃的时间。因热影响区的性能与 $t8/5$ 值有关）。该区的 $t8/5$ 时间换算成相应的焊接线热输入量控制值 E_{max}（设计规定值见表19.3.5-1），因而不应单纯、片面控制线热量输入值 E，亦不单纯凭探伤合格就认为焊接接头合格，应经试验后在钢梁加工制作时予以适当调整。

注：南浦大桥对焊接 STE355 钢的 $E_{max} \leqslant 46$kJ/cm，$t8/5 \leqslant 40$s，焊接 STE460 钢的 $E_{max} \leqslant 41$kJ/cm，$t8/5 \leqslant 49$s。

典型焊接接头 $t8/5$ 与 E_{max} 换算技术指标如表19.3.5-1。

表19.3.5-1 典型焊接接头 $t8/5$ 与 E_{max} 换算技术指标

钢号	$t8/5$ (s)	接头型式	板厚范围 (mm)	焊接工艺	预热温度 (℃)	允许最大线能量(kJ/cm)
STE355 STE460	35	对接	15	埋弧自动焊	10	27.0
			25		10	45.4
			>28		150	50.0
	35	贴角	15	埋弧自动焊	10	32.5
			>28		150	60.5
STE460	30	对接	25	埋弧自动焊	150	27.7
			>28		150	50.0
	30	贴角	>28	埋弧自动焊	150	57.0

注：①凡接头板厚不同者，按薄的板厚计算，而预热时，按厚板规定预热温度控制；

②当钢中含C量<0.15%，同时 $Nb \leqslant 0.015\%$，$V \leqslant 0.01\%$ 者，$t8/5$ 允许扩大到40s。

并应拟定防止钢梁焊接裂缝出现的有效措施：

1. 选用含有0.45%MO的OK12.24焊丝，使主要合金元素由焊丝过渡，而不是由焊剂过渡，以避免焊缝上下各层合金成分的不均匀。采用含有0.77%Ni的J507Ni焊条，确保焊缝金属有较高强度，又有较好的韧性。

2. 规定预热温度及层间温度应按不同钢板种类、厚度及环境温度的控制值（见表19.3.5-2）。

表19.3.5-2 钢板预热温度

钢　号	板厚 (mm)	环境温度（板温）	
		<5℃	
STE355		100～150℃（所有板厚）	100～150℃（板厚≥30mm）
STE460	35,60,80	120～180℃	120～180℃

一般板越厚，预热温度应接近表中之上限值。所有预热与层间温度的偏差为-0～+50℃。定位焊的焊接预热温度，比正式施焊预热温度高50℃。修补时，碳弧气刨前的预热温度与施焊时间相同。

3. 为了防止“氢致”裂缝，严格控制焊条、焊剂的焙烘温度，以便减少焊缝金属中的含氢量，采用低焊接材料对STE460与STE460及STE460与STE355钢相连接的焊接，焊后作去氢温度为250～280℃，保湿时间1.5h，以每30mm保湿1h为原则计算。

对焊接应力较大的部位（如拉索锚箱厚腹板焊接区，辅助墩顶主梁腹板穿过下翼板周边焊接），进行焊后局部应力消除处理。消除应力温度为500～580℃，保湿时间为1.5min/mm。并应掌握热处理后的冷却速度。

杨浦大桥钢梁的拼装拟定了如下主要要求：

1. 建立全桥上部结构施工放样量测的坐标系统。

2. 拼装开始时就应精确测量钢梁的 X、Y、Z 三维坐标，正确就位。保持钢梁的设计线形和中心轴线，防止钢梁框架扭曲、偏离。一旦发现不正确时则应及时调整。桥梁轴线偏差精度为±5mm，两箱形主梁轴线偏差±1mm。箱梁拼装扭转偏差±1mm。

3. 钢主箱梁拼装时宜尽量左、右、前、后对称进行。拼装用的冲钉其直径应比螺栓孔眼设计直径小0.2mm，其中间圆柱段应大于板束厚度。冲钉可用45号碳素结构钢制造。

19.4 拉索

拉索的材料性能和技术标准是拉索质量的前提和关键。拉索的主要力学性能应符合表19.4的要求。

在斜拉桥设计中,斜拉索的设计应力多在0.35R~0.45R间选用,采用的疲劳安全系数为1.5,即设计应力幅值不超过试验应力值的2/3(引自林元培《斜拉桥》)。锚杯、锚板、螺母、垫块等锚具类受力件钢材,必须选用优质钢材制造,其技术条件应符合GB 699或GB 307。对于锻钢尚应符合YB 3207的规定[引自《城镇建设》(CJ 3058—1996)]。

表19.4 拉索的主要力学性能

拉丝类别	单丝类别	单丝				拉索				
		静载		动载		静载			动载	
		公称强度 R (MPa)	极限延伸率 (%)	应力上限 (MPa)	应力幅 (MPa)	效率系数	极限延伸率 (%)	弹性模量 (MPa)	应力上限 (MPa)	应力幅 (MPa)
平行钢丝索	钢丝	1 570	4.0	710	300	0.95	2.0	2.0×10^5	710	200
半平行钢丝索	钢丝	1 570	4.0	710	300	0.95	2.0	1.95×10^5	710	200
平行钢绞线索	钢绞线	1 860	3.5	840	200	0.95	2.0	1.90×10^5	840	160
半平行钢绞线索	钢绞线	1 860	3.5	840	200	0.95	2.0	1.85×10^5	840	160
封闭式钢缆	圆形	1 470	4.0			0.92	2.0	1.85×10^5	840	150
	梯形									
	Z形									
加载次数为2×10^6次										

20 桥面及附属工程

20.1 一般规定

20.1.3 梳形钢板伸缩装置，板式橡胶伸缩装置，如果锚固不牢时，前者由于螺栓的脱落会发出较大噪声，后者的橡胶块会松动脱落。梳形钢板伸缩装置缝易夹进杂物，应当经常清扫，保持干净，增加耐久性。

20.2 支座

20.2.1 板式橡胶支座在安装前的全面检查和力学性能检验，包括支座长、宽、厚、硬度(邵氏)、容许荷载、容许最大温差以及外观检查等，如不符合设计要求时，不得使用，否则以后更换支座很麻烦。

橡胶支座顶面或底面应与梁底或墩台顶密贴，使支座全面积承受上部构造传递的竖直荷载，以符合设计要求。

20.2.2 盆式橡胶支座的顶板与底盆底板是钢板，必须用焊接或栓接与梁底预埋钢板和墩顶预埋钢板连接上，条文规定了焊接或栓接应注意的事项。锚定螺栓外露螺杆的高度不得大于螺母的厚度，否则支座内部滑动部件会因螺栓的障碍而安装不进去。

盆式橡胶支座顶、底面积及压力均较大，浇筑支座底面钢垫板处墩顶混凝土时，必须有特殊措施，使垫板下混凝土能灌筑密实。

盆式橡胶支座的聚四氟乙烯板与不锈钢板的滑动面和密封在钢盆内的橡胶垫块都不能有污物和损伤，否则将影响支座质量，增大摩擦系数。钢盆内密封胶块安装时要排气密贴，以保证支座的承压能力。

20.3 伸缩装置

20.3.1 梳形钢板伸缩装置具有耐久性好，不易变形腐蚀，行车也比较平稳的优点，但也存在缺点，如钢板不易焊牢，锚固不强，有较大漏水现象，钢板松动后，车辆行驶发出较大噪声，缝内夹进杂物时活动异常等。要锚固得当，增加锚固板和锚固环，在齿板底部设置止水橡胶带，既增强锚固，又达到了止水效果。齿缝填充延伸率较大的阳离子乳化沥青，效果更好。

20.3.2 橡胶伸缩装置在安装前应做全面检查和材料性能检验，包括长、宽、厚、硬度(邵氏)、成品解剖检验证明等。与橡胶支座胶料相比，增加了耐水性、耐油性能要求，因伸缩装置处于桥梁表面，对水、油、尘土污染与橡胶相比更严重。

对于板式橡胶伸缩装置的成品解剖检验，以检测生产过程中钢板和角钢等预埋位置是否按照设计图纸位置安放准确。因为在实际应用中，发现有的工厂加工的板式伸缩装置，解剖后其预埋钢板、角钢等构件位置不准，钢板偏斜严重，钢板间胶层允许变形达不到设计要求，再加上施工质量不好，使用后造成严重破坏，故必须进行成品解剖检验。

伸缩装置应在工厂组装，并按照施工单位提供施工安装温度定位，固定后出厂，若施工安装时温度有变化，一定要重新调整定位后安装就位。

20.3.3 模数式伸缩装置的橡胶件，一般起防水、防尘、密封等作用。模数式伸缩装置必须在工厂组装，按照用户提供施工安装温度定位，固定后出厂，若施工安装时温度有变化，一定要重新调整定位后再安装就位。

20.3.4 填充式伸缩装置,TST类黏弹性结合材料的特点是在高频的作用下(如冲击、振动)呈现的是高弹性,在低频作用下(如温度作用下的伸缩、自然状态下的徐变)则呈现的是可塑性,就物理性能而言其优于沥青。主要用于伸缩量小于50mm的各种桥梁接缝,对一般公路和高等级公路上占绝大多数的中、小桥,立交通道桥等均适用,对多孔大桥可划分多联,铺设多道接缝或采用多孔简支梁,不做桥面连续,每墩顶接缝均做成弹性接缝也是可行的。

美国D.S布朗公司用502与集料结合,做成弹塑体填充式伸缩缝,其位移量也是≤50mm,方法与效果类似TST黏弹性结合材料。

20.3.5 将复合改性沥青加热溶化,将石料加热至180~200℃,按2∶1比例将复合改性沥青和粗石料拌制成粗混合料,按4∶1比例将复合改性沥青和细石料拌制成混合料。

20.4 沉降缝

20.4.1 沉降缝是防止装配式拱桥拱圈上的侧墙、护拱、缘石等(包括涵洞、挡土墙等构造物的)不均匀沉降发生不规则裂纹而设立的(使裂缝限制在沉降缝处)。要求缝宽变化或缝两边结构上下错动时能保持其防水效能。沉降缝中的材料、结构和施工工艺均应按设计规定办理。

20.8 桥面防护设施

20.8.2、20.8.3、20.8.4 桥面人行道和栏杆等,一般悬装在翼缘板之外,故必须在主梁已经横向联结稳定之后方可安装。构件重心设计在底层结构外缘之内的人行道板,必须采取由里向外的次序铺设,防止倾覆。其他应注意事项详见条文的规定。

21 涵洞

21.1 一般规定

21.1.1 涵洞开工之前的现场核对工作,主要是位置、数量问题,山区涵洞可能还有孔径问题。在平原区农业方面提出的问题,一般是变更位置,增加数量的情况较多,可根据实际情况,查核设计单位与当地农业部门的协议书,如确需变更设计,可按有关规定办理。

21.1.2 设计单位提供的涵洞图纸,一般只包括涵位布置图和涵洞表,在地形简单、地势平缓地区的涵洞,施工单位可按上述资料和涵洞标准图放样施工。但遇到条文所述的各类涵洞,其构造和涵台、涵墙、翼墙等各部分尺寸、形状比较复杂,如设计单位未提供施工详图时,施工单位应自行绘制,再按图放样施工。

21.1.4 为了防止涵洞地基发生不均匀沉陷时基础、涵身产生裂缝而漏水,《公路砖石及混凝土桥涵设计规范》(JTJ 022)规定涵长每4~6m设置沉降缝,缝内用沥青麻絮或其他具有弹性的不透水的材料填塞,这样可约束涵洞的不均匀沉降于沉降缝处。沉降缝内填塞有沥青麻絮等具有弹性和不透水的材料,虽发生变形仍不漏水,因此要求沉降缝处的基础与涵身应全断面贯通,上下不得交错,否则就失去了沉降缝的作用。对于高路堤下的涵洞,在路基边缘下的涵身及基础,也应该设置沉降缝。

21.1.5 为了防止雨水从路基中浸入涵洞结构,影响结构寿命和安全,对设计上规定铺设的防水层,必须严格保证其工程质量,因一旦发生质量问题,补救是很困难的。

21.1.6 涵洞有填方路堤涵洞和挖方路基涵洞两种。涵洞两侧缺口回填土很重要,回填土土质不良、压实度不足时,将严重影响行车舒适,其中挖方路基涵洞两侧回填土如有沉陷,影响更大,故须严格按本条执行。涵洞顶上通过筑路机械所需的最小填土厚度,原规范规定为0.5m,考虑所需最小厚度与筑路机械的重力大小有关(目前国内外推土机最重的已达300~600kN),原规定的最小厚度0.5m遇较重的筑路机械通过,可能会影响涵洞安全,故条文修订为0.5~1m,按筑路机械重力大小掌握。

21.1.7 涵洞进出水口水流不畅,将降低涵洞的宣泄能力,增加涵前壅水高度,扩大淹没区面积,或迫使河流改道损害路堤、农田、村舍等。出水口水流受阻,还将使涵身淤塞。

21.2 管涵

21.2.1 1 管节端面与其轴线垂直的要求很重要,应在预制时严格掌握,否则在安装时管节接缝难以满足要求。斜交管涵进出口管节的外端面处理方法目前有①按斜交角度特制斜交管节;②斜涵正做,即管节端面不做任何处理,管节大部分斜伸出涵洞端帽石路基边坡之外;③管节外端面也不做处理,但管节全部不伸出路基边坡外,管节两侧另加砌长度不同的涵台,涵顶伸出管节部分现灌梯形钢筋混凝土盖板,涵洞帽石与路基边坡贴合。上述3种方法各有优缺点,可同有关方面商定处理方案。

21.2.1 3 规范表21.2.1规定圆管成品偏差,主要是控制管壁厚度不匀的偏差。在采用振动制管法时,有时因内模未固定好,灌筑混凝土振捣时内模移动,因而发生管壁厚度不匀。

21.2.1 5 按照一些标准图,填土高度无论大小,其同一内径的涵管管壁厚度均相同,只是配筋数量不同,因此在该管节混凝土灌筑完毕拆除外模以后,必须在管节外壁用油漆注明该管节适用的管顶填土高度,并将适用于管顶填土相同的管节堆置在一处。这样,取用时方便,且不易弄错,防止发生低填土管节用于高填土处而被压裂的事故。

21.2.3 不论涵管是搁置在混凝土、砌体基础或天然地基上，都要求管座混凝土或填土弧形管座表面与管身密贴，这样可使管节受力均匀。设置密贴的管座，可使地面与涵洞顶的距离 h 值减小，因而按填土重对于涵洞的竖向压力计算公式 $P=\gamma_0 D C_H$ 检验时，C_H 值随 h 值减小而减小。即减小了填土重对涵洞的竖向压力。例如对填土 4.8m、内径 1m 的管涵，不设弧形管座的比设管座的将增加竖向压力 12.7%。若填土较高，内径较大时，增加压力百分比更大些。

21.2.4 过去曾发生过预制为低填土的管节安装在高填土处的情况，使管节多处发生裂缝，故规定取用时应严格检查。原规范规定对接管接缝宽度不应大于 10mm，根据实际经验，由于预制管节端面不易于与轴线完全垂直以及端模板粗糙不平整等原因，要求接缝宽度不大于 10mm 很难做到，而且因接缝太窄塞缝料也不易填塞进去，现修订为 10～20mm。过去曾有任意加大管节接缝宽度以满足涵洞长度不足的做法，这种做法是不好的，因接缝太宽，塞缝料不易嵌紧，易漏水。有些改用水泥砂浆塞缝也不好，因它是无弹性材料，涵洞稍有不均匀沉降，即开裂漏水。

21.3 拱涵、盖板涵

21.3.1 1 跨径 <5m 的拱式过水构造物称为拱涵。因为拱涵跨径小，拱圈施工应按拱的全宽全厚自两侧拱脚对称地向拱顶进行，在拱顶处合龙，不应由一侧砌筑至另一侧。

21.3.1 2 现场灌筑拱圈和盖板混凝土应按沉降缝分段，按照本条第 1 款的顺序从两侧向中间一次连续进行，不留施工缝。

21.3.2 采用全填土胎施工的条件是干旱性沟渠，从施工开始到拱圈或盖板完工期间，不会发生洪水冲毁土胎。此外还应对土胎法与组合钢模板法进行技术经济比较，然后确定优选方案。

21.3.5 预制安装盖板时发生上下方向错误，或斜交盖板发生斜交角方向错误的事故，过去时有发生，故条文提示应注意避免。

21.4 倒虹吸管

21.4.1 倒虹吸管适用于路堤高度很低，不能修建明涵处；或因灌溉需要，必须提高渠底，建筑架空渡槽又不能满足路上净空要求处。倒虹吸管在过水时，压力水流充满管内，容易渗漏至路基中，而影响路基的稳定和强度，故要求管节接头及进出水口砌缝应特别严密，不漏水。

21.4.2 倒虹吸管一般不宜在冰冻期施工，当必须在冰冻期施工时，应将管内积水排出，否则管内积水结冰后体积膨胀，将会使涵管冻裂。

22 通道桥涵

22.1 桥涵的顶进施工

22.1.1 铁路加固一般可采用吊轨梁法、吊轨横梁法、吊轨加纵横梁法、钢轨束梁法、工字钢束梁法及钢板脱壳法等,应按以下原则选择加固形式:

顶进桥涵跨径小于2m,顶入位置处于线路直线段,运输车辆少、路基填土密实、覆土厚度在3m以上时,可不进行线路加固,但应限速通过,并设专人监视;

顶进桥涵跨径大于3m小于8m,覆土厚度1m以上时,可采用钢轨束梁法或工字钢束梁法加固,或采用钢板脱壳法和吊轨梁等法加固;

顶进桥涵跨径大于8m,顶上又无覆土或覆土很薄时,可采用吊轨加横梁法或吊轨加纵横梁法加固。

顶进方法如下:

整体顶进法。即一般常采用的由路堤一侧将桥涵全长顶入另一侧的方法。

对顶法。对顶法是由路堤两侧同时或先后由各自一侧向另一侧顶入,在路堤中部合龙。这种顶进法,可缩短顶入长度,减少顶入总阻力,但应注意防止对接点错位。

中继间法。中继间法是将小桥涵分成数节,增设节间千斤顶,使之交替顶入。即前节桥涵利用后节作后背反力,用中继间的千斤顶顶进。当其达到最大冲程后,前节暂停顶入,而进行后节的顶入,这样,后背的最大反力仅为最后一节小桥涵的顶力,可减小后背工程和设备的受力强度。

对拉法。对拉法是在路基两侧工作坑内各预制半节小桥涵,然后利用小口径管顶管法,将高强钢丝束或拉杆穿越路基,两端连上两个事先预制的半节小桥涵,互为地锚,对拉穿越路基,直到对接。只要用作地锚的两个半节小桥涵事先经过验算,有足够的稳定性,一般是能够成功的。

多箱分次顶进法。多箱分次顶进法,亦称多次顶进法。此法是将预制的多孔箱涵,逐次分孔顶入路基,避免两孔或多孔同时顶入,以减小后背反力和缩短箱涵顶面加固路基的长度。

顶拉法。顶拉法是将整座箱涵分为若干节,用通长拉杆串联,根据中继间的原理,以前后节箱涵互为后背,交替逐节顶拉,做到不设固定后背而将箱涵顶拉进入路基就位。

牵引法。牵引法是在计划埋设结构位置的路基一侧,设置特殊的张拉千斤顶,用千斤顶拖动穿过水平钻孔的钢绞线,通过钢绞线将置于另一侧的结构物拉入路基就位的方法。

22.1.2 3 3)特别是采用整体顶入法或对顶法顶入时,滑板表面应平顺、光滑,摩擦系数小。桥涵分节较大、较重时,还可设置钢滑道,以减小摩阻力。

22.1.2 3 4)为防止在桥涵顶入启动时将滑板一起带走,还要求滑板底面粗糙或设锚梁,以保证滑板的稳定性。

22.1.2 3 5)桥涵顶入过程,其前端常有向下扎头(倒栽头)倾向,故宜将滑板改成前端高、后端低的仰坡。仰坡大小原规范规定为1‰左右,经验证明太小,现改为3‰左右。有些工地仰坡用到5‰。仰坡可视桥涵设计纵坡、土质和刃脚前的挖土等情况,加以综合考虑。

22.1.2 4 后背承受桥涵顶入时的水平顶力,位于工作坑后部,它虽是临时构造物,但必须安全可靠,满足强度和稳定性的要求。后背一般可选用板桩式(钢板桩或型钢)、重力式或拼装式等,对所需顶力小的顶管亦可采用原土后背。

1. 后背的强度计算应考虑以下两点:

顶入前,后背应能承受其后填土的水平推力(主动土压力)。

顶入时,板桩式后背由桩后土的水平抗力(被动土压力)承受全部千斤顶的顶力;重力式后背则由结构自重与土的摩阻力及部分土的抗力承受顶入时的顶力。

桥涵顶入时所需的顶力必须克服桥涵重力产生于滑板上的摩阻力、周围土的摩阻力及前刃角切土时的阻力。顶力可按下式进行计算：

$$P = k[N_1 f_1 + (N_1 + N_2) f_2 + 2E f_3 + RA]$$

式中：P——最大顶力(kN)；

N_1——桥涵顶面上的荷载(包括线路加固材料重力)(kN)；

f_1——桥涵顶面与其上荷载的摩擦系数，由试验确定，无试验资料时，可视顶上润滑处理情况，采用下列数值：涂石蜡为0.17～0.34，涂滑石粉浆为0.30，涂机油调制的滑石粉浆为0.20，覆土较厚时用0.7～0.8；

N_2——桥涵重力(kN)；

f_2——桥涵底面与基底土的摩擦系数，由试验确定，无试验资料时，视基底土的性质可采用0.7～0.8；

E——桥涵两侧土压力(kN)；

f_3——侧面摩擦系数，由试验确定，无试验资料时视土的性质可采用0.7～0.8；

R——土壤对钢刃角正面的单位面积阻力，由试验确定，无试验资料时视刃角构造、挖土方法、土的性质对细粒土为500～550kPa，对粗粒土为1 500～1 700kPa；

A——钢刃角正面积(m^2)；

k——系数，一般采用1.2。

2. 重力式后背墙的设计与施工可按一般砌体或混凝土挡墙进行，但应考虑桥涵顶入时所承受的反力，并使土体的静土压力线与顶力作用线一致。

3. 板桩后背墙一般按顶端锚碇板桩进行设计。可根据地形、地貌及设备情况采用埋桩或打桩，但必须使千斤顶的施力点与墙后被动土压力的合力点一致，当发生最大顶力时，保持板墙稳定。

4. 与滑板联为整体的后背，其设计顶力应从桥涵的最大顶力减去滑板的抗滑力。

5. 后背施工时应注意下列事项：

(1)如后背与滑板设计为整体时，混凝土应连续浇筑，不留施工缝；

(2)在浇筑后背梁混凝土时，后背梁与板桩或后墙之间应设置隔离层，以利竣工后板桩或墙的拆除；

(3)拼装式后背的预制块和预制桩宜在工厂集中预制，后背的垫层用浆砌片石或填筑砂石等，垫层后的填土应分层夯实；

(4)后背梁采用横顶铁时，应使接触面保持平直，不得有空隙，并须垂直于桥涵中线。

6. 以工作坑壁原土做顶管后背时，应符合下列要求：

(1)计算原土后背横排方木面积时，应满足顶力所需的土的容许承压应力，若缺乏试验资料时，对一般土质，可按不超过150kPa考虑；

(2)方木应置于工作坑以下一定深度，使千斤顶的着力点约在方木高度的2/5处；

(3)后背土壁应铲修平整，并使设置横木处的壁面与管道顶入方向垂直。

22.1.3 1 预制的桥涵尺寸，允许前端保持正偏差，后端保持负偏差(如同沉井尺寸上口应比下口稍小一点)，顶入时，只要桥涵前端通过后，顶入阻力就可减小。为了减小顶入阻力，预制桥涵的模板应采用钢模板或内壁光滑、不漏浆的模板，以保证预制构件表面光滑。

22.1.4 5 本条规定系根据管涵一般管径不会太大，管顶土体为圆弧形，短期内悬空不易塌陷而提出的，但应注意土质、水文情况，按规定控制超挖量，并在超挖后及时顶入。

22.1.4 6 桥涵顶入过程中，常常会发生左右偏差或上下偏差(偏高或偏低)，严重时会难以纠正，因此纠偏工作在顶入桥涵施工中是一项重要工作。要点是勤观测，及时纠正。下面介绍几种偏差调整方法。

1. 左右偏差的调整

(1)挖土校正法：即在刃角前一侧或桥涵设计中线的一侧适当超挖，而另一侧不挖或少挖，形成两侧的阻力不同,使桥涵在顶进中逐渐回到设计位置。

(2)千斤顶校正法:用增减一侧千斤顶顶力或数量进行调整。

2. 偏高的调整

(1)如因底刃角向上翘,边刃角向里翘,可适当调整刃角高度;

(2)如因底刃角前端超挖略高于底板,须逐渐调整;

(3)如因挖土不够宽、吃土量过大而抬高桥涵时,可在两侧适当超挖。

3. 偏低的调整

(1)使边刃角增加向里翘的角度,底刃角增加向上翘的角度;

(2)如因土质松软造成扎头现象时,可换铺0~39cm厚石料,边铺边顶进,必要时亦可灌注早强或快硬混凝土。

22.1.4 7 顶入作业应连续进行的要求很重要,如果长期停顿,工作坑可能被水浸泡而使土基承载力降低,且顶入阻力也会较大地增加。

22.1.4 8 顶入桥涵节间的防水处理,原则上是按设计要求进行,一般采用沥青麻筋和水泥砂浆填塞,装橡胶止水带,再做防水混凝土层;或在接缝周围填入普通胶管,用桥涵最后一顶力将缝挤紧,然后在缝内塞沥青麻筋,用水泥砂浆将缝填平,再做防水层。

JTJ

中华人民共和国行业标准　　　　JTJ 042—94

2

公路隧道施工技术规范

Technical Specifications for Construction of Highway Tunnel

(附条文说明)

1994-11-30 发布　　　　1995-07-01 实施

中华人民共和国交通部发布

中华人民共和国交通部文

交公路发〔1994〕1134 号

2

关于发布《公路隧道施工技术规范》的通知

(不另行文)

部批准《公路隧道施工技术规范》(编号为 JTJ 042—94)作为行业标准,自 1995 年 7 月 1 日起施行。

该规范由交通部重庆公路科学研究所负责解释。希各单位在执行中注意积累资料,并将发现的问题和修改意见函告部重庆公路科学研究所,以便修订时参考。

该规范由人民交通出版社出版、发行。

中华人民共和国交通部

一九九四年十一月三十日

目　次

1　总则

1.0.1　为给公路山岭隧道工程的施工和施工管理提供技术依据和行为准则，特制定本规范。

1.0.2　本规范适用于各级公路山岭隧道。

1.0.3　隧道施工应在公路修建总体施工规划下，制订相应的施工组织设计。编制施工组织设计时，应考虑隧道长度和断面、工期要求、地质条件和当地自然条件等，确定合理的施工方法和施工进度。

1.0.4　必须执行质量检查制度，严格遵守操作规程，做好材料试验工作。施工中应做好技术交底工作，进行技术、质量、安全教育，确保工程质量，并坚持文明施工。

1.0.5　应制订安全制度和措施，加强通风、照明、防尘、降温及防水和防止有害气体的工作，并预防塌方事故，保护施工人员身体健康和安全。

1.0.6　施工中应贯彻国家的技术经济政策，积极而慎重地采用新技术、新材料、新设备、新工艺，使隧道施工符合技术先进、经济合理、质量可靠、安全实用的要求。

1.0.7　应合理安排施工机具设备周转时间，提高机械利用率。施工中应加强技术管理，并合理安排工序进度和关键工序的作业循环，组织均衡生产，提高劳动生产效率。

1.0.8　隧道施工中必须密切注意围岩及地下水等的变化情况，当施工方法或支护结构不适应于实际围岩状态时，必须采取应急措施，并经技术负责人批准后及时采用合适的施工方法或支护结构。

1.0.9　附属设施安装应按电气、机械、化工等专业有关规定要求办理。

1.0.10　施工中应采取环境保护措施，并符合环境保护的有关规定。

1.0.11　在施工过程中应随时积累资料、数据，做好各道工序的原始记录。

1.0.12　隧道施工应编写全面和单项施工技术总结，隧道竣工后应及时提交竣工文件。

1.0.13　公路隧道施工除应按本规范执行外，尚应符合国家和交通部现行的有关标准、规范规定。

2 施工准备

2.0.1 隧道施工前应做好现场调查研究，核对设计文件和编制施工组织设计等工作。

2.0.2 施工前，应深入工地做好以下调查工作：

2.0.2.1 预测隧道施工对地表和地下已设结构物的影响。

2.0.2.2 对交通运输条件和施工运输便道进行方案比选。

2.0.2.3 施工场地布置与洞口相邻工程、弃渣利用、农田水利、征地等的关系。

2.0.2.4 建筑物、道路工程、水利工程和电信、电力线等设施的拆迁情况和数量。

2.0.2.5 调查和测试水源、水质并拟定供水方案。

2.0.2.6 天然筑路材料（黏土、砂砾、石料）的产地、数量、质量鉴定及供应方案。

2.0.2.7 可资利用的电源、动力、通信、机具车辆维修、物资、消防、劳动力、生活供应及医疗卫生条件。

2.0.2.8 当地气象、水文资料及居民点的社会状况。

2.0.2.9 施工中和营运后对自然环境、生活环境的影响及需要采取的保护措施。

2.0.3 施工单位应全面熟悉设计文件，会同设计单位进行现场核对，做好以下工作：

2.0.3.1 掌握工程的重点和难点，了解隧道方案的选定及设计经过。

2.0.3.2 重点复查对隧道施工和环境保护影响较大的地形、地貌、工程地质及水文地质条件是否符合实际，保护措施是否恰当。

2.0.3.3 核对隧道平面、纵断面设计，了解隧道与所在区段的总平面、纵断面设计的关系。

2.0.3.4 核对洞门位置、式样、衬砌类型是否与洞口周围环境相适应。

2.0.3.5 核对设计文件中确定的施工方法、技术措施与施工实际条件是否相符合。

2.0.3.6 核对洞外排水系统和设施的布置是否与地形、地貌、水文、气象等条件相适应。

2.0.3.7 会同设计单位现场交接和复查测量控制点、施工测量用的基准点及水准点，并定期进行复核。

2.0.4 编制施工组织设计，应包括施工方法、工区划分、场地布置、进度计划、工程数量、人员配备、主要材料、机械设备、电力和运输以及安全、质量、环保、技术、节约等主要措施内容。

2.0.5 选择施工方法应根据地质条件，结合隧道长度、断面、结构类型、工期要求、施工技术力量、安全生产、机械设备、材料、劳动力组合等情况合理确定，并依此编制进度计划。

2.0.6 隧道开工前应绘制施工场地总布置图。施工场地布置应结合工程规模、工期、地形特点、弃渣场和水源等情况，本着因地制宜、充分利用地形、合理布置、统筹安排的原则进行，并符合下列要求：

(1)以洞口为中心布置施工场地。施工场地应事先规划，分期安排，并减少与现有道路交叉和干扰。

(2)轨道运输的弃渣线、编组线和联络线，应形成有效的循环系统。

(3)长隧道洞外应有大型机械设备安装、维修和存放的场地。

(4)机械设备、附属车间、加工场应相对集中。仓库应靠近公路，并设有专用线。

(5)合理布置大堆材料（砂石料）、施工备品及回收材料堆放场地的位置。

(6)生活服务设施应集中布置在宿舍、保健和办公室用房的附近。

(7)运输便道、场区道路和临时排水设施等，应统一规划，做到合理布局、形成网络。

(8)危险品库房按有关规定办理。

2.0.7 弃渣场地的布置应符合下列要求：

(1)场地容量足够，且出渣运输方便。

(2)不得占用其他工程场地和影响附近各种设施的安全。

(3)不得影响附近的农田水利设施,不占或少占农田。

(4)不得堵塞河道、沟谷,防止抬高水位和恶化水流条件。

2.0.8 临时工程施工,应符合下列要求:

(1)临时工程应在隧道开工前基本完成。

(2)运输便道需引至洞口,满足使用期限运量和行车安全的要求,并经常养护,保证畅通。

(3)风、水、电设施应靠近洞口,安装机械和管线应按有关规定布置,并及早架设。

(4)临时房屋应结合季节和地区特点,选用定型、拼装或简易式建筑,并能适应施工人员工作和生活的需要。

(5)严禁将临时房屋布置在受洪水、泥石流、坍方、滑坡及雪崩等自然灾害威胁的地段。临时房屋的周围应设有排水系统,并避开高压电线。生活用水的排放,不得影响施工,并防止产生次生灾害。

2.0.9 应根据工程需要配备成套的试验仪具,并做好钢材、木材、水泥、砂石料和混凝土等材料的试验工作。

2.0.10 采用复合式衬砌的隧道应做好材料、机具设备、量测计划及仪器的准备工作。

2.0.11 隧道开工前,宜及时做好洞口前容易干扰洞身施工的有关工程。

2.0.12 施工前应结合工程特点和新材料、新技术、新工艺的推广应用等情况,对职工进行安全教育、技术交底和培训。

3 施工测量

3.1 一般规定

3.1.1 控制测量的精度应以中误差衡量,最大误差(极限误差)规定为中误差的两倍。

3.1.2 隧道施工时应做好下列工作:

(1)长隧道设置的精密三角网或精密导线网,应定期对其基准点和水准点进行校核。

(2)洞外水准点、中线点应根据隧道平纵面、隧道长度等定期进行复核,洞内控制点应根据施工进度设定。

3.1.3 洞内施工隧道测量,桩点必须稳定、可靠,且通视良好。水准点应设在不易损坏处,并加以妥善保护。测量仪器、工具在使用前应作检校,保证仪器具的技术状态符合使用要求。使用光电测距仪时,应按其使用规定要求进行。

3.1.4 隧道平面控制测量的精度、隧道内两相向施工中线在贯通面上的极限误差、由洞外和洞口内控制测量误差引起在贯通面产生的贯通误差影响值、洞内导线测角、量距的精度以及两洞口水准点间往返测高差不符值,均应符合交通部现行的《公路隧道勘测规程》(JTJ 063)的规定。

3.1.5 隧道竣工后应提交贯通测量技术成果书、贯通误差的实测成果和说明、净空断面测量和永久中线点、水准点的实测成果及示意图。

3.2 洞内施工测量

3.2.1 洞内导线应根据洞口投点向洞内作引伸测量,洞口投点应纳入控制网内,由洞口投点传递进洞方向的连接角测角中误差,不应超过测量等级的要求,后视方向的长度不宜小于300m。导线点应尽量沿路线中线布设,导线边长在直线地段不宜短于200m;曲线地段不宜短于70m。无闭合条件的单导线,应进行二组独立观测,相互校核。

用中线法进行洞内测量的隧道,中线点间距直线部分不宜短于100m;曲线部分不宜短于50m。

当用正倒镜延长直线法或曲线偏角法检测延伸的中线点时,其点位横向偏差不得大于5mm。

3.2.2 特长隧道、长隧道及采用大型掘进机械施工的隧道,宜用激光设备导向。

3.2.3 供导坑延伸和掘进用的临时点可用串线法标定,其延伸长度在直线部分不应大于30m;曲线部分不应大于20m。串线法的两吊线间距不宜小于5m。用串线法标定开挖面中线时,其距离可用皮尺丈量。

3.2.4 开挖前应在开挖断面标出设计断面尺寸线,开挖工作完成后应及时测量并绘出断面图。

采用上下导坑法施工的隧道,上部导坑的中线每引伸一定距离后,应与下部导坑的中线联测一次,用以校核上部导坑的中线点或向上部导坑引点。

3.2.5 供衬砌用的临时中线点,必须用经纬仪测定,其间距可视放样需要适当加密,但不宜大于10m。

3.2.6 衬砌立模前应复核中线和高程,标出拱架顶、边墙底和起拱线高程,用设计衬砌断面的支距控制架立拱模和墙模。立模后必须进行检查和校正,确保无误。

3.2.7 洞内水准路线应由洞口高程控制点向洞内布设,结合洞内施工情况,测点间距以200~500m为宜。

洞内施工用的水准点,应根据洞外、洞内已设定的水准点,按施工需要加设。为使施工方便,在导坑内拱部、边墙施工地段宜每 100m 设立一个临时水准点,并定期复核。

3.3 贯通误差的测定及调整

3.3.1 贯通误差的测定应按下列要求进行:

(1)采用精密导线测量时,在贯通面附近定一临时点,由进测的两方向分别测量该点的坐标,所得的闭合差分别投影至贯通面及其垂直的方向上,得出实际的横向和纵向贯通误差,再置镜于该临时点测求方位角贯通误差。

(2)采用中线法测量时,应由测量的相向两方向分别向贯通面延伸,并取一临时点,量出两点的横向和纵向距离,得出该隧道的实际贯通误差。

(3)水准路线由两端向洞内进测,分别测至贯通面附近的同一水准点或中线点上,所测得的高程差值即为实际的高程贯通误差。

3.3.2 贯通误差的调整应按以下方法进行:

3.3.2.1 用折线法调整直线隧道中线。

3.3.2.2 曲线隧道,根据实际贯通误差,由曲线的两端向贯通面按长度比例调整中线。

3.3.2.3 采取精密导线法测量时,贯通误差用坐标增量平差来调整。

3.3.2.4 进行高程贯通误差调整时,贯通点附近的水准点高程,采用由进出口分别引测的高程平均值作为调整后的高程。

3.3.3 隧道贯通后,施工中线及高程的实际贯通误差,应在未衬砌的 100m 地段内(即调线地段)调整。该段的开挖及衬砌均应以调整后的中线及高程进行放样。

3.4 竣工测量

3.4.1 隧道竣工后,应在直线地段每 50m、曲线地段每 20m 及需要加测断面处,测绘以路线中线为准的隧道实际净空,标出拱顶高程、起拱线宽度、路面水平宽度。

3.4.2 隧道永久中线点,应在竣工测量后用混凝土包埋金属标志。直线上的永久中线点,每 200 ~ 250m 设一个,曲线上应在缓和曲线的起终点各设一个;曲线中部,可根据通视条件适当增加。永久中线点设立后,应在隧道边墙上画出标志。

3.4.3 洞内水准点每公里应埋设一个,短于 1km 的隧道应至少设一个,并应在隧道边墙上画出标志。

3.5 辅助坑道测量

3.5.1 经辅助坑道引入的中线及水准测量,应根据辅助坑道的类型、长度、方向和坡度等,按要求精度在坑道口附近设置洞外控制点。

3.5.2 平行导坑与横洞的引线方法和高程测量均与正洞相同。

3.5.3 斜井中线的方向应由斜井口外直线引伸,可采用正倒镜分中的串线法进行;斜井量距应丈量斜距,测出桩顶高程,求出高差,按斜距换算成水平距离。

3.5.4 竖井测量时,应根据竖井的大小、深度、必要的测量精度决定测量方法。经竖井引入中线的测量可使用钢弦吊锤、激光、经纬仪等。经竖井的高程可将钢卷尺直接吊下测定。

4　洞口、明洞与浅埋段工程

4.1　洞口工程

4.1.1　隧道洞口各项工程应通盘考虑，妥善安排，尽快完成，为隧道洞身施工创造条件。

4.1.2　隧道引道范围内的桥梁墩台、涵管、下挡墙等工程的施工应与弃渣需要相协调，尽早完成。

4.1.3　洞口开挖土石方应遵守下列规定：

4.1.3.1　进洞前应尽早完成洞口排水系统。

4.1.3.2　按设计要求进行边坡、仰坡放线，自上而下逐段开挖，不得掏底开挖或上下重叠开挖。

4.1.3.3　清除洞口上方有可能滑塌的表土、灌木及山坡危石等，不留后患。

4.1.3.4　石质地层拉槽爆破后，应及时清除松动石块；土质地层开挖后应及时夯实整平边(仰)坡。

4.1.3.5　洞门端墙处的土石方，应视地层稳定程度、洞口施工季节和隧道施工方法等选择施工时机和施工方法。

4.1.3.6　洞口施工宜避开降雨期和融雪期。在严寒地区施工，应按冬季施工的有关规定办理。

4.1.3.7　不得采用深眼大爆破开挖边(仰)坡。

4.1.3.8　开挖中应随时检查边坡和仰坡，如有滑动、开裂等现象，应适当放缓坡度，保证边(仰)坡稳定和施工安全。

4.1.3.9　开挖的土石方不得弃在危害边坡及其他建筑物稳定的地点，并不得影响运输安全。

4.1.3.10　洞口支挡工程应结合土石方开挖一并完成。

4.1.4　当洞口可能出现地层滑坡、崩塌、偏压时，应采取下列相应的预防措施：

(1)滑坡　可采取地表锚杆、深基桩、挡墙、土袋或石笼等加固措施。

(2)崩塌　可采取喷射混凝土、地表锚杆、锚索、防落石棚、化学药液注浆加固等措施。

(3)偏压　可采取平衡压重填土、护坡挡墙或对偏压上方地层挖切等措施，以减轻偏压力。

(4)开挖中对地层动态应进行监控量测，检查各种处理措施的可靠性。

4.1.5　开挖进洞时，宜用钢支撑紧贴洞口开挖面进行支护，围岩差时可用管棚支护围岩，支撑作业应紧跟开挖作业，稳妥前进。

4.1.6　洞门衬砌施工应按《钢筋混凝土工程施工及验收规范》(GBJ 204)的有关规定办理，并符合以下要求：

(1)土质地基应整平夯实，土层松软时，应加碎石，人工夯实，将基础置于稳固的地基上。

(2)基础处的渣体杂物、风化软层和积水应清除干净。

(3)洞门衬砌拱墙应与洞内相联的拱墙同时施工，连成整体。如系接长明洞，则应按设计要求采取加强连接措施，确保与已成的拱墙连接良好。

(4)端墙施工放样时，应保证位置准确和墙面坡度平顺。

(5)灌注混凝土时应保证模板不移动。

(6)洞门端墙的砌筑与墙背回填应两侧同时进行，防止对衬砌边墙产生偏压。

(7)洞门衬砌完成后，及时处治洞门上方仰坡脚受破坏处。当边(仰)坡地层松软、破碎时，应采取坡面防护措施。

(8)当端墙顶水沟砌筑在填土上时，填土必须夯实。

(9)洞门的排水、截水设施应与洞门工程配合施工，并应与路堑排水系统连通。

4.2 明洞工程

4.2.1 明洞衬砌施工可选用下列几种方法：

(1)当边坡能暂时稳定时，可采用先墙后拱法。

(2)当边坡稳定性差，但拱脚承载力较好，能保证拱圈稳定时，可采用先拱后墙法。

(3)半路堑式明洞施工时，可采用墙拱交替法，且宜先做外侧边墙，继做拱圈，再做内侧边墙。

(4)当路堑式明洞拱脚地层松软，不能采用先拱后墙法施工时，可待起拱线以上挖成后，采用跳槽挖井法先灌筑两侧部分边墙，再做拱圈，最后做其余边墙。

(5)具备相应的机具条件时，可采用拱墙整体灌筑。

4.2.2 明洞衬砌边墙基础和遮光棚支柱基础等应设置在稳固地基上。如边墙基础挖到设计标高后，地质情况及允许承载力与设计要求不符时，应及时进行处理。明洞地段土石方开挖按本章4.1.3条执行。

基础混凝土灌注前必须排除基坑内积水，并对基底进行固化处理。边墙基础应采用与边墙同级混凝土一次浇筑而成。

4.2.3 明洞衬砌施工应注意下列事项：

(1)灌注混凝土前应复测中线和高程，衬砌不得侵入设计轮廓线。

(2)拱圈应按断面要求制作定型挡头板、外模和骨架，并应采取防止走模的措施。

(3)采取跳槽边墙浇筑拱圈时，应加强对拱脚的基底处理，保持拱脚稳定；当拱脚基底过深时，应先浇筑基础托梁，必要时加设锚杆使拱脚混凝土与岩壁连接牢固，防止拱脚基底松动沉落。

(4)浇筑拱圈混凝土达到设计强度70%以上时，方可拆除内外支模拱架。

(5)各类棚洞的钢筋混凝土盖板梁宜采用预制构件，用吊装法架设，墙顶支座槽应用水泥砂浆填塞紧密。

4.2.4 明洞衬砌完成后进行回填时，应符合下列要求：

4.2.4.1 在拱圈外模拆除后应立即做好防水层及拱脚处的纵向盲沟，保证排水顺畅。

4.2.4.2 墙背回填应两侧同时进行。墙底部应铺填0.5～1.0m厚碎石并夯实，然后向上回填。石质地层中墙背与岩壁空隙不大时，可采用与墙身同级混凝土回填；空隙较大时，可采用片石混凝土或浆砌片石回填密实。土质地层，应将墙背坡面开凿成台阶状，用干砌片石分层码砌，缝隙用碎石填塞紧密，不得任意抛填土石。

4.2.4.3 明洞拱背回填应对称分层夯实，每层厚度不得大于0.3m，其两侧回填的土面高差不得大于0.5m。回填至拱顶齐平后，应立即分层满铺填筑至要求高度。

4.2.4.4 使用机械回填应待拱圈混凝土强度达到设计强度且由人工夯实填至拱顶以上1.0m后方可进行。

4.2.4.5 拱背回填需做黏土隔水层时，隔水层应与边、仰坡搭接良好，封闭紧密，防止地表水下渗影响回填体的稳定。

4.2.4.6 明洞背后敷设或喷涂防水层时，应符合本规范10.3节有关要求。

4.2.5 明洞与暗洞衔接施工宜采用先拱后墙法。在仰坡暂时能稳定时，宜由内向外进行施工；在仰坡易坍塌的情况下，宜先将明洞拱圈灌筑到仰坡脚，再由内向外做洞内拱圈，并确保仰坡稳定。明洞与暗洞拱圈应连接良好。

4.3 浅埋段工程

4.3.1 浅埋段和洞口加强段的开挖施工，应根据地质条件、地表沉陷对地面建筑物的影响以及保障施工安全等因素选择开挖方法和支护方式，并应符合下列规定：

(1)根据围岩及周围环境条件，可优先采用单侧壁导坑法、双侧壁导坑法或留核心土开挖法；围岩的完整性较好时,可采用多台阶法开挖。严禁采用全断面法开挖。

(2)开挖后应尽快施作锚杆、喷射混凝土、敷设钢筋网或钢支撑。当采用复合衬砌时,应加强初期锚喷支护。Ⅱ类以下围岩,应尽快施作衬砌,防止围岩出现松动。锚喷支护及构件支撑的施工应符合本规范第7章的要求。

(3)锚喷支护或构件支撑,应尽量靠近开挖面,其距离应小于1倍洞跨。

4.3.2 浅埋段的地质条件很差时,宜采用地表锚杆、管棚、超前小导管、注浆加固围岩等辅助方法施工。

4.3.3 控制地表沉降,应采取如下技术措施:

(1)宜采用单臂掘进机或风镐开挖,减少对围岩的扰动;当采取爆破开挖时,应短进尺、弱爆破。

(2)打设拱脚锚杆,提高拱脚处围岩的承载力。

(3)及时施作仰拱或临时仰拱。

(4)地质条件差或有涌水时,宜采用地表预注浆结合洞内环形固结注浆。

(5)加强对地表下沉、拱顶下沉的量测及反馈,以指导施工。量测频率宜为深埋段时的2倍。

5 开挖

5.1 一般规定

5.1.1 开挖方式和开挖方法应按本规范1.0.3条的原则确定，并应具有较大适应性。变换开挖方法时，应有过渡措施。

5.1.2 人力开挖方式只限于其他开挖方式不宜采用或在围岩不稳定的土质隧道中应用。低等级公路的短隧道可采取人力开挖方式。

5.1.3 开挖作业应遵守下列规定：

(1)合理确定开挖步骤和循环进尺，保持各开挖工序相互衔接，均衡施工。

(2)开挖断面尺寸应符合设计要求。

(3)爆破后，对开挖面和未衬砌地段应进行检查，对可能出现的险情，应采取措施及时处理。

(4)开挖作业中，不得损坏支护、衬砌和设备，并应保护好量测用的测点。

(5)做好地质构造的核对和素描，地质变化处和重要地段，应有照片记载。

5.1.4 岩石隧道的爆破应采用光面爆破或预裂爆破技术，施工中应提高钻眼效率和爆破效果，降低工料消耗。

5.1.5 开挖爆破应选用适当的炸药品种和型号，在漏水和涌水地段应采用非电导爆管起爆。

5.1.6 爆破作业及火药物品的管理，必须遵守现行的国家标准《爆破安全规程》的有关规定。对有瓦斯溢出的隧道，应根据工点的地质情况、瓦斯溢出程度和设备条件，制定适宜的施工方案。

5.1.7 隧道双向开挖接近贯通时，两端施工应加强联系，统一指挥，并采取浅眼低药量，控制爆破。当两开挖面间的距离剩下15m时，应改为单向开挖，直到贯通为止。

5.1.8 双洞开挖时，应根据两洞的轴线间距、洞口里程距离、地质条件及其他自然条件，选择适宜的开挖方法，确定好两洞开挖的时间差，并采取措施防止后行洞开挖对先行洞周壁产生不良影响。

5.2 开挖方法

5.2.1 开挖方法应考虑围岩条件，并与支护衬砌施工相协调。开挖方法及开挖、支护顺序图见附录A。

5.2.2 开挖方法的适用范围和施工要求如下：

5.2.2.1 全断面法适用于Ⅵ~Ⅳ类围岩。该法可采用深孔爆破，其深度可取3~3.5m。全断面法不适用于3车道隧道和停车带区段开挖。

5.2.2.2 台阶法适用于Ⅳ~Ⅱ类较软或节理发育的围岩，其施工要求如下：

(1)上下台阶之间的距离，应能满足机具正常作业，并减少翻渣工作量。

(2)当顶部围岩破碎，施工支护需紧跟时，可适当延长台阶长度，减少施工干扰。

(3)台阶不宜多分层，装渣机械应紧跟开挖面，以减少扒渣距离。

5.2.2.3 台阶分部开挖法适用于Ⅲ~Ⅱ类围岩或一般土质围岩地段。一般环形开挖进尺不应过长，以0.5~1.0m为宜。

5.2.2.4 导坑法适用于Ⅲ~Ⅱ类围岩。下导坑适用于探查开挖面前方地下水情况；中央导坑适用于处理膨胀压力地层；上导坑适用于洞口段辅助开挖。各工序安排应紧凑，支护及时，保证施工安全。

5.2.2.5 单侧壁导坑法适用于围岩较差、跨度大、埋层浅、地表沉降需要控制的场合。中壁墙的拆除，必须待围岩完全稳定后方可进行。

5.2.2.6 双侧壁导坑法适用于浅埋大跨度隧道及地表下沉量要求严格而围岩条件很差的情况。施工中应注意各工序的合理安排，加强洞内施工管理和围岩监测工作，并掌握好两壁墙的拆除时间。

5.2.2.7 Ⅰ类围岩必须按辅助施工方法的要求进行处理后方可开挖。

5.2.3 当衬砌采用先拱后墙施工时，下部断面开挖应符合下列要求：

(1)拱圈混凝土达到设计强度70%之后方可进行下部断面的开挖。

(2)可采取扩大拱脚、打设拱脚锚杆、加强纵向联结等措施，加固拱脚。

(3)下部边墙开挖后，应按设计规定及时做好支护。

(4)应及时量测拱顶、拱脚和边墙中部的位移，当变形速率有增大趋势时，应立即采取仰拱封闭或其他有效措施，保证围岩和衬砌尽快处于稳定状态。

5.2.4 边墙马口跳槽的开挖，一般应错开施工，围岩状态较好时可采取对开施工，并符合下列要求：

5.2.4.1 宜采取长短马口结合，减少跳槽次数。首轮马口长度，Ⅳ~Ⅲ类围岩不宜大于4m，Ⅱ~Ⅰ类围岩不宜大于2m。

5.2.4.2 首轮马口的中心宜选在拱圈接缝处，并应注意岩层倾斜和稳定情况，防止顺层坍滑。

5.2.4.3 回头马口开挖必须待相邻边墙封口24h后进行；有侧压力时，应在封口3d后进行。

5.2.4.4 洞口加强段开挖马口，拱圈悬臂长度不得超过首轮马口长度。

5.2.5 导坑开挖或中槽开挖应采取多循环，并符合以下要求：

(1)导坑断面应根据地质条件、支护形式、机具设备和运输、通风、排水的要求以及作业安全要求等来确定。

(2)各类临时支撑不得妨碍坑内运输作业。

(3)在地质条件较好时，下导坑可保持较长的超前距离。

(4)当为硬质地层时，下导坑底部应一次挖至隧道底设计标高；上导坑应一次挖至隧道顶开挖轮廓线。

5.2.6 分部开挖扩大时，应符合下列要求：

(1)开挖应顺帮打眼，周壁采用光面爆破。

(2)围岩压力较大时，分部开挖应与支撑配合进行。

(3)当洞口段地质较差或覆盖层较薄时，应在洞内稳定地层处向洞口方向逐步扩挖和浇筑拱圈，保证洞口段施工安全。

(4)当分层扩大时，应加强断面测量工作，防止超欠挖；并配合出渣进行断面检查，清除欠挖，处理危石。

5.2.7 仰拱部位开挖时，可采取整幅开挖或半幅开挖，并应符合下列要求：

(1)挖至设计要求深度，底面平顺，清除渣物。

(2)排净积水，做好排水设施。

(3)隧道底两隅与侧墙连接处应平顺开挖，避免引起应力集中。

(4)当遇变形很大的膨胀性围岩时，底面及其两隅应预先打入锚杆或采取其他加固措施后，再行开挖，其方法和规定可按本规范14.2节执行。

(5)仰拱部开挖时，应采取措施保证洞内临时交通畅通。

5.3 超欠挖控制

5.3.1 应严格控制欠挖。当岩层完整、岩石抗压强度大于30MPa并确认不影响衬砌结构稳定和强度时，允许岩石个别突出部分(每1m^2内不大于0.1m^2)欠挖，但其隆起量不得大于5cm。拱、墙脚以上1m内断面严禁欠挖。

5.3.2 应尽量减少超挖，不同围岩地质条件下的允许超挖值规定见表5.3.2。当采用特殊方法支护时，允许超挖量应适当降低。

允许超挖值(单位:cm)　　表 5.3.2

开挖部位 \ 围岩条件类别	硬岩,一般相当于 VI 类围岩	中硬岩、软岩相当于 V ~ III 类围岩	破碎松散岩石及土质,相当于 II ~ I 类围岩(一般不需爆破开挖)
拱部	平均 10 最大 20	平均 15 最大 25	平均 10 最大 15
边墙、仰拱、隧底	平均 10	平均 10	平均 10

注:①硬岩是指岩石抗压极限强度 $R_b > 60\text{MPa}$,中硬岩 $R_b = 30 \sim 60\text{MPa}$,软岩 $R_b < 30\text{MPa}$。

②平均线性超挖值 $= \dfrac{\text{超挖面积}}{\text{爆破设计开挖断面周长(不包括隧底)}}$。

③最大超挖值系指最大超挖处至设计开挖轮廓切线的垂直距离。

④表列数值不包括测量贯通误差、施工误差。如采用预留支撑沉落量时,不应再计超挖值。

5.3.3 应采取光面爆破、提高钻眼精度、控制药量等措施,并提高作业人员的技术水平,将超挖控制在允许值以内。

5.3.4 测定超挖量应根据现场条件采用切实可行的测定方法。一般可采取下列方法:

(1)由出渣量或衬砌混凝土量推算;

(2)通过激光投影仪直接测定开挖面面积;

(3)用断面测定仪量测。

5.3.5 采用复合式衬砌时,隧道的开挖轮廓应预留变形量,当设计无规定时,可按表 5.3.5 选用。

开挖轮廓预留变形量(单位:cm)　　表 5.3.5

围岩类别	IV	III	II	I
预留变形量	3 ~ 5	5 ~ 7	7 ~ 10	特殊设计

注:①本表按 2 车道隧道考虑。

②有明显流变和膨胀性岩体,应根据量测信息反馈计算分析选定。

③3 车道隧道应另行确定预留变形量。

5.3.6 当采用构件支撑时,如围岩压力较大,支撑可能沉落或局部支撑难于拆除时,应适当加大开挖断面,预留支撑沉落量,保证衬砌设计厚度。预留支撑沉落量应根据围岩性质和围岩压力,并在施工过程中根据量测结果进行调整。

5.4 钻爆设计

5.4.1 钻爆设计应根据工程地质条件、开挖断面、开挖方法、掘进循环进尺、钻眼机具、爆破材料和出渣能力等因素综合考虑。

钻爆设计的内容应包括:炮眼(掏槽眼、辅助眼、周边眼)的布置、数目、深度和角度、装药量和装药结构、起爆方法和爆破顺序等。设计图应包括:炮眼布置图、周边眼装药结构图、钻爆参数表、主要技术经济指标及必要的说明。

5.4.2 硬岩宜采用光面爆破,软岩宜采用预裂爆破,分部开挖时可采用预留光面层光面爆破。

5.4.3 采用光面爆破时,应满足以下技术要求:

(1)根据围岩特点合理选择周边眼间距及周边眼的最小抵抗线。

(2)严格控制周边眼的装药量,并使药量沿炮眼全长合理分布。

(3)周边眼宜采用小直径药卷和低爆速炸药。可借助传爆线以实现空气间隔装药。

(4)采用毫秒雷管微差顺序起爆,应使周边爆破时产生临空面。周边眼同段的雷管起爆时差应尽可能小。

(5)各光面爆破参数如周边眼间距(E)、最小抵抗线(V)、相对距(E/V)和装药集中度(q)等,应采用工程类比或根据爆破漏斗及成缝试验确定,爆破成缝试验可按附录 B 进行。在无条件试验时,可按表 5.4.3 选用。

光面爆破诸参数

表 5.4.3

参数 岩石种类	饱和单轴抗压极限强度 R_b(MPa)	装药不偶合系数 D	周边眼间距 E(cm)	周边眼最小抵抗线 V(cm)	相对距 E/V	周边眼装药集中度 q(kg/m)
硬岩	>60	1.25~1.50	55~70	70~85	0.8~1.0	0.30~0.35
中硬岩	30~60	1.50~2.00	45~60	60~75	0.8~1.0	0.20~0.30
软岩	≤30	2.00~2.50	30~50	40~60	0.5~0.8	0.07~0.15

注:①软岩隧道光面爆破的相对距宜取小值。

②装药集中度按 2 号岩石硝铵炸药考虑,当采用其他炸药时,应进行换算。换算指标主要是猛度和爆力(平均值)。换算系数 K 按下式计算:

$$K=\frac{1}{2}\left(\frac{2\text{号岩石炸药猛度}}{\text{换算炸药猛度}}+\frac{2\text{号岩石炸药爆力}}{\text{换算炸药爆力}}\right)$$

5.4.4 预裂爆破诸参数可在现场由爆破成缝试验获得。在无条件试验时,可按表 5.4.4-1 选用。预留光面层光面爆破参数可按表 5.4.4-2 选用。

预裂爆破诸参数

表 5.4.4-1

参数 岩石种类	饱和单轴抗压极限强度 R_b(MPa)	装药不偶合系数 D	周边眼间距 E(cm)	周边眼至内圈崩落眼间距(cm)	周边眼装药集中度 q(kg/m)
硬岩	>60	1.2~1.3	40~50	40	0.35~0.40
中硬岩	30~60	1.3~1.4	40~45	40	0.25~0.35
软岩	≤30	1.4~2.0	30~40	30	0.09~0.19

预留光面层光面爆破诸参数

表 5.4.4-2

参数 岩石种类	饱和单轴抗压极限强度 R_b(MPa)	装药不偶合系数 D	周边眼间距 E(cm)	周边眼最小抵抗线 V(cm)	相对距 E/V	周边眼装药集中度 q(kg/m)
硬岩	>60	1.25~1.50	60~70	70~80	0.7~1.0	0.20~0.30
中硬岩	30~60	1.50~2.00	40~50	50~60	0.8~1.0	0.10~0.15
软岩	≤30	2.00~2.50	40~50	50~60	0.7~0.9	0.07~0.12

注:①表的适用范围:炮眼深度 1.0~3.5m,炮眼直径 40~50mm,药卷直径 20~32mm。

②炸药换算系数按表 5.4.3 注②所示的公式计算。

5.4.5 周边眼参数的选用应遵守下列原则:

(1)当断面较小或围岩软弱、破碎或在曲线、折线处开挖成形要求高时,周边眼间距 E 应取较小值。

(2)抵抗线 V 应大于周边眼间距。软岩在取较小的周边眼间距的同时,抵抗线应适当增大。

(3)对于软岩或破碎性围岩,周边眼的相对距 E/V 应取较小值。

5.4.6 爆破开挖一次进尺应根据围岩条件确定。开挖软弱围岩时,应控制在 1~2m 之内;开挖坚硬完整的围岩时,应根据周边炮眼的外插角及允许超挖量确定。

硬岩隧道全断面开挖,眼深为 3~3.5m 的深眼爆破时,单位体积岩石的耗药量可取 0.9~2.0 kg/m^3;采用半断面或台阶法开挖,眼深为 1.0~3.0m 的浅眼爆破时,单位耗药量可取 0.4~0.8kg/m^3。

5.4.7 炮眼布置应符合下列要求:

5.4.7.1 掏槽炮眼布置在开挖断面的中央稍靠下部,以使底部岩石破碎,减少飞石。

5.4.7.2 周边炮眼应沿设计开挖轮廓线布置。

5.4.7.3 辅助炮眼应交错均匀地布置在周边眼与掏槽眼之间,并垂直于开挖面打眼,力求爆下的石渣块体大小适合装渣的要求。

5.4.7.4 开挖断面底面两隅处,应合理布置辅助眼,适当增加药量,消除爆破死角。断面顶部应控制药量,防止出现超挖。

5.4.7.5 宜用直眼掏槽,眼深小于 2m 时可用斜眼掏槽,两个掏槽炮眼间距不得小于 20cm。

5.4.7.6 斜眼掏槽的炮眼方向,在岩层层理或节理发育时,不得与其平行,应呈一定角度并尽量与其垂直。

5.4.7.7 周边炮眼与辅助炮眼的眼底应在同一垂直面上，保证开挖面平整。但掏槽炮眼应比辅助炮眼眼底深10cm。

5.4.8 掏槽中空孔的孔数、布置型式及其与装药眼的间距，应根据中空孔和装药眼的直径、深度、地质条件和装药眼起爆顺序等来确定。

当中空孔孔径为10cm时，深眼爆破可采用三中空孔型式或双中空孔型式；浅眼爆破可采取单中空孔型式。

5.4.9 装药型式应按掏槽眼孔径 r_h 与药卷径 r_c 的比值 D（不偶合系数）确定，也可按两者的体积之比 D'确定，D 值可取2左右，D'值可取4～6。

选用小直径药卷时，应防止爆炸中断现象。岩石很软时可采用导爆管装药型式。眼深小于2m时，可采用空气柱装药型式。硬岩或炮眼较深时，眼底可装一节加强药包，以保证爆破效果。

5.4.10 当采用全断面开挖或台阶开挖时，应采用导爆管、毫秒雷管起爆周边眼，不得采用火花起爆。开挖断面一次起爆时，如毫秒雷管的间隔时间小，周边眼的雷管应与内圈炮眼的雷管跳段起爆，二段炮眼之间起爆时差可取50～100ms。

5.4.11 对内圈眼的爆破诸参数应加以严格控制，防止围岩过度龟裂。

5.4.12 导坑或局部开挖，宜采用浅眼爆破，防止振动对支撑结构产生不良影响。

5.4.13 当钻爆设计与围岩条件不相适应时，应及时调整使其合理。

5.5 钻爆作业

5.5.1 钻爆作业必须按照钻爆设计进行钻眼、装药、接线和引爆。

5.5.2 钻眼前应定出开挖断面中线、水平线和断面轮廓，标出炮眼位置，经检查符合设计要求后方可钻眼。

5.5.3 炮眼的深度、角度、间距应按设计要求确定，并应符合下列精度要求：

(1)掏槽眼　眼口间距误差和眼底间距误差不得大于5cm。

(2)辅助眼　眼口排距、行距误差均不得大于5cm。

(3)周边眼　沿隧道设计断面轮廓线上的间距误差不得大于5cm，周边眼外斜率不得大于5cm/m，眼底不超出开挖断面轮廓线10cm，最大不得超过15cm。

(4)内圈炮眼至周边眼的排距误差不得大于5cm，炮眼深度超过2.5m时，内圈炮眼与周边眼宜采用相同的斜率。

(5)当开挖面凸凹较大时，应按实际情况调整炮眼深度，并相应调整装药量，力求除掏槽眼外的所有炮眼眼底在同一垂直面上。

5.5.4 应根据钻爆设计要求选定钻眼效率高的钻眼机械。当采用液压式多臂凿岩台车作业时，应密切注意钻眼石屑的排除情况，保护好钻头。

5.5.5 钻眼完成后，应按炮眼布置图进行检查并做好记录，有不符合要求的炮眼应重钻，经检查合格后才能装药爆破。

5.5.6 装药前应将炮眼内泥浆、石屑吹洗干净。已装药的炮眼应及时用炮泥堵塞密封。周边眼的堵塞长度不宜小于20cm，采用预裂爆破时，应从药卷顶端进行堵塞，不得只堵塞在眼口。

5.5.7 采用电力起爆时，除应按国家现行《土方和爆破工程施工及验收规范》的有关规定执行外，尚应遵守下列规定：

(1)装药前电灯及电线应撤离开挖面，装药时可用投光灯、矿灯、风灯照明；

(2)起爆主导线应敷设在电线和管路的对侧，不得已设在同一侧时，与钢轨、管道等导电体的间距必须大于1.0m，并悬空架设；

(3)多工序掘进依次放炮时，应检查主线的连接，确认起爆顺序无误后方可起爆；

(4)在地下水较多的地段，所用爆炸材料应能防水，连接线应采用塑料导线，敷设爆破网路时接头不得浸在水中，如不能避免时应加强接头的防水与绝缘处理。

5.5.8 周边眼宜一次同时起爆。当必须对爆破震动加以控制时,周边眼可根据地质条件分组起爆。

5.5.9 爆破后,开挖断面应进行检查并符合下列要求:

(1)欠挖或超挖量应符合本规范5.3.1条和5.3.2条的规定。

(2)周边炮眼痕迹保存率可按式(5.5.9)计算:

$$\text{周边炮眼痕迹保存率} = \left(\frac{\text{残留有痕迹的炮眼数}}{\text{周边眼总数}}\right) \times 100 \tag{5.5.9}$$

炮眼痕迹保存率可依岩质不同而有不同要求,即应满足:硬岩≥80%,中硬岩≥70%,软岩≥50%。周边炮眼痕迹应在开挖轮廓面上均匀分布。

(3)两茬炮衔接时出现的台阶形误差不得大于15cm。

5.5.10 开挖过程中,应监测围岩爆破扰动深度以及爆破震动对周围其他结构物的破坏程度。监测爆破震动应注意以下事项:

(1)应考虑爆破方法、药量、距离、地质状况等因素,确定爆破最大振幅、频率。

(2)监测爆破对地面的震动影响,宜在铅垂方向及相正交的二个水平方向(其中一方向为爆破点方向)上同时测定。

(3)监测爆破震动值的空间衰减情况时,至少应设3个测点。

5.5.11 钻爆机械和其他电动机械的使用、管理、维修和保养,应按有关规定办理,并遵守以下规定:

(1)机械运转不得超过其最大负荷强度。

(2)燃料、润滑油脂和用水应符合有关规定。

(3)严禁对机械及零部件乱拆乱卸,互换装用。

(4)新型机械使用前,应对操作人员进行技术培训,熟悉其性能,掌握机械的安全操作规程。

5.5.12 进行爆破时,所有人员应撤至安全地点,爆破后必须待有害气体排出后方可进至开挖面工作。

5.6 掘进机开挖

5.6.1 掘进机开挖可采用任意断面掘进机和全断面掘进机。选择机种时,应由地质条件、隧道断面尺寸和形状、隧道长度等来确定。

5.6.2 任意断面掘进机开挖适用于抗压极限强度小于20MPa的围岩,全断面掘进机开挖适用于抗压极限强度为20~100MPa的围岩。以下几种情况不宜采用掘进机开挖:

(1)岩石抗压极限强度超过100MPa和裂隙发育(裂隙间隔一般为30~40cm)的围岩;

(2)抗压极限强度在1.0MPa以下的断层破碎带或软弱泥岩以及湿胀性围岩;

(3)石英、柘榴石等硬质矿物成分含量过多的围岩;

(4)地下渗水量较大的围岩。

5.6.3 掘进机开挖前,应平整好场地,清除积水,创造良好的运转环境。当围岩干燥时,应在开挖面喷水或安设吸尘装置,防止粉尘扩散。

5.6.4 用钻臂式掘进机开挖时,应密切注意开挖面的稳定,并尽量减少超挖。用全断面隧道掘进机开挖时,应选择适合地质条件的刀具类型、刀盘转速及推力大小等;应进行周密的运转管理,防止蛇行,提高掘进速度。

5.6.5 应加强洞内车辆调度,统一管理,安排好各工序的施作时间。机械运转时,非操作人员应退至安全地点;发现异常情况,应立即停机。

6 出渣与运输

6.1 装渣与卸渣

6.1.1 装渣设备应选用能在隧道开挖断面内发挥高效率的机械，其装渣能力应与每次开挖土石方量及运输车辆的容量相适应。

6.1.2 装渣作业应符合下列要求：

(1)机械装渣作业应严格按操作规程进行，并不得损坏已有的支护及临时设备。

(2)采用有轨式装渣机械时，轨道应紧跟开挖面，调车设备应及时向前移动，或采用梭式矿车、转载机等设备进行连续装渣。

(3)漏斗装渣时，漏斗处应有防护设备和联络信号，装渣结束后漏斗处应加盖。

(4)在台阶或棚架上向下扒渣时，渣堆应稳定，防止滑坍伤人。

6.1.3 卸渣作业应符合下列要求：

(1)应根据弃渣场地形条件、弃渣利用情况、车辆类型，妥善布置卸渣线，卸渣应在布置的卸渣线上依次进行。

(2)卸渣宜采用自动卸渣或机械卸渣设备，卸渣时有专人指挥卸渣、平整。

(3)卸渣场地应修筑永久排水设施和其他防护工程，确保地表径流不致冲蚀弃渣堆。

(4)轨道运输卸渣时，卸渣码头应搭设牢固，并设挂钩、栏杆，轨道末端应设置可靠的挡车装置。

6.2 运输

6.2.1 运输方式分有轨式和无轨式，应根据隧道长度、开挖方法、机具设备、运量大小等选用。

6.2.2 长隧道施工时，应根据施工安排编制运输计划，统一调度，确保车辆运输安全，提高运输效率。

6.2.3 采用有轨式运输时，洞外应根据需要设置调车、编组、出渣、进料、设备整修等作业线路。洞内宜铺设双道；在单道地段，错车线的有效长度应符合最长列车运行的要求。

6.2.4 有轨式运输的线路铺设标准和要求如下：

(1)钢轨人力推运时，单位长度钢轨质量不应小于8kg/m；机动车牵行时不宜小于24kg/m。钢轨配件、夹板、螺栓必须按标准配齐。

(2)道岔型号　应与钢轨类型相配合。机动车牵引宜选用较大的型号，并安装转辙器。

(3)轨枕　间距不宜大于70cm，长度为轨距加60cm。轨枕的上下面应平整。在道岔处应铺设长轨枕。

(4)平曲线半径　洞内不应小于机动车或车辆轴距的7倍，洞外不应小于10倍。

(5)道床　可利用洞内不易风化的石碴作为道砟，厚度不宜小于15cm。

(6)线间距　双道的线间距应保持两列车间净距大于20cm，错车线处应大于40cm。

(7)车辆距坑道壁或支撑边缘的净距　应不小于20cm，单道一侧的人行道宽度不宜小于70cm。

(8)纵坡　洞内人力推车时不宜大于1.5%；机动车牵引时不宜大于2.5%；皮带运输机输送时不宜大于25%。洞外卸渣线末端应设0.5%~1.0%的上坡段。

(9)线路铺设　轨距允许误差为：+6mm、-4mm，曲线地段应按规定加宽和设超高，必要时加设轨距拉杆；直线地段应两轨平整。钢轨接头处应并排铺设两根枕木，保持平顺，连接配件应齐全牢固。

(10)当采用新型轨式机械设备时，线路铺设标准应符合机械规格、性能的要求，保证运输安全。

6.2.5 有轨运输作业应遵守下列规定：

(1)机动车牵引不得超载。

(2)车辆装载的高度不超过斗车顶面40cm，宽度不超过车宽。

(3)列车连接必须良好。利用机车进行车辆的调车、编组和停留或人力推运车辆时，必须有可靠的制动装置，严禁溜放。

(4)车辆在同方向行驶时，两组列车间的距离不得小于60m；人力推斗车时，间距不得小于20m。

(5)在洞内施工地段、视线不良的弯道上或通过道岔和洞口平交道等处，机动车牵引的列车运行速度不宜超过5km/h；其他地段在采取有效的安全措施后，最大速度不应超过15km/h。

(6)轨道旁的料堆，距钢轨外缘不应小于50cm，高度不大于100cm。

(7)长隧道施工应有载人列车供施工人员上下班使用，并应制定保证安全的措施。

6.2.6 洞内采用无轨式自卸卡车运输时，运输道路宜铺设简易路面。道路的宽度及行车速度应符合下列要求：

(1)单车道净宽不得小于车宽加2m，并应隔适当距离设置错车道；双车道净宽不得小于2倍车宽加2.5m；会车视距宜为40m。

(2)行车速度，在施工作业地段和错车时不应大于10km/h；成洞地段不宜大于20km/h。

6.2.7 运输线路或道路应设专人按标准要求进行维修和养护，使其经常处于平整、畅通。线路或道路两侧的废渣和余料应随时清除。

6.2.8 运输车辆的性能必须良好，操作时应符合有关的安全管理规定。

6.2.9 先拱后墙法施工中，如采用卡口梁作运输栈道时，在卡口梁下应加设立柱支顶，以保证栈道上运输安全。

7 施工支护

7.1 一般规定

7.1.1 施工支护应配合开挖及时施作，确保施工安全。

7.1.2 选择支护方式时，应优先采用锚杆、喷射混凝土或锚喷联合作为临时支护。在软弱围岩中采用锚喷支护时，应根据地质条件结合辅助施工方法综合考虑。

7.1.3 对不同类别的围岩，应采用不同结构形式的施工支护。

7.1.3.1 Ⅵ类围岩可不支护，Ⅴ类围岩支护时，宜采用局部喷混凝土或局部锚杆。为防止岩爆和局部落石，可局部加拴钢筋网。

7.1.3.2 Ⅳ～Ⅲ类围岩可采用锚杆、锚杆挂网、喷混凝土或锚喷联合支护。Ⅲ类围岩必要时可加设钢架。

7.1.3.3 Ⅱ～Ⅰ类围岩宜采用锚喷挂网的联合支护形式，并可结合辅助施工方法进行施工支护。

7.1.3.4 当地质条件差，围岩不稳定时，可采用构件支撑。

7.1.4 施作锚杆、喷射混凝土和构件支撑时，应做好记录。

7.2 锚杆施工

7.2.1 采用系统锚杆作为衬砌结构的一部分时，应符合设计要求和《公路隧道设计规范》(JTJ 026—90)第7章有关规定。

7.2.2 锚杆安设作业应在初喷混凝土后及时进行。

7.2.3 锚杆施工的准备工作如下：

(1)检查锚杆材料、类型、规格、质量以及性能是否与设计相符。

(2)根据锚杆类型、规格及围岩情况选择钻孔机具。

(3)采用砂浆锚杆时，应按设计要求截取杆体，并整直、除锈和除油。

(4)采用楔缝式锚杆时，应检查杆体长度，楔缝、楔块、螺母与螺栓的尺寸和配合情况。

7.2.4 钻孔前应根据设计要求定出孔位，作出标记，孔位允许偏差为±15mm。

7.2.5 钻孔应符合以下要求：

7.2.5.1 钻孔应圆而直，钻孔方向宜尽量与岩层主要结构面垂直。

7.2.5.2 水泥砂浆锚杆孔径应大于杆体直径15mm；其他型式锚杆孔径应符合设计要求。

7.2.5.3 钻孔深度应满足下列要求：

(1)水泥砂浆锚杆孔深允许偏差为±50mm。

(2)楔缝式锚杆孔深不应小于杆体有效长度，且不应大于杆体有效长度30mm。

(3)树脂锚杆和早强药包锚杆孔深应与杆体长度配合恰当。

7.2.6 普通水泥砂浆锚杆的施工要求如下：

7.2.6.1 砂浆配合比(质量比)：水泥∶砂∶水宜为1∶1～1.5∶(0.45～0.5)，砂的粒径不宜大于3mm。

7.2.6.2 砂浆应拌和均匀，随拌随用，一次拌和的砂浆应在初凝前用完。

7.2.6.3 灌浆作业应遵守以下规定：

(1)注浆开始或中途暂停超过30min时，应用水润滑灌浆罐及其管路。

(2)注浆孔口压力不得大于0.4MPa。

(3)注浆管应插至距孔底5~10cm处,随水泥砂浆的注入缓慢匀速拔出,随即迅速将杆体插入,锚杆杆体插入孔内的长度不得短于设计长度的95%。若孔口无砂浆流出,应将杆体拔出重新注浆。

7.2.6.4 锚杆安设后不得随意敲击,其端部3d内不得悬挂重物。

7.2.7 早强水泥砂浆锚杆的施工要求如下:

(1)早强水泥砂浆锚杆施工应遵守本节7.2.6条规定。

(2)早强水泥砂浆锚杆采用硫铝酸盐早强水泥并掺早强剂。

(3)注浆作业开始或中途停止超过30min时,应测定砂浆坍落度,其值小于10mm时,不得注入罐内使用。

7.2.8 楔缝锚杆(包括胀壳式锚杆)的施工要求如下:

(1)楔缝式锚杆安装前,应将杆体与部件(楔子、胀壳、托钣)组装好;锚杆插入钻孔时楔子不得偏斜或脱落,锚头必须楔紧,保证锚固可靠;安设杆体后应立即上好托钣,拧紧螺帽。锚杆施加预张拉力时,其拧紧力矩不应小于100N·m。

(2)打紧楔块时不得损坏丝扣。

(3)楔缝锚杆一昼夜后应再次紧固,以后还要定期检查,如发现有松弛情况,应再行紧固。

(4)楔缝式锚杆只能作为临时支护,如作为永久支护应补注水泥浆或水泥砂浆。

7.2.9 树脂锚杆的施工要求如下:

(1)安装前应检查树脂卷质量,变质者不得使用。

(2)安装时用杆体将树脂卷送入孔底,用搅拌器搅拌树脂时应缓缓推进杆体,搅拌时间一般为30s。搅拌完毕后将孔口处杆件临时固定,15min后可安装托钣。

7.2.10 早强药包锚杆的施工应遵守本节7.2.2条、7.2.3条、7.2.5条规定。将药包推入孔内要配备专门工具,中途药包不得破裂。锚杆杆体插入时应注意旋转,使药包充分搅拌。

7.2.11 在有水地段,采用普通水泥砂浆锚杆时,如遇孔内流水,应在附近另行钻孔后再安设锚杆,亦可采用速凝早强药包锚杆或采用锚管锚杆向围岩压浆止水。

7.2.12 锚杆钻孔可采用一般凿岩机械,当在土层中钻孔时,宜采用干式排渣的回旋式钻机。注浆可采用风动牛角泵,也可使用挤压式注浆泵。

7.2.13 锚杆宜采用Ⅱ级钢筋制作。灌浆锚杆宜采用螺纹钢筋,杆体直径以16~22mm为宜。楔缝锚杆的杆体直径以16~25mm为宜。

7.3 喷射混凝土

7.3.1 应根据对喷射混凝土的质量要求和作业条件的要求,以及现场的维修养护能力等选定喷射方式,同时尚应考虑对粉尘和回弹量的限制程度。

7.3.2 喷射混凝土、砂浆材料应符合下列要求:

(1)水泥　应优先采用普通硅酸盐水泥,也可采用矿渣硅酸盐水泥;在软弱围岩中宜选用早强水泥。水泥标号不得低于425号,使用前应做强度复查试验。

(2)速凝剂　必须采用质量合格的产品。应注意保管,不使其变质。使用前应做速凝效果试验,要求初凝不超过5min,终凝不超过10min。应根据水泥品种、水灰比等,通过试验确定速凝剂的最佳掺量,并应在使用时准确计量。

(3)砂　喷射混凝土应采用硬质洁净的中砂或粗砂,细度模数宜大于2.5,含水率一般为5%~7%,使用前应一律过筛。

(4)石料　采用坚硬耐久的碎石或卵石,粒径不宜大于15mm,钢纤维喷射混凝土的碎石粒径不应大于10mm,且级配良好。当使用碱性速凝剂时,石料不得含活性二氧化硅。

(5)水　水质应符合工程用水的有关标准,水中不得含有影响水泥正常凝结与硬化的有害杂质。

(6)采用钢纤维喷射混凝土时,其钢纤维可用普通碳素钢,其抗拉强度不得低于380MPa,且不得有油渍及明显的锈蚀。钢纤维直径宜为0.3~0.5mm,长度宜为20~25mm,且不得大于25mm。钢纤维含量宜为混合料质量的3%~6%。钢纤维喷射混凝土强度等级不应低于C20。

7.3.3 喷射混凝土配合比应通过试验选定,满足设计强度和喷射工艺的要求。也可参照下列数据选择:

灰骨比 1∶4~1∶5

集料含砂率 45%~60%

水灰比 0.4~0.5

应增大混凝土与岩石的黏结力和减少回弹,初喷时,水泥∶砂∶石应取1∶2∶(1.5~2)。

软弱围岩条件下可考虑提高喷射混凝土强度等级。

7.3.4 混合料应拌和均匀,随拌随用,并采用强制搅拌机在短时间内完成,严禁受潮。

7.3.5 喷射混凝土的配合比及拌和均匀性每班检查不得少于两次。喷射混凝土材料计量,一般应以质量计算,其允许误差为:

水泥与速凝剂各为2%;砂与石料各为5%。

7.3.6 喷射混凝土作业应符合下列要求:

(1)在喷射混凝土之前,应用水或高压风管将岩壁面的粉尘和杂物冲洗干净。

(2)喷射中发现松动石块或遮挡喷射混凝土的物体时,应及时清除。

(3)喷射作业应分段、分片由下而上顺序进行,每段长度不宜超过6m。

(4)一次喷射厚度应根据设计厚度和喷射部位确定,初喷厚度不得小于4~6cm。

(5)喷射作业应以适当厚度分层进行,后一层喷射应在前一层混凝土终凝后进行。若终凝后间隔1h以上且初喷表面已蒙上粉尘时,受喷面应用高压气体、水清洗干净。岩面有较大凹洼时,应结合初喷予以找平。

(6)回弹率应予控制,拱部不超过40%,边墙不超过30%,挂钢筋网后,回弹率限制可放宽5%。应尽量采用经过验证的新技术,减少回弹率,回弹物不得重新用作喷射混凝土材料。

(7)喷射混凝土终凝2h后,应喷水养护,养护时间一般不少于7d。

7.3.7 喷射混凝土作业需紧跟开挖面时,下次爆破距喷混凝土作业完成时间的间隔,不得小于4h。

7.3.8 冬季施工时,喷射作业区的气温不应低于5C。在结冰的层面上不得喷射混凝土。混凝土强度未达到6MPa前,不得受冻。混合料应提前运进洞内。

7.3.9 采用钢筋网喷射混凝土时,可在岩面喷射一层混凝土后再进行钢筋网的铺设,并在锚杆安设后进行。钢筋网的铺设应符合下列要求:

(1)钢筋使用前应清除锈蚀。

(2)钢筋网应随受喷面的起伏铺设,与受喷面的间隙一般不大于3cm。

(3)钢筋网应与锚杆或其他固定装置连接牢固,在喷射混凝土时不得晃动。

7.3.10 采用钢架喷射混凝土时,钢架的型式、制作和架设应符合下列要求:

(1)钢架支撑可选用H型钢、工字钢、U型钢、钢轨、钢管或钢筋格栅等制作。钢架加工尺寸等应符合设计要求。

(2)钢架支撑必须具有必要的强度和刚度,刚架的设计强度,应保证能单独承受2~4m高的松动岩柱重量,其形状应与开挖断面相适应。

(3)支撑接头由螺栓连接牢靠,当作为衬砌骨架时,接头应焊接。

(4)格栅钢架的主筋材料应采用II级钢筋或I级钢筋,直径不小于22mm,联系钢筋可根据具体情况选用。

(5)钢管钢架应在钢管上设置注浆孔,架设后应注满水泥砂浆。

(6)钢架应按设计位置架设,钢架之间必须用纵向钢筋联结,拱脚必须放在牢固的基础上。钢架与围岩应尽量靠近,但应留2~3cm间隙作混凝土保护层。当钢架和围岩之间的间隙过大时应设垫块。如钢架支撑作为衬砌混凝土骨架时,应用预制混凝土背板或填块固定牢靠。

(7)钢架应垂直于隧道中线,上下、左右允许偏差±5cm,钢架倾斜度不得大于2°。拱脚标高不足时,不得用土、石回填,而应设置钢板进行调整,必要时可用混凝土加固基底。拱脚高度应低于上半断面底线15~20cm,当拱脚处围岩承载力不够时,应向围岩方向加大拱脚接触面积。

(8)当钢架喷射混凝土作为永久性支护结构时,钢架与围岩之间的间隙必须用喷射混凝土充填密实。间隙过大时,可用钢楔或混凝土楔块顶紧,其点数单侧不得少于8个。喷射混凝土应由两侧拱脚向上对称喷射,并将钢架覆盖。

7.3.11 有水地段喷射混凝土时应采取以下措施:

(1)当涌水点不多时,用开缝摩擦锚杆进行导水处理后再喷射;当涌水范围大时,设树枝状排水导管后再喷射;当涌水严重时,可设置泄水孔,边排水边喷射。

(2)改变配合比,增加水泥用量。先喷干混合料,待其与涌水融合后,再逐渐加水喷射。喷射时由远而近,逐渐向涌水点逼近,然后在涌水点安设导管,将水引出,再在导管附近喷射。

7.3.12 砂层地段喷射混凝土时应采取以下措施:

(1)紧贴砂层铺挂细钢筋网,并用ϕ22mm环向钢筋压紧;

(2)在正式喷射前应适当减小喷射机的工作气压,先喷射一层加大速凝剂掺量的水泥砂浆,再喷射混凝土。

7.3.13 喷射混凝土施工配套机具应符合以下要求:

(1)机具密封性能良好。

(2)输送连续、均匀,允许输送的最大集料粒径为25mm。

(3)输送距离(干混合料)应满足使用要求。

(4)输料管应具有良好的耐磨性能。

(5)生产能力(干混合料)为3~5m^3/h。

(6)混合料的拌和应采用强制式搅拌机。

(7)供水设施应保证喷头处的水压为0.15~0.2MPa。

7.3.14 喷射机使用过程中应遵守下列规定:

(1)对喷射机应随时保养维修,使之经常处于不漏气、不堵塞的良好工作状态。

(2)喷射机的工作气压应控制在0.1~0.15MPa。可根据喷出料束情况适当调节气压。喷头处的水压应大于气压(干喷时水压应比气压高0.05~0.1MPa左右)。

(3)喷头与受喷面宜垂直,距离应与工作气压相适应,以0.6~1.2m为宜。有钢筋网时,喷射距离可小于0.6m,喷射角度可稍偏一些,喷射混凝土应覆盖钢筋网2cm以上。

(4)严格控制水灰比,喷到岩面上的混凝土应湿润光泽,黏塑性好,无干斑或滑移流淌现象。

(5)控制喷层厚度,使其均匀,操作时喷头应不停且缓慢地作横向环形移动,循序渐进。

(6)作业完成后,喷射机和输料管内的积料必须及时清除干净。

(7)突然断水或断料时,喷头应迅速移离喷射面,严禁用高压气体、水冲击尚未终凝的混凝土。

(8)喷射作业人员必须穿戴安全防护用品。

7.4 锚喷支护的质量要求

7.4.1 喷射混凝土抗压强度检查应按下列要求进行:

7.4.1.1 隧道(2车道隧道)每10延米,至少在拱脚部和边墙各取一组试样,材料或配合比变更时另取一组,每组至少取三个试块进行抗压试验。

7.4.1.2 满足以下条件者为合格,否则为不合格。

(1)同批(指同一配合比)试块的抗压强度平均值,不低于设计强度或C20。

(2)任意一组试块抗压强度平均值,不得低于设计强度的80%。

(3)同批试块为3~5组时,低于设计强度的试块组数不得多于1组;试块为6~16组时,不得多于2组;17组以上,不得多于总组数的15%。

7.4.1.3 检查不合格时,应查明原因并采取措施,可用加厚喷层或增设锚杆的办法予以补强。

7.4.2 喷层与围岩黏结情况的检查,可用锤敲击,如有空响应凿除喷层,洗净重喷。必要时应进行黏结力测试。

7.4.3 喷层厚度检查可分喷射过程和支护完成后两个阶段进行。喷射时可插入长度比设计厚度长5cm的铁丝,纵、横向1~2m设一根,作施工控制用。支护完成后每10延米至少检查一个断面,再从拱顶中线起每隔2m凿孔检查一个点。每个断面拱、墙分别统计,全部检查孔处喷层厚度应有60%以上不小于设计厚度,平均厚度不得小于设计厚度,最小厚度不小于设计厚度的1/2。

7.4.4 当发现喷混凝土表面有裂缝、脱落、露筋、渗漏水等情况时,应予修补,凿除喷层重喷或进行整治。

7.4.5 锚杆安设后每300根至少选择3根作为1组进行抗拔力试验,围岩条件或原材料变更时另作1组。同组锚杆28d的抗拔力平均值应满足设计要求;每根锚杆的抗拔力最低值不得小于设计值的90%。

7.4.6 锚喷支护施工时,一般应做以下几项施工记录:

(1)锚喷支护施工记录(见附录C);

(2)喷射混凝土强度、厚度、外观尺寸,锚杆锚固力或抗拔力等项检查和试验应制定相应报告表,准确记录(锚喷支护有关的试验和测定方法见附录D);

(3)按设计要求进行的监控量测记录;

(4)在地质条件复杂地段应提供地质素描资料;

(5)隐蔽工程报告表。

7.5 构件支护

7.5.1 构件支护适用于分部开挖、导坑开挖。

7.5.2 构件支护应根据围岩条件、隧道开挖断面的尺寸、埋深、开挖方式、开挖方法、构件支护的施作时间等进行设计。

7.5.3 构件支护可使用型钢、木、钢木混合及钢筋混凝土预制构件等材料。

7.5.4 构件支护的结构应符合下列要求:

7.5.4.1 支护结构形式及其接头,应简单牢固,方便装拆;构件应多次周转使用,并尽可能定型化。

7.5.4.2 构件支护相互之间应用纵撑连接牢固,构成整体。

7.5.4.3 当构件支护施工区段很短或可能发生纵向荷载时,应设置纵向斜撑,以防支护倾倒。

7.5.5 钢架支护的结构形式及架设可按本章7.3.10条办理。

7.5.6 木支护主要用于临时性应急支护,使用时应符合下列要求:

(1)木支护的梁、柱等主要圆木杆件,细头直径应不小于20cm(跨度大于4m时应不小于25cm),其他连接杆件细头直径可采用12~15cm;木板厚度不宜小于5cm。

(2)支护应采用质地坚固、有弹性、无节疤之木料。脆硬的木料不宜使用,腐朽及破裂多节的木材严禁使用。

7.6 构件支护的架设

7.6.1 构件支护的架设应符合下列要求:

7.6.1.1 应根据中线、水平、坑道断面和预留沉落量等将构件支护架设在中线方向的垂直面上,并力求整齐。同时,支护之间应纵向连接牢固,构成整体。

7.6.1.2 支护与围岩间用板、楔块或背柴顶紧,并填塞密实。

7.6.1.3 应根据地质条件采取不致使支护产生下沉的措施。支护柱脚下虚渣必须清除,地层松软时应加设垫板或垫托梁,必要时可用混凝土加固地基。

7.6.1.4 导坑支护可用半框架式。松软地层具有底压力时应增设底梁。在洞口的导坑支护排架,应伸出洞外 3～5m 以上,并设纵护予以加固。

7.6.1 5 构件支护构架的架设间距,宜取 80～120cm,松软破碎地段可适当加密。

7.6.1.6 在开挖漏斗孔时,应对该处下导坑支护进行临时加固,松软地层中的漏斗孔采用框架支护,并将框架外四周空隙填塞紧密。

7.6.1.7 拱部扩大采用扇形构架支护时,应配合开挖分部架设,并随挖随护。如采用纵梁,应考虑施作衬砌时便于拆除。

侵入衬砌设计厚度线的所有木料,在衬砌灌筑前应拆除,不得灌筑于衬砌之中。

7.6.2 抑拱开挖前,应架设横撑顶紧两侧墙脚,防止边墙内挤。横护间距可采用 1.0～1.2m,横撑应待仰拱混凝土达到设计强度 70% 时才能拆除。

7.6.3 采用先拱后墙法施工时,应符合下列要求:

7.6.3.1 在洞口地段和松软地层开挖中层或落底前,必须用卡口梁加木楔顶紧拱脚,其间距一般为 120cm,或在拱脚设锚杆,防止拱脚内移。

7.6.3.2 在松软破碎的围岩中挖马口,应设置斜撑、立柱等支顶拱脚,马口岩壁临空面均应撑稳。当岩层层理向隧道内倾斜时,应采取措施防止岩层顺层滑坍。

7.6.4 构件支护的加强及抽换应满足下列要求:

7.6.4.1 支护应有专人经常进行检查,特别是每次放炮后。如发现杆件有破裂、倾斜、弯扭、变形以及接头松脱、填塞漏空等异常时,应立即用安全而可靠的方法进行加固处理。

7.6.4.2 支护变形非常明显必须抽换时,应从末端起逐排抽换。并应本着"先顶后拆"的原则进行,防止围岩松动坍塌。

7.6.4.3 如施工中短期停止工作时,应将各部支护架设至开挖面。

7.6.4.4 开挖中层或落底前需拆除下导坑支护时,应由里向外倒退拆除。

7.6.5 各部分支护的架设、修复和拆除,应由专人及时进行检查和验收。

8　衬砌

8.1　一般规定

8.1.1　隧道衬砌施工时，其中线、标高、断面尺寸和净空大小均须符合设计要求。

衬砌材料的标准、规格及要求等，应符合交通部现行的《公路隧道设计规范》(JTJ 026—90)的规定。

8.1.2　模板放样时，允许将设计的衬砌轮廓线扩大5cm，确保衬砌不侵入隧道建筑限界。采用复合式衬砌时，应遵守本节8.1.5条规定。

8.1.3　整体式衬砌施工中，发现围岩对衬砌有不良影响的硬软岩分界处，应设置沉降缝；Ⅱ~Ⅰ类围岩，距洞口约50m范围内，必要时可每隔10m左右设置一个沉降缝。在严寒地区，整体式衬砌、锚喷衬砌或复合衬砌，均应在洞口和易受冻害地段设置伸缩缝。

衬砌的施工缝应与设计的沉降缝、伸缩缝结合布置，在有地下水的隧道中，所有施工缝、沉降缝和伸缩缝均应进行防水处理。

8.1.4　施工中发现工程地质及水文地质情况与设计文件不符，需进行变更设计时，应履行正式变更设计手续。

8.1.5　采用锚喷支护和复合衬砌时，应做好以下工作：

(1)复核隧道工程地质和水文地质情况，分析围岩稳定性特点，根据地质情况的变化及围岩的稳定状态，制订施工技术措施或变更施工方法。

(2)对已完成支护地段，应继续观察隧道稳定状态，注意支护的变形、开裂、侵入净空等现象，及时记录，作出长期稳定性评价。

8.1.6　凡属隐蔽工程，经质量检查验收合格后，方可进行隐蔽工程作业。

8.2　拱(墙)架与模板

8.2.1　拱(墙)架的间距应根据衬砌地段的围岩情况、隧道宽度、衬砌厚度及模板长度确定，一般可取1m，最大不应超过1.5m。

8.2.2　衬砌所用的拱架、墙架和模板，宜采用金属或其他新型模板结构，应式样简单、装拆方便、表面光滑、接缝严密，有足够的刚度和稳定性。

施工中，根据不同施工方法，可使用衬砌模板台车或移动式整体模架，并配备混凝土泵或混凝土输送器浇筑衬砌。中、小隧道可使用普通钢模板或木模板。

围岩压力较大时，拱架、墙架应增设支撑或缩小间距，拱架脚应铺木板或木方。

8.2.3　架设拱、墙架和模板，应位置准确，连接牢固，严防走动，并做好以下工作：

(1)拱架、曲墙架、使用前应先在样台上试拼装，重复使用时应注意检查，如有变形应及时修整。

在拱架外缘沿径向用支撑与围岩顶紧，以防浇筑过程中拱架变形。

(2)架设前应按隧道中线、标高及允许施工误差和预留沉落量，对开挖断面进行复核，围岩突出部位应清除、整修。

(3)模板接头应整齐平顺；

(4)挡头板应按衬砌断面制作，挡头板与岩壁间隙应嵌堵紧密。

8.2.4　拱架应在垂直于隧道中线方向架设。拱架的夹板、螺栓、拉杆等应安装齐全。拱架(包括模板)标高应预留沉落量，其数值可按表8.2.4采用。施工中应随时测量、调整，使其符合要求。

拱架(包括模板)预留沉落量 表8.2.4

围岩分类	Ⅳ及Ⅳ以上	Ⅲ	Ⅱ	Ⅰ
预留沉落量(cm)	≤5	5~10	10~15	15~20

注:①上述数值适用于先拱后墙法,当采用先墙后拱法时均不宜大于5cm;
②本表不包括施工误差。

8.2.5 立墙架时应做好以下工作:

8.2.5.1 先墙后拱法施工,应按隧道中线确定墙架位置。

8.2.5.2 先拱后墙法施工,经复核检查拱部中线及净空无误时,可由拱脚挂线定位。

8.2.5.3 立墙架时应对墙基标高进行检查。

8.2.5.4 不得利用墙架兼作脚手架,防止模板走动变形。

8.2.6 移动拱架模板时,应使模板完全脱离混凝土表面,方可移到规定的位置;移动式拱架所用轨道其轨面不得出现下沉。

8.2.7 拆除拱架、墙架和模板,应符合以下要求:

(1)不承受外荷载的拱、墙,混凝土强度应达到5.0MPa或在拆模时混凝土表面和棱角不被损坏并能承受自重。

(2)承受围岩压力较大的拱、墙,封顶和封口的混凝土应达到设计强度100%。

(3)承受围岩压力较小的拱、墙,封顶和封口的混凝土应达到设计强度70%。

8.3 模筑衬砌

8.3.1 衬砌混凝土的配合比应满足设计要求。

8.3.2 混凝土拌和后,应尽快浇筑。浇筑时应使混凝土充满所有角落并充分进行捣固。混凝土运送时,原则上应采用混凝土搅拌运输车,采用其他方法运送时,应确保混凝土在运送中不产生离析、损失及混入杂物。已经达到初凝的剩余混凝土,不得重新搅拌使用。

8.3.3 浇筑混凝土节段长度应根据围岩状况、施工方法和机具设备能力等确定。

8.3.4 拱圈施工应符合下列要求:

8.3.4.1 拱圈浇筑顺序应从两侧拱脚向拱顶对称进行,间歇及封顶的层面应成辐射状。

8.3.4.2 分段施工的拱圈合拢宜选在围岩较好处。

8.3.4.3 先拱后墙法施工的拱圈,混凝土浇筑前应将拱脚支承面找平。石质隧道支承面可用碎石垫平,上铺2~3cm砂子,用水洒湿。土质隧道宜横铺一层5cm厚木板。

8.3.4.4 与辅助坑道交汇处的拱圈应置于坑道两侧基岩上。

8.3.4.5 钢筋混凝土衬砌先做拱圈时,应在拱脚下预留钢筋接头,使拱墙连成整体。

8.3.5 边墙施工应符合下列要求:

8.3.5.1 浇筑混凝土前,必须将基底石渣、污物和基坑内积水排除干净,严禁向有积水的基坑内倾倒混凝土干拌合物。墙基松软时,应做加固处理。

8.3.5.2 边墙扩大基础的扩大部分及仰拱的拱座,应结合边墙施工一次完成。

8.3.5.3 采用片石混凝土时,片石应距模板5cm以上,片石间距应大于粗集料的最大粒径,并应分层掺放,捣固密实。

8.3.5.4 采用先拱后墙法施工时,边墙混凝土应尽早浇筑,以避免对拱圈产生不良影响。墙顶刹尖混凝土应捣实。

8.3.6 拱圈封顶应随拱圈的浇筑及时进行。墙顶封口应留7~10cm,在完成边墙灌筑24h后进行,封口前必须将拱脚的浮渣清除干净,封顶、封口的混凝土均应适当降低水灰比,并捣固密实,不得漏水。

8.3.7 仰拱施工应符合下列要求:

(1)应结合拱墙施工抓紧进行,使结构尽快封闭。

(2)仰拱浇筑前应清除积水、杂物、虚渣等。

(3)应使用拱架模板浇筑仰拱混凝土。

8.3.8 拱墙背后的空隙必须回填密实，并按下列要求与衬砌同时施工。

(1)先拱后墙法施工时，拱脚以上1m范围内的超挖，应用与拱圈相同标号混凝土同时浇筑。

(2)边墙基底以上1m范围内的超挖，宜用与边墙相同标号混凝土同时浇筑。

(3)其余部位(包括仰拱)，超挖在允许范围内可用与衬砌相同标号混凝土同时浇筑；超挖大于规定时，宜用片石混凝土或10号浆砌片石回填，不得用渣体随意回填，严禁片石侵入衬砌断面(或仰拱断面)。当围岩稳定并干燥无水时，可先用干砌片石回填，再在衬砌背后压浆。仰拱以上与路面基层以下部分应用浆砌片石或低标号混凝土回填。

8.3.9 隧道通过含有侵蚀性地下水地段时，应对地下水作水质分析，衬砌应采用抗侵蚀性混凝土。

8.3.10 衬砌浇筑完成拆除支架时，如围岩压力较大，应先支顶后拆除。衬砌断面以外的支撑木和背板应拆除。塌方地段的衬砌背后未能取出的木料，应做记录附于竣工文件。塌方地段的衬砌应重新设计。

8.3.11 衬砌拆模后应立即养护，养护时间一般为7~14d。寒冷地区，应做好衬砌的防寒保温工作。

8.3.12 衬砌采用防水混凝土时，施工中应满足下列要求：

(1)砂石集料应符合级配要求，水泥标号不低于425号。

(2)水灰比不应大于0.55，严寒地区不应大于0.50；最小水泥用量不应少于200kg/m^3，拱顶封顶部分不应少于350kg/m^3。

(3)冬季施工的防水混凝土，应掺用加气剂降低原有的水灰比，并按冬季施工有关要求施工。

(4)调制混凝土拌合物时，水泥重量偏差不得超过±2%，集料重量偏差不得超过±5%，水及加气剂重量偏差不得超过±2%。

(5)混凝土浇筑前，必须清除模板上泥污杂物，且须用水湿润，确保模板不漏浆。

(6)有承压水时应先引流再浇筑防水混凝土。

8.4 二次衬砌

8.4.1 二次衬砌的施作，应在围岩和锚杆支护变形基本稳定后进行。二次衬砌和仰拱的施作时间按本规范9.3.5条执行。围岩变形较大，流变特性明显时，应加强初期支护并及早施作仰拱和二次衬砌。

8.4.2 二次衬砌施工前应做好下列准备工作：

(1)衬砌所用原材料的质量及其贮运方式应符合有关规定。

(2)应做好地下水引排工作，仰拱及基础部位的虚渣及积水必须清理干净。

(3)防水层或喷层表面粉尘应清除并洒水湿润。

(4)施工用机具、拱架、模板台车等必须经过检查，并进行机械试运转。

8.4.3 灌筑作业应符合下列要求：

(1)由下向上依次灌筑。当设计规定需先灌筑拱圈时，应采取防止拱脚下沉措施，必要时，可架设纵向托梁。

(2)隧道有仰拱时，宜先灌筑仰拱。每段施工长度应根据地质情况确定。

(3)初期支护与二次衬砌间的空隙，必须回填密实，并应符合本章8.3.8条规定。

8.4.4 拌制混凝土的最短时间(自全部材料装入时起至卸料时止的时间)，应符合表8.4.4规定。

混凝土的最小拌制时间(s) 表8.4.4

混凝土坍落度(cm)	搅拌机型	搅拌机容积(L)		
		<400	400~1000	>1000
<3	自落式	90	120	150
	强制式	60	90	120
≥3	自落式	90	90	120
	强制式	60	60	90

注：①入机拌和量不应超过搅拌机规定容量的10%。

②掺加减水剂、加气剂等时，宜延长拌和时间。

8.4.5 采用泵送混凝土时,应按下列要求办理:

(1)混凝土泵应连续运转。

(2)输送管道宜直,转弯宜缓,接头应严密。

(3)泵送前应润滑管道,润滑时采用按设计配合比拌制的水泥浆或按集料减半配制的混凝土进行。

8.4.6 混凝土应分层灌筑,每层灌筑的高度、次序、方向应根据搅拌能力、运输距离、灌筑速度、洞内气温和振捣等因素确定。

8.4.7 二次衬砌的混凝土应连续灌筑,不得不间歇时,其间歇时间不应大于表8.4.7规定。

浇筑混凝土允许间歇时间(min) 表8.4.7

浇筑时气温 t(℃)	材料	
	普通硅酸盐水泥	矿渣火山灰硅酸盐水泥
20~30	90	120
10~20	135	180
5~10	195	—

注:表中规定的时间未考虑外加剂作用及其他特殊施工和混凝土本身温度的影响。

8.4.8 混凝土养护,应遵守下列规定:

(1)采用硅酸盐水泥拌制的混凝土,其养护时间不得少于7d;掺有外加剂或有抗渗要求的混凝土,不得少于14d。

(2)加覆盖物或洒水。养护用水的温度应与环境温度基本相同。

8.4.9 二次衬砌混凝土其强度达到2.5MPa时,方可拆模。

8.4.10 防止二次衬砌混凝土开裂,可采取以下措施:

(1)宜采用较大的骨灰比,降低水灰比,合理选用外加剂。

(2)合理确定分段灌筑长度及浇筑速度。

(3)混凝土拆模时,内外温差不得大于20℃。

(4)加强养护,混凝土温度的变化速度不宜大于5℃/h。

(5)根据设计施作防水隔离层。

9 监控量测

9.1 一般规定

9.1.1 采用复合式衬砌的隧道,必须将现场监控量测项目列入施工组织设计,并在施工中认真实施。

9.1.2 量测计划应根据隧道的围岩条件、支护类型和参数、施工方法以及所确定的量测目的进行编制。同时应考虑量测费用的经济性,并注意与施工的进程相适应。

9.1.3 监控量测应达到以下目的:

(1)掌握围岩和支护的动态信息并及时反馈,指导施工作业;

(2)通过对围岩和支护的变位、应力量测,修改支护系统设计。

9.1.4 采用复合式衬砌的隧道,施工、设计单位必须紧密配合,共同研究,分析各项量测信息,确认或修正设计参数。

9.2 量测内容与方法

9.2.1 复合式衬砌的隧道应按表9.2.1选择量测项目。表9.2.1中的1~4项为必测项目;5~11项为选测项目,应根据围岩条件、地表沉降要求等确定。

隧道现场监控量测项目及量测方法 表9.2.1

序号	项目名称	方法及工具	布置	量测间隔时间			
				1~15d	16d~1个月	1~3个月	大于3个月
1	地质和支护状况观察	岩性、结构面产状及支护裂缝观察或描述,地质罗盘等	开挖后及初期支护后进行	每次爆破后进行			
2	周边位移	各种类型收敛计	每10~50m一个断面,每断面2~3对测点	1~2次/d	1次/2d	1~2次/周	1~3次/月
3	拱顶下沉	水平仪、水准尺、钢尺或测杆	每10~50m一个断面	1~2次/d	1次/2d	1~2次/周	1~3次/月
4	锚杆或锚索内力及抗拔力	各类电测锚杆、锚杆测力计及拉拔器	每10m一个断面,每个断面至少做三根锚杆	—	—	—	—
5	地表下沉	水平仪、水准尺	每5~50m一个断面,每断面至少7个测点,每隧道至少2个断面。中线每5~20m一个测点	开挖面距量测断面前后<2*B*时,1~2次/d。 开挖面距量测断面前后<5*B*时,1次/2d。 开挖面距量测断面前后>5*B*时,1次/周			
6	围岩体内位移(洞内设点)	洞内钻孔中安设单点、多点杆式或钢丝式位移计	每5~100m一个断面,每断面2~11个测点	1~2次/d	1次/2d	1~2次/周	1~3次/月
7	围岩体内位移(地表设点)	地面钻孔中安设各类位移计	每代表性地段一个断面,每断面3~5个钻孔	同地表下沉要求			

公路隧道施工技术规范

续上表

序号	项目名称	方法及工具	布置	量测间隔时间			
				1~15d	16d~1个月	1~3个月	大于3个月
8	围岩压力及两层支力护间压力	各种类型压力盒	每代表性地段一个断面,每断面宜为15~20个测点	1~2次/d	1次/2d	1~2次/周	1~3次/月
9	钢支撑内力及外力	支柱压力计或其他测力计	每10榀钢拱支撑一对测力计	1~2次/d	1次/2d	1~2次/周	1~3次/月
10	支护、衬砌内应力、表面应力及裂缝量测	各类混凝土内应变计、应力计、测缝计及表面应力解除法	每代表性地段一个断面,每断面宜为11个测点	1~2次/d	1次/2d	1~2次/周	1~3次/月
11	围岩弹性波测试	各种声波仪及配套探头	在有代表性地段设置	—	—	—	—

注:B 为隧道开挖宽度。

9.2.2 爆破开挖后应立即进行工程地质与水文地质状况的观察和记录,并进行地质描述。地质变化处和重要地段,应有照片记载。量测记录表见附录E。

初期支护完成后应进行喷层表面的观察和记录,并进行裂缝描述。

9.2.3 隧道开挖后应及时进行围岩、初期支护的周边位移量测、拱顶下沉量测;安设锚杆后,应进行锚杆抗拔力试验。当围岩差、断面大或地表沉降控制严时宜进行围岩体内位移量测和其他量测。位于Ⅲ~Ⅰ类围岩中且覆盖层厚度小于40m的隧道,应进行地表沉降量测。

9.2.4 量测部位和测点布置,应根据地质条件、量测项目和施工方法等确定。

9.2.5 测点应距开挖面2m的范围内尽快安设,并应保证爆破后24h内或下一次爆破前测读初次读数。

9.2.6 测点的测试频率应根据围岩和支护的位移速度及离开挖面的距离确定。

9.2.7 现场量测手段,应根据量测项目及国内量测仪器的现状来选用。一般应尽量选择简单可靠、耐久、成本低、稳定性能好,被测量的物理概念明确,有足够大的量程,便于进行分析和反馈的测试仪具。

9.3 量测数据处理与应用

9.3.1 应及时对现场量测数据绘制时态曲线(或散点图)和空间关系曲线。

9.3.2 当位移-时间曲线趋于平缓时,应进行数据处理或回归分析,以推算最终位移和掌握位移变化规律。

9.3.3 当位移-时间曲线出现反弯点时,则表明围岩和支护已呈不稳定状态,此时应密切监视围岩动态,并加强支护,必要时暂停开挖。

9.3.4 隧道周壁任意点的实测相对位移值或用回归分析推算的总相对位移值均应小于表9.3.4所列的数值。当位移速率无明显下降,而此时实测位移值已接近该表所列数值,或者喷层表面出现明显裂缝时,应立即采取补强措施,并调整原支护设计参数或开挖方法。

9.3.5 二次衬砌的施作应在满足下列要求时进行:

(1)各测试项目的位移速率明显收敛,围岩基本稳定。

(2)已产生的各项位移已达预计总位移量的80%~90%。

(3)周边位移速率小于0.1~0.2mm/d,或拱顶下沉速率小于0.07~0.15mm/d。

隧道周边允许相对位移值(%)　　表9.3.4

围岩类别 \ 允许相对位移值(%) \ 覆盖层厚度(m)	<50	50~300	>300
IV	0.10~0.30	0.20~0.50	0.40~1.20
III	0.15~0.50	0.40~1.20	0.80~2.00
II	0.20~0.80	0.60~1.60	1.00~3.00

注:①相对位移值是指实测位移值与两测点间距离之比,或拱顶位移实测值与隧道宽度之比。

②脆性围岩取表中较小值,塑性围岩取表中较大值。

⑧I、V、VI类围岩可按工程类比初步选定允许值范围。

④本表所列数值可在施工过程中通过实测和资料积累作适当修正。

9.4 量测管理

9.4.1 隧道现场监控量测应成立专门量测小组,由施工单位或委托其他单位承担量测任务。

9.4.2 量测组负责测点埋设、日常量测、数据处理和仪器保养维修工作,并及时将量测信息反馈于施工和设计。

9.4.3 现场监控量测应按量测计划认真组织实施,并与其他施工环节紧密配合,不得中断工作。

9.4.4 各预埋测点应牢固可靠,易于识别并妥善保护,不得任意撤换和遭到破坏。

9.4.5 竣工文件中应包括下列量测资料:

(1)现场监控量测计划;

(2)实际测点布置图;

(3)围岩和支护的位移-时间曲线图、空间关系曲线图以及量测记录汇总表;

(4)经量测变更设计和改变施工方法地段的信息反馈记录;

(5)现场监控量测说明。

10 防水和排水

10.1 一般规定

10.1.1 隧道施工防排水设施应与营运防排水工程相结合。

10.1.2 隧道施工防排水工作应按防、截、排、堵相结合的综合治理原则进行。

10.1.3 隧道施工前应根据工程地质、水文地质资料制定防排水方案。施工中应按现场施工方法、机具设备等情况，选择不妨碍施工的防排水措施。

10.1.4 隧道进洞前应先做好洞顶、洞口、辅助坑道口的地面排水系统，防止地表水的下渗和冲刷。

10.1.5 施工中应对洞内的出水部位、水量大小、涌水情况、变化规律、补给来源及水质成分等做好观测和记录，并不断改善防排水措施。

10.1.6 当防排水设计不符合实际情况，设计中有遗漏或施工中有增减时，施工单位应及时提请变更设计。

10.1.7 隧道防排水工程施工质量应符合下列要求：

10.1.7.1 一般公路隧道

(1)拱部、边墙不滴水。

(2)路面不冒水、不积水，设备箱洞处不渗水。

(3)洞内排水系统不淤积、不堵塞，确保排水通畅。

(4)严寒地区隧道衬砌背后不积水，路面、排水沟不冻结。

10.1.7.2 汽车专用公路隧道

隧道拱部、墙部、路面、设备洞、车行横通道、人行横通道等均不渗水。

10.2 施工防排水

10.2.1 隧道两端洞口及辅助坑道洞(井)口应按设计要求及时做好排水系统；覆盖较薄和渗透性强的地层，地表积水应及早处理，并符合以下要求：

(1)勘探用的坑洼、探坑等应回填黏土，并分层夯实。

(2)洞顶上方如有沟谷通过且沟谷底部岩层裂缝较多，地表水渗漏对隧道施工有较大影响时，应及时用浆砌片石铺砌沟底，或用水泥砂浆勾缝、抹面。

(3)洞顶附近有井、泉、池沼、水田等，应妥善处理，不宜将水源截断、堵死。

(4)清理洞口附近杂草和树丛，开沟疏导封闭积水洼地，不得积水。

(5)洞顶排水沟应与路基边沟顺接组成排水系统。

(6)洞外路堑向隧道内为下坡时，路基边沟应做成反坡，向路堑外排水，并宜在洞口 3 ~ 5m 位置设置横向截水设施，拦截地表水流入洞内。

(7)施工废水应通过管路及不透水的沟槽排泄到隧道范围以外。

10.2.2 洞内顺坡排水，其坡度应与线路坡度一致，并满足下列要求：

(1)水沟断面应满足排除隧道中渗漏水和施工废水的需要。

(2)水沟位置宜结合结构排水工程设在隧道两侧或中心，并避免妨碍施工。

(3)经常清理排水设施，确保水路畅通。

10.2.3 洞内反坡排水时，应采取下列措施：

(1)必须采取机械抽水。

(2)排水方式可根据距离、坡度、水量和设备等情况选用排水沟或管路,或分段接力或一次将水排出洞外。

(3)视线路坡度分段开挖反坡排水沟。在每段下坡终点开挖集水坑,使水流至坑内,再用水泵将水抽到下段水沟流入下一个集水坑,这样逐段前进,将水排出洞外。反坡水沟坡度不宜小于0.5%。

(4)隧道较短时,可在开挖面附近开挖集水井,安装水泵,将水一次送出洞外。

(5)沟管断面、集水坑(井)的容积按实际排水量确定。

(6)抽水机的功率应大于排水量所需功率20%以上,并有备用抽水机。

(7)做好停电时的应急排水准备工作。

10.2.4 洞内有大面积渗漏水时,宜采用钻孔将水集中汇流引入排水沟。其钻孔的位置、数量、孔径、深度、方向和渗水量等应作详细记录,以便在衬砌时确定拱墙背后排水设施的位置。

10.2.5 洞内涌水或地下水位较高时,可采用井点降水法和深井降水法处理。

10.2.6 隧道施工有平行导坑或横洞时,应充分利用辅助导坑降低正洞水位,使正洞水流通过辅助导坑引出洞外。

正洞施工由斜井、竖井排水时,应在井底设置集水坑,用抽水机抽出井外。集水坑设置的位置不得影响井内运输和安全。

斜井、竖井施工有水时,应边开挖边挖积水坑,并视渗水量大小采用抽水机或吊桶排出。

10.2.7 在地下水发育的软弱围岩、断层破碎带中,施工防排水可按本规范13章有关方法进行。

10.2.8 严寒地区隧道施工排水时,宜将水沟、管埋设在冻结线以下或采取防寒保温措施。

10.2.9 洞顶上方设有高位水池时应有防渗和防溢水设施。当隧道覆盖层厚度较薄且地层中水渗透性较强时,水池位置应远离隧道轴线。

10.3 结构防排水施工

10.3.1 洞内永久性防排水结构物施工时,应符合下列要求:

(1)防排水结构物的断面形状、尺寸、位置和埋设深度应符合设计要求。

(2)水沟坡面整齐平顺,水沟及检查井盖板平稳无翘曲。

(3)衬砌背后或隧底设置盲沟时,沟内以石质坚硬、不易风化且尺寸不小于15cm的片石充填。盲沟纵坡不宜小于1%。

(4)设置在软弱围岩区段的盲沟、有管渗沟,周侧应加做砂砾石反滤层或用无纺布包裹,不得堵塞水路。

(5)墙背泄水孔必须伸入盲沟内,泄水孔进口标高以下超挖部分应用同级混凝土或不透水材料回填密实。

(6)排水管接头应密封牢固,不得出现松动。

(7)隧底盲沟、有管渗沟及渗水滤层上方的回填,应满足路基施工的要求。墙背沟、管内应清除杂物,防止堵塞水路。

(8)严寒地区保温水沟施作时应有防潮措施,防止保温材料受潮,影响保温性能。修筑的深埋渗水沟,回填材料除应满足保温、透水性好的要求外,水沟周侧应用级配集料分层回填,不得让石屑、泥砂渗入沟内。

(9)排水设施应设置在冻胀线以下。

10.3.2 衬砌背后设置排水暗沟、盲沟和引水管时,应根据隧道的渗水部位和开挖情况适当选择排水设施位置,并配合衬砌进行施工。

施工中应防止漏水造成浆液流失;灌筑混凝土或压浆时,浆液不得浸入沟管内。

10.3.3 隧道的排水设施应配合衬砌进行,并应符合以下要求:

(1)侧沟与侧墙应联结牢固,必要时可在墙部加设短钢筋,使墙与沟壁联为一体。

(2)侧沟进水孔的孔口端应低于该处路面标高，路面铺筑时不得堵塞孔口。

(3)隧道内侧沟旁设有集水井时，宜与侧沟、路面同时施工。

(4)采用先拱后墙法灌筑拱脚混凝土时，应在拱墙连接部预埋水管或预留过水通道，保证拱墙背环向暗沟或盲沟排水流畅。

(5)利用中心水沟(或侧沟)排水时，应在墙底预埋沟管，沟通中心水沟(或侧沟)与侧墙背后排水设施，在灌筑侧墙混凝土时不得堵塞预埋沟管。

(6)设在衬砌背后和隧底的纵横向排水设施，其纵横向坡应平顺，并配合其他作业同时施工。

(7)当隧底岩层松软有裂隙水时，应视具体情况加深侧沟或中心水沟的沟底，或增设横向盲沟，铺设渗水滤层及仰拱等。

10.3.4 衬砌背后采用压注水泥砂浆防水时，应符合下列要求：

(1)压浆地段混凝土衬砌达设计强度70%时，方可进行压浆。

(2)冬季注浆时，洞内气温不低于+5℃，灰浆温度应保持在+5℃以上。

(3)如遇流沙或含水土质地层，不宜采用水泥砂浆作防水层。

(4)注浆地段衬砌背面宜用干砌片石回填紧密，并每隔20m左右用1m厚浆砌片石或混凝土作阻浆隔墙，分段进行压浆。

(5)注浆孔宜按梅花形排列，孔距视岩层渗水和裂隙情况确定，一般不宜大于2m，径向孔深应穿过衬砌进入岩层0.5m。

(6)压浆顺序应从下而上，从无水、少水的地段向有水或多水处，从下坡方向往上坡方向，从两端洞口向洞身中间压浆。每段压浆长度不宜小于20m。

(7)初次压浆压力为0.3~0.5MPa；检查压浆压力为0.6~1.0MPa，但不超过1.2MPa。

(8)做好压浆孔编号及位置、水泥品种及标号、砂浆成分及水灰比、延散度、压浆压力、注浆数量等记录。

10.3.5 当衬砌背后压注水泥砂浆后衬砌表面仍有渗漏水的地段，可向衬砌体内压注水泥-水玻璃浆液；当这种浆液不能满足要求时，可采用其他化学浆液。施工中应符合下列要求：

(1)应优先采用水泥-水玻璃浆液作注浆材料。

(2)压注化学浆液时应随时注意对隧道附近水源的影响，一旦发现污染应立即停止使用。

(3)注浆孔间距和注浆压力，应视渗漏水情况、衬砌质量等由现场试验确定。压浆孔间距为1~2m，孔深宜为衬砌厚度的1/2或2/3，但不得少于15cm，并不得穿透衬砌以防跑浆；注浆压力可取1.2~2.0MPa，不得低于1.2MPa。

(4)压注化学浆液时，其安全技术、防护用品应按国家有关规定执行。

10.3.6 隧道衬砌采用防水混凝土时，必须经现场试验达到规定要求后方可使用。防水混凝土的施工要求见本规范8.3.12条。

10.3.7 衬砌的施工缝和沉降缝采用橡胶止水带或塑料止水带防水时，施工中应符合下列要求：

(1)止水带不得被钉子、钢筋和石子刺破。如发现有割伤、破裂现象，应及时修补。

(2)在固定止水带和灌筑混凝土过程中应防止止水带偏移。

(3)加强混凝土振捣，排除止水带底部气泡和空隙，使止水带和混凝土紧密结合。

(4)根据止水带材质和止水部位可采用不同的接头方法。对于橡胶止水带，其接头形式应采用搭接或复合接；对于塑料止水带的接头形式应采用搭接或对接。止水带的搭接宽度可取10cm，冷粘或焊接的缝宽不小于5cm。

10.3.8 复合式衬砌中防水层的施工应满足下列要求：

(1)防水层应在初期支护变形基本稳定后，二次衬砌施作前进行。

(2)防水层铺设前，喷混凝土层表面不得有锚杆头或钢筋断头外露；对凸凹不平部位应修凿、喷补，使混凝土表面平顺；喷层表面漏水时，应及时引排。

(3)防水层可在拱部和边墙按环状铺设，并视材质采取相应的接合方法。塑料板用焊接，搭接宽度为10cm，两侧焊缝宽应不小于2.5cm；橡胶防水板黏接时，搭接宽为10cm，粘缝宽不小于5cm。

(4)防水层的接头处应擦净。塑料防水板应用与材质相同的焊条焊接;橡胶防水板应用黏合剂连接。涂刷胶浆应均匀,用量应充足;防水层的接头处不得有气泡、折皱及空隙。接头处应牢固,强度应不小于同质材料。

(5)防水层用垫圈和绳扣吊挂在固定点上,其固定点的间距,拱部应为0.5~0.7m,侧墙为1.0~1.2m,在凹凸处应适当增加固定点。点间防水层不得绷紧,以保证灌筑混凝土时板面与喷混凝土面能密贴。

(6)采用无纺布作滤层时,防水板与无纺布应密切叠合,整体铺挂。

(7)开挖和衬砌作业不得损坏防水层,当发现层面有损坏时应及时修补。

(8)防水层纵横向一次铺设长度应根据开挖方法和设计断面确定。铺设前,宜先行试铺,并加以调整。防水层在下一阶段施工前的连接部分,应保护不得弄脏和破损。

(9)防水层属隐蔽工程,二次衬砌灌筑前应检查防水层质量,做好接头标记,并填写质量检查记录。

10.3.9 复合式衬砌中采用喷涂材料作防水层时,应符合下列要求:

(1)围岩表面的泥土、油污等必须清除干净。凸凹不平部位和破损处应修凿平顺。

(2)喷涂机具必须干燥清洁;喷涂材料应搅拌均匀,并及时使用。

(3)防水层宜2~3层施工,每层厚度不宜小于2mm,喷涂应均匀,不得产生气泡。

(4)喷涂材料须密封保存,并贮藏于阴凉干燥处。

(5)防水层施工的安全技术、防护用品均按国家有关规定办理。

10.3.10 停车带与正洞连接处的防排水工程应与正洞同时完成,其搭接处应平顺,不得有破损和折皱。

11 风水电作业和通风防尘

11.1 供风和供水

11.1.1 空气压缩机站设备能力应能满足同时工作的各种风动机具最大耗风量和足够的风压。

11.1.2 空气压缩机站应设在洞口附近，并宜靠近变电站，应有防水、降温、保温和防雷击设施。

11.1.3 供水方案的选择及设备的配置应符合以下要求：

11.1.3.1 水源的水量应能满足工程和生活用水的需要。有高山自然水源时应蓄水利用，水池高度应能保证洞内最高用水点的水压。

11.1.3.2 水池的容量应有一定的储备量，保证洞内外集中用水的需要。

11.1.3.3 采用机械站供水时，应有备用的抽水机。

11.1.3.4 充分利用洞内地下水源，通过高压水箱送到工作面。

11.1.4 工程和生活用水使用前必须经过水质鉴定，合格者才可使用。

11.1.5 隧道工作面使用风压应不小于0.5MPa，水压不小于0.3MPa。

11.1.6 高压风、水管路的安装使用，应符合下列要求：

11.1.6.1 管路应敷设平顺，接头严密，不漏风，不漏水。

11.1.6.2 洞内风、水管路宜敷设在电缆电线相对的一侧，并不得妨碍运输，不影响边沟施工。

11.1.6.3 洞外地段，当风管长度超过500m，温度变化较大时宜安装伸缩器；靠近空气压缩机150m以内，风管的法兰盘接头宜用石棉衬垫。

11.1.6.4 在空气压缩机站和水池总输管上必须设总闸阀；主管上每隔300～500m应分装闸阀。高压风管长度大于1000m时，应在管路最低处设置油水分离器，定时放出管中的积油和水。

11.1.6.5 管路前端至开挖面宜保持30m距离，并用高压软管连接分风器和分水器，通往上导坑开挖面使用的软管长度不宜大于50m。

分风器、分水器与凿岩机间连接的胶皮管长度，不宜大于10m，上导坑、马口、挖底地段不宜大于15m。

11.1.6.6 风、水管路使用中应有专人负责检查、养护；冬季应注意管道保温。

11.2 供电与照明

11.2.1 隧道供电电压应符合下列要求：

(1)应采用400/230V三相四线系统两端供电。

(2)动力设备应采用三相380V。

(3)隧道照明，成洞段和不作业地段可用220V，瓦斯地段不得超过110V，一般作业地段不宜大于36V，手提作业灯为12～24V。

(4)选用的导线截面应使线路末端的电压降不得大于10%；36V及24V线不得大于5%。

11.2.2 变压器容量应按电气设备总用电量确定。当单台电动设备容量超过变压器容量1/3时，应适当考虑增加启动附加容量。

11.2.3 洞外变电站宜设在洞口附近，并应靠近负荷集中地点和设在电源来线一侧。

11.2.4 供电线路布置和安装应符合下列要求：

(1)成洞地段固定的电线路，应使用绝缘良好的胶皮线架设；施工地段的临时电线路宜采用橡套电缆;竖井、斜井宜使用铠装电缆;瓦斯地段的输电线必须使用密封电缆,不得使用皮线。

(2)照明和动力线路安装在同一侧时,必须分层加设。电线悬挂高度距人行地面的距离,110V 以下时不应小于 2m,400V 时应大于 2.5m,6~10kV 时不应小于 3.5m。瓦斯地段的电缆应沿侧壁铺设,不得悬空架设。

(3)涌水隧道的电动排水设备、瓦斯隧道的通风设备和斜井、竖井内的电气装置应采用双回路输电,并有可靠的切换装置。

(4)36V 低压变压器应设在安全、干燥处,机壳接地,输电线路长度不应大于 100m。

(5)动力干线上的每一分支线,必须装设开关及保险丝具。禁止在动力线路上加挂照明设施。

11.2.5 短隧道应采用高压至洞口,再低压进洞;长、特长隧道成洞地段应用 6~10kV 高压电缆送电;洞内设置 6~10/0.4kV 变电站供电时,应有保证安全的措施。

11.2.6 隧道作业地段必须有足够的照明;洞外照明按一般建筑工地要求。瓦斯地段的照明器材应采用防爆型,开关应设在送风道或洞口。

11.2.7 对于施工用电,靠近城镇时应优先利用外来电源;山岭重丘区没有电力来源时可根据工程规模、施工需要、机具等配套设置自行发电;采用大型掘进机械施工时,必须用外来电源;应设置预备电源或应急电源,确保停电时有必要的动力和照明。

11.2.8 对各种电气设备和输电线路应有专人经常进行检查维修,作业时,应参照现行的《电业安全工作规程》的规定办理。

11.3 通风、防尘、防有害气体

11.3.1 施工中作业环境应符合下列卫生标准:

11.3.1.1 坑道中氧气含量按体积计不应小于 20%。

11.3.1.2 坑道内气温不宜高于 30℃。

11.3.1.3 有害气体浓度

(1)一氧化碳(CO)一般情况下不大于 30mg/m^3,特殊情况下,施工人员必须进入工作面时,可为 100mg/m^3,但工作时间不得超过 30min。

(2)二氧化碳(CO_2)按体积计不得大于 0.5%。

(3)氮氧化物(NO_2)在 5~8mg/m^3 以下。

(4)甲烷(CH_4)按体积计不得大于 0.5%;否则必须按煤炭工业部现行的《煤矿安全规程》有关规定办理。

11.3.1.4 粉尘浓度

含 10% 以上游离二氧化硅的粉尘,每立方米空气中不得大于 2mg;含 10% 以下游离二氧化硅的矿物性粉尘,每立方米空气中不得大于 4mg。

11.3.1.5 噪声不宜大于 90dB。

11.3.2 隧道施工必须采用机械通风。通风方式应根据隧道长度、施工方法和设备条件等确定。长隧道应优先考虑混合通风方式。当主机通风不能保证隧道施工通风要求时,应设置局部通风系统、风机间隔串联或加设另一路风管增大风量。如有辅助坑道,应尽量利用坑道通风。通风方式可根据附录 F 选用。

11.3.3 隧道施工通风应能满足洞内各项作业所需要的最大风量。

风量按每人每分钟供应新鲜空气 3m^3 计算,采用内燃机械作业时,1kW 供风量不宜小于 3m^3/min。风速在全断面开挖时不应小于 0.15m/s,坑道内不应小于 0.25m/s,但均不应大于 6m/s。

瓦斯地段通风,应将新鲜空气送至开挖面,将开挖面附近的瓦斯含量稀释到 1.0% 以下;并用排风管将瓦斯气体排到洞外,不允许瓦斯气体流入隧道后方内。

11.3.4 通风管的选择和安装应符合下列要求:

(1)风管直径应通过计算确定,通风管应与风机配套,同一管路的直径宜尽量一致,对长、大隧道宜尽量选用大口径风管。

(2)吸入式的进风管口或集中排风管口应设在洞外,并做成烟囱式,防止污染空气回流进洞。

(3)通风管靠近开挖面的距离应根据具体情况决定,压入式通风管的送风口距开挖面不宜大于15m,排风式风管吸风口不宜大于5m。

(4)采用混合通风方式时,当一组风机向前移动,另一组风机的管路应相应接长,并始终保持两组管道相邻端交错20~30m。局部通风时,排风式风管的出风口应引入主风流循环的回风流中。

(5)通风管的安装应做到平顺、接头严密、弯管半径不小于风管直径的3倍。

(6)通风管如有破损,必须及时修理或更换。

(7)压风管应采用软质橡胶管,吸风管应采用硬质金属管或玻璃钢管。

11.3.5 通风机的安装与使用应符合下列要求:

(1)应按照通风设计要求安装主风机。洞内辅助风机应安装在新鲜风流中。

(2)通风机应装有保险装置,当发生故障时能自动停机。

(3)通风机应有适当的备用量,宜为计算能力的50%。

11.3.6 应定期测试通风的风量、风速、风压,检查通风设备的供风能力和动力消耗。

11.3.7 隧道施工应采取通风、洒水等防尘措施,搞好个人防护,并定期测试粉尘和有害气体的浓度。

12　辅助坑道

12.1　一般规定

12.1.1　辅助坑道洞口工程的施工应遵守下列规定：

(1)坑道口的截、排水工程和场地周围防护冲刷的设施应在辅助坑道施工前完成。

(2)竖井口的锁口圈应在井身掘进前完成。

(3)其他类型的坑道口洞门应尽早建成。

12.1.2　辅助坑道在需要支护的洞身地段,开挖与支护应配合进行,并宜采用锚喷支护。辅助坑道的岔洞与正洞连接处,应加强支护并紧跟开挖面。

12.1.3　在辅助坑道的施工和使用期间,应做好防水和排水工作,并有切实可行的应急措施。

12.1.4　辅助坑道不再利用时,除设计有规定外,宜按下列规定处理：

(1)横洞、平行导坑及斜井的洞口用5号浆砌片石封闭。封闭长度：无衬砌时3～5m;有衬砌时不小于2m。竖井井口用钢筋混凝土盖板封闭。当竖井设在隧道顶部时,隧道顶部以上的回填高度不应小于10m。

(2)横洞、平行导坑的横通道、竖井或斜井的连接通道,在靠近隧道15～20m范围内应进行永久支护或衬砌。其余地段可根据地质情况分段进行支护或加强。

(3)横洞、平行导坑封闭前,应结合排水需要做好排水暗沟,并留出检查通道;斜井和竖井井底的水应妥善引入隧道内的排水沟中。

12.1.5　斜井和竖井提升设备的安装、管理和使用以及本规范未尽事宜,可参照现行《煤矿安全规程》的有关规定办理。

12.1.6　辅助坑道的类型、平面位置、断面尺寸、坡度和高程等应符合交通部现行《公路隧道设计规范》(JTJ 026—90)的有关规定。

12.2　斜井

12.2.1　斜井的开挖应符合下列要求：

(1)炮眼方向应与斜井倾角一致,底眼应较井底标高略低,避免出现台阶。

(2)每一循环进尺应用坡度尺放线控制井身坡度。

(3)每隔20～30m应用仪器复核中线、水平,保证井身位置正确。

12.2.2　当采用构件支撑时,其立柱斜度宜为斜井倾角之半,最大不得超过9°。各排支撑间应用三道纵撑支稳。

12.2.3　井口地段、不良地质或渗水的井身地段以及井底调整车场、作业洞室,施工时应加强支护,并应及时衬砌。

倾角大于30°且地质条件差的地段上的衬砌,其墙基脚宜做成台阶形式。

12.2.4　轨道铺设的标准和要求除应按本规范6.2.4条的规定执行外,尚应遵守下列规定：

(1)每根钢轨应安装两组防爬设备,每对钢轨应有三根轨距拉杆。

(2)两条钢轨顶面的高差不得超过5mm。

(3)在斜井中未设人行道的一侧,其管道、电力线等与轨道间的安全距离为：使用构件支撑时不得小于25cm;锚喷或混凝土衬砌时不得小于20cm;使用皮带运输机时不得小于40cm。

(4)托索轮及安全闸等轨道辅助设备应与轨道一并铺设。

12.2.5 斜井运输应遵守下列规定：

(1)斜井内应有足够的照明措施。

(2)提升绞车运行速度为1.2～3.5m/s。

(3)提升绞车应有深度指示器及报警装置，并设有防过卷装置。

(4)斜井的提升、连接装置和钢丝绳应符合安全使用的要求，并有定期检查、上油保养、修理、更换的制度。

(5)提升绞车与井口、井底均应有联络信号装置，并有专人负责。每次提升、下放、暂停应有明确的信号规定。

(6)井口轨道中心必须设置安全挡车器，并经常处于关闭状态，放车时方准打开。在挡车器下方约5～10m及接近井底前10m处应各设一道防溜车装置。井底与通道连接处，应设置安全索。车辆行驶时井内禁止人员通行与作业。

(7)用斗车升降物料时，斗车之间、斗车和钢丝绳之间应有可靠的连接装置，并加装保险绳。在斗车上、钢丝绳或车钩上要有防脱钩设备。

(8)运输长材时，必须有装载及运输安全措施。

(9)禁止上下班人员乘坐箕斗或斗车。当斜井垂直深度超过50m时，应有运送人员的专用设施。

12.3 竖井

12.3.1 竖井宜采用自上往下单行作业法施工。当正洞掘进已超前竖井位置时，亦可采用自下往上的施工方法。根据施施工情况，也可两种方法结合使用。

12.3.2 竖井自上往下单行作业法施工应符合下列要求：

(1)应采用分段作业，完成一段后再进行下一段作业。各段内的工序为顺序作业。

(2)各段内应按竖井外径进行钻眼爆破、通风和抽水。

(3)视地质条件进行施工支护。

(4)提升出渣，灌筑井壁混凝土衬砌。

(5)随着开挖深度的增加，井筒内应加强通风或补充氧气。

12.3.3 竖井开挖应符合下列要求：

(1)开挖宜用直眼掏槽，炮眼深度要一致。有地下水时，应采用立式梯台超前掏槽法。

(2)钻眼前应先清除开挖面的石渣并排除积水。每钻完一孔眼后，应将眼口临时堵塞。

(3)每次爆破后应检查断面，不得欠挖。每掘进5～10m应核对中线，及时纠正偏斜。

12.3.4 竖井装渣宜用抓岩机。爆破的石渣宜大小均匀，以提高出渣效率。当竖井深度小于40m时，出渣也可采用三角架或龙门架作井架，但出渣时应有稳绳装置和其他保证安全的措施。

12.3.5 竖井采用锚喷支护时，每次支护高度视围岩稳定程度而定。当竖井采用构件支撑时，支撑架设应符合下列要求：

(1)预制的井圈构件按水平位置架设，其与岩壁间用木板和劈柴塞紧。井圈构件间距根据地质情况决定，一般为1m。各部构件应支稳连牢，形成整体，不得松动。

(2)支撑架设不得侵入竖井有效断面；井圈中心与竖井中线应基本吻合。

12.3.6 井口段、马头门及地质较差的井身地段，当采用混凝土衬砌时，应按需要设置壁座或安设锚杆。

12.3.7 竖井运输应遵守下列规定：

(1)井口的锁口圈应配置井盖。只有在升降人员、物料时，井盖才可开启。

(2)井口周围应设置安全栅栏和安全门，安全栅栏高度不应小于60cm。通向井口的轨道中心应设阻车器。

(3)井口、井底、绞车房和工作吊盘间均应有联络信号，并有专人负责。必要时应装设直通电话。

(4)提升机械不得超负荷运行，并应有深度指示器和防止过卷、过速等保护装置以及限速器和松绳信号等。

(5)工作吊盘的载重量不应超过吊盘的设计载重能力。

(6)提升吊桶所用钩头连接装置应牢靠，不得自动脱钩，并应有缓转器。罐笼的提升应设置可靠的防坠器。

(7)提升用的钢丝绳和各种悬挂使用的钩、链、环、螺栓等连接装置，应按规定的安全系数确定规格，使用前应进行拉力试验，合格后才可使用。在使用中应有定期检查、修理和更换制度。

12.4 横洞与平行导坑

12.4.1 隧道内设有车行或人行横通道时，平行导坑与正洞间的横通道应结合车行或人行横通道的位置设置。

12.4.2 当横洞与平行导坑采用锚喷作为施工支护时，其断面型式宜采用拱形。

12.4.3 平行导坑的掘进应超前于正洞。超前距离不应小于一个横通道的间距。横通道的间距应根据施工需要、正洞工程进度及地质情况确定。

12.4.4 平行导坑横通道的施工应在平行导坑和正洞掘进至其位置时，将交叉口处一次挖成。

13 辅助施工方法

13.1 适用范围及一般规定

13.1.1 在浅埋、严重偏压、岩溶流泥地段、砂土层、砂卵(砾)石层、自稳性差的软弱破碎地层、断层破碎带以及大面积淋水或涌水地段进行施工时,可采用辅助施工方法对地层进行预加固、超前支护或止水。

13.1.2 采用辅助施工方法施工时,应遵守下列规定:

(1)应根据工程地质及水文地质条件、施工队伍的技术水平、机械设备状况等,选用辅助施工方法,并做好相应的工序设计。

(2)应按采用的辅助施工方法,准备所需的材料及机具,制订有关的安全施工条例。

(3)施工中应经常观察地形、地貌的变化以及地质和地下水的变异情况,预防突然事故的发生。

(4)做好详细的施工记录。

(5)必须坚持先支护(强支护)、后开挖(短进尺、弱爆破)、快封闭、勤量测的施工原则。

13.2 稳定开挖面的方法

13.2.1 稳定开挖面、防止地表地层下沉不宜用下列辅助施工方法:

(1)地面砂浆锚杆;

(2)超前锚杆或超前小钢管支护;

(3)管棚钢架超前支护;

(4)超前小导管预注浆;

(5)超前围岩预注浆加固(包括周边劈裂预注浆、周边短孔预注浆)。

13.2.2 地面砂浆锚杆的施工应符合下列要求:

(1)锚杆宜垂直地表设置,根据地形及岩层层面具体情况也可倾斜设置。

(2)锚杆长度可根据隧道覆盖层厚度和实际施工能力确定。

(3)砂浆锚杆的施工应按本规范 7.2 节有关规定执行。

13.2.3 超前锚杆或超前小钢管支护施工应符合下列要求:

(1)超前锚杆或超前小钢管支护宜和钢架支撑配合使用并从钢架腹部穿过。

(2)超前锚杆或超前小钢管支护与隧道纵向开挖轮廓线间的外插角宜为 5°~10°,长度应大于循环进尺,宜为 3~5m。

(3)超前锚杆宜用早强水泥砂浆锚杆。

(4)超前小钢管应平直,尾部焊箍,顶部呈尖锥状。在安设前应检查小钢管尺寸,钢管顶入钻孔长度不应小于管长的 90%。

13.2.4 管棚钢架超前支护施工应符合下列要求:

(1)检查开挖的断面中线及高程,开挖轮廓线应符合设计要求。

(2)钢架安装垂直度允许误差为 ±2°,中线及高程允许误差为 ±5cm。

(3)在钢架上沿隧道开挖轮廓线纵向钻设管棚孔,其外插角以不侵入隧道开挖轮廓线越小越好。孔深不宜小于 10m,一般为 10~45m。孔径比管棚钢管直径大 20~30mm。钻孔环向中心间距视管棚用途确定。钻孔顺序由高孔位向低孔位进行。

(4)将钢管打入管棚孔眼中。管棚钢管外径宜为 ϕ70～180mm。长度宜为4～6m。接头应采用厚壁管箍，上满丝扣，丝扣长度不应小于15cm。接头应在隧道横断面上错开。

(5)当需增加管棚钢架支护的刚度时，可在钢管内注入水泥砂浆。水泥砂浆应用牛角泵灌注。封堵塞应有进料孔和出气孔，在出气孔流浆后，方可停止压注。

13.2.5 超前小导管预注浆的施工应符合下列要求：

(1)小导管采用 ϕ32mm 焊接钢管或 ϕ40mm 无缝钢管制作，长度宜为3～5m。管壁每隔10～20cm交错钻眼，眼孔直径宜为 ϕ6～8mm。

(2)沿隧道纵向开挖轮廓线向外以10°～30°的外插角钻孔，将小导管打入地层。亦可在开挖面上钻孔将小导管打入地层。小导管环向间距宜为20～50cm。

(3)小导管注浆前，应对开挖面及5m范围内的坑道喷射厚为5～10cm混凝土或用模筑混凝土封闭。

(4)注浆压力应为0.5～1.0MPa。必要时可在孔口处设置止浆塞。止浆塞应能承受规定的最大注浆压力或水压。

(5)注浆后至开挖前的时间间隔，视浆液种类宜为4～8h。开挖时应保留1.5～2.0m的止浆墙，防止下一次注浆时孔口跑浆。

13.2.6 超前围岩预注浆加固施工应符合下列规定：

(1)注浆孔的布置角度及深度应符合设计要求。孔口位置与设计位置的允许偏差为±5cm；孔底位置偏差应小于孔深的10‰。

(2)注浆钻孔应作到：孔壁圆，角度准，孔身直，深度够，岩粉清洗干净。当出现严重卡钻、孔口不出水时应停止钻孔，立即注浆。

(3)钻孔结束后应掏孔检查，在确认无塌孔和探头石时，才可安设注浆管。

(4)注浆前应平整注浆所需场地，检查机具设备，做好止浆墙，并准备注浆材料。

(5)注浆压力应根据岩性、施工条件等因素在现场试验确定。

(6)注浆方式可根据地质条件、机械设备及注浆孔的深度选用前进式、后退式或全孔式。注浆顺序为先注内圈孔，后注外圈孔；先注无水孔，后注有水孔，从拱顶顺序向下进行。如遇窜浆或跑浆，则可间隔一孔或数孔灌注。注浆结束后，应利用止浆阀保持孔内压力，直至浆液完全凝固。

(7)注浆作业应符合下列要求：

①浆液的浓度、胶凝时间应符合设计要求，不得任意变更。

②应经常检查泵口及孔口注浆压力的变化，发现问题，应及时处理。

③采用双液注浆时，应经常测试混合浆液的胶凝时间，发现与设计不符，应立即调整。

(8)注浆结束的条件如下：

①单孔结束条件：注浆压力达到设计终压；浆液注入量已达到计算值的80%以上。

②全段结束条件：所有注浆孔均已符合单孔结束条件，无漏注情况。

(9)注浆后必须对注浆效果进行检查，如未达到要求，应进行补孔注浆。

(10)注浆后至开挖前的时间间隔，可按本节13.2.5款第(6)项执行。开挖时应按设计要求留设止浆岩盘。

13.2.7 注浆材料应根据地质条件及涌水情况确定。

(1)断层破碎带和砂卵石地层，当裂隙宽度(或粒径)大于1mm时，加固地层或堵水注浆宜优先采用水泥类浆液和水泥-水玻璃浆液。

采用水泥浆液时，水灰比可采用0.8:1～2:1。需缩短胶凝时间，可加入食盐、三乙醇胺速凝剂。

采用水泥-水玻璃浆液，应根据胶凝时间配制。一般水泥浆液的水灰比为0.8:1～1.5:1；水玻璃浓度为25～40°Be水泥浆与水玻璃的体积比宜为1:1～1:0.3。

(2)断层泥地带，当裂隙宽度(或粒径)小于1mm时，加固注浆宜优先采用水玻璃类和木胺类浆液。

(3)中、细、粉砂层及细小裂隙岩层、断层泥地段，宜采用渗透性好、低毒及遇水膨胀的化学类浆液。

13.2.8 注浆机具设备应性能良好，操作应简便，并应满足使用的要求。

13.2.9 可选用遮挡壁法、特殊钢背板顶进法、锚索法以及钢筋混凝土管桩加固法等,稳定开挖面、防止地表地层下沉。

13.3 涌水的处理方法

13.3.1 根据设计文件对隧道可能出现涌水地段的涌水量大小、补给方式、变化规律及水质成分等进行详细调查,选择既经济合理,又能确保围岩稳定,并保护环境的治水方案。

处理涌水可采用下列辅助施工方法:

(1)超前钻孔或辅助坑道排水;

(2)超前小导管预注浆;

(3)超前围岩预注浆堵水;

(4)井点降水及深井降水。

13.3.2 采用辅助坑道排水时,应符合下列要求:

(1)坑道应和正洞平行或接近平行。

(2)坑道底标高应低于正洞底标高。

(3)坑道应超前正洞10~20m,至少应超前1~2个循环进尺。

13.3.3 采用超前钻孔排水时,应符合下列要求:

(1)应使用轻型探水钻机或凿岩机钻孔。

(2)钻孔孔位(孔底)应在水流上方。钻孔时孔口应有保护装置,以防人身及机械事故。

(3)采取排水措施,保证钻孔排出的水迅速排出洞外。

(4)超前钻孔的孔底应超前开挖面1~2个循环进尺。

13.3.4 超前围岩预注浆堵水施工除应符合本章13.2.6条外,尚应符合下列规定:

(1)注浆段的长度应根据地质条件、涌水量、机具设备能力等因素确定,一般宜在30~50m之间。

(2)钻孔及注浆顺序应由外圈向内圈进行,同一圈钻孔应间隔施工。

(3)浆液宜采用水泥浆液或水泥-水玻璃浆液。

13.3.5 井点降水施工应符合下列规定:

(1)井点的布置应符合设计要求。当降水宽度小于6m,深度小于5m时,可采用单排井点。井点间距宜为1~1.5m。

(2)有地下水的黄土地段,当降水深度为3~6m时,可采用井点降水;当降水深度大于6m时,可采用深井井点降水。

(3)滤水管应深入含水层,各滤水管的高程应齐平。

(4)井点系统安装完毕后,应进行抽水试验,检查有无漏气、漏水情况。

(5)抽水作业开始后,宜连续不间断地进行抽水,并随时观测附近区域地表是否产生沉降,必要时应采取防护措施。

13.3.6 深井井点降水施工应符合下列要求:

(1)在隧道两侧地表面布置井点,间距为25~35m。井底应在隧底以下3~5m。

(2)做好深井抽水时地面的排水工作。

14 特殊地质地段的施工

14.1 一般规定

14.1.1 当隧道通过膨胀土层、软弱黄土层、含水未固结围岩、溶洞、破碎带、岩爆、流沙以及瓦斯溢出地层时,应采用辅助方法施工。

14.1.2 施工中应经常观察围岩和地下水的变异情况,量测支护、衬砌的受力情况,注意地形、地貌的变化,防止突然事故的发生。如有险情,应立即分析情况并采取措施,迅速处理。渗漏水地段,应先治水,其技术要求和作业可按本规范10章和13章有关规定办理。

14.1.3 特殊地质隧道,除大面积淋水地段、流沙地段外,均可采取锚喷支护施工。施工时应符合下列要求:

(1)当开挖面自稳性很差,难以开挖成形时,应在清除危石后尽快在开挖面上喷射厚度不小于5cm的混凝土护面,必要时,可在开挖轮廓线处和开挖面上打设超前锚杆,超前锚杆长度宜大于开挖进尺的3倍。

(2)锚喷支护完成后仍不能提供足够的支护能力时,应及时设置钢架支撑,加强支护。

14.1.4 不宜采用锚喷支护的地段,应采用构件支撑,并符合下列要求:

(1)支撑应有足够的强度和刚度,能承受开挖后的围岩压力。支撑基础应铺设垫板。当支撑出现变形、断裂时,应立即加固或部分撤换。

(2)围岩出现底部压力,产生底鼓现象或可能产生沉陷时,应加设底梁。

(3)当围岩极为松软破碎时,必须先护后挖,暴露面应采用支撑封闭。

(4)根据现场条件,可结合管棚或超前锚杆等支护,形成联合支撑。

(5)支撑作业应迅速、及时。

14.1.5 特殊地质地段施工时,不宜采取全断面开挖。钻爆设计时,应严格控制炮眼数量、深度和装药量。

14.1.6 围岩压力过大,支撑下沉可能侵入衬砌设计断面时,必须挑顶,并按以下方法进行处理:

(1)拱部扩挖前发现顶部下沉,应先挑顶后扩挖。

(2)当扩挖后发现顶部下沉,应立好拱架和模板先灌筑满足设计断面部分的拱圈,该混凝土达到所需强度并加强拱架支撑后,再行挑顶灌筑其余部分。

(3)挑顶作业宜先护后挖。

14.1.7 自稳性极差的围岩宜采取压注水泥砂浆或化学浆液加固。

14.1.8 模筑衬砌施工应遵守本规范第8章的有关规定,并符合下列要求:

(1)当拱脚、墙基松软时,灌筑混凝土前应排净基底积水,并采取措施加固基底。

(2)衬砌混凝土应掺早强剂等,提高衬砌的早期承载能力。

(3)仰拱施工,应在边墙完成后抓紧进行,使结构尽快封闭成环。

14.1.9 特殊地质地段施工方案应由设计、施工主管技术负责人共同研究确定。施工过程中发现设计与实际情况不符时,施工单位应会同有关方面共同研究,作出必要修改。

14.2 膨胀性围岩

14.2.1 隧道通过膨胀性地层时,应对围岩的压力和流变情况进行调查、量测,掌握围岩变形及压力的增长特性。

14.2.2 宜采用短台阶法或中央导坑法开挖,但开挖分部不宜过多。

14.2.3 应紧跟开挖尽快对围岩施加约束。可用锚喷及钢架或格栅联合支护;膨胀压力很大时,可在隧道底部打设锚杆,亦可在隧道顶部一定范围内打入斜向超前锚杆或小导管,形成闭合环。斜向锚杆的外斜角度、杆长、间距、范围应按本规范第13章的规定执行。

喷射混凝土层宜采用钢纤维混凝土,提高喷层的抗拉和抗剪能力。

14.2.4 钢架支撑宜采用可缩性结构。支撑的制作与安装应符合下列规定:

(1)支撑的可缩接头,根据位移量确定,可设2~3个。

(2)接头的伸缩量,应根据隧道最大控制位移计算确定,每个接头最大伸缩量不宜大于100mm。

(3)可缩接头的滑动阻力,可按钢架支撑承受轴向力的1/2进行计算。

(4)当采用钢管制作支撑时,应设灌浆孔。可缩接头收缩合拢后,管内应灌满C15混凝土或10号砂浆。

(5)可缩接头处的喷射混凝土应设置纵向伸缩缝,待可缩接头合拢后用喷射混凝土封闭。

14.2.5 衬砌的拱部与侧墙宜同时施工,仰拱应尽早完成。仰拱与侧墙连接处应尽可能做成圆弧状,衬砌与围岩应密贴。

14.2.6 当围岩压力极大,其变形速率难以收敛时,应在上台阶或中央导坑的底部先修筑临时混凝土仰拱,待变形基本收敛后,开挖下部台阶,拆除临时仰拱,并尽快灌筑永久性衬砌和仰拱。

14.3 黄土

14.3.1 黄土围岩隧道施工应符合下列要求:

(1)调查黄土中构造节理的产状与分布状况。对因构造节理切割而形成的不稳定部位加强支护。

(2)宜采用短台阶开挖方法或分部开挖法(留核心法)。初期支护应紧跟开挖面施作。

(3)做好地表水截排工作,雨水不得漫溢于洞口仰坡和边坡面。

(4)施工中应遵循“短开挖、少扰动、强支护、及时密贴、勤量测”的原则。

(5)当隧道覆盖层浅、地表有下沉可能时,应按本规范13章中有关防止地表下沉的辅助方法治理。

14.3.2 黄土围岩隧道宜采用复合式衬砌,开挖后以钢支撑、钢筋网、喷射混凝土和锚杆作初期支护,必要时宜采用超前锚杆、管棚支撑加固围岩。

14.3.3 施工中洞内应完善排水设施,保持路面干燥。当地下水量较大时,应在洞内采用井点降水法降低地下水位,或在洞外隧道开挖线两侧设深井降水。井点降水和深井降水应按本规范13.3.5、13.3.6条的规定执行。

14.4 溶洞

14.4.1 隧道通过岩溶地区,当发现地表有以下情况时,可初步判断其岩层中存在溶洞、暗河。

(1)四周汇水的洼地内,发现有落水洞、漏斗或天然竖井存在。

(2)落水洞、漏斗呈带状分布地段。

(3)地面塌陷和草木丛生以及冬季冒气等地段。

(4)地表水消失或附近有出水点(泉眼)的地段。

14.4.2 应根据设计文件有关资料,进一步查明溶洞分布范围、类型、岩层的完整稳定程度、充填物和地下水流情况等,据以确定施工方法。对尚在发育或穿越暗河、水囊等地质条件极复杂的岩溶区,应查明情况,慎重选定施工方案。探查溶洞时,应有安全措施。

14.4.3 岩溶地段隧道可采取以下几种措施处治:

14.4.3.1 引排水

(1)遇到暗河或溶洞有水流时,宜排不宜堵。应在查明水源流向及其与隧道位置的关系后,用暗管、涵洞、小桥等设施宣泄水流或开凿泄水洞将水排除洞外。

(2)当岩溶水流的位置在隧道顶部或高于隧道顶部时,应在适当距离处,开凿引水斜洞(或引水槽)将水位降低到隧底标高以下,再行引排。当隧道设有平行导坑时,可将水引入平行导坑排出。

14.4.3.2 堵填

(1)对已停止发育、跨径较小、无水的溶洞,可根据其与隧道相交的位置及其充填情况,采用混凝土、浆砌片石或干砌片石予以回填封闭;或加深边墙基础,加固隧道底部。

(2)当隧道拱顶部有空溶洞时,可视溶洞的岩石破碎程度在溶洞顶部采用锚杆加固,并加设隧道护拱及拱顶回填的办法处治。

14.4.3.3 跨越

(1)当溶洞较大较深,不宜采用堵填封闭的方法,或充填物松软不能承载隧道结构时,可采用梁、拱跨越。跨越的梁端或拱座应置于稳固可靠的岩层上,必要时灌筑混凝土进行加固。遇特大溶洞时,可采取明洞结构形式。

(2)当溶洞很大,地质情况复杂时,隧道衬砌可采用拉杆拱、边墙梁结构;有条件时,可采用锚索对溶洞与隧道连接处进行加固,锚索应为全长未胶结的自由受力锚索。

14.4.3.4 绕行

在岩溶区施工,个别溶洞处理耗时且困难时,可采取迂回导坑绕过溶洞,继续进行隧道前方施工,并同时处治溶洞,以节省时间,加快施工进度。绕行开挖中,应防止洞壁失稳。

14.4.4 溶洞地段施工应符合下列要求:

14.4.4.1 凿眼机钻进速度较快时,可能已达到溶洞边缘,应观察水情变化及裂隙溶蚀程度,当渗水及溶蚀程度有所增大时,应对掘进、支撑、排水等工作加以妥善安排。

14.4.4.2 当达到溶洞边缘,施工各工序应紧密衔接。当采取下导坑引进时,边墙基础应坚固,对小溶洞应填实;对大溶洞可采取本节 14.4.3.3 款的措施处理。上部工序应抓紧,尽快做好衬砌。

14.4.4.3 在溶洞充填体中开挖,当充填物较松软时,可用插钣法(如工型钢或槽型钢等)施工,并注意预留沉落量。当充填物为石块堆积时,可在开挖前预压砂砾及水泥砂浆加固。

14.4.4.4 施工中对溶洞顶部应经常检查,及时处理危石。当溶洞较高且顶部破碎时,应先喷射混凝土加固,再在靠近溶洞顶部附近打入锚杆,并设置钢筋网和支架。

14.4.4.5 在岩溶地段爆破,应尽量做到多打眼,打浅眼,并控制药量。

14.4.4.6 当反坡施工遇到溶洞时,应准备足够数量的排水设备。

14.4.4.7 当判断有岩溶水时,应利用超前的炮眼钻孔或预打的超前探水钻孔作涌水预报,探明开挖面前方几米到几十米的水情,防止突水事故的发生。

14.4.4.8 溶洞内不得任意抛填隧道开挖弃渣。

14.4.5 遇采空区时,应采取弱爆破,强支护,谨慎开挖。施工措施可按本节 14.4.3、14.4.4 条执行。

14.5 塌方

14.5.1 塌方地段应加强预报工作。在处理塌方前,应详细调查其范围、形状、塌穴的地质构造,查明其诱发原因和塌方类型,据此确定处理方案。

14.5.2 隧道塌方后,应先加固未塌方地段,防止塌穴扩大。

14.5.3 塌方规模较小时,首先加固塌体两端洞身,并尽快施作喷射混凝土或锚喷联合支护封闭塌穴顶部和侧部,然后清渣。在保证安全的前提下,亦可在塌渣上架设施工临时支架,稳定顶部,然后清渣。临时支架待灌筑衬砌混凝土达到要求强度后方可拆除。

14.5.4 当塌方规模很大,塌渣体完全堵死洞身时,宜采取先护后挖的方法。在查清塌穴规模大小和穴顶位置后,可采用管棚法或注浆固结法稳固围岩体和渣体,待其基本稳定后,按先上部后下部的顺序清除渣体,亦可用全断面法按短进尺、弱爆破、早封闭的原则开挖塌体,并尽快完成衬砌。

14.5.5 塌方冒顶,在清渣前应支护陷穴口,地层极差时,在陷穴口附近地面应打设地表锚杆,洞内可采用管棚支护和钢架支撑。

14.5.6 在塌方处,模筑衬砌背后与塌穴洞孔周壁间必须紧密支撑。当塌方较小时,可用浆砌片石或干砌片石将其充填;当塌穴较大时,可用浆砌片石回填,厚度宜为2m,其以上空间应采用钢支撑等顶住稳定围岩;特大塌穴应作特殊处理。衬砌厚度应按松散体荷载计算确定。

14.5.7 塌方地段防排水除应遵守本规范10章有关规定外,尚应遵守下列规定:

(1)对于地表沉陷和裂缝,应采用不透水土夯填密实,并开挖截水沟,防止地表水下渗到塌穴和塌渣体内;

(2)塌方冒顶时,应在陷穴口地表四周挖沟排水,并设棚遮盖穴顶,防止雨水流入。陷穴口回填标高应高出地面并封口。

14.5.8 岩爆引起塌方时,应采取以下措施:

(1)迅速将人员和机械,撤至安全地段。

(2)采用摩擦型锚杆进行支护,增大锚杆的初锚固力。

(3)采用钢纤维喷射混凝土,抑制开挖面拱部围岩的剥落。

(4)采取挂钢筋网,必要时可用钢支撑加固。

(5)充分做好岩爆现象观察记录。

(6)可采取声波探测,加强岩爆预报工作。

14.6 流沙

14.6.1 施工中应调查流沙特性、规模,了解地质构成、贯入度、相对密度、粒径分布、塑性指数、地层承载力、滞水层分布、地下水压力和透水系数等,并制订处治方案。

14.6.2 在流沙地段开挖隧道,可采取以下治理措施:

(1)加强防排水工作,防止沙层稀释和挟走沙粒,必要时采取井点法降低地下水位,其集水管可用加气砂浆充填。

(2)将泥水抽排至洞外。当隧道很长时,可在洞内合适位置设临时蓄泥水池,将泥水在该池内经处理沉淀后抽出洞外,池内沉积的淤泥定期清除。

(3)采用化学药液注浆固结围岩时,注剂可采用悬浮型或溶液型浆液。

(4)应自上而下分部开挖,先护后挖,边挖边密封,遇缝必堵。流沙出现后,尽快用板材封闭开挖面。

(5)可采用工字型钢支撑或木支撑,设置底梁,支撑的上下、纵横均应连接牢固。架设拱架时,拱脚应用方木或厚板铺垫。支撑背面应用木板或槽型钢板遮挡,严防流沙从支撑间逸出。

(6)在流沙逸出口附近较干燥围岩处,应尽快打入锚杆或施作喷射混凝土层,加固围岩,防止逸出扩大。

14.6.3 流沙地段开挖边墙马口,其长度不得大于2m,并应采取措施防止拱圈两侧不均匀下沉。拱部和边墙衬砌混凝土的灌筑应尽量缩短时差,尽快形成封闭环。

14.7 瓦斯地层

14.7.1 瓦斯溢出地段,应预先确定瓦斯探测方法,并制订瓦斯稀释措施、防爆措施、紧急救援措施等。

14.7.2 瓦斯地层宜采用超前导坑法开挖,探查瓦斯种类和含量,并稀释瓦斯浓度,同时加强通风。通风应按本规范11章的规定执行。

14.7.3 钻爆作业必须遵守下列规定:

(1)在煤层或有瓦斯岩层中,不允许打40cm以下的浅眼,任何炮眼最大抵抗线不得小于30cm。

(2)打眼时应采取湿式凿岩,严禁干式凿岩。

(3)应使用毫秒电雷管和安全炸药,并采取电力起爆。

(4)爆破电闸应安装在新鲜风流中,并与开挖面保持200m左右距离。

(5)应采用连续装药方式,雷管安放在最外一节炸药中。不得使用裸露药包。

14.7.4 瓦斯地层施工必须采取下列安全措施:

(1)预先对各有关工种人员进行专门训练,经考试合格确认其已掌握有关防止瓦斯爆炸方面的技术操作知识后,方可担任防爆工作。

(2)装渣运输使用的金属器械和车辆不得与渣体撞击,铲装前必须将石渣洗湿,防止摩擦和碰击火花。

(3)通风用的风筒、风道、风门和风墙等设施,必须按规定制作,保持密闭,防止漏风和松动塌落,施工中应派专人维修和保养。禁止频繁开启风门,确保风流稳定。

(4)风机用电应单独供给,当其他电源因瓦斯超限而切断时,风机电源必须能正常供电。

(5)组织工地救护组,进行专门抢救训练。备齐急救和抢险设备,并指定专人保管,经常保持其良好状态,不得挪做他用。

(6)隧道内严禁使用明火照明,不得带入易燃物品。

14.7.5 瓦斯检测手段可采用瓦斯遥测装置、定点报警仪和手持式光波干涉仪。应重点检测下列地点:

(1)开挖面及其附近20m范围内;

(2)断面变化交界处上部,导坑上部,衬砌与未初砌交界处上部以及衬砌台车内部等容易积聚瓦斯的地方;

(3)局扇20m范围内的风流中;

(4)总回风流中;

(5)各洞室和通道;

(6)机械、电气设备及其开关附近20m范围内;

(7)岩石裂隙、溶洞和采空区瓦斯溢出口;

(8)局部通风不良地段;

(9)技术负责人指定的检测地点。

14.7.6 应加强瓦斯检查制度,在钻眼、装药、放炮前及放炮后四个环节上搞好瓦斯巡回检测工作。瓦斯检查应按下列规定执行:

(1)导坑内瓦斯含量在0.5%以下时,每隔0.5h至1h检查一次,0.5%以上时,应随时检查,不得离开开挖面,发现异常应及时报告。

(2)当发现瓦斯含量在2%时,应加强通风稀释,在瓦斯含量降到允许值后,才可进入检查。

(3)瓦斯检查人员工作时应有安全防护装备。

15 路基、路面基层与路面

15.1 一般规定

15.1.1 隧道内路基、路面基层和路面的材料、施工和质量要求，应满足现行的《公路路基施工技术规范》（JTJ 033—86）、《公路路面基层施工技术规范》（JTJ 034—93）、《水泥混凝土路面施工及验收规范》（GBJ 97—86）、《沥青路面施工及验收规范》（GBJ 92—86）及《公路工程质量检验评定标准》（JTJ 071—94）的有关规定，并符合本章要求。

15.1.2 隧道进、出口外 50m 范围内路基、路面基层和路面的施工方法，应与洞内施工相同。

15.1.3 隧道内应采用满足施工要求的配套机械设备施工。

15.1.4 应尽可能就地取材，所用材料应满足相应规范要求。

15.1.5 路面基层和路面在施工以前，应根据设计类型，通过铺筑试验段确定施工配合比、控制参数、松铺系数等。

15.1.6 路基、路面基层和路面各工序管理应符合下列规定：

15.1.6.1 必须在上道工序验收合格后，才可进入下道工序。

15.1.6.2 交验时必须具备施工单位的自检、互检、专检手续、完整的施工交接记录、标高和坡度复核及其他各种测试记录。

15.1.6.3 如发现受检资料不符合要求，必须补全改正，否则不予验收。

15.1.6.4 在最后一道工序（路面）未完成时，或未达到设计强度之前，不得开放交通。

15.2 路基

15.2.1 路基排水的施工应符合本规范 10 章规定，并符合下列规定：

15.2.1.1 盲沟、有管渗沟以及渗水滤层的回填与夯实，应满足路基施工压实度要求。

15.2.1.2 路基通过暗河、溶洞时，应采用桥涵跨越，并进行加固处理，亦可按本规范 14.4 节有关条款处理。

15.2.1 3 渗水滤层应采用质地坚硬且纯净的砂砾石、碎石或隧道石质弃渣等材料铺设，渣体粒径不宜大于 15cm，滤层厚度宜为 10～20cm。

15.2.1.4 开挖中央水沟时，严格控制装药量，不得损坏隧道已有衬砌或其他设施。

15.2.1.5 路基施工应与疏通横向盲沟、侧沟和中央水沟同时进行。做到排水沟顺直，坡度均匀；排水管接头平顺、稳固；排水系统内不积水，排水流畅。

15.2.2 硬质路段的超挖部分应先清除软石和杂物，再用坚硬碎（砾）石材料或混凝土填补平整，并碾压密实。硬质岩欠挖路段，宜进行浅孔爆破松动，并应挖至设计标高处。

15.2.3 在软弱围岩及断面破碎地带应先清除软石和淤泥，再用硬质碎石、砂砾、片石等换填，并按设计要求的密实度和平整度分层碾压，达到路基设计标高为止。

15.2.4 仰拱地段应清除虚渣，并用浆砌片石或混凝土回填至路基设计标高。

15.3 路面基层

15.3.1 路面基层应满足下列基本要求：

15.3.1.1 具有良好的稳定性、足够的强度和适宜的刚度。

15.3.1.2 排水系统良好。

15.3.1.3 平整、密实。基层路拱与路面路拱一致。

15.3.1.4 几何尺寸符合设计要求。

15.3.2 路面基层施工前应做下列准备工作：

15.3.2.1 选择与路面基层类型相适应的施工机械。

15.3.2.2 根据路面基层类型选用的基层材料，应满足选用材料的有关规定。

15.3.3 路面基层为二灰碎石、二灰矿渣时，施工应符合下列要求：

15.3.3.1 石灰质量（如钙镁含量、消解后的残渣含量、细度等）应符合设计要求。

15.3.3.2 凝固的粉煤灰块应打碎过筛并清除杂物。

15.3.3.3 矿渣的粒径不应大于30mm，并要求崩解稳定，具有一定级配，不含杂质。矿渣重量在混合料中应占80%～85%。

15.3.3.4 二灰稳定级配集料用作基层时，碎石最大粒径不应超过30mm，压碎值不应大于26%，扁平细条颗粒总含量不超过20%，并不得含黏土杂物及有害物质。集料的重量应占混合料80%～85%。作底基层时，集料最大粒径不应超过40mm。

15.3.3.5 配料必须准确，拌和均匀，摊铺平整。

15.3.3.6 用12～15t压路机碾压时，每层压实厚度不应超过15cm；用18～20t压路机时，每层压实厚度不应超过20cm。当压实厚度超过上述规定时，应分层铺筑压实，每层最小压实厚度应为10cm。

15.3.4 路面基层为级配碎（砾）石时，施工应符合下列要求：

（1）级配碎石作基层时，碎石的最大粒径不应超过30mm。作底基层时，碎石的最大粒径不应超过40mm。压碎值不大于26%。

级配砾石作基层时，砾石的最大粒径不应超过40mm。作底基层时，砾石的最大粒径不应超过50mm。压碎值不大于30%。

（2）配料必须准确，且拌和均匀，无粗细颗粒离析现象。

（3）人工摊铺时，松铺系数为1.4～1.5；机械摊铺时，松铺系数为1.25～1.35。

（4）用12t以上压路机时，每层压实厚度不宜超过15～18cm，用重型振动压路机时，每层压实厚度宜为20～23cm。

（5）严禁压路机在已完成碾压或正在碾压的路段上掉头和制动。

（6）两次作业的衔接处，应搭接拌和。第一段拌和后留5～8m暂不碾压，第二段施工时，对前段留下未压部分重新拌和，并与第二段一起碾压，依此类推，直至完成。

15.3.5 路面基层为水泥稳定碎石碴时，施工应符合下列要求：

（1）不得使用快硬水泥、早强水泥及受潮变质水泥。

（2）碎石碴的压碎值不大于30%，且应有一定级配。

（3）施工要求按本章15.3.3条办理。

15.3.6 隧道内路面基层宜全幅摊铺施工；若有车辆通行，可采用半幅施工方法，但中缝对接应平整密实。

15.3.7 路面基层施工质量应满足几何尺寸允许偏差和质量标准（见表15.3.7）。

路面基层竣工外形的合格标准值 表15.3.7

项目	厚度(mm)		宽度(mm)	横坡度(%)	平整度(mm)	纵坡高程(mm)	压实度(%)
	均值	单个值					
底基层	-10	-25	+0以上	±0.3	15	+5，-15	设计值
基层	-8	-15	+0以上	±0.3	10	+5，-10	设计值

注：表中适用于高速公路或一级公路隧道。

15.4 路面

15.4.1 隧道路面质量应满足表15.4.1中的规定值,并符合下列要求:

15.4.1.1 结构密实,路面平整,达到设计强度,并具有良好的耐久性、抗磨耗性和抗滑性。

15.4.1.2 不透水,抗水性好,有良好的排水系统。

15.4.1.3 抗腐蚀能力强,漫反射率高,颜色明亮,易修补。

15.4.1.4 严寒地区的隧道路面,其表面应保证有足够的粗糙度。

15.4.1.5 两侧路缘每隔10m设置泄水孔;洞内渗水较多的区段,泄水孔间距可取5m。泄水孔及水箅应平整,其标高不得高于路缘。

水泥混凝土板竣工外形的合格标准值　　表15.4.1

项目	抗折强度(MPa)	平整度(mm)	相邻板高差(mm)	纵坡高程(mm)	横坡(%)	厚度(mm)	宽度(mm)	两缩缝间长度(mm)	拉毛压槽深度(mm)
合格标准值	不小于规定的合格强度	3	±2	±5	±0.15	±5	1/2000	±10	1~2

15.4.2 隧道路面施工应符合下列要求:

15.4.2.1 模板高度应与混凝土板设计厚度一致。厚度小于22cm时,可一次性浇注,厚度大于22cm时,可分成二次浇注,下部厚度为总厚度的3/5。严禁在刚做好的面层上洒水和撒水泥。

15.4.2.2 捣实应从边角起开始。先用插入式振捣器振捣,每一位置持续振捣时间不少于20s;再用平板振捣器纵横交错全面振捣,同一位置振捣时间不宜少于30s。

15.4.2.3 纵缝(纵向缩缝和纵向施工缝)拉杆宜设在板厚中央,临近横缝时纵缝拉杆间距可适当调整。

15.4.2.4 横向缩缝宜用假缝形式,当混凝土达到设计强度的25%~30%时,应采用切缝机进行切割。横向缩缝与其他横向缝距离不得小于2m。

15.4.2.5 横向缝的传力杆长度的一半应固定于混凝土中,另一半应涂沥青,允许滑动。传力杆应与缝壁垂直,且与中线平行,并应与支承体一起安设。

15.4.2.6 隧道处于不良地质地段时,洞内衬砌相隔一定距离应设置沉降缝。水泥混凝土路面的横向施工缝、缩缝和胀缝应结合洞内衬砌沉降缝设置。

15.4.2.7 填缝前应清除砂石杂物,待养生期满后及时注入填缝材料。填缝注入深度宜为3~4cm,夏季施工时注入填缝料宜与面板高度齐平,冬季施工时填缝料宜稍低于水泥混凝土面板高度。应选用黏结力强、弹性好的填缝料。

15.4.2.8 路面拉毛压槽必须使用专用工具,并在水泥浆硬结前做好。拉毛时严禁水泥浆体剥离路面,不得形成水泥碴。

15.4.3 洞内铺筑复合式路面时,必须待水泥混凝土板达到80%设计强度后才可在其上铺筑沥青混凝土罩层。沥青路面的施工和质量要求应按现行的《沥青路面施工及验收规范》执行。

16 附属设施工程

16.1 设备洞、横通道及其他

16.1.1 消防洞、设备洞、车行或人行横通道及其他各类洞室应按设计位置设置。施工中当发现原定位置地质不良时，施工单位应会同设计及建设单位对现场进行调查、研究，确定变更的位置。

16.1.2 隧道边墙内的各类洞室以及消防洞、设备洞和横通道等与正洞连接地段的开挖，一般应在正洞掘进至其位置时，将该处一次挖成。

16.1.3 当营运通风洞内倾斜段的倾角大于12°时，宜按斜井开挖方法施工。

16.1.4 设备洞及横通道等处的施工宜采用锚喷支护，必要时尚应增设钢架支撑。支护应紧跟开挖。与正洞连接地段，支护应予以加强。

16.1.5 设备洞、横通道及其他各类洞室的永久性防、排水工程，应按设计要求施作。施作时除应按本规范10.3节的有关规定执行外，尚应遵守下列规定：

(1)各类洞室及横通道与正洞连接处的防、排水工程应与正洞一次同时完成。

(2)各类洞室及横通道与正洞连接的折角处，防水层应根据铺设面的形状平顺铺设，不得出现空白。

16.1.6 衬砌施工应符合下列要求：

(1)认真复查防、排水工程的质量。只有在防、排水工程符合设计要求时，才可灌筑混凝土。

(2)衬砌中各类预埋管件、预留孔、槽以及衬砌边墙内的各类洞室应按设计位置定位。模板架设时应将经过防腐与防锈处理后的预埋管、件绑扎牢固，留出各类孔、槽及边墙内的各类洞室位置。灌筑混凝土时应确保各类预埋管件、预留孔、槽及各类洞室不产生移位。

(3)设备洞、横通道与正洞连接处的钢筋应互相连接可靠，绑扎牢固，使之成为整体。该处的衬砌应与正洞衬砌一次同时完成，不得中断。

16.1.7 电缆槽的施工应符合下列要求：

(1)电缆槽应随边墙基础施工一次挖好，不应在边墙灌筑后再爆破开挖。

(2)电缆槽壁中预埋的管、件、预留孔、槽，应按本节16.1.6条有关要求执行。槽壁与边墙应联结牢固，必要时可加设短筋。

(3)电缆托架应镀锌防锈，并应保持在同一水平面上，其高低偏差不大于±5mm。

(4)槽壁中每隔50m预埋接地引线的一端应与预埋件焊接牢固。

(5)电缆槽盖板的制作，应平顺、整齐、无翘曲；盖板铺设应平稳，盖板两端与沟壁的缝隙应用砂浆填平，不得晃动或吊空；盖板规格应统一，可以互换。

(6)采用多孔方管安设电缆时，其接头处应顺直连接，并作防水处理。不得使用有破损的多孔管。

16.1.8 隧道内电缆采用架空托架时，托架每隔50m接地一次。预埋接地引线的一端应与隧道壁内钢筋网焊接牢固。

16.1.9 隧道内吊顶隔板的施工，应符合下列要求：

(1)吊顶隔板施工前应调整好吊顶拉杆的标高，确保吊顶隔板保持在同一水平面上。

(2)吊顶隔板施工时的脚手架及模板应架设牢固；模板安装时应设一定预拱度，保证隔板灌筑符合设计要求。

(3)隔板钢筋与衬砌预埋钢筋及挡头板钢筋的连接必须牢固，并不得外露。

(4)吊顶隔板混凝土达到设计强度后才可拆模，且吊顶隔板不得产生下挠度；上下表面应光洁平整。接缝处亦应严密，不得漏风和渗水。

在隧道衬砌设置沉降缝处，隔板亦应设置相应的横向沉降缝。

(5)吊顶拉杆露出混凝土隔板的部分应镀锌或涂防锈漆。

16.1.10 洞口遮光棚的施工除应按设计要求实施外，尚应符合下列要求：

(1)遮光棚框架、立柱及基础位于路堤填方内时，不得因框架、立柱下纵撑和下横撑的设置而影响路堤夯实的质量。

(2)遮光棚框架混凝土表面应光洁、美观，不允许有蜂窝、麻面。

(3)遮光棚的施工应与洞口装饰工程一并安排，或在规定位置预留装饰工程安装时所需的孔洞。

16.2 装饰工程

16.2.1 洞门及隧道的内装饰应根据设计的装饰材料及设计要求，采用相应的施工方法进行，并应符合现行《装饰工程施工及验收规范》的有关规定。

16.2.2 装饰前应做好下列工作：

(1)仔细检查衬砌内表面的渗漏水情况，必要时应采取措施做好装饰前的防、排水工作。

(2)对于贴面装饰，应将装饰作业的表面清洗干净并做好基层。

(3)对采用的装饰材料进行装饰试验，检查装饰敷设和喷涂的质量、颜色以及与基底层的黏结牢固程度。

(4)各类洞室的防护门框及门扇骨架应在平整的场地上先放样；各种钢材须经调直、调平后下料加工成所需的形状，且不得产生裂纹，并按国家标准《钢结构工程施工及验收规范》的有关规定与要求办理，所有构件应涂防锈漆。

16.2.3 装饰工程施工时应符合下列要求：

(1)装饰材料不得侵入隧道建筑限界。

(2)洞口装饰应表面平整、清洁，隧道名牌字样要求美观、醒目。

(3)采用面砖材料时，应做到横、竖缝通直。面砖贴好后，外表面应平整，不得出现凹凸。

(4)采用防火隔热涂料时，其施工方法和要求，应按该材料的使用说明书进行。

(5)采用一般内墙涂料时，色彩应符合设计要求。涂料可采用喷涂或手工粉刷，但应作到色调均匀，不得出现色斑和杂色。

(6)离壁式装饰工程应按设计要求制作。

16.2.4 装饰工程应符合下列要求：

(1)装饰工程应能满足各类运营设施的维修和更换的方便。

(2)贴面装饰应做到黏结牢固、整齐、面平、美观，不允许背后有空响。

(3)各类洞室的防护门应开启方便，严密、防火、隔热。

(4)洞室应有标明洞室名称的标牌。

16.3 营运管理设施

16.3.1 通风机的机座与基础，应按设计要求施工。风机底盘与机座相连的地脚螺栓应按设计要求的风机底盘螺栓孔布置预留灌注孔眼。螺栓埋设时，灌浆应密实，螺栓应与机座面垂直。

射流风机的安装尚应符合下列要求：

(1)射流风机不得侵入隧道建筑限界。

(2)射流风机安装前应进行试运转。

(3)射流风机安装的位置、悬吊高度及风机间的间距必须符合设计要求。安装应牢固、可靠。

(4)风机吊装时应有安全措施。

16.3.2 通风机房内的附属设施(如吊通风机的天车、检修台等)宜在机房施工时一次完成。

16.3.3 水泵基础应置于稳固的岩层上，并按设计要求预留埋设水泵地脚螺栓的孔位。

16.3.4 蓄水池的施工应符合下列要求：

(1)蓄水池混凝土的灌筑应做到外光内实，无渗漏。

(2)在混凝土达到设计强度后，应进行注水试验。

(3)设置避雷设备时，应进行接地电阻试验，其冲击接地电阻应符合设计要求。

16.3.5 管道工程的施工应注意下列事项：

(1)沟槽开挖遇有管道、电缆或其他结构物时，应妥善保护并及时与有关单位会同处理。

(2)沟槽开挖后，应铺设垫层并及时铺管，不应搁置过久，更不得有积水。

(3)管道铺设前必须清除管内圬垢、杂物或浮锈，铺设应牢固。

(4)吊运管道及下沟时，不得与沟壁或沟底相碰撞，且不得损坏管道的防腐层及保护层。

(5)管道接口不得设在砌体内。接口距离砌体不应小于0.6m。

(6)所有钢管、钢制管件及各种连接附件应按现行冶金工业部《给排水管道工程施工及验收规范》的有关规定进行防腐处理。

(7)压力管道应采取水压检查其强度和严密性。

16.3.6 同一隧道内应采用统一规格的消火栓、水枪和水龙带。隧道外输水管与消防水源及自动控制装置的联结等应按设计要求处理。

16.3.7 照明灯具和配电控制板的安装、配线、电缆的敷设以及电气装置的接地工程等除应遵守现行《电气装置安装工程施工及验收规范》的有关规定外，尚应符合下列要求：

(1)电缆通过道路时，应采用预埋钢管保护；经过场坪时，应采用水泥槽防护；通过隧道时，应置于照明配线托盘上或穿管敷设，其他电缆应置于电缆槽内的托架上。

(2)电缆和配线进入建筑物、电缆槽、配线托盘引至设备时，或在行人易于接近、易受机械损伤的地方，应采取穿管保护。

(3)接地工程应配合土建施工同时进行，其隐蔽部分应在覆盖前做好测试、检查和验收。

(4)接地装置应按设计要求施工，不得随意接线或断开，接地引线数量不得任意改变。

(5)接地线应防止机械损伤或化学腐蚀。

16.3.8 各类设备阀件及转动部分于安装前应进行检查、清洗并润滑；阀件安装完毕后应标明开闭方向。

16.3.9 安装工程所用金属配件、支撑件、紧固件应进行防锈蚀处理。

附录 A　开挖方法及开挖、支护顺序图

开挖方法及开挖、支护顺序图

开挖方法名称	图　例	开挖顺序说明
全断面法	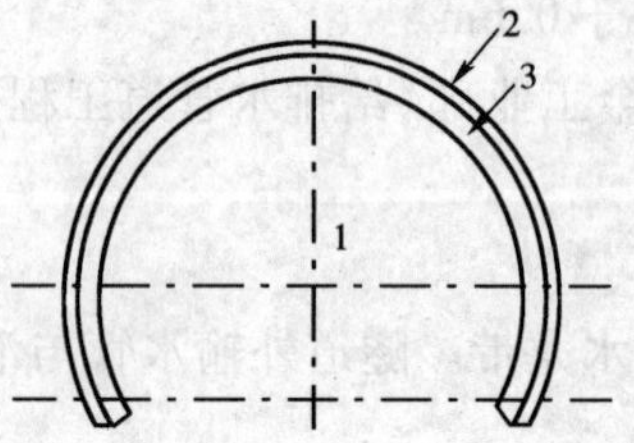	①全断面开挖 ②锚喷支护 ③灌筑衬砌
台阶法	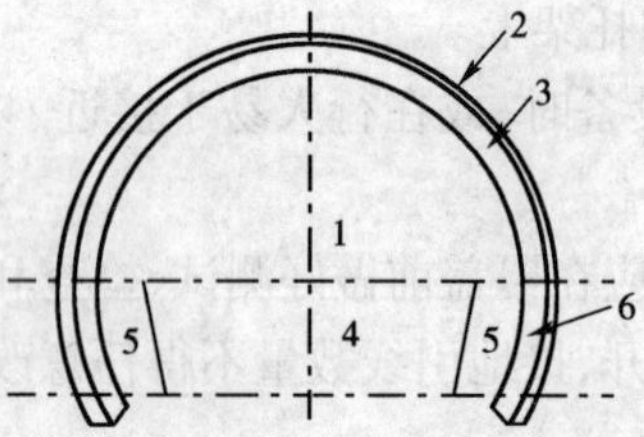	①上半部开挖 ②拱部锚喷支护 ③拱部衬砌 ④下半部中央部开挖 ⑤边墙部开挖 ⑥边墙锚喷支护及衬砌
台阶分部法	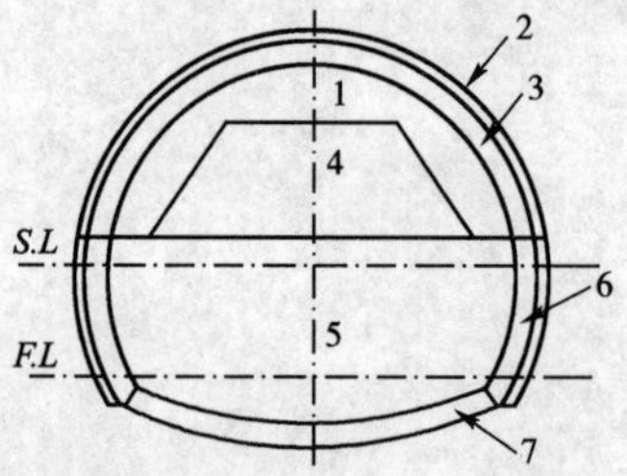	①上弧形导坑开挖 ②拱部锚喷支护 ③拱部衬砌 ④中核开挖 ⑤下部开挖 ⑥边墙锚喷支护及衬砌 ⑦灌筑仰拱
上下导坑法	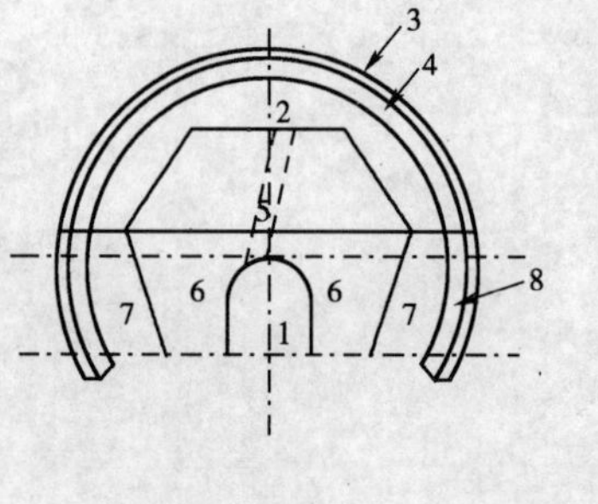	①下导坑开挖 ②上弧形导坑开挖 ③拱部锚喷支护 ④拱部衬砌 ⑤设漏斗，随着推进开挖中核 ⑥下半部中部开挖 ⑦边墙部开挖 ⑧边墙锚喷支护衬砌

开挖方法名称	图　例	开挖顺序说明
上导坑法	3 4 2 1 2 7 6 5 6	①上导坑开挖 ②上半部其他部位开挖 ③拱部锚喷支护 ④拱部衬砌 ⑤下半部中部开挖 ⑥边墙部开挖 ⑦边墙锚喷支护及衬砌
单侧壁导坑法 （中壁墙法）	3 6 9 1 4 2 5 7	①先行导坑上部开挖 ②先行导坑下部开挖 ③先行导坑锚喷支护钢架支撑等，设置中壁墙临时支撑（含锚喷钢架） ④后行洞上部开挖 ⑤后行洞下部开挖 ⑥后行洞锚喷支护、钢架支撑 ⑦灌筑仰拱混凝土 ⑧拆除中壁墙 ⑨灌筑全周衬砌
双侧壁导坑法	8 3 6 7 13 1 9 4 2 10 5 11	①先行导线上部开挖 ②先行导坑下部开挖 ③先行导坑锚喷支护、钢架支撑等，设置临时壁墙支撑 ④后行导坑上部开挖 ⑤后行导坑下部开挖 ⑥后行导坑锚喷支护、钢架支撑等，设置临时壁墙支撑 ⑦中央部拱顶开挖 ⑧中央部拱顶锚喷支护、钢架支撑等 ⑨⑩中央部其余部开挖 ⑪灌筑仰拱混凝土 ⑫拆除临时壁墙 ⑬灌筑全周衬砌

注：①图例中省略了锚杆。

②图中所列方法为基本开挖方法，根据具体情况可作适当变换。

附录 B　爆破成缝试验方法

光面爆破、预裂爆破参数的成缝试验方法如下所示。

B.0.1　试验目的

确定周边眼的装药量、装药结构、堵塞长度和炮眼间距等。

B.0.2　试验步骤

B.0.2.1　核对隧道地质情况。

B.0.2.2　选择与隧道实际地质条件相似的洞内或露天试验场。

B.0.2.3　按施工要求确定炮眼深度。

B.0.2.4　单孔爆破成缝试验。

单孔爆破成缝试验前，可先参照本规范 5.4 节钻爆设计所列参数表，初选单装药量、装药集中度及装药结构等。

单孔试验时，通过调整药量、装药结构、堵塞长度等，直到爆破后孔口只出现裂缝不产生爆破漏斗为止。此时装药深度即为实际的临界深度（装药重心至孔口距离）。

B.0.2.5　预裂爆破试验

根据单孔爆破成缝试验，参考装药结构和预裂爆破参数表（表 5.3.4）的药量，初选炮眼间距，进行排孔爆破成缝试验，直到不出现爆破漏斗，只出现孔间贯通裂缝为止（缝宽一般应为 5～10mm）。

B.0.2.6　光面爆破试验

根据排孔爆破得出的炮眼间距 E，参照光面爆破参数表（表 5.3.3）中的相对距离 E/V，定出不同的抵抗线 V，进行试验，得出最小抵抗线 V 值。

B.0.2.7　根据以上试验得出的 V、q、E/V 各值，在洞内进行试爆，再次调整各值，得出最佳参数供实际使用。

附录 C　锚喷支护施工记录

工程名称＿＿＿＿＿＿＿＿＿＿　　围岩类别＿＿＿＿＿＿＿＿＿＿＿＿＿

里　　程＿＿＿至＿＿＿＿＿＿　　记录时间＿＿＿＿年＿＿月＿＿日＿＿时

工程部位＿＿＿＿＿＿＿＿＿＿　　记 录 者＿＿＿＿＿＿＿＿＿＿＿＿＿

C.0.1　原材料、配合比(表 C.0.1)

原 材 料 表　　表 C.0.1

材 料 名 称	型号、产地	试验报告编号、品质
砂		
石		
水泥		
速凝剂		
水		
钢筋		

喷射混凝土配合比(水泥: 砂: 石):＿＿＿＿＿＿＿＿＿＿＿＿＿＿＿＿＿＿

速凝剂掺量:＿＿＿＿＿＿＿＿＿＿＿＿＿＿＿＿＿＿＿＿＿＿＿＿＿＿＿

锚杆注浆配合比(水泥: 砂):＿＿＿＿＿＿＿＿＿＿＿＿＿＿＿＿＿＿＿＿

水灰比:＿＿＿＿＿＿＿＿＿＿＿＿＿＿＿＿＿＿＿＿＿＿＿＿＿＿＿＿＿

C.0.2　施工时间

锚喷部位开挖(放炮)＿＿＿月＿＿＿日＿＿＿时

喷射混凝土施作:＿＿＿月＿＿＿日＿＿＿时起至＿＿＿月＿＿＿日＿＿＿时止

锚杆施作＿＿＿月＿＿＿日＿＿＿时起至＿＿＿月＿＿＿日＿＿＿时止

C.0.3　喷层厚度、锚杆布置(图 C.0.3)

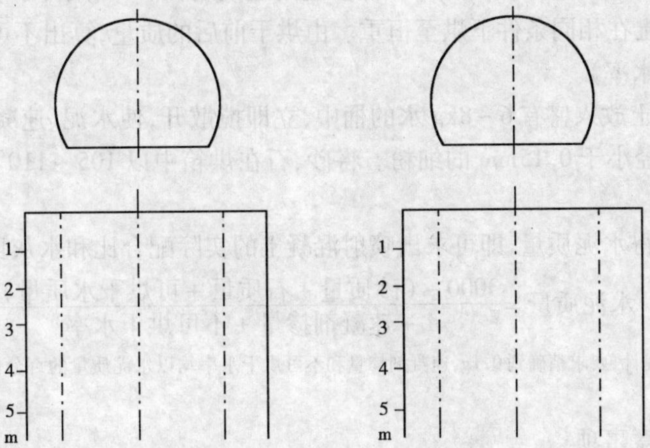

喷层厚度　　　　锚杆布置

喷护面积＿＿＿＿＿＿＿m²　　锚杆数量＿＿＿＿＿＿＿根

使用水泥＿＿＿＿＿＿＿包　　使用水泥＿＿＿＿＿＿＿包

图 C.0.3　喷层厚度及锚杆布置图

C.0.4　其他(包括围岩坍塌等事故的时间、地点、过程、原因分析;锚喷作业中发生机械故障、堵管等事故的次数、原因和排除方法;其他需要记录的事项)。

附录D 锚喷支护的试验和测定方法

D.0.1 喷混凝土强度检查试件的制作方法如下：

D.0.1.1 喷大板切割法

在施工的同时，将混凝土喷射在45cm×35cm×12cm（可制成6块）或45cm×20cm×12cm（可制成3块）的模型内，在混凝土达到一定强度后，加工成10cm×10cm×10cm的立方体试块，在标准条件下养护至28d进行试验（精确到0.1MPa）。

D.0.1.2 凿方切割法

在具有一定强度的支护上，用凿岩机打密排钻孔，取出长约35cm、宽约15cm的混凝土块，加工成10cm×10cm×10cm的立方体试块，在标准条件下养护至28d，进行试验（精确到0.1MPa）。

D.0.2 喷混凝土与岩面黏结力的试验方法如下：

D.0.2.1 成型试验法

在模型内放置面积为10cm×10cm、厚5cm且表面粗糙度近似于实际情况的岩块，用喷射混凝土掩埋。在混凝土达到一定强度后，加工成10cm×10cm×10cm的立方体试块，在标准条件下养护至28d，用劈裂法进行试验。

D.0.2.2 直接拉拔法

在围岩表面预先设置带有丝扣和加力板的拉杆，用喷射混凝土将加力板埋入，喷层厚度约10cm，试件面积约30cm×30cm（周围多余的部分应予清除）。经28d养护，进行拉拔试验。

D.0.3 喷混凝土实际配合比、水灰比的测定方法如下：

D.0.3.1 测定步骤：

（1）从受喷面上采取一块刚喷好的混凝土，迅速称出质量各为3000g的两份。

（2）将第一份混凝土放在瓷盘里，在烘箱中以105~110℃烘至恒重。由烘干前后的质量，算出喷射混凝土中可烘干水的质量。

（3）在取样的同时，用400g水泥及施工相同掺量的速凝剂，加160g水（水灰比为0.4），迅速拌制一份净浆，与第一份混凝土在相同条件下烘至恒重。由烘干前后的质量，算出不可烘干水的质量与水泥质量的比率（即不可烘干水率）。

（4）将第二份混凝土放入盛有6~8kg水的桶中，立即搅散开，使水泥、速凝剂、砂石分离，仔细淘洗清除水泥、速凝剂和粒径小于0.15mm的细粉。将砂、石在烘箱中以105~110℃烘至恒重，筛分并称出质量。

（5）根据下式算出得水泥质量，即可求出喷射混凝土的实际配合比和水灰比。

$$\text{水泥质量}=\frac{3000-(\text{砂质量}+\text{石质量}+\text{可烘干水质量})}{1+\text{速凝剂掺量}+\text{不可烘干水率}}$$

注：式中各项材料质量以克计，要求精确到0.1g，速凝剂掺量和不可烘干水率均以水泥质量的百分比表示；水质量为可烘于水质量与不可烘干水质量之和。

D.0.3.2 测定注意事项：

（1）采取试样、称质量、拌制净浆以及第二份试样在水中搅散开，均应在尽可能短的时间内完成，最迟不得超过5min。

（2）第二份试样在淘洗时，每次倒污水都要经过0.15mm孔径的筛。

（3）计算时，砂、石中小于0.15mm的细粉，应按原材料中的比例记入砂、石质量中，水泥、速凝剂中大于0.15mm的颗粒，也应按原材料的比例记入水泥、速凝剂质量中。

D.0.4 锚杆抗拔力的试验方法如下：

抗拔力试验应在现场实际工点进行。试验时注意事项：

D.0.4.1 应保持拉力计(或千斤顶)与锚杆外露部分平行。

D.0.4.2 加力时,应匀速缓慢。

D.0.4.3 拉力计(或千斤顶)应固定牢靠,并有安全保护设施。

附录 E 量测记录表

现场监控量测记录表

表 E-1

隧道名称：　　　　　　　　　　　　　　　　　埋设日期：

量测项目名称：　　　　　　　　　　　　　　　开挖日期：

测点里程：　　　　　　　　　　　　　　　　　初读数日期：

测点号 / 记要 / 量测值 / 日期时间											备注
	测值	计算值	测值	计算值	测值	计算值	测值	计算值	测值	计算值	

测读者：　　　　计算者：　　　　复核者：　　　　主管：

表 E-2

桩号：　　距洞口距离：　　量测断面编号：　　量测单位名称：

测线编号	量测时间				观测值							温度修正值	修正后观测值		相对第一次收敛值	相对上次收敛值	间隔时间	收敛速率	备注
	年	月	日	时	温度	I		II		平均值									
					℃	m	mm	m	mm	m	mm	mm	m	mm	mm	mm	d	mm/d	

量测者：　　　　记录者：　　　　计算者：　　　　校核者：

附录F　施工通风方式

通风方式		概要图	说明
1. 排风式	集中式	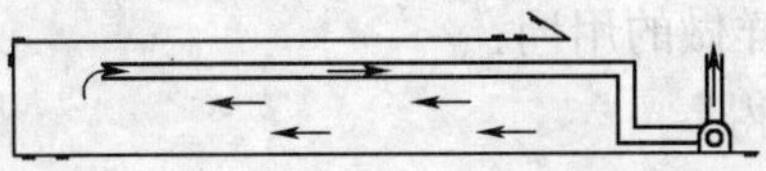	在洞外设置大容量(需风量总和)风机,风管吸风口设在开挖面附近,通过风管排除废风
	串联式	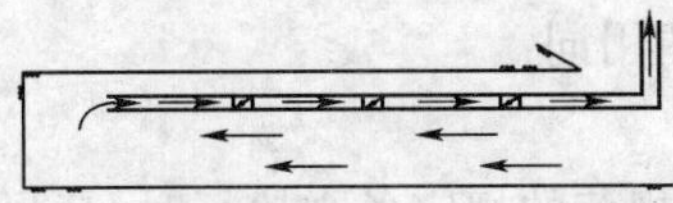	在风管内设置小型风机,随开挖面推进,可接长风管和增加风机,通过风管排除废风
2. 送风式	集中式	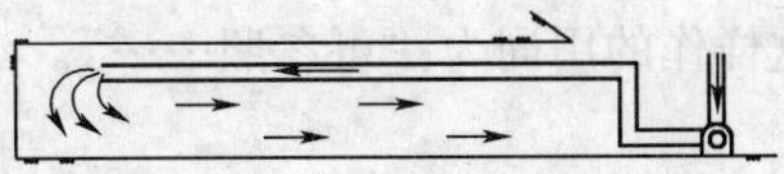	设备与集中排风式相同,但是将风管送风口设在开挖面附近,通过风管将新鲜风从洞口吹入开挖面,并由隧道排除废风
	串联式	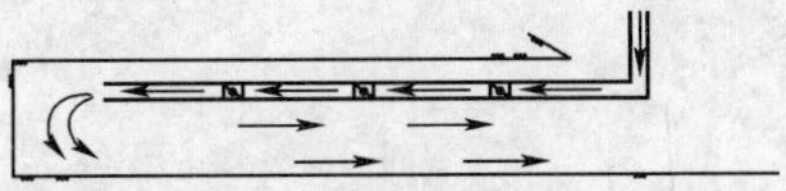	设备与串联排风式相同,但是将新鲜空气通过风管送入开挖面,并由隧道排除废风
3. 送排风并用式	集中式	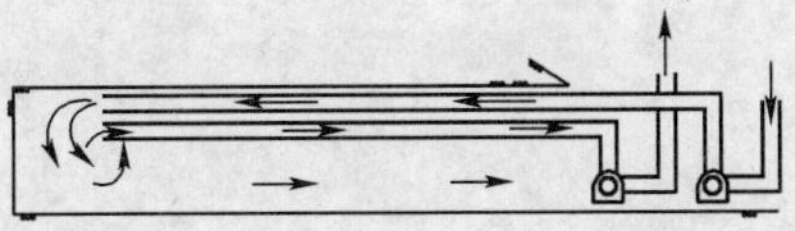	设备由集中排风式和集中送风式构成,送风机功率比排风机大,随开挖面推进加长风管
	串联式	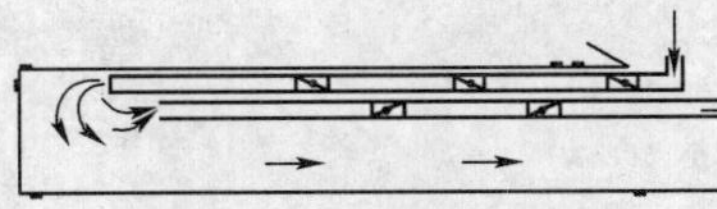	设备由串联排风式和串联送风式构成
4. 送排风混合式		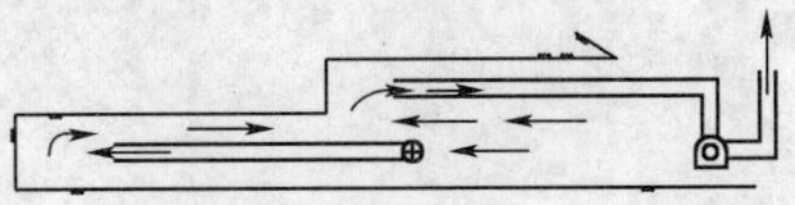	由下导坑或侧壁导坑作超前开挖时,在超前导坑部采取送风式,在全断面部(扩挖处)采取排风式
5. 竖井排风正洞送风方式			长隧道时,利用竖井排风,并在正洞口内竖井底口附近设送风机送风至开挖面
6. 坑道通风方式		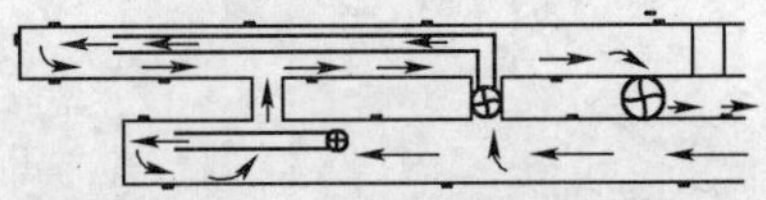	特长隧道时,利用避难坑道作排风道,正洞作进风道,在避难坑道的洞口附近设门,安设大容量风机
7. 局部风机(局扇)方式		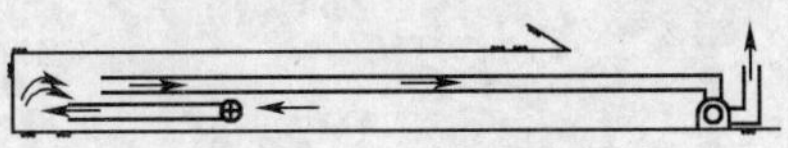	采取排风方式时,仅在开挖面附近局部地方设置风机(局扇)

附录G　本规范用词说明

G.0.1　执行本规范时,对条文严格程度的用词要用以下写法,以便在执行过程中区别对待:

G.0.1.1　表示很严格,非这样做不可的用词:

正面词采用"必须",反面词采用"严禁"。

G.0.1.2　表示严格,在正常情况下均应这样做的用词:

正面词采用"应";反面词采用"不应"或"不得"。

G.0.1.3　表示允许稍有选择,在条件许可时首先应这样做的用词:

正面词采用"宜"或"可";反面词采用"不宜"。

G.0.1.4　表示只有在一定条件下才可这样做的用词:

正面词采用"允许";反面词采用"不允许"。

G.0.2　条文中涉及按本规范或其他有关的标准、规范的规定条文执行时,其写法为:

G.0.2.1　表示很严格,非这样做不可的用词为:"应按……执行"或"应符合……要求(或规定)"。

G.0.2.2　表示严格,在正常情况下均应这样作的用词为:"可参照……"。

附加说明

主编单位:交通部重庆公路科学研究所

参加单位:西安公路学院
　　重庆交通学院
　　陕西省公路局
　　浙江省交通设计院

编制人员:蒋树屏　王毅才　狄武陵　周　熹
　　王尚志　李品飞　何林生　刘　伟

附件

《公路隧道施工技术规范》

（JTJ 042—94）

条 文 说 明

编制说明

根据交通部原工程管理司(91)工技字60号文通知,由交通部重庆公路科学研究所为主编单位,西安公路学院、重庆交通学院、陕西省公路局、浙江省交通设计院为参加单位,组成《公路隧道施工技术规范》编制组。

在编制过程中,编制组对全国已建和在建的公路隧道及其他类型的隧道进行了广泛的调查研究,搜集并分析了大量工程报告、施工总结和科研成果等技术资料,在此基础上,又部分借鉴了国外公路隧道的成功经验和先进技术。在规范编制的各个阶段,曾广泛征求全国各有关单位的意见,几度修改,不断完善。

本规范既采纳了新技术、新工艺,又兼顾到传统施工方法的存在。各章的条文规定,均以可靠的技术依据和成熟的经验为基础,对于一些目前我国没有实践经验或尚不够成熟的技术内容,本规范没有纳入或仅作出原则性的规定。

本规范共分十六章及七个附录,主要内容有总则、施工准备、施工测量、洞口、明洞与浅埋段工程、开挖、出渣与运输、施工支护、衬砌、监控量测、排水和防水、风水电作业和通风防尘、辅助坑道、辅助施工方法、特殊地质地段的施工、路基、路面基层和路面、附属设施工程等。

为使本标准更能符合我国公路建设的实际情况,请各有关单位在执行过程中,将发现的问题和意见及时函告交通部重庆公路科学研究所(邮政编码:630067),以便修订时参考。

1 总则

1.0.1 随着高等级公路的发展,公路山岭隧道的建设规模日益扩大,为了使其施工行为规范化,提高施工技术水平,确保工程质量,有必要制定本规范。

1.0.2 条文中所述的山岭隧道,是指以爆破为主要开挖手段的隧道,显然,它也包括采取爆破开挖的城市隧道。采取传统的矿山法和采用锚喷柔性支护的方法施工的隧道均为山岭隧道。

1.0.3 一般而言,隧道的施工安排应服从公路修建的总体规划,在施工安排、运输道路、临时房屋、砂石场地布置等,要考虑到邻近工程的施工需要,统筹安排,以减少投资。特长或长隧道控制着整个线路的工期,在线路全面开工之前,应先期施工。因此,长隧道应先于一般线路制订出独立的施工规划和相应的施工组织设计。

隧道施工方法是开挖方式、开挖方法、支护方式、洞内运输方式、辅助方法和通风方式等的总称。它应通过对隧道断面、长度、双洞与否、工期、地质条件、自然环境条件等综合研究后确定。开挖方式是指爆破开挖、掘进机开挖、人力开挖等开挖手段。开挖方法是指全断面法、台阶法、导坑法、分部法等开挖方法。支护方式有锚杆、喷射混凝土、钢支撑、钢筋网、构件支撑等,它们可单独使用,也可组合使用。衬砌混凝土支模方式有全断面整体式和分块拼装式。洞内运输方式有无轨式和有轨道式。辅助方法主要指是在稳固开挖面和处治涌水的超前锚杆、小导管、管棚、药液注浆、冻结、混凝土注浆等。

1.0.4 材料特性具有一定随机性,隧道施工过程中应对所用材料进行性能、强度等试验。另外,必须建立质检制度,抓好质量检查和教育工作,经常向施工人员讲明"质量是工程之本"的道理,从各方面保证隧道工程质量。

1.0.5 隧道工程的施工是在较恶劣的环境中进行的,因此,根据隧道工程作业的特点,提出应加强通风、照明、防尘、降温、防水及防止有害气体等。塌方事故是隧道施工中遇到的恶性事故,需要采取有效的预防措施,保证施工人员安全。

1.0.6 与发达国家相比,我国公路的隧道施工技术还比较落后。例如:喷射混凝土回弹量大,粉尘多,开挖断面不平整,超挖过大,围岩量测反馈滞后,量测仪器可靠性差等。因此需要积极而慎重地采用新技术、新材料、新设备、新工艺,以推动隧道施工技术的发展。需要研究采用的新技术和新材料主要有:低粉尘少回弹喷射混凝土技术、减少超欠挖技术、安全预报技术、量测与反馈技术、辅助施工措施以及喷涂防水层、橡胶防水板和新型止水带等。

1.0.7 施工机具周转调度的好坏与机械作业效率有着直接的关系,因此应加强现场工序管理和技术管理。本文规定的目的是为了提高生产效率。

1.0.8 施工时所遇到的围岩地质状态与施工前的地质调查结果往往很难一致,这是隧道工程的特点。因此,施工过程中需要对施工方法或支护参数作适当调整或变更,以适应围岩的实际情况。调整或变更,应以施工地质调查和围岩变形量测的分析结果为依据。

施工中,一般应酌情进行以下调查:

(1)开挖面的地质条件(岩质、岩体状态等);

(2)开挖面涌水量及涌水压力,以及排水的水量、水温、混浊度、pH 值、水的比值等;

(3)开挖面后方区段的围岩及支护状态;

(4)地表面、地面建筑物及洞口的状况;

(5)气象(天候、气温、气压、降雨量等)、地震等情况;

(6)地表水(河川的流量及水位、涌泉的涌水量等)及地下水(井和观测井的水位等)。

在预测到开挖面前方山体状态可能对施工产生重大障碍时,应从接近地点开始进行超前钻探或开挖导坑,作施工地质调查。

当出现甲烷或其他可燃性气体时，应进行测定并采取处治措施。

1.0.9 公路隧道的附属设施是指营运通风、照明、消防、交通监控、供配电、消音、装饰等设施。附属设施安装施工本规范只作原则性规定，其具体要求应遵守相应专业有关规定。

1.0.10 应按照有关环境保护法规，采取下列处治措施：

(1)针对噪声、振动等问题，可对空气压缩机、混凝土拌和楼、渣场、送风机等设隔音罩、隔音墙等；爆破方面宜规定放炮时间，设隔音门，采取特殊的爆破方式，进行周密的爆破管理等。当隧道通过对振动有严格要求的结构物或地区时，应采取低振动爆破，必要时改为掘进机开挖。

洞内污水或洞口其他工业废水排放时，应符合国家有关排放标准。污淤泥经脱水处理后，弃于允许的弃渣地点。

(2)覆盖层很浅且地面有结构物时，应采用辅助施工方法，亦可对地面结构物作加固处理。

(3)为了防止洞外运输作业阻塞交通，可考虑设置错车场所、扩宽道路、铺路面、设置交通信号和弯道反光镜、设看守员、限制运输时间和速度等措施。

(4)隧道洞内涌水引起地面枯水时，可采取以堵为主的防排水方案，尽量减轻枯水产生的影响。必要时，可考虑用自来水、贮水池等来代替原水源。

(5)为了避免泥土扬尘对附近公路的污染，宜对装渣汽车的底部作适当清洁处理，并对装渣量作适当限制，不得散落。

1.0.11 施工中，应做好下列原始记录：

(1)工程地质和水文地质的实际情况资料；

(2)变更设计项目的原因和内容；

(3)隐蔽工程施作和较大坍方、涌水等的发生状况及其处理情况；

(4)混凝土喷层及衬砌渗漏、变形、开裂的观测记载、原因分析和处理情况；

(5)贯通时的测量成果；

(6)对围岩、支护及衬砌位移和应力的量测数据，锚杆拉拔试验数据；

(7)工程材料的使用情况，试件的质量鉴定、检查结果；

(8)推广和研究试验新技术等过程及其结果；

(9)其他重大事项。

1.0.12 我国公路隧道施工技术水平还不高，需要不断总结提高，因此每座隧道竣工后要及时编写施工技术总结和提交竣工文件，为以后修建隧道提供施工经验。

应提交的隧道工程竣工文件：

(1)竣工文件说明；

(2)设计文件及施工图；

(3)施工组织设计和实施性施工组织文件；

(4)隧道控制测量、施工测量记录和分析报告(包括贯通测量)；

(5)开挖、锚喷支护、构件支撑、防水层、模筑衬砌工艺流程说明和检测记录；

(6)复合衬砌监控量测记录、图表及分析报告；

(7)隐蔽工程验收记录和附图；

(8)主要原材料出厂(场)合格证、材质报告和试验记录；

(9)分项工程开工申请单、中间计量表和质量检验单；

(10)变更设计报告单及图纸；

(11)工程质量检查报告(验交报告)；

(12)工程重大问题和事故处理文件；

(13)竣工图及说明(包括施工期间地质实况说明、地质素描图)；

(14)建设单位规定的其他文件和资料。

1.0.13 条文中所指的有关标准、规范，主要有：

(1)《公路隧道设计规范》(JTJ 026)；

(2)《公路工程技术标准》(JTJ 001)；

(3)《公路隧道勘测规程》(JTJ 063)；

(4)《锚杆喷射混凝土支护技术规范》(GBJ 86)；

(5)《钢筋混凝土工程施工及验收规范》(GBJ 204)；

(6)《公路路基施工技术规范》(JTJ 033)；

(7)《公路路面基层施工技术规范》(JTJ 034)；

(8)《水泥混凝土路面施工及验收规范》(GBJ 97)；

(9)《沥青路面施工及验收规范》(GBJ 92)；

(10)《公路工程安全技术规定》；

(11)《公路工程质量检验评定标准》(JTJ 071)；

(12)《爆破安全规程》(GB 6722)；

(13)《电气装置安装工程施工及验收规范》(GBJ 232)；

(14)《装饰工程施工及验收规范》(GBJ 210)。

2 施工准备

2.0.1 隧道施工前应深入工地做好调查研究。核对设计文件和编制施工组织设计等工作,是施工准备工作的前提,为了给施工提供基础资料,防止盲目施工,故作本条规定。

2.0.2 公路隧道控制着全线工期,因此要求先行开工,其施工组织安排常独立进行。为了对工期、工程费用、施工方法及安全生产等作出计划,施工前必须做好调查研究。本条规定的9款调查内容,均为隧道开工前准备的工作,应切实做好。

2.0.2.1 为预测隧道施工对地表或地下结构物的影响,应对结构物的类型、数量、位置及埋设深度作调查。

2.0.2.2 交通运输条件调查的内容包括公路等级、道路里程、路线平纵断面及桥涵构造物限制条件、路面状况、车辆类型、交通量及可利用的乡村公路等。

2.0.2.3 一般隧道洞口施工场地比较狭窄,为扩大洞口场地面积,应对洞外相邻工程和施工安排、弃渣场位置、弃渣填筑路堤及弃渣对农田水利的影响等作详细调查,并作出统筹安排。

2.0.2.4 施工前应调查影响隧道施工的各设施的情况和数量,为制订拆迁计划提供依据。

2.0.2.5 为拟定供水方案,应对隧道附近水源位置、储水量及水质情况等进行调查。

2.0.2.6 根据设计文件中提供的料场,对砂石等材料的产量、质量进行鉴定,据此确定材料供应方案。

2.0.2.7 尽可能利用当地电源、动力、通信、机具车辆维修、物资、消防、劳力、生活供应及医疗卫生条件,以节省工程费用。

2.0.2.8 气象、水文资料及社会状况调查:

(1)气温、气压、湿度、降雨量、降雪量、蒸发量及冻土深度;

(2)河川流量、地下水位、水利状况、工程对地下水影响等;

(3)居民风俗习惯、宗教信仰、生活水准、社会秩序、环境保护和防止公害条例等。

2.0.2.9 为限制隧道施工给自然环境和生活环境造成不良影响,应对地形、地质、动植物、土地利用、运输道路、水枯干、噪声、振动、排水通路、地表下沉等进行调查,并采取相应对策。

2.0.3 核对设计文件是施工前的一项重要工作。条文规定的7个方面是过去施工经验总结,应予以重视并切实做好。

2.0.3.2 工程地质、水文地质、地表及地下结构物的调查如下:

(1)尽可能查明隧道施工范围内的地形、地质及下列围岩的实际状况:浅埋段地质和地表下沉的可能性;断层破碎带和褶皱破碎带构造、性质和范围;有无膨胀性土压,有无流沙现象;洞口段偏压和滑坡活动情况;围岩中有无毒气等。

(2)做好洞内涌水形态、涌水量及其贮水范围等水文地质调查。

通过调查分析确认是否符合实际,保护措施是否完善。

2.0.3.3 核对隧道平、纵断面设计是为了检查隧道平面、高程与所在区段的线路总平面、纵断面设计衔接是否平顺,隧道位置是否合理。

2.0.3.4 在隧道位置确定的情况下,尽可能使洞门位置、式样、衬砌类型与洞口地形、地貌、地质等条件相适应,并做到经济合理,不留隐患,确保行车安全。

2.0.3.5 通过调查对设计文件中确定的施工方法、技术措施进行认真研究。发现问题应及时提出修改设计意见,不得影响工程进度。

2.0.3.6 为正确选型和合理布置洞外排水系统和设施,应对洞口地形、水文、气象资料等进行实地调查,以求符合实际情况。

2.0.3.7 隧道施工测量是隧道工程修建中不可缺少的一环,它能保证隧道开挖按规定的精度正确贯通,使衬砌内轮廓线符合设计要求。因此,施工单位必须重视控制点、基准点、水准点的交接和复核工作,并通过三角网或精密导线网对各点进行校核,以确保隧道施工精度。

2.0.4 在调查研究,核对设计文件,组织线路测量复查等工作基础上编制施工组织设计,并以此作为隧道施工的依据。

编制施工组织设计,可按下列步骤进行:

(1)复核与分析工程设计文件,掌握工程施工的特点,摘录工程数量。

(2)确保总的施工方案和总的实际施工期限。在施工方案中,应包括:机械化程度;初步安排施工进度;工序作业流水线和流水速度;划分总的施工程序和初步安排施工场地平面图。

(3)选择各分项工程的施工方法和计算工作量。

(4)确定各分项工程的实际施工进度和施工期限。

(5)编制施工进度图,并进行最合理的调整,直到满意为止。

(6)计算劳动力、电力、材料和机械设备的需要量,并根据施工进度的要求,编拟供应计划。

(7)布置运输线路,计算运输量,选择运输方式,确定运输工具数量。

(8)确定自办材料的开采和加工方案,提出各种附属企业的设置方案和生产计划。

(9)制定各项临时工程施工方案和计算工作量。

(10)拟定安全、质量、环保和节约等主要技术措施。

(11)提出施工管理机构的方案,确定劳动组织的编制,制定各种相应的管理制度。

(12)编写施工组织设计说明书。

2.0.5 隧道施工中已广泛采用锚喷支护作为主要支护手段。随着锚喷支护的应用,不仅加快了隧道施工进度,而且也为大断面开挖创造了条件。在选择施工方法时,只要地质条件较好,宜优先采用全断面法和正台阶法。

对于地质变化较大的隧道,分部开挖方法有较大适应性,但分部开挖的工序多,且各工序拉开的距离较长,故选择时要慎重。

2.0.6 施工场地布置的合理与否,关系到施工进度和工程费用。由于隧道的工程量大,技术复杂,施工机械化程度较高,因此,洞内外各项工作应协调配合,提高机械效率,做好场地总体布置。

本条8款是绘制施工场地总布置图的基本要求,施工单位应按这些原则结合实际情况具体组织实施。

2.0.7 弃渣场地要选定占地、树木、拆迁等补偿费用低廉,且出渣运输方便、距离最短的处所,其场地容量应容纳隧道弃渣。在风景区和住宅规划区,以及保护林和防沙地带弃渣方法等均受到限制,因此要进行详尽的现场调查。

2.0.8 本条所指各项临时工程必须在隧道施工前基本完成,并不一定全部完成,是因为当洞口地形条件受限制时,可以利用弃渣场逐步发展施工场地。

临时工程主要包括四通(水、电、道路、通信)一平(平整场地)及临时房屋等。

条文中对临时工程提出的各项要求,是为隧道提早进洞做准备。当运输便道未修好,且水泥、钢材、木材、砂石料等无储备场地,以及风、水、电未送至洞口时,不能仓促进洞开挖。否则,支护及衬砌不及时,影响工程质量,如遇不良地质还会导致坍方,给施工带来困难,造成不应有的损失。

2.0.9 隧道开工前,应根据工程需要配备成套的试验仪具,以确保安全生产和提高质量。

隧道施工前应按设计文件所列的各种材料做好试验工作,以便为提早进洞创造条件。本章列出此条以强调其重要性。

2.0.10 施工前应按规定配备机械设备和量测仪器。空气压缩机的容量要求比传统施工方法增大一倍以上,以满足开挖和喷射混凝土作业的需要。

2.0.11 洞口前相邻工程是指引道范围内桥梁墩台、涵管、下挡墙等。

山岭隧道的洞口一般受地形条件限制,而且洞外设施多,要求施工场地面积较大,且隧道洞口距离桥涵、填方路段较近,因此隧道边仰坡、洞口临时配套工程施工,易受洞口前相邻工程施工的影响。为了早进洞，扩大施工场地面积，减少施工干扰，洞内外的工程应统筹规划，合理安排，配合施工，及时完成。

2.0.12 大力推广应用新材料、新技术、新设备和新的施工方法，是提高隧道施工技术水平，节省工程投资最有效的措施之一。

为防止技术事故和机械破损，减少原材料损耗，提高工效，确保施工安全和质量，隧道施工前应对职工进行技术交底和培训。

对引进国外的先进设备，应配备专职人员操作和维修，必要时还可请厂方派员协助培训，组装和操作示范。

在推广应用新材料、新技术和新工艺时，应注意以下各点：

(1)积极采用新型防排水材料，推广新奥法施工技术。

(2)全断面开挖法最易于实现综合机械化施工，其次是正台阶开挖法。

(3)施工机具的配备，一定要使掘进、运输、支护及辅助作业在生产上形成完整的配套体系。

(4)在引进国外设备时，应注意选型、配套以及配部件的供给。在使用中做到学、用、改、创相结合，以提高隧道施工技术水平。

3 施工测量

3.1 一般规定

3.1.2 隧道施工测量是隧道工程修建中不可缺少的一环,它的主要任务是保证隧道开挖按规定的精度正确贯通,使衬砌结构符合设计要求。因此,施工单位必须重视控制点、基准点、水准点的交接和复核工作,并规定通过三角网或精密导线网对各点进行校核,以确保隧道施工精度。

3.1.3 隧道测量一般要求精度较高,其桩点必须稳定、可靠。因为公路隧道在施工过程中很难用其他方法检验其结果,而且测量进行是否正确无误并达到必要的精度,只有在隧道贯通时才知道。因此,隧道施工测量必须以规定的精度认真、慎重地进行,避免产生严重后果,造成浪费和返工。

三角点、导线点布设在视野开阔、通视良好的地方,主要是为了减少由于大气旁折光及地面折光产生的仪器误差对导线角的影响。

光电测距仪的使用规定参见《公路隧道勘测规程》(JTJ 063)附录五。

测量用平面控制点和水准点的设置非常重要,要求设置牢实。

洞内、外控制点可按说明图1~图4所示埋设。

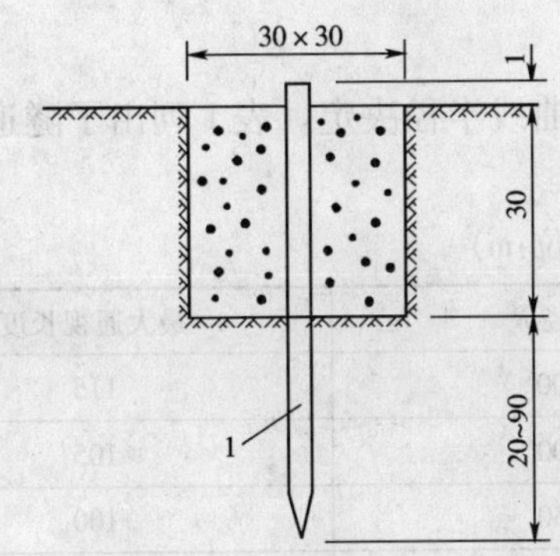

图1 控制点在一般地层中的埋设(单位:cm)

注:1-大于10mm的铁芯,顶部中心凿直径1mm深2mm的圆孔

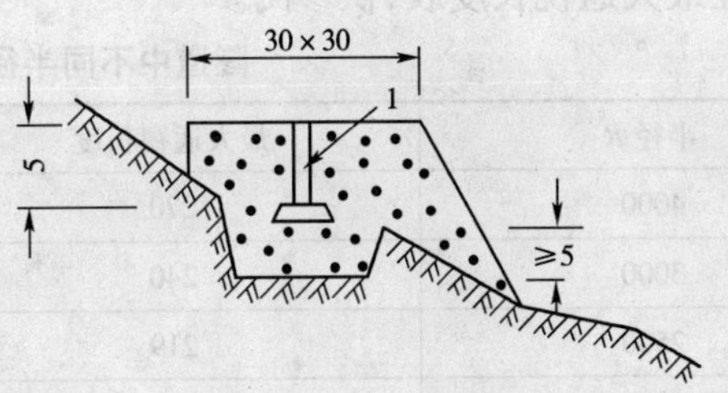

图2 控制点在岩石中的埋设(单位:cm)

注:1-图中铁芯为倒置的大钉子,尖端截成平顶,中心凿2mm深的小孔

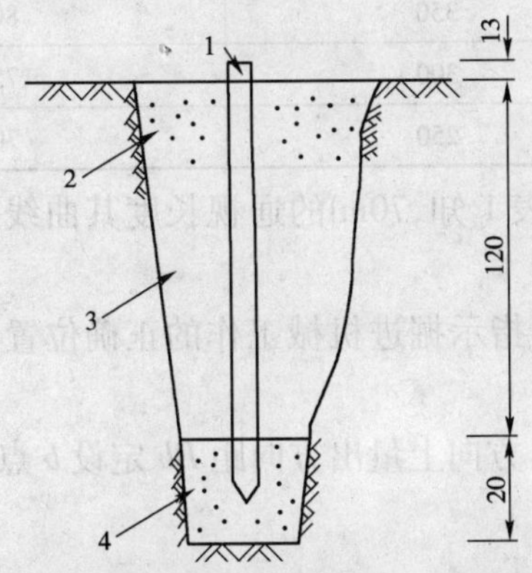

图3 控制点在沙漠地区的埋设(单位:cm)

注:1-顶端凿孔的金属棒(或钢管,顶部倒置钻孔之铁钉);2-混凝土固定层;3-回填沙土;4-混凝土底座

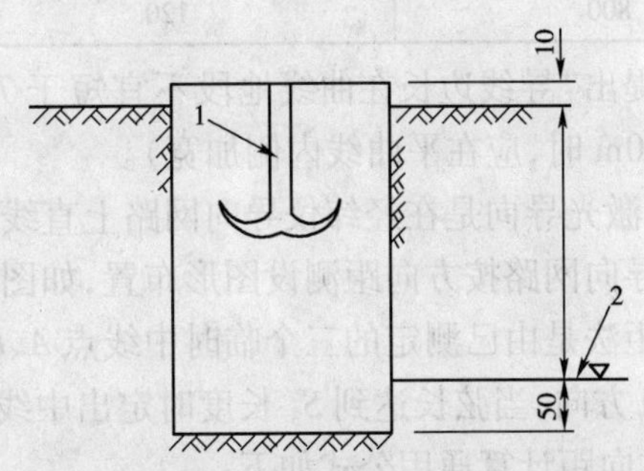

图4 控制点在严寒地区的埋设(单位:cm)

注:1-制有倒钩的金属棒,顶面钻有小孔;2-冰冻线

洞内控制点的埋石可参照图 1 进行,铁芯长度可采用 20cm,亦可使用顶部有钻孔之螺栓和道钉。埋置深度可根据不同地层选用 30 ~ 50cm。

洞内外水准点可按图 5 ~ 图 6 所示设置。并按如下方法进行:

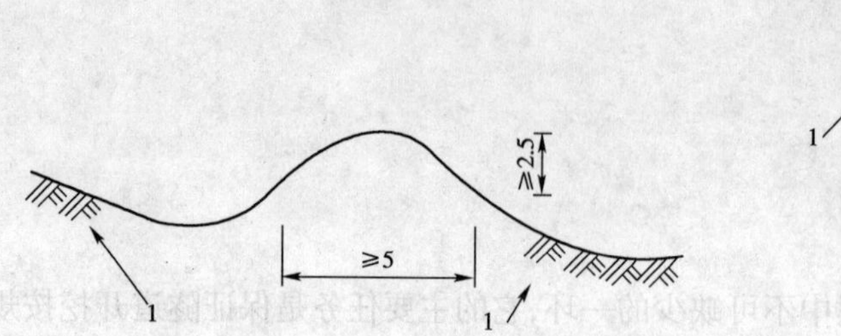

图 5 水准点在坚硬岩石上的设置(单位:cm)

注:1-坚硬岩石

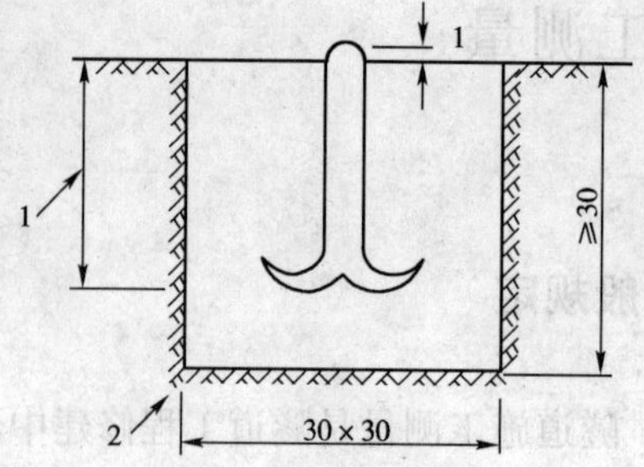

图 6 水准点在混凝土中的设置(单位:cm)

注:1-嵌入混凝土深度≥20cm;2-一般地层

(1)设在坚硬岩石或墓碑上的水准点以修凿成大于 5cm 直径的半圆顶作标志。

(2)挖一小洞,放入圆头铁芯,并浇筑混凝土。铁芯为大于 20mm 的金属棒,顶部制成圆形,下部制成倒钩。

(3)沙漠地区和寒冷地区水准点设置与图 3 和图 4 基本相同,唯铁芯顶部制成半圆形,铁芯用金属棒而不用钢管。

(4)洞内水准点可与中线点同时埋设,并设在坚硬岩石上,铁芯可采用螺栓或道钉。

3.2 洞内施工测量

3.2.1 洞内曲线地段的导线长由通视长度定,而通视长度由曲线半径决定。表 1 列出了隧道中不同曲线半径最大通视长度表,供参阅。

隧道中不同半径最大通视长度(单位:m) 表 1

半径 R	最大通视长度	半径 R	最大通视长度
4000	270	700	115
3000	240	600	105
2500	219	550	100
2000	195	500	95
1800	185	450	90
1500	170	400	85
1200	150	350	80
1000	135	300	75
800	120	250	70

条文提出"导线边长在曲线地段不宜短于 70m"。据表 1 知,70m 的通视长度其曲线半径为 250m(当 $R \leqslant 250$m 时,应在平曲线内侧加宽)。

3.2.2 激光导向是在经纬仪导向网路上直线对准方向,指示掘进机械工作的正确位置。在曲线上,激光仪的导向网路按方向距测设图形布置,如图 7。

方向距法是由已测定的三个临时中线点 A、B、C,在 AB 方向上量出方向距 Bb 定设 b 点,利用 b、c 两点标定 CD 方向,当弦长达到 S_3 长度时定出中线点 D。

(1)方向距计算通用公式如下:

反向延伸时(如图 7)的进测方向距为

$$Bb = S_2 \times \frac{\sin\theta_2}{\sin(\theta_1 + \theta_2)} \tag{1}$$

式中：θ_1——B 点上相邻两弦切角之和即

$$\theta_1 = \delta_{B前} + \delta_{B后}$$

θ_2——C 点上相邻两弦切角之和即

$$\theta_2 = \delta_{C前} + \delta_{C后}$$

其中 $\delta_{前}$、$\delta_{后}$ 可由《测设用表》查出或算出。

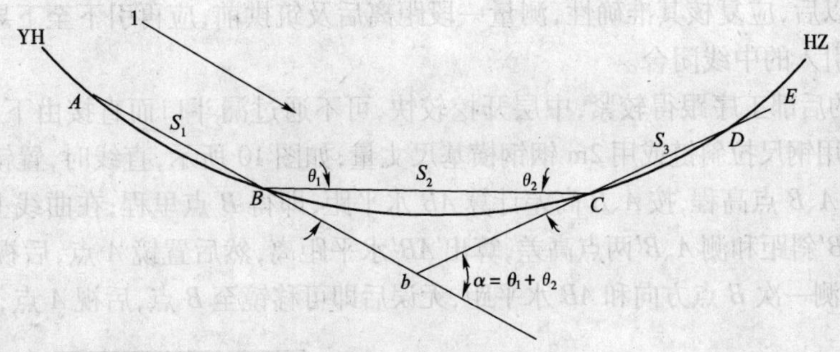

图 7　方向距法

注：1-进测方向

正向延伸时的方向距为

$$Cb = S_2 \times \frac{\sin\theta_1}{\sin(\theta_1 + \theta_2)} \tag{2}$$

(2)测设方法简述如下：

激光仪安置在方向角的交点 b 上，按割线方向导向，导向行程一般在 20 ~ 80m 间，机械沿曲线前进，行程上各点的偏移量按弦线偏距法计算，如图 8。

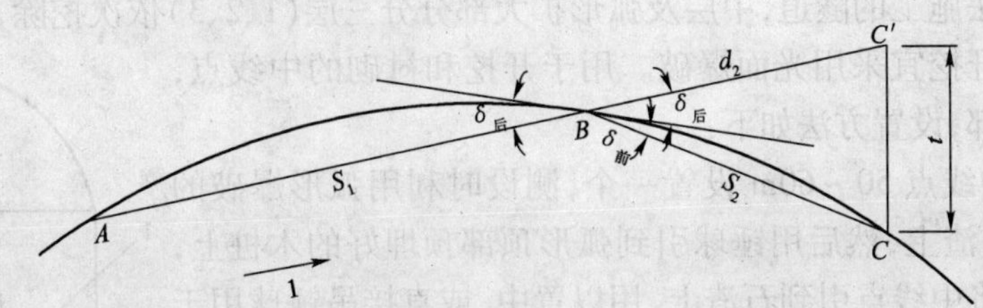

图 8　弦线偏距法（向前冲弦）

注：1-进测方向

A、B 为曲线上用仪器测设的两临时中线点，欲向前定设 C 点。延伸 AB 弦的方向并取 $BC' = d_2$（弦延线长度）定下 C'点，在 C'点以偏距长度 t 划弧与 B 点量出的弦长 S_2 相交 C 点，即为所测中线点，再依次定设其余各点。

(3)计算方法如下：

向前冲弦偏距、弦偏距按下式计算：

$$t = S_2 \times \frac{\sin(\delta_{前} + \delta_{后})}{\cos\delta_{后}} \tag{3}$$

式中：S_2——前测弦（BC）的弦长（m）；

$\delta_{前}$——前测弦的弦切角（即切线偏角）；

$\delta_{后}$——已测弦的弦切角。

向后冲弦偏距、弦偏距按下式计算：

$$t = S_1 \times \frac{\sin(\delta_{前} + \delta_{后})}{\cos\delta_{前}} \tag{4}$$

式中：S_1——已知弦的弦长（m）。

3.2.4　在拱部扩大和马口开挖工作完成后，应采用断面支距法量测应绘出断面。即根据中线及拱顶外线高程，从上而下每隔 0.5m（拱部和曲线地段）和 1.0m（直墙地段）向中线左右量测支距（量测支距时，应考虑隧道中心与线路中心的偏移值和施工的预留宽度），以指导开挖及检查断面，并作为立拱架的依据。遇有仰拱的隧道，仰拱断面应由中线起向左右每隔 0.5m 量测出路面高程向下的开挖深度。

用上下导坑法施工的隧道，上部导坑的中线每引伸一定的距离都要和下部导坑的中线联测一次，用以改正上部导坑的中线点或向上部导坑引点。联测一般是通过靠近上部导坑掘进面的漏斗口进行的，用长线垂球、垂直对点器（或经纬仪的光学对点器）将下导坑的中线点引到上导坑的顶板上，如图 9 所示。移设三个测点以后，应复核其准确性，测量一段距离后及筑拱前，应再引下至下导坑核对，并尽早与洞口上导坑自洞外引入的中线闭合。

如果隧道开挖的后部工序跟得较紧，中层开挖较快，可不通过漏斗口而直接由下导坑向上部导坑引点，其距离的传递可用钢尺拉斜链或用 2m 铟钢横基尺丈量，如图 10 所示，直线时，置镜 A 点，正倒镜测定 B 点，量 AB 斜距，测 A、B 点高程，按 A、B 高差计算 AB 水平距，即得 B 点里程；在曲线上时，先概估上导坑中线位置 B' 点，量 AB' 斜距和测 A、B' 两点高差，算出 AB' 水平距离，然后置镜 A 点，后视以后按 AB' 水平距拨偏角定 B 点，并复测一次 B 点方向和 AB 水平距，无误后即可移镜至 B 点，后视 A 点，向前测进。

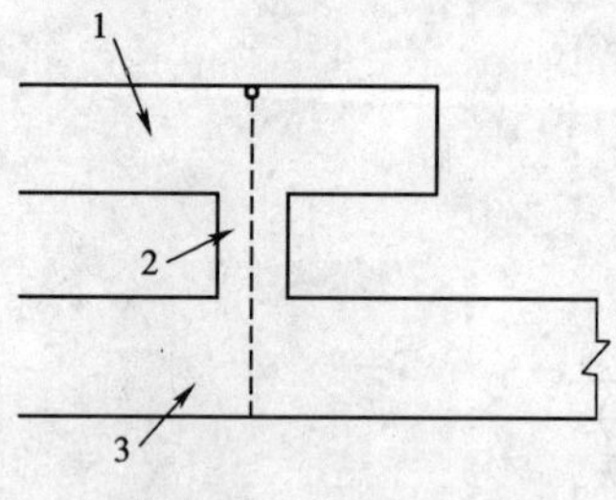

图 9

注：1-上导坑；2-漏斗；3-下导坑

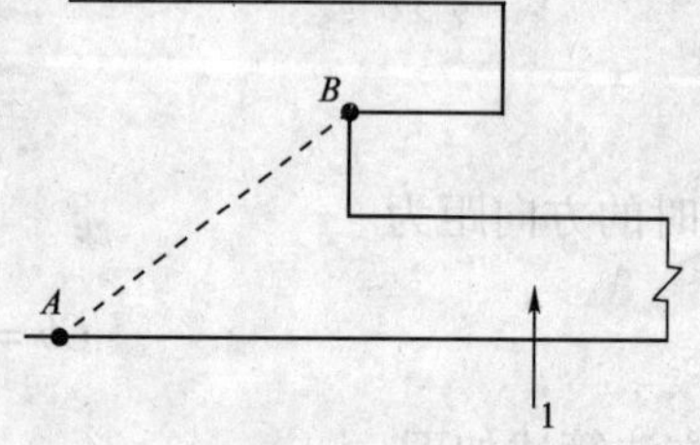

图 10

注：1-下导坑

采用下导坑开挖法施工的隧道，中层及弧形扩大部分分三层（1、2、3）依次挖除，如图 11。

弧形扩大部分的开挖宜采用光面爆破。用于开挖和衬砌的中线点，均设在弧形部分的顶部，设置方法如下：

（1）弧形顶部的中线点 50 ~ 60m 设置一个，测设时利用弧形爆破的石渣，将中线点测至石渣上，然后用锤球引到弧形顶部预埋好的木桩上，钉以小钉。置镜时可将中线点引到石渣上，用以置中，或直接吊锤球用于上部置中。

中线点宜在距弧形开挖面 15 ~ 20m 处设置。

（2）临时点在弧形部分的顶部每隔 5m 设置一个，然后将这些临时点依次用红油漆线连接起来，并画成曲形弦线。这些点的前方（靠近开挖面）两点，可利用弦偏距法指导开挖，后方各点可用于衬砌。

如果弧形部分的开挖面不整齐，无法利用曲形弦线时，可在弧形顶部，每隔 5m 或 10m 处用水泥砂浆粘贴成圆鼓形锥，用以设置临时点，指导开挖和衬砌。

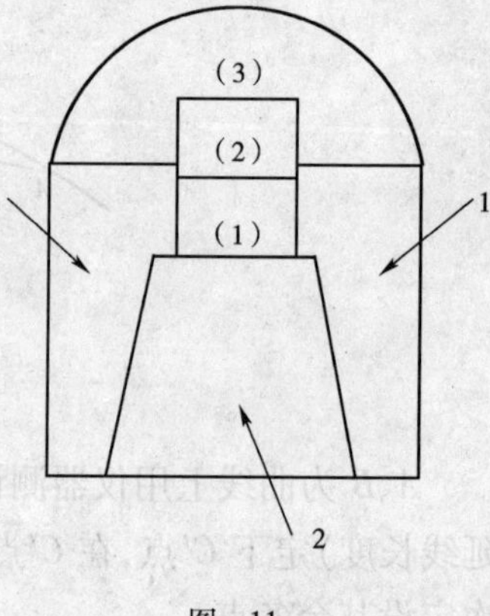

图 11

注：1-马口；2-下导坑

3.2.6 隧道衬砌，不论任何类型均不得侵入隧道建筑限界，因此各个部位的衬砌放样都必须在线路中线、水平测量正确的基础上认真做好，使其位置正确，尺寸和标高符合设计要求，具体做法分述如下：

（1）拱部衬砌放样

拱部衬砌是在安装好的拱架模型板上来完成的，拱架架立是在开挖断面符合净空要求及中线水平桩点正确无误的基础上进行。拱架制作是根据设计的拱架图，在放样台上按 1∶1 的比例尺放出大样，按大样制作构件拼装而成；立架间距应根据地质情况、衬砌厚度、拱架质量、模板厚度等因素决定，一般为 0.6 ~ 1.5m。拱架在受力后可能发生下沉及向内挤，影响隧道净空，因此必须根据地质情况预留加宽和沉落量，一般方法是在制作拱架或拼装梳形木时，将拱圈半径加大 2 ~ 5cm；若地质松软，沉落值可达 10 ~ 20cm（如湿砂、砂黏土之类），遇此情况必须提高起拱线和拱顶标高，但边墙基底标高应固定不变，砌筑边墙时，应以此不变标高控制，加上提高起拱线的数值。

立架之前应详细检查拱架是否变形，必要时应在大样台上校正后再用。采用先拱后墙法施工时的拱架架立方法和步骤如下：

a. 丈量开挖断面，欠挖部分应清除。

b. 复核中线水平，放出垂直中线的十字线，标出拱架顶及起拱线标高。

c. 拱架拼装就位，按照规定间距用横撑固定（注意曲线上内外侧弧长之差）。

d. 将首尾两排拱架按中线位置定位，在直线段时，将拱架上的中点与线路中线重合；在曲线段时，按不同半径的隧道中线与线路中线之差距 d 进行校核，使拱架中点与线路中线之差距等于 d 值，如图 12。

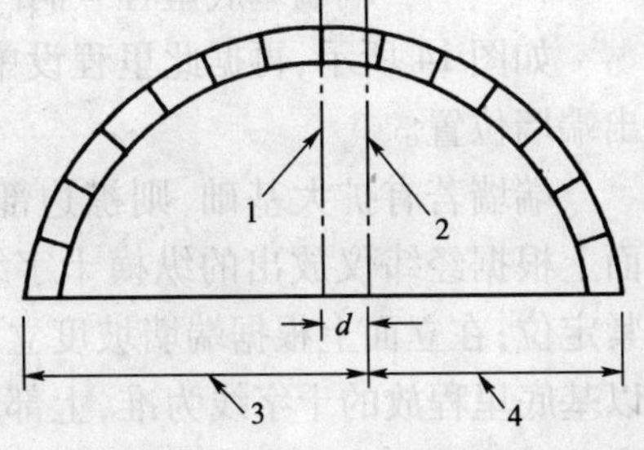

图 12

注：1-隧道中心线；2-路线中心线；3-1/2 净空宽 + 预留宽 + d；4-1/2 净空宽 + 预留宽 - d

e. 将首尾两排拱架的拱脚处用双木楔调整高度，使拱架顶与抄平标出之拱顶标高一致（包括提高的预留沉落值在内）。

f. 重复检查和调整首尾拱架左右两侧位置及拱架顶高度，使之按中线水平正确定位。

g. 首尾两排拱架定位后，在拱顶及拱脚左右处用麻线拉紧，中间各排拱架以此麻线为准，按 d、e 两步骤使拱架达到要求为止，用木撑抵紧于岩壁上，稳妥固定。

采用先墙后拱法施工时，拱架架立的方法是相同的，唯不同者是架立拱架承台，其方法有边墙预留丁石、边墙留孔、立柱支撑等。

在拱圈衬砌之前还必须检查拱架和模型板的安装质量及净空尺寸、中线水平是否都合乎要求。在衬砌过程中，应随时检查模型板及拱架的状态，发现变形或走动，应停止灌注，立即纠正，以保证净空要求。

（2）边墙衬砌放样

边墙衬砌有混凝土浇注和料石或预制块砌筑；边墙型式有直线型和曲线型。

用混凝土灌筑时，直线型边墙的模板系根据支撑立柱间距、边墙高度分块制成；曲线型边墙模板，则须要预先按 1∶1的比例画出衬砌模型大样图，按图制作模型架和模型板。立模之前，必须检查线路中线、墙基标高、断面净空，符合设计要求后才能据此安装，中线到边墙模板各点的宽度（设计净空宽 + 预留宽），可以用坐标法测定。

用料石或预制块砌筑边墙时，在起拱线外，根据隧道净空宽度及施工误差的加宽，立固定垂直方木以掌握砌筑边墙的垂直坡度，基础四角按坐标法测定砌筑基准石，而后挂线控制填腹砌筑。当砌筑曲线边墙时，须将料块根据大样图编号，严格按照编号规定砌筑，曲线弧形用模型控制。

（3）仰拱及铺底的施工放样

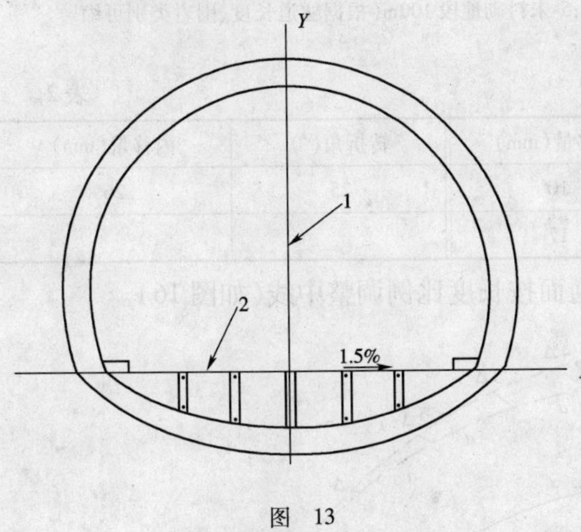

图 13

注：1-线路中心；2-路面线

仰拱断面系与隧道拱圈成反方向弧形，检查断面开挖是否准确和仰拱模板安装都可用样板法，如图 13 所示。样板是在大样台上制成，以路面高程为根据，按仰拱面计算的坐标值放样，用 5cm ×5cm 方木钉成。检查开挖后的断面时，将样板横木上口与边墙上路面线比平，样板上划的线路中线与地面中线桩对准，此时量取弧形木下口至开挖面的距离，即可算出其开挖数值。安装仰拱模型板时，注意将样板平行提高一个模型板厚度，使模板背紧贴样板弧形木，这时模板面（即衬砌面）就符合设计高程。检查衬砌后的仰拱面是否准确时，可将样板上面的横木下口比平边墙上的路面线，这时样板弧形木下口距离衬砌面应该是 5cm，检查数点即可知拱面准确程度。

不设仰拱的隧道应做铺底，但在围岩坚硬不易风化、干燥无水时，可以不做铺底，但应整平。

欠挖部分的个别坚硬岩石允许侵入铺底 5cm，超挖部分应用浆砌片石铺平。

（4）洞门砌筑放样

隧道洞门是保证行车和施工安全、防止洞顶坍塌的重要建筑物。洞门砌筑之前应作结构放样，如端墙坡度为 1∶0时，其位置与洞门设计里程一致，可根据洞门里程的中线桩，用经纬仪作隧道中线的垂直线（曲线上作该点中线的切线垂直线），标出端墙在平面上的位置；若端墙有坡度时，按设计坡度求出端墙基底里程：

$$端墙基底里程 = 洞门里程 \pm H \cdot m$$

如图 14 所示，再据此里程设中线桩，作中线的垂直线，定出端墙位置。

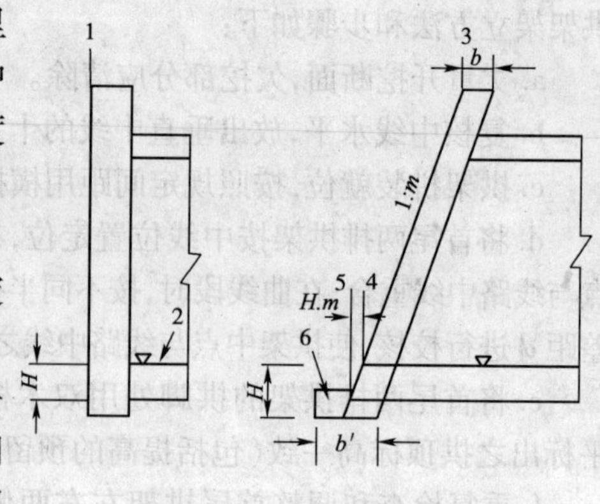

图 14

注：1-洞门里程；2-路面线；3-端墙顶里程；4-洞门里程；5-端墙基底里程；6-扩大基础

端墙若有扩大基础，则襟边部分尺寸需同时放线。在平面上根据经纬仪放出的纵横十字线量出襟边尺寸，用麻线绷紧定位；在立面上根据端墙坡度立坡度尺加以控制，或者下部以基底里程放的十字线为准，上部求出端顶墙部位置的里程，在此里程上放出十字线与端墙顶标高相交于两边边坡上，用麻线将这两点绷紧，即得端墙坡度。

若采用先拱后墙砌筑时，应注意端墙坡度，求出起拱线及拱顶的里程，用上述方法放样，使洞门外露面的坡度与洞门端墙坡度衔接一致。

3.3 贯通误差的测定及调整

3.3.2 隧道贯通后，根据实际横向贯通误差按下法调整：

3.3.2.1 直线隧道其中线采用折线法调整。

因调整而产生的转角在 5′以内，作为直线考虑；转角在 5′~25′时，按顶点内移量考虑（见图 15 和表 2）；转折角大于 25′时，则应加设半径为 4000m 的曲线。

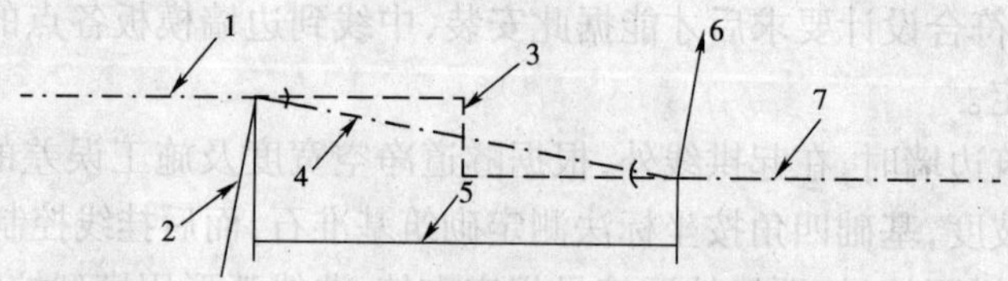

图 15

注：1-进口端中线；2-顶点内移方向；3-横向贯通误差；4-调整后中线；5-未衬砌地段 100m（根据隧道长度、围岩类别可缩短距离）；6-顶点内移方向；7-出口端中线

表 2

转折角（′）	内移量（mm）	转折角（′）	内移量（mm）	转折角（′）	内移量（mm）
5	1	15	10	25	26
10	4	20	17		

3.3.2.2 调整地段位于圆曲线上，曲线的两端向贯通面按长度比例调整中线（如图 16）。

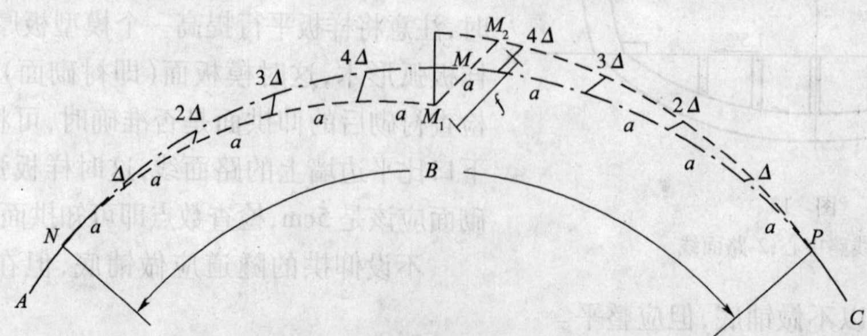

图 16　在圆曲线地段调查整贯通误差

注：A-进口端；B-调线地段 100m；C-出口端

调线在圆曲线 NP 段进行，取 $NM=MP$，中点 M 为贯通误差调整后的中线点，调整量为 $f/2$，中线上每一段调整量 $\Delta=(f/2)/5=f/10$，各调整量线段与 M_1M_2 平行。

3.3.2.4 贯通点附近的水准点高程，采用由进出口分别引测的高程平均值，作为调整后的高程。其他各点按水准路线的长度比例分配，作为施工放样的依据。

3.5 辅助坑道测量

3.5.1 为从辅助坑道向正洞引入中线及水平的测量，应在辅助坑道口附近按要求的精度设置洞外控制点，并求出与正洞的关系，辅设必要的测点。

3.5.2 横洞测量

测点间距在可通视范围内尽量定得长些，根据计算求出坑底位置，在该处进行测角以决定正洞方向。与正洞连接地段最好设置测量横洞，便于校核测量工作。

开挖平行导坑时，利用联络横洞在两平行坑道进行导线测量，起相互校核作用。

3.5.3 斜井测量

由导线测量引入时，应将地面上的导线点延长至井口附近，在该点上设转点，先后视前一测点，再前视井内一测点，并测出仪器高、水平角、垂直角及斜距离，便可计算出高差和水平距离。当井内不能以一次通视到达井底时，可重复多次，直至到达井底定出主洞方向。

斜井的高差测量，当斜井仰角小时可采取和横洞同样的办法，即可从洞口附近的水准点向洞内引入水准。但一般情况是按斜距和垂直角来计算的；也可将整个斜井分成若干个台阶状进行量测，再合计各垂直高。

3.5.4 竖井测量

简易竖井深度一般在 40m 左右，测设中线的简易方法如图 17 所示，QBP 为正洞中线方向，AOB 为竖井通主洞方向，O 为竖井中心，ab 为垂直于 AB 的方向线，$EFGH$ 为矩形竖井轮廓线。竖井设计定位后，在施工前应将 AB 与 ab 线测定，并在 AB 和 ab 方向各设 6 个固定桩，井口每边各 3 个，反复测量确保 6 个桩在一条直线上。竖井完成后的中线引伸，可置镜于地表 $b'_{上}$ 测定井下 $a'_{下}$，置镜于地表 $a'_{上}$ 测定井下 $b'_{下}$，置镜 $A'_{上}$、$B'_{上}$ 测定 $B'_{下}$、$A'_{下}$。测量前必须严格检查经纬仪俯仰角视差是否符合测量要求，并用正倒镜分中至少四个测回钉定，但钉定的 $A'_{下}$、$B'_{下}$、$a'_{下}$、$b'_{下}$ 不一定直达井底，有时限于视线只能定于接近井底的井壁上，这时再用吊线锤引至井底。如果吊线过长，钢丝摆动不易稳定时，应将吊锤放在机油桶或水桶中，以减弱摆动、提高精度。引起井底中线的误差要求不超过 2mm，因此有时需要分几次反复进行。中线引至井底，根据 $A'B'$ 方向用串线法引至 B 点，距离以 O 点为依据丈量 OB，再由 B 点向隧道两端 Q、P 方向引至开挖面。

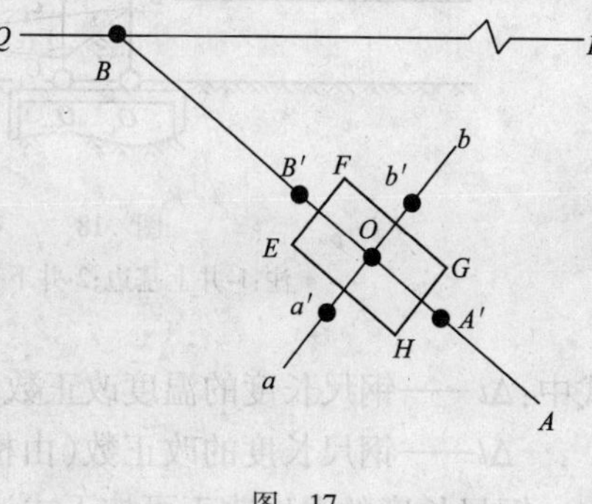

图 17

通过竖井传递方向和坐标，一般多用三角形联系测量法，并以伸长三角形为最佳，如图 18 所示，联系三角形的形状应符合下列要求：

(1) 垂线间距 a 与 a_1 尽量长些。

(2) 对应于 a 和 a_1 之角 α 和 α_1 应尽量小，最大不超过 2°，以减少计算角(β、β_1、γ、γ_1)的误差。

(3) b/a 和 b_1/a_1 之比值最大不超过 1.5。

采用三角形联系量法，井上井下应进行下列测量工作：丈量 a、b、c、a_1、b_1、c_1 各边，测量 ω、ω_1、β、β_1、γ、γ_1 各角，有了这些边和角，便可将井上基边的方位和基点的坐标传递到井下。

井下基边应尽可能设在隧道中线上，若竖井在线路一侧，可用导线引至隧道中线上，由此产生的误差应包括在竖井测量范围内。

井下基边的各基点，可先用串线法设立，然后再用联系三角形法求其方位角和坐标，并按理论坐标纠正其点位，以便向前引伸；引伸时当工作面距竖井中心在 50m 以内时仍可用串线法，超过 50m 时用联系三角形传递方向。

经由竖井传递高程，是通过测量竖井深度，将井上水准点的高程传递到井下水准点。井深测量的方法，采用钢尺导入法或钢丝导入法；高程传递至少应独立进行二次（水准仪两次置镜），二次之较差（每次加各项改正后的高差之差值）应不大于5mm，井下至少应有二个水准点，由井上至少两个水准点来传递高程。

传递高程方法有钢尺导入法和钢丝导入法，现简述如下：

钢尺导入法适用于较浅的竖井，传递高程时，将钢尺悬挂在架子上，其零端放入井中，并在该端悬挂一重锤（一般为10kg）。一架水准仪安置在地面上，另一架安置在隧道中（如图19），用第一架水准仪对着竖立在水准点A的水准尺上读取读数a，而在卷尺上读取V_1；用第二架水准仪对着竖立在水准点B的水准尺上读取读数b，并在卷尺上读取读数V_2，V_1和V_2必须同一个时刻进行观测。用温度计量取地面以及地下的空气温度，地下水准点的高程H_B可按下列公式计算：

$$H_B = H_A + a - [(V_1 - V_2) + \Delta t + \Delta l] - b \quad (5)$$

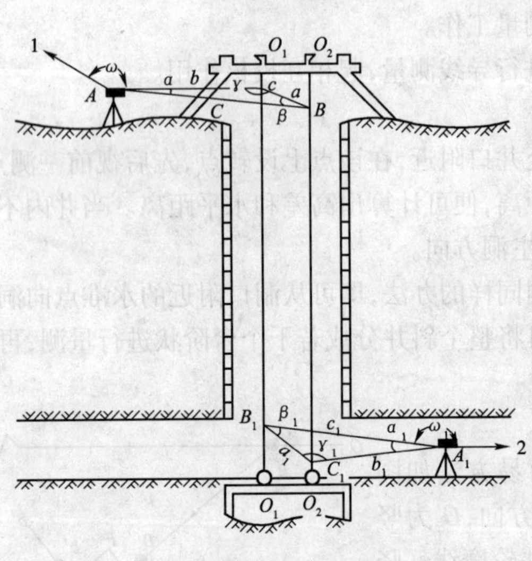

图 18

注：1-井上基边；2-井下基边

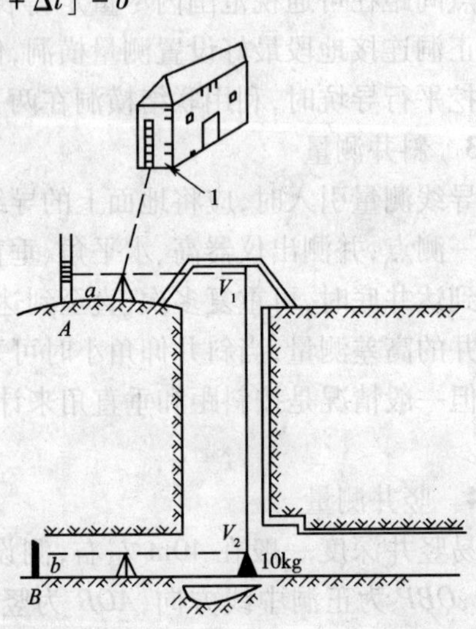

图 19

注：1-立在固定水准点上的水准尺用以校核水准点A

式中：Δt——钢尺长度的温度改正数；

Δl——钢尺长度的改正数（由检定得出）。

钢尺长度的温度改正可按下式计算：

$$\Delta t = Kl(t_{均} - t_0) \quad (6)$$

式中：K——钢尺的膨胀系数（K=0.000 012 5）；

l——钢尺读数的差数，$l = V_1 - V_2$；

t_0——检定钢尺长度时的温度。

钢丝导入法多用于竖井较深时测量井深传递高程。在钢丝下端吊15kg的重锤，在地面上安置比长器，当钢丝通过比长器时，可在比长器上丈量累计钢丝导入竖井的深度，如图20所示。井上水准点与水准点的高差可按式(7)计算。

$$\Delta h_B^A = \sum(n_2 - n_1) + h_B - h_A \pm \lambda \pm \Delta l \quad (7)$$

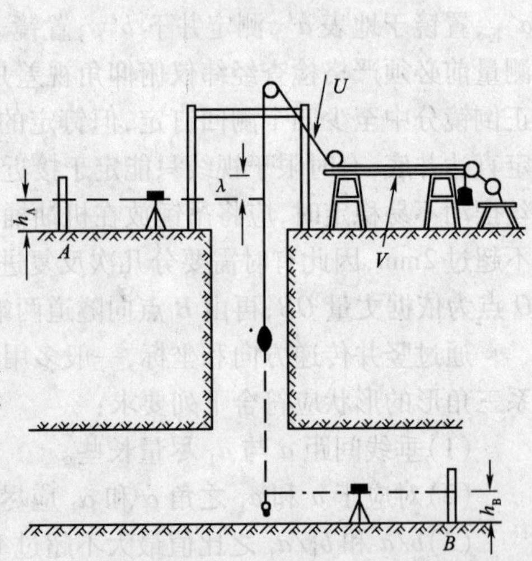

图 20

注：U-钢丝；V-比长器

式中：$\sum(n_2 - n_1)$——比长器上丈量长度之总和，其中n_2、n_1分别为每次提升钢丝在比长器两端所对钢尺的读数；

h_A——井上水准点上水准尺的读数；

h_B——井下水准点上水准尺的读数；

$\pm\lambda$——井上水准仪视线与钢丝夹子间的距离，夹子在下取正，夹子在上取负；

Δl——钢丝长度改正数（由检定得出）。

4 洞口、明洞与浅埋段工程

4.1 洞口工程

4.1.1 隧道洞口各项工程是指边、仰坡土石方工程、边墙、翼墙及洞口排水系统等。这些工程互相关联，往往一项工程安排不周就会影响其他工程，因此应全面考虑，妥善安排，以减少干扰，保证安全，尽快完成，为洞身施工创造条件。洞口工程还包括洞门，但洞门可在进洞后再做。

4.1.3 本条洞口土石方施工10款规定，其主要精神有两点：一是保证边坡、仰坡稳定，防止塌方，堵塞通道；二是进洞前宜将土石方及其有关工程做完、做好，避免与洞内施工干扰，影响工期。

4.1.3.5 是指如隧道穿过稳定性差的地层，洞口施工又在雨季，开挖方法采用先拱后墙法时，则开挖洞门端墙处的土石方，可先挖至起拱线，并做好必要的支护工程，再挖下部。

4.1.3.6 洞口工程宜在冬季和雨季前做好。因为冬季气温低，混凝土工程按照冬季施工规则办理，增加了工作量，不如在冬季前施工方便（在南方温暖地区可不这样办）。另外，洞口开挖后破坏了自然平衡，且地质条件通常都较复杂，特别是不良地质地段，在雨季施工不易保证安全，故宜早做。

4.1.3.7 为防止爆破振动引起边、仰坡崩坍、剥落，规定不得采取多药量长孔爆破。

4.1.4 由于路线所确定，隧道洞口施工难以避免地层滑坡、崩塌、偏压以及泥石流、雪崩等自然现象，为此应采取措施治理（见表3）。偏压防止措施如图21所示，边坡加固锚杆的计算方法可参见图22。

洞口自然灾害及处治措施 表3

灾害现象	问 题 点	主 要 措 施
滑坡	由于洞口挖方破坏了原坡面的平衡状态，导致滑坡；在原地层滑坡线上开挖，导致出现新的滑坡	地表锚杆、注浆桩、深基桩、挡墙、土袋等
崩塌落石	在陡坡山崖处开挖，即使围岩条件较好也极可能出现崩塌或落石	喷射混凝土、地表锚杆、锚索、防落石棚、化学药液注浆
偏压	由于地形的非对称性，作用在隧道横断面上的荷载不平衡，加大隧道结构上的压力，导致结构剪切破坏	平衡压重填土、护坡挡墙、挖切土体，减轻偏压力
泥石流	泥石流的冲击力极大，多从沟谷冲下，危害结构物安全	沿沟谷设梯级防沙坝
雪崩	与泥石流同样具有极大冲击力，多发生在沟谷或陡坡处	沿沟谷设梯级坝，洞口顶部设防护棚

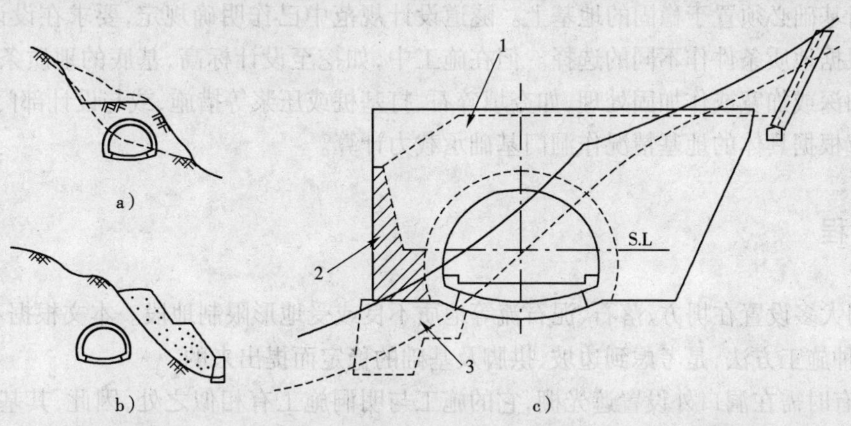

图21 偏压防止措施

a）切土防止偏压；b）填土防止偏压；c）设置挡墙构造物

注：1-夯实填土；2-挡墙；3-混凝土基础

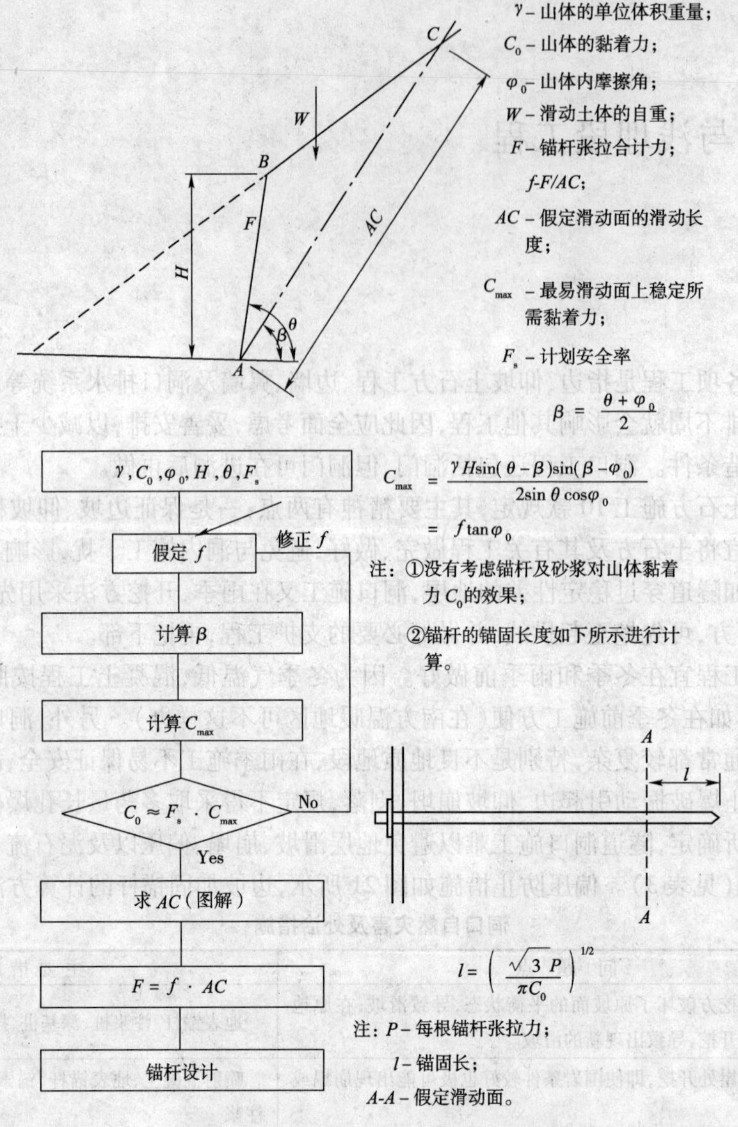

图22　洞口挖方边坡锚杆加固计算参考方法

4.1.5　进洞时，一般可采取钢支撑紧贴开挖面，形成假拟洞口；围岩差时，可用管棚支护。进洞开挖顺序可参见图23。

4.1.6　洞门基础必须置于稳固的地基上。隧道设计规范中已作明确规定，要求在设计洞门时，对基础的埋深，应根据地质条件作不同的选择。但在施工中，如挖至设计标高，基底的地质条件不符合设计要求时，则应加深或加宽或作加固处理，如夯填碎石、打基桩或压浆等措施，或与设计部门会同处置。此时，施工单位应根据具体的地基情况作洞门基础承载力计算。

4.2　明洞工程

4.2.1　明洞大多设置在坍方、落石、泥石流等地质不良或受地形限制地段。本文根据不同地形、地质条件推荐的几种施工方法，是考虑到边坡、拱脚及基础的稳定而提出来的。

公路隧道有时需在洞口外设置遮光棚，它的施工与明洞施工有相似之处，因此，其基础施工方法亦可参考明洞施工方法。

4.2.2　明洞基础应设置在稳固的地基上，这是总的要求。偏压和单压明洞墙基尚应考虑其抗滑力。明洞基础开挖至设计标高后，如其承载力不符合设计要求，可采取夯填一定厚度的碎石或加深、扩大基础等措施，或其他补强办法，如硅化加固、压注水泥砂浆等。如须改变结构形式时，应提出变更设计并会

① 开挖上半部边、仰坡

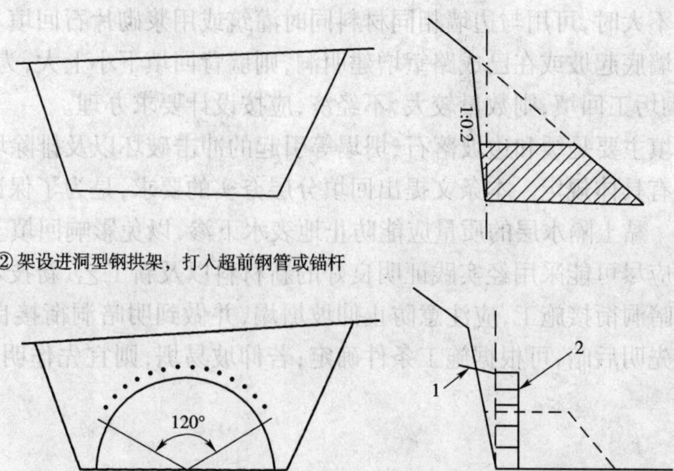

② 架设进洞型钢拱架，打入超前钢管或锚杆

③ 挂钢筋网，在拱架上部设置顶板，在开挖面附近喷射混凝土，形成假拟洞口

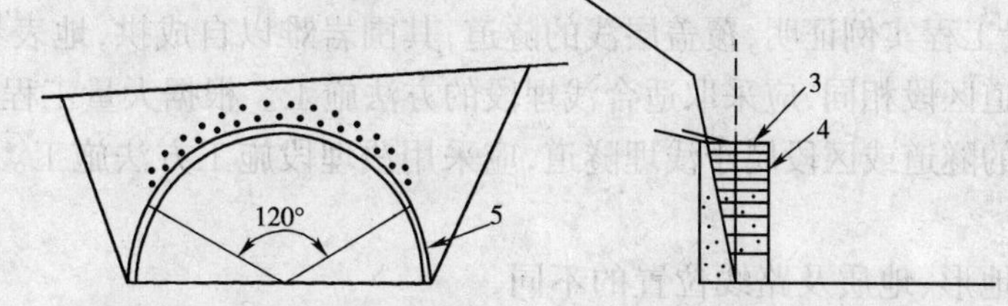

④ 上半部开挖，架设支架，挂网，喷射混凝土，打锚杆（在下部开挖前实施）

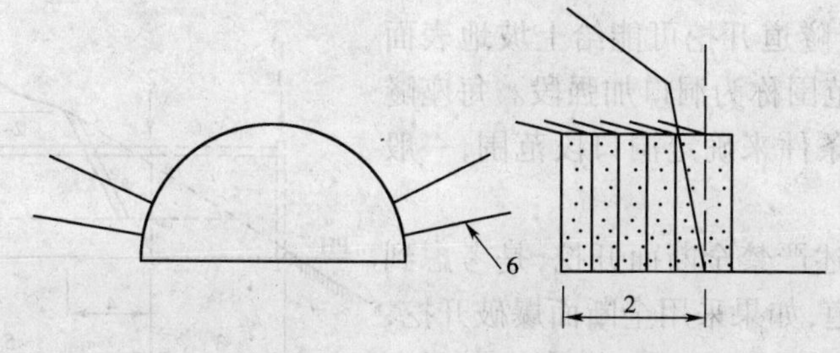

图23　进洞段上半部开挖顺序参考图

注:1-超前小导管或锚杆;2-型钢拱型支架;3-顶板;4-挂网、喷射混凝土;5-喷射混凝土;6-锚杆

同有关单位办理。

由于降雨、地下渗水或其他原因,基坑内可能出现积水。为了保证明洞基础混凝土应有的强度,必须将这些积水排除。积水排除后要立即铺筑混凝土垫层。如果铺筑作业迟缓,垫层混凝土的强度无法保证,给日后明洞基础的稳定造成隐患。

4.2.3　明洞及遮光棚为钢筋混凝土结构,因此施工中如钢筋的加工、接头、焊接、绑扎和安装以及混凝土的拌制、运输、浇筑、养护、拆模和检查均应按国家标准《钢筋混凝土工程施工及验收规范》(GBJ 204)的规定执行。

明洞衬砌大致可分拱形明洞和棚洞两类。

拱形明洞与隧道整体式衬砌基本相似,由拱圈、边墙、铺底或仰拱组成。其衬砌施工一般要求除参照隧道整体式衬砌办理外,在衬砌端部与拱、墙首轮环节处都要设置挡头板。为控制拱圈厚度,在拱部加设外模并架立骨肋连接固定。当先做一侧边墙随即灌筑拱圈时,如另侧的拱脚基岩松软,可在拱脚下横铺木垫板加大承载面积或夯填碎石以增加拱脚承载力。

棚洞主要由盖板、内边墙和外侧支承建筑物组成。钢筋混凝土盖板最好预制,既可缩短工期,又能早期回填,有利于承受落石、坍方的冲击,保证安全。墙顶支座槽应采用水泥砂浆填塞紧密,以使盖板安装平稳。

4.2.4　明洞回填分墙背和拱顶两个部位作业。由于其作用不同,因而要求的工艺也不同。

4.2.4.2　墙背回填的作用,主要是使边墙与围岩密贴。当围岩较稳定时,一般可自墙顶起坡开挖,墙背宜挖垂直或较陡的坡度(如1:10);当围岩稳定性较差时,采用先拱后墙法施工,边墙宜开挖马口灌筑;两者和墙背空隙都不大时,可用与边墙相同材料同时灌筑或用浆砌片石回填。但当围岩稳定性差而又采用先墙后拱时,自墙底起坡或在已成路堑增建明洞,则墙背回填下小上大,为避免侧压力增大,不可任意抛填土石。用浆砌圬工回填,则数量较大,不经济,应按设计要求办理。

4.2.4.3 拱背回填主要是缓和边坡落石、坍塌等引起的冲击破坏以及排除坡面水的作用。根据不同类型的明洞、棚洞各有具体规定。本条文提出回填分层夯实的要求,是为了保证质量和安全。

4.2.4.5、4.2.4.6 黏土隔水层的质量应能防止地表水下渗,以免影响回填土的稳定。

明洞防水层材料,应尽可能采用经实践证明良好的新材料以及新工艺、新技术。

4.2.5 明洞与隧道暗洞衔接施工,应注意防止仰坡坍塌,并做到明暗洞衔接良好。在仰坡地质较好的情况下,先暗后明或先明后暗,可根据施工条件确定;若仰坡易坍,则宜先作明洞直抵仰坡脚,利用明洞支撑坡脚。

4.3 浅埋段工程

4.3.1 国内外大量工程实例证明,覆盖层浅的隧道,其围岩难以自成拱,地表易沉陷,因此施工方法不能与覆盖层深的隧道区段相同,应采取适合浅埋段的方法施工。根据大量工程的施工资料调查,覆盖层不足毛洞洞跨2倍的隧道或区段属于浅埋隧道,应采用浅埋段施工方法施工。浅埋段工程应包括洞口加强段。

由于每座隧道的地形、地质及路线位置的不同,要很明确地规定洞口段的范围是比较困难的。在一般情况下,可以将由于隧道开挖可能给上坡地表面造成不良影响的洞口范围称为洞口加强段。每座隧道应根据各自的围岩条件来确定洞口段范围,一般亦可参照图24确定。

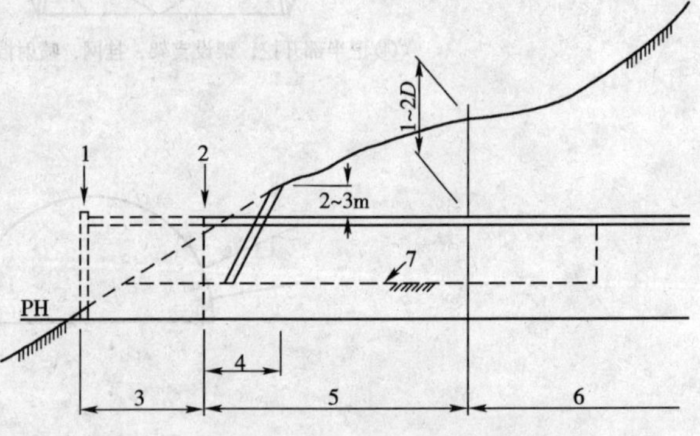

图24 洞口段的一般范围

注:1-洞门位置;2-洞口位置;3-明洞段;4-进洞过渡段;5-洞口段;6-隧道洞身段;7-上部开挖地基;*D*-隧道开挖最大洞跨(m)

本条第1款中所述严禁全断面开挖,是考虑到公路隧道属大断面隧道,如果采用全断面爆破开挖,对围岩的扰动大,会导致全周壁围岩出现松弛,增大坍塌的可能性,且支护结构难以及时施作,并增大隧道造价,所以提出"严禁"的规定。该款所述的几种开挖方法中,据日本等国的工程实践和科研成果表明:侧壁导坑法的效果较好。多座隧道施工证明,用侧壁导坑法施工引起的地表面沉降量最小。当停车带区段或3车道隧道施工时,采用中壁墙分部开挖法效果较好。

4.3.2 采用何种辅助施工方法,应根据地质条件、施工效果以及工程费用等来确定。

4.3.3 本条文提出的5款技术措施是根据近几年我国公路隧道施工实践的经验得来的。

5 开挖

5.1 一般规定

5.1.1 隧道施工中,开挖对工程的安全、质量、进度会产生重大影响,因此,确定开挖方式和开挖方法时,应对各种条件作综合考虑。

爆破开挖的进度较快且较为经济,缺点是会产生振动和噪声,对围岩也会产生不同程度的扰动;掘进机开挖对环境无不良影响,超、欠挖小,对围岩基本上无扰动,缺点是一次性投资较大;人力开挖在施工效率、安全性等方面都很差,只限于局部地段围岩不稳定、未固结的土质隧道以及小断面导坑开挖。

5.1.2 这里所说的人力开挖方式,是指用十字镐、钢钎等工具开凿隧道,它在土质隧道中是可行的,但在岩质隧道中打眼放炮,则要遵守钻爆设计和作业的有关规定。

5.1.3 开挖作业规定了5款,其目的是保证施工质量和安全以及核对地质条件并把握围岩稳定情况。第(4)、第(5)款的规定,是考虑到围岩变形监测首先要求原始数据真实,如果用于监测的埋设测点被损坏或挪动,监测就毫无意义了,因此要求在开挖作业中不得破坏测点。

5.1.4 岩石隧道爆破,应采用光面爆破或预裂爆破技术,其目的是为了使隧道开挖断面尽可能地符合设计轮廓线,减轻对围岩的扰动,减少超、欠挖。

5.1.6 爆破作业存在若干危险因素,如果管理不慎,将会给国家和人民生命财产带来重大损失,因此,本条文规定爆破作业及火药物品的管理必须遵守国家标准的有关规定。

5.1.7 隧道双向开挖接近贯通时,开挖面岩体已较薄,不管是从围岩稳定还是从安全等角度考虑,都应采取浅眼轻药弱爆破,并变双向开挖为单向开挖。条文中所提"15m 的距离",是根据国发(1982)30号文《关于发布矿山安全条例和安全监察条例的通知》有关条文确定的。

5.1.8 双洞开挖时,后行洞靠先行洞侧的围岩实际上是处于悬空状态,这部分围岩经先行洞爆破开挖已扰动过一次,如果后行洞的施工方法不当,可能对围岩造成严重的二次扰动,并导致先行洞洞壁破坏。为此,应弱爆破、强支护、勤量测,结合具体工程情况,组织技术力量,认真分析,精心施工。

5.2 开挖方法

5.2.1 附录A所列开挖方法是目前国内外公路隧道工程普遍采用的方法,但在实施步骤上,每座隧道可根据实际情况作适当调整。

5.2.2

5.2.2.1 全断面开挖的特点是:开挖断面与作业净空大,干扰小,有条件充分使用机械,减少人力,但每掘进一次,石渣数量较多,钻爆和出渣又必须顺序作业,因此需配有钻孔台车和配套的高效率装渣机械才能提高掘进速度。

3车道隧道和2车道停车带区段属特大断面,为了防止围岩失稳,即使围岩情况较好也不宜采用全断面开挖,因此条文中提出不宜采取全断面开挖。

5.2.2.2 台阶法按上台阶超前长度分为长台阶法(台长50m以上)、短台阶法(台长5~50m)和微台阶法(3~5m)三种。

采用长台阶法时,上下部可配属同类较大型机械平行作业,当机械不足时也可交替作业。当遇短隧道时,可将上部断面全部挖通后,再挖下半断面。该法施工干扰较少,可进行单工序作业。

短台阶或微台阶二种方法可缩短仰拱封闭时间,改善初期支护受力条件,但施工干扰较大,当遇软弱围岩时需慎重考虑，必要时应采用辅助开挖措施稳定开挖面，以保证施工安全。

5.2.2.3 与微台法相比，台阶分部开挖法(又称环形开挖留核心土法)的主要优点是，其台阶可以加长，一般可取1倍洞跨；比较侧壁导坑法，其机械化程度较高，施工速度可加快；核心土及下部开挖在拱部初期支护保护下进行，施工安全性好。

5.2.2.4 导坑法从功能上考虑，其适用性稍有区别。探查地下水时，采用下导坑较合适；处理膨胀性地层时，中央导坑较合适；洞口段辅助开挖时，上导坑较合适。

5.2.2.5、5.2.2.6

侧壁导坑法(包括单侧壁和双侧壁)适用于地质差、断面大、地表下沉有严格要求的情况。据国内外工程实践表明，与台阶法开挖相比，侧壁导坑法尤其是双侧壁导坑法开挖引起的地表下沉量较小，因此特别适用于扁坦大跨度浅埋隧道开挖。

中壁墙的拆除，一定要等围岩变形稳定后才能进行，这是考虑到如果过早拆除中壁墙，该处围岩会加速变形，最终导致失稳、坍塌。

5.2.2.7 隧道遇Ⅰ类围岩时，自稳性差，易坍塌，必须采用超前锚杆、小导管、管棚、预注浆等加固围岩，经处治后，开挖才能成洞。

日本典型的大断面隧道开挖方法及台阶开挖顺序实例如图25和图26所示。

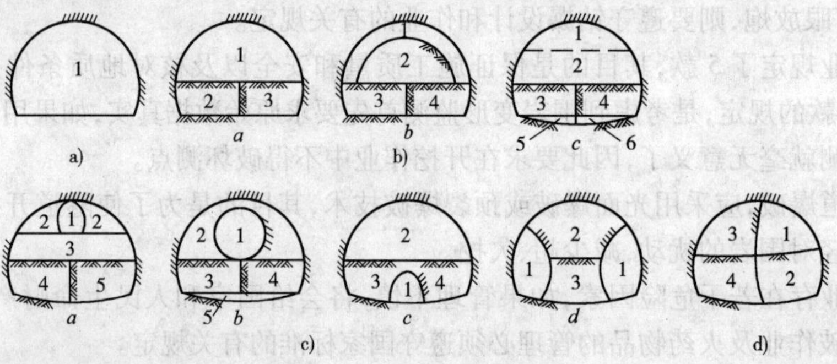

图25 典型的大断面开挖方法

a)全断面开挖；b)上部半断面开挖；c)导坑先进开挖(其中 *a*.顶设；*b*.中央；*c*.底设；*d*.侧壁)；d)中壁分割开挖

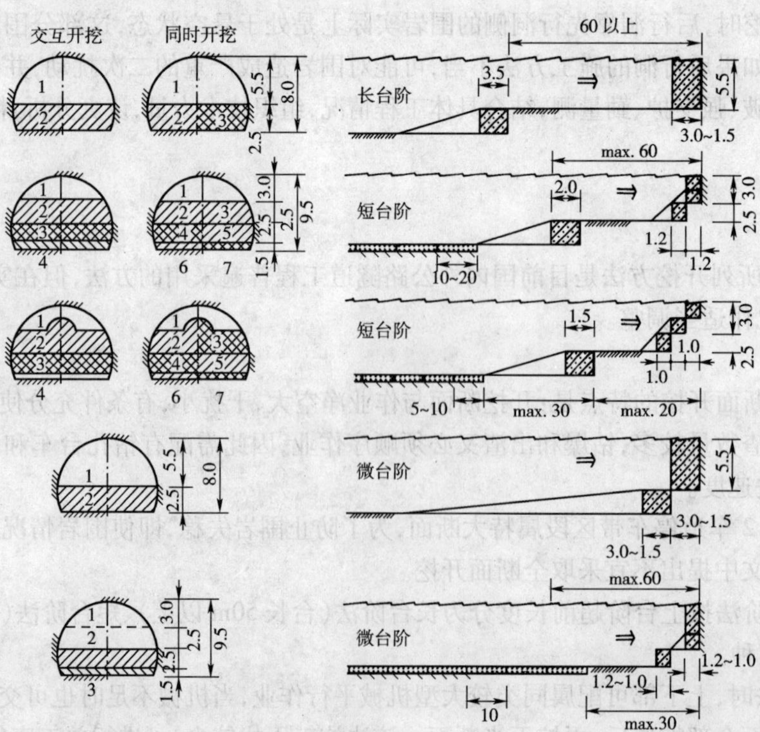

图26 台阶法开挖顺序实例(单位：m)

5.2.3　先拱后墙开挖，如果顶部围岩还在变形或拱圈混凝土的强度还很低时，就贸然开挖边墙部分，无疑会加大顶部围岩变形，导致拱圈开裂，因此本条对此作出了规定。

5.2.4　边墙马口开挖是先拱后墙法施工中特有的工序。本条文提出4款要求是为了保证工程质量和施工安全。

5.2.4.1　首轮马口长度系原则规定，不同围岩中具体开挖多长，需结合灌拱的环节长度来定。

5.2.4.2　开挖首轮马口，如发现岩层向隧道中线倾斜且不稳定，应先保护拱脚。可加强支撑或打锚杆将拱脚固定于基岩，并同时加固倾斜岩层，以防止坍滑。

5.2.4.3　侧压力过大时，可采用特殊地质地段施工方法处理。

5.2.4.4　洞口地段隧道埋深较浅，围岩较难自成拱，如果拱圈悬臂过长，其混凝土无疑会拉裂，甚至出现倒塌事故，因此要求控制马口开挖长度。

5.2.5　导坑是较超前工序，其开挖速度控制着整个隧道施工进度，故应尽量安排多循环，提高开挖效率。

导坑开挖时，需设若干临时支撑。这些支撑容易妨碍导坑运输作业，严重时还发生工伤事故，影响工程进度，因此，本条文作出第2款的规定。第3款规定的目的是减少作业干扰，加快施工进度。第4款规定是为了防止二次爆破振动，故要求一次挖至隧底设计标高，但软弱土质地层不宜这样做。

5.2.6　分部开挖扩大时要求有4款。无论是采用先拱后墙法施工扩挖拱部，还是先墙后拱法施工时均应遵守。

5.3　超欠挖控制

5.3.1　开挖应按设计要求作业，原则上不应欠挖。但在完整的硬岩及中硬岩层中开挖时，由于岩面硬度较大，往往造成个别部位欠挖，如采取补炮，则势必造成较大的超挖，浪费工料，且二次扰动围岩。故本条文规定了不影响衬砌设计要求和质量的欠挖限值。但拱墙脚以上1m内衬砌断面不得减薄，因此，本条文规定“严禁欠挖”。

5.3.2　隧道开挖总不免会有超挖。超挖量随岩质、裂缝状况、开挖方式和方法等而异，超挖过多，不仅因出渣量和衬砌量增多而提高工程造价，而且由于局部挖掉围岩会产生应力集中问题，因此应尽量减少超挖量。

表5.3.2规定的“允许超挖值”，其中拱部允许超挖值比边墙、仰拱、隧底较大，是考虑到拱部钻眼方向难于掌握，故稍稍放宽。不同类别的围岩中，拱部的允许超挖值规定稍有不同，是考虑到围岩的完整性及软弱性不同。

表5.3.2注④中测量贯通误差和施工误差，是指在长隧道中这两种误差可能较大，不能包括在超挖值内，应该在设计开挖轮廓线时考虑进去，才能保证建成的隧道净空不致于侵入限界。

5.3.4　测定超挖量的方法可参考表4采用。有条件时，应尽可能采用较为先进的方法测定超挖量。

超挖量测定方法　　表4

测定方法及采用的测定仪			测定法概要
比较施工量的方法		1. 求开挖出渣量的方法	将开挖量换算成渣量并与实际渣量相比较
		2. 求衬砌混凝土量的方法	将包含背面注浆在内的实际衬砌量与设计量比较
量测断面的方法	直接量测开挖面断面积的方法	3. 使用激光束的方法	利用激光射线在开挖面上定出基点，并由该点实测开挖断面
		4. 使用投影机的方法	利用投影机将基点或隧道基本形状投影在开挖面上，然后据此实测开挖断断面
	采用断面测定仪的方法	5. 使用隧道断面自动测定机的方法	将激光（或投影器等）光线通过转动棱镜照射到隧道周壁上，测定其反射角，由该反射角通过自附微计算机直接计算出该点至周壁对应点的距离。全部自动操作（该测定方法可采用日本或瑞士产测定机）

5.3.5　隧道周边围岩变形量不仅随围岩类别和隧道宽度不同而异，而且与施工方法、初期支护、辅助施工措施等密切相关，因此，施工中应根据本隧道现场监测数据及时调整下一段同类围岩的预留变形

量，以防止实际变形量超过预留量时影响二次衬砌厚度或造成侵入限界，同时也避免因预留变形量过大而造成二次衬砌厚度过大或增加回填量等现象。

条文中表5.3.5提供的参考值，是根据工程类比法确定的。关于3车道隧道，应根据具体情况另行确定预留变形量。

5.3.6 预留支撑沉落量，按土质分松、软石质和中硬岩三种，土质围岩可取10～30cm，软石质围岩可取5～20cm，中硬岩可取0～10cm。这三组数据仅供施工初期参考。实际沉落量的大小，不在于土、石的界限，而在围岩的压力大小，因此，应在施工中观测调整，使其符合实际，最大限度地减少开挖量。

5.4 钻爆设计

5.4.1 为了避免隧道超欠挖和达到预期循环进尺，全断面开挖和台阶开挖应有完整的钻爆设计文件，以便在每次爆破后分析比较，及时修正钻爆参数，提高爆破效果，改进技术经济指标。分部开挖的导坑与扩洞时的周边眼钻爆设计也非常必要。钻爆设计文件可以简化，力求简明易懂，以能指导钻爆工正确执行钻爆设计。

5.4.3～5.4.5

光面爆破是扰动较小，超挖较少的爆破方法，技术难度亦较大。为了达到预期效果，故在5.4.3条中提出5款基本技术要求。

国产炸药性能及药卷规格可参见表5～表7。

可供选用的炸药性能表 表5

炸药名称	密度(g/cm^3)	猛度(mm)	爆力(cm^3)	殉爆距离(cm)
1号岩石硝铵炸药	0.95～1.10	13	350	6
2号岩石硝铵炸药	0.95～1.10	12	320	5
炸药名称	**爆速(m/s)**	**氧平衡(%)**	**爆热(kcal/kg)**	**爆温(℃)**
1号岩石硝铵炸药	—	0.52	972	2700
2号岩石硝铵炸药	3600	3.38	881	2514

可供选用光面爆破炸药药卷规格 表6

炸药名称	药卷规格(直径×长度)(mm×cm)	爆速(m/s)	密度(g/cm^3)
1号岩石硝铵	20×20～60	2900～3200	0.85～1.05
2号岩石硝铵	20×20～60	2600～3000	0.85～1.05
2号岩石硝铵	25×20～60	3000～3200	0.85～1.05
低爆速炸药	20×60 20×20	1800	0.87

注：①炸药的爆速系指刚出厂时进行试验的爆速。

②导爆索作为炮眼装药时，按20g/m折算为2号岩石硝铵炸药。

EL系列乳化油炸药的主要性能 表7

理化性能	爆炸性能	感度	高、低温性能
(1)外观状态：银灰色或淡黄色的乳胶体； (2)装药密度：1.05～1.31g/cm^3；特殊需要时可供1.45～1.55g/cm^3； (3)抗水性：常温下，在水中浸泡一周后性能无明显变化，可以在水中和地下工程中爆炸	(1)爆发点：5s延滞期爆发点在330℃以上； (2)爆速：4000～5500m/s； (3)猛度：16～19mm； (4)殉爆距离：≥10cm； (5)威力：对2号岩石炸药的相对体积威力为105～143	(1)冲击感度：≤8%； (2)摩擦感度：0 (3)燃烧感度：用气焊火焰直接灼烧，隔一段时间后开始燃烧，火焰一旦离开，燃烧立即停止	在-20～+45℃均能被一只8号雷管正常起爆

周边眼间距E及最小抵抗线V的概念如图27所示。

隧道爆破后开挖轮廓面的平滑度与眼距 E 和抵抗线 V 有密切关系。据德国专家的模型实验结果，取 $E/V=2$ 时，开挖面凹凸状严重，围岩严重损伤；$E/V\approx0.8$ 时，开挖面平滑，与设计轮廓线基本一致。

光面爆破或预裂爆破的参数选用正确与否，直接关系到爆破效果的好坏。本条文所列表5.4.3 和表5.4.4 中的各参数供初爆时选用。选用的依据除岩石的软、硬及完整、破碎程度外，还应考虑隧道断面大小、形状等。通过初爆和几次试爆逐步修正，即可取得较合理的参数。有条件时，也可预先进行成缝爆破试验，以取得合理参数值。关于相对距，日本等国一般取 $E/V\approx0.8$，软岩或裂隙较多的围岩取0.5~0.7。

图27 周边眼间距与最小抵抗线

周边眼参数还与炮眼直径有关。日本"隧道爆破技术指南"给出表8 所示的标准值，可供参考采用。

炮眼直径与诸参数之关系 表8

炮眼直径(mm)	间距 E(m)	最小抵抗线 V(m)	装药集中度 q(kg/m)	备注
34~38	0.4~0.6	0.50~0.75	0.14~0.21	考虑空压凿岩机
42~46	0.5~0.7	0.65~0.90	0.28~0.38	考虑油压凿岩机

注：各最小抵抗线 V 是由 $E/V=0.8$ 计算得来的。

5.4.6 开挖进尺深度与开挖面稳定程度以及裂缝、节理、涌水等围岩条件有关，还应考虑机械设备、炸药、起爆方法等综合因素。公路隧道钻爆深度，日本多为3.0m 左右，西欧多为4.0~5.0m。

5.4.7 炮眼布置，按其作用的不同，分掏槽眼、辅助眼和周边眼三种。

5.4.7.1 掏槽眼用来先掏出开挖面上的一部分岩石，增加临空面，改善其他炮眼爆破条件。在日本，多为水平楔形掏槽。

5.4.7.2 周边眼用以崩落周边的岩石，保证设计开挖轮廓线。

5.4.7.3 辅助炮眼用以扩大掏槽的体积，为周边眼爆破创造有利条件，其布置视岩层的性质特点而定。整体性较好的硬岩，布眼宜密；较破碎的软岩，布眼宜疏，一般均应避开节理或裂隙。

5.4.7.4 隧底两隅附近周边眼的装药量应适当增大或加密炮眼，这是因为该处自由面少，而且多有石渣堆积，起爆承载较大。

炮眼布置可参见图28。

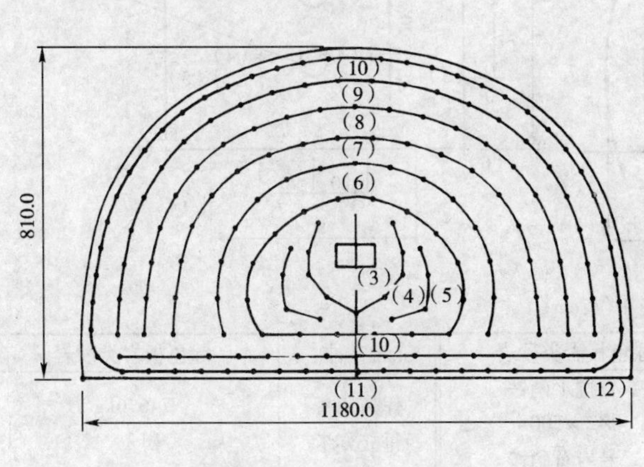

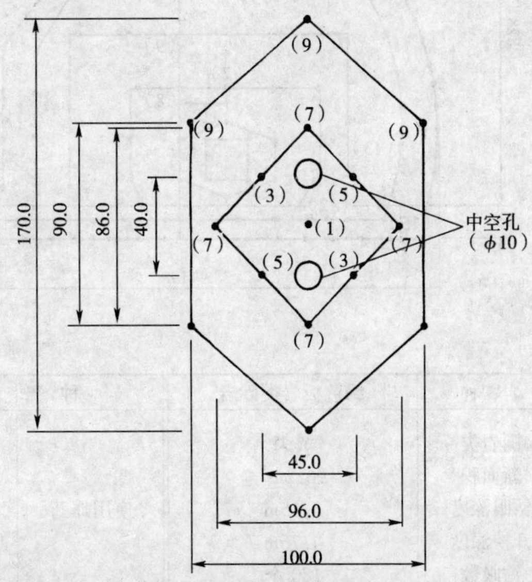

实例Ⅰ (单位:cm)

图28

岩　种	石英闪绿岩	岩　种	石英闪绿岩
断面积	80m^2	使用炸药	2号硝铵,含水炸药
钻眼深度	3.3m	炸药用量	352.3kg
开挖深度	3.0m	每立方米药量	1.39kg/m^3
钻眼数	202眼	使用雷管	202个(MS1~9,DS3~12)
每平方米眼数	2.5眼/m^2	掏槽中空孔	2孔

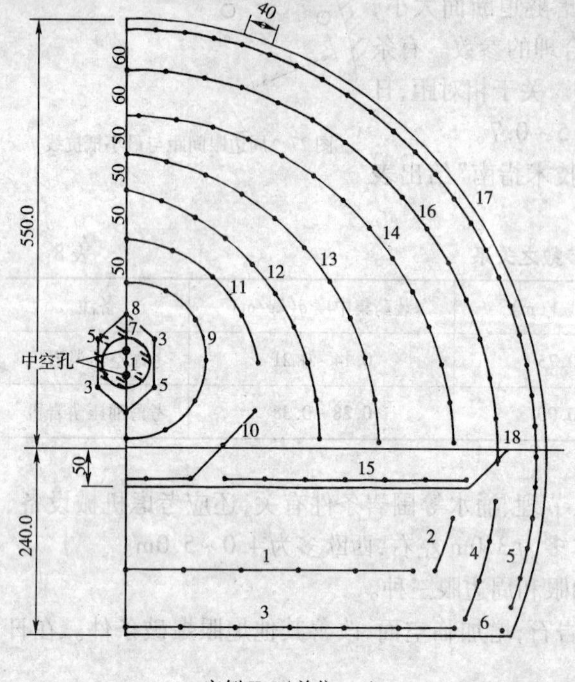

岩种	黑色片岩
围岩类	III类
断面积	上半54.5m^2 下半22.3m^2
钻眼深度	1.4m
开挖深度	1.2m
钻眼数	上半185眼 下半48眼
使用炸药	2号销铵
炸药用量	上155.7kg 下21.5kg
每立方米药量	上2.38kg/m^3 下0.80kg/m^3
使用雷管	MS1~18
掏槽中空孔	2孔

实例 II （单位:cm）

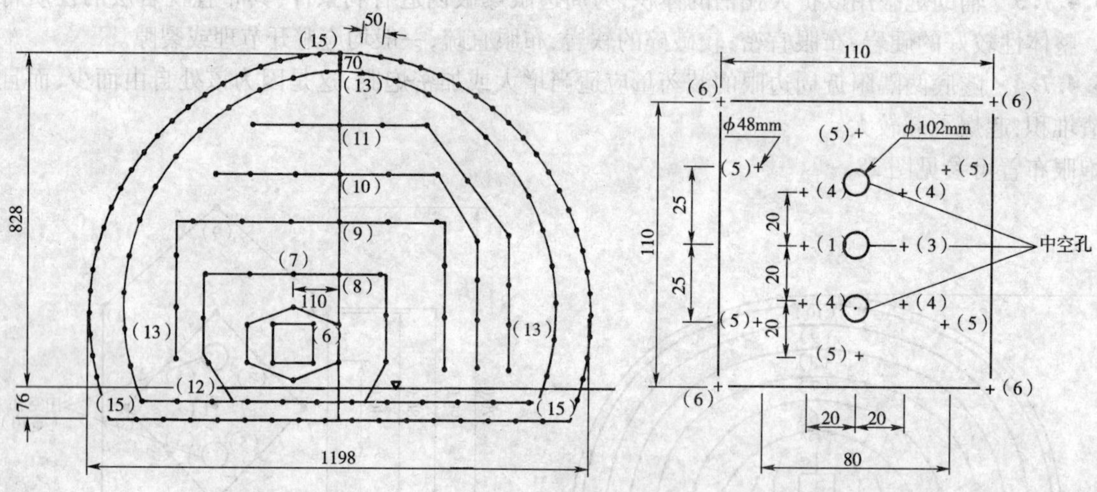

实例 III （单位:cm）

岩　种	绿色板岩类砂岩	岩　种	绿色板岩类砂岩	岩　种	绿色板岩类砂岩
围岩类 断面积 钻眼深度 开挖深度 钻眼数	V类 96.2m^2 5.15m 4.76m 180个	使用炸药	一号抗水硝铵 $\phi42\times500$ 二号岩石硝铵 $\phi35\times165$ 乳胶炸药 $\phi40\times300$	炸药用量 每立方米药量 使用雷管 掏槽中空孔	746.6kg 1.63kg/m^3 MS1~15 3　孔

图28　炮眼布置参考图

5.4.8　中空孔到装药眼的间距 A 可按下式计算：

$$A = a + \frac{\varphi + d}{2}$$

$$\alpha = \frac{\pi}{\lambda}\left(\frac{\varphi^2 + d^2}{\varphi + d}\right) \tag{8}$$

式中：φ——中空孔径(mm)；

d——装药眼径(mm)；

λ——岩层系数，中硬岩以上取1.9～2.2，软岩取1.4～1.9。

5.4.9 炮眼孔径与药卷径之比称为不偶合系数，它反映炮眼孔壁与药卷之间的空隙程度。不偶合系数D或D'的概念如图29所示。

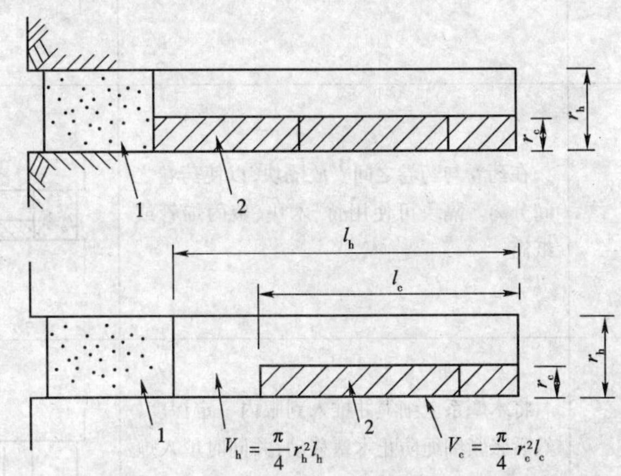

图29　光面爆破不偶合系数概念图

注：1-填塞物(炮泥)；2-药卷

不偶系数 $D = r_h / r_c \approx 2$　或 $D' = V_h / V_c \approx 4 \sim 6$

不偶合理论认为：炮眼孔内充满由于爆破产生的高压气体，该气体压力如果大于孔壁岩石的断裂强度，则孔壁外周出现破裂圈，压力波通过破裂圈传播到弹性圈后部分应变得以恢复；如果气体压力小于岩石断裂强度，则不存在破裂圈，岩体全为弹性圈。国内外通过理论分析和大量试验，(图30、图31所示为不偶合系数与炮眼孔壁最大应力关系的一例)，证明不偶合系数D取2.0，D'取4～6较为合理，故条文中提出宜取该值。

由于炮眼深度大于2m时采用空气柱装药结构效果差，故只限于眼深小于2m时采用。

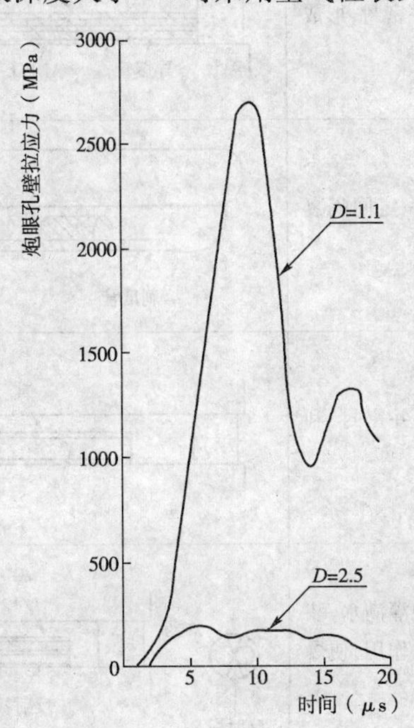

图30　炮眼孔壁拉应力与时间之关系

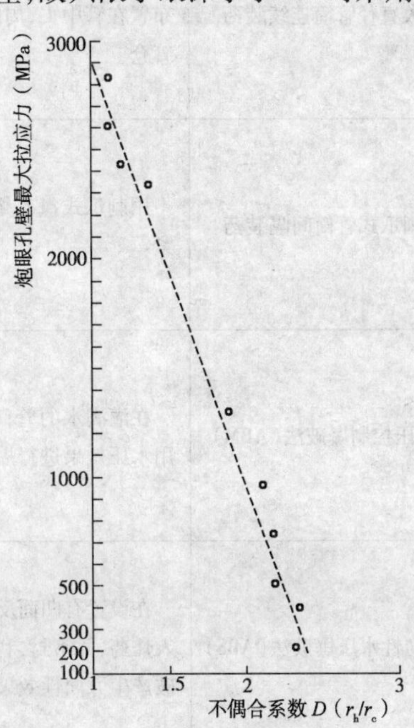

图31　不偶合系数与孔壁最大拉应力之关系

光面爆破的装药结构形式有许多种类,表9列出了目前工程上常用的几种。日本等国近年来开发和应用了水压控制爆破法(ABM)和方向性水压爆破法(ABS)。这些新方法的优点,是降低振动,对围岩的扰动小,能够大幅度减小超、欠挖,因而有广泛采用的趋势。

光面爆破装药结构形式 表9

No	装药形式	说　明	模式图
1	采用翼叶套管	将药卷装入翼叶套管,使药卷以炮眼中线加空	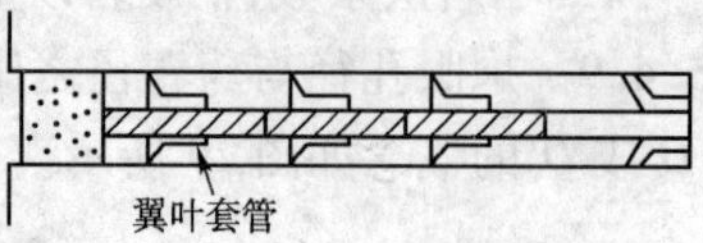 翼叶套管
2	采用隔块	在药卷与药卷之间安放隔块,以使药卷之间分离。隔块可使用竹、木块、聚丙烯管或纸筒	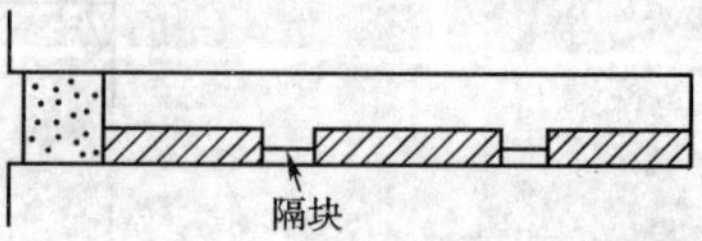 隔块
3	采用木塞	将木塞系上细绳并推入到眼内一定深度,然后张紧细绳防止木塞移动,并同时填入炮泥。一般在采用体积不偶合系数型式时使用这种方法	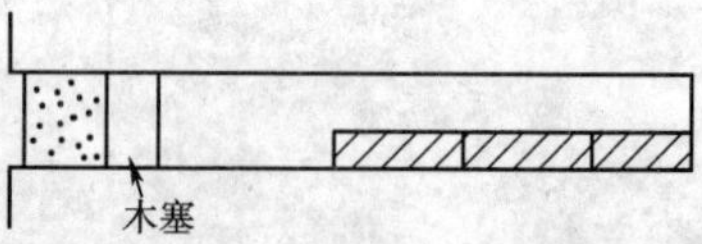 木塞
4	采取管筒装药	将炸药充填在短管筒内,并用接头将其连接	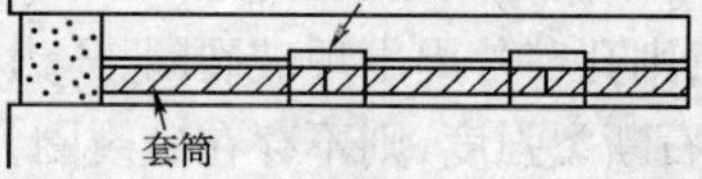 接头 套筒
5	大直径管筒连续装药	采用比炮眼径稍小的氯乙烯管将导爆线布置在管中央,周围充填炸药,并密封,形成管仓	 氯乙烯管 导爆管　ANFO
6	刺爪式管筒间隔装药	用刺爪式氯乙烯管将药卷按一定间隔裹紧	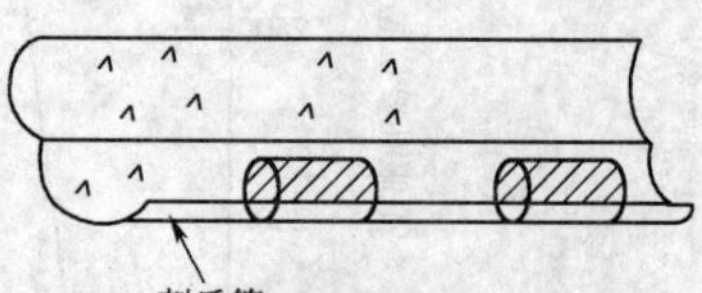 刺爪管
7	水压控制爆破法(ABM)	在灌满水的管筒中装入炸药,并密封,利用水压效果进行爆破	 管 水
8	方向性水压爆破法(ABS)	在设置有凹面反射板的管筒中灌满水,装入炸药,并密封,利用水压的反射作用,使爆破产生方向性效果	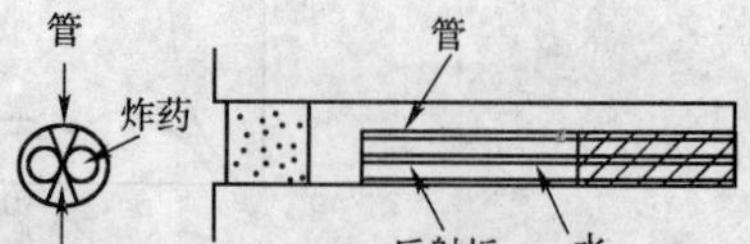 管　炸药 反射板 管 反射板　水

5.4.10 采用毫秒雷管、导爆管起爆，可以提高爆破效果。毫秒雷管分段起爆时间差很小，特别是12段以下的雷管，分段相差最多不超过100ms。根据实测，当分段起爆时差小于50ms时，爆破振动波峰有叠加现象，增大了对围岩的扰动。因此，提出起爆时差可取50～100ms，并规定周边眼的雷管应与内圈眼的雷管跳段使用。

5.4.11 采用光面爆破时，如果只注意控制周边眼用药量而忽视内圈眼的药量控制，其爆破效果是很差的。因为，由内圈眼段爆破产生的裂缝开展深度往往大于由周边眼爆破产生的裂缝深度，前者为后者的0.7～5.3倍（据国外实验资料），深入到周边眼的外侧围岩中。其结果是开挖后的裂缝深度取决于内圈眼段的爆破效果。因此，对邻近周边眼的内圈眼段的装药量应给予控制。

5.4.13 变更钻爆设计应根据围岩地质的变化以及其他开挖条件来确定。变更设计应慎重。

5.5 钻爆作业

5.5.1 本条文规定的目的是为了严格贯彻爆破设计的实施。

5.5.2 钻眼前在开挖面标出设计的炮眼位置，以保证正确实施，在全断面法开挖中尤为重要。

5.5.3 钻眼质量应从严要求，钻眼精度应满足条文中要求。

5.5.3.1 掏槽眼的位置正确与否，关系到整个开挖面爆破的效果。故要求眼口和眼底的间距误差不大于5cm，在完整的硬岩中尤其要注意。

5.5.3.2 辅助眼规定眼口排距和行距误差为5cm，在破碎岩层中允许作适当调整，以避免在节理裂缝中钻眼卡钎，且影响爆破效果。

5.5.3.3 周边眼的开眼和眼底位置，关系到开挖质量的最终成果。规定的炮眼方向外插斜率及眼底误差，是根据使用手持式凿岩机与风动支架打眼考虑的，当采用大型钻孔台车开挖时对钻眼的要求可根据台车的构造性能按实际情况另行规定。

5.5.3.4 内圈眼至周边眼的排距以及炮眼方向，在预裂爆破时尤为重要，直接影响爆破效果，因而凿眼精度应按条文要求考虑。

5.5.4 爆破钻眼一般采用手持式凿岩机或重型凿岩机，按动力源分油压和气压二种。手持式凿岩机使用较为灵活，多用于较小断面开挖；而大型凿岩钻眼台车效率高而且省力，钻眼速度快，因此大断面开挖和深眼爆破时非常适用。

在选择钻眼机械时，应充分考虑岩质、隧道断面形状及尺寸大小、隧道长度、开挖方法、掏槽方式、爆破进尺、装渣及运输方法以及锚杆施工方法及工期要求等条件。

钻杆和钻头在使用过程中部是有磨耗的。应保护好钻头，合理安排钻头拆换时间，其目的是延长钻头寿命且不影响其他钻臂的钻眼作业。

日本生产的钻眼台车的钻头磨耗值如下：

每钻臂的钻眼眼数 $\left[\begin{array}{l}\text{油压 30 眼}\\ \text{气压 15 眼}\end{array}\right.$ 每眼钻深 $\left[\begin{array}{l}\text{油压 3.0m}\\ \text{气压 1.65m}\end{array}\right.$

每钻臂连续钻眼深 $\left[\begin{array}{l}\text{油压 } 30\times3.3=99\text{m}\\ \text{气压 } 15\times1.65=24.74\text{m}\end{array}\right.$ $\dfrac{24.75}{99}=0.25$

5.5.6 为了取得良好的爆破效果，所有装药炮眼均应堵塞炮泥（掏槽预留的中空孔不得堵塞）。本条文提出对周边眼的堵塞长度和要求，是为了适应光爆（预爆）预期的需要。

5.5.7 隧道施工环境不同于露天作业，地下潮湿甚至有水且需要照明。

本条中第1、2、3款是有关电力爆破的注意事项，第4款是为防水、防电而规定的，以保证施工安全。

5.5.8 周边眼以一次同时起爆为宜。但如果围岩稳定性较差，全部周边眼一次同时起爆，振动较大。为安全起见，也可分组起爆。

5.5.9 以炮眼痕迹保存率来检查光面爆破的效果，是较简单且有效的方法，计算时可按目测的数据为准。检查炮眼痕迹的目的是为了及时修正钻爆参数，取得良好的爆破效果。松散软岩很难保留炮眼痕迹，可不强求数据，只要开挖轮廓成形较好，也可作为合格。

两茬炮眼衔接台阶，是由于凿岩机操作上的原因而形成的。它因采用的钻眼机械和眼深而稍有不同，当采用大型钻眼台车开挖或眼深大于3m时可另定。

5.5.10 监测围岩变化的目的在于科学地修正设计参数并做到合理施工。有条件的可采用声波仪、测震仪等先进仪器，以避免引用经验数据和简单直观的判断。

在实际开挖隧道时，难以单独考虑光爆效果来测定围岩体的裂缝或松弛区域，而一般是通过新奥法(NATM)量测项目来测定爆破的综合效果(参见表10)。

裂缝及松弛区域的测定方法

表10

测定方法			测定法概要
裂缝的测定方法	直接测定	1. 目测的方法	对爆破面作肉眼观察，判断是否出现新鲜裂缝，根据节理、弱线等状况判断原裂缝是否开展
		2. 采集岩芯的方法	在爆破前后分别采集岩芯并比较，判别有否裂缝发生
	间接测定	3. 通过测定山体振动的方法	测定由爆破引起的山体振动，并求山体的变形速度振幅，如果它超过山体自身的固有值，则可判断出现了裂缝
松弛区域的测定方法	1. 测定地中多点位移的方法		通过埋设在地中的多段式位移计，测定山体的变形，把发生变形的围岩范围视为松弛区域
	2. 测定岩体内应力的方法		通过测定锚杆轴力等，由锚杆轴力大小及其变化等判断松弛区域
	3. 测定岩体内弹性波速的方法		在隧道开挖周壁上设多个测点，通过发射不同深度的弹性波求得其传播速度，进而可判断松弛区域
	4. 使用检查孔的方法		在隧道的上部开凿检查孔，注入地下水，由透水度的变化可观测裂缝的状况，进而判断松弛区域
	5. 反分析数值计算方法		通过实测位移，逆算围岩参数，推求围岩塑性(松动)区域

爆破引起的裂缝深度范围可采用下式推算：

$$V = K\frac{W^{\alpha}}{R^{\beta}} \tag{9}$$

式中：V——变形速度振幅(mm/s)；

W——装药量(kg)；

R——自爆源至观测点距离(m)；

K、α、β——均为随岩质和弹性波速变化的系数。

式(9)为集中装药时推求观测点处变形速度振幅的经验方式。

当分散装药时，可用式(10)推求观测点A处(图32)的变形速度振幅。

$$V_A = K \cdot l^2 \int_0^H (\mathrm{d}x/B^{\beta/\alpha}) \tag{10}$$

式中：l——dx的装药密度；

$$B = R_0^2 + (R_0\tan\theta - x)^2$$

图33所示为将$K=700$、$\alpha=0.7$、$\beta=1.5$(花岗岩的情况)代入式(10)的计算结果。对此图考察可知：轻量装药则裂缝带范围明显变窄。

5.5.11 机械的安装、使用、管理、维修和保养等各个环节的工作，是保证机械安全、有效、正常地运转的必要条件。引进新型机械必须对有关人员进行培训，提高其技术水平，才能获得效益。本条提出的各款规定，是机械管理和操作上的一般要求，有关人员应遵守。

5.6 掘进机开挖

5.6.1 比较爆破方法，机械开挖对围岩扰动较小，如地质条件较好，则能使开挖进度大为提高。此外，机械开挖的噪声、振动都比较小，因此在环境保护方面，这种方法适合在不能采用爆破法开挖的城市隧道中。

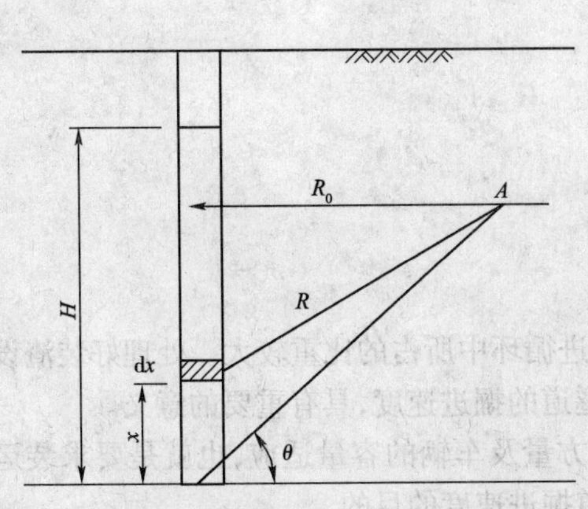

图32　装药量与观测点

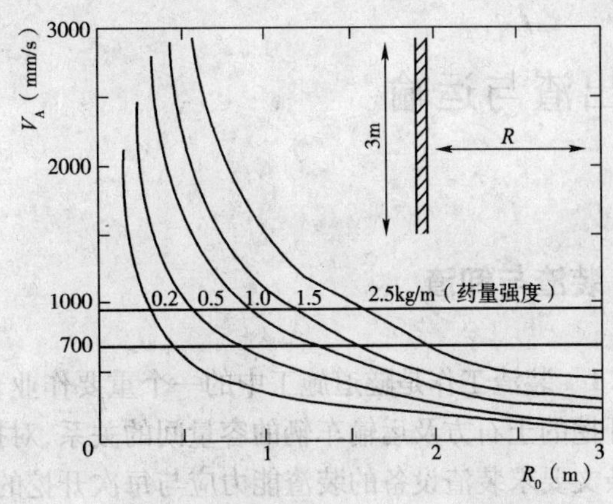

图33　变形速度振幅与距离及装药量关系

任意断面掘进机有钻臂式掘进机、反铲式掘进机、大型破碎机等，它适用于导坑或大断面隧道开挖；全断面隧道掘进机适用于圆形断面开挖。

选择机种时，除通常的地质调查之外，还必须进行岩石的强度、硬度、矿物成分、围岩的裂缝状态等项的调查，如有必要，还应进行岩石切割试验。此外，在考虑隧道长度、断面尺寸及形状的基础上，应在确认其机械特性是否适合围岩条件之后再选定机种。

5.6.2　条文中提出四种情况不宜采用掘进机开挖，是考虑到围岩强度过大或过小都不利于掘进机作业，若勉强开挖，机械工作效率低下，工程成本增加；第(3)项所述的情况会过分磨耗开挖机械刃具，甚至出现机械事故；第(4)项所述情况主要是考虑开挖面由于涌水难以自稳，掘进机难以正常运转。

5.6.4　采用钻臂式掘进机开挖，要特别注意开挖面的稳定性。为尽可能减少超挖，还要求机械操作人员熟悉隧道情况，并按操作规程作业。

全断面隧道掘进机开挖时，为使作业高效且经济，应在充分分析岩石试件强度等力学指标的基础上，选定刀具的类型和配置方式、刀盘转数及推力大小等。

6 出渣与运输

6.1 装渣与卸渣

6.1.1 装渣工作是隧道施工中的一个重要作业,在掘进循环中所占的比重较大。处理好装渣设备与每次开挖的土石方及运输车辆的容量间的关系,对提高隧道的掘进速度,具有重要的意义。

条文要求装渣设备的装渣能力应与每次开挖的土石方量及车辆的容量适应,也就是要求装运机具应该配套,以求缩短装、运作业的时间,从而达到提高隧道掘进速度的目的。

6.1.2 装渣作业应注意的四点是为保证装渣的安全及提高轨式装渣速度而制定的。

采用有轨式装渣机械装渣时,由于调车作业较为困难,功效不高,虽多方采取措施缩短调车作业时间,但收效不大。例如,单股道装渣的实际装渣效率只能达到设计能力的50%,为克服这一缺点,目前施工多采用梭式斗车,集转载、运输、卸载为一体,大大提高出渣效率。

利用漏斗装渣时,由于钻眼作业噪声大,因而要求在漏斗的上、下方设置联络信号。例如可在棚架上下用色灯进行联络。

6.1.3 卸渣作业要求快速与安全。条文中的四点就是根据这两点要求制定的。

为提高卸渣效率,洞外卸渣线应事先做好规划,逐步实施。为防止卸渣随意进行,条文要求一定要在布置的卸渣线上依次进行卸渣。

采用自动卸渣或机械卸渣设备不仅安全可靠,而且快速省力。渣堆应随时予以平整。自卸卡车运输卸渣时,卸渣场宜配备推土机。

6.2 运输

6.2.1 运输方式一般可分为有轨式与无轨式两种。有轨式运输一般不受隧道规模、地质条件等的影响,但却受隧道纵坡的限制,而且弃渣场地也不宜距洞口过远。无轨式如采用自卸卡车,能胜任洞外远距离运输,装、运、卸的效率较高,洞内外临时设施简单,但要求洞内空间较大,须解决洞内自卸卡车掉头的问题;车辆排出的废气须采用大型通风设施,对运输道路的要求较高,尤其是在渗水量大时要求则更高。施工时采用哪一种运输方式,事前应结合隧道长度、开挖方法、运量大小、运距长短等因素经技术、经济比选确定。

6.2.2 隧道工程大多控制工期,因此要求进度快。在分部开挖的隧道中,因工作面多,工序平行交叉作业,解决好安全出渣、进料,提高运输效率,就成为施工的重要环节。因此应编制运输计划,制定运输管理规则等,要求达到确保运输车辆的安全,提高运输效率的目的。

6.2.3 本条是为采用电瓶车牵引成串斗车的运输方式作业的需要制定的。洞内运输由于要解决出渣与进料,原则上宜铺设双道以减少错车时间。在部分开挖法中,当岩层稳定性差时,导坑内可铺设单道,但应每隔适当距离加宽开挖断面,增设会车道。

6.2.4 有轨式运输线路铺设标准和要求,是根据过去隧道施工常用的机械设备和洞内运输条件综合考虑规定的。

钢轨 24km/m 型适用于载质量 5t 的机车轴重,超过 5t 则应加大,可按公式 $q=10+2.5p$ 检算,q 为轨型(kg/m),p 为轴的质量(t)。

道岔 一般选用 6 号以上为宜。

轨枕 当采用大于 24kg/m 钢轨时,则轨枕的标准应予提高。

平面曲线半径　采用7倍轴距和10倍轴距的规定是与本章6.2.5条限制的行车速度相适应。若采用梭式斗车则半径不小于12m；采用槽式列车半径不小于25m。

道床　利用洞内石渣作道碴时，为保持线路稳定，应适当加厚。

第6～第9款均系为保证运输作业安全的规定。

6.2.5　本条主要针对机动牵引成串斗车安全运输而制定的，如采用新型有轨运输机械时，应针对其技术性能制定相应的安全规则。

对机动牵引成串斗车的运行速度的规定是根据以往的施工经验确定的，可以保证安全。最大速度不超过15km/h是指直线地段，如在曲线地段尚应根据半径大小适当减小速度。

6.2.6　本条文是对采用自卸卡车进行运输时提出的要求。

1. 采用自卸卡车运输时，容易损坏隧道底部，因此宜铺设路面或先做好铺底混凝土。

2. 由于自卸卡车行驶灵活，制动方便，因此行车速度可比无轨式运输速度高。在条件好的成洞地段，行驶速度可比施工地段适当提高。

6.2.7　无论有轨式运输还是无轨式运输，都应保证线路平整、畅通，并应做好排水工作，避免路基软化。设专人负责对线路的维修和保养是保证运输通行能力和工程进度所不可缺少的。

6.2.8　运输车辆的性能必须良好才能保证洞内运输线路的畅通。车辆的驾驶应有专门的管理规定，诸如车辆运行时鸣笛或按喇叭；注意瞭望；非专职人员严禁开车、调车或搭车，有轨运输时严禁在运行中摘挂斗车等等。

6.2.9　采用卡口梁作运输栈道时，有的在拱圈上钻孔，插上钢钎绑扎卡口梁。这种方法既损坏拱圈，又易出事故，不应采用。

7 施工支护

7.1 一般规定

7.1.1 保证开挖安全的重要手段是及时、正确地支护,除完整且稳定的围岩外,及时支护是隧道施工成败的关键所在。

7.1.2 锚喷支护适应性广,选择支护方式应优先考虑采用锚、喷或锚喷联合作为临时支护。在软弱围岩中,为确保施工安全,应根据围岩稳定性情况,先设计后施工,并考虑结合辅助施工方法综合处置。

7.1.3 对不同类别的围岩,应采用不同形式的施工支护,本条列出 3 款供选择。当地质条件不适于锚喷支护时,可采用构件支撑。

7.1.3.1 VI类围岩自稳能力及抗风化能力强,不需支护。V类围岩长期暴露会出现局部小坍塌,对稳定性差的局部地段应采用局部喷混凝土,需要时可加设局部锚杆。VI~V类围岩中,为防止岩爆和落石可用锚杆加挂网。

7.1.3.3 II~I类围岩、断层破碎带及其他不良地质地段,开挖时均应根据围岩实况、施工方法、进度要求、机械配备情况,结合现场条件及施工队伍素质等,优先采用简单易行、投资少、安全可靠和能确保工程质量的辅助措施。辅助施工措施可以采用单一方法,也可同时采用几种方法,综合使用。

在已经查明工程地质和水文地质情况时,施工中除须准备常规施工材料外,还需准备各种辅助施工措施所需的材料。采取辅助施工措施时,应根据其各自特点,做好工序设计,并对工艺流程作出具体要求和规定。

7.1.3.4 II类以下围岩,非常破碎、松散,仅用锚喷支护仍难于稳定围岩,因此,可采用构件支撑,加强施工支护。

7.1.4 锚杆安设后应在隐蔽前做好记录,经验收后才可实施隐蔽工作。记录应以锚杆布置图形式按桩号逐个记载,并作为竣工文件存档。

7.2 锚杆施工

7.2.1 采用系统锚杆时,其参数应符合《公路隧道设计规范》第7章的有关规定,并满足设计要求。采用局部锚杆时,目的主要是局部加固、支护,常对水平或倾斜岩层中隧道顶部松动区进行加固,锚杆可以不规则布置。

7.2.2 锚杆安设作业应在初喷混凝土后及时进行。所谓"及时",对III类以下围岩是指"尽快",对IV以上围岩是指"适时"。

7.2.3 锚杆施工的准备工作是保证施工质量的重要环节。锚杆材料必须按规定逐批进行检验。锚杆应在工地加工车间制作,并试装配,以确保质量。

7.2.4 钻孔作业必须按设计要求定出孔位,并做出标记,以利于位置准确。

7.2.5 钻孔质量和锚杆材料质量是锚杆施工质量的基础,所以对钻孔提出较高要求,确保每一根锚杆都能发挥支护的作用。

7.2.6 普通水泥砂浆锚杆

7.2.6.1 仅给出一个范围,施工时应根据具体材料,按批量由试验确定。

7.2.6.2 砂浆质量是确保黏结力和锚固力的核心,必须充分注意,严格控制在初凝之前用完。

7.2.6.3 这些操作细节,旨在确保灌浆饱满,黏结牢固,使锚杆可靠。

7.2.7　早强水泥砂浆锚杆

早强剂具有早强、缓凝、减水与防锈的效果，其主要成分是亚硝酸钠与缓凝型糖蜜减水剂。亚硝酸钠掺量为1%～3%，缓凝型糖蜜掺量宜为0.2%。

7.2.8　楔缝式锚杆（包括胀壳式锚式）

其锚固作用取决于锚头与岩壁之间是否在楔紧后胀牢。此外，锚杆施工后，经过一昼夜左右应再次紧固，以后还应定期检查，否则容易松弛失效。

7.2.9　树脂锚杆

树脂锚杆用的树脂卷，出厂时有一定的使用期限，过期树脂卷不得使用。安装时，对使用搅拌器的方法提出要求，是为了迅速将凝固剂和树脂拌和均匀，达到设计锚固力。由于树脂混合物强度的增长有一过程，安装拱部锚杆时，为防止杆体下滑，搅拌后应将孔口处杆体临时固定。安装托板是为了对锚杆施加一定的预应力，但要在树脂达到一定强度后才能进行。

7.2.10　早强药包锚杆

锚杆药包主要有硅酸盐与硫酸盐两大系列，分速凝型、早强型、早强速凝型。

7.2.11　有水地段锚杆施工措施

采用普通水泥砂浆锚杆时，如遇孔内出水，则应避开，就近另行钻孔，再进行注浆和安设锚杆。也可改用其他种类锚杆。

7.3　喷射混凝土

7.3.1　喷射工艺流程大致分为下列几种：

（1）干喷　用搅拌机将集料和水泥拌和好，投入喷射机料斗，同时加入速凝剂，将混合料输出，在喷头处加水喷出。工艺流程见图34。

（2）潮喷　将集料预加水，浸润成潮湿状，再加水泥拌和，从而降低上料和喷射时的粉尘。

（3）湿喷　用喷射机压送拌和好的混凝土，在喷头上添加速凝剂，工艺流程见图35。

7.3.2　本条是根据国家标准《锚喷规范》6.1.1条制定的，有防渗、防冻、防蚀等要求时，亦应按上述国标要求办理。

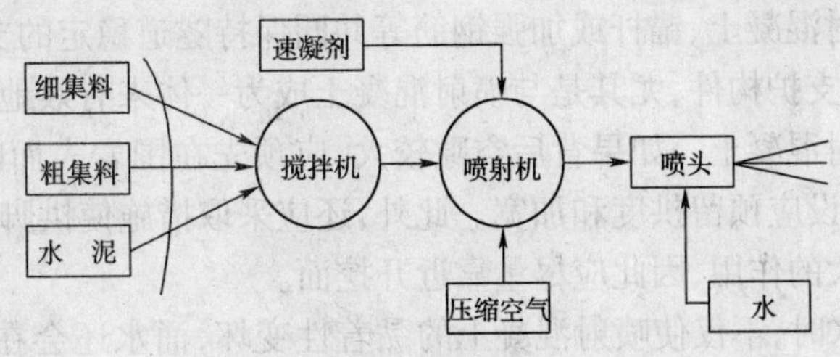

图34　干喷工艺流程

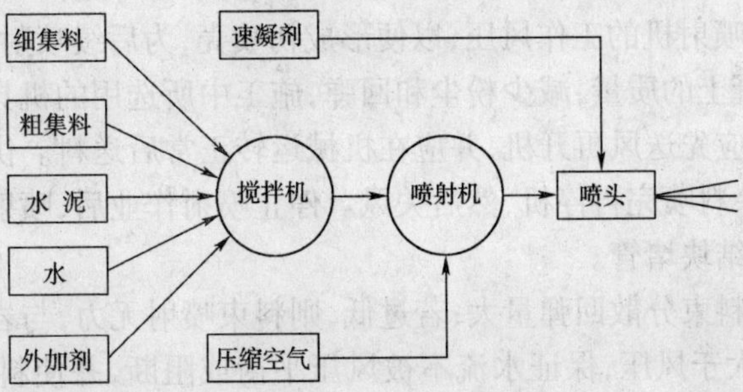

图35　湿喷工艺流程

7.3.3　本条是根据国标《锚喷规范》5.2.1条和6.3.1条制定的。初喷时，因直接喷在岩面上，岩面不平顺时往往不易与喷射混凝土粘贴，故减小灰骨比，以利于黏结和减少回弹。

7.3.6 爆破后，应立即喷射混凝土，尽快封闭岩面，才能有效控制围岩松动变形。喷射作业分段、分片进行是为了便于检查管理，有利于保证喷射混凝土质量和使机械手操作方便而制定的。清理岩面粉尘和杂物，是使喷层与岩面密贴，不产生夹层和离鼓现象的重要工序。自下而上的顺序可避免先喷上部时松散回弹物污染下部未喷射的岩面，喷好的下部喷层对上部喷层能起支托作用，否则喷层易松脱。设计喷层较厚需要几次喷射时，一次喷层厚度要适当，过厚会引起膨胀，影响混凝土的黏结力和凝聚力，容易造成离层或因自重而坠落，过薄则粗集料不易黏结牢固，增加回弹量。条文中的数据是由实践总结的适宜厚度。

7.3.7 在稳定性差的围岩中，开挖时为保证施工安全，应尽快做好初期支护。但为了避免下次爆破影响初期支护的质量，又必须间隔一定的时间，考虑到喷混凝土终凝时间受气温影响很大，故要求间隔时间不少于4h。低温条件下尤其应该注意测定终凝时间的实际值，确保初喷不受爆破振动，以保证质量。

7.3.8 喷射混凝土与浇筑混凝土的冬季施工规定相同，都是要求混凝土能正常凝结与硬化，避免因冻胀引起的崩裂。在冬季进行喷射混凝土作业时，将混合料提前运进洞内是为了提高混合料温度，所以必须有足够的时间。

7.3.9 隧道开挖的轮廓一般凹凸不平，应先在岩面上喷一层混凝土，使岩面平顺，这样，既可保证铺设钢筋网作业安全，又可使钢筋网与岩面吻合。通常利用注浆锚杆尾部作为钢筋网的支承点，为避免锚杆被松动，应在锚杆安装3d后进行。

7.3.10 钢架形式很多，其材料可用工型钢（或钢轨）、H型钢、U型钢、钢管及钢筋格栅等。

下列情况，可以使用钢架喷射混凝土：

(1)自稳时间很短的Ⅰ、Ⅱ类围岩隧道，浅埋、偏压隧道，需要尽早提高初期支护的强度和刚度；

(2)砂卵石、土夹石地层，大面积淋水地段，以及为了抑制围岩的大变形需要增强支护抗力；

(3)需要超前支护，用钢架作超前锚杆（或超前小钢管等）的支承构件。

钢架的加工可在工点按1:1胎膜热弯制成，加工后要试拼，允许误差为：沿隧道周边轮廓偏差为±3cm，平面（翘曲）偏差为±2cm。接头连接，要求每榀之间可以互换；钢筋钢架的腹部八字形单元可在工厂压制，运至现场后再分段胎膜焊接而成。

钢架支撑一般是与喷射混凝土、锚杆或加强钢筋等共同保持隧道稳定的支护构件之一，所以在决定使用钢架的同时，应与其他支护构件，尤其是与喷射混凝土成为一体来有效地发挥支护功能。

钢架架设后应及时喷射混凝土。如果背后空隙较大，应预先在围岩表面喷一层混凝土，使其平顺。预计有下沉和变形时，其架设应预留拱度和加宽。此外，还应采取措施使拱脚不产生下沉。钢架支撑在承担初期荷载方面起相当大的作用，因此应尽量靠近开挖面。

7.3.11 喷射表面有涌水时，不仅使喷射混凝土的黏着性变坏，涌水还会在混凝土背后产生水压，给混凝土带来不利影响。因此，有涌水时，事前应尽可能处理好排水。

7.3.12 在砂层地段，喷射混凝土的附着能力差，不能直接进行喷射混凝土作业。因而采用先铺设细钢筋网，再用环向钢筋作支承骨架压紧，把混凝土喷射在钢筋网上。喷第一层时，应使用加大速凝剂掺量的水泥砂浆，并适当减小喷射机的工作风压，以便形成初喷壳，为后续喷射提供底层。

7.3.13 为保证喷射混凝土的质量，减少粉尘和回弹，施工中所选用的机具应符合本条规定。

7.3.14 喷射机启动时，应先送风再开机，并应在机械运转正常后送料。供料应均匀连续。作业结束时，先停止送料，待料罐内余料喷完再停机，然后关风。停止喷射作业后，喷射机和输料管内的积料应及时清除干净，以避免混合料结块堵管。

如果工作风压过高，则料束分散回弹量大；若过低，则料束喷射无力，与岩面黏结不好。风压宜保持在0.1MPa左右，水压应略大于风压，保证水流不被风压平衡或阻断，并使料束润湿。目前喷射质量全凭喷射手对水和风压的调节控制经验，靠直观判定。因此，要求喷射混凝土表面湿润光泽，黏塑性好，无干斑或滑移流淌现象。目前有用双水环、异径葫芦等加长办法，以改善混凝土湿化效果，提高强度，减少回弹和粉尘喷射作业人员穿戴防护用品是劳动保护方面的要求。

7.4 锚喷支护的质量检查

7.4.1~7.4.4 参照国家标准《锚喷规范》第8.1.1条及铁道部标准《混凝土施工规范》第5.11.6和9.3.8条制定的。各条文均有较详细说明，需要时请读者自行查阅。

7.4.5 锚杆质量检查除抗拔力（锚固力）外，尚有长度、间距、方向角等项。这几项在施工中，应按隐蔽工程进行检查、验收。抗拔力与安装时工艺操作有关，因此，安装后应按规定进行抗拔力试验，达到设计要求方为合格。

7.4.6 锚喷衬砌（复合式衬砌的初期支护同）需要准备的交验资料，规定了4款，是根据国标《锚喷规范》第8.2.2条、第8.2.3条，并综合考虑隧道工程竣工文件的要求而制定的。第4款规定在地质条件复杂和与设计不符地段，应提供地质素描资料，以备竣工验收及营运期间养护维修参考。锚杆及各种供检查用标记，均应包括在隐蔽工程范围内。

7.5 构件支护

7.5.2 作用在隧道构件支护上的荷载的大小及其作用状态是极其复杂的，特别是背板法施工时，土压会因开挖后历时的长短、打楔块或回填状况等而变化。因此，作用在构件支护上的荷载，应考虑地形、地质、隧道断面尺寸、埋深的大小、渗漏情况、施工方式、施工方法、构件支护的施工时间、施工中围岩的特性等具体条件加以判定。

可根据《公路隧道设计规范》（JTJ 026）第3章的规定计算出理论荷载，也可参阅《K. 泰沙基围岩分类表》（表11）加以判定。

K. 泰沙基围岩分类表 表11

序号	岩层的状态	土荷载高度	说　明
1	坚硬、未受侵蚀的岩层	0	有掉石及岩爆时需要简易支撑
2	坚硬、层状或片状岩层	$0\sim0.5B$	采用简易支撑，荷载随地点不同而呈不规则变化
3	大块状的岩层，节理一般	$0\sim0.25B$	
4	一般岩块，有裂隙	$0.25B\sim0.35(B+H_1)$	无侧压
5	碎块状，裂隙多	$(0.35\sim1.10)(B+H_1)$	侧压很小或无侧压
6	完全破碎，但未受化学侵蚀	$1.10(B+H_1)$	有相当侧压，当漏水使隧道下部软化时，必须在支撑下面设全面的基础或采用圆形支撑
7	有缓慢挤出现象的岩层（中等埋深）	$(1.10\sim2.10)(B+H_1)$	有大侧压，必须设底梁，建议用圆形支撑
8	有缓慢挤出现象的岩层（埋深很大）	$(2.10\sim4.50)(B+H_1)$	有大侧压，必须设底梁，建议用圆形支撑
9	膨胀性地质条件	与$(B+H_1)$无关，超过80m	需要圆形支撑，膨胀显著时，采用可缩式支撑

注：①此表数值为作用在埋深大于$1.5(B+H_1)$的构件支护拱顶上的土荷载高度。其中B为隧道开挖断面的宽度（m），H_1为隧道开挖断面的高度（m）。

②此表各值皆在隧道顶部处于地下水位以下的情形中应用，但在永久处于地下水位以上时，表中4~6项各值可减小50%。

7.5.3 支护类型的选择应根据施工要求、施工条件及其经济性综合考虑。

7.5.4 构件支护的结构应符合下列要求：

7.5.4.1 按分部开挖的程序，自导坑至全部开挖完成，支护构件需多次周转使用，故要求其结构接头简单，便于装拆，能多次倒用。如用钢支护，因不易随意改变其尺寸，为便于安装，则以定型化为宜。

条件可能时,尽量采用预应力钢筋混凝土,可节约材料,减轻重量。支撑的接头,除联结牢固外,还应在构造上考虑易于联结作业。

7.5.4.2 纵向联系是为了抵抗隧道轴向外力的作用,使各支护构架相互连接成整体。其纵撑在架设初期(架设支撑区段前后两端)应能承受隧道轴向外力和爆破引起的振动。

7.5.4.3 支护构架连续架设排数不多时,或在洞口附近及地质恶劣而产生偏压的地点等,支护会受到隧道轴向荷载,因此,必须设置纵向斜撑、撑杆及基脚混凝土等。

7.5.5 钢架支护若作为衬砌混凝土骨架时,可采取焊接连接。为了使衬砌混凝土内不遗留木料,故其背板和填块、楔块等应采用混凝土预制件,衬砌时将其直接浇筑于混凝土内。

7.5.6 木支护的梁柱等主要杆件及木板的尺寸,是在隧道施工实践中总结出来的经验数字。如杆件尺寸过大,则不便架设;杆件尺寸过小,易于破裂。

构件支撑上所承受的荷载较复杂,故对支撑用木料应严格选择。

7.6 构件支护的架设

7.6.1 构件支护的架设应符合下列要求:

7.6.1.1 支护的架设,不应超出设计上考虑的施工误差范围。为了能够充分适应外力,一排支护构架要架设在同一平面内,而且注意不使其扭曲、倾倒,并用纵撑连接牢固。

7.6.1.2 构件支护是靠其上部拱架支承围岩的(特别是钢支护),所以必须使支护贴紧围岩,为此,可使用背板和楔块等。构件支护架设时,在支护和围岩间打楔块,可以使土压传给支护,防止围岩松动,从而也防止荷载增大。此外,楔块也是确保支护的拱架作用所不可缺少的。除了在拱顶及拱脚必须打楔块外,还要沿支护拱架弧线按120cm以下间距打设,而在圆形拱架上,标准做法是至少每30°拱架中心角范围内打设一个楔块,所有楔块都应打设牢靠。特别注意楔块的布置,要使其间距小于设计规定值,同时也要注意不使楔块因爆破振动或其他原因而松弛、脱落。

7.6.1.3 支护发生不均匀下沉,会使个别支架破坏,并导致荷载增大。因此,构件支护的底部通常要设垫板;地质条件差时,也可用混凝土加固基脚。

基脚混凝土能防止因荷载大而产生的支护下沉,各支护构架结成一体是防止不均匀下沉和增大支护的支承力非常有效的方法。由于设计上没有把基脚加固混凝土计算到衬砌厚度内,因此不能把基脚混凝土看作是衬砌混凝土的一部分。

7.6.1.4 增设底梁形成框架式支撑,应注意接头部分的牢固。若围岩松散随挖随坍时,应用篾席或禾麻等物将暴露面封闭,防止漏空致使支撑失去作用。在洞口的导坑支撑伸出洞外3~5m,主要是为了防止边坡落石,影响进洞作业安全而设。

7.6.1.5 条文所列支撑的间距是经验参数,因此,架设后要经常检查其是否能抵抗地压力。如有预报或变形应立即加固。

在分部开挖中,支撑架设间距过小,则导致施工困难,因此应酌情适当掌握。

7.6.1.6 分部开挖采用木构件支撑,一般是不定型的,因此各部位的临时支撑可视具体情况随时予以加固。

7.6.1.7 一般在围岩破碎、稳定性差的拱部扩大时才用扇形支撑。扩大可分一部或多部,故架设扇形支撑要配合开挖分部进行。

在施工中一般不容许木材侵入衬砌设计厚度线内。因此,当没有危险时,必须将木材在浇筑混凝土之前取出。有危险时,应先用钢材或混凝土预制件加固后再将木料取出。混凝土预制件与衬砌混凝土用相同级配,可埋入衬砌内不予拆除。

7.6.2 架设墙脚横撑(包括后述横撑)时,应注意在横撑下设托梁立柱,并用木楔顶紧,横撑如兼作运输栈道时,其稍径不宜小于25cm,如不能满足,则横撑间距应适当减小。

7.6.3 先拱后墙法施工应符合下列要求:

7.6.3.1 卡口梁长度如按隧道拱跨下料,往往由于施工误差难于架设。一般略小于拱跨,两端用木楔楔紧。为防止木楔受震松脱，必须用双楔（上下或前后）楔紧，并用扒钉固定。

7.6.3.2 跳马口时，严格控制跳挖马口的步骤，并注意拱脚处临空面。应随时根据地质状况撑稳背紧，以防掉拱事故。特别是当倾斜状岩层出现时，更应防止顺层滑坍。

7.6.4 构件支撑的加强及抽换应满足下列要求：

7.6.4.1 支撑架设后，应经常有专人检查其是否能抵抗地压，否则随时纠正支护设计，或采取加固构件支撑，特别是炮前炮后的检查和加固。

发现支撑有异常时，根据背板、纵撑及连接件的损伤或支撑扭曲、变形等的变异程度，必须迅速用更换背板、增设支撑、加固纵撑等方法加强支撑，以控制支撑的变形。

7.6.4.2 当支撑变形很大时，就应加以抽换，在此种场合，应慎重地从末端起逐排抽换。支撑的抽换、拆除，应本着先顶后拆的原则。这是多年的施工经验；做法是在两排旧支撑间架立新支撑，再拆除旧支撑。

7.6.4.3 中途停止施工，临时支撑与开挖工作面之间的围岩必须以构件支撑进行加固，以防暴露时间过长，造成二次复工时围岩的不稳定。

7.6.4.4 构件支撑的拆除相当危险。由里向外是从安全作业角度考虑的。

7.6.5 各部支撑的架设和修复，应有专人负责检查并验收，拆除时也应有专人进行指挥，并确保质量，以策安全。

8 衬砌

8.1 一般规定

8.1.1 本条是对隧道衬砌施工的总要求,进行隧道衬砌施工时,中线、标高必须达到设计要求。除测量精度必须符合要求外,还应事先考虑施工误差。否则,将影响净空,增加修整断面的工作量,而且危及衬砌质量。对于高等级公路隧道大多需要装修。中线、标高的误差还会影响美观,在墙面的光滑与平整度方面,也有很高的要求。

8.1.2 衬砌施工时,允许在放样时将设计衬砌轮廓线适当放大,是考虑预留变形量和衬砌施工误差。测量贯通误差应按本规范第3章有关规定办理。过去隧道施工多采用分部开挖,导坑与衬砌两工序间相距通常在100m以上(两端共长至少200m)。隧道贯通后的误差,只要符合测量精度,一般调整中线是方便的。因此,在衬砌施工中未要求考虑贯通误差。如果采用全断面和正台阶法施工,工序少、间距也不大,如设计无此规定时,两端施工可各在距贯通面100m时暂停衬砌,待隧道贯通调整中线后再进行施工。施工中贯通面(包括离贯通面100m距离内)位置应选在围岩稳定性好的地段上。

8.1.3 由于软硬岩层的地基承载力不同,有时相差很大,为避免因地基承载力不同而引起衬砌下沉不均匀导致的环裂,甚至引起其他病害,故规定在硬软岩层分界处设置沉降缝。Ⅱ~Ⅰ类围岩均属软弱或破碎岩层,洞口地段一般埋藏较浅,易受自然条件影响,稳定性较洞内差。据调查,隧道衬砌病害,以洞口段居多。因此,条文中规定Ⅱ~Ⅰ类围岩洞口50m范围内,必要时每隔10m左右设置沉降缝,目的是控制病害不向纵深发展,从而有利于整治。

在严寒地区,冬春季节气温常在0℃以下,营运后混凝土因受冷缩影响,往往易于开裂、变形。故规定应在洞口和易受冻害地段设置伸缩缝,以维护结构安全。伸缩缝的间距可按设计要求办理。设计未明确时,可结合地质情况每隔10~30m设置一道,洞口段用小值,洞内地段用大值,也可参照既有隧道资料类比设置。

8.1.4 在通过工程地质及水文地质复杂地段时,有时发生实际地质与勘察结果不相符合的情况,尤其在洞口段会出现这种情况,因此需要进行变更设计。一般情况下,变更设计需按审批权限报主管部门批准后才可实施。修改必须由设计单位(或设计代表)进行,施工单位不得擅自对设计作任何改动。如果情况紧急来不及先办理变更设计手续,需先采取应急措施时,事后必须经过建设单位认可,并按程序补变更手续和说明理由。

8.1.5 锚喷支护和复合式衬砌的支护原理,是充分发挥围岩的自承作用。目前设计中多以工程类比法为主,由于工程地质和水文地质条件是极其复杂的,所以只用工程类比法难以保证设计的可靠性和合理性。因此,掌握详细地质变化情况及围岩稳定性状态非常必要。同时,在施工阶段还应对围岩进行量测,取得必要的数据。既可验证设计的合理性和作为修改设计参数的依据,又可据此对支护和衬砌的长期稳定性进行评价。

8.1.6 隐蔽工程应按隐蔽内容、分部位及名称,本着写实的原则,如实填写"隐蔽工程验收证明书"。工程量过大时,可分批、分阶段验收和分别作出阶段验收记录。并由建设单位(业主)或监理、施工单位(承包商)和设计单位(代表)三方有关人员签证和写明结论意见,签章手续必须齐全。

隐蔽工程经验收合格后,方可隐蔽。

8.2 拱(墙)架与模板

8.2.1 采用钢模时,拱、墙架的间距应与模块长度匹配而定,刚度不够时可加临时支撑。采用木模时的墙架间距可用1.5m,模板采用长3m。

8.2.2 拱架的结构尺寸,可采用43kg/m钢轨制作(2车道隧道)。墙架可采用38kg/m钢轨制作,如刚度不够时,可用临时支撑加强。

拱、墙均可使用钢模板,常用尺寸为:长100cm、宽50cm。拱部模板应制成一定的拱度,以适应拱部弧形,宽度不宜太大,以利通用于曲墙,拱圈封顶处,需配备几块较窄的(一般为30cm,或按实际需要制做)模板,以适应调整的需要,直边墙也可用木模板,宽度为30~50cm,长度为墙架间距的2~3倍。

衬砌模板台车或移动模架可节省立、拆模时间,质量也高,又能提高工效,尤其适于长大隧道中使用。

8.2.3 拱、墙架和模板架立之前应先校样与编号,防止倒用拼错或将合适部位弄错。在土压较大地段,用过的拱架容易变形,故倒用时要注意检查。

架立拱、墙架之前,应复核并修整开挖断面,是为了避免产生因欠挖而造成减薄拱墙设计厚度。

对模板接头(主要指木模板)和挡头板的要求,关系到衬砌的质量与外观,故作出规定。

8.2.4 立拱架应以隧道中线为准,是先拱后墙法施工的常用方法。在曲线隧道上尤应注意先准确定出隧道中线,然后再左右对称立拱架,在直线上每排拱架的方向应垂直于中线,曲线上每排拱架应沿曲线径向架设。在先墙后拱法施工中,因边墙已完成,拱的位置也基本固定,但立架时仍应核对中线,万一边墙放样不准,还可调整。

8.2.5 立墙架时应注意下列事项:

8.2.5.1 先墙后拱法施工,应按隧道中线立墙架。

8.2.5.2 先拱后墙法施工,一般是依拱脚挂线定位,但在开始灌第一段边墙时应对中线仔细检查,其后每隔一定距离核对一次。

8.2.5.4 为防止模板走动变形,造成边墙返工事故,规定不得用边墙支架兼做脚手架灌筑混凝土。

8.2.6 移动式拱架模板纵向长度达10cm以上,移动时通常靠收缩千斤顶达到预定位置,模板完全脱离新筑混凝土表面才能无损于混凝土质量。

8.2.7 双车道隧道的拱、墙架和模板拆除时间,除考虑混凝土表面和棱角不致损坏外,还顾及到能承受较大的结构自重,故定为5.0MPa。单车道隧道拆模可在混凝土强度达到2.5MPa时进行。

8.3 模筑衬砌

8.3.1 混凝土的配合比直接关系到混凝土的强度、耐久性与不透水性,因而掌握好施工中的水灰比、单位用水量及单位水泥用量非常重要。

8.3.2 拌和后的混凝土应尽早灌筑。在温暖干燥条件下1h内使用完毕,低温湿润条件下2h内使用完毕。运送时尽量采用混凝土运送车。

8.3.4 为了确保施工安全和拱圈质量,对拱圈灌筑作了若干规定。

8.3.4.1 拱圈灌筑自两侧拱脚向拱顶对称进行,是防止拱架受偏压变形。

8.3.4.2 拱圈合拢处是结构上的弱点,故宜选在围岩较好处。

8.3.4.3 先拱后墙法对拱脚处施工的各项要求,是防止基底沉落不均匀,从而造成拱圈开裂或衬砌侵入净空。

8.3.4.4 跨越辅助坑道的拱圈,在先墙后拱法施工或围岩稳定时,可不作处理;先拱后墙法施工时,可在拱脚混凝土中加设小钢轨,其两端搭在坑道两侧基岩上,作为保证拱圈稳定的措施。

8.3.4.5 整体式衬砌的设计是把拱、墙作为完整的结构考虑的。故拱墙应预留钢筋接头,使拱墙连成整体。

8.3.5 边墙施工应符合下列要求:

8.3.5.1 基底承载力是结构物稳定的根本条件,故基础施工是任何种类结构物稳定的要害,必须从严要求。基础松软,其承载力达不到设计值时,整个衬砌必然因基底下沉而破坏,除了清除虚渣之外,还应按设计要求检查基底承载力。隧道施工中,任何条件下基底均不得有积水存在。在涌水地段,必须将水引流。

8.3.5.2 边墙扩大基础及仰拱拱座,本是一个整体,为保证其整体性和避免单独开挖拱座时损坏墙脚,在灌筑边墙时应一并完成仰拱拱座。

8.3.5.3 采用片石混凝土是为了节约水泥,但在边墙厚度小于30cm时不得掺用,否则对混凝土强度不利。条文中对片石间距和分层掺放的要求,是为了保证边墙质量。

8.3.5.4 先拱后墙法施工时,拱圈基底已经承载,灌筑边墙时,开挖马口不宜过大,否则会导致拱脚处岩层松动和拱圈下沉。因此,开挖马口时应交错进行,并尽快灌筑混凝土。墙顶刹尖应采用适当方法填筑牢固。

8.3.6 拱圈封顶应随拱圈灌筑及时进行,以有利于结构稳定。回填也可随之进行,使拱圈处于围岩约束之下,抵抗围岩松弛。由于边墙高,如果一次完成灌筑,势必因混凝土收缩,导致边墙顶不能与拱圈很好连接。所以,墙顶封口留7~10cm,在边墙完成24h后充填混凝土。封顶、封口的混凝土应适当降低水灰比,是为了减小坍落度,保证混凝土整体结构的质量。

8.3.7 为了形成抗荷环,仰拱应结合拱墙施工尽快完成。设计上多在软岩及膨胀性围岩地段设仰拱,如不及时灌筑仰拱形成封闭结构,必然引起拱墙下沉和破坏,此类工程实例颇多,故专列一条,以便于监督检查。

8.3.8 衬砌背后回填密实与否,关系到隧道结构的安全,在稳定性差的围岩中,尤为重要。

对拱、墙脚以上1m范围内的超挖,用与拱圈(或边墙)同级混凝土一次回填,能增加施工过程中结构的稳定。其余部位按超挖的大小作不同规定,是为施工方便及节约水泥。如回填后还要压浆,则可用干砌片石回填,以利浆液顺利通过,填满所有片石空隙,但应保证干砌砌体在灌筑混凝土时不产生崩塌或散落,影响混凝土质量。

8.3.9 如地下水侵蚀性严重,首先应该采取防水措施,防止侵蚀性水侵入混凝土,并采用抗侵蚀性品种水泥,才能确保衬砌结构的强度。

8.3.10 衬砌背后的支撑块及背柴应尽量拆除,才能保证回填密实,有利于衬砌受力均衡,同时也可节约木材。塌方地段危险性大,取不出时,应作隐蔽地段详细记录及测绘图形附入检查证,以供在营运期间养护维修参考。

8.3.12 本条文是防水抗渗有较高要求时应采用的施工技术措施。混凝土配合比和集料级配应经试验决定。必要时还可使用防水水泥或掺加密实性附加剂。混凝土密实度分为:中等密实度(B_4)、高密实度(B_6)、特等密实度(B_8)、特大密实度(B_{12}~B_{16}),设计中有明确规定时按设计要求办理,无明确规定时可参考B_6级施工。冬季施工时应掺用加气剂和降低水灰比,常用的加气剂有:热聚松脂皂(又称松香热聚物)、普通松脂皂、石油磺酸、烷基磺酸钠、脂肪醇硫酸钠等,掺量一般为0.0075%~0.015%,并应符合混凝土含气量的限制。

8.4 二次衬砌

8.4.1 由于地质条件复杂多变,尤其是在稳定性很差的Ⅱ~Ⅰ类围岩中,单靠工程类比法进行设计时,不能保证设计的可靠性和合理性。二次衬砌和仰拱的施作,时间因素影响很大,直接关系到衬砌结构的安全。过早施作会使二次衬砌承受较大的围岩压力,过晚又不利于初期支护的稳定。因此,在施工中应进行监控量测,掌握围岩和支护的变化规律,及时调整支护与衬砌设计参数,并确定二次衬砌和仰拱的施作时间,使衬砌结构安全可靠。

二次衬砌的施作时间,根据国家标准《锚喷规定》规定应在围岩和锚喷支护变形基本稳定后进行。主要条件是:位移速率有明显减缓趋势;拱脚附近水平收敛小于每天0.2mm;已产生的位移量占总位移量 80% 以上。位移值与位移速率是以采用机械式收敛计实测数据为依据的。水平收敛与拱顶下沉速度，从安全考虑，是指至少 7d 的平均值，总位移值可由回归分析计算取得。

自稳性很差的围岩，可能在较长时间达不到基本稳定的条件，喷混凝土将会出现大量明显裂缝，而支护能力又难以加强，此时则应及早施作仰拱，以改善围岩变形条件。若围岩仍不能稳定，应提前施作二次衬砌，以提供支护抗力，避免初期支护坍垮。

8.4.9 如二次衬砌仅作为保护防水层的不承重结构，其厚度小、自重轻，无论单、双车道隧道，当混凝土达到 2.5MPa 时，即可拆模。

9 监控量测

9.1 一般规定

9.1.1 我国公路隧道的设计越来越多地采用了复合式衬砌型式。复合式衬砌一般由锚喷支护和模注混凝土衬砌两部分组成。为了掌握施工中围岩稳定程度与支护受力、变形的力学动态或信息,以判断设计、施工的安全与经济,必须将现场监控量测项目列入施工组织计划,并在施工中认真实施。

9.1.2 近年来,我们在推行复合式衬砌中,虽然取得了很大进展,但仍存在许多问题。例如:在设计、施工中量测计划脱离实际,计划不落实,量测作用不明显等。为使监控量测充分发挥技术经济效益,要求设计、施工单位编制切实可行的量测计划,并在施工中认真组织实施。

现场量测计划的主要内容有:

(1)量测手段、仪表和工具的选择,量测项目的确定;

(2)施测部位和测点布置;

(3)测试方案和实施计划的制定。

9.1.3 通过对围岩与支护的观察和动态量测,以达到合理安排施工程序、确保施工安全、修改设计参数、进行日常的施工管理和积累资料等目的。

9.1.4 复合式衬砌的设计,通常以工程类比法为主,并以现场监控量测进行工程实际检验和修正。因此施工、设计单位必须紧密配合,共同研究,才能完成设计的全过程。

施工信息包括施工观察、现场地质调查和现场监控量测等内容。施工信息是隧道开挖后围岩稳定性的动态反映,也是修正设计的依据,必须对反馈的信息作全面分析,最后才能确认或修改设计参数。

9.2 量测内容与方法

9.2.1 现场监控量测应根据围岩条件、工程规模、支护类型和施工方法等来选择测试项目。

现场量测项目分为必测项目和选测项目两大类。

条文表9.2.1中的1~4项为选测项目。必测项目是为了在设计、施工中确保围岩稳定,并通过判断围岩的稳定性来指导设计、施工的经常性量测。这类量测测试方法简单,费用少,可靠性高,但对监视围岩稳定、指导设计施工却有巨大作用。

条文表9.2.1中的5~11项为选测项目。选测项目是对一些有特殊意义和具有代表性意义的区段进行补充测试,以求更深入地掌握围岩的稳定状态与锚喷支护的效果,具有指导未开挖区的设计与施工的作用。这类量测项目测试较为麻烦,量测项目较多,花费较大,一般只根据需要选择其部分项目。

9.2.2 实践证明,开挖工作面的工程地质与水文地质观察和描述,对于判断围岩稳定性和预测开挖面前方的地质条件是十分重要的;开挖面附近初期支护状态的观察和裂缝描述,对直接判断围岩的稳定性和支护参数的检验也是不可缺少的。因此,将该两项的观察与描述定为各类围岩都应采用的第一项必测项目。

9.2.3 在地下工程测试中,位移量测(包括收敛量测)和锚杆抗拔力试验是最有意义和最常用的项目。它具有稳定可靠、简便经济等特点,测试成果可直接指导施工、验证设计、评价围岩和初期支护的稳定性。由于周边位移量测、拱顶下沉量测和锚杆抗拔力试验较其他量测项目实用,并便于推广应用,因此将三项测试项目列为必测项目。

通常Ⅰ~Ⅲ类围岩为软弱破碎岩层,其稳定性差,如果覆盖层厚度又很薄,那么隧道开挖时地表会产生下沉。为了判定开挖对地面的影响程度和范围,因此有必要进行地表下沉量测。

地表下沉量测,一般是在浅埋隧道情况下才有意义。由于影响划分深、浅埋隧道的界限因素较多,无法给出综合的判定式,因此覆盖层厚度只能根据经验确定。

9.2.4 量测部位和测点布置的条文说明如下:

(1)我国锚喷支护规范中规定,应测项目的量测间距一般为20~50cm。但对于洞口段、浅埋地段,特别软弱地层段应小于20m,因此条文表9.2.1将间距定为每10~50m一个量测断面。

选测项目的测点纵向间距应视需要而定,或在有代表性的地段选取若干个测试断面。凡是地质条件差或重要工程,应从密布点。

地表下沉量测的测点应与净空水平收敛和拱部下沉量测的测点布置在同一横断面上,地表下沉量测断面的纵向间距按表12采用。

地表下沉量测的测点纵向间距 表12

埋深 h 与隧道开挖宽度 B	测点间距
$2B<h$	20~50m
$B<h<2B$	10~20m
$h<B$	5~10m

注:B 为隧道开挖宽度。

表12和表13均摘自日本《新奥法设计施工细则》。

净空位移、拱顶下沉的测点间距(单位:m) 表13

围岩 \ 条件	洞口附近	埋深小于 $2B$	施工进展200m前	施工进展200m后
硬岩地层(断层破碎带除外)	10	10	20	30
软岩地层(不产生很大塑性地压)	10	10	20	30
软岩(产生很大塑性地压)	10	10	20	30
土砂	10	10	10~20	20

注:B 为隧道开挖宽度。

(2)净空位移量测(收敛量测)的测线数,可参照表14及图36。

净空位移量测的测线数 表14

开挖方法 \ 地段	一般地段	特殊地段			
		洞口附近	埋深小于 $2B$	有膨胀压力或偏压地段	选测项目量测位置
全断面开挖	一条水平测线		三条或六条		三条或六条
短台阶法	二条水平测线	四条或六条	四条或六条	四条或六条	四条或六条
多台阶法	每台阶一条水平测线	每一台阶三条	每一台阶三条	每一台阶三条	每一台阶三条

当采用全断面开挖时,可将测得的净空垂直位移来代替拱顶下沉量测。斜测线的设置有助于了解垂直方向的变化情况。同时亦可通过三角计算同多点位移计测得的结果进行对比。

拱顶下沉量测的测点原则上设置在拱顶中心线上。当洞跨较大时,亦可在拱顶设置三个测点。

选测项目中,各种量测项目的测点布置可见图37。多点位移计每断面一般采用3~5个钻孔。锚杆轴力量测、喷层应力量测、接触压力量测每断面一般设置3~7个测点。测点布置应尽量靠近实际锚杆位置,多点位移计位置应靠近净空位移测点,以便数据上互相验证。用声测法确定围岩松动区范围时,一般需设置三对测孔。

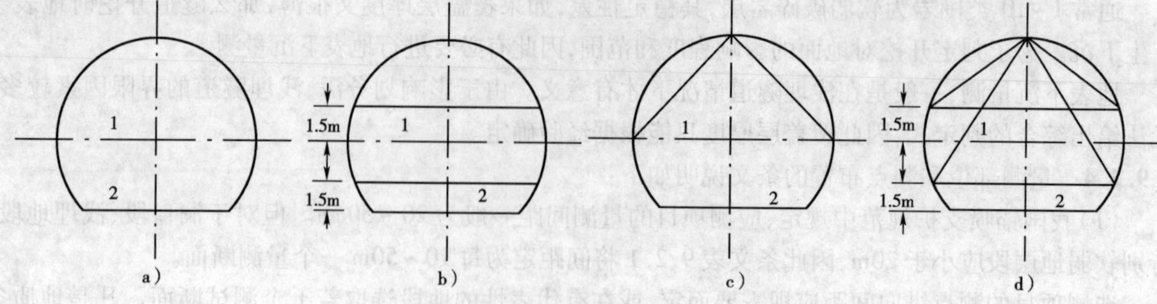

图36 净空变形量测和拱顶下沉量测的测线布置示例

a)1条水平测线示例;b)2条水平测线示例;c)3条测线示例;d)6条测线示例

注:1-起拱线;2-施工基面

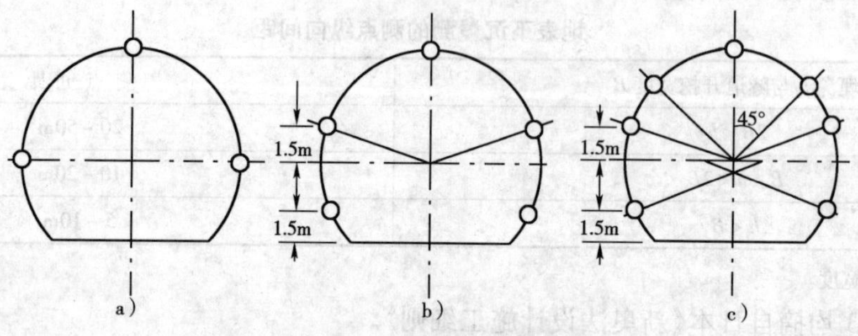

图37 选测项目的量测仪器布置示例

a)三个测点时;b)五个测点时;c)七个测点时

注:-围岩内位移及锚杆轴力量测

○衬砌应力量测

9.2.5 实践证明,当坑道开挖后,岩体固有结构被破坏,块体间阻力削弱而变形松弛,坑道围岩应力重分布,坑道周边径向应力被释放,围岩内形成塑性区,一方面使应力不断地向围岩深部转移,另一方面又不断地向隧道方向变形并逐渐解除塑性区的应力。这种向隧道方向的变形,一般在爆破后24h内发展较快,而围岩开挖初始阶段的变形动态数据又在全部变形过程中占十分重要的地位,因此要求测点应尽快安装,并在下一循环爆破前获得初读数。

为使初读数能较真实地反映变形值,因此要求测点位置距开挖面不应超过2m。

9.2.6 净空变化量测和拱顶下沉量测的测试频率主要根据位移速度及离开挖面的距离而定(见表15)

净空位移和拱顶下沉的量测频率 表15

位移速度	距工作面距离	量测频率
10mm/日以上	0~1B	1~2次/1日
10~5mm/日	1B~2B	1次/1日
5~1mm/日	2B~5B	1次/2日
1mm/日以下	5B以上	1次/1周

注:B为隧道开挖宽度。

由位移速度决定的量测频率和由距开挖面的距离决定的量测频率之中,原则上采用频率高的。当位移倾向一定值时,亦可不采用表15的数据。

由于测线和测点不同,位移速度也不同,因此应以产生最大位移速度来决定量测频率。

在塑性流变岩体中,位移长期(开挖后两个月以上)不能收敛时,量测要继续到每月为1mm为止。

选测项目量测频率基本与应测项目相同。

9.2.7 现场量测手段,按所用仪器和物理效应的不同可分为下列几种方式:

(1)机械式 如百分表、千分表、挠度计、测力计等。

(2)电测式 有电阻型、电感型、电容型、差动型、振弛型、压电压磁型等。

(3)光弹式　光弹应力计、光弹应变计等。

(4)物探式　有弹性波法、形变电阻率法。

现场监控量测仪器见表16。

现场监控量测仪器一览表　　表16

编号	主要技术性能	主要技术性能	主要物点	研制单位	生产单位
1	QJ-85型抗道周边收敛计	球铰弹簧式,最小读数0.01mm,量测精度±0.06mm	可靠、方便、精度高	89003部队	该部队工厂
2	WRM-4型收敛仪	量测精度±0.03mm,量测范围40m,球铰数显式	可靠、方便、精度高	中科院岩土所	该所工厂
3	三点锚头位移计	最小读数0.01mm,砂浆胶结	可靠、简易、经济	铁科院西南所	该所工厂
4	四点锚头位移计	最小读数0.01mm,倒齿式锚头,可加砂浆胶结	可靠、方便、稳定	铁科院铁建所	该院工厂
5	多点锚头位移计	最小读数1mm,压缩木锚头	安装简易,适应性强	北京钢铁学院	
6	WY-40型位移传感器	系统灵敏度0.1mm,量程≥35mm	抗干扰、防水性好	总后基建营房部设计院	苏北电子仪器厂
7	HW型滑阻式位移传感器	系统灵敏度0.1mm,量程≥100mm	可靠、方便、稳定	铁科院铁建所	该院工厂
8	DW-3型多点位移计	量测精度±0.06mm,压缩木锚头	可靠、方便	煤研院建井所	
9	SGY-135型应变传感器	系统灵敏度3~5με/Hz,钢弦式	灵敏、稳定	铁科院铁建所	汉阳江堤岩土工程仪器厂
10	JXY-II型应力传感器	量程0.1~6.0MPa,钢弦式	稳定、防水	铁科院、建研院等	丹东电器仪表厂

9.3　量测数据处理与应用

9.3.1　地下工程的测试数据通常是随时间变化的,被测量随时间的变化规律称为时态曲线。整理测试数据通常是根据量测记录绘制时态曲线,以及被测量与距离之间的关系曲线。下面仅对位移量测、应力应变量测与声波量测的数据整理作以下介绍。

(1)净空位移测定

①根据记录绘制位移 u 与时间 t 的关系曲线(图38)。

②绘制位移 u 与开挖面距离 l 关系曲线(图39)。

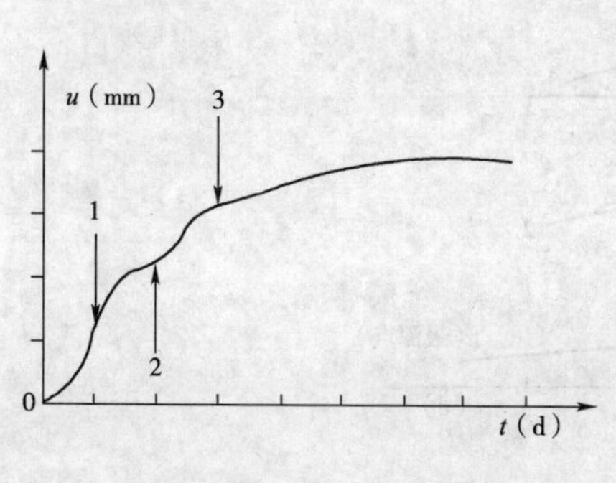

图　38

注:1-初始支护;2-下台阶开挖;3-二次衬砌

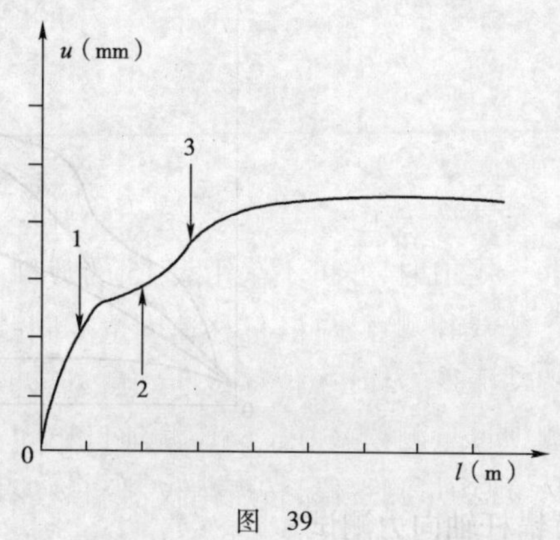

图　39

注:1-喷混凝土;2-上、下台阶开挖;3-锚杆

③绘制位移速度 V 与时间 t 关系曲线(图40)。

这三条曲线，不一定每条测线都要绘制，一般情况下有第一条即可。

位移与时间曲线是评价围岩稳定和确定二次衬砌（即模注混凝土衬砌）时间的主要依据。

（2）围岩体内位移测定

①绘制孔内各测点（l_1，l_2……）位移 u 与时间关系曲线（图 41）。

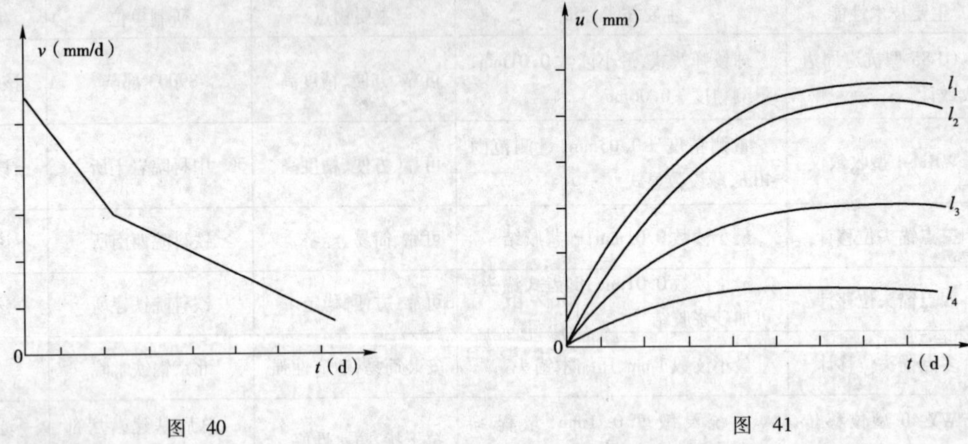

图 40　　　　图 41

②绘制不同时间（t_1，t_2……）位移 u 与深度（测点位置 l）关系曲线（图 42）。

根据图形大致能确定围岩的松动范围。当围岩松动区半径超过允许值时，围岩就可能出现松动破坏，此时必须加强支护或改变施工方法，以减少松动区范围。

（3）围岩径向应变测试

①绘制不同时间（t_1，t_2……）应变（$\mu\varepsilon$）与深度 l 关系曲线（图 43）。

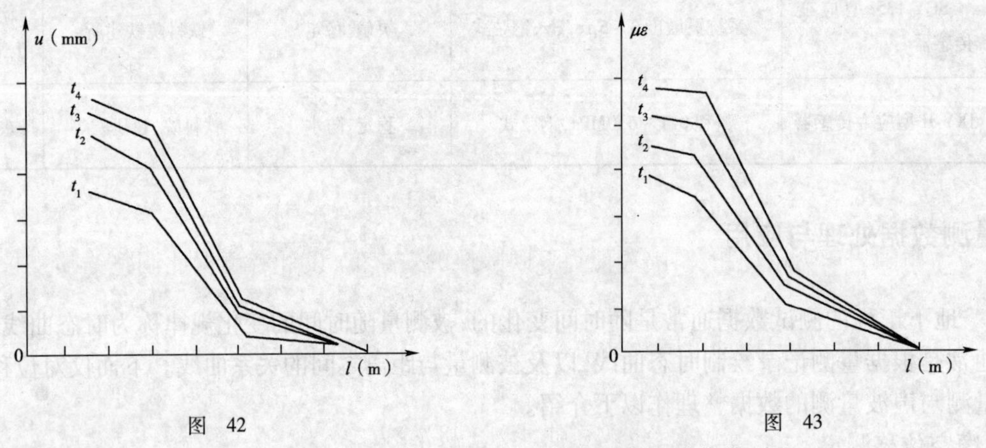

图 42　　　　图 43

②绘制围岩体内不同测点（1，2……）的应变（$\mu\varepsilon$）与时间 t 的关系曲线（图 44）。

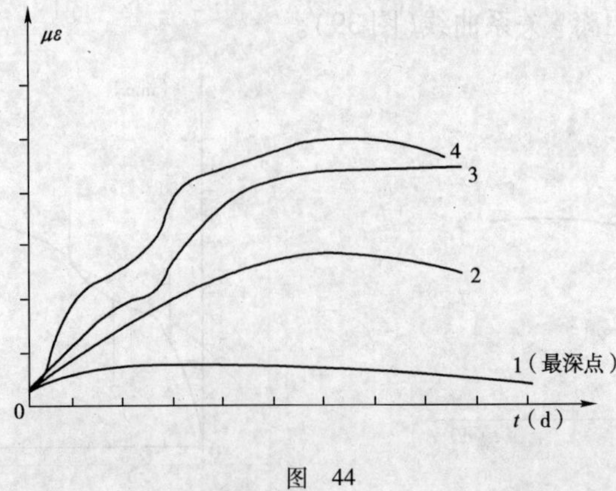

图 44

（4）锚杆轴向力测试

①绘制不同时间（t_1，t_2……）锚杆轴力（应力 σ）与深度 l 关系曲线（说明图 45）。

②绘制各测点（1，2……）轴力（应力 σ）与时间关系曲线（图 46）。

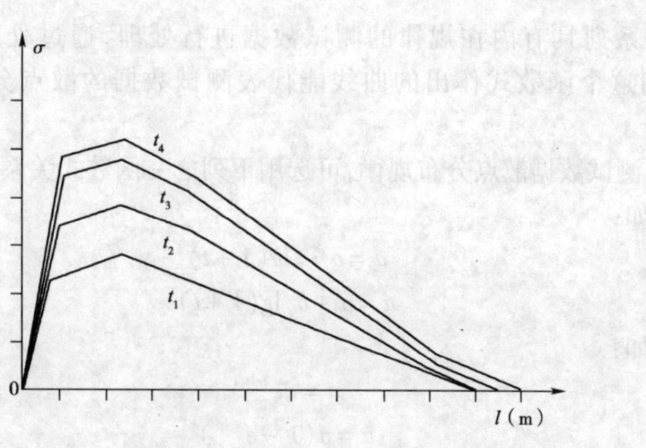

图 45

锚杆轴向力是检验锚杆效果与锚杆强度的依据，根据锚杆极限抗拉强度与锚杆应力的比值 K（锚杆安全系数）即能作出判断。锚杆轴力越大，则 K 值越小。当锚杆中某段最小的 K 值稍大于 1 时应认为合理，但即使出现局部段 K 值稍大于 1，一般亦不会拉断，因为钢材有较大的延性。

（5）喷层应力应变测试

绘制应力 σ 与时间 t 关系曲线（图 47）

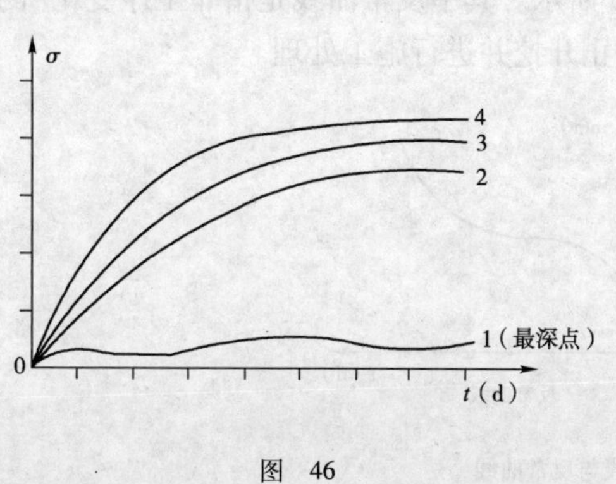

图 46

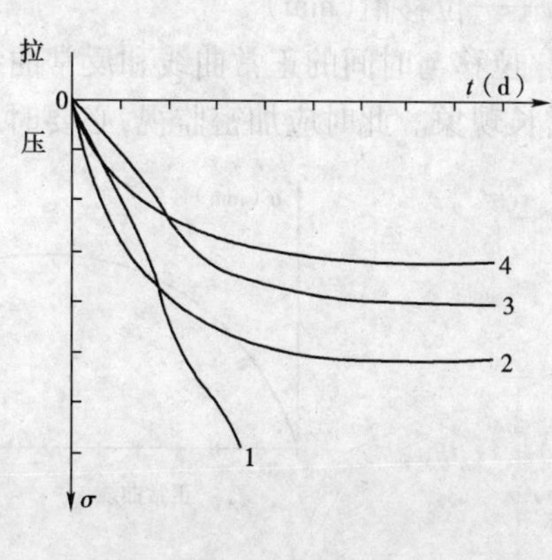

图 47

喷层应力与围岩压力密切相关，喷层应力反映喷层的安全度，设计者可据此调整锚喷支护参数，特别是喷层的厚度。

声波测试可以确定围岩松动范围及其动态。

（6）声波测式

绘制各测孔岩波速度 V_p 与孔深 l 的关系曲线（图 48）

9.3.2 由于量测的偶然误差所造成的离散性，绘制的散点图总是上下波动和不规则的，因此必须进行数字处理才能获得合理的典型曲线，并以相应数字公式进行描述。回归分析是处理测读数据、最终绘制典型曲线（图 49）的一种较好方法。

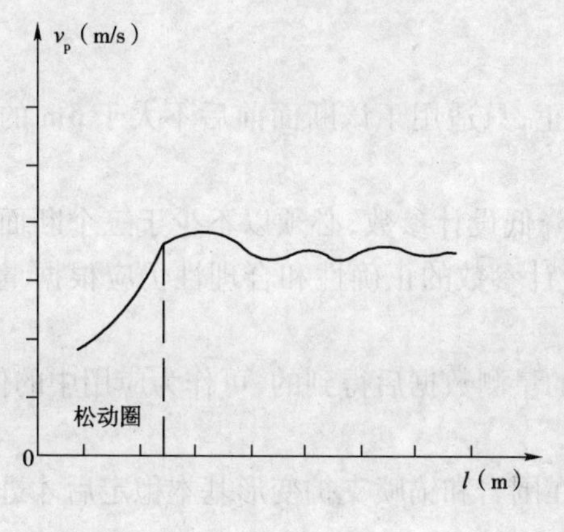

图 48

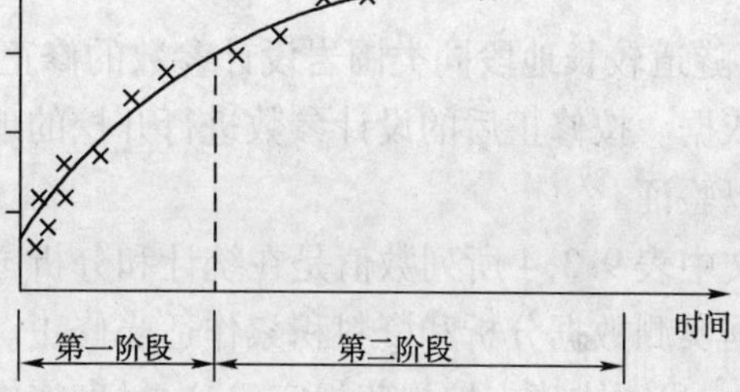

测试量

时间

第一阶段

第二阶段

图49 测试典型曲线

回归分析是对一系列具有内在规律的测试数据进行处理，通过处理和计算得到两个变量之间的函数式关系。用这个函数式作出的曲线能代表测试数据的散点分布，并能推算出因变量的极限值。

采用回归分析时，测试数据散点分布规律，可选用下列之一函数式关系：

(1)对数函数，例如：

$$u = a \cdot \lg(1 + t)$$

$$u = a + b/\lg(1 + t)$$

(2)指数函数，例如：

$$u = ae^{-b/t}$$

$$u = a(1 - e^{-bt})$$

(3)双曲函数，例如：

$$u = t/a + bt$$

$$u = a[1 - (1/1 + bt)^2]$$

式中：a、b——回归常数；

t——初读数后的时间(d)；

u——位移值(mm)。

9.3.3 位移与时间的正常曲线和反常曲线见图50所示。其中反常曲线是指非工序变化所引起的位移急骤增长现象。此时应加密监视，必要时应立即停止开挖并进行施工处理。

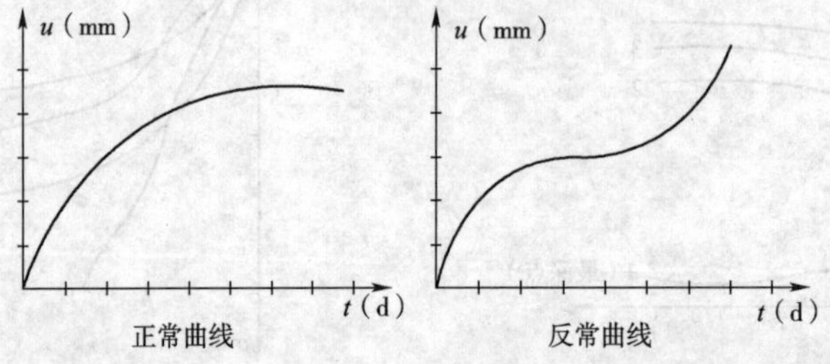

图50 正常曲线与反常曲线

9.3.4 根据量测获得的位移与时间曲线，即能看出各时刻的总位移量、位移速度以及位移加速度趋势等。但要衡量围岩的稳定性，除了量测值以外，还必须有判断围岩稳定性的准则，这些准则可以由总位移量、位移速率或位移加速度等表示，其值一般由经验或统计数据给定。

用总位移量表达的围岩稳定准则常以围岩支护内表面的相对位移值(见条文中的表9.3.4)来表示。当测得的相对位移值超过允许值，若喷层厚度已选得较大时，一般应增加锚杆数量和长度以加强支护，或者调整开挖方法，如缩短台阶长度，提前锚喷支护的时间和仰拱封底时间。如这种方案仍未能使相对位移值降至允许值之下，则应对开挖面进行加固，如采用先支护(斜插锚杆、钢筋、插钢板等)稳定顶部围岩，用喷混凝土及锚杆等稳定开挖面。当初期支护全部施作完毕，相对位移量远小于条文表9.3.4规定时，可降低其他地段初期支护设计参数。

修改设计参数应注意下列事项：

(1)根据一个断面的量测信息结果，进行设计参数修正，只适用于该断面前后不大于5m的同类围岩地段。

(2)隧道较长地段同类围岩设计参数的修正，特别是降低设计参数，必须以不少于三个断面的量测信息为依据。按修正后的设计参数进行开挖的地段，其设计参数的正确性和合理性仍应根据量测信息分析予以验证。

条文中表9.3.4所列数值是在统计和分析国内若干的量测数据后得到的，可作为应用中的依据，同时可根据实测数据分析和资料积累作适当修正。

9.3.5 我国锚喷支护规范规定，二次衬砌施作时间应在围岩和锚喷支护变形基本稳定后才进行。条文中所列条件摘自《锚杆喷射混凝土支护技术规范》(GBJ 86)。

9.4　量测管理

9.4.1　隧道现场监控量测原则上由施工单位承担,也可委托其他单位完成。量测经费应根据量测计划进行编制,并将其费用列入概预算。

9.4.2　量测组是由较熟悉量测工作的3~5人组成。若量测项目较多,技术难度比较大,可适当增加人员。量测组除负责日常测试工作外,应及时向有关部门报告量测结果。

9.4.3　现场监控量测与隧道施工作业易发生干扰,因此两者必须紧密配合,相互支持,创造条件,提供方便,按量测计划认真组织实施。施工单位不应以任何理由中断量测,并防止因抢工程进度忽视量测工作而危及施工安全。

9.4.4　在施工过程中,各预埋测点应牢固可靠,易于识别并妥善保护,以确保现场监控量测工作顺利进行。

9.4.5　将量测资料列入竣工文件,是为复合式衬砌隧道的施工积累资料,为其他类似工程设计和施工提供依据,并为运营管理服务。

10 防水和排水

10.1 一般规定

10.1.1 隧道防排水工程可分施工期间的防排水设施和结构物(永久性)防排水工程。施工期间的防排水设施,是保证隧道顺利建成的关键,它为结构物(永久性)防排水工程奠定了良好的基础;做好结构物防排水工程,是保证隧道正常运营的重要前提。

施工防排水设施与结构物防排水工程相结合,不仅能改善施工中的劳动条件,保证施工安全和质量,加快施工进度,节省工程投资,还能防止运营中发生冻害、混凝土浸蚀、衬砌渗漏水、道路翻浆、电器设备锈蚀以及交通事故等后患。

10.1.2 隧道施工防排水工作应以防、截、排、堵相结合的综合治理原则进行。采用单一的措施已难于满足防排水工作的需要。本条规定"相结合"与"综合"治理原则,强调其重要性和措施的多种化,以达到治水效果。

"防"水旨在事先对隧道工程地质、水文地质条件调查清楚,然后,根据使用要求、施工方法、出水部位及水量大小等情况,制定切实可行的防排水方案。准备好防排水所需的器材设备。做到"防"有措施,"排"给出路,使防排水方案符合"综合治理"的要求。

10.1.3 隧道施工前,根据设计文件和调查资料,预计可出现地下水情况,估计水量,选择防排水方案。施工中,再根据施工方法、机械设备等情况,选择适合于现场情况的施工防排水方法,尽量避免与隧道作业(开挖、衬砌、运输)相互发生干扰。

10.1.4 隧道开挖前应先做好洞顶、洞口、辅助坑道口的地面排水系统,必要时还需采用地表防渗措施,防止地表水深入围岩,流入洞内,影响施工,危及安全。

10.1.5 地下水对隧道的危害,经验教训是深刻的。要想做好隧道防排水工作,首先应对洞内的出水部位、水量大小、涌水情况、变化规律、补给来源及水质成分等作深入细致的调查研究,做好观测、试验和记录,找出渗漏根源,为制定施工防排水方案,为运营养护维修,提供可靠依据。

10.1.6 本条是针对隧道施工中因水文地质条件发生变化或防排水工程设计有遗漏部分时,为不影响隧道施工,避免工程浪费而制定的。

10.1.7 隧道防排水工程质量好坏是关系到隧道能否保证长期使用、保证行车安全的重要条件。因此,对防排水工程质量提出具体要求,并作如下说明:

10.1.7.1 一般公路隧道

(1)要求拱部、侧墙不滴水是指拱部和侧墙只出现"渗"的现象,地下水只从衬砌外缘向内渗,使衬砌内出现面积大小不等的润湿,但水仍附着在衬砌的内表面上。

(2)路面不冒水,也即不涌水,是指不产生有一定压头的水在路面处外冒。路面冒水、积水,将引起路基下翻浆冒泥和下沉,最后造成路面下沉开裂直至破坏。

(3)为确保洞内排水系统排水通畅,施工时应认真作业,不得使杂物淤积堵塞水路。

(4)在严寒地区,如果能做到衬砌背后不积水,路面不结冰,排水沟不冻结,衬砌表面基本不渗水,则隧道冻害就可避免。

10.1.7.2 汽车专用公路隧道

为确保汽车专用公路隧道的行车安全和洞内设备完好无损,并考虑美观,隧道内各部位均不得渗水。

10.2 施工防排水

10.2.1 防止地表水下渗,及早处理地表水是隧道治水的重要一环。特别是在隧道覆盖层薄且渗透性强的地层更应在进洞前及早处理。

本条的注意事项是多年的施工经验总结,可结合工地情况认真组织实施。第6款是指当路堑较长,洞外路基上的地表水可能顺坡倒灌入洞内,发生汇水集中,影响隧道施工作业和安全时,可在洞外适当位置设横向截水沟。

洞顶附近有井、泉、池沼、水田等,要考虑因修建隧道而造成地表水和地下水位降低、流失,影响居民生活和农田灌溉,因此不宜将水源截断、堵死。

10.2.2、10.2.3 洞内施工排水不良会造成支撑基底下沉、开挖断面不易稳定,作业效率低,隧底恶化,道路泥泞,影响路面施工质量。因此,无论是顺坡排水还是反坡排水都要求开挖面不积水,隧底无水漫流。特别是在泥岩、灰岩和土砂质地层中,更应予以重视。

隧道开挖有地下水时,应根据路线纵坡、水量大小、施工方法、有无仰拱、排水设备及永久性防排水工程等情况,选用不同的排水方法,确定其排水设施断面尺寸、位置及构造类型。

条文中提出,排水沟坡度不小于0.5%以及抽水机的功率应大于排水量所需功率20%以上,其数据摘自《公路隧道设计规范》和《铁路隧道施工规范》的规定。

分段开挖洞内反坡排水沟时,根据线路和水沟的坡度及水沟最大容许深度计算集水坑的设置位置

$$L = \frac{h}{i_B + i_K} \tag{11}$$

式中:L——集水坑间距,即每段排水沟长度(m);

h——水沟最大容许深度(一般不超过70cm);

i_B——线路坡度(‰);

i_K——水沟坡度(‰)。

集水坑的位置应设在每段下坡的终点,使其水顺坡流进集水坑,再用抽水机排入下段的反坡水沟或抽出洞外。

10.2.4 隧道防排水设计不可能完全符合实际情况。开挖中,当骤然遇到大面积渗水时,宜采用钻孔将水集中汇流引入排水沟,并做好详细记录,为确定排水设施或整治病害提供依据。

10.2.5 松散破碎的地层含水时,由于地层的组成颗粒小易于流失(如砂层、渗水土层等),降低了围岩稳定性,增加了围岩压力,影响施工安全,故不宜采用集中宣泄排水的方法,宜用降低水位和减小水压的排水方案。

井点降水法和深井降水法的施作要求,参见本规范13.3节有关条文。当渗水量大或因地质构造上的原因而用降水法不能满足施工要求时,则应采用超前压浆堵水的办法。

10.2.6 采用平行导坑或横洞施工的隧道,利用辅助坑道宣泄正洞水流是排水的一项措施。为了利于排水,平行导坑底面标高应低于隧道底面标高0.2~0.6m,正洞与平行导坑间的横通道应有不小于0.2%的下坡,并将平行导坑的位置设在地下水流向的上游一侧。采用横洞施工的隧道,横洞向洞外应有不小于0.2%的下坡。

隧道完工后,为不影响正洞安全,可根据流量的大小与需要,在辅助坑道内设置永久性的排水沟,以保持排水畅通。

10.2.7 在地下水发育的软弱围岩和断层破碎带中,隧道施工防排水方法可参见本规范13.2节、12.3节有关条文。

10.2.8 在寒冷地区,尤其是严寒地区,隧道排水设施应注意埋设深度和保温措施,以利防冻。

隧道施工中临时排水设施,其位置、深度及配套设施等,宜与永久性排水工程相结合,以减少工程量,降低造价。

洞外其他临时排水设施,也应按本条规定组织施工。

常用保温材料有矿渣、沥青玻璃棉、矿渣棉、石棉瓦等。为使保温材料不受潮还应有防潮措施,如用沥青玻璃布包裹,用水泥砂浆或沥青涂抹等。

10.2.9 洞顶上方设有高位水池时,为防止水池水渗漏或溢出冲刷坡面,危及洞内和洞口施工安全,必须设有防渗和防溢水设施。特别是在遇到隧道覆盖层厚度较薄且水渗透性较强的地层时,高位水池位置应远离洞轴线,以免留下后患。

10.3 结构防排水施工

10.3.1 为确保洞内防排水工程设置后能达到预期目的,本条列出施工时的一些基本要求,施工单位应结合实际情况按设计认真实施。

10.3.2 为排除隧道衬砌背后的地下水,须在衬砌背后设置排水暗沟、盲沟或引水管。

隧道开挖后可根据渗水和开挖情况,选择适当位置设置排水设施,但要配合衬砌进行施工。

施工中应采取有效措施,防止衬砌混凝土或压浆液进入沟管内。如先拱后墙法施工时,可在拱脚混凝土灌筑前,先预埋水管或过水通路,或在盲沟两侧设阻浆墙,或用无纺土工织物包裹暗沟或盲沟等,以防堵塞水路,降低排水效果。

10.3.3 本条款的注意事项是根据施工实践提出的。隧道排水设施与衬砌施工关系密切,稍不注意就有遗漏或失去功能的危险,若在施工后发现不合格才整治,则造成极大浪费,故作此规定以便施工时监督检查。

10.3.4 水泥砂浆填充衬砌背后空隙,使衬砌与地层紧密结合,可改善结构受力条件,堵塞节理裂隙水的渗漏,防止水流入隧道,有防水、加固地层的双重作用。

条文中8款规定,是根据多年来隧道压浆堵水经验及方法提出来的。压浆工作一般在洞内进行。当衬砌混凝土达到设计强度70%时,才可进行压浆。压浆孔的间距,视岩层的渗水量大小确定,但其孔位应避开衬砌背后的排水设施。

冬季压浆,为增加浆液流动性充填衬砌与岩层间的空隙,洞内气温和灰浆温度不应过低。若隧道内有流砂或含水沙土地层时,则不宜采用水泥砂浆防水。

第一次压浆一般用1:3水泥砂浆,水大时用1:1砂浆;如兼作加固围岩,则第一次初压可用1:5砂浆。压浆压力一般采用0.3~0.5MPa,当浆液流动过快时应适当降低气压。

检查压浆可用纯水泥浆,但检查压浆不得利用原有孔眼,必须在其附近另凿新孔注浆。检查压浆压力一般为0.6~1.0MPa,不超过1.2MPa。当达到规定压力而砂浆压不进时,即认为该孔已经灌满。每次压浆长度不宜小于20m,压浆段的两端用浆砌片石或混凝土作挡浆墙。覆盖层很薄的隧道或薄衬砌地段,注浆压力应酌情减小,一般不宜超过0.4MPa,以防衬砌受损或流浆过远。

压浆时遇邻近孔流浆,应将流浆眼孔用木塞堵住,若个别眼孔压进浆量较多而仍未饱满时应暂停止压注,待24h后再压,直至饱满。如有流浆、回浆、漏浆等情况时,应暂停注浆查明原因,并改进施工工艺或改用其他浆液。

由于注浆是一项较为复杂的施工工艺,因此须配备专职人员负责全部压浆工作,并做好眼孔编号、位置、水泥品种及标号、砂浆成分及水灰比、延散度、压浆压力及注浆量等记录工作。

水泥砂浆用于一般防水和加固地层时,视隧道围岩含水程度的不同,砂浆成分可参考表17选用。

砂浆成分　　表17

渗漏水程度	灰浆成分(质量比)	说　明
潮　湿	1:2~1:3	
渗 漏 水	1:1~1:2	
渗漏水严重	1:0~1:1	掺入石棉粉或锯末8%~10%

压浆孔间距,应根据地质资料和现场情况确定,见表18。水泥砂浆延散度的要求参见表19。

压 浆 孔 间 距	表18
地 质 特 征	压浆孔间距(m)
破碎松散含水围岩	1.0~1.5
中等坚硬含水裂隙围岩	≤2.0
坚实而含水的围岩	≤3.0

水泥砂浆延散度 表19

灰 砂 比	延 散 度(m)
1:0	18~20
1:2	16~18
1:3	16~18

对于石质围岩,单孔浆液压入量可根据浆液扩散半径及围岩体积裂隙率按下式估算:

$$Q = 3.14r^2 Hn\beta \qquad (12)$$

式中:Q——单孔浆液压入量(m^3);

r——浆液扩散半径(m)(见表20);

H——压浆孔深度(m);

β——浆液在裂隙内的有效充填系数,视岩层性质而定,约为0.3~0.9;

n——围岩的体积裂隙率(见表21)。

水泥浆液扩散半径 表20

裂隙宽度(cm)	有效扩散半径(m)
<0.5	2
0.5~3.0	4
>3.0	6

围岩的体积裂隙率 表21

围岩类别	体积裂隙(%)	围岩类别	体积裂隙(%)
Ⅵ	0~1	Ⅲ	硬岩3~5,软岩2~3
Ⅴ	1~2	Ⅱ	3~5
Ⅳ	硬岩2~3 软岩1~2		

10.3.5 隧道注浆防水有两种情况:一种是将浆液压入衬砌与地层间的空隙,经凝结、硬化起到防水和加固的作用;另一种是将浆液压入衬砌体内充填裂隙和空隙,浆液凝结硬化后起到防水作用。前者用在围岩节理裂隙发育、渗水量大、浆液需要量大的防水地段,故常用水泥砂浆作注浆材料;后者为压浆辅助的措施。当衬砌背后压注水泥砂浆后衬砌表面仍有渗漏水时,可向衬砌体内注入水泥-水玻璃浆液。

水泥砂浆属于颗粒性材料,颗粒粒径一般为0.085~0.25mm。注浆材料颗粒的大小直接影响该浆液的可注性及扩散半径。因此在裂隙注浆中,对注浆材料颗粒大小是有一定限制的。

水泥-水玻璃浆液,它具有水泥砂浆的全部优点,又有化学浆液的某些特点,如可注性好、凝结时间短、强度高,且较其他化学浆液价格低廉、无毒、不污染水源等。因此,水泥-水玻璃浆液是处理衬砌渗漏水较理想的防水材料。只有当水泥-水玻璃浆液不能满足衬砌防水要求时才选用其他化学浆液。

水泥-水玻璃浆液是一种用途极其广泛且使用效果良好的注浆材料。它的组成及配方,见表22。

水泥-水玻璃浆液组成及配方 表22

原 料	规 格 要 求	作 用	用 量	主 要 功 能
水泥	425号或525号普通或矿渣硅酸盐水泥	主剂	1	1. 凝结时间可控制在几秒到几十秒钟范围内; 2. 抗压强度50~200MPa
水玻璃	模数:2.4~3.4 浓度:30~45°Be	主剂	0.5~1	
氢氧化钙	工业品	速凝剂	0.05~0.20	
磷酸氢二钠	工业品	缓凝剂	0.01~0.03	

水泥浆的水灰比应等于或小于1:1。水泥浆与水玻璃的体积比,一般在1:0.5~1:1。当在1:0.3~1:1范围时,随着水玻璃用量减少,其凝结时间缩短;当在1:0.4~1:0.6范围时,抗压强度最高。随着水玻璃浓度降低,水泥与水玻璃浆液的凝结时间变短。

水泥浆浓度对水泥-水玻璃浆液结石体抗压强度的影响,见表23。

表23

水玻璃浓度(°Be)	水泥浆浓度(水灰比)	水泥浆与水玻璃体积比	浆液结石体抗压强度(MPa)		
			7d	14d	28d
40	0.5:1	1:1	204	244	248
40	0.75:1	1:1	116	177	185
40	1:1	1:1	44	106	113
40	1.25:1	1:1	9	44	90
40	1.5:1	1:1	5	9	23

水玻璃浓度对水泥-水玻璃浆液结石体抗压强度的影响,见表24。

表24

水玻璃浓度(°Be)	水泥浆浓度(水灰比)	水泥浆与水玻璃体积比	浆液结石体抗压强度(MPa)		
			7d	14d	28d
35	0.5:1	1:1	174	200	202
35	0.75:1	1:1	144	132	148
35	1:1	1:1	73	85	104
35	1.25:1	1:1	32	40	58
35	1.5:1	1:1	12	20	28
40	0.5:1	1:1	204	244	248
40	0.75:1	1:1	116	177	185
40	1:1	1:1	44	106	113
40	1.25:1	1:1	9	44	90
40	1.5:1	1:1	5	9	23
45	0.5:1	1:1	245	250	253
45	0.75:1	1:1	82	169	192
45	1:1	1:1	29	69	113
45	1.25:1	1:1	5	26	58
45	1.5:1	1:1	3	6	8

一种理想的注浆材料应能满足工程上的性能要求,且价廉源广、无毒性及污染等,但是在目前国内外的注浆材料中还没有一种能全部满足这些要求。因此,重要的是熟悉各种浆材的特性,并根据注浆对象,选择最合适的一种注浆材料,或浆几种浆材混合使用,使施工既有效又经济。

目前为适应各种不同的工程需要,已发展了百余种浆材。这些材料均有自身的特点和应用范围。水泥浆、水泥砂浆具有结石体强度高,源广价廉,注浆所需设备、工艺简单等优点,所以一直是主要浆材,特别是在衬砌与围岩间隙或围岩裂隙预压注浆时使用最广泛。

在衬砌体内、冲积层围岩或基岩细裂隙中注浆时,可采用水泥-水玻璃浆液和其他化学浆材。木质素类浆材利用工业三废,源广价廉,若能消除毒性污染,也很有发展前途。脲醛树脂类浆材有刺激臭味,抗渗性差,但黏度低、强度高、源广价廉。丙烯酰胺类黏度似水,是防渗工程上好材料,但有毒性,且成本高。

按工程、地质条件及施工目的选择注浆材料时,可参考表25。

注浆材料 表25

地质、工程条件（施工目的）			堵水	加固	充填	防渗	备注
岩石层	裂隙		水泥浆 水泥-水玻璃浆		—		细小裂隙用化学浆
岩石层	孔隙		MG-646 铬木素				MG-646 折算内烯脘胺类浆液
松散砂层			MG-646、水玻璃、铬木素、脲醛树脂、聚氨酯、糠醛树脂		—	MG-646	砾石、卵石层可用水泥浆
特殊地层			(集料)+水泥浆 (集料)+水泥-水玻璃浆 (集料)+水泥黏土浆			—	根据地层内有无充填物及空洞大小选择集料
混凝土衬砌	衬砌体内		水泥-水玻璃浆、MG-646 铬木素、聚氨酯、水泥浆			MG-646	大裂缝用水泥浆 小裂缝用化学浆
混凝土衬砌	衬砌背后	岩石层	水泥浆、水泥砂浆、水泥-水玻璃浆				充填注浆可掺加黏土、炉渣等
混凝土衬砌	衬砌背后	砂层	MG-646、铬木素、聚氨酯、脲醛树脂		-		

为收到理想注浆效果，在注浆前必须对衬砌渗漏水处进行处理。常用的糊缝黏结材料有塑胶泥、五矾防剂、石膏水泥、环氧沥青水泥砂浆等。塑胶泥是用水泥和水玻璃为主要材料，使用效果很好，其配方及主要性能，见表26。

表26

原料	规格要求	操作方法	硬化时间（min）	一天强度（MPa）抗压	抗拉	黏结力
水泥	525 号普通硅酸盐水泥	人工搅拌调成泥状	3~5	282	17.0	13.2
水玻璃	模数：2.6~2.7 浓度：>50°Be					

注：如颜色有特殊要求，可用白灰代替水泥，即得白色塑胶泥。

10.3.6 防水混凝土有普通防水混凝土（即集料级配防水混凝土）、木钙减水剂防水混凝土（即外掺剂防水混凝土）、氯化铁防水混凝土（即掺密实剂防水混凝土）等品种。

普通防水混凝土是通过调整、改善混凝土集料级配的方法，使混凝土密实，达到防水目的。这种防水混凝土，可达到的强度和抗渗性标号都较高，但对集料要求较严，施工较麻烦。

木钙减水剂防水混凝土是通过在混凝土中掺入加气剂的方法，使混凝土达到防水的要求。这种防水混凝土施工较为方便，抗冻性、耐蚀性都较强，但可达到的强度及抗渗标号都较普通防水混凝土低。

氯化铁防水混凝土是通过在混凝土中掺密实剂以达到防水目的。

隧道衬砌采用防水混凝土时，按各种配合比的要求，在现场进行试验达到规定要求后，才可使用。

目前国内混凝土外掺剂品种较多，如 BR 型增强防水剂、VEAII 型混凝土膨胀剂、CEA 型复合膨胀剂、PPTS1 型高效减水剂、PPTEA1 型膨胀剂等。这些外掺剂在不同程度上改善了混凝土的抗渗、抗冻、早期强度和后期强度，设计时可经技术经济比较后选用。

山西省万荣县山西建华化工厂生产的建跃牌 BR 型系列增强防水剂是既可用于混凝土又可用于砂浆的新型防水剂。该防水剂的特点在于对混凝土和砂浆自身防水功能有增强作用。掺入本剂的水泥制品其密实度好，早期和后期抗压强度高，抗渗指标成数倍增长，是一种性能良好的外掺剂。

BR 型增强防水剂适用于各类刚性防水工程。BR 型系列增强防水剂分为堵漏型（BR-1 型）、速凝型（BR-2 型）、普通型（BR-3）、缓凝型（BR-4）、注浆型（BR-CA 型、BR-CE 型和 BR-固管型）等几个型号。BR-1 型适用于封堵水眼和大型泄水孔等干法迎水堵漏工程；BR-2 型适于锚喷治理隧道岩巷淋水，抹面处理渗水等工程；BR-3 型适用新建的防水混凝土和砂浆工程；RB-4 型适用于高温条件施工的工程或远距离运输灌筑的大型工程；BR-CA 型、BR-CE 型和 BR-固管型适用于注浆封堵大型泄水工程。

据国家建筑工程质量监督检验测试中心试验结果表明，在 15 ~ 20 号混凝土中掺入适量的 BR 防水剂，混凝土抗压极限强度可提高 20% ~40%，50 号混凝土可提高 10% ~20%，其抗渗标号均提高二倍以上。其他性能指标如与钢筋黏结强度也提高了 13%，抗冻、阻锈、防腐、碳化等性能均能满足使用要求。若在砂浆中掺入 10% ~15% 的 BR 型防水剂，除抗压、抗折、抗剪强度有所提高外，砂浆的抗渗标号也有大幅度提高。

该产品已被北京地铁、军仓、京九铁路、三峡工程等项目采用。

10.3.7 衬砌施工缝、沉降缝及伸缩缝(或明洞与隧道衬砌接缝)是隧道防水薄弱的环节，若处理不当则是渗漏水主要的通道，甚至会造成衬砌浸蚀、冻害、电器设备锈蚀以及危害交通安全等后患，因此应予以重视。

在渗水地段，衬砌施工缝和沉降缝，一般可采用塑料止水带或橡胶止水带进行防水。由于止水带有高弹性和压缩变形的特点，它在荷载作用下产生弹性变形，故能起到紧固、密封有效地防止接缝渗漏水的作用。第 1 ~第 4 款注意事项是根据多年施工实践提出的，今后尚应总结和提高。

止水带品种较多，有 651 型塑料止水带，E 型(桥型)、86-1 型、86-2 型预埋式橡胶止水带以及设置在二次衬砌背面带排水槽的橡胶止水带等，设计时应经技术经济比较后选用 。塑料止水带和橡胶止水带的规格、图形及主要性能指标，见下列图表。

塑料止水带规格及图形几何尺寸，见表 27 和图 51。

塑料止水带规格 表 27

型　号	宽度(mm)	厚度(mm)	质量(kg/m)	参考价(元/t)
651	280 ±10	7 ±1.5	3.5 ±0.3	8500
652	280 ±10	7 ±1.5	3.4 ±0.3	8500

注：表中为重庆塑料一厂产品(软聚氯乙烯塑料止水带)指标。

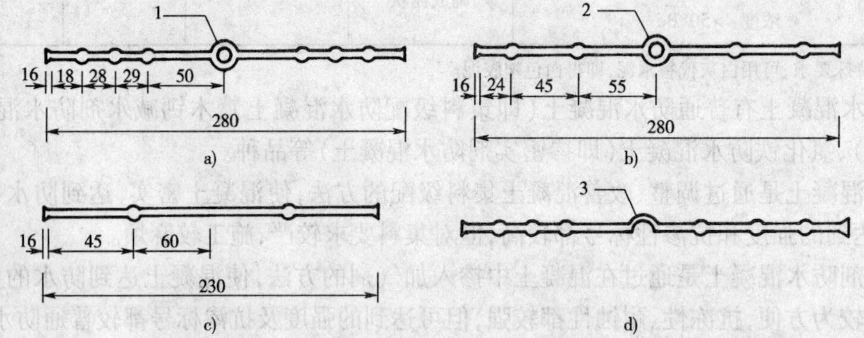

图 51　塑料止水带(单位：mm)

a)651 型；b)652 型；c)653 型；d)654 型

注：1-内径 17、外径 22；2-内径 17、外径 21；3-内径 10、外径 16

软聚氯乙烯塑料止水带的主要性能，见表 28。

塑料止水带物理机械性能 表 28

项　目	指　标	项　目	指　标
拉伸强度(MPa)	≥12	定伸强度	≥4.5
断裂伸长率(%)	≥300	硬度(邵氏度)	60 ~75

注：表中为重庆塑料一厂产品试验数据。

橡胶止水带的规格及图形几何尺寸，见表 29。

橡胶止水带的规格 表 29

桥 型	产品规格	图 型	单位质量(kg/m)
E	290×ϕ25×R25×10	ϕ25 R25 10 290	4.5
E	300×ϕ18×R13×6	ϕ18 R13 6 300	2.8
E	300×ϕ22×R18×8	ϕ22 R18 8 300	3.4
E	280×ϕ17×R13×8 300×ϕ22×R13.5×9	ϕ17 R13.5 8或9 280或300	2.6 2.9
E	270×ϕ40×ϕ35×15 270×ϕ30×ϕ25×15	ϕ35 ϕ25 R30 ϕ40 15 270	5.5
E	230×6×16/8	6 8 16 230	1.6
E	250×ϕ20/R20×10×R15	R20 ϕ20 10 250	3.7

橡胶止水带主要性能指标，见表 30。

橡胶止水带物理机械性能 表 30

项 目	指 标	项 目	指 标
拉伸强度(MPa)大于	13.7~20.6	抗撕强度(N/m)大于	25~40
扯断伸长率(%)大于	400~500	脆性温度(°C)不高于	-35~-70
硬度(邵尔 A)(度)	50~65	相以密度(约)	1.10~1.45
扯断永久变形(%)小于	15~20	防雷性能 (级)	0~3
使用温度范围(°C)	-45~80		

注:①表中数据为上海工程橡胶厂止水橡胶材料的物理机械性能指标;

②由于止水橡胶材料主体原材料不同,种类繁多,故性能指标有变化范围。

常用的止水带有外贴式、预埋式、内贴式三种安装形式，其中预埋式止水带，因构造简单、施工简便及质量可靠，使用较为普遍。

止水带预埋在混凝土中，由于混凝土中有许多尖角的小石子和锐口的钢筋，所以在浇捣作业和止水带定位时，应注意安装方法和浇捣压力，以避免止水带被刺破。如发现有破裂现象应及时修补。否则在接缝变形和受水压时，止水带所能抵抗外力和防水的能力就会大幅度降低。故在施工过程中，应注意止水带的保护。浇捣时，应防止止水带偏移，并充分振捣，使止水带和混凝土很好贴合。

止水带现场接头，视材质、止水部位而分别采用不同的接头方法。接头形式又分对接、搭接和复合接三种。塑料止水带接头方法有两种，一种是焊接法，另一种是熔接法。焊接法是采用与塑料止水带材质相同的焊条（直径约为3mm），用焊枪以180～200℃热风焊接为一体，以自然空气冷却即可；熔接法是将塑料止水带受热至熔融状态下接合再冷至常温而成。以上两种接头方法的性能，焊接法为母体抗拉强度70%以上，熔接法为母体抗拉强度的90%以上。

橡胶止水带的接头，一般常用的方法的热接和冷接。外、内贴式橡胶止水带，通常采用热接法。因为冷粘法中目前所采用的胶黏剂耐水性较差，故对于外、内贴式橡胶止水带拼接来说不宜采用。而预埋式，则可靠混凝土浇捣密实，冷接、热接二种方法均可，以方便为宜。

塑料止水带或橡胶止水带用于衬砌施工缝防水时，其安装工艺视现场施工机具定。当采用模板台车与泵送混凝土时，可按照如下安装工艺办理：

（1）沿设计衬砌轴线每隔不大于0.5m钻一$\phi 12$的钢筋孔。

（2）将制成的钢筋卡，由待灌混凝土一侧穿入另一侧，内侧钢筋卡卡紧止水带之半，另一半止水带紧贴在挡头板上，如图52。

（3）待混凝土凝固后拆除挡头板，将原贴在挡头板上的止水带拉直后，弯曲钢筋卡套卡紧另一半止水带即可，如图53所示。

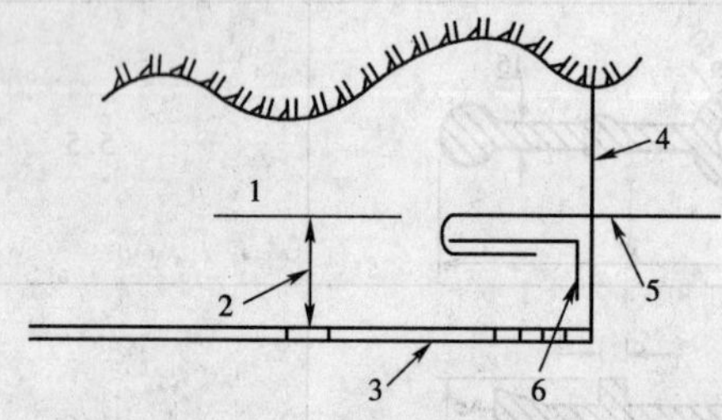

图52 止水带安装位置

注：1-待灌混凝土空间；2-1/2设计衬砌厚度；3-模板；4-挡头板；5-钢筋卡；6-止水带

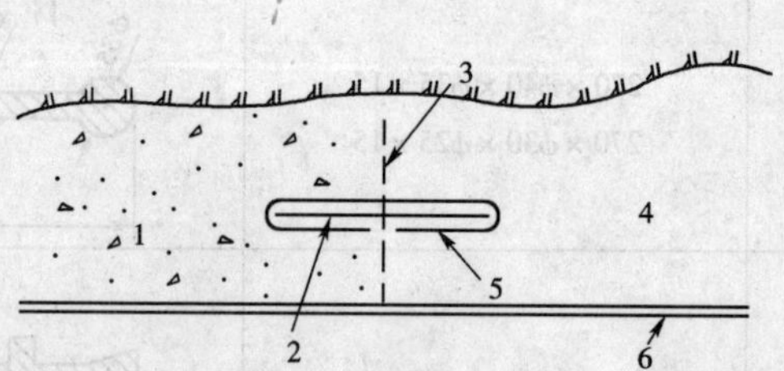

图53 下环止水带定位

注：1-已凝固的混凝土；2-止水带；3-挡头板拆除前位置；4-下一环；5-钢筋卡；6-模板

如设置止水带后仍有渗漏水时，则需进行堵漏或设置排水暗槽进行处理。

10.3.8 复合式衬砌中的防水层，一般可采用一种或两种卷材组成防水隔离层，如塑料防水板、橡胶防水板以及将无纺布与塑料（橡胶）板组合成的防水层等。

复合式衬砌中用上述卷材作防水层，在我国还是一项新工艺。本条规定是根据大瑶山隧道、中梁山隧道和缙云山隧道实施的施工操作细则制定的。由于这些细则尚在试用阶段，今后应根据现场经验总结加以修改，便利施工，使其更加符合技术要求。

根据大瑶山隧道、南岭隧道试验结果，聚氯乙烯（PVC）板和聚乙烯（PE）板焊接温度和速度如表31。

PVC板、PE板最佳焊接温度和速度 表31

项目 \ 材质	PVC板	PE板
焊接温度（℃）	130～180	230～265
焊接速度（m/min）	0.15	0.13～0.2

重庆塑料一厂生产的防水卷材规格、物理、力学性能指标，见表32和表33。

聚氯乙烯(PVC)防水卷材和聚乙烯(LDPE)防水卷材的规格　　表32

产品名称	颜色	规格		近似质量		备注
		厚(mm)	宽(mm)	kg/m	kg/m²	
PVC 防水卷材	白	0.5	900	0.33	0.37	
	红	2	1250	3.83	2.90	
	棕	3	1250	5.73	4.35	
	黑等	4	1250	7.55	5.80	
LDPE 防水卷材	白色	1.5	1250	1.32		可根据用户要求生产卷材
		2.0	1250	2.00		
		3.0	1250	3.04		
		4.0	1250	4.04		
		5.0	1250	5.08		
		6.0	1250	6.08		

塑料防水卷材物理、力学性能指标　　表33

产品名称	项目	单位	指标	备注
PVC 防水卷材	拉伸强度	MPa	≥14	按SG—245标准检测
	断裂伸长率	%	≥200	
	邵氏硬度	度	75~85	
	加热损失率	%	≤10	
LDPE 防水卷材	密度	g/cm³	0.919~0.925	按GB 3307—89标准检测
	拉伸屈服强度	MPa	7.0~16.0	
	断裂拉伸率	%	200~450	
	吸水率	%	<0.01	

注:①PVC软板参考价8.0元/kg;

②LDPE防水卷板(厚1.5mm)12.4~12.8元/m²;

③LDPE为低密度聚乙烯防水卷材。

塑料板防水层施工必须建立健全质量检验制度,并认真填写隐蔽工程质量检验单。塑料板防水层可按工程的防水等级,采用不同的质量检查方法进行,检查方法参见表34。

塑料板防水层质量检查方法　　表34

检查方法	检查内容	适用范围
直观检查	①用手托起塑料板,看其是否与喷射混凝土密贴; ②看塑料板是否有被划破、扯破、扎破等破损现象; ③看焊缝宽度是否符合要求,有无漏焊、假焊、烤焦等现象; ④外露的锚固点(钉子)是否有塑料片覆盖	一般防水要求的工程
焊缝检查	①②③④项同上; ⑤每铺设20~30延米,剪开焊缝2~3处,每处0.5m,看其是否有假焊、漏焊现象	有较高防水要求的工程
漏水检查	①②③④项同上; ⑤焊缝采用双焊缝,进行水压(气)试验,看其有无漏水(气)现象	有特殊防水要求的工程

10.3.9　隧道内采用内贴式喷涂防水层防水,是用A液和B液按比例混合搅拌均匀后喷涂在底层上,经化学反应,形成富有弹性的整体无缝的防水层。

喷涂防水层,在我国还是一项新工艺。由于这种防水层在隧道内应用较少,尚无成熟经验,其使用效果和施工细则，有待调查研究，因此在执行中应认真总结，以备日后修订条文，提供论据。本条规定是参考了“日本隧道标准规范(明挖篇)及解释”和国内一些厂家提供的施工工艺而编制的。

目前国内喷涂材料品种较多，但用于地下工程喷涂防水层的材料，主要有阳离子乳化沥青氯丁胶乳和881-IV型聚氨酯防水涂料。阳离子乳化沥青氯丁胶乳在基面潮湿的条件下能喷涂黏结，具有稳定性较好、延伸率高等优点，但喷涂对受喷面的条件要求严格，胶凝时间较慢，回弹率达5%～10%，工地易受污染，故推广应用中尚需要进一步研究提高。

881-IV型聚氨酯防水涂料，它具有与潮湿面黏结牢、固化、延伸率好、无毒无味等特点，施工时材料不需加温，只需将两种液体分别倒入溶器内，按比例1:1.2调整后喷涂在潮湿基面上，即可作防水层。881-IV型潮固涂料的主要性能指标见表35。

881-IV型聚氨酯涂料主要性能指标 表35

项　目	指　标	项　目	指　标
抗拉强度	1～1.2MPa	不透水性	≥0.3MPa
黏结强度	0.77～0.8MPa	硬度	40(邵氏)
延伸率	150%～200%	耐温性	-40～+80℃
抗裂性	涂膜3mm基面开裂，2mm涂膜不开裂	固化时间	2～5s内调整

注：表中为河北省廊坊市防水建筑材料厂试验资料。

851焦油聚氨酯涂膜防水胶，具有防水、耐老化、防腐蚀、耐热耐寒、黏结性能好、冷作业、液态施工、不含溶剂及施工方便等优点。但要求基层面要平整、干燥，且胶凝时间较慢，故适用于明洞衬砌外贴式防水层。较之“二毡三油”，氯丁胶等材料的施工，节时省力，省材料，寿命长，施工简便，安全，是明洞衬砌防水较理想的材料。851焦油聚氨酯涂膜防水胶的主要技术指标见表36。

851型防水胶性能指标 表36

项　目	指　标
抗拉强度	>1.6MPa
黏结强度	>1.1MPa
延伸率	>350%
抗裂性	涂膜厚1.2mm，基层面开裂1.5mm，涂膜不开裂
不透水性	动水压0.3MPa，2h不透水
耐热抗寒性	-30～+150℃以上
耐久性	>10邵氏
硬　度	30～60邵氏
相对密度	1.1
含固率	>94%
指触干时间	2～6h(随气温高低变化)

注：表中指标摘自上海市隧道工程公司防水材料厂防水胶试验结果。

11　风水电作业和通风防尘

隧道施工过程中,为了确保开挖、支撑、衬砌等工序顺利进行,必须做好风、水、电等项辅助作业。

空压机、通风机、施工用电、用水等方面的选择和确定,应根据工程规模、机械设备、施工力量等因素,综合加以考虑。

11.1　供风和供水

11.1.1、1.1.2　各种常用的风动机具有凿岩机、风钻台车、装渣机、喷混凝土机具、锻钎机、压浆机等。要保证这些机具的正常工作,需有足够的压缩空气供应,即要有足够的风量和风压供应给各个风动机具。

压缩空气由空气压缩机供给,空气压缩机有内燃及电动等类型,通常设在洞口。空气压缩机的生产能力 Q 应考虑由储气筒到风动机具设备沿途的损失、各机具的耗风量、风动机具的同时工作系数以及备用系数,即:

$$Q=(1+K_{备})(\sum_{q}\cdot K+q_{漏})k_{m} \tag{13}$$

式中:K——同时工作系数,可按表37采用;

k_m——空气压缩机所处海拔高度对空气压缩机生产能力的影响系数,见表38;

$K_{备}$——空气压缩机的备用系数,一般采用75%~90%;

$\sum_q$——风动机具所需风量;

$q_{漏}$——管路及附件的漏耗损失,其值为:

$$q_{漏}=a\sum L \quad (m^3/min)$$

a——每公里漏风量,平均为1.5~2.0m^3/min;

L——管路总长(km)。

同时工作系数 K　　表37

机具类型	凿岩机		装渣机		锻钎机	
同时工作台数	1~10	11~30	1~2	3~4	1~2	3~4
K	1.00~0.85	0.85~0.75	1.00~0.75	0.70~0.50	1.00~0.75	0.65~0.50

海拔高度影响系数 k_m　　表38

海拔高度(m)	0	305	610	914	1219	1524	1829	2134	2438	2743	3048	3658	4572
k_m	1.00	1.03	1.07	1.10	1.14	1.17	1.20	1.23	1.26	1.29	1.32	1.37	1.43

由于风动机具均要求有一定的风量与风压,因此除考虑足够的风量供应外,还必须保证开挖面应有足够的风压。为此,应采取措施尽量减少管路输送中风压或风量的损失。

空气压缩机站设在洞口附近,主要也是为了减少洞外管路长度,以免风压损失过多。

为充分发挥设备潜力,应综合考虑电动、内燃空气压缩机的优缺点,合理配备使用。对于1000m以下隧道,宜以内燃空气压缩机为主;1000m以上隧道宜以电动空气压缩机为主。

11.1.3　隧道施工用水要求如下:

11.1.3.1　水源的水量应能满足工程和生活用水的需要。

用水量应根据工程情况、机械用水量、施工进度、施工人员数、气候等确定,在初步概略估算时,可参考表 39，再加一定储备。

各施工耗水量参考表　　表 39

用　途	单　位	耗 水 量	说　明
凿岩机用水	t/(h·台)	0.20	
喷雾洒水用水	t/(min·台)	0.03	按每次放炮后喷雾 30min
衬砌用水	t/h	1.50	包括混凝土拌和、养生和洗石等用水
空气压缩机用水	t/(台·d)	5.00	其中大部分可考虑循环使用
浴池用水	t/次	15.00	
生活用水	t/(人·d)	0.02	

11.1.3.2　水池容积根据水源情况应是一昼夜用水量的 1/2～1/10，通常为 50～150m^3。

11.1.4　凡不含有害矿物质、没有污染、没有臭味的天然水均可作施工用水，但仍应做好水质化验工作。对拌制混凝土用水，要求硫酸盐含量不大于 1500mg/L，氢离子含量（pH 值）不得少于 4，且无油、糖、酸等杂质。作为防尘用水，要求大肠菌指数每升中不超过 3 个。

生活用水要求清洁，符合国家卫生标准的生活用水，也可作工程用水。

11.1.5　隧道开挖面风压应不小于 0.5MPa，水压不小于 0.3MPa，这是针对国产的各类轻型风动凿岩机而提出来的技术指标。一般使用风压为 0.4～0.6MPa，使用水压为 0.2～0.5MPa。现将部分风动凿岩机的主要技术指标列于表 40，供参考选用。

风动凿岩机技术规格　　表 40

指　标	单位 \ 名称 / 产品型号	气腿式凿岩机			导轨式凿岩机			向上式凿岩机
		YT-25		YT-28				
		ZY-24	7655	YIP-26	YG-40	YG-65	YG-80	YXP-24
整机质量	kg	25	23	26	30	65	74	24
机长	mm	690	637	645	680	860		535
使用气压	MPa	0.4～0.6	0.5	0.5～0.6	0.5～0.6	0.5	0.5	0.5
气缸直径	mm	70	76	100	85	120	120	95
耗气量	m^3/min	2.8	<3.6	3.5	6.5	6.3	8.5	4.8～5.0
凿岩直径	mm		34～38	38～45			50～70	35～42
凿岩深度	m		5	5		30	40	5
使用水压	MPa	0.2～0.3	0.2～0.3	0.3～0.5	0.3～0.5	0.3～0.5	0.3～0.5	0.2～0.3
气管内径	mm	19	25	25	25	38	38	25
水管内径	mm	12	13	12	13	19	19	13
气腿			FT160					FTC190
气腿质量	kg	13		18				16
伸缩长度	mm	955	1362	1280				970
最大高度	mm	2435	3032	3180				2440
注油器		FY200A						FY500A
注油器质量	kg	0.95	0.8	7				2.5
贮油量	mL	150	200	750				520
推进器							FG-1 型	

11.1.6　高压风、水管路的安装使用，是根据多年施工经验总结制定的。

11.1.6.4　装设总、分闸阀的规定，是为了便于控制和维修管理。

11.1.6.5　高压软管的阻力较大，为了减少压力损失，故对管路前端至开挖面接装软管的长度提出距离限制。自钢管至分风器或分水器，一般用 ϕ50mm 的高压软管连接；自分风器或分水器至凿岩机，风管用 ϕ25mm 软管，水管用 ϕ13mm 软管连接。

11.2　供电与照明

11.2.1　条文中第 4 款要求导线断面应使线路末端的电压降不得大于 10%，这在中、短隧道中较易办到。在长、特长隧道中，由于输电线路长，不能满足规定电压降时（220V 使用的有效距离为 800～1300m），可以在成洞地段采用 6～10kV 高压电缆送电，而在洞内适当地点设置 6～10/0.4kV 变电站供电。变电站应设置在安全地点，并有防护栅及明显警告标志，只允许值班人员进内操作。

11.2.2 电动机的启动电流，一般为其额定电流的 5～7 倍。如果供电电流是单台变压器，当单台电动设备容量超过变压器容量 1/3 时，可能影响到电网中其他电动机的正常运转。同时，巨大的启动电流会引起很大的线路压降。为保证供电质量，故应适当考虑增加启动附加容量。

11.2.3 洞外变电站是指 6～35/0.4kV 的降压站，设在洞口附近可以减少低压线路进洞前的电压损失，设在电源来线一侧可以免去高压线跨越施工地区增大施工作业的危险性；变电站电源进线如须跨越施工地区时，电线最低点距人行道和运输道路的最小高度，35kV 时为 7.5m，6～10kV 时为 6.5m，400V 时为 6m。

11.2.5 洞内设置的 6～10kV 高压变电站，应有如下安全保证措施：

（1）无瓦斯隧道可采用中性接地系统的普通变压器。

（2）开关设备应用井下高压变电箱或油开关柜，不允许用一般跌落式保险丝具代替油开关。

（3）变电站应安设在不漏水的区段，按有关要求设置安全防护措施，非工作人员不得进入变电站内。

11.2.6 隧道作业地段必须有足够的照明，照明光线要充足均匀，为了保证施工安全，应满足下列要求：

（1）采用白炽灯时，施工地段每平方米不宜小于 15W，不安全因素较大地段可适当增加。

（2）运输巷道在未成洞段每隔 6m、成洞地段每隔 10m 装设 100W 灯一盏；在主要交通道等重要处所应有安全照明。

（3）施工作业地段照明应采用不超过 36V 的低压电源，输电线路长度不大于 100m。

漏水地段照明应采用防水灯头和灯罩，瓦斯地段照明应用防爆灯头和灯罩。

（4）照明线路及灯头的架设高度一般不得小于 2.5m。

（5）为了节约能源，可采用其他新光源照明，如荧光灯、高压钠灯、低压钠灯、卤钨灯等。

这些新光源具有照明效果好、节约能源、使用寿命长等特点，在长、大隧道中深受用户欢迎。

11.3 通风、防尘、防有害气体

11.3.1 隧道施工作业卫生标准的几条规定，目的是保证施工人员进行正常的安全生产。

11.3.1.2 据能源部《煤矿安全规程》（92）第 108 条的规定："生产矿井采掘工作面的空气温度不得超过 26℃；机电硐室的空气温度不得超过 30℃"。

铁道部《铁路隧道施工规范》（TBJ 204—86）第 14.3.1 条规定："隧道内气温不得超过 28℃。"

本规范规定：隧道施工作业环境/卫生标准，坑道内气温不宜高于 30℃。这是认为煤矿矿井巷道开挖面（采掘工作面）比单线铁路隧道开挖面小，而单线铁路隧道的开挖坑道又比公路隧道开挖断面小，所以在坑道内空气温度的要求上，公路隧道定为 30℃是适合的。

《煤矿安全规程》108 条又规定："在超温地点的工作人员，应缩短工作时间，并给予高温保健待遇。"当然，本规范完全可以借用。

11.3.1.3 有害气体浓度

第（4）项中提出甲烷（CH_4）按体积计不得大于 0.5%，这是按《煤矿安全规程》（92 年）、《铁路隧道施工技术安全规则》（87 年）规定与日本关于瓦斯隧道作业标准考虑制定。

（1）煤炭部、铁道部对瓦斯坑道的施工规定为：

a. 总回风道风流中瓦斯含量应小于 0.75%；

b. 从其他工作面进来的风流中应小于 0.5%（铁路）；

c. 开挖面装药爆破前应小于 1.0%；

d. 开挖面超过 1.0% 时，严禁爆破；达到 1.5% 时，距开挖面 20m 内，必须停工、断电进行处理；

e. 开挖面处超过 2.0% 时施工人员必须全部撤离。

（2）日本根据混合瓦斯的爆炸下限值确定出瓦斯隧道作业标准：

a. 未满 0.5% 时，为正常作业；

b. 0.5% 以上时，为有限制作业，同时加强瓦斯控制；

c. 1.0% 以上时，停止作业，待避；

d. 1.5% 以上时，切断电源。

日本山岭隧道对有害气体、可燃气体允许量的规定如表 41。

表 41 中的控制值是决定有无危险的标准，是禁止参加劳动的控制值。而 ACGIH 值是工作人员连日重复在洞内工作而对身体无不良影响的数值，因此，设计通风设备时，最好采用 ACGIH 标准。

日本山岭隧道有害气体、可燃气体允许量 表 41

气体种类	气体特性			危害、危险	控制值	ACGIH 极限值(ppm)
	相对密度	色、嗅	爆炸极限(%)			
CO	1.0	无色、无臭	12.5～74	中毒、爆炸	100ppm	50
NO_2	1.5	褐、黄色，硝烟味	—	中毒	—	3
CO_2	1.5	无色、无臭	—	缺氧症	1.5%	5000
H_2S	1.2	无色、臭蛋味	4.3～45	中毒、爆炸	10ppm	10
SO_2	2.3	无色、硫磺味	—	中毒	—	2
CH_4	0.6	无色，无臭	5.3～14	爆炸	1.5%	10000

注：①ACGIH：American Cofenence of Governmental Industrial Hygienists（美国国家工业卫生学家会议）1979 年规定的数值。

②甲烷的爆炸极限为 5.3%～14.0%，根据安全卫生规则“可燃气体的浓度为爆炸下限值的 30%”，因此规定取 1.5%。

③ppm：Pants Pet Million（1/百万）以 $1m^3$ 空气中存在的有害气体的 cm^3 数表示〔单位体积空气中有害气体的体积所占百分比（%）或 ppm 表示〕。

（3）当公路隧道通过有瓦斯的岩层，且瓦斯浓度按体积计大于 0.5% 时，应采取有效措施，加强测试、加强通风，使 CH_4 浓度控制在正常范围内。

a. 当瓦斯含量在 0.5% 以下时，每小时检查一次，0.5% 以上时随时检查，检查作业不得离开该工作面；

b. 加强通风，开挖面要有足够的风量和足以驱散瓦斯的风速，风速不应低于 0.15～0.25m/s；

c. 洞内安装自动报警装置，将装置定位于安全界限浓度（0.75%）处；

d. 洞内机电设备、通风系统酌情采用防爆型。

过去公路隧道没有规定，采用铁路的施工规范，专家们普遍认为 0.3% 偏低。四川重庆中梁山公路隧道实践证明只要加强通风、测试手段，瓦斯含量在 0.5% 以下时可正常施工作业。考虑到公路隧道施工，瓦斯隧道较少遇到，对瓦斯隧道处理没有经验，为偏于安全计，本规范规定 CH_4 含量按体积计不得大于 0.5%。超过 0.5% 时，必须按煤炭部现行的《煤矿安全规程》有关规定办理。

为确保隧道施工安全、卫生，应在洞内进行施工通风，将爆破后产生的烟雾、粉尘及内燃机（无轨运输）排出的 CO 排出洞外。同时，应注意由围岩逸出的有害气体，必要时采取通风及其他措施。

现将本规范规定的卫生标准与日本、美国对有害气体、可燃气体允许量规定对照比较，如表 42 所示。

卫生标准比照表 表 42

气体种类（含粉型、气温、噪声）		本规范	日本	ACGIH(ppm)
一氧化碳	CO	$30mg/m^3$	100ppm	50
二氧化氮	NO_2	$5～8mg/m^3$	—	3
二氧化碳	CO_2	按体积计≤0.5%	1.5%	5000
硫化氢	H_2S	—	10ppm	10
二氧化硫	SO_2	—	—	2
甲烷	CH_4	按体积计≤0.5%	1.5%	10000
氧气含量		按体积计≥20%	≥18%	—
粉尘浓度		含 10% 以上游离二氧化硅≤$2mg/m^3$	≤$2mg/m^3$	—
洞内温度		30℃	<37℃	—
噪声		≤9dB	—	—

11.3.1.5 卫生部、国家劳动总局《工业企业噪声卫生标准》(79年8月31日)规定：

第5条 工业企业的生产车间和作业场所的工作地点的噪声标准为85dB，现有工业企业经过努力暂时达不到标准时，可适当放宽，但不得超过90dB。

第6条 对每天接触噪声不到8h的工种，根据企业种类和条件，噪声标准可按表43相应放宽。

新建、扩建、改建企业允许噪声表 表43

每个工作日接触噪声时间(h)	允许噪声(dB)
8	85
4	88
2	91
1	94
最高不超过115dB	

《工业交通环保概论》(86年，科技文献出版社)载有国际标准化组织(ISO)建议(表44)：

连续噪声等级允许标准 表44

连续噪声暴露时间(h)	8	4	2	1	1/2	……	最高限
允许等效连续声级(dB)	85~90	88~93	91~96	94~99	97~102	……	115

本规范制定的噪声不大于90dB，是作为保持听力的标准(在这样的环境中，10年内的听力损失通常是不大的)。

事实上，隧道内施工机械产生的噪声可能超过90dB，应按《工业企业噪声卫生标准》第6条规定或参照国际标准化组织(ISO)建议办理，执行中可在工作时间上或防务设备上给予劳动保护，保障健康。

日本对噪声的允许标准，是从影响听力下降程度来考虑，认为噪声分贝越高，感受时间越长，则听力下降程度越烈，即使音量相同，高频音比低频音危害更大。日本产业卫生学会为保护听力制定出噪声允许标准如表45，供参考。

保护听力的噪声允许标准 表45

声源周波数	允许倍频带水平 (dB)					
	480min	240min	120min	60min	40min	30min
250	98	102	108	117	120	120
500	92	95	99	105	112	117
1000	86	88	91	95	99	103
2000	83	84	85	88	90	92
3000	82	83	84	86	88	90
4000	82	83	85	87	89	91
8000	87	89	92	97	101	105

注：在一天8h内经常有噪声而连续10年以上的情形下，听力损失最好这样拟定：可听周波数1000Hz以下时为10dB以下，2000Hz时为15dB，3000Hz以上时为20dB以下。

11.3.2 一般来说，除独头巷道短于300m(且穿过的岩层不产生有害气体)或导坑贯通后的隧道施工可利用自然通风外，其余均需采用机械通风来送入新鲜空气，排出污浊气体。

机械通风方式主要有以下几种：

(1)单一的送风式或排风式通风，适用于中、短隧道。

(2)长、特长隧道可采用混合式通风，以排风式管路作为通风主管道，送风式为局部通风。

(3)隧道采用无轨运输，宜以送风式通风为主，或用送排风两用式风机。

(4)隧道设有辅助坑道时，则可利用其作为通风巷道。

通风方式根据坑道长度、施工方法和设备条件确定，当风管较长、风压需要较高时，可采用多台通风机串联，在巷道式通风中，无大功率通风机时，可用数台风机并联。串联或并联的通风机应采用同一型号，以便能充分发挥机械设备的能力。

11.3.3 按铁路隧道施工通风的经验，施工通风量可用以下计算公式：

$$Q \geqslant V_{\min} \cdot S \tag{14}$$

这是根据我国铁路部门多年来“关于长隧道施工通风的几个问题”研究得出的经验公式，即要在规定时间中把同一时间爆炸的最多炸药量所产生的有害气体降低到允许浓度之下的通风量计算公式。

它是用断面最低风速确定施工通风量，认为只要隧道内风速能达到最低风速要求，通风问题即可解决，这是成昆铁路和大瑶山隧道施工通风的经验。

关于隧道施工通风量计算，目前世界各国尚无公认的统一公式。

我国铁路隧道施工实践证明，若按每人每分钟供应 $3m^3$ 新鲜空气，则可保证工人身体健康。

洞内供风量的计算，除保证施工人员身体健康需要的新鲜空气外，尚需满足施工方面的其他要求。因此，应从以下几种情况通盘考虑：

(1)按洞内同时工作的最多人数需要的新鲜空气计算风量。

(2)在规定时间内把同时爆破且使用最多炸药量所产生的有害气体稀释到允许浓度以下，由此方法计算风量。

(3)根据不同的施工方法，按坑道内规定的最小风速计算风量。

(4)当隧道采用内燃机械施工时，还应按内燃设备总功能(kW)需要的空气计算风量。

按上列方法计算后，以其中最大者作为选择通风设备的依据。

瓦斯地段通风，首先应将开挖面附近的瓦斯含量稀释到1.0%以下。这是引用能源部、铁道部对瓦斯坑道的施工规定"开挖面装药爆破前瓦斯含量应小于1.0%，开挖面超过1.0%时，严禁爆破"而制定的。为了防止瓦斯气体窜到隧道内后方，在送风的同时应用排风管将瓦斯气体排到洞外。

11.3.4 由于(14)计算所需风量选择通风设备时，尚需考虑通风管道的漏风系数 P。要求通风机提供的风量应为：

$$Q_{机} = P \cdot Q \tag{15}$$

式中：Q——计算所需风量(m^3/s)；

P——管道的漏风系数，与管道接头、风管材料质量、风管长度、风压等有关。

P 值是影响长距离管道通风的主要因素之一。它可按有关经验公式计算或参考表46～表48。

胶质管 P 值表 表46

风管长(m)	50	100	150	200	250	300	400	500
P	1.04	1.08	1.11	1.14	1.16	1.19	1.25	1.30

金属管 P 值表 表47

风管长(m)	单个接头透风系数(k_0)	风管每节3m及下列直径(m)漏风系数			风管每节4m及下列直径(m)漏风系数		
		0.5	0.7	0.8	0.5	0.7	0.8
100	0.001	1.02	1.01	1.01	1.02	1.01	1.01
	0.003	1.09	1.04	1.03	1.06	1.03	1.02
200	0.001	1.08	1.05	1.03	1.06	1.02	1.02
	0.003	1.27	1.16	1.16	1.19	1.11	1.06
300	0.001	1.16	1.09	1.06	1.10	1.06	1.04
	0.003	1.51	1.29	1.18	1.37	1.22	1.12
400	0.001	1.25	1.15	1.10	1.16	1.10	1.06
	0.003	1.82	1.46	1.32	1.61	1.34	1.23
500	0.001	1.36	1.21	1.14	1.25	1.14	1.08
	0.003	2.25	1.62	1.45	1.88	1.51	1.32
600	0.001	1.49	1.28	1.19	1.27	1.18	1.12
	0.003	2.76	1.93	1.57	2.22	1.66	1.45
700	0.001	1.63	1.36	1.37	1.48	1.28	1.16
	0.003	3.44	2.20	1.79	2.60	1.85	1.56
800	0.001	—	1.45	1.33	—	1.30	1.22
	0.003	—	2.63	2.05	—	2.13	1.74

续上表

风管长(m)	单个接头透风系数(k_0)	风管每节3m及下列直径(m)漏风系数			风管每节4m及下列直径(m)漏风系数		
		0.5	0.7	0.8	0.5	0.7	0.8
900	0.001	—	1.54	1.36	—	1.39	1.25
	0.003	—	2.89	2.25	—	2.28	1.87
1000	0.001	—	1.65	1.50	—	1.46	1.28
	0.003	—	3.42	2.52	—	2.62	2.07

聚氯乙烯塑料风管 *P* 值表 表48

风管直径(m) \ 风管长度(m)	100	200	300	400	500	600	700	800	900	1000
0.5	1.019	1.045	1.091	1.145	1.157	1.230	1.230	—	—	—
0.6	1.014	1.036	1.071	1.112	1.130	1.180	1.261	1.330	—	—
0.7	1.010	1.028	1.053	1.080	1.108	1.145	1.188	1.237	1.288	1.345
0.8	1.008	1.022	1.040	1.067	1.090	1.126	1.153	1.195	1.229	1.251

随着隧道施工技术的日益发展,长隧道采用全断面开挖越来越多。利用大口径风管进行施工通风可以大大简化隧道施工工序,有利于全断面开挖的推广使用,便于一次成洞,可大量节约开挖平行导坑所耗用的人力和物资,并使通风管理大为简化,是解决长隧道施工通风的主要途径。

各类大口径风管主要优缺点如表49所示。

各类风管主要优缺点比较表 表49

风管种类	直径(m)	造价(元/延米)	主要优点	主要缺点
维尼龙胶布	1.0	30	质量轻,运输存放方便,价格便宜,可回收,修补连接容易	易挂破,通风阻力大,耗用动力多,不能用于抽风
镀锌薄钢板	1.0	115	较便宜,能回收,可在现场制造,阻力小,刚度大,能作抽风管	质量大,吊挂困难,易被腐蚀,料源有一定问题,存放困难
	1.5	172		
铝合金板	1.0	—	较便宜,能回收,阻力小,刚度大,能作抽风管,耐腐蚀,质量轻,易安装	制造技术较复杂,存放困难,料源有问题
	1.5	—		
玻璃钢	1.0	200	质量轻,易安装,比强度大,耐腐蚀,使用寿命长,阻力小,能作抽风管	造价较贵,运输存放困难
	1.5	300		

11.3.5 隧道采用大口径风管通风,需要配置适应于风机直径、体积小、质量轻、噪声低、可在隧道内任意移动的新型轴流风机。

几种轴流风机性能参数如表50所示。

几种风机技术性能参数表 表50

型号	直径(cm)	风量(m^3/min)	风压(Pa)	电动机功率(kW)	噪声(dB)
JFD-90-4	90	660~720	3200	<60	—
JFD-100-4	100	960	3200	<80	—
MFA100P2-SC3(日本)	100	1000	5000	55×2	85

11.3.6 风管的漏风率是影响管道通风的主要因素之一,要做到防止漏风,减少通风巷道阻力,防止主流风回风、短路等,这与隧道施工管理水平有很大关系,而经常性的定期检查、测试可以提高通风效果,达到安全、卫生的目的。

11.3.7 施工所产生的粉尘对人体有危害,故需定期测试粉尘浓度,并控制在国家规定的标准之内。

粉尘的产生主要来自凿岩作业,它占洞内空气中含尘量的85%;其次是由爆破产生的,约占10%;装渣运输只占5%。因此,推行"湿式凿岩"是防尘工作的最主要措施。

但是,要使坑道内含尘量降到2mg/m³ 的标准,只靠"湿式凿岩"还是不够的,还应采取综合措施,主要有防尘"四化":

(1)湿式凿岩标准化

湿式凿岩是要求打"水风钻",以使岩粉湿润,减少扬尘。湿式凿岩可降低80%的岩粉。

(2)机械通风经常化

使用机械通风是降低洞内粉尘浓度的重要手段。在爆破通风完毕,主要作业(钻眼、装渣等)进行期间,仍需经常通风,以便将一些散在空气中的粉尘排出,这对消除装渣运输等作业中所产生的粉尘是很有作用的。

(3)喷雾洒水正规化

为避免岩粉飞扬,应在爆破后及装渣前喷雾洒水、冲刷岩壁,不仅可以消除爆破、出渣所产生的粉尘,而且可溶解少量有害气体(如 CO_2、氧化氮、硫化氢等),并能降低坑道温度,使空气变得明净清爽。

(4)个人防护普遍化

每个施工人员均应注意防尘、戴防尘口罩,搞好个人防护。

12 辅助坑道

12.1 一般规定

12.1.1 辅助坑道的施工与正洞导坑的施工基本相同,对于洞口工程的整治处理十分重要,稍有不慎,将有可能发生事故。

坑道口是坑道的咽喉。竖井的井口作用相当于洞门。条文要求在施工前做好坑道口的截、排水工程,防护冲刷的设施以及做好竖井口的锁口圈后才能进行掘进等,其目的在于防止井口的坍塌、落石,保证施工安全。

12.1.2 辅助坑道是否设永久支护应由设计单位决定。但在施工中根据地质情况需设支护时,开挖与支护应配合进行,以保证顺利施工。采用锚喷支护不仅安全可靠、快速,而且可减少开挖数量。

在辅助坑道的岔洞及与正洞连接处,因断面及形状变化较大,结构受力条件复杂等,故支护应特别加强并紧跟开挖,以保证安全。

12.1.3 坑道中有水时,对作业的效率和安全性都有影响,尤其是斜井或竖井的施工更是如此。为提高工效,保证安全,应做好防水和排水工作,诸如及时做好排水沟(在地质松软地段,水沟应铺砌),设置集水坑,配备足够数量的抽水设备等。

12.1.4 辅助坑道不再利用时的处理,是针对那种只在坑、井口及与正洞连接处用混凝土封闭或进行衬砌外,其余地段不作处理或用弃渣回填的做法。随着时间的增长,辅助坑道在不作处理或用弃渣回填的地段上,由于地下水的作用或弃渣回填不紧密而使洞室丧失稳定,造成坍塌。这不仅影响到隧道周围岩体应力发生变化,而且由于坑道坍塌后,水流不畅,容易造成隧道衬砌开裂、渗水或漏水等病害。条文规定:所有辅助坑道在靠近隧道15~20m范围内的连接通道均应进行永久支护或衬砌,其余地段根据地质情况,要求分段作必要的支护等等,其目的就是为了保证今后隧道营运安全。

12.1.5 本条是针对斜井、竖井施工中有关安全方面的要求制定的。斜井和竖井在建井阶段,施工工序间相互干扰较大,稍有疏忽,容易造成事故。本规范虽有些条款规定,但内容较多,未能尽述,固制定本条以利遵循。

隧道施工采用的斜井和竖井,一般使用年限不太长,这与煤矿有所不同。考虑到这一点,所以条文提出"可参考《煤矿安全规程》的有关规定办理"。

12.1.6 施工单位为解决提前进洞、缩短独头巷道通风距离,实现长隧短作,解决施工排水,缩短运距加快施工进度或进行地质预报等目的而设置辅助坑道时,应符合交通部现行《公路隧道设计规范》(JTJ 026)的有关规定。

12.2 斜井

12.2.1 斜井开挖,炮眼布置基本上与正洞导坑相同。顶板眼和辅助眼的钻眼方向应与斜井倾角一致,底眼一般大于倾角3°~5°,以免出现台阶,不利铺轨。斜井的方向与斜度,在开挖中应勤测量,以保证斜井位置正确,这在长斜井施工中尤应注意。

12.2.2 条文对构件支撑的规定,是使支撑受力条件较好,且有利于保证支撑结构的稳定。

12.2.3 在倾角大于30°且地质条件差的地段的衬砌,其墙基宜做成台阶形式,是为了防止衬砌滑动。如用锚喷衬砌则无此必要。

12.2.4 斜井轨道铺设应严于一般轨道铺设。由于井内运输轨道容易向下滑移，造成斗车掉道，因此，安设防爬设备的轨距拉杆，可将钢轨或轨枕固定，以防轨道滑移。

斜井在未设人行道的一侧，根据支护条件和管线路安装的位置，与运输轨道之间应留有安全距离，以保证运输的安全。采用皮带运输机时，虽可不设轨道，但要考虑检修操作的方便，故不得小于40mm。

12.2.5 为保证斜井内运输安全的要求，条文规定的9款只是强调应做到的几个方面。在实施中尚应制定安全操作和维修细则并按本节12.1.5条要求，参考现行《煤矿安全规程》的有关规定执行。

提升绞车运行速度，当仅运送工作人员时不宜大于1.2m/s；运送物料时不应大于3.5m/s。

12.3 竖井

12.3.1 竖井施工方法，最为常用的是自上往下单行作业法。而自下往上开挖的方法必须以正洞已超前竖井位置为前提才能使用。自下往上开挖竖井的方法在煤矿中较为常用。两种施工方法比较，前者较后者为安全，但需要提升出渣，因而施工速度较慢，造价也较高。后者施工方法的优点是可利用自由落体出渣，无需提升石渣，施工进度较快，造价较低。但向上钻眼、装药、爆破等均有一定的难度，施工安全措施亦应加强。

自下往上开挖的方法一般是先在地表面竖井中央钻一个直径为130mm的中心孔直至井底，又称主孔。该孔可与地质钻孔相结合，主承钻设的精度要求较高，主孔用来穿挂悬吊由下往上开挖所用罐的钢丝绳。孔壁要求光滑且坚固（在钻孔过程中可采取灌注水泥、水玻璃加固围岩，并用水泥砂浆扫孔）。另距主孔约1.0m范围内再钻一个直径为100mm的副孔，作为通风，设置通信电缆及喷射混凝土输料管。在地表处应平整场地，安装提升卷扬机。卷扬机和通过主孔的钢丝绳升降吊罐自下往上开挖中央导井。放炮前应把吊罐下入到下部联络通道中，放炮、通风后再将吊罐吊起清理浮石、打炮眼，下部则用装渣机装车出渣，导井完工后，从地面自上往下扩大开挖至竖开的设计直径，并进行灌筑井壁混凝土衬砌，开挖中央导井亦可采用爬罐法进行。爬罐法需有一整套机具设备，国内尚未见过，引进设备投资较高。爬罐法与吊罐法比较有其优点，一是可以避免卡罐及过卷事故，二是能适应较大的井深。

12.3.2 竖井壁混凝土衬砌的灌筑一般步骤为：

(1)将开挖面石渣大致找平，并铺设一层砂子整平。

(2)沿井筒周围安设木托盘。

(3)在井座内安设生根钩，生根钩应伸出托盘以下0.15m左右。当井壁内设有钢筋时，则生根钩应与钢筋绑扎牢固。

(4)立模、灌筑井壁混凝土、养生。

12.3.3 竖井开挖，为了能用多台钻机打眼和降低爆破抛掷高度，减少对井筒设备的损坏，宜采用直眼掏槽。为使开挖底面平坦，炮眼深度要求一致。立式梯台开挖是将开挖面分成两部分交替向下掘进，每次爆破成上下两台，有利排水。钻好的炮眼，为防止土砂等流入，应将炮眼口堵塞。此外，爆破时因需将水泵等提起，就会暂时积水，为防止漏电应对联线的绝缘加以保护。

竖井内安装的提升设备和管线路等设施的相互位置以及与井壁间的空隙间距，均有一定要求，故竖井开挖断面必须按设计挖够，否则将影响各种设施的布置。

12.3.4 使用抓岩机装渣时，其操作高度宜保持距开挖面3～6m范围内。抓岩顺序为，有水时先抓出水窝，及时排水，以便使石渣露出水面，然后抓出桶窝，放置吊桶，以降低吊桶高度，缩小抓起落高度，达到减少装渣时间的目的。

竖井深度小于40m时，根据《煤矿安全规程》规定：提升距离小于40m的竖井可不装罐道。因此，可采用三角架或龙门架作开架，以吊桶出渣。

12.3.5 采用锚喷支护时，其施工工艺可按本规范7.2节规定办理。但随着井深的增加，供水管内承压亦将加大，为使供水管内水压与风压相适应，保证喷射混凝土的质量，应在供水管上设置降压阀以调节管路水压。

采用构件支撑时，因竖井断面考虑了井筒内施工设施的布置，故对支撑架设的要求较高。首先应保证竖井有效面积符合设计要求，其次，自井口至井底支撑位置正确。这样才能保证各种设施在井筒内的正确位置，使施工顺利进行。

12.3.6 竖井需要采用模筑混凝土衬砌和必须设置壁座的地段，应按设计施工。当地质条件差，可根据需要设置壁座或打设锚杆，以增强井筒的稳定。

12.3.7 条文对竖井提升设施的使用能力、安全装置的种类和组装、使用、保养过程中应做到的事项作了规定，在实际工作中尚应结合各种设备的产品说明要求和提升方式并按本章12.1.5条要求，参考《煤矿安全规程》的有关规定订出各自的操作、维修细则，才能达到安全目的。

12.4 横洞与平行导坑

12.4.1 条文规定的目的在于减少开挖，节省造价。

12.4.2 横洞与平行导坑的断面形式，当采用木构件支撑时，一般多为矩形或梯形。如采用锚喷支护时，为能充分发挥围岩自承作用，宜用拱形断面。

12.4.3 为增辟正洞工作面掘进或进行通风、排水以及地质预报等，平行导坑的掘进，应以快速为中心，因此应超前于正洞，超前的距离愈长愈好，通常需超前两个横通道。如不为增辟工作面，超前也不宜小于一个横通道的间距，以利正洞的通风与排水。横通道的间距应根据施工需要、工程进度及地质情况确定，一般不小于120m。

正向横通道的方向是由平行导坑斜向正洞的掘进方向。当运输量大时，则可每隔5~6个横通道设置一个反向横通道，便于增加运输回路，利于车辆调度。

12.4.4 连接平行导坑和正洞的横通道交叉口处的开挖，应在平行导坑和正洞开挖至其位置时，将该处一次挖好，这样有利于通风、出渣，不影响平行导坑和正洞的掘进速度。采用轨道运输时，还应及时铺好道岔，接通轨道。

13　辅助施工方法

13.1　适用范围及一般规定

13.1.1　隧道在浅埋地段、自稳性差的软弱破碎地层、严重偏压、岩溶流泥地段、砂土层、砂卵(砾)石层、断层破碎带以及大面积淋水或涌水地段施工时,常会发生开挖面围岩失稳,或由于初期支护的强度不能满足围岩稳定的要求以及由于大面积淋水、涌水而导致洞体围岩丧失稳定而产生坍塌、冒顶等,这不仅使围岩条件更加恶化,给施工带来极大的困难,而且影响施工安全,延误工期、费工费料,影响工程质量和隧道使用年限。为了避免上述情况,可在隧道挖前或开挖中采用辅助施工方法以增强隧道围岩稳定。

隧道通过上述地质地段时,是否一定要采用辅助施工方法,这应根据隧道所处的地质和水文地质条件、隧道长度、埋置深度、施工机械装备、工期和经济等方面考虑决定。

13.1.2　条文中前4款主要是针对辅助施工方法的,后1款则是针对整个隧道施工。这5款规定是确保施工安全和进度所不可缺少的。

隧道的整个施工过程应先支护(强支护)后开挖(短进尺、弱爆破)、快封闭、勤量测,这是在不良地质地段隧道施工均应遵守的原则。这既是对施工实践的高度概括,也是保证施工安全应采用的方法和步骤。

先支护后开挖的意义在于事先增强岩体稳定性,只有增强了岩体的稳定性后,才能进行开挖作业,才能保证隧道施工的安全,也为大断面少分块的开挖方法创造了条件。

由于地质条件千变万化,在施工中应经常观察、检查、量测,力控险情,以防突然事故发生。

13.2　稳定开挖面的方法

13.2.1　稳定开挖面、防止地表地层下沉常用的辅助方法较多。一般可分为对地层预支护与预加固两大类。使用时,可结合隧道所处的围岩条件、隧道施工方法、进度要求、机械配套、工期等进行比选,有时可采取几种方法综合处理。

13.2.2　地面砂浆锚杆是对地层预加固的一种方法,它适用于浅埋、洞口地段和某些偏压地段。为使预加固有较好的效果,锚固砂浆在达到设计强度的70%以上时,才能进行下方隧道的开挖。

13.2.3　超前锚杆或超前小钢管支护是一种超前预支护的方法。一般适用于在浅埋松散破碎的地层内。首先用凿岩机或钻孔台车沿隧道外轮廓线向外钻孔,然后安设锚杆或用钻机将小钢管顶入。超前锚杆根据围岩情况,可采用双层或三层。一般超前锚杆或超前小钢管设置后,即可进行开挖,但应保证前后两组支护在纵向应有不小于100cm的水平投影搭接长度。超前锚杆支护若采用一般砂浆作胶结物时,爆破后很可能影响其强度。为此宜采用早强砂浆作为锚杆与岩层孔壁间的胶结物,以尽早发挥超前支护作用。

13.2.4　管棚钢管超前预支护适用于极破碎的地层、塌方体、岩堆等地段。在这些地段内辅以灌浆效果好。当遇有流塑状岩体或岩溶、严重流泥地段,采用与围岩预注浆相结合的方法,也是一种行之有效的方法。

管棚钢管沿隧道开挖轮廓线纵向设置,其长度为10~45m,应视地质情况选用。为保证开挖后管棚钢管仍有足够的超前长度,纵向两组管棚搭接长度应大于3.0m。管棚钻孔环向间距应视管棚用途而定,如果考虑防塌与防水,一般为30~50cm。

管棚钢架超前支护施工流程为：制作管棚钢架→测设中线及水平基点→检查已开挖断面尺寸及形状→安设管棚钢架→钻管棚钢管孔眼→打设管棚钢管→开挖断面→喷射混凝土→安设初期支护钢架→锚喷。

管棚钢架及钢管应按设计尺寸制作。钢架分节长度一般宜小于4m。

为便于检查开挖断面的尺寸及形状，在施工中应设置控制点。中线施工控制点在直线地段宜每10m设一个，曲线地段宜每5m设一个，中线控制点应设在拱顶处，水平施工控制点宜每10m设一个。已开挖好的断面中线、水平等偏差应小于±3cm。

管棚钢架在安装前应清除底脚处的虚渣，严禁钢架置于虚渣上，在超挖处应垫放型钢等以调整高差。分片钢架在开挖面组装成榀整钢架，每节连接螺栓应拧牢固。钢架立起后，根据中线、水平将其校正到正确位置，然后沿底脚两边每隔2m同时用对口楔子将钢架与围岩间楔紧。

钻设管棚钢管孔眼，应采用与管棚钢管长度相适应的钻机进行。一般当长度小于15m时，可用钻孔台车或重型风钻钻孔；长度大于15m时，用地质钻机钻孔。当出现卡钻、塌孔时，应注浆后再钻。也可直接将管棚钢管钻入，但开孔时应低速低压，成孔后可加压到1.0～1.5MPa。

用钻孔钻机将管棚钢管顶入钻孔中；当地层松软时也可直接将钢管打入地层。

13.2.5 超前小导管周壁预注浆是沿隧道开挖轮廓线向外将管壁带孔的小导管打入地层内（有时亦可在开挖面上将小导管打入地层），并以一定的压力向管内压注浆液。它既能将坑道周围岩体预先加固及堵住围岩裂隙水，又能起到超前预支护的作用。这种方法，施工简单，且注浆时间短。但由于注浆压力不高，一般为0.5～1.0MPa，所以加固的地层范围较小，有时还需辅以钢架支撑，以稳定围岩。适用于自稳时间很短的砂层、砂卵（砾）石层、断层破碎带、软弱围岩浅埋地段或处理塌方等地段。

为加速注浆，可在小导管前安装分浆器，一次可注入3～5根小导管。注浆前，拌浆可按下列步骤进行：

（1）水泥浆液搅拌应在拌和机内进行，根据拌和机容量大小，严格按要求投料。

（2）搅拌投料的顺序为：在放水的同时，将外加剂一并加入搅拌，待水量加足后，继续搅拌1min，再将水泥投入，搅拌时间不应小于3min，并在注浆过程中不停搅拌。

（3）采用水玻璃浆液时，其浓度宜为25～40°Be。为稀释水玻璃，宜采取边加水，边搅拌，边用波美计量测的办法进行。

（4）配制水泥浆或稀释水玻璃浆液时，严防水泥包装纸及其他杂物混入。拌好的浆液在进入贮浆槽及注浆泵之前均应对浆液进行过滤，未经过滤网过滤的浆液不允许进入泵内。

（5）配制的浆液应在规定时间内注完。

注浆后至开挖的时间间隔，应视浆液种类决定。当采用单液水泥浆时，开挖时间为注浆后8h，采用水泥-水玻璃浆液时为4h左右。这主要是保证注浆材料有充分的胶凝时间，使其与地层充分胶结硬化，达到加固、堵水的目的。

13.2.6 超前围岩预注浆又称长孔注浆，它是加固地层、封堵水源的一种方法。适用于软弱围岩及断层破碎带、自稳性差的含水地质地段。注浆孔深一般在15～30m。注浆孔可在地表面或开挖面正面分层布置，在纵向呈伞形辐射状。要求注浆孔孔底间距按各个注浆孔的扩散半径相互重叠的原则确定。

8～16m的浅孔可采用钻孔台车钻注浆孔；当孔深超过16m时，则应采用重型风钻或钻机钻孔。

注浆孔孔径ϕ75～110mm；注浆终孔间距按1.5～1.6倍浆液扩散半径决定，一般为2～3m。浆液扩散半径为1～2m。注浆范围为开挖轮廓线以外0～3m。

安装注浆管时，应在注浆管孔口处用胶泥与麻丝缠绕，使之与钻孔孔壁充分挤压塞紧，实现注浆管的止浆和固定。胶泥凝固到有足够强度后，方可进行注浆。

注浆压力是促使浆液在地层裂隙中流动扩散的一种动力，必须有足够的压力来克服水压和地层裂隙阻力才能使浆液扩散充填，达到堵水和加固、堵水的作用。因此注浆压力应根据岩性、注浆目的、施工条件、涌水压力等因素在现场试验确定。但注浆终压一般为1.5～4MPa。对于密实性好，颗粒较小的中、细、粉砂及砂黏土，注浆压力可稍高些，有特殊要求的地段，如为防止地表隆起影响地面建筑物安全时，注浆压力应适当降低。一般应在现场试验确定。

注浆方式有前进式、后退式及全孔一次式等，可根据涌水量大小及注浆孔的深度选用。当钻孔遇有较大涌水时，应暂停钻孔，待再压浆后，重复钻孔、注浆，这种注浆方式称为前进式注浆。当钻孔中涌水量较小时，则钻孔可直钻到设计深度，然后从孔底向孔口进行分段注浆，这种注浆方式称为后退式注浆。当钻孔直至孔底，然后一次注浆完毕，这种注浆方式称为全孔一次注浆。一般在软弱地层中多采用分段前进式注浆。

注浆顺序一般总是先注无水孔，后注有水孔。在无水地段可从拱脚起顺序注浆，也可从拱顶起顺序注浆。注浆速度根据注浆孔出水量大小而定，一般应从快到慢。

浆液的调制步骤可按本节13.2.5条说明执行。

注浆结束后应及时对注浆效果进行检查，检查方法通常有下列三种：

(1)分析法　分析注浆记录，查看每个孔的注浆压力、注浆量是否达到设计要求；注浆过程中漏浆、跑浆是否严重，从而以浆液注入量估算浆液扩散半径，分析是否与设计相符。

(2)检查孔法　用地质钻机按设计孔位和角度钻检查孔，提取岩芯进行鉴定，同时测定检查孔的吸水量(漏水量)单孔时应小于1L/(min·m)；全段应小于20L/(min·m)。

(3)声波监测法　用声波探测仪测量注浆前后岩体声速、振幅及衰减系数等来判断注浆效果。

注浆效果如未达到设计要求时，应补充孔再注浆。

超前围岩预注浆加固地层，尤其是深孔预注浆加固地层是一种费工、费料、工期长、技术难度大、投资高的一种方法。注浆技术的成败取决于多种因素。诸如，注浆孔口及注浆管封堵、浆液调制、配合比、胶凝时间、止浆墙、注浆孔的布置与注浆压力等。这些都应在现场根据实际情况来确定。因此，在进行超前围岩预注浆前，应搜集有关注浆地段的岩性、涌水量、涌水压力、水温、涌水的化学性质等，以决定注浆设计参数(包括注浆范围、浆液的选定和设计配合比、胶凝时间、注浆量、注浆孔的布置、注浆顺序和方式、注浆压力)。为了获得理想的注浆效果，并考虑到由于注浆而引起对周围环境的变化，在现场还应做单孔或群孔的注浆试验，从而掌握岩土的渗透性、土颗粒的组成、空隙率、饱和度及地下水量、水压和水质等物理化学性质。整个过程难度大，故往往只用在特殊的地质地段上。

对于粒径小于0.05mm的粉砂及黏性软弱地层或断层泥地段，为节省注浆材料尚可使用周边劈裂预注浆或周边短孔预注浆。

周边劈裂注浆或周边短孔预注浆均是沿隧道开挖轮廓线周边布孔、注浆，所不同的是周边劈裂注浆是依靠浆液压力，将原来没有缝隙的地层压裂成缝，然后使浆液充填、固结，从而达到加固地层和堵水的作用。周边短孔注浆只是固结开挖面周边一定厚度的围岩，使之形成一个薄壳，从而提高围岩的整体性，防止漏渣坍塌或软化断层泥，堵住部分地下裂隙水。

13.2.7　注浆材料的可灌性要好，易注入岩石裂缝中；要求早期强度高且后期强度下降不大，有一定的胶凝时间，其结石体透水性低，材料配合及操作简单，料源广，价格便宜，不会污染地下水，对操作人员无伤害等。详细内容参见本规范10.3节有关的说明部分。

13.2.8　常用的注浆泵、钻机及搅拌机分别见表51～表53，供选用时参考。

常用注浆泵　　表51

序号	名　称	规格型号	主要技术指标		产地(厂家)
			P(MPa)	Q(L/min)	
1	液压调速注浆泵	YSB-250/120	12	250	
2	双液调速注浆泵	2TGZ-60/210	21	60	锦西注浆泵厂
3	双液调速注浆泵	2TGZ/120/105	10.5	120	锦西注浆泵厂
4	液压注浆泵	YZB-50/70	7	50	石家庄煤矿机械厂
5	隔模计量泵	2MJ-3/40	4	50	
6	泥浆泵	BW-250/50	5	250	衡阳探矿机械厂
7	泥浆泵	TBW-200/40	4	200	衡阳探矿机械厂
8	液压注浆泵	HFV-C	13	200	日本

续上表

序号	名　　称	规格型号	主要技术指标		产地(厂家)
			P(MPa)	Q(L/min)	
9	液压注浆泵	HFV-2D	20	100	日本
10	双液液压注浆泵	HFV-5D	10	70×2	日本
11	双液液压注浆泵	PF-40A	15	113×2	日本
12	液压注浆泵	ZBE	10	90	瑞典
13	化学灌浆计量泵	HGB	5	50	电力部华东设计院
14	立式双缸化学灌浆泵	HG20-12	2	12	
15	手压泵		3	5	

开挖面预注浆常用钻机　　表52

序　号	名　　称	规格型号	主要技术指标	产地(厂家)
1	坑道钻机	KD-100 回转	钻深100m,开孔108mm,360°	北京探矿机械厂
2	探水钻机	TXU-75 回转	钻深75m,开孔108mm,360°	石家庄煤矿机械厂
3	地质钻机	TXU-100 回转	钻深100m,开孔108mm,360°	石家庄煤矿机械厂
4	地质钻机	TXU-200 回转	钻深200,开孔108mm,360°	石家庄煤矿机械厂
5	钻机	SGZ-1 回转	钻深150m,开孔108mm,360°	水电部杭州钻探机械厂
6	导轨式独立回转凿岩机	YGZ-90	钻深30m	南京战斗机械厂
7	注浆钻机	PD-200	钻深70m,左右40°上下25°	日本
8	凿岩机	PR-123	钻深70m	日本
9	凿岩机	PR-143	钻深120m	日本
10	凿岩机	DIAMEC-260		瑞典
11	两臂液压台车	TH286		瑞典

常用进口搅拌机　　表53

序　号	名　　称	型　号	主要技术指标	产地(厂家)
1	上下双筒搅拌机	MVT-400	有效搅拌400L	日本
2	水平双筒搅拌机	MS-400	有效搅拌400L	日本
3	叶片立式搅拌机	CEMAG-400	有效搅拌400L	瑞典
4	立式搅拌机	CEM-200	有效搅拌200L	瑞典

13.2.9　遮挡壁法一般用于浅埋遂道,且隧道上方两侧(或一侧)地表有建筑物。此时可在隧道两侧(或一侧)从地表向下打入板桩,形成遮挡壁,以限制因隧道开挖造成围岩松弛的范围传到遮挡壁以外,从而保证了地表建筑物的安全。这种方法常用的有混凝土连续壁法和采用钢管、H型钢、钢板桩等遮挡壁法。

特殊钢背钣顶进法是稳定开挖面的一种方法。它使用特殊加工的钢背钣,用千斤顶将其水平地压入围岩内。钢背钣有空隙的部位,要用楔块楔紧。此法需要设置推进基地,钢背钣需钢支撑支持。其前端成为悬臂梁,受到土压后会下挠,故应注意其刚性及支撑间距。

锚索法与地面砂浆锚杆大致相同,只是用柔性的锚索取代锚杆。锚头应锚固在混凝土块体上。

在洞口附近,当地层的承压力不足而可能引起地表不均匀下沉时,可采用钢筋混凝土管桩法进行加固。

13.3　涌水的处理方法

13.3.1　施工中对涌水的处理应慎重,事先根据设计文件对隧道可能出现的涌水地段进行详细的调查、分析,掌握涌水量、补给方式、变化规律及水质成分等,然后按照"防、排、截、堵"相结合的原则,因地制宜制定治理方案。应该强调的是在选择治理方法时,一定要考虑到隧道周围的环境条件,否则后患无穷。

13.3.2、13.3.3 超前钻孔或辅助坑道排水一般用于开挖面前方有高压地下水或有充分补给源的涌水,且排放地下水不会影响围岩稳定及隧道周围环境条件。

采有辅助坑道排水,常可利用施工、通风、地质勘察等之用的辅助坑道。也可经技术经济比较后,专门开挖一条辅助坑道排水。

超前钻孔排水是防止承压水突然袭击的措施。为达到较好的效果,应对地质和水文地质进行详细调查分析,判明地下水流方向,估计可能发生的涌水量,然后布置钻孔位置、方向、数目和每次钻进深度。应备足抽水设备,在钻孔口预先埋管设阀,控制排水量,以防承压水冲击及淹没坑道等意外险情的发生。必要时,施工人员撤出危险区。

13.3.4 超前围岩预注浆堵水主要用于:地下水丰富且排水时挟带泥沙引起开挖面失稳,或排水后对其他用水(如灌溉用水、工业用水、生活用水)影响较大,或斜、竖井施工时排水费用较注浆堵水高时。

注浆有效范围在一般情况下为隧道开挖半径的2~3倍。当地下静水压力大于2.5MPa时,为开挖半径的4~6倍。对周边封闭预注浆时,则为隧道开挖轮廓线外0~3m。

浆液扩散半径根据不同的地质条件、注浆压力、浆液种类等在现场试验确定,亦可按工程类比法选定,并在施工中不断修改。

注浆终孔间距根据注浆帷幕厚度、浆液扩散半径(一般为2~4m)以及各孔相互重叠的原则确定,一般为浆液扩散半径的1.5~1.7倍。注浆孔应按梅花型布置。

注浆量可根据浆液扩散半径、注浆段长度及地层孔隙按下列公式估算:

$$Q = \pi r^2 Hn\alpha\beta$$

式中:Q——注浆量(m^3);

r——浆液扩散半径(m);

H——注浆段长度(m);

n——地层孔隙率;

α——有效注浆系数($0<\alpha<1$,一般可取0.7~0.9);

β——浆液耗损系数($\beta>1$,一般可取1.1~1.4)。

注浆压力根据涌水压力、岩性、注浆目的等因素决定。注浆终压一般为地下静水压的2~6倍。

注浆堵水施作要点与注浆加固基本相同,但要求较高,当遇有高压涌水时,为使注浆堵水能取得较好的效果,除了采取先排水待降低地下水压后再进行注浆堵水的方法外,有时也可选择在地下水的稳定期或衰减终期进行。否则,由于地下水压力高,流速快,钻注施作困难,涌水对浆液的稀释作用强,注浆质量不易保证。

在动水条件下,为减少动水对浆液的稀释排挤作用,根据地质情况和涌水量的大小,可在浆液中掺入适量的速凝剂。

值得提出的是注浆堵水有时不一定能完全将水堵住,这与很多因素有关。即使如此,由于大部分水量被堵留在离隧道较远处,部分未堵住的水须经过较细小的通道,流过较长的路径,此时到达隧道的水量和水压自然会有所减小,在这一意义下也可说做到了大水堵成小水,达到了便于施工的目的。

13.3.5 井点降水是在隧道内用来降低地下水的一种方法。一般适用于渗透系数为0.6~80m/d的匀质砂土及亚黏土地段,井点应根据地层的渗透系数、降水范围及降水深度而定。

轻型井点系统包括管路系统(井点管和总管)和抽水设备两大部分。

抽水设备常用的有真空泵和射流泵,射流泵较真空泵功率消耗小,重量轻,结构简单,价格便宜,可优先选用。

井点施工包括井管埋设和填砂、抽水设备安装及运转使用等。井管埋设常用的方法有:高压冲枪冲孔埋管(冲管为ϕ50~70mm钢管)与钻孔埋管两种。钻孔埋管的步骤为:钻孔→设置井点管→周围回填砂,形成的孔径不宜小于20cm。填砂的目的是作为过滤透水层,它直接影响井点抽水的效果。

为了提高抽水效率,滤水管应深入到含水层中,且总管的标高宜接近原有地下水位,总管应有

1/300～1/500的下坡度朝向水泵设备。为避免滤管孔口的堵塞，抽水机一旦启用，最好能连续不间断地工作。

13.3.6 深井井点降水主要用于覆盖较浅的均质砂土及亚黏土地层中的隧道。

深井井点一般布置在地表面靠隧道两侧，它的特点是将水泵直接放入井管中，依靠水泵的扬程（可达30～40m以上）把地下水抽到地面。每井一泵，独立工作，在各井点之间不用集水管路连接。打井的设备及安装费用较高，并需要有专业队伍。

目前常用的深井泵有将电动机设置在地面的深井泵（如国产的JD型深井泵）和深井潜水泵（如国产的JQB型潜水泵）两种。

14 特殊地质地段的施工

14.1 一般规定

14.1.1 特殊地质地段是指膨胀性地层、软弱黄土地层、含水未固结围岩、溶洞、断层、岩爆、流沙等地段以及瓦斯溢出地层。由于这些岩层地质成因复杂，具有突发性，对隧道施工危害极大，仅靠常规的施工技术和方法是难以克服的，因此，本条文提出除遵守一般技术要求外，还应遵守本章规定，采用辅助方法施工。

14.1.2 不良地质地段的变异条件是非常复杂的。施工前根据设计文件提供的地质资料和施工调查制定的措施和对策，不可能自始自终符合实际情况，因此，在施工过程中应经常观察地层的变化，检查支护、衬砌的受力状态，及时排险，防止突然事故的发生。

现场围岩及结构变形量测以及对设计、施工的反馈，对于隧道结构物来说，具有积极的意义，效果是显著的。不良地质地段，围岩变形大，速度快，事故具有突发性，因此，积极采取现场围岩变形量测，及时了解变形量、变形时间及空间变化规律是非常有益的，这样，开挖与支护就有了科学依据，减少了施工中人为主观因素。

14.1.3 本条文提出2款注意事项是考虑到特殊地质如坍塌、自稳性差等情况，除了采用一般喷锚技术并遵守有关规定外，还应采用针对性较强的辅助方法。

大面积淋水地段不宜采取喷锚支护，是考虑到喷射混凝土由于水的作用难于与岩面黏附，锚杆砂浆容易被稀释，无法发挥其支护作用。

14.1.4 不宜采用喷锚支护的地段，主要是指大面积淋水地段、围岩压力特别大且变形速率很快的恶劣地质地段等。本条文作出5款施工注意事项，其目的是充分发挥构件支撑的作用。

14.1.5 特殊地质隧道施工时，隧道容易崩坍，掌子面自稳性差，所以不宜采取全断面开挖。

14.1.6 支撑下沉侵入衬砌设计断面，将影响衬砌尺寸和受力状态，是不允许的，因此必须挑顶，以消除支撑侵入衬砌空间部分。

14.1.7 先护后挖的方法对于虽破碎但仍具有一定自成拱能力的围岩是合适的，但对于极松散的未固结围岩显然是不够的，对此，应采用压注砂浆及化学浆液的方法，以固结围岩，提高其强度。

14.1.8 特殊地质地段隧道衬砌采用模筑衬砌时，应遵守本规范第8章的有关规定，此外，本条文提出3款注意事项，是考虑到由于围岩松弛，地压力全部作用在衬砌环上，如施工不慎，即使很厚的衬砌也会出现开裂、下沉等不良现象，后果是严重的，因此对模筑衬砌施工应慎之又慎，决不能马虎。

14.2 膨胀性围岩

14.2.1 泥岩、凝灰岩、页岩、蛇纹岩、泥质凝灰岩及有地热效应的土质地层等具有膨胀特性。膨胀性围岩在位移变形和地压力的增长特性方面均显示出特殊的性态，即在隧道开挖后出现洞壁慢慢向洞内挤入的现象，严重时，开挖断面显著缩小而影响施工。这种位移不仅出现在洞顶，也出现在侧壁及底部，这是一个很重要的特点。另外，这种洞壁位移挤压支撑或衬砌，会使支撑或衬砌受到很大的土压。这种土压，刚开挖过后即使非常小，但随着时间逐渐增大，数天至数十天之后形成了强大的地压力；有时地压和增长率虽不大，但可持续数年之久，收敛期长。

在膨胀性地层中开挖隧道，除了开挖前应调查其特性和规模，并参考其他类似情况的工程实例之外，在施工过程中有必要对围岩压力及其流变情况进行充分的调查和量测，以便根据围岩动态采取适当的施工措施。如原设计方案难以适应围岩动态情况,也可据此作适当修正。

14.2.2 膨胀性围岩中,不仅在隧道的顶部,同时在其侧壁和底部也有很大的地压力作用。因此,为了防止开挖面附近(包括开挖面前方)的围岩松弛,尽早使支护、衬砌全断面闭合是很重要的。

如果隧道断面分部过多,各断面间相互干扰,先行坑道随着后续工作面的靠近会受到地层偏压,常导致一度降低了的地压力再次增大。从这个角度考虑,全断面开挖法是较为合理的方法,但是膨胀性围岩隧道的开挖面自稳性较差,因此基本上不采用全断面开挖,取而代之,宜采用短台阶法开挖。

采用短台阶法或中央导坑法开挖时,上半断面用喷射混凝土临时闭合(含上半部仰拱),这对控制上半部的下沉、变形是很有效的。如果开挖面自稳性很差,亦可采用三台阶以上的多台阶法开挖,注意每一台阶开挖后应及时施作临时仰拱,以达到尽快闭合。

14.2.3 膨胀性围岩隧道,不管采用什么类型、形状的支护,如果处于非闭合状态,则难以产生足够的承载力,所以本条提出选择支护方式的原则。

由喷射混凝土、锚杆、钢支撑等组合成的支护,应尽可能使其在开挖面周壁上迅速闭合,如果是台阶开挖,则应在上半部开挖后尽快作上半部闭合,使围岩尽早受到约束。

关于锚杆的作用效果,有各种不同的观点,但对膨胀性围岩,一般认为是非常有效的。根据国内外研究成果,在膨胀性围岩中,将较短锚杆适当加密布置,其支护效果较佳;当然,锚杆也不能过短,应通过试验或借鉴其他工程实例来确定。

喷射混凝土具有防止围岩松弛和风化、滞延围岩变形等效果,在膨胀性围岩中其效果较为显著。在喷射混凝土的同时,亦采用钢筋网。围岩变形非常大时,为提高喷射混凝土的抗拉和抗剪能力,宜在混凝土中掺入钢纤维。

关于钢支撑,国外普遍采用型钢支撑(如H、U型等)。型钢支撑刚度大,支撑能力强,但与喷射混凝土的黏着性差,两者共同作用的效果不如钢筋格栅支撑好。采用哪一种为好,应根据工程实际情况及围岩变形状态而定。

14.2.4 当采用型钢支撑时,应将钢架做成可缩性结构,以适应围岩的流变特性。本条文提出5款支撑安装要求,是考虑到膨胀性围岩变形大等特点而提出来的,其目的是提高钢架支撑在围岩中的适应性,充分发挥其支撑作用。

14.2.6 膨胀性围岩隧道开挖后,围岩向内挤压变形一般是在四周同时发生,所以要求隧道衬砌采用封闭式结构。从构造力学的角度考虑,拱部、边墙及仰拱同时完成,形成整体结构,其受力状态最佳,但受施工条件的限制,往往难以实现。于是,灌筑拱圈部分时,宜设置临时仰拱或卡口梁,以使拱圈在边墙、仰拱未完成前自身形成临时封闭结构。

14.3 黄土

14.3.1 我国北方许多地区属第四纪黄土质砂黏土地层,这种地质强度低,山体松弛,特别怕遇水。在此种地层中开挖隧道,容易出现坍塌,尤其是一旦渗漏水,围岩强度大幅度降低,严重时,完全失去自稳能力。为此,本条文提出5款施工要求。

黄土围岩物理力学指标如表54所示。

黄土围岩物理力学指标 表54

序号	项目	单位	指标
1	天然容重	kN/m^3	≥17
2	天然含水率	%	12~19
3	塑性指数		≥10
4	凝聚力	MPa	≥0.06
5	内摩擦角	(°)	≥24
6	变形模量	MPa	90~150

14.3.2 黄土围岩开挖后暴露时间过长,围岩周壁风化至内部,围岩体松弛加快,进而发生坍方,因

此，本条文提出宜采用复合式衬砌，即开挖后尽快施作喷射混凝土层，同时打入锚杆，辅之钢筋网和钢支撑，以形成严密的支护体系。

14.3.3 洞内施工排水沟的设置应与开挖等作业同步进行，不能滞后。这是考虑到如果排水沟设置不及时，当开挖面出现突发水时，无法及时排水，造成大量积水，其后果是严重的。

14.4 溶洞

14.4.1 岩溶是可溶性岩层（如石灰岩、白云岩、白云质灰岩、石膏等）受具有溶解能力（含 CO_2）的水长期作用而产生的。

14.4.2 当隧道穿过可溶性岩层时，常遇到大小不等、部位不同、充填物及充填程度不同、含水量各异的溶洞，它们不管是处于隧道的什么部位，都给施工带来一定的困难，主要表现如下：

(1)溶洞位于隧道底部，充填深而充填物很松软，隧道基底难以处理。

(2)溶洞位于隧道顶部，围岩容易坍塌，洞穴处理困难。

(3)溶洞岩质破碎，常发生坍方，有时遇到大的水囊或暗河，岩溶水或泥沙夹水大量涌入隧道。

(4)有时遇到填满饱含水分的充填物。隧道挖至该充填物的边缘时，含水充填物不断涌入隧道内，难以遏止，结果地表开裂下沉，山体压力骤然增大。

由于岩溶对隧道施工的危害是多方面且严重的，因此即使设计阶段作了调查，施工中也有必要进一步调查，重点是与施工有密切关系的溶洞。溶洞分布范围是指距隧道开挖面的距离、方位、标高等；类型是指溶洞大小、发育与否、有水与否以及岩溶水补给来源等。

14.4.3 本条文针对岩溶的主要危害提出几种对策，在采用时可根据具体情况确定，必要时可综合运用。

14.4.4 条文中提出8款施工注意事项，是针对岩溶地段的特点提出来的。

14.4.4.7 对岩溶水应作预报。超前预报地下岩溶水有许多方法，应根据具体情况采用，这里介绍一种实用且较为简单的方法。基本原理是利用爆破后的出水量和爆破前炮眼水喷距的一定比例关系，用喷距的大小来预报开挖后的涌水量。从水力学角度考虑，爆破后的水量比爆破前有所增加，是因为消除了炮眼一段的阻力（包括流速水头）。放炮前后的水量差和这一段水头损失呈较复杂的函数关系，该段水头损失又和炮眼水流射速呈固定的函数比例关系，因此根据炮眼口水流射速可以预报爆破后的水量。炮眼水喷射速度不易实测，但它和炮眼水喷射的水平距离有一定的比例关系，即：

$$S = v \cdot \sqrt{2Y/g} \tag{16}$$

式中：S——水平喷距（m）；

Y——炮眼与路面垂距（m）；

v——射速（m/s）；

g——重力加速度。

因此，在实际应用中可用喷距代替射速。炮眼喷距与炮眼流量和涌水流量的关系如图54所示。

该预报方法的具体做法是：①暂时封闭水量较小的炮眼，只留一个喷距最远的炮眼，测量其喷距；②把实测喷距换算成标准条件下的喷距，即高出路面1m（$Y=1$）时的水平喷距；③根据换算后的喷距，对涌水量进行预报，根据计算结果和工程经验，一般喷距小于5m，为裂隙渗水和中、小股涌水，流量小于100m³/h；喷距5～9m，为小型突水，流量为100～400m³/h，这时可加大炮眼长度，试探前进；喷距9～12m，为中型突水，流量在300～400m³/h以上，这时暂停施工，并查明情况；喷距在12m以上，为大型突水，应停止施工，撤出施工机械，查明情况，从速处理。

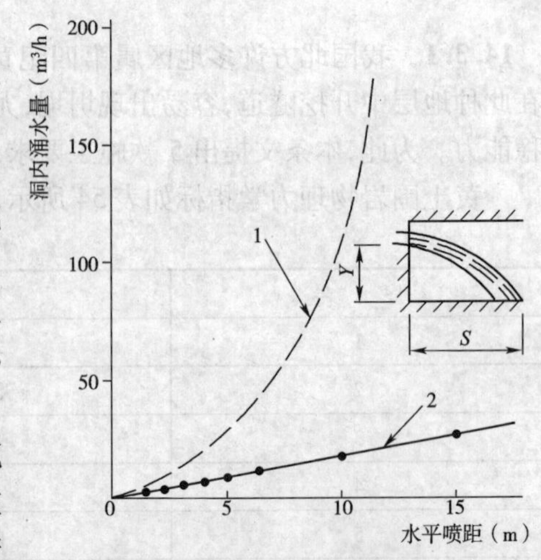

图54 炮眼喷距与炮眼流量和涌水流量关系曲线

注：1-实测隧道涌水量；2-实测炮眼流量

14.4.4.8 溶洞内不得任意抛填开挖弃渣，是考虑到衬砌背后的空洞随着时间的流逝,仍然蕴藏着程度不同的地压力。没有形成受力结构的乱抛弃渣体是难以承受强大地压力的,其结果,衬砌受力增大,安全受到影响。因此,该款提出不得乱抛弃渣体于洞穴中。

14.5 塌方

14.5.1 隧道塌方一般由地质差、断面大和施工不当等原因引起。塌方的主要类型和原因如下:

(1)断层带及楔形部位塌方;

(2)正洞与辅助坑道或避难坑道连接处塌方;

(3)地层覆盖过薄地段塌方,其中主要发生在沿河傍山浅埋、偏压地段、沟谷凹地浅埋地段和丘陵浅埋地段等;

(4)开挖方法和爆破药量不当,以及工序不紧凑等引起塌方;

(5)洞口地段支撑不当引起塌方;

(6)洞口刷方过高以及地表水处理不当引起塌方。

14.5.3~14.5.5 处理塌方常视塌方规模大小而定。所谓大小是按塌方地段的塌穴高度、长度范围和塌渣量来区分。小塌方较容易支护与回填,以清为主;大塌方情况较复杂,一般隧道衬砌后需要回填,因此原则上暂不清除衬砌断面线外的塌渣;为了保护塌体上部的围岩,应采取先护后挖,谨慎施工,稳妥前进(图55)。

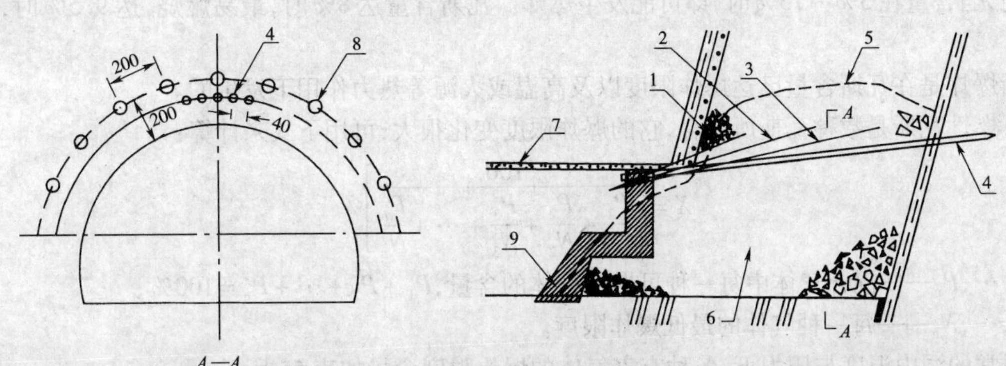

图55 大规模塌方处理实例(单位:cm)

注:1-第一次注浆;2-第二次注浆;3-第三次注浆;4-管棚;5-塌线;6-塌体;7-初期支护;8-注浆孔;9-混凝土封堵墙

14.5.6 塌方回填比常规回填规模大,数量多,难度大,应给予足够重视。当塌穴特别大,难以全部填满时,可采取喷锚支护对塌穴壁面进行加固后,用浆砌片石回填一定厚度,其间用钢支撑支护。当为这种情况时,应提高衬砌强度。

回填体为松散体,无法成拱,因此衬砌承受力很大,此时应按松散体荷载计算衬砌的厚度。

14.5.7 塌方地段,防排水与回填处理同等重要,应一并考虑。据工程经验,出现塌方往往与水的作用有关,因此治塌应同时治水。

雨季施工尤其要防止地表水向下渗漏,及时做好截排水沟。塌方冒顶时,应在陷穴口地表面四周挖沟排水;陷穴回填标高应高出地面并封口,以防止由于雨水的作用导致陷穴口扩大并进水。

14.5.8 由于受高地压力作用,即使完整性好且岩石坚硬的岩体也会自身爆裂,隧道开挖后,岩块飞扬,严重时,几吨重的岩石从顶部坠落,并发出轰轰的山鸣声,造成岩爆性塌方。

规范条文中提出6款措施,是为了提高初期支护的能力及施工安全,尽量减少人员伤亡和机械损失。采用摩擦型锚杆的目的,是增强围岩中岩块之间的联结能力,提高其整体性。

岩爆具有很强的突发性,目前国内上还没有很成熟的预报方法。但国内外一些隧道工程采用声波探测预报岩爆获得成功,值得我国借鉴。

14.6 流沙

14.6.1 为治理流沙,了解它的规模、特性、类型是有必要的,因此施工中有条件时应进行地质调查。

14.6.2 流沙是砂土或粉质黏土在水的作用下丧失其内聚力后形成的,多呈糊浆状,对隧道施工危害极大,所到之处,围岩失稳坍塌,支护结构变形,甚至倒塌破坏。对此,本条文提出6款治理措施,其核心是治水。当遇到流沙时,除尽快设法排除外,要赶紧封闭流沙通道,尤其是开挖面附近更要采取强有力措施,否则,可能由于流沙作用不得不封洞停止施工。由于流沙的破坏,导致隧洞淤死或影响日后营运安全的隧道,在国内外不乏其例。

14.6.3 流沙地层开挖隧道,由于围岩软弱,边墙马口开挖长度不宜过大。本条文中提出不得大于2m,是总结国内外其他隧道工程的施工经验得出来的。

流沙地层隧道衬砌,拱部、边墙及仰拱应形成封闭环。三者的灌筑时间应尽可能靠近,这样,即使围岩中出现流沙也不会对洞身衬砌造成破坏。

14.7 瓦斯地层

14.7.1 这里所说的瓦斯是指甲烷瓦斯,它的密度仅为空气的一半。在隧道内,瓦斯容易存在于导坑顶部,其扩散速度比空气大1.6倍,很容易透过裂隙发育、结构松散的岩层。

瓦斯一般不会自燃。燃烧的火焰颜色随瓦斯含量的增大而变淡,空气中含有少量瓦斯时火焰呈蓝色,浓度含量达5%左右时,火焰呈淡青色。隧道中的瓦斯含量在5%以下时,不会发生爆炸,但会在高温下燃烧,当含量在5%~15%时,即可能发生爆炸。瓦斯含量达8%时,最易燃烧,达9.5%时,爆炸力最猛。

瓦斯爆炸是在瓦斯含量已达爆炸限度以及高温或火源等热力作用下发生的。

若可燃性瓦斯是数种瓦斯所混合,它的爆炸限度变化很大,可用下式来计算:

$$X = \left[\frac{100}{\frac{P_1}{N_1} + \frac{P_2}{N_2} + \frac{P_3}{N_3} + \cdots + \frac{P_n}{N_n}}\right]\%$$

式中:$P_1,\cdots,P_n$——混合气体中每一种可燃性气体的含量,$P_1 + P_2 + \cdots + P_n = 100\%$;

$N_1,\cdots,N_n$——每一种气体的最低爆炸限度。

在通常的洞内温度与压力下,各种有害气体的爆炸限度含量如表55所示。

表55

气体名称	爆炸限度含量	气体名称	爆炸限度含量
甲烷	5.3%~14%	二氧化碳	12.5%~74%
氢氧	4.1%~74%	乙烯	3%
乙烷	3.2%~12.5%	苯	1.1%~5.8%

14.7.2 先开挖导坑可探查瓦斯的种类和含量,并起到稀释浓度的作用。国内一些公路隧道遇瓦斯溢出时,采取超前导坑处治,效果良好。

14.7.3 根据工程实际作业情况,并参考《铁路工程施工技术手册》(隧道篇),制定了5款规定。

14.7.5 瓦斯遥测装置的主机可置于人行横通道或距探头较远的其他地点,探头挂置于开挖面的回风流中,声光报警箱置于洞口检查岗内。但仪器主机距声光报警箱和探头的距离不得超过1000m。

定点报警仪应设置于开挖面附近的送风口或排风口等控制处,以便掌握瓦斯变化情况,对机械、电力设备和开关等处应视情况设置报警仪。

14.7.6 瓦斯检查结果是治理瓦斯的重要依据,本条的基本原则是要随时发现异常情况,并及时报告技术主管负责人。为了保证瓦斯检查人员的安全,特规定在检查工作时应着安全防护装束。

15 路基、路面基层与路面

15.1 一般规定

15.1.1 隧道内路基、路面基层和路面的施工,因隧道内特定条件的限制,同隧道外路基、路面基层和路面的施工相比较,有其相同之处,也有不同之处。故除应符合交通部有关施工规范外,尚应符合本章要求。

15.1.2 隧道进出口处一定范围内的地质状况接近于隧道内,有时比洞内的地质状况要差。而且此处路基、路面基层和路面的质量好坏,直接影响到隧道工程交付使用后的营运效果。故要求进出口50m范围内的路基、路面基层和路面的施工应按隧道内施工对待,严格要求。

15.1.3 隧道内施工场地有限,应尽量采取机械化作业,提高施工速度。根据隧道的断面尺寸、路基、路面基层和路面的设计类型、结构形式选择相应的施工机械。机械化作业的设备应配套,以形成流水作业线。

15.1.4 应选择运距短、开采容易且符合质量要求的集料,以降低工程造价。在确保设计质量要求的前提下,可以利用隧道弃渣碎石,但风化、泥质、软弱破碎物及不符合质量要求的弃渣严禁使用。

15.1.5 路面基层及路面在施工前均应根据设计要求先做试验段,以测定松铺系数等技术参数,为全面展开施工作技术准备。做试验段时的松铺系数可先采用经验数据。

15.1.6 路基、路面基层和路面各工序应满足下列要求:

15.1.6.1 当一道工序结束之后,必须对各环节逐一检验,发现不符合标准规定时,应及时处理。验收合格后,才可进行下道工序。

15.1.6.2 交验工程必须具备施工单位的自检、互检、专检手续、完整的施工交接记录、复核记录以及各种其他测试记录等。如各工序系一家施工完成时,上述资料应经质量管理部门认可后才可进行下道工序。资料可暂不移交,待全部工序完成后交验工程时一次交资料。

15.1.6.3 各工序如作为独立项目验收时,必须具备完整的竣工详图、压实度测试记录以及各种试验资料等。如发现受检资料不符合要求,必须补全改正,否则质量管理部门不予验收。

15.1.6.4 即使最后一道工序完成,但混凝土路面未达到设计强度之前,不得开放交通。这一要求是防止开放交通后造成各结构层的强度破坏,降低或影响工程质量。

15.2 路基

15.2.1 路基施工与防排水设施的施工应统筹安排,协调完成。

15.2.1.1 埋置于路基中的排水盲沟、滤层等应按路基压实度要求进行回填和夯实,以保证路面和盲沟安全可靠。

15.2.1.2 隧道路基通过岩溶地带时,由于水文地质条件复杂,一时难弄清楚,因此应加强排水工作。不得采用填塞或堵截方式处理暗河、溶洞;尽可能保持溶洞地下水流原状,使水路畅通。路基加固应视具体情况采取措施,亦可按本规范14.4节有关条款处理。

15.2.1.4 中央水沟一般都位于隧道路面底以下100~200cm处。石质隧道时应严格控制装药量,防止因爆破而损坏隧道已有衬砌及其他设施,并应注意保持中央水沟以外部分隧道路基的完整性和稳定性。

15.2.2 为确保路基稳定,应清除软石、杂物,用硬质片块石或低标号混凝土将超挖部分填补平整夯实,以保证路基的整体强度。

硬质岩的欠挖路段,宜采用浅孔爆破,松动岩石,再挖至路基设计标高。应防止深孔爆破影响衬砌及其他设施的稳定性。

15.2.3 换填是为了确保隧道路基、路面和侧墙基础的稳定可靠。

碾压可分层进行,并应考虑路基设计的结构类型、压实机械种类来决定每层碾压厚度。

15.2.4 为确保路基和侧墙的稳定,有仰拱路段应及时清除积水和虚碎石,待仰拱达到设计强度后,才可进行其上部的回填,并应按设计要求的压实度分层压实。

15.3 路面基层

15.3.1 隧道内的路面要求使用周期长、养护费用低,故常选用高等级路面。为保证路面使用质量,首先把路面的基层修好,因此强调施工时应满足下列基本要求:

15.3.1.1 路面基层的强度和稳定性是保证路面质量和寿命的基本条件。基层的平整与适宜的刚度是防止水泥混凝土路面出现弯拉开裂和错台的基本条件,也是防止沥青混凝土出现开裂、坑槽和松散的基本条件。

15.3.1.2 实践经验证明,路面基层排水不畅,则路面使用寿命缩短,因此路面基层应有良好的排水设施。

15.3.1.3 基层路拱与路面路拱一致,修筑路面时就不再用路面材料构成路拱,一是稳定性好,二是可以降低工程造价。

15.3.1.4 路面基层几何尺寸是依据公路等级、交通量、路面结构类型等确定的,故施工时应按设计要求进行控制。

15.3.2 根据洞内现场具体情况,结合实际做好施工组织计划工作,备好施工机械和符合有关规定的材料,并落实施工技术人员。

15.3.3 本条文摘自《公路路面基层施工技术规范》(JTJ 034—93)中有关内容。

15.3.3.1 石灰质量应符合表56中的有关技术指标。

石灰的技术指标 表56

项目 \ 指标 \ 类别	钙质生石灰			镁质生石灰			钙质消石灰			镁质消石灰		
等级	I	II	III	I	II	III	I	II	III	I	II	III
有效钙加氧化镁含量(%)不小于	85	80	70	80	75	65	65	60	55	60	55	50
未消化残渣含量(5mm圆孔筛的筛余,%)不大于	7	11	17	10	14	20						
含水率(%)不大于							4	4	4	4	4	4
细度 0.71mm方孔筛的筛余(%)不大于							0	1	1	0	1	1
细度 0.125mm方孔筛的累计筛余(%)不大于							13	20	—	13	20	—
钙镁石灰的分类界限,氧化镁含量(%)	≤5	>5	≤4	>4								

注:硅、铝、镁氧化物含量之和大于5%的生石灰,有效钙加氧化镁含量指标,I等≥75%、II等≥70%、III等≥60%;未消化残渣含量指标与镁质生石灰指标相同。

15.3.3.4 考虑到集料的最大粒径如果太大,则施工拌和、摊铺、压实均有困难;但如果最大粒径太小则稳定性不好。因此,本款要求将碎石最大粒径控制在一定范围内。

15.3.4 级配碎石基层和底基层的集料颗粒组成应符合表57和表58的规定。

级配碎石混合料的颗粒组成范围　　表57

No	通过下列筛孔(mm)的质量百分率(%)								液限(%)	塑性指数
	40	30	20	10	5	2	0.5	0.075		
1	100	90~100	75~90	50~70	30~55	15~35	10~20	4~10	<25	<6
2		100	85~100	60~80	30~50	15~30	10~20	2~8	<25	<6

注:①级配碎石用作中间层时,其颗粒组成和塑性指数应符合2号级配的规定。

②潮湿多雨地区的基层采用塑性指数不大于4,其他地区的基层采用塑性指数不大于6。

③对于无塑性的混合料,小于0.075mm的颗粒含量应接近高限,使压实后的基层透水性小。

未筛分碎石基层级配范围　　表58

No	通过下列筛孔(mm)的质量百分率(%)									液限(%)	塑性指数
	50	40	30	20	10	5	2	0.5	0.075		
1	100	85~100	35~65	42~67	20~40	10~27	8~20	5~18	0~15	<25	<6
2		100	80~100	56~87	30~60	18~46	10~33	5~20	0~15	<25	<6

级配砾石基层和底基层的集料级配范围应符合表59和表60的规定。

级配砾石基层的集料级配范围　　表59

No	通过下列筛孔(mm)的质量百分率(%)									液限(%)	塑性指数
	50	40	30	20	10	5	2	0.5	0.075		
1	100	90~100	80~90	65~85	45~70	30~55	15~35	10~20	4~10	<25	<6
2		100	90~100	75~90	50~70	30~55	15~35	10~20	4~10	<25	<6
3			100	85~100	60~80	30~50	15~30	10~20	2~8	<25	<6

注:①潮湿多雨地区的基层采用塑性指数不大于4,其他地区的基层采用塑性指数不大于6。

②对于无塑性的混合料,小于0.075mm的颗粒含量应接近高限,使压实后的基层透水性小。

砂砾底基层的集料级配范围　　表60

No	通过下列筛孔(mm)的质量百分率(%)						液限(%)	塑性指数
	50	40	10	5	0.5	0.075		
1	100	80~100	40~100	25~85	8~45	0~15	<25	<6

人工摊铺和机械摊铺的松铺系数不同,这是因为机械摊铺时摊铺机的压板有一定压力,所以松铺系数小。人工摊铺完全靠人工扒铺平整,因此松铺厚度较大。

15.3.5 水泥稳定碎石屑(碴)具有良好力学性能和板体性,其抗冻性较石灰稳定土好,初期强度高且强度随龄期增长。由于水泥较贵,且水泥和碎石屑(碴)拌和、摊铺、洒水、整型和碾压时间过程较长,因此宜采用标号较低、终凝时间较长的水泥。水泥稳定碎石屑(碴)作基层时,最大粒径不应超过40mm(方孔筛),颗粒级配应符合表61的颗粒组成范围。

适宜用水泥稳定的集料的颗粒组成范围　　表61

No	通过下列筛孔(mm)的质量百分率(%)								液限(%)	塑性指数
	40	30	20	10	5	2	0.5	0.075		
1	100	900~100	75~90	50~70	30~55	15~35	10~20	0~7	<25	<6
2		100	90~100	60~80	30~50	15~30	10~20	0~7	<25	<6

注:水泥稳定碎石屑(碴)用作底基层时,可采用1号级配;如用作基层时,可用2号级配。

15.3.6 洞内路面基层施工,宜全幅摊铺;受场地限制时,可半幅施工。为了减少交通干扰,可由隧道中部向两端洞口方向摊铺。视洞内情况,也可采用全幅跳跃间隔式或半幅跳跃间隔式或半幅左右跳跃间隔式施工方法。

15.3.7 本条内容摘自《公路路面基层施工技术规范》(JTJ 034—93)中8.5.5条和8.5.6条的有关内容。

15.4 路面

15.4.1 隧道路面属永久性工程，补修极为困难，因此要求施工时必须满足质量要求。

15.4.1.1 隧道路面的抗磨耗性、抗滑性、平整度都将影响营运后的车辆通行能力，故施工时应达到质量要求。

15.4.1.3 洞内光线较暗，应按照设计要求尽可能提高路面亮度，如采用白水泥、白色碎石等材料。沥青混凝土为黑色，对洞内照明不利，采用时应慎重考虑。

15.4.1.4 高寒地区，隧道路面上易形成薄溜冰。为了行车安全，路面应具有足够的粗糙度。

15.4.2

15.4.2.6 隧道通过软硬围岩交界处时，地层承载力相差较大，因此应对衬砌设置沉降缝。洞身与洞门、明洞与暗洞等交界处，也可这样处理。为了不因衬砌下沉而拉裂路面，路面上的横向缩缝、施工缝当靠近衬砌沉降缝时，应同衬砌沉降缝设在同一断面上。

15.4.2.8 路面拉毛压槽作业如果不当，会使水泥浆体剥离路面，形成水泥碴，营运中经汽车碾压变成尘埃，对洞内交通环境造成污染。因此作此条规定。

16 附属设施工程

16.1 设备洞、横通道及其他

16.1.1 设备洞、横通道及其他各类洞室的位置,应设置在地质条件良好的地段内,这在设计时就应考虑好。由于上述地段内结构受力条件复杂,围岩稳定性较差,为保证工程质量及施工安全,在施工过程中当发现地质不良时,应予以调整其位置。

16.1.2 隧道边墙内的各类洞室、消防洞、设备洞、人行横通道出入口5m范围、车行横通道出入口10m范围内,一般应在正洞开挖至该处时一次挖好。当地质条件差时,由于车行横通道断面尺寸较大,与正洞连接处受力条件差,此时车行横通道的开挖宜在正洞施工支护后再进行。这样有利于连接处围岩的稳定。为防止该处围岩松动,施工时可采用弱爆破方式进行。如有条件亦可采用掘进机开挖。

16.1.3 营运通风洞中倾斜段的倾角大于12°时,规定应按斜井开挖方法施工,其目的主要是为便于计价。

16.1.4 施工采用锚喷支护的目的在于开挖后能立即进行支护,有利于围岩的稳定。

16.1.5 洞室与正洞连接处的永久性防、排水工程的施工质量对保证该处不产生渗漏水十分重要,因此必须严格按设计要求制作。连接处要求与正洞防、排水一次同时完成,是为了保证接缝处不致渗漏水。

16.1.6 衬砌施工规定的三款是保证衬砌质量应该做到的。衬砌中各类预埋管件、孔、槽应按正确位置留出,其目的是保证隧道营运设施的安装能顺利进行。

人行横通道两口各长5m及车行横通道两口各长10m范围内的衬砌应与该处正洞衬砌一次同时完成,且混凝土在灌筑过程中不得中断。

16.1.7 电缆槽的施工,一般多在隧道衬砌完成后进行,此时隧道的安全已有保证,容易忽视质量。针对这一情况专列一条作为施工依据,便于监督检查。

16.1.9 隧道内部吊顶隔板有现浇和预制两种。两者均不得下挠,上下表面应光洁、平顺,接缝处应严密,不得漏风和渗水,吊顶标杆应镀锌防锈。由于现浇隔板施工过程较预制隔板施工过程复杂,因此本条以现浇吊顶隔板进行规定。对于预制隔板的施工,亦可参照本条规定执行。

16.2 装饰工程

16.2.1 隧道洞门及隧道内采用的装修材料,常用的有瓷砖镶面、块状混凝土、油漆及喷涂、镶面板等。与之相应的施工方法有贴瓷砖或贴马赛克法、安装砌块法、喷涂法及镶板法等。由于各种材料本身的性质及施工要求有所不同,因而应根据设计要求的装饰材料按照现行《装饰工程施工及验收规范》的有关规定执行。

为了降低隧道内噪声,可在拱顶或边墙上设置吸音板。它的安装可按本节规范执行。

16.2.2 条文规定装修前应做好四项工作,是为保证装饰工程的质量及装饰工作顺利进行而制定的。尤其是做好装饰前的防、排水工作意义更为重要。否则,由于水的侵入腐蚀,将造成装饰工程返工或补修,影响正常车辆运行。

16.3 营运管理设施

16.3.4 蓄水池混凝土达到设计强度后的注水试验应分三次进行。每次注水量为全容量的1/3,间隔时间不少于3h，注水后经24h，观察池壁有无潮湿痕迹，并做好记录。

16.3.5 压力管道只有在安置检查合格且管身与两侧及顶部回填不小于0.5m以后才能进行压力试验。压力试验的方法可按下述步骤进行：

(1)试验前，先排除管内的空气，然后灌满清水对管道进行浸润，浸润时间不少于24h。

(2)将管道压力逐步升高到工作压力，检查管道口和接口，如无渗漏，再提高试验压力(工作压力加0.5MPa，但不得低于1MPa)。观察10min，如压力下降值不超过0.05MPa，即为合格，否则应进行渗水量试验。

JTG

中华人民共和国行业推荐性标准　　JTG/T F81-01—2004

公路工程基桩动测技术规程

Technical Specification of Dynamic Pile Tests for Highway Engineering

3

2004-09-01 发布　　2004-11-01 实施

中华人民共和国交通部发布

中华人民共和国交通部公告

第23号

关于发布《公路工程基桩动测技术规程》(JTG/T F81-01—2004)的公告

现发布公路工程行业推荐性标准《公路工程基桩动测技术规程》(JTG/T F81-01—2004),自2004年11月1日起施行,在公路工程行业内自愿采用。

《公路工程基桩动测技术规程》(JTG/T F81-01—2004)由浙江省交通厅工程质量监督站负责编制,日常解释和管理工作由浙江省交通厅工程质量监督站负责。

请各有关单位在实践中注意积累资料,总结经验,及时将发现的问题和修改意见函告浙江省交通厅工程质量监督站(地址:浙江省杭州市梅花碑4号,邮政编码:310009),以便修订时参考。

特此公告。

中华人民共和国交通部

二〇〇四年九月一日

3

前　言

《公路工程基桩动测技术规程》是一本运用动力检测方法评定公路工程基桩完整性、承载力、试打桩及打桩应力监控的行业标准。根据交通部公路发[2000]722号文,本规程由浙江省交通厅工程质量监督站主编,上海交通大学建筑工程学院、浙江省地球物理技术应用研究所、广东省交通建设工程质量检测中心、长沙理工大学公路工程试验检测中心、上海市公路工程质量检测中心和福建省交通建设工程试验检测中心等七家单位共同编制。

本规程是针对我国公路工程基础桩的特点,在总结多年来动力检测技术工程实践经验和科技成果的基础上进行编制的。编制组自成立以来,开展了大量的调查研究工作,其中包括我国相关行业的现有桩基设计、施工及其检测规程、规范和基桩动测方法的技术资料,并对若干课题进行了专项科学技术研究。在广泛征求意见的基础上,召开了多次专家论证会,以充分考虑全国范围内不同地区公路工程基桩的使用情况,针对在不同地质条件下各类基桩的工程性质和常见问题进行调研,以保证本规程的条款在全国公路工程中具有广泛的适用性。

本规程供公路工程及从事公路工程基桩检测的各单位使用。在使用过程中,请将有关意见及时函告浙江省交通厅工程质量监督站(杭州市梅花碑4号,邮政编码:310009,电子信箱:caoh@zjt.gov.cn),以便修订时参考。

主编单位:浙江省交通厅工程质量监督站

参编单位:上海交通大学建筑工程学院

浙江省地球物理技术应用研究所

广东省交通建设工程质量检测中心

长沙理工大学公路工程试验检测中心

上海市公路工程质量检测中心

福建省交通建设工程试验检测中心

主要起草人:曹　荻　陈龙珠　赵竹占　陈彦平　张　宏　鲁　宏

卞钧霈　江立生　林柏章

3

目　次

1 总则

1.0.1 为加强公路工程基桩动力检测的管理,统一检测方法及技术规定,确保检测分析成果的质量,特制定本规程。

1.0.2 本规程适用于公路工程中的混凝土灌注桩和预制桩、钢桩及其他类型的刚性材料桩的检测。

1.0.3 基桩动力检测方法的选定与分析应综合考虑勘察、设计、施工等因素,做到技术先进,安全适用,经济合理,评价正确。

1.0.4 公路工程基桩动测除应符合本规程外,尚应符合国家及行业标准的有关规定。

1.0.5 检测单位应通过省级及其以上计量行政主管部门的计量认证,应具备行政主管部门颁发的专项检测资质证书。检测人员应经过培训考核,并持有相应检测方法的上岗证书。

2 术语、符号

2.1 术语

2.1.1 基桩动力检测 pile dynamic testing

通过对桩的应力波传播特性的测定和分析来评价桩的完整性，推算桩的承载力、桩侧和桩端岩土阻力及打桩应力的检测方法。

2.1.2 桩身完整性 pile integrity

反映桩身长度和截面尺寸、桩身材料密实性和连续性的综合状况。

2.1.3 桩身缺陷 pile defects

指桩身断裂、裂缝、缩颈、夹泥、离析、蜂窝、松散等现象。

2.1.4 低应变反射波法 low strain reflected wave method

在桩顶施加低能量冲击荷载，实测加速度（或速度）响应时程曲线，运用一维线性波动理论的时域和频域分析，对被检桩的完整性进行评判的检测方法。

2.1.5 高应变动测法 high strain dynamic method

在桩顶施加高能量冲击荷载，实测力和速度信号，运用波动理论反演来推算被检桩的完整性、轴向抗压极限承载力或选择桩型和桩长、监控桩锤工作效率和打入桩桩身承受的最大锤击应力。

2.1.6 超声波法 ultrasonic logging method

根据超声波透射或折射原理，在桩身混凝土内发射并接收超声波，通过实测超声波在混凝土介质中传播的历时、波幅和频率等参数的相对变化来判定桩身完整性的检测方法。

2.2 符号

A——桩身截面面积；

A_D——波幅临界值；

A_i——第 i 个测点相对波幅值；

A_m——波幅平均值；

c——桩身纵波传播速度（简称桩身波速）；

c_i——第 i 根桩的桩身波速计算值；

c_m——桩身波速平均值；

d——声测管内径；

d'——径向换能器外径；

D——声测管外径、桩身直径；

E——桩身材料弹性模量；

E_n——桩锤传递给桩的实际能量；

Δf——幅频曲线上桩端相邻谐振峰间的频差；

Δf_x——幅频曲线上对应于缺陷的相邻谐振峰间的频差；

F——桩顶锤击力信号；

$F(t_1)$——t_1 时刻的锤击力；

F_{max}——实测最大锤击力；

h——两个接收换能器间的距离；

J_c——凯司法阻尼系数；

l——两根声测管外壁间的距离；

L——完整桩桩长、测点以下桩长；

n——基桩数量、测点数；

Q_{uc}——单桩轴向抗压极限承载力；

ΔR——缺陷以上部位土阻力的估计值；

t——声时值；

t_0——声波检测系统延迟时间；

t_1——速度信号第一峰对应的时刻、近道接收换能器首波值；

t_2——远道接收换能器首波值；

t_a、t_b——计算桩身裂隙宽度所用的时间；

t_i——超声波第 i 个测点声时值；

t_x——缺陷反射峰对应的时刻；

t'——声时修正值；

Δt——两接收换能器之间的声时差；

Δt_x——时域信号第一峰与缺陷反射波峰间的时间差；

T——采样结束的时刻；

ΔT——时域信号第一峰与桩端反射波峰间的时间差；

v_D——声速临界值；

v_i——第 i 测点声速值；

v_L——声速低限值；

v_t——声测管壁厚度方向声速值；

v_w——水的声速值；

v_m——混凝土声速平均值；

$\bar{v}$——正常混凝土声速平均值；

V——桩顶实测振动速度信号；

$V(t_1)$——t_1 时刻的振动速度；

x——测点至桩身缺陷之间的距离、测点至计算点之间的距离；

z_i——第 i 个测点的深度；

Z——桩身截面力学阻抗；

ρ——桩身材料质量密度；

β——桩身完整性系数；

σ_p——桩身最大锤击压应力；

σ_t——桩身最大锤击拉应力；

σ_v——正常混凝土声速标准差；

δ_w——桩身水平裂缝宽度。

3 基本规定

3.1 检测方法及选定原则

3.1.1 本规程所涉及的检测方法包括低应变反射波法、高应变动测法、超声波法(包括透射法和折射法)。检测方法应根据工程的需要和检测的目的按表3.1.1规定的检测内容确定。

表3.1.1 检测方法一览表

检测方法		检测内容
低应变反射波法		检测桩身缺陷位置及影响程度,判定桩身完整性类别
高应变动测法		分析桩侧和桩端土阻力,推算单桩轴向抗压极限承载力;检测桩身缺陷位置、类型及影响程度,判定桩身完整性类别;试打桩及打桩应力监测
超声波法	透射法	检测灌注桩中声测管之间混凝土的缺陷位置及影响程度,判定桩身完整性类别
	折射法	检测灌注桩钻芯孔周围混凝土的缺陷位置及影响程度

3.1.2 为保证检测结论的可靠性,可根据不同被检对象和检测要求,选用多种测试方法进行综合分析判断。

3.1.3 桩的检测数量应符合下列规定:

1 公路工程基桩应进行100%的完整性检测,各种方法的选定应具有代表性和满足工程检测的特定要求;

2 重要工程的钻孔灌注桩应埋设声测管,检测的桩数不应少于50%;

3 高应变动测法的抽检率可由工程设计或监理单位酌情决定,但不宜少于相近条件下总桩数的5%且不少于5根。

3.2 检测仪器与设备

3.2.1 基桩检测所用仪器设备的主要技术性能和工作环境条件应符合《基桩动测仪》(JG/T 3055)中的规定,并具有良好的波形现场显示、记录和贮存功能。

3.2.2 检测仪器设备必须由法定计量单位定期进行标定和年检,合格后方能使用。

3.2.3 所有仪器设备在检测前后必须进行自检,确认仪器工作正常。

3.3 检测前的准备

3.3.1 被检工程应进行现场调查,搜集其工程地质资料、基桩设计图纸和施工记录、监理日志等,了解施工工艺及施工过程中出现的异常情况。

3.3.2 检测方法和制定检测方案应根据调查结果和检测目的合理选用。

3.3.3 检测时间应满足拟用检测方法对混凝土强度(或龄期)和地基土休止期的规定。

3.4 检测报告及桩身完整性类别评定

3.4.1 检测报告应用词规范,结论明确。其内容应包括工程概况、岩土工程勘察、检测技术及方法、桩位平面布置图、测试曲线、检测结果汇总表、结论及评价等。

3.4.2 检测报告格式应符合本规程附录 A 的规定。

3.4.3 桩身完整性类别应按表 3.4.3 划分。

表 3.4.3 桩身完整性类别划分

桩身完整性类别	特　　征
I 类桩	桩身完整,可正常使用
II 类桩	桩身基本完整,有轻度缺陷,不影响正常使用
III 类桩	桩身有明显缺陷,对桩身结构承载力有影响
IV 类桩	桩身有严重缺陷,对桩身结构承载力有严重影响

4 低应变反射波法

4.1 适用范围

4.1.1 本方法是通过分析实测桩顶速度响应信号的特征来检测桩身的完整性，判定桩身缺陷位置及影响程度，判断桩端嵌固情况。

4.1.2 本方法适用于混凝土灌注桩和预制桩等刚性材料桩的桩身完整性检测。

4.1.3 使用本方法时，被检桩的桩端反射信号应能有效识别。

4.2 检测仪器与设备

4.2.1 检测系统包括信号采集及处理仪、传感器、激振设备和专用附件。

4.2.2 信号采集及处理仪应符合下列规定：

1 数据采集装置的模-数转换器不得低于12bit。

2 采样间隔宜为10～500μs，可调。

3 单通道采样点不少于1024点。

4 放大器增益宜大于60dB，可调，线性度良好，其频响范围应满足5Hz～5kHz。

4.2.3 传感器的性能应符合下列规定：

1 传感器宜选用压电式加速度传感器或磁电式速度传感器，频响曲线的有效范围应覆盖整个测试信号的频带范围。

2 加速度传感器的电压灵敏度应大于100mV/g，电荷灵敏度应大于20PC/g，上限频率不应小于5kHz，安装谐振频率不应小于6kHz，量程应大于100g。

3 速度传感器的固有谐振频率不应大于30Hz，灵敏度应大于200mV/cm·s^{-1}，上限频率不应小于1.5kHz，安装谐振频率不应小于1.5kHz。

4.2.4 根据桩型和检测目的，宜选择不同材质和质量的力锤或力棒，以获得所需的激振频率和能量。

4.3 现场检测技术

4.3.1 检测前准备工作应符合下列规定：

1 检测前应按本规程第3.3.1条的规定搜集有关技术资料。

2 根据现场实际情况选择合适的激振设备、传感器及检测仪，检查测试系统各部分之间是否连接良好，确认整个测试系统处于正常工作状态。

3 桩顶应凿至新鲜混凝土面，并用打磨机将测点和激振点磨平。

4 应测量并记录桩顶截面尺寸。

5 混凝土灌注桩的检测宜在成桩14d以后进行。

6 打入或静压式预制桩的检测应在相邻桩打完后进行。

4.3.2 传感器安装应符合下列规定：

1 传感器的安装可采用石膏、黄油、橡皮泥等耦合剂，黏结应牢固，并与桩顶面垂直。

2 对混凝土灌注桩，传感器宜安装在距桩中心1/2～2/3半径处，且距离桩的主筋不宜小于50mm。当桩径不大于1000mm时不宜少于2个测点；当桩径大于1000mm时不宜少于4个测点。

3　对混凝土预制桩，当边长不大于600mm 时不宜少于2 个测点；当边长大于600mm 时不宜少于3 个测点。

4　对预应力混凝土管桩不应少于2 个测点。

4.3.3　激振时应符合下列规定：

1　混凝土灌注桩、混凝土预制桩的激振点宜在桩顶中心部位；预应力混凝土管桩的激振点和传感器安装点与桩中心连线的夹角不应小于45°。

2　激振锤和激振参数宜通过现场对比试验选定。短桩或浅部缺陷桩的检测宜采用轻锤短脉冲激振；长桩、大直径桩或深部缺陷桩的检测宜采用重锤宽脉冲激振，也可采用不同的锤垫来调整激振脉冲宽度。

3　采用力棒激振时，应自由下落；采用力锤敲击时，应使其作用力方向与桩顶面垂直。

4.3.4　检测工作应遵守下列规定：

1　采样频率和最小的采样长度应根据桩长和波形分析确定。

2　各测点的重复检测次数不应少于3 次，且检测波形具有良好的一致性。

3　当干扰较大时，可采用信号增强技术进行重复激振，提高信噪比；当信号一致性差时，应分析原因，排除人为和检测仪器等干扰因素，重新检测。

4　对存在缺陷的桩应改变检测条件重复检测，相互验证。

4.4　检测数据分析与判定

4.4.1　桩身完整性分析宜以时域曲线为主，辅以频域分析，并结合施工情况、岩土工程勘察资料和波型特征等因素进行综合分析判定。

4.4.2　桩身波速平均值的确定：

1　当桩长已知、桩端反射信号明显时，选取相同条件下不少于5 根Ⅰ类桩的桩身波速按下式计算其平均值：

$$c_m = \frac{1}{n}\sum_{i=1}^{n} c_i \tag{4.4.2-1}$$

$$c_i = \frac{2L \times 1000}{\Delta T} = 2L \cdot \Delta f \tag{4.4.2-2}$$

式中：c_m——桩身波速平均值（m/s）；

c_i——第 i 根桩的桩身波速计算值（m/s）；

L——完整桩桩长（m）；

ΔT——时域信号第一峰与桩端反射波峰间的时间差（ms）；

Δf——幅频曲线桩端相邻谐振峰间的频差（Hz），计算时不宜取第一与第二峰；

n——基桩数量（$n \geqslant 5$）。

2　当桩身波速平均值无法按上款确定时，可根据本地区相同桩型及施工工艺的其他桩基工程的测试结果，并结合桩身混凝土强度等级与实践经验综合确定。

4.4.3　桩身缺陷位置应按下列公式计算：

$$x = \frac{1}{2000} \cdot \Delta t_x \cdot c = \frac{1}{2} \cdot \frac{c}{\Delta f_x} \tag{4.4.3}$$

式中：x——测点至桩身缺陷之间的距离（m）；

Δt_x——时域信号第一峰与缺陷反射波峰间的时间差（ms）；

Δf_x——幅频曲线所对应缺陷的相邻谐振峰间的频差（Hz）；

c——桩身波速（m/s），无法确定时用 c_m 值替代。

4.4.4　混凝土灌注桩采用时域信号分析时，应结合有关施工和岩土工程勘察资料，正确区分由扩径处产生的二次同相反射与因桩身截面渐扩后急速恢复至原桩径处的一次同相反射，以避免对桩身完整性的误判。

4.4.5 对于嵌岩桩，当桩端反射信号为单一反射波且与锤击脉冲信号同相时，应结合岩土工程勘察和设计等有关资料以及桩端同相反射波幅的相对高低来推断嵌岩质量，必要时采取其他合适方法进行核验。

4.4.6 桩身完整性的分析当出现下列情况之一时，宜结合其他检测方法：

1 超过有效检测长度范围的超长桩，其测试信号不能明确反映桩身下部和桩端情况。

2 桩身截面渐变或多变，且变化幅度较大的混凝土灌注桩。

3 当桩长的推算值与实际桩长明显不符，且又缺乏相关资料加以解释或验证。

4 实测信号复杂、无规律，无法对其进行准确的桩身完整性分析和评价。

5 对于预制桩，时域曲线在接头处有明显反射，但又难以判定是断裂错位还是接桩不良。

4.4.7 桩身完整性类别应按下列原则判定：

1 I类桩：桩端反射较明显，无缺陷反射波，振幅谱线分布正常，混凝土波速处于正常范围。

2 II类桩：桩端反射较明显，但有局部缺陷所产生的反射信号，混凝土波速处于正常范围。

3 III类桩：桩端反射不明显，可见缺陷二次反射波信号，或有桩端反射但波速明显偏低。

4 IV类桩：无桩端反射信号，可见因缺陷引起的多次强反射信号，或按平均波速计算的桩长明显短于设计桩长。

4.4.8 检测报告应符合本规程附录A的规定，并应包括下列内容：

1 桩身混凝土波速值。

2 桩身完整性描述，包括缺陷位置、性质及类别。

3 时域曲线图，并注明桩底反射位置。

4 桩位编号及平面布置示意图，地质柱状图。

5　高应变动测法

5.1　适用范围

5.1.1　本方法适用于检测混凝土灌注桩、预制桩和钢桩的单桩轴向抗压极限承载力和桩身完整性；监测混凝土预制桩和钢桩打入时桩身应力和锤击能量传递比，为选择沉桩工艺参数及桩长选择提供依据。

5.1.2　进行单桩的轴向抗压极限承载力检测应具有相同条件下的动-静试验对比资料和现场工程实践经验。

5.1.3　超长桩、大直径扩底桩和嵌岩桩不宜采用本方法进行单桩的轴向抗压极限承载力检测。

5.2　检测仪器与设备

5.2.1　检测系统包括信号采集及分析仪、传感器、激振设备和贯入度测量仪等。

5.2.2　信号采集器和传感器的性能应符合下列规定：

1　信号采样点数不应少于1024点，采样间隔宜取100～200μs。当用曲线拟合法推算被检桩的极限承载力时，信号记录长度应确保桩端反射后不小于20ms或达到$5L/c$。

2　信号采集器的采样频率应可调，其模-数转换精度不应低于12bit，通道之间的相位差不应大于50μs；

3　力信号宜采用工具式应变传感器测量，其安装谐振频率应大于2kHz，在1000με范围内的非线性误差不应大于±1%；

4　速度信号宜采用压电式加速度传感器测量，其安装谐振频率应大于10kHz，且在1～3000Hz范围内灵敏度变化不大于±5%，在冲击加速度量程范围内非线性误差不大于±5%。

5　传感器的灵敏度系数应计量检定。

5.2.3　激振宜采用由铸铁或铸钢整体制作的自由落锤。锤体应材质均匀、形状对称、底面平整，高径比不得小于1。

5.2.4　检测单桩轴向抗压承载力时，激振锤的重量不得小于基桩极限承载力的1.2%。

5.2.5　桩的贯入度应采用精密仪器测定。

5.3　现场检测技术

5.3.1　检测混凝土预制桩和钢桩的极限承载力的最短休止期应满足下列条件：

砂土7d，粉土10d，非饱和黏性土15d，饱和黏性土25d。

5.3.2　检测混凝土灌注桩的极限承载力时，其桩身混凝土强度等级应达到设计要求，且应满足第5.3.1条规定的最短休止期。

5.3.3　检测前的桩头处理应符合下列规定：

1　桩顶面应平整，桩头高度应满足安装锤击装置和传感器的要求，锤重心应与桩顶对中。

2　加固处理桩头时应满足下列要求：

1）新接桩头顶面应平整且垂直于被检桩轴线，侧面应平直，截面积应与被检桩相同，所用混凝土的强度应高于被检桩的强度；

2）被检桩主筋应全部接至新接桩头内，并设置间距不大于150mm的箍筋及上下间距不应大于120mm的2～3层钢筋网片。

5.3.4 检测时在桩顶面应铺设锤垫。锤垫宜由10～30mm厚的木板或胶合板等匀质材料制作，垫面略大于桩顶面积。

5.3.5 传感器的安装应符合下列规定：

1 桩顶下两侧面应对称安装加速度传感器和应变传感器各1只，其与桩顶的距离不应小于1.5倍的桩径或边长。传感器安装面应平整，所在截面的材质和尺寸与被检桩相同。

2 应变传感器与加速度传感器的中心应位于同一水平线上，同侧两种传感器间的水平距离不宜大于100mm。传感器的中轴线应与桩的轴线保持平行。

3 在安装应变式传感器时，应对初始应变进行监测，其值不得超过规定的限值。

5.3.6 被检桩基本参数的设定应符合下列规定：

1 测点以下桩长和截面积可根据设计文件或施工记录提供的数据设定。

2 桩身材料质量密度宜按表5.3.6取值。

表5.3.6 桩材质量密度ρ（kg/m^3）

混凝土灌注桩	混凝土预制桩	预应力混凝土管桩	钢 桩
2400	2450～2500	2550～2600	7850

3 桩身平均波速可结合本地经验或按同场地同类型已检桩的平均波速初步设定，现场检测完成后应按本规程第5.4.1条第2款予以调整。

4 传感器安装位置处的桩身截面面积应按实际直径或边长计算确定，波速的设定宜综合考虑材料的设计强度和龄期的影响。

5 桩身材料的弹性模量应按下式计算：

$$E = \rho \cdot c^2 \tag{5.3.6}$$

式中：E——桩身材料弹性模量（Pa）；

c——桩身波速（m/s）；

ρ——桩身材料质量密度（kg/m^3）。

5.3.7 激振应符合下列要求：

1 采用自由落锤为激振设备时，宜重锤低击，锤的最大落距不宜大于2.0m。

2 对于斜桩，应采用相应的打桩机械或类似装置沿桩轴线激振。

3 实测桩的单击贯入度应确认与所采集的振动信号相对应。用于推算桩的极限承载力时，桩的单击贯入度不得低于2mm且不宜大于6mm。

4 检测桩的极限承载力时，锤击次数宜为2～3击。

5.3.8 检测桩身完整性和承载力时，应及时分析实测信号质量、桩顶最大锤击力和动位移、贯入度以及桩身最大拉（压）应力、桩身缺陷程度及其发展情况等，并由此综合判定本次采集信号的有效性。每根被检桩的有效信号数不应少于2组。

5.3.9 出现下列情况之一时，采集的信号不得作为有效信号：

1 传感器安装处混凝土开裂或出现严重的塑性变形，使力信号最终未归零。

2 信号采集后发现传感器已有松动或损坏现象。

3 锤击严重偏心，一侧力信号呈现严重的受拉特征。

5.3.10 试打桩用于评价其承载力时，应按桩端进入的土层逐一进行测试；当持力层较厚时，应在同一土层中进行多次测试。

5.3.11 桩身锤击应力监测应包括桩身最大锤击拉应力和最大锤击压应力两部分。桩身锤击拉应力宜在预计桩端进入软土层或桩端穿过硬土层进入软夹层时测试；桩身锤击压应力宜在桩端进入硬土层或桩侧土阻力较大时测试。

5.4 检测数据分析与判定

5.4.1 锤击信号选取与调整应符合下列规定：

1 分析被检桩的承载力时，宜在第一和第二击实测有效信号中选取能量和贯入度较大者。

2 桩身波速平均值可根据已知桩长、力和速度信号上的桩端反射波时间或下行波上升沿的起点到上行波下降沿的起点之间的时差确定。

3 传感器安装位置处原设定波速可不随调整后的桩身平均波速而改变。确有合理原因需作调整时，应对传感器安装处桩身的弹性模量按式(5.3.6)重新设置，且应对原实测力信号进行修正。

4 力和振动速度信号的上升沿重合性差时，应分析原因，不得随意调整。

5.4.2 推算被检桩的极限承载力前，应结合工程地质条件和设计参数，利用实测信号特征对桩的荷载传递性状、桩身缺陷程度和位置及连续锤击时缺陷的逐渐扩大或闭合情况进行定性判别。

5.4.3 采用实测曲线拟合法推算被检桩的极限承载力应符合下列规定：

1 采用的桩和土的力学模型应能分别反映被检桩和地基土的物理力学性状；在各计算单元中，所用土的弹性极限位移不应超过相应桩单元的最大计算位移。

2 曲线拟合时间段长度在 t_1+2L/c 后的延续时间不应小于 20ms 或 $3L/c$ 中的较大值。

3 分析所用的模型参数应在岩土工程的合理范围内，可根据工程地质和施工工艺条件进行桩身阻抗变化或裂隙拟合。

4 拟合曲线应与实测曲线基本吻合，贯入度的计算值应与实测值基本一致，且整体曲线的拟合质量系数宜控制在合适的范围之内。

5.4.4 采用凯司法推算单桩的极限承载力时，应符合下列规定：

1 只适用于桩侧和桩端土阻力均已充分发挥的摩擦型桩。

2 用于混凝土灌注桩时，桩身材质、截面应基本均匀。

3 单桩轴向抗压极限承载力可按下列公式计算：

$$Q_{uc}=\frac{1}{2}\left\{(1-J_c)\cdot[F(t_1)+Z\cdot V(t_1)]+(1+J_c)\cdot\left[F\left(t_1+\frac{2L}{c}\right)-Z\cdot V\left(t_1+\frac{2L}{c}\right)\right]\right\} \qquad (5.4.4\text{-}1)$$

$$Z=\frac{EA}{c} \qquad (5.4.4\text{-}2)$$

式中：Q_{uc}——单桩轴向抗压极限承载力(kN)；

J_c——凯司法阻尼系数；

t_1——速度信号第一峰对应的时刻(ms)；

$F(t_1)$——t_1 时刻的锤击力(kN)；

$V(t_1)$——t_1 时刻的振动速度(m/s)；

Z——桩身截面力学阻抗(kN·s/m)；

E——桩身材料弹性模量(kPa)；

A——桩身截面面积(m^2)；

c——桩身波速(m/s)；

L——测点以下桩长(m)。

4 J_c 应根据基本相同条件下桩的动-静载对比试验结果确定，或由不少于 50% 被检桩的曲线拟合结果推算，但当其极差相对于平均值大于 30% 时不得使用。

5.4.5 对于等截面桩，测点下第一个缺陷可根据桩身完整性系数 β 值按表 5.4.5 判定，其位置 x 按下式计算：

$$x=\frac{c\cdot(t_x-t_1)}{2000} \qquad (5.4.5)$$

式中：x——测点至桩身缺陷之间的距离(m)；

t_1——速度信号第一峰对应的时刻(ms);

t_x——缺陷反射峰对应的时刻(ms)。

表 5.4.5　桩身完整性判定

类　别	β 值	类　别	β 值
Ⅰ	$0.95<\beta\leq1.0$	Ⅲ	$0.6\leq\beta<0.8$
Ⅱ	$0.8\leq\beta\leq0.95$	Ⅳ	$\beta<0.6$

5.4.6　出现下列情况之一时,应按工程地质和施工工艺条件,采用实测曲线拟合法或其他检测方法综合判定桩身完整性:

1　桩身有扩径、截面渐变或多变的混凝土灌注桩。

2　桩身存在多处缺陷的桩。

3　力和速度曲线在上升沿或峰值附近出现异常,桩身浅部存在缺陷或波阻抗变化复杂的桩。

5.4.7　试打桩分析时,桩端持力层的判定应综合考虑岩土工程勘察资料,并应对推算的单桩极限承载力进行复打校核。

5.4.8　桩身最大锤击拉应力和桩身最大锤击压应力可分别按下列公式计算:

1　桩身最大锤击拉应力

$$\sigma_t=\frac{1}{2A}\max\left\{Z\cdot V\left(t_1+\frac{2L}{c}\right)-F\left(t_1+\frac{2L}{c}\right)-Z\cdot V\left(t_1+\frac{2L-2x}{c}\right)-F\left(t_1+\frac{2L-2x}{c}\right)\right\}\quad(5.4.8\text{-}1)$$

式中:σ_t——桩身最大锤击拉应力(kPa);

x——测点至计算点之间的距离(m);

A——桩身截面面积(m^2);

Z——桩身截面力学阻抗(kN·s/m);

c——桩身波速(m/s);

L——完整桩桩长(m)。

2　桩身最大锤击压应力

$$\sigma_p=\frac{F_{max}}{A}\quad(5.4.8\text{-}2)$$

式中:σ_p——桩身最大锤击压应力(kPa);

F_{max}——实测最大锤击力(kN);

A——桩身截面面积(m^2)。

5.4.9　桩锤实际传递给桩的能量可按下列公式计算:

$$E_n=\int_0^T FV\mathrm{d}t\quad(5.4.9)$$

式中:E_n——桩锤传递给桩的实际能量(J);

T——采样结束的时刻(s);

F——桩顶锤击力信号(N);

V——桩顶实测振动速度信号(m/s)。

5.4.10　检测报告格式应符合本规程附录 A 的规定,并应包括下列内容:

1　实测力和速度信号曲线及由加速度信号经两次积分后得到的桩顶位移信号曲线;拟合曲线、模拟的静荷载-沉降曲线、土阻力和桩身阻抗沿深度的变化曲线;

2　凯司法中所取定的 J_c 值;

3　试打桩和打桩监控所采用的桩锤和锤垫类型,监测得到的锤击数、桩侧和桩端阻力、桩身锤击拉(压)应力、能量传递比等随入土深度的变化关系。

4　试桩附近的地质柱状图及土的物理力学性能指标。

6 超声波法

6.1 适用范围

6.1.1 本方法适用于直径不小于800mm的混凝土灌注桩的完整性检测，它包括跨孔透射法和单孔折射法。

6.2 检测仪器与设备

6.2.1 检测仪系统应包括信号放大器、数据采集及处理存储器、径向振动换能器等。

6.2.2 检测仪应具有一发双收功能。

6.2.3 声波发射应采用高压阶跃脉冲或矩形脉冲，其电压最大值不应小于1000V，且分档可调。

6.2.4 接收放大与数据采集器应符合下列规定：

1 接收放大器的频带宽度为5～200kHz，增益不应小于100dB，放大器的噪声有效值不大于2μV；波幅测量范围不小于80dB，测量误差小于1dB。

2 计时显示范围应大于2000μs，精度优于0.5μs，计时误差不应大于2%。

3 采集器模-数转换精度不应低于8bit，采样频率不应小于10MHz，最大采样长度不应小于32kB。

6.2.5 径向振动换能器应符合下列规定：

1 径向水平面无指向性。

2 谐振频率宜大于25kHz。

3 在1MPa水压下能正常工作。

4 收、发换能器的导线均应有长度标注，其标注允许偏差不应大于10mm。

5 接收换能器宜带有前置放大器，频带宽度宜为5～60kHz。

6 单孔检测采用一发双收一体型换能器，其发射换能器至接收换能器的最近距离不应小于30cm，两接收换能器的间距宜为20cm。

6.3 现场检测技术

6.3.1 声测管的埋设应符合下列规定：

1 当桩径不大于1500mm时，应埋设三根管；当桩径大于1500mm时，应埋设四根管。

2 声测管宜采用金属管，其内径应比换能器外径大15mm，管的连接宜采用螺纹连接，且不漏水。

3 声测管应牢固焊接或绑扎在钢筋笼的内侧，且互相平行、定位准确，并埋设至桩底，管口宜高出桩顶面300mm以上。

4 声测管管底应封闭，管口应加盖。

5 声测管的布置以路线前进方向的顶点为起始点，按顺时针旋转方向进行编号和分组，每两根编为一组。

6.3.2 检测前的准备应符合下列规定：

1 被检桩的混凝土龄期应大于14d。

2 声测管内应灌满清水，且保证畅通。

3 标定超声波检测仪发射至接收的系统延迟时间 t_0。

4　准确量测声测管的内、外径和两相邻声测管外壁间的距离，量测精度为 ±1mm。

5　取芯孔的垂直度误差不应大于 0.5%，检测前应进行孔内清洗。

6.3.3　检测方法应符合下列要求：

1　测点间距不宜大于 250mm。发射与接收换能器应以相同标高同步升降，其累计相对高差不应大于 20mm，并随时校正。

2　在对同一根桩的检测过程中，声波发射电压应保持不变。

3　对于声时值和波幅值出现异常的部位，应采用水平加密、等差同步或扇形扫测等方法进行细测，结合波形分析确定桩身混凝土缺陷的位置及其严重程度。

6.4　检测数据分析与判定

6.4.1　声时修正值可按下式计算：

$$t' = \frac{D-d}{v_t} + \frac{d-d'}{v_w} \tag{6.4.1}$$

式中：t'——声时修正值（μs），（t 为声波在混凝土中的传播时间，简称声时）；

D——声测管外径（mm）；

d——声测管内径（mm）；

d'——换能器外径（mm）；

v_t——声测管壁厚度方向声速值（km/s）；

v_w——水的声速值（km/s）。

6.4.2　声时、声速和声速平均值应按下列公式计算，并绘制声速-深度曲线、波幅-深度曲线。

$$t = t_i - t_0 - t' \tag{6.4.2-1}$$

$$v_i = \frac{l}{t} \tag{6.4.2-2}$$

$$v_m = \sum_{i=1}^{n} \frac{v_i}{n} \tag{6.4.2-3}$$

式中：t——声时值（μs）；

t_i——超声波第 i 测点声时值（μs）；

t_0——声波检测系统延迟时间（μs）；

t'——声时修正值（μs）；

v_i——第 i 个测点声速值（km/s）；

l——两根检测管外壁间的距离（mm）；

v_m——混凝土声速平均值（km/s）；

n——测点数。

6.4.3　单孔折射法的声时、声速值应按下列公式计算：

$$\Delta t = t_2 - t_1 \tag{6.4.3-1}$$

$$v_i = \frac{h}{\Delta t} \tag{6.4.3-2}$$

式中：Δt——两个接收换能器间的声时差（μs）；

t_1——近道接收换能器声时（μs）；

t_2——远道接收换能器声时（μs）；

v_i——第 i 测点的声速值（km/s）；

h——两个接收换能器间的距离（mm）。

6.4.4　桩身混凝土缺陷应根据下列方法综合判定：

1　声速判据

当实测混凝土声速值低于声速临界值时应将其作为可疑缺陷区。

$$v_i < v_D \tag{6.4.4-1}$$

式中：v_i——第 i 个测点声速值(km/s)；

v_D——声速临界值(km/s)。

声速临界值采用正常混凝土声速平均值与2倍声速标准差之差，即：

$$v_D = \bar{v} - 2\sigma_v \tag{6.4.4-2}$$

$$\bar{v} = \sum_{i=1}^{n} \frac{v_i}{n} \tag{6.4.4-3}$$

$$\sigma_v = \sqrt{\sum_{i=1}^{n} \frac{(v_i - \bar{v})^2}{n-1}} \tag{6.4.4-4}$$

式中：$\bar{v}$——正常混凝土声速平均值(km/s)；

σ_v——正常混凝土声速标准差；

v_i——第 i 个测点声速值(km/s)；

n——测点数。

当检测剖面 n 个测点的声速值普遍偏低且离散性很小时，宜采用声速低限值判据。即实测混凝土声速值低于声速低限值时，可直接判定为异常。

$$v_i < v_L \tag{6.4.4-5}$$

式中：v_i——第 i 个测点声速值(km/s)；

v_L——声速低限值(km/s)。

声速低限值应由预留同条件混凝土试件的抗压强度与声速对比试验结果，结合本地区实际经验确定。

2　波幅判据

用波幅平均值减6dB作为波幅临界值，当实测波幅低于波幅临界值时，应将其作为可疑缺陷区。

$$A_D = A_m - 6 \tag{6.4.4-6}$$

$$A_m = \sum_{i=1}^{n} \frac{A_i}{n} \tag{6.4.4-7}$$

式中：A_D——波幅临界值(dB)；

A_m——波幅平均值(dB)；

A_i——第 i 个测点相对波幅值(dB)；

n——测点数。

3　PSD判据

采用斜率法作为辅助异常判据，当PSD值在某测点附近变化明显时，应将其作为可疑缺陷区。

$$\text{PSD} = \frac{(t_i - t_{i-1})^2}{z_i - z_{i-1}} \tag{6.4.4-8}$$

式中：t_i——第 i 个测点声时值(μs)；

t_{i-1}——第 $i-1$ 个测点声时值(μs)；

z_i——第 i 个测点深度(m)；

z_{i-1}——第 $i-1$ 个测点深度(m)。

6.4.5　对于混凝土声速和波幅值出现异常并判为可疑缺陷区的部位，应按本规程6.3.3条第3款的要求，确定桩身混凝土缺陷的位置及影响程度。

6.4.6　对支承桩或嵌岩桩，宜同时采用低应变反射波法检测桩段的支承情况。

6.4.7　桩身完整性类别判定：

1　I类桩：各声测剖面每个测点的声速、波幅均大于临界值，波形正常。

2　II类桩：某一声测剖面个别测点的声速、波幅略小于临界值，但波形基本正常。

3　III类桩：某一声测剖面连续多个测点或某一深度桩截面处的声速、波幅值小于临界值，PSD值变大，波形畸变。

4 Ⅳ类桩：某一声测剖面连续多个测点或某一深度桩截面处的声速、波幅值明显小于临界值，PSD值突变，波形严重畸变。

6.4.8 检测报告应符合本规程附录A的规定。并应包括每根被检桩各剖面的声速-深度、波幅-深度曲线及各自的临界值，声速、波幅的平均值，桩身缺陷位置及程度的分析说明。

附录A　报告格式

A.0.1　报告封面格式

公路工程基桩动测报告

编号：　　　　　共　页

工程名称：

委托单位：

检测方法：

检测地点：

检测日期：　　　　　　　　年　　月　　日至

年　　月　　日

检测单位：　　　　　　（盖章）

年　　月　　日

A.0.2　报告封二格式

检测单位：

项目负责人：

主要检测人：

报告编写人：

报告审核人：

报告签发人：

检测单位地址：

邮 政 编 码：

电 话 传 真：

电 子 信 箱：

A.0.3 低应变反射波法检测结果汇总表格式

低应变反射波法检测结果汇总表

工程名称：

序号	桩　号	施工日期	测试日期	桩径(mm)	桩长(m)	波速(m/s)	桩身完整性	类别

检测人：　　　　审核人：

A.0.4 高应变法检测结果汇总表格式

高应变法检测结果汇总表

工程名称：

序号	桩　号	施工日期	测试日期	桩径(mm)	桩长(m)	入土深度(mm)	波速(m/s)	桩身完整性	类别	单桩极限承载力(kN)

检测人：　　　　审核人：

A.0.5　超声波法检测结果汇总表格式

超声波法检测结果汇总表

工程名称：

序号	桩　号	施工日期	测试日期	桩径（mm）	桩长（m）	平均声速（km/s）	平均波幅（dB）	桩身完整性	类别

检测人：　　　　　　　　审核人：

A.0.6 低应变反射波法单桩检测报告格式

低应变反射波法单桩检测报告单

编号：

工程名称		桩　号	
检测单位		测试人	
测试日期			
检测依据		审核人	

施工日期			测试仪器		
桩　型		设计强度等级		设计桩径（mm）	
设计桩顶标高（m）		设计桩端标高（m）		实测桩顶标高（m）	

原始测试曲线：

检测结果：

提交报告时间：　　年　　月　　日

A.0.7 高应变动测法单桩检测报告格式

高应变动测法单桩检测报告单

编号：

工程名称		桩　　号	
检测单位		测 试 人	
测试日期			
检测依据		审 核 人	

施工日期		测试仪器			
桩　　型		设计强度等级		设计桩径（mm）	
设计桩顶标高（m）		设计桩端标高（m）		实测桩顶标高（m）	

测试曲线：

计算曲线：

检测结果：

提交报告时间：　　　年　　月　　日

A.0.8 声波透射法单桩检测报告格式

超声波法单桩检测报告单

编号：

项目名称		桩　号	
检测单位		测试人	
测试日期			
检测规程		审核人	

施工日期			测试仪器		
桩　型		设计强度等级		设计桩径(mm)	
设计桩顶标高(m)		设计桩端标高(m)		实测桩顶标高(m)	

测管平面布置示意图：	测试结果 / 组　号	v_m (km/s)	A_m (dB)	v_D (km/s)	A_D (dB)

检测结果：

提交报告时间：　　年　月　日

附录B　正常混凝土的声速平均值及标准差的确定方法

B.0.1　将同一根桩混凝土的各测点声速值按大小排列，即 $v_1 > v_2 > v_3 > \cdots\cdots v_n > v_{n+1} > v_{n+2} > \cdots\cdots$，将排在后面明显小的数据视为可疑值，如果 $v_{n+1} > v_{n+2} > \cdots\cdots$ 等测值可疑，先予以剔除，然后以 v_n 及其以前点按本规程公式(6.4.4-3)和公式(6.4.4-4)计算声速平均值 $\bar{v}$、标准差 σ_v 及按公式(6.4.4-2)计算声速临界值 v_D。此时，若 $v_n > v_D$ 而 $v_{n+1} < v_D$，则表明计算的 $\bar{v}$、σ_v 为符合正态分布的正常混凝土平均声速及标准差值；若 $v_n < v_D$，说明 v_n 也是缺陷点声速，不应参加统计而应予以剔除，再以 v_{n+1} 及其以上点统计计算新的 $\bar{v}$、σ_v 及 v_D，再作判断，而后依次类推，直至计算出符合正态分布的正常混凝土平均声速、标准差值。

B.0.2　确定 $\bar{v}$、σ_v 时应注意下列事项：

1　测点数应 $n \geqslant 20$。

2　当被测桩混凝土内部缺陷范围大，经剔除可疑点后剩余的正常测点很少时，若仍以剩余测点统计 $\bar{v}$，就可能会出现较大误差，判断失误。这时，应另选择质量正常的同类桩(同尺寸，同龄期、同一工地等)的声测值，以其 $\bar{v}$、σ_v 代表缺陷桩中的正常混凝土的平均声速和标准差。

用词用语说明

一、对规程的适用范围可采用“本规程适用于……”的用语，当需要时也可增加“不适用于……”的用语。

二、对执行规程严格程度的用词，应采用下列写法：

1. 表示很严格非这样做不可的用词：

正面词采用“必须”，反面词采用“严禁”。

2. 表示严格，在正常情况均应这样做的用词：

正面词采用“应”，反面词采用“不应”或“不得”。

3. 表示允许稍有选择，在条件许可时首先应这样做的用词：

正面词采用“宜”，反面词采用“不宜”。

表示有选择，在一定条件下可以这样做的，采用“可”。

三、规程条文中“条”、“款”之间承上启下的连接用语，宜采用“符合下列规定”、“遵守下列规定”或“符合下列要求”等写法表示。

四、规程条文中必须按指定的标准、规范、规程或其他有关规定执行时，应采用“按……执行”或“符合……要求”等写法表示；非必须时，应采用“参照……”等写法表示。

《公路工程基桩动测技术规程》

（JTG/T F81-01—2004）

条　文　说　明

1　总则

1.0.1　随着公路等级要求的提高,对公路桥梁建设提出了新的要求,长桩、大直径桩及单桩单柱已在公路工程基桩中较为常见。鉴于目前我国尚未制定相应的公路工程基桩动测技术规程,基桩检测设备及检测方法尚无统一的规定,质量评价和承载力推算标准也不一致。因此,为统一检测方法,确保基桩工程检测质量,特制定本行业规程。

1.0.2　现有基桩动力检测方法主要依据一维弹性杆件中的应力波理论。对于水泥土桩(包括水泥搅拌桩和粉喷桩)和石灰桩等柔性桩,由于其桩身强度低和波速低、内部质量均匀性差,与一维弹性杆件模型相差较为悬殊,因此不能简单地套用现有混凝土桩的动测方法进行质量检测。

1.0.3　基桩工程的安全与否,除与基桩本身的质量有关外,还与工程地质条件、桩的承载性状以及施工方法等因素有关。另外,检测信号也受地基土条件、桩身材料等因素的影响,这就要求所选择的检测方法必须具有适用性和科学性。因此,综合考虑地质、设计、施工等因素的影响,对正确地评价基桩质量是十分重要的。

1.0.4　《公路工程行业标准管理导则》第 1.0.2 条中规定:"公路工程标准分为:公路工程建设标准强制性条文、公路工程行业标准、公路工程行业协会标准、公路工程行业地方标准"。本规程作为公路工程行业标准应符合国家及部颁公路工程建设标准强制性条文的有关规定。

1.0.5　检测单位应具备省级及其以上计量行政主管部门的计量认证和行政主管部门的专项检测资质,才能进入公路工程检测市场开展相应的检测业务。实行这种管理办法,旨在加强检测机构质量保证体系运行的监督与管理,确保检测结果客观、公正、可靠;同时考虑到基桩动力检测具有较强的技术性和学科交叉性,对从业人员的技术素质和实践经验要求较高。因此,除所在单位具有相应的资质外,检测人员必须经过行政主管部门认可的专业培训和考核,持有相应的技术合格证书,方能从事基桩动力检测工作。

3　基本规定

3.1　检测方法及选定原则

3.1.1　为了对钻芯孔周围的混凝土质量进行检测，超声波法除埋声测管检测外，增加了单孔折射法。表3.1.1中所述桩身缺陷程度是从定性的角度考虑，仅指对桩身的影响程度。

3.1.2　评价基桩质量的主要指标是桩身完整性和单桩承载力。根据检测目的和任务，充分考虑各检测方法的适用条件和局限性，结合场地工程地质条件、施工工艺及工程重要性等状况，选定多种检测方法进行检测，以保证检测结论的可靠性。

3.1.3　公路工程基桩的型式多以单桩单柱、独立承台为主，公路穿越路线长且地质情况一般较为复杂，因此，为全面了解工程基桩的质量必须100%的对其进行检测。

对于桥梁基础长桩，桩身完整性尤为重要。当应力波在混凝土中传播时，能量消耗较大，桩底反射信号微弱，这样会给桩身完整性的全面评判带来困难。因此，必须选取一定比例的基桩，用超声波法对其进行完整性检测。

高应变动测法具有激振能量大，深部和桩端的质量信息在实测信号中能够反映，且可用软件对桩身和地基土的物理力学参数进行定量拟合分析等独特的优点，从而使得工程技术人员能够较为深刻地了解被检桩的工程性状。但高应变动测法进行现场检测所需的条件还是相当的严格和烦琐，因此不能像低应变反射波法那样高比例地进行抽样检测。

3.2　检测仪器与设备

3.2.2～3.2.3　为了确保动测结果的可靠性和合法性，所用仪器设备的生产和使用必须执行国家标准计量法规，因此规定不在有效计量检定周期内的计量器具不得用于基桩动测。

3.3　检测前的准备

3.3.1　多方面搜集基桩的技术资料，对判定异常动测信号的真实原因十分有益。

3.3.2　当检测方法确定后，必须制订相应的检测方案。检测方案包括：工程概况，目的与任务，方法与技术，仪器设备，检测场地要求，检测人员和时间安排，检测报告等。

4 低应变反射波法

4.1 适用范围

4.1.1 低应变反射波法是目前国内外使用最广泛的一种基桩无损检测方法，它借一维弹性波动理论对实测桩顶速度或加速度响应信号的时、频域特征来分析判定被检桩的桩身完整性，其中包括桩身存在的缺陷位置及其影响程度、桩端与持力层的结合状况。

根据一维弹性杆件波动理论，对由桩顶锤击产生的下行压缩波来说，当桩身某处波阻抗发生变化时将产生上行反射波。从广义讲，在某一桩身截面处波阻抗的降低，则表现为反射波与入射波的相位相同，如夹泥、离析、缩颈甚至断裂等；反之则表现为相位相反，如扩径等。因此，仅仅通过反射波的相位特征来判定桩身缺陷的具体类型具有一定的困难。另外，尽管目前国内外一些研究单位和厂家推出的反射波时域曲线拟合软件，但对桩身及其受地基土的作用难以给出可信度较高的定量分析结果，只能采用近似的模拟方法。因此，本方法在应用中尚需结合岩土工程地质和施工技术资料，通过综合分析来对桩身和桩端存在的缺陷及其类型和影响程度作出定性判定。

4.1.2 由于其桩身反射信号复杂和桩端反射不易识别，依据一维杆件中的弹性波理论，本方法既不能应用于水泥土桩等非刚性材料桩，也不能用于混凝土竹节桩等异型刚性材料桩。

4.1.3 在桩顶受到低能量锤击的作用下，低应变弹性波在桩中传播至桩端，并反射回桩顶被传感器所接收。人们既可利用时域信号中的桩端反射时间来计算波在桩中的传播速度，也可利用该场地被检桩的平均波速来估算桩的长度。但由于桩身材料和地基土的阻尼及辐射阻尼效应，波的能量将随着传播距离的增大而衰减，当被检桩超过一定的长度后，不易测得清晰易辨的深部桩身缺陷和桩端反射波，因此本方法检测受到了一定的限制。另外，桩端反射波的可辨性除受桩的长径比控制外，还与桩侧土的弹性模量或波速的高低密切相关，故本规程未对桩的长径比做具体的定量规定。

对于嵌岩桩，由于桩端嵌入基岩之中，往往存在有桩材料与基岩广义波阻抗相接近的情况，使得在时域曲线上桩端反射不明显或基本无法识别，这时就应结合岩土工程勘察资料和实测时域曲线来判断桩端嵌固情况。

4.2 检测仪器与设备

4.2.2 基桩动测仪是用于冲击或振动荷载作用下，对工程桩的桩身质量进行测试分析的仪器，应具备增益高、噪声低、频带宽的特点。本节提到的放大增益应大于 60dB，折合到输入端的噪声应低于 3dB 的要求。

4.2.3 传感器是安装在被检桩顶面用以接收桩身和桩端反射波信号的重要器件，其性能评价的主要指标为频响特性、稳定性、量程、灵敏度等。速度传感器由于生产工艺等方面的原因，其高频响应受到限制，动测时传感器的安装刚度会导致强烈的谐振，使传感器的可测范围变窄而影响检测效果。目前基桩动测所使用的传感器主要是压电式加速度传感器，它无论从频响还是输出特性方面均有较大的优点，更适合于低应变反射波法测桩。

4.2.4 激振设备的材料及激振能量应综合考虑到被检桩的类型及检测目的。当检测短桩或桩身浅部缺陷时，冲击脉冲的有效高频分量宜选择 2kHz 左右，采用刚性好且脉冲宽度在 1ms 左右的铁锤、铜锤激振，便可满足检测要求。若采用轻锤激发高频信号检测桩土阻尼大的长桩或大直径桩，则桩身深部缺陷或桩端反射信号必然太弱，其真实信号将被噪声所淹没，因此一般应采用数十至数百千克质量的力棒和铁球激振，其产生的波能量大、脉冲宽、衰减小、反射强，以便正确地判别桩身的完整性和桩端的质量状态。

4.3 现场检测技术

4.3.1 被检桩顶面条件的好坏直接影响着测试信号的质量和对桩身完整性判定的准确性，因此，要求被检桩顶面的混凝土质量、截面尺寸应与桩身设计条件的基本相同。由于混凝土灌注桩在灌注中桩顶或多或少存在一些低强度的浮浆，将直接影响到传感器的安装以及锤击所产生的弹性波在桩顶部位的传播，因此检测前必须予以清理干净，以露出坚硬的混凝土表面为准；对于混凝土预应力管桩，当法兰盘与桩身混凝土之间结合紧密时，可不进行处理，若有损裂现象，则必须用电锯或电砂轮将其截除磨平后方可进行检测。检测前将被检桩顶部与相连的垫层或承台断开，避免因垫层或承台造成波的散射使实测波形复杂化，影响对被检桩完整性的分析和判断。

混凝土灌注桩成桩后过早地对其进行低应变动测，将会因桩身混凝土强度低造成波速明显偏低及桩身内部材料阻尼和桩侧土的辐射阻尼偏高，因此难以得到清晰易辨的深部缺陷和桩端反射信号，从而不能满足本规程第4.1.3条规定的适用条件。

对于打入或静压式混凝土预制桩，大部分采用接桩形式。在同一承台或相邻承台的打桩或压桩过程中，会对周围产生不同程度的挤土影响，严重时将会引起土体隆起或接桩部位脱焊，因此，应在桩基施工完后再进行完整性检测。

4.3.2 为了能够获得高质量检测信号而对传感器的安装提出了要求：传感器越轻，与桩顶表面安装得越贴近，接触刚度越大，所测得的振动信号越接近于桩顶表面的质点振动信号，因此，传感器的安装技巧以及黏合剂的合理选择在现场检测工作中至关重要。稠度低的黄油、油性橡皮泥、黏性低的口香糖、颗粒粗的黏土以及调得过干或过稀的石膏均不能使用，更不得采取用手按住传感器的方法进行检测，避免由此产生实测信号的严重寄生振荡而不能真实地反映桩身质量的实际信息。特别应该提出的是，传感器应在远离钢筋笼主筋处安装，以减少外露主筋振动或晃动对测试信号产生干扰。当确认周围钢筋笼对信号存在干扰时，应将钢筋截除后再进行检测。

对于直径大且桩身短的混凝土灌注桩，要求在桩中心激振，而将传感器安装于桩的1/2～2/3半径处，是因为此处由激振引起的表面波从桩侧来回反射产生的干扰信号为最小；而规定测点数随被检桩直径的增大而增多，主要是为了避免桩顶面材料不均匀所产生的不利影响及桩身可能存在局部缺陷的遗漏。

在这里特别应指出的是，由于公路工程基桩的直径一般较大，在测试分析中应充分考虑到传感器和激振点之间的距离给波速计算带来的误差。根据近年来许多学者的研究表明，当传感器和激振点距离大于200mm时，存在实测时差$\Delta T'$。以一根直径为1500mm，长度为12.6m，混凝土强度等级为C25的钻孔灌注桩为例，当取传感器与激振点间距为300mm，400mm，500mm，60cm时，实测时差分别为0.1ms、0.2ms、0.35ms和0.5ms，也就是说波速分别提高了1.4%、2.8%、5.0%和7.3%，相应的缺陷位置的计算深度也分别提高了0.17m、0.34m、0.60m和0.85m。因此，当激振点与接收点距离大于200mm时，实测波速和缺陷位置应进行修正。时差$\Delta T'$可以通过计算两次$S<200$mm的实测时程之差来求得。

对于预应力混凝土管桩，根据实践经验，传感器安装点和激振点与桩顶面中心的连线夹角宜不小于45°，以减少桩顶局部高频振动对桩身缺陷和桩端反射信号的影响程度。

4.3.3 用锤击方式激振时，可以通过改变激振锤的重量及锤头材料，来改变初始入射波的脉冲宽度或频率成分。刚度较小的重锤，入射波脉冲较宽，含低频成分较多，加上激振能量较大，弹性波衰减较慢，适合于获取长桩深部缺陷或桩端反射信号；刚度较大的轻锤，入射波脉冲较窄，高频成分较多，若激振能量较小，更适合于桩身浅部缺陷的识别及定位。

4.3.4 随着桩径的增大，桩身混凝土在截面和深度方向上的不均匀性均会增加，桩浅部的阻抗变化往往表现出明显的方向性，增加桩顶测点的数量，可以使检测结果更全面地反映出桩身完整性的整体情况；本规程规定在每个测点重复检测次数不宜少于3次，旨在确认检测信号的一致性并提高有效信号的信噪比;现场检测时,应合理地选择测试系统尤其是传感器的量程范围,避免其过载削波而影响检测分析结果。

4.4 检测数据分析与判定

4.4.1 目前用本方法判别桩身完整桩,主要是以时域波形为主、频域分析为辅。解释时域波形的先决条件是其含有桩身以及桩端质量信息的响应,这样才能正确地分析桩身的缺陷、求取桩身的波速以及估算桩身的强度是否符合设计要求。

由于多种干扰成分的存在,时域信号通常须采用滤波和平滑处理来突出其中的有效信息,而不恰当的滤波往往会导致漏判和波形畸变。当时域信号一致性差或干扰严重时,可结合频域曲线中相邻谐振峰所对应的频率差来进行缺陷估判。

4.4.2 为了判断被检桩的质量和推算缺陷的位置,首先应利用一定数量完整桩的反射波波形获取同一工地的桩身波速平均值。应该指出的是,虽然桩身波速与混凝土强度等级之间有一定的相关性(混凝土强度高,则其波速相对也高),但由于混凝土的集料、砂粒成分、粒径、水灰比以及成桩工艺等多种影响因素,其规律各不相同,至今仍未找出混凝土强度与波速二者之间普遍适用且可靠的定量关系,因此,本规程没有规定用实测桩身波速来推算混凝土材料强度的具体方法。

同一工地完整桩桩身波速平均值的准确取值,是检测分析桩身质量和桩身缺陷的可靠前提。当某根桩露出地面且具有一定高度时,可沿桩长方向且满足量测精度要求的间隔距离安置两个振动传感器,测出该桩段的波速值,并可作为该桩波速的参考取值;当无法获取本工地实测桩身平均波速时,可按类似工程的检测数据或经验取值初步分析判定被检桩的桩身缺陷,至于被检桩的深部质量和桩端状态必须按照本规程第 4.4.6 条的规定采取其他合适的方法予以检测。

用实测信号的频谱曲线辅助分析被检桩的完整性时,当桩侧土与桩身材料的弹性模量或波速比差别较大时,会使桩端第一与第二谐振峰的频率差明显地比后续的偏小,导致所计算出的桩身波速与时域法计算的结果不一致。因此,式(4.4.2-2)中的 Δf 一般不宜由桩端第一与第二谐振峰的频率来计算,而应尽可能地采用更高阶的相邻谐振峰频率。

4.4.4 对桩身时域反射信号进行分析时,位于浅部、中部桩身截面阻抗突变型的断桩、严重离析和缩颈等缺陷是容易识别的。而实际工程中,往往由于工程地质条件和施工工艺的原因,桩身某处截面沿深度会逐渐缓慢地增大或缩小,在某一深度处又以突变的方式恢复到设计尺寸。实测信号对缓变型截面变化反应不甚敏感,而对突变型截面变化反应敏感,因此容易将突变特征信号造成对桩身的质量类别的误判,对此必须引起注意。

4.4.5 对于公路工程中大量使用的嵌岩灌注桩,从理论上讲可以用低应变反射波法有效地检测出桩端的嵌岩质量,即在桩端波形呈反相反射时,则认为嵌岩状况良好,反之则认为在桩端处存在低劣混凝土或沉渣的可能性较大,或者存在软弱夹层或岩溶孔洞等。实际检测中,当嵌岩桩桩端出现较强的同相反射波,应采用频域曲线的嵌固系数辅助分析,结合岩土工程勘察和施工资料进行综合判断,必要时采用其他有效的方法进行核验,以确保桩基础工程使用的安全性。

4.4.6 对于已打入地基中的多节预制桩,由于在后续桩的施工过程中不可避免地存在挤土效应,有时往往在桩段接头部位出现桩被挤断并随土体隆起而上浮的工程质量事故,被检测到的浅部第一节桩就像一根完整的短桩。因此,仅仅从桩身接头的反射波特征往往难以准确地判定是接头焊接不良还是断裂错位。为进一步确认缺陷桩的类型,可采用高应变动测法检测桩的贯入度或静载荷试验观测桩的沉降大小来判定。

4.4.7 判别Ⅰ类桩的重要标准是实测时域信号规则和桩端反射清晰易辨,振幅谱相邻峰间隔 Δf 基本相等,同时满足 $\Delta f = c/2L$。另外应指出的是,在分析桩的时域信号时,可能存在的反射波应区分出是由桩身波阻抗变化或缺陷引起的还是由桩侧土的分层交界面引起的。一般来说,若桩身截面和质量沿深度方向的均匀性好,则由桩侧土分层交界面引起的反射波是不强烈的。因此,在分析中应综合考虑多方面的因素,以避免将完整桩误判为缺陷桩。

由于工程地质或施工工艺等原因，有些桩在时域曲线中反映为反向的扩径特征，甚至可见到二次的同向反射，并且从施工记录中得到验证，此类桩一般不应视为有缺陷，应判为基本完整的Ⅱ类桩。

对于缺陷桩，其实测时域波形和频域曲线均呈现出一定程度的复杂性，当桩身截面形状和材料均匀性沿深度的变化严重时更是如此。判别桩身存在严重缺陷的主要依据是在实测时域波形上桩身某处的反射波强烈，并伴有多次反射，一般情况无法识别桩端反射信号。

从实际工程应用角度来说，当一个缺陷的类型、位置及其严重程度均被较为准确地判定后，它对桩的工程性状会产生怎样的影响以及如何处理的问题也就相对地容易解决了。本方法对被检桩的质量类型进行判定，目的就是为了向工程设计人员提供桩身缺陷的一个综合影响评判指标。然而，由于低应变反射波法固有的局限性，现实尚难以较为准确地检测出缺陷的类型及其严重程度，因而本规程对桩身质量类型的判定结果仍具有一定程度的不确定性，在工程应用中对此应予以注意。

对桩身反射信号，有的是真正的桩身缺陷，但也有的是由土层分层界面和桩身结构产生。从目前的工程实践来看，仅运用本方法来较为准确地判定出引起桩身反射的确切原因还是有一定的困难。目前通常是根据反射波信号峰值的大小来判定桩身缺陷的程度，它除受缺陷程度高低的影响外，还与桩侧土性质及缺陷所处的深度有关，相同程度的缺陷因桩侧土性或埋深不同，其反射波峰值的大小存在明显的差异，因此，如何正确判定桩身缺陷的严重程度并确定属何类质量的桩，应仔细认真对照设计桩型、工程地质条件和施工情况等进行综合分析判断。不仅如此，缺陷桩的类别划分还应结合基础和上部结构型式对桩的沉降和承载力的要求，考虑桩身缺陷引发桩身结构破坏可能性的大小，不宜单凭测试信号定论。如果对缺陷程度和质量类别的判别确有困难，除了进行复测以确认曲线的真实性外，还及时与委托单位联系，以采用其他有效方法进一步验证。

本方法依据时域曲线的桩端反射时间和已知桩长来估算整桩的混凝土波速，或采用式(4.4.2-1)求得的波速平均值来估算某一根桩的桩长并判定是否达到设计要求。尽管某一波速平均值不能代表工地中某一根桩的真实波速，但对桩型和施工工艺相同的、同一工地中的一批桩，用波速平均值估算桩长并作为判定是否达到设计要求是目前较为简便且较为可信的方法。在公路桥梁的施工中，尤其是嵌岩桩实际桩长的评估尤为重要。因此，在检测中发现桩长估算值与设计桩长明显不符时，必须进行复测直至采用钻孔取芯法在桩身混凝土中取芯验证。

5 高应变动测法

5.1 适用范围

5.1.1 当桩顶受到强烈的轴向锤击力作用时，波将由上而下地在桩身和地基中传播，两者之间由于阻抗的显著差别而会被激发出较大的塑性相对位移和地基对桩身的阻力。高应变动测法就是根据桩顶实测的力和振动速度信号，通过波动理论反分析来推算桩身阻抗、应力和桩侧土阻力分布、桩端阻力等工程力学性指标，并由此推定被检桩的完整性、轴向抗压极限承载力，或选择桩型和桩长（统称为试打桩）、监控桩锤工作效率和在打桩施工过程中桩身承受的最大锤击应力（统称为打桩监测）。

5.1.2 单桩的极限承载力可由桩身结构承载力决定，也可能受桩侧和桩底岩土阻力控制，后者正是高应变动测法所能推算的承载力。由于目前尚不能够很好地定量描述岩土的非线性力学行为及其桩-土相互作用机理，要从受静、动力特性同时影响的实测桩顶振动速度和力信号中分析推算出被检桩的静力轴向抗压极限承载力，人们就必须对所用的计算模型作出许多简化假定。为了针对不同的桩型和工程地质情况获得这些简化模型的合理参数，或对其推算的单桩极限承载力的结果进行有效地修正，检测单位和测试分析人员应该在桩型及其施工工艺和岩土情况基本相同的条件下，积累一定量的静载荷试验和高应变动测对比资料以及现场实践经验，这对混凝土灌注桩尤其重要。

5.1.3 由高应变动测法推算被检桩的轴向抗压极限承载力时，所用的锤击力必须能够使桩产生一定的贯入度和使桩侧、桩端岩土阻力得以充分发挥。对超长、桩端无沉渣的大直径扩底和嵌岩混凝土灌注桩，由于其截面积大和实际极限承载力高等多种原因，激振用的锤重往往显得不够且与桩的匹配能力下降，深部桩身、桩端位移和岩土阻力难以得到充分地发挥，因而不能满足高应变动测法推算被检桩轴向抗压极限承载力的基本条件。此时，可考虑采用在桩身中预埋荷载箱进行自平衡静载荷试验确定单桩承载力。另外，这些桩的截面形状往往复杂且沿深度多变而不容易较准确地加以模拟，继而使高应变动测法分析计算结果的精度下降。因此，当被检桩的充盈系数明显高于基桩施工规范要求和本场地平均值时，其检测结果的代表性将变差。

5.2 检测仪器与设备

5.2.1 本条对高应变动测信号采集器和传感器的主要技术性能指标要求，相当于我国建筑工业行业标准《基桩动测仪》（JG/T 3055）中表1规定的2级标准，但对混凝土和钢桩使用的加速度传感器的量程应注意有所区别，前者约2000g，后者可达5000g。由于在现场的使用环境恶劣，动测仪器的环境性能指标和可靠性也应值得重视。

5.2.2 本条规定的采样时间间隔100～200μs，在通常所用1024个采样点条件下，对常见长度的工程桩是合适的。但对于短桩或超长桩，这一采样时间间隔可适当减小或增大，但应确保桩底反射时间后有不少于20ms或达到$5L/c$的信号记录以供后续曲线拟合分析之用。

为确保实测信号的可靠性，传感器必须按本规程规定进行标准计量检定，使用时应按有效的检定结果设定传感器的灵敏度。

5.2.3 为了避免分片组装式锤在下落时易造成低能量连击和偏心而影响检测质量，宜选用整体浇铸且质心较低的钢铁锤激振。

5.2.4 高应变动测法检测单桩轴向抗压极限承载力的重要条件之一，是所用锤击力能够使桩产生本规程第5.3.7条第3点规定的贯入度。为此，锤重必须与桩身重量、设计或预估极限承载力的大小相匹配。合理的最小锤重目前还不能从理论上计算出来,本条款的规定是参考国内外已有的实际工程经验综合取定的。当不能满足本条款规定的最小锤重要求时,一般不得应用本方法进行被检桩的轴向抗压极限承载力检测。

5.2.5 重锤对桩的冲击会使其周围的地面以及邻近架设的基准梁或水准测量仪器产生振动,继而会导致桩的贯入度测量结果可靠度降低。因此,在现场测量桩的单击贯入度时,应采用可远离受检桩的精密仪器设备(如激光水准仪等)。

从理论上说,人们是可以从实测桩顶加速度经两次积分得到的位移信号来确定该桩的贯入度。这虽然最方便,但可能存在下列问题:

1 由于信号采集时段短,信号采集结束时桩的运动尚未停止(以柴油锤打长桩时为甚),因而不能真实地确定桩的贯入度。

2 加速度传感器性能将严重影响着积分结果乃至由位移信号确定被检桩贯入度的精度,零漂大和低频响应差(时间常数小)时尤其明显。

因此,对于被检桩贯入度测量精度要求较高的工程,由对实测加速度信号积分获得的贯入度仅可作为参考值。

5.3 现场检测技术

5.3.1 预制混凝土和钢桩在沉桩施工过程中不可避免地会因挤土效应而降低周围地基土体的强度,从而在一定的时间内使桩的极限承载力下降。但由于土的蠕变效应和土体重新固结等因素的影响,土体强度乃至桩的极限承载力会随时间的变化而逐渐恢复甚至提高,在饱和软黏土地区更为明显。但由于目前尚难以建立单桩承载力的时间效应系数的普遍适用公式,为使检测结果与工程设计所依据的静载试验相一致,高应变法动测距沉桩的最短时间间隔必须满足本条规定的休止期。

在执行本条时,应根据被检桩的荷载传递特性来确定地基土的类型。对端承桩,应根据桩端持力层的土性来选用休止期;对于摩擦桩,休止期的确定应取决于桩侧土的性质,此时桩侧若是性质相差悬殊的层状土,则一般宜按休止较长的那种土层及其影响权重大小来综合考虑。对于摩擦端承桩和端承摩擦桩,其休止期遵从类似原则确定。

5.3.2 对于混凝土灌注桩,为防止在现场检测时由桩身结构承载力控制被检桩的极限承载力,桩身混凝土强度必须达到设计要求的等级。在桩基施工时,若为了能够提前进行高应变动测而在桩身混凝土中添加了早强剂,则检测时间也不得早于本规程第5.3.1条规定的地基土休止期。

5.3.3 桩头按本条款规定加固处理并满足锤击装置和传感器安装条件,都是为了避免检测时击碎桩头和锤击偏心。另外,为了解被检桩的基本性状和提高高应变法动测工作的成功率,在桩头加固处理前应对其完整性进行低应变法检测。当确认拟检桩属于III或IV类桩,因其不具有代表性和不满足高应变法的分析原理,一般不宜用本方法检测桩的极限承载力;但若为了弄清桩身缺陷特性或产生原因等目的,则仍可以对其进行高应变法检测,只是有关单位事前应对此做出专门的研究和决定。

5.3.4 检测时在桩顶面铺设锤垫,主要也是为了避免击碎桩头和减小落锤偏心的影响,同时还可以适当调整锤击力的作用时间继而提高锤击能量的传递比和实测信号的质量,垫层面直径应略大于桩径20mm左右。

5.3.5 在距顶面一定远处的桩侧对称安装两组力和加速度传感器,主要是为了使获得的实测信号接近于桩身一维杆件假设条件,同时减小锤击力在桩顶可能产生的塑性变形的影响和对偏心激振进行平均法修正,从而提高测试信号的有效性。为了减小新老混凝土界面对实测信号的影响,传感器的安装位置与此距离应不小于0.3倍被检桩的截面边长或外径。

传感器(尤其是应变传感器)安装的好坏直接影响到动测信号采集的精度,现场必须在检测仪器监控条件下由经过专门训练过的人员来操作。

5.3.6 桩顶锤击力 F 是通过应变传感器测量的应变 ε 按下式换算的:

$$F = AE\varepsilon \tag{5.1}$$

式中 A 和 E 分别是测点处桩身截面积和材料弹性模量，其中 E 可由设定的该处桩身波速和式(5.3.6)换算得到。显然，测点处桩参数的选定是否符合实际将直接影响到锤击力的精度，同时还影响力和速度信号起始段是否应该重合的判定。

测点下桩长是指桩侧传感器安装点至桩端的距离，一般不包括桩尖部分。

关于桩身平均波速，对普通钢桩可直接设定为5120m/s，但对C20～C80的钢筋混凝土桩，其值变化范围因与集料品种、粒径级配、成桩工艺（导管灌注、振捣、离心）及龄期等因素有关而约为3000～4300m/s。混凝土预制桩（含管桩）可将沉桩前实测无缺陷桩的桩身平均波速作为设定值，而灌注桩则应结合本地区混凝土波速的经验值或同场地已知值初步设定，在后续计算分析时再根据实测信号进行修正。应该指出的是，被检桩桩身的平均波速和传感器安装处桩身的波速是两个不同量，后者一般不得任意随前者的改变而调整。

5.3.7 根据动力学理论，桩顶沿其轴线的最大锤击力随着激振锤冲击桩顶时初速度的增大而增大，但其主频却是随着锤重的增大而减小。激振锤的落距越高，它冲击桩顶时的初速度和所产生的锤击应力及其偏心的可能性越大，桩头就越容易被击碎。但若采用重锤低击方式激振，往往能够有效地改善波在桩身传播的不均匀性，降低桩侧和桩端岩土阻力发挥过程中的动力学效应，从而可以显著地提高传递给桩的锤击能量和增大桩顶位移。因此，"重锤低击"是保障高应变法动测被检桩承载力准确性的重要原则之一。

贯入度的大小与桩端刺入或持力层压密塑性变形量相对应，是反映桩侧、桩端土阻力是否得以充分发挥的一个重要度量指标。国内外动-静对比试验和工程实践表明，当被检桩的单击贯入度过小或过大时，桩侧和桩端土在检测中表现出的力学行为与后续分析所依据的计算模型均会产生较大的差别，继而使被检桩的轴向抗压极限承载力推算结果的可靠性下降且变得更难以对其进行评估。本条规定的贯入度范围是根据国内外工程实践取定的，其中对纯摩擦桩可取低值，而对具有一定端承作用的大直径桩，则一般宜取高值。

高应变动测法所用的激振能量高，每次锤击均会对桩侧、桩端土产生明显的扰动，后续锤击力下发挥出的岩土阻力及其沿深度分布与开始时的将会有所差别。因此，当检测桩的极限承载力时，为了能够真实地反映其原有的特性，锤击次数应按本条规定加以限制，其中可用于后续分析计算的有效信号按本规程第5.3.8条的规定一般不宜少于2次。

打桩监控中的全过程监测，是指对混凝土预制桩或钢桩开始施打后，在桩锤正常爆发起跳至收锤的整个过程中所进行的测试。

5.3.8 高应变动测的结果与现场采集到的信号质量和所用分析方法及其软件的先进性等密切相关，而现场检测环境又经常存在一些不利因素。因此，检测人员应能熟练地判定检测系统的工作状态，排除各种可能的干扰，及时对每次采集到的信号进行初步分析和计算，以结合第5.3.9条规定判定这些实测信号的有效性和是否满足桩身完整性或承载力检测的基本要求，并为调整在现场的后续检测工作方案提供依据。在进行预制桩打桩监控时，按每次采集一阵（10击）的信号进行判别。

5.3.9 除柴油锤激振的长桩信号外，力信号曲线必须最终归零。对于混凝土桩，高应变动测信号质量往往同时受传感器安装好坏及在检测时是否松动、锤击偏心程度、传感器安装面处混凝土是否开裂或出现明显塑性变形的影响。这些影响对应变传感器测得的力信号尤其敏感。锤击严重偏心是指两侧力信号之一超过了其平均值的30%。由于锤击偏心通常很难避免，故而严禁用单侧力信号进行被检桩工程性状的分析计算。

5.3.10 当在工程设计阶段难以根据工程地质情况确定桩长和桩端持力层，可在工程桩施工前进行试打桩。在试打桩时，对接近地表的软土层和对单桩承载力影响小且不可能作为持力层的土层，可以不测或少测。为便于确定更深的土层为合适的持力层，试验桩的长度可比初步设计的长些。

5.3.11 在锤击法打桩施工过程中，过大的压应力和拉应力会导致桩身出现压碎或拉裂甚至断裂事故。对于混凝土桩，由于其抗拉强度比抗压强度低得多，桩身锤击拉应力是其施工监控的最重要指标。对深厚软土地区的长桩，打桩时侧阻力和端阻力很小，桩锤爆发起跳产生的下行压力波在桩底反射回来时变成了上行拉力波，其头部（拉应力幅值最大）会与后续锤击产生的下行压力波的尾部叠加而在桩身某一部位产生净拉应力。当这一净拉应力的最大值超过混凝土抗拉强度时，就会将此处的桩身拉裂。另外，当桩端所进入的土层比桩侧土明显软弱时，桩端也将产生上行拉应力波。

桩身锤击压应力的大小受锤重、落高和桩垫刚度等因素的综合影响。实践表明，在桩锤确定的情况下，桩端阻力或桩侧阻力越大，桩顶的刚度就越高，桩顶遭受的锤击压应力也将增大。因此，桩身压应力宜在桩端进入硬土层或桩侧土阻力较大时测试。另外，在打桩过程中有时会突然出现贯入度骤减或拒锤，其原因可能是桩端碰上孤石或基岩，继续施打也会造成桩身因压应力过大而破坏。

5.4 检测数据分析与判定

5.4.1 为了避免过多次数的锤击降低地基土的强度，使高应变法动测的分析结果不能代表被检桩的实际承载力特性，本条规定宜取头两次锤击中能量和贯入度较大的有效信号作为承载力分析的依据。但从桩身完整性评判方面来说，桩侧土体受多次锤击而扰动和强度降低倒是一个有利因素，因为此时的桩身缺陷和桩底反射往往会更加清晰易辨。

在对信号进一步分析处理前，需要对检测时设定的桩身平均波速进行调整。当桩底反射明显时，平均波速也可根据力和速度信号上的桩底反射波历时或下行波上升沿的起点与上行波下降沿的起点间的时差和已知桩长值确定。对桩底反射峰变宽或有水平裂缝的桩，不应根据信号的"峰-峰"时差来确定桩身的平均波速。桩较短且锤击力波上升缓慢时，可采用低应变动测信号确定桩身的平均波速。传感器安装位置桩身的波速仅与该处材料性质有关，原设定值可以不随桩身平均波速的调整而改变。但若原设定值与实际情况相比确实需要调整，则应对原实测力信号关于新波速值进行修正。

对于完整性良好的等截面匀质桩，若在一定深度范围内地基土的阻力不大，则实测的力 $F(t)$ 和速度信号 $V(t)$ 在第一峰前应基本成比例（$Z=\rho Ac$）。但是在下列几种情况下，两信号的比例失调将属于正常：

1 传感器以下浅部桩身缺陷导致速度信号偏高，或浅部桩身扩颈和地基土阻力高造成力信号偏高。

2 采用应变传感器测力时，测点处混凝土受力已进入非线性，而换算力时仍采用了较高的弹性模量，继而造成力信号偏高。

3 锤击力波上升缓慢或桩长很小时，土阻力波或桩端反射波的到达时间较第一峰的为早。

除对第2种情况可适当减小力值以避免预示的承载力过高外，在其他情况下均不得对实测信号关于力和速度信号在上升沿的比例性进行随意的调整。

5.4.2 若能根据实测力和速度信号的特征对被检桩的承载特性以及相关的动力学性质有一个大体的认识，则在进一步分析中对模型及其参数选取乃至计算结果的合理性判定等方面将起到十分重要的作用。这也要求高应变法动测分析人员应该具备坚实的基础理论和专业知识，并具有丰富的检测工程实践经验。

5.4.3 用实测曲线拟合法分析时，须先对桩体以及桩端、桩侧岩土阻力建立计算模型，然后再应用波动理论对实测信号数据进行反演计算而求出这些桩、土模型中的参数值，最后由此推算出被检桩的极限承载力和评判桩身的完整性。在反演计算的每一循环中，先假定各桩单元和地基土的模型参数，并将实测速度（或力、上行波、下行波）信号曲线作为输入边界条件，然后用数值方法求解波动方程得出相应的桩顶的力（或速度、下行波、上行波）信号计算曲线。若这一计算曲线与实测曲线不吻合，说明所假设的某些模型参数不合理而需要调整。在这些参数被调整后，再重复进行上述循环的计算，直至计算与实测曲线的吻合程度符合一定的要求为止，此时贯入度的计算值与实测值也应基本相同。

由于所用分析模型的非线性并且包含了诸多参数，上述反演计算的结果一般来说是不唯一的。因此，要想获得较为可靠的检测结论，在应用曲线拟合法时必须遵从本条款的具体要求和规定：

土的静阻力模型目前多为理想弹塑性模型，土的极限静阻力和土的弹性极限位移是其中的两个重要参数，它们可以由桩的静载试验（包括桩身内力测试）资料来统计确定，而在卸载阶段规定其卸载路径的斜率和弹性加载的相同。土的动阻力模型一般采用与桩身运动速度成正比的线性黏滞阻尼，它带有一定的经验性而不易直接验证。桩身一般被简化为一维弹性杆件模型，单元划分应采用等时单元（应力波通过每个桩单元的时间相等）。桩单元除考虑 A、E、c 等参数外，也可考虑桩身阻尼和裂隙；而对桩端，可以考虑设置空隙、开口桩或异形桩的土塞、残余应力影响和其他阻尼形式。只是后面提及的这些模型及其参数也多是经验性，直接验证往往不易。

地基与位移相关的总静阻力一般会不同程度地滞后于 $2L/c$ 发挥。当端承型桩的端阻力发挥所需位移很大时，土阻力发挥将产生严重滞后。因此，需要在 $2L/c$ 后延时足够的时间（至少取 $3L/c$ 或 20ms 中的较大者），使曲线拟合段能包含土阻力响应的全部信息。土阻力响应区是指实测信号上呈现的土的静阻力信息较为突出的时间段。本条强调此区段的拟合质量，主要是想避免那种只重波形头尾而忽视中间土阻力响应区拟合质量的错误作法。由于所采用的桩、土计算模型与实际情况总是存在差别的，计算曲线和实测曲线完全重合的拟合结果将是不科学的。因此，针对不同的桩型，应当根据动-静对比资料，将信号曲线的总拟合质量系数控制在合适的范围之内（一般在 2% ~5%，其中预制桩和钢桩取低值，而灌注桩取高值）。

为提高分析结论的可靠性，在实测曲线拟合时，应根据实测信号特征和施工、地质技术条件综合分析判定所反演出的桩、土参数的合理性，而其中的要点就是看这些参数的取值是否在岩土工程常见合理的范围之内。例如，若设定的值超过对应单元的最大计算位移值时，桩侧土阻力通常未能充分发挥，由曲线拟合法得出被检桩的极限承载力结果也就不能反映桩的实际承载特性了。本条要求贯入度的计算值应与实测值基本相同，是检验反演中选用的等参数值是否合理的一个重要判定指标。

5.4.4 凯司法推算被检桩轴向抗压极限承载力的公式（5.4.4-1）是基于以下三个假定推导出的：（1）桩身阻抗沿深度保持不变；（2）土的全部动阻力集中于桩端且只与桩端质点运动速度成正比；（3）土阻力在时刻 $t_2 = t_1 + 2L/c$ 已充分发挥。显然，它较适用于摩擦型的中、小直径的非超长预制桩以及桩身波阻抗沿深度较均匀的灌注桩。公式结构还表明，除实测信号外，阻尼系数 J_c 的经验取值是否合理将在很大程度上决定着凯司法推算被检桩极限承载力的可靠性。由于具有这些局限性，在公路工程中，凯司法只能被用以检测群桩中单桩的极限承载力，而不得用于检测一柱一桩等重要部位的工程桩。

为了提高凯司法检测分析结果的可靠性，检测机构和技术人员应该对 J_c 的合理取值已经积累了大量的相同或相近条件下的动-静对比验证资料和实际工程经验。以此为前提条件，在相近的实际工程中，J_c 可以由部分被检桩的曲线拟合法结果来加以推算，但在其值明显异常时不得使用。在目前国内外的实际工程应用中，J_c 的取值通常仅与桩端土的性质有关，一般是土的黏性越强则其值越大。例如，上海地区 J_c 的参考经验取值是：中粗砂和细砂 0.1 ~0.2，粉砂 0.2 ~0.3，砂质粉土和黏质粉土 0.3 ~0.5，粉质黏土和黏土 0.4 ~1.0。但当桩的单击贯入度达不到本规程规定数值或桩-土体系不满足上述三个基本假定时，J_c 值实际上变成了一个毫无明确物理力学意义的综合调整系数，由凯司法推算的被检桩极限承载力也就没有任何实际应用价值。

式（5.4.4-1）给出的被检桩极限承载力仅包含 $t_2 = t_1 + 2L/c$ 时刻之前所发挥的土阻力信息。但除桩长较短的摩擦型桩外，通常土阻力在 $2L/c$ 时刻是不会充分发挥的，端承型桩尤其显著。为解决这一问题，可先对 t_1 进行多次延时并用式（5.4.4-1）求出相应的承载力计算值，然后将其中的最大值作为该受检桩的极限承载力，这就是常说的 RMX 法。对于长度和侧摩阻力较大而荷载作用持续时间相对较短的桩，桩身在 $2L/c$ 之前会产生较强的向上回弹，继而使得桩身从顶部逐渐向下明显地产生土阻力卸载（而此时桩的中、下部土阻力仍属于加载），将这种卸载的土阻力对式（5.4.4-1）进行补偿修正的方法称 RSU 法。除此以外，还有其他几种修正凯司法（如 RAU 法、RA2 法和 RMN 法等），只是它们都有各自的适用范围，必须积累了成熟的经验后方可采用。

5.4.5 目前高应变动测法主要是用来检测桩的轴向抗压极限承载力，除非是为了解大直径和超长桩的深部和桩端质量信息，用它来专门检测桩身的完整性通常会被认为是不合算的事情。当被检桩的截面阻抗沿深度基本均匀时，测点下第一个缺陷的位置及其程度可用本条款所述方法进行定量分析，其中桩身完整性系数 β 由下式计算：

$$\beta = \frac{\frac{1}{2}[F(t_1) + Z \cdot V(t_1)] - \Delta R + \frac{1}{2}[F(t_x) + Z \cdot V(t_x)]}{\frac{1}{2}[F(t_1) + Z \cdot V(t_1)] - \frac{1}{2}[F(t_x) + Z \cdot V(t_x)]} \tag{5.2}$$

式中：β——桩身完整性系数；

t_1——速度信号第一峰对应的时刻(ms)；

t_x——缺陷反射峰对应的时刻(ms)；

$F(t_1)$、$F(t_x)$——t_1 和 t_x 时刻的锤击力(kN)；

$V(t_1)$、$V(t_x)$——t_1 和 t_x 时刻的振动速度(m/s)；

Z——桩身截面力学阻抗(kN·s/m)；

ΔR——缺陷以上部位土阻力的估算值。

若桩身第一个缺陷较浅或第一个缺陷下方不远处存在第二个缺陷，则本条方法的分析判定准确性会受到影响，因为在前种情况下通常的锤击力上升时间不小于 2ms 而与浅部缺陷反射波相叠加，在后种情况下第二个缺陷反射波会叠加在第一个反射波上，继而分别导致式(5.2)中 ΔR 和 t_x 的确定带来显著误差。另外，在利用式(5.2)和表 5.4.5 来判定被检桩的完整性时，宜与其桩头加固处理前的低应变动测结果进行比较分析，由此检验结论的可靠性或了解缺陷是否在高应变法动测中受锤击恶化。

5.4.6 当不符合第 5.4.5 条的条件时，应在推算被检桩承载力的同时采用实测曲线拟合法的结果来评价它的完整性。和低应变反射波法一样，高应变动测法分析桩身完整性的原理实际上也是依据桩身的阻抗变化，从而一般也不易判定出确切的缺陷性质。但由于高应变法的信号能量大且同时测量力和振动速度信号，故可对桩身波阻抗沿深度的变化进行定量推定，而且在连续锤击过程中还可观察缺陷的扩大和逐步闭合情况，这是低应变反射波法所不能比拟的。

当有轻微缺陷，并确认为水平裂缝(如预制桩的接头缝隙)时，裂缝宽度 δ_w 可按下式估算：

$$\delta_w = \frac{1}{2}\int_{t_a}^{t_b}\left(V - \frac{F-\Delta R}{Z}\right)\cdot \mathrm{d}t \tag{5.3}$$

式中 V 和 F 分别为实测桩顶振动速度和力信号，ΔR 为缺陷以上部分土阻力的估算值，Z 为桩身截面力学阻抗。

5.4.7 当桩身结构承载力足够高时，工程桩的极限承载力决定于打桩施工后满足休止期的地基土的强度。因此，用初打桩的实测信号分析出的侧土阻力和端阻力应该分别乘以各自的时间效应系数，才能作为该场地此类桩承载力的依据。由于这种时间效应系数的影响因素诸多且难以准确取定，桩的极限承载力应由满足休止期的复打试验信号来加以推算和校验。

桩端持力层的选定应根据设计对承载力和沉降的要求、沉桩施工机械、工程场地岩土剖面状况以及经济指标等因素来综合确定。

5.4.8 对式(5.4.8-1)，通常是先计算其中{ * }/2A 随时间 t 的变化关系，其最大值及其对应的 x 就是桩身受到的最大拉应力和发生的位置与传感器间的距离。由于土阻力和辐射阻尼的影响，桩身的最大压应力通常出现在地面位置，故而式(5.4.8-2)中的 F_{max} 可取为实测的最大锤击力。在打桩监控中，这两种桩身最大锤击应力均不得超过国家现行有关技术标准规定的限值。

5.4.9 式(5.4.9)中的积分上限 T，理论上说应该是锤击力作用结束的时刻(从锤击力信号开始起跳时计算)。当在桩顶侧面采用应变传感器测量锤击力时，若地基土在浅部产生较强的侧阻反射或桩长较小致使桩端反射与锤击力信号叠加，则采用该式计算桩锤实际传递给桩的能量将会存在偏差。在条件许可时，为减小这种误差，也可以在桩锤上安装加速度传感器，然后通过实测桩锤最大速度(理论上应出现在开始撞击桩顶的时刻)和桩锤质量计算桩锤的最大动能，并且由此与其额定能量相比来计算该桩锤的实际工作效率。用这种方法检测桩锤效率时，应放置薄的锤垫，而不能放置尺寸和质量较大的桩帽，以减小这些中间环节过多地改变桩锤传递给桩的实际锤击能量。

当实测的桩锤效率比额定值明显偏低时，应及时检查是否为使用的锤垫不合理或被检桩桩顶开裂破碎所致。

5.4.10 高应变法动测用于检测工程桩或试打桩的极限承载力和完整性以及打桩监控是一种理论和技术性要求很高的工作。为了尽可能有效地从监督检测分析过程的规范性来判定检测结果的可靠性，检测报告必须包含本条规定的相关技术内容。

6 超声波法

6.1 适用范围

6.1.1 在桩身预埋一定数量的声测管，通过水的耦合，超声波从一根声测管中发射，在另一根声测管中接收，或单孔中发射并接收，可以测出被测混凝土介质的声学参数。由于超声波在混凝土中遇到缺陷时会产生绕射、反射和折射，因而到达接收换能器的声时、波幅及主频发生改变。超声波法就是利用这些声波特征参数来判别桩身的完整性。

对跨孔透射法，当桩径较小时，声测管间距也较小，其测试误差相对较大，同时预埋声测管可能引起附加的灌注桩施工质量问题。因此，本规程规定声波透射法只适用于桩径不小于800mm的灌注桩。

单孔折射波法是根据公路桥梁对桩基的质量要求，检测钻芯孔孔壁周围的混凝土质量。

6.2 检测仪器与设备

6.2.1 基桩声波测试仪器必须具有实时显示波形和分析功能，是为了提高现场检测及室内数据处理的工作效率，保证检测结果的准确性和科学性。

6.2.4 接收放大器的频带宽度为5～200kHz，其下限不宜降低，否则不利于滤去因换能器绝缘性能降低而产生的低频信号，造成自动判读时丢波和错判现象。

6.3 现场检测技术

6.3.1

1 在声波透射法检测中，超声波特征值仅与收、发检测管间连线两边窄带区域(声测剖面)的混凝土质量密切相关。当灌注桩的直径增大时，每组声测管间超声波的混凝土检测范围占桩截面积比例减小，不能反映桩身截面混凝土的整体质量状况，因此，声测管的数量及布置方法决定了桩身混凝土实际的检测面积和检测范围，对直径大的桩必须增加声测管的数量。

声测管布置，三管应按等边三角形均匀布置(构成三个声测剖面)，四管则应按正方形均匀布置(构成六个声测剖面)。

2 检测管的内径宜比换能器外径大15mm，是为了便于换能器在管中上下移动。当对换能器加设定位器时，检测管内径可比换能器外径大20mm。公路基桩大多数是大桩、长桩，由于混凝土的水化热作用及钢筋笼安放和混凝土浇注过程中存在较大的作用力，容易造成检测管变形、断裂，从而影响检测工作的顺利进行。因此，本规程建议声测管采用强度较高的金属管。在安装检测管时，为避免产生漏浆和因焊渣造成管内堵塞问题，检测管不应采用对焊方法连接。

3 由于声测管间距随深度的变化难以确定，各深度处的声速只能采用桩顶二根声测管的距离来计算，因此，必须将声测管埋设得相互平行。为减少偏差可在相邻声测管之间焊接等长水平撑杆。

4 根据公路工程的特点和便于了解桩身缺陷存在的方位，本规程规定检测管编号按前行方向的顶点为起始点顺时针编号。因此，声测管埋设时宜将其中一根对准线路前行方向。

6.3.2

1 为保证检测结果的可靠性，同时考虑到混凝土在龄期14d后的超声波波速等特性参数变化已经趋于平缓，因此本规程规定超声波检测时混凝土的龄期不应早于14d。

2 声测管中的浑浊水将明显甚至严重加大声波衰减和延长传播时间，给声波检测结果带来误差。因此，检测前应冲洗检测管并灌满清水作为耦合剂。

3 声波从发射至接收仪器系统产生的系统延迟时间为 t_0，其测试方法如下：

将发、收换能器平行置于清水中的同一高度，其中心间距从400mm左右开始逐次加大两换能器之间的距离，同时定幅测量与之相应的声时；再分别以纵、横轴表示间距和声时作图，在声时横轴上的截距即为 t_0。为保证测试精度，两换能器间距的测量误差不应大于0.5%，测量点不应少于5个点。

6.3.3

1 在声波透射法检测中，应随时校准收、发换能器所在的深度是否相同，以避免由于过大的相对高差而产生较大的测试误差。为防止漏检桩身混凝土的缺陷，上、下相邻两测点的间距不宜超过250mm。

2 声时和波幅是声波透射法检测混凝土灌注桩质量中的两个重要指标，其中波幅对混凝土内部缺陷的反应往往比声时更具敏感性。在实际检测中，波幅是一个相对量，而声时又是根据波形的起跳点来确定的。因此，为了使不同位置处的检测数据具有可比性和应用价值，在同一根桩的检测过程中，声波发射电压和放大器增益等参数应恒定，并进行等幅测试。

3 对可疑缺陷的细测有水平加密、等差同步和扇形扫测三种方法。其中水平加密细测是基本方法，而等差同步和扇形扫测主要用于确定缺陷位置和大小，其发、收换能器连线的水平夹角一般为30°~40°。CT技术的应用需要专门的分析软件，故不作强制推行，提倡有条件的检测单位将其作为桩身缺陷定量分析的方法使用。

6.4 检测数据分析与判定

6.4.1 对钢质声测管，波速一般可取5800m/s；20℃时水的声速可取1483m/s。

6.4.2 鉴于目前所用的换能器频带窄和用频率判定桩身混凝土缺陷的方法还不成熟。因此，本规程未将声波频率深度曲线作为桩身混凝土完整性的主要判定指标之一。

6.4.4 目前桩身混凝土缺陷判别主要依据于实测声速、波幅及其随深度的变化曲线及声速判据、波幅判据和PSD判据进行综合分析后得出。

1 声速判据：声速临界值的确定基于概率法，即无缺陷的混凝土声速测值虽因其本身的不均匀性造成一定的离散性，但符合正态分布；由缺陷造成的低声速值异常值不符合正态分布。因此，确定临界值时必须采用正常混凝土的声速平均值及标准差，否则，求得的声速平均值将偏小，易造成漏判。具体技术方法见附录B。同时还应分析考虑声测管间不平行产生的误差影响。

声速是材料的基本物理量之一，它与混凝土强度相关，实测声速应大于或等于声速低限值。声速低限值由同条件混凝土试件做强度和速度对比试验，结合地区经验确定。声速低限值相对应的混凝土强度不宜低于0.9*R*（*R*为混凝土设计强度），若试件为钻孔芯样，则不宜低于0.85*R*。

2 波幅判据：波幅是相对测试，也曾有人试图用概率统计理论来确定临界值，但由于桩身混凝土内部结构的变异性很大而难以找出较强的波幅统计规律性，因而实际中多是根据实测经验将波幅值的一半定为临界值。

3 PSD判据：PSD法是基于缺陷处声时的变化引起声时深度曲线的斜率明显增大，而声时差的大小又与缺陷程度密切相关，因此两者之积对缺陷的反映更加明显，即

$$\mathrm{PSD} = K \cdot \Delta T = \frac{(t_i - t_{i-1})}{\Delta H} \cdot (t_i - t_{i-1}) \tag{6.1}$$

6.4.5 对声速、波幅和PSD值超越临界值异常或突变时，应对缺陷处进行细测。同时结合波形、施工工艺和施工记录等有关资料进行综合分析，以确定桩身混凝土缺陷的位置和程度。当声速普遍低于低限值时，应通过钻孔取芯法检验基桩的混凝土强度。

6.4.6 由于超声波只能检测桩身部分的混凝土质量，对于支承桩或嵌岩桩，宜同时采用低应变反射波法检测桩端的支承情况，确保基桩承载力满足设计要求。

JTJ

中华人民共和国行业标准 JTJ 076—95

公路工程施工安全技术规程

Safety Technology Rules for Highway Engineering Construction

4

1995-03-14 发布 1995-10-01 实施

中华人民共和国交通部发布

中华人民共和国交通部文

交公路发〔1995〕190号

关于发布《公路工程施工安全技术规程》的通知

（不另行文）

现批准发布《公路工程施工安全技术规程》（编号：JTJ 076—95），作为行业标准，自1995年10月1日起实行。

希各单位在执行中注意积累资料，总结经验，及时反映修改意见，黑龙江省公路桥梁建设总公司注意收集整理，以便今后修订该规程时参考。该规程由交通部负责解释。

该规程由人民交通出版社出版发行。

中华人民共和国交通部

一九九五年三月十四日

目　次

1 总则

1.0.1 安全生产是党和国家的一贯方针和基本国策，是保护劳动者的安全和健康，促进社会生产力发展的基本保证，也是保证社会主义经济发展、进一步实行改革开放的基本条件。为保障从事公路工程施工生产人员的安全，预防事故发生，促进公路交通事业的发展，特制定本规程。

1.0.2 各单位在施工中应贯彻执行"安全第一，预防为主"和坚持"管生产必须管安全"的原则，并根据本规程的规定，结合实际情况，制定各项规章制度。

1.0.3 施工企业的各级领导干部、工程技术人员和生产管理人员，必须熟悉和遵守本规程的各项规定，做到生产与安全工作同时计划、布置、检查、总结和评比。

1.0.4 本规程适用于新建、改建和大中修的公路工程。

1.0.5 在实施中，除应符合本规程外，尚应符合交通行业有关的标准和国家有关规定。

2 一般规定

2.0.1 工程开工前，施工单位必须详细核对设计文件，根据施工地段的地形、地质、水文、气象等资料，在编制施工组织设计的同时，制定相应的安全技术措施。

2.0.2 参加施工的人员，必须接受安全技术教育，熟知和遵守本工种的各项安全技术操作规程，并应定期进行安全技术考核，合格者方准上岗操作。对于从事电气、起重、建筑登高架设作业、锅炉、压力容器、焊接、车辆驾驶、机动船艇驾驶、爆破、瓦斯检验等特殊工种的人员，应经过专业培训，获得合格证书后，方准持证上岗。

2.0.3 施工单位均应按国家规定建立健全各级安全管理机构和设立专职或兼职安全检查人员。

2.0.4 施工现场要设置足够的消防设备。施工人员应熟悉消防设备的性能和使用方法，并应组织一支经过训练的义务消防队伍。

2.0.5 施工单位应加强与气象、水文等部门的联系，及时掌握气温、雨雪、风暴和汛情等预报，做好防范工作。

2.0.6 施工中采用新技术、新工艺、新设备、新材料时，必须制定相应的安全技术措施。

2.0.7 操作人员上岗前，必须按规定穿戴防护用品。施工负责人和安全检查员应随时检查劳动防护用品的穿戴情况，不按规定穿戴防护用品的人员不得上岗。

2.0.8 施工所用的各种机具设备和劳动保护用品，应定期进行检查和必要的检验，保证其经常处于完好状态；不合格的机具设备和劳动保护用品严禁使用。

2.0.9 下挖工程，施工前应根据设计文件复查地下构造物（电缆、管道等）的埋置位置及走向，并采取防护措施；施工中如发现有危险品及其他可疑物品时，应即停止下挖，报请有关部门处理。

2.0.10 重要的安全设施必须执行与主体工程“三同时”的原则，即：同时设计、审批，同时施工，同时验收，投入使用。

3　施工准备

3.1　施工现场

3.1.1　施工现场应有利于生产，方便职工生活，符合防洪、防火等安全要求，具备文明生产、文明施工的条件。

3.1.2　施工现场的临时设施，必须避开泥沼、悬崖、陡坡、泥石流、雪崩等危险区域，选在水文、地质良好的地段。施工现场内的各种运输道路、生产生活房屋、易燃易爆仓库、材料堆放，以及动力通信线路和其他临时工程，应按照有关安全的规定制定出合理的平面布置图。

3.1.3　施工现场的生活生产房屋、变电所、发电机房、临时油库等均应设在干燥地基上，并应符合防火、防洪、防风、防爆、防震的要求。

3.1.4　施工现场应设置安全标志，并不得擅自拆除。

3.1.5　施工现场内的沟、坑、水塘等边缘应设安全护栏。场地狭小，行人和运输繁忙的路段应设专人指挥交通。

3.1.6　生产生活房屋应按防火规定保持必需的安全净距，一般情况下活动板房不小于7m，铁皮板房不小于5m，临时的锅炉房、发电机房、变电室、铁工房、厨房等与其他房屋的间距不小于15m。

3.1.7　易燃易爆品仓库、发电机房、变电所，应采取必要的安全防护措施，严禁用易燃材料修建。炸药库的设置应符合国家有关规定。工地的小型临时油库应远离生活区50m以外，并外设围栏。

3.1.8　工地上较高的建(构)筑物、临时设施及重要库房，如炸药库、油库、发(变)电房、塔架、龙门吊架等，均应加设避雷装置。

3.1.9　对环境有污染的设施和材料应设置在远离人员居住的较为空旷的地点。污染严重的工程场所应配有防污染的设施。

3.2　施工测量

3.2.1　密林丛草间进行施工测量时，应遵守护林防火规定，严禁烟火，并需预防有害动、植物伤人。

3.2.2　测量钉桩要注意周围行人的安全，不得对面使锤。钢钎和其他工具不得随意抛掷。

3.2.3　测量人员在高压线附近工作时，必须保持足够的安全距离。遇雷雨时不得在高压线、大树下停留。

3.2.4　在陡坡及危险地段测量时应系安全带，脚穿软底轻便鞋。在桥墩上测量时应有上下桥墩及防止人体坠落的安全措施。

3.2.5　在公路、街道、交通繁忙的道路上测量时，必须有专人警戒，防止交通事故。

3.2.6　水文测量人员应穿救生衣。在陡峻的河岸进行观测时，应有简易便道和防护措施。

在通航河流上，测量船应有信号设备。在江中抛锚时应按港航监督部门的规定设置信号并有专人负责瞭望。

夜间进行水文测量时，必须备有足够的照明设备。

3.2.7　冰上测量时应向当地有关部门了解冰封情况，确认无危险后，方可作业。遇有封冰不稳定的河段及春季冰融期间，不得在冰上进行测量。

3.3 场内交通及水电设施

3.3.1 场内道路应经常维护,保持畅通。载重车辆通过较多的道路,其弯道半径一般不小于15m,特殊情况不得小于10m。手推车道路的宽度不小于1.5m。急弯及陡坡地段应设置明显交通标志。与铁路交叉处应有专人照管,并设信号装置和落杆。

3.3.2 靠近河流和陡壁处的道路,应设置护栏和明显警告标志。

3.3.3 场内行驶斗车、平车的轨道应平坦顺直,纵坡不得大于3%,车辆应装制动闸,铁路终点应设置倒坡和车挡。

3.3.4 生产生活用水应进行鉴定,其水质必须符合国家现行标准。水源应采取保护措施,防止水质污染。

3.3.5 场内架设的电线应绝缘良好,悬挂高度及线间距必须符合电业部门的安全规定。

3.3.6 现场架设的临时线路必须用绝缘物支持,不得将电线缠绕在钢筋、树木或脚手架上。

3.3.7 电工在接近高压线操作时,其安全距离为:10kV以下不得小于0.7m,20~35kV不得小于1m,44kV不得小于1.2m,否则必须停电后方可操作。

3.3.8 各种电器设备应配有专用开关,室外使用的开关、插座应外装防水箱并加锁,在操作处加设绝缘垫层。

3.3.9 在三相四线制中性点接地供电系统中,电气设备的金属外壳应做接零保护;在非三相四线制供电系统中,电气设备的金属外壳应做接地保护,其接地电阻应不大于4Ω,并不得在同一供电系统上有的接地,有的接零。

3.3.10 各种电气设备的检查维修,一般应停电作业;如必须带电作业时,应有可靠的安全措施并派专人监护。

3.3.11 工地安装变压器必须符合电业部门的要求,并设专人管理。施工用电要尽量保持三相平衡。

3.3.12 现场的变(配)电设备处,必须备有灭火器材和高压安全用具。非电工人员严禁接近带电设备。

3.3.13 使用高温灯具,要防止失火,其与易燃物的距离不得小于1m,一般电灯泡距易燃物品不得小于50cm。

3.3.14 移动式电气机具设备应用橡胶电缆供电,并经常注意理顺;跨越道路时,应埋入地下或做穿管保护。

3.3.15 遇有雷雨天气不得爬杆带电作业;在室外无特殊防护装置时必须使用绝缘拉杆拉闸。

3.3.16 施工现场的临时照明

3.3.16.1 室内照明线路应用瓷夹固定。

3.3.16.2 电线接头应牢固,并用绝缘胶带包扎。

3.3.16.3 保险丝应按用电负荷量装设。

3.3.17 能产生大量蒸汽、气体、粉尘等工作场所,应使用密闭式电气设备。有爆炸危险的工作场所应使用防爆型电气设备。

3.3.18 电气设备的传动带、转轮、飞轮等外露部位必须安设防护罩。

3.3.19 检修电气设备时应按下列要求进行:

(1)电气设备的检修必须由电工进行,他人不得任意操作;

(2)工作中如遇停电应拉下开关,切断电源;检修结束必须仔细检查各项设备的情况,没有异常,方可合闸;

(3)大型电气设备检修应在切断电源、设好防护后进行,并在开关处设置警示标牌,工作完成后方可拆除;如需进行送电试验时,必须在认真检查并与有关部门联系后,方可进行。

3.3.20 大型桥梁施工现场、隧道和预制场地,应有自备电源,以免因电网停电造成工程损失和出现事故。自备电源和电网之间,要有联锁保护。

3.4 砂、石采集及堆放

3.4.1 人工沿河采集砂石料，宜在河滩采集或在浅水处打涝，采集时应注意水情变化。

使用机械在深水处采挖砂石，集料船、采挖船应锚固牢靠，但不得阻碍通航。长期定点采挖时应取得港航监督部门的同意，并设置警示标志。

3.4.2 石料开采应由上而下逐层采取，并根据石崖高低，修成阶梯。如有松动石块应先予清除，上下层不得重叠作业。

3.4.3 有关石料开采的凿眼、爆破和搬运应符合本规程 4.3 节有关规定。

3.5 施工机械

3.5.1 操作人员在工作中不得擅离岗位，不得操作与操作证不相符合的机械，不得将机械设备交给无本机种操作证的人员操作。

3.5.2 操作人员必须按照本机说明书规定，严格执行工作前的检查制度和工作中注意观察及工作后的检查保养制度。

工作前应检查：

(1)工作场地周围有无妨碍工作的障碍物；

(2)油、水、电及其他保证机械设备正常运转的条件是否完备；

(3)安全、操作机构是否灵活可靠；

(4)指示仪表、指示灯显示是否正常可靠；

(5)油温、水温是否达到正常使用温度。

工作中应观察：

(1)指示灯和仪表、工作和操作机构有无异常；

(2)工作场地有无异常变化。

工作后应进行检查保养：

(1)工作机构有无过热、松动或其他故障；

(2)参照例行保养规定进行例保作业；

(3)做好下一班的准备工作；

(4)填写好机械操作履历表。

3.5.3 驾驶室或操作室内应保持整洁，严禁存放易燃、易爆物品，严禁酒后操作机械，严禁机械带故障运转或超负荷运转。

3.5.4 机械设备在施工现场停放时，应选择安全的停放地点，关闭好驾驶室（操作室），要拉上驻车制动闸。坡道上停车时，要用三角木或石块抵住车轮。夜间应有专人看管。

3.5.5 用手柄启动的机械应注意手柄倒转伤人，向机械内加油时附近应严禁烟火。

3.5.6 柴、汽油机的正常工作温度应保持在 60～90℃之间，温度在 40℃以下时不得带负荷工作。

3.5.7 对用水冷却的机械，当气温低于 0℃时，工作后应及时放水，或采取其他防冻措施，以防冻裂机体。

3.5.8 放置电动机的地点必须保持干燥，周围不得堆放杂物和易燃品。启动高压电开关及高压电机时，应戴绝缘手套，穿绝缘胶鞋。

3.6 临时码头

3.6.1 临时码头位置应选在河流两岸比较开阔，河床比较稳定，水流顺直，地质较好的河段。两岸引道应保持坚固稳定。

3.6.2 临时码头应按设计施工，并应配备相应的安全防护设施。

3.6.3 渡船、拖轮应配有安全设施，按规定核定其载质量、车数、人数，严禁超载、超高、超宽。遇有上下船舶通过，不得横越抢渡。

3.6.4 码头的附属设备，如跳板、支撑、船环、柱桩等应牢固可靠。

3.6.5 搭设的栈桥必须坚固可靠，两侧人行道、轨道中间应铺满木板。栈桥临水端应设置靠船的靠帮和系缆设施。通过栈桥的电线、电缆要绝缘良好，并固定在栈桥的一侧。

3.6.6 栈桥码头应有抗洪水、流冰及其他漂浮物的能力，工作人员应对各种设施经常维修。

4 路基工程

4.1 清理场地

4.1.1 清除的丛草、树木严禁放火焚烧,以防引起火灾。

4.1.2 砍伐树木必须遵守下列规定:

(1)伐树前,应将周围有碍砍伐作业的灌木和藤条砍除,并选好安全躲避的退路;

(2)伐树范围内应布置警戒,非工作人员不得逗留、接近;

(3)为使树木按预定方向倾倒,要在树木下部倒树方向砍一剁口,其深度为树干直径的1/4,然后再从剁口上边缘的对面开锯,最后应留2~3cm安全距离;

(4)在陡坡悬岩处砍伐树木,应有防止树木伐倒后顺坡溜滑和撞落石块伤人的安全措施;在山坡上严禁在同一地段的上下同时作业;

(5)截锯木料时,三叉马和树干垫撑必须稳固;

(6)大风、大雾和雨天不得进行伐树作业。

4.1.3 拆除建(构)筑物前,应制定安全可靠的拆除方案。先将与拆除物有连通的电线、水、气管道切断,并在四周危险区域内围设安全护栏,非工作人员不得进入。拆除工序应由上而下,先外后里,严禁数层同时作业。操作人员应站在脚手架或稳固的结构部位上作业。对有倒坍危险的结构物应予临时支撑加固。拆除某部位时要防止其他部位发生坍塌。拆除梁柱之前应先拆除其承托的全部结构物,严禁采用掏空、挖切和大面积推倒的拆除方法。

当采用控爆法拆除大型建(构)筑物时,必须有经批准的控制爆破设计文件。

4.1.4 清除淤泥时,应先排除积水,并制定出相应的安全措施后方可清淤。

4.2 土方工程

4.2.1 人工挖掘土方必须遵守下列规定:

(1)开挖土方的操作人员之间,必须保持足够的安全距离:横向间距不小于2m,纵向间距不小于3m;

(2)土方开挖必须自上而下顺序放坡进行,严禁采用挖空底脚的操作方法。

4.2.2 在靠近建筑物、设备基础、电杆及各种脚手架附近挖土时,必须采取安全防护措施。

4.2.3 高陡边坡处施工必须遵守下列规定:

(1)作业人员必须绑系安全带;

(2)边坡开挖中如遇地下水涌出,应先排水,后开挖;

(3)开挖工作应与装运作业面相互错开,严禁上、下双重作业;

(4)弃土下方和有滚石危及范围内的道路,应设警告标志,作业时坡下严禁通行;

(5)坡面上的操作人员对松动的土、石块必须及时清除,严禁在危石下方作业、休息和存放机具。

4.2.4 设有支挡工程的地质不良地段,在考虑分段开挖的同时,应分段修建支挡工程。

4.2.5 施工中如发现山体有滑动、崩坍迹象危及施工安全时,应暂停施工,撤出人员和机具,并报上级处理。

4.2.6 滑坡地段的开挖,应从滑坡体两侧向中部自上而下进行,严禁全面拉槽开挖,弃土不得堆在主滑区内。开挖挡墙基槽也应从滑坡体两侧向中部分段跳槽进行,并加强支撑,及时砌筑和回填墙背,施工中应设专人观察，严防坍方。

4.2.7 在落石与岩堆地段施工，应先清理危石和设置拦截设施后再行开挖。其开挖面坡度应按设计进行，坡面上松动石块应边挖边清除。

4.2.8 岩溶地区施工，应认真处理岩溶水的涌出，以免导致突发性的坍陷。泥沼地段施工，应有必要的防范措施，避免人、机下陷。挖出的废土应堆置在合适的地方，以防汛期造成人为的泥石流。

4.2.9 采用人工挑、抬、运土，应检查箩筐、土箕、抬扛、扁担、绳索等的牢固程度。

4.2.10 会车时应轻车让重车。通过窄路、十字路口、交通繁忙地段及转弯时，应注意来往行人及车辆。重车运行，前后两车间距必须大于5m；下坡时，间距不小于10m，并严禁车上乘人。车道应有专人维修，悬崖陡壁处应设防护拦杆。

4.2.11 轨道翻斗车运土时，轨道应铺设平顺，防止死弯，坡度不应大于3%。双线的净间距不得小于1m，平交道两侧的轨道应设长度不小于20m的直线，卸车地段应有10～15m的反坡，并在尽头设车挡。

操作时必须遵守下列规定：

(1)斗车及制动装置必须完好，装车前应先插牢锁销；装车不得超载、偏载；

(2)车辆宜在平道上装土，如在坡道上装土时，必须在下坡方向车轮下加楔，以防车辆滑溜；

(3)推车人员必须掌好车闸，车速不宜过快，前方有人时应鸣号示意避让；多车同行时，前后间距不得小于20m；

(4)卸土时，在下方的作业人员应避开，并应防止车辆倾覆，严禁在行走中卸土，卸土后应将锁销插好；

(5)数车同时卸土，应设专人指挥，两车间距不得小于2m，其间严禁站人。

4.2.12 电动蛙式打夯机的电源线必须完好无损，并应安装漏电保护器。操作时应戴绝缘手套，一人操作、一人扶持电缆进行辅助。辅助与操作人员必须紧密配合，严禁在夯机前方隔机扔电缆和背线拖拉前进。电缆线不应扭结和缠绕，不得夯及电源线，也不得在斜坡上夯打。停用或搬运打夯机时应切断电源。

4.2.13 大型机械进场前，应查清所通过道路、桥梁的净宽和承载力是否足够，否则应先予拓宽和加固。

4.2.14 施工单位应为进场机械提供临时机棚或停机场地。机械在停机棚内启动时，必须保持通风；棚内严禁烟火，机械人员必须掌握所备灭火器材的使用方法。

4.2.15 在电杆附近挖土时，对于不能取消的拉线地垄及杆身，应留出土台。土台半径：电杆为1～1.5m，拉线1.5～2.5m，并视土质决定边坡坡度。土台周围应插标杆示警。

4.2.16 机械在危险地段作业时，必须设明显的安全警告标志，并应设专人站在操作人员能看清的地方指挥。驾机人员只能接受指挥人员发出的规定信号。

4.2.17 机械在边坡、边沟作业时，应与边缘保持必要的安全距离，使轮胎(履带)压在坚实的地面上。

4.2.18 配合机械作业的清底、平地、修坡等辅助工作应与机械作业交替进行。机上、机下人员必须密切配合，协同作业。当必须在机械作业范围内同时进行辅助工作时，应停止机械运转后，辅助人员方可进入。

4.2.19 施工中遇有土体不稳、发生坍塌、水位暴涨、山洪暴发或在爆破警戒区内听到爆破信号时，应立即停工，人机撤至安全地点。当工作场地发生交通堵塞，地面出现陷车(机)，机械运行道路发生打滑，防护设施毁坏失效，或工作面不足以保证安全作业时，亦应暂停施工，待恢复正常后方可继续施工。

4.2.20 挖掘机作业

4.2.20.1 发动机启动后，铲斗内、臂杆、履带和机棚上严禁站人。

4.2.20.2 工作位置必须平坦稳固。工作前履带应制动，轮胎式挖掘机应顶好支腿，车身方向应与挖掘工作面延伸方向一致，操作时进铲不应过深，提斗不得过猛。

4.2.20.3 在高陡的工作面上挖掘夹有石块的土方时，应将较大的石块和杂物除掉。如果土体挖成悬空状态而不能自然塌落时，则需用人工处理，严禁用铲斗将悬空土方砸下。

4.2.20.4 对吊杆顶端的滑轮和钢丝绳进行保养、检修拆换时，应将铲斗和吊杆放落地面，然后再进行维修。

4.2.20.5 严禁铲斗从运土车的驾驶室顶上越过。向运土车辆卸土时，应降低铲斗高度，防止偏载或砸坏车厢。铲斗运转范围内，严禁站人。

4.2.21 推土机作业

4.2.21.1 推土机上下坡时，其坡度不得大于30°；在横坡上作业，其横坡度不得大于10°。下坡时，宜采用后退下行，严禁空挡滑行，必要时可放下刀片作辅助制动。

4.2.21.2 在陡坡、高坎上作业时，必须有专人指挥，严禁铲刀超出边坡的边缘。送土终了应先换成倒车挡后再提铲刀倒车。

4.2.21.3 在垂直边坡的沟槽作业，其沟槽深度，对大型推土机不得超过2m，对小型推土机不得超过1.5m。推土机刀片不得推坡壁上高于机身的孤石或大土块。

4.2.21.4 推土机在摘卸推土刀片时，必须考虑下次挂装的方便。摘刀片时辅助人员应同司机密切配合，抽穿钢丝绳时应带帆布手套，严禁将眼睛挨近绳孔窥视。

4.2.21.5 多机在同一作业面作业时，前后两机相距不应小于8m，左右相距应大于1.5m。两台或两台以上推土机并排推土时，两推土机刀片之间应保持20～30cm间距。推土前进必须以相同速度直线行驶；后退时，应分先后，防止互相碰撞。

4.2.21.6 用推土机伐除大树或清除残墙断壁时，应提高着力点，防止其上部反向倒下。

4.2.22 铲运机作业

4.2.22.1 拖式铲运机

(1)作业前应先将运行道路刮平，其宽度应大于机身宽约2m；

(2)行驶中严禁把铲斗和斗门提升到最高点，以免在转弯时将钢丝绳崩断；下坡时应放下铲运机斗作辅助制动，严禁空挡滑行；

(3)铲斗与机身不正时不得铲土；在开始铲土和提斗时，动作要缓慢；驾驶员离开机车时，应将变速杆放在空挡，关闭发动机，将铲斗放落在地面；

(4)在新填的土堤上作业，应离开土堤边沿1m以上；靠路堤边沿填土时，必须保持外侧高内侧低和纵向基本平顺，卸土时铲斗应放低，防止铲运机滑下；

(5)多台铲运机作业，前后净距不得小于10m，左右净距不得小于2m；两机会车应减速慢行；

(6)清除铲斗内积土时，必须先把铲斗牢固支起，推土板恢复常位后，人员才能进入铲斗内清除积土；

(7)长距离拖运，必须用挂钩将铲斗挂牢，解除钢丝绳负荷。

4.2.22.2 自行式铲运机

(1)自行式铲运机的行车道必须平整坚实，单行道的宽度不应小于4.5m(或车宽的1.5倍)，超、会车时，两车净距不得小于1m；

(2)多台机械在工地纵队行驶时，前后间距不得小于20m；

(3)在作业过程中发现后主离合器制动不灵，机械有异声，警报器发声时，应立即停车检修；

(4)严禁在大于15°的横坡上行驶，不应在陡坡上进行危险性作业。

4.2.23 平地机作业

4.2.23.1 在公路上行驶时，应遵守道路交通规则，刮刀和松土器应提起，刮刀不得伸出机侧，速度不得超过20km/h。夜间不宜作业。

4.2.23.2 刮刀的回转与铲土角的调整以及向机外倾斜都必须在停机时进行。作业中刮刀升降量差不得过大。

4.2.23.3 遇到坚硬土质需要齿耙翻松时，应缓慢下齿。不宜使用齿耙翻松坚硬旧路面。

4.2.23.4 在坡道停放时，应使车头向下坡方向，并将刀片或松土器压入土中。

4.2.24 装载机作业

4.2.24.1 起步前应将铲斗提升到离地面0.5m左右。作业时应使用低速挡。用高速挡行驶时，不得进行升降和翻转铲斗。严禁铲斗载人。

4.2.24.2 行驶道路应平坦，不得在倾斜度超过规定的场地上作业，运送距离不宜过大。铲斗满载运送时，铲斗应保持在低位。

4.2.24.3 在松散不平的场地作业，可将铲臂放在浮动位置，使铲斗平稳地推进。如推进阻力过大，可稍稍提升铲臂，装料时铲斗应从正面低速插入，防止铲斗单边受力。

4.2.24.4　向运输车辆上卸土时应缓慢，铲斗应处在合适的高度，前翻和回位不得碰撞车厢。

4.2.24.5　应经常注意机件运转声响，发现异响应立即停车排除故障。当发动机不能运转需要牵引时，应使各转向油缸能自由动作。

4.2.25　汽车作业

4.2.25.1　载重汽车

(1)必须按规定吨位装载，不得超载、超高，不得人货混载，驾驶室内不得超额坐人；

(2)车辆装土场地必须平整坚实，当用机械装土时，汽车就位后应拉紧手闸，装载均匀，不得偏载；

(3)在陡坡、高坡、坑边或填方边坡处卸土时，停卸地点必须平整坚实，地面宜有反坡，与边缘必须保持安全距离；在危险地段卸土，应有专人指挥；

(4)公路上行驶必须遵守道路交通规则；运载易燃、易爆等危险物品时，应遵守有关规定，除必要的随车人员外，不得搭乘其他人员。

4.2.25.2　自卸汽车

除应遵守上述载重汽车的各条规定外，还应遵守下列规定：

(1)发动机启动后应检查起翻装置，确保良好；严禁在驾驶室外进行操作，翻斗内严禁载人；

(2)当装载高度超过车厢拦板时，应平稳行驶，不得猛力加速，也不得紧急制动；

(3)卸料起斗时，应检视上空有无电线，防止挂断。

4.2.26　轮式拖拉机作业

4.2.26.1　拖拉机和拖斗之间严禁站人。

4.2.26.2　作业时不得在陡坡上转弯、倒车或停车。通行道路的纵坡不得超过20°，横坡不得超过6°。

4.2.26.3　作业时严禁向驾驶员传递物品；驾驶室内不得超员坐人。

4.2.26.4　在斜坡横向卸土时，严禁倒退。坡度较大，车身左右偏斜过甚时，不得卸土。

4.2.27　压路机作业

4.2.27.1　必须在压路机前后、左右无障碍物和人员时才能启动。

4.2.27.2　变换压路机前进后退方向应待滚轮停止后进行。严禁利用换向离合器作制动用。

4.2.27.3　压路机靠近路堤边缘作业时，应根据路堤高度留有必要的安全距离。碾压傍山道路时，必须由里侧向外侧碾压。上坡时变速应在制动后进行，下坡时严禁脱挡滑行。

4.2.27.4　两台以上压路机同时作业，其前后间距不得小于3m；在坡道上纵队行驶时，其间距不得小于20m。

4.2.27.5　振动压路机尚应遵守下列规定：

(1)起振和停振必须在压路机行走时进行；在坚硬路面行走，严禁振动；

(2)碾压松软路基，应先在不振动情况下碾压1~2遍，然后再振动碾压；

(3)换向离合器、起振离合器和制动器的调整，必须在主离合器脱开后进行，不得在急转弯时用快速挡；严禁在尚未起振情况下调节振动频率。

4.3　石方工程

4.3.1　石方爆破作业，以及爆破器材的管理、加工、运输、检验和销毁等工作均应按国家现行的《爆破安全规程》(GB 6722—86)执行。

4.3.2　锻制钢钎时，锻工应按规定穿戴防护用品，煊钎和淬火支架必须牢固。截断钎子时，开锤及停锤用力应轻。热钎和冷钎应分开放置并以标志识别。

4.3.3　选择炮位时，炮眼口应避开正对的电线、路口和构造物。

4.3.4　凿打炮眼时，坡面上的浮岩危石应予清理。凿眼所用工具和机械要详加检查，确认完好。严禁在残眼上打孔。

4.3.5　用人力冲击法打松软岩眼时，应清理现场的障碍物。双人、多人冲钎时动作应协调一致。

4.3.6　人工打眼时，使锤人应站立在掌钎人侧面，严禁对面使锤。

4.3.7 机械扩眼,宜采用湿式凿岩或带有捕尘器的凿岩机。凿岩机支架要支稳,严禁用胸部和肩头紧顶把手。风动凿岩机的管道要顺直,接头要紧密,气压不应过高。电动凿岩机的电缆线宜悬空挂设,工作时应注意观察电流值是否正常。

空压机必须在无荷载状态下启动。开启送气阀前,应将输气管道连接好,不得扭曲。在征得凿岩机操作人员同意后方可送气,出气口前方不得有人工作或站立。贮气瓶内压力不得超过规定值,安全阀应灵敏有效。运转中应注意检查是否有异常情况,不得擅离岗位。

4.3.8 爆破器材应严格管理,必须实施实销实报,剩余的爆破材料必须当日退库,严禁私自收藏,乱丢乱放。更不得用爆炸物品炸鱼、炸兽。发现爆破器材丢失、被盗要立即报告,等待处理。

4.3.9 作业人员在保管、加工、运输爆破器材过程中,严禁穿着化纤衣服。

4.3.10 爆破器材应按规定要求进行检验,对失效及不符合技术条件要求的不得使用。

4.3.11 爆破器材应由专人领取,炸药与雷管严禁由一人同时搬运。电雷管严禁与带电物品一起携带运送。爆破器材运送,应避开人员密集地段,并直接送往工地,中途不得停留,并不得随地存放或带入宿舍。

4.3.12 制作起爆药包(柱),应在专设的加工房或爆破现场的专用棚内进行。棚内不准有电气、金属设备,无关人员不得入内。

导火索要用快刀切齐,轻轻插入雷管,不得猛插、旋转或摩擦。管口要用安全铰钳夹紧,严禁用牙咬。纸壳雷管应用胶布包扎严密。

药卷应用和雷管同样直径的竹、木锥子扎一个深为1.5倍雷管长度的小孔,然后放入接好引线的雷管,封闭扎口。雷管不得露在药柱外面。加工的起爆药包(柱),不应超过当班爆破作业的需要量。

4.3.13 扩药壶时,孔口的碎石、杂物必须清除干净。装药量应随扩壶次数、扩壶的大小和石质而定,不得盲目加大药量。扩烘时,起爆药柱送下孔底后,不得使用炮棍在炮眼内捣插。导火索点燃后,人应迅速远离。严禁采用先点燃导火索再将药柱抛入孔底的危险操作方法。

需要多次扩壶时,每次爆破后15min(硝化甘油炸药应经过30min),等孔壁岩石冷却后,方可再次装药扩壶。

4.3.14 超过5m的深孔不得使用导火索起爆。

4.3.15 装炮工作必须遵守下列规定:

(1)装药前应对炮眼进行验收和清理;对刚打成的炮眼应待其冷却后装药,湿炮眼应擦干后才能装药;

(2)严禁烟火和明火照明;无关人员应撤离现场;

(3)应用木质炮棍装药,严禁使用金属器皿装药;深孔装药出现堵塞时,在未装入雷管、起爆药柱前,可采用铜和木制长杆处理;

(4)装好的爆药包(柱)和硝化甘油类炸药,严禁投掷或冲击;

(5)不得采用无填塞爆破(扩壶除外),也不得使用石块和易燃材料填塞炮孔;不得捣固直接接触药包的填塞材料或用填塞材料冲击起爆药包,也不得在深孔装入起爆药包后直接用木楔填塞;填塞炮眼时不得破坏起爆线路。

4.3.16 已装药的炮孔必须当班爆破,装填的炮孔数量应以一次爆破的作业量为限。

4.3.17 爆破工作必须有专人指挥。确定的危险区边界应有明显的标志,警戒区四周必须派设警戒人员。警戒区内的人、畜必须撤离,施工机具应妥善安置。预告、起爆、解除警戒等信号应有明确的规定。

4.3.18 爆破时,个别飞散物对人员的安全距离不得小于表4.3.18的规定。

4.3.19 导火索起爆应采用一次点火法点火,其长度应保证点完导火索后人员能撤至安全地点,但不得短于1.2m。不得在同次爆破中使用不同燃速的导火索。

露天爆破,一人连续点火的导火索根数不得超过10根,严禁使用明火点燃,严禁脚踩和挤压已点燃的导火索。

多人同时点炮时,每人点炮数应大致相等。必须先点燃信号管,信号管响后无论导火索点完与否,人员必须立即撤离。

个别飞散物对人员的安全距离　　表 4.3.18

爆破类型及方法	个别飞散物的最小安全距离(m)
1. 破碎大块岩矿	
裸露药包爆破法	400
浅眼爆破法	300
2. 浅眼爆破法	200(复杂地质条件下未修成台阶工作面时不小于300)
3. 浅眼药壶爆破	300
4. 蛇穴爆破	300
5. 深孔爆破	按设计,但不小于200
6. 深孔药壶爆破	按设计,但不小于300
7. 浅眼眼底扩壶	50
8. 深孔孔底扩壶	50
9. 硐室爆破	按设计,但不小于300

注:沿山坡爆破时,下坡方向的安全距离应比表内数值增大50%。

信号管的长度不得超过该次被点导火索中最短导火索长度的1/3。

4.3.20 爆破时,应点清爆炸数与装炮数量是否相符。确认炮响完并过5min后,方准爆破人员进入爆破作业点。

4.3.21 电力起爆必须遵守下列规定:

(1)在同一爆破网路上必须使用同厂、同型号的电雷管,其电阻值差不得超过规定值(应控制在±0.2Ω以内);

(2)爆破网路主线应绝缘良好,并设中间开关,与其他电源线路应分开敷设;

(3)必须严格检查主线、区域线、端线、电源开关和插座等的断通与绝缘情况,在联入网络前各自的两端应短路;

(4)爆破网路的连接必须在全部炮孔装填完毕,无关人员全部撤至安全地点后进行;连接应由工作面向起爆站依次进行,两线的接点应错开10cm,接点必须牢固,绝缘良好;

(5)用动力或照明电源起爆时,起爆开关必须放在上锁的专用起爆箱内,起爆开关箱和起爆器的钥匙在整个爆破作业时间里,必须由爆破工作的负责人严加保管,不得交给他人;

(6)装好炸药包后,必须撤除工作面的一切电源;雷雨季节应采用非电起爆法。

4.3.22 裸露爆破必须保证先爆的药包不致破坏其他药包,否则应用齐发起爆。严禁用石块覆盖裸露药包,不应将炸药包插入石缝中进行爆破,特殊情况使用时,必须采用可靠的安全措施。

4.3.23 各种类型的"盲炮"处理应按国家现行的《爆破安全规程》(GB 6722—86)有关规定办理。

4.3.24 大型爆破必须按审批的爆破设计书,在征得当地县(市)以上公安部门同意后,由成立的现场指挥机构组织人员实施。

大型爆破的安全距离,除考虑个别飞散物的因素外,尚应考虑因爆破引起地震及冲击波对人员、设施及建筑物的影响,按规定经计算后确定安全距离。

4.3.25 石方地段爆破后,必须确认已经解除警戒,作业面上的悬岩危石也经检查处理后,清理石方人员方准进入现场。

4.3.26 撬动岩石必须由上而下逐层撬(打)落,严禁上下双重作业,不得将下面撬空使其上部自然坍落。撬棍的高度不宜超过人的肩膀,不得将棍端紧抵腹部,也不得把撬棍放在肩上施力。

4.3.27 抬运石块的铁链或绳索应理顺并拴牢,抬运时应同起同落、步调一致。

4.4 防护工程

4.4.1 防护工程砌筑

4.4.1.1 边坡防护作业,必须搭设牢固的脚手架。

4.4.1.2 砌石工程必须自下而上砌筑。片石改小,不得在脚手架上进行。护墙砌筑时,墙下严禁站人。抬运石块上架,跳板应坚固,并设防滑条。

4.4.1.3 抹面、勾缝作业必须先上后下。严禁在砌筑好的坡面上行走,上下必须用爬梯。架上作业时,架下不准有人操作或停留,不得上面砌筑、下面勾缝。

4.4.2 砂浆拌和机作业

4.4.2.1 拌和机应安置稳妥,开机前必须确认传动及各部装置牢固可靠,操作灵活。运转中不得用手或木棒等伸进筒内清理筒口的灰浆。

4.4.2.2 作业中如发生故障,应立即切断电源,并将筒内砂浆倒出。

4.4.3 砂浆喷射机作业

4.4.3.1 砂浆输送泵

(1)输送管道各接头应连接牢固,并设有牢固的支撑,尽量减少管道长度和弯管数量,管道上不得加压或悬挂重物;

(2)作业前应空运转,在确认旋转方向正确,电路开关、传动保护装置及料斗滤网齐全可靠后,方可进行作业;

(3)运转正常后,方可向泵内注入砂浆;砂浆泵须连续运转,短时间不用砂浆时,应打开回浆阀使砂浆在泵内循环运行;如停机时间较长时,应每隔3~5min泵送一次,使灰浆在管道和泵体内流动,以防凝结、阻塞;

(4)工作中应随时注意压力表指针是否正常,检查球阀、阀座和挤压管有无异常,如发现漏浆应停机修复后方可继续作业;

(5)因故障停机时,应打开泄浆阀使压力下降,然后再排除故障;砂浆泵压力未降到零时,不得拆卸空气室、压力安全阀和管道。

4.4.3.2 砂浆喷射机

(1)喷射机应保持内部清洁,输送泵和喷射机人员应密切联系,协调配合;

(2)在喷嘴前5m范围内不得站人;工作停歇时,喷嘴不得朝向有人的方向;

(3)输料软管如发生堵塞,可用木棍轻轻敲打外壁,如无效时可在关闭砂浆后拆卸胶管,用压缩空气吹通;

(4)转换作业面时,输料软管不得随地拖拉和弯折。

4.4.4 挡墙挖基应视土质、湿度和挖掘的深度设放安全边坡,否则应设置相适应的围壁支撑。基坑壁坡度可参照表4.4.4办理。

基坑坑壁坡度表 表4.4.4

坑 壁 土 质	坑 壁 坡 度		
	基坑顶缘无载重	基坑顶缘有静载	基坑顶缘有动载
砂类土	1:1	1:1.25	1:1.5
碎卵石类土	1:0.75	1:1	1:1.25
轻亚黏土	1:0.67	1:0.75	1:1
亚黏土	1:0.33	1:0.5	1:0.75
极软岩	1:0.25	1:0.33	1:0.67
软质岩	1:0	1:0.1	1:0.25
硬质岩	1:0	1:0	1:0

注:本表适用于基坑深度在5m以内,无地下水,土质结构均匀的情况。

4.4.5 人工挖基作业时,从基坑内抛上的土方应边挖边运。用土台分层抛掷传运出土时,台阶宽度不得小于0.7m,高度不得大于1.5m。基坑上边缘暂时堆放的土方至少应距坑边0.8m以外,堆放高度不得超过1.5m。

5 路面工程

5.1 基层施工

5.1.1 消解石灰,不得在浸水的同时边投料、边翻拌,人员应远避,以防烫伤。

5.1.2 装卸、洒铺及翻动粉状材料时,操作人员应站在上风侧,轻拌轻翻减少粉尘。散装粉状材料宜使用粉料运输车运输,否则车厢上应采用蓬布遮盖。装卸尽量避免在大风天气下进行。

5.1.3 碎石机作业

5.1.3.1 进料要均匀,不得过大,严防金属块等混入。出料口上方应有挡板。

5.1.3.2 不得从上方向碎石机口内窥视。

5.1.3.3 若石料卡住进口,应用铁钩翻动,严禁用手搬动。

5.1.4 稳定土拌和机作业

5.1.4.1 应根据不同的拌和材料,选用合适的拌和齿。

5.1.4.2 拌和作业时,应先将转子提起离开地面空转,然后再慢慢下降至拌和深度。

5.1.4.3 在拌和过程中,不能急转弯或原地转向,严禁使用倒挡进行拌和作业。遇到底层有障碍物时,应及时提起转子,进行检查处理。

5.1.4.4 拌和机在行走和作业过程中,必须采用低速,保持匀速。液压油的温度不得超过规定。

5.1.4.5 停车时应拉上制动,将转子置于地面。

5.1.5 场拌稳定土机械作业

5.1.5.1 皮带运输机应尽量降低供料高度,以减轻物料冲击。在停机前必须将料卸尽。

5.1.5.2 拌和机仓壁振动器在作业中铁芯和衔铁不得碰撞,如发生碰撞应立即调整振动体的振幅和工作间隙。仓内不出料时,严禁使用振动器。

5.1.5.3 拌和结束后给料斗、贮料仓中不得有存料。

5.1.5.4 搅拌壁及叶桨的紧固状况应经常检查,如有松动应立即拧紧。

5.1.6 碎石撒布机作业

5.1.6.1 自卸汽车与撒布机联合作业,应紧密配合,以防碰撞。

5.1.6.2 撒布碎石,车速要稳定,不应在撒布过程中换挡。严禁撒布机长途自行转移。

5.1.6.3 在工地作短距离转移,必须停止拨料辊及皮带运输机的传动,并注意道路状况以防碰坏机件。

5.1.6.4 作业时无关人员不得进入现场,以防碎石伤人。

5.1.6.5 石料的最大粒径不得超过说明书中的规定。

5.1.7 洒水车作业

5.1.7.1 洒水车在公路上抽水时,不得妨碍交通。

5.1.7.2 在有水草和杂物的水道中抽水,吸水管端应加设过滤网罩。

5.1.7.3 洒水车在上下坡及弯道运行中,不得高速行驶,并避免紧急制动。

5.1.7.4 洒水车驾驶室外不得载人。

5.2 沥青路面

5.2.1 沥青操作人员均应进行体检。凡患有结膜炎、皮肤病及对沥青过敏反应者,不宜从事沥青作业。

5.2.2 从事沥青作业人员,皮肤外露部分均须涂抹防护药膏。工地上应配有医务人员。

5.2.3 沥青操作工的工作服及防护用品,应集中存放,严禁穿戴回家和进入集体宿舍。

5.2.4 沥青的加热及混合料拌制,宜设在人员较少、场地空旷的地段。产量较大的拌和设备,有条件的应增设防尘设施。

5.2.5 块状沥青搬运一般宜在夜间和阴天进行,尤应避免炎热季节。搬运时宜采用小型机械装卸,不宜用手直接装运。

5.2.6 液态沥青宜采用液态沥青车运送,使用时应遵守下列规定:

(1)用泵抽送热沥青进出油罐时,工作人员应避让;

(2)向储油罐注入沥青时,当浮标指标达到允许最大容量时,要及时停止注入;

(3)满载运行时,遇有弯道、下坡时要提前减速,避免紧急制动。油罐装载不满时要始终保持中速行驶。

5.2.7 采用吊耳吊装桶装沥青时,应遵守下列规定:

(1)吊装作业应有专人指挥。沥青桶的吊索应绑扎牢固;

(2)吊起的沥青桶不得从运输车辆的驾驶室上空越过,并应稍高于车厢板,以防碰撞;

(3)吊臂旋转半径范围内不得站人;

(4)沥青桶未稳妥落地前,严禁卸、取吊绳。

5.2.8 人工装卸桶装沥青时,应遵守下列规定:

(1)运输车辆应停放在平坡地段,并拉上手闸;

(2)跳板应有足够的强度,坡度不应过陡;

(3)沥青桶不得漏油,否则应先堵漏,后搬运;

(4)放倒的沥青桶经跳板向上(下)滚动装(卸)车时,要在露出跳板两侧的铁桶上各套一根绳索,收放绳索时要缓慢,并应两端同步上下。

5.2.9 人工运送液态沥青,装油量不得超过容器的2/3。

5.2.10 沥青的预热与熬制可采用蒸汽、导热油、太阳能及远红外等加工工艺。

5.2.11 蒸汽加温沥青时,其蒸汽管道应连接牢固,严加保护,在人员易触及的部位,必须用保温材料包扎。锅炉的安全要求应按本规程8.7节中各条规定办理。

5.2.12 太阳能油池上面的工作梯必须具有防滑措施,严禁非作业人员攀登。

5.2.13 远红外加热沥青,应遵守下列规定:

(1)使用前应检查机电设备和短路过载保安装置是否良好,电气设备有无接地,确认符合要求后方可合闸作业;

(2)沥青油泵应进行预热,当用手能转动联轴器时,方可启动油泵送油。输油完毕后将电机反转,使管道中余油流回锅内,并立即用柴油清洗沥青泵及管道。清洗前必须关闭有关阀门,严防柴油流入油锅。

5.2.14 导热油加热沥青,应遵守下列规定:

(1)加热炉使用前必须进行耐压试验,水压力应不低于额定工作压力的二倍;

(2)对加热炉及设备应作全面检查,各种仪表应齐全完好。泵、阀门、循环系统和安全附件应符合技术要求,超压、超温报警系统应灵敏可靠;

(3)必须经常检查循环系统有无渗漏、振动和异声,定期检查膨胀箱的液面是否超过规定,自控系统的灵敏性和可靠性是否符合要求,并应定期清除炉管及除尘器内的积灰;

(4)导热油的管道应有防护设施。

5.2.15 明火熬制沥青

5.2.15.1 锅灶设置

(1)支搭的沥青锅灶,应距建筑物至少30m,距电线垂直下方在10m以上。周围不得有易燃易爆物品,并应备用锅盖、灭火器等防火用具;

(2)油锅上方搭设的防雨棚，严禁使用易燃材料；

(3)沥青锅的前沿(有人操作的一面)应高出后沿 10cm 以上，并高出地面 0.8～1.0m；

(4)舀、盛热沥青的勺、桶、壶等不得锡焊。

5.2.15.2 沥青预热

(1)打开沥青桶上大小盖。当只有一个桶盖时，应在其相对方向另开一孔，以便通气出油。桶内如有积水必须先予排除；

(2)操作人员应注意沥青突然喷出，如发现沥青从桶的砂眼中喷出，应在桶外的侧面，铲以湿泥涂封，不得用手直接涂封；

(3)烤油中如发现沥青桶口堵塞时，操作人员应站在侧面用热铁棍疏通；

(4)烤油时必须用微火，不得用大火猛烤；

(5)卧桶烤油的油槽应搭设牢固。流向储油锅的通道要畅通。

5.2.15.3 沥青熬制

(1)熬油锅内不得有水和杂物，沥青投入量不得超过油锅容积的 2/3，块状沥青应改小并装在铁丝瓢内下锅，不得直接向锅内抛掷，严禁烈火加热空锅时加入沥青；

(2)预热后的沥青宜用溜槽流下油锅；如用油桶直接倒入油锅时，桶口应尽量放低，防止被热沥青溅伤；

(3)在熬制沥青时，如发现油锅漏油，必须立即熄灭炉火；

(4)舀油时应用长柄勺，并要经常检查其联结是否牢固；

(5)油料脱水应缓慢加热，经常搅动，严禁猛火导致沥青溢锅；如发现有漫油迹象时，应立即熄灭炉火；

(6)熬油工应随时掌握油温变化情况，当白色烟转为红、黄色烟时，应立即熄灭炉火；

(7)熬油现场临时堆放的沥青及燃料不应过多，堆放位置距沥青锅炉应在 5m 以外。

5.2.16 洒布车(机)工作地段应有专人警戒。施工现场的障碍物应清除干净，洒油时作业范围内不得有人。施工现场严禁使用明火。

5.2.17 沥青洒布车作业

5.2.17.1 检查机械、洒布装置及防护、防火设备是否齐全有效。

5.2.17.2 采用固定式喷灯向沥青箱的火管加热时，应先打开沥青箱上的烟囱口，并在液态沥青淹没火管后，方可点燃喷灯。加热喷灯的火焰过大或扩散蔓延时应立即关闭喷灯，待多余的燃油烧尽后再行使用。喷灯使用前，应先封闭吸油管及进料口，手提喷灯点燃后不得接近易燃品。

5.2.17.3 满载沥青的洒布车应中速行驶。遇有弯道、下坡应提前减速，尽量避免紧急制动。行驶时严禁使用加热系统。

5.2.17.4 驾驶员与机上操作人员应密切配合，操作人员应注意自身的安全。作业时在喷洒沥青方向 10m 以内不得有人停留。

5.2.18 沥青洒布机作业

5.2.18.1 工作前应将洒布机车轮固定，检查高压胶管与喷油管连接是否牢固，油嘴和节门是否畅通，机件有无损坏。检查确认完好后，再将喷油管预热，安装喷头，经过在油箱内试喷后，方可正式喷洒。

5.2.18.2 装载热沥青的油涌应坚固不得漏油，其装油量要低于桶口 10cm。向洒布机油箱注油时，油桶要靠稳，在油箱口缓慢向下倒油，不得猛倒。

5.2.18.3 喷洒沥青时，手握的喷油管部分应加缠旧麻袋或石棉绳等隔热材料。操作时，喷头严禁向上。喷头附近不得站人，不得逆风操作。

5.2.18.4 压油时，速度要均匀，不得突然加快。喷油中断时，应将喷头放在洒布机油箱内，固定好喷管，不得滑动。

5.2.18.5 移动洒布机，油箱中的沥青不得过满。

5.2.18.6 喷洒沥青时，如发现喷头堵塞或其他故障，应立即关闭阀门，等修理完好后再行作业。

5.2.19 人工拌和作业时应使用铁壶或长柄勺倒油，壶嘴或勺口不应提得过高，防止热油溅起伤人。

5.2.20 沥青混合料拌和设备作业应遵守下列规定：

(1)作业前，热料提升斗、搅拌器及各种称斗内不得有存料；

(2)配有湿式除尘系统的拌和设备其除尘系统的水泵应完好，并保证喷水量稳定且不中断；

(3)卸料斗处于地下底坑时，应防止坑内积水淹没电器元件；

(4)拌和机启动、停机，必须按规定程序进行。点火失效时，应及时关闭喷燃器油门，待充分通风后再行点火。需要调整点火时，必须先切断高压电源；

(5)液化气点火时，必须有减压阀及压力表。燃烧器点燃后，必须关闭总阀门；

(6)连续式拌和设备的燃烧器熄火时应立即停止喷射沥青。当烘干拌和筒着火时，应立即关闭燃烧器鼓风机及排风机，停止供给沥青，再用含水量高的细集料投入烘干拌和筒，并在外部卸料口用干粉或泡沫灭火器进行灭火；

(7)关机后应清除皮带上、各供料斗及除尘装置内外的残余积物，并清洗沥青管道。

5.2.21 沥青混合料拌和站的各种机电(包括使用微电脑控制进料的)设备，在运转前均需由机工、电工、电脑操作人员进行详细检查，确认正常完好后才能合闸运转。

5.2.22 机组投入正常运转后，各部门、各工种都要随时监视各部位运转情况，不得擅离岗位。

5.2.23 运转过程中，如发现有异常情况，应报告机长，并及时排除故障。停机前应首先停止进料，等各部位(拌鼓、烘干筒等)卸完料后，才可提前停机。再次启动时，不得带负荷启动。

5.2.24 运转中严禁人员靠近各种运转机构。

5.2.25 搅拌机运行中，不得使用工具伸入滚筒内掏挖或清理。需要清理时必须停机。如需人员进入搅拌鼓内工作时，鼓外要有人监护。

5.2.26 料斗升起时，严禁有人在斗下工作或通过。检查料斗时应将保险链挂好。

5.2.27 拌和站机械设备需经常检查的部位应设置铁爬梯。采用皮带机上料时储料仓应加防护。

5.2.28 沥青混合料摊铺机摊铺作业，应遵守下列规定：

(1)驾驶台及作业现场要视野开阔，清除一切有碍工作的障碍物。作业时无关人员不得在驾驶台上逗留。驾驶员不得擅离岗位；

(2)运料车向摊铺机卸料时，应协调动作，同步行进，防止互撞；

(3)换挡必须在摊铺机完全停止时进行，严禁强行挂挡和在坡道上换挡或空挡滑行；

(4)熨平板预热时，应控制热量，防止因局部过热而变形。加热过程中，必须有专人看管；

(5)驾驶力求平稳，不得急剧转向。弯道作业时，熨平装置的端头与路缘石的间距不得小于10cm，以免发生碰撞；

(6)用柴油清洗摊铺机时，不得接近明火。

5.3 水泥混凝土路面

5.3.1 混凝土拌和及运送

5.3.1.1 水泥混凝土的拌和，应按本规程6.5.3有关规定办理。

5.3.1.2 手推车或小型翻斗车装运混凝土，车辆之间应保持一定的安全距离。

5.3.1.3 水泥混凝土运输车运送混凝土拌合物时，应遵守下列规定：

(1)液压泵、液压马达及阀件应紧固，并与管道连接牢固，密封良好。各泵旋转时应无卡阻和异常声响；

(2)当传动系统出现故障，液压油输出中断而导致滚筒停转，并一时无法修复时，要利用紧急排出系统快速排出混凝土拌合物；

(3)严禁用手触摸旋转中的搅拌筒和随动轮。

5.3.1.4 自卸汽车运送混凝土拌合物，不得超载和超速行驶。车停稳后方准顶升车厢卸料。车厢尚未放下时，操作人员不得上车清除残料。

5.3.2 人工摊铺

5.3.2.1　装卸钢模时,必须逐片轻抬轻放,不得随意抛掷。

5.3.2.2　使用振捣器时,应按本规程 6.5.3.8 规定办理。

5.3.2.3　拆下的木模应及时起钉,堆放整齐。

5.3.3　机械摊铺

5.3.3.1　轨模式水泥混凝土摊铺机摊铺时,应遵守下列规定:

(1)布料机与振平机之间应保持 5 ~ 8m 的安全距离;

(2)布料机传动钢丝的松紧要适度。不得将刮板置于运行方向垂直的位置,也不得借助整机的惯性冲击料堆;

(3)作业中严禁驾驶员擅自离开驾驶台。无关人员不得在驾驶台上停留或上下摊铺机。在弯道上作业时,要注意防止摊铺机脱轨。

5.3.3.2　滑模式水泥混凝土摊铺机摊铺时,应遵守下列规定:

(1)停机处应平坦、坚实,并用支垫牢固的木块垫起机体。履带垫离地面后方可进行调整、安装工作;

(2)调整机器高度时,工作踏板及扶梯等处不得站人。作业期间严禁碰撞引导线;

(3)摊铺机应避免紧急转向,防止与预置钢筋、路缘石等碰撞;

(4)摊铺机不得牵引其他机械。其他机械牵引摊铺机时应用刚性拖杆;

(5)摊铺机停放在通车道路上时,周围必须设置明显的安全标志。夜间应以红灯示警,其能见度不得小于 150m。

5.3.3.3　真空吸水作业时,严禁操作人员在吸垫上行走或将物件置压在吸垫上。

5.3.3.4　使用水泥混凝土抹平机时,应确保抹平机的叶片光洁平整,并处于同一水平面,其联结螺栓应紧固不松动,并在无负荷状态下起动。电缆要有专人收放,确保不打结,不砸压,如发现有异常现象应立即停机检查。

5.3.4　切缝、养生

5.3.4.1　切缝机锯缝时,刀片夹板的螺母应紧固,各联结部位和安全防护罩应完好正常。切缝前应先打开冷却水,冷却水中断时应停止切缝。

切缝时刀片要缓缓切入,并注意割切深度指示器,当遇有较大切割阻力时,应立即升起刀片检查。停止切缝时应先将刀片提离板面后才可停止运转。

5.3.4.2　薄膜养护的溶剂,一般具有毒性和易燃等特性,应做好贮运装卸的安全工作。喷洒时应站在上风,穿戴安全防护用品。

5.4　机械碾压

5.4.1　压路机作业

5.4.1.1　严禁在压路机没有熄火、下无支垫三角木的情况下,进行机下检修。

5.4.1.2　压路机应停放在平坦、坚实并对交通及施工作业无妨碍的地方。停放在坡道上时,前后轮应置垫三角木。

5.4.1.3　压路机前后轮的刮板,应保持平整良好。碾轮刷油或洒水的人员应与司机密切配合,必须跟在辗轮行走的后方,要注意压路机转向。

5.5　旧路面凿除

5.5.1　旧路面凿除宜分小段进行,以免妨碍交通。

5.5.2　用镐开挖旧路面时,应并排前进,左右间距应不少于 2m,不得面对面使镐。

5.5.3　大锤砸碎旧路面时,周围不得有人站立或通行。锤击钢钎,使锤人应站在扶钎人的侧面,使锤者不得戴手套,锤柄端头应有防滑措施。

5.5.4 风动工具凿除旧路面,应遵守下列规定:

(1)各部管道接头必须紧固,不漏气。胶皮管不得缠绕打结,并不得用折弯风管的办法作断气之用,也不得将风管置于胯下;

(2)风管通过过道,须挖沟将风管下埋;

(3)风管连接风包后要试送气,检查风管内有无杂物堵塞。送气时,要缓慢旋开阀门,不得猛开;

(4)风镐操作人员应与空压机司机紧密配合,及时送气或闭气;

(5)钎子插入风动工具后不得空打。

5.5.5 利用机械破碎旧路面时,应有专人统一指挥,操作范围内不得有人,铲刀切入地面不宜过深,推刀速度应缓慢。

6 桥涵工程

6.1 一般规定

6.1.1 高桥、大跨、深水、结构复杂的大型桥梁施工，应对施工安全作专项调查研究，并制定相应的安全技术措施。单项工程（包括辅助结构、临时工程）开工前，应根据本规程制定的安全操作细则，向施工人员进行安全技术交底。

6.1.2 桥涵施工前，应对施工现场、机具设备及安全防护设施等，进行全面检查，确认符合安全要求后方可施工。

6.1.3 手持式电动工具，应按国标《手持式电动工具的管理、使用、检查和维修安全技术规程》（GB 3787—83）的规定，根据手持式电动工具的类别和作业场所的安全要求，加设漏电保护器。

6.1.4 桥涵施工，采用多层作业或桥下通车、行人等立体施工时，应布设安全网。

6.1.5 对于通航江河上的桥涵工程，施工前应与当地港航监督部门联系，制定有关通航、作业安全事宜。

6.1.6 高处露天作业、缆索吊装及大型构件起重吊装时，应根据作业高度和现场风力大小、对作业的影响程度，制定适于施工的风力标准。遇有六级（含六级）以上大风时，上述施工应停止作业。

6.2 基础工程

6.2.1 明挖基础

6.2.1.1 开挖基坑时，如对邻近建（构）筑物或临时设施有影响时，应采取安全防护措施。

6.2.1.2 挖掘机等机械在坑顶进行挖基出土作业时，机身距坑边的安全距离应视基坑深度、坡度、土质情况而定。一般应不小于1.0m，堆放材料及机具时应不小于0.8m。

6.2.1.3 采用桅杆吊斗或皮带运输机出土时，应检查吊斗绳索、挂钩、机具等是否完好牢固。吊斗升降时，坑内作业人员应躲离吊斗升降移动范围以外。吊斗不使用时，应及时摘下，不得悬挂。

6.2.1.4 在水中挖基，应备有便于出入基坑的爬梯等安全设施。

6.2.1.5 开挖中，当坑沿顶面裂缝、坑壁松塌或遇有涌水、涌砂影响基坑边坡稳定时，应立即加固防护。

6.2.1.6 基坑需机械抽排水开挖时，须配备足够的抽排水设备，抽水机及管路等要安放牢靠。

6.2.1.7 小型桥涵施工，如不能保证车辆通行时，应事先修好便道或便桥（涵），并在修建桥涵的公路两端设置“禁止通行”的标志。

6.2.1.8 寒冷地区采用冻结法开挖基坑时，应根据地质、水文、气温等情况，分层冻结，逐层开挖。

6.2.1.9 基坑开挖需要爆破，应按国家现行的《爆破安全规程》（GB 6722—86）办理。

6.2.2 筑岛、围堰

6.2.2.1 吸泥船吹砂筑岛时，作业区内严禁船舶进入；承载吸泥管道的浮筒上不得行人。

6.2.2.2 挖基工程所设置的各种围堰和基坑支撑，其结构必须坚固牢靠。基础施工中，挖土、吊运、浇筑混凝土等作业，严禁碰撞支撑，并不得在支撑上放置重物。施工中发现围堰、支撑有松动、变形等情况时，应及时加固，危及作业人员安全时应立即撤出。

6.2.2.3 基坑较深时，四周应悬挂人员上下扶梯。

6.2.2.4 基坑支撑拆除时，应在施工负责人的指导下进行。拆除支撑应与基坑回填相互配合进行。有引起坑壁坍塌危险时，必须采取安全措施。

6.2.2.5 在围堰内作业，遇有洪水或流冰，应立即撤出作业人员。

6.2.3 钢板桩及钢筋混凝土板桩围堰

6.2.3.1 插打钢板桩(包括钢筋混凝土板桩，以下同)围堰前，应对打桩机具进行全面检查。

6.2.3.2 钢板桩起吊前，钢板桩凹槽部位应清扫干净，锁口应先进行修整或试插；组拼的钢板桩组件，应采用坚固的夹具夹牢，不得将吊具拴在钢板桩夹具上。钢板桩吊环的焊接应由专人检查，必要时应进行试吊。

6.2.3.3 打桩机和卷扬机应设专人操作。钢板桩起吊，应听从信号指挥。作业时，应在钢板桩上拴好溜绳，防止起吊后急剧摆动。吊起的钢板桩未就位前桩位附近不得站人。

6.2.3.4 钢板桩插进锁口后，因锁口阻力不能插放到位而需桩锤压插时，应采用卷扬机钢丝绳控制桩锤下落行程，防止桩锤随钢板桩突然下滑。

6.2.3.5 插打钢板桩，如因吊机高度不足，可向下移动吊点位置，但吊点不得低于桩顶下1/3桩长的位置。

6.2.3.6 钢板桩在锤击下沉时，初始阶段应轻打。桩帽(垫)变形时应及时更换。

6.2.4 套箱围堰

6.2.4.1 深水处水中构筑物采用套箱围水修建时，套箱的结构及型式应按设计制造，并经检查验收后方可交付使用。水上运输的安全要求按本规程6.6.3.2规定办理。

6.2.4.2 各种型式的钢套箱，在浮运或装配中，必须具有足够的稳定性和刚度，并要制定吊运、组装、拆卸时的安全技术措施。

6.2.4.3 套箱采用船组辅助定位时，应先将定位船、导向船(或其他导向设施)就位。定位船锚的设置应根据流速、河床地质情况具体确定。定位船锚在施放时，位置应准确，并要采取措施防止下锚时锚链(绳)缠绕或刮带伤人。抛锚地点应设置浮标，船只上的锚固绳栓均要加固补强。

6.2.4.4 钢套箱进入现场定位后，应检查锚碇系统的稳定情况，确认无误后方可进行下步工作。船间的通道及联结梁上，应铺设人行道板和栏杆。

6.2.4.5 钢套箱刚刚落床尚未稳定前应防止来往船舶、流冰、飘流物等碰撞导向船、锚绳等设施。

6.2.4.6 当沉浮式双壁钢套箱注水下沉、或排水上浮时，必须对称均衡进行施工，并防止产生过大的倾斜。

6.2.4.7 钢套箱拆除，应按施工组织设计规定的程序进行。作业时安全防护设施应齐备。

6.2.5 沉井基础

6.2.5.1 沉井的初沉阶段不宜在汛期内施工。如必须在汛期、凌汛期施工时，应采取稳妥可靠的安全防护措施。

6.2.5.2 在围堰筑岛上就地浇筑的沉井，围堰要牢固，防止冲刷产生坍陷。

6.2.5.3 拆除沉井垫板，应按现行的《公路桥涵施工技术规范》(JTJ 041—89)的规定进行。抽拔垫板时，应派人在沉井外观察和指挥。

6.2.5.4 沉井下沉，采用人工挖掘时，劳动组织要合理，井内人员不宜过多。在刃脚处挖掘，应对称均匀掘进，并保持沉井均衡下沉。下井操作人员，安全防护用品必须配戴齐全。井内要有充足的照明。沉井各室均应备有悬挂钢梯及安全绳，以应急需。涌水、涌砂量大时，不宜采用人工开挖下沉。

6.2.5.5 井内、井上搭设的抽水机台座(架)必须安装牢靠。电路应使用防水胶线，防止漏电。

6.2.5.6 沉井顶面应设安全防护围栏。井顶上的机具应设防护挡板，小型工具宜装箱存放。在沉井刃脚和井内横隔墙附近，不得有人停留、休息。

6.2.5.7 用吊斗出土时，斗梁与吊钩应封绑牢固，并应经常检查斗梁、斗门等磨损情况，损伤部位应更换或加固。吊斗升降时，井顶指挥人员应通知井下人员暂时避开。

6.2.5.8 采用抓斗进行不排水下沉时，如钢丝绳缠绕在一起而需要转动抓斗进行排除时，作业人员应站在有护栏的部位。

6.2.5.9 不排水下沉中，应均匀出土，不得超挖超吸。必须进行沉井底的潜水检查时，要防止沉井突然下沉和大量涌砂而导致沉井歪斜或造成机械和人员损伤。

6.2.5.10 沉井下沉需要配重时,配重物件应堆码整齐,捆绑牢固;采用偏配重、偏出土和施加水平力纠正井倾时,荷载应逐级增加,并不断观察沉井下沉情况。

6.2.5.11 采用空气幕下沉沉井时,空压机、储气罐等应符合安全规定的要求,并由专人操作。储气罐放置地点应通风,严禁日光暴晒和高温烘烤。

6.2.5.12 在深水处,采用浮式沉井施工时,其沉井下水、浮运及悬浮状态下接高、下沉等,应遵守下列规定:

(1)浮式沉井在下水前,应进行水密性检查,合格后方可下水;

(2)浮式沉井下水前,应制定下水方案。当采用起吊下水时,应对起重设备合理配置使其受力均匀;当河岸有适合坡度,而采用滑移、牵引等措施下水时,必须保证沉井安全,严防倾覆及损伤。

6.2.5.13 浮式沉井定位落床前,应考虑潮水涨落的影响。沉井落床后,应采取措施,使其尽快下沉,并使沉井达到保持稳定的深度。

6.2.5.14 船上(或支架平台上)制造完成的浮式沉井,下水时宜在水面波浪较小时进行,当有船只驶过时,应暂缓入水。

6.2.6 钻孔灌注桩基础

6.2.6.1 钻孔机械就位后,应对钻机及配套设备进行全面检查。钻机安设必须平稳、牢固;钻架应加设斜撑或缆风绳。

6.2.6.2 冲击钻孔,选用的钻锥、卷扬机和钢丝绳等,应配置适当,钢丝绳与钻锥用绳卡固接时,绳卡数量应与钢丝绳直径相匹配。冲击过程中,钢丝绳的松弛度应掌握适宜。

6.2.6.3 正、反循环钻机及潜水钻机使用的电缆线要定期检查,接头必须绑扎牢固,确保不透水、不漏电;对经常处于水、泥浆浸泡处应架空搭设。挪移钻机时,不得挤压电缆线及风水管路。

6.2.6.4 潜水钻机钻孔时,一般在完成一根钻孔桩时要检查一次电机的封闭状况。钻进速度应根据地质变化加以控制,以保证安全运转。

6.2.6.5 采用冲抓或冲击钻孔当钻头提到接近护筒底缘时,应减速、平稳提升,不得碰撞护筒和钩挂护筒底缘。

6.2.6.6 钻孔使用的泥浆,宜设置泥浆循环净化系统,并注意防止或减少环境污染。

6.2.6.7 钻机停钻,必须将钻头提出孔外,置于钻架上,不得滞留孔内。

6.2.6.8 对于已埋设护筒未开钻或已成桩护筒尚未拔除的,应加设护筒顶盖或铺设安全网遮罩。

6.2.7 沉入桩基础

6.2.7.1 钢筋混凝土桩、预应力混凝土桩采用锤击沉桩或振动沉桩时,施工场地应保持平整清洁。打桩机的移动轨道,铺设要平顺、轨距要准确、钢轨要钉牢,轨道端部应设止轮器。

6.2.7.2 打桩架移动时,应在现场施工负责人指挥下进行。桩架移动应平稳,桩锤必须放在最低位置,柴油打桩机后部的配重铁必须齐全。采用滚杠滑移打桩架作业时,作业人员不得在打桩架内操作。

6.2.7.3 水上打桩平台,必须搭设牢固,打桩机底座与平台应连接牢靠。

6.2.7.4 浮式沉桩设备沉桩时,桩架与船体必须连接紧固。船体定位后,应以锚缆封固,并应防止施工中浮船晃动。

6.2.7.5 起吊沉桩或桩锤时,严禁作业人员在吊钩下或在桩架龙门口处停留或作业。

6.2.7.6 打桩架及起重工具,应经常检查维修,桩锤检查维修,必须将桩锤放落在地面或平台上,严禁在悬挂状态下维修桩锤。

6.2.7.7 采用高压水泵等助沉措施,其高压水泵的压力表、安全阀、水泵、输水管道及水压等应符合安全要求。高压射水辅助沉桩,应根据地质情况采用相应的压力,并要防止因急剧下沉造成桩架倾倒。射水沉桩,应在桩身入土达到稳定时再射水。

6.2.7.8 振动打桩机开动后,作业人员应暂离基桩。振打中如发现桩回跳、打桩机有异声及其他不正常情况时,应立即停振,并经检查处理后再继续作业。所有开、停振必须听从指挥。

6.2.7.9 振动打桩机在停止作业后,应立即切断动力源。

6.2.8 挖孔、沉管灌注桩基础

6.2.8.1 挖孔灌注桩,宜在无水或少水的密实土层或岩层中施工。挖孔较深或有渗水时,应采取孔壁支护及排水、降水等措施,严防坍孔。

6.2.8.2 人工挖孔,对孔壁的稳定及吊具设备等,应经常检查。孔顶出土机具应有专人管理,并设置高出地面的围栏;孔口不得堆集土渣及沉重机具;作业人员的出入,应设常备的梯子;夜间作业应悬挂示警红灯;挖孔暂停时,孔口应设置罩盖及标志。

6.2.8.3 孔内挖土人员的头顶部位应设置护盖。取土吊斗升降时,挖土人员应在护盖下面工作。相邻两孔中,一孔进行浇注混凝土时,另一孔的挖孔人员应停止作业,并撤出井孔。

6.2.8.4 人工挖孔,除应经常检查孔内的气体情况外,并应遵守下列规定:

(1)挖孔人员下孔作业前,应先用鼓风机将孔内空气排出更换;

(2)二氧化碳含量超过0.3%时,应采取通风措施。对含量虽不超过规定,但作业人员有呼吸不适感觉时,亦应采取通风或换班作业等措施;

(3)空气污染超过现行的《大气环境质量标准》(GB 3095—82)规定空气污染三级标准浓度值时,如没有安全可靠的措施不得采取人工挖孔作业。

6.2.8.5 人工挖孔深度超过10m时,应采用机械通风。当使用风镐凿岩时,应加大送风量,吹排凿岩产生的石粉。人工挖孔最深不宜大于15m。

6.2.8.6 挖孔桩孔内岩石需要爆破时,应采取浅眼爆破法,严格控制炸药用量,并按国家现行的《爆破安全规程》(GB 6722—86)中的有关规定办理。

6.2.8.7 沉管灌注桩采用振拔机,锤击或振动沉管施工时,可按本节"沉入桩基础"中有关规定办理。施工前,应检查管节与桩帽联结是否牢靠,桩尖分瓣是否灵活。所有机械与作业平台应稳定牢固。采用浮式沉管及拔管作业时,可按本节"沉入桩基础"和"拔桩"中的有关规定办理。

6.2.9 拔桩

6.2.9.1 采用人字桅杆、卷扬机进行拔桩时,应先计算拔桩力,然后根据上拔力的大小,配备适当功率的卷扬机和滑车组。拔桩时,人字桅杆滑车组要尽量靠近被拔桩的中心。试拔中如发现缆风绳受力过大或地锚松动时,应在采取措施后再作业。

6.2.9.2 采用锚固桩或顶梁千斤顶施力拔桩时,被拔桩及锚固桩的各连接处必须牢固。千斤顶的置放点,应避免偏心。

6.2.9.3 采用吊机船进行拔桩时,吊机应配超载限制器,作业中应指派人员经常检查船体的平衡稳定情况。起重机配合振拔机拔桩时,起重机应随振拔机的启动而逐渐加荷。

6.2.9.4 对较难拔出的桩,可采用振动、射水、千斤顶先顶松动以及桩外浅挖等措施,严禁硬拔。上述方法的采用均应符合有关安全规定的要求。

6.2.10 管柱基础

6.2.10.1 管柱振动下沉作业,对邻近的建(构)筑物、临时设施的安全和稳定有影响时,应采取安全防护措施。

6.2.10.2 施工所用的机具设备,应经检查合格后方可作业。

6.2.10.3 管柱施工的作业平台,除设护栏外,双层或高处作业点等危险部位均应悬挂安全网,并在作业区配备救护船只。

6.3 墩台工程

6.3.1 就地浇筑墩台施工

6.3.1.1 施工前必须搭好脚手架及作业平台,并在平台外侧设栏杆。墩高在10m以上时,应加设安全网。

6.3.1.2 吊斗升降应设专人指挥。落斗前,下部的作业人员必须躲开,不得身倚栏杆推动吊斗。

严禁吊斗碰撞模板及脚手架。

6.3.2 砌筑墩台施工

6.3.2.1 人工、手推车推(抬)运石块或预制块件时,脚手跳板应铺满,其宽度、坡度及强度等应满足安全要求。脚手架和作业平台上堆放的物品不得超过设计荷载。砌筑材料应随运随砌。

6.3.2.2 吊机、桅杆吊运砌筑材料时,应听从指挥信号。砌筑材料吊运到砌筑面时,作业人员应避让,待停稳后方可上前砌筑。

6.3.2.3 人工抬运大块石料时,应捆绑牢靠,动作协调一致,缓慢平放。

6.3.3 滑模施工

6.3.3.1 高桥墩(台)、塔墩、索塔等高层结构,采用滑升模板施工时,除应遵守"高处作业"的安全规定外,并需根据工程特点,编制单项施工方案及其安全技术措施,并向参加滑模施工人员进行安全技术交底。

6.3.3.2 滑模及提升结构应按设计制作与施工。作业前应对滑模、提升结构进行检查。

6.3.3.3 当塔墩等高层建筑采用爬模施工方法时,应进行特殊设计,在工厂制作。爬升架体系、操作平台、脚手架等,要保证具有足够的刚度和安全度。架体提升时,要另设保险装置。模板爬升,作业人员不得站在爬升的模板或爬架上。

6.3.3.4 液压系统组装完毕后,必须进行全面检查。施工过程中,液压设备应由专人操作,并应经常维护,发现问题及时处理。

6.3.3.5 模板提升到2m高以后,应安装好内外吊架、脚手架,铺好脚手板,挂设安全网。

6.3.3.6 混凝土浇筑,不得用大罐漏斗直接灌入,不冲击模板。振捣时,不得振动支撑杆、钢筋及模板。提升模板时不得进行振捣。

6.3.3.7 模板每次提升前,应进行检查,排除故障,观察偏斜数值。提升时,千斤顶应同步作业。

6.3.3.8 施工中发现支撑杆有弯曲变形时应及时加固。

6.3.3.9 操作平台的水平度、倾斜度应经常检查,发现问题应及时采取措施。

6.3.3.10 主要机具、电器、运输设备等,应定机定人,严格执行交接班制度。接班时,必须对机具检查一次,并做好记录。

6.3.3.11 平台上应规定人群荷载和堆放材料的限量标准。材料要均匀摆放,不得多人聚集一处。

6.3.3.12 墩上养生人员必须系好安全带。输水管路及其他设备应拴绑牢固。

6.3.3.13 运送人员、材料的罐笼或外用电梯,应有安全卡、限位开关等安全装置。

6.3.3.14 夜间施工应有足够的照明。在人员上下及运输过道处,均应设置固定的照明设施。

6.3.3.15 拆除滑模设备时,应做好安全防护措施。拆除时可视吊装设备能力,分组拆除或吊至地面上解体,以减少高处作业量和杆件变形。拆除现场应划定警戒区。警戒线到建筑物边缘的安全距离不得小于10m。

6.4 上部工程

6.4.1 预制构件安装

6.4.1.1 装配式构件(梁、板)的安装,应制定安装方案,并建立统一的指挥系统。施工难度、危险性较大的作业项目应组织培训。

6.4.1.2 吊装偏心构件时,应使用可调整偏心的吊具进行吊装。安装的构件应平起稳落。

6.4.1.3 单导梁、墩顶龙门架安装构件时,应符合下列规定:

(1)导梁组装时,各节点应联结牢固,在桥跨中推进时,悬臂部分不得超过已拼好导梁全长的1/3;

(2)墩顶(或临时墩顶)导梁通过的导轮支座必须牢固可靠。导梁接近导轮时,应采取渐进的方法进入导轮。导梁推进到位后,用千斤顶顶升,将导梁置于稳定的木垛上;

(3)导梁上的轨道应平行等距铺设,使用不同规格的钢轨时,其接头处应妥善处理,不得有错台;

(4)墩顶龙门架使用托架托运时,托架两端应保持平衡稳定,行进速度应缓慢。龙门架落位后应立

即与墩顶预埋件联结,并系好缆风绳;

(5)构件在预制场地起重装车后,牵引至导梁时,行进速度不得大于5m/min,到达安装位置后,平车行走轮应用木楔楔紧;

(6)构件起吊横移就位后,应加设支撑、垫木,以保持构件稳定;

(7)龙门架顶横移轨道的两端应设置制动枕木。

6.4.1.4 预制场采用千斤顶顶升构件装车及双导梁、桁梁安装构件时,应符合下列规定:

(1)千斤顶在使用前,要做承载试验。起重吨位不得小于顶升构件的1.2倍。千斤顶一次顶升高度应为活塞行程的1/3;

(2)千斤顶的升降应随时加设或抽出保险垫木,构件底面与保险垫木间的距离宜控制在5cm之内;

(3)构件进入落梁架(或其他装载工具)横移到位时,应保持构件在落梁时的平衡稳定;

(4)顶升T梁、箱梁等大吨位构件时,必须在梁两端加设支撑;构件两端不得同时顶起或下落,一端顶升时,另一端应支稳、撑牢;

(5)预制场和墩顶装载构件的滑移设备要有足够的强度和稳定性,牵引(或顶推)构件滑移时,施力要均匀;

(6)双导梁向前推进中,应保持两导梁同速进行;各岗位作业人员要精心工作,听从指挥,发现问题及时处理;

(7)双导梁进入墩顶导轮支座前、后,应采取与单导梁相同的措施。

6.4.1.5 架桥机安装构件时,应符合下列规定:

(1)架桥机组拼(或定型产品)、悬臂牵引中的平衡稳定及机具配备等,均应按设计要求进行;

(2)架桥机就位后,为保持前后支点的稳定,应用方木支垫。前后支点处,还应用缆风绳封固于墩顶两侧;

(3)构件在架桥机上纵、横向移动时,应平缓进行,卷扬机操作人员应按指挥信号协同动作;

(4)全幅宽架桥机吊装的边梁就位前,墩顶作业人员应暂时避开;

(5)横移不能一次到位的构件,操作人员应将滑道板、落梁架等准备好,待构件落入后,再进入作业点进行构件顶推(或牵引)横移等项工作。

6.4.1.6 跨墩龙门架安装构件时,应根据龙门架的高度、跨度,采取相应的安全措施,确保构件起吊和横移时的稳定。构件吊至墩顶,应慢速、平稳地缓落。

6.4.1.7 吊车吊装简支梁、板等构件时,应符合本规程“起重吊装”中的有关规定。

6.4.1.8 安装大型盆式橡胶支座,墩上两侧应搭设操作平台,墩顶作业人员应待支座吊至墩顶稳定后再扶正就位。

6.4.1.9 龙门架、架桥机等设备拆除前应切断电源。拆除龙门架时应将龙门架底部垫实,并在龙门架顶部拉好缆风绳和安装临时连接梁。拆下的杆件、螺栓、材料等应捆好向下吊放。

6.4.1.10 安装涵洞预制盖板时,应用撬棍等工具拨移就位。单面配筋的盖板上应标明起吊标志。吊装涵管应绑扎牢固。

6.4.1.11 人工抬运安装涵洞盖板时,作业区道路应平整。

6.4.2 就地浇筑上部结构施工

6.4.2.1 钢筋混凝土或预应力混凝土就地浇筑时,作业前应对机具设备及防护设施等进行检查。对施工工艺及技术复杂的工程制定的安全技术措施及安全操作细则等,应进行技术交底。

6.4.2.2 就地浇筑的桥涵上部结构,施工中应随时检查支架和模板,发现异常状况应及时采取措施。

6.4.2.3 就地浇筑的各类上部结构,有关“高处作业”、“水上作业”等要求,应按本规程中有关规定办理。

6.4.3 悬臂浇筑法施工

6.4.3.1 悬臂浇筑采用桁架挂篮施工时,应遵守下列规定:

(1)施工前,制定安全技术措施;挂篮组拼后,要进行全面检查,并做静载试验;

(2)在墩上进行零号块施工并以斜拉托架做施工平台时，在平台边缘处，应设安全防护设施。墩身两侧斜拉托架平台之间搭设的人行道板必须连接牢固；

(3)使用的机具设备(如千斤顶、滑车、手拉葫芦、钢丝绳等)，应进行检查，不符合安全规定的严禁使用；

(4)检查墩身预埋件和斜拉钢带的位置及坚固程度，是否符合设计要求。

6.4.3.2 双层作业时，操作人员必须严守各自岗位职责，并应防止铁件工具掉落等。

6.4.3.3 挂篮拼装及悬臂组装中，应根据作业点的具体情况设置安全防护设施。

6.4.3.4 挂篮使用时，后锚固筋、张拉平台的保险绳等应经常检查。底模标高调整时，应设专人统一指挥，且作业人员应站在铺设稳固的脚手板上。

6.4.3.5 挂篮行走时，要缓慢进行，速度应控制在0.1m/min以内。挂篮后部各设一组溜绳，以保安全。滑道要铺设平整、顺直，不得偏移。挂篮桁架行走和浇筑混凝土时，其稳定系数应符合《公路桥涵施工技术规范》(JTJ 041—89)的规定。

6.4.3.6 如需在挂篮上另行增加设施(如防雨棚、立井架、防寒棚等)时，不得损坏挂篮结构及改变其受力形式。

6.4.3.7 使用水箱作平衡重施工时，其位置、加水量等，应符合设计要求。给排水设施和方法，应稳妥可靠。施工中，对上述情况要经常进行检查。

6.4.3.8 在底模荡移前，必须详细检查挂篮位置、后端压重、后锚及吊杆安装情况，确认安全后，方可荡移。

6.4.3.9 箱梁混凝土接触面的凿毛作业人员要有安全防护设施。

6.4.3.10 滑动斜拉式挂篮施工，应遵守下列规定：

(1)滑动斜拉式挂篮的所有活动铰、销、斜拉钢带等，其材质要经检验，并打上标记；

(2)主梁及其吊梁系统安装后，应进行全面检查，必要时应做加载试验。自行设计、加工的挂篮，首次使用前，应按最大施工荷载进行加载试验；

(3)挂篮安装时或主梁行走到位后，应先安装好锚固和水平限位装置，再安装斜拉带和悬挂底模平台；

(4)在斜拉带安装和使用过程中，要注意检查，保持内外斜拉带受力均衡；

(5)底模和侧模沿滑梁行走前，需将斜拉带和后吊带拆除；用手拉葫芦起降和悬吊底模平台时，必须在挂手拉葫芦的位置加设保险绳；

(6)挂篮行走前应检查后锚固及各部受力情况，发现隐患应及时处理。行走时亦应密切注意有无异状，并慢速稳步到位；

(7)浇筑混凝土前，应对挂篮锚固、水平限位、吊带和限位装置进行全面检查。

6.4.4 悬臂拼装法施工

6.4.4.1 龙门架或起重吊机进行悬臂拼装时，应遵守下列规定：

(1)吊机的定位、锚固应按设计进行，并进行静载试验；

(2)拼装使用的机具设备均应经过检查，如有隐患及不符合安全规定时不得使用；

(3)构件起吊前，应对构件进行全面检查，如吊环部位有无损伤、结合面有无突出外露物；构件上有无浮置物件等；

(4)构件应垂直起吊，并保持平衡稳定。在接近安装部位时，不得碰撞已安完的构件和其他作业设施；

(5)运送构件的车辆，构件起升后(或船只)应迅速撤出。

6.4.4.2 遇有下列情况时，现场指挥人员，必须在构件妥善处理后，暂时停止吊装作业：

(1)天气突然变化，影响作业安全；

(2)卷扬机、电机过热，或其他机械设备出现故障等。

6.4.4.3 拆除硫磺砂浆临时支座，除按“高处作业”的安全要求施工外，还应符合下列规定：

(1)融化硫磺砂浆垫块采用电热法时，电热丝不得与其他金属物接触；

(2)作业时人员应站在上风处操作,并应配戴安全防护用品;

(3)人工凿除时,人员站位要拉开距离。

6.4.5 缆索吊装法施工

6.4.5.1 吊装前应对施工人员进行安全教育。安装时应有统一的指挥信号。登高操作人员应携带工具袋。安全带不得挂在主索、扣索、缆风绳等上面。

6.4.5.2 牵引卷扬机启动要缓慢,行进速度要平稳;构件在吊运时,起重卷扬机要协调配合,并控制好构件在空中的位置。起重卷扬机不得突然起升和下降构件,避免产生过大弹跳。构件吊运至安装部位时,作业人员要等构件稳定后再进行操作。

6.4.5.3 构件不能垂直就位而需旁侧主索吊具协助斜拉时,指挥信号要明确,各组卷扬机要协调动作。

6.4.5.4 缆索吊装大型构件时,应事先检查塔架、地锚、扣架、滑车、钢丝绳等机具设备。正式吊装前应经吊载试运行后方可正式作业。

6.4.5.5 缆索跨越公路、铁路时,应搭设架空防护支架。在靠近街道和村屯的地方应设立警示标志。

6.4.5.6 在主航道上空吊装重大构件时,宜采取临时封航措施。

6.4.6 顶推及滑移模架法施工

6.4.6.1 顶推法施工时,桥台后面的预制场地应平整、无杂物,工具、材料等应随时堆放整齐,并保持运输通道畅通。在墩台上,要为检查、更换滑道及其他作业留有工作面。

6.4.6.2 顶推施工所用的机具设备、材料(如:拉锚器、工具锚、连接件、油压千斤顶、高压油泵、油管、压力表及滑动装置等)使用前,应全面检查,必要时应做试验。

6.4.6.3 使用的油压千斤顶,应附有球形支承垫、保险圈及升程限孔。多台千斤顶共同作用时应选用同一类型。

6.4.6.4 采用多点顶推或单点顶推,其动力应有统一的控制手段,使其达到同步、纠偏、灵活和安全可靠。

6.4.6.5 顶推施工中应备有现场电话及对讲机等通信设备,以便于统一指挥。

6.4.6.6 在各顶推点,应派专人进行测量,随时将墩顶的位移数据,报告给指挥人员。

6.4.6.7 落梁完毕,拆除千斤顶及其他设备时,应先用绳索拴好,用吊机吊出。吊运时,应避免撞击梁体。

6.4.6.8 梁体进行荷载试验时,应按设计布置。重物应轻放,并防止碰伤人员。

6.4.6.9 箱梁混凝土采用滑移模架法浇筑,应遵守下列规定:

(1)模架支撑于钢箱梁上,其前后端桁架梁必须用优质高强螺栓连接好、拧紧;

(2)钢箱梁及桁架梁下弦底面应装设不锈钢带,在滑撬上顶推滑行之前,应检查有无障碍物及不安全因素;

(3)浇筑混凝土之前应进行全面的安全检查,确认合格后方可施工;

(4)牵引后横梁和装卸滑撬时,要有起重工协同配合作业。牵引时应注意牵引力作用点,使后横梁在运行时与桥轴线保持垂直;

(5)滑移模架行走时必须听从信号指挥。对重要部位应设专人负责值班观察,并注意人员及设备的安全。

6.4.6.10 涵管采用顶入法施工时,施工前应做好施工点的调查。对顶入涵管的原有通车公路、铁路路段,应与当地公、铁路部门联系,并签订施工协议。施工前应采取必要的加固措施,以保证顶入作业中通车线路的安全。当火车、汽车通过时,应暂停挖土或顶入,必要时作业人员应暂时离开作业面。

6.4.6.11 顶入工作坑的边坡,应视土质情况而定。靠铁路、公路一侧的边坡,其上端距铁路或公路路面边缘的距离,不得小于《公路桥涵施工技术规范》(JTJ 041—89)的规定。工作坑的后背墙(后背梁)应采取安全防护措施。

6.4.6.12 为避免边缘坍陷,在工作坑坡顶的一定范围内,不得堆放弃土、料具。

6.4.6.13　顶入法施工的现场应备有一定数量的木料或草袋，以备因雨水或其他原因引起路基变形时抢修加固路基，确保线路行车安全。

6.4.6.14　顶入施工应连续进行。施工中要防止地下渗水造成路基坍塌。顶入作业时遇有发生坍方、设备扭曲变形时应停止作业。

6.4.6.15　机械挖土不得碰撞已挖好的洞内土壁。人工清理开挖面时机械应及时退出。

6.4.6.16　施顶时非作业人员应撤离工作坑。严禁作业人员跨越或接近顶铁。

6.4.6.17　顶入机械发生故障时应停机检修，严禁带病作业。

6.4.6.18　顶入施工的接缝应采取封闭措施，以防土石方掉落伤人。

6.4.6.19　施工中地下水位较高时，应有防止坍方、流沙等安全防护措施。顶入法施工，不宜在雨季进行。

6.4.7　转体法及拖拉法施工

6.4.7.1　预制钢筋混凝土或预应力混凝土上部结构，采用转体架桥法或纵横向拖拉法施工时，除按设计要求进行施工外，搭设支架（或拱架）、支立模板、绑扎钢筋、焊接、预应力张拉及浇筑混凝土等，均应按本章中的有关规定办理。

6.4.7.2　转体法修建大跨径拱桥应建立统一的指挥机构并配备通信联络工具。

6.4.7.3　平转法施工，悬臂体应转动方便，并符合安全施工的要求。转体时悬臂端应设缆风绳。

6.4.7.4　平衡重转体施工前应先利用配重做试验，进行试转动，检查转体是否平衡稳定。试转的角度应大于实际需要转动的角度，如不符合要求时应进行调整。

6.4.7.5　环道上的滑道，其平整度应严格控制。如上下游拱肋需同时作配重转体时，应采用型号相同的卷扬机，同步、同速、平衡转动。重量大的转体转动前应先用千斤顶将转盘顶转后，再由卷扬机牵引。

6.4.7.6　无平衡重平转法施工的扣索张拉时，应检查支撑、锚梁、锚碇、拱体等，确认安全后方可施工。

6.4.7.7　采用纵向、横向拖拉法架梁时，施工前应全面检查所用机具设备及各项安全防护设施的落实情况。

6.4.7.8　使用万能杆件或枕木垛作滑道支撑墩时，其基础必须稳固。枕木垛应垫密实，必要时应做压重试验。

6.4.7.9　梁体及构件运行滑道应按设计铺设。采用滑板和辊轴时，滑板应铺平稳。梁体、构件拖拉或横移到达前方墩台时，应采取引导措施，便于辊轴进入悬臂端的滑道内。搬抬辊轴时，作业人员要配合好，并注意人身安全。

6.4.7.10　拖拉或横移施工中，应经常检查钢丝绳、滑车、卷扬机等机具设备是否完好，发现问题应及时处理。施工中，钢丝绳附近不得站人，作业区无关人员不得进入。

6.4.7.11　拖拉或横移施工中，应听从统一指挥，发现问题或隐患，应及时报告，并随时处理。

6.4.8　预应力张拉法施工

6.4.8.1　预应力钢束（钢丝束、钢绞线）张拉施工前，应遵守下列规定：

（1）张拉作业区，无关人员不得进入；

（2）检查张拉设备、工具（如：千斤顶、油泵、压力表、油管、顶楔器及液控顶压阀等）是否符合施工及安全的要求。压力表应按规定周期进行检定；

（3）锚环及锚塞使用前应经检验，合格后方可使用；

（4）高压油泵与千斤顶之间的连接点，各接口必须完好无损。油泵操作人员要戴防护眼镜；

（5）油泵开动时，进、回油速度与压力表指针升降，应平稳、均匀一致。安全阀要经常保持灵敏可靠；

（6）张拉前，操作人员要确定联络信号。张拉两端相距较远时，宜设对讲机等通信设备。

6.4.8.2　在已拼装或悬浇的箱梁上进行张拉作业，其张拉作业平台、拉伸机支架要搭设牢固，平台四周应加设护栏。高处作业时，应设上下扶梯及安全风。施工的吊篮，应安挂牢固，必要时可另备安全保险设施。张拉时千斤顶的对面及后面严禁站人,作业人员应站在千斤顶的两侧。

6.4.8.3 张拉操作中若出现异常现象(如油表震动剧烈、发生漏油、电机声音异常、发生断丝、滑丝等),应立即停机进行检查。

6.4.8.4 张拉钢束完毕,退销时应采取安全防护措施。人工拆卸销子时,不得强击。

6.4.8.5 张拉完毕后,对张拉施锚两端,应妥善保护,不得压重物。管道尚未灌浆前,梁端应设围护和挡板。严禁撞击锚具、钢束及钢筋。

6.4.8.6 先张法张拉施工时,除按本节有关规定施工外,还应做到:

(1)张拉前,对台座、横梁等进行检查;

(2)先张法张拉中和未浇混凝土之前,周围不得站人和进行其他作业。浇筑混凝土时,振捣器不得撞击钢丝(钢束)。用卷扬机滑轮组张拉小型构件时,张拉完成后应切断电源和卡固钢丝绳。

6.4.8.7 精轧螺纹钢筋张拉前,除对张拉台座检查外,还应对锚具、连接器进行检查、试验。

6.4.8.8 预应力钢筋冷拉时,在千斤顶的端部及非张拉端部,均不得站人。

6.4.8.9 钢筋张拉或冷拉时,螺丝端杆、套筒螺丝必须有足够的长度;夹具应有足够的夹紧能力,防止锚夹不牢而滑出。

6.4.8.10 管道压浆时,应严格按规定压力进行。施压前应调整好安全阀。关闭阀门时,作业人员应站在侧面。

6.4.9 拱桥施工

6.4.9.1 拱架应具有足够的强度、刚度和稳定性。拱架须经验算,必要时应经试验或预压,并应满足防洪、流冰、排水、通航等安全要求。采用土牛拱架时,亦应采用相应的安全措施,保证拱圈砌筑的安全。

6.4.9.2 拱架安装及拆除的方法及程序,应符合有关安全规定的要求。

6.4.9.3 拱石加工时,应注意锤头或飞石伤人,作业人员应保持一定的安全距离。

6.4.9.4 拱石或预制混凝土块,应按砌筑程序编号,依次运到工地,随用随运,不得过多地堆积在拱架或脚手架上,抬运块件不得碰撞拱架。

6.4.9.5 砌筑拱圈,应按施工要求搭设脚手架及作业平台。拱上建筑施工必须严格按设计加载程序分段、对称进行。

6.4.9.6 拱圈砌筑,应随时用仪器观测拱架变形状况,必要时应进行调整,以控制拱圈变形过大。卸架装置应有专人负责检查。

6.4.9.7 拱架拆除工作必须按设计程序进行。拱架脱离拱圈时,应经检查确认安全后方可继续进行拱架拆除工作。拱架拆除时,应听从统一指挥。严禁在拱架上、下同时进行作业,并严禁使用机械强拽拱架,使之倾倒的做法。

6.4.9.8 无支架拱桥施工时,应遵守下列规定:

(1)大中跨径拱桥施工,应验算拱圈的横向稳定性。分段吊装的单肋合龙后应用缆风绳稳固。第二肋安装后应用横夹木临时横向联结;

(2)双曲拱、箱形拱、纵横向悬砌拱桥施工时,在墩、台顶设置的扣架底部固定应牢靠,架顶应设缆风绳;缆风绳设置必须对称,缆风地锚环应埋设坚固;

(3)在河流中设置缆风绳时,必须采取可靠的防护措施。

6.4.10 跨线桥及通道桥涵施工

6.4.10.1 公路桥跨越铁路或其他线路时,施工前应与铁路或其他有关部门协商有关事宜,并签订必要的安全协议。其内容应包括利用列车间隔时间进行安装的计划、安全防护以及在发生紧急情况时的应急处理措施等。

6.4.10.2 在铁路路基附近挖基、钻孔时,不得损坏铁路的各种信号设施,不得影响行车的瞭望视线。作业处应设围栏、支撑及其他安全防护措施。施工中应防止列车震动导致基础坍陷或路基坍方。

6.4.10.3 对上面作业、下面通行车辆或行人的跨越铁路或公路立交桥施工时,除设置防护设施外,并设岗哨监视管理。

6.4.10.4 对结构复杂，施工期较长的大型立交桥施工，其安全防护设施必须完善，制订的跨越铁路的架梁吊装方案必须安全可靠。尽量避免在列车通过的情况下进行吊梁安装作业。

6.4.11 斜拉桥、悬索桥施工

6.4.11.1 斜拉桥和悬索桥施工，应根据结构、高度及施工工艺制定相应的安全技术措施和操作细则。

6.4.11.2 电气设备和线路的绝缘必须良好，各种电动机械必须接地，接地电阻不得大于4Ω。电气设备和线路检修时，应先切断电源。

6.4.11.3 施工现场要有防火措施并备有灭火器材，要防止电焊火花溅落在易燃物料上。

6.4.11.4 施工期间宜与当地气象台站建立联系，做好灾害性天气的预防工作。

6.4.11.5 斜拉桥的斜拉索如为工地自行制作时，应符合下列规定：

(1)编束时宜用梳型板梳编，每1.5～2.0m段用铁丝绑扎，防止扭曲；

(2)冷铸镦头锚在环氧树脂高温固化时，应确保控温仪的精密度和实际通电时间；

(3)制成的斜拉索应架空放置，严防在地面上拖拉或硬性弯折；

(4)斜拉索制成后，应进行预拉以检查冷铸锚，测定每索钢丝拉力、延伸和回缩；测定钢索测力仪的读数，以便正式张拉时校核。

6.4.11.6 采用成品斜拉索时应符合下列规定：

(1)放索时应有制动设施，并应防止卷盘的缆索自由散开时造成伤害；

(2)放开展平的缆索应防止在地面上拖磨；

(3)锚头应加设防护，防止碰撞；

(4)缆索应保持顺直，不得扭曲。

6.4.11.7 预应力混凝土斜拉桥采用挂篮悬臂浇筑时，应按本规程“悬臂浇筑法施工”中的有关规定办理。

6.4.11.8 采用钢叠合梁或钢与钢筋混凝土叠合梁施工时，应符合下列规定：

(1)成品钢构件应编号成套，对号存放，防止损坏变形；

(2)起吊前应了解所吊构件的重量、重心位置，以采用相适应的起吊方法；

(3)构件组拼前应进行全面检查，如有缺陷、变形，应在组拼前加以矫正；

(4)钢构件组拼时，必须用足够的定位冲钉定位。钢构件全部插入高强螺栓后，方可松除吊钩。

6.4.11.9 悬索桥施工中临时架设的工作索、牵引索安装完成后，应对索具、吊具等进行全面检查。施工中使用的吊篮、平台等应具有足够的强度，设置的防护围栏高度不得小于1.0m。

6.4.11.10 索夹及索夹螺栓，应经检查合格后使用。索夹安装应与主索联结紧密，确保吊杆承载后不滑移。为防止主索磨损，可在索夹与主索之间垫物隔离。

6.4.11.11 索塔应设置上下扶梯和塔顶作业平台。索鞍的安装应保证位置准确。

6.4.11.12 纵、横梁吊装时，应加强作业中的安全防护，已安装的横梁应随时联结风构斜撑。

6.4.11.13 悬索桥采用重力式锚碇时，锚碇体的施工应按有关规定进行混凝土浇筑或砌体工程。锚碇体必须达到坚实牢固，标高、倾角等应符合设计要求。山洞式锚碇，在开凿及爆破作业中，应按有关凿岩及《爆破安全规程》(GB 6722—86)办理。

6.4.11.14 对索塔高度在20m以上或高度不足20m的索塔，当在郊区或平原区施工或附近无高大建筑物提供防雷保护时，索塔仍需设置避雷器，其接地电阻不得大于10Ω。

6.4.11.15 斜拉桥、悬索桥在施工中应配备水上救护船只。

6.4.12 钢桥施工

6.4.12.1 钢梁杆件组装，应在平整的作业台上进行，其基础应有足够的承载力。

6.4.12.2 浮运吊装时，应按本规程“水上运输”及“起重吊装”中有关规定办理。

6.4.12.3 悬臂拼装法安装大跨径钢桥时，可按本规程“悬臂拼装法施工”中的有关规定办理。

6.4.12.4 钢梁上的各种电动机械和电缆线、照明线路等，必须保持绝缘良好，应有专人值班进行管理。

6.4.12.5 拼装杆件时,应安好梯子、溜绳、脚手架。斜杆应安拴保险吊具。杆件起吊时,先提升0.3m左右,确认安全后再继续起吊。

6.4.12.6 装拆脚手架、上紧螺栓、铆合等作业,应上下交替进行,避免双层作业。杆件拼装对孔时,应用冲钉探孔,严禁用手指伸入检查。

6.4.12.7 杆件对孔作业中,吊车司机、信号员、架梁人员应操作准确,动作协调。

6.4.12.8 架梁用的扳手、小工具、冲钉及螺栓等物,应使用工具袋装好,严禁抛掷。多余的料具要及时清理,并堆放在安全地点。

6.4.12.9 在通航的江河上施工,应符合港航监督管理部门和本规程“水上作业”的有关安全规定。

6.4.12.10 钢梁表面涂漆作业,应有防毒保护措施。

6.5 混凝土预制场

6.5.1 预制场地

6.5.1.1 预制场地的选择,场区的平面布置,应符合本规程3.1节的规定。场内的道路、运输和水电设施,应符合本规程3.3节的规定。

6.5.2 主要机械

6.5.2.1 搅拌站

(1)搅拌站应按设计要求,安装在具有足够承载力、坚固、稳定的基座上。操作处应设作业平台及防护栏杆;

(2)搅拌站的电气设备和线路,应绝缘良好。机械设备外露的转动部分,应设防护装置;

(3)搅拌站的机械设备安装完毕后,要检查:离合器、制动器、升降器是否灵活可靠;轨道滑轮是否良好;钢丝绳有无断裂或损坏等,并经试转,全部机械达到正常后,方可作业。

6.5.2.2 发电机组

(1)工期较长的大型公路工程,发电机组应设置在安全可靠的机房内,其基础应平整坚实,必要时应设置在混凝土基座上。机房内配备消防设备;

(2)发电机应设接地保护,接地电阻不得大于4Ω。发电机连接配电盘,及通向所有配电设备的导线,必须绝缘良好,接线牢固;

(3)施工单位的发电机电源应与外电线路电源联锁,严禁并列运行;

(4)发电机附近不得放置易燃、易爆物品。

6.5.2.3 皮带运输机

(1)移动式皮带运输机运转作业前,应将行走轮用三角木对称楔紧。固定式皮带运输机,应安装在牢固的基础上;

(2)空载启动后,应检查各部位的运转和皮带的松弛度,如无异常,在达到额定转速后,方可均匀装料;

(3)严禁运转中进行修理和调整。作业人员不得从皮带运输机下面穿过或跨越输送带;

(4)输送大块物料时,输送带两侧应加设挡板或栅栏等防护装置。运料中,应及时清除输送带上的粘连物。停机后要切断电源。

6.5.3 混凝土拌和及灌注

6.5.3.1 人工手推车上料时,手推车不得松手撒把。运输斜道上,应设有防滑设施。

6.5.3.2 机械上料时,在铲斗(或拉铲)移动范围内不得站人。铲斗下方严禁有人停留和通过。

6.5.3.3 向搅拌机内倾倒水泥,宜采用封闭式加料斗。为减少进出料口的粉尘飞扬应加设防护板。

6.5.3.4 作业结束时,应将料斗放下,落入斗坑或平台上。

6.5.3.5 灌注预制梁混凝土时,应搭设作业平台和斜道,不得在模板上作业。

6.5.3.6 塔吊、汽车吊或桅杆吊斗灌注混凝土时，起吊、运送、卸料应由专人指挥。

6.5.3.7 电动振捣器的使用应符合下列规定：

(1)操作人员要配戴安全防护用品。配电盘(箱)的接线宜使用电缆线；

(2)在大体积混凝土中作业时，电源总开关应放置在干燥处；多台振捣器同时作业，应设集中开关箱，并由专人负责看管；

(3)风动振捣器的连接软管不得有破损或漏气，使用时要逐渐开大通气阀门。

6.5.4 泵送混凝土

6.5.4.1 混凝土泵(泵车)应设置在作业棚内，安装应稳定、牢固。泵车安设未稳前，不得移动布料杆。作业前，应检查输送泵、电气设备是否正常、灵敏、可靠。

6.5.4.2 泵送前，应检查管路、管节、管卡及密封圈的完好程度，不得使用有破损、裂缝、变形和密封不合格的管件，并应符合下列要求：

(1)管路布设要平顺。在高处、转角处应架设牢固，防止串动、移位；

(2)管路应设专人经常检查，遇有变形、破裂时，应及时更换，防止崩裂。

6.5.4.3 混凝土泵在运转时发现故障，应立即停机检查，不得带病作业。

6.5.4.4 混凝土输送泵车操作人员，应熟悉和遵守泵车的操作规程和安全技术规定。

6.5.4.5 拆卸管路接头前，应把管内剩余压力排除干净，防止管内存有压力而引起事故。

6.5.4.6 在五级以上大风时，泵车不得使用布料杆作业。

6.5.4.7 作业结束采用空气清洗管道时，操作人员不得靠近管道端部。

6.6 预制构件运输

6.6.1 轨道平车运输

6.6.1.1 轨道路基要有足够的宽度、平整度、强度。铺设轨道要平直、圆顺，轨距应在允许误差值之内，轨道半径不得小于25m，纵坡不宜大于2%。轨道与其他道路交叉时，应按规定铺设交叉道口。

6.6.1.2 轨道平车运输大型构件时，平车的转向托盘(或转盘)支撑制动器等应进行检查。

6.6.1.3 大型预制构件运输应设专人指挥，并经常检查构件在平车上的稳定状况及轨道平车在运转中有无变形。

6.6.1.4 构件运输时，速度要缓慢，下坡时要以溜绳控制速度，并用人工拖拉止轮木块跟随前进。当纵坡坡度较大时，必须有相应的安全措施，方可运输。

6.6.2 平板拖车运输

6.6.2.1 大型预制构件平板拖车运输，时速宜控制在5km/h以内。简支梁的运输，除在横向加斜撑防倾覆外，平板车上的搁置点必须设有转盘。

6.6.2.2 运输超高、超宽、超长构件时，必须向有关部门申报，经批准后，在指定路线上行驶。牵引车上应悬挂安全标志。超高的部件应有专人照看，并配备适当工具，保证在有障碍物情况下安全通过。

6.6.2.3 平板拖车运输构件时，除一名驾驶员主驾外，还应指派一名助手，协助瞭望，及时反映安全情况和处理安全事宜。平板拖车上不得坐人。

6.6.2.4 重车下坡应缓慢行驶，并应避免紧急制动。驶至转弯或险要地段时，应降低车速，同时注意两侧行人和障碍物。

6.6.2.5 在雨、雪、雾天通过陡坡时，必须提前采取有效措施。

6.6.2.6 装卸车应选择平坦、坚实的路面为装卸地点。装卸车时，机车、平板车均应刹闸。

6.6.3 水上运输

6.6.3.1 驳船装载的预制构件应用撑木、垫木将构件安放平稳。拖轮牵引驳船行进时，速度要缓慢，不得急转弯。

6.6.3.2 拖轮牵引浮运钢套箱、钢沉井时，应在了解航道的水深、流速等情况后，制定拖轮牵引方案。多只拖轮牵引浮运大型物件时，应配备通信器材，并建立统一的指挥机构。

6.6.3.3 钢套箱、钢沉井在浮运中，应根据浮运物件的高度确定顶面露出水面的高度，一般情况下应不小于1m。

6.6.3.4 如需临时封闭航道时，应经港航监督部门的批准。

6.6.3.5 拖运中应派出监护船只检查牵引绳索和浮运物件的稳定情况，发现问题应立即采取措施。

7 隧道工程

7.1 一般规定

7.1.1 施工场地应作出详细的部署和安置,出渣、进料及材料堆放场地应妥善布置,弃渣场地应设置在不堵塞河流、不污染环境、不毁坏农田的地段。对风、水、电、路等设施作出统一安排,并在进洞前基本完成。

7.1.2 进洞前应先做好洞口工程,稳定好洞口的边坡和仰坡,做好天沟、边沟等排水设施,确保地表水不致危及隧道的施工安全。

7.1.3 隧道施工的各班组间,应建立完善的交接班制度,并将施工、安全等情况记载于交接班的记录簿内。工地值班负责人应认真检查交接班情况。

7.1.4 所有进入隧道工地的人员,必须按规定配带安全防护用品,遵章守纪,听从指挥。

7.1.5 遇有不良地质地段施工时,应按照先治水、短开挖、弱爆破、先护顶、强支护、早衬砌的原则稳步前进。如设计文件中指明有不良地质情况时,必要时应进行超前钻孔,探明情况,采取预防措施。

7.1.6 本规定适用于山区公路隧道的施工,不适用于水底公路隧道。

7.2 开挖、凿孔及爆破

7.2.1 开挖及凿孔

7.2.1.1 开挖人员到达工作地点时,应首先检查工作面是否处于安全状态,并检查支护是否牢固,顶板和两帮是否稳定,如有松动的石、土块或裂缝应先予以清除或支护。

7.2.1.2 人工开挖土质隧道时,操作人员必须互相配合,并保持必要的安全操作距离。

7.2.1.3 机械凿岩时,宜采用湿式凿岩机或带有捕尘器的凿岩机。

7.2.1.4 站在渣堆上作业时,应注意渣堆的稳定,防止滑坍伤人。

7.2.1.5 风钻钻眼时,应先检查机身、螺栓、卡套、弹簧和支架是否正常完好;管子接头是否牢固,有无漏风;钻杆有无不直、带伤以及钻孔堵塞现象;湿式凿岩机的供水是否正常;干式凿岩机的捕尘设施是否良好。不合要求者应予修理或更换。

7.2.1.6 带支架的风钻钻眼时,必须将支架安置稳妥。风钻卡钻时应用板钳松动拔出,不可敲打,未关风前不得拆除钻杆。

7.2.1.7 电钻钻眼应检查把手胶套的绝缘和防止电缆脱落的装置是否良好。电钻工必须手戴绝缘手套,脚穿绝缘胶鞋,并不得用手导引回转钢钎,不得用电钻处理被夹住的钎子。

7.2.1.8 在工作面内不得拆卸、修理风、电钻。

7.2.1.9 严禁在残眼中继续钻眼。

7.2.1.10 钻孔台车进洞时要有专人指挥,认真检查道路状况和安全界限,其行走速度不得超过25m/min。台车在行走或待避时,应将钻架和机具都收拢到放置位置,就位后不得倾斜,并应刹住车轮,放下支柱,防止移动。

7.2.2 爆破

7.2.2.1 装药与钻孔不宜平行作业。

7.2.2.2 爆破器材加工房应设在洞口50m以外的安全地点。严禁在加工房以外的地点改制和加工爆破器材。长隧道施工必须在洞内加工爆破器材时,其加工硐室的设置应符合国家现行的《爆破安全规程》(GB 6722—86)的有关规定。

7.2.2.3 爆破作业和爆破器材加工人员严禁穿着化纤衣物。

7.2.2.4 进行爆破时,所有人员应撤离现场,其安全距离为:

(1)独头巷道不少于200m;

(2)相邻的上下坑道内不少于100m;

(3)相邻的平行坑道,横通道及横洞间不少于50m;

(4)全断面开挖进行深孔爆破(孔深3~5m)时,不少于500m。

7.2.2.5 洞内每天放炮次数应有明确的规定,装药离放炮时间不得过久。

7.2.2.6 装药前应检查爆破工作面附近的支护是否牢固;炮眼内的泥浆、石粉应吹洗干净;刚打好的炮眼热度过高,不得立即装药。如果遇有照明不足,发现流沙、流泥未经妥善处理,或可能有大量溶洞涌水时,严禁装药爆破。

7.2.2.7 洞内爆破不得使用黑色火药。

7.2.2.8 火花起爆时严禁明火点炮,其导火索的长度应保证点完导火索后,人员能撤至安全地点,但不得短于1.2m。

一个爆破工一次点燃的根数不宜超过5根。如一人点炮超过5根或多人点炮时,应先点燃计时导火索,计时导火索的长度不得超过该次被点导火索中最短导火索长度的1/3。当计时导火索燃烧完毕,无论导火索点完与否,所有爆破工必须撤离工作面。

7.2.2.9 为防止点炮时发生照明中断,爆破工应随身携带手电筒。严禁用明火照明。

7.2.2.10 采用电雷管爆破时,必须按国家现行的《爆破安全规程》(GB 6722—86)的有关规定进行,并应加强洞内电源的管理,防止漏电引爆。装药时可用投光灯、矿灯照明。起爆主导线宜悬空架设,距各种导电体的间距必须大于1m。

7.2.2.11 爆破后必须经过15min通风排烟后,检查人员方可进入工作面,检查有无"盲炮"及可疑现象;有无残余炸药或雷管;顶板两帮有无松动石块;支护有无损坏与变形。在妥善处理并确认无误后,其他工作人员才可进入工作面。

7.2.2.12 当发现"盲炮"时,必须由原爆破人员按规定处理。

7.2.2.13 装炮时应使用木质炮棍装药,严禁火种。无关人员与机具等均应撤至安全地点。

7.2.2.14 两工作面接近贯通时,两端应加强联系与统一指挥。岩石隧道两工作面距离接近15m(软岩为20m),一端装药放炮时,另一端人员应撤离到安全地点。导坑已打通的隧道,两端施工单位应协调放炮时间。放炮前要加强联系和警戒,严防对方人员误入危险区。

土质或岩石破碎隧道接近贯通时,应根据岩性适当加大预留贯通的安全距离,此时只准一端掘进,另一端的人员和机具应撤离至安全地点。贯通后的导坑应设专人看管,严禁非施工作业人员通行。

7.3 洞内运输

7.3.1 各类进洞车辆必须处于完好状态,制动有效,严禁人料混载。

7.3.2 进洞的各类机械与车辆,宜选用带净化装置的柴油机动力,燃烧汽油的车辆和机械不得进洞(如通风良好,可以达到本章"通风及防尘"要求者除外)。

7.3.3 所有运载车辆均不准超载、超宽、超高运输。运装大体积或超长料具时,应有专人指挥,专车运输,并设置显示界限的红灯。

7.3.4 进出隧道的人员应走人行道,不得与机械或车辆抢道,严禁扒车、追车或强行搭车。

7.3.5 装渣

7.3.5.1 人工装渣时,应将车辆停稳并制动。漏斗装渣时,应有联络信号,装满时应发出停漏信号,并及时盖好漏渣口。接渣时,漏斗口下不得有人通过。

7.3.5.2 人工卸渣,应将车辆停稳制动,严禁站在斗车内扒渣。

7.3.5.3 机械装渣时,坑道断面应能满足装载机械的安全运转,装渣机上的电缆或高压胶管应有专人收放，装渣机操作时其回转范围内不得有人通过。

7.3.6 洞内运输

7.3.6.1 有轨运输应遵守下列规定：

(1)洞内平曲线半径不应小于车轴距的7倍；洞外不应小于10倍；

(2)双线运输时，其车辆错车净距应大于0.4m，车辆距坑壁或支撑边缘的净距不应小于0.2m；

(3)单线运输时，在一侧应设宽度不小于0.7m的人行道，并在适当地点设错车道，其长度应能满足最长列车运行的要求；

(4)洞内轨道坡度宜与隧道纵坡一致，卸渣地段应设不小于1%的上坡道；

(5)在线路尽头应设置挡车装置和标志，以及足够宽的卸车平台；

(6)运输线路应有专人维修、养护，线路两侧的废渣和余料应随时清理。

7.3.6.2 动力牵引的有轨运输作业，可参照《煤矿安全规程》(煤炭部[86]煤安字91号)的有关规定办理。

7.3.6.3 无轨运输应遵守下列规定：

(1)洞内运输的车速不得超过：人力车5km/h；机动车在施工作业地段单车10km/h，有牵引车及会车时5km/h；机动车在非作业地段单车20km/h，有牵引车时15km/h，会车时10km/h；

(2)车辆行驶中严禁超车；

(3)在洞口、平交道口及施工狭窄地段应设置"缓行"标志，必要时应设专人指挥交通；

(4)凡停放在接近车辆运行界限处的施工设备与机械，应在其外缘设置低压红色闪光灯，组成显示界限，以防运输车辆碰撞；

(5)在洞内倒车与转向时，必须开灯鸣号或有专人指挥；

(6)洞外卸渣场地段应保持一段的上坡段，并在堆渣边缘内0.8m处设置挡木；

(7)路面应有一定的平整度，并设专人养护；

(8)洞内车辆相遇或有行人通行时，应关闭大灯光，改用近光或小灯光。

7.3.7 爆破器材运输

7.3.7.1 在隧道工程外部运输爆破器材时，应遵守《中华人民共和国民用爆炸物品管理条例》。

7.3.7.2 在任何情况下，雷管与炸药必须放置在带盖的容器内分别运送。人力运送时雷管与炸药不得由一人同时运送；汽车运输时，雷管与炸药必须分别装在两辆车内运送，其间距应相隔50m以上；有轨机动车运输时，雷管与炸药不宜在同一列车上运送，如必须用同一列车运送时，装雷管与炸药的车辆必须用三个空车厢隔开。

7.3.7.3 人力运送爆破器材时必须有专人护送，并应直接送到工地，不得在中途停留；一人一次运送的炸药数量不得超过20kg或原包装一箱。

7.3.7.4 汽车运送爆破器材时，汽车排气口应加装防火罩，运行中应显示红灯。器材必须由爆破工专人护送，其他人员严禁搭乘。爆破器材的装载高度不得超过车厢边缘，雷管或硝化甘油类炸药的装载不得超过两层。

7.3.7.5 有轨机动车运送爆破器材时其行驶速度不得超过2m/s，护送人员与装卸人员只准在尾车内乘座，其他人员严禁乘车。硝化甘油类炸药或雷管必须放在专用带盖的木质车厢内，车内应铺有胶皮或麻袋并只准堆放一层。

7.3.7.6 在竖井内运送爆破器材时，应遵守下列规定：

(1)必须事先通知卷扬机司机和井口上下联络人员；

(2)除爆破工和护送人员外，其他人员不得同罐乘坐；

(3)运送硝化甘油类炸药或雷管时，只准堆放一层，且不得滑动。运送其他炸药时，装载高度不得超过罐笼高度的2/3，并不高于1.2m；

(4)用罐笼运送硝化甘油类炸药或雷管时，其升降速度不得超过2m/s，运送其他炸药不得超过4m/s，用吊桶运送爆破器材时，其速度不得超过1m/s；

(5)司机在操纵卷扬机时，不得使罐笼或吊桶发生振动；

(6)运送电雷管时应装入绝缘箱内,切断洞内所有电源,并检查钢丝绳是否带电;

(7)严禁爆破器材在井口房、井底车场或巷道内停放;

(8)在上下班或人员集中的时间内,严禁运输爆破器材。

7.3.7.7 严禁用翻斗车、自卸汽车、拖车、拖拉机、机动三轮车、人力三轮车、自行车、摩托车和皮带运输机运送爆破器材。

7.4 支护

7.4.1 隧道各部(包括竖井、斜井、横洞及平行导洞)开挖后,除围岩完整坚硬,以及设计文件中规定的不需支护者外,都必须根据围岩情况、施工方法采取有效的支护。

7.4.2 施工期间,现场施工负责人应会同有关人员对支护各部定期进行检查。在不良地质地段每班应设专人随时检查,当发现支护变形或损坏时,应立即整修和加固;当变形或损坏情况严重时,应先将施工人员撤离现场,再行加固。

7.4.3 洞口地段和洞内水平坑道与辅助坑道(横洞、平行导坑等)的连接处,应加强支护或及早进行永久衬砌。洞口地段的支撑宜向洞外多架5~8m明厢,并在其顶部压土以稳定支撑,待洞口建筑全部完工后方可拆除。

7.4.4 洞内支护,宜随挖随支护,支护至开挖面的距离一般不得超过4m;如遇石质破碎、风化严重和土质隧道时,应尽量缩小支护工作面。当短期停工时,应将支撑直抵工作面。

7.4.5 不得将支撑立柱置于废渣或活动的石头上。软弱围岩地段的立柱应加设垫板或垫梁,并加木楔塞紧。

7.4.6 漏斗孔开挖时应加强支护,并加设盖板;供人上下的孔道应设置牢固的扶梯。

7.4.7 采用木支撑时应选用松、柏、杉等坚硬且富有弹性的木材,其梁、柱的梢径不得小于20cm,跨度大于4m时不得小于25cm;其他连接杆件梢径不得小于15cm,木板厚度不得小于5cm。木支撑宜采用简单,直立,易于拆、立的框架结构,并应保证坑道的运输净空。

7.4.8 钢支架安装,宜选用小型机具进行吊装,并应遵守本规程"起重吊装"的规定。

7.4.9 喷锚支护时,危石应清除,脚手架应牢固可靠,喷射手应配戴防护用品;机械各部应完好正常,压力应保持在0.2MPa左右;注浆管喷嘴严禁对人放置。

7.4.10 当发现已喷锚区段的围岩有较大变形或锚杆失效时,应立即在该区段增设加强锚杆,其长度应不小于原锚杆长度的1.5倍。如喷锚后发现围岩突变或围岩变形量超过设计允许值时,宜用钢支架支护。

7.4.11 当发现测量数据有不正常变化或突变,洞内或地表位移值大于允许位移值,洞内或地面出现裂缝以及喷层出现异常裂缝时,均应视为危险信号,必须立即通知作业人员撤离现场,待制定处理措施后才能继续施工。

7.5 衬砌

7.5.1 随着隧道各部开挖工作的推进,应及时进行衬砌或压浆,特别是洞门建筑的衬砌必须尽早施工,地质不良地段的洞口必须首先完成。

7.5.2 衬砌使用的脚手架、工作平台、跳板、梯子等应安装牢固,不得有露头的钉子和突出的尖角。靠近通道的一侧应有足够的净空,以保证车辆、行人的安全通过。

7.5.3 脚手架及工作平台上的铺板,应钉铺结实。木板之端头,必须搭于支点上。高于2m的工作平台上应设置不低于1m的栏杆。跳板应设防滑条。

7.5.4 脚手架及工作平台上所站人数及堆置的建筑材料,不得超过其计算载重量。

7.5.5 在洞内作业地段倾卸衬砌材料时,人员和车辆不得穿行。

7.5.6 机械转动部分应设置防护罩,电动机必须有接地装置,移动或修理机器及管线路时,应先停电,并切断电源、风源。

7.5.7 安装、拆除模板、拱架时,工作地段应有专人监护。拆下的模板不得堆放在通道上。

7.5.8 拆除灌筑混凝土模板内支撑时,应随拆随灌。

当岩层破碎、压力过大地段的支撑不能拆出时,拱圈部分应用预制混凝土柱代替木杆予以拆换。

7.5.9 衬砌用的石料及砌块,应采用车辆运送,装卸车或安装砌块时宜使用小型机械提升。当砌筑高度在1.5m以下时,允许使用跳板抬运,但跳板应架到与隧道平行的位置。

7.5.10 用石料砌筑边墙时,应间歇进行。当砌筑高度至2~3m时,应停止4h后方能继续砌筑。若墙后超挖过大,回填层应逐层用干(浆)砌料填塞,以免坍塌。

7.5.11 压浆机在使用前应进行检查并试运转,管路连接要完好,压力要正常,操纵压浆喷嘴人员应配戴护目眼镜及胶皮手套。喷浆嘴应用支架支撑牢固,压浆时掌握喷嘴的人员必须注意喷嘴的脱落,并设法躲避;拔取时必须在撤除压力后进行;检修和清洗时,应在停止运转、切断电路、关闭风门后,方准进行。

7.5.12 采用模板台车进行全断面衬砌时,台车距开挖面的距离不得小于260m,台车下的净空应能保证运输车辆的顺利通行。混凝土灌筑时,必须两侧对称进行。台车上不得堆放料具,工作台应满铺底板,并设安全栏杆。拆除混凝土输送软管时,必须停止混凝土泵的运转。

7.5.13 严禁在洞内熬制沥青。

7.6 竖井与斜井

7.6.1 竖井和斜井的井口附近,应在施工前做好修整,并在周围修好排水沟、截水沟,防止地面水侵入井中,发生坍塌。竖井井口平台应比地面至少高出0.5m,井口应有严密的井盖,只有当吊笼吊罐升降时才准许打开井盖。

7.6.2 装配起爆药卷应在距井口50m以外的加工房内进行。起爆药卷应由爆破工携送下井,除起爆药卷外不得携带其他炸药。

7.6.3 每次爆破之后均应有专人清除危石和掉落在井圈上的石渣,并应修整被打坏的支撑,待清修完毕后才准进行正常工作。

7.6.4 当工作面附近或井筒未衬砌部分发现有落石、支撑发响,或大量涌水时,工作面施工人员应立即循安全梯或使用提升设备撤出井外,并报告处理。

7.6.5 在吊盘上工作人员的工具,应妥善地放在工具袋内,使用时应牢固地拴在身上或其他固定物上。不得将不使用的零星工具放置在附近的支撑上。

7.6.6 在井口及井底明显部位应设置醒目的安全标志。

7.6.7 竖井提升

7.6.7.1 竖井井口应设防雨设施,接罐地点应设置牢固的活动栅门,由专人掌管启闭。接罐人员均应佩带安全带,上下井的人员应服从接罐人员的指挥,通向井口的轨道应设阻车器。

7.6.7.2 施工期间采用吊桶升降人员与物料时,应遵守下列规定:

(1)吊桶必须沿钢丝绳轨道升降,保证吊桶不碰撞岩壁。在施工初期尚未设罐道时,吊桶升降距离不得超过40m;施工时吊盘下面不装罐道的部分也不得超过40m;

(2)运送人员的速度不得超过5m/s,无稳绳地段不得超过1m/s;运送石渣及其他材料时不得超过8m/s,无稳绳地段不得超过2m/s;运送爆破器材时不得超过1m/s;

(3)提升钢丝绳应与吊桶连接牢固,保证在升降时不致脱钩;

(4)吊桶上方必须设置保护伞;

(5)不得在吊桶边缘上坐立,乘坐人员身体的任何部位不得超出桶沿;

(6)用自动翻转式吊桶升降人员时,必须有防止吊桶翻转的安全装置。严禁用底开式吊桶升降人员;

(7)吊桶提升到地面时,人员必须从地面出车平台进出吊桶,并应在吊桶停稳和井盖门关闭以后进

出吊桶,双吊桶提升时井盖门不得同时打开;

(8)装有物料的吊桶不得乘人;

(9)吊桶载重量应有规定,不得超载。

7.6.7.3 升降人员和物料的罐笼应遵守下列规定:

(1)罐顶应设置可以打开的铁盖或铁门;

(2)罐底必须满铺钢板,并不得有孔。如果罐底下面有阻车器的连杆装置时,必须设牢固的检查门;

(3)两侧用钢板挡严,内装扶手,靠近罐道部分不得装带孔钢板;

(4)进出口两头必须装设罐门或罐门帘,高度不得小于1.2m,罐门或罐帘下部距罐底距离不得超过0.25m,罐帘横杆的间距不得大于0.2m。罐门不得向外开;

(5)进出装渣车的罐笼内必须装有阻车器;

(6)载人的罐笼净空高度不得小于1.8m,罐笼内每人应有0.18m^2的有效面积。罐笼的一次容纳人数和最大载重量应明确规定,并在井口公布;

(7)提渣、升降人员和下放物料的速度不得超过3m/s,加速度不得超过0.25m/s^2;

(8)罐笼、钢丝绳、卷扬机各部及其连接处,必须设专人检查,如发现钢丝绳有损,罐道和罐耳间磨损度超过规定等,必须立即更换;

(9)升降人员或物料的单绳提升罐笼必须设置可靠的防坠器,建井期间使用无防坠器的临时罐笼升降人员时必须要有安全措施;

(10)罐笼升降作业时,下面不得停留人员。

7.6.7.4 检修井筒或处理事故的人员,如果需要站在罐笼或箕斗顶上工作时,应遵守下列规定:

(1)罐笼或箕斗顶上,必须装设保护伞和栏杆;

(2)佩带保险带;

(3)提升容器的速度一般为0.3~0.5m/s,最大不得超过2m/s。

7.6.7.5 每一提升装置必须装有从井底接罐员给井口接罐员和井口接罐员发给卷扬机司机的信号装置,井口信号装置必须同卷扬机的控制回路闭锁。只有井口接罐员发出信号后,卷扬机才能启动,除常用的信号装置外,还必须有备用信号装置。井底车场和井口之间、井口和卷扬机司机之间,除上述信号装置外,还必须装设直通电话或传话筒。

一套提升装置供给几个洞室使用时,各洞室都必须设有信号装置和闭锁,所发出的信号必须有区别。

7.6.7.6 井底车场的信号必须经由井口接罐员发出,井底车场不得直接向卷扬机司机发信号;只有在发送紧急停车信号时才可直接向卷扬机司机发出信号。

7.6.8 斜井运输

7.6.8.1 斜井的牵引运输速度不得超过3.5m/s;接近洞口与井底时不得超过2m/s;升降加速度不得超过0.5m/s^2。

7.6.8.2 斜井的垂直深度超过50m时,应配备运送人员的车辆,使用时应遵守下列规定:

(1)运送人员的车辆必须有顶盖,车辆上必须装有可靠的防坠器。当断绳时能自动发生作用,同时也能用手操纵;

(2)运送人员的列车必须设车长跟随,车长坐在行车前方的第一辆车的第一排座位上。手动防溜装置也必须在车长座席处;

(3)每班运送人员前,必须检查车辆的连接装置、保险链及防坠器。运送人员前,先放一次空车,检查斜井和轨道的安全状况;

(4)乘人车辆不得超过定员,乘员及携带的工具不得超出车厢。

7.6.8.3 斜井口必须设置挡车器,并设专人管理。挡车器必须经常处于关闭状态,放车时方可打开。车辆在井内行驶或停留期间,井内严禁人员通行和作业。斜井长度超过100m时,应在井口下20m和接近井底60m左右设置第二道挡车器。

7.6.8.4 井口、井下及卷扬机间应有联系信号。提升、下放与停留应各有明确的色灯和音响等信号规定。

主、副井口应设专职信号员,负责接发车工作。卷扬机司机未得到井口信号员发出的信号,不得开动。

运送人员的车辆中必须装有向卷扬机司机发送紧急信号的装置。

7.6.8.5 斜井井底停车场应设避车洞。斜井底附近的固定机械电器设备与操作人员,均应设置在专用洞室内。

7.6.8.6 车辆连挂提升时,应有可靠的连接装置和断绳保险器。挂钩均应加保险栓。车与车之间应增加连接保险钢丝绳,提升钢丝绳应有地滚承托。

7.6.9 钢丝绳和提升装置

7.6.9.1 提升用的钢丝绳必须每天检查一次,每隔6个月试验一次。其安全系数规定为:升降人员的安全系数必须大于7,升降物料的安全系数必须大于6;其断丝的面积与钢丝绳总面积之比,升降物料的必须小于10%;升降人员用的不得有断丝。钢丝绳直径减小百分数:提升及制动钢丝绳不得大于10%,其他钢丝绳不得大于15%。超过上述规定时必须更换。

7.6.9.2 钢丝绳的钢丝有变黑、锈皮、点蚀麻坑等损伤时,不得用作升降人员。钢丝绳锈蚀严重,点蚀麻坑形成沟纹,外层钢丝松动时,必须更换。

7.6.9.3 有接头的钢丝绳只允许在水平坑道和30°以下的斜井中运输物料使用。

7.6.9.4 提升装置必须设下列保险装置:

(1)防止过卷装置。当提升容器超过正常终端停止位置0.5m时,必须能自动断电,并使保险闸发生作用;

(2)防止过速装置。当提升速度超过最大速度15%时,必须能自动断电,并能使保险闸发生作用;

(3)过负荷和欠电压保护装置;

(4)当最大提升速度超过3m/s,必须安装速度限制器,保证提升容器到达终端停止位置前的速度不超过2m/s;如果速度限制器为凸轮板时,其旋转角不应小于270°;

(5)防止闸瓦过度磨损时的报警和自动断电的保护装置;

(6)缠绕式提升装置,必须设松绳保护并接入安全回路;

(7)使用箕斗提升时,必须采用定量控制,井口渣台应装设满仓信号,渣仓装满时能报警或自动断电。

7.6.9.5 提升卷扬机必须装设深度指示器、开始减速时能自动示警的警铃及司机不需离座即能操纵的常用闸和保险闸。

常用闸和保险闸共同使用一套闸瓦时,操纵部分必须分开;双滚筒提升卷扬机的两套闸瓦的传动装置必须分开。

司机不准离开工作岗位,也不能擅自调节制动闸。

7.6.9.6 升降人员前,应先开一次空车,以检查卷扬机的动作情况,但连续运转时,可不受此限。

7.6.9.7 主要提升装置必须配有正、副司机,在交接班人员上下井的时间内,必须由正司机开车,副司机在旁监护。

7.7 通风及防尘

7.7.1 隧道作业环境标准

7.7.1.1 粉尘允许浓度:每立方米空气中,含有10%以上游离二氧化硅的粉尘必须在2mg以下。

7.7.1.2 氧气不得低于20%(按体积计,下同)。

7.7.1.3 瓦斯(沼气)或二氧化碳不得超过0.5%。

7.7.1.4 一氧化碳浓度不得超过30mg/m^3。

7.7.1.5 氮氧化物(换算成二氧化氮)浓度应在5mg/m^3以下。

7.7.1.6 二氧化硫浓度不得超过15mg/m^3。

7.7.1.7 硫化氢浓度不得超过10mg/m^3。

7.7.1.8 氨的浓度不得超过 30mg/m³。

7.7.1.9 隧道内的气温不宜超过 28℃。

7.7.2 隧道内空气成分每月应至少取样分析一次;风速、含尘量每月至少检测一次。

7.7.3 隧道施工时的通风,应设专人管理。应保证每人每分钟供给新鲜空气 1.5~3m³。

7.7.4 无论通风机运转与否,严禁人员在风管的进出口附近停留,通风机停止运转时任何人员不得靠近通风软管行走和在软管旁停留,不得将任何物品放在通风管或管口上。

7.7.5 施工时宜采用湿式凿岩机钻孔,用水炮泥进行水封爆破以及湿喷混凝土喷射等有利于减少粉尘浓度的施工工艺。

7.7.6 在凿岩和装渣工作面上应做好下列防尘工作:

(1)放炮前后应进行喷雾与洒水;

(2)出渣前应用水淋透渣堆和喷湿岩壁;

(3)在吹入式的出风口,宜放置喷雾器。

7.7.7 防尘用水的固体质含量不应超过 50mg/L,大肠杆菌不得超过 3 个/L。水池应保持清洁,并有沉淀或过滤设施。

7.8 照明、排水及防火

7.8.1 照明

7.8.1.1 隧道内的照明灯光应保证亮度充足、均匀及不闪烁,应根据开挖断面的大小、施工工作面的位置选用不同的高度。

7.8.1.2 隧道内用电线路,均应使用防潮绝缘导线,并按规定的高度用磁瓶悬挂牢固。不得将电线挂在铁钉和其他铁件上,或捆扎在一起。开关外应加木箱盖,采用封闭式保险盒。如使用电缆亦应牢固地悬挂在高处,不得放在地上。

7.8.1.3 隧道内各部的照明电压应为:

(1)开挖、支撑及衬砌作业地段为 12~36V;

(2)成洞地段为 110~220V;

(3)手提作业灯为 12~36V。

7.8.1.4 隧道内的用电线路和照明设备必须设专人负责检修管理,检修电路与照明设备时应切断电源。

7.8.1.5 在潮湿及漏水隧道中的电灯应使用防水灯口。

7.8.2 排水

7.8.2.1 在有地下水排出的隧道,必须挖凿排水沟,当下坡开挖时应根据涌水量的大小,设置大于20%涌水量的抽水机具予以排出。抽水机械的安装地点应在导坑的一侧或另开偏洞安装,并用栅栏与隧道隔离。

7.8.2.2 抽水设备宜采用电力机械,不得在隧道内使用内燃抽水机。抽水机械应有一定的备用台数。

7.8.2.3 隧道开挖中如预计要穿过涌水地层,宜采用超前钻孔探水,查清含水层厚度、岩性、水量、水压等,为防治涌水提供依据。

7.8.2.4 如发现工作面有大量涌水时,应即令工人停止工作,撤至安全地点。

7.8.3 防火

7.8.3.1 各洞、井口施工区,洞内机电硐室、料库、皮带运输机等处均应设置有效而数量足够的消防器材,并设明显的标志,定期检查、补充和更换,不得挪作他用。

7.8.3.2 洞口 20m 范围内的杂草必须清除。火源应距洞口至少 30m 以外。库房 20m 范围内严禁烟火。洞内严禁明火作业与取暖。

7.8.3.3 洞内及各硐室不得存放汽油、煤油、变压器油和其他易燃物品。清洗风动工具应在专用硐室内,并设置外开的防火门。

7.9 瓦斯防治

7.9.1 隧道施工发现瓦斯时,应加强通风,采取防范措施,当隧道内的瓦斯浓度经通风后仍超过本规程第7.7.1条规定时,应遵守本节的各条规定。

7.9.2 瓦斯防治主要是消除瓦斯超限和积存,断绝一切可能引燃瓦斯爆炸的火源。

7.9.3 隧道内严禁使用油灯、电石灯、汽灯等有火焰的灯火照明。任何人员进入隧道必须接受检查,严禁将火柴、打火机及其他可自燃的物品带入洞内。

7.9.4 电灯照明

7.9.4.1 电压不得超过110V。

7.9.4.2 输电线路必须使用密闭电缆。

7.9.4.3 灯头、开关、灯泡等照明器材必须采用防爆型,开关必须设置在送风道或洞口。

7.9.5 矿灯照明

7.9.5.1 每个洞口常备的完好矿灯总数,应大于经常用灯总人数的10%。

7.9.5.2 矿灯均需编号,常用矿灯的人员应固定灯号。

7.9.5.3 矿灯如有电池漏液、亮度不足、电线破损、灯锁不良、灯头密封不严、灯头圈松动、玻璃和胶壳破裂等情况,严禁发出。发出的矿灯,最低限度应能连续正常使用11h。

7.9.5.4 使用矿灯人员应严禁拆开敲打和撞击矿灯。出洞或下班时,应立即将矿灯交回灯房。

7.9.6 掘进工作面风流中的瓦斯浓度达到1%时,必须停止电钻打眼;达到1.5%时,必须停止工作,撤出人员,切断电源,进行处理。

放炮地点附近20m以内风流中瓦斯浓度达到1%时,严禁装药放炮。

电动机附近20m以内风流中的瓦斯浓度达到1.5%时,必须切断电源停止运行。

掘进工作面的局部瓦斯积聚浓度达到2%时,其附近20m内必须停止工作,切断电源。

7.9.7 因超过瓦斯浓度规定而切断电源的电气设备,必须在瓦斯浓度降低到1%以下时方可开动;使用瓦斯自动检测报警断电装置的掘进工作面只准人工复电。

7.9.8 隧道爆破作业

7.9.8.1 严禁用火花起爆和裸露爆破。

7.9.8.2 爆破时,宜使用瞬发电雷管,若采用毫秒雷管时,其总的延期时间不得超过130ms。严禁使用秒和半秒延期电雷管。

7.9.8.3 使用煤矿安全炸药。

7.9.8.4 短隧道放炮时,所有人员必须撤出隧道洞外;长隧道单线应撤出300m以外,双车道上半断面开挖撤至400m以外,双车道全断面开挖应撤至500m以外。

7.9.9 瓦斯隧道中的机具,如电瓶车、通风机、电话机、放炮器等,必须采用防爆型。

7.9.10 必须严格采用湿式凿岩,洞内使用的金属锤头必须镶有不产生火花的合金。装渣使用的金属器械,不得猛力与石渣碰击,铲装前必须将石渣浇湿。

7.9.11 洞内装设及检修各种电气设备时,必须先切断电源。电缆互接或分路时必须在洞外进行锡焊和绝缘包扎并热补。严禁在洞内电缆上临时接装电灯或其他设备。电缆在洞内接头时,应在特制的防爆接线盒内或有防爆接线盒的电气设备内进行连接。

7.9.12 有瓦斯的隧道,每个洞口必须设专职瓦斯检查员。一般情况下每小时检测一次,并将结果记入记录簿。检测瓦斯的检定器应每季度校对一次。

7.9.13 通风必须采用吹入式。通风主机应有一台备用机,并应有两路电源供电。通风机停止时,洞内全体人员必须撤至洞外。

7.9.14 隧道内严禁一切可以导致高温与发生火花的作业。

7.9.15 隧道施工时必须配备必要的急救和抢救的设备和人员。施工人员必须具有防止瓦斯爆炸方面的安全知识。

8　主要工序作业

8.1　模板

8.1.1　模板作业场地

8.1.1.1　模板作业场地的布置。木料、钢模、模板半成品的堆放，废料堆集和场内道路的修建，应做到统筹安排，合理布局。

8.1.1.2　作业场地应搭设简易作业棚，修有防火通道，配备必需的防火器具。四周应设置围栏，作业场内严禁烟火。

8.1.1.3　钢模、木材应堆放平稳，原木垛高不得超过3m，垛距不得小于1.5m。成材垛高一般不得超过4m，每增加0.5m应加设横木，垛距不得小于1m。作业场地应避开高压线路。

8.1.1.4　下班前应将锯末、木屑、刨花等杂物清除干净，并要运出场地进行妥善处理。

8.1.2　模板制作

8.1.2.1　制作模板时应细致选料。制作钢模不得使用扭曲严重、螺丝孔过多、开裂等材料。木模不得使用腐朽、扭裂和大横节疤等木料。

8.1.2.2　制作钢木结合模板时，其钢木结合部位的强度、刚度应符合设计要求。

8.1.2.3　制作中应随时检查工具，如发现松动、脱落现象，应立即修好。

8.1.2.4　用旧木料制作模板时，应将钉子、扒钉拔掉收集好，不得随地乱扔。

8.1.3　模板支立及拆除

8.1.3.1　在基坑或围堰内支模时，应检查基坑有无塌方现象，围堰是否坚固，确认无误后，方可操作。

8.1.3.2　向基坑内吊送材料和工具时，应设溜槽或绳索系放，不得抛掷。机械吊送应有专人指挥。模板要捆绑结实，基坑内的操作人员要避开吊送的料具。

8.1.3.3　用人工搬运、支立较大模板时，应有专人指挥，所用的绳索要有足够的强度，绑扎牢固。支立模板时，底部固定后再进行支立，防止滑动倾覆。

8.1.3.4　支立模板要按工序操作。当一块或几块模板单独竖立和竖立较大模板时，应设立临时支撑，上下必须顶牢。操作时要搭设脚手架和工作平台。整体模板合拢后，应及时用拉杆斜撑固定牢靠，模板支撑不得钉在脚手架上。

8.1.3.5　用机械吊运模板时，应先检查机械设备和绳索的安全性和可靠性，起吊后下面不得站人或通行。模板下放，距地面1m时，作业人员方可靠近操作。

8.1.3.6　高处作业应将所需工具装在工具袋内。传递工具不得抛掷或将工具放在平台和木料上，更不得插在腰带上。

8.1.3.7　在用斧锤作业时，应照顾四周和上下的安全，防止误伤他人。斧头刃口处应配刃口皮套。

8.1.3.8　拆除模板时，应制订安全措施，按顺序分段拆除，不得留有松动或悬挂的模板，严禁硬砸或用机械大面积拉倒。拆下带钉木料，应随即将钉子拔掉。

8.1.3.9　拆除模板不得双层作业。3m以上模板在拆除时，应用绳索拉住或用起吊设备拉紧，缓慢送下。

8.2 木工机械

8.2.1 使用木工机械应遵守下列规定：

(1)开机前必须添加润滑油脂，先试机，待各部机件运转正常后，方可开始工作；

(2)机械运转中，如有不正常的声音或发生故障时，应先切断电源，再进行检修；

(3)操作人员工作时，要扣紧衣扣和袖口，理好衣角，严禁戴手套作业；留长发的必需戴工作帽，长发不得外露；

(4)木工机械上的转动部分，要装设防护罩或防护板；工作中更换刨刀、锯片、钻头或刃具时，必须切断电源，停止转动后方可拆装；

(5)使用铁夹钩吊运送木材时，应将铁夹钩钩牢，防止木材掉下。

8.2.2 带锯机

8.2.2.1 开动带锯前，必须检查锯条有无裂纹、扭曲和锯条的松紧程度。如锯条齿侧的裂纹长度超过锯条宽度的1/6，锯条接头超过三个，锯条中间及后背有裂纹，锯条接头处裂纹超过10mm时，都不得使用。锯条的松紧程度应根据锯条的厚薄、宽窄进行调整，经试运转正常后，方可开始工作。

8.2.2.2 原木入锯前，应清除钉子和砂石等杂物。跑车上的原木要稳定牢固，进锯速度要均匀。锯短木要用扒钉或拉杆固定后再行加工。

8.2.2.3 不得加工超过机械规定限度的特大原木。加工较长木材时，必须配备副手协助工作。

8.2.2.4 不得用潮湿或带油的手指接触启动开关和其他电器设备。如发生电器设备故障或损坏时，不得擅自拆卸检查。

8.2.2.5 跑车开动后，跑车前后和锯条两侧不得有人走动或停留。

8.2.2.6 使用平台式带锯时，上下手操作人员要配合一致，上手不得将手送进台面，下手应等料头出锯20cm后，方可接料。

8.2.2.7 小平台的电器开关要随用随开，用后立即关闭。平台式带锯加工木料回料时，木料要离开锯条2~5cm，并要注意劈裂和木节撞击锯条发生事故。

8.2.2.8 作业中如遇停电，应将电闸关闭，防止来电后机械自行转动造成事故。

8.2.2.9 带锯机的修理或拆放成捆的锯条，应踏紧锯条端头，控制松放，以防锯条回卷伤人。锉锯条时，要戴防护眼镜。修磨带锯的砂轮应有防护罩，操作时应站在砂轮侧面。

8.2.2.10 连接锯条，必须接合严密，平滑均匀，厚薄一致。

8.2.3 圆盘锯

8.2.3.1 操作人员应戴防护眼镜，站在锯片一侧，禁止站在与锯片同一直线上。锯片上方必须安装安全挡板和滴水设施。锯片不得有连续断齿。

8.2.3.2 锯片运转正常后方可进行作业。接料要待料出锯片15cm，不得用手硬拉，木料锯到接近端头时，应由下手拉曳，上手不得用手推进。

8.2.3.3 作业过程中不得将木料抬高或左右扳动，必须紧贴靠山。送料力量要均匀，不得用力过猛，遇木节应减速。不得用木料挡刹锯片强制停车。调换锯片时，要等锯片自然停稳后方可进行。

8.2.3.4 长度不足50cm的短料，不得上锯。半成品、边角料应堆放整齐。

8.2.4 平刨机

8.2.4.1 刨料前应将所刨材料上的钉子、灰垢和冰雪等杂物清除后，再进行操作。

8.2.4.2 应根据所刨木料材质情况，调整刨料速度。作业中严禁手指放在木节上。

8.2.4.3 刨木材的大面时，手必须按在木料的上面；刨木材的小面时，手可以放在木料的上半部。手指必须离开刨口3cm以上，每次刨削量不得超过1.5mm。被刨材料长度超过2m时，必须两人操作。料头越过刨口20cm后，下手操作者方可接料，但不得猛拉。

8.2.4.4 活动式的台面，调整切削量时，必须切断电流停止转动后方能进行调整，防止台面与刨刀接触造成事故。

8.2.4.5 刀架夹板必须平整贴紧。合金刀片焊缝的高度不得超过刀头。固定刀片的螺丝应钳入槽内,离刀背不得少于10mm。

8.2.4.6 平面刨作业中,操作人员不得将手伸进安全挡板里侧移动挡板,不得拆除安全挡板进行刨削。

8.2.4.7 材料需要调头刨削时,必须双手持料离开刨口,并注意周围环境,防止伤人。

8.2.5 压刨机

8.2.5.1 压刨机床必须使用单项开关,不得使用倒顺开关。

8.2.5.2 送料必须平直,发现材料走横或卡位,应停机拨正;操作人员接送时,手指应离开滚筒20cm以外,接料必须待料送出台面。

8.2.5.3 操作人员应站在机床一侧操作,每次刨削量不得超过3mm。

8.2.5.4 所刨材料不得短于前后压滚距离;厚度小于1cm时,必须垫衬托板。

8.2.6 手电钻

8.2.6.1 作业前,应检查有无漏电现象,并应戴好绝缘手套,穿上胶鞋或脚踏在木板上进行操作。

8.2.6.2 钻头必须卡紧,大型电钻必须用双手扶把,钻杆要垂直;钻孔接近完成时,应轻压电钻,防止卡钻或扭断钻头。

8.2.6.3 由底部向上部钻孔时,应用手或杠杆顶托钻把,不得用肩扛顶托钻把;向下钻孔时,不得用脚扶钻头,脚必须离钻头20cm以外。

8.2.6.4 电钻工作中,应用钻把调整对准孔位,不得手扶钻头对孔。

8.2.6.5 操作中发现异常声音,应停止使用;工作后应切断电源,收好导线。

8.2.7 台钻

8.2.7.1 所钻材料必须夹紧,较长材料应使用托架;材料调头时,应双手扶料并要注意周围环境。

8.2.7.2 操作中如发生凿芯被木渣挤塞,应抬起手柄用刷子等清除木渣,严禁用手清渣。

8.2.7.3 拆装钻头时,应全部停钻后方能进行;钻头装夹必须牢固。

8.2.7.4 不得用手触摸转动中的钻头,不得将工具或其他物品放在工作台上。

8.3 支架

8.3.1 支架所用的桩木、万能杆件应详细检查。不得使用腐朽、劈裂、大节疤的圆木及锈蚀、扭曲严重的万能杆件和钢管等。

8.3.2 地基承载能力应符合设计标准,否则应采取加固措施,使其达到设计要求。

8.3.3 根据施工季节,支架工程应采取防冲刷或防冻涨等安全措施。

8.3.4 支立排架要按设计要求施工,应有足够的承载能力和稳定性。并要与支保桩联结牢固,防止不均匀沉落、失稳和变形。

8.3.5 支立排架时,应设专人统一指挥。支立排架以整排竖立为宜。排架竖立后,用临时支撑撑牢后再竖立第二排。两排架间的水平和剪刀撑用螺丝拧紧,形成整体。

8.3.6 用吊机竖立排架时,应用溜绳控制排架起吊时的摆动。

8.3.7 支立排架时,不得与便桥或脚手架相联,防止支架失稳。

8.4 脚手架

8.4.1 木、竹脚手架的捆扎材料,应使用8~10号镀锌铅丝和直径不小于10mm的三股白麻绳或水葱竹篾。水竹脚手架采用质地新鲜、坚韧带青的新水竹劈制成,厚度为0.6~0.8mm,宽度为5mm左右为宜。断腰、大节疤和受潮霉的竹篾不得使用。

8.4.2 钢管脚手架连接材料应使用扣件,接头应错开,螺栓要紧固。立杆底端需使用立杆底座。铅丝和白麻绳不得连接钢脚手架。

8.4.3　脚手板要铺满、绑牢,无探头板,并要牢固地固定在脚手架的支撑上。脚手架的任何部分均不得与模板相联。

8.4.4　脚手架要设置栏杆。敷设的安全设施应经常检查,确保操作人员和小型机械安全通行。

8.4.5　脚手架上的材料和工具要堆放整齐,积雪和杂物应及时清除。有坡度的脚手板,要加设防滑木条。

8.4.6　悬空脚手架应用栏杆或撑木固定稳妥、牢靠,防止摆动摇晃。

8.4.7　搭设在水中的脚手架,应经常检查受水冲刷情况,发现松动、变形或沉陷应及时加固。在脚手架上作业人员应配带救生设备。

8.4.8　搭设钢管井架,相邻的两立杆的接头应错开,横杆和剪刀撑要同时安装。滑轨必须保持垂直,两轨间距误差不得超过10mm。

8.4.9　吊篮应严格按照设计要求施工。悬挂吊篮的钢丝绳围绕挑梁不得少于3圈,卡子不得少于3个。一个吊篮的保险绳索不得少于2根。钢丝绳不得与构造物或其他物件相摩擦。

8.4.10　脚手架高度在10~15m时应设置一组(4~6根)缆风绳。每增高10m应再加设一组。缆风绳与地面夹角为45°~60°。缆风绳的地锚应设围栏,防止碰撞破坏。

8.4.11　拆除脚手架时,周围应设置护栏或警戒标志,并应从上而下地拆除,不得上下双层作业。拆除的脚手杆、板应用人工传递或吊机吊送,严禁随意抛掷。

8.5　钢筋

8.5.1　钢筋施工场地应满足作业需要,机械设备的安装要牢固、稳定,作业前应对机械设备进行检查。

8.5.2　钢筋调直及冷拉场地应设置防护挡板,作业时非作业人员不得进入现场。

8.5.3　钢筋切断机作业前,应先进行试运转,检查刃口是否松动,运转正常后,方能进行切断作业。切长料时应有专人把扶,切短料时要用钳子或套管夹牢。不得因钢筋直径小而集束切割。

8.5.4　采用人工锤击切断钢筋时,钢筋直径不宜超过20mm,使锤人员和把扶钢筋、剪切工具人员身位要错开,并防止断下的短头钢筋弹出伤人。

8.6　焊接

8.6.1　电焊

8.6.1.1　电焊机应安设在干燥、通风良好的地点,周围严禁存放易燃、易爆物品。

8.6.1.2　电焊机应设置单独的开关箱,作业时应穿戴防护用品,施焊完毕,拉闸上锁。遇雨雪天,应停止露天作业。

8.6.1.3　在潮湿地点工作,电焊机应放在木板上,操作人员应站在绝缘胶板或木板上操作。

8.6.1.4　严禁在带压力的容器和管道上施焊。焊接带电设备时,必须先切断电源。

8.6.1.5　贮存过易燃、易爆、有毒物品的容器或管道,焊接前必须清洗干净,将所有孔口打开,保持空气流通。

8.6.1.6　在密闭的金属容器内施焊时,必须开设进、出风口。容器内照明电压不得超过36V。焊工身体应用绝缘材料与容器壳体隔离开。施焊过程中每隔半小时至一小时外出休息10~15min,并应有安全人员在现场监护。

8.6.1.7　把线、地线不得与钢丝绳、各种管道、金属构件等接触,不得用这些物件代替接地线。

8.6.1.8　更换场地,移动电焊机时,必须切断电源,检查现场,清除焊渣。

8.6.1.9　在高空焊接时,必须系好安全带。焊接周围应备有消防设备。

8.6.1.10　焊接模板中的钢筋、钢板时,施焊部位下面应垫石棉板或铁板。

8.6.2　气焊

8.6.2.1　气焊作业应遵守本规程 8.6.1 中的有关规定。

8.6.2.2　乙炔发生器应采用定型产品,必须备有灵敏可靠的防止回火的安全装置。

8.6.2.3　乙炔发生器与氧气瓶不得同放一处,距易燃易爆品不得少于 10m。严禁用明火检验是否漏气。氧气、电石应随用随领,下班后送回专用库房。

8.6.2.4　氧气瓶、乙炔发生器受热不得超过 35℃,防止火花和锋利物件碰撞胶管。气焊枪点火时应按"先开乙炔、先关乙炔"的顺序作业。

8.6.2.5　氧气瓶、氧气表及焊割工具的表面,严禁沾污油脂。

8.6.2.6　乙炔发生器应每天换水。严禁在浮筒上放置物件,不得用手在浮筒上加压和摇动。添加电石时严禁明火照明。

8.6.2.7　乙炔发生器不得放在电线的正下方,焊接场地距离明火不得少于 10m。

8.6.2.8　氧气瓶应设有防震胶圈,并旋紧安全帽,避免碰撞、剧烈震动和强烈阳光暴晒。

8.6.2.9　乙炔气管用后需清除管内积水。胶管回火的安全装置结冻时,应用热水溶化,不得用明火烘烤。

8.6.2.10　点火时焊枪不得对人,正在燃烧的焊枪不得随意乱放。

8.6.2.11　电石应放在干燥的地方,移动或搬运应将桶上的小盖打开,轻移、轻放。开桶时头部要闪开,不得用金属工具敲击桶盖。

8.6.2.12　施焊时,场地应通风良好。施焊完毕,应将氧气阀门关好,拧紧安全罩。乙炔浮筒提出时,头部应避开浮筒上升方向,提出后应挂放,不得扣放在地上。

8.7　锅炉

8.7.1　有安装锅炉能力的使用单位,经当地劳动部门同意后,可以自行安装立式锅炉和快装锅炉。新安装或检修后的锅炉,自检合格后,报当地劳动部门检查批准后,方可点火运行。

8.7.2　锅炉一般应安装在单独建造的锅炉房内。锅炉房如与生产厂房相连时,应用防火墙隔开,其锅炉的容量应符合有关规定的要求。

8.7.3　为了保证锅炉安全运行,必须建立健全严格的规章制度。

8.7.4　锅炉在运行中,如发生有严重威胁锅炉安全运行等情况时,应采取紧急停炉措施。

8.7.5　投煤时应注意检查煤炭中混杂的有害物质。

8.8　起重吊装

8.8.1　起重作业应遵守下列规定:

(1)大型吊装工程,应在编制的施工组织设计中,制定安全技术措施,并向参加施工作业人员进行安全技术交底;

(2)吊装作业应指派专人统一指挥,参加吊装的起重工要掌握作业的安全要求,其他人员要有明确分工;

(3)吊装作业前必须严格检查起重设备各部件的可靠性和安全性,并进行试吊;

(4)各种起重机具不得超负荷使用;

(5)钢丝绳的安全系数,不应小于表 8.8.1 的要求;

钢丝绳安全系数　　表 8.8.1

用　途	安全系数	用　途	安全系数
缆风绳	3.5	吊挂和捆绑用	6
支承动臂用	4	千斤绳	8~10
卷扬机用	5	缆索承重绳	3.75

(6)地锚要牢固,缆风绳不得绑扎在电杆或其他不稳定的物件上;

(7)作业中遇有停电或其他特殊情况，应将重物落至地面，不得悬在空中。

8.8.2 起重机具

起重机械的使用应符合现行的国家标准《起重机械安全规程》(GB 6067—85)的规定。自行制造的起重设备应满足施工安全的要求。

8.8.2.1 卷扬机

(1)卷扬机的各部机件、电气元件以及安全防护装置、钢丝绳等应符合现行的国家标准《建筑卷扬机安全规程》(GB 13329—91)的规定；

(2)卷扬机应安装牢固、稳定，防止受力时位移和倾斜；操作位置必须视野开阔，联系方便；

(3)作业前应检查钢丝绳、离合器、制动器、保险棘轮、传动滑轮等，发现故障应立即排除；

(4)通过滑轮的钢丝绳不得有接头、结节和扭绕，钢丝绳在卷筒上必须排列整齐，作业中最少需保留三圈；

(5)操作人员不得擅自离开岗位，作业中突然停电，应立即拉开闸刀，并将运送物件放下。

8.8.2.2 轮胎式起重机和履带式起重机

(1)作业地面应坚实平整，支脚必须支垫牢靠，回转半径内不得有障碍物。两台或多台起重机吊运同一重物时，钢丝绳应保持垂直，各台起重机升降应同步，各台起重机不得超过各自的额定起重能力。

(2)吊起重物时，应先将重物吊离地面10cm左右，停机检查制动器灵敏性和可靠性以及重物绑扎的牢固程度，确认情况正常后，方可继续工作。作业中不得悬吊重物行走。

(3)起升或降下重物时，速度要均匀、平稳，保持机身的稳定，防止重心倾斜。严禁起吊的重物自由下落。

(4)在驳船上作业，应用绳索系牢在船上，前后轮(或履带)下应用三角木块楔紧。遇有4～5级风时，应根据驳船载重吨位适当调整吊机负荷。工作完毕应将起重臂放下，制动器刹牢。

(5)配备必要的灭火器，驾驶室内不得存放易燃品。雨天作业，制动带淋雨打滑时，应停止作业。

(6)在输电线路下作业时，起重臂、吊具、辅具、钢丝绳等与输电线的距离不得小于表8.8.2的规定。

(7)工作完毕，应将机车停放在坚固的地面上，吊钩收起，各部制动器刹牢，操纵杆放到空挡位置。

表8.8.2

输电线路电压	最小距离(m)	输电线路电压	最小距离(m)	输电线路电压	最小距离(m)
1kV以下	1.5	1～35kV	3	≥60kV	$0.01(V-50)+3$

8.8.2.3 塔式起重机

(1)塔式起重机的安全防护装置应符合有关规定的要求；

(2)在轨道上行驶前应检查轨道有无障碍物和下沉现象；

(3)起重机行走前轮(行走方向)至轨道端部的距离不得小于5m；工作完毕，锁紧夹轨器，并将各控制开关转到“零”位，切断电源。

8.8.2.4 龙门架

(1)龙门架制作(拼装)完成后，应按设计要求组织检查验收；

(2)移动式龙门架除进行静载试验外，还应等载在轨道上往返运行一次，检查龙门架在移动中的变形以及轨距、轨道平整度等情况；

(3)吊起重物作水平移动时，应将重物提高到可能遇到的障碍物0.5m以上；运行时被吊重物不得左右摇摆；

(4)牵引移动的跨墩龙门架，在行走时两侧牵引卷扬机必须同时、同速启动和运行；

(5)开动和停止电动机，应缓慢平稳地操纵控制器；作后向移动时，必须等机、物完全停稳后方可操作；

(6)龙门架拆除时，应制定安全技术措施。

8.8.2.5 人字桅杆和独脚桅杆

(1)人字桅杆和独脚桅杆应选用优质钢、木材料制作；人字桅杆两腿的夹角不得大于45°；

(2)桅杆底脚基础要坚固，底脚要稳定牢靠；人字桅杆设置的缆风绳应不少于二根，独脚桅杆设置的缆风绳不少于四根；

(3)独脚桅杆如加设摇杆时，变幅钢丝绳应在起重前固定好，调整适度；摇杆摆动幅度应用钢丝绳(或牵引卷扬机)控制。

8.8.2.6 手拉葫芦(吊链)

(1)悬挂支承点必须牢固，使用三角架悬挂时，基础应坚实，三支架腿受力要均匀，防止滑动和倾覆；

(2)严禁斜拉重物；

(3)重物吊起后发生卡链时，应在重物下方支垫后进行检查修理，不得硬拉。

8.8.2.7 千斤顶

(1)顶升重物必须在重心位置；如需用千斤顶纠正偏斜物体时，放置千斤顶的台座必须坚固可靠；

(2)顶升重物过程中，千斤顶出现故障时，应在重物支垫稳固后，再取出修理；

(3)用多台千斤顶起升同一重物时，动作应同步、均衡。

8.8.2.8 缆索吊装设备

(1)缆索塔架拼装时，应按设计图组拼。索鞍、跑车在组拼前，应进行全面检查。在装卸、运输及组拼中，要防止碰伤，有损伤的杆件不得使用；木塔架施工，应优选材质，精细加工制作，联结处应采取加固措施；

(2)各种滑轮在使用前，要检查是否灵活，绳槽是否平滑。滑轮组应共同承受荷载，受力不均时，应进行调整；

(3)钢丝绳必须按设计荷载要求，选用适合的标准绳索。在使用当中，应经常注意检查，并做必要的维护；

(4)塔架拼装，应随塔高的增加逐步搭好脚手架。作业平台四周挂好安全网和上下设扶梯。随着塔身增高，安全网应随之上移，同时应增设辅助缆风绳，待设计缆风绳安设完成后，方可拆除；

(5)使用万能杆件或桁梁片组拼的索塔，可利用已装好的杆件搭设塔内作业平台。平台木板必须铺设平稳，不得松动。塔架节段增高时，操作人员不得攀登杆件，应通过安全梯或吊篮上下；

(6)主索道两端应设置限位器，工作完毕，收紧吊钩，并切断电源；

(7)主索道和塔架的拆除应在制定的拆除方案中制定安全技术措施。作业场地应设立警示标志，并设专人(或监护船只)维护道口、航道和村屯附近的交通安全。

8.9 高处作业

8.9.1 高处作业的含义和级别划分应符合现行的国家标准《高处作业分级》(GB 3608—83)的规定。

8.9.2 悬空高处作业必须设有可靠的安全防护措施。悬空高处作业包括：在开放型结构上施工，如高处搭设脚手架等；在无防护的边缘上作业；在受限制的高处或不稳定的高处作业；在没有立足点或没有牢靠立足点的地方作业等。

8.9.3 从事高处作业人员要定期或随时体检，发现有不宜登高的病症，不得从事高处作业。严禁酒后登高作业。

8.9.4 高处作业人员不得穿拖鞋或硬底鞋。所需的材料要事先准备齐全，工具应放在工具袋内。

8.9.5 高处作业所用的梯子不得缺档和垫高，同一架梯子不得二人同时上下，在通道处(或平台)使用梯子应设置围栏。

8.9.6 高处作业与地面联系，应有专人负责，或配有通信设备。

8.9.7 运送人员和物件的各种升降电梯、吊笼，应有可靠的安全装置，严禁乘坐运送物件的吊栏人员。

8.10 水上作业

8.10.1 在通航江河上施工的安全管理工作应符合现行的《内河交通安全管理条例》的规定，开工前应报告当地港航监督部门。

8.10.2 施工所使用的船只应经船检部门检查合格后方可使用。施工期间按规定应设置临时码头、航行标志及救护、消防等设施。

8.10.3 船只在航行前，应检查各部位的机械与设施是否良好，不得带病作业。

8.10.4 应掌握和及时了解当地的气象和水文情况，遇有大风天气应检查和加固船只的锚缆等设施。

遇有雨、雾天，视线不清时，船只应显示规定的信号，必要时应停止航行或作业。

8.10.5 定位船及作业船锚碇后，应在涉及航域范围内设置警示标志。抛锚时，锚链滚滑附近不得站人。

8.10.6 船只靠岸后（或在两船间倒运货物时）应搭设跳板、扶手或安全网，经踏试稳定牢固，方可上下人或装卸货物。

8.10.7 装船时严禁超载、偏载，必要时应加配重，调整平衡。卸船时应分层均匀卸运。

8.10.8 打桩船、起重船施工前应了解作业区域的水深、流速、河床地质等有关情况，为船舶行驶、抛锚、定位做好安全准备工作。

8.10.9 抛锚、就位应保持船体稳定。如用两艘船体连接时，必须连接牢固，稳定可靠。

8.10.10 使用轮胎或履带吊车在船上打桩、起重作业时，船体应按施工要求进行加固，并在吊车轮胎（或履带）下加铺垫板。

8.10.11 牵引或在旁侧拖带作业船时，严禁超载，牵引（或拖带）用的钢丝绳必须联结牢固。

8.10.12 交通船应按规定的载人数量渡运，严禁超员强渡。船上应配有救生设备。船行中途遇有阵风、雨时，乘船人员不得走动或站立。

8.11 潜水作业

8.11.1 潜水作业前施工负责人应将下潜任务、下潜环境、工作部位、水深、流速、流向等，向潜水员作明确交待，下潜深度应符合现行的国家标准《产业潜水最大安全深度》（GB 12552—90）的规定。

8.11.2 在作业条件比较困难的情况下，应在搭设的平台上另备一套潜水装具，并指派一名预备潜水员，以便在必要时下水协助和救援。

8.11.3 夜间潜水作业，除平台上的照明外，还应另装照明度较大的灯具，照在潜水点的水面上。

8.11.4 在寒冷环境作业时，应遵守下列规定：

(1)潜水员应穿保温内衣，双手应擦防冻油、戴手套；

(2)潜水前，供气软管应用压缩空气吹通几分钟，接头部位应用棉垫包裹严密；出水时要用热水管加温排气阀，以防排气阀冻结；

(3)在冰层上入水要凿开能确保潜水员安全上下的洞口；水面有浮冰时，供气软管、信号绳与冰块摩擦接触处，应有防割断措施；

(4)潜水员行走的冰面和潜水用梯均应有防滑措施。

8.11.5 潜水作业范围的水面上，严禁其他作业。

8.11.6 潜水员在进行冲泥和吸沙作业时，要在头盔的排气阀上包裹纱布，防止沙粒、污泥等进入排气阀内。

8.11.7 潜水员在水下行进时，要尽量避免在倒塌的物体或杂乱的索具空档内穿越。

8.11.8 在检查船舶推进器或解除推进器的缠绕物时，严禁开动推进器，并派专人监护。

8.11.9 信绳员和掌握供气软管人员，应负责做好潜水员下潜和上升的安全工作。

8.11.10 在沉井、钻孔桩内作业，应遵守下列规定：

(1)作业时，沉井内的水位应不低于沉井外的水位；

(2)沉井内壁不得有钢筋头、扒钉头、铁线、铁钉等外露，潜水员不得进入刃脚下工作；

(3)潜水员在沉井内吸泥时，不得用手脚触动正在工作的吸泥管头部，吸泥机的开闭由地面电话员提前通知潜水员；

(4)在钻孔桩内作业，桩内泥浆面必须高于护筒外的水位；潜水员在护筒底缘以下部位作业时，必须有安全防护措施。

8.11.11 水下起吊作业应遵守下列规定：

(1)进行水下起吊作业时，应根据被吊物的特点和当地的水情制定方案；

(2)潜水员应熟悉被吊物的特点、体积、重量、吊点和沉没原因；

(3)在起吊时，潜水员应将沉落物件拴牢，经检查确认拴挂牢固，待潜水员上升出水后再起吊；

(4)打捞沉船、钢结构、圆筒等物件时，潜水员严禁在上述打捞物件内穿行，不得进入已有断裂或破损面的船体内；

(5)潜水员不得在水中悬吊的物体上工作或从悬吊物件下穿越。

8.11.12 水下焊接和切割，应遵守下列规定：

(1)潜水员应熟练掌握焊接及切割技术和作业要领；

(2)电焊钳、切割把、电缆等必须绝缘良好，头盔外面和领盘上应涂抹或包裹绝缘物质，作业时应戴橡皮手套，观察窗下应加装防护镜；

(3)电路应安装保护装置。

8.11.13 水下爆破作业，应遵守下列规定：

(1)潜水员应熟悉爆破器材的性能和引爆的安全操作技术；

(2)根据爆破波及范围，划定危险区，引爆前应派人警戒；

(3)雷管在使用前应做测试；在同一起爆点，不得使用不同型号的雷管；

(4)炸药包装好后，应由潜水员带下水，不得用绳索下放；炸药包布设完毕，潜水员出水，并躲避到安全地点后，方可引爆；

(5)引爆线路的开关应设专人严格管理，未经负责人许可严禁通电；

(6)发生"盲炮"时，应在切断电源15min后，再下潜取出。

9 特殊季节与夜间施工

9.1 雨季

9.1.1 雨季及洪水期施工应根据当地气象预报及施工所在地的具体情况，做好施工期间的防洪排涝工作。

9.1.2 在雨季施工时，施工现场应及时排除积水，人行道的上下坡应挖步梯或铺砂。脚手板、斜道板、跳板上应采取防滑措施。加强对支架、脚手架和土方工程的检查，防止倾倒和坍塌。

9.1.3 雨季施工时，处于洪水可能淹没地带的机械设备、材料等应做好防范措施，施工人员要提前做好安全撤离的准备工作。

9.1.4 长时间在雨季中作业的工程，应根据条件搭设防雨棚。施工中遇有暴风雨应暂停施工。

9.2 冬季

9.2.1 冬季施工应严格执行冬季施工的有关规定，做好保温、防冻等安全防护措施。

9.2.2 冬季施工在江河冰面上通行时，事先应详细调查冰层的厚度及承载能力。冰面结冻不实地段，严禁通行。结冻不实地段、可通行地段都应设明显标志。初冬及春融季节应经常检查冰层变化情况，以确定可否通行。

9.2.3 江河流冰前应制定出防流冰方案，并将停留在冰面上的车辆、船只、机械和物资提前撤至安全地带。

9.2.4 爆破流冰通道时，除应遵守国家现行的《爆破安全规程》(GB 6722—86)外，还应在爆破前详细检查冰面后再进行作业。爆破流冰时应穿好救生衣，必要时应备有救护船只。

9.3 高温季节

9.3.1 高温季节施工，应按劳动保护规定做好防暑降温措施。适当调整作息时间，尽量避开高温时间。有条件的宜搭设凉棚，供应冷饮，准备防暑药品等。

9.4 夜间施工

9.4.1 夜间施工时，现场必须有符合操作要求的照明设备。施工驻地要设置路灯。

9.4.2 施工中的小型桥涵两侧及穿越路基的管线等临时工程，应设置围栏，并悬挂红灯示警标志。

9.4.3 大型桥梁攀登扶梯处应设有照明灯具。

9.4.4 夜间作业船只或在通航江河上长期停置的锚船、码头船等应按港航监督部门规定，配置齐全的夜航、停泊标志灯。船只停靠码头应设照明灯。

10　边通车、边施工地段的交通管理

10.0.1　改建工程中，边通车、边施工路段的安全生产，除应遵守本规程的有关规定外，还应加强对通行车辆的安全管理，确保施工、交通安全。

10.0.2　改建工程需挖除旧路路基、路面进行重建的路段，在施工路段的两端应竖立显示正在施工的警告标志。标志应鲜明、醒目。标志与施工路段的距离，应根据开挖宽度、路线等级、交通量等情况确定。

10.0.3　一侧拓宽或两侧拓宽的改建工程，原有道路的路面宜先保留，以维持交通。

10.0.4　在拓宽地段，如须在原有道路上运送土石方，宜采用机动车辆运输。采用手推车运输时，可划分部分路面，专供手推车行驶。并应做到：

（1）剩余部分路面宽度应保证机动车行车安全；

（2）要用红白相间的栏杆等隔离设施，与机动车行车道隔开；

（3）设专职人员指挥来往车辆。

10.0.5　通车路段的路面应经常清扫干净，防止车辆碾飞土石伤人或雨后泥泞影响通车。

10.0.6　在原有路段上，进行降坡改建的工程，有条件的可修建临时便道维持交通，也可在降坡地段半幅施工，另半幅作通车之用。

10.0.7　半幅通车路段，在车辆驶出（入）前方应设置指示方向和减速慢行的标志。同时在施工作业区的两端设置明显的路栏。晚间要在路栏上加设施工标志灯。半幅施工区与行车道之间设置红白相间的隔离栅。

10.0.8　半幅施工的路段不宜过长，一般以不超过300～500m为宜。

10.0.9　在单车道维持通车路段上，当路段不长，交通量不大时，可在该路段的适当地点设置车辆会让处；当施工路段较长、交通量较大时，应实行交通管制。每班配置专职人员和通信设备，指挥交通，疏导车辆。

10.0.10　在居民点或公共场所附近开挖沟槽时，应设护栏及搭设跳板供行人通过。夜间应设置照明灯和红灯。

10.0.11　在原地拆除旧桥（涵）重建新桥（涵）时，应先建好通车便桥（涵）或渡口。在旧桥的两端应设置路栏，夜间应在路栏上悬挂警示灯，并在路肩上竖立通向便桥或渡口的指示标志。

附录　本规程用词说明

对规程条文执行严格程度的用词，采用以下写法：

1. 表示很严格，非这样做不可的用词：

正面词采用"必须"；反面词采用"严禁"。

2. 表示严格，在正常情况下均应这样做的用词：

正面词采用"应"；反面词采用"不应"或"不得"。

3. 表示允许稍有选择，在条件许可时，首先应这样做的用词：

正面词采用"宜"或"可"；反面词采用"不宜"。

附加说明

主编单位：黑龙江省公路桥梁建设总公司

参编单位：甘肃省兰州公路总段

江苏省扬州市公路管理处

福建省公路局

广西壮族自治区公路管理局

主要起草人：

赵锡华　刘培钧　张文芳　邵赞绪

朗奎祥　张一平　张世端　马文彦

田锡芬　李向甫

附件

《公路工程施工安全技术规程》

（JTJ 076—95）

条 文 说 明

条文说明

1.0.1 本条是制定本规程的目的和意义。

1.0.2、1.0.3 是对“管生产必须管安全”原则的具体化、具体要求和保障手段。

1.0.5 本规程与交通部颁布的规范、规程和国家有关标准的关系。

2.0.1 施工组织设计中的安全技术措施,必须要有针对性,防止一般性口号化的条文。编制人员必须深入现场,进行调查、勘察,掌握第一手资料。根据不同的工程结构、不同的施工方法、不同的现场环境,以及选用不同的机械设备,使用不同的原材料等特点,制定出切实可行的以预防为主的安全技术方案。

2.0.2 特殊工种人员,经过专业培训取得的合格证书,必须是主管部门发放的,方可有效。

2.0.3 安全专职人员的配备,按国务院(79)100号文件规定:“按企业职工总数3‰~5‰配备”,“企业的安全检查人员属生产人员,应保持稳定,不要轻易调动”。

2.0.6 采用和推广新技术、新工艺、新设备、新材料时,应经过试验。

2.0.7、2.0.8 对劳动保护用品检测的依据是相应的国家标准。检测可分定期检测和随时抽检两种,确保劳动保护用品对劳动者的保护功能。

2.0.10 本条根据1988年5月27日劳动部颁发《关于生产性建设工程项目职业安全卫生监察的暂行规定》制定。

安全技术措施所需经费,根据1973年国家计委《关于加强防止矽尘和有毒物质危害的通知》和1979年国务院批转国家劳动局、卫生部《关于加强厂矿企业防尘防毒工作的报告》制定:企业每年应在固定资产更新和技术改造资金中安排10%~20%,用于安全技术措施,不得挪用。

3.1.1~3.1.3 施工现场的总平面如果布置不当,会造成暂设工程的多次迁移、材料的多次运输,会给安全施工留下隐患。平面布置图一经确定,不能任意更改。

3.1.4、3.1.5 参照《建筑安装工程安全技术规程》第十六条、第十七条制定。

3.1.6 参照铁道部《临时工程附属辅助生产工程施工技术安全规则》(TBJ 411—87)第4.2.2条制定。

3.1.7、3.1.8 参照《建筑安装工程安全技术规程》第二十六条和铁道部《临时工程附属辅助生产工程施工技术安全规则》(TBJ 411—87)制定。

3.2.1~3.2.7 根据黑龙江省公路桥梁公司《安全技术操作规程》第三部第一节“施工测量和清场”制定。

3.3.1 根据《建筑安装工程安全技术规程》第二十条制定。

3.3.2 根据《建筑安装工程安全技术规程》第二十一条制定。

3.3.4 水质的国家现行标准,是指《生活饮用水卫生标准》(GB 5749—85)。

3.3.5、3.3.6 参照《建筑安装工程安全技术规程》第六十四条制定。

3.3.7 根据铁道部《临时工程附属辅助生产工程施工技术安全规则》(TBJ 411—87)第6.2.8条制定。

3.3.9 根据建设部《施工现场临时用电安全技术规范》(JGJ 46—88)第四章“接地与防雷”有关条文制定。

3.3.10 在全部停电或部分停电的电气设备上工作,必须确认电源已完全断开。同时与停电设备有直接电气联系的变压器和电压互感器的高、低压两侧也应断开,以防止向停电检修设备反送电。

3.3.16 参照铁道部《临时工程附属辅助生产工程施工技术安全规则》(TBJ 411—87)第六章第三节“临时照明”制定。

3.3.19 检修电气设备,应执行以下几项制度:(1)工作票制度:工作票应写明工作任务、停电范围、安全措施。电工填报、负责人签字。(2)工作监护制度:工作负责人就是电工的监护人。监护人必须始终在现场,对工作人员的安全进行认真监护,发现问题及时处理。(3)工作终结恢复送电制度:工作完全做完后,经负责人、工作人员检查确无遗留问题,填明工作终结时间,经双方签字,方可送电。

3.3.20 根据建设部《施工现场临时用电安全技术规范》(JGJ 46—88)制定。

3.4.1~3.4.4 参照铁道部《临时工程附属辅助生产工程施工技术安全规则》(TBJ 411—87)第八章第一节"采石场和采砂场"有关条文制定。

3.5.1~3.5.5 根据交通部公路局《公路筑养路机械操作规程》(以下简称《筑规》)第一册第一章"总则"部分制定。

3.5.6、3.5.7 根据(88)公路筑字114号《筑规》第13条、第20条制定。

3.6.1~3.6.6 参照铁道部《临时工程附属辅助生产工程施工技术安全规则》(TBJ 411—87)第二章第六节"临时渡口、码头"和黑龙江省公路桥梁公司《安全技术操作规程》第七部分"船舶作业"等有关条文制定。

4.1.2 砍伐树木,现场混杂,地貌变化多样,不安全因素较多,必须严密组织生产。本条参照《林业采伐规程》制定。

4.1.3 公路施工与城市道路施工不尽相同,公路施工拆除大型建筑物较少。但遇有爆破拆除时,必须保证人身、财产及其他建筑物等设施的安全。本条参照黑龙江省路桥公司《安全技术操作规程》制定。

4.2.1 人工挖掘土方,是根据以往常用的挖掘工具确定的安全距离。人工挖掘无论采用哪种工具,其最小安全距离均不应小于工具长度加1.0m。

4.2.2 施工时应注意,在永久性建筑物或其他设施附近取土时,不允许因取土而使其产生下沉或倾斜。

4.2.11 参照现行《铁路桥涵设计规范》(TBJ 2—85)制定。

4.2.23 参照《筑规》第一册第四章制定。

4.2.24 参照《筑规》第一册第五章制定。

4.2.25 参照《筑规》第一册第三章及交通规则制定。

4.2.26 参照《筑规》第一册第七章制定。压路机行驶速度较慢,但仍存在诸多不安全因素。应注意在高填方路堤施工压实边缘时,应检查下层土稳压密实度是否符合设计或有关规范要求,避免压路机倾斜或翻倒。

4.3.1 爆破作业,不安全因素较多,必须严密组织,遵章操作。认真执行国家现行的《爆破安全规程》(GB 6722—86)。

4.3.9 化纤衣物燃点低,易产生静电,危及人身安全。

4.3.18 表中规定的安全距离系指水平距离。不适用于大爆破。

4.4.1 汛期施工必须取得可靠的资料,采取相应的措施,不可盲目施工。

4.4.4 表中所列数值,当基坑顶缘无静、动载且坑壁土质较密实时可直接采用,其余数值可参考使用。必要时(动、静载较大)须经验算土体稳定性后确定所采用的数值。

5.1.1 消解石灰为放热反应,极易烫伤肌肤。

5.1.4 参照《筑规》第一册第十章制定。

5.1.5 参照《筑规》第一册第十一章制定。

5.1.6 参照《筑规》第一册第九章制定。

5.1.7 参照《筑规》第一册第六章制定。

5.2 目前我国各地对沥青加热及沥青混和料加工的方式方法较多,对本规程未提及的加热方法(如天然气),应根据有关规定采取相应的安全措施。

5.2.1 参照黑龙江省路桥公司《安全技术操作规程》制定。

5.2.2 参照黑龙江省路桥公司《安全技术操作规程》制定。

5.2.6 参照《筑规》第一册第十五章制定。

5.2.12 参照《筑规》第一册第十三章制定。

5.2.13 参照《筑规》第一册第十三章制定。

5.2.14 参照《筑规》第一册第十三章制定。

5.2.15 明火熬制沥青易造成人身伤亡或引起火灾。施工时必须严密组织。

5.2.17 参照《筑规》第一册第十四章制定。

5.2.18 参照《筑规》第一册第十四章制定。

5.2.20 参照《筑规》第一册第十六章制定。

5.2.21 参照《筑规》第一册第十六章制定。

5.2.22 参照《筑规》第一册第十六章制定。

5.2.23 参照《筑规》第一册第十六章制定。

5.2.24 参照《筑规》第一册第十六章制定。

5.2.25 参照《筑规》第一册第十六章制定。

5.2.26 参照《筑规》第一册第十六章制定。

5.2.27 参照《筑规》第一册第十六章制定。

5.2.28 参照《筑规》第一册第十七章制定。

5.3.1.3 参照《筑规》第二、三册(合订本)第十九章制定。

5.3.3.1 参照《筑规》第二、三册(合订本)第十七章制定。

5.3.3.2 参照《筑规》第二、三册(合订本)第十八章制定。

5.3.3.3 参照《筑规》第二、三册(合订本)第二十二章制定。

5.3.3.4 参照《筑规》第二、三册(合订本)第二十三章制定。

5.3.4.1 参照《筑规》第二、三册(合订本)第二十四章制定。

6.1.1 根据《建筑安装工程安全技术规程》的规定,在施工组织设计和施工方案中,必须在深入调查研究现场情况的基础上,制定切实有效的安全技术措施。

桥涵施工的辅助结构、临时工程,一般系指临时墩、临时塔架、导向设备、导梁、钢套箱、斜拉托架和自制拼装的桁架挂篮、龙门架等。

6.1.3 手持式电动工具设置漏电保护器是根据国标《手持式电动工具的管理、使用、检查和维修安全技术规程》(GB 3787—83)(以下简称《手电规程》)规定:"在一般场所,为保证使用的安全,应选用II类工具";"在潮湿的场所或金属构架上等导电性能良好的作业场所,必须使用II类或III类工具。如果使用I类工具,必须装设额定漏电动作电流不大于30mA、动作时间不大于0.15s的漏电保护电器"。

I、II、III类手持电动工具的区别,详见《手电规程》中的规定。公路桥涵施工中使用手持式电动工具较多(如冲击钻、手电钻、电刨等),也经常处于潮湿和在导电金属架上的作业环境之中,为此,按照《手电规程》的规定,配置漏电保护器,确保施工安全是必要的。

6.1.4 桥涵施工中,在高处作业、双层作业及立体施工时,采取安全网防护是主要的安全措施之一。安全网可根据需要设置平网或立网。还可根据特殊需要,制作网目加密的安全网,以防止螺栓等小型工具、材料等坠落伤人。

6.1.6 本条根据《建筑安装工程安全技术规程》制定。桥涵施工,受气候环境因素影响很大,特别是高处露天作业、缆索吊装、悬拼施工及浮运等。天气预报风力级别,应根据作业类别、所在地及高度等不同情况,有所调整,如:某大桥位于市郊西北平旷风口处,大桥上的实际风力均比天气预报的风力大1级左右。如有条件设风速仪时,应以实际测算的风力为依据。

6.2.1.2 《建筑安装工程安全技术规程》规定:挖出泥土的堆放处所和在坑边堆放的材料,至少要距离坑边0.3m。考虑到机械在坑边作业有震动,为此,增加到"一般应不小于1.0m"的要求。

6.2.1.8 在严寒地区,冬季施工采用冻结法开挖基坑,必须掌握气温变化情况,采取安全技术措施,使施工获得快速、安全和经济效益。在深水处的冻结法施工应严禁穿透性破坏,以防塌陷落水事故。

6.2.2.1 吹砂筑岛的吸泥管道一般使用浮筒承载浮于水面,每只浮筒都有一定的距离,作业人员在浮筒上跨越行走时易发生落水事故。

6.2.2.2 挖基工程中，保持围堰支撑的稳固，是确保安全施工的重要内容。施工中吊运土石作业，必须由指挥人员指挥，使吊具准确落位，避免碰撞支撑。

6.2.2.3 本条强调深基坑施工中悬挂人员上下扶梯的必要性。

6.2.2.4 浅基础木板桩围堰的拆除，可先部分抽出木板桩，使四周土方逐渐坍落入基坑中，最后使用机具吊出支撑。深基础的支撑拆除可利用已完成的基础混凝土做支撑点，用短杆支顶，逐步撤换长支撑的方法进行。

6.2.3.1 打钢板桩（包括钢筋混凝土板桩）围堰施工，一般多在深水江河上进行，施工操作比较复杂。在施工前，应先进行试吊插打等试验工作，以便为正式施工摸索经验和规律，并检验机具设备及施工操作方法是否适宜，发现有问题时，可及时研究修改，以避免出现质量、安全等事故。

6.2.3.4 钢板桩锁口虽然经过了修整或试插，但因已打入的钢板桩可能会产生扭曲变形，经过试插过的钢板桩不一定能顺利插入，在局部有阻碍的部位经桩锤重压，可能会产生克服局部阻力后突然下滑的现象，如事前不采取控制措施，可能会出现某些安全事故。

6.2.3.5 钢板桩吊点采用不低于桩顶下1/3桩长的要求，一是使钢板桩便于进入打桩架，二是避免钢板桩弯曲变形。

6.2.4.2 套箱围堰系指施工单位在深水施工中采取的施工措施，它的种类和型式较多，施工单位可根据水深和现场条件，经施工设计慎重选择。套箱在施工中，使用的机械设备较多，又处于深水处作业，施工有一定难度和危险，特别是吊运、组装、拆卸时都涉及安全生产的问题，所以施工设计时，必须制定出安全可靠的措施，并要求在具体施工中实施。

6.2.4.3 定位船、导向船锚碇的设置，应根据河床地质选用锚碇的形式。河床地质比较坚硬时，船用锚不易抓着入土，而且易被水冲动而影响套箱的定位，此时应采用大吨位混凝土锚。混凝土锚、船用锚宜先使用一段（20～50m）钢链连接，其后再使用钢丝绳接长。

6.2.4.4 钢套箱定位后，应静观一段时间，使锚绳松弛部分拉紧，如套箱位置无变化即可进行下步工作。

6.2.4.5 钢套箱刚刚落床时，以及在套箱全部施工过程中，宜经常派出工作船，检查锚碇浮标是否有流失或沉没，发现浮标上缠绕水草等漂浮物时应立即清除，浮标漏水不能全部浮出水面时，应及时更换。

6.2.5.2 就地浇筑沉井的围堰，一般多采用草袋围堰。围堰压缩了流水断面，易产生冲刷而导致围堰塌陷，施工中应注意加强检查和维护。

6.2.5.3 沉井体积较大，井内施工人员不易察觉沉井的倾斜，拆除沉井垫板，确保沉井初始下沉不产生过大倾斜，井外人员的指挥是必要的。

6.2.5.4 沉井内排水人工挖掘下沉，井内设置的上下扶梯不仅为正常时使用，一旦发生大量涌水、涌沙时，也要满足作业人员同时撤离的需求。

6.2.5.5 在沉井内搭设抽水机台座（架），无论是在沉井内预埋钢件焊接成架或由井顶悬挂的机架，都必须达到牢固可靠的要求。

6.2.5.6 排水开挖时，沉井刃脚、井内横墙附近不得有人停留，是为了防止沉井可能突然下沉造成伤害事故。

6.2.5.8 控制抓斗开闭的两根钢丝绳缠绕在一起，破除缠绕时，井顶人员一般多使用长铁钩，在拉、推工作中易产生闪失坠落事故。本条要求作业人员不要用力过猛，而且要在有防护的部位工作。

6.2.5.9 采用吸泥或抓斗不排水下沉，如发生沉井下沉困难等问题时，派潜水员下水检查，检查后应根据存在的问题制定可靠的处理措施，如潜水员下水处理时应有安全保护措施。

6.2.5.10 偏配重的重型物件要绑扎牢固，配重物不得堆码过高，因井壁狭小而采用悬臂偏配重时，悬臂支架要坚固。

6.2.5.11 空压机、储风罐的安全规定除按机械的说明书执行外，施工中要控制风压和保持安全阀正常工作。压力表、安全阀、调节器等应定期校验。

6.2.5.12　浮式沉井，一般多在水深的河流中采用。在工作船上制造的沉井，除使用大型的浮吊船吊装入水外，一般多使用几台吊机共同吊运入水。多台吊机协同作业时，起落速度应一致，承载负荷要均匀，起落中不得改换起重臂的仰俯角度。浮式沉井采用滑坡下水，在沉井倾斜进入滑道及倾斜下滑中，沉井后侧应始终以溜绳控制，下滑速度应缓慢。

6.2.6.2　冲击钻孔时，对钻锥、卷扬机及钢丝绳等机具设备的配套和性能，必须检查。一般要选择起重能力较大的机具设备，钢丝绳必须符合标准要求，并具有足够的安全系数。

6.2.6.4　潜水钻机在潮湿环境作业，电动机绝缘电阻降低，漏电的可能性增大，存在不安全隐患。本条要求是参照潜水钻机说明书及施工实践而制定的。

6.2.7.7　在水上采用浮式沉桩设备沉桩时，除受天气影响外，过往船只掀起的波浪也有较大的干扰。本条提到的"当有船只过往时，宜暂停沉桩作业"，系指受波浪影响较大时而采取的措施，如远离波及范围或浮式沉桩设备比较稳定时，可继续作业。

6.2.8.3　本条根据《高层建筑施工手册》制定。

6.2.8.4　本条系根据国务院环境保护领导小组 1982 年 4 月 6 日颁布的《大气环境质量标准》(GBH 2—1—82)制定。

6.2.9.4　拔桩时，应根据地质情况，计算上拔时所需的上拔力，以便确定机具设备和上拔方法。对较难拔出的长桩或钢板桩，应考虑拔桩的复杂条件和不利因素，应先进行试拔。如拔不出，应查明原因，采取松动、射水、振动等措施。

6.2.10.1　管柱振动下沉时，产生的振动力较大，振动危及邻近建筑物或临时设施。在这种情况下，应先采取安全防护措施。如在浅层河床处，多挖泥砂、少振动或浅挖轻振等。

6.3.3.1　滑模施工是一项技术性强、机械化程度高、多工种协调作业的施工工艺。施工前应组织施工人员学习施工图以及液压滑升模板有关技术规程等文件，并认真贯彻单项施工方案中制定的各项安全措施。

6.3.3.2　滑升模板主要是承受混凝土的侧压力，侧压力的大小与混凝土的容重、浇筑速度、振捣方式、入模时的冲击力等因素有关。为此，滑升模板不但要满足结构的需要，而且要有一定的刚度。

提升结构的设计应符合国标《液压滑动模板施工技术规范》(GBJ 113—87)的规定。提升架必须有足够的刚度，以防止模板侧向变形。

6.3.3.3　爬架一般在分段制作后运至现场拼装，制作工艺应符合《钢结构工程施工及验收规范》的规定。

6.3.3.4　液压提升系统是液压滑升模板施工中的重要组成部分，是整套滑模施工装置中的提升动力和荷载传递装置。保持液压提升系统的正常工作，是保证工程质量、施工安全的关键。在滑模施工过程中，经常全面检查液压控制装置和提升设备是非常必要的。

6.3.3.8　支承杆弯曲变形的部位发生在混凝土中时，应在清除部分混凝土后，根据变形情况采取适当的加固措施；弯曲部位发生在混凝土上部时，可根据具体情况采用单、双面加固等措施。

6.4.1.2　简支梁的边梁吊装，应用调正偏心的吊具，使其在吊运、安装过程中保持翼板处于水平状态。

6.4.1.3　单导梁、墩顶龙门架(又称拐脚龙门架)是边梁可以一次横移到位的全幅宽安装设备。施工中可根据实际可能，采用万能杆件、桁梁、大型工字钢等组拼，组拼的导梁应有足够的刚度。为减小导梁的跨度，增强刚度，可在两桥墩之间设立临时墩。临时墩的基础必须坚实，墩体应有足够的负荷量和稳定性。

6.4.1.4　本条是参照陕西省路桥公司"梁桥安装安全技术操作规程"制定。双导梁上置横梁安装预制构件，一般是在落梁后，部分梁片需要再次横移就位的施工方法。如采用"甩梁法"安装(即桁梁端部再设置一组起吊设备和横梁主吊设备一起共同横移梁片)，可使边梁一次安装就位，但此法在大跨径 T 梁安装中不宜采用。

千斤顶顶升 T 梁时，必须按本条要求设置保险垫木及备好临时支撑，确保构件在顶升中的安全。落梁架、滑板、滑滚是置于墩顶上构件横移的工具，落梁架两端设有对称楔块，当松开落梁架的穿心螺栓时，楔块在构件自重压力下自动退出，构件下落就位。

6.4.1.6 跨墩龙门架，跨度大、高度高，构件吊装中悬空时间较长，龙门架在构件吊装中必须保持稳定，应采取的措施可根据具体施工条件确定。如，加大龙门架柱脚支垫面积、加设辅助缆风绳、保持龙门架横移轨道平顺以减少阻力等。

6.4.3.1 悬臂浇筑法采用斜拉托架及挂篮施工时，应遵守"高处作业"的有关规定。在零号块施工时，斜拉托架作为施工平台，应检查预埋件，如"牛腿"和斜拉钢带是否符合设计要求。在悬臂浇筑施工时，应按设计要求及时锚固（或配重），并应考虑足够的抗倾覆稳定系数。

6.4.3.3 桁架挂篮、滑动斜拉挂篮在悬臂组装中，悬臂端部因条件所限，作业平台、安全网的布设较为困难，施工中应根据作业地点的具体情况，采取安全措施。如：在杆件上行至端部作业时，作业人员必须待杆件安装稳定后才能进行作业；加强吊装作业的指挥，确保杆件稳、准下落等。

6.4.3.5 《公路桥涵施工技术规范》（JTJ 041—89）规定："挂篮行走时和浇筑混凝土时的稳定系数，均不应小于1.5"。

6.4.3.10 悬臂浇筑采用滑动斜拉式挂篮施工，其特点是用斜拉钢带拉着模型底部托梁，使浇筑箱梁混凝土重量直接传到已完箱梁顶上，不需斜拉托架。从第一段起即可使用挂篮而不需平衡重，并有变形小、施工简便、挂篮构造简单等优点。在安全上，应注意在安装、滑移及使用中，加强安全检查和进行必要的试验等工作。

6.4.4 悬臂拼装法施工，应根据梁体种类、长度、形状及现场条件，选定安装方法和吊装机具设备。两端拼接面凿毛，应在地面或船上完成，涂刷胶结材料时，作业人员应有安全防护措施。

6.4.4.3 融化硫磺砂浆产生的二氧化硫对人体有害，作业时应佩带防毒面具。

6.4.5.4 缆索吊装大型构件，应根据使用要求和受力大小选择钢丝绳。钢丝绳的安全系数本规程已有规定。大型构件吊装前要进行等载吊运试验，以检查地锚、设备、缆索垂度等。

6.4.6.1 顶推法施工，在桥台背后，应设有足够的预制场地。桥墩上不能留有工作面时，可预埋"牛腿"或支撑，以搭设必要的作业平台，保证操作人员的安全。

6.4.6.4 用单点或多点水平千斤顶进行顶推时，水平千斤顶的总顶推力不得小于设计顶推力的2倍；在顶推中各桥墩的纵向位移值不得超过设计值，用千斤顶将主梁顶高，抽换滑块或用导向装置纠偏时，其最大顶升高度不得超过设计规定。

6.4.6.6 顶推施工中，主梁在最大悬臂状态下产生的挠度值，应由设计计算确定，以便施工时进行严格控制。顶推中墩顶的反力和顶推力也应由设计给出，并换算为千斤顶油压表的读数，以便进行控制。顶推施工中应进行监测，控制有关挠度值和位移变化情况，并与设计值对比，如发现超越设计值时，应及时分析原因，研究措施进行处理。

顶推法设置导梁时，施工中应注意安全检查，如发现导梁杆件有变形、螺栓松动、导梁与主梁联结处有变形等情况，应停止推顶，采取措施处理。

6.4.6.9 滑移模架是自行滑移的钢梁模架，可整孔全断面浇筑混凝土。有整体性能好，安全、迅速，不需桥下设支架，不受桥下通航限制等特点。交通部第一公路工程总公司在厦门海峡大桥上部工程中曾经使用过。

6.4.6.10 采用顶进涵管在通车的公路或铁路线上施工时，应调查通过施工部位的交通量。涵管穿越部位土体的承受能力、受震动后土体稳定性等情况，并综合考虑土质、水文、季节及覆土厚度等情况，采取安全技术措施。有条件时可采取限制行车速度等方法，以确保施工及通车的安全。

6.4.6.11 《公路桥涵施工技术规范》（JTJ 041—89）规定：采用顶进法施工时，工作坑的顶入边缘距公路路面边缘或铁路外侧钢轨不得小于2.5m。

6.4.7.3 转体架桥法有平转及立转两种方法，一般多采用平转法。这种方法必须在桥台附近有适合预制和转体的有利地形。施工时可搭设简易的支架或拱架。在桥台处设置转盘，对转动设施必须按设计精心制作，以便在拆架后成悬臂状态时，转动方便灵活，达到转体施工的目的。

6.4.7.4 有平衡重平转法应根据桥梁结构类型及机械设备情况，选用适合的转盘。它涉及能否顺利施工和安全等问题。转盘有单支承式和双支承式。桥体牵引转动之前，应根据悬臂转体总重与上下转盘间的摩擦系数,计算启动力和牵引力,以配备相应的机具设备。作业中应缓慢、平稳地牵拉转体,防止猛拽。

6.4.7.6 无平衡重平转法适于大跨度拱桥施工。在两岸台后附近有较适合的地形可用作预制场地和转体施工时,宜采用本法施工。无平衡重平转法是用锚固体系代替平衡重。施工时,锚碇设施经检查符合设计要求后,方可进行平转作业。

6.4.7.7 采用拖拉法架设预制构件时,如跨度较大,中间宜设临时支承墩。支承墩可用万能杆件或枕木垛搭设,支承墩的基础必须具有足够的支承力。用枕木垛时,各层间应垫实、联结牢固。支承墩较高时,上面四周应设防护设施。

6.4.8.1 预应力张拉机具与锚具应按设计要求配套定购和使用。千斤顶与压力表在使用前,应配套进行校验,并确定张拉力与压力表读数之间的关系,校验时的精度应按有关规定要求执行。油泵与千斤顶的连接应将螺栓拧紧,接头要包扎好,严防漏油喷射。

6.4.9.1 张拉工具的检查包括张拉装置、锚具、支架、操作平台等是否安全可靠。

6.4.9.8 拱桥无支架施工时,应根据结构需要选用合适的吊装方法和吊装设备,并应采取相应的安全技术措施。在起吊安装中,除按起重吊装的规定办理外,单肋吊装合龙后,横向的稳定性,必须予以保证。

6.4.10.1 跨越铁路吊装大梁时,应利用列车通行的间隙时间进行吊梁安装,在无切实保证的条件下,严禁在列车通行时吊梁安装。有条件时,可经铁路有关部门的同意,在大梁就位时,列车慢速通过,以保证通车与施工的安全。

6.4.10.2 本条根据铁道部《铁路工务安全规则》有关要求制定。

6.4.11.1~6.4.11.8 系参照山东省公路局提供的"关于公路桥梁施工安全技术规程的建议"制定的。其中6.4.11.2"接地电阻不得大于4Ω"的规定,是根据建筑企业专业管理人员系列工作手册中的《安全员手册》有关要求制定的。

6.5.2.2 本条发电机接地电阻"不得大于4Ω"的规定,是根据《施工现场临时用电安全技术规范》(JGJ 46—88)的有关规定制定的。

6.6.1.1 大型预制构件用轻轨平车运输时,其纵坡不宜过大,时速也应严格控制。根据一般施工要求,轨道纵坡以不大于2%为宜。

7.1.1 施工现场布置是文明施工、安全生产的前提。防止环境污染,节约用地则是我们的国策。

7.1.2 地表水的侵入和洞口的塌方落石是危及施工安全的重要方面,进洞前宜提前处理好。

7.1.3 隧道施工期较长、工程复杂、人员众多,因而各班组间和上下班之间应建立完善的交接班制度,才能保证连续作业时的施工安全。

7.1.4 隧道施工场地狭窄,情况复杂多变,进洞人员必须听从指挥,配带必需的安全防护用品。

7.1.5 不良地质地段的隧道施工宜少放炮、放小炮,减轻震动带来的坍陷。开挖进尺宜短,并立即支护,及时衬砌,这是不良地质隧道施工的较为安全的施工方法,如设计文件中指明有不良地质地段时,宜进行超前钻孔,摸清情况,提前确定较为安全的开挖方式,并制订相应的预防措施。

7.1.6 本规程是为公路山区隧道编制,其他隧道只可参考使用。

7.2.1 班前检查是保证施工人员人身安全的重要环节。

7.2.1.3 可以降低粉尘对操作人员的危害。

7.2.1.5 开钻前对使用的机具详作检查,既能充分发挥机具效率,又能保证施工安全。

7.2.1.6 风钻支架安置稳妥可以防止断钎伤人;未关风前拆除和敲打钻杆均系违犯操作规程,极易发生事故。

7.2.1.7 为防止电击事故,开钻前必须详细检查各部的绝缘装置,配带必须的绝缘防护用品。电钻转速快,用手导引回转钢钎易被击伤。用电钻处理被夹住的钢钎极易增大电流,烧坏电钻发生电击事故。

7.2.1.8 隧道施工场地狭窄,人员集中,能见度又差,在现场拆卸修理容易发生事故。

7.2.1.9 残眼中可能留有残药,继续在残眼中钻孔会发生爆炸事故。

7.2.1.10　参考金绍元主编的《铁路安全工程》制定。

7.2.2.1　爆破工作涉及洞内各工种人员和机械设备的安全，必须有人统一指挥，并负全责。

7.2.2.2　装药与钻孔平行作业时，炸药易受高温、震动及火花的影响，导致引爆，发生事故。

7.2.2.3　根据《爆破安全规程》(GB 6722—86)(以下简称《爆规》)第3.1.9条制定。

7.2.2.4　根据《爆规》第2.1.4条制定。

7.2.2.5　根据铁道部颁布的《铁道隧道施工技术安全规程》(TBJ 404—87)(以下简称《铁隧规》)第2.2.2条修订。

7.2.2.6　隧道内各工种交叉作业，施工机械较多，故放炮次数宜尽量减少，放炮时间应有明确规定。为减少爆破药包受潮引起"盲炮"，放炮距装药时间不宜过久。

7.2.2.7　根据《爆规》第2.1.3条修订。

7.2.2.8　根据《爆规》第4.4.3条制定。

7.2.2.9　根据《爆规》第3.2.14条、第3.2.16条和第3.2.17条制定。

7.2.2.10　根据《铁隧规》第2.2.11条修订。

7.2.2.11　参考《铁路安全工程》制定。

7.2.2.12　根据《爆规》第2.1.9条、第2.3条修订。

7.2.2.13　"盲炮"处理应由原爆破人员按《爆规》第2.4条处理。

7.2.2.14　根据《爆规》第2.1.6条制定。

7.2.2.15　根据《爆规》第4.2.1条制定。考虑到土质及岩石破碎的岩性，其预留贯通安全距离应适当加大。导坑贯通后，为防止落石(土)伤人，必须设专人看管，严禁非施工作业人员通行。

7.3.1　《城市和公路交通管理规则》有明确的规定，在狭窄的隧道施工中应遵守。

7.3.2　燃烧汽油的车辆和机械，其排除的废气中含有大量的有害物质，损害人体健康，故不得进洞。如通风防尘良好，有害气体不超过本章7.7"通风防尘"的规定限值时，可不受此限。

7.3.3　参照《铁隧规》第3.1.4条制定。

7.3.4　进出隧道的人员和车辆较多，人、车应各行其道，不得抢道。扒车和强行搭车等行为会导致交通事故的发生。

7.3.5.1　参照《铁隧规》第3.2.1条、第3.2.3条制定。

7.3.5.2　参照《铁隧规》第3.2.2条制定。

7.3.5.3　参照《铁隧规》第3.2.4条制定。

7.3.6.1　参考《铁路安全工程》制定。

7.3.6.2　参考《铁路安全工程》制定。

7.3.7.2　根据《爆规》确定的原则，雷管与炸药必须分开贮存，分别运输，严禁两者共存同运。

7.3.7.3　根据《爆规》第10.4.4条制定。

7.3.7.4　根据《爆规》第10.3.1条、第10.1.4条制定。

7.3.7.5　根据《爆规》第10.4.2条制定。

7.3.7.6　根据《爆规》第10.4.1条制定。

7.3.7.7　根据《爆规》第10.1.3条制定。

7.4.1　施工中的临时支护是隧道施工安全的重要环节，必须根据围岩情况选用有效的支护。

7.4.2　根据煤炭工业部1986年颁布的《煤矿安全规程》(以下简称《煤规》)第51条制定。

7.4.3　洞口地段围岩极易坍塌，应加强支护或及早衬砌。当洞口建筑未全部建成前，洞口地段的支撑宜向洞外多架5~8m明厢，并在其顶部压土以稳定支撑，可对洞口仰坡落石起缓冲作用，以保安全。

7.4.4　参照铁道部1962年颁布的《铁路隧道工程施工技术安全规则》(TBJ 404—87)(以下简称《原铁隧规》)第41条制定。

7.4.5　参照《铁隧规》第4.0.3条制定。

7.4.6　参照《铁隧规》第4.0.6条制定。

7.4.7　参照《原铁隧规》第43条制定。

7.4.8 参照《铁隧规》第4.0.7条制定。

7.4.9 参考《铁路安全工程》制定。

7.4.10 参照《铁隧规》第4.0.8条、第4.0.13条制定。

7.4.11 参照《铁隧规》第4.0.12条、第4.0.14条制定。

7.5.1 隧道的坍塌与落石最易引发事故，特别是洞口欠稳定，宜尽早衬砌，先予完成。

7.5.2、7.5.3 临时性简易脚手架的搭设不应忽视，故对此提出了具体要求。

7.5.5 洞内场地狭窄，倾卸建筑材料时，其作业范围内禁止人员和车辆通行。

7.5.8 用混凝土柱代替木杆，即保证了拱圈部分浇筑质量，又可防止坍塌事故的发生。

7.5.9 参照《原铁隧规》第82条制定。

7.5.10 参照《原铁隧规》第83条制定。

7.5.11 参照《原铁隧规》第84、85、88、89条制定。

7.5.12 参照《原铁隧规》第五章第二节制定。

7.5.13 熬制沥青时会产生大量有害气体，洞内及人员集中点严禁沥青加热操作。

7.6.1 参照《原铁隧规》第153、154、156条制定。

7.6.2 根据《爆规》第3.1.9条制定。

7.6.3 参照《原铁隧规》第158条制定。

7.6.4 参照《原铁隧规》第159条制定。

7.6.5 参照《铁隧规》第6.1.4条制定。

7.6.6 参照《原铁隧规》第155条制定。

7.6.7.1 参照《煤规》第21条制定。

7.6.7.2 参照《煤规》第346条和《铁隧规》第6.3.1条制定。

7.6.7.3 参照《煤规》第347、348、349条和《铁隧规》第6.3.3条制定。

7.6.7.4 参照《煤规》第355条制定。

7.6.7.5 参照《煤规》第358条制定。

7.6.7.6 参照《煤规》第359条制定。

7.6.8.1 参照《铁隧规》第6.2.1条制定。

7.6.8.2 参照《煤规》第336、337、338条制定。

7.6.8.3 参照《铁隧规》第6.2.2条制定。

7.6.8.4 参照《铁隧规》第6.2.3条制定。

7.6.8.5 参照《铁隧规》第6.2.4条制定。

7.6.8.6 参照《铁隧规》第6.2.5条制定。

7.6.9.1 参照《煤规》第364、366、370、371条制定。

7.6.9.2 参照《煤规》第373条制定。

7.6.9.3 参照《煤规》第374条制定。

7.6.9.4 参照《煤规》第392条制定。

7.6.9.5 参照《煤规》第393条制定。

7.6.9.6 参照《煤规》第400条制定。

7.6.9.7 参照《煤规》第400条制定。

7.7.1 参照《爆规》第2.1.10条与铁道部1986年颁布的《铁道隧道施工规范》(TBJ 204—86)第14.3.1条制定。

瓦斯(沼气)浓度的确定：根据煤炭部门测定，在新鲜空气中沼气爆炸界限为5%～16%。如果考虑到隧道内尚含有其他可燃气体和粉尘，确定沼气浓度不超过0.5%，意味着有近十倍的安全系数。《煤规》第115、117、204条也明确规定沼气浓度不得超过0.5%，否则不得进行焊接等明火作业。因而本《规程》明确提出沼气浓度不超过0.5%的界限是可行的，此时可按常规施工，不必采取特殊的防爆措施。

7.7.2 参照《铁隧规》第7.1.2条制定。

7.7.3 参照《煤规》第108条制定。

7.7.4 参照《铁隧规》第7.1.4条、第7.1.5条制定。

7.7.6 参照《铁隧规》第7.2.2条制定。

7.7.7 参照《铁隧规》第7.2.3条制定。

7.8.1.3 参照《原铁隧规》第135条制定。

7.8.2.1 参照《煤规》第251条,《原铁隧规》第140、141条综合制定。

7.8.2.2 内燃机排出的废气污染隧道空气,不应采用。

7.8.2.3 超前钻孔既可摸清含水层情况,制订预防措施,又可防止高压水突然涌出,发生事故。

7.8.3.1 各洞口、井口均应根据实际情况设置足够的消防器材,以备急用。

7.8.3.2 为了确保隧道的施工安全,各种易燃物和火种均应远离洞口。

7.8.3.3 参照《煤规》第205条制定。

7.9.1 隧道施工中,虽经通风但其回风道风流中的瓦斯浓度仍超过0.5%时,应按本节各条采取防治措施。

7.9.3 明火是引起瓦斯爆炸的主要原因,必须严禁火种入内。

7.9.4 参照《铁隧规》第11.0.2条制定。

7.9.5 参照《铁隧规》第442条制定。

7.9.6 参照《煤规》第140条制定。

7.9.7 参照《煤规》第140条制定。

7.9.8 根据《煤规》第4.4条和《铁隧规》第11.0.6条综合制定。

7.9.9 参照"铁隧规"第11.0.7条制定。

7.9.10 瓦斯隧道掘进中必须断绝一切火源,保证一切机具设备在生产过程中不发生火花。

7.9.11 采取这些措施是为了防止因电源而产生的火花。

7.9.12 参照《铁隧规》第11.0.20条、第11.0.21条制定。

7.9.13 参照《铁隧规》第11.0.16条、第11.0.7条、第11.0.18综合制定。

8.1.1、8.1.2 参照铁道部《铁路临时工程附属辅助生产工程施工技术安全规则》(TBJ 411—87)第8.2.1条、第8.2.2条和黑龙江省公路桥梁公司"安全技术操作规程"第四章"各主要工种安全操作规程"的有关条文制定。

8.1.3 支模必须按工序进行。上道模板没有固定前,不得进行下一道工序。拆模亦应按顺序作业。严禁猛撬、硬砸或大回转拉倒。

当浇捣的钢筋混凝土强度未达到设计强度的70%以上时,严禁拆除承重底模板及其支顶模撑。

8.2.1 是使用各种木工机械的一般规定。

8.2.2~8.2.5 参照交通部工程管理司《筑规》第二、三册("91"工公安180号)第四十四章、第四十五章、第四十六章和铁道部(TBJ 411—87)《规则》第八章第三节"木材加工厂"制定。

8.3.1~8.3.7 根据《公路桥涵施工技术规范》(JTJ 041—89)第八章第四节"拱架、支架的制作及安装"的有关条文制定。

8.4.1 根据《建筑安装工程安全技术规程》第三十条规定:"竹竿应该用4年以上的毛竹为标准,青嫩、枯黄或有裂纹、虫蛀的都不能使用。"第三十一条规定:"使用木杆做脚手的,立杆有效部分的小头直径不能小于7cm,大横杆、小横杆有效部分的小头直径不能小于8cm。"

8.4.2 《建筑安装工程安全技术规程》第四十二条规定:"安装管式金属脚手架,禁止使用弯曲、压扁或者有裂缝的管子,各个管子的连接部分要完整无损,以防倾倒或者移动"。

8.4.3~8.4.8 脚手架通用的安全技术有以下几点,应遵守和采用。

(1)脚手架的负荷量,每平方米不能超过270kg。如确需加大负荷量时,应经过验算,采用有效的加强措施;

(2)支杆、剪刀撑与地面的角度应不大于40°;

(3)脚手架立杆或横杆的相邻两根接头应错开;

(4)脚手板必须满铺,不得有探头板。

8.5.1~8.5.4 参照《筑规》第四十一章、第四十二章、第四十三章有关条文制定。

8.6.1.1~8.6.2.12 参照文汇出版社《安全知识实用大全》第三卷第四篇“焊接安全技术”和黑龙江省公路桥梁公司“安全技术操作规程”第八部分“电焊气焊、氩弧焊的安全操作规程”制定。

8.7.3 锅炉安全运行,必须建立的规章制度包括:安全操作规程、交接班制度、检修和维护保养制度、事故登记报告制度等。

8.7.4 按《蒸汽锅炉安全监察规程》规定,有下列情况之一者,应立即停炉:

(1)锅炉水位降低到锅炉运行规程所规定的水位下限以下;

(2)不断加大向锅炉给水,但水位仍然继续下降;

(3)锅炉水位已升到运行规程所规定的水位上限以上;

(4)给水机械全部失效;

(5)水位表或安全阀全部失效;

(6)锅炉元件损坏,炉墙倒塌或锅炉构架被烧红,严重威胁锅炉安全运行;

(7)其他异常情况。

8.8.1 国务院1956年公布的《建筑安装工程安全技术规程》中规定:在编制的施工组织设计中应提出安全技术措施。要根据不同的工程特点制定相应的、有针对性的安全措施。对于结构复杂、施工难度和危险性比较大(如大型吊装工程、深基础、沉井、水下施工等)的工程应编制单(专)项安全技术措施。

钢丝绳安全系数是根据国家标准《起重机械安全规程》(GB 6067—85)的规定。其中“千斤绳”、“缆索起重机承重绳”的安全系数是根据《建筑安装工人安全技术操作规程》的规定制定的。

8.8.2.2 在输电线路下作业,起重臂、吊具等与输电线路的最小距离,是根据国家标准《起重机械安全规程》的规定制定。

8.9.1 国家标准《高处作业分级》(GB 3608—83)中规定:“凡在坠落高度基准面2m以上(含2m)有可能坠落的高处进行的作业,均称为高处作业。”

高处作业的级别:

高度在2~5m为一级高处作业;

高度在5m以上至15m时为二级高处作业;

高度在15m以上至30m时为三级高处作业;

高度在30m以上时,为特级高处作业。

作业者可能坠落到的最低着落面(可能坠落面不一定就是地面,也可能是在某一高处,某一物体的某一部位)为计算高处作业高度的基准面。

8.9.3 根据有关规定,凡患有高血压、心脏病、癫痫病者以及其他不适于高处作业的人员,不得从事高处作业。

9.1.3 要选好出入的通道,防止被洪水包围。

9.3.1 高温作业是指在高温、高湿或强烈辐射的环境下从事生产劳动。高温作业有关规定,可参看《高温作业分级》(GB 4200—84)。

10.0.2 设立的标志牌,应高2m,宽1.5m,牌上可写:“前面施工,慢速通行”的字样。

10.0.3 半幅通车、半幅施工路段,原有路段的保留部分不得小于3.5m。

10.0.5 主管部门要明确改建路段的养护职责,处理好改建与养护的关系。对已经列入改建计划尚未动工和已经动工改建的路段,必须列足养护费用,落实养护单位,认真做好养护工作。

10.0.9 工程预算中列入施工现场交通指挥人员、通信设备的经费,应专款专用。交通指挥人员要组织培训,由交通监理人员讲解交通规则,学习交通指挥的知识。

10.0.11 便道宽度不得小于便桥桥面宽度。施工材料的堆放不得占用便桥及其接线的路面。

JTG

中华人民共和国行业标准 JTG G10—2006

公路工程施工监理规范

Supervision Specifications for Construction of Highway Engineering

2006-11-02 发布 2007-01-01 实施

中华人民共和国交通部发布

5

中华人民共和国交通部公告

2006 年第 40 号

关于发布《公路工程施工监理规范》(JTG G10—2006)的公告

现发布《公路工程施工监理规范》(JTG G10—2006),自 2007 年 1 月 1 日起施行,原《公路工程施工监理规范》(JTJ 077—95)同时废止。

本规范的管理权和解释权归交通部,日常解释及管理工作由编制单位交通部基本建设质量监督总站负责。请各有关单位在实践中注意总结经验,若有修改意见,请函告交通部基本建设质量监督总站(北京建内大街 11 号,邮编 100736,电话 010—65292708),以便修订时研用。

特此公告。

中华人民共和国交通部

二〇〇六年十一月二日

前　言

《公路工程施工监理规范》(JTJ 077—95)自1995年颁布实施以来,对保证工程质量,培育和规范监理市场,推动公路建设体制改革起到了重要作用。为适应不断发展的公路建设形势,按照交通部《关于下达2001年度公路工程标准制修订工作计划的通知》(厅公路字[2002]36号)和《关于下达2002年度公路工程标准制修订工作计划的通知》(厅公路字[2002]220号)要求,并结合十余年来公路施工监理实践,对该规范进行了修订。

本次修订工作,对全国30个省(市、自治区)150余个部门和单位进行了调研,增加了环保、安全等内容,并在人员及结构、监理定位等方面均有调整和补充。

请有关单位和个人注意总结经验,若有修改完善意见,及时告知主编单位(地址:北京市建国门内大街11号,邮编100736),以便再次修订时研用。

主编单位:交通部基本建设质量监督总站

参编单位:北京市高速公路监理有限公司
北京逸群工程咨询有限公司
天津市华盾工程监理咨询有限公司
江苏华宁交通工程咨询监理公司
北京兴通交通工程监理有限责任公司
北京泰克华诚技术信息咨询有限公司
北京市道路工程质量监督站

编写人员:成　平　彭思义　马文翰　熊广忠　李学林　陈尚和
顾新民　田丽萍　孙　波　丁彦昕　李洪斌

编审人员:李景和　李明华　陈立群　翟三扣　周绪利

目　次

1 总则

1.0.1 为落实公路工程施工监理制度，使监理工作标准化、规范化，制订本规范。

1.0.2 本规范适用于实施工程监理制度的公路工程项目的施工监理，养护工程监理可参照执行。

1.0.3 监理机构应依据以下法律、法规、文件开展工作：

1. 国家和地方法律、法规。
2. 国家和行业、地方有关标准、规范、规程。
3. 监理合同。
4. 施工合同。
5. 工程前期有关文件。
6. 工程设计文件和图纸。
7. 工程实施过程中有关的函件。

1.0.4 工程项目监理合同必须明确双方职责与权限。

1.0.5 监理单位应依据本规范第 1.0.3 条规定，按照监理合同约定的职责与权限，对工程质量、安全、环保、费用、进度实施监督管理。

1.0.6 建设单位必须严格执行国家工程建设质量管理、安全生产、环境保护等法规，创造合法、规范、有序的监理工作环境。

1.0.7 公路工程施工监理，除应执行本规范外，尚应符合国家及行业现行的有关标准、规范的规定。

2 术语

2.0.1 监理

监理人员依据监理合同对工程质量、安全、环保、费用、进度实施的监督和管理活动。

2.0.2 监理单位

具有法人资格并取得交通主管部门颁发的公路工程施工监理资质证书的企业。

2.0.3 监理机构

由监理单位派出并代表监理单位履行监理合同的现场监理组织。

2.0.4 监理工程师

监理机构中具有交通部核准的公路工程监理工程师或专业监理工程师资格的人员统称为监理工程师。

2.0.5 监理人员

监理工程师和监理机构中的相关专业技术人员统称为监理人员。

2.0.6 总监理工程师

具有交通部公路工程监理工程师资格，经项目建设单位同意，在监理机构中负责项目工程全部监理工作的总负责人。

2.0.7 驻地监理工程师

具有交通部公路工程监理工程师资格，经总监理工程师授权，负责项目部分工程监理工作的驻地监理负责人。

2.0.8 监理计划

由总监理工程师主持编制、在监理合同期内开展监理工作的指导性文件。

2.0.9 监理细则

根据监理计划，针对技术复杂、专业性较强的分项、分部工程或监理工作的某一方面，由驻地监理工程师主持编写、经总监理工程师批准的操作性文件。

2.0.10 巡视

监理人员对施工现场进行的经常性巡回检查活动。

2.0.11 旁站

监理人员在施工现场对某一具体的工序、工艺或部位施工全过程进行的监理。

2.0.12 试验工程

为确认施工方案、获取控制参数所进行的试验路段或工程部位。

2.0.13 标准试验

在工程开工前，为确定工程材料的最佳组合（如含水量、级配、配合比等），建立施工控制和检验标准所进行的试验。

2.0.14 自检

施工单位按合同技术规范规定的项目和频率对工程材料、构、配件、设备或工程实体进行的旨在检查、评价质量合格与否的试验、检测。

2.0.15 公路机电工程监理

公路监控、通信、收费、供配电、照明、隧道机电系统等工程的监理。

2.0.16 公路机电工程试运行期

机电工程完工至交工验收之间，调整系统运行参数使之处于最佳工作状态、检验系统设备工作稳定性的时期。

3 一般规定

3.0.1 监理机构设置

高速和一级公路可设置二级监理机构，即总监理工程师办公室（简称总监办）和驻地监理工程师办公室（简称驻地办）。开工里程在20km以下的，宜设置一级监理机构，即总监办。

二级及二级以下公路和养护工程可根据工程规模、难易程度、合同工期安排、现场条件等因素设置一级或二级监理机构。

公路机电工程可设置一级监理机构。

3.0.2 监理人员配备

监理机构中监理人员的数量和结构，应根据监理内容、工程规模、合同工期、工程条件和施工阶段等因素，按保证对工程实施有效监理的原则确定。高速公路、一级公路工程每年每5000万元建安费宜配备交通部核准资格的监理工程师1名；独立大桥、特长隧道工程每年每3000万元建安费宜配备交通部核准资格的监理工程师1名。根据工程特点和实际需要，上述配置可在0.8～1.2的系数范围内调整。

高速公路机电工程，每50km每系统宜配备交通部核准资格的监理工程师1名，根据工程情况，如系统复杂或隧道机电工程内容较多，可适当增加。

如遇重大工程变更等情况，上述人员配备应根据需要进行调整，并就工程内容的变化、人员的调整事宜签订补充合同。

总监办应配备1名总监理工程师和若干名专业监理工程师。总监理工程师应具有相应专业的高级技术职称、五年以上的现场工程监理经历、担任过两项以上同类工程的驻地或总监职务。

驻地办应根据工程复杂程度配备1～2名驻地监理工程师和若干名专业监理工程师。驻地监理工程师应具有相应专业的中级或高级技术职称、同类工程三年以上监理经历。

3.0.3 职责划分

当采用二级监理机构和监理总承包时，应由中标的监理单位划分各级监理机构及监理人员的职责和权限；当对监理机构分别招标时，应由建设单位划分确定监理机构各自的职责和权限。

3.0.4 总监办主要负责：

1. 主持编制监理计划。
2. 主持召开监理交底会、第一次工地会议。
3. 按合同要求建立中心试验室。
4. 审批施工组织设计及总体进度计划、重要工程材料及混合料配合比。
5. 签发支付证书、合同工程开工令、单位或合同工程的暂停令和复工令。
6. 审核变更单价和总额以及延期和费用索赔。
7. 协助建设单位审查交工验收申请，评定工程质量。
8. 组织编写监理月报、编制监理竣工文件、编写监理工作报告。

3.0.5 驻地办主要负责：

1. 主持编制监理细则。
2. 主持召开工地会议。
3. 按合同要求建立驻地试验室。
4. 审批一般工程原材料和混合料配合比、施工单位的机械设备、施工方案。
5. 审批施工单位测量基准点的复测、原地面线测量及施工放线成果。
6. 审批分项工程开工申请，签发分项和分部工程暂停令和复工令。
7. 日常巡视、旁站、抽检，并做好记录。

8. 核算工程量清单，负责对已完工程进行计量。

9. 组织分项、分部工程中间验收和质量评定，签发中间交工证书。

10. 审批月进度计划，编写合同段监理工作报告。

3.0.6 监理阶段划分

公路工程施工监理阶段划分为施工准备、施工、交工验收与缺陷责任期三个阶段。监理合同签订之日至合同工程开工令确定的开工之日为施工准备阶段；合同工程开工之日至合同工程交工验收申请受理之日为施工阶段；合同工程交工验收申请受理之日至缺陷责任终止证书签发之日为交工验收与缺陷责任期阶段。

公路机电工程监理应增加试运行期阶段。

4 施工准备阶段监理

4.1 准备工作

4.1.1 配备试验室设备

总监办中心试验室应按监理合同要求配备常规的试验检测设备；驻地办试验室应按监理合同要求配备现场抽查常用的试验检测设备。

4.1.2 熟悉合同文件

监理机构应组织监理人员熟悉本规范第1.0.3条规定的有关法律、法规、文件，当发现有关文件不一致或有错误时，应及时书面报告建设单位。

4.1.3 调查施工环境条件

监理工程师应对施工合同约定的施工条件进行调查，掌握有关情况。

4.1.4 编制监理计划

总监理工程师应在合同规定的期限内主持编制监理计划，按合同规定报批后执行。

监理计划应明确监理目标、依据、范围和内容，监理机构各部门及岗位职责，监理人员和设备的配备及进退场计划，监理方案，监理制度，监理程序及表格，监理设施等。

4.1.5 编制监理细则

驻地监理工程师应根据监理计划在相应工程开工前主持编制监理细则，明确监理的重点、难点、具体措施及方法步骤，经总监理工程师批准后实施。

4.2 监理工作内容

4.2.1 参加设计交底

监理工程师应参加设计交底，掌握本工程的设计意图、设计标准和要点；熟悉对材料与工艺的要求，施工中应特别注意的事项，以及对施工安全、环保工作的要求等；澄清有关问题，收集资料并记录。

4.2.2 审批施工组织设计

总监理工程师应在合同规定的期限内及时审批施工单位提交的施工组织设计，重点包括：

1. 施工组织设计的审批手续是否齐全有效。
2. 施工质量、安全、环保、进度、费用目标是否与合同一致。
3. 质量、安全和环保等保证体系是否健全有效。
4. 安全技术措施、施工现场临时用电方案及工程项目应急救援抢险方案是否符合要求。
5. 施工总体部署与施工方案和安全、环保等应急预案是否合理可行。

技术复杂或采用新技术、新工艺或在特殊季节施工的分项、分部工程和危险性较大的分部工程，应要求施工单位编制专项施工方案，并由驻地监理工程师审核，总监理工程师批准后实施。

4.2.3 检查保证体系

监理工程师应检查施工单位质量、安全和环保等保证体系是否落实，重点检查项目经理、技术负责人、工地试验室负责人的资格及质量、安全、环保人员的履约情况。

4.2.4 审核工地试验室

监理工程师应审核施工单位工地试验室的人员、设备和试验检测能力是否满足合同要求，管理制度是否健全。

4.2.5 审批复测结果

监理工程师应对施工单位提交的原始基准点、基准线和基准高程的复测结果进行审核和平行复测。当双方复测结果一致并满足规范要求时，监理工程师应在合同规定的期限内批复。

4.2.6 验收地面线

监理工程师应监督施工单位在原始地面线未被扰动前测定地面线，并对测定结果进行抽测。抽测频率应能判定施工单位测定结果是否真实可靠，且不低于施工单位测点的30%。监理工程师应对施工单位提交的土石方工程量计算资料进行审核。

4.2.7 审批工程划分

总监理工程师应于总体工程开工前对施工单位提交的分项、分部、单位工程划分予以批复并报建设单位备案。

4.2.8 确认场地占用计划

监理工程师应对施工单位提交的场地占用计划及临时增减的用地计划予以确认，并及时提交建设单位。

4.2.9 核算工程量清单

监理工程师应对工程量清单复核结果进行核算。

4.2.10 签发开工预付款支付证书

总监理工程师应在施工单位提交了开工预付款担保后，按合同规定的金额签发开工预付款支付证书，报建设单位审批。

4.2.11 召开监理交底会

总监理工程师应在合同工程开工前主持召开由施工单位项目经理、技术负责人及相关人员参加的监理交底会，介绍监理计划的相关内容。

4.2.12 召开第一次工地会议

总监理工程师应主持召开第一次工地会议。会议的组织和要求应符合本规范第7.2节规定。

4.2.13 签发合同工程开工令

监理工程师收到施工单位提交的合同工程开工申请后，应对合同工程的开工条件进行核查。具备开工条件的，由总监理工程师签发合同工程开工令，并报建设单位备案。

5 施工阶段监理

5.1 质量监理

5.1.1 审查工程分包

监理工程师应按本规范第5.6.7条的规定对工程分包进行审查。

5.1.2 审批施工测量放线

监理工程师应检查施工单位使用的测量仪器是否按规定进行了校准,审查其提交的施工测量放线数据、图表及放线成果并予以批复。

监理工程师应对从基准点引出的工程控制桩进行复测,对施工放线的重点桩位100%复测,其他桩位不低于30%抽测。

5.1.3 审批工程原材料与混合料

监理工程师应审查施工单位申报的原材料、混合料试验资料,对原材料应独立取样进行平行试验;对混合料可在施工单位标准试验的基础上进行试验验证,必要时做标准试验,在合同规定的期限内予以批复。

监理工程师应对施工单位申请使用的商品混凝土或商品混合料配合比进行审查,并进行试验验证。

5.1.4 审查施工组织及人员配备

分项工程开工前,监理工程师应审查该分项工程的施工组织,包括项目负责人、技术负责人及质量、安全、环保等施工管理、自检人员及主要施工操作人员的配备是否符合合同要求并满足施工需要。

5.1.5 审查施工机械设备

监理工程师应审查施工单位进场的施工机械设备是否满足合同要求,重点审查机械设备是否满足施工质量、安全、环保、进度等要求。施工单位如使用合同约定外的施工机械设备,监理工程师应要求施工单位另行提出使用申请。

5.1.6 审查施工方案及主要工艺

监理工程师应审查施工单位提交的分项、分部工程的施工方案及主要工艺,对技术复杂或采用新技术、新工艺、新材料、新设备的工程,应根据试验工程结果进行审批。

5.1.7 审批分项、分部工程的开工申请

监理工程师应要求施工单位提交分项、分部工程的开工申请,在合同规定的时间内重点按本规范5.1.1~5.1.6条规定审查其是否具备开工条件,以确定是否批复其开工申请。

5.1.8 验收构、配件或设备

对施工单位外购或订做用于永久工程的构、配件或设备,监理工程师应要求施工单位提交产品合格证和自检报告。可采用常规仪器设备进行检测的,监理工程师应按不低于施工单位自检频率的20%进行抽检,合格后方可准予使用。

5.1.9 巡视

监理人员应重点巡视:正在施工的分项、分部工程是否已批准开工;质量检测、安全管理人员是否按规定到岗;特种作业人员是否持证上岗;现场使用的原材料或混合料、外购产品、施工机械设备及采用的施工方法与工艺是否与批准的一致;质量、安全及环保措施是否实施到位;试验检测仪器、设备是否按规定进行了校准;是否按规定进行了施工自检和工序交接。

监理人员每天对每道工序的巡视应不少于1次,并按附录B.1格式详细做好巡视记录。

5.1.10 旁站

监理人员应对试验工程、重要隐蔽工程和完工后无法检测其质量或返工会造成较大损失的工程进行旁站,宜旁站的项目见附录 A.1。

旁站监理人员应重点对旁站项目的工艺过程进行监督,并对本规范第 5.1.9 条规定的内容进行检查,对发现的问题应责令立即改正;当可能危及工程质量、安全或环境时,应予制止并及时向驻地监理工程师或总监理工程师报告。

旁站监理人员应按附录 B.2 格式如实、准确、详细地做好旁站记录。

旁站项目完工后,监理工程师应组织检查验收,验收合格方可进行下道工序施工。

5.1.11 抽检

监理工程师应按规定重点对施工过程中使用的水泥、钢材、沥青、石灰、粉煤灰、砂砾、碎石等主要原材料及各种混合料进行抽检,抽检频率应不低于施工单位自检频率的 20%,其余材料应不低于 10%;对已完工程实体质量的抽检频率应不低于施工单位自检频率的 20%。

监理工程师对材料或工程的质量有怀疑时应进行进一步的判定。

5.1.12 关键工序签认

完工后无法检验的关键工序,须经监理工程师签认,并留存相应的图像资料,未经签认不得进行下道工序施工。

5.1.13 质量事故处理

当发生可由监理机构处理的质量缺陷、质量隐患时,监理工程师应立即向施工单位发出工程暂时停工指令,并要求其立即书面报告质量缺陷、质量隐患的发生时间、部位、原因及已采取的措施和进一步处理方案;监理工程师应对处理方案进行审核后报建设单位批准,对处理方案的实施进行监理并予以验收,处理合格、隐患消除的可发出复工指令。

当发生不属于监理机构处理的质量事故时,监理工程师应要求施工单位按规定速报有关部门。监理机构应和施工等单位一起保护事故现场,抢救人员和财产,防止事故扩大,积极配合调查。对加固、返工或重建的工程,除特殊规定外,应视同正常施工工程进行监理。

总监办应建立专门台账,记录质量事故发生、处理和返工验收的过程和结果。

5.1.14 中间交工验收

监理工程师收到分项工程中间交工申请后,应检查各道工序的施工自检记录、交接单及监理工程师签认的关键工序的交验单;检查分项工程的质量自检和质量等级评定资料;检查质量保证资料的完整性。

驻地办应按合同规定对交工的分项工程进行质量等级评定并签发《中间交工证书》。

5.1.15 质量评定

监理工程师应按有关规定及时对已完工程进行质量评定。

5.2 施工安全监理

5.2.1 工程开工前,监理工程师应审查施工单位编制的施工组织设计中的安全技术措施或专项施工方案是否符合强制性标准,审查合格后方可同意工程开工。审查重点是:

1. 安全管理和安全保证体系的组织机构,包括项目经理、专职安全管理人员、特种作业人员配备的数量及安全资格培训持证上岗情况。

2. 是否制订了施工安全生产责任制、安全管理规章制度、安全操作规程。

3. 施工单位的安全防护用具、机械设备、施工机具是否符合国家有关安全规定。

4. 是否制订了施工现场临时用电方案的安全技术措施和电气防火措施。

5. 施工场地布置是否符合有关安全要求。

6. 生产安全事故应急救援预案的制订情况,针对重点部位和重点环节制订的工程项目危险源监控措施和应急预案。

7. 施工人员安全教育计划、安全交底安排。

8. 安全技术措施费用的使用计划。

5.2.2 监理工程师应审查分包合同中是否明确了施工单位与分包单位各自在安全生产方面的责任。

5.2.3 监理工程师在巡视、旁站过程中应监督施工单位按专项安全施工方案组织施工，若发现施工单位未按有关安全法律、法规和工程强制性标准施工，违规作业时，应予制止。对危险性较大的工程作业等要定期巡视检查，如发现安全事故隐患，应立即书面指令施工单位整改；情况严重的应签发《工程暂停令》要求施工单位暂停施工，并及时报告建设单位。施工单位拒不整改或者不停止施工的，监理工程师应及时向有关主管部门报告。

5.2.4 督促施工单位进行安全生产自查工作、落实施工生产安全技术措施，参加施工现场的安全生产检查。

5.2.5 建立施工安全监理台账。监理机构应建立施工安全监理台账，并由专人负责。监理人员应将每次巡视、检查、旁站中，发现的涉及施工安全的情况、存在的问题、监理的指令及施工单位处理的措施和结果及时记入台账。总监理工程师和驻地监理工程师应定期检查施工安全监理台账记录情况。

5.2.6 分项、分部工程交工验收时，如安全事故的现场处理未完成，不得签发《中间交工证书》。

5.3 施工环境保护监理

5.3.1 监理工程师应审查施工组织设计是否按设计文件和环境影响评价报告的有关要求制订了施工环境保护措施，审查合格后方可同意工程开工。

5.3.2 监理工程师在巡视、旁站中，应随时检查施工单位制订的环境保护措施的落实情况，检查的主要内容有：

1. 是否落实了施工环境保护责任人。
2. 是否对施工人员进行了环保教育。
3. 施工场地的布设是否符合相关环保要求。
4. 职业危害的防护措施是否健全。
5. 施工现场（含临时便道、拌和站、预制场等）和料场等是否洒水防尘。
6. 是否按有关要求采取降噪措施。
7. 材料堆场设置环境的合理性及采取措施减少运输漏洒情况。
8. 施工废水、渣土、生活污水、垃圾的处置是否合理。
9. 是否按照批准在拟定的取弃土场取弃土，取土结束后是否采取了有效的排水防护和植被恢复措施。

5.3.3 如发现施工中存在违反有关环保规定、未按合同要求落实环保措施的情况，监理工程师应书面指令施工单位整改；情况严重的应签发《工程暂停令》要求施工单位暂时停工，并及时报告建设单位。

5.3.4 施工中发现文物时，监理工程师应要求施工单位依法保护现场，并报告有关部门和建设单位。

5.3.5 监理工程师应要求施工单位依法取得砍伐许可后方可按照砍伐许可的面积、株数、树种进行砍伐，并注意保护野生动物、植物。

5.4 费用监理

5.4.1 监理工程师必须以质量合格、手续齐全，且符合安全和环保要求，作为计量与支付的先决条件。未经总监理工程师批准不得支付。

5.4.2 监理工程师在计量与支付时应符合合同规定，并做到客观、公正、准确、及时。计量与支付的项目与数量应不漏、不重、不超。

5.4.3 对实体质量合格，存在外观质量缺陷但不影响使用和安全的工程，监理工程师可依据合同规定折减计量与支付，并报建设单位批准。

5.4.4 监理工程师应建立计量与支付台账，根据施工单位申请和有关规定及时登账记录，实行动态管理。当有较大差异时应报建设单位。

5.4.5 监理工程师收到施工单位计量申请后应及时计量，对路基基底处理、结构物基础的基底处理及其他复杂、有争议需要现场确认的项目，应会同建设、设计、施工等单位现场计量。

5.4.6 监理工程师须依据本规范第1.0.3条规定和经监理工程师签发的《中间交工证书》及核定的工程量清单等资料进行计量。

5.4.7 监理工程师应对施工单位提交的工程支付申请进行审核，确认无误后签发支付证书并报建设单位。

5.5 进度监理

5.5.1 监理原则

进度监理应在确保质量和安全的基础上，以计划控制为主线进行。监理工程师应要求施工单位按时提交进度计划，严格进度计划审批，及时收集、整理、分析进度信息，发现问题及时按照合同规定纠正。

5.5.2 计划编制

监理工程师应要求施工单位在合同规定的期限内编制并提交进度计划。进度计划应有文字说明、进度图表和保证措施等。总体进度计划中宜绘制网络图，标注关键路线和时间参数。总体进度计划和月进度计划中应绘制资金流量S曲线图。

5.5.3 计划审批

监理工程师应在合同规定的期限内审批施工单位提交的进度计划。总体进度计划应由总监理工程师审批；月进度计划等应由驻地监理工程师审核并报总监办。经批准的进度计划作为进度监理的依据。

5.5.4 计划检查

监理工程师应根据进度计划检查工程实际进度，并通过实际进度与计划进度的比较，对每月的工程进度进行分析和评价。评价结论写入工程监理月报。

5.5.5 计划调整

1. 对总体工程进度起控制作用的分项工程的实际工程进度明显滞后于计划进度且施工单位未获得延期批准时，监理工程师必须签发监理指令，要求施工单位采取措施加快工程进度。需要调整进度计划的，调整后的工程进度计划必须报监理工程师重新审核。

2. 施工单位获得延期批准后，监理工程师应要求施工单位根据延期批复调整工程进度计划。调整后的工程进度计划应报监理工程师审批。

3. 由于施工单位自身原因造成工程进度延误，在监理工程师签发监理指令后施工单位未有明显改进，致使合同工程在合同工期内难以完成时，监理工程师应及时向建设单位提交书面报告，并按合同规定处理。

4. 建设单位或施工单位提出工程进度重大调整时，应按合同或签订的补充合同执行。

5.6 合同其他事项管理

5.6.1 工程变更

施工单位要求工程变更时，应提交变更申报单，报监理工程师审核，按施工合同要求须由建设单位批准的隐蔽工程的变更，还应会同建设、设计、施工等单位现场共同确认；建设单位要求工程变更时，监理工程师应按施工合同规定下达工程变更令。

变更费用应按施工合同约定计算，合同未约定的应由合同双方协商确定。

5.6.2 工程延期

监理工程师应对符合合同规定的延期意向或事件做好现场调查和记录，在施工单位提出正式延期申请后，对延期原因、发展情况、结果测算等资料进行审核并报建设单位。

5.6.3 费用索赔

监理工程师应对施工单位提出的符合合同规定条件的费用索赔意向和申请予以受理，对索赔发生的原因、发展情况、结果测算等资料进行审核。审核后应编制费用索赔报告报建设单位。

5.6.4 价格调整和计日工

价格调整和计日工应由监理工程师按合同规定予以核定。

5.6.5 工程暂停

监理工程师签发的工程暂停令，应明确工程暂停范围、期限及工程暂停期间施工单位应做的工作，并报建设单位。

5.6.6 工程复工

施工单位原因引起的工程暂停需复工时，监理工程师应要求施工单位提出复工申请并签发复工指令。

非施工单位原因引起的工程暂停，在暂停原因消失后具备复工条件时，监理工程师应及时签发复工指令。

5.6.7 工程分包

1. 监理工程师应当加强对施工单位工程分包的管理，按合同规定对工程分包计划和协议进行审查，报建设单位批准。

2. 监理工程师发现有非法分包、转包时，应指令施工单位纠正并报告建设单位。

5.6.8 工程保险

监理工程师应根据合同规定，对工程保险办理情况进行检查。

5.6.9 违约处理

1. 监理工程师认为违约事件可能发生时，应及时提示施工单位和建设单位。

2. 违约事件已发生，监理工程师应调查分析，掌握情况，依据合同规定和有关证据评估损失，提出处理意见。

5.6.10 争端协调

1. 监理工程师应受理争端一方或双方提出的协调申请，并及时调查和收集相关资料，提出解决建议，对双方进行调解。

2. 仲裁或诉讼时，监理工程师有义务作为证人，向仲裁机关或法院提供有关证据。

6 交工验收与缺陷责任期监理

6.0.1 审查交工验收申请

监理工程师应按合同及有关规定要求，审查施工单位提交的合同工程交工验收申请。重点检查：合同约定的各项内容的完成情况；施工自检结果；各项资料的完整性；工程数量核对情况；工程现场清理情况等。

6.0.2 评定工程质量与编制监理工作报告

监理工程师应及时汇总、整理监理资料，对工程的质量等级进行评定，按有关规定编制监理工作报告，并提交建设单位。

6.0.3 参加交工验收

监理工程师应参加建设单位组织的合同工程交工验收，接受对监理独立抽检资料、监理工作报告及质量评定资料的检查，协助建设单位检查施工单位的合同执行情况，核对工程数量，评定各合同段的工程质量。

6.0.4 签认交工结账证书

合同工程交工验收证书签发后，监理工程师应认真审核施工单位提交的合同工程交工结账单，并在规定期限内签认合同工程交工结账证书，报建设单位审批。

6.0.5 缺陷责任期的监理

在合同工程的缺陷责任期内，监理工程师应检查施工单位剩余工程的实施情况；巡视检查已完工程；记录发生的工程缺陷，指示施工单位进行修复，并对工程缺陷发生的原因、责任及修复费用进行调查、确认；督促施工单位按合同规定完成竣工资料。

6.0.6 签发缺陷责任终止证书

在合同工程缺陷责任期结束，收到施工单位向建设单位提交的终止缺陷责任的申请后，监理工程师应进行检查。符合条件时，经建设单位同意，监理工程师应在合同规定的时间内签发合同工程缺陷责任终止证书，并按规定向建设单位提交缺陷责任期监理工作总结。

6.0.7 签认最后支付证书

监理工程师收到施工单位提交的最后结账单及所附资料后应进行审核。审核后的最后结账单经施工单位认可后，由总监理工程师签认并报建设单位审批。

6.0.8 参加工程竣工验收

监理单位应参加工程竣工验收工作，负责提交监理工作报告，提供工程监理资料，配合竣工验收检查工作。

7 工地会议

7.1 工地会议的形式及记录

7.1.1 工地会议形式

工地会议按召开时间、内容及参加人员的不同,分为第一次工地会议、工地例会、专题工地会议三种形式。

7.1.2 工地会议记录

工地会议应由主持单位做好记录,会议形成的纪要应由参加单位确认,并可作为合同文件的一部分。会议中决定执行的有关事项,仍应按规定的监理程序办理。

7.2 第一次工地会议

7.2.1 会议组织

第一次工地会议应在工程正式开工前召开。总监办应事先将会议议程及有关事项通知建设单位、施工单位及其他有关单位并做好会议准备。会议应由总监理工程师主持,建设单位、施工单位法定代表人或授权代表必须出席。各方在工程项目中担任主要职务的人员及分包单位负责人应参加会议。第一次工地会议应邀请质量监督部门参加。

7.2.2 会议内容

1. 第一次工地会议上,各方应介绍各自的人员、组织机构、职责范围及联系方式。建设单位应宣布对监理工程师的授权;总监理工程师应宣布对驻地监理工程师授权;施工单位应书面提交对工地代表(项目经理)的授权书。

2. 施工单位应陈述开工的各项准备情况;监理工程师应就施工准备以及安全、环保等予以评述。

3. 建设单位应就工程占地、临时用地、临时道路、拆迁、工程支付担保情况以及其他与开工条件有关的内容及事项进行说明。

4. 监理单位应就监理工作准备情况以及有关事项作出说明。

5. 监理工程师应就主要监理程序、质量和安全事故报告程序、报表格式、函件往来程序、工地例会等进行说明。

6. 总监理工程师应进行会议小结,明确施工准备工作还存在的主要问题及解决措施。

7.2.3 开工条件具备的可下达开工令。

7.3 工地例会

7.3.1 会议组织

工地例会应由总监理工程师或驻地监理工程师主持,宜每月召开一次,建设单位代表和施工单位现场主要负责人及三方有关人员参加。

7.3.2 会议内容

会议应检查上次会议议定事项的落实情况,并就工程质量、安全、环保、费用、进度及合同其他事项等进行讨论,提出解决问题的措施并确定下一步工作的具体安排和要求。

7.4 专题工地会议

7.4.1 会议组织

专题工地会议由监理工程师主持，根据工程需要及时召开，建设单位代表和施工单位代表及其他有关人员参加，必要时应邀请有关专家参加。

7.4.2 会议内容

会议对施工期内出现的工程质量、安全、环保、费用、进度及合同管理等方面的重点、难点和需要协调的问题进行研讨，并提出明确的解决方案和落实措施。

8　文件与资料管理

8.1　监理文件与资料管理

8.1.1　监理机构应建立健全监理文件与资料管理制度，并应根据工程建设需要建立文件资料的计算机管理系统，对文件资料进行管理。

8.1.2　监理工程师应建立材料、试验、测量、计量支付、工程变更、安全、环保等各项台账。

8.1.3　监理文件与资料应及时整理，分类有序、系统、完整、妥善存放和保管。

8.1.4　监理资料应内容完整、填写认真、审批意见与签认齐全。

8.2　监理文件与资料内容

8.2.1　监理文件与资料

监理文件与资料包括监理管理文件、质量监理文件、施工安全监理与环保监理文件、费用监理文件、进度监理文件、合同管理文件及工程监理月报、监理工作报告、监理日志、会议纪要、巡视记录、旁站记录、监理工作指令、工程变更令、工程分项开工的申请批复、试验抽检的原始记录等。

8.2.2　监理管理文件与资料

包括监理计划、监理细则等。

8.2.3　质量监理文件与资料

包括质量监理措施、规定及往来文件、试验检测资料、监理抽检资料、交工验收工程质量评定资料。

8.2.4　施工安全监理与环保监理文件

施工安全监理与环保监理文件应包括安全管理的规章制度、措施、会议记录、检查结果、安全事故的有关文件及施工环境保护规划、环境保护措施、环境保护检查等。

8.2.5　费用监理文件与资料

包括各类工程支付文件、工程变更有关费用审核工作、工程竣工决算审核意见书等。

8.2.6　进度监理文件与资料

包括进度计划审批、检查、调整的有关文件；工程开工/复工令及工程暂停令等。

8.2.7　合同管理文件与资料

包括施工单位办理保险的有关文件、延期索赔申请、分包资质资料、延期和索赔的批准文件、价格调整申请及批准文件等。

8.2.8　工程监理月报

监理工程师每月应向建设单位和上级监理机构报送工程监理月报，其内容包括：本月工程概述，工程质量、进度、安全、环保、支付、合同管理的其他事项，合同执行情况，存在的问题，本月监理工作小结等。

8.2.9　监理工作报告

工程结束时，监理工程师应提交监理工作报告，其内容包括：工程基本情况，监理机构及工作起止时间，投入的监理人员、设备和设施。关于工程质量、安全、环保、费用、进度监理及合同管理执行情况，分项、分部、单位工程质量评估，工程费用分析，工程建设中存在问题的处理意见和建议。

8.3 监理文件与资料归档

8.3.1 监理归档文件必须完整、准确、系统地反映工程监理活动的全过程。

8.3.2 监理文件归档与保存应符合国家及部、省主管部门的有关规定。

8.3.3 不列入归档的监理文件与资料也应分类整理，与工程直接相关的文件资料，竣工后移交建设单位保管。

9　公路机电工程监理

9.1　施工准备阶段监理

9.1.1　监理工作条件准备

监理单位应按合同约定安排监理人员进场，进行驻地建设，并应按本规范第3章的相关规定开展监理工作。

9.1.2　检测仪器、仪表准备

监理机构应按合同要求配备机电工程监理的常规检测仪器、仪表，并制订进场计划。

9.1.3　监理工作准备

监理机构应组织监理人员熟悉合同文件，进行施工条件调查。总监理工程师应在合同规定的期限内主持编制监理计划和监理细则。

9.1.4　监理工作

监理机构应按照本规范4.2节进行施工准备阶段监理工作：参加设计交底、审批施工组织设计、检查质保体系落实情况、审批工程划分、核算工程量清单、签发开工预付款支付证书、召开监理交底会、召开第一次工地会议。

9.1.5　签发合同工程开工令

监理工程师应审查施工单位提交的工程开工申请单，具备开工条件时，总监理工程师应签发工程开工令，并报建设单位备案。

9.2　施工阶段监理

9.2.1　检验进场设备、材料及软件

监理工程师应审查进场的设备、材料是否符合合同要求，是否具有产品检验合格证、质量检验单和出厂合格证；进口设备、材料还应提交商检部门的检验合格证书；进场的计算机平台软件应具有软件拷贝、说明书和最终用户的授权文件。

经监理工程师检验不合格的设备、材料、软件，必须清退出场，不得在工程中使用。

9.2.2　厂验

对施工现场不具备检测条件或无法进行现场检测的主要设备、材料，监理工程师应到生产厂监督检测。监督检测频率不得低于15%，当设备数量少于等于3台件时宜逐台检测。

9.2.3　应用软件开发监理

监理机构应审批施工单位提交的机电工程应用软件的需求分析、概要设计、详细设计和测试大纲。应用软件必须经测试合格后，方可进行安装。

9.2.4　审核施工机具

监理工程师应审核施工单位使用的施工机具是否符合合同约定。

9.2.5　审批分项、分部工程的开工申请

监理工程师应审查施工单位提交的分项、分部工程的开工申请，具备开工条件的应批准开工。

9.2.6　巡视

监理人员应重点巡视：正在施工的分项、分部工程是否已批准开工；质量、安全、测试人员是否按规定到岗；特种作业人员是否持证到岗；现场使用的设备、材料、施工机具及采用的施工方法与工艺是否与

批准的一致;质量、安全措施是否落实到位;测试仪器、仪表是否按规定进行了校准;是否按规定进行了施工自检和工序交接。

监理人员每天对每道工序的巡视应不少于1次,并按附录B.1格式详细做好巡视记录。

9.2.7 旁站

监理人员应对重要工程施工、隐蔽工程和完工后无法检测其质量或返工会造成较大损失的工程进行旁站,宜旁站的项目见附录A.2。

旁站监理人员应重点对旁站项目的工艺过程进行监督,对发现的问题应责令施工单位立即改正;当可能危及工程质量、安全时,应予以制止并及时向总监理工程师报告。

旁站监理人员应按附录B.2格式如实、准确、详细地做好旁站记录。

旁站项目完工后,监理工程师应组织检查验收,验收合格的方可进行下道工序。

9.2.8 质量事故处理

发生机电工程质量事故时,监理工程师应按本规范第5.1.13条规定执行。

9.2.9 隐蔽工程的验收

隐蔽工程完工后,施工单位提出申请,监理工程师应及时进行专项验收。

9.2.10 安装验收

监理工程师应对施工单位安装完工并自检合格的单位、分部或分项工程设备、线缆安装的质量、数量、位置、工艺进行验收。经验收合格的工程由总监理工程师签发安装验收合格证书;未经安装验收或验收不合格的工程,不得进行调试工序。

9.2.11 施工安全监理

监理工程师应检查施工单位供配电、高空作业等施工安全保证措施的落实情况,督促施工单位设备安装、光电缆布设、设备基础施工等执行安全生产要求。

9.2.12 费用监理

监理工程师应按本规范第5.4节的规定实施费用监理。设备、材料报验资料不完整、手续不完备、安装验收资料不齐全的工程项目,暂不予计量。

9.2.13 进度监理

监理工程师应按本规范第5.5节的规定实施进度监理。

9.2.14 审批系统测试大纲

监理工程师应按合同约定的系统功能、技术指标等内容审批施工单位提交的系统测试大纲。

9.2.15 检查测试仪器、仪表

监理工程师应检查施工单位使用的测试仪器、仪表是否按规定进行了校准。

9.2.16 系统检验测试

施工单位按测试大纲完成自测并提交自测报告后,可由监理工程师主持现场系统检验测试。受条件限制无法进行的单机测试项目,可使用厂验检测数据。监理工程师应对系统测试的各项指标是否合格作出结论。

9.2.17 合同其他事项管理

监理工程师应按本规范第5.6节的规定处理工程变更、延期、费用索赔等事项。

9.2.18 工地会议

工地会议应按本规范第7章规定执行。

9.2.19 监理月报

监理月报的编报应按本规范第8.2.8条规定执行。

9.2.20 审查完工申请

监理工程师应审查施工单位提交的完工申请,具备完工条件的合同工程,应建议建设单位组织完工验收。

9.2.21 参加完工验收

监理工程师应参加完工验收并签署意见。

9.3 试运行阶段监理

9.3.1 检查遗留问题的整改

监理工程师应检查、督促施工单位按照完工验收提出的问题和意见进行整改落实。

9.3.2 检查系统试运行情况

监理工程师应巡视系统的试运行情况，并做好巡视记录。应重点检查试运行人员的值班记录、系统工作情况。对发现的问题应要求施工单位及时回应、整改。

9.3.3 核查专用工具、备品、备件

监理工程师应核查施工单位提供专用工具、备品、备件的质量、数量是否符合合同约定。

9.3.4 审查交工申请与合同工程质量评定

监理工程师应审查施工单位提交的交工申请，对具备交工验收条件的应及时进行合同工程的质量评定。

9.4 缺陷责任期监理

9.4.1 检查遗留问题的整改

监理工程师应检查、督促施工单位按照交工验收提出的问题和意见进行整改落实，并予以验收。

9.4.2 缺陷责任期的监理

监理工程师应检查、督促施工单位对缺陷责任期内发生的设备缺陷及时修复，并重新界定相应设备的缺陷责任期。

9.4.3 竣工文件整理

监理工程师应按本规范第8章规定整理监理文件与资料，并督促施工单位编制和整理竣工资料。

附录 A　监理旁站工序/部位表

A.1　公路工程监理旁站工序/部位一览表

单位工程	分部工程	分项工程	旁站工序或部位
路基工程	路基土石方工程	软土地基处治(碎石桩、塑排板、粉喷桩等)	试验工程
		土工合成材料处治层	试验工程
	大型挡土墙	基础	混凝土浇筑
路面工程	路面工程	底基层、基层、垫层、联结层	试验工程
		沥青面层	试验工程
		水泥混凝土面层	试验工程、摊铺
桥梁工程	基础及下部构造	桩基	试桩、钢筋笼安放、混凝土浇筑
		地下连续墙	混凝土浇筑
		沉井浇筑顶板混凝土	定位、下沉、浇筑封底混凝土
		桩的制作、墩台帽、组合桥台	张拉、压浆
	上部构造预制和安装	预应力筋的加工和张拉	张拉、压浆
		转体施工拱	桥体预制、接头混凝土浇筑
		吊杆制作和安装	穿吊杆、预应力束张拉、压浆
	上部构造现场浇筑	预应力筋的加工和张拉	张拉、压浆
		主要构件浇筑、悬臂浇筑	主梁段混凝土浇筑、压浆
		劲性骨架混凝土拱、钢管混凝土拱	混凝土浇筑
	总体、桥面系和附属工程	桥面铺装	试验工程
		钢桥面板上沥青混凝土面层	试验工程、面层铺筑
		伸缩缝安装,大型伸缩缝安装	首件安装
隧道工程	洞身衬砌	初期支护	试验工程
		混凝土衬砌	试验工程
	隧道路面	基层、面层等	同路面工程基层、面层
	辅助施工措施	小导管周壁预注浆、深孔预注浆	注浆
交通安全设施	防护栏	混凝土护栏	首段混凝土浇筑

注:互通立交工程各分部、分项工程须旁站的工序同主线各相应分项工程的规定。

A.2 机电工程监理旁站工序/部位一览表

单位工程	分部工程	分项工程	规定旁站工序
机电工程	2 监控设施	2.1 车辆检测器	首个线圈布设、控制机箱安装
		2.2 气象检测器	首个基础施工、首件设备安装
		2.3 闭路电视监视系统	首个外场立柱基础施工、首个外场设备安装、首条视频电缆布放、室内设备以中心(分中心)为单位的安装
		2.4 可变标志	可变情报板、首个可变标志基础施工,首个可变标志外场安装
		2.5 光、电缆线路	开盘测试、前5条光、电缆布设施工、光缆接头和前5个电缆接头接续施工、接续测试、中继段测试
		2.6 监控中心设备安装及软件调测	设备平面位置确定
		2.7 地图板	拼接安装、调试
		2.8 大屏幕投影系统	屏幕拼接安装、调试
		2.9 计算机监控软件与网络	
	3 通信设施	3.1 通信管道与光、电缆线路	首区段管道、首个人(手)井施工,光、电缆线路同2.5
		3.2 光纤数字传输系统	首站设备安装
		3.3 程控数字交换系统	首站设备安装
		3.4 紧急电话系统	首对外场单机安装和控制台安装
		3.5 无线移动通信系统	基站设备安装
		3.6 通信电源	首站设备安装
	4 收费设施	4.1 入口车道设备	首站车道设备安装
		4.2 出口车道设备	首站车道设备安装
		4.3 收费站设备及软件	首站收费设备安装
		4.4 收费中心设备及软件	中心设备安装
		4.5 IC卡及发卡编码系统	首站IC卡机安装
		4.6 闭路电视监视系统	首个外场立柱基础施工、首个外场设备安装、首条视频电缆布放、室内设备以中心(分中心)为单位的安装
		4.7 内部有线对讲及紧急报警系统	首站对讲分机、主机、报警设备安装
		4.8 站内光、电缆线路	首站光、电缆布设
		4.9 收费系统计算机网络	首站收费计算机网络设备安装
	5 低压配电设施	5.1 中心(站)内低压配电设备	首站低压配电设备安装
		5.2 外场设备电力电缆	前3条电力电缆布设施工、前3个电力电缆接头
	6 照明设施	照明设施	前3根低杆、高杆基础施工,前3根低、高杆安装,首站照明控制设备安装

续上表

单位工程	分部工程	分项工程	规定旁站工序
机电工程	7 隧道机电设施	7.1　车辆检测器	同2.1
		7.2　气象检测器	同2.2
		7.3　闭路电视监视系统	同2.3
		7.4　紧急电话系统	首对隧道单机安装
		7.5　环境检测设备	首个控制箱、探头安装
		7.6　报警与诱导设施	首个控制箱、诱导设施安装
		7.7　可变标志	同2.4
		7.8　通风设施	前2对风机安装
		7.9　照明设施	首个控制箱、前20个灯具安装
		7.10　消防设施	首个隧道系统设施安装和管道试压
		7.11　本地控制器	首个控制器安装
		7.12　隧道监控中心计算机控制系统	中心设备安装
		7.13　隧道监控中心计算机网络	中心设备安装
		7.14　低压供配电	首个低压供配电柜安装，前3条电缆布设和电缆接头
	其他	机电系统新设备、材料	首件新设备、新材料安装
		机电工程施工新工艺	首次施工新工艺施工过程

注：表中分部、分项工程编号引自《公路工程质量检验评定标准——第二册·机电工程》(JTG F80/2)。

附录B 监理记录

B.1 巡视记录

________工程项目

巡视记录

编号:________

施工单位		合同号	
巡视监理		日　期	
起始时间		终止时间	
巡视范围、主要部位、工序			
施工单位主要施工项目、人员到位、工艺合规性简述			
巡视人主要巡检数据记录			
巡视人发现的问题及处理情况简述			

B.2 旁站记录

________工程项目

旁站记录

编号:________

施工单位		合同号	
旁站监理		日　期	
到场时间		离场时间	
质检人员		部位或桩号	
天气			
旁站工序或主要工作内容			
施工过程简述			
监理工作简述			
主要数据记录			
发现问题及处理结果			

B.3 监理日志

______工程项目

监 理 日 志

编号:______

监理机构		合同号	
记录人		日　期	
审核人		日　期	
天气			
各合同段主要施工项目简述			
监理机构主要工作简述(审批、验收、旁站、指令、会议等)			
就有关问题与建设单位、施工单位等进行澄清或处理的情况简述			

附录C　监理指令单

______________工程项目

监 理 指 令 单

编号:__________

施工单位		合同号	
监理单位		监理机构	
签发人		日　期	

致______________

（阐述指令依据、施工单位不符合规定的事实及整改要求等）

请于______年______月______日前回复

抄报(送)：

签收人	日　期	

附录D　中间交工证书

______________工程项目

中间交工证书

编号：__________

施工单位		合同号	
监理单位		监理机构	
中间交工内容（桩号、项目划分、工程项目、工程数量）			
施工单位签字		申请日期	
监理接收人		接收日期	
监理机构对施工单位中间交工申请的评述意见及其结论			
监理机构签字		日期	
施工单位签字		日期	

《公路工程施工监理规范》

（JTG G10—2006）

条 文 说 明

1 总则

1.0.2 本条明确本规范适用于实施工程监理制度的各级公路工程项目的施工监理；养护工程项目如实施监理，可参照执行；对未实施监理制度的工程未作规定。

1.0.4 这里所说职责与权限应明确是否包括质量、安全、环保、费用、进度以及合同其他事项监理，其变更、调整或处罚的范围和权限应量化，以保证监理机构依法、依合同，公正、有效地开展监理。

1.0.5 本条明确增加对安全、环保的监督和管理，是依据安全生产管理条例和环保有关文件。鉴于原监理内容和费用未包含这两部分，故应在监理合同中明确是否包含有关内容和相应费用。

3　一般规定

3.0.1　监理机构设置

凡是应该招标的监理项目，总监办应由中标的监理单位组建；可以不招标的项目，总监办可由建设单位委托的监理单位组建。建设单位不得使用总监办的名义，侵占监理单位的权利和费用。监理项目无论大小，均应设置总监办统一组织管理监理工作。

3.0.2　监理人员配备

高速和一级公路、独立大桥和特长隧道工程分别以每年每5000万元、3000万元工程建安费所需的监理工程师数量为基准，机电工程是以每50km每系统所需的监理工程师数量为基准，并规定了调整范围和原则。其他监理人员的数量可根据工程具体情况适当配备。

本条中总监理工程师、驻地监理工程师、专业监理工程师均系监理机构中的岗位职务。工程技术复杂、监理工作难度大时，驻地办可配备驻地、副驻地等2名驻地监理工程师。

3.0.3　职责划分

职责划分原则上应通过总监理工程师的授权进行。当设置一级监理机构时，其职责是总监办和驻地办的全部职责。当设置二级监理机构和监理总承包时，应由中标的监理单位划分各级监理机构及监理人员的职责和权限，避免交叉管理和出现管理漏洞；当对监理机构分别招标时，应由建设单位划分确定监理机构各自的职责和权限，但不得将本规范明确规定的总监理工程师的权利或职责授予或转嫁给驻地办。本规范明确写明“总监理工程师”的应为总监办的职责或权利；写明“驻地监理工程师”的应为驻地办的职责或权利；写明“监理工程师”的应为总监办或驻地办的共同职责或权利，应通过授权明确。

3.0.6　监理阶段划分

合同工程开工令确定的开工之日，标志着施工准备阶段的结束和施工阶段的开始。合同工程交工验收申请的受理，标志着施工阶段的结束和交工及缺陷责任期的开始。施工阶段监理始于监理合同签订，止于缺陷责任终止证书签发。

4 施工准备阶段监理

4.1 准备工作

施工准备阶段是施工监理的重要工作阶段，是事先监理、主动监理，是为施工阶段奠定良好基础的阶段。施工准备阶段监理的工作主要包括两个方面，即监理机构自身的准备工作和对施工单位开工前施工准备活动的监理工作内容。本节主要规定了监理机构在施工准备阶段自身应做的主要工作。

4.1.1 配备试验室设备

监理试验室按不同监理层次分工负责、讲求实效、节约资源的原则，总监办中心试验室以试验为主、驻地试验室以现场抽查检测和试件制备为主配备试验检测设备。具体配备应按监理合同要求，原则上总监办中心试验室应按“公路水运工程监理企业资质管理规定”（交通部令2004年第5号）附件二——“公路水运工程监理企业基本试验检测能力或仪器设备配备标准”中对公路工程甲级监理企业的要求配备试验检测设备；驻地试验室应按公路工程丙级监理企业的要求配备试验检测设备。

试验是监理工作的最重要手段。监理试验可只包括土工、水泥及水泥混凝土、钢筋原材及焊接、沥青及沥青混凝土、路面基层材料等常规试验项目。对于钢绞线、锚具、防水、伸缩缝、支座等一些特殊材料，可由建设单位单独委托有资质的第三方试验。建设单位可以将监理试验全部或部分委托有资质的第三方承担，此时总监办不再履行对其指导、检查、监督和协调职责。具体承担形式由建设单位和监理单位在合同中约定。

4.1.2 熟悉合同文件

合同文件是监理工作的依据。熟悉合同文件是监理人员做好监理工作的基础。尽管监理机构没有审查合同文件的义务，但如发现合同文件中（如设计图纸）有误或各部分文件之间有不一致之处，应书面向建设单位提出，由建设单位与有关单位协调、处理。

4.1.3 调查施工环境条件

主要是对征地、拆迁情况的调查。调查建设单位是否能够按照总体施工进度计划，按时向施工单位提交工程用地。如发生影响按时开工的情况，应及时向建设单位反映，尽快解决。

4.1.4 编制监理计划

项目监理计划是监理机构针对所监理工程的具体情况编制的指导、实施总体监理工作的总计划。监理计划的编制要有很强的针对性和可行性。

总监理工程师主持编制整个工程项目的监理计划。所属各监理合同段的驻地监理工程师应根据总监的要求和需要，组织编制本监理合同段的监理计划。

项目监理计划的编制时间应满足合同规定的期限要求。如合同中未明确规定，一般应在监理合同签定之日起一个月内及第一次工地会议和合同工程开工令下达之前。

在监理计划的实施过程中，根据实际情况变化需要进行补充、修改和完善时，须经总监理工程师审查批准并报建设单位备案。

4.1.5 编制监理细则

二级以下公路、技术不太复杂的分项和分部工程可不编写监理细则。

监理细则应依据已经批准的监理计划进行编制，并与监理批准的施工组织设计相呼应。监理细则一般由专业监理工程师编制，由总监理工程师审批。

对采用新技术、新材料、新工艺或在特殊季节施工的分项、分部工程，应针对施工单位编制的专项施工方案，编制相应的监理细则。

4.2 监理工作内容

4.2.1 参加设计交底

在参加设计交底前，总监应要求各专业监理工程师认真熟悉合同图纸和设计文件。对发现的设计问题，应书面向建设单位提出意见和建议。

设计交底会一般由施工单位编写会议纪要，监理机构参加交底会的负责人应与其他与会单位代表一起对会议纪要签认。

4.2.2 审批施工组织设计

各施工合同的施工组织设计及总体进度计划首先应由驻地监理工程师和专业监理工程师审核并提出审核意见，然后由总监办专业监理工程师审核后由总监理工程师审核批准。

4.2.3 检查保证体系

4.2.2 条第 3 款是审查施工组织设计中对质量保证体系、施工安全生产管理体系和施工环境保护管理体系的建立和各方面安排情况。本条是要求监理工程师具体检查这三个体系的建立、到位、落实情况，是否符合施工组织设计中的安排。重点要求人员到位、设施到位、资金到位、规章制度到位和职责分工到位。

质量保证体系审查中，重点是施工自检体系是否完善，包括自检人员是否有技术、经验，自检负责人是否专职，职责及要求是否明确等。

4.2.4 审核工地试验室

工地试验室是施工单位控制工程质量的重要手段，也是检查、评价、验收工程质量的科学依据。通过审查，确保施工单位工地试验室合格，使其充分发挥施工自检、质量保证作用，是质量监理的基础条件之一，应认真审查。

4.2.5 审批复测结果

控制桩点是决定整个工程平面位置和高程的基准。为此，在施工单位进行复测后，监理机构应对全部控制桩点进行平行复测检查，以确认施工单位的复测结果。

4.2.6 验收地面线

监理工程师采取抽查测量的方式进行验收，抽测点为随机方式或指定的有疑问之处。抽测点位总数应包括所有有疑问之点，并不少于施工单位测定地面线测点的 30%。

4.2.7 审批工程划分

分项、分部、单位工程的划分是加强工程管理、统一口径的措施。经监理批准的工程划分应作为参建各方在分项、分部工程开工的申请和批准、分项工程的质量控制、验收、评定和中间交工以及分部、单位工程的质量评定和工程的计量支付等施工全过程管理的依据。

4.2.8 确认场地占用计划

施工单位提交合同工程全部场地的占用计划应符合总体进度计划的安排。及时提交建设单位场地占用计划的目的是促使建设单位按时完成征地拆迁。避免因建设单位未能按计划提交施工用地而造成违约，进而引起施工单位的索赔。

4.2.9 核算工程量清单

工程量清单是合同工程计量支付的主要依据；清单管理也是费用监理的主要工作之一。工程量清单复核是施工单位在开工前必须做好的准备工作之一。

监理工程师审核工程量清单应依据合同条件、合同图纸和技术规范，按照合同规定的计量原则进行工程数量核算。审核无误后，及时对施工单位提交的工程量清单复核结果予以签认。

工程数量的审核应严格区分不同的计量方法，有的工程数量是严格以经核对无误的图纸数量为准（如结构物水泥混凝土），不考虑超出设计尺寸或损耗数量；有的工程数量是按实际发生的计量（如路基填方中“挖除非适用材料”）。通过工程量清单的计量说明，还应明确每项单价所包含的工程内容。

4.2.11 召开监理交底会

监理交底会交底的主要内容是监理计划的主要内容。监理交底会可以在开工前单独举行，也可以与第一次工地会议一起举行。

4.2.13 签发合同工程开工令

核查开工条件，原则上包括本节4.2.1～4.2.12的内容。

某项条件因客观原因未完成，且其对开工后的工程正常进行无明显影响时，经建设单位同意后，可签发合同工程开工令。

5 施工阶段监理

5.1 质量监理

施工阶段质量监理的内容如下面程序框图所示：

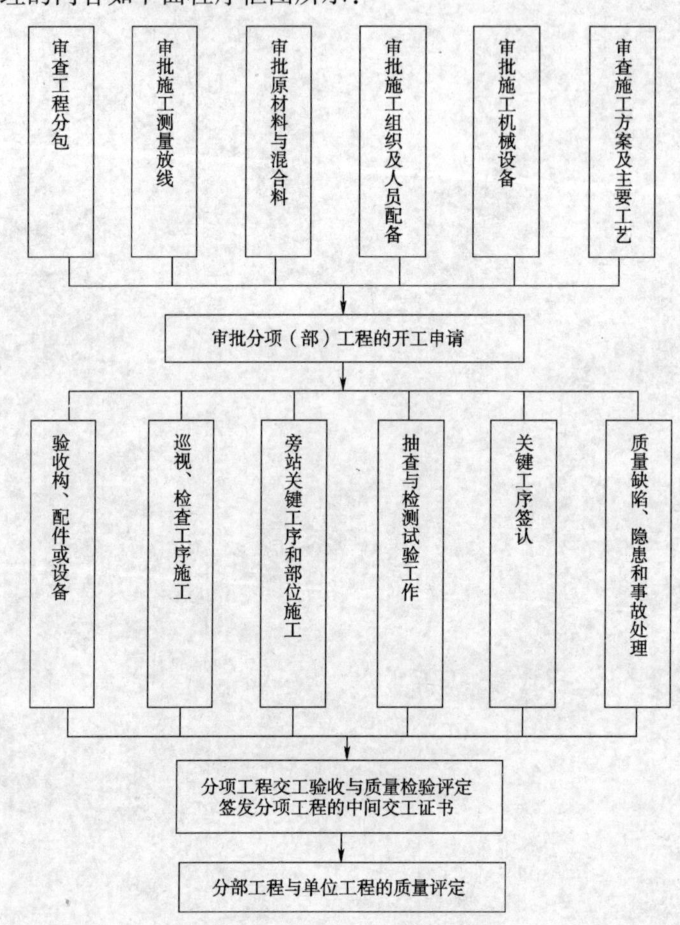

框图中第一排的6项工作即5.1.1～5.1.6条内容，为分项（部）工程开工前监理机构必须审批的6项内容，均合格的可批准分项（部）工程开工。

框图第三排的6项工作即5.1.8～5.1.13条内容，为分项工程施工过程中质量监理的工作内容。

全部工程完成后，即进行分项工程交工验收和签发分项工程中间交工证书（5.1.14）。

然后随着工程的进展，陆续完成对合同工程各分部工程与单位工程的质量等级评定，为合同工程的交工验收做好准备（5.1.15）。

5.1.2 审批施工测量放线

本条中"施工放线的重点桩位"是指道路工程的路线平面控制点（直线转角点、圆曲线、缓和曲线起讫点、中点）和各种结构物定位的轴线控制桩位等以及各高程控制点。

5.1.3 审批工程原材料和混合料

本条中"必要时做标准试验"是指监理工程师对施工单位申请使用的配合比设计和标准试验结果进行复核性试验后，证明施工单位所作的配合比设计不能满足合同要求时，一般应要求施工单位重新进行配合比设计和试验，并指派监理工程师和试验检测人员旁站施工单位的设计和试验过程。如结果仍无改进时，可由监理试验室做平行的标准试验。

监理工程师对施工单位申请使用的商品混凝土或商品混合料配合比进行审查，一般只对其具有出厂合格证的商品混合料进行复核性试验。不再对其原材料进行检查和试验。如对一些直接影响混合料质量的主要原材料有疑问时，可对该原材料进行抽查检验。

5.1.4 审查施工组织及人员配备

这项审查的内容和施工准备阶段对施工组织设计和质量保证体系的人员的审查有一定联系，但这里主要是审批一项分项工程的人员配备。

5.1.5 审查施工机械设备

施工单位使用非合同规定的施工机械设备，应提出申请，解释变动原因，对拟使用的机械设备作充分说明。监理工程师认为可行的应及时批准，否则应提出否决意见批复施工单位。对施工单位拟使用替代的施工机械设备，监理工程师既无充分依据批准使用，又无充分理由拒绝使用时，可通过试验工程的试验结果来决定是否批准使用。

5.1.6 审查施工方案及主要工艺

对技术复杂或采用新技术、新工艺、新材料、新设备的工程，得到监理工程师批准的试验工程总结即为该分项工程合格的施工方案和工艺。

5.1.7 审批分项、分部工程的开工申请

监理工程师要求施工单位提交的分项工程开工申请，内容应包括分项工程的概况，施工方案及主要工艺，质量保证、安全技术和环境保护措施，进度计划，质量控制指标及试验检测项目、频率和方法，施工组织、管理人员及施工人员的配备，人员、材料、机械设备等进场情况，测量放线成果等。

对分项工程的开工申请的批准，不仅仅是对某一特定分项工程的审批，也包括在同一合同工程中所有相同单位工程、分部工程中相同分项工程的审批，但分项工程开工条件有变化的除外。

因为施工阶段的质量控制是以分项工程的施工全过程为单位进行的，所以开工申请也应尽量以分项工程为主。但分部工程与分项工程内容相同时也可按分部工程报批。

5.1.9 巡视

监理人员每次（天）巡视后，应将巡视的主要内容、现场施工概况、发现的问题、处理意见和处理结果等如实记录在巡视记录上。当天问题未及处理的，应在处理完成之日及时补记。

5.1.10 旁站

监理机构在编制监理计划时应依据附录B《公路工程监理旁站工序/部位一览表》确定本合同旁站的项目，制订旁站计划并认真实施。

旁站的工序完工后，应进行检查验收。未经施工单位自检合格和监理工程师验收认可的，不得转入下道工序施工。

5.1.11 抽检

本条所指“抽检”，是指在施工过程中，监理人员对已批准使用的原材料、混合料和已完工的工程实体质量进行的抽查检测、测量和取样试验。“抽检频率”是指监理抽检次数相对于施工单位根据合同、相关施工技术规范或《公路工程质量检验评定标准》（JTG F80）的规定进行施工自检的次数的比例（%）。该“抽检频率”仅适于每个检测项目的检测、测量和取样试验的次数，而对各种原材料、混合料和每个单位、分部、分项工程及所有规定的检测项目要全部抽检。

5.1.12 关键工序签认

本条所说的关键工序是指在分项工程中与《公路工程质量检验评定标准》（JTG F80）中涉及结构安全和使用功能的关键实测项目（即在标准中标有Δ的实测项目）相关的施工工序。对工程完工后无法再进行检验的关键工序，在施工单位自检合格后监理工程师应进行检查验收，合格后予以签认。

5.1.13 质量事故处理

本条款是根据交通部“公路工程质量管理办法”（交公路发[1999]90号）中建立的“公路工程质量事故等级划分和报告制度”和“质量事故的调查处理实行统一领导、分级负责的原则”制订的。即：“重

大质量事故由国务院交通主管部门会同省级交通主管部门负责调查处理;一般质量事故由省级交通主管部门负责调查处理;质量问题(即本条条文中的"质量缺陷、质量隐患")原则上由建设单位或企业负责调查处理。"因"质量问题"基本上可在合同范围内处理,故列为"可由监理机构处理的质量缺陷、质量隐患";其他两级质量事故则"不属于监理机构处理的质量事故"。监理工程师应区别不同级别的质量事故而主持或配合调查处理工作。

5.1.15 质量评定

监理工程师应在合同工程交工之前随着施工的进展,按《公路工程质量检验评定标准》(JTG F80)第3.2.2条"分部工程和单位工程质量评分"的规定,陆续完成对各分部工程与单位工程的质量等级评定,为合同工程的交工验收做准备。

5.2 施工安全监理

5.2.1 《建设工程安全生产管理条例》(国务院令第393号)规定"监理单位应当审查施工组织设计中的安全技术措施或者专项施工方案是否符合工程建设强制性标准"。

公路工程监理工程师作为监理单位的现场代表,在开工前,应审查施工组织设计中的安全技术措施或专项施工方案是否符合公路工程强制性条文的规定。结合公路建设特点,重点审查1~8款所列的内容,并强调安全技术措施或专项施工方案经审查合格后方可同意工程开工。

5.2.2 通过审查施工分包合同中安全生产的责任条款,促进施工单位与分包单位各自强化质量意识,明确责任,落实安全保证体系。

5.2.3 《建设工程安全生产管理条例》(国务院令第393号)规定"工程监理单位在实施监理过程中,发现存在安全事故隐患的,应当要求施工单位整改;情况严重的,应当要求施工单位暂时停止施工,并及时报告建设单位。施工单位拒不整改或者不停止施工的,工程监理单位应当及时向有关主管部门报告。"

监理工程师在巡视、旁站过程中,应检查施工单位的施工生产是否违反有关安全的法律、法规及工程强制标准,是否违规作业,是否存在安全事故隐患,如发生上述行为,则应立即制止,并书面指令施工单位整改;情况严重的应签发《工程暂停令》并及时报告建设单位。施工单位拒不整改或者不停止施工的,监理工程师应及时向有关主管部门报告。

5.2.4 监理工程师应督促施工单位认真履行有关安全生产的各项规章制度,并定期进行自查。监理工程师应参加上级单位、建设单位、施工单位组织的各种施工现场安全生产检查。

5.2.5 建立施工安全监理台账

根据《建设工程安全生产管理条例》(国务院令第393号),监理单位和监理工程师应当按照法律、法规和工程建设强制性标准实施监理,并对建设工程安全生产承担监理责任。

施工安全监理台账是监理人员履行职责与否的重要记录和证明。因此监理人员应将巡视、检查、旁站过程中发现的有关施工安全隐患、事故苗头的情况、监理的指令及施工单位处理的措施和结果等详尽、及时记入台账。

施工安全监理台账具体可由安全监理人员统一整理,总监理工程师和驻地监理工程师应定期检查。

5.2.6 如分项、分部工程发生过安全事故,到其交工验收时施工单位仍未按有关规定把事故现场处理完成,监理工程师可暂不签发《中间交工证书》,待处理完毕后签发。

5.3 施工环境保护监理

5.3.1 监理工程师审查施工组织设计中的施工环境保护措施的主要依据是设计文件和项目环境影响评价报告,符合要求的视为合格,可同意工程开工。

监理工程师应了解工程项目所处自然环境的特点,熟悉环境敏感点以及项目施工期间的环境保护要求和措施,检查1~9款所列内容,随时检查施工单位落实环境保护措施的情况。

5.3.2 对照5.3.1条所列的9项检查内容，如发现施工中有任何一项未做到或布设不合理的情况，视为违反有关环保规定，监理工程师应责令施工单位整改；如发现不只一项未做到或不合理的，视为情况严重，监理工程师应签发《工程暂停令》要求施工单位暂时停工，并及时报告建设单位。

5.4 费用监理

自1995年出版的《公路工程施工监理规范》(JTJ 077—95)(以下简称"95版规范")实施以来，监理工程师对费用监理已基本熟悉并取得一些经验，因此工程量清单、工程计量、工程支付的范围、原则，方式及程序等未再编入本规范。

5.4.1 计量与支付的先决条件是已完分项、分部工程质量经过自检和监理检验，确认工程质量合格，且各项试验检测资料齐全有效；同时符合5.4、5.5节安全和环保监理的各项规定。

5.4.3 根据公路工程施工的实际情况，目前一些分项、分部工程经监理工程师试验检测其工程内在质量合格，但仍有质量缺陷，监理工程师可依据合同有关约定，组织建设单位、设计单位和施工单位联合鉴定，确认质量缺陷的部位和程度，经施工单位修整后不影响使用和安全，监理工程师与施工单位协商折减计量与支付，报建设单位批准。

上述折减计量与支付工作，监理工程师必须严格控制和掌握。

5.4.4 监理工程师以合同工程量清单内的数量、单价、金额为基础，以经建设单位批准的清单核算为主要依据建立台账，将计量与支付随时发生的变化登账记录，实行动态管理，并与计量与支付申请、批准的数量和金额相一致。

5.4.5 监理工程师接到施工单位计量申请和有关文件资料后应及时与其共同计量，并准确记录。对条款中所列及类似情况的项目，应会同建设、设计、施工单位现场共同确认计量。

5.4.7 施工单位提交的支付申请应包括相关的各项资料与文件，监理工程师应在合同规定时间内，签发支付证书。

5.5 进度监理

5.5.1 监理原则

进度监理主要以进度计划的审批、核查和调整为手段。进度计划审批应满足工期目标，保证工程质量和施工安全。同时还应充分考虑到各种不利因素的影响，将各种损失降到最低。

5.5.2 计划编制

依合同规定按时编报进度计划是施工单位的责任。监理工程师从进度监理出发，有特殊要求时，可以细化或补充具体规定，施工单位应遵从。总体进度计划网络图时间参数供发生延期或索赔事件时使用。进度计划不能仅有图表，还须有相关保证措施。

5.5.3 计划审批

进度计划审批应以合同文件、工艺周期、工期定额、主要构、配件及设备供货期限、气候条件、征地拆迁计划、其他现场实际状况等为依据，审批时限遵从合同文件规定。对于总体工程进度计划和阶段工程进度计划，宜在批准前征求建设单位意见。

5.5.4 计划检查

进度计划批准后，监理工程师应重点监督进度计划的执行情况，分析计划进度与实际进度偏差及其产生原因。一方面要敦促施工单位做好进度记录，抽查验证其符合性，另一方面要自己做好记录和评价。

5.6 合同其他事项管理

"95版规范"中的"合同管理"章节，本规范改为"合同其他事项管理"，且作出较大调整和修改，其中工程变更、工程延期、费用索赔等做了删减,增加了工程暂停、工程复工、价格调整和计日工的内容。

5.6.1 工程变更

本条对工程变更的提出、监理工程师审核及工程变更的确定提出原则要求。工程设计变更应符合交通部“公路工程设计变更管理办法”(交通部令2005年第5号)有关规定。

5.6.4 价格调整和计日工

价格调整在施工合同中有明确规定,应根据合同规定的价格调整方法及可调整的项目给予调价,并将相应的金额增加到合同价格上或合同价格中扣除。

计日工属于合同清单内容,一般在合同总价范围内。计日工按合同已确定的单价和费率,以日计月累计形式,通过每月(期)支付申请,监理工程师审核,建设单位批准支付。

5.6.5 签发《工程暂停令》应以施工合同的有关约定为依据。

5.6.8 工程保险;5.6.9 违约处理;5.6.10 争端协调的内容,在“95版规范”基础上,本规范依据施工合同作了删减,并提出原则要求,监理工程师应结合工程情况执行。

6 交工验收与缺陷责任期监理

6.0.1 审查交工验收申请

"合同约定的各项内容的完成情况"主要指拟交工工程是否已满足"公路工程竣(交)工验收办法"(交通部令2004年第3号)第八条规定的公路工程(合同段)进行交工验收应具备的六项条件;"施工自检情况"主要指合同约定的各项内容的施工自检结果是否合格。

6.0.2 评定工程质量与编制监理工作报告

合同工程的质量评分及质量等级评定应按"公路工程竣(交)工验收办法"(交通部令2004年第3号)第十三条的规定进行。监理工作报告应按"公路工程竣(交)工验收办法"(交通部令2004年第3号)附件5中"公路工程监理工作报告"的内容和格式进行编制。

6.0.5 缺陷责任期的监理

在缺陷责任期内,"监理工程师应检查施工单位剩余工程的实施情况"主要是指监理工程师按照施工单位在交工验收时提交并经交工验收小组批准的剩余工程计划督促施工单位尽快完成未完工程和修复交工验收时指出的工程质量缺陷,对完成或修复的工程按合同规定的质量标准进行质量检查、监测、试验,合格的予以验收。

"巡视检查已完工程",主要是为了发现以前未发现的工程缺陷或交工验收后新发生的工程缺陷。调查、分析产生工程缺陷的原因和责任。确属非施工单位原因造成的工程缺陷,监理工程师应对施工单位修补、修复缺陷或重建的费用在与施工单位协商后予以确认,报建设单位批准、支付。

7 工地会议

7.1 工地会议的形式及记录

工地会议是目前公路施工监理形成的工作制度，是工程建设三方的工作协调会议，通过会议检查合同执行情况与存在问题，研究下阶段工作。并对工程中重点、难点问题进行专题研讨。

7.1.1 工地会议形式

工地会议分为第一次工地会议、工地例会与专题工地会议，本次修订取消了“95 版规范”的现场协调会，因现场协调会没有三方主要负责人参加，仅是部分监理人员与施工单位人员参加，不符合工地会议的基本要求。增加了专题工地会议的目的是突出合同履行中，通过专题工地会研讨解决工程质量、安全、环保、费用、进度等方面的重点、难点问题的作用。

7.1.2 工地会议记录

工地会议记录是会议原始资料，应根据记录事项形成会议纪要。纪要中包括三方协商一致的意见及各方有保留的意见。会议纪要经三方确认后，可作为监理文件下达。本次修订强调工地会议纪要是合同文件的一部分，同时强调会议纪要内容涉及合同条件变更及变更设计等内容时，要在工地会议三方协调一致的基础上按规定监理程序办理必要手续。

7.2 第一次工地会议

7.2.1 会议组织

会议组织重点强调会议应在工程开工前召开，目的是在施工准备阶段就能及时召开第一次工地会议。强调总监主持是说明监理工程师是受业主委托对工程施工实行监督与管理，反映了监理的定位。

7.2.2 会议内容

会议的内容与“95 版规范”大致相同，但增加了施工安全与环保监理内容。第一次工地会议上，三方介绍各自的组织机构，建立正常的工作秩序，通报、检查、落实开工准备工作，也是对开工前各项工作的一次全面总结，会议内容应记入第一次工地会议纪要，以便执行与检查。

7.2.3 会议通过对开工准备情况的通报、检查、落实，认为开工条件已具备时，会议在结束前由总监理工程师下达开工令。不具备开工条件时，也应对存在的问题提出解决的具体意见，特别是对准备开工的日期要提出要求，并统一各方认识。

7.3 工地例会

7.3.1 会议组织

工地例会为施工阶段每月定期召开的工地工作会议，如有必要也可以临时增加，工地例会是建设单位、施工单位、监理机构三方对工程的检查与协调的例行会议，建设单位代表、施工单位项目经理及总工必须出席。

7.3.2 会议内容

在会议检查与落实的内容中增加环保一项，其中安全问题“95 版规范”已经列入。会议研究的内容与决议应记入工地会议纪要，以便会后落实与检查，会议纪要应经三方确认后方能签发。

7.4 专题工地会议

施工阶段有些重点、难点问题在工地例会上有时不能深入讨论，而需要进行专题研讨，故增加专题工地会议一节。

7.4.1 会议组织

专题工地会议研讨问题涉及施工阶段各方面需要专题研讨的问题，三方代表及有关人员参加。根据会议内容可邀请有关专家及设计代表参加。

7.4.2 会议内容

专题工地会议研讨的问题主要根据工地工作需要确定，贯彻时涉及合同管理和变更设计内容，仍应按合同文件要求与有关监理程序办理。

8 文件与资料管理

"95 版规范"对这部分内容称"记录与报告",结合当前公路工程监理实践,这部分内容改称"文件与资料管理"。

8.1 监理文件与资料管理

8.1.1 文件与资料管理是监理工作重要工作,监理的质量、安全、环保、费用、进度、合同的管理以及工程各方的往来函件及重要工程活动全部要通过监理文件与资料系统、完整地反映,监理机构应建立完善的资料管理制度并运用计算机管理软件,设专人负责文件资料管理工作。

8.1.2 建立各项台账是文件与资料管理的一种重要管理手段,它可简明地了解资料简况,便于检索与检查。

8.1.3 监理文件与资料应及时整理,分类有序。目前,文件、资料尚无明确的定义与规范性的解释,如《建设工程文件归档整理规范》(GB/T 50328—2001)中称"监理归档文件",而交通部 2004 年颁发的"关于贯彻执行公路工程竣交工验收办法有关事宜的通知"附件二——"公路工程竣工档案目录"第三部分称"监理资料"。

在日常监理工作中,应注意对须归档文件与资料的积累与整理,避免竣工时再补资料。监理工作的日常资料管理可参照 8.2.1 条执行。

8.2 监理文件与资料内容

本次修订增加了安全、环保监理方面的内容,相应地将安全、环保监理有关文件列入监理文件与资料内容。

《建设工程文件归档整理规范》(GB/T 50328—2001)附录 A 表中"监理归档文件"和交通部"关于贯彻执行公路工程竣交工验收办法有关事宜的通知"(交公路发[2004]第 446 号)第三部分"监理资料",将监理月报中的工程质量内容与监理工作报告列入归档范围,本次修订也将监理月报中的工程质量内容与监理工作报告列入监理文件之中。

在实际工作中,无法按本节 8.2.2 至 8.2.9 条进行分类的文件与资料可列入其他文件与资料栏目。

8.3 监理文件与资料归档

8.3.1 监理单位应建立文件资料管理制度,根据项目管理要求将文件与资料分类管理,特别是需要归档的文件从工作开始就需要系统、完整地收集、整理。资料管理应建立各种台账,并应用计算机辅助管理手段进行有效管理。

归档的监理文件仅是监理文件与资料中的一部分,但必须能系统、完整、准确地反映工程监理活动。

8.3.2 按照《建设工程文件归档整理规范》(GB/T 50328—2001)规定,归档文件分为长期保存与短期保存两类。监理归档文件中短期保存的文件包括监理计划、监理细则、专题总结、监理月报等。列入长期保存文件包括监理月报中有关质量问题、监理会议纪要中的有关质量问题、开工/复工审批表、开工/复工令及暂停令、质量和安全事故报告及处理意见等。有关质量、安全、环保、费用、进度监理通知,工程变更、延期与索赔的报告与批复,合同争端、违约报告及处理意见,监理工作总结等也应长期保存。

因各地建设主管部门、档案管理部门及交通主管部门对归档文件内容要求不尽相同,因此文件与资料归档与保存仍应按当地主管部门的有关规定办理。

8.3.3 列入归档文件的仅是监理单位的部分文件与资料,对不能列入的各类文件与资料,监理单位也应分类整理,竣工后上述资料应交建设单位保管,建设单位可以制订管理办法确定必要的保存年限。

9 公路机电工程监理

9.1 施工准备阶段监理

9.1.1 监理工作条件准备

监理单位按合同的约定派出监理人员进场,完成监理机构的组建、驻地建设工作,主要包括办公、生活场所选址、设施建设、条件准备;并逐项落实本规范第4.1节的各项监理准备工作。

9.1.2 检测仪器、仪表准备

因机电系统设备安装、调试、测试的工序特点,本条规定监理机构须保证监理检测常用仪器、仪表类型配备和到场时间安排符合合同要求。

9.1.3 监理工作准备

熟悉合同文件是监理人员做好监理工作的基础,如发现合同文件(如设计图纸)有误或各部分文件不一致,应书面向建设单位提出,由建设单位与有关单位协调处理。监理工程师应详尽了解与机电工程相关的土建、房建等工程界面情况,如机房装修、电力条件、光、电缆路由、预埋、预留的构件、设施等是否符合机电工程施工要求,如有影响按时开工的情况,应及时向建设单位反映,尽快解决。

编制机电工程监理计划和监理细则与本条文说明第4.1.4条和第4.1.5条相同。

9.1.4 监理工作

机电工程监理机构应按本规范4.2节的规定进行工作。机电工程不涉及4.2.5、4.2.6、4.2.8条的内容。对机电工程施工单位自测仪器、仪表的准备工作可参照第4.2.4条要求。

9.1.5 签发合同工程开工令

核查开工条件原则上包括本节第9.1.1~9.1.4条的内容。

某项条件因客观原因未完成,且其对开工后的工程正常进行无明显影响时,经建设单位同意后,可签发合同工程开工令。

9.2 施工阶段监理

9.2.1 检验进场设备、材料及软件

保证进场设备、材料的质量是保证机电工程质量的首要步骤,监理工程师应用专业技术方法对到场设备、材料进行检验,保证机电工程建设使用的设备、材料符合合同要求且合格。经检验合格的设备、材料,应批准进场。没有获得监理工程师批准进场的设备、材料,不得在工程中使用。

国产设备、材料应要求施工单位提供生产厂方出具的产品检验合格证、质量检验单和出厂合格证。国外进口设备应要求施工单位出具商检部门的检验证书。

审查到场平台软件的合法授权文件、平台软件组成及说明书。

9.2.2 厂验

监理工程师认为在施工现场无法对施工单位订购的设备、材料进行检验时,可向建设单位建议进行厂验。厂验是在生产厂家的测试条件下对所供设备、材料进行检验测试。监理工程师检测按供货设备、材料数量15%~100%的比例抽样。设备、材料数量少抽样比例大;设备、材料数量多,抽样比例小。抽样比例最低不得小于15%。经监理工程师检验测试合格的设备、材料应批准启运。监理工程师参加测试的设备、材料的测试数据可作为工程资料的组成部分。

9.2.3 应用软件开发监理

收费系统、监控系统在工程建设时须根据工程项目的具体要求进行应用软件开发。监理工程师主要审查施工单位提交的软件需求分析、概要设计、详细设计和软件测试大纲。安装应用开发软件前应在开发商实验室进行应用开发软件的测试。监理工程师主要进行系统功能、软件运行稳定性测试。数据准确性测试在系统测试时进行。经监理工程师测试合格后应批准现场安装;开发软件安装后按系统测试大纲进行测试。

9.2.4 审核施工机具

监理工程师应审查施工单位进场的施工机械、器材、工具是否与投标书承诺的及进度计划所附的进场施工机械、器材、工具表一致;是否与施工质量和进度相适应。施工单位使用非合同规定的施工机具,应提出申请,解释变动原因,对拟使用的机具作出充分说明。监理工程师认为可行的应及时批准,否则应提出否决意见批复施工单位。

9.2.5 审批分项、分部工程的开工申请

监理工程师应要求施工单位提交分项、分部工程的开工申请,其内容应包括分项、分部工程的概况,施工方案及主要工艺,质量保证、安全技术和文明施工措施,进度计划,质量控制指标,施工组织、管理人员及施工人员的配备,人员、设备、材料、施工机具等进场情况,施工条件等。

监理工程师在收到施工单位提交开工申请后应在合同规定的时间内,重点按上述要求审查分项、分部工程的开工条件,并明确批复开工申请。

9.2.6 巡视

监理人员巡视中应同时随机抽查施工单位的自检资料。每次巡视后监理人员应将巡视的主要过程、发现的问题、处理意见和处理结果等如实记录在监理日记上。当天未及处理的,应在处理完成之日及时补记。

9.2.7 旁站

旁站人员应做好记录并作为原始资料保存。

旁站工序或项目施工完成后,监理工程师应对施工单位自检资料和工程实体进行检查验收。合格的,在工序交验单上签字认可,一份交施工单位,另一份监理留存;不合格的,在工序交验单上指出问题、签署意见后退回施工单位,待其改正并经自检合格后再重新提交工序交验单。未经监理认可的工序不得进行下道工序施工。

如建设单位要求监理工程师增加旁站监理内容,应由建设单位与监理单位协商,须签订补充协议,另行约定。

9.2.9 隐蔽工程的验收

机电工程隐蔽工程主要包括:直埋光电缆、光电缆接续、外场设备基础、管道等,直埋光电缆、光电缆接续和管道工程可以按区段验收;外场设备基础可按单个独立基础按分项工程中间交工验收处理,见本规范第5.1.14条。

9.2.10 安装验收

安装验收指机电工程的单位、分部、分项工程的设备、线缆安装质量、数量的验收。

机电工程完工后,经施工单位的质检人员自检合格,汇总各道工序的自检记录及测量数据编制安装验收报告,报监理工程师审查,自检资料不合格,监理工程师可拒绝机电工程安装验收。

监理工程师根据施工单位提交的安装验收报告涵盖的内容进行现场检查、验收。重点检查报验工程项目的设备、材料的质量、数量、安装位置、安装工艺。报验工程经监理工程师验收合格,应由总监理工程师签发安装验收合格证书;未经监理工程师进行安装验收或验收不合格的工程,不得进入调试工序。

安装验收合格的机电工程,施工单位可开始进行系统参数设置、功能调试。在此阶段监理工程师应采取旁站、巡视的方法,掌握调试工作进展情况,监督施工单位将系统调试达到合同技术规格书的全部要求并做好调试记录。

9.2.11 施工安全监理

施工安全监理的重点是检查、监督施工单位的安全施工保证措施到位情况,同时应检查、监督施工

单位文明施工,以保证机电工程施工安全。

9.2.14 审批系统测试大纲

监理工程师根据合同约定的系统功能、技术指标、工程进度计划,审查施工单位编制的测试大纲的测试内容、测试方法、测试仪表、测试时间、测试人员、测试表格,以保证合同工程质量、进度的全面实现。

9.2.15 检查测试仪器、仪表

测试仪器、仪表是度量机电工程质量的工具,监理工程师主要检查施工单位使用的测试仪器、仪表是否按批准的施工组织设计明确的型号、规格、数量提供,是否按规定进行了校准,以保证测试数据正确、有效。

9.2.16 系统检验测试

公路机电工程系统检验测试内容:施工单位自测与监理签证测试;功能测试(包括软件测试)与技术指标测试。施工单位按照经监理工程师批准的测试大纲进行系统测试,并编制自测报告报监理工程师审查。监理工程师经审查认为施工单位的自测项目完整,各项功能、指标满足合同要求,应通知施工单位开始签证测试。公路机电工程的签证测试在施工单位技术人员的配合下,按100%的项目比例进行。测试合格的项目,监理工程师应在系统测试表格上签署检验测试结论意见;签证测试不合格的项目要求施工单位重新调试,调试合格后再进行签证测试。

监理工程师按系统测试大纲逐项逐条进行系统功能、系统技术指标的测试,并认真做好记录。机电系统可靠性、稳定性在试运行期间进行考验,由监理工程师根据巡视与试运行人员值班记录作出评估。

系统测试完成后应整理出完整的检验测试报告。监理工程师应作出合格与否的评定结论。

9.2.20 审查完工申请

机电工程的完工条件是合同工程量清单规定的设备、材料全部安装到位,经调试满足合同规定的系[illegible]、技术指标要求,并经监理工程师检验合格,具备试运行条件。在施工单位提出完工申请后,监理工程师应及时审查施工单位的完工申请文件,作出是否可以进行完工验收的意见,并建议建设单位组织完工验收。

9.3 试运行阶段监理

9.3.1 检查遗留问题的整改

机电工程通过完工验收后通常会在验收纪要中列明存在问题和整改意见,监理工程师应检查、督促施工单位就提出的问题和整改意见进行分析并制订整改措施。监理工程师经审查认为措施得当,即可批准施工单位进行整改。监理工程师应对此项整改结果进行检验,合格的,应在整改单上签字认可;不合格的,应指令施工单位重新进行整改,直至合格。

9.3.2 检查系统试运行情况

机电工程试运行主要考查系统设备、开发软件的运行稳定性、可靠性,在此期间监理工程师应巡视系统设备的运行情况,并做好巡视记录,重点检查试运行人员的值班记录、系统工作情况。对发现的功能、设备故障等问题应详细记录,并要求施工单位及时排除故障、调整系统参数等,保证投入试运行的系统设备正常工作、稳定运行。

9.3.3 核查专用工具、备品、备件

机电工程投入试运行后,施工单位须提供专用工具、备品、备件,监理工程师应按照进场设备的检验方法对其进行检验,使之在数量、质量上符合合同约定。

9.3.4 审查交工申请与合同工程质量评定

施工单位提交的交工申请报告内容完整并与现场情况相符,评估机电工程已满足"公路工程竣(交)工验收办法"所规定的交工条件,各系统设备工作正常、稳定,且试运行期满,机电工程总监办应建议建设单位组织交工验收;监理工程师依据《公路工程质量检验评定标准》(机电工程)(JTG F80/2)对具备交工验收条件的及时进行合同工程的质量评定。

9.4 缺陷责任期监理

9.4.1 检查遗留问题的整改

对机电工程交工验收纪要中列明的存在问题和整改意见,监理工程师应要求施工单位就此进行分析和制订整改措施,并进行审查。监理工程师认为分析正确、整改措施恰当,即可批准施工单位进行整改。监理工程师应对此项整改结果进行检验,合格的,应在整改单上签字认可;不合格的,应指令施工单位重新进行整改,直至合格。

9.4.2 缺陷责任期的监理

在缺陷责任期发生的设备故障、系统功能缺陷,监理工程师应指令施工单位及时排除故障、修复缺陷,并根据合同条件协助建设单位与施工单位一起调查、分析产生工程缺陷的原因和责任。如果属施工单位的原因(设备或工程自身的原因)造成的工程缺陷,在施工单位排除故障、修复缺陷后,应重新界定相应设备的缺陷责任期;如果确属非施工单位的原因,监理工程师应对施工单位排除故障、修复缺陷的费用在与施工单位协商后予以确认,报建设单位批准、支付。

JTG

中华人民共和国行业标准　　　　JTG F80/1—2004

公路工程质量检验评定标准

第一册　土 建 工 程

Quality Inspection and Evaluation Standards for Highway Engineering

Section 1　Civil Engineering

6

2004-09-04 发布　　　　2005-01-01 实施

中华人民共和国交通部发布

中华人民共和国交通部公告

第 25 号

关于发布《公路工程质量检验评定标准》的公告

现发布《公路工程质量检验评定标准》(土建工程)(JTG F80/1—2004)与《公路工程质量检验评定标准》(机电工程)(JTG F80/2—2004),自 2005 年 1 月 1 日起实行,原《公路工程质量检验评定标准》(JTJ 071—98)同时废止。

《公路工程质量检验评定标准》(土建工程)(JTG F80/1—2004)与《公路工程质量检验评定标准》(机电工程)(JTG F80/2—2004)由交通部公路科学研究所主编,标准的管理权和解释权归交通部,日常的具体解释和管理工作由交通部公路科学研究所负责。

请各有关单位在实践中注意积累资料,总结经验,及时将发现的问题和修改意见函告交通部公路科学研究所(北京海淀区西土城路 8 号,邮政编码:100088),以便修订时参考。

特此公告。

中华人民共和国交通部

二〇〇四年九月四日

前　言

1998年11月3日,中华人民共和国交通部以交公路发[1998]670号文发布了行业标准《公路工程质量检验评定标准》(JTJ 071—98),于1999年7月1日开始施行。这一标准作为公路工程建设中必须严格执行的主要技术法规,对于加强工程技术管理和质量监控起到了重要作用。

近年来,公路建设的投资大幅度增加,建设进程大大加快,高速公路里程快速增长,积累了丰富的经验。为此,交通部公路司于2001年下达了《公路工程质量检验评定标准》(JTJ 071—98)修订任务。

本次修订的主要内容是:修订总则,增加术语一章;工程质量评定方法单列一章,并增加分项工程检测评定关键项目及其要求;结合技术发展和应用实践,调整了路面、桥梁、涵洞工程和隧道工程的内容;对交通安全设施的质量标准进行了适当调整,增补了公路机电工程质量检验评定标准,并独立成册发布;增补了环保工程的技术内容;开发了质量评定管理软件,对标准正文存在的问题和某些文字表述以及部分条文说明作了必要的修改等。《公路工程质量检验评定标准》的修订力求与新近颁布的国家标准、交通行业标准协调一致。

修订后的《公路工程质量检验评定标准》必将促进公路建设的健康发展,确保工程质量的稳步提高。

请各有关单位将执行本标准中所发现的问题和意见函告交通部公路科学研究所(地址:北京市海淀区西土城路8号,邮政编码:100088),以便下次修订时参考。

主 编 单 位:交通部公路科学研究所

参 编 单 位:北京市公路工程质量监督站
中国路桥(集团)第一公路工程局
重庆交通科研设计院

主要起草人:孟书涛　王国亮　周绪利　楼庄鸿　曾沛霖　田克平
任尚强　杨久龄　邵社刚　唐琤琤　张　涛　尚晓东
魏道新　魏新农　上官甦

目　录

1 总则

1.0.1 目的

为了加强公路工程质量管理，统一公路工程质量检验标准和评定标准，保证工程质量，制定本标准。

1.0.2 适用范围

本标准适用于四级及四级以上公路新建、改建工程的质量检验评定，其环保、机电工程部分按相应具体规定执行。

本标准适用于公路工程施工单位、工程监理单位、建设单位、质量检测机构和质量监督部门对公路工程质量的管理、监控和检验评定。

1.0.3 与相关规范关系

公路工程质量检验评定应以本标准为准。质量标准与其他规范不一致时，宜以颁布年份最新者为准。

在公路施工、质量管理和工程质量检验评定中，除应符合本标准外，尚应符合现行国家、交通部颁布的相关规范的规定。

1.0.4 特殊工程

对特大桥梁、特长隧道、特殊地区，或采用新材料、新结构、新工艺的工程，在本标准中缺乏适宜的技术规定时，在确保工程质量的前提下，可参照相关标准或按照实际情况制定相应的技术标准，并按规定报主管部门批准。

2 术语

2.0.1 检验 inspection

对检验项目中的性能进行量测、检查、试验等,并将结果与标准规定要求进行比较,以确定每项性能是否合格所进行的活动。

2.0.2 评定 evaluation

依据检验结果对工程质量进行评分并确定其等级的活动。

2.0.3 关键项目 dominant item

分项工程中对安全、卫生、环境保护和公众利益起决定性作用的实测项目。

2.0.4 一般项目 general item

分项工程中除关键项目以外的实测项目。

2.0.5 外观(质量) quality of appearance

通过观察和必要的量测所反映的工程外在质量。

2.0.6 权值 weight number

对工程项目或检测指标根据其重要程度所赋予的数值。

3 工程质量评定

3.1 一般规定

3.1.1 根据建设任务、施工管理和质量检验评定的需要,应在施工准备阶段按本标准附录 A 将建设项目划分为单位工程、分部工程和分项工程。施工单位、工程监理单位和建设单位应按相同的工程项目划分进行工程质量的监控和管理。

1 单位工程

在建设项目中,根据签订的合同,具有独立施工条件的工程。

2 分部工程

在单位工程中,应按结构部位、路段长度及施工特点或施工任务划分为若干个分部工程。

3 分项工程

在分部工程中,应按不同的施工方法、材料、工序及路段长度等划分为若干个分项工程。

3.1.2 工程质量检验评分以分项工程为单元,采用 100 分制进行。在分项工程评分的基础上,逐级计算各相应分部工程、单位工程、合同段和建设项目评分值。

3.1.3 工程质量评定等级分为合格与不合格,应按分项、分部、单位工程、合同段和建设项目逐级评定。

3.1.4 施工单位应对各分项工程按本标准所列基本要求、实测项目和外观鉴定进行自检,按附录 J 中“分项工程质量检验评定表”及相关施工技术规范提交真实、完整的自检资料,对工程质量进行自我评定。

工程监理单位应按规定要求对工程质量进行独立抽检,对施工单位检评资料进行签认,对工程质量进行评定。

建设单位根据对工程质量的检查及平时掌握的情况,对工程监理单位所做的工程质量评分及等级进行审定。

质量监督部门、质量检测机构可依据本标准对公路工程质量进行检测、鉴定。

3.2 工程质量评分

3.2.1 分项工程质量评分

分项工程质量检验内容包括基本要求、实测项目、外观鉴定和质量保证资料四个部分。只有在其使用的原材料、半成品、成品及施工工艺符合基本要求的规定,且无严重外观缺陷和质量保证资料真实并基本齐全时,才能对分项工程质量进行检验评定。

涉及结构安全和使用功能的重要实测项目为关键项目(在文中以“Δ”标识),其合格率不得低于 90%(属于工厂加工制造的桥梁金属构件不低于 95%,机电工程为 100%),且检测值不得超过规定极值,否则必须进行返工处理。

实测项目的规定极值是指任一单个检测值都不能突破的极限值,不符合要求时该实测项目为不合格。

采用附录 B 至附录 I 所列方法进行评定的关键项目,不符合要求时则该分项工程评为不合格。

分项工程的评分值满分为 100 分,按实测项目采用加权平均法计算。存在外观缺陷或资料不全时,应予减分。

$$分项工程得分 = \frac{\sum[检查项目得分 \times 权值]}{\sum 检查项目权值}$$

$$分项工程评分值 = 分项工程得分 - 外观缺陷减分 - 资料不全减分$$

(1)基本要求检查

分项工程所列基本要求,对施工质量优劣具有关键作用,应按基本要求对工程进行认真检查。经检查不符合基本要求规定时,不得进行工程质量的检验和评定。

(2)实测项目计分

对规定检查项目采用现场抽样方法,按照规定频率和下列计分方法对分项工程的施工质量直接进行检测计分。

检查项目除按数理统计方法评定的项目以外,均应按单点(组)测定值是否符合标准要求进行评定,并按合格率计分。

$$检查项目合格率 = \frac{检查合格的点(组)数}{该检查项目的全部检查点(组)数} \times 100\%$$

$$检查项目得分 = 检查项目合格率 \times 100$$

(3)外观缺陷减分

对工程外表状况应逐项进行全面检查,如发现外观缺陷,应进行减分。对于较严重的外观缺陷,施工单位须采取措施进行整修处理。

(4)资料不全减分

分项工程的施工资料和图表残缺,缺乏最基本的数据,或有伪造涂改者,不予检验和评定。资料不全者应予减分,减分幅度可按本标准 3.2.4 条所列各款逐款检查,视资料不全情况,每款减 1~3 分。

3.2.2 分部工程和单位工程质量评分

附录 A 所列分项工程和分部工程区分为一般工程和主要(主体)工程,分别给以 1 和 2 的权值。进行分部工程和单位工程评分时,采用加权平均值计算法确定相应的评分值。

$$分部(单位)工程评分值 = \frac{\sum[分项(分部)工程评分值 \times 相应权值]}{\sum 分项(分部)工程权值}$$

3.2.3 合同段和建设项目工程质量评分

合同段和建设项目工程质量评分值按《公路工程竣(交)工验收办法》计算。

3.2.4 质量保证资料

施工单位应有完整的施工原始记录、试验数据、分项工程自查数据等质量保证资料,并进行整理分析,负责提交齐全、真实和系统的施工资料和图表。工程监理单位负责提交齐全、真实和系统的监理资料。质量保证资料应包括以下六个方面:

(1)所用原材料、半成品和成品质量检验结果;

(2)材料配比、拌和加工控制检验和试验数据;

(3)地基处理、隐蔽工程施工记录和大桥、隧道施工监控资料;

(4)各项质量控制指标的试验记录和质量检验汇总图表;

(5)施工过程中遇到的非正常情况记录及其对工程质量影响分析;

(6)施工过程中如发生质量事故,经处理补救后,达到设计要求的认可证明文件。

3.3 工程质量等级评定

3.3.1 分项工程质量等级评定

分项工程评分值不小于 75 分者为合格,小于 75 分者为不合格;机电工程、属于工厂加工制造的桥梁金属构件不小于 90 分者为合格,小于 90 分者为不合格。

评定为不合格的分项工程,经加固、补强或返工、调测,满足设计要求后,可以重新评定其质量等级,但计算分部工程评分值时按其复评分值的 90% 计算。

3.3.2 分部工程质量等级评定

所属各分项工程全部合格，则该分部工程评为合格；所属任一分项工程不合格，则该分部工程为不合格。

3.3.3 单位工程质量等级评定

所属各分部工程全部合格，则该单位工程评为合格；所属任一分部工程不合格，则该单位工程为不合格。

3.3.4 合同段和建设项目质量等级评定

合同段和建设项目所含单位工程全部合格，其工程质量等级为合格；所属任一单位工程不合格，则合同段和建设项目为不合格。

4 路基土石方工程

4.1 一般规定

4.1.1 土方路基和石方路基的实测项目技术指标的规定值或允许偏差按高速公路、一级公路和其他公路(指二级及以下公路)两档设定,其中土方路基压实度按高速公路和一级公路、二级公路、三级和四级公路三档设定。

4.1.2 本章规定的实测项目的检查频率,如果检查路段以延米计时,则为双车道公路每一检查段内的最低检查频率;多车道公路必须按车道数与双车道之比,相应增加检查数量。

4.1.3 路基压实度须分层检测,并符合附录 B 的规定。路基其他检查项目均在路基顶面进行检查测定。

4.1.4 路肩工程可作为路面工程的一个分项工程进行检查评定。

4.1.5 服务区停车场、收费广场的土方工程压实标准可按土方路基要求进行监控。

4.2 土方路基

4.2.1 基本要求

1)在路基用地和取土坑范围内,应清除地表植被、杂物、积水、淤泥和表土,处理坑塘,并按规范和设计要求对基底进行压实。

2)路基填料应符合规范和设计的规定,经认真调查、试验后合理选用。

3)填方路基须分层填筑压实,每层表面平整,路拱合适,排水良好。

4)施工临时排水系统应与设计排水系统结合,避免冲刷边坡,勿使路基附近积水。

5)在设定取土区内合理取土,不得滥开滥挖。完工后应按要求对取土坑和弃土场进行修整,保持合理的几何外形。

4.2.2 实测项目

见表 4.2.2。

表 4.2.2 土方路基实测项目

<table>
<tr><th rowspan="3">项次</th><th rowspan="3" colspan="3">检 查 项 目</th><th colspan="3">规定值或允许偏差</th><th rowspan="3">检查方法和频率</th><th rowspan="3">权 值</th></tr>
<tr><th rowspan="2">高速公路
一级公路</th><th colspan="2">其他公路</th></tr>
<tr><th>二级
公路</th><th>三、四级
公路</th></tr>
<tr><td rowspan="5">1Δ</td><td rowspan="5">压
实
度
(%)</td><td rowspan="2">零填及
挖方(m)</td><td>0~0.30</td><td>—</td><td>—</td><td>≥94</td><td rowspan="5">按附录 B 检查。
密度法:每 200m 每压实层测 4 处</td><td rowspan="5">3</td></tr>
<tr><td>0~0.80</td><td>≥96</td><td>≥95</td><td>—</td></tr>
<tr><td rowspan="3">填方
(m)</td><td>0~0.80</td><td>≥96</td><td>≥95</td><td>≥94</td></tr>
<tr><td>0.80~1.50</td><td>≥94</td><td>≥94</td><td>≥93</td></tr>
<tr><td>>1.50</td><td>≥93</td><td>≥92</td><td>≥90</td></tr>
<tr><td>2Δ</td><td colspan="3">弯沉(0.01mm)</td><td colspan="3">不大于设计要求值</td><td>按附录 I 检查</td><td>3</td></tr>
<tr><td>3</td><td colspan="3">纵断高程(mm)</td><td>+10,-15</td><td colspan="2">+10,-20</td><td>水准仪:每 200m 测 4 断面</td><td>2</td></tr>
<tr><td>4</td><td colspan="3">中线偏位(mm)</td><td>50</td><td colspan="2">100</td><td>经纬仪:每 200m 测 4 点,弯道加 HY、YH 两点</td><td>2</td></tr>
</table>

续上表

项次	检查项目	规定值或允许偏差			检查方法和频率	权值
		高速公路一级公路	其他公路			
			二级公路	三、四级公路		
5	宽度(mm)	符合设计要求			米尺:每200m测4处	2
6	平整度(mm)	15	20		3m直尺:每200m测2处×10尺	2
7	横坡(%)	±0.3	±0.5		水准仪:每200m测4个断面	1
8	边坡	符合设计要求			尺量:每200m测4处	1

注:①表列压实度以重型击实试验法为准,评定路段内的压实度平均值下置信界限不得小于规定标准,单个测定值不得小于极值(表列规定值减5个百分点);按不小于表列规定值减2个百分点的测点数量占总检查点数的百分率计算合格率。

②采用核子仪检验压实度时应进行标定试验,确认其可靠性。

③特殊干旱、特殊潮湿地区或过湿土路基,可按交通部颁发的路基设计、施工规范所规定的压实度标准进行评定。

④三、四级公路铺筑沥青混凝土或水泥混凝土路面时,其路基压实度应采用二级公路标准。

4.2.3 外观鉴定

1)路基表面平整,边线直顺,曲线圆滑。不符合要求时,单向累计长度每50m减1~2分。

2)路基边坡坡面平顺、稳定,不得亏坡,曲线圆滑。不符合要求时,单向累计长度每50m减1~2分。

3)取土坑、弃土堆、护坡道、碎落台的位置适当,外形整齐、美观,防止水土流失。不符合要求时,每处减1~2分。

4.3 石方路基

4.3.1 基本要求

1)石方路堑的开挖宜采用光面爆破法。爆破后应及时清理险石、松石,确保边坡安全、稳定。

2)修筑填石路堤时,应进行地表清理,逐层水平填筑石块,摆放平稳,码砌边部。填筑层厚度及石块尺寸应符合设计和施工规范规定。填石空隙用石碴、石屑嵌压稳定。上、下路床填料和石料最大尺寸应符合规范规定。采用振动压路机分层碾压,压至填筑层顶面石块稳定,20t以上压路机振压两遍无明显标高差异。

3)路基表面应整修平整。

4.3.2 实测项目

见表4.3.2。

表4.3.2 石方路基实测项目

项次	检查项目		规定值或允许偏差		检查方法和频率	权值
			高速公路一级公路	其他公路		
1	压实		层厚和碾压遍数符合要求		查施工记录	3
2	纵断高程(mm)		+10,-20	+10,-30	水准仪:每200m测4断面	2
3	中线偏位(mm)		50	100	经纬仪:每200m测4点,弯道加HY、YH两点	2
4	宽度(mm)		符合设计要求		米尺:每200m测4处	2
5	平整度(mm)		20	30	3m直尺:每200m测2处×10尺	2
6	横坡(%)		±0.3	±0.5	水准仪:每200m测4断面	1
7	边坡	坡度	符合设计要求		每200m抽查4处	1
		平顺度	符合设计要求			

注:土石混填路基压实度或固体体积率可根据实际可能进行检验,其他检测项目与石方路基相同。

4.3.3 外观鉴定

1)上边坡不得有松石。不符合要求时,每处减1~2分。

2)路基边线直顺,曲线圆滑。不符合要求时,单向累计长度每50m减1~2分。

4.4 软土地基处治

4.4.1 基本要求

1)换填地基的填筑压实要求同4.2土方路基。

2)砂垫层:砂的质量和规格必须符合设计要求和规范规定;适当洒水,分层压实;砂垫层宽度应宽出路基边脚0.5~1.0m,两侧端以片石护砌;砂垫层厚度及其上铺设的反滤层应符合设计要求。

3)反压护道:填筑材料、护道高度、宽度应符合设计要求,压实度不低于90%。

4)袋装砂井、塑料排水板:砂的质量、规格、砂袋织物质量和塑料排水板质量必须符合设计要求;砂袋和塑料排水板下沉时不得出现扭结、断裂等现象;井(板)底标高必须符合设计要求,其顶端必须按规范要求伸入砂垫层。

5)碎石桩:碎石材料应符合设计要求;应严格按试桩结果控制电流和振冲器的留振时间;分批加入碎石,注意振密挤实效果,防止发生"断桩"或"颈缩桩"。

6)砂桩:砂料应符合规定要求;砂的含水量应根据成桩方法合理确定;应确保桩体连续、密实。

7)粉喷桩:水泥应符合设计要求;根据成桩试验确定的技术参数进行施工;严格控制喷粉时间、停粉时间和水泥喷入量,不得中断喷粉,确保粉喷桩长度;桩身上部范围内必须进行二次搅拌,确保桩身质量;发现喷粉量不足时,应整桩复打;喷粉中断时,复打重叠孔段应大于1m。

8)软土地基上的路堤,应在施工过程中进行沉降观测和稳定性观测,并根据观测结果对路堤填筑速率和预压期等作必要调整。

4.4.2 实测项目

见表4.4.2-1至表4.4.2-4。

表4.4.2-1 砂垫层实测项目

项次	检查项目	规定值或允许偏差	检查方法和频率	权值
1	砂垫层厚度	不小于设计	每200m检查4处	3
2	砂垫层宽度	不小于设计	每200m检查4处	1
3	反滤层设置	符合设计要求	每200m检查4处	1
4	压实度(%)	90	每200m检查4处	2

表4.4.2-2 袋装砂井、塑料排水板实测项目

项次	检查项目	规定值或允许偏差	检查方法和频率	权值
1	井(板)间距(mm)	±150	抽查2%	2
2Δ	井(板)长度	不小于设计	查施工记录	3
3	竖直度(%)	1.5	查施工记录	2
4	砂井直径(mm)	+10,-0	挖验2%	1
5	灌砂量(%)	-5	查施工记录	2

表4.4.2-3 碎石桩(砂桩)实测项目

项次	检查项目	规定值或允许偏差	检查方法和频率	权值
1	桩距(mm)	±150	抽查2%	1
2	桩径(mm)	不小于设计	抽查2%	2
3Δ	桩长(m)	不小于设计	查施工记录	3
4	竖直度(%)	1.5	查施工记录	2
5	灌石(砂)量	不小于设计	查施工记录	2

表 4.4.2-4　粉喷桩实测项目

项　次	检 查 项 目	规定值或允许偏差	检查方法和频率	权　值
1	桩距(mm)	±100	抽查2%	1
2	桩径（mm)	不小于设计	抽查2%	2
3Δ	桩长(m)	不小于设计	查施工记录	3
4	竖直度（%）	1.5	查施工记录	1
5	单桩喷粉量	符合设计要求	查施工记录	3
6	强度(kPa)	不小于设计	抽查5%	3

4.4.3　外观鉴定

砂垫层表面坑洼不平时，每处减1~2分。

4.5　土工合成材料处治层

4.5.1　基本要求

1)土工合成材料质量应符合设计要求，无老化，外观无破损，无污染。

2)土工合成材料应紧贴下承层，按设计和施工要求铺设、张拉、固定。

3)土工合成材料的接缝搭接、黏结强度和长度应符合设计要求，上、下层土工合成材料搭接缝应交替错开。

4.5.2　实测项目

见表4.5.2-1至表4.5.2-4。

表 4.5.2-1　加筋工程土工合成材料实测项目

项　次	检 查 项 目	规定值或允许偏差	检查方法和频率	权　值
1	下承层平整度、拱度	符合设计、施工要求	每200m检查4处	1
2	搭接宽度(mm)	+50，-0	抽查2%	2
3	搭接缝错开距离（mm)	符合设计、施工要求	抽查2%	2
4	锚固长度(mm)	符合设计、施工要求	抽查2%	3

表 4.5.2-2　隔离工程土工合成材料实测项目

项　次	检 查 项 目	规定值或允许偏差	检查方法和频率	权　值
1	下承层平整度、拱度	符合设计、施工要求	每200m检查4处	1
2	搭接宽度(mm)	+50，-0	抽查2%	2
3	搭接缝错开距离（mm)	符合设计、施工要求	抽查2%	2
4	搭接处透水点	不多于1个	每缝	3

表 4.5.2-3　过滤排水工程土工合成材料实测项目

项　次	检 查 项 目	规定值或允许偏差	检查方法和频率	权　值
1	下承层平整度、拱度	符合设计、施工要求	每200m检查4处	1
2	搭接宽度(mm)	+50，-0	抽查2%	3
3	搭接缝错开距离(mm)	符合设计、施工要求	抽查2%	3

表 4.5.2-4　防裂工程土工合成材料实测项目

项　次	检 查 项 目	规定值或允许偏差	检查方法和频率	权　值
1	下承层平整度、拱度	符合设计、施工要求	每200m检查4处	1
2	搭接宽度(mm)	≥50(横向) ≥150(纵向)	抽查2%	3
3	黏结力(N)	≥20	抽查2%	3

4.5.3　外观鉴定

1)土工合成材料重叠、皱折不平顺，每处减1~2分。

2)土工合成材料固定处松动，每处减1~2分。

5 排水工程

5.1 一般规定

5.1.1 排水工程应按设计要求及施工规范的要求施工,依照实际地形,选择合适的位置,将地面水和地下水排出路基以外。

5.1.2 本章5.5和5.6节包括边沟、截水沟、排水沟等。

5.1.3 跌水、急流槽、水簸箕等其他排水工程可按照本章5.6节的标准进行评定。

5.1.4 路面拦水带纳入路缘石分项工程,排水基层可按照第7章的标准进行评定。

5.1.5 沟槽回填土应符合设计要求及施工规范的规定。

5.1.6 排水泵站明开挖基础可按照第8章的标准进行评定。

5.1.7 钢筋混凝土构件包含钢筋加工及安装分项工程,预应力混凝土构件包括预应力钢筋的加工和张拉分项工程。

5.2 管节预制

5.2.1 基本要求

1)所用的水泥、砂、石、水、外加剂和掺合料的质量和规格应符合有关规范的要求,按规定的配合比施工。

2)混凝土应符合耐久性(抗冻、抗渗、抗侵蚀)等设计要求。

3)不得出现露筋和空洞现象。

5.2.2 实测项目

见表5.2.2。

表5.2.2 管节预制实测项目

项 次	检查项目	规定值或允许偏差	检查方法和频率	权 值
1Δ	混凝土强度(MPa)	在合格标准内	按附录D检查	3
2	内径(mm)	不小于设计	尺量:2个断面	2
3	壁厚(mm)	不小于设计壁厚 -3	尺量:2个断面	2
4	顺直度	矢度不大于0.2%管节长	沿管节拉线量,取最大矢高	1
5	长度(mm)	+5,-0	尺量	1

5.2.3 外观鉴定

1)蜂窝、麻面面积不得超过该面面积的1%。不符合要求时,每超过1%减3分;深度超过10mm的必须处理。

2)混凝土表面平整。不符合要求时减1~2分。

5.3 管道基础及管节安装

5.3.1 基本要求

1)管材必须逐节检查,不得有裂缝、破损。

2)基础混凝土强度达到5MPa以上时,方可进行管节铺设。

3)管节铺设应平顺、稳固,管底坡度不得出现反坡,管节接头处流水面高差不得大于5mm。管内不得有泥土、砖石、砂浆等杂物。

4)管道内的管口缝,当管径大于750mm时,应在管内作整圈勾缝。

5)管口内缝砂浆平整密实,不得有裂缝、空鼓现象。

6)抹带前,管口必须洗刷干净,管口表面应平整密实,无裂缝现象。抹带后应及时覆盖养生。

7)设计中要求防渗漏的排水管须做渗漏试验,渗漏量应符合要求。

5.3.2 实测项目

见表5.3.2。

表5.3.2 管道基础及管节安装实测项目

项次	检查项目		规定值或允许偏差	检查方法和频率	权值
1Δ	混凝土抗压强度或砂浆强度(MPa)		在合格标准内	按附录D、F检查	3
2	管轴线偏位(mm)		15	经纬仪或拉线:每两井间测3处	2
3	管内底高程(mm)		±10	水准仪:每两井间测2处	2
4	基础厚度(mm)		不小于设计	尺量:每两井间测3处	1
5	管座	肩宽(mm)	+10,-5	尺量、挂边线:每两井间测2处	1
		肩高(mm)	±10		
6	抹带	宽度	不小于设计	尺量:按10%抽查	2
		厚度	不小于设计		

5.3.3 外观鉴定

1)管道基础混凝土表面平整密实,侧面蜂窝不得超过该表面积的1%,深度不超过10mm。不符合要求时,减1~3分。

2)管节铺设直顺,管口缝带圈平整密实,无开裂脱皮现象。不符合要求时,每处减1~2分。

3)抹带接口表面应密实光洁,不得有间断和裂缝、空鼓。不符合要求时,每处减1~2分。

5.4 检查(雨水)井砌筑

5.4.1 基本要求

1)井基混凝土强度达到5MPa以上时,方可砌筑井体。

2)砌筑砂浆配合比准确,井壁砂浆饱满,灰缝平整。圆形检查井内壁应圆顺,抹面密实光洁,踏步安装牢固。

3)井框、井盖安装必须平稳,井口周围不得有积水。

5.4.2 实测项目

见表5.4.2。

表5.4.2 检查(雨水)井砌筑实测项目

项次	检查项目	规定值或允许偏差		检查方法和频率	权值
1Δ	砂浆强度(MPa)	在合格标准内		按附录F检查	3
2	轴线偏位(mm)	50		经纬仪:每个检查井检查	1
3	圆井直径或方井长、宽(mm)	±20		尺量:每个检查井检查	1
4	井底高程(mm)	±15		水准仪:每个检查井检查	1
5	井盖与相邻路面高差(mm)	雨水井	+0,-4	水准仪、水平尺:每个检查井检查	2
		检查井	+4,-0		

5.4.3 外观鉴定

1)井内砂浆抹面无裂缝。不符合要求时,减1~2分。

2)井内平整圆滑,收分均匀。不符合要求时,减1~2分。

5.5 土沟

5.5.1 基本要求

1)土沟边坡必须平整、坚实、稳定,严禁贴坡。

2)沟底应平顺整齐,不得有松散土和其他杂物,排水畅通。

5.5.2 实测项目

见表5.5.2。

表5.5.2 土沟实测项目

项次	检查项目	规定值或允许偏差	检查方法和频率	权值
1	沟底高程(mm)	+0,-30	水准仪:每200m测4处	2
2	断面尺寸(mm)	不小于设计	尺量:每200m测2处	2
3	边坡坡度	不陡于设计	尺量:每200m测2处	1
4	边棱直顺度(mm)	50	尺量:20m拉线,每200m测2处	1

5.5.3 外观鉴定

沟底无明显凹凸不平或阻水现象。不符合要求时,每处减1~2分。

5.6 浆砌排水沟

5.6.1 基本要求

1)砌体砂浆配合比准确,砌缝内砂浆均匀饱满,勾缝密实。

2)浆砌片(块)石、混凝土预制块的质量和规格应符合设计要求。

3)基础中缩缝应与墙身缩缝对齐。

4)砌体抹面应平整、压光、直顺,不得有裂缝、空鼓现象。

5.6.2 实测项目

见表5.6.2。

表5.6.2 浆砌排水沟实测项目

项次	检查项目	规定值或允许偏差	检查方法和频率	权值
1Δ	砂浆强度(MPa)	在合格标准内	按附录F检查	3
2	轴线偏位(mm)	50	经纬仪或尺量:每200m测5处	1
3	沟底高程(mm)	±15	水准仪:每200m测5点	2
4	墙面直顺度(mm)或坡度	30或符合设计要求	20m拉线、坡度尺:每200m测2处	1
5	断面尺寸(mm)	±30	尺量:每200m测2处	2
6	铺砌厚度(mm)	不小于设计	尺量:每200m测2处	1
7	基础垫层宽、厚(mm)	不小于设计	尺量:每200m测2处	1

5.6.3 外观鉴定

1)砌体内侧及沟底应平顺。不符合要求时,减1~2分。

2)沟底不得有杂物。不符合要求时,减1~2分。

5.7 盲沟

5.7.1 基本要求

1)盲沟的设置及材料的质量和规格应符合设计要求和施工规范规定。

2)反滤层应用筛选过的中砂、粗砂、砾石等渗水性材料分层填筑。

3)排水层应采用石质坚硬的较大粒料填筑,以保证排水孔隙度。

5.7.2 实测项目

见表5.7.2。

表5.7.2 盲沟实测项目

项次	检查项目	规定值或允许偏差	检查方法和频率	权值
1	沟底高程(mm)	±15	水准仪:每10~20m测1处	1
2	断面尺寸(mm)	不小于设计	尺量:每20m测1处	1

5.7.3 外观鉴定

1)反滤层应层次分明。不符合要求时,减1~2分。

2)进、出水口应排水通畅。不符合要求时,减1~2分。

5.8 排水泵站

5.8.1 基本要求

1)地基应具有足够的承载能力,不应扰动基底土壤。

2)井壁混凝土应密实,混凝土强度达到合格标准后方可进行下沉。

3)沉井下沉过程中,应随时注意正位,发现偏位及倾斜时须及时纠正。

4)沉井封底应密实不漏水。

5)水泵、管及管件应安装牢固,位置正确。

5.8.2 实测项目

见表5.8.2。

表5.8.2 排水泵站(沉井)实测项目

项次	检查项目	规定值或允许偏差	检查方法和频率	权值
1Δ	混凝土强度(MPa)	在合格标准内	按附录D检查	2
2	轴线平面偏位(mm)	1%井深	经纬仪:纵、横向各2处	1
3	垂直度(mm)	1%井深	用垂线检查:纵、横向各1处	1
4	底板高程(mm)	±50	水准仪:测4处	2

5.8.3 外观鉴定

泵站轮廓线条清晰,表面平整。不符合要求时,减1~2分。

6 挡土墙、防护及其他砌筑工程

6.1 一般规定

6.1.1 对砌体挡土墙，当平均墙高小于6m或墙身面积小于1200m² 时，每处可作为分项工程进行评定；当平均墙高达到或超过6m且墙身面积不小于1200m² 时，为大型挡土墙，每处应作为分部工程进行评定。

6.1.2 悬臂式和扶壁式挡土墙，桩板式、锚杆、锚碇板和加筋土挡土墙应作为分部工程进行评定。

6.1.3 丁坝、护岸可参照挡土墙的标准进行评定。

6.1.4 本章第6.10节可用于本标准第8章及本章未列出名称的其他砌石构造物的评定。

6.1.5 钢筋混凝土结构或构件，均应包含钢筋加工及安装分项工程，其评定见本标准第8.3节。

6.2 砌体挡土墙

6.2.1 基本要求

1)石料或混凝土预制块的质量和规格应符合有关规范和设计要求。

2)砂浆所用的水泥、砂、水的质量应符合有关规范的要求，按规定的配合比施工。

3)地基承载力必须满足设计要求。

4)砌筑应分层错缝。浆砌时坐浆挤紧，嵌填饱满密实，不得有空洞；干砌时不得松动、叠砌和浮塞。

5)沉降缝、泄水孔、反滤层的设置位置、质量和数量应符合设计要求。

6.2.2 实测项目

见表6.2.2-1和表6.2.2-2。

表6.2.2-1 砌体挡土墙实测项目

项次	检查项目		规定值或允许偏差	检查方法和频率	权值
1Δ	砂浆强度(MPa)		在合格标准内	按附录F检查	3
2	平面位置(mm)		50	经纬仪：每20m检查墙顶外边线3点	1
3	顶面高程(mm)		±20	水准仪：每20m检查1点	1
4	竖直度或坡度(%)		0.5	吊垂线：每20m检查2点	1
5Δ	断面尺寸(mm)		不小于设计	尺量：每20m量2个断面	3
6	底面高程(mm)		±50	水准仪：每20m检查1点	1
7	表面平整度(mm)	块石	20	2m直尺：每20m检查3处，每处检查竖直和墙长两个方向	1
		片石	30		
		混凝土块、料石	10		

表6.2.2-2 干砌挡土墙实测项目

项次	检查项目	规定值或允许偏差	检查方法和频率	权值
1	平面位置(mm)	50	经纬仪：每20m检查3点	2
2	顶面高程(mm)	±30	水准仪：每20m测3点	2
3	竖直度或坡度(%)	0.5	尺量：每20m吊垂线检查3点	1
4Δ	断面尺寸(mm)	不小于设计	尺量：每20m检查2处	2
5	底面高程(mm)	±50	水准仪：每20m测1点	2
6	表面平整度(mm)	50	2m直尺：每20m检查3处，每处检查竖直和墙长两个方向	1

6.2.3 外观鉴定

1)砌体表面平整,砌缝完好、无开裂现象,勾缝平顺、无脱落现象。不符合要求时减1~3分。

2)泄水孔坡度向外,无堵塞现象。不符合要求时必须进行处理,并减1~3分。

3)沉降缝整齐垂直,上下贯通。不符合要求时必须进行处理,并减1~3分。

6.3 悬臂式和扶壁式挡土墙

6.3.1 基本要求

1)混凝土所用的水泥、石、砂、水和外掺剂的质量和规格应符合有关规范的要求,按规定的配合比施工。

2)地基强度必须满足设计要求。

3)不得有露筋和空洞现象。

4)沉降缝、泄水孔的设置位置、质量和数量应符合设计要求。

6.3.2 实测项目

见表6.3.2。

表6.3.2 悬臂式和扶壁式挡土墙实测项目

项次	检查项目	规定值或允许偏差	检查方法和频率	权值
1Δ	混凝土强度(MPa)	在合格标准内	按附录D检查	3
2	平面位置(mm)	30	经纬仪:每20m检查3点	1
3	顶面高程(mm)	±20	水准仪:每20m检查1点	1
4	竖直度或坡度(%)	0.3	吊垂线:每20m检查2点	1
5Δ	断面尺寸(mm)	不小于设计	尺量:每20m检查2个断面,抽查扶壁2个	2
6	底面高程(mm)	±30	水准仪:每20m检查1点	1
7	表面平整度(mm)	5	2m直尺:每20m检查2处,每处检查竖直和墙长两个方向	1

6.3.3 外观鉴定

1)混凝土施工缝平顺。不符合要求时减1~2分。

2)蜂窝、麻面面积不得超过该面面积的0.5%。不符合要求时,每超过0.5%减3分;深度超过10mm的必须处理。

3)混凝土表面出现非受力裂缝,减1~3分。裂缝宽度超过设计规定或设计未规定时超过0.15mm必须处理。

4)泄水孔坡度向外,无堵塞现象。不符合要求时必须进行处理,并减1~3分。

5)沉降缝整齐垂直,上下贯通。不符合要求时应进行处理,并减1~3分。

6.4 锚杆、锚碇板和加筋土挡土墙

6.4.1 基本要求

1)混凝土所用的水泥、砂、石、水和外掺剂的质量和规格必须符合有关规范的要求,按规定的配合比施工。

2)地基强度应符合设计要求。

3)锚杆、拉杆或筋带的质量和规格,必须满足设计和有关规范的要求,根数不得少于设计数量。

4)筋带须理顺,放平拉直,筋带与面板、筋带与筋带连接牢固。

5)混凝土不得出现露筋和空洞现象。

6.4.2 实测项目

基础和肋柱预制分别按本标准第8.5、8.12节有关规定检查,其他实测项目见表6.4.2-1至表

6.4.2-5。

表 6.4.2-1 筋带实测项目

项次	检查项目	规定值或允许偏差	检查方法和频率	权值
1	筋带长度	不小于设计	尺量:每 20m 检查 5 根(束)	2
2	筋带与面板连接	符合设计要求	目测:每 20m 检查 5 处	2
3	筋带与筋带连接	符合设计要求	目测:每 20m 检查 5 处	2
4	筋带铺设	符合设计要求	目测:每 20m 检查 5 处	1

表 6.4.2-2 锚杆、拉杆实测项目

项次	检查项目	规定值或允许偏差	检查方法和频率	权值
1	锚杆、拉杆长度	符合设计要求	尺量:每 20m 检查 5 根	2
2	锚杆、拉杆间距(mm)	±20	尺量:每 20m 检查 5 根	1
3	锚杆、拉杆与面板连接	符合设计要求	目测:每 20m 检查 5 处	2
4	锚杆、拉杆防护	符合设计要求	目测:每 20m 检查 10 处	2
5Δ	锚杆抗拔力	抗拔力平均值≥设计值,最小抗拔力≥0.9 设计值	拔力试验:锚杆数 1%,且不少于 3 根	3

表 6.4.2-3 面板预制实测项目

项次	检查项目	规定值或允许偏差	检查方法和频率	权值
1Δ	混凝土强度(MPa)	在合格标准内	按附录 D 检查	3
2	边长(mm)	±5 或 0.5% 边长	尺量:长宽各量 1 次,每批抽查 10%	2
3	两对角线差(mm)	10 或 0.7% 最大对角线长	尺量:每批抽查 10%	1
4Δ	厚度(mm)	+5,-3	尺量:检查 2 处,每批抽查 10%	2
5	表面平整度(mm)	4 或 0.3% 边长	2m 直尺:长、宽方向各测 1 次,每批抽查 10%	1
6	预埋件位置(mm)	5	尺量:检查每件,每批抽查 10%	1

表 6.4.2-4 面板安装实测项目

项次	检查项目	规定值或允许偏差	检查方法和频率	权值
1	每层面板顶高程 (mm)	±10	水准仪:每 20m 抽查 3 组板	1
2	轴线偏位(mm)	10	挂线、尺量:每 20m 量 3 处	2
3	面板竖直度或坡度	+0,-0.5%	吊垂线或坡度板:每 20m 检查 3 处	1
4	相邻面板错台(mm)	5	尺量:每 20m 检面板交界处查 3 处	1

注:面板安装以同层相邻两板为一组。

表 6.4.2-5 锚杆、锚碇板和加筋土挡土墙总体实测项目

项次	检查项目		规定值或允许偏差	检查方法和频率	权值
1	墙顶和肋柱平面位置(mm)	路堤式	+50,-100	经纬仪:每 20m 检查 3 处	2
		路肩式	±50		
2	墙顶和柱顶高程(mm)	路堤式	±50	水准仪:每 20m 测 3 点	2
		路肩式	±30		
3	肋柱间距(mm)		±15	尺量:每柱间	1
4	墙面倾斜度(mm)		+0.5% H 且不大于 +50,-1% H 且不小于 -100	吊垂线或坡度板:每 20m 测 2 处	2
5	面板缝宽(mm)		10	尺量:每 20m 至少检查 5 条	1
6	墙面平整度(mm)		15	2m 直尺:每 20m 测 3 处,每处检查竖直和墙长两个方向	1

注:①平面位置和倾斜度"+"指向外,"-"指向内。

②H 为墙高。

6.4.3 外观鉴定

1)预制面板表面平整光洁,线条顺直美观,不得有破损翘曲、掉角、啃边等现象。不符合要求时减1~2分。

2)蜂窝、麻面面积不得超过该面面积的0.5%。不符合要求时,每超过0.5%减2分;深度超过10mm的必须处理。

3)混凝土表面出现非受力裂缝减1~3分。裂缝宽度超过设计规定或设计未规定时超过0.15mm必须进行处理。

4)墙面直顺,线形顺适,板缝均匀,伸缩缝贯通垂直。不符合要求时减1~3分。

5)露在面板外的锚头应封闭密实、牢固,整齐美观。不符合要求时减1~5分。

6.5 桩板式挡土墙

桩按本标准第8.5节相关规定评定,面板预制及总体按本标准第6.4节相关规定评定。

6.6 墙背填土

6.6.1 基本要求

1)墙背填土应采用透水性材料或设计规定的填料,严禁采用膨胀土、高液限黏土、腐殖土、盐渍土、淤泥和冻土块等不良填料。填料中不应含有机物、冰块、草皮、树根等杂物或生活垃圾。

2)墙背填土必须和挖方路基、填方路基有效搭接,纵向接缝必须设台阶。

3)必须分层填筑压实,每层表面平整,路拱合适。

4)墙身强度达到设计强度75%以上时方可开始填土。

6.6.2 实测项目

除距面板1m范围以内压实度实测项目见表6.6.2外,其他部分填土和其他类型挡土墙填土的压实度要求均与路基相同。

表6.6.2 锚杆、锚碇板和加筋土挡土墙墙背填土实测项目

项 次	检 查 项 目	规定值或允许偏差	检查方法和频率	权 值
1Δ	距面板1m范围以内压实度(%)	90	按附录B检查,每100m每压实层测1处,并不得少于1处	1

6.6.3 外观鉴定

1)填土表面应平整,边线直顺。不符合要求时减1~3分。

2)边坡坡面平顺稳定,不得亏坡,曲线圆滑。不符合要求时减1~3分。

6.7 抗滑桩

6.7.1 基本要求

1)混凝土所用的水泥、砂、石、水和外掺剂的质量和规格,必须符合设计和有关规范的要求,按规定的配合比施工。

2)施工中应核对滑动面位置,如图纸与实际位置有出入,应变更抗滑桩的深度。

3)做好桩区地面截、排水及防渗,孔口地面上应加筑适当高度的围埂。

6.7.2 实测项目

见表6.7.2。

表 6.7.2 抗滑桩实测项目

项 次	检 查 项 目		规定值或允许偏差	检查方法和频率	权 值
1Δ	混凝土强度(MPa)		在合格标准内	按附录 D 检查	3
2Δ	桩长(m)		不小于设计	测绳量:每桩测量	2
3Δ	孔径或断面尺寸(mm)		不小于设计	探孔器:每桩测量	2
4	桩位(mm)		100	经纬仪:每桩测量	1
5	竖直度(mm)	钻孔桩	1% 桩长,且不大于 500	测壁仪或吊垂线:每桩检查	1
		挖孔桩	0.5% 桩长,且不大于 200	吊垂线:每桩检查	
6	钢筋骨架底面高程(mm)		±50	水准仪:测每桩骨架顶面高程后反算	1

6.7.3 外观鉴定

无破损检测桩的质量有缺陷,但经设计单位确认仍可采用时减 3 分。

6.8 挖方边坡锚喷防护

6.8.1 基本要求

1)锚杆、钢筋和土工格栅的强度、数量、质量和规格,必须符合设计和有关规范的要求。

2)混凝土及砂浆所用的水泥、砂、石、水和外掺剂,必须符合有关规范的要求,按规定的配合比施工。

3)边坡坡度、坡面应符合设计要求。岩面应无风化、无浮石,喷射前应用水冲洗干净。

4)钢筋应清除污锈,钢筋网与锚杆或其他锚固装置连接牢固,喷射时钢筋不得晃动。

5)锚杆插入锚孔深度不得小于设计长度的 95%,孔内砂浆应密实、饱满。

6)喷射前应做好排水设施,对漏水的空洞、缝隙应采用堵水等措施,确保支护质量。

7)钢筋、土工格栅或锚杆不得外露,混凝土不得开裂脱落。

8)有关预应力锚索的基本要求见本标准第 8.3.2 条 1,锚索非锚固段套管安装位置必须符合设计要求。

6.8.2 实测项目

见表 6.8.2。

表 6.8.2 锚喷防护实测项目

项 次	检 查 项 目	规定值或允许偏差	检查方法和频率	权 值
1Δ	混凝土强度(MPa)	在合格标准内	按附录 E 检查	3
2Δ	砂浆强度(MPa)	在合格标准内	按附录 F 检查	3
3	锚孔深度(mm)	不小于设计	尺量:抽查 10%	1
4	锚杆(索)间距(mm)	±100	尺量:抽查 10%	1
5Δ	锚杆拔力(kN)	拔力平均值≥设计值,最小拔力≥0.9 设计值	拔力试验:锚杆数 1%,且不少于 3 根	3
6	喷层厚度(mm)	平均厚≥设计厚;60% 检查点的厚度≥设计厚;最小厚度≥0.5 设计厚,且不小于设计规定	尺量(凿孔)或雷达断面仪:每 10m 检查 1 个断面,每 3m 检查 1 点	2
7Δ	锚索张拉应力(MPa)	符合设计要求	油压表:每索由读数反算	3
8	张拉伸长率(%)	符合设计规定;设计未规定时采用 ±6	尺量:每索	2
9	断丝、滑丝数	每束 1 根,且每断面不超过钢丝总数的 1%	目测:逐根(束)检查	2

注:实际工程中未涉及的项目不参与评定。

6.8.3 外观鉴定

混凝土表面密实,不得有突变;与原表面结合紧密,不应起鼓。不符合要求时减 1 ~ 3 分。

6.9 锥、护坡

6.9.1 基本要求

1)石料的质量和规格应符合有关规定。砂浆所用的水泥、砂、水的质量应符合有关规范的要求，按规定的配合比施工。

2)锥、护坡基础埋置深度及地基承载力应符合设计要求。

3)砌体应咬扣紧密，嵌缝饱满密实。

4)锥、护坡填土密实度应达到设计要求，对坡面刷坡整平后方可铺砌。

6.9.2 实测项目

见表6.9.2。

表6.9.2 锥、护坡实测项目

项次	检查项目	规定值或允许偏差	检查方法和频率	权值
1Δ	砂浆强度(MPa)	在合格标准内	按附录F检查	3
2	顶面高程(mm)	±50	水准仪：每50m检查3点，不足50m时至少2点	1
3	表面平整度(mm)	30	2m直尺：锥坡检查3处，护坡每50m检查3处	1
4	坡度	不陡于设计	坡度尺量：每50m量3处	1
5Δ	厚度(mm)	不小于设计	尺量：每100m检查3处	2
6	底面高程(mm)	±50	水准仪：每50m检查3点	1

6.9.3 外观鉴定

1)表面平整，无垂直通缝。不符合要求时减1~3分。

2)勾缝平顺，无脱落现象。不符合要求时减1~3分。

6.10 砌石工程

6.10.1 基本要求

1)石料的质量和规格及砂浆所用材料的质量和规格应符合设计要求，按规定的配合比施工。

2)砌块应错缝砌筑、相互咬紧；浆砌时砌块应坐浆挤紧，嵌缝后砂浆饱满，无空洞现象；干砌时不松动、无叠砌和浮塞。

6.10.2 实测项目

见表6.10.2-1和表6.10.2-2。

表6.10.2-1 浆砌砌体实测项目

项次	检查项目		规定值或允许偏差	检查方法和频率	权值
1Δ	砂浆强度(MPa)		在合格标准内	按附录F检查	3
2	顶面高程(mm)	料、块石	±15	水准仪：每20m检查3点	1
		片石	±20		
3	竖直度或坡度	料、块石	0.3%	吊垂线：每20m检查3点	2
		片石	0.5%		
4Δ	断面尺寸(mm)	料石	±20	尺量：每20m检查2处	2
		块石	±30		
		片石	±50		
5	表面平整度(mm)	料石	10	2m直尺：每20m检查5处×3尺	2
		块石	20		
		片石	30		

表 6.10.2-2　干砌片石实测项目

项　次	检 查 项 目	规定值或允许偏差	检查方法和频率	权　值
1	顶面高程(mm)	±30	水准仪:每20m测3点	1
2	外形尺寸(mm)	±100	尺量:每20m或自然段,长宽各3处	2
3Δ	厚度(mm)	±50	尺量:每20m检查3处	3
4	表面平整度(mm)	50	2m直尺:每20m检查5处×3尺	2

6.10.3　外观鉴定

1)砌体边缘直顺,外露表面平整。不符合要求时减1~3分。

2)勾缝平顺,缝宽均匀,无脱落现象。不符合要求时减1~3分。

6.11　导流工程

6.11.1　基本要求

1)所用材料的质量和规格应符合有关规定。

2)导流堤(坝)的基础埋置深度及地基承载力应符合设计要求。

6.11.2　实测项目

见表6.11.2。

表 6.11.2　导流工程实测项目

项　次	检 查 项 目		规定值或允许偏差	检查方法和频率	权　值
1Δ	砂浆强度(MPa)		在合格标准内	按附录F检查	3
2	平面位置(mm)		30	经纬仪:按设计图控制坐标检查	2
3	长度(mm)		不小于设计长度-100	尺量:每个检查	1
4Δ	断面尺寸(mm)		不小于设计	尺量:检查5处	2
5	高程(mm)	基底	不大于设计	水准仪:检查5点	2
		顶面	±30		

6.11.3　外观鉴定

表面规整,线条直顺,曲线圆滑。不符合要求时减1~3分。

6.12　石笼防护

6.12.1　基本要求

1)所用材料的质量和规格应符合有关规定。

2)铁丝笼的网眼尺寸应符合设计要求。

3)石笼的坐码或平铺应符合设计要求。

6.12.2　实测项目

见表6.12.2。

表 6.12.2　石笼防护实测项目

项　次	检 查 项 目	规定值或允许偏差	检查方法和频率	权　值
1	平面位置(mm)	符合设计要求	经纬仪:按设计图控制坐标检查	1
2	长度(mm)	不小于设计长度-300	尺量:每个(段)检查	1
3	宽度(mm)	不小于设计宽度-200	尺量:每个(段)量5处	1
4	高度(mm)	不小于设计	水准仪或尺量:每个(段)检查5处	1
5	底面高程(mm)	不高于设计	水准仪:每个(段)检查5点	1

6.12.3　外观鉴定

表面整齐,线条直顺,曲线圆滑。不符合要求时减1~2分。

7 路面工程

7.1 一般规定

7.1.1 路面工程的实测项目规定值或允许偏差按高速公路、一级公路和其他公路(指二级及以下公路)两档设定。对于在设计和合同文件中提高了技术要求的二级公路,其工程质量检验评定按设计和合同文件的要求进行,但不应高于高速公路、一级公路的检验评定标准。

7.1.2 路面工程实测项目规定的检查频率为双车道公路每一检查段内的检查频率(按 m^2 或 m^3 或工作班设定的检查频率除外),多车道公路的路面各结构层均须按其车道数与双车道之比,相应增加检查数量。

7.1.3 各类基层和底基层压实度代表值(平均值的下置信界限)不得小于规定代表值,单点不得小于规定极值。小于规定代表值 2 个百分点的测点,应按其占总检查点数的百分率计算合格率。

7.1.4 垫层的质量要求同相同材料的其他公路的底基层;联结层的质量要求同相应的基层或面层;中级路面的质量要求同相同材料的其他公路的基层。

7.1.5 路面表层平整度检查测定以自动或半自动的平整度仪为主,全线每车道连续测定按每 100m 输出结果计算合格率。采用 3m 直尺测定路面各结构层平整度时,以最大间隙作为指标,按尺数计算合格率。

7.1.6 路面表层渗水系数宜在路面成型后立即测定。

7.1.7 路面各结构层厚度按代表值和单点合格值设定允许偏差。当代表值偏差超过规定值时,该分项工程评为不合格;当代表值偏差满足要求时,按单个检查值的偏差不超过单点合格值的测点数计算合格率。

7.1.8 材料要求和配比控制列入各节基本要求,可通过检查施工单位、工程监理单位的资料进行评定。

7.1.9 水泥混凝土上加铺沥青面层的复合式路面,两种结构均需进行检查评定。其中,水泥混凝土路面结构不检查抗滑构造,平整度可按相应等级公路的标准;沥青面层不检查弯沉。

7.1.10 路面基层完工后应按时浇洒透层油或铺筑下封层,透层油透入深度不小于 5mm,不得使用透入能力差的材料做透层油。对封层、黏层和透层油的浇撒要求同 7.5.1 沥青表面处治层中基本规定。

7.2 水泥混凝土面层

7.2.1 基本要求

1)基层质量必须符合规定要求,并应进行弯沉测定,验算的基层整体模量应满足设计要求。

2)水泥强度、物理性能和化学成分应符合国家标准及有关规范的规定。

3)粗细集料、水、外掺剂及接缝填缝料应符合设计和施工规范要求。

4)施工配合比应根据现场测定水泥的实际强度进行计算,并经试验,选择采用最佳配合比。

5)接缝的位置、规格、尺寸及传力杆、拉力杆的设置应符合设计要求。

6)路面拉毛或机具压槽等抗滑措施,其构造深度应符合施工规范要求。

7)面层与其他构造物相接应平顺,检查井井盖顶面高程应高于周边路面 1 ~ 3mm。雨水口标高按设计比路面低 5 ~ 8mm,路面边缘无积水现象。

8)混凝土路面铺筑后按施工规范要求养生。

7.2.2 实测项目

见表7.2.2。

表7.2.2 水泥混凝土面层实测项目

项次	检查项目		规定值或允许偏差		检查方法和频率	权值
			高速公路 一级公路	其他公路		
1Δ	弯拉强度(MPa)		在合格标准之内		按附录C检查	3
2Δ	板厚度(mm)	代表值	-5		按附录H检查,每200m每车道2处	3
		合格值	-10			
3	平整度	σ(mm)	1.2	2.0	平整度仪:全线每车道连续检测,每100m计算σ、IRI	2
		IRI(m/km)	2.0	3.2		
		最大间隙h(mm)	—	5	3m直尺:半幅车道板带每200m测2处×10尺	
4	抗滑构造深度(mm)		一般路段不小于0.7且不大于1.1;特殊路段不小于0.8且不大于1.2	一般路段不小于0.5且不大于1.0;特殊路段不小于0.6且不大于1.1	铺砂法:每200m测1处	2
5	相邻板高差(mm)		2	3	抽量:每条胀缝2点;每200m抽纵、横缝各2条,每条2点	2
6	纵、横缝顺直度(mm)		10		纵缝20m拉线,每200m 4处;横缝沿板宽拉线,每200m 4条	1
7	中线平面偏位(mm)		20		经纬仪:每200m测4点	1
8	路面宽度(mm)		±20		抽量:每200m测4处	1
9	纵断高程(mm)		±10	±15	水准仪:每200m测4断面	1
10	横坡(%)		±0.15	±0.25	水准仪:每200m测4断面	1

注:表中σ为平整度仪测定的标准差;IRI为国际平整度指数;h为3m直尺与面层的最大间隙。

7.2.3 外观鉴定

1)混凝土板的断裂块数,高速公路和一级公路不得超过评定路段混凝土板总块数的0.2%,其他公路不得超过0.4%。不符合要求时每超过0.1%减2分。对于断裂板应采取适当措施予以处理。

2)混凝土板表面的脱皮、印痕、裂纹和缺边掉角等病害现象,对于高速公路和一级公路,有上述缺陷的面积不得超过受检面积的0.2%,其他公路不得超过0.3%。不符合要求时每超过0.1%减2分。

对于连续配筋的混凝土路面和钢筋混凝土路面,因干缩、温缩产生的裂缝,可不减分。

3)路面侧石直顺、曲线圆滑,越位20mm以上者,每处减1~2分。

4)接缝填筑饱满密实,不污染路面。不符合要求时,累计长度每100m减2分。

5)胀缝有明显缺陷时,每条减1~2分。

7.3 沥青混凝土面层和沥青碎(砾)石面层

7.3.1 基本要求

1)沥青混合料的矿料质量及矿料级配应符合设计要求和施工规范的规定。

2)严格控制各种矿料和沥青用量及各种材料和沥青混合料的加热温度,沥青材料及混合料的各项指标应符合设计和施工规范要求。沥青混合料的生产,每日应做抽提试验、马歇尔稳定度试验。矿料级配、沥青含量、马歇尔稳定度等结果的合格率应不小于90%。

3)拌和后的沥青混合料应均匀一致,无花白,无粗细料分离和结团成块现象。

4)基层必须碾压密实,表面干燥、清洁、无浮土,其平整度和路拱度应符合要求。

5)摊铺时应严格控制摊铺厚度和平整度，避免离析，注意控制摊铺和碾压温度，碾压至要求的密实度。

7.3.2 实测项目

见表7.3.2。

表7.3.2 沥青混凝土面层和沥青碎(砾)石面层实测项目

项次	检查项目		规定值或允许偏差		检查方法和频率	权值
			高速公路 一级公路	其他公路		
1Δ	压实度(%)		试验室标准密度的96%(*98%)； 最大理论密度的92%(*94%)； 试验段密度的98%(*99%)		按附录B检查，每200m测1处	3
2	平整度	σ(mm)	1.2	2.5	平整度仪：全线每车道连续按每100m计算IRI或σ	2
		IRI(m/km)	2.0	4.2		
		最大间隙h(mm)	—	5	3m直尺：每200m测2处×10尺	
3	弯沉值(0.01mm)		符合设计要求		按附录I检查	2
4	渗水系数		SMA路面200mL/min； 其他沥青混凝土路面300mL/min	—	渗水试验仪：每200m测1处	2
5	抗滑	摩擦系数	符合设计要求	—	摆式仪：每200m测1处； 横向力系数测定车：全线连续，按附录K评定	2
		构造深度			铺砂法：每200m测1处	
6Δ	厚度(mm)	代表值	总厚度： $-5\%H$ 上面层： $-10\%h$	$-8\%H$	按附录H检查，双车道每200m测1处	3
		合格值	总厚度： $-10\%H$ 上面层： $-20\%h$	$-15\%H$		
7	中线平面偏位(mm)		20	30	经纬仪：每200m测4点	1
8	纵断高程(mm)		±15	±20	水准仪：每200m测4断面	1
9	宽度(mm)	有侧石	±20	±30	尺量：每200m测4断面	1
		无侧石	不小于设计			
10	横坡(%)		±0.3	±0.5	水准仪：每200m测4处	1

注：①表内压实度可选用其中的1个或2个标准评定，选用两个标准时，以合格率低的作为评定结果。带*号者是指SMA路面，其他为普通沥青混凝土路面。

②表列厚度仅规定负允许偏差。H为沥青层设计总厚度(mm)，h为沥青上面层设计厚度(mm)。

7.3.3 外观鉴定

1)表面应平整密实，不应有泛油、松散、裂缝和明显离析等现象。对于高速公路和一级公路，有上述缺陷的面积(凡属单条的裂缝，则按其实际长度乘以0.2m宽度，折算成面积)之和不得超过受检面积的0.03%，其他公路不得超过0.05%。不符合要求时每超过0.03%或0.05%减2分。

半刚性基层的反射裂缝可不计作施工缺陷，但应及时进行灌缝处理。

2)搭接处应紧密、平顺，烫缝不应枯焦。不符合要求时，累计每10m长减1分。

3)面层与路缘石及其他构筑物应密贴接顺，不得有积水或漏水现象。不符合要求时，每一处减1~2分。

7.4 沥青贯入式面层(或上拌下贯式面层)

7.4.1 基本要求

1)沥青材料的各项指标应符合设计要求和施工规范。

2)各种材料的规格和用量应符合设计要求和施工规范,上拌沥青混凝土混合料每日应做抽提试验和马歇尔稳定度试验。

3)碎石层必须平整坚实,嵌挤稳定,沥青贯入应深透,浇洒应均匀,不得污染其他构筑物。

4)嵌缝料必须趁热撒铺,扫料均匀,不应有重叠现象。

5)上层采用拌和料时,混合料应均匀一致,无花白和粗细分离现象,摊铺平整,接茬平顺,及时碾压密实。

6)沥青贯入式面层施工前,应先做好路面结构层与路肩的排水。

7.4.2 实测项目

见表7.4.2。

表7.4.2 沥青贯入式面层(或上拌下贯式面层)实测项目

项次	检查项目		规定值或允许偏差	检查方法和频率	权值
1	平整度	σ(mm) IRI(m/km)	3.5 5.8	平整度仪:全线每车道连续按每100m计算IRI或σ	3
		最大间隙h(mm)	8	3m直尺:每200m测2处×10尺	
2	弯沉值(0.01mm)		符合设计要求	按附录I检查	2
3Δ	厚度(mm)	代表值	-8%H或-5mm	按附录H检查,每200m每车道1点	3
		合格值	-15%H或-10mm		
4	沥青用量(kg/m²)		±0.5%	每工作日每层洒布查1次	3
5	中线平面偏位(mm)		30	经纬仪:每200m测4点	1
6	纵断高程(mm)		±20	水准仪:每200m测4断面	2
7	宽度(mm)	有侧石	±30	尺量:每200m测4处	2
		无侧石	不小于设计		
8	横坡(%)		±0.5	水准仪:每200m测4断面	2

注:①当设计厚度≥60mm时,按厚度百分率控制;当设计厚度<60mm时,按厚度不足的毫米数控制。H为厚度(mm)。

②沥青总用量按《公路路基路面现场测试规程》中T 0892的方法,每工作日每层洒布沥青检查一次,并计算同一路段的单位面积的总沥青用量。

7.4.3 外观鉴定

1)表面应平整密实,不应有松散、裂缝、油包、油丁、波浪、泛油等现象,有上述缺陷的面积之和不超过受检面积的0.2%。不符合要求时,每超过0.2%减2分。

2)表面无明显碾压轮迹。不符合要求时,每处减1~2分。

3)面层与路缘石及其他构筑物应密贴接顺,无积水现象。不符合要求时,每一处减1~2分。

7.5 沥青表面处治面层

7.5.1 基本要求

1)在新建或旧路的表层进行表面处治时,应将表面的泥砂及一切杂物清除干净,底层必须坚实、稳定、平整,保持干燥后才可施工。

2)沥青材料的各项指标和石料的质量、规格、用量应符合设计要求和施工规范的规定。

3)沥青浇洒应均匀,无露白,不得污染其他构筑物。

4)嵌缝料必须趁热撒铺,扫布均匀,不得有重叠现象,压实平整。

7.5.2 实测项目

见表7.5.2。

表 7.5.2　沥青表面处治面层实测项目

项次	检查项目		规定值或允许偏差	检查方法和频率	权值
1	平整度	σ(mm) IRI(m/km)	4.5 7.5	平整度仪：全线每车道连续按每100m计算IRI或σ	2
		最大间隙h(mm)	10	3m直尺：每200m测2处×10尺	
2	弯沉值(0.01mm)		符合设计要求	按附录I检查	2
3Δ	厚度(mm)	代表值	-5	按附录H检查，每200m每车道1点	3
		合格值	-10		
4	沥青总用量(kg/m²)		±0.5%	每工作日每层洒布查1次	2
5	中线平面偏位(mm)		30	经纬仪：每200m测4点	1
6	纵断高程(mm)		±20	水准仪：每200m测4断面	1
7	宽度(mm)	有侧石	±30	尺量：每200m测4处	2
		无侧石	不小于设计		
8	横坡(%)		±0.5	水准仪：每200m测4断面	1

注：同表7.4.2注②。

7.5.3　外观鉴定

1）表面平整密实，不应有松散、油包、油丁、波浪、泛油、封面料明显散失等现象，有上述缺陷的面积之和不超过受检面积的0.2%。不符合要求时，每超过0.2%减2分。

2）无明显碾压轮迹。不符合要求时，每处减1～2分。

3）面层与路缘石及其他构筑物应密贴接顺，不得有积水现象。不符合要求时，每处减1～2分。

7.6　水泥土基层和底基层

7.6.1　基本要求

1）土质应符合设计要求，土块应经粉碎。

2）水泥用量应按设计要求控制准确。

3）路拌深度应达到层底。

4）混合料应处于最佳含水量状况下，用重型压路机碾压至要求的压实度。从加水拌和到碾压终了的时间不应超过3～4h，并应短于水泥的终凝时间。

5）碾压检查合格后应立即覆盖或洒水养生，养生期应符合规范要求。

7.6.2　实测项目

见表7.6.2。

表 7.6.2　水泥土基层和底基层实测项目

项次	检查项目		规定值或允许偏差				检查方法和频率	权值
			基层		底基层			
			高速公路一级公路	其他公路	高速公路一级公路	其他公路		
1Δ	压实度(%)	代表值	—	95	95	93	按附录B检查，每200m每车道2处	3
		极值	—	91	91	89		
2	平整度(mm)		—	12	12	15	3m直尺：每200m测2处×10尺	2
3	纵断高程(mm)		—	+5，-15	+5，-15	+5，-20	水准仪：每200m测4个断面	1
4	宽度(mm)		符合设计要求		符合设计要求		尺量：每200m测4个断面	1
5Δ	厚度(mm)	代表值	—	-10	-10	-12	按附录H检查，每200m每车道1点	2
		合格值	—	-20	-25	-30		
6	横坡(%)		—	±0.5	±0.3	±0.5	水准仪：每200m测4个断面	1
7Δ	强度(MPa)		符合设计要求		符合设计要求		按附录G检查	3

7.6.3　外观鉴定

1)表面平整密实、无坑洼。不符合要求时,每处减1~2分。

2)施工接茬平整、稳定。不符合要求时,每处减1~2分。

7.7 水泥稳定粒料(碎石、砂砾或矿渣等)基层和底基层

7.7.1 基本要求

1)粒料应符合设计和施工规范要求,并应根据当地料源选择质坚干净的粒料;矿渣应分解稳定,未分解渣块应予剔除。

2)水泥用量和矿料级配应按设计控制准确。

3)路拌深度应达到层底。

4)摊铺时应注意消除离析现象。

5)混合料应处于最佳含水量状况下,用重型压路机碾压至要求的压实度。从加水拌和到碾压终了的时间不应超过3~4h,并应短于水泥的终凝时间。

6)碾压检查合格后应立即覆盖或洒水养生,养生期应符合规范要求。

7.7.2 实测项目

见表7.7.2。

表7.7.2 水泥稳定粒料基层和底基层实测项目

项次	检查项目		规定值或允许偏差				检查方法和频率	权值
			基层		底基层			
			高速公路一级公路	其他公路	高速公路一级公路	其他公路		
1Δ	压实度(%)	代表值	98	97	96	95	按附录B检查,每200m每车道2处	3
		极值	94	93	92	91		
2	平整度(mm)		8	12	12	15	3m直尺:每200m测2处×10尺	2
3	纵断高程(mm)		+5,-10	+5,-15	+5,-15	+5,-20	水准仪:每200m测4个断面	1
4	宽度(mm)		符合设计要求		符合设计要求		尺量:每200m测4处	1
5Δ	厚度(mm)	代表值	-8	-10	-10	-12	按附录H检查,每200m每车道1点	3
		合格值	-15	-20	-25	-30		
6	横坡(%)		±0.3	±0.5	±0.3	±0.5	水准仪:每200m测4个断面	1
7Δ	强度(MPa)		符合设计要求		符合设计要求		按附录G检查	3

7.7.3 外观鉴定

1)表面平整密实、无坑洼、无明显离析。不符合要求时,每处减1~2分。

2)施工接茬平整、稳定。不符合要求时,每处减1~2分。

7.8 石灰土基层和底基层

7.8.1 基本要求

1)土质应符合设计要求,土块应经粉碎。

2)石灰质量应符合设计要求,块灰须经充分消解才能使用。

3)石灰和土的用量应按设计要求控制准确,未消解的生石灰块必须剔除。

4)路拌深度应达到层底。

5)混合料应处于最佳含水量状况下,用重型压路机碾压至要求的压实度。

6)保湿养生,养生期应符合规范要求。

7.8.2 实测项目

见表7.8.2。

表 7.8.2 石灰土基层和底基层实测项目

项次	检查项目		规定值或允许偏差				检查方法和频率	权值
			基层		底基层			
			高速公路一级公路	其他公路	高速公路一级公路	其他公路		
1Δ	压实度(%)	代表值	—	95	95	93	按附录 B 检查，每 200m 每车道 2 处	3
		极值	—	91	91	89		
2	平整度(mm)		—	12	12	15	3m 直尺：每 200m 测 2 处×10 尺	2
3	纵断高程(mm)		—	+5，-15	+5，-15	+5，-20	水准仪：每 200m 测 4 个断面	1
4	宽度(mm)		符合设计要求		符合设计要求		尺量：每 200m 测 4 处	1
5Δ	厚度(mm)	代表值	—	-10	-10	-12	按附录 H 检查，每 200m 每车道 1 点	2
		合格值	—	-20	-25	-30		
6	横坡(%)		—	±0.5	±0.3	±0.5	水准仪：每 200m 测 4 个断面	1
7Δ	强度(MPa)		符合设计要求		符合设计要求		按附录 G 检查	3

7.8.3 外观鉴定

1)表面平整密实、无坑洼。不符合要求时，每处减 1~2 分。

2)施工接茬平整、稳定。不符合要求时，每处减 1~2 分。

7.9 石灰稳定粒料(碎石、砂砾或矿渣等)基层和底基层

7.9.1 基本要求

1)粒料应符合设计和施工规范要求，矿渣应分解稳定后才能使用。

2)石灰质量应符合设计要求，块灰须经充分消解才能使用。

3)石灰的用量应按设计要求控制准确，未消解生石灰块必须剔除。

4)路拌深度应达到层底。

5)混合料应处于最佳含水量状况下，用重型压路机碾压至要求的压实度。

6)保湿养生，养生期应符合规范要求。

7.9.2 实测项目

见表 7.9.2。

表 7.9.2 石灰稳定粒料基层和底基层实测项目

项次	检查项目		规定值或允许偏差				检查方法和频率	权值
			基层		底基层			
			高速公路一级公路	其他公路	高速公路一级公路	其他公路		
1Δ	压实度(%)	代表值	—	97	96	95	按附录 B 检查，每 200m 每车道 2 处	3
		极值	—	93	92	91		
2	平整度(mm)		—	12	12	15	3m 直尺：每 200m 测 2 处×10 尺	2
3	纵断高程(mm)		—	+5，-15	+5，-15	+5，-20	水准仪：每 200m 测 4 个断面	1
4	宽度(mm)		符合设计要求		符合设计要求		尺量：每 200m 测 4 处	1
5Δ	厚度(mm)	代表值	—	-10	-10	-12	按附录 H 检查，每 200m 每车道 1 点	2
		合格值	—	-20	-25	-30		
6	横坡(%)		—	±0.5	±0.3	±0.5	水准仪：每 200m 测 4 个断面	1
7Δ	强度(MPa)		符合设计要求		符合设计要求		按附录 G 检查	3

7.9.3 外观鉴定

1)表面平整密实、无坑洼。不符合要求时,每处减1~2分。

2)施工接茬平整、稳定。不符合要求时,每处减1~2分。

7.10 石灰、粉煤灰土基层和底基层

7.10.1 基本要求

1)土质应符合设计要求,土块应经粉碎。

2)石灰和粉煤灰质量应符合设计要求,石灰须经充分消解才能使用。

3)混合料配合比应准确,不得含有灰团和生石灰块。

4)碾压时应先用轻型压路机稳压,后用重型压路机碾压至要求的压实度。

5)保湿养生,养生期应符合规范要求。

7.10.2 实测项目

见表7.10.2。

表7.10.2 石灰、粉煤灰土基层和底基层实测项目

项次	检查项目		规定值或允许偏差				检查方法和频率	权值
			基层		底基层			
			高速公路一级公路	其他公路	高速公路一级公路	其他公路		
1Δ	压实度(%)	代表值	—	95	95	93	按附录B检查,每200m每车道2处	3
		极值	—	91	91	89		
2	平整度(mm)		—	12	12	15	3m直尺:每200m测2处×10尺	2
3	纵断高程(mm)		—	+5,-15	+5,-15	+5,-20	水准仪:每200m测4个断面	1
4	宽度(mm)		符合设计要求		符合设计要求		尺量:每200m测4处	1
5Δ	厚度(mm)	代表值	—	-10	-10	-12	按附录H检查,每200m每车道1点	2
		合格值	—	-20	-25	-30		
6	横坡(%)		—	±0.5	±0.3	±0.5	水准仪:每200m测4个断面	1
7Δ	强度(MPa)		符合设计要求		符合设计要求		按附录G检查	3

7.10.3 外观鉴定

1)表面平整密实、无坑洼。不符合要求时,每处减1~2分。

2)施工接茬平整、稳定。不符合要求时,每处减1~2分。

7.11 石灰、粉煤灰稳定粒料(碎石、砂砾或矿渣等)基层和底基层

7.11.1 基本要求

1)粒料应符合设计和施工规范要求,并应根据当地料源选择质坚干净的粒料。矿渣应分解稳定,未分解渣块应予剔除。

2)石灰和粉煤灰质量应符合设计要求,石灰须经充分消解才能使用。

3)混合料配合比应准确,不得含有灰团和生石灰块。

4)摊铺时应注意消除离析现象。

5)碾压时应先用轻型压路机稳压,后用重型压路机碾压至要求的压实度。

6)保湿养生,养生期应符合规范要求。

7.11.2 实测项目

见表7.11.2。

表 7.11.2　石灰、粉煤灰稳定粒料基层和底基层实测项目

项次	检查项目		规定值或允许偏差				检查方法和频率	权值
			基层		底基层			
			高速公路一级公路	其他公路	高速公路一级公路	其他公路		
1Δ	压实度(%)	代表值	98	97	96	95	按附录 B 检查,每 200m 每车道 2 处	3
		极值	94	93	92	91		
2	平整度(mm)		8	12	12	15	3m 直尺:每 200m 测 2 处×10 尺	2
3	纵断高程(mm)		+5,-10	+5,-15	+5,-15	+5,-20	水准仪:每 200m 测 4 个断面	1
4	宽度(mm)		符合设计要求		符合设计要求		尺量:每 200m 测 4 处	1
5Δ	厚度(mm)	代表值	-8	-10	-10	-12	按附录 H 检查,每 200m 每车道 1 点	2
		合格值	-15	-20	-25	-30		
6	横坡(%)		±0.3	±0.5	±0.3	±0.5	水准仪:每 200m 测 4 个断面	1
7Δ	强度(MPa)		符合设计要求		符合设计要求		按附录 G 检查	3

7.11.3　外观鉴定

1)表面平整密实、无坑洼、无明显离析。不符合要求时,每处减 1~2 分。

2)施工接茬平整、稳定。不符合要求时,每处减 1~2 分。

7.12　级配碎(砾)石基层和底基层

7.12.1　基本要求

1)应选用质地坚韧、无杂质的碎石、砂砾、石屑或砂,级配应符合要求。

2)配料必须准确,塑性指数必须符合规定。

3)混合料应拌和均匀,无明显离析现象。

4)碾压应遵循先轻后重的原则,洒水碾压至要求的密实度。

7.12.2　实测项目

见表 7.12.2。

表 7.12.2　级配碎(砾)石基层和底基层实测项目

项次	检查项目		规定值或允许偏差				检查方法和频率	权值
			基层		底基层			
			高速公路一级公路	其他公路	高速公路一级公路	其他公路		
1Δ	压实度(%)	代表值	98	98	96	96	按附录 B 检查,每 200m 每车道 2 处	3
		极值	94	94	92	92		
2	弯沉值(0.01mm)		符合设计要求		符合设计要求		按附录 I 检查	3
3	平整度(mm)		8	12	12	15	3m 直尺:每 200m 测 2 处×10 尺	2
4	纵断高程(mm)		+5,-10	+5,-15	+5,-15	+5,-20	水准仪:每 200m 测 4 个断面	1
5	宽度(mm)		符合设计要求		符合设计要求		尺量:每 200m 测 4 处	1
6Δ	厚度(mm)	代表值	-8	-10	-10	-12	按附录 H 检查,每 200m 每车道 1 点	2
		合格值	-15	-20	-25	-30		
7	横坡(%)		±0.3	±0.5	±0.3	±0.5	水准仪:每 200m 测 4 个断面	1

7.12.3　外观鉴定

表面平整密实,边线整齐,无松散。不符合要求时,每处减 1~2 分。

7.13 填隙碎石(矿渣)基层和底基层

7.13.1 基本要求

1)粗粒料应为质坚、无杂质的轧制石料或分解稳定的轧制矿渣,填缝料为5mm以下的轧制细料或粗砂。

2)应用振动压路机碾压,使填缝料填满粗粒料空隙。

7.13.2 实测项目

见表7.13.2。

表7.13.2 填隙碎石(矿渣)基层和底基层实测项目

项次	检查项目		规定值或允许偏差				检查方法和频率	权值
			基层		底基层			
			高速公路一级公路	其他公路	高速公路一级公路	其他公路		
1Δ	固体体积率(%)	代表值	—	85	85	83	灌砂法:每200m每车道2处	3
		极值	—	82	82	80		
2	弯沉值(0.01mm)		符合设计要求		符合设计要求		按附录I检查	2
3	平整度(mm)		—	12	12	15	3m直尺:每200m测2处×10尺	2
4	纵断高程(mm)		—	+5,-15	+5,-15	+5,-20	水准仪:每200m测4个断面	1
5	宽度(mm)		符合设计要求		符合设计要求		尺量:每200m测4处	1
6Δ	厚度(mm)	代表值	—	-10	-10	-12	按附录H检查,每200m每车道1点	2
		合格值	—	-20	-25	-30		
7	横坡(%)		—	±0.5	±0.3	±0.5	水准仪:每200m测4个断面	1

7.13.3 外观鉴定

表面平整密实,边线整齐,无松散现象。不符合要求时,每处减1~2分。

7.14 路缘石铺设

7.14.1 基本要求

1)预制缘石的质量应符合设计要求。

2)安砌稳固,顶面平整,缝宽均匀,勾缝密实,线条直顺,曲线圆滑美观。

3)槽底基础和后背填料必须夯打密实。

4)现浇路缘石材料应符合设计要求。

7.14.2 实测项目

见表7.14.2。

表7.14.2 路缘石铺设实测项目

项次	检查项目		规定值或允许偏差	检查方法和频率	权值
1	直顺度(mm)		10	20m拉线:每200m测4处	3
2	预制铺设	相邻两块高差(mm)	3	水平尺:每200m测4处	2
		相邻两块缝宽(mm)	±3	尺量:每200m测4处	1
	现浇	宽度(mm)	±5	尺量:每200m测4处	2
3	顶面高程(mm)		±10	水准仪:每200m测4点	2

7.14.3 外观鉴定

1)勾缝密实均匀,无杂物污染。不符合要求时,每处减1~2分。

2)缘石与路面齐平,排水口整齐、通畅,无阻水现象。不符合要求时,每处减1~2分。

7.15 路肩

7.15.1 基本要求

1)路肩表面应平整密实,不积水。

2)肩线应直顺,曲线圆滑。

3)硬路肩质量要求应与路面结构层相同。

7.15.2 实测项目

见表7.15.2。

表7.15.2 路肩实测项目

项次	检查项目		规定值或允许偏差	检查方法和频率	权值
1	压实度(%)		不小于设计	按附录B检查,每200m测2处	2
2	平整度(mm)	土路肩	20	3m直尺:每200m测2处×4尺	1
		硬路肩	10		
3	横坡(%)		±1.0	水准仪:每200m测2处	1
4	宽度(mm)		符合设计要求	尺量:每200m测2处	2

7.15.3 外观鉴定

1)路肩无阻水现象。不符合要求时,每处减1~2分。

2)路肩边缘直顺,无其他堆积物。不符合要求时,单向累计长度每50m或每处减1~2分。

8 桥梁工程

8.1 一般规定

8.1.1 独立桥梁、互通或分离式立交桥、高架桥、人行天桥和符合小桥标准的通道按本章有关规定进行评定。

8.1.2 本章仅列出公路桥涵中最常用的砌体分项工程,防护工程和其他未包含的分项工程按本标准第6章进行评定。

8.1.3 钢筋混凝土构件和预应力混凝土构件除包括构件浇筑、构件安装等分项工程外,均应包括钢筋加工及安装、预应力筋加工和张拉等分项工程。

8.1.4 顶推施工梁、悬臂施工梁和转体施工梁,除按本章第8.7.3、8.7.4和8.7.5条评定外,还应对梁段制作进行评定。

8.1.5 拱圈的施工必须在桥台填土完成后进行,避免因桥台水平位移而引起拱圈开裂。施工中应严密监控拱圈的变形是否正常,一旦出现不利于拱圈稳定的反对称变形或异常变形,必须立即分析原因,采取措施予以纠正。

8.1.6 拱桥组合桥台的组合性能按本章第8.6.4条进行评定,各个组成部分按本章相关分项工程的规定进行评定。

8.1.7 转体施工的拱除按本章第8.8.4条评定外,还应对拱圈制作进行评定。

8.1.8 拱桥拱上建筑按本章第8.6、8.7和8.8节的有关规定评定。

8.1.9 主跨和边跨采用不同材料的混合式斜拉桥,可综合本章第8.10节中不同类型斜拉桥的相关规定进行评定,地锚式斜拉桥锚碇部分可按本章第8.11节相关规定进行评定。

8.1.10 拉吊组合体系桥可综合本章第8.10节及第8.11节相关规定进行评定。

8.1.11 桥上采用的波形护栏或缆索护栏,按照本标准第11.4、11.6节进行评定。

8.1.12 桥上照明、监控、航空航运标志等附属设施应参照相关专业标准进行评定。

8.1.13 每座独立大桥、中桥为一个单位工程,互通立交中的每座桥梁以及路基工程中的每座小桥(包括符合小桥标准的通道)、人行天桥和渡槽各为一个分部工程。分项工程原则上按结构构件和施工阶段划分。特大桥的单位工程、分部工程的划分可根据具体情况确定。

8.2 桥梁总体

8.2.1 基本要求

1)桥梁施工应严格按照设计图纸、施工技术规范和有关技术操作规程要求进行。

2)桥下净空不得小于设计要求。

3)特大跨径桥梁或结构复杂的桥梁,必要时应进行荷载试验。

8.2.2 实测项目

见表8.2.2。

8.2.3 外观鉴定

1)桥梁的内外轮廓线条应顺滑清晰,无突变、明显折变或反复现象。不符合要求时减1~3分。

2)栏杆、防护栏、灯柱和缘石的线形顺滑流畅,无折弯现象。不符合要求时减1~3分。

3)踏步顺直,与边坡一致。不符合要求时减1~2分。

表 8.2.2　桥梁总体实测项目

项次	检查项目		规定值或允许偏差	检查方法和频率	权　值
1	桥面中线偏位(mm)		20	全站仪或经纬仪:检查 3~8 处	2
2	桥宽(mm)	车行道	±10	尺量:每孔 3~5 处	2
		人行道	±10		
3	桥长(mm)		+300,-100	全站仪或经纬仪、钢尺:检查中心线	1
4	引道中心线与桥梁中心线的衔接(mm)		20	尺量:分别将引道中心线和桥梁中心线延长至两岸桥长端部,比较其平面位置	2
5	桥头高程衔接(mm)		±3	水准仪:在桥头搭板范围内顺延桥面纵坡,每米 1 点测量标高	2

8.3　钢筋和预应力筋加工、安装及张拉

8.3.1　钢筋加工及安装

1　基本要求

1)钢筋、机械连接器、焊条等的品种、规格和技术性能应符合国家现行标准规定和设计要求。

2)冷拉钢筋的机械性能必须符合规范要求,钢筋平直,表面不应有裂皮和油污。

3)受力钢筋同一截面的接头数量、搭接长度、焊接和机械接头质量应符合施工技术规范要求。

4)钢筋安装时,必须保证设计要求的钢筋根数。

5)受力钢筋应平直,表面不得有裂纹及其他损伤。

2　实测项目

见表 8.3.1-1 至表 8.3.1-3。

表 8.3.1-1　钢筋安装实测项目

项　次	检查项目			规定值或允许偏差	检查方法和频率	权　值
1Δ	受力钢筋间距(mm)	两排以上排距		±5	尺量:每构件检查 2 个断面	3
		同排	梁、板、拱肋	±10		
			基础、锚碇、墩台、柱	±20		
		灌注桩		±20		
2	箍筋、横向水平钢筋、螺旋筋间距(mm)			±10	尺量:每构件检查 5~10 个间距	2
3	钢筋骨架尺寸(mm)	长		±10	尺量:按骨架总数 30% 抽查	1
		宽、高或直径		±5		
4	弯起钢筋位置(mm)			±20	尺量:每骨架抽查 30%	2
5Δ	保护层厚度(mm)	柱、梁、拱肋		±5	尺量:每构件沿模板周边检查 8 处	3
		基础、锚碇、墩台		±10		
		板		±3		

注:①小型构件的钢筋安装按总数抽查 30%。

②在海水或腐蚀环境中,保护层厚度不应出现负值。

表 8.3.1-2　钢筋网实测项目

项　次	检查项目	规定值或允许偏差	检查方法和频率	权　值
1	网的长、宽(mm)	±10	尺量:全部	1
2	网眼尺寸(mm)	±10	尺量:抽查 3 个网眼	1
3	对角线差(mm)	15	尺量:抽查 3 个网眼对角线	1

表 8.3.1-3 预制桩钢筋安装实测项目

项 次	检 查 项 目	规定值或允许偏差	检查方法和频率	权 值
1Δ	纵钢筋间距(mm)	±5	尺量:抽查3个断面	3
2	箍筋、螺旋筋间距(mm)	±10	尺量:抽查5个间距	2
3Δ	纵向钢筋保护层厚度(mm)	±5	尺量:抽查3个断面,每个断面4处	3
4	桩顶钢筋网片位置(mm)	±5	尺量:每桩	1
5	桩尖纵向钢筋位置(mm)	±5	尺量:每桩	1

注:在海水或腐蚀环境中,保护层厚度不应出现负值。

3 外观鉴定

1)钢筋表面无铁锈及焊渣。不符合要求时减1~3分。

2)多层钢筋网要有足够的钢筋支撑,保证骨架的施工刚度。不符合要求时减1~3分。

8.3.2 预应力筋的加工和张拉

1 基本要求

1)预应力筋的各项技术性能必须符合国家现行标准规定和设计要求。

2)预应力束中的钢丝、钢绞线应梳理顺直,不得有缠绞、扭麻花现象,表面不应有损伤。

3)单根钢绞线不允许断丝,单根钢筋不允许断筋或滑移。

4)同一截面预应力筋接头面积不超过预应力筋总面积的25%,接头质量应满足施工技术规范的要求。

5)预应力筋张拉或放张时,混凝土强度和龄期必须符合设计要求,应严格按照设计规定的张拉顺序进行操作。

6)预应力钢丝采用镦头锚时,镦头应头形圆整,不得有斜歪或破裂现象。

7)制孔管道应安装牢固,接头密合,弯曲圆顺。锚垫板平面应与孔道轴线垂直。

8)千斤顶、油表、钢尺等器具应经检验校正。

9)锚具、夹具和连接器应符合设计要求,按施工技术规范的要求经检验合格后方可使用。

10)压浆工作在5℃以下进行时,应采取防冻或保温措施。

11)孔道压浆的水泥浆性能和强度应符合施工技术规范要求,压浆时排气、排水孔应有水泥原浆溢出后方可封闭。

12)应按设计要求浇筑封锚混凝土。

2 实测项目

见表8.3.2-1至表8.3.2-3。

表 8.3.2-1 钢丝、钢绞线先张法实测项目

项 次	检 查 项 目		规定值或允许偏差	检查方法和频率	权 值
1	镦头钢丝同束长度相对差(mm)	$L>20$m	L/5000及5	尺量:每批抽查2束	2
		$20\leq L\leq 6$m	L/3000		
		$L<6$m	2		
2Δ	张拉应力值		符合设计要求	查油压表读数,每束	3
3Δ	张拉伸长率		符合设计规定,设计未规定时±6%	尺量:每束	3
4	同一构件内断丝根数不超过钢丝总数的百分数		1%	目测:每根(束)检查	3

注:L为钢束长度。

表 8.3.2-2 粗钢筋先张法实测项目

项 次	检 查 项 目	规定值或允许偏差	检查方法和频率	权 值
1	冷拉钢筋接头在同一平面内的轴线偏位(mm)	2及1/10直径	拉线用尺量:抽查30%	3
2	中心偏位(mm)	4%短边及5	尺量:全部	1
3Δ	张拉应力值	符合设计要求	查油压表读数:全部	3
4Δ	张拉伸长率	符合设计规定,设计未规定时±6%	尺量:全部	3

表 8.3.2-3 后张法实测项目

项次	检查项目		规定值或允许偏差	检查方法和频率	权值
1	管道坐标(mm)	梁长方向	±30	尺量:抽查30%,每根查10个点	1
		梁高方向	±10		
2	管道间距(mm)	同排	10	尺量:抽查30%,每根查5个点	1
		上下层	10		
3Δ	张拉应力值		符合设计要求	查油压表读数:全部	4
4Δ	张拉伸长率		符合设计规定,设计未规定时±6%	尺量:全部	3
5	断丝滑丝数	钢束	每束1根,且每断面不超过钢丝总数的1%	目测:每根(束)	3
		钢筋	不允许		

3 外观鉴定

预应力筋表面应保持清洁,不应有明显的锈迹。不符合要求时减1~3分。

8.4 砌体

8.4.1 基础砌体

1 基本要求

1)石料或混凝土预制块的质量和规格必须符合有关规范的要求。

2)砂浆所用的水泥、砂和水的质量必须符合有关规范的要求,按规定的配合比施工。

3)地基承载力应满足设计要求,严禁超挖回填虚土。

4)砌块应错缝、坐浆挤紧,嵌缝料和砂浆饱满,无空洞、宽缝、大堆砂浆填隙和假缝。

2 实测项目

见表8.4.1。

表 8.4.1 基础砌体

项次	检查项目		规定值或允许偏差	检查方法和频率	权值
1Δ	砂浆强度(MPa)		在合格标准内	按附录F检查	3
2	轴线偏位(mm)		25	经纬仪:纵、横各测量2点	2
3	平面尺寸(mm)		±50	尺量:长、宽各3处	2
4	顶面高程(mm)		±30	水准仪:测5~8点	1
5Δ	基底高程(mm)	土质	±50	水准仪:测5~8点	2
		石质	+50,-200		

3 外观鉴定

1)砌体表面应平整。不符合要求时减1~3分。

2)砌缝不应有裂隙。不符合要求时减1~3分。裂隙宽度超过0.5mm时必须进行处理。

8.4.2 墩台身砌体

1 基本要求

1)石料或混凝土预制块的质量和规格必须符合有关规范的要求。

2)砂浆所用的水泥、砂和水的质量必须符合有关规范的要求,按规定的配合比施工。

3)砌块应错缝、坐浆挤紧,嵌缝料和砂浆饱满,无空洞、宽缝、大堆砂浆填隙和假缝。

2 实测项目

见表8.4.2。

表 8.4.2　墩、台身砌体实测项目

<table>
<tr><th>项　次</th><th colspan="2">检查项目</th><th>规定值或允许偏差</th><th>检查方法和频率</th><th>权　值</th></tr>
<tr><td>1Δ</td><td colspan="2">砂浆强度(MPa)</td><td>在合格标准内</td><td>按附录 F 检查</td><td>3</td></tr>
<tr><td>2</td><td colspan="2">轴线偏位(mm)</td><td>20</td><td>全站仪或经纬仪:纵、横各测量2点</td><td>1</td></tr>
<tr><td rowspan="3">3</td><td rowspan="3">墩台长、宽(mm)</td><td>料石</td><td>+20,-10</td><td rowspan="3">尺量:检查3个断面</td><td rowspan="3">1</td></tr>
<tr><td>块石</td><td>+30,-10</td></tr>
<tr><td>片石</td><td>+40,-10</td></tr>
<tr><td rowspan="2">4</td><td rowspan="2">竖直度或坡度(%)</td><td>料石、块石</td><td>0.3</td><td rowspan="2">垂线或经纬仪:纵、横各测量2处</td><td rowspan="2">1</td></tr>
<tr><td>片石</td><td>0.5</td></tr>
<tr><td>5Δ</td><td colspan="2">墩、台顶面高程(mm)</td><td>±10</td><td>水准仪:测量3点</td><td>2</td></tr>
<tr><td rowspan="3">6</td><td rowspan="3">大面积平整度(mm)</td><td>料石</td><td>10</td><td rowspan="3">2m 直尺:检查竖直、水平两个方向,每 20 m^2 测 1 处</td><td rowspan="3">1</td></tr>
<tr><td>块石</td><td>20</td></tr>
<tr><td>片石</td><td>30</td></tr>
</table>

3　外观鉴定

1)砌体直顺,表面平整。不符合要求时减 1~3 分。

2)勾缝平顺,无开裂和脱落现象。不符合要求时减 1~3 分。

3)砌缝不应有裂隙。不符合要求时减 1~3 分。裂隙宽度超过 0.5mm 时必须进行处理。

8.4.3　拱圈砌体

1　基本要求

1)石料或混凝土预制块的质量和规格必须符合有关规范的要求。

2)砂浆所用的水泥、砂和水的质量必须符合有关规范的要求,按规定的配合比施工。

3)拱圈的辐射缝应垂直于拱轴线,辐射缝两侧相邻两行拱石的砌缝应互相错开,错开距离不应小于 100mm。

4)砌块应错缝、坐浆挤紧,嵌缝料和砂浆饱满,无空洞、宽缝、大堆砂浆填隙和假缝。

5)拱架应牢固、稳定,严格按设计规定的顺序砌筑拱圈和卸架。

2　实测项目

见表 8.4.3。

表 8.4.3　拱圈砌体实测项目

<table>
<tr><th>项　次</th><th colspan="2">检查项目</th><th>规定值或允许偏差</th><th>检查方法和频率</th><th>权　值</th></tr>
<tr><td>1Δ</td><td colspan="2">砂浆强度(MPa)</td><td>在合格标准内</td><td>按附录 F 检查</td><td>3</td></tr>
<tr><td rowspan="2">2</td><td rowspan="2">砌体外侧平面偏位(mm)</td><td>无镶面</td><td>+30,-10</td><td rowspan="2">经纬仪:检查拱脚、拱顶、1/4 跨共5处</td><td rowspan="2">1</td></tr>
<tr><td>有镶面</td><td>+20,-10</td></tr>
<tr><td>3Δ</td><td colspan="2">拱圈厚度(mm)</td><td>+30,-0</td><td>尺量:检查拱脚、拱顶、1/4 跨共5处</td><td>2</td></tr>
<tr><td rowspan="2">4</td><td rowspan="2">相邻镶面石砌块表层错位(mm)</td><td>料石、混凝土预制块</td><td>3</td><td rowspan="2">拉线用尺量:检查 3~5 处</td><td rowspan="2">1</td></tr>
<tr><td>块石</td><td>5</td></tr>
<tr><td rowspan="3">5Δ</td><td rowspan="3">内弧线偏离设计弧线(mm)</td><td>跨径≤30m</td><td>±20</td><td rowspan="3">水准仪或尺量:检查拱脚、拱顶、1/4 跨共5处高程</td><td rowspan="3">2</td></tr>
<tr><td>跨径>30m</td><td>±1/1500 跨径</td></tr>
<tr><td>极值</td><td>拱腹四分点:允许偏差的2倍且反向</td></tr>
</table>

注:项次2平面偏位向外为"+",向内为"-",下同。

3　外观鉴定

1)拱圈轮廓线应清晰,表面整齐。不符合要求时减 1~3 分。

2)勾缝应平顺,无开裂和脱落现象。不符合要求时减 2~4 分。

3)砌缝不应有裂隙。不符合要求时减 1~3 分。裂隙宽度超过 0.5mm 时必须进行处理。

8.4.4 侧墙身砌体

1 基本要求

同本标准第8.4.2条1。

2 实测项目

见表8.4.4。

表8.4.4 侧墙砌体实测项目

项次	检查项目		规定值或允许偏差	检查方法和频率	权值
1Δ	砂浆强度(MPa)		在合格标准内	按附录F检查	3
2	外侧平面偏位(mm)	无镶面	+30,-10	经纬仪:抽查5处	1
		有镶面	+20,-10		
3Δ	宽度(mm)		+40,-10	尺量:检查5处	2
4	顶面高程(mm)		±10	水准仪:检查5点	2
5	竖直度或坡度(%)	片石砌体	0.5	吊垂线:每侧墙面检查1~2处	1
		块石、粗料石、混凝土块镶面	0.3		

3 外观鉴定

同本标准第8.4.2条3。

8.5 基础

8.5.1 扩大基础

1 基本要求

1)所用的水泥、砂、石、水、外掺剂及混合材料的质量和规格必须符合有关规范的要求,按规定的配合比施工。

2)不得出现露筋和空洞现象。

3)基础的地基承载力必须满足设计要求。

4)严禁超挖回填虚土。

2 实测项目

见表8.5.1。

表8.5.1 扩大基础实测项目

项次	检查项目		规定值或允许偏差	检查方法和频率	权值
1Δ	混凝土强度(MPa)		在合格标准内	按附录D检查	3
2	平面尺寸(mm)		±50	尺量:长、宽各检查3处	2
3Δ	基础底面高程(mm)	土质	±50	水准仪:测量5~8点	2
		石质	+50,-200		
4	基础顶面高程(mm)		±30	水准仪:测量5~8点	1
5	轴线偏位(mm)		25	全站仪或经纬仪:纵、横各检查2点	2

3 外观鉴定

混凝土表面应平整,无明显施工接缝。不符合要求时减1~3分。

8.5.2 钻孔灌注桩

1 基本要求

1)桩身混凝土所用的水泥、砂、石、水、外掺剂及混合材料的质量和规格必须符合有关规范的要求,按规定的配合比施工。

2)成孔后必须清孔,测量孔径、孔深、孔位和沉淀层厚度,确认满足设计或施工技术规范要求后,方可灌注水下混凝土。

3)水下混凝土应连续灌注,严禁有夹层和断桩。

4）嵌入承台的锚固钢筋长度不得低于设计规范规定的最小锚固长度要求。

5）应选择有代表性的桩用无破损法进行检测，重要工程或重要部位的桩宜逐根进行检测。设计有规定或对桩的质量有怀疑时，应采取钻取芯样法对桩进行检测。

6）凿除桩头预留混凝土后，桩顶应无残余的松散混凝土。

2　实测项目

见表8.5.2。

表8.5.2　钻孔灌注桩实测项目

项　次	检 查 项 目			规定值或允许偏差	检查方法和频率	权　值
1Δ	混凝土强度（MPa）			在合格标准内	按附录D检查	3
2Δ	桩位（mm）	群桩		100	全站仪或经纬仪：每桩检查	2
		排架桩	允许	50		
			极值	100		
3Δ	孔深（m）			不小于设计	测绳量：每桩测量	3
4Δ	孔径（mm）			不小于设计	探孔器：每桩测量	3
5	钻孔倾斜度（mm）			1%桩长，且不大于500	用测壁（斜）仪或钻杆垂线法：每桩检查	1
6Δ	沉淀厚度（mm）	摩擦桩		符合设计规定，设计未规定时按施工规范要求	沉淀盒或标准测锤：每桩检查	2
		支承桩		不大于设计规定		
7	钢筋骨架底面高程（mm）			±50	水准仪：测每桩骨架顶面高程后反算	1

3　外观鉴定

1）桩的质量有缺陷，但经设计单位确认仍可用时，应减3分。

2）桩顶面应平整，桩柱连接处应平顺且无局部修补。不符合要求时减1~3分。

8.5.3　挖孔桩

1　基本要求

1）桩身混凝土所用的水泥、砂、石、水、外掺剂及混合材料的质量和规格必须符合有关规范的要求，按规定的配合比施工。

2）挖孔达到设计深度后，应及时进行孔底处理，必须做到无松渣、淤泥等扰动软土层，使孔底情况满足设计要求。

3）嵌入承台的锚固钢筋长度不得小于设计规范规定的最小锚固长度要求。

2　实测项目

见表8.5.3。

表8.5.3　挖孔桩实测项目

项　次	检 查 项 目			规定值或允许偏差	检查方法和频率	权　值
1Δ	混凝土强度（MPa）			在合格标准内	按附录D检查	3
2Δ	桩位（mm）	群桩		100	全站仪或经纬仪：每桩检查	2
		排架桩	允许	50		
			极值	100		
3Δ	孔深（m）			不小于设计值	测绳量：每桩测量	3
4Δ	孔径（mm）			不小于设计值	探孔器：每桩测量	3
5	孔的倾斜度（mm）			0.5%桩长，且不大于200	垂线法：每桩检查	1
6	钢筋骨架底面高程（mm）			±50	水准仪测骨架顶面高程后反算：每桩检查	1

3　外观鉴定

1）无破损检测桩的质量有缺陷，但经设计单位确认仍可用时，应减3分。

2）桩顶面应平整，桩柱连接处应平顺且无局部修补。不符合要求时减1~3分。

8.5.4　沉桩

1　基本要求

1)混凝土桩所用的水泥、砂、石、水、外掺剂及混合材料的质量和规格必须符合有关规范的要求，按规定的配合比施工。

2)混凝土预制桩必须按表 8.5.4-1 检查合格后，方可沉桩。

3)钢管桩的材料规格、外形尺寸和防护应符合设计和施工技术规范的要求。

4)用射水法沉桩，当桩尖接近设计高程时，应停止射水，用锤击或振动使桩达到设计高程。

5)桩的接头质量应符合设计要求。

2　实测项目

见表 8.5.4-1 和表 8.5.4-2。

表 8.5.4-1　预制桩实测项目

<table>
<tr><th>项　次</th><th colspan="2">检 查 项 目</th><th>规定值或允许偏差</th><th>检查方法和频率</th><th>权　值</th></tr>
<tr><td>1Δ</td><td colspan="2">混凝土强度(MPa)</td><td>在合格标准内</td><td>按附录 D 检查</td><td>3</td></tr>
<tr><td>2</td><td colspan="2">长度(mm)</td><td>±50</td><td>尺量：每桩检查</td><td>1</td></tr>
<tr><td rowspan="3">3</td><td rowspan="3">横截面(mm)</td><td>桩的边长</td><td>±5</td><td rowspan="3">尺量：每预制件检查 2 个断面，检查 10%</td><td rowspan="3">2</td></tr>
<tr><td>空心桩空心(管芯)直径</td><td>±5</td></tr>
<tr><td>空心中心与桩中心偏差</td><td>±5</td></tr>
<tr><td>4</td><td colspan="2">桩尖对桩的纵轴线(mm)</td><td>10</td><td>尺量：抽查 10%</td><td>1</td></tr>
<tr><td>5</td><td colspan="2">桩纵轴线弯曲矢高(mm)</td><td>0.1% 桩长，且不大于 20</td><td>沿桩长拉线量，取最大矢高：抽查 10%</td><td>1</td></tr>
<tr><td>6</td><td colspan="2">桩顶面与桩纵轴线倾斜偏差(mm)</td><td>1% 桩径或边长，且不大于 3</td><td>角尺：抽检 10%</td><td>1</td></tr>
<tr><td>7</td><td colspan="2">接桩的接头平面与桩轴平面垂直度</td><td>0.5%</td><td>角尺：抽检 20%</td><td>1</td></tr>
</table>

表 8.5.4-2　沉 桩 实 测 项 目

<table>
<tr><th>项　次</th><th colspan="3">检 查 项 目</th><th>规定值或允许偏差</th><th>检查方法和频率</th><th>权　值</th></tr>
<tr><td rowspan="4">1</td><td rowspan="4">桩位(mm)</td><td rowspan="2">群桩</td><td>中间桩</td><td>$d/2$ 且不大于 250</td><td rowspan="4">全站仪或经纬仪：检查 20%</td><td rowspan="4">2</td></tr>
<tr><td>外缘桩</td><td>$d/4$</td></tr>
<tr><td rowspan="2">排架桩</td><td>顺桥方向</td><td>40</td></tr>
<tr><td>垂直桥轴方向</td><td>50</td></tr>
<tr><td rowspan="2">2Δ</td><td colspan="3">桩尖高程(mm)</td><td>不高于设计规定</td><td>水准仪测桩顶面高程后反算：每桩检查</td><td rowspan="2">3</td></tr>
<tr><td colspan="3">贯入度(mm)</td><td>小于设计规定</td><td>与控制贯入度比较：每桩检查</td></tr>
<tr><td rowspan="2">3</td><td colspan="2" rowspan="2">倾斜度</td><td>直桩</td><td>1%</td><td rowspan="2">垂线法：每桩检查</td><td rowspan="2">2</td></tr>
<tr><td>斜桩</td><td>15% $\tan\theta$</td></tr>
</table>

注：①d 为桩径或短边长度。

②θ 为斜桩轴线与垂线间的夹角。

③深水中采用打桩船沉桩时，其允许偏差应符合设计规定。

④当贯入度符合设计规定但桩尖高程未达到设计高程，应按施工技术规范的规定进行检验，并得到设计认可时，桩尖高程为合格。

3　外观鉴定

1)预制桩的桩顶和桩尖不得有蜂窝、麻面现象。不符合要求时减 1～3 分。

2)桩头无劈裂，如有劈裂时应进行处理，并减 1～3 分。

8.5.5　地下连续墙

1　基本要求

1)混凝土所用的水泥、砂、石、水、外掺剂及混合材料的质量和规格必须符合有关规范的要求，按规定的配合比施工。

2)墙体的深度和宽度必须符合设计要求。

3)每一槽段成槽后，必须采取有效措施清底，并测量槽深、槽宽及倾斜度，符合设计和施工技术规范要求后，方可灌注水下混凝土。

4)相邻两槽段墙体中心线在任一深度的偏差值不得超过 60mm。

5)水下混凝土应连续灌注,严禁有夹层和断墙。

6)灌注水下混凝土时,钢筋骨架不得上浮。

7)应处理好接头,防止间隔灌注时漏水漏浆。

8)墙顶应无松散混凝土。

2 实测项目

见表8.5.5。

表8.5.5 地下连续墙实测项目

项 次	检查项目	规定值或允许偏差	检查方法和频率	权 值
1Δ	混凝土强度(MPa)	在合格标准内	按附录D检查	3
2	轴线位置(mm)	30	全站仪或经纬仪:每槽段测2处	1
3	倾斜度(mm)	0.5%墙深	测壁(斜)仪或垂线法:每槽段测1处	1
4Δ	沉淀厚度	符合设计要求	沉淀盒或标准测锤:每槽段测1处	2
5	外形尺寸(mm)	+30,-0	尺量:检查1个断面	1
6	顶面高程(mm)	±10	水准仪:每槽段测1~2处	1

3 外观鉴定

1)墙体的裸露墙面应平整,外轮廓线应平顺,槽段内无突变转折现象。不符合要求时,减1~3分。

2)槽段之间连接处在基坑开挖时应不透水、翻砂。不符合要求时,应进行处理,并减1~3分。

8.5.6 沉井

1 基本要求

1)沉井所用的水泥、砂、石、水、外掺剂及混合材料的质量和规格必须符合有关规范的要求,按规定的配合比施工。

2)沉井下沉应在井壁混凝土达到规定强度后进行。浮式沉井在下水、浮运前,应进行水密性试验。

3)沉井接高时,各节的竖向中轴线应与第一节竖向中轴线相重合。接高前应纠正沉井的倾斜。

4)沉井下沉到设计高程时,应检查基底,确认符合设计要求后方可封底。

5)沉井下沉中出现开裂,必须查明原因,进行处理后才可继续下沉。

6)下沉应有完整、准确的施工记录。

2 实测项目

见表8.5.6。

表8.5.6 沉井实测项目

项 次	检查项目		规定值或允许偏差	检查方法和频率	权 值
1Δ	各节沉井混凝土强度(MPa)		在合格标准内	按附录D检查	3
2	沉井平面尺寸(mm)	长、宽	±0.5%边长,大于24m时±120	尺量:每节段	1
		半径	±0.5%半径,大于12m时±60		
3	井壁厚度(mm)	混凝土	+40,-30	尺量:每节段沿周边量4点	1
		钢壳和钢筋混凝土	±15		
4	沉井刃脚高程(mm)		符合设计要求	水准仪:测4~8处顶面高程反算	1
5Δ	中心偏位(纵、横向)(mm)	一般	1/50井高	全站仪或经纬仪:测沉井两轴线交点	2
		浮式	1/50井高+250		
6	沉井最大倾斜度(纵、横方向)(mm)		1/50井高	吊垂线:检查两轴线1~2处	2
7	平面扭转角(°)	一般	1	全站仪或经纬仪:检查沉井两轴线	1
		浮式	2		

沉井的封底见表8.5.8。

3　外观鉴定

沉井接高时施工缝应清除浮浆和凿毛。不符合要求时减1~3分。

8.5.7　双壁钢围堰

1　基本要求

1)钢围堰段采用的钢材和焊接材料的品种规格、化学成分及力学性能必须符合设计和有关技术规范的要求,具有完整的出厂质量合格证明。

2)钢围堰壳元件的加工尺寸和预拼装精度应符合设计和有关技术规范的要求。

3)施焊人员必须具有焊接资格和上岗证。

4)焊缝探伤检测结果应全部合格。

5)钢围堰拼焊后应进行水密试验,符合设计要求后方可下沉。

6)混凝土所用的水泥、砂、石、水、外掺剂及混合材料的质量和规格应符合有关规范的要求,按规定的配合比施工。

7)钢围堰内各舱浇筑混凝土的顺序,应严格按设计规定进行。

8)钢围堰的下沉见本标准第8.5.6条。

2　实测项目

钢围堰的制作拼装见表8.5.7。

表8.5.7　双壁钢围堰的制作拼装实测项目

项　次	检查项目		规定值或允许偏差	检查方法和频率	权　值
1	顶面中心偏位(mm)	顺桥向	20	全站仪或经纬仪:测围堰两轴线交点,纵横各检查2点	1
		横桥向	20		
2	围堰平面尺寸(mm)		直径/500及30,互相垂直的直径差<20	尺量:每节检查4处	2
3	高度(mm)		±10	尺量:每节检查2处	1
4	节间错台(mm)		2	尺量:每节检查4处	1
5Δ	焊缝质量		符合设计要求	超声:抽检水平、垂直焊缝各50%	3
6Δ	水密试验		不允许渗水	加水检查:每节	2

3　外观鉴定

焊缝均不得有裂纹、未熔合、夹渣、未填满弧坑和焊瘤等缺陷,且焊缝外形均匀,成形良好,焊渣和飞溅物清除干净。不符合要求时每处减0.5~1分。

8.5.8　沉井或钢围堰的混凝土封底

1　基本要求

1)混凝土所用的水泥、砂、石、水、外掺剂及混合材料的质量和规格应符合有关规范的要求,按规定的配合比施工。

2)围堰清基应符合设计要求。清基完成并检查合格后,方可浇筑水下混凝土封底。

3)混凝土必须按水下混凝土的操作规程一次浇筑完成,在围壁处不得出现空洞,不得渗漏水。

2　实测项目

见表8.5.8。

表8.5.8　沉井或钢围堰封底混凝土实测项目

项　次	检查项目	规定值或允许偏差	检查方法和频率	权　值
1Δ	混凝土强度(MPa)	在合格标准内	按附录D检查	3
2Δ	基底高程(mm)	+0,-200	测绳和水准仪:5~9处	3
3	顶面高程(mm)	±50	水准仪:5处	1

3　外观鉴定

封底混凝土顶面应保持平整。不符合要求时减1~3分。

8.5.9 承台

1 基本要求

1)所用的水泥、砂、石、水、外掺剂及混合材料的质量和规格必须符合有关规范的要求。按规定的配合比施工。

2)必须采取措施控制水化热引起的混凝土内最高温度及内外温差在允许范围内,防止出现温度裂缝。

3)不得出现露筋和空洞现象。

2 实测项目

见表8.5.9。

表8.5.9 承台实测项目

项次	检查项目	规定值或允许偏差	检查方法和频率	权值
1Δ	混凝土强度(MPa)	在合格标准内	按附录D检查	3
2	尺寸(mm)	±30	尺量:长、宽、高检查各2点	1
3	顶面高程(mm)	±20	水准仪:检查5处	2
4	轴线偏位(mm)	15	全站仪或经纬仪:纵、横各测量2点	2

3 外观鉴定

1)混凝土表面平整,棱角平直,无明显施工接缝。不符合要求时每处减1~3分。

2)蜂窝、麻面面积不得超过该面总面积的0.5%。不符合要求时,每超过0.5%减3分;深度超过1cm的必须处理。

3)混凝土表面出现非受力裂缝时减1~3分,裂缝宽度超过设计规定或设计未规定时超过0.15mm必须处理。

8.5.10 大体积混凝土结构

1 基本要求

1)所用的水泥、砂、石、水、外掺剂及混合材料的质量和规格必须符合有关规范的要求。

2)材料配合比应满足大体积混凝土施工的要求,按规定的配合比施工。

3)必须采取措施控制水化热引起的混凝土内最高温度及内外温差在允许范围内,防止出现温度裂缝。

4)不得出现露筋和空洞现象。

2 实测项目

见表8.5.10。

表8.5.10 大体积混凝土结构实测项目

项次	检查项目	规定值或允许偏差	检查方法和频率	权值
1Δ	混凝土强度(MPa)	在合格标准内	按附录D检查	3
2	轴线偏位(mm)	20	全站仪或经纬仪:纵、横各测量2点	2
3	断面尺寸(mm)	±30	尺量:检查1~2个断面	2
4	结构高度(mm)	±30	尺量:检查8~10处	1
5	顶面高程(mm)	±20	水准仪:测量8~10处	2
6	大面积平整度(mm)	8	2m直尺:检查两个垂直方向,每20m^{2}测1处	1

3 外观鉴定

同本标准第8.5.9条3规定。

8.6 墩、台身和盖梁

8.6.1 混凝土墩、台身

1 基本要求

1)混凝土所用的水泥、砂、石、水、外掺剂及混合材料的质量和规格,必须符合有关技术规范的要求,按规定的配合比施工。

2)不得出现空洞和露筋现象。

2 实测项目

见表 8.6.1-1 及表 8.6.1-2。

表 8.6.1-1 墩、台身实测项目

项 次	检查项目	规定值或允许偏差	检查方法和频率	权 值
1Δ	混凝土强度(MPa)	在合格标准内	按附录 D 检查	3
2	断面尺寸(mm)	±20	尺量:检查 3 个断面	2
3	竖直度或斜度(mm)	0.3%H 且不大于 20	吊垂线或经纬仪:测量 2 点	2
4	顶面高程(mm)	±10	水准仪:测量 3 处	2
5Δ	轴线偏位(mm)	10	全站仪或经纬仪:纵、横各测量 2 点	2
6	节段间错台(mm)	5	尺量:每节检查 4 处	1
7	大面积平整度(mm)	5	2m 直尺:检查竖直、水平两个方向,每 20 m^2 测 1 处	1
8	预埋件位置(mm)	符合设计规定,设计未规定时:10	尺量:每件	1

注:H 为墩、台身高度。

表 8.6.1-2 柱或双壁墩身实测项目

项 次	检查项目	规定值或允许偏差	检查方法和频率	权 值
1Δ	混凝土强度(MPa)	在合格标准内	按附录 D 检查	3
2	相邻间距(mm)	±20	尺或全站仪测量:检查顶、中、底 3 处	1
3	竖直度(mm)	0.3%H 且不大于 20	吊垂线或经纬仪:测量 2 点	2
4	柱(墩)顶高程(mm)	±10	水准仪:测量 3 处	2
5Δ	轴线偏位(mm)	10	全站仪或经纬仪:纵、横各测量 2 点	2
6	断面尺寸(mm)	±15	尺量:检查 3 个断面	1
7	节段间错台(mm)	3	尺量:每节检查 2~4 处	1

注:H 为墩身或柱高度。

3 外观鉴定

1)混凝土表面平整,施工缝平顺,棱角线平直,外露面色泽一致。不符合要求时减1~3 分。

2)蜂窝、麻面面积不得超过该面面积的 0.5%。不符合要求时,每超过 0.5% 减 3 分;深度超过 10mm 的必须处理。

3)混凝土表面出现非受力裂缝时减 1~3 分,裂缝宽度超过设计规定或设计未规定时超过 0.15mm 必须处理。

4)施工临时预埋件或其他临时设施未清除处理时减 1~2 分。

8.6.2 墩、台身安装

1 基本要求

1)墩、台身预制件必须经检验合格后,方可进行安装。

2)预制节段胶结材料的性能、质量必须符合设计要求,接缝填充密实。

3)墩、台柱埋入基座坑内的深度和砌块墩、台埋置深度,必须符合设计规定。

2 实测项目

见表 8.6.2。

表 8.6.2　墩、台身安装实测项目

项　次	检查项目	规定值或允许偏差	检查方法和频率	权　值
1Δ	轴线偏位(mm)	10	全站仪或经纬仪:纵、横各测量 2 点	3
2	顶面高程(mm)	±10	水准仪:检查 4 ~ 8 处	2
3	倾斜度(mm)	0.3% 墩、台高,且不大于 20	吊垂线:检查 4 ~ 8 处	2
4	相邻墩、台柱间距(mm)	±15	尺量或全站仪:检查 3 处	1
5	节段间错台(mm)	3	尺量:每节检查 2 ~ 4 处	1

3　外观鉴定

墩、台表面应平整,接缝饱满无空洞、均匀整齐。不符合要求时减 1 ~ 3 分。

8.6.3　墩、台帽或盖梁

1　基本要求

1)混凝土所用的水泥、砂、石、水、外掺剂及混合材料的质量和规格,必须符合有关技术规范的要求,按规定的配合比施工。

2)不得出现露筋和空洞现象。

2　实测项目

见表 8.6.3。

表 8.6.3　墩、台帽或盖梁实测项目

项　次	检 查 项 目	规定值或允许偏差	检查方法和频率	权　值
1Δ	混凝土强度(MPa)	在合格标准内	按附录 D 检查	3
2	断面尺寸(mm)	±20	尺量:检查 3 个断面	2
3Δ	轴线偏位(mm)	10	全站仪或经纬仪:纵、横各测量 2 点	2
4Δ	顶面高程(mm)	±10	水准仪:检查 3 ~ 5 点	2
5	支座垫石预留位置(mm)	10	尺量:每个	1

3　外观鉴定

1)混凝土表面平整、光洁,棱角线平直。不符合要求时减 1 ~ 3 分。

2)墩、台帽和盖梁如出现蜂窝、麻面,必须进行修整,并减 1 ~ 4 分。

3)墩、台帽和盖梁出现非受力裂缝时减 1 ~ 3 分,裂缝宽度超过设计规定或设计未规定时超过 0.15mm 必须处理。

8.6.4　拱桥组合桥台

1　基本要求

1)地基强度必须满足设计要求。

2)组合桥台的各个组成部分,其接触面必须密贴。

3)阻滑板不得断裂。

4)必须对组合桥台的位移、沉降、转动及各部分是否紧贴进行观测,提供观测数据。

5)拱桥台背填土必须在承受拱圈水平推力以前完成,并应控制填土进度,防止桥台出现过大的变位。

2　实测项目

除按有关各节评定各组成部分自身的质量外,还需按本条评定其组合性能,见表8.6.4。

表 8.6.4　拱桥组合桥台实测项目

项　次	检 查 项 目	规定值或允许偏差	检查方法和频率	权　值
1	架设拱圈前,台后沉降完成量	设计值的 85% 以上	水准仪:测量台后上、下游两侧填土后至架设拱圈前高程差	2
2	台身后倾率	1/250	吊垂线:检查沉降缝分离值推算	2
3Δ	架设拱圈前,台后填土完成量	90% 以上	按填土状况推算:每台	3
4Δ	拱建成后桥台水平位移	在设计允许值内	全站仪或经纬仪:检查预埋测点,每台	3

3　外观鉴定

1)各组成部分接触面不平整者,减3~5分。

2)各组成部分接近桥面的顶面如因沉降不同而有错台时减3~5分,错台大时必须整修。

8.6.5　台背填土

1　基本要求

1)台背填土应采用透水性材料或设计规定的填料,严禁采用腐殖土、盐渍土、淤泥、白垩土、硅藻土和冻土块。填料中不应含有机物、冰块、草皮、树根等杂物及生活垃圾。

2)必须分层填筑压实,每层表面平整,路拱合适。

3)台身强度达到设计强度的75%以上时,方可进行填土。

4)拱桥台背填土必须在承受拱圈水平推力以前完成。

5)台背填土的长度,不得小于规范规定,即台身顶面处不小于桥台高度加2m,底面不小于2m;拱桥台背填土长度不应小于台高的3~4倍。

2　实测项目

除台背填土压实度见表8.6.5外,其余按路基要求进行评定。

表8.6.5　台背填土实测项目

项　次	实 测 项 目	规定值或允许偏差			检查方法和频率	权　值
		高速、一级公路	二级公路	三、四级公路		
1Δ	压实度(%)	96	95	94	按附录B检查,每50m²每压实层至少检查1点	1

3　外观鉴定

1)填土表面平整,边线直顺。不符合要求时,减1~3分。

2)边坡坡面平顺稳定,不得亏坡,曲线圆滑。不符合要求时,减1~5分。

8.7　梁桥

8.7.1　预制和安装梁(板)

1　基本要求

1)所用的水泥、砂、石、水、外掺剂及混合材料的质量和规格必须符合有关规范的要求,按规定的配合比施工。

2)梁(板)不得出现露筋和空洞现象。

3)空心板采用胶囊施工时,应采取有效措施防止胶囊上浮。

4)梁(板)在吊移出预制底座时,混凝土的强度不得低于设计所要求的吊装强度;梁(板)在安装时,支承结构(墩台、盖梁、垫石)的强度应符合设计要求。

5)梁(板)安装前,墩、台支座垫板必须稳固。

6)梁(板)就位后,梁两端支座应对位,梁(板)底与支座以及支座底与垫石顶须密贴,否则应重新安装。

7)两梁(板)之间接缝填充材料的规格和强度应符合设计要求。

2　实测项目

见表8.7.1-1和表8.7.1-2。

表8.7.1-1　梁(板)预制实测项目

项　次	检 查 项 目			规定值或允许偏差	检查方法和频率	权　值
1Δ	混凝土强度(MPa)			在合格标准内	按附录D检查	3
2	梁(板)长度(mm)			+5,-10	尺量:每梁(板)	1
3	宽度(mm)	干接缝(梁翼缘、板)		±10	尺量:检查3处	1
		湿接缝(梁翼缘、板)		±20		
		箱梁	顶宽	±30		
			底宽	±20		

续上表

项　次	检 查 项 目		规定值或允许偏差	检查方法和频率	权　值
4Δ	高度(mm)	梁、板	±5	尺量:检查2个断面	1
		箱梁	+0，-5		
5Δ	断面尺寸(mm)	顶板厚	+5，-0	尺量:检查2个断面	2
		底板厚			
		腹板或梁肋			
6	平整度(mm)		5	2m直尺:每侧面每10m梁长测1处	1
7	横系梁及预埋件位置(mm)		5	尺量:每件	1

表8.7.1-2　梁(板)安装实测项目

项　次	检 查 项 目		规定值或允许偏差	检查方法和频率	权　值
1Δ	支座中心偏位(mm)	梁	5	尺量:每孔抽查4~6个支座	3
		板	10		
2	倾斜度(%)		1.2	吊垂线:每孔检查3片梁	2
3	梁(板)顶面纵向高程(mm)		+8，-5	水准仪:抽查每孔2片,每片3点	2
4	相邻梁(板)顶面高差(mm)		8	尺量:每相邻梁(板)	1

3　外观鉴定

1)混凝土表面平整,颜色一致,无明显施工接缝。不符合要求时减1~3分。

2)混凝土表面不得出现蜂窝、麻面,如出现必须修整,并减1~2分。

3)混凝土表面出现非受力裂缝,减1~3分。裂缝宽度超过设计规定或设计未规定时超过0.15mm必须处理。

4)封锚混凝土应密实、平整。不符合要求时减2~4分。

5)梁、板的填缝应平整密实。不符合要求时减1~3分。

6)梁体内不应遗留建筑垃圾、杂物、临时预埋件等。不符合要求时减1~2分,并应清理干净。

8.7.2　就地浇筑梁(板)

1　基本要求

1)所用的水泥、砂、石、水、外掺剂及混合材料的质量和规格必须符合有关规范要求,按规定的配合比施工。

2)支架和模板的强度、刚度、稳定性应满足施工技术规范的要求。

3)预计的支架变形及地基的下沉量应满足施工后梁体设计标高的要求,必要时应采取对支架预压的措施。

4)梁(板)体不得出现露筋和空洞现象。

5)预埋件的设置和固定应满足设计和施工技术规范的规定。

2　实测项目

见表8.7.2。

表8.7.2　就地浇筑梁(板)实测项目

项　次	检 查 项 目		规定值或允许偏差	检查方法和频率	权　值
1Δ	混凝土强度(MPa)		在合格标准内	按附录D检查	3
2Δ	轴线偏位(mm)		10	全站仪或经纬仪:测量3处	2
3	梁(板)顶面高程(mm)		±10	水准仪:检查3~5处	1
4Δ	断面尺寸(mm)	高度	+5，-10	尺量:每跨检查1~3个断面	2
		顶宽	±30		
		箱梁底宽	±20		
		顶、底、腹板或梁肋厚	+10，-0		

续上表

项次	检查项目	规定值或允许偏差	检查方法和频率	权值
5	长度(mm)	+5, -10	尺量:每梁(板)	1
6	横坡(%)	±0.15	水准仪:每跨检查1~3处	1
7	平整度(mm)	8	2m直尺:每侧面每10m梁长测一处	1

3　外观鉴定

1)混凝土表面平整,颜色一致,无明显施工接缝。不符合要求时每处减1~3分。

2)混凝土不得出现蜂窝、麻面,如出现必须修整,并减1~2分。

3)混凝土表面出现非受力裂缝,减1~3分,裂缝宽度超过设计规定或设计未规定时超过0.15mm必须处理。

4)封锚混凝土应密实、平整。不符合要求时减2~4分。

5)梁体内的建筑垃圾、杂物、临时预埋件等应清理干净。不符合要求时减1~3分。

8.7.3　顶推施工梁

1　基本要求

1)台座和滑道组的中线必须在桥轴线或其延长线上。

2)导梁应在地面试装后,再在台座上安装,导梁与梁身必须牢固连接。

3)千斤顶及其他顶推设备在施工前应仔细检查校正,多点顶推必须确保同步。

4)顶推过程中,要设专人观测墩台沉降、墩台位移及梁的偏位、导梁和梁挠度等资料,提供观测数据。

5)顶推及落梁程序正确。若梁体出现裂缝,应查明原因,在采取措施后,方可继续顶推。

2　实测项目

见表8.7.3。

表8.7.3　顶推施工梁实测项目

项次	检查项目		规定值或允许偏差	检查方法和频率	权值
1	轴线偏位(mm)		10	全站仪或经纬仪:每段检查2处	2
2Δ	落梁反力		符合设计规定;设计未规定时不大于1.1倍的设计反力	用千斤顶油压计算:检查全部	3
3Δ	支点高差(mm)	相邻纵向支点	符合设计规定;设计未规定时不大于5	水准仪:检查全部	3
		同墩两侧支点	符合设计规定;设计未规定时不大于2		

3　外观鉴定

各梁段连接线形平顺,接缝平整、密实,颜色一致。不符合要求时减1~3分。

8.7.4　悬臂施工梁

1　基本要求

1)悬臂浇筑或合龙段浇筑所用的砂、石、水泥、水、外掺剂及混合材料的质量和规格必须符合有关规范要求,按规定的配合比施工。

2)悬拼或悬浇块件前,必须对桥墩根部(0号块件)的高程、桥轴线作详细复核,符合设计要求后,方可进行悬拼或悬浇。

3)悬臂施工必须对称进行,应对轴线和高程进行施工控制。

4)在施工过程中,梁体不得出现宽度超过设计和规范规定的受力裂缝。一旦出现,必须查明原因,经过处理后方可继续施工。

5）必须确保悬浇或悬拼的接头质量，梁段间胶结材料的性能、质量必须符合设计要求，接缝填充密实。

6）悬臂合龙时，两侧梁体的高差应在设计允许范围内。

2　实测项目

见表 8.7.4-1 和表 8.7.4-2。

表 8.7.4-1　悬臂浇筑梁实测项目

项次	检查项目		规定值或允许偏差	检查方法和频率	权值
1Δ	混凝土强度（MPa）		在合格标准内	按附录 D 检查	3
2Δ	轴线偏位（mm）	L≤100m	10	全站仪或经纬仪：每个节段检查 2 处	2
		L＞100m	L/10000		
3	顶面高程（mm）	L≤100m	±20	水准仪：每个节段检查 2 处	2
		L＞100m	±L/5000		
	相邻节段高差		10	尺量：检查 3～5 处	1
4Δ	断面尺寸（mm）	高度	+5，-10	尺量：每个节段检查 1 个断面	2
		顶宽	±30		
		底宽	±20		
		顶底腹板厚	+10，-0		
5	合龙后同跨对称点高程差（mm）	L≤100m	20	水准仪：每跨检查 5～7 处	1
		L＞100m	L/5000		
6	横坡（%）		±0.15	水准仪：每节段检查 1～2 处	1
7	平整度（mm）		8	2m 直尺：检查竖直、水平两个方向，每侧面每 10m 梁长测 1 处	1

注：L 为梁跨径。

3　外观鉴定

1）线形平顺，梁顶面平整，各孔无明显折变。不符合要求时减 1～3 分。

2）相邻块件颜色一致，接缝平整密实，无明显错台。每孔出现两处及以上明显错台（≥3mm）时，减 2 分。

表 8.7.4-2　悬臂拼装梁实测项目

项次	检查项目		规定值或允许偏差	检查方法和频率	权值
1Δ	合龙段混凝土强度（MPa）		在合格标准内	按附录 D 检查	3
2Δ	轴线偏位（mm）	L≤100m	10	全站仪或经纬仪：每个节段检查 2 处	2
		L＞100m	L/10000		
3	顶面高程（mm）	L≤100m	±20	水准仪：每个节段检查 2 处	2
		L＞100m	±L/5000		
	相邻节段高差		10	尺量：检查 3～5 处	
4	合龙后同跨对称点高程差（mm）	L≤100m	20	水准仪：每跨检查 5～7 处	
		L＞100m	L/5000		

注：①L 为梁跨径。

②非合龙段项次 1 不参与评定。

3）混凝土表面不得出现蜂窝、麻面，如出现必须进行修整，并减 1～3 分。

4）梁体出现非受力裂缝，减 1～3 分。裂缝宽度超过设计规定或设计未规定时超过 0.15mm 必须处理。

5）梁体内外不应遗留建筑垃圾、杂物、临时预埋件等。不符合要求时减 1～2 分，并应清理干净。

8.7.5 转体施工梁

1 基本要求

1)转动设施和锚固体系必须经过严格检查,安全可靠。

2)采用双侧对称同步转体施工时,必须设位控体系,严格控制两侧同步,使误差控制在设计允许的范围内。

3)上部构造在转体施工中,若出现裂缝,应查明原因,采取措施后方可继续转体施工。

4)合龙段两侧高差必须在设计规定的允许范围内。

2 实测项目

见表8.7.5。

表8.7.5 转体施工梁实测项目

项 次	检查项目	规定值或允许偏差	检查方法和频率	权 值
1Δ	封闭转盘和合龙段混凝土强度(MPa)	在合格标准内	按附录D检查	3
2Δ	轴线偏位(mm)	跨径/10000	全站仪或经纬仪:检查5处	2
3	跨中梁顶面高程(mm)	±20	水准仪:检查2个断面,每断面3处	2
4	同一横断面两侧或相邻上部构件高差(mm)	10	水准仪:检查4个断面	1

3 外观鉴定

1)合龙段混凝土平整密实,颜色一致。不符合要求时减1~3分。

2)梁体内外不应遗留建筑垃圾、杂物、临时预埋件等。不符合要求时减1~3分,并应清理干净。

8.8 拱桥

8.8.1 就地浇筑拱圈

1 基本要求

1)混凝土所用的水泥、砂、石、水和外掺剂的质量和规格必须符合有关规范的要求,按规定的配合比施工。

2)支架式拱架必须严格按照施工技术规范的要求进行制作,必须牢固稳定。

3)严格按照设计规定的施工顺序浇筑拱圈混凝土。

4)拱架的卸落必须按照设计和有关规范规定的卸架顺序进行。

5)不得出现露筋和空洞现象。

2 实测项目

见表8.8.1。

表8.8.1 就地浇筑拱圈实测项目

项 次	检查项目		规定值或允许偏差	检查方法和频率	权 值
1Δ	混凝土强度(MPa)		在合格标准内	按附录D检查	3
2	轴线偏位(mm)	板拱	10	经纬仪:测量5处	1
		肋拱	5		
3Δ	内弧线偏离设计弧线(mm)	跨径≤30m	±20	水准仪:检查5处	2
		跨径>30m	±跨径/1500		
4Δ	断面尺寸(mm)	高度	±5	尺量:拱脚、L/4、拱顶5个断面	2
		顶、底、腹板厚	+10,-0		
5	拱宽(mm)	板拱	±20	尺量:拱脚、L/4、拱顶5个断面	1
		肋拱	±10		
6	拱肋间距(mm)		5	尺量:检查5处	1

3 外观鉴定

1)混凝土表面平整,线形圆顺,颜色一致。不符合要求时减1~3分。

2)混凝土麻面面积不得超过该面积的0.5%。不符合要求时,每超过0.5%减3分,深度超过10mm的必须处理。

3)混凝土表面出现非受力裂缝减1~3分。裂缝宽度超过设计规定或设计未规定时超过0.15mm必须进行处理。

8.8.2 拱圈节段的预制

1 基本要求

1)混凝土所用的水泥、砂、石、水和外掺剂的质量和规格必须符合有关规范的规定,按照规定的配合比施工。

2)不得出现露筋和空洞现象。

2 实测项目

见表8.8.2-1及表8.8.2-2。

表8.8.2-1 预制拱圈节段实测项目

项次	检查项目		规定值或允许偏差	检查方法和频率	权值
1Δ	混凝土强度(MPa)		在合格标准内	按附录D检查	3
2	每段拱箱内弧长(mm)		+0,-10	尺量:每段	1
3Δ	内弧偏离设计弧线(mm)		±5	样板:每段测1~3点	2
4Δ	断面尺寸(mm)	顶底腹板厚	+10,-0	尺量:检查2处	2
		宽度及高度	+10,-5		
5	平面度(mm)	肋拱	5	拉线用尺量:每段测1~3点	1
		箱拱	10		
6	拱箱接头倾斜(mm)		±5	角尺:每接头	1
7	预埋件位置(mm)	肋拱	5	尺量:每件	1
		箱拱	10		

表8.8.2-2 桁架拱杆件预制实测项目

项次	检查项目	规定值或允许偏差	检查方法和频率	权值
1Δ	混凝土强度(MPa)	在合格标准内	按附录D检查	3
2Δ	断面尺寸(mm)	±5	尺量:检查2处	2
3	杆件长度(mm)	±10	尺量:检查2处	1
4	杆件旁弯(mm)	5	拉线用尺量:每件	1
5	预埋件位置(mm)	5	尺量:每件	1

注:若成批生产,每批抽查25%。

3 外观鉴定

同本标准第8.8.1条3。

8.8.3 拱的安装

1 基本要求

1)拱桥安装必须严格按设计规定的程序进行施工。

2)拱段接头采用现浇混凝土时,必须确保其强度和质量,并在达到设计规定强度后,方可进行拱上建筑的施工。

3)安装过程中,如杆件或节点出现开裂,应查明原因,采取措施后方可继续进行。

4)合龙段两侧高差必须在设计规定的允许范围内。

2 实测项目

见表8.8.3-1至表8.8.3-3。

表 8.8.3-1　主拱圈安装实测项目

项　次	检 查 项 目		规定值或允许偏差			检查方法和频率	权　值
1Δ	轴线偏位(mm)	L≤60m	10			经纬仪:检查 5 处	2
		L>60m	L/6000				
2Δ	拱圈标高(mm)	L≤60m	±20			水准仪:检查 5～7 点	3
		L>60m	±L/3000				
3Δ	对称接头点相对高差(mm)		允许	L≤60m	20	水准仪:检查每段	2
				L>60m	L/3000		
			极值	允许偏差的 2 倍,且反向			
4	同跨各拱肋相对高差(mm)		L≤60m		20	水准仪:检查 5 处	1
			L>60m		L/3000		
5	同跨各拱肋间距(mm)		30			尺量:检查 5 处	1

注:①正拱斜置时,项次 3 为两对称接头点(实际高程－设计高程)之差。

②L 为跨径。

表 8.8.3-2　悬臂拼装的桁架拱实测项目

项　次	检 查 项 目		规定值或允许偏差			检查方法和频率	权　值
1Δ	节点混凝土强度(MPa)		在合格标准内			按附录 D 检查	3
2Δ	轴线偏位(mm)	L≤60m	10			经纬仪:每跨检查 5 处	2
		L>60m	L/6000				
3Δ	拱圈标高(mm)	L≤60m	±20			水准仪:每肋每跨检查 5 处	2
		L>60m	±L/3000				
4	相邻拱片高差(mm)		20			水准仪:每跨检查 5 处	1
5Δ	对称点相对高差(mm)		允许	L≤60m	20	水准仪:每跨检查 5 处	2
				L>60m	L/3000		
			极值	允许偏差的 2 倍,且反向			
6	拱片竖向垂直度(mm)		1/300 高度,且不大于 20			吊垂线:每片检查 2 处	1

注:L 为跨径。

表 8.8.3-3　腹拱安装实测项目

项　次	检 查 项 目	规定值或允许偏差	检查方法和频率	权　值
1	轴线偏位(mm)	10	经纬仪:纵、横各检查 2 处	1
2	起拱线高程(mm)	±20	水准仪:每起拱线测 2 点	2
3	相邻块件高差(mm)	5	尺量:每相邻块件检查 1～3 处	2

3　外观鉴定

1)接头处无因焊接或局部受力造成的混凝土开裂、缺损或露筋现象。不符合要求时减 3～5 分,并进行整修。

2)接头垫塞楔形钢板应均匀合理。不符合要求时减 1～3 分。

3)节点应平整,接头两侧的杆件应无错台。不符合要求时减 1～3 分。

4)上下弦杆线形顺畅,表面平整。不符合要求时减 1～3 分。

8.8.4　转体施工拱

1　基本要求

1)转动设施和锚固体系必须经过严格检查,安全可靠。

2)采用双侧对称同步转体施工时,必须设位控制系,严格控制两侧同步,使误差控制在设计允许的范围内。

3）上部构造在转体施工中，如出现裂缝，应查明原因，采取措施后方可继续转体施工。

2　实测项目

见表8.8.4。

表8.8.4　转体施工拱实测项目

项　次	检 查 项 目	规定值或允许偏差	检查方法和频率	权　值
1Δ	封闭转盘和合龙段混凝土强度(MPa)	在合格标准内	按附录D检查	3
2	轴线偏位(mm)	跨径/6000	经纬仪：检查5处	2
3Δ	跨中拱顶面高程(mm)	±20	水准仪：检查拱顶2～4处	2
4	同一横截面两侧或相邻上部构件高差(mm)	10	水准仪：检查5处	2

3　外观鉴定

合龙段混凝土平整密实，颜色一致，无蜂窝、麻面。不符合要求时减1～3分。

8.8.5　劲性骨架混凝土拱

1　基本要求

1）混凝土所用的水泥、砂、石、水和外掺剂的质量和规格必须符合有关规范的规定，按照规定的配合比施工。

2）骨架应按设计要求的钢种、型号及线形精心加工，骨架接头在吊装以前应进行试拼，以便吊装后骨架迅速成拱。

3）杆件在施工中，如出现开裂或局部构件失稳，应查明原因，采取措施后方可继续施工。

4）吊装骨架应平衡下落，减少骨架变形。浇筑前应校核骨架，进行必要的调整。

5）按设计规定的顺序，分层、对称地浇筑混凝土，无空洞和露筋现象，并严格按设计要求，采取措施以保证骨架的稳定。

6）浇筑混凝土过程中应进行观测，严格控制轴线，累积误差应在允许范围内。

2　实测项目

见表8.8.5-1至表8.8.5-3。

表8.8.5-1　劲性骨架加工实测项目

项　次	检 查 项 目	规定值或允许偏差	检查方法和频率	权　值
1	杆件截面尺寸(mm)	不小于设计	尺量：每段2端面	2
2	骨架高、宽(mm)	±10	尺量：每段3～5断面	2
3Δ	内弧偏离设计弧线(mm)	10	样板：每段测1～3点	3
4	每段的弧长(mm)	+10，-10	尺量：每段检查	2
5Δ	焊缝	符合设计要求	超声：检查全部	3

表8.8.5-2　劲性骨架安装实测项目

项　次	检 查 项 目		规定值或允许偏差	检查方法和频率	权　值
1	轴线偏位(mm)		$L/6000$	经纬仪：每肋检查5处	1
2Δ	高程(mm)		$\pm L/3000$	水准仪：检查拱顶、拱脚及各接头点	2
3Δ	对称点相对高差(mm)	允许	$L/3000$	水准仪：检查各接头点	2
		极值	$L/1500$，且反向		
4Δ	焊缝		符合设计要求	超声：检查全部	2

注：L为跨径。

表 8.8.5-3　劲性骨架拱混凝土浇筑实测项目

<table>
<tr><th>项　次</th><th colspan="2">检 查 项 目</th><th colspan="2">规定值或允许偏差</th><th>检查方法和频率</th><th>权　值</th></tr>
<tr><td>1Δ</td><td colspan="2">混凝土强度(MPa)</td><td colspan="2">在合格标准内</td><td>按附录 D 检查</td><td>3</td></tr>
<tr><td rowspan="3">2</td><td colspan="2" rowspan="3">轴线偏位(mm)</td><td>L≤60m</td><td>10</td><td rowspan="3">经纬仪:每肋检查 5 点</td><td rowspan="3">1</td></tr>
<tr><td>L=200m</td><td>50</td></tr>
<tr><td>L>200m</td><td>L/4000</td></tr>
<tr><td>3Δ</td><td colspan="2">拱圈标高(mm)</td><td colspan="2">±L/3000</td><td>水准仪:测量 5 处</td><td>2</td></tr>
<tr><td rowspan="2">4Δ</td><td rowspan="2">对称点相对高差(mm)</td><td>允许</td><td colspan="2">L/3000</td><td rowspan="2">水准仪:测量 5 处</td><td rowspan="2">2</td></tr>
<tr><td>极值</td><td colspan="2">L/1500,且反向</td></tr>
<tr><td>5Δ</td><td colspan="2">断面尺寸(mm)</td><td colspan="2">±10</td><td>尺量:检查 5 处</td><td>2</td></tr>
</table>

注:①L 为跨径。

②L 在 60~200m 间时,轴线偏位允许偏差内插。

3　外观鉴定

1)骨架曲线圆滑,无折弯。不符合要求时减 2~4 分。

2)焊缝外形均匀,成形良好,焊渣和飞溅物清除干净。不符合要求时每处减 0.5~1 分。

3)混凝土表面平整密实,颜色一致,轮廓线圆顺。不符合要求时减 1~3 分。

4)蜂窝、麻面面积不得超过该面面积的 0.5%。不符合要求时,每超过 0.5% 减 3 分;深度超过 10mm 的必须处理。

8.8.6　钢管混凝土拱

1　基本要求

1)钢管拱肋使用的钢材和焊接材料应符合规范和设计要求。

2)钢管拱肋的焊接应按施工规范有关规定进行焊接工艺评定,施焊人员必须具有相应的焊接资格证和上岗证。

3)钢管拱肋元件合格后方可组焊,钢管拱肋节段合格后方可安装。

4)同一部位的焊缝返修不能超过两次,返修后的焊缝应按原质量标准进行复验,并且合格。

5)钢管拱在安装过程中,必须加强横向稳定措施,扣挂系统应符合设计和规范要求。

6)管内混凝土应采用泵送顶升压注施工,由拱脚至拱顶对称均衡地一次压注完成。

7)钢管混凝土应具有低泡、大流动、收缩补偿、延后初凝的性能。管内混凝土的浇筑应严格按设计要求进行,并对混凝土的质量进行检测。

8)钢管的防护应符合设计要求。

2　实测项目

见表 8.8.6-1 至表 8.8.6-3。

表 8.8.6-1　钢管拱肋制作实测项目

<table>
<tr><th>项　次</th><th>检 查 项 目</th><th>规定值或允许偏差</th><th>检查方法和频率</th><th>权　值</th></tr>
<tr><td>1Δ</td><td>钢管直径(mm)</td><td>±D/500 及 ±5</td><td>尺量:每管检查 1~3 处</td><td>3</td></tr>
<tr><td>2</td><td>钢管中距(mm)</td><td>±5</td><td>尺量:每段检查 2~3 处</td><td>1</td></tr>
<tr><td>3Δ</td><td>内弧偏离设计弧线(mm)</td><td>8</td><td>样板:每段测 1~3 点</td><td>2</td></tr>
<tr><td>4</td><td>拱肋内弧长(mm)</td><td>+0,-10</td><td>尺量:每段检查</td><td>1</td></tr>
<tr><td>5Δ</td><td>节段对接错边(mm)</td><td>2</td><td>尺量:检查各对接断面</td><td>2</td></tr>
<tr><td>6</td><td>节段平面度(mm)</td><td>3</td><td>拉线测量:每段检查 1 处</td><td>1</td></tr>
<tr><td>7</td><td>竖杆节间长度(mm)</td><td>±2</td><td>尺量:检查每个节间</td><td>1</td></tr>
<tr><td rowspan="2">8Δ</td><td>焊缝尺寸</td><td rowspan="2">符合设计要求</td><td>量规:检查全部</td><td>2</td></tr>
<tr><td>焊缝探伤</td><td>超声:检查全部;
射线:符合设计规定,设计未规定时按 5% 抽查</td><td>3</td></tr>
</table>

注:D 为钢管直径。

表 8.8.6-2 钢管拱肋安装实测项目

项 次	检 查 项 目		规定值或允许偏差	检查方法和频率	权 值
1	轴线偏位(mm)		L/6000	经纬仪:检查5处	1
2Δ	拱圈高程(mm)		±L/3000	水准仪:检查5处	2
3Δ	对称点高差(mm)	允许	L/3000	水准仪:检查各接头点	2
		极值	L/1500,且反向		
4	拱肋接缝错边(mm)		0.2壁厚,且≤2	尺量:每个接缝	2
5Δ	焊缝尺寸		符合设计要求	量规:检查全部	2
	焊缝探伤			超声:检查全部 射线:符合设计规定,设计未规定时按5%抽查	3

注:L为跨径。

表 8.8.6-3 钢管拱肋混凝土浇筑实测项目

项 次	检 查 项 目		规定值或允许偏差		检查方法和频率	权 值
1Δ	混凝土强度(MPa)		在合格标准内		按附录D检查	3
2	轴线偏位(mm)		L≤60m	10	经纬仪:检查5处	2
			L=200m	50		
			L>200m	L/4000		
3Δ	拱圈高程(mm)		±L/3000		水准仪:检查5处	2
4Δ	对称点高差(mm)	允许	L/3000		水准仪:检查各接头点	2
		极值	L/1500,且反向			

注:①L为跨径。
②L在60~200m间时,轴线偏位允许偏差内插。

3 外观鉴定

1)线形圆顺,无折弯。不符合要求时减2~4分。

2)焊缝均不得有裂纹、未熔合、夹渣、未填满弧坑和焊瘤等缺陷,且焊缝外形均匀,成形良好,焊缝与焊缝之间、焊缝与金属之间过渡光滑,焊渣和飞溅物清除干净。不符合要求时必须重新整修,达到合格,并减1~3分。

3)浇筑混凝土的预留孔应焊接平整光滑,不突出与漏焊,不烧伤混凝土。不符合要求时减1~3分。

8.8.7 中下承式拱吊杆和柔性系杆

1 基本要求

1)吊杆、系杆及锚具的材料、规格和各项技术性能必须符合国家现行标准规定和设计要求。

2)锚垫板平面须与孔道轴线垂直。

3)吊杆、系杆防护必须符合设计和规范要求。

4)严格按设计规定程序进行施工。

2 实测项目

见表8.8.7-1和表8.8.7-2。

表 8.8.7-1 吊杆的制作与安装实测项目

项 次	检 查 项 目		规定值或允许偏差	检查方法和频率	权 值
1	吊杆长度(mm)		±0.001L及±10	用钢尺量	1
2Δ	吊杆拉力	允许	符合设计要求	测力仪:每吊杆检查	3
		极值	下承式拱吊杆拉力偏差20%		
3	吊点位置(mm)		10	经纬仪:每吊点检查	1
4Δ	吊点高程(mm)	高程	±10	水准仪:每吊点检查	2
		两侧高差	20		

注:L为吊杆长度。

表 8.8.7-2　柔性系杆实测项目

项　次	检 查 项 目	规定值或允许偏差	检查方法和频率	权　值
1Δ	张拉应力(MPa)	符合设计要求	查油压表读数:每根检查	3
2Δ	张拉伸长率(%)	符合设计规定,设计未规定时 ±6	尺量:每根检查	3

3　外观鉴定

1)吊杆、系杆顺直,无扭转现象。不符合要求时减 3~5 分。

2)防护层完好,无破损、污物。不符合要求时减 1~3 分,必要时应加以修整。

8.8.8　刚性系杆

刚性系杆混凝土构件按照本章第 8.7 节的有关规定评定,系杆张拉按照本节第 8.8.7 条评定。

8.9　钢桥

8.9.1　钢梁制作

1　基本要求

1)钢梁(梁段)采用的钢材和焊接材料的品种、规格、化学成分及力学性能必须符合设计和有关技术规范的要求,具有完整的出厂质量合格证明,并经制作厂家和监理工程师复检合格后方可使用。

2)钢梁(梁段)元件、临时吊点和养护车轨道吊点等的加工尺寸和钢梁(梁段)预拼装精度应符合设计和有关技术规范的要求,并经监理工程师分阶段检查验收签字认可后,方可进行下一道工序。

3)钢梁(梁段)制作前必须进行焊接工艺评定试验,评定结果应符合技术规范的要求并经监理工程师签字认可,并制订实施性焊接施工工艺。施焊人员必须具有相应的焊接资格证和上岗证。

4)同一部位的焊缝返修不能超过两次,返修后的焊缝应按原质量标准进行复验,并且合格。

5)高强螺栓连接摩擦面的抗滑移系数应进行检验,检验结果须符合设计要求。

6)钢梁梁段必须进行试组装,并按设计和有关技术规范要求进行验收。工地安装施工人员应参加试组装及验收。验收合格后填发梁段产品合格证,方可出厂安装。

7)钢梁(梁段)元件和钢梁(梁段)的存放,应防止变形、碰撞损伤和损坏漆面,不得采用变形元件。

8)排水设施、灯座、护栏、路缘石、栏杆柱预埋件和剪力键等均应按设计图纸安装完成,无遗漏且位置准确。

2　实测项目

见表 8.9.1-1 至表 8.9.1-3。

表 8.9.1-1　钢板梁制作实测项目

项　次	检 查 项 目			规定值或允许偏差	检查方法和频率	权　值
1Δ	梁高(mm)	主梁≤2m		±2	尺量:检查两端腹板处高度	2
		主梁>2m		±4		
		横梁		±1.5		
		纵梁		±1.0		
2	跨度(mm)			±8	全站仪或尺量:测量两支座中心距离	1
3	梁长(mm)	全长		±15	全站仪或钢尺量:中心线处	1
		纵梁		+0.5,-1.5	尺量:检查两端角钢背与背之间的距离	1
		横梁		±1.5		
4	纵、横梁旁弯(mm)			3	梁立置时在腹板一侧距主焊缝100mm 处拉线测量:检查中部 1 处	1
5	拱度(mm)	主梁	不设拱度	+3,0	梁卧置时在下盖板外侧拉线测量:检查中部 1 处	1
			设拱度	+10,-3		
		两片主梁拱度差		4	分别测量两片主梁拱度,求差值	1

续上表

项　次	检 查 项 目		规定值或允许偏差	检查方法和频率	权　值
6	平面度(mm)	主梁腹板	$<\frac{s}{350}$,且≤8	平尺或拉线:测量中部 1 处	1
		纵、横梁腹板	$\frac{s}{500}$,且≤5		
7	主梁、纵横梁盖板对腹板的垂直度(mm)	有孔部位	0.5	角尺:测量 3 ~ 5 处	1
		其余部位	1.5		
8Δ	连接	焊缝尺寸	符合设计要求	量规:检查全部	2
		焊缝探伤		超声:检查全部; 射线:符合设计规定,设计未规定时按 10% 抽查	3
		高强螺栓扭矩	±10%	测力扳手:检查 5%,且不少于 2 个	

注:s 为加劲肋与加劲肋之间的距离。

表 8.9.1-2　钢桁节段制作实测项目

项　次	检 查 项 目		规定值或允许偏差	检查方法和频率	权　值
1	节段长度(mm)		±5	尺量:每节段检查 4 ~ 6 处	2
2	节段高度(mm)		±2	尺量:每节段检查 4 处	2
3	节段宽度(mm)		±3	尺量:每节段检查 4 处	2
4	节间长度(mm)		±2	尺量:检查每个节间	1
	对角线长度(mm)		±3		
5	桁片平面度(mm)		3	拉线测量:每节段检查 1 处	1
6	拱度(mm)		±3	拉线测量:每节段检查 1 处	1
7Δ	连接	焊缝尺寸	符合设计要求	量规:检查全部	2
		焊缝探伤		超声:检查全部; 射线:符合设计规定,设计未规定时按 10% 抽查	3
		高强螺栓扭矩	±10%	测力扳手:检查 5%,且不少于 2 个	

表 8.9.1-3　钢箱梁制作实测项目

项　次	检 查 项 目		规定值或允许偏差	检查方法和频率	权　值
1Δ	梁高 h(mm)	h≤2m	±2	尺量:检查两端腹板处高度	2
		h>2m	±4		
2	跨度 L(mm)		±(5+0.15L)	全站仪或钢尺:测两支座中心距离	1
3	全长(mm)		±15	全站仪或钢尺	1
4Δ	腹板中心距(mm)		±3	尺量:检查两腹板中心距	2
5	盖板宽度(mm)		±4	尺量:检查两端断面	1
6	横断面对角线差(mm)		4	尺量:检查两端断面	1
7	旁弯(mm)		3+0.1L	拉线用尺量:检查跨中	1
8	拱度(mm)		+10,-5	拉线用尺量:检查跨中	1
9	腹板平面度(mm)		$<\frac{s}{250}$,且≤8	平尺或拉线:检查跨中	1
10	扭曲(mm)		每米≤1,且每段≤10	置于平台,四角中有三角接触平台,用尺量另一角与平台间隙	1
11Δ	连接	焊缝尺寸	符合设计要求	量规:检查全部	2
		焊缝探伤		超声:检查全部; 射线:按设计规定,设计未规定时按 10% 抽查	3
		高强螺栓扭矩	±10%	测力扳手:检查 5%,且不少于 2 个	

注:①L 以 m 计。

②s 为加劲肋与加劲肋之间的距离。

3　外观鉴定

1）钢箱梁内外表面不得有凹陷、划痕、焊疤、电弧擦伤等缺陷，边缘应无毛刺。不符合要求时，每处减0.5～1分，并应修整。

2）焊缝均应平滑，无裂纹、未熔合、夹渣、未填满弧坑、焊瘤等外观缺陷，预焊件的装焊符合设计要求。发现不合格时，每处减0.5～2分，并须处理。

8.9.2　钢梁防护

1　基本要求

1）防护涂装材料的品种、规格、技术性能指标必须符合设计和技术规范的要求，具有完整的出厂质量合格证明书，并经防护涂装施工单位和监理工程师复检合格后方可使用。

2）施工采用的涂敷系统应进行车间和现场的工艺试验，其结果须得到监理工程师签字认可后方可正式施工。

3）涂装过程中的环境条件、每层涂装时间间隔以及使用的机具设备等均应满足涂装施工工艺和涂料说明书的要求。在完成前一道涂敷后，其干膜厚度须经监理工程师检验合格，方可进行下一道涂敷。

4）涂装干膜厚度应达到规定值，检测点的漆膜厚度合格率须符合设计要求。

5）由运输等造成的防护涂装损坏必须修复。

2　实测项目

见表8.9.2。

表8.9.2　钢梁防护涂装实测项目

项次	检查项目		规定值或允许偏差	检查方法和频率	权值
1Δ	除锈清洁度		符合设计规定，设计未规定时，Sa2.5（St3）	比照板目测：100%	3
2Δ	粗糙度（μm）	外表面	70～100	按设计规定检查。设计未规定时，用粗糙度仪检查，每段检查6点，取平均值	2
		内表面	40～80		
3	总干膜厚度（μm）		符合设计要求	漆膜测厚仪检查	1
4	附着力（MPa）		符合设计要求	划格或拉力试验：按设计规定频率检查	1

注：项次3的检查频率按设计规定执行。设计未规定时，每$10m^2$测3～5个点，每个点附近测3次，取平均值，每个点的量测值如小于设计值应加涂一层涂料。每涂完一层后，必须检测干膜总厚度。

3　外观鉴定

1）涂层表面完整光洁，均匀一致，无破损、气泡、裂纹、针孔、凹陷、麻点、流挂和皱皮等缺陷。不符合要求时，每处减0.5～1分。

2）涂后的漆膜颜色一致。不符合要求时减1～2分。

8.9.3　钢梁安装

1　基本要求

1）所使用的焊接材料和紧固件必须符合设计和技术规范的要求。

2）应按设计规定的程序进行安装。

3）工地安装焊缝应事先进行焊接工艺评定试验，施焊应按监理工程师批准的焊接工艺方案进行。施焊人员必须具有相应的焊接资格证和上岗证。

4）同一部位的焊缝返修不能超过二次，返修后的焊缝应按原质量标准进行复验，并且合格。

5）高强螺栓连接摩擦面的抗滑移系数应对随梁发送的试板进行检验，检验结果须符合设计要求。

6）钢梁运输、吊装过程中应采取可靠措施防止构件变形、碰撞或损坏漆面，严禁在工地安装具有变形构件的钢梁。

2　实测项目

见表8.9.3。

表 8.9.3 钢梁安装实测项目

项次	检查项目		规定值或允许偏差	检查方法和频率	权值
1	轴线偏位(mm)	钢梁中线	10	经纬仪:测量2处	2
		两孔相邻横梁中线相对偏位	5		
2	梁底高程(mm)	墩台处梁底	±10	水准仪:每支座1处,每横梁2处	2
		两孔相邻横梁相对高差	5		
3Δ	连接	焊缝尺寸	符合设计要求	量规:检查全部	2
		焊缝探伤		超声:检查全部;射线:按设计规定,设计未规定时按10%抽查	3
		高强螺栓扭矩	±10%	测力扳手:检查5%,且不少于2个	

3 外观鉴定

1)线形平顺,无明显折变。不符合要求时减1~3分。

2)焊缝均应平滑,无裂纹、未熔合、夹渣、未填满弧坑、焊瘤等外观缺陷。发现不合格时,每处减0.5~2分,并须处理。

8.10 斜拉桥

8.10.1 混凝土索塔

1 基本要求

1)混凝土所用的水泥、砂、石、水、外掺剂及混合材料的质量和规格必须符合有关规范的要求,按规定的配合比施工。

2)索塔的索道孔、锚箱位置及锚箱锚固面与水平面的交角均应控制准确,锚垫板与孔道必须互相垂直。

3)分段浇筑时,段与段间不得有错台。

4)不得出现露筋和空洞现象。

5)横梁施工中,不得因支架变形、温度或预应力而出现裂缝,横梁与塔柱紧密连成整体。

2 实测项目

塔柱见表8.10.1-1,横梁见表8.10.1-2

表 8.10.1-1 斜拉桥塔柱段实测项目

项次	检查项目	规定值或允许偏差	检查方法和频率	权值
1Δ	混凝土强度(MPa)	在合格标准内	按附录D检查	3
2	塔柱底偏位(mm)	10	经纬仪或全站仪:纵横各检查2点	1
3Δ	倾斜度(mm)	符合设计规定,设计未规定时按1/3000塔高,且不大于30	经纬仪或全站仪:纵横各检查2点	2
4	外轮廓尺寸(mm)	±20	尺量,每段检查3个断面	1
5	壁厚(mm)	±5	尺量:每段每侧面检查1处	1
6	锚固点高程(mm)	±10	水准仪或全站仪:每锚固点	1
7Δ	孔道位置(mm)	10,且两端同向	尺量:每孔道	2
8	预埋件位置(mm)	5	尺量:每件	1

表 8.10.1-2 横 梁 实 测 项 目

项 次	检 查 项 目	规定值或允许偏差	检查方法和频率	权 值
1Δ	混凝土强度(MPa)	在合格标准内	按附录 D 检查	3
2	轴线偏位(mm)	10	经纬仪:每梁检查 5 处	1
3	外轮廓尺寸(mm)	±10	尺量:检查 3~5 个断面	1
4	壁厚(mm)	5	尺量:每侧面检查 1 处,检查 3~5 个断面	1
5	顶面高程(mm)	±10	水准仪:检查 5 处	1

3 外观鉴定

1)混凝土表面平整,颜色一致,轮廓线顺直。不符合要求时减 1~3 分。

2)混凝土表面不得出现蜂窝、麻面,如出现必须修整完好,并减 1~4 分。

3)混凝土表面出现非受力裂缝时减 1~3 分。裂缝宽度超过设计规定或设计未规定时超过 0.15mm 必须处理。

4)施工临时预埋件或其他临时设施未清除处理时减 1~2 分。

8.10.2 平行钢丝斜拉索制作与防护

1 基本要求

1)镀锌钢丝、锚头锻钢材料的各项技术性能必须符合设计要求。

2)钢丝必须梳理顺直,热挤时平行钢丝束的扭转角度应满足技术规范要求,不得松散。

3)热挤防护采用的高密度聚乙烯材料的技术性能应符合设计要求。防护处理的程序、温度、时间与方法,均应严格控制。防护层不得有断裂、裂纹。

4)锚头机械精加工尺寸应满足设计要求。锚头必须按设计或规范要求进行探伤,检查结果必须合格。

5)钢丝镦头不得有横向裂纹,头型圆整。每镦头一批,须仔细对镦头机进行检查、调整,以保证镦头质量。

6)冷铸材料配料应准确,加温固化应严格控制程序、温度和时间。

7)斜拉索安装前,均应作 1.3~1.5 倍设计荷载的预张拉试验,锚板回缩量不大于 6mm,试验后锚具完好。

8)斜拉索成品在出厂前须做放索试验。

2 实测项目

见表 8.10.2。

表 8.10.2 平行钢丝斜拉索制作与防护实测项目

项 次	检 查 项 目		规定值或允许偏差	检查方法和频率	权 值
1Δ	斜拉索长度(mm)	≤100m	±20	尺量:每根	2
		>100m	±1/5000 索长		
2Δ	PE 防护厚度(mm)		+1.0, -0.5	尺量:抽查 20%	1
3	锚板孔眼直径 D(mm)		$d<D<1.1d$	量规:每件	1
4	镦头尺寸(mm)		镦头直径≥$1.4d$ 镦头高度≥d	游标卡尺:每种规格检查 10 个	1
5Δ	冷铸填料强度	允许	不小于设计	试验机:每锚 3 个边长 30mm 试件	2
		极值	小于设计 10%		
6Δ	锚具附近密封处理		符合设计要求	目测:全部	2

注:d 为钢丝直径。

3 外观鉴定

1)斜拉索表面应平整密实。无畸形,颜色一致,不符合要求时减 1~5 分。

2)斜拉索表面无碰伤或擦痕。不符合要求时减 1~5 分。

3)锚头无伤痕、锈蚀。不符合要求时须处理,并减 1~3 分。

8.10.3 混凝土斜拉桥主墩上梁段的浇筑

1 基本要求

1)混凝土所用的水泥、砂、石、水、外掺剂及混合材料的质量和规格必须符合有关规范的要求,按规定的配合比施工。

2)不得出现露筋和空洞现象。

3)施工过程中,梁体不得出现宽度超过设计和规范规定的受力裂缝。一旦出现,必须查明原因,经过处理后方可继续施工。

2 实测项目

见表8.10.3。

表8.10.3 主墩上梁段浇筑实测项目

项次	检查项目		规定值或允许偏差	检查方法和频率	权值
1Δ	混凝土强度(MPa)		在合格标准内	按附录D检查	3
2Δ	轴线偏位(mm)		跨径/10000	经纬仪或全站仪:纵桥向检查2点	2
3	顶面高程(mm)		±10	水准仪:检查3处	2
4Δ	断面尺寸(mm)	高度	+5,-10	尺量:检查2个断面	2
		顶宽	±30		
		底宽或肋间宽	±20		
		顶、底、腹板厚或肋宽	+10,-0		
5	横坡(%)		±0.15	水准仪:检查1~3处	1
6	预埋件位置(mm)		5	尺量:每件	1
7	平整度(mm)		8	2m直尺:检查竖直、水平两个方向,每侧面每10m梁长测1处	1

3 外观鉴定

1)混凝土表面平整,线形顺直,颜色一致。不符合要求时减1~3分。

2)混凝土表面不得出现蜂窝、麻面,如出现必须修整完好,并减1~4分。

3)混凝土表面出现非受力裂缝时减1~3分,裂缝宽度超过设计规定或设计未规定时超过0.15mm必须处理。

4)梁体内不应遗留建筑垃圾、杂物、临时预埋件等。不符合要求时减1~2分,并应清理干净。

8.10.4 混凝土斜拉桥梁的悬臂施工

1 基本要求

1)混凝土所用的水泥、砂、石、水、外掺剂及混合材料的质量和规格必须符合有关规范的要求,严格按规定的配合比施工。

2)千斤顶及油表等斜拉索张拉工具,必须事先经过检查和标定。

3)穿索前应将锚箱孔道毛刺打平,避免损伤斜拉索。

4)施工过程中必须对索力、高程及塔柱变形进行观测,并记录当时的温度。

5)悬臂施工梁段前,必须对0号块件的高程、桥轴线作详细复核,符合设计要求后方可进行悬臂梁段的施工。

6)悬臂施工必须对称进行,斜拉索张拉的次数、量值和顺序应按设计规定或施工控制要求进行。

7)悬臂施工跨中合龙前,应调整超出允许范围的索力值。合龙段两侧的高差必须在设计允许范围内。

8)梁体不得出现露筋和空洞现象,不得出现宽度超过设计和规范规定的受力裂缝。若出现时必须查明原因,经过处理后方可继续施工。

9)施工过程中,当索力和高程超过设计允许偏差时,必须按施工控制的要求进行调整。

10)接头的形式、位置、胶结材料的性能和质量,以及其他技术指标必须满足设计要求,接缝填充密实。

2 实测项目

见表 8.10.4-1 和表 8.10.4-2。悬臂拼装的梁段制作见表 8.7.1.2-1。

表 8.10.4-1 混凝土斜拉桥梁的悬臂浇筑实测项目

项次	检查项目		规定值或允许偏差		检查方法和频率	权值
1Δ	混凝土强度(MPa)		在合格标准内		按附录 D 检查	3
2	轴线偏位(mm)		L≤100m	10	经纬仪:每段检查 2 点	1
			L>100m	L/10000		
3Δ	断面尺寸(mm)	高度	+5,-10		尺量:每段检查 2 个断面	2
		顶宽	±30			
		底宽或肋间宽	±20			
		顶、底、腹板厚或肋宽	+10,-0			
4Δ	索力(kN)	允许	满足设计和施工控制要求		测力仪:测每索拉力	3
		极值	符合设计规定,设计未规定时与设计值相差 10%			
5Δ	梁锚固点或梁顶高程(mm)	梁段	满足施工控制要求		水准仪或全站仪:测量每个锚固点或每梁段中点	2
		合龙后	L≤100m	±20		
			L>100m	±L/5000		
6	横坡(%)		±0.15		水准仪:检查每梁段	1
7Δ	锚具轴线与孔道轴线偏位(mm)		5		尺量:全部	1
8	预埋件位置(mm)		5		尺量:每件	1
9	平整度(mm)		8		2m 直尺:检查竖直、水平两个方向,每侧每 10m 梁长测 1 处	1

注:①L 为跨径。

②合龙段评定时,项次 4、7 不参与评定。

表 8.10.4-2 混凝土斜拉桥梁的悬臂拼装实测项目

项次	检查项目		规定值或允许偏差		检查方法和频率	权值
1Δ	合龙段混凝土强度(MPa)		在合格标准内		按附录 D 检查	3
2	轴线偏位(mm)		L≤100m	10	经纬仪:每段检查 2 点	1
			L>100m	L/10000		
3Δ	索力(kN)	允许	满足设计和施工控制要求		测力仪:测每索拉力	3
		极值	符合设计规定,设计未规定时与设计值相差 10%			
4Δ	梁锚固点或梁顶高程(mm)	梁段	满足施工控制要求		水准仪或全站仪:测量每个锚固点或每梁段中点	1
		合龙后	L≤100m	±20		
			L>100m	±L/5000		
5Δ	锚具轴线与孔道轴线偏位(mm)		5		尺量:抽查 25%	1

注:①L 为跨径。

②合龙段评定时,项次 3、5 不参与评定。

3 外观鉴定

1)线形平顺,梁顶面平整,每段无明显折变。不符合要求时减 1~3 分。

2)相邻块件的接缝平整密实,颜色一致,棱角分明,无明显错台。不符合要求时减 1~3 分。

3)混凝土表面不应出现蜂窝、麻面,如出现必须修整,并减 1~4 分。

4)混凝土表面出现非受力裂缝时减 1~3 分,裂缝宽度超过设计规定或设计未规定时超过 0.15mm

必须处理。

5)梁体内不应遗留建筑垃圾、杂物、临时预埋件等。不符合要求时减1~2分,并应清理干净。

8.10.5 钢斜拉桥的箱梁段制作

1 基本要求

同本标准第8.9.1条1。

2 实测项目

见表8.10.5。

表8.10.5 钢箱梁段制作实测项目

项次	检查项目		规定值或允许偏差	检查方法和频率	权值
1	梁长(mm)		±2	钢尺:检查中心线及两侧	
2	梁段桥面板四角高差(mm)		4	水准仪:检查4角	1
3	风嘴直线度偏差(mm)		L/2000,且≤6	拉线、尺量:检查各风嘴边缘	1
4Δ	端口尺寸	宽度(mm)	±4	钢尺:检查两端	1
		中心高(mm)	±2		1
		边高(mm)	±3		1
		横断面对角线差(mm)	≤4		1
5	锚箱	锚点坐标(mm)	±4	经纬仪、垂球:检查6点	1
		斜拉索轴线角度(°)	0.5	经纬仪、垂球:2点	1
6Δ	梁段匹配性	纵桥向中心线偏差(mm)	1	钢尺:每段检查	2
		顶、底、腹板对接间隙(mm)	+3,-1	钢尺:检查各对接断面	2
		顶、底、腹板对接错边(mm)	2	钢尺、水平仪:检查各对接断面	1
7Δ	焊缝	焊缝尺寸	符合设计要求	量规:检查全部	2
		探伤		超声:检查全部; 射线:按设计规定,设计未规定时按10%抽查	3

注:L-量测长度。

3 外观鉴定

同本标准第8.9.1条3。

8.10.6 钢斜拉桥箱梁段防护涂装和合龙后工地防护涂装

同本标准第8.9.2条。

8.10.7 钢斜拉桥箱梁段的拼装

1 基本要求

1)钢箱梁拼装架设时采用的高强螺栓、焊接材料的品种、规格、化学成分及力学性能必须符合设计和有关技术规范的要求。

2)在工厂制作的斜拉索成品必须有经监理工程师签认的产品质量合格证,方能在工地使用。

3)钢箱梁段必须验收合格后方能在工地拼装。

4)工地安装焊缝必须事先进行焊接工艺评定试验,施焊必须按监理工程师批准的焊接工艺方案进行。施焊人员必须具有相应的焊接资格证和上岗证。

5)同一部位的焊缝返修不能超过二次,返修后的焊缝应按原质量标准进行复验,并且合格。

6)高强螺栓连接摩擦面的抗滑移系数应对随梁发送的试板进行检验,检验结果须符合设计要求。

7)千斤顶和油表等斜拉索张拉工具,以及高强螺栓测力扳手必须事先经过检查和标定。

8)施工过程中必须对索力、高程及塔柱变形进行观测,并记录现场的温度。当索力和标高超过设计允许偏差时,必须按施工控制的要求进行调整。

9)悬臂施工必须按照设计要求对称进行。

2 实测项目

见表 8.10.7-1 和表 8.10.7-2。

表 8.10.7-1 钢斜拉桥箱梁段的悬臂拼装实测项目

项 次	检查项目		规定值或允许偏差		检查方法和频率	权 值
1	轴线偏位(mm)		L≤200m	10	经纬仪:每段检查 2 点	1
			L>200m	L/20000		
2Δ	索力(kN)	允许	满足设计和施工控制要求		测力仪:测每索	3
		极值	符合设计规定,设计未规定时与设计值相差 10%			
3Δ	梁锚固点高程或梁顶高程(mm)	梁段	满足施工控制要求		水准仪:测量每个锚固点或梁段两端中点	2
		合龙后	L≤200m	±20		
			L>200m	±L/10000		
4	梁顶水平度(mm)		20		水准仪:测梁顶四角	1
5Δ	相邻节段匹配高差(mm)		2		尺量:每段	2
6Δ	连接	焊缝尺寸	符合设计要求		量规:检查全部	2
		探伤			超声:检查全部; 射线:按设计规定,设计未规定时按 10% 抽查	3
		高强螺栓扭矩	±10%		测力扳手:抽查 5% 且不少于 2 个	

注:L 为跨径。

表 8.10.7-2 钢斜拉桥钢箱梁段的支架安装实测项目

项 次	检查项目		规定值或允许偏差	检查方法和频率	权 值
1	轴线偏位(mm)		10	经纬仪:每段检查 2 点	1
2	梁段的纵向位置(mm)		10	经纬仪:检查每段	2
3Δ	梁顶标高(mm)		±10	水准仪:测量梁段两端中点	2
4	梁顶水平度(mm)		10	水准仪:测量四角	1
5Δ	连接	焊缝尺寸	符合设计要求	量规:检查全部	2
		焊缝探伤		超声:检查全部; 射线:按设计规定,设计未规定时按 10% 抽查	3
		高强螺栓扭矩	±10%	测力扳手:检查 5%,且不少于 2 个	

3 外观鉴定

1)线形平顺,段间无明显折变。不符合要求时减 1~3 分。

2)焊缝均应平滑,无裂纹、未熔合、夹渣、未填满弧坑、焊瘤等外观缺陷。不符合要求时,每处减 0.5~2分,并须处理。

8.10.8 结合梁斜拉桥的工字梁段制作

1 基本要求

同本标准第 8.9.1 条 1。

2 实测项目

见表 8.10.8。

表 8.10.8 工字梁段制作实测项目

项 次	检查项目		规定值或允许偏差	检查方法和频率	权 值
1Δ	梁高(mm)	主梁	±2	尺量:每梁段检查 2 处	2
		横梁	±1.5		2
2	梁长(mm)	主梁	±3	尺量:每梁段	1
		横梁	±1.5		1
3	梁宽(mm)	主梁	±1.5	尺量:每梁段检查 2 处	1
		横梁	±1.5		1

续上表

项次	检查项目		规定值或允许偏差	检查方法和频率	权值
4	梁腹板平面度(mm)	主梁	h/350,且不大于8	2m直尺:沿长度方向每段量2~3尺	1
		横梁	h/500,且不大于5		1
5	锚箱(mm)	锚点坐标(mm)	±4	经纬仪、垂球:检查6点	1
		斜拉索轴线角度(°)	0.5	经纬仪、垂球:2点	1
6Δ	梁段顶、底、腹板对接错边(mm)		2	钢尺、水平仪:检查各对接断面	2
7Δ	连接	焊缝尺寸	符合设计要求	量规:检查全部	2
		焊缝探伤		超声:检查全部; 射线:按设计规定,设计未规定时按10%抽查	3
		高强螺栓扭矩	±10%	测力扳手:检查5%,且不少于2个	

注:h为梁高。

3 外观鉴定

同本标准第8.9.1条3。

8.10.9 结合梁斜拉桥工字梁段防护及合龙后工地防护

同本标准第8.9.2条。

8.10.10 结合梁斜拉桥工字梁段的悬臂拼装

1 基本要求

同本标准第8.10.7条1。

2 实测项目

见表8.10.10。

表8.10.10 结合梁工字梁段悬臂拼装实测项目

项次	检查项目		规定值或允许偏差		检查方法和频率	权值
1	轴线偏位		L≤200m	10	经纬仪:每段测量2点	1
			L>200m	L/20000		
2Δ	索力(kN)		满足设计和施工控制要求		测力仪:检查每索	3
3Δ	梁锚固点高程或梁顶高程(mm)	梁段	满足施工控制要求		水准仪:测量每个锚固点或梁段两端中点	2
		两主梁高差	10			
4Δ	连接	焊缝尺寸	符合设计要求		量规:检查全部	2
		焊缝探伤			超声:检查全部; 射线:按设计规定,设计未规定时按10%抽查	3
		高强螺栓扭矩	±10%		测力扳手:抽查5%且不少于2个	

注:L为跨径。

3 外观鉴定

同本标准第8.10.7条3。

8.10.11 结合梁斜拉桥的混凝土板施工

1 基本要求

1)混凝土所用的水泥、砂、石、水、外掺剂及混合材料的质量和规格必须符合有关规范的要求,按规定的配合比施工。

2)混凝土板的浇筑或安装必须按照设计要求,对称进行。

3)不得出现露筋和空洞现象。

4)施工过程中,当索力和高程超过设计允许偏差时,必须按施工控制的要求进行调整。

2 实测项目

见表 8.10.11。

表 8.10.11 结合梁斜拉桥混凝土板施工实测项目

项 目	检 查 项 目		规定值或允许偏差		检查方法和频率	权 值
1Δ	混凝土强度(MPa)		在合格标准内		按附录 D 检查	3
2Δ	混凝土板尺寸(mm)	厚	+10,-0		尺量,每段 2 个断面	1
		宽	±30			
3Δ	索力(kN)	允许	符合设计要求		测力仪:测每索	2
		极值	符合设计规定,设计未规定时与设计值相差 10%			
4Δ	高程(mm)		$L \leq 200$m	±20	水准仪:每跨检查 5~15 处	1
			$L > 200$m	±L/10000		
5	横坡(%)		±0.15		水准仪:每跨测量 3~8 个断面	1

注:L 为跨径。

3 外观鉴定

1)混凝土表面应平整,不符合要求时减 1~3 分。

2)混凝土边缘线条顺直。不符合要求时减 1~3 分。

3)混凝土底面不得出现蜂窝、麻面,如出现必须修整,并减 1~4 分。

8.11 悬索桥

8.11.1 混凝土索塔

1 基本要求

1)混凝土所用的水泥、砂、石、水、外掺剂及混合材料的质量和规格必须符合有关规范的要求,按规定的配合比施工。

2)分段浇筑时段与段间不得有错台。

3)不得出现露筋和空洞现象。

4)横系梁施工中,不得因支架变形、温度或预应力而出现裂缝。

2 实测项目

塔柱见表 8.11.1,横梁见表 8.10.1-2。

表 8.11.1 悬索桥塔柱段实测项目

项 次	检 查 项 目	规定值或允许偏差	检查方法和频率	权 值
1Δ	混凝土强度(MPa)	在合格标准内	按附录 D 检查	3
2	塔柱底水平偏位(mm)	10	经纬仪:纵横各检查 2 点	1
3Δ	倾斜度(mm)	符合设计规定,设计未规定时按塔高的 1/3000,且不大于 30	经纬仪:纵横各检查 2 点	2
4	外轮廓尺寸(mm)	±20	尺量:每段检查 3 个断面	1
5	壁厚(mm)	±5	尺量:每段每侧面检查 1 处	1
6	预埋件位置(mm)	5	尺量:每件检查	1
7	索鞍底板面高程(mm)	+10,-0	水准仪或全站仪:每索鞍 1 处	1

3 外观鉴定

同本标准第 8.10.1 条 3。

8.11.2 锚碇锚固系统制作

1 基本要求

1)所采用金属材料的力学性能及化学成分必须满足设计要求。

2)组成刚架杆件和锚杆、锚梁的元件加工尺寸和刚架的预拼装精度应符合设计和有关技术规范要求,并经监理工程师检查验收签字认可后,方可进行下一道工序。

3)在批量生产前，须按设计要求的抽样方法与频率，对拉杆、连接器进行破断拉力试验，试验结果应满足设计要求。

4)构件防护应符合设计要求。

2 实测项目

见表8.11.2-1和表8.11.2-2。

表8.11.2-1 预应力锚固系统制作实测项目

项次	检查项目		规定值或允许偏差	检查方法和频率	权值
1Δ	连接器	拉杆孔至锚固孔中心距(mm)	±0.5	游标卡尺：逐件检查	2
2		主要孔径(mm)	+1.0，-0.0	游标卡尺：逐件检查	2
3Δ		孔轴线与顶、底面的垂直度(°)	0.3	量具：逐件检查	3
4		底面平面度(mm)	0.08	量具：逐件检查	2
5		拉杆孔顶、底面的平行度(mm)	0.15	量具：逐件检查	2
6Δ	拉杆同轴度(mm)		0.04	量具：逐件检查	2

表8.11.2-2 刚架锚固系统制作实测项目

项次	检查项目	规定值或允许偏差	检查方法和频率	权值
1	刚架杆件长度(mm)	±2	尺量，每件检查	2
2	刚架杆件中心距(mm)	±2	尺量，每节间检查	1
3Δ	锚杆长度(mm)	±3	尺量，每件检查	3
4	锚梁长度(mm)	±3	尺量，每件检查	2
5Δ	连接	符合设计要求	超声或测力扳手：抽查30%	2

3 外观鉴定

杆件表面不得有擦痕。不符合要求时减1~5分。

8.11.3 锚碇锚固系统安装

1 基本要求

1)锚固系统必须有合格证书，经验收合格后方可安装。

2)施工放样方法须经监理工程师签字认可，并对测量仪器进行校正和标定。

3)锚固系统必须安装牢固，在浇筑混凝土时不扰动，不变位。混凝土达到设计规定的强度后，方可按规定程序进行张拉。

4)按设计要求进行防护处理。

2 实测项目

见表8.11.3-1至表8.11.3-2。

表8.11.3-1 预应力锚固系统安装实测项目

项次	检查项目	规定值或允许偏差	检查方法和频率	权值
1Δ	前锚面孔道中心坐标偏差(mm)	±10	全站仪：检查每孔道	1
2Δ	前锚面孔道角度(°)	±0.2	经纬仪或全站仪：每孔道检查	1
3Δ	拉杆轴线偏位(mm)	5	经纬仪或全站仪：每拉杆检查	1
4Δ	连接器轴线偏位(mm)	5	经纬仪或全站仪：每连接器检查	1

表8.11.3-2 刚架锚固系统安装实测项目

项次	检查项目		规定值或允许偏差	检查方法和频率	权值
1	刚架中心线偏差(mm)		10	用经纬仪检查	1
2	刚架安装锚杆之平联高差(mm)		+5，-2	用水准仪检查	1
3Δ	锚杆偏位(mm)	纵	10	用经纬仪，每根检查	2
		横	5		
4	锚固点高程(mm)		±5	用水准仪，每根检查	2
5	后锚梁偏位(mm)		5	用经纬仪，每根检查	1
6	后锚梁高程(mm)		±5	用水准仪，每根检查	1

3 外观鉴定

表面清洁，防护完好。如发现损伤，应进行修复，并减1～5分。

8.11.4 锚碇混凝土块体

1 基本要求

1）混凝土所用的水泥、砂、石、水、外掺剂及混合材料的质量和规格必须符合有关规范的要求，按规定的配合比施工。

2）地基承载力必须满足设计要求。

3）锚体上、下层不得有错台。先后浇筑的混凝土层间预埋钢筋的规格、长度、数量、间距必须满足设计和施工技术规范的要求。

4）水化热产生的混凝土内最高温度及内外温差，必须控制在允许范围内。

5）不得出现空洞和露筋现象。

6）锚室不得积水、渗水。

2 实测项目

见表8.11.4。

表8.11.4 锚碇混凝土块体实测项目

项次	检查项目		规定值或允许偏差	检查方法和频率	权值
1Δ	混凝土强度（MPa）		在合格标准内	按附录D检查	3
2	轴线偏位（mm）	基础	20	经纬仪：逐个检查	2
		槽口	10		1
3Δ	断面尺寸（mm）		±30	尺量：检查3～5处	2
4	基底标高（mm）	土质	±50	水准仪或全站仪：测8～10处	1
		石质	+50，-200		
5	顶面高程（mm）		±20	水准仪或全站仪：测8～10处	1
6	预埋件位置（mm）		符合设计要求	尺量或经纬仪：每件	2
7	大面积平整度（mm）		8	2m直尺：每20 m^2 测1处×3尺	1

3 外观鉴定

1）混凝土表面平整，施工缝平顺，颜色一致。不符合要求时，减1～3分。

2）混凝土表面不得出现蜂窝、麻面。不符合要求时应修整，并减1～4分。

3）混凝土表面出现非受力裂缝时，减1～3分。裂缝宽度超过设计规定或设计未规定时超过0.15mm必须处理。

8.11.5 预应力锚索的张拉与压浆

同本标准第8.3.2条，并应按设计规定进行张拉试验，满足要求后方可正式张拉。

8.11.6 悬索桥索鞍制作

1 基本要求

1）鞍槽铸钢件出厂前须出具质量合格证明书，其内容应有：制造厂名称代号、图号或件号（发运号）、炉号、化学成分、机械性能试验报告、无损检测报告，以及合同明确规定的其他内容。

2）鞍座钢板必须按有关标准逐张进行超声波探伤，成批钢板应按设计和有关规范规定的频率和方法抽样进行化学成分和机械性能试验。探伤和试验结果须合格后方可使用。

3）焊接材料必须采用经焊接工艺评定合格、并经验收符合要求的焊条、焊丝和焊剂，对所有焊缝应按设计要求进行无损探伤。探伤结果必须合格。

4）施焊前，应对母材、焊条及坡口形式、焊接质量等，按焊接规范和设计要求进行焊接工艺评定，实施的焊接工艺应经监理工程师签字认可。

5）铸钢件、钢板和焊缝经检测后如发现表面、内部有超标缺陷，必须按有关规范和设计要求的方法进行修补，修补后应检验合格，并作好修补记录备查。

6）出厂前必须先进行试拼装，各零部件应印有识别标记和定位标记，当符合要求并由监理签发合格证后方可发运到工地安装。产品在搬动运输和储存过程中应妥善保护，不得使任何零部件和涂装受到损伤和散失。

7)索鞍防护处理应符合设计要求。

2 实测项目

见表8.11.6-1和表8.11.6-2。

表8.11.6-1 主索鞍制作实测项目

项 次	检查项目	规定值或允许偏差	检查方法和频率	权 值
1Δ	主要平面的平面度	0.08mm/1000mm 且0.5mm/全平面	量具:检查每主要平面	1
2Δ	鞍座下平面对中心索槽竖直平面的垂直度偏差	≤2mm/全长	机床检查	2
3Δ	上、下承板平面的平行度	0.5mm/全平面	量具:检查上、下承板	1
4	对合竖直平面与鞍体下平面的垂直度偏差	<3mm/全长	百分表:检查每对合竖直平面	1
5	鞍座底面对中心索槽底的高度偏差(mm)	±2mm	机床检查	1
6Δ	鞍槽轮廓的圆弧半径偏差	±2mm/1000mm	数控机床检查	2
7Δ	各槽宽度、深度偏差(mm)	+1/全长及累积误差+2	样板、游标卡尺/深度尺	1
8Δ	各槽对中心索槽的对称度(mm)	±0.5	数控机床检查	2
9	各槽曲线立面角度偏差(°)	≤±0.2	数控机床检查	1
10Δ	防护层厚度(μm)	不小于设计	测厚仪:每检测面10点	2

注:项次1主要平面包括:主索鞍的下平面、对合的竖直平面;上、下支承板的上下平面;中心索槽的竖直(基准)平面。

表8.11.6-2 散索鞍制作实测项目

项 次	检查项目	规定值或允许偏差	检查方法和频率	权 值
1Δ	平面度	0.08mm/1000mm 且0.5mm/全平面	量具:检查摆轴平面、底板下平面、中心索槽竖直平面	1
2Δ	支承板平行度(mm)	<0.5	量具	1
3Δ	摆轴中心线与索槽中心平面的垂直度偏差(mm)	<3	机床检查	2
4	摆轴接合面到索槽底面的高度偏差(mm)	±2	直尺、拉尺	1
5Δ	鞍槽轮廓的圆弧半径偏差(mm)	±2mm/1000mm	数控机床检查	2
6Δ	各槽宽度、深度偏差(mm)	+1/全长及累积误差+2	样板、游标卡尺、深度尺	1
7Δ	各槽对中心索槽的对称度(mm)	0.5	数控机床检查	2
8	各槽曲线平面、立面角度偏差(°)	0.2	数控机床检查	1
9	加工后鞍槽底部及侧壁厚度偏差(mm)	±10	尺量:各不少于3处	1
10Δ	防护层厚度(μm)	不小于设计	测厚仪:每检测面10点	2

3 外观鉴定

1)鞍槽内加工表面和各隔板全部表面按规定要求进行防护处理时,防护层应均匀致密,无漏喷涂和附着不牢层,无未完全熔化大颗粒。不符合要求时减1~2分。

2)各外露不加工表面防护涂层平整光洁,均匀一致,无破损、气泡、裂纹、针孔、凹陷、麻点、流挂和皱皮等缺陷。不符合要求时减 1 ~ 3 分。

3）各孔、平面的加工表面应涂脂防锈。不符合要求时减 1 ~ 3 分。

8.11.7 索鞍安装

1 基本要求

1）索鞍成品必须按设计和有关技术规范要求验收合格，并有产品合格证，方可安装。

2）必须按设计和有关技术规范要求放置底板或格栅，并与底座混凝土连成整体。底座混凝土应振捣密实，强度符合设计要求。

3）安装前应进行全面检查，如有损伤，须做处理。索槽内部应清洁，不应沾上减少缆索和索鞍之间摩擦的油或油漆等材料。

4）索鞍就位后应锁定牢靠。

2 实测项目

见表 8.11.7-1 和表 8.11.7-2。

表 8.11.7-1 主索鞍安装实测项目

项 次	检查项目		规定值或允许偏差	检查方法和频率	权 值
1Δ	最终偏位(mm)	顺桥向	符合设计要求	经纬仪或全站仪：每鞍测量	3
		横桥向	10		2
2Δ	高程(mm)		+20，-0	全站仪：每鞍测量 1 处	3
3	四角高差(mm)		2	水准仪或全站仪：每鞍测量四角	2

表 8.11.7-2 散索鞍安装实测项目

项 次	检查项目	规定值或允许偏差	检查方法和频率	权 值
1Δ	底板轴线纵、横向偏位(mm)	5	经纬仪：每鞍测量	3
2	底板中心高程(mm)	±5	水准仪：每鞍测量	2
3	底板扭转(mm)	2	经纬仪或全站仪：每鞍测量	2
4	安装基线扭转(mm)	1	经纬仪或全站仪：每鞍测量	1
5Δ	散索鞍竖向倾斜角	符合设计要求	经纬仪或全站仪：每鞍测量	2

3 外观鉴定

索鞍表面必须清洁，防护涂装完好无损。不符合要求时减 1 ~ 4 分，并须处理。

8.11.8 悬索桥索股和锚头的制作与防护

1 基本要求

1）索股和锚头钢材的化学成分和力学性能必须符合设计和有关技术规范的要求。

2）索股的锚杯和锚板必须逐件进行无破损探伤检测，合格后方可使用。

3）索股在成批生产前，必须按设计要求进行拉伸破坏试验，试验后锚头进行剖面检查，合格后方可生产。

4）索股钢丝应梳理顺直平行，长度一致，无交叉、鼓丝、扭转现象，严禁弯折；绑扎带牢固，索股上的标志点应齐全、准确，防护符合设计要求。

5）应对索股的上盘和放盘进行工艺试验。

6）运输和存贮过程中应保证索股不受损伤、污染和腐蚀。

2 实测项目

见表 8.11.8。

3 外观鉴定

1）缠包带完好，钢丝防护无损伤，表面洁净。不符合要求时减 1 ~ 3 分。

2）锚头表面平滑，涂层完好，无锈迹。不符合要求时减 1 ~ 3 分。

表 8.11.8　索股和锚头的制作与防护实测项目

项　次	检 查 项 目	规定值或允许偏差	检查方法和频率	权　值
1Δ	索股基准丝长度(mm)	基准丝长/15000	钢尺,测量每丝	3
2Δ	成品索股长度(mm)	索股长/10000	钢尺,每件检查	2
3Δ	热铸锚合金灌铸率(%)	>92	量测计算:每件检查	2
4	锚头顶压索股外移量(按规定顶压力,持荷5min)(mm)	符合设计要求	百分表:每件检查	1
5Δ	索股轴线与锚头端面垂直度(°)	±0.5	仪器量测:每件检查	2
6Δ	锚头表面涂层厚度(μm)	符合设计要求	测厚仪:每件检查	2

注:项次4外移量允许偏差应在扣除初始外移量之后进行测量。

8.11.9　主缆架设

1　基本要求

1)索股成品应有合格证,必须按设计和有关技术规范要求验收合格方可架设。

2)索股入鞍、入锚位置必须符合设计要求,架设时严禁索股弯折、扭转和散开。

3)索股锚固应与锚板正交,锚头锁定装置应牢固。

2　实测项目

见表8.11.9。

表 8.11.9　主缆架设实测项目

<table>
<tr><th>项　次</th><th colspan="3">检 查 项 目</th><th>规定值或允许偏差</th><th>检查方法和频率</th><th>权　值</th></tr>
<tr><td rowspan="4">1Δ</td><td rowspan="4">索股高程(mm)</td><td rowspan="3">基准</td><td>中跨跨中</td><td>±L/20000</td><td rowspan="3">全站仪:测量跨中</td><td rowspan="2">3</td></tr>
<tr><td>边跨跨中</td><td>±L/10000</td></tr>
<tr><td>上、下游高差</td><td>10</td><td>2</td></tr>
<tr><td>一般</td><td>相对于基准索股</td><td>0,+5</td><td>全站仪或专用卡尺:测跨中</td><td>2</td></tr>
<tr><td>2Δ</td><td colspan="3">锚跨索股力偏差</td><td>符合设计要求</td><td>测力计:每索股检查</td><td>2</td></tr>
<tr><td>3Δ</td><td colspan="3">主缆空隙率(%)</td><td>±2</td><td>量直径和周长后计算:测索夹处和两索夹间</td><td>2</td></tr>
<tr><td>4</td><td colspan="3">主缆直径不圆度(%)</td><td>2</td><td>紧缆后横竖直径之差,与设计直径相比,测两索夹间</td><td>1</td></tr>
</table>

注:L为中跨跨径。

3　外观鉴定

1)架设后索股钢丝平行顺直,无鼓丝,不重叠。不符合要求时应处理,并减1~3分。

2)索股顺直,不交叉,否则应进行处理。如有扭转现象,每处减3~5分。

3)索股钢丝镀锌层保护完好,表面洁净。不符合要求时减1~3分。

8.11.10　主缆防护

1　基本要求

1)防护前必须清除主缆钢丝表面的灰尘、油污和水分,保持干燥、干净。涂膏应均匀地填满主缆外侧钢丝与缠丝之间的间隙,涂膏性能必须符合设计要求。

2)缠丝前应对缠丝机进行标定。

3)缠绕钢丝应嵌进索夹端部留出的凹槽内不少于3圈,绕丝端部必须牢固地嵌入索夹端部槽内并予焊接固定,不得松动。

4)主缆防护的缆套安装,其各处密封性能必须良好。

2　实测项目

见表8.11.10。

表 8.11.10 主缆防护实测项目

项次	检查项目	规定值或允许偏差	检查方法和频率	权值
1	缠丝间距(mm)	1	插板:每两索夹间随机量测 1m 长	2
2Δ	缠丝张力(kN)	±0.3	标定检测:每盘抽查 1 处	2
3Δ	防护涂层厚度(μm)	符合设计要求	测厚仪:每 200m 测 1 点	3

3 外观鉴定

1)缠丝腻子应填满,并去除残留在裹覆层处的多余涂膏。不符合要求时减 1~3 分。

2)缠丝不重叠交叉,不符合要求时应进行处理,并减 1~3 分。

3)涂层应平滑,无凹凸不平,无破损和气孔,无流挂和漏涂等现象,保护完好,不符合要求时减 1~3 分。

8.11.11 悬索桥索夹制作与防护

1 基本要求

1)铸钢及螺杆材料的化学成分、力学性能必须符合设计和有关技术规范要求。

2)分批热处理的铸钢件和合金结构钢均必须按设计和有关技术规范要求进行验收,验收结果必须合格。

3)每一件加工成品(索夹和螺杆)都必须按设计要求和有关技术规范的规定进行无损探伤,检测结果须合格。每对索夹两半部分必须先进行试拼装,经过监理签发产品质量合格证后方可按编号包装运输到工地安装。运输和存放应按规定妥善保护好,不得使任何部件受到永久性损伤。

4)每一半索夹如有超标缺陷应按设计要求进行修补,但修补点不允许超过 2 个,同一修补点不允许修补 2 次。要求作好修补记录备查。

5)铸钢件加工面不得有气孔、砂眼等可见缺陷,如检查发现,必须按设计要求修补。

6)索夹与螺杆的螺母和垫圈的接触面,须与螺杆轴线相垂直,加工精度必须符合设计要求。

7)各表面防护处理应符合设计要求。

2 实测项目

见表 8.11.11。

表 8.11.11 索夹制作与防护实测项目

项次	检查项目	规定值或允许偏差	检查方法和频率	权值
1	索夹内径偏差(mm)	±2	量具:每件检查	1
2	耳板销孔位置偏差(mm)	±1	量具:每件检查	2
3	耳板销孔内径偏差(mm)	+1,-0	量具:每件检查	2
4	螺杆孔直线度(mm)	≤L/500	量具:每件检查	2
5Δ	壁厚(mm)	符合设计要求	量具:每件检查	3
6Δ	索夹内壁喷锌厚度(μm)	不小于设计	测厚仪:每件检查	3

注:L-螺杆孔深度。

3 外观鉴定

1)索夹内外表面防护涂层完好,如有局部破损或锈蚀应进行处理,并每处减 1~3 分。

2)索夹螺杆丝口部分长度均匀,螺牙保护完好。不符合要求时减 1~3 分。

8.11.12 悬索桥吊索和锚头的制作与防护

1 基本要求

1)吊索、锚杯铸钢、锌铜合金及耳板锻钢等材料的化学成分和各项力学性能必须符合设计和有关技术规范要求。

2)吊索的锚杯和耳板必须逐件按设计要求进行无损探伤检测,检测结果须合格方可使用。

3)吊索、耳板的防护应符合设计要求。

4)必须按设计要求进行组装件拉伸破坏试验,试验结果符合要求后方可成批生产吊索和锚头。

5)吊索和锚头的装配成品必须有经监理工程师签认的产品质量合格证方能绕盘包装运输到工地

进行架设,运输和存贮过程中应保证成品不受损伤。

6)吊索的下料及长度标记,应在设计要求的拉力下测量,在锚头附近必须同时设置长度标志点和方向标志点。

2 实测项目

见表8.11.12。

表8.11.12 吊索和锚头制作与防护实测项目

项 次	检查项目		规定值或允许偏差	检查方法和频率	权 值
1	吊索调整后长度（销孔之间）(mm)	≤5m	±1	尺量:检查每根	2
		>5m	±*L*/5000		
2	销轴直径偏差(mm)		+0，-0.15	量具:检查每个	1
3	叉形耳板销孔位置偏差(mm)		±5	量具:检查每个	1
4Δ	热铸锚合金灌注率(%)		>92	量具检测、计算:检查每个	2
5Δ	锚头顶压后吊索外移量(按规定顶压力,持荷5min)(mm)		符合设计要求	量具:检查每个	2
6Δ	吊索轴线与锚头端面垂直度(°)		≤0.5	量具:检查每个	2
7Δ	锚头喷锌厚度(μm)		符合设计要求	测厚仪:检查每个	2

注:①项次5顶压外移量允许偏差应在扣除初始外移量之后进行量测。

②*L*-吊索长度。

3 外观鉴定

1)防护涂层表面光滑、连续、均匀、致密,无锈迹。不符合要求时减1~2分。

2)吊索护套质地紧密,无气泡,厚度均匀,色泽一致。不符合要求时减1~3分。

8.11.13 索夹和吊索安装

1 基本要求

1)螺栓紧固设备应事先标定,按设计和有关技术规范要求分阶段检查螺杆中的拉力,并予补紧。

2)螺杆孔、上下索夹缝隙及其端部接合处和主缆缠丝处必须用合格的密封材料填实,确保螺杆被密封材料环绕并与主缆钢丝隔开。密封前螺杆孔里须清除水分,保持干燥。

3)锚头锁定装置须牢固。

4)工地涂装用防护材料必须符合设计和有关技术规范要求,涂装前索夹和锚头表面应按设计要求进行处理,达到要求后方可进行涂装防护施工。

2 实测项目

见表8.11.13。

表8.11.13 索夹和吊索安装实测项目

项 次	检查项目		规定值或允许偏差	检查方法和频率	权 值
1	索夹偏位(mm)	纵向	10	全站仪和钢尺:每个	2
		横向	3	全站仪:每个	2
2Δ	上、下游吊点高差(mm)		20	水准仪:每个	3
3Δ	螺杆紧固力(kN)		符合设计要求	压力表读数:每个	3

3 外观鉴定

1)索夹密封良好。不符合要求时应进行处理,并减1~3分。

2)索夹螺栓端头长度均匀,螺牙保护完好。不符合要求时减1~2分。

3)吊索顺直无扭转现象。不符合要求时减3~5分。

4)吊索及索夹的防护完好,无划伤、擦痕、断裂、裂纹等缺陷。不符合要求时减1~3分,必要时应修补。

8.11.14 悬索桥钢加劲梁梁段制作

1　基本要求

同本标准第8.9.1条1。

2　实测项目

钢箱梁段见表8.11.14，钢桁节段见表8.9.1-2。

表8.11.14　钢箱梁段制作实测项目

项次	检查项目		规定值或允许偏差	检查方法和频率	权值
1	梁长(mm)		±2	钢尺：检查中心线及两侧	1
2	梁段桥面板四角高差(mm)		4	水准仪：检查4角	1
3	风嘴直线度偏差(mm)		L/2000且≤6	拉线、尺量：检查各风嘴边缘	1
4Δ	端口尺寸	宽度(mm)	±4	钢尺：检查两端	1
		中心高(mm)	±2		1
		边高(mm)	±3		1
		横断面对角线差(mm)	≤4		1
5	吊点位置	吊点中心距桥中心线距离偏差(mm)	±1	钢尺：检查吊点断面	1
		同一梁段两侧吊点相对高差(mm)	±5	水准仪：逐对检查	1
		相邻梁段吊点中心距偏差(mm)	±2	钢尺：逐个量测	1
		同一梁段两侧吊点中心连接线与桥轴线垂直度误差(′)	±2	经纬仪：每段检查	1
6Δ	梁段匹配性	纵桥向中心线偏差(mm)	1	钢尺：每段检查	2
		顶、底、腹板对接间隙(mm)	+3，-1	钢尺：检查各对接断面	2
		顶、底、腹板对接错边(mm)	2	钢尺、水平仪：检查各对接断面	2
7Δ	焊缝	焊缝尺寸	符合设计要求	量规：检查全部	2
		探伤		超声：检查全部；射线：按设计规定，设计未规定时按10%抽查	3

注：L-量测长度。

3　外观鉴定

同本标准第8.9.1条3。

8.11.15　悬索桥钢加劲梁段防护和工地防护

同本标准第8.9.2条。

8.11.16　悬索桥钢加劲梁安装

1　基本要求

同本标准第8.9.3条1，并须按设计规定的阶段，将主索鞍顶推至规定位置。

2　实测项目

见表8.11.16。

表8.11.16　钢加劲梁安装实测项目

项次	检查项目	规定值或允许偏差	检查方法和频率	权值
1	吊点偏位(mm)	20	全站仪：检查每吊点	1
2	同一梁段两侧对称吊点处梁顶高差(mm)	20	水准仪：检查每吊点处	1
3Δ	相邻节段匹配高差(mm)	2	尺量：每段	2

项　次	检查项目		规定值或允许偏差	检查方法和频率	权　值
4Δ	连接	焊缝尺寸	符合设计要求	量规:检查全部	2
		焊缝探伤		超声:检查全部; 射线:按设计规定,设计未规定时按10%抽查	3
		高强螺栓扭矩	10%	测力扳手:检查5%,且不少于2个	

3　外观鉴定

1)线形平顺,无明显折变。不符合要求时减1~3分。

2)焊缝均应平滑,无裂纹、未熔合、夹渣、未填满弧坑、焊瘤等外观缺陷。不符合要求时,每处减0.5~2分,并须处理。

8.12　桥面系和附属工程

8.12.1　桥面防水层

1　基本要求

1)防水层铺设材料的规格和性能,以及防水层的不透水性应符合设计要求,并至少应有不低于桥面沥青混凝土铺装层使用年限的寿命,能适应动荷载及混凝土桥面开裂时不损坏的特点。

2)防水层施工前,混凝土表面应清除垃圾、杂物、油污与浮浆,并保持干净和干燥。

3)应严格按规定的工艺施工。

4)预计涂料表面在干燥前会下雨,则不应施工。施工过程中,严禁踩踏未干的防水层。防水层养护结束后、桥面铺装完成前,行驶车辆不得在其上急转弯或紧急制动。

2　实测项目

见表8.12.1。

表8.12.1　防水层实测项目

项　次	检查项目	规定值或允许偏差	检查方法和频率	权　值
1Δ	防水涂膜厚度(mm)	符合设计规定,设计未规定时,±0.1	测厚仪:每200m² 测4点或按材料用量推算	1
2Δ	黏结强度(MPa)	不小于设计要求,且≥0.3(常温),≥0.2(气温≥35℃)	拉拔仪:每200m² 测4点(拉拔速度:10mm/min)	1
3Δ	抗剪强度(MPa)	不小于设计要求,且≥0.4(常温),≥0.3(气温≥35℃)	剪切仪:1组3个(剪切速度:10mm/min)	1
4Δ	剥离强度(N/mm)	不小于设计要求,且≥0.3(常温),≥0.2(气温≥35℃)	90°剥离仪:1组3个(剥离速度:100mm/min)	1

注:剥离强度仅适用于卷材类或加胎体涂膜类防水层。

3　外观鉴定

1)防水涂料应覆盖整个混凝土表面,如有遗漏,必须进行处理,并减1~3分。

2)防水层应表面平整,无空鼓、脱落、翘边等缺陷。不符合要求时必须进行处理,并减3~5分。

8.12.2　桥面铺装

1　基本要求

1)水泥混凝土桥面的基本要求同水泥混凝土路面,沥青混凝土桥面的基本要求同沥青混凝土路面。

2)桥面泄水孔进水口的布置应有利于桥面和渗入水的排除,其数量不得少于设计要求,出水口不得使水直接冲刷桥体。

2　实测项目

见表 8.12.2-1 和表 8.12.2-2。

表 8.12.2-1　桥面铺装实测项目

项次	检查项目			规定值或允许偏差		检查方法和频率	权值
1Δ	强度或压实度			在合格标准内		按附录 B 或 D 检查	3
2Δ	厚度(mm)			+10，-5		以同梁体产生相同下挠变形的点为基准点，测量桥面浇筑前后相对高差：每 100m 测 5 处	2
3Δ	平整度	高速、一级公路		沥青混凝土	水泥混凝土	平整度仪：全桥每车道连续检测，每 100m 计算 IRI 或 σ	2
			IRI(m/km)	2.5	3.0		
			σ(mm)	1.5	1.8		
		其他公路	IRI(m/km)	4.2			
			σ(mm)	2.5			
		最大间隙 h(mm)		5		3m 直尺：每 100m 测 3 处×3 尺	
4	横坡(%)	水泥混凝土		±0.15		水准仪：每 100m 检查 3 个断面	1
		沥青面层		±0.3			
5	抗滑构造深度			符合设计要求		砂铺法：每 200m 查 3 处	1

注：①桥长不足 100m 者，按 100m 处理。

②对高速公路、一级公路上的小桥(中桥视情况)可并入路面进行评定。

表 8.12.2-2　复合桥面水泥混凝土铺装实测项目

项次	检查项目	规定值或允许偏差	检查方法和频率	权值
1Δ	混凝土强度(MPa)	在合格标准内	按附录 D 检查	3
2Δ	厚度(mm)	+10，-5	对比桥面浇筑前后标高检查：每 100m 查 5 处	2
3Δ	平整度(mm)	5	3m 直尺：每 100m 测 3 处×3 尺	2
4	横坡(%)	±0.15	水准仪：每 100m 检查 3 个断面	1

注：复合桥面的沥青混凝土面层按表 8.12.2-1 评定。

3　外观鉴定

桥面排水良好。不符合要求时减 3～5 分。

8.12.3　钢桥面板上防水黏结层

1　基本要求

1)防水黏结材料的质量和技术性能应符合设计和有关技术规范的要求。

2)在钢箱梁架设完毕后，应对桥面锈蚀部分进行处理，将现场焊缝及其相邻部分进行防护，并对桥面所有防护层表面进行清洗，去除灰尘、油污和其他污物，方可进行防腐喷涂或防水黏结层施工。

3)当桥面潮湿或环境温度低于露点时，严禁洒布黏结层。

4)严格控制防水黏结层材料的加热温度和洒布温度。

2　实测项目

见表 8.12.3。

表 8.12.3　钢桥面板上防水黏结层实测项目

项次	检查项目	规定值或允许偏差	检查方法和频率	权值
1	钢桥面板清洁度	符合设计要求	比照板目测：全部	1
2Δ	黏结层厚度(mm)	符合设计要求	测厚仪：每洒布段检查 6 点	2
3Δ	黏结层与钢板底漆间结合力(MPa)	不小于设计	拉拔仪：每洒布段检查 6 点	3
4Δ	防水层厚度(mm)	符合设计要求	测厚仪：每洒布段检查 6 点	2

3　外观鉴定

1)防水黏结层的洒布应厚度均匀。不符合要求时减 1～5 分。

2)防水黏结层应平整、密实，无破损、气孔和起皱现象，不得有油污和其他污染现象。不符合要求时减1~3分。

8.12.4 钢桥面板上沥青混凝土铺装

1 基本要求

1)沥青混合料的矿料质量及矿料级配应符合设计要求和施工规范的规定。

2)沥青材料及混合料的各项指标应符合设计和施工规范的要求,对每日生产的沥青混合料应做抽提试验(包括马歇尔稳定度试验)。

3)严格控制各种矿料和沥青用量及各种材料和沥青混合料的加热温度,碾压温度应符合要求。

4)拌和后的沥青混合料应均匀一致,无花白、粗细料分离和结团成块现象。

5)桥面泄水孔进水口的布置应有利于桥面和渗入水的排除,其数量不得少于设计要求,出水口不得使水直接冲刷桥体。

2 实测项目

见表8.12.4。

表8.12.4 钢桥面板上沥青混凝土铺装实测项目

<table>
<tr><th>项 次</th><th colspan="3">检 查 项 目</th><th>规定值或允许偏差</th><th>检查方法和频率</th><th>权 值</th></tr>
<tr><td>1Δ</td><td colspan="3">压实度</td><td>符合设计要求</td><td>按碾压吨位与遍数检查</td><td>3</td></tr>
<tr><td rowspan="5">2Δ</td><td rowspan="5">平整度</td><td rowspan="2">高速、一级公路</td><td>IRI(m/km)</td><td>2.5</td><td rowspan="4">平整度仪:全桥每车道连续检测,每100m计算IRI或σ</td><td rowspan="5">2</td></tr>
<tr><td>σ(mm)</td><td>1.5</td></tr>
<tr><td rowspan="2">其他公路</td><td>IRI(m/km)</td><td>4.2</td></tr>
<tr><td>σ(mm)</td><td>2.5</td></tr>
<tr><td colspan="2">最大间隙h(mm)</td><td>5</td><td>3m直尺,每100m测3处×3尺</td></tr>
<tr><td>3Δ</td><td colspan="3">平均厚度(mm)</td><td>+0,-5</td><td>按沥青混凝土实际用量推算</td><td>3</td></tr>
<tr><td>4</td><td colspan="3">抗滑构造深度(mm)</td><td>符合设计要求</td><td>砂铺法:每200m查1处</td><td>1</td></tr>
<tr><td>5</td><td colspan="3">横坡(%)</td><td>±0.3</td><td>水准仪:每200m测4个断面</td><td>1</td></tr>
</table>

3 外观鉴定

1)表面应平整密实,不应有泛油、裂缝、粗细料集中等现象。有上述缺陷的面积(单条裂缝则按其长度乘以0.2m宽度,折算成面积)之和不得超过受检面积的0.03%。不符合要求时,每超过0.03%减2分。

2)表面无明显碾压轮迹。不符合要求时,每处减1~3分。

3)搭接处应紧密、平顺。不符合要求时,累计每10m长减1分。

4)面层与其他构筑物应接顺,不得有积水现象。不符合要求时,每处减1~2分。

8.12.5 支座垫石和挡块

1 基本要求

1)混凝土所用的水泥、砂、石、水、外掺剂及混合材料的质量和规格必须符合有关技术规范的要求,按规定的配合比施工。

2)支座垫石不得出现露筋、空洞、蜂窝、麻面现象及任何裂缝。

2 实测项目

见表8.12.5-1和表8.12.5-2。

表8.12.5-1 支座垫石实测项目

<table>
<tr><th>项 次</th><th>检 查 项 目</th><th>规定值或允许偏差</th><th>检查方法和频率</th><th>权 值</th></tr>
<tr><td>1Δ</td><td>混凝土强度(MPa)</td><td>在合格标准内</td><td>按附录D检查</td><td>3</td></tr>
<tr><td>2Δ</td><td>轴线偏位(mm)</td><td>5</td><td>全站仪或经纬仪:支座垫石纵横方向检查</td><td>2</td></tr>
<tr><td>3</td><td>断面尺寸(mm)</td><td>±5</td><td>尺量:检查1个断面</td><td>2</td></tr>
<tr><td rowspan="2">4Δ</td><td>顶面高程(mm)</td><td>±2</td><td rowspan="2">水准仪:检查中心及四角</td><td rowspan="2">2</td></tr>
<tr><td>顶面四角高差(mm)</td><td>1</td></tr>
<tr><td>5</td><td>预埋件位置(mm)</td><td>5</td><td>尺量:每件</td><td>1</td></tr>
</table>

表 8.12.5-2 挡块实测项目

项次	检查项目	规定值或允许偏差	检查方法和频率	权值
1Δ	混凝土强度(MPa)	在合格标准内	按附录 D 检查	3
2	平面位置(mm)	5	全站仪或经纬仪:每块检查	2
3	断面尺寸(mm)	±10	尺量,每块检查 1 个断面	2
4	顶面高程(mm)	±10	水准仪:每块检查 1 处	1
5	与梁体间隙(mm)	±5	尺量:每块检查	1

3 外观鉴定

1)混凝土表面平整、光洁,棱角线平直。不符合要求时减 1~3 分。

2)挡块如出现蜂窝、麻面,必须进行修整,并减 1~4 分。

3)挡块出现非受力裂缝时减 1~3 分,裂缝宽度超过设计规定或设计未规定时超过 0.15mm 必须处理。

8.12.6 支座安装

1 基本要求

1)支座的材料、质量和规格必须满足设计和有关规范的要求,经验收合格后方可安装。

2)支座底板调平砂浆性能应符合设计要求,灌注密实,不得留有空洞。

3)支座上下各部件纵轴线必须对正。当安装时温度与设计要求不同时,应通过计算设置支座顺桥向预偏量。

4)支座不得发生偏歪、不均匀受力和脱空现象。滑动面上的四氟滑板和不锈钢板不得有划痕、碰伤等,位置正确,安装前必须涂上硅脂油。

2 实测项目

见表 8.12.6。

表 8.12.6 支座安装实测项目

项次	检查项目		规定值或允许偏差	检查方法和频率	权值
1Δ	支座中心与主梁中心线偏位(mm)		2	经纬仪、钢尺:每支座	3
2	支座顺桥向偏位(mm)		10	经纬仪或拉线检查:每支座	2
3Δ	支座高程(mm)		符合设计规定;设计未规定时,±5	水准仪:每支座	3
4	支座四角高差(mm)	承压力≤500kN	1	水准仪:每支座	2
		承压力>500kN	2		

3 外观鉴定

支座表面应保持清洁,支座附近的杂物及灰尘应清除。不符合要求时必须进行处理,并减 1~3 分。

8.12.7 斜拉桥、悬索桥的支座安装

1 基本要求

1)支座的材料、质量和规格必须满足设计和有关技术规范的要求,支座垫石应检验合格。

2)支座成品必须有产品合格证。

3)支座成品必须按设计和有关技术规范的规定进行试验和检测,其结果必须满足要求。

4)支座底板调平砂浆性能应符合设计要求,灌注密实,不得留有空洞。

5)当安装时温度与设计要求不同时,应通过计算设置支座顺桥向预偏量。

6)支座不得发生偏歪、不均匀受力和脱空现象。滑动面上的四氟滑板和不锈钢板不得刮伤,安装前必须涂上硅脂油。

2 实测项目

见表 8.12.7。

表8.12.7　斜拉桥、悬索桥的支座安装实测项目

项　次	检 查 项 目	规定值或允许偏差	检查方法和频率	权　值
1Δ	竖向支座的纵、横向偏位(mm)	5	经纬仪:每支座测量	3
2Δ	支座高程(mm)	±10	水准仪:每支座测量	3
3	竖向支座垫石钢板水平度(mm)	2	水平仪、钢尺:每支座测量	2
4	竖向支座滑板中线与桥轴线平行度	1/1000	全站仪或经纬仪:每支座测量	2
5	横向抗风支座支挡垂直度(mm)	≤1	水平仪、钢尺:每支座测量	2
6	横向抗风支座支挡表面平行度(mm)	≤1	水平仪、钢尺:每支座测量	2
7	支挡表面与横向抗风支座表面间距(mm)	2	卡尺:每支座测量	2

3　外观鉴定

1)支座安装后应及时清理,清除支座附近的杂物及灰尘等。不符合要求时减3~5分。

2)防尘防污装置完好,安装正确。不符合要求时减1~3分,并应处理。

3)漆膜如有损伤,应进行处理,并减1~3分。

8.12.8　伸缩缝安装

1　基本要求

1)伸缩缝必须满足设计和有关技术规范的要求,须有合格证,并经验收合格后方可安装。

2)伸缩缝必须锚固牢靠,伸缩性能必须有效。

3)伸缩缝两侧混凝土的类型和强度,必须符合设计要求。

4)大型伸缩缝与钢梁连接处的焊缝应做超声检测,检测结果须合格。

5)伸缩缝处不得积水。

2　实测项目

见表8.12.8。

表8.12.8　伸缩缝安装实测项目

项　次	检 查 项 目	规定值或允许偏差		检查方法和频率	权　值
1	长度(mm)	符合设计要求		尺量:每道	2
2Δ	缝宽(mm)	符合设计要求		尺量:每道2处	3
3Δ	与桥面高差(mm)	2		尺量:每侧3~7处	3
4	纵坡(%)	一般	±0.5	水准仪:测量纵向锚固混凝土端部3处	2
		大型	±0.2	水准仪:沿纵向测伸缩缝两侧3处	
5	横向平整度(mm)	3		3m直尺:每道	1

注:项次2应按安装时气温折算。

3　外观鉴定

伸缩缝无阻塞、渗漏、变形、开裂现象。不符合要求时必须进行整修,并减1~3分。

8.12.9　混凝土小型构件预制

1　基本要求

1)所用的水泥、砂、石、水和外掺剂的质量和规格必须符合有关规范的要求,按规定的配合比施工。

2)不得出现露筋和空洞现象。

2　实测项目

见表8.12.9。

表 8.12.9　混凝土小型构件实测项目

项　次	检 查 项 目		规定值或允许偏差	检查方法和频率		权　值
1Δ	混凝土强度(MPa)		在合格标准内	按附录 D 检查		3
2Δ	断面尺寸(mm)	≤80	±5	尺量:2 处	按构件总数的30%	2
		>80	±10			
3	长度(mm)		+5,-10	尺量		1

3　外观鉴定

1)构件外形轮廓清晰,线条直顺,不得有翘曲现象。不符合要求时减 1~3 分。

2)混凝土表面平整,无蜂窝,颜色一致。不符合要求时减 1~3 分。

8.12.10　人行道铺设

1　基本要求

1)悬臂式人行道必须在横向与主梁牢固联结。

2)人行道板必须在人行道梁锚固后方可铺设。

2　实测项目

见表 8.12.10。

表 8.12.10　人行道铺设实测项目

项　次	检 查 项 目	规定值或允许偏差	检查方法和频率	权　值
1	人行道边缘平面偏位(mm)	5	经纬仪、钢尺拉线检查:每 30m 检查 1 处	3
2	纵向高程(mm)	+10,-0	水准仪:每 100m 检查 3 处	2
3	接缝两侧高差(mm)	2	水准仪:抽查 10%	2
4	横坡(%)	±0.3	水准仪:每 100m 检查 3 处	2
5	平整度(mm)	5	3m 直尺:每 100m 检查 3 处	1

注:桥长不足 100m 者,按 100m 处理。

3　外观鉴定

人行道构件连接牢固、密贴,线形直顺,表面平整。不符合要求时减 1~3 分。

8.12.11　栏杆安装

1　基本要求

1)栏杆杆件不得有弯曲或断裂现象。

2)栏杆必须在人行道板铺完后方可安装。

3)栏杆安装必须牢固,其杆件连接处的填缝料必须饱满平整,强度应满足设计要求。

2　实测项目

见表 8.12.11。

表 8.12.11　栏杆安装实测项目

项　次	检 查 项 目	规定值或允许偏差	检查方法和频率	权　值
1	栏杆平面偏位(mm)	4	经纬仪、钢尺拉线检查:每 30m 检查 1 处	3
2	扶手高度(mm)	±10	水准仪:抽查 20%	3
	柱顶高差(mm)	4		
3	接缝两侧扶手高差(mm)	3	尺量:抽查 20%	2
4	竖杆或柱纵横向竖直度(mm)	4	吊垂线:抽查 20%	2

3　外观鉴定

1)栏杆安装应直顺美观。不符合要求时减 1~3 分。

2)杆件接缝处应无开裂现象。不符合要求时减 1~3 分。

8.12.12 混凝土防撞护栏

1 基本要求

1)所用的水泥、砂、石、水和外掺剂的质量和规格必须符合有关规范的要求,按规定的配合比施工。

2)不得出现露筋和空洞现象。

3)防撞护栏上的钢构件应焊接牢固,焊缝应满足设计和有关规范的要求,并按设计要求进行防护。

2 实测项目

见表8.12.12。

表8.12.12 混凝土防撞护栏浇筑实测项目

项 次	检 查 项 目	规定值或允许偏差	检查方法和频率	权 值
1Δ	混凝土强度(MPa)	在合格标准内	按附录D检查	3
2	平面偏位(mm)	4	经纬仪、钢尺拉线检查:每100m检查3处	2
3Δ	断面尺寸(mm)	±5	尺量,每100m每侧检查3处	2
4	竖直度(mm)	4	吊垂线:每100m每侧检查3处	1
5	预埋件位置(mm)	5	尺量:每件	1

3 外观鉴定

1)防撞护栏线形直顺美观。不符合要求时减1~3分。

2)混凝土表面应平整,不应出现蜂窝、麻面。如出现必须修整完好,并减1~4分。

3)防撞护栏浇筑节段间应平滑顺接,不符合要求时减1~3分。

8.12.13 桥头搭板

1 基本要求

1)所用的水泥、砂、石、水和外掺剂的质量和规格必须符合有关规范的要求,按规定的配合比施工。

2)桥头搭板下的地基及垫层或路面基层的强度和压实度必须满足设计要求。

3)不得出现露筋和空洞现象。

2 实测项目

见表8.12.13。

表8.12.13 桥头搭板实测项目

项 次	检 查 项 目		规定值或允许偏差	检查方法和频率	权 值
1Δ	混凝土强度(MPa)		在合格标准内	按附录D检查	3
2	枕梁尺寸(mm)	宽、高	±20	尺量,每梁检查2个断面	1
		长	±30	尺量:检查每梁	
3	板尺寸(mm)	长、宽	±30	尺量:各检查2~4处	1
		厚	±10	尺量:检查4~8处	2
4	顶面高程(mm)		±2	水准仪:测量5处	2
5	板顶纵坡(%)		0.3	水准仪:测量3~5处	1

3 外观鉴定

1)板的表面应平整。不符合要求时减1~3分。

2)板的边缘应顺直。不符合要求时减1~2分。

9 涵洞工程

9.1 一般规定

9.1.1 每道涵洞为一个子分部工程,包含洞身各部分构件、洞口等分项工程。

9.1.2 跨径或全长符合涵洞标准的通道,按本章的规定进行评定。

9.1.3 带有急流槽的涵洞,急流槽作为涵洞的一个分项工程,按本标准第6.10节评定。

9.1.4 钢筋混凝土涵洞除按本章规定评定外,还应包括钢筋加工及安装分项工程。

9.1.5 明涵的铺装可按本标准第8.12节的有关规定评定。

9.1.6 涵台若设桩基础,按本标准第8.5.2或8.5.3条评定。

9.2 涵洞总体

9.2.1 基本要求

1)涵洞施工应严格按照设计图纸、施工规范和有关技术操作规程要求进行。

2)各接缝、沉降缝位置正确,填缝无空鼓、开裂、漏水现象;若有预制构件,其接缝应与沉降缝吻合。

3)涵洞内不得遗留建筑垃圾、杂物等。

9.2.2 实测项目

见表9.2.2。

表9.2.2 涵洞总体实测项目

项次	检查项目	规定值或允许偏差	检查方法和频率	权值
1	轴线偏位(mm)	明涵20,暗涵50	经纬仪:检查2处	2
2Δ	流水面高程(mm)	±20	水准仪、尺量:检查洞口2处,拉线检查中间1~2处	3
3	涵底铺砌厚度(mm)	+40,-10	尺量:检查3~5处	1
4	长度(mm)	+100,-50	尺量:检查中心线	1
5Δ	孔径(mm)	±20	尺量:检查3~5处	3
6	净高(mm)	明涵±20,暗涵±50	尺量:检查3~5处	1

注:实际工程无项次3时,该项不参与评定。

9.2.3 外观鉴定

1)洞身顺直,进出口、洞身、沟槽等衔接平顺,无阻水现象。不符合要求时减1~3分。

2)帽石、一字墙或八字墙等应平直,与路线边坡、线形匹配,棱角分明。不符合要求时减1~3分。

3)涵洞处路面平顺,无跳车现象。不符合要求时减2~4分。

4)外露混凝土表面平整,颜色一致。不符合要求时减1~3分。

9.3 涵台

9.3.1 基本要求

1)所用的水泥、砂、石、水、外掺剂、混合材料的质量和规格必须符合有关技术规范的要求,按规定的配合比施工。

2)地基承载力及基础埋置深度须满足设计要求。

3)混凝土不得出现露筋和空洞现象。

4)砌块应错缝、坐浆挤紧,嵌缝料和砂浆饱满,无空洞、宽缝、大堆砂浆填隙和假缝。

9.3.2 实测项目

见表9.3.2。

表9.3.2 涵台实测项目

项次	检查项目		规定值或允许偏差	检查方法和频率	权值
1Δ	混凝土或砂浆强度(MPa)		在合格标准内	按附录D或F检查	3
2	涵台断面尺寸(mm)	片石砌体	±20	尺量:检查3~5处	1
		混凝土	±15		
3	竖直度或斜度(mm)		0.3%台高	吊垂线或经纬仪:测量2处	1
4Δ	顶面高程(mm)		±10	水准仪:测量3处	2

9.3.3 外观鉴定

1)涵台线条顺直,表面平整。不符合要求时减1~3分。

2)蜂窝、麻面面积不得超过该面面积的0.5%。不符合要求时,每超过0.5%减3分;深度超过10mm者必须处理。

3)砌缝匀称,勾缝平顺,无开裂和脱落现象。不符合要求时减1~3分。

9.4 涵管制作

预制涵管按本标准第5章5.2节评定。

9.5 管座及涵管安装

9.5.1 基本要求

1)涵管必须检验合格方可安装。

2)地基承载力须满足设计要求,涵管与管座、垫层或地基紧密贴合,垫稳坐实。

3)接缝填料嵌填密实,接缝表面平整,无间断、裂缝、空鼓现象。

4)每节管底坡度均不得出现反坡。

5)管座沉降缝应与涵管接头平齐,无错位现象。

6)要求防渗漏的倒虹吸涵管须做渗漏试验,渗漏量应满足要求。

9.5.2 实测项目

见表9.5.2。

表9.5.2 管座及涵管安装实测项目

项次	检查项目		规定值或允许偏差	检查方法和频率	权值
1Δ	管座或垫层混凝土强度		在合格标准内	按附录D检查	3
2	管座或垫层宽度、厚度		≥设计值	尺量:抽查3个断面	2
3	相邻管节底面错台(mm)	管径≤1m	3	尺量:检查3~5个接头	2
		管径>1m	5		

9.5.3 外观鉴定

管壁顺直,接缝平整,填缝饱满。不符合要求时减1~3分。

9.6 盖板制作

9.6.1 基本要求

1)混凝土所用的水泥、砂、石、水、外掺剂及混合材料的质量和规格必须符合有关技术规范要求，按规定的配合比施工。

2)分块施工时接缝应与沉降缝吻合。

3)板体不得出现露筋和空洞现象。

9.6.2 实测项目

见表9.6.2。

表9.6.2 盖板制作实测项目

项次	检查项目		规定值或允许偏差	检查方法和频率	权值
1Δ	混凝土强度(MPa)		在合格标准内	按附录D检查	3
2Δ	高度(mm)	明涵	+10，-0	尺量：抽查30%的板，每板检查3个断面	2
		暗涵	不小于设计值		
3	宽度(mm)	现浇	±20		1
		预制	±10		
4	长度(mm)		+20，-10	尺量：抽查30%的板，每板检查两侧	1

9.6.3 外观鉴定

1)混凝土表面平整，棱线顺直，无严重啃边、掉角。不符合要求时1~2分。

2)蜂窝、麻面面积不得超过该面面积的0.5%。不符合要求时，每超过0.5%减3分；深度超过10mm者必须处理。

3)混凝土表面出现非受力裂缝，减1~3分；裂缝宽度超过设计规定或设计未规定时超过0.15mm必须处理。

9.7 盖板安装

9.7.1 基本要求

1)安装前，盖板、涵台、墩及支承面检验必须合格。

2)盖板就位后，板与支承面须密合，否则应重新安装。

3)板与板之间接缝填充材料的规格和强度应符合设计要求，并与沉降缝吻合。

9.7.2 实测项目

见表9.7.2。

表9.7.2 盖板安装实测项目

项次	检查项目	规定值或允许偏差	检查方法和频率	权值
1	支承面中心偏位(mm)	10	尺量：每孔抽查4~6个	2
2	相邻板最大高差(mm)	10	尺量：抽查20%	1

9.7.3 外观鉴定

板的填缝应平整密实。不符合要求时减1~2分。

9.8 箱涵浇筑

9.8.1 基本要求

1)混凝土所用的水泥、砂、石、水、外掺剂及混合材料的质量和规格必须符合有关技术规范的要求，按规定的配合比施工。

2)地基承载力及基础埋置深度须满足设计要求。

3)箱体不得出现露筋和空洞现象。

9.8.2 实测项目

见表9.8.2。

表 9.8.2 箱涵浇筑实测项目

项次	检查项目		规定值或允许偏差	检查方法和频率	权值
1Δ	混凝土强度(MPa)		在合格标准内	按附录D检查	3
2	高度(mm)		+5,-10	尺量:检查3个断面	1
3	宽度(mm)		±30		1
4Δ	顶板厚(mm)	明涵	+10,-0	尺量:检查3~5处	2
		暗涵	不小于设计值		
5	侧墙和底板厚(mm)		不小于设计值	尺量:检查3~5处	1
6	平整度(mm)		5	2m直尺:每10m检查2处×3尺	1

9.8.3 外观鉴定

同本标准第9.6.3条规定。

9.9 拱涵浇(砌)筑

9.9.1 基本要求

同本标准第9.3.1条。

9.9.2 实测项目

见表9.9.2。

表 9.9.2 拱涵浇(砌)筑实测项目

项次	检查项目		规定值或允许偏差	检查方法和频率	权值
1Δ	混凝土或砂浆强度(MPa)		在合格标准内	按附录D或F检查	3
2Δ	拱圈厚度(mm)	砌体	±20	尺量:检查拱顶、拱脚3处	2
		混凝土	±15		
3	内弧线偏离设计弧线(mm)		±20	样板:检查拱顶、1/4跨3处	1

9.9.3 外观鉴定

1)线形圆顺,表面平整。不符合要求时减1~3分。

2)混凝土蜂窝、麻面面积不得超过该面面积的0.5%。不符合要求时,每超过0.5%减3分;深度超过10mm者必须处理。

3)砌缝匀称,勾缝平顺,无开裂和脱落现象。不符合要求时减1~3分。

9.10 倒虹吸竖井、集水井砌筑

9.10.1 基本要求

1)砌块的质量和规格应符合设计要求,砌筑砂浆所用材料应符合规范要求。

2)井基应符合设计要求。

3)应分层错缝砌筑,砌缝砂浆应饱满。抹面时应压光,不得有空鼓现象。

4)接头填缝应平整密实、不漏水。

5)井内不得遗留建筑垃圾、杂物等。

6)按设计规定做灌水试验,试验结果应满足要求。

9.10.2 实测项目

见表9.10.2。

9.10.3 外观鉴定

井壁平整、圆滑,抹面无麻面、裂缝。不符合要求时,减1~3分。

表 9.10.2 倒虹吸竖井砌筑实测项目

项次	检查项目	规定值或允许偏差	检查方法和频率	权值
1Δ	砂浆强度（MPa）	在合格标准内	按附录 F 检查	3
2Δ	井底高程(mm)	±15	水准仪:测 4 点	2
3	井口高程(mm)	±20		1
4	圆井直径或方井边长(mm)	±20	尺量:2 ~ 3 个断面	1
5Δ	井壁、井底厚(mm)	+20，-5	尺量:井壁 4 ~ 8 点,井底 3 点	1

9.11 一字墙和八字墙

9.11.1 基本要求

1)砌块、砂、水的质量和规格应符合有关规范的要求,混凝土或砂浆应按规定的配合比施工。

2)地基承载力及基础埋置深度必须满足设计要求。

3)砌块应分层错缝砌筑,坐浆挤紧,嵌填饱满密实,不得有空洞。

4)抹面应压光、无空鼓现象。

9.11.2 实测项目

见表 9.11.2。

表 9.11.2 一字墙和八字墙实测项目

项次	检查项目	规定值或允许偏差	检查方法和频率	权值
1Δ	混凝土或砂浆强度(MPa)	在合格标准内	按附录 D 或 F 检查	4
2	平面位置(mm)	50	经纬仪:检查墙两端	1
3	顶面高程(mm)	±20	水准仪:检查墙两端	1
4	底面高程(mm)	±50		1
5	竖直度或坡度(%)	0.5	吊垂线:每墙检查 2 处	1
6Δ	断面尺寸(mm)	不小于设计	尺量:各墙两端断面	2

9.11.3 外观鉴定

1)墙体直顺、表面平整。不符合要求时,减 1 ~3 分。

2)砌缝无裂隙;勾缝平顺,无脱落、开裂现象。不符合要求时减 1 ~4 分。

3)混凝土墙蜂窝、麻面面积不得超过该面面积的 0.5%。不符合要求时,每超过 0.5% 减 3 分;深度超过 10mm 者必须处理。

9.12 锥坡

涵洞锥坡按本标准第 6.9 节评定。

9.13 顶入法施工的桥、涵

9.13.1 基本要求

1)桥涵主体结构的强度符合设计规定后方可进行顶进施工。

2)基底应密实,并具有足够承载力。

3)工作坑的后背墙承载力符合要求,顶力轴线必须与桥涵中心线一致。

4)节间接缝应按设计要求进行防水处理。

5)严禁带水作业。

9.13.2 实测项目

见表 9.13.2。桥、涵各部分的制作、安装按本标准相关章节评定。

表 9.13.2 顶入法施工的桥、涵实测项目

项次	检查项目		规定值或允许偏差	检查方法和频率	权值
1	轴线偏位(mm)	涵(桥)长<15m	箱100	经纬仪:每段检查2点	2
			管50		
		涵(桥)长15~30m	箱150		
			管100		
		涵(桥)长>30m	箱300		
			管200		
2Δ	高程(mm)	涵(桥)长<15m	箱+30,-100	水准仪:每段检查涵底2~4处	3
			管±20		
		涵(桥)长15~30m	箱+40,-150		
			管±40		
		涵(桥)长>30m	箱+50,-200		
			管+50,-100		
3	相邻两节高差(mm)		箱30	尺量:每接缝2~4处	1
			管20		

9.13.3 外观鉴定

1)顶入的桥、涵身直顺,表面平整,无翘曲现象。不符合要求时减1~3分。

2)进出口与上下游沟槽或引道连接顺直平整,水流或车流畅通。不符合要求时减1~3分。

10 隧道工程

10.1 一般规定

10.1.1 本标准适用于采用钻爆法施工的山岭隧道的检验评定。采用其他方法如盾构、掘进机、沉埋法施工的隧道的检验评定可参照本标准另行制定。

10.1.2 采用钻爆法施工、设计为复合式衬砌的隧道,承包商必须按照设计和施工规范要求的频率和量测项目进行监控量测,用量测信息指导施工并提交系统、完整、真实的量测数据和图表。

10.1.3 隧道通风、照明、供配电、监控设施等的检验评定,应根据本标准的相关章节进行质量检验评定。

10.1.4 隧道洞口的开挖,应按照第4章路基土石方工程的标准进行检验评定;洞门和翼墙的浇(砌)筑和洞口边坡、仰坡防护按第6章挡土墙、防护及其他砌石工程的相应项目检验评定。

10.1.5 隧道路面的基层、面层,应按照路基、路面的标准进行检验评定。

10.1.6 长隧道每座为一个单位工程,多个中、短隧道可合并为一个单位工程,每座隧道分别评定后,按中隧道权值为2,短隧道权值为1,计算加权平均值作为该单位工程的得分。一般按围岩类别和衬砌类型每100m作为一个分项工程,紧急停车带单独作为一个分项工程。混凝土衬砌采用模板台车,宜按台车长度的倍数划分分项工程。按以上方法划分分项工程时,分段长度可结合工程特点和实际情况进行调整,分段长度不足规定值时,不足部分单独作为一个分项工程。特长隧道的单位工程、分部工程和分项工程可根据具体情况另行划分。

10.1.7 隧道防排水工程施工质量应符合下列要求:

1 高速公路、一级公路隧道和设有机电工程的一般公路隧道

1)隧道拱部、墙部、设备洞、车行横通道、人行横通道不渗水;

2)路面干燥无水;

3)洞内排水系统不淤积、不堵塞,确保排水通畅;

4)严寒地区隧道衬砌背后不积水,排水沟不冻结。

2 其他公路隧道

1)拱部、边墙不滴水;

2)路面不冒水、不积水,设备箱洞处不渗水;

3)洞内排水系统不淤积、不堵塞,确保排水通畅;

4)严寒地区隧道衬砌背后不积水,路面干燥无水,排水沟不冻结。

10.1.8 隧道装修应按《建筑装饰工程质量验收规范》制定相应的质量检验评定标准。

10.2 隧道总体

10.2.1 基本要求

1 洞口设置应符合设计要求。

2 必须按设计设置洞内外的排水系统,不淤积、不堵塞。

3 隧道防排水施工质量须符合10.1.7条之规定。

10.2.2 实测项目

见表10.2.2。

表 10.2.2 隧道总体实测项目

项次	检查项目	规定值或允许偏差	检查方法和频率	权值
1	车行道宽度(mm)	±10	尺量:每20m(曲线)或50m(直线)检查一次	2
2	净总宽(mm)	不小于设计	尺量:每20m(曲线)或50m(直线)检查一次	2
3Δ	隧道净高(mm)	不小于设计	水准仪:每20m(曲线)或50m(直线)测一个断面,每断面测拱顶和两拱腰3点	3
4	隧道偏位(mm)	20	全站仪或其他测量仪器:每20m(曲线)或50m(直线)检查1处	2
5	路线中心线与隧道中心线的衔接(mm)	20	分别将引道中心线和隧道中心线延长至两侧洞口,比较其平面位置	2
6	边坡、仰坡	不大于设计	坡度板:检查10处	1

注:净高有一点不合格时,该分项工程为不合格。

10.2.3 外观鉴定

洞内没有渗漏水现象。不符合要求时,视其严重程度,高速公路、一级公路隧道减5~10分,其他公路隧道减1~5分。冻融地区存在渗漏水现象时扣分取高限。

10.3 明洞浇筑

10.3.1 基本要求

1)水泥、砂、石、水及外掺剂的质量和规格必须符合设计和规范要求,按规定的配合比施工。

2)寒冷地区混凝土集料应按有关规定进行抗冻试验,结果应符合规范要求。

3)基础的地基承载力须满足设计和规范要求,严禁超挖回填虚土。

4)钢筋的加工、接头、焊接和安装以及混凝土的拌制、运输、浇筑、养护、拆模均须符合设计和规范要求。

5)明洞与暗洞应连接良好,符合设计和规范要求。

10.3.2 实测项目

见表10.3.2。

表 10.3.2 明洞浇筑实测项目

项次	检查项目	规定值或允许偏差	检查方法和频率	权值
1Δ	混凝土强度(MPa)	在合格标准内	按附录D检查	3
2Δ	混凝土厚度(mm)	不小于设计	尺量或地质雷达:每20m检查一个断面,每个断面自拱顶每3m检查1点	3
3	混凝土平整度(mm)	20	2m直尺:每10m每侧检查2处	1

10.3.3 外观鉴定

1)混凝土表面密实,每延米的隧道面积中,蜂窝、麻面和气泡面积不超过0.5%。不符合要求时,每超过0.5%减0.5~1分。蜂窝、麻面深度超过5mm时不论面积大小,发现一处减1分。深度超过10mm时应处理。

2)结构轮廓线条顺直美观,混凝土颜色均匀一致。不符合要求时减1~3分。

3)施工缝平顺无错台。不符合要求时每处减1~2分。

4)混凝土因施工养护不当产生裂缝,每条裂缝减0.5~2分。

10.4 明洞防水层

10.4.1 基本要求

1)防水材料的质量和规格等应符合设计和规范要求。

2)防水层施工前,明洞混凝土外部应平整,不得有钢筋露出。

3)明洞外模拆除后,应立即做好防水层和纵向盲沟。

10.4.2 实测项目

见表10.4.2。

表10.4.2 防水层实测项目

项次	检查项目	规定值或允许偏差	检查方法和频率	权值
1	搭接长度(mm)	≥100	尺量:每环测3处	2
2	卷材向隧道延伸长度(mm)	≥500	尺量:检查5处	2
3	卷材于基底的横向长度(mm)	≥500	尺量:检查5处	2
4	沥青防水层每层厚度(mm)	2	尺量:检查10点	3

10.4.3 外观鉴定

防水卷材无破损,接合处无气泡、折皱和空隙。不符合要求时,一处减1分,并采取修补措施或返工处理。

10.5 明洞回填

10.5.1 基本要求

1)墙背回填应两侧同时进行。

2)人工回填时,拱圈混凝土的强度应达到设计强度的75%。机械回填时,拱圈混凝土强度应达到设计强度且拱圈外人工夯填厚度不小于1.0m。

3)明洞黏土隔水层应与边坡、仰坡搭接良好,封闭紧密。

10.5.2 实测项目

见表10.5.2。

表10.5.2 明洞回填实测项目

项次	检查项目	规定值或允许偏差	检查方法和频率	权值
1	回填层厚(mm)	≤300	尺量:回填一层检查一次,每次每侧检查5点	2
2	两侧回填高差(mm)	≤500	水准仪:每层测3次	2
3	坡度	不大于设计	尺量:检查3处	1
4Δ	回填压实质量	符合设计要求	层厚及碾压遍数	3

10.5.3 外观鉴定

坡面平顺、密实,排水通畅。不符合要求时减1~2分。

10.6 洞身开挖

10.6.1 基本要求

1)不良地质段开挖前应做好预加固、预支护。

2)当前方地质出现变化迹象或接近围岩分界线时,必须用地质雷达、超前小导坑、超前探孔等方法先探明隧道的工程地质和水文地质情况,方可进行开挖。

3)应严格控制欠挖。当石质坚硬完整且岩石抗压强度大于30MPa并确认不影响衬砌结构稳定和强度时,允许岩石个别凸出部分(每1m^2不大于0.1m^2)凸入衬砌断面,锚喷支护时凸入不大于30mm,衬砌时不大于50mm,拱脚、墙脚以上1m内严禁欠挖。

4)开挖轮廓要预留支撑沉落量及变形量,并利用量测反馈信息及时调整。

5)隧道爆破开挖时应严格控制爆破震动。

6)洞身开挖在清除浮石后应及时进行初喷支护。

10.6.2 实测项目

见表10.6.2。

表10.6.2 洞身开挖实测项目

项次	检查项目		规定值或允许偏差	检查方法和频率	权值
1Δ	拱部超挖（mm）	破碎岩、软土等（Ⅰ、Ⅱ类围岩）	平均100，最大150	激光断面仪：每20m抽一个断面，测点间距≤1m	3
		中硬岩、软岩（Ⅲ、Ⅳ、Ⅴ类围岩）	平均150，最大250		
		硬岩（Ⅵ类围岩）	平均100，最大200		
2	边墙超挖（mm）	每侧	+100，-0		2
		全宽	+200，-0		
3	仰拱、隧底超挖（mm）		平均100，最大250	水准仪：每20m检查3处	1

10.6.3 外观鉴定

洞顶无浮石。不符合要求时每处减1分并及时清除。

10.7 （钢纤维）喷射混凝土支护

10.7.1 基本要求

1)材料必须满足规范和设计要求。

2)喷射前要检查开挖断面的质量，处理好超欠挖。

3)喷射前，岩面必须清洁。

4)喷射混凝土支护应与围岩紧密黏结，结合牢固，喷层厚度应符合要求，不能有空洞，喷层内不容许添加片石和木板等杂物，必要时应进行黏结力测试。喷射混凝土严禁挂模喷射，受喷面必须是原岩面。

5)支护前应做好排水措施，对渗漏水孔洞、缝隙应采取引排、堵水措施，保证喷射混凝土质量。

6)采用钢纤维喷射混凝土时，钢纤维抗拉强度不得低于380MPa，且不得有油渍及明显的锈蚀。

10.7.2 实测项目

见表10.7.2。

表10.7.2 （钢纤维）喷射混凝土支护实测项目

项次	检查项目	规定值或允许偏差	检查方法和频率	权值
1Δ	喷射混凝土强度（MPa）	在合格标准内	按附录E检查	3
2Δ	喷层厚度（mm）	平均厚度≥设计厚度；检查点的60%≥设计厚度；最小厚度≥0.5设计厚度，且≥50	凿孔法或雷达检测仪：每10m检查一个断面，每个断面从拱顶中线起每3m检查1点	3
3Δ	空洞检测	无空洞，无杂物	凿孔或雷达检测仪：每10m检查一个断面，每个断面从拱顶中线起每3m检查1点	3

注：发现一处空洞本分项工程为不合格。

10.7.3 外观鉴定

无漏喷、离鼓、裂缝、钢筋网外露现象。不符合要求时减2～5分并返工处理。

10.8 锚杆支护

10.8.1 基本要求

1)锚杆的材质、类型、质量、规格、数量和性能必须符合设计和规范的要求。

2)锚杆插入孔内的长度不得短于设计长度的95%。

3)砂浆锚杆和注浆锚杆的灌浆强度应不小于设计和规范要求,锚杆孔内灌浆密实饱满。

4)锚杆垫板应满足设计要求,垫板应紧贴围岩,围岩不平时要用 M10 砂浆填平。

5)锚杆应垂直于开挖轮廓线布设。对沉积岩,锚杆应尽量垂直于岩层面。

10.8.2 实测项目

见表 10.8.2。

表 10.8.2 锚杆支护实测项目

项次	检查项目	规定值或允许偏差	检查方法和频率	权值
1Δ	锚杆数量(根)	不少于设计	按分项工程统计	3
2	锚杆拔力(kN)	28d 拔力平均值≥设计值,最小拔力≥0.9 设计值	按锚杆数 1% 且不小于 3 根做拔力试验	2
3	孔位(mm)	±50	尺量:检查锚杆数的 10%	2
4	钻孔深度(mm)	±50	尺量:检查锚杆数的 10%	2
5	孔径(mm)	砂浆锚杆:大于杆体直径 +15;其他锚杆:符合设计要求	尺量:检查锚杆数的 10%	2
6	锚杆垫板	与岩面紧贴	检查锚杆数的 10%	1

10.8.3 外观鉴定

钻孔方向应尽量与围岩和岩层主要结构面垂直,锚杆垫板与岩面紧贴。不符合要求时减 1~3 分。

10.9 钢筋网支护

10.9.1 基本要求

1)所用材料的质量和规格应符合设计要求。

2)采用双层钢筋网时,第二层钢筋网应在第一层钢筋网被混凝土覆盖后铺设。

10.9.2 实测项目

见表 10.9.2。

表 10.9.2 钢筋网支护实测项目

项次	检查项目	规定值或允许偏差	检查方法和频率	权值
1Δ	网格尺寸(mm)	±10	尺量:每 $50m^2$ 检查 2 个网眼	3
2	钢筋保护层厚(mm)	≥10	凿孔检查:每 20m 检查 5 点	2
3	与受喷岩面的间隙(mm)	≤30	尺量:每 20m 检查 10 点	2
4	网的长、宽(mm)	±10	尺量	1

10.9.3 外观鉴定

钢筋网与锚杆或其他固定装置连接牢固,喷射混凝土时不得晃动。不符合要求时减 1~3 分。

10.10 仰拱

10.10.1 基本要求

1)仰拱应结合拱墙施工及时进行,使支护结构尽快封闭。

2)仰拱浇筑前应清除积水、杂物、虚渣等。

3)仰拱超挖严禁用虚土、虚渣回填。

10.10.2 实测项目

见表 10.10.2。

表 10.10.2 仰拱实测项目

项 次	检查项目	规定值或允许偏差	检查方法和频率	权 值
1Δ	混凝土强度(MPa)	在合格标准内	按附录 D 检查	3
2Δ	仰拱厚度(mm)	不小于设计	水准仪:每 20m 检查一个断面,每个断面检查 5 点	3
3	钢筋保护层厚度(mm)	≥50	凿孔检查:每 20m 检查一个断面,每个断面检查 3 点	1

10.10.3 外观鉴定

混凝土表面密实,无露筋。不符合要求时每处减 2 分并进行处理。

10.11 混凝土衬砌

10.11.1 基本要求

1)所用材料的质量和规格必须满足规范和设计要求。

2)防水混凝土必须满足设计和规范的要求。

3)防水混凝土粗集料尺寸不应超过规定值。

4)基底承载力应满足设计要求,对基底承载力有怀疑时应做承载力试验。

5)拱墙背后的空隙必须回填密实。因严重超挖和塌方产生的空洞要制定具体处理方案经批准后实施。

10.11.2 实测项目

见表 10.11.2。

表 10.11.2 混凝土衬砌实测项目

项 次	检查项目	规定值或允许偏差	检查方法和频率	权 值
1Δ	混凝土强度(MPa)	在合格标准内	按附录 D 检查	3
2Δ	衬砌厚度(mm)	不小于设计值	激光断面仪或地质雷达:每 40m 检查一个断面	3
3	墙面平整度(mm)	5	2m 直尺:每 40m 每侧检查 5 处	1

10.11.3 外观鉴定

1)混凝土表面密实,每延米的隧道面积中,蜂窝、麻面和气泡面积不超过 0.5%。不符合要求时,每超过 0.5% 减 0.5 ~1 分。蜂窝、麻面深度超过 5mm 时不论面积大小,一处减 1 分。深度超过 10mm 时应处理。

2)结构轮廓线条顺直美观,混凝土颜色均匀一致。不符合要求时减 1 ~3 分。

3)施工缝平顺无错台。不符合要求时每处减 1 ~2 分。

4)混凝土因施工养护不当产生裂缝,每条裂缝减 0.5 ~2 分。

10.12 钢支撑支护

10.12.1 基本要求

1)钢支撑的形式、制作和架设应符合设计和规范要求。

2)钢支撑之间必须用纵向钢筋连接,拱脚必须放在牢固的基础上。

3)拱脚标高不足时,不得用块石、碎石砌垫,而应设置钢板进行调整,或用混凝土浇筑,混凝土强度不小于 C20。

4)钢支撑应靠紧围岩,其与围岩的间隙,不得用片石回填,而应用喷射混凝土填实。

10.12.2 实测项目

见表10.12.2。

表10.12.2　钢支撑支护实测项目

项　次	检 查 项 目		规定值或允许偏差	检查方法和频率	权　值
1Δ	安装间距(mm)		50	尺量:每榀检查	3
2	保护层厚度(mm)		≥20	凿孔检查:每榀自拱顶每3m检查一点	2
3	倾斜度(°)		±2	测量仪器检查每榀倾斜度	1
4	安装偏差(mm)	横向	±50	尺量:每榀检查	1
		竖向	不低于设计标高		
5	拼装偏差(mm)		±3	尺量:每榀检查	1

10.12.3　外观鉴定

无污秽、无锈蚀和假焊,安装时基底无虚渣及杂物,接头连接牢靠。不符合要求时减1~5分。

10.13　衬砌钢筋

10.13.1　基本要求

钢筋的品种、规格、形状、尺寸、数量、接头位置必须符合设计要求和有关标准的规定。

10.13.2　实测项目

见表10.13.2。

表10.13.2　衬砌钢筋实测项目

项　次	检 查 项 目			规定值或允许偏差	检查方法和频率	权　值
1Δ	主筋间距(mm)			±10	尺量:每20m检查5点	3
2	两层钢筋间距(mm)			±5	尺量:每20m检查5点	2
3	箍筋间距(mm)			±20	尺量:每20m检查5处	1
4	绑扎搭接长度	受拉	Ⅰ级钢	30d	尺量:每20m检查3个接头	1
			Ⅱ级钢	35d		
		受压	Ⅰ级钢	20d		
			Ⅱ级钢	25d		
5	钢筋加工	钢筋长度(mm)		-10,+5	尺量:每20m检查2根	1

注:d为钢筋直径。

10.13.3　外观鉴定

无污秽、无锈蚀。不符合要求时减1~3分。

10.14　防水层

10.14.1　基本要求

1)防水材料的质量、规格、性能等必须符合设计和规范要求。

2)防水卷材铺设前要对喷射混凝土基面进行认真地检查,不得有钢筋、凸出的管件等尖锐突出物;割除尖锐突出物后,割除部位用砂浆抹平顺。

3)隧道断面变化处或转弯处的阴角应抹成半径不小于50mm的圆弧。

4)防水层施工时,基面不得有明水;如有明水,应采取措施封堵或引排。

10.14.2　实测项目

见表10.14.2。

表10.14.2 防水层实测项目

项次	检查项目		规定值或允许偏差	检查方法和频率	权值
1	搭接宽度(mm)		≥100	尺量:全部搭接均要检查,每个搭接检查3处	2
2	缝宽(mm)	焊接	两侧焊缝宽≥25	尺量:每个搭接检查5处	2
		黏结	粘缝宽≥50		
3	固定点间距(m)		符合设计要求	尺量:检查总数的10%	1

10.14.3 外观鉴定

1)防水层表面平顺,无折皱、无气泡、无破损等现象,与洞壁密贴,松紧适度,无紧绷现象。不符合要求时每处减1~3分。

2)接缝、补眼粘贴密实饱满,不得有气泡、空隙。不符合要求时每处减1~3分。

10.15 止水带

10.15.1 基本要求

1)止水带的材质、规格等应满足设计和规范要求。

2)止水带与衬砌端头模板应正交。

10.15.2 实测项目

见表10.15.2。

表10.15.2 止水带实测项目

项次	检查项目	规定值或允许偏差	检查方法和频率	权值
1	纵向偏离(mm)	±50	尺量:每环3处	1
2	偏离衬砌中心线(mm)	≤30	尺量:每环3处	1

10.15.3 外观鉴定

1)发现破裂应及时修补。不符合要求时减1~3分。

2)衬砌脱模后,若发现因走模致使止水带过分偏离中心,应适当凿除或填补部分混凝土,对止水带进行纠偏。不符合要求时减1~3分。

10.16 排水

10.16.1 基本要求

1)墙背泄水孔必须伸入盲沟内,泄水孔进口标高以下超挖部分应用同级混凝土或不透水材料回填密实。

2)排水管接头应密封牢固,不得出现松动。

3)严寒地区保温水沟施工时应有防潮措施。修筑的深埋渗水沟,回填材料除应满足保温、透水性好的要求外,水沟周侧应用级配集料分层回填,石屑、泥砂不得渗入沟内。排水设施应设置在冻胀线以下。

10.16.2 实测项目

排水结构物(如浆砌片石水沟、现浇混凝土等)按照第5章排水工程相应项目检验评定。

10.16.3 外观鉴定

水沟和检查井盖板平稳无翘曲。不符合要求时每处减1~3分。

10.17 超前锚杆

10.17.1 基本要求

1)锚杆材质、规格等应符合设计和规范要求。

2)超前锚杆与隧道轴线外插角宜为5°~10°,长度应大于循环进尺,宜为3~5m。

3)超前锚杆与钢架支撑配合使用时,应从钢架腹部穿过,尾端与钢架焊接。

4)锚杆插入孔内的长度不得短于设计长度的95%。

5)锚杆搭接长度应不小于1m。

10.17.2 实测项目

见表10.17.2。

表10.17.2 超前锚杆实测项目

项次	检查项目	规定值或允许偏差	检查方法和频率	权值
1	长度(m)	不小于设计	尺量:检查锚杆数的10%	2
2	孔位(mm)	±50	尺量:检查锚杆数的10%	2
3	钻孔深度(mm)	±50	尺量:检查锚杆数的10%	2
4	孔径(mm)	符合设计要求	尺量:检查锚杆数的10%	2

10.17.3 外观鉴定

锚杆沿开挖轮廓线周边均匀布置,尾端与钢架焊接牢固,锚杆入孔长度符合要求。不符合要求时每处减3~5分。

10.18 超前钢管

10.18.1 基本要求

1)钢管的型号、质量和规格等应符合设计和规范要求。

2)超前钢管与钢架支撑配合使用时,应从钢架腹部穿过,尾端与钢架焊接。

3)钢管插入孔内的长度不得短于设计长度的95%

10.18.2 实测项目

见表10.18.2。

表10.18.2 超前钢管实测项目

项次	检查项目	规定值或允许偏差	检查方法和频率	权值
1	长度(mm)	不小于设计	尺量:检查10%	2
2	孔位(mm)	±50	尺量:检查10%	2
3	钻孔深度(mm)	±50	尺量:检查10%	2
4	孔径(mm)	符合设计要求	尺量:检查10%	2

10.18.3 外观鉴定

钢管沿开挖轮廓线周边均匀布置,尾端与钢架焊接牢固,入孔长度符合要求。不符合要求时减1~5分。

11　交通安全设施

11.1　一般规定

11.1.1　交通安全设施产品须经有资质的检测机构检测，取得合格证，并经工地检验确认满足设计要求后方可使用。

11.1.2　用绿篱做隔离栅时，其质量和检验评定标准可参照第12章的有关规定。

11.1.3　桥梁混凝土护栏见第8章的有关规定。

11.1.4　本章未包括的其他交通安全设施工程项目，可根据设计文件和其他相关规范另行制订检验评定标准。

11.1.5　交通安全设施采用钢质材料时，必须进行防腐处理。

11.1.6　构件用螺栓组合时，材料的质量和规格应符合设计要求。

11.2　交通标志

11.2.1　基本要求

1)交通标志的制作应符合《道路交通标志和标线》(GB 5768)和《公路交通标志板技术条件》(JT/T 279)的规定。

2)交通标志在运输、安装过程中不应损伤标志面及金属构件的镀层。

3)标志的位置、数量及安装角度应符合设计要求。

4)大型标志的地基承载力应符合设计要求。大型标志柱、梁的焊接部分应符合钢结构焊接规范的质量要求，无裂缝、未熔合、夹渣等缺陷。

5)标志面应平整完好，无起皱、开裂、缺损或凹凸变形，标志面任一处面积为500mm×500mm表面上，不得存在总面积大于$10mm^2$的一个或一个以上气泡。

6)反光膜应尽可能减少拼接，任何标志的字符不允许拼接，当标志板的长度或宽度、圆形标志的直径小于反光膜产品的最大宽度时，底膜不应有拼接缝。当粘贴反光膜不可避免出现接缝时，应按反光膜产品的最大宽度进行拼接。

11.2.2　实测项目

见表11.2.2。

表11.2.2　交通标志实测项目

项　次	检 查 项 目	规定值或允许偏差	检查方法和频率	权　值
1	标志板外形尺寸(mm)	±5。当边长尺寸大于1.2m时允许偏差为边长的±0.5%；三角形内角应为60°±5°	钢卷尺、万能角尺、卡尺：检查100%	1
	标志底板厚度(mm)	不小于设计		
2	标志汉字、数字、拉丁字的字体及尺寸(mm)	应符合规定字体，基本字高不小于设计	字体与标准字体对照，字高用钢卷尺：检查10%	1
3Δ	标志面反光膜等级及逆反射系数($cd\cdot lx^{-1}\cdot m^{-2}$)	反光膜等级符合设计。逆反射系数值不低于《公路交通标志板技术条件》(JT/T 279)规定	反光膜等级用目测初定。便携式测定仪：检查100%	2

续上表

项 次	检查项目	规定值或允许偏差	检查方法和频率	权 值
4	标志板下缘至路面净空高度及标志板内缘距路边缘距离(mm)	+100,0	用直尺、水平尺或经纬仪:检查100%	1
5	立柱竖直度(mm/m)	±3	垂线、直尺:检查100%	1
6Δ	标志金属构件镀层厚度(μm)	标志柱、横梁≥78,紧固件≥50	测厚仪:检查100%	2
7	标志基础尺寸(mm)	-50,+100	钢尺、直尺:检查100%	1
8	基础混凝土强度	在合格标准内	基础施工同时做试件每处1组(3件):检查100%	1

11.2.3 外观鉴定

1)标志板安装后应平整,夜间在车灯照射下,标志板底色和字符应清晰明亮,颜色均匀,不应出现明暗不均的现象,不能影响标志的认读。标志板有明显明暗不均现象时每一标志减2分。

2)标志板在粘贴底膜时,横向不宜有拼接,竖向拼接时,上膜须压接下膜,压接宽度不应小于5mm。当采用平接时,其间隙不应超过1mm。距标志板边缘50mm之内,不得有接缝。不符合要求时,每处减2分。

3)标志金属构件镀层应均匀、颜色一致,不允许有流挂、滴瘤或多余结块,镀件表面应无漏镀、露铁等缺陷。不符合要求时,每一构件减2分。

11.3 路面标线

11.3.1 基本要求

1)路面标线涂料应符合《路面标线涂料》(JT/T 280)的规定。

2)路面标线喷涂前应仔细清洁路面,表面干燥,无起灰现象。

3)路面标线的颜色、形状和设置位置应符合《道路交通标志和标线》(GB 5768)的规定和设计要求。

11.3.2 实测项目

见表11.3.2。

表11.3.2 路面标线实测项目

项 次	检查项目		规定值或允许偏差	检查方法和频率	权 值
1	标线线段长度(mm)	6000	±50	钢卷尺:抽检10%	1
		4000	±40		
		3000	±30		
		1000~2000	±20		
2	标线宽度(mm)	400~450	+15,0	钢尺:抽检10%	1
		150~200	+8,0		
		100	+5,0		
3Δ	标线厚度(mm)	常温型(0.12~0.2)	-0.03,+0.10	湿膜厚度计:干膜用水平尺、塞尺或用卡尺,抽检10%	2
		加热型(0.20~0.4)	-0.05,+0.15		
		热熔型(1.0~4.50)	-0.10,+0.50		
4	标线横向偏位(mm)		±30	钢卷尺:抽检10%	1
5	标线纵向间距(mm)	9000	±45	钢卷尺:抽检10%	1
		6000	±30		
		4000	±20		
		3000	±15		
6	标线剥落面积		检查总面积的0~3%	4倍放大镜:目测检查	1
7Δ	反光标线逆反射系数($cd \cdot lx^{-1} \cdot m^{-2}$)		白色标线 ≥150 黄色标线 ≥100	反光标线逆反射系数测量仪:抽检10%	2

11.3.3 外观鉴定

1)标线施工污染路面应及时清理。每处污染面积不超过1000mm^2。不符合要求时,每处减1分。

2)标线线形应流畅,与道路线形相协调,曲线圆滑,不允许出现折线。不符合要求时,每处减2分。

3)反光标线玻璃珠应撒布均匀,附着牢固,反光均匀。不符合要求时,每处减2分。

4)标线表面不应出现网状裂缝、断裂裂缝、起泡现象。不符合要求时,每处减1分。

11.4 波形梁钢护栏

11.4.1 基本要求

1)波形梁钢护栏产品应符合《高速公路波形梁钢护栏》(JT/T 281)及《公路三波形梁钢护栏》(JT/T 457)的规定。

2)护栏立柱、波形梁、防阻块及托架的安装应符合设计和施工的要求。

3)为保证护栏的整体强度,路肩和中央分隔带的土基压实度不应小于设计值。达不到压实度要求的路段不应进行护栏立柱打入施工。石方路段和挡土墙上的护栏立柱的埋深及基础处理应符合设计要求。

4)波形梁护栏的端头处理及与桥梁护栏过渡段的处理应满足设计要求。

11.4.2 实测项目

见表11.4.2。

表11.4.2 波形梁钢护栏实测项目

项 次	检查项目	规定值或允许偏差	检查方法和频率	权 值
1Δ	波形梁板基底金属厚度(mm)	±0.16	板厚千分尺:抽检5%	2
2Δ	立柱壁厚(mm)	4.5±0.25	测厚仪、千分尺:抽检5%	2
3Δ	镀(涂)层厚度(μm)	符合设计	测厚仪:抽检10%	2
4	拼接螺栓(45号钢)抗拉强度(MPa)	≥600	抽样做拉力试验:每批3组	1
5	立柱埋入深度	符合设计规定	过程检查,直尺:抽检10%	1
6	立柱外边缘距路肩边线距离(mm)	±20	直尺:抽检10%	1
7	立柱中距(mm)	±50	钢卷尺:抽检10%	1
8Δ	立柱竖直度(mm/m)	±10	垂线、直尺:抽检10%	2
9Δ	横梁中心高度(mm)	±20	直尺:抽检10%	2
10Δ	护栏顺直度(mm/m)	±5	拉线、直尺:抽检10%	2

11.4.3 外观鉴定

1)焊接钢管的焊缝应平整,无焊渣、突起。构件镀锌层表面应均匀完整、颜色一致,表面具有实用性光滑,不得有流挂、滴瘤或多余结块。镀件表面应无漏镀、露铁、擦痕等缺陷。构件镀铝层表面应连续,不得有明显影响外观质量的熔渣、色泽暗淡及假浸、漏浸等缺陷。构件涂塑层应均匀光滑、连续,无肉眼可分辨的小孔、空间、孔隙、裂缝、脱皮及其他有害缺陷。不符合要求时,每处减2分。

2)直线段护栏不得有明显的凹凸、起伏现象,曲线段护栏应圆滑顺畅,与线形协调一致,中央分隔带开口端头护栏的抛物线形应与设计图相符。不符合要求时,每处减2分。

3)波形梁板搭接方向正确,搭接平顺,垫圈齐备,螺栓紧固。不符合要求时,每处减2分。

4)防阻块、托架、端头的安装应与设计图相符,安装到位,不得有明显变形、扭转、倾斜。不符合要求时,每处减2分。

5)波形梁板和立柱不得现场焊割和钻孔,不符合要求时,每处减2分。

6)立柱及柱帽安装牢固,其顶部应无明显塌边、变形、开裂等缺陷。不符合要求时,每处减2分。

11.5 混凝土护栏

11.5.1 基本要求

1)混凝土所用的水泥、砂、石、水及外掺剂的质量和规格必须符合有关规范的要求,按规定的配合比施工。

2)混凝土护栏预制块件在吊装、运输、安装过程中,不得断裂。

3)各混凝土护栏块件之间、护栏与基础之间的连接应符合设计要求。

4)混凝土护栏块件标准段、混凝土护栏起终点及其他开口处的混凝土护栏块件的几何尺寸应符合设计要求。

5)混凝土护栏的地基强度、埋入深度应符合设计要求。

6)混凝土护栏块件的损边、掉角长度每处不得超过20mm,否则应予及时修补。

11.5.2 实测项目

见表11.5.2。

表11.5.2 混凝土护栏实测项目

<table>
<tr><th>项 次</th><th colspan="2">检 查 项 目</th><th>规定值或允许偏差</th><th>检查方法和频率</th><th>权 值</th></tr>
<tr><td>1Δ</td><td colspan="2">护栏混凝土强度(MPa)</td><td>在合格标准内</td><td>按附录D检查</td><td>2</td></tr>
<tr><td>2</td><td colspan="2">地基压实度(%)</td><td>符合设计要求</td><td>现场检查</td><td>1</td></tr>
<tr><td rowspan="3">3</td><td rowspan="3">护栏断面尺寸(mm)</td><td>高度</td><td>±10</td><td rowspan="3">直尺、钢卷尺:抽检10%</td><td rowspan="3">1</td></tr>
<tr><td>顶宽</td><td>±5</td></tr>
<tr><td>底宽</td><td>±5</td></tr>
<tr><td>4</td><td colspan="2">基础平整度(mm)</td><td>10</td><td>水平尺:检查100%</td><td>1</td></tr>
<tr><td>5Δ</td><td colspan="2">轴向横向偏位(mm)</td><td>±20或符合设计要求</td><td>直尺、钢卷尺:抽检10%</td><td>2</td></tr>
<tr><td>6</td><td colspan="2">基础厚度(mm)</td><td>±10%H</td><td>过程检查,直尺:检查100%</td><td>1</td></tr>
</table>

注:H为基础的设计厚度。

11.5.3 外观鉴定

1)混凝土护栏块件之间的错位不大于5mm。不符合要求时,每处减2分。

2)混凝土护栏外观、色泽均匀一致,表面的蜂窝、麻面、裂缝、脱皮等缺陷面积不超过该面面积的0.5%,不符合要求时每超过0.5%减2分;深度不超过10mm,不符合要求时,每处减2分。

3)护栏线形适顺,直线段不允许有明显的凹凸现象,曲线段护栏应圆滑顺畅,与线形协调一致。中央分隔带开口端头护栏尺寸应与设计图相符。不符合要求时,每处减2分。

11.6 缆索护栏

11.6.1 基本要求

1)缆索性能、缆索直径、单丝直径、构造(3股7芯)、锚具及其镀锌质量应符合设计与施工规范的要求,缆索抗拉强度、镀锌质量须经抽检,合格后方可使用。

2)张拉前应标定拉力测定计。

3)立柱埋深不得小于设计值。采用挖埋法施工,立柱埋入土中时,回填土应分层(每层厚度不超过100mm)夯实;立柱埋入混凝土中时,基础混凝土的几何尺寸、强度等应符合设计要求。

4)立柱壁厚、外径、长度不小于设计要求。

5)采用打入法施工时,立柱顶部不应出现明显变形、倾斜、扭曲或卷边等现象。

11.6.2 实测项目

见表11.6.2。

11.6.3 外观鉴定

1)金属构件表面不得有气泡、剥落、漏镀及划痕等表面缺陷。不符合要求时,每处减2分。

2)直线段护栏没有明显的凹凸现象,曲线段护栏圆滑顺畅。不符合要求时,每处减2分。

3)索端锚具、托架、索夹螺栓应安装到位、固定牢固;托架编号和组合应与缆索护栏的类别相适应;

上、下托架位置正确，中央分隔带缆索护栏的托架应两边对称。不符合要求时，每处减 2 分。

表 11.6.2　缆索护栏实测项目

项　次	检 查 项 目	规定值或允许偏差	检查方法和频率	权　值
1	缆索直径(mm)	18 ±0.5	卡尺：抽检 10%	1
	单丝直径(mm)	2.86 +0.10，-0.02		
2Δ	初张力(kN)	±5%	过程检查，张拉计：抽检 10%	2
3	最下一根缆索的高度(mm)	±20	直尺：抽检 10%	1
4Δ	立柱壁厚(mm)	±0.10	千分尺：抽检 10%	2
5	立柱埋入深度	符合设计要求	过程检查：抽检 10%	1
6Δ	立柱竖直度(mm/m)	±10	垂线、直尺：抽检 10%	2
7	立柱中距(mm)	±50	直尺：抽检 10%	1
8Δ	镀锌层厚度(μm)	立柱　≥85 索端锚具　≥50 紧固件　≥50 镀锌钢丝　≥33	测厚仪：抽检 10%	2
9	混凝土基础尺寸	符合设计规定	过程检查，直尺：检查 100%	1
10Δ	混凝土强度	在合格标准内	基础施工同时做试件，每个工作班 1 组(3 件)，检查试件的强度，抽检 100%	2

11.7　突起路标

11.7.1　基本要求

1)突起路标产品应符合《突起路标》(JT/T 390)的规定。

2)突起路标的布设及其颜色应符合《道路交通标志和标线》(GB 5768)的规定或符合设计要求。

3)突起路标与路面的黏结应牢固、耐久，能经受汽车轮胎的冲击而不会脱落。

4)突起路标应在路面干燥、清洁，并经测量定位后施工。

11.7.2　实测项目

见表 11.7.2。

表 11.7.2　突起路标实测项目

项　次	检 查 项 目	规定值或允许偏差	检查方法和频率	权　值
1	安装角度(°)	±5	角尺：抽检 10%	1
2	纵向间距(mm)	±50	钢卷尺：抽检 10%	1
3Δ	损坏及脱落个数	<0.5%	检查损坏及脱落个数：抽检 30%	2
4Δ	横向偏位(mm)	±50	钢卷尺：抽检 10%	2
5	承受压力(kN)	>160	检查测试记录	1
6Δ	光度性能	在规定范围内	检查测试报告	2

11.7.3　外观鉴定

1)突起路标外观应美观，尺寸符合有关规范要求，表面光滑，不得有尖角、毛刺存在，表面无明显的划伤、裂纹。不符合要求时，每处减 2 分。

2)突起路标纵向安装应成直线，不得出现折线。曲线段的突起路标应与道路曲线相吻合，线形圆滑、顺畅。不符合要求时，每处减 2 分。

3)突起路标黏结剂不得造成路面污染，不符合要求时，每处减 2 分。

11.8 轮廓标

11.8.1 基本要求

1)轮廓标产品应符合《轮廓标》(JT/T 388)的规定。

2)轮廓标的布设应符合设计及施工规范的要求。

3)柱式轮廓标的基础混凝土强度、基础尺寸应符合设计要求。

4)柱式轮廓标安装牢固,逆反射材料表面与行车方向垂直,色度性能和光度性能应与设计相符。

11.8.2 实测项目

见表11.8.2。

表11.8.2 轮廓标实测项目

项次	检查项目	规定值或允许偏差	检查方法和频率	权值
1	柱式轮廓标尺寸(mm)	三角形断面:底边允许偏差为±5,三角形高允许偏差为±5;柱式轮廓标总长允许偏差为±10	钢尺:抽检10%	1
2	安装角度(°)	0~5	花杆、十字架、卷尺、万能角尺:抽检10%	1
4	反射器中心高度(mm)	±20	直尺:抽检10%	1
5Δ	反射器外形尺寸(mm)	±5	卡尺、直尺:抽检10%	2
6Δ	光度性能	在合格标准内	检查检测报告	2

11.8.3 外观鉴定

1)轮廓标不应有明显的划伤、裂纹、损边、掉角等缺陷。表面应平整光滑,无明显凹痕或变形。不符合要求时,每处减2分。

2)轮廓标安装牢固,线形顺畅。不符合要求时,每处减2分。

3)柱式轮廓标的垂直度不超过±8mm/m。不符合要求时,每处减1分。

11.9 防眩设施

11.9.1 基本要求

1)防眩设施的材质、镀锌量应符合《公路防眩设施技术条件》(JT/T 333)及设计和施工规范的要求。

2)防眩设施整体应与道路线形相一致,美观大方,结构合理。

3)防眩设施的几何尺寸及遮光角应符合设计要求。

4)防眩板的平面弯曲度不得超过板长的0.3%。

5)防眩设施应安装牢固。

11.9.2 实测项目

见表11.9.2。

表11.9.2 防眩设施实测项目

项次	检查项目	规定值或允许偏差	检查方法和频率	权值
1Δ	安装高度(mm)	±10	钢卷尺:抽检5%	2
2	镀(涂)层厚度	符合设计	涂层测厚仪:抽检5%	1
3	防眩板宽度(mm)	±5	直尺:抽检5%	1
4	防眩板设置间距(mm)	±10	钢卷尺:抽检10%	1
5	竖直度(mm/m)	±5	垂线、直尺:抽检10%	1
6Δ	顺直度(mm/m)	±8	拉线、直尺:抽检10%	2

11.9.3 外观鉴定

1)防眩板表面不得有气泡、裂纹、疤痕、端面分层等缺陷。不符合要求时,每处减2分。

2)防眩设施色泽均匀。不符合要求时,每处减2分。

11.10 隔离栅和防落网

11.10.1 基本要求

1)隔离栅和防落网用的材料规格及防腐处理应符合《隔离栅》(JT/T 374)及设计和施工规范的规定。

2)用金属网制作的隔离栅和防落网,安装后要求网面平整,无明显翘曲现象。刺铁丝的中心垂度小于15mm。

3)防落网应网孔均匀,结构牢固,围封严实。

4)金属立柱弯曲度超过8mm/m,有明显变形、卷边、划痕等缺陷者,以及混凝土立柱折断者均不得使用。

5)立柱埋深应符合设计要求。立柱与基础、立柱与网之间的连接应稳固。混凝土基础强度不小于设计要求。

6)隔离栅起终点应符合端头围封设计的要求。

11.10.2 实测项目

见表11.10.2。

表11.10.2 隔离栅和防落网实测项目

项 次	检查项目	规定值或允许偏差	检查方法和频率	权 值
1	高度(mm)	±15	钢卷尺:每100根测2根	1
2Δ	镀(涂)层厚度(μm)	符合设计	测厚仪:抽检5%	2
3Δ	网面平整度(mm/m)	±2	直尺、塞尺:抽检5%	2
4Δ	立柱埋深	符合设计	直尺:过程检查,抽检10%	2
5	立柱中距(mm)	±30	钢卷尺:每100根测2根	1
6Δ	混凝土强度(MPa)	在合格标准内	基础施工同时做试件每工作班作1组(3件),检查试件的强度,抽检10%	2
7	立柱竖直度(mm/m)	±8	直尺、垂线:每100根测2根	1

11.10.3 外观鉴定

1)电焊网不得脱焊、虚焊。不符合要求时,每处减2分。

2)镀锌层表面应具有均匀完整的锌层,颜色一致,表面具有实用性光滑,不允许有流挂、滴瘤或多余结块。镀件表面应无漏镀、露铁等缺陷。涂塑层应均匀光滑、连续,无肉眼可分辨的小孔、空间、孔隙、裂缝、脱皮及其他有害缺陷。不符合要求时,每处减2分。

3)混凝土立柱应密实平整,无裂缝、翘曲、蜂窝、麻面等缺陷。不符合要求时,每处减2分。

4)有框架的隔离栅和防落网,网片应与框架焊牢,网片拉紧。整网铺设的隔离栅,端柱与网连接牢固,网面平整绷紧。刺铁丝间距符合设计要求,刺线平直、绷紧。不符合要求时,每处减2分。

5)隔离栅安装位置应符合设计规定。安装线形整体顺畅并与地形相协调。围封严实,安装牢固。不符合要求时,每处减2分。

12 环保工程

12.1 一般规定

12.1.1 环保工程包括声屏障工程、绿化工程及服务区污水处理设施工程等。服务区污水处理设施工程纳入房建工程,其质量检验评定应参照有关专业标准与规范进行。

12.1.2 绿化工程的质量检验评定适用于高速公路、一级公路的绿化工程,其他等级公路可参照使用。

12.1.3 绿化工程检验评定的时间应符合下列规定:

1)植物材料与绿化辅助材料的质量和规格应在施工前分批进行检验与控制。

2)植物材料的成活率、发芽率、覆盖率的检验评定应在一个年生长周期满后进行。

12.1.4 木本苗木的品种与规格、树形及整形修剪质量和草种选择、配比、播种量以及修剪质量等均应符合设计要求。苗木挖掘、包装宜符合《城市绿化和园林绿地用植物材料——木本苗》(CJ/T 24)的规定。外地调入的苗木与种子应有植物检疫报告,种子应提供由国家法定种子检验机构出具的种子检验报告。所使用的绿化辅助材料均应有产品合格证、检验报告或现场试验报告。

12.1.5 绿化用土应为公路路基工程施工前剥离并保留的自然表土或适合植物生长、肥力较高的熟土、耕作土或森林腐殖质土。种植前应对绿化场地的土壤理化性质进行化验分析,根据分析结果采取相应的土壤改良措施,并提供土质检验报告及土壤改良措施报告。

12.1.6 绿化用水应符合《农田灌溉水质标准》(GB 5084)的规定。

12.1.7 种植材料的覆盖物、包装物等应及时进行清理,不得随意乱弃,避免造成环境污染。

12.2 砌块体声屏障

12.2.1 基本要求

1)工程所用的块材、水泥、钢筋、外加剂等材料应经检验合格后方可使用。

2)砌筑基础前,应校核基坑放线尺寸,符合设计要求,并填写记录。

3)砌筑顺序应符合下列规定:

(1)基底标高不同时,应从低处砌起,并应由高处向低处搭砌。设计无要求时,搭接长度不应小于基础扩大部分的高度。

(2)砌体的转角处与交接处应同时砌筑。不能同时砌筑时,应留茬、接茬。

4)墙上预留临时施工洞口的净宽度不应大于1m。临时施工洞口应做好补砌。

5)施工过程中的墙体超过2m高,应采用临时支撑等有效措施,防止大风侵袭。

6)在潮湿或有化学侵蚀介质的环境条件下,砌体中的钢筋的防腐应符合设计要求。

7)排水设计符合设计要求。

12.2.2 实测项目

见表12.2.2。

12.2.3 外观鉴定

1)墙体外观平整美观,无表面破损。不符合要求时,每处减2分并应及时修补。

2)砌筑灰缝应用砌筑砂浆充实。不符合要求时,每处减2分并应进行补缝。

表 12.2.2　砌块体声屏障实测项目

项　次	检 查 项 目	规定值或允许偏差	检查方法和频率	权　值
1Δ	降噪效果	符合设计要求	按环保复查方法	3
2	与路肩边线位置偏移(mm)	±20	尺量:检查 30%	2
3	墙体高程(mm)	±20	水准仪:检查 30%	2
4	墙体竖直度(mm/m)	3	经纬仪、尺量:检查 30%	1
5	墙体厚度(mm)	不小于设计	尺量:抽查 15%	1
6	顺直度(mm/10m)	10	10m 拉线:每 100m 测 2 处,总数不少于 5 处	1
7	水平灰缝平直度(mm)	7	10m 拉线和尺量:每 100m 测 2 处,总数不少于 5 处	1
8	表面平整度(mm)	8	2m 靠尺和楔型塞尺:每 100m 测 10 尺	1

12.3　金属结构声屏障

12.3.1　基本要求

1)基础的埋置深度、材料质量应符合设计要求。

2)金属立柱的规格、材质不应低于设计要求。

3)所使用的焊接材料和紧固件必须符合设计要求和现行标准的规定。焊接不得有裂纹、未熔合、夹渣和未填满弧坑等缺陷。

4)金属立柱、联结件和声屏障屏体在运输时,应采取可靠措施防止构件变形或防腐处理层损坏。严禁安装变形的构件。

5)固定螺栓紧固,位置正确,数量符合设计要求,封头平整无蜂窝、麻面。

6)屏体与基础的联结缝密实,符合设计要求。

12.3.2　实测项目

见 12.3.2 表。

表 12.3.2　金属结构声屏障实测项目表

项　次	检 查 项 目	规定值或允许偏差	检查方法和频率	权　值
1Δ	降噪效果	符合设计要求	按环保复查方法	2
2	与路肩边线位置偏移(mm)	±20	尺量:检查 30%	1
3	顶面高程(mm)	±20	水准仪:检查 30%	1
4	金属立柱中距(mm)	10	尺量:检查 30%	1
5	金属立柱竖直度(mm/m)	3	垂线、尺量:检查 30%	1
6	镀(涂)层厚度(μm)	不小于规定值	测厚仪:检查 20%	1
7	屏体厚度(mm)	±2	游标卡尺:检查 15%	1
8	屏体宽度、高度(mm)	±10	尺量:检查 15%	1

12.3.3　外观鉴定

1)立柱镀(涂)层均匀,镀(涂)层剥落面、出现气泡、未镀(涂)面、刻痕、划伤面等不超过该构件表面积的 0.1%。不符合要求的立柱每根减 1 分。

2)屏体颜色均匀一致,无裂纹,划伤面不超过面积的 0.1%。不符合要求时每超过 0.1% 减 1 分。

3)基础外观平整美观,不得造成路面污染及构筑物破损,如出现基础表面不平整、有损坏修补痕迹的,每处减 1 分。

4)屏体与立柱及屏体间的缝隙必须密实,不符合要求时,每处减 2 分。不密实处应及时处理。

12.4　中央分隔带绿化

12.4.1　基本要求

1)花卉种植地、草坪应无杂草、无枯黄;草坪应进行修剪,空白面积不应超过 $0.5m^2$。不符合规定时,每处减 1 ~2 分。

2)绿地整洁,表面应平整,微地形整理应符合设计要求。不符合要求时减3 分。

3)绿地树木、花卉、草坪应无明显的病虫害。不符合要求时减 5 分。

4)树干应与地面垂直。不符合要求时减 1 ~3 分。

12.8 取、弃土场绿化

12.8.1 基本要求

1)取、弃土场绿化应营造适合植物生长的环境条件后方可进行。

2)取、弃土场绿化应充分覆盖裸露、松散的地表,满足水土保持的要求。

12.8.2 实测项目

见表 12.8.2。

表 12.8.2 取、弃土场绿化实测项目

项次	检查项目	规定值或允许偏差	检查方法和频率	权值
1	苗木规格与数量	符合设计	尺量:抽测 10%	1
2	苗木成活率(%)	≥85	目测:检查全部	1
3	草坪覆盖率(%)	≥80	目测:检查全部	1

12.8.3 外观鉴定

树木、草坪有明显病虫害的减 5 分。

附录A 单位、分部及分项工程的划分

附表 A-1 一般建设项目的工程划分

单位工程	分部工程	分项工程
路基工程（每10km或每标段）	路基土石方工程*[①]（1～3km路段）[②]	土方路基*，石方路基*，软土地基*，土工合成材料处治层*等
	排水工程（1～3km路段）	管节预制，管道基础及管节安装*，检查（雨水）井砌筑*，土沟，浆砌排水沟*，盲沟，跌水，急流槽*，水簸箕，排水泵站等
	小桥及符合小桥标准的通道*，人行天桥，渡槽（每座）	基础及下部构造*，上部构造预制、安装或浇筑*，桥面*，栏杆，人行道等
	涵洞、通道（1～3km路段）	基础及下部构造*，主要构件预制、安装或浇筑*，填土，总体等
	砌筑防护工程（1～3km路段）	挡土墙*，墙背填土，抗滑桩*，锚喷防护*，锥、护坡，导流工程，石笼防护等
	大型挡土墙*，组合式挡土墙*（每处）	基础*，墙身*，墙背填土，构件预制*，构件安装*，筋带，锚杆、拉杆，总体*等
路面工程（每10km或每标段）	路面工程（1～3km路段）*	底基层，基层*，面层*，垫层，联结层，路缘石，人行道，路肩，路面边缘排水系统等
桥梁工程[③]（特大、大、中桥）	基础及下部构造*（每桥或每墩、台）	扩大基础，桩基*，地下连续墙*，承台，沉井*，桩的制作*，钢筋加工及安装，墩台身（砌体）浇筑*，墩台身安装，墩台帽*，组合桥台*，台背填土，支座垫石和挡块等
	上部构造预制和安装*	主要构件预制*，其他构件预制，钢筋加工及安装，预应力筋的加工和张拉*，梁板安装，悬臂拼装*，顶推施工梁*，拱圈节段预制，拱的安装，转体施工拱*，劲性骨架拱肋安装*，钢管拱肋制作*，钢管拱肋安装*，吊杆制作和安装*，钢梁制作*，钢梁安装，钢梁防护*等
	上部构造现场浇筑*	钢筋加工及安装，预应力筋的加工和张拉*，主要构件浇筑*，其他构件浇筑，悬臂浇筑*，劲性骨架混凝土拱*，钢管混凝土拱*等
	总体、桥面系和附属工程	桥梁总体*，钢筋加工及安装，桥面防水层施工，桥面铺装*，钢桥面铺装*，支座安装，搭板，伸缩缝安装，大型伸缩缝安装*，栏杆安装，混凝土护栏，人行道铺设，灯柱安装等
	防护工程	护坡，护岸*[④]，导流工程*，石笼防护，砌石工程等
	引道工程	路基*，路面*，挡土墙*，小桥*，涵洞*，护栏等
互通立交工程	桥梁工程*（每座）	桥梁总体，基础及下部构造*，上部构造预制、安装或浇筑*，支座安装，支座垫石，桥面铺装*，护栏，人行道等
	主线路基路面工程*（1～3km路段）	见路基、路面等分项工程
	匝道工程（每条）	路基*，路面*，通道*，护坡，挡土墙*，护栏等

续上表

单位工程	分部工程	分项工程
隧道工程	总体	隧道总体*等
	明洞	明洞浇筑,明洞防水层,明洞回填*等
	洞口工程	洞口开挖,洞口边仰坡防护,洞门和翼墙的浇(砌)筑,截水沟、洞口排水沟等
	洞身开挖	洞身开挖*(分段)等
	洞身衬砌	(钢纤维)喷射混凝土支护,锚杆支护,钢筋网支护,仰拱,混凝土衬砌*,钢支撑,衬砌钢筋等
	防排水	防水层、止水带、排水沟等
	隧道路面	基层*,面层*等
	装饰	装饰工程
	辅助施工措施	超前锚杆、超前钢管等
环保工程	声屏障(每处)	声屏障
	绿化工程(1~3km 路段或每处)	中央分隔带绿化,路侧绿化,互通立交绿化,服务区绿化,取、弃土场绿化等
交通安全设施(每20km或每标段)	标志*(5~10km 路段)	标志*
	标线、突起路标(5~10km 路段)	标线*,突起路标等
	护栏*、轮廓标(5~10km 路段)	波形梁护栏*,缆索护栏*,混凝土护栏*,轮廓标等
	防眩设施(5~10km 路段)	防眩板、网等
	隔离栅、防落网(5~10km 路段)	隔离栅、防落网等
机电工程	监控设施	车辆检测器,气象检测器,闭路电视监视系统,可变标志,光电缆线路,监控(分)中心设备安装及软件调测,大屏幕投影系统,地图板,计算机监控软件与网络等
	通信设施	通信管道与光电缆线路,光纤数字传输系统,数字程控交换系统,紧急电话系统,无线移动通信系统,通信电源等
	收费设施	入口车道设备,出口车道设备,收费站设备及软件,收费中心设备及软件,IC 卡及发卡编码系统,闭路电视监视系统,内部有线对讲及紧急报警系统,收费站内光、电缆及塑料管道,收费系统计算机网络等
	低压配电设施	中心(站)内低压配电设备,外场设备电力电缆线路等
	照明设施	照明设施
	隧道机电设施	车辆检测器,气象检测器,闭路电视监视系统,紧急电话系统,环境检测设备,报警与诱导设施,可变标志,通风设施,照明设施,消防设施,本地控制器,隧道监控中心计算机控制系统,隧道监控中心计算机网络,低压供配电等
房屋建筑工程	(按其专业工程质量检验评定标准评定)	

注:①表内标注*号者为主要工程,评分时给以 2 的权值;不带*号者为一般工程,权值为 1。

②按路段长度划分的分部工程,高速公路、一级公路宜取低值,二级及二级以下公路可取高值。

③斜拉桥和悬索桥可参照附表 A-2 进行划分。

④护岸参照挡土墙。

附表 A-2　特大斜拉桥和悬索桥为主体建设项目的工程划分

单位工程	分部工程	分项工程
塔及辅助、过渡墩（每座）	塔基础*	钢筋加工及安装，扩大基础，桩基*，地下连续墙*，沉井*等
	塔承台*	钢筋加工及安装，双壁钢围堰，封底，承台浇筑*等
	索塔*	索塔*
	辅助墩	钢筋加工，基础，墩台身浇（砌）筑，墩台身安装，墩台帽，盖梁等
	过渡墩	
锚碇	锚碇基础*	钢筋加工及安装，扩大基础，桩基*，地下连续墙*，沉井*，大体积混凝土构件*等
	锚体*	锚固体系制作*，锚固体系安装*，锚碇块体，预应力锚索的张拉与压浆*等
上部构造制作与防护（钢结构）	斜拉索*	斜拉索制作与防护*
	主缆（索股）*	索股和锚头的制作与防护*
	索鞍*	主索鞍和散索鞍制作与防护*
	索夹	索夹制作与防护
	吊索	吊索和锚头制作与防护*等
	加劲梁*	加劲梁段制作*，加劲梁防护*等
上部构造浇筑与安装	悬浇*	梁段浇筑*
	安装*	加劲梁安装*，索鞍安装*，主缆架设*，索夹和吊索安装*等
	工地防护*	工地防护*
	桥面系及附属工程	桥面防水层的施工，桥面铺装，钢桥面板上防水黏结层的洒布，钢桥面板上沥青混凝土铺装*，支座安装*，抗风支座安装，伸缩缝安装，人行道铺设，栏杆安装，防撞护栏等
	桥梁总体	桥梁总体*
引桥	（参见附表 A-1“桥梁工程”）	
引道	（参见附表 A-1“路基工程”和“路面工程”）	
互通立交工程	（参见附表 A-1“互通立交工程”）	
交通安全设施	（参见附表 A-1“交通安全设施”）	

注：表内标注*号者为主要工程，评分时给以 2 的权值；不带*号者为一般工程，权值为 1。

附录B 路基、路面压实度评定

B.0.1 路基和路面基层、底基层的压实度以重型击实标准为准。沥青层压实度以《沥青路面施工技术规范》的规定为准。

对于特殊干旱、潮湿地区或过湿土，以路基设计施工规范规定的压实度标准进行评定。

B.0.2 标准密度应作平行试验，求其平均值作为现场检验的标准值。对于均匀性差的路基土质和路面结构层材料，应根据实际情况增补标准密度试验，求得相应的标准值，以控制和检验施工质量。

B.0.3 路基、路面压实度以1～3km长的路段为检验评定单元，按本标准各有关章节要求的检测频率进行现场压实度抽样检查，求算每一测点的压实度K_i。细粒土现场压实度检查可以采用灌砂法或环刀法；粗粒土及路面结构层压实度检查可以采用灌砂法、水袋法或钻孔取样蜡封法。应用核子密度仪时，须经对比试验检验，确认其可靠性。

检验评定段的压实度代表值K(算术平均值的下置信界限)为：

$$K=\bar{k}-\frac{t_\alpha}{\sqrt{n}}S\geqslant K_0$$

式中：$\bar{k}$——检验评定段内各测点压实度的平均值；

t_α——t分布表中随测点数和保证率(或置信度α)而变的系数；t_α见附表B；

采用的保证率：

高速公路、一级公路：基层、底基层为99%；路基、路面面层为95%；

其他公路：基层、底基层为95%；路基、路面面层为90%；

附表B $t_\alpha/\sqrt{n}$值

n \ 保证率	99%	95%	90%	n \ 保证率	99%	95%	90%
2	22.501	4.465	2.176	21	0.552	0.376	0.289
3	4.021	1.686	1.089	22	0.537	0.367	0.282
4	2.270	1.177	0.819	23	0.523	0.358	0.275
5	1.676	0.953	0.686	24	0.510	0.350	0.269
6	1.374	0.823	0.603	25	0.498	0.342	0.264
7	1.188	0.734	0.544	26	0.487	0.335	0.258
8	1.060	0.670	0.500	27	0.477	0.328	0.253
9	0.966	0.620	0.466	28	0.467	0.322	0.248
10	0.892	0.580	0.437	29	0.458	0.316	0.244
11	0.833	0.546	0.414	30	0.449	0.310	0.239
12	0.785	0.518	0.393	40	0.383	0.266	0.206
13	0.744	0.494	0.376	50	0.340	0.237	0.184
14	0.708	0.473	0.361	60	0.308	0.216	0.167
15	0.678	0.455	0.347	70	0.285	0.199	0.155
16	0.651	0.438	0.335	80	0.266	0.186	0.145
17	0.626	0.423	0.324	90	0.249	0.175	0.136
18	0.605	0.410	0.314	100	0.236	0.166	0.129
19	0.586	0.398	0.305	>100	$\frac{2.3265}{\sqrt{n}}$	$\frac{1.6449}{\sqrt{n}}$	$\frac{1.2815}{\sqrt{n}}$
20	0.568	0.387	0.297				

S——检测值的标准差；

n——检测点数；

K_0——压实度标准值。

路基、基层和底基层：$K \geqslant K_0$，且单点压实度 K_i 全部大于等于规定值减 2 个百分点时，评定路段的压实度合格率为 100%；当 $K \geqslant K_0$，且单点压实度全部大于等于规定极值时，按测定值不低于规定值减 2 个百分点的测点数计算合格率。

$K < K_0$ 或某一单点压实度 K_i 小于规定极值时，该评定路段压实度为不合格，相应分项工程评为不合格。

路堤施工段较短时，分层压实度应点点符合要求，且样本数不少于 6 个。

沥青面层：当 $K \geqslant K_0$ 且全部测点大于等于规定值减 1 个百分点时，评定路段的压实度合格率为 100%；当 $K \geqslant K_0$ 时，按测定值不低于规定值减 1 个百分点的测点数计算合格率。

$K < K_0$ 时，评定路段的压实度为不合格，相应分项工程评为不合格。

附录C　水泥混凝土弯拉强度评定

C.0.1　混凝土弯拉强度试验方法应使用标准小梁法或钻芯劈裂法，试件使用标准方法制作，标准养生时间28d。按表7.2.2所列检查频率，高速公路和一级公路每工作班制作2～4组：日进度大于等于1000m取4组，大于等于500m取3组，小于500m取2组；其他公路每工作班制作1～3组：日进度大于等于1000m取3组，大于等于500m取2组，小于500m取1组。每组3个试件的平均值作为一个统计数据。

C.0.2　混凝土弯拉强度的合格标准

1）试件组数大于10组时，平均弯拉强度合格判断式为：

$$f_{cs} \geqslant f_r + K\sigma$$

式中：f_{cs}——混凝土合格判定平均弯拉强度（MPa）；

f_r——设计弯拉强度标准值（MPa）；

K——合格判定系数（见附表C）；

σ——强度标准差。

附表C　合格判定系数

试件组数 n	11～14	15～19	≥20
合格判定系数 K	0.75	0.70	0.65

当试件组数为11～19组时，允许有一组最小弯拉强度小于$0.85f_r$，但不得小于$0.80f_r$。当试件组数大于20组时，其他公路允许有一组最小弯拉强度小于$0.85f_r$，但不得小于$0.75f_r$；高速公路和一级公路均不得小于$0.85f_r$。

2）试件组数等于或少于10组时，试件平均强度不得小于$1.10f_r$，任一组强度均不得小于$0.85f_r$。

C.0.3　当标准小梁合格判定平均弯拉强度f_{cs}和最小弯拉强度f_{min}中有一个不符合上述要求时，应在不合格路段每公里每车道钻取3个以上ϕ150mm的芯样，实测劈裂强度，通过各自工程的经验统计公式换算弯拉强度，其合格判定平均弯拉强度f_{cs}和最小值f_{min}必须合格，否则，应返工重铺。

C.0.4　实测项目中，水泥混凝土弯拉强度评为不合格时相应分项工程评为不合格。

附录D 水泥混凝土抗压强度评定

D.0.1 评定水泥混凝土的抗压强度,应以标准养生28d龄期的试件、在标准试验条件下测得的极限抗压强度为准。试件为边长150mm的立方体。试件3个为1组,制取组数应符合下列规定:

1)不同强度等级及不同配合比的混凝土应在浇筑地点或拌和地点分别随机制取试件。

2)浇筑一般体积的结构物(如基础、墩台等)时,每一单元结构物应制取2组。

3)连续浇筑大体积结构时,每80~200m^{3}或每一工作班应制取2组。

4)上部结构,主要构件长16m以下应制取1组,16~30m制取2组,31~50m制取3组,50m以上者不少于5组。小型构件每批或每工作班至少应制取2组。

5)每根钻孔桩至少应制取2组;桩长20m以上者不少于3组;桩径大、浇筑时间很长时,不少于4组。如换工作班时,每工作班应制取2组。

6)构筑物(小桥涵、挡土墙)每座、每处或每工作班制取不少于2组。当原材料和配合比相同、并由同一拌和站拌制时,可几座或几处合并制取2组。

7)应根据施工需要,另制取几组与结构物同条件养生的试件,作为拆模、吊装、张拉预应力、承受荷载等施工阶段的强度依据。

D.0.2 水泥混凝土抗压强度的合格标准

1)试件大于等于10组时,应以数理统计方法按下述条件评定:

$$R_n - K_1 S_n \geqslant 0.9R$$

$$R_{min} \geqslant K_2 R$$

$$S_n = \sqrt{\frac{\sum R_i^2 - nR_n^2}{n-1}}$$

式中:n——同批混凝土试件组数;

R_n——同批n组试件强度的平均值(MPa);

S_n——同批n组试件强度的标准差(MPa),当$S_n < 0.06R$时,取$S_n = 0.06R$;

R——混凝土设计强度等级(MPa);

R_i——第i组混凝土的抗压强度(MPa);

R_{min}——n组试件中强度最低一组的值(MPa);

K_1、K_2——合格判定系数,见附表D。

附表D K_1、K_2的值

n	10~14	15~24	≥25
K_1	1.70	1.65	1.60
K_2	0.9	0.85	

2)试件小于10组时,可用非统计方法按下述条件进行评定:

$$R_n \geqslant 1.15R$$

$$R_{min} \geqslant 0.95R$$

D.0.3 实测项目中,水泥混凝土抗压强度评为不合格时相应分项工程为不合格。

附录 E　喷射混凝土抗压强度评定

E. 0. 1　喷射混凝土抗压强度系指在喷射混凝土板件上，切割制取边长为 100mm 的立方体试件，在标准养护条件下养生至 28d，用标准试验方法测得的极限抗压强度，乘以 0. 95 的系数。

E. 0. 2　双车道隧道每 10 延米，至少在拱脚部和边墙各取 1 组(3 个)试件。

其他工程，每喷射 $50m^3$ ~ $100m^3$ 混合料或小于 $50m^3$ 混合料的独立工程，不得少于 1 组。

材料或配合比变更时需重新制取试件。

E. 0. 3　喷射混凝土强度的合格标准

1) 同批试件组数 $n \geqslant 10$ 时

试件抗压强度平均值不低于设计值；

任一组试件抗压强度不低于 0. 85 设计值。

2) 同批试件组数 $n < 10$ 时

试件抗压强度平均值不低于 1. 05 设计值；

任一组试件抗压强度不低于 0. 9 设计值。

E. 0. 4　实测项目中，喷射混凝土抗压强度评为不合格时相应分项工程为不合格。

附录F　水泥砂浆强度评定

F.0.1　评定水泥砂浆的强度，应以标准养生28d的试件为准。试件为边长70.7mm的立方体。试件6个为1组，制取组数应符合下列规定：

1）不同强度等级及不同配合比的水泥砂浆应分别制取试件，试件应随机制取，不得挑选。

2）重要及主体砌筑物，每工作班制取2组。

3）一般及次要砌筑物，每工作班可制取1组。

4）拱圈砂浆应同时制取与砌体同条件养生试件，以检查各施工阶段强度。

F.0.2　水泥砂浆强度的合格标准

1）同强度等级试件的平均强度不低于设计强度等级。

2）任意一组试件的强度最低值不低于设计强度等级的75%。

F.0.3　实测项目中，水泥砂浆强度评为不合格时相应分项工程为不合格。

附录 G　半刚性基层和底基层材料强度评定

G.0.1　半刚性基层和底基层材料强度，以规定温度下保湿养生 6d、浸水 1d 后的 7d 无侧限抗压强度为准。

G.0.2　在现场按规定频率取样，按工地预定达到的压实度制备试件。每 $2000m^2$ 或每工作班制备 1 组试件：不论稳定细粒土、中粒土或粗粒土，当多次偏差系数 $C_V \leqslant 10\%$ 时，可为 6 个试件；$C_V = 10\% \sim 15\%$ 时，可为 9 个试件；$C_V > 15\%$ 时，则需 13 个试件。

G.0.3　试件的平均强度 $\bar{R}$ 应满足下式要求：

$$\bar{R} \geqslant R_d / (1 - Z_\alpha C_V)$$

式中：R_d——设计抗压强度（MPa）；

C_V——试验结果的偏差系数（以小数计）；

Z_α——标准正态分布表中随保证率而变的系数。

高速公路、一级公路：保证率 95%，$Z_\alpha = 1.645$；

其他公路：保证率 90%，$Z_\alpha = 1.282$。

G.0.4　评定路段内半刚性材料强度评为不合格时相应分项工程为不合格。

附录 H　路面结构层厚度评定

H. 0. 1　评定路段内路面结构层厚度按代表值和单个合格值的允许偏差进行评定。

H. 0. 2　按规定频率,采用挖验或钻取芯样测定厚度。

H. 0. 3　厚度代表值为厚度的算术平均值的下置信界限值,即:

$$X_L = \bar{X} - \frac{t_\alpha}{\sqrt{n}}S$$

式中:X_L——厚度代表值(算术平均值的下置信界限);

$\bar{X}$——厚度平均值;

S——标准差;

n——检测点数;

t_α——t 分布表中随测点数和保证率(或置信度 α)而变的系数,可查附表 B。

采用的保证率:

高速公路、一级公路:基层、底基层为 99%;面层为 95%。

其他公路:基层、底基层为 95%;面层为 90%。

H. 0. 4　当厚度代表值大于等于设计厚度减去代表值允许偏差时,则按单个检查值的偏差不超过单点合格值来计算合格率;当厚度代表值小于设计厚度减去代表值允许偏差时,相应分项工程评为不合格。

代表值和单点合格值的允许偏差见第 7 章各节实测项目表。

H. 0. 5　沥青面层一般按沥青铺筑层总厚度进行评定,高速公路和一级公路分 2 ~ 3 层铺筑时,还应进行上面层厚度检查和评定。

附录I　路基、柔性基层、沥青路面弯沉值评定

I.0.1　弯沉值用贝克曼梁或自动弯沉仪测量。每一双车道评定路段(不超过1km)检查80～100个点,多车道公路必须按车道数与双车道之比,相应增加测点。

I.0.2　弯沉代表值为弯沉测量值的上波动界限,用下式计算:

$$l_r = \bar{l} + Z_\alpha S$$

式中:l_r——弯沉代表值(0.01mm);

$\bar{l}$——实测弯沉的平均值(0.01mm);

S——标准差;

Z_α——与要求保证率有关的系数,见附表I。

附表I　Z_α　值

层　位	Z_α	
	高速公路、一级公路	二、三级公路
沥青面层	1.645	1.5
路基、柔性基层	2.0	1.645

I.0.3　当路基和柔性基层、底基层的弯沉代表值不符合要求时,可将超出$\bar{l} \pm (2\sim3)S$的弯沉特异值舍弃,重新计算平均值和标准差。对舍弃的弯沉值大于$\bar{l} + (2\sim3)S$的点,应找出其周围界限,进行局部处理。

用两台弯沉仪同时进行左右轮弯沉值测定时,应按两个独立测点计,不能采用左右两点的平均值。

I.0.4　弯沉代表值大于设计要求的弯沉值时相应分项工程为不合格。

I.0.5　测定时的路表温度对沥青面层的弯沉值有明显影响,应进行温度修正。当沥青层厚度小于或等于50mm时,或路表温度在20℃±2℃范围内,可不进行温度修正。

若在非不利季节测定时,应考虑季节影响系数。

附录 J　工程质量检验评定用表

附表 J-1　分项工程质量检验评定表

分项工程名称：　　　　　　所属分部工程名称　　　　　　所属建设项目：
工程部位：　　　　　　　　施工单位：　　　　　　　　　监理单位：
（桩号、墩台号、孔号）

基本要求																	
实测项目	项次	检查项目	规定值或允许偏差	实测值或实测偏差值										质量评定			
				1	2	3	4	5	6	7	8	9	10	平均值、代表值	合格率(%)	权值	得分
	合　计																
外观鉴定						减分			监理意见								
质量保证资料						减分											
工程质量等级评定						评分：			质量等级：								

检验负责人：　　　　检测：　　　　记录　　　　复核：　　　　年　　月　　日

注：机电工程的功能试验检查项目，规定值或允许偏差是指功能或试验要求；实测值或实测偏差是指检查结果，即"通过"或"不通过"。

附表 J-2　分部工程质量检验评定表

分部工程名称：　　　　　　　　　　　　　　所属单位工程：

所属建设项目：　　　　　　　　　　　　　　工程部位：

　　　　　　　　　　　　　　　　　　　　　（桩号、墩台号、孔号）

施工单位：　　　　　　　　　　　　　　　　监理单位：

施工单位	分项工程						备注
	工程名称	质量评定					
		实得分	权值	加权得分	等级		
	合计						
质量等级			加权平均分				
评定意见							

检验负责人：　　　　　　　　　　计算：　　　　复核：　　　　　　　　　　年　月　日

附表 J-3　单位工程质量检验评定表

单位工程名称：　　　　　　　　　　　　　　　　所属建设项目：
路线名称：　　　　　　　　　　　　　　　　　　工程地点、桩号：
施工单位：　　　　　　　　　　　　　　　　　　监理单位：

<table>
<tr><td rowspan="3">施工单位</td><td colspan="5">分 部 工 程</td><td rowspan="3">备 注</td></tr>
<tr><td rowspan="2">工程名称</td><td colspan="4">质 量 评 定</td></tr>
<tr><td>实得分</td><td>权值</td><td>加权得分</td><td>等级</td></tr>
<tr><td></td><td></td><td></td><td></td><td></td><td></td><td></td></tr>
<tr><td></td><td colspan="2">合 计</td><td></td><td></td><td></td><td></td></tr>
<tr><td>质量等级</td><td colspan="2"></td><td colspan="2">加权平均分</td><td colspan="2"></td></tr>
<tr><td>评定意见</td><td colspan="6"></td></tr>
</table>

检验负责人：　　　　　　　　　　　计算：　　　　复核：　　　　　　　　　　年　月　日

附表 J-4　建设项目(合同段)质量检验评定表

项目名称：　　　　　　　　　　　　路线名称：

起讫桩号：　　　　　　　　　　　　完工日期：

施工单位	单位工程			备注
	工程名称	实得分	投资额	
质量等级		加权平均分		
评定意见				

检验负责人：　　　　　　　　计算：　　　　复核：　　　　　　　　　　年　月　日

附表 J-5 ________工程汇总表

工　程	实得分	权值	加权得分	等级	备　注
加权平均分				质量等级	

计算：　　　　　　　　　　　　复核：　　　　　　　　　　　　年　月　日

附录K　路面横向力系数评定

K.0.1　评定路段内的路面横向力系数按SFC的设计或验收标准值进行评定。

K.0.2　SFC代表值为SFC算数平均值的下置信界限值，即：

$$\mathrm{SFC_r} = \overline{\mathrm{SFC}} - \frac{t_\alpha}{\sqrt{n}}S$$

式中：$\mathrm{SFC_r}$——SFC代表值；

$\overline{\mathrm{SFC}}$——SFC平均值；

S——标准差；

n——检测点数；

t_α——t分布表中随测点数和保证率（或置信度α）而变的系数，可查附表B。采用的保证率：高速公路、一级公路为95%；其他公路为90%。

K.0.3　当SFC代表值不小于设计或验收标准时，按单个SFC值计算合格率；当SFC代表值小于设计或标准值时，相应分项工程评为不合格。

附录 L　本标准用词说明

L. 0. 1　对执行条文严格程度的用词采用以下写法：

表示很严格，非这样不可的用词：

正面词采用“必须”；

反面词采用“严禁”。

表示严格，在正常情况下均应这样做的用词：

正面词采用“应”；

反面词采用“不应”或“不得”。

表示允许稍有选择，在条件许可时首先这样做的用词：

正面词采用“宜”或“可”；

反面词采用“不宜”。

L. 0. 2　条文中应按指定的其他有关标准、规范的规定执行，其写法为“应按……执行”或“应符合……要求（或规定）”。

如非必须按指定的其他有关标准、规范的规定执行，其写法为“可参照……”。

附件

《公路工程质量检验评定标准》

第一册 土 建 工 程

（JTG F80/1—2004）

条 文 说 明

1　总则

1.0.1　目的

条文中进一步明确了制定本标准的目的,是"为了加强公路工程质量管理,统一公路工程质量检验标准和评定标准,保证工程质量",使建设项目的质量检验评定成为一个有机的整体,包含的技术内容仍为公路工程的质量检验标准和评定标准。

1.0.2　适用范围

因交通部已专门制定了大中修工程的质量检验评定标准,故本标准不再要求大中修工程参照执行。根据新修订的《公路工程技术标准》,本标准的适用范围扩展到四级公路。本标准未明确提出城市道路及其他专用公路的适用性问题。

环保工程和机电工程的适用范围按各自有具体规定执行。

本标准的适用对象除仍维持原标准(JTJ 071—98)中的质量监督部门、工程监理单位和施工单位外,也适用于建设单位进行工程质量管理。

本标准从质量管理体制方面规定适用于质量监督部门、质量检测机构、建设单位、工程监理单位和施工单位对工程质量进行检查鉴定、抽查认定、自查自控等质量管理过程。

原标准(JTJ 071—98)第1.0.7条对"公路工程质量管理"列了一些要求,考虑到这些内容多在近几年发布的公路工程建设行政法规中都有很多明确规定,本次修订不再列入。

1.0.3　与相关规范关系

本标准注意到了与相关规范的协调一致,但仍可能存在某些不一致的情况。出现这种情况时一般应以本标准为准执行。新颁布的规范在修订过程中,应充分考虑本标准的有关规定,如仍然出现不一致时,可参照新颁布规范使用。

本标准不能代替所有技术标准,故规定在公路施工、质量管理和检验评定中,除应符合本标准外,尚应符合部颁和国家颁布的相关规范的规定。

1.0.4　特殊工程

提出了执行本标准可能出现的技术争议和问题的解决办法。

本标准是强制性技术法规文件,必须认真贯彻执行。但标准、规范是带普遍性的技术经验总结,对于特大桥梁和特长隧道工程,或考虑到地域、土质、水文等特殊情况和技术的发展,或因采用新材料、新工艺、新结构,在本标准中缺乏适宜的技术规定时,可以参照相关标准,在保证工程质量的前提下,提出可行的解决办法,并按照相关规定报主管部门批准。

2 术语

对本标准中出现的主要专用名词术语，参照国家标准《建筑工程施工质量验收统一标准》(GB 50300)作了规定。其他有关公路工程专业名词术语，可参阅有关国家标准、行业标准特别是施工技术规范的规定。

3　工程质量评定

将原标准（JTJ 071—98）第1.0.2、1.0.3、1.0.4、1.0.5等四条调整充实，单独列为一章，以进一步明确质量评定的内容、方法和程序。

3.1　一般规定

3.1.1～3.1.4　作为一般规定，公路工程质量评定包括项目划分、质量评分和质量等级评定三部分。

工程质量评定等级分为合格和不合格两档，取消了优良等级，与新颁布的《公路工程竣（交）工验收办法》保持一致。

3.1.5　本次修订进一步明确了公路工程施工单位、工程监理单位、建设单位在公路工程质量检验评定过程中的作用和完成的工作，力求与新颁布的《公路工程竣（交）工验收办法》保持一致，明确了本标准为质量监督部门和质量检测机构在公路工程质量检验过程中的依据。

3.2　工程质量评分

本节分别列出了分项工程质量评分方法、分部工程和单位工程评分方法，合同段和建设项目工程质量评分方法按照新的《公路工程竣（交）工验收办法》进行计算。

3.2.1　分项工程质量评分

分项工程质量检验评定是建设项目质量评定的基础。分项工程质量检验评定须在满足基本要求的规定且无严重外观缺陷和质量保证资料真实并基本齐全的前提下进行。

本次修订增加了对分项工程中关键实测项目合格率和规定极值的最低要求，主要目的是为了保证工程结构安全和使用功能，关键项目合格率不符合规定的90%或单点检测值超过规定极值时必须进行返工。

实测项目的规定极值是指任一单个检测值都不能突破的极限值，不符合要求时该实测项目为不合格。为此，路面结构层厚度中原"极值"改为"单点合格值"，仅用以计算合格率。

增加了机电工程关键项目合格率须达到100%的要求。

考虑到工厂加工制造的桥梁金属构件的质量要求比土建工程更高，因此在正文规定了工厂加工制造的桥梁金属构件的关键项目合格率不低于95%，在分项工程质量等级评定时合格分数也相应提高到90分。

原标准中采用统计方法进行评定的路基路面压实度、弯沉值、路面结构层厚度、水泥混凝土抗压和抗弯拉强度、半刚性材料强度等都作为关键项目。

压实度评定要点是：①控制平均压实度的置信下限，以保证总体水平；②规定单点极值不得超出给定值，防止局部隐患；③规定扣分界限以区分质量优劣。

路面厚度是关系质量和造价的重要指标，既不能给承包商提供偷工减料的可能机会，又考虑正常施工条件下的厚度偏差情况，采用平均值的置信下限作为否决指标，单点合格值作为扣分指标。

分项工程的得分值按实测项目采用加权平均法计算，分项工程评分为分项工程得分值减去外观缺陷扣分和资料不全扣分。将原实测项目规定分改为权值，一方面与新的《公路工程竣（交）工验收办法》保持一致，另一方面解决了增加实测项目或实测项目不全时的评分问题。

（1）基本要求具有质量否决权，经检查基本要求不符合规定时，不得进行工程质量的检验和评定。

有人提出基本要求与计分应建立联系,但很难找出定量的联系途径。施工单位能否按基本要求施工,主要靠监理从严掌握。如施工单位对基本要求未严格遵循,在工程的质量指标上必然会有所反映,在计分和扣分上应该会有所体现。

(2)实测项目合格率和得分的计算公式分列,一是明确合格率的计算公式,二是避免直接用合格率作为分值,概念和意义上更加清楚。

实测项目一般按合格率计分,但路基路面的压实度和弯沉值、路面厚度、水泥混凝土抗压和抗弯拉强度、半刚性材料强度等指标采用数理统计方法进行评定。有关方法均列入附录。

(3)有人提出外观扣分人为因素大,扣分值应作进一步细化。本次修订根据扣分细化要求在各章节进一步作了一些调整;存在某些人为因素的解决办法,一是检评人员要避免带入感情色彩,要客观公正;二是对某些外观缺陷判别有争议时,可先行试点,以期认识相对统一。

另外,评定时外观扣分检查应对全线、全部逐项进行全面的检查,而不仅仅是抽查。

3.2.2 分部工程和单位工程质量评分

采用加权平均值计算法,主要工程和一般工程分别给以2和1的权重,以期更加重视和保证主要工程质量。

3.2.3 合同段和建设项目工程质量评分

新的《公路工程竣(交)工验收办法》对此作了重要修改,交工验收按施工合同段进行,增加了合同段质量的评定,本次修订规定按此计算即可。《公路工程竣(交)工验收办法》规定:

施工合同段工程质量评分采用所含各单位工程质量评分的加权平均值。即:

$$\text{施工合同段工程质量评分值}=\frac{\sum(\text{单位工程质量评分值}\times\text{该单位工程投资额})}{\text{合同段总投资额}}$$

整个工程项目工程质量评分采用加权平均法进行。即:

$$\text{工程项目质量评分值}=\frac{\sum(\text{合同段工程质量评分值}\times\text{该合同段投资额})}{\sum\text{施工合同段投资额}}$$

3.3 工程质量等级评定

对分项、分部、单位工程、合同段和建设项目质量等级评定分款进行阐述。

3.3.1 由于近年来公路工程建设的快速发展,质量意识普遍增强,相应的施工装备和施工技术也有了明显提高,对公路工程质量提出了更高要求,经广泛征求专家意见,将分项工程的合格标准提高到75分,对于机电工程和工厂加工制造的桥梁金属构件的分项工程合格标准提高到90分。

原标准中"经质量监督部门检查评为不合格的分项工程",应是无论由谁评定为不合格的分项工程经加固、补强或返工的质量等级重评问题。由于在交工验收时取消了优良等级,故将原"只可复评为合格"改为"可以重新评定其质量等级,但计算分部工程评分值时按其复评分值的90%计算",即在计算所属分部工程评分值时仅以该分项工程复评分值的90%参与计算。

4 路基土石方工程

4.1 一般规定

4.1.1 土方路基和石方路基的实测项目技术指标的规定值或允许偏差，本标准及其他有关规范多数按高速公路、一级公路和其他公路（指二级及二级以下公路）分两档设定，鉴于新颁布的《公路工程技术标准》（JTG B01—2003）中提高了路基压实度指标，并把路基压实度按高速公路和一级公路、二级公路、三四级公路分为三档，所以本次修订也将路基压实度按三档设定，其他指标仍按两档设定。

4.1.2 原标准规定的检查频率未区分按每××延米和每××平方米所定频率与车道数的关系，在文字表述中一律"按车道数与双车道之比，相应增加检查数量"，而按平方米定的频率是不需再按车道数增加检查数量的，故本次修订明确为只对按延米计的检查频率才相应增加检查数量。

4.1.3 路基压实度指标需分层检测，强调确保分层压实质量；压实度指标可只按上路床的检查数据计分，以下层位的压实质量则由监理工程师按分区压实度要求检查控制，也可视情况按层合并计分。路堤压实的施工检查、监理认定，常碰到小样本数问题，当样本数小于10时，按数理统计的一定保证率的系数可能偏大，分层压实质量控制可采用点点符合要求，且实际样本数不小于6个。

4.1.4 对服务区停车场和收费广场的土方工程提出了要求。

4.2 土方路基

4.2.1 基本要求要点

（1）明确地表清理范围、内容和基底压实要求。

（2）原标准规定了路基填料CBR应符合规范和设计规定，并严格规定了不得采用设计或规范规定的不适用土作为路基填料。鉴于标准执行中发现路床填料CBR值不一定均能满足规范要求，部分地区的高塑限高液限土规范规定不能使用，而又难于寻找替代填料，实际上是在"违背基本要求"下使用这些不适用填料，说明本条规定不尽合理，故本次作了修改，仅强调"路基填料应符合规范和设计的规定经认真调查、试验后合理选用。"

（3）为切实控制好路基分层施工，对填方路基应按路面平行线分层控制填土标高。

（4）强调施工过程的表面排水和临时排水系统。

（5）本款为新作补充，以利环保和景观。沿河路基弃方不当，会阻碍河道水流，施工中必须严加控制，防止发生此种不利情况。

4.2.2 实测项目修订

（1）压实度分区划分，引入路基施工规范的"路床"和"路堤"概念，并与其一致。

（2）压实度检查频率原为每$2000m^2$每压实层4处，考虑到其他检查项目均按200延米确定检查数量，故对压实度检查频率也改为按延米计的检查数量。

（3）纵断高程的允许偏差的负值作了一定调整，其检查频率改为每200m测4个断面。

（4）平整度，由于筑路机械化水平不断提高，平整度质量随之有了明显提高，原98标准修订时对路基及路面各结构层的平整度都作了相应提高。

（5）根据新的《公路工程技术标准》进行了调整，其中，注①规定压实度代表值（下置信界限）不得小于规定值，可保证压实度的总体质量。为避免局部压实度不足导致路面损坏，规定单点极值不得小于规定值减5个百分点；按不小于表列规定值减2个百分点的测点数占总检查点数的百分率计算合格率。

如不提高总体压实水平，其代表值难以满足规定值要求。

(6)注③规定对于特殊干旱、潮湿地区或过湿土以及铺筑中、低级路面的三、四级公路路基，可按路基设计、施工规范规定并采用适合这些土的压实度标准。

4.3 石方路基

4.3.1 提出开炸石方工艺必须保证边坡安全、稳定的基本要求，这在实际上是限制采用大爆破施工工艺。

提出修筑填石路堤的基本工艺。由于填石路堤难以检测压实度或固体体积率，为确保其施工质量，必须强调施工工艺。即逐层水平填筑、边坡码砌应稳定整齐、限制层厚、限制石块尺寸、填石空隙用石碴石屑嵌压稳定、从严限制上下路床填料和石料尺寸等。为定量检验填石路基的压实质量，结合一些地方的经验提出压实要求，即压至填筑层顶面石块稳定和使用18t以上压路机振压两遍无明显标高差异。

4.3.2 表中压实度规定值为“层厚和碾压遍数符合要求”。此种要求应通过试验路段进行确定。鉴于现行路基设计、施工规范尚未定出标高差异要求，而有些地方实际上已采取此种控制措施，其标高差控制为不大于2mm或5mm。为从严要求，确保质量，亦可试用振压两遍标高差不大于2mm控制，并注意加强观测，及时总结修正。表中纵断高程和平整度的要求较土方路基有所降低。边坡平顺度在石方路基施工中易被忽视，作为实测指标与边坡坡度一并进行检查，以提高施工质量和管理水平。

4.4 软土地基处治

4.4.1 软土地基处治技术发展很快，择其常用方法合并列出，按不同处治措施分款列出基本要求。

路堤沉降速率是软土地基路基施工的一项行之有效的重要监控指标，故新增此规定。

表4.4.2-1至表4.4.2-4：

(1)分别列出不同技术措施的实测项目表。

(2)换填地基和反压护道未提出实测项目，其质量检控与填筑路堤基本相同，可一并列入土方路基分项工程。

(3)表4.4.2-3为碎石桩和砂桩的共用实测项目表。

4.5 土工合成材料处治层

4.5.1 基本要求

对土工合成材料的质量、铺设、固定、张拉、接缝搭接等提出了基本要求。

4.5.2 实测项目

分加筋工程、隔离工程、过滤排水工程和防裂工程等，并分别提出实测项目表。

5 排水工程

5.1 一般规定

5.1.2 排水沟按其用途分为边沟、截水沟、排水沟等，按材料和结构则主要为土沟和浆砌两类。本条阐明5.5节和5.6节按材料和结构列出相应工程的质量要求。

5.1.3～5.1.5 有关排水工程的质量要求，为避免重复本章未单独列出，指明可按照本标准相关章节所列标准进行评定。

5.2 管节预制

为便于查阅，将原标准中相关内容移至本节。

5.3 管道基础及管道安装

5.3.1 基本要求中对管道基础、管道接口、管道安装和抹带等提出了重点要求。

对设计要求防渗漏的管道，为检验管道安装后管节之间的连接是否紧密，管节有无破损，必须在沟槽回填前进行渗透试验，必须确认排水管道昼夜渗漏量在规定值以下。

增加抹带接口外观的要求，应光洁密实，不得有间断和裂缝、空鼓。

5.4 检查（雨水）井砌筑

5.4.2 增加对井底高程的要求。

5.5 土沟

边沟、截水沟、排水沟的质量要求相同。沟底纵坡改为高程，更容易直接控制。

5.6 浆砌排水沟

边沟、截水沟、排水沟的质量要求相同。浆砌片石和混凝土预制块沟等的质量要求也相同。沟底高程由±50mm调整为±15mm。

5.7 盲沟

5.7.2 沟底纵坡改为高程，允许偏差调整为±15mm。

5.8 排水泵站

5.8.1 增加基底土壤不允许扰动和水泵安装牢固的要求。

6 挡土墙、防护及其他砌筑工程

6.1 一般规定

6.1.1 大型挡土墙的划分及作为分部工程评定的规定,仅适用于砌体挡土墙。大型挡土墙可视具体情况,划分为基础、墙身等分项工程进行评定。

6.1.2 本条所列挡土墙或为钢筋混凝土结构,或由几部分组成,规定其按分部工程评定,以便划分分项工程,使评定更加具体。

6.1.5 明确钢筋混凝土挡土墙或构件,均应包括钢筋加工及安装分项工程。

6.2 砌体挡土墙

6.2.2 增列了竖直度或坡度检查项目,以控制墙体的倾斜程度。对表面平整度检查应沿竖直方向和墙长方向进行检查。

6.3 悬臂式和扶壁式挡土墙

为新增加的内容,也是工程中常用的防护结构。参照公路挡土墙设计和施工规范报批稿编制。

6.4 锚杆、锚碇板和加筋土挡土墙

6.4.1 锚杆、锚碇板挡土墙为新增内容,后者因与加筋土挡土墙相似,因而共同作为一节。

6.4.2 增加了有关筋带、锚(拉)杆、面板预制等实测项目表。在面板安装实测项目表中,增加一项相邻面板平整度检查项目。在挡土墙总体实测项目表中,增加一项肋柱间距检查项目。

6.5 桩板式挡土墙

为新增加的内容,也是工程中常用的防护结构。参照公路挡土墙设计和施工技术规范报批稿编制。

6.6 墙背填土

6.6.1 新增加的一节,参照相关技术规范编制,适用于下挡墙。

6.6.2 为避免碾压施工对挡土墙的损害,规定了锚杆、锚碇板和加筋土挡土墙墙背1m范围内的填土压实度为90%。

6.7 抗滑桩

以灌注桩为基础,结合抗滑桩特点编制。

6.8 挖方边坡锚喷防护

6.8.1 将原来的锚喷支护改为现在这个名称,更为确切,同时增列了对材料的要求。为保证防护效果,对预应力锚索非锚固段套管安装位置也提出了要求。

6.8.2 增加锚孔深度、砂浆强度和锚杆(索)间距 3 个检查项目,以保证锚固效果和锚杆相对位置。锚索张拉力、张拉伸长率和断丝滑丝数是为预应力锚索增列的。

6.11 导流工程

6.11.2 实测项目中断面尺寸一项修改为不小于设计,因断面不应被削弱。

7 路面工程

7.1 一般规定

7.1.1、7.1.2 如同路基工程，增加了对二级公路检验评定技术要求的相应规定和对检查频率明确按 m^2 或 m^3 或工作班设定的除外。

7.1.3 各类基层和底基层压实度评定方法同路基，采用压实度的平均值的代表值（平均值的下置信界限）评定结构层的总体压实质量，规定单点极值避免局部压实不足。规定扣分界限以体现质量水平。

7.1.4 中级路面、垫层和联结层本标准未列单独章节，可参照相同材料的其他结构层要求进行检验评定。

7.1.5 采用3m直尺方法检验各结构层平整度时，以最大间隙作指标，按尺数的合格率计分。

7.1.6 本次修订增加了沥青路面表面渗水系数的技术要求。按照《公路沥青路面施工技术规范》的规定，渗水系数在路面成型后立即测定，并进行渗水试验，每个测点进行5次平行试验，并计算5个测点的平均值为该点的代表值计算合格率，参与质量评定。

7.1.7 路面各结构层厚度是关键实测指标，当代表值的偏差超过规定值时，则该分项工程为不合格工程，而不只对厚度检查项目评为零分。原"极值"改为"单点合格值"，是为了与不允许超过的"极限值"相区别。

7.1.8 路面各结构层的材料要求和配比控制是保证结构层内在质量的重要因素，在各分项工程的实测项目中一般均未列出，而归入基本要求。主要原因是，材料和配比控制的试验内容较多，为避免冲淡规定分值，难以一一罗列，但施工单位必须按照有关施工规范要求，提交真实齐全的自查资料。

7.1.10 多年来，透层油多采用乳化沥青，而据反映，乳化沥青透入性能极差，起不到透层油的作用，导致沥青路面产生唧浆等病害，故新增本条，明确规定：路面基层完工后，应按时浇洒透层油或铺筑下封层，以利防水，保护基层免遭施工车辆损坏；对透层油选用规定了一定的渗透深度，杜绝选用渗透性能不良的沥青做透层油，杜绝透层油上还需撒料的不合理做法。

7.2 水泥混凝土面层

7.2.1 基本要求

(1)基层的质量直接影响到水泥混凝土面层的使用质量和寿命。写上此款目的是防止出现在某些客观因素影响下，企业为了经济效益或工期目的，以忽视基层质量的错误思想来指导施工，而把它作为水泥混凝土路面施工检查的重要环节。

(2)第7.2.1条第4项针对施工现场种种原因或水泥强度不稳定或储存堆放条件差、时间过长，影响水泥强度的可能情况，施工单位不注意会造成水泥混凝土路面质量波动，达不到施工配合比设计的要求。

(3)目前不少施工单位对接缝填缝料采用普通沥青灌注，保证不了应有的作用，由于切缝造成了混凝土板的临空面，在车轮的反复作用下，此处易被压碎，继而开裂，造成病害，故列入基本要求。

(4)部分施工单位对接缝的位置规格不重视，有纵缝的拉力杆、横缝的传力杆随意被取消的现象，这是不妥的，应列入基本要求。

(5)第7.2.1条第6项和第7项列出抗滑要求，也照顾到城市道路的需要。

7.2.2 实测项目

(1)抗弯拉强度、板厚、平整度是水泥混凝土路面的重要质量指标,列入前三位。抗弯拉强度与板厚的负误差会严重影响使用寿命。把板厚的负偏差控制在平均值 -5mm 和单点极值 -10mm 内,是考虑到板厚的重要性,防止板厚不足造成严重损坏。

(2)对于平整度,用3m 直尺检查精度低,故列入了平整度仪检测 IRI 和 σ 的内容,取消了3m 直尺检查方法。大型滑模摊铺机施工工艺,对平整度有很大提高,平整度的规定值也应作相应提高,此次修订为高速公路和一级公路 IRI 不小于 2.0m/km,σ 不小于 1.2mm。

(3)表 7.2.2 构造深度原只有低限值,大家普遍反映构造深度并不是越大越好,因此修改为:对高速公路、一级公路:一般路段不小于 0.7 且不大于 1.1,特殊路段不小于 0.8 且不大于 1.2;其他公路一般路段不小于 0.5 且不大于 1.0,特殊路段不小于 0.6 且不大于 1.1。

(4)关于纵断高程和板厚允许误差协调性问题,标准修订过程中考虑了各结构层高程、平整度和厚度偏差的相互关系,定出了合理的允许误差。有种意见提出加大面层纵断高程允许误差值,假定基层高程为 -10mm,厚度也为 -10mm,则面层高程满足不了 ±10mm的要求。这是极差集中于一处并恰好又被检测出来所致,其出现的可能性很小,在面层的正常施工中完全可以避免。

7.2.3 外观鉴定

(1)混凝土板的断裂属路面质量不合格问题,是不允许出现的,多数施工单位均作返工处理。但据国内外资料,个别断板尚难以避免,故列为允许 0.2% 及 0.4% 板块断裂,超过则要减分。

(2)混凝土板表面脱皮、印痕、裂缝(未达断板程度)、石子外露和缺边掉角、纹理深度不足、填缝不饱满等系常见病害,属于施工马虎造成,影响美观、行车安全和使用寿命,应作减分处理。

7.3 沥青混凝土面层和沥青碎(砾)石面层

7.3.1 基本要求

各种矿料质量是沥青路面质量的基本保证,矿料质量不能完全满足规范要求的情况屡见不鲜,应予从严要求。

新增内容有:

马歇尔稳定度、混合料级配、沥青含量是重要控制指标,但因沥青混凝土的实测项目已多达9 项,不宜再增加,且实际施工中材料质量均按施工规范进行控制检查。故此次修订在基本要求中明确这三项指标为关键指标,其检查合格率不应小于90%。

7.3.2 实测项目

(1)压实度:按照新修订的《公路沥青路面施工技术规范》(JTG F40)规定,沥青混凝土面层和沥青碎(砾)石面层的压实度可以从试验室标准密度、最大理论密度和试验段密度三个指标中选择 1 个或 2 个标准进行施工质量控制,并以合格率低的标准作为质量检验评定结果。

(2)平整度:列出了 IRI、σ 和 3m 直尺(高速公路和一级公路不用)三个指标的规定值,考虑到机械化施工发展现状和各地对平整度的重视,对平整度指标作了适当的从严要求。

(3)弯沉值:由于高速公路和一级公路的路基较高、路面总厚度较厚,非不利季节的弯沉测定结果的季节影响不会有一般三级公路的路基填土不高和路面总厚不大时那样显著,确定季节影响系数时应予慎重考虑。由于沥青层较厚,温度影响比较明显。

(4)抗滑:列出了摩擦系数和构造深度两种指标。高速公路和一级公路交通量大,且为渠化交通,应注重路面结构的抗滑问题,以策安全。

鉴于目前自动化检测设备的广泛应用,本次修订吸收了其他规范修订研究项目的成果,增加了沥青路面横向力摩擦系数的评定方法,以适应现实之需要,使得对沥青路面抗滑性能进行较为科学、准确的评定。

(5)厚度:高速公路和一级公路的沥青面层多为 2 ~3 层铺筑,下面层厚度的变异性较大,验收时不作特殊要求,但施工单位和监理应从严予以控制。沥青层厚度是关键质量指标,也与施工单位经济效益密切相关。基层的平整度和纵断高程控制得越好,沥青层的厚度就越易得到合理控制。表中规定了沥青面层总厚度和上面层厚度要求，其他公路的厚度允许偏差以总厚度计。由于普遍反映厚度取芯点过密，所以降低了检查频率。

7.3.3 外观鉴定

沥青路面表面均匀性是施工的难点之一，关系到路面的使用质量、使用寿命和整体美观，如发现本项所列外观缺陷超过规定值时，应予扣分。

半刚性基层的反射裂缝，受半刚性材料特性所决定，设计上又难以采取合理的技术措施来完全避免。在检查评定时，如发现此种反射裂缝，可不计做施工缺陷，但需作及时灌缝处理。

沥青面层接茬或面层与路缘石及其他构筑物应接顺。实践表明，面层接茬不好或与构筑物相接不顺，易造成路面不平、裂缝和积水现象，发现此类缺陷，应予扣分。

7.4 沥青贯入式面层（或上拌下贯式面层）

7.4.1 基本要求

第2项的目的是为突出各种材料规格和用量的重要性。严格控制材料规格和用量是施工质量管理和质量检验的重要内容和保证路面质量的基本要求。

7.4.2 实测项目

(1)平整度指标列出了 IRI、σ 和 3m 直尺（高速公路和一级公路不用）三个指标的规定值。

(2)弯沉值是路面综合质量的重要指标，由于贯入式路面的内在质量难以定量控制，弯沉指标则更显其重要意义。

(3)厚度：考虑到设计厚度的差异，其允许偏差以设计厚度 60mm 为界，分别按厚度的百分率和厚度不足的毫米数控制。

(4)检查项目中，未列压实度指标，主要原因是标准值和工地检验密度不易准确确定。

7.5 沥青表面处治面层

本节说明可参见7.4 沥青贯入式面层的有关条文说明。

7.6～7.12 各类基层、底基层

列入标准的基层，底基层结构类型为当前常用和考虑今后发展的典型结构，并根据其材料特性、施工要求、质量标准等作了合理归并。对于现有道路及有些地区仍在采用的手摆片石和泥结碎石等类结构，由于其性能缺陷，不宜用于等级较高的公路工程，故本标准未予以列入。

编入的结构类型为：

水泥稳定粒料（碎石、砂砾或矿渣）	基层、底基层
水泥土	基层、底基层
石灰土稳定粒料（碎石、砂砾或矿渣）	基层、底基层
石灰土	基层、底基层
石灰粉煤灰稳定粒料（碎石、砂砾或矿渣）	基层、底基层
石灰粉煤灰土	基层、底基层
级配碎（砾）石	基层、底基层
填隙碎石（矿渣）	基层、底基层

同种材料的基层、底基层的内容除实测项目的质量要求有所差别外，其他基本相同，为应用方便和避免重复，均按上述材料和结构合并予以阐述。有人提出采取上述方式合并后的内容还有些比较相近，建议进一步合并。但考虑到应用习惯和应用方便，仍按此种合并，未作修改。

(1)基本要求：

各类材料的基层、底基层从原材料质量、配合比控制、铺筑、压实和养生等关键环节提出了基本要求。

(2)实测项目:

①柔性结构弯沉检测虽是一项检测面广的指标,但从严控制压实度和厚度后,强度均可符合要求。半刚性结构因有强度指标控制,且难以合理确定测定龄期,故未作检查规定。

②纵断高程、厚度、平整度三项指标,各结构层次自下而上存在着密切联系,只有从路基开始,逐层从严控制,才能确保面层达到相应的质量要求。为确保结构层厚度,纵断高程只允许较小正值,规定了负值高限;厚度则控制负值高限。

③水泥土、石灰土和石灰粉煤灰土等细粒土类结构,本身抗干缩裂缝和抗温度收缩能力差,不适于用做高速公路和一级公路基层,实测项目表内相关内容均未列入。

④压实度是最重要指标,权值高。压实度的平均值的代表值大于等于规定值,且全部测定值大于等于代表值的规定值减2个百分点时,可得规定的满分;大于极值,小于代表值规定值减2个百分点的测点,按其占总检查点数百分率计算扣分值;代表值或极值低于相应规定值时,则该路段的压实度为不合格,评为零分。

⑤厚度代表值必须满足要求,单点极值超过规定值时,按其占总检查点数的百分率计算扣分值。

⑥水泥土和水泥稳定粒料基层、底基层的抗压强度符合设计要求意指设计单位按《公路路面基层施工技术规范》(JTJ 034—2000)要求进行配合比设计的强度,针对某一具体路线或路段,设计单位应提出一个特定的强度要求值,而不是一个范围,施工单位、监理和监督检查则按该特定值进行配比设计、质量监控和验收评定。

关于水泥稳定类材料强度评定,在实际使用原98标准时,有的单位为了保证水泥稳定材料的强度而不控制其上限,导致路面开裂严重,有的地方甚至出现了拱胀现象,需要引起重视。因此在进行水泥稳定材料强度检验评定时,除了要满足本标准的要求外,各地还应该根据当地经验和实际使用情况,合理确定水泥稳定材料强度评定的上限控制标准,防止水泥稳定基层发生开裂。

7.13 填隙碎石(矿渣)基层和底基层

7.13.1 基本要求中规定填隙碎石的主要工艺内容和材料要求。

7.13.2 实测项目表7.13.2中固体体积率是控制结构层压实度的指标,通过分析材料组成及其相应的相对密度计算确定。

根据实际需要,增加弯沉值检查项目,以利增加对柔性基层的质量监控。

7.14 路缘石铺设

增加对现浇路缘石的相关质量要求和实测项目。

8 桥梁工程

8.1 一般规定

与原98标准比较，主要作了以下改动：

1 中桥改为每座为一个单位工程，进一步明确了分项工程的划分原则。对复杂工程如互通立交可设立子分部工程，以便于评定。

2 原98标准中基础及下部构造划分，涉及以后各节的内容，在本节予以删除。

3 不属于实体工程中的永久构(部)件，如模板、支架、拱架、顶推台座、导梁、转动设施、猫道等施工应用设施不进行评定，其质量标准应根据施工技术规范和设计要求严格掌握，确保实体工程质量。

4 拱圈变形监控对保证拱圈成拱线形，避免质量和安全事故是一项重要措施，施工时必须予以重视，因此提出进行变形监控的要求。

5 删除原98标准中有关质量评定的内容。

8.2 桥梁总体

1 荷载试验是检验桥梁受力性能和承载能力是否达到设计及规范要求的最有效手段，试验结果可以反映桥梁的综合施工质量。故对特大桥梁或结构复杂桥梁增加进行荷载试验的要求。

2 桥面中线偏位允许偏差由原10mm放宽至20mm，明确了桥头高程衔接的检查方法。

3 因已有桥头搭板分项工程，故取消了桥头跳车的外观减分。栏杆、灯柱、缘石等的线形对桥面景观影响突出，增加相应的外观减分。

8.3 钢筋和预应力筋加工、安装及张拉

8.3.1 钢筋加工及安装

基本要求增加了安装时必须保证钢筋根数的要求，使结构中钢筋数量不少于设计数量。

表8.3.1-1项次2及表8.3.1-3项次2中的箍筋、横向水平钢筋和螺旋筋的间距，其允许偏差均改为±10mm，更符合施工的实际情况。表8.3.1-2项次3的允许偏差改为15mm，以便与项次2的允许偏差配合。

8.3.2 预应力筋的加工和张拉

为简化评定，将预应力筋制作、张拉和后张孔道压浆合为一个分项工程，对有关后张孔道压浆的规定列在基本要求中。

基本要求增加了单根钢筋不允许断筋或滑移的要求；同时规定孔道压浆所用水泥浆的性能亦应符合施工技术规范要求，因为水泥浆不仅需要强度，其各项性能(如泌水率、膨胀率、稠度等)指标的优劣，对保证压浆的密实性、防止出现空洞也非常重要。

预应力筋张拉时混凝土的龄期对结构构件的后期变形影响大，施工中不能保证混凝土的强度与龄期同步增长，在基本要求中强调强度、龄期同时符合设计要求。

实测项目中张拉应力值规定为符合设计要求。张拉伸长率首先应符合设计要求，设计未要求时按施工规范定为±6%，且其权值定为3，这是因为张拉伸长率与张拉应力值同样重要。

8.4 砌体

本节中“宽缝”是指缝宽超过一般宽度的砌缝，一般砌缝宽度随所用材料不同而不同，应符合《公路桥涵施工技术规范》(JTJ 041—2000)第13.3和13.4节有关规定。

8.4.1 基础砌体

轴线偏位的检查方法和频率规定为用经纬仪测量纵、横各2点，这2点是指纵、横轴线与边沿的交点。

8.4.2 墩台身砌体

墩台身砌体的轴线偏位允许偏差由原10mm放宽至20mm。

8.4.3 拱圈砌体

为使砌块正面受压，要求拱圈的砌缝垂直于拱轴线。

拱圈的内弧线偏离设计弧线检查项目增加了极值要求，以控制偏差过大。

8.5 基础

本次修订将所有基础类的分项工程归为一节。

8.5.1 扩大基础

全站仪使用越来越普遍，原标准规定用“经纬仪测量”的项次，本次修订均改为“用全站仪或经纬仪测量”。另外，原则上本标准规定采用的检测仪器均可用精度更高的仪器替代(其他节类似修改，不再说明)。

8.5.2 钻孔灌注桩

1)由于钻孔灌注桩是地下隐蔽工程，施工中往往会存在一些质量缺陷，故规定在一般情况下对钻孔灌注桩应选择有代表性的进行无破损检测，重要工程或重要部位的桩宜逐根进行检测，甚至钻芯检验，这是非常必要的，应高度重视这一工作。至于对所有的桩是否逐桩检测，还是应以工程招标文件中的规定为准，因检测数量的多少涉及到费用问题。

2)孔径系指成孔直径，孔径不得小于设计桩径。孔底的沉淀厚度首先应符合设计规定，当设计未规定时则按施工规范的要求执行。

钻孔倾斜度、孔径、孔深和沉淀厚度的检查可参考《公路施工手册》(桥涵)介绍的方法，鼓励采用技术先进、精确可靠的仪器进行检测。

排架桩的桩位对盖梁布置等影响大，故增列极值限制。

3)对经无破损检测的桩，虽有少量轻微缺陷(如按A、B、C分类中的C类桩)，经设计单位确认仍可用的，应减分。

8.5.4 沉桩

表8.5.4-2中项次2将桩尖高程和贯入度列为关键项目，是因为这两项指标在沉桩施工中非常重要。

按施工规范的要求，除一般的中、小桥沉桩工程有可靠的依据和实践经验可不进行试桩外，其他沉桩工程在施工前，均应先试桩，以确定沉桩工艺和检验桩的承载力。沉桩施工时，对桩尖高程与贯入度的控制，施工规范已有明确规定，在施工中当实际桩尖高程和贯入度有出入时，应按施工规范的有关规定进行处理。

8.5.5 地下连续墙

增列了两条要求作为基本要求，明确混凝土材料和灌注水下混凝土前成槽必须达到的质量标准。

8.5.7 双壁钢围堰

为新增加内容。本标准所指双壁钢围堰系指设计为永久受力结构的围堰，其制作拼装作为一个分项工程。

1)为了切实保证焊接制作的质量,对焊接操作的人员,要求必须具有相关的资格且应有上岗证。

2)焊缝的质量及水密试验是保证钢围堰施工质量和安全的重要前提,故将其列为关键项目。

8.5.8 沉井或钢围堰的混凝土封底

是本次修订新增加的内容。因沉井或钢围堰的混凝土封底是否成功,对后续工程的施工至关重要,故作为一个分项工程来对待。

8.5.10 大体积混凝土结构

原称大体积构件,现改为大体积混凝土结构。是指大跨径桥梁的大型基础、大型承台和大型锚碇等结构。

大体积混凝土的材料配合比与一般混凝土的配合比有所不同,如需采用低水化热的水泥,应尽可能掺加粉煤灰等混合材料,以满足其特殊要求。

施工技术规范规定了混凝土内的最高温度及内外温差的控制值,施工时应严格执行。

8.6 墩、台身和盖梁

8.6.2 墩、台身安装

增加了墩、台身预制必须经检验合格后,方可进行安装的要求,同时对接缝胶结材料和密实性作了要求。

8.6.3 墩、台帽或盖梁

表 8.6.3 对原标准的有关项次作了调整,增加了顶面高程和支座垫石预留位置两项的允许偏差。

8.6.4 拱桥组合桥台

(1)增加了对地基强度的要求。

(2)组合桥台一般应用在软土地基上,易出现后倾,为限制沉降缝宽度变化过大,台身后倾率由 1/150 调整为 1/250。

8.6.5 台背填土

此为新增加的内容。桥头跳车是带有普遍性的质量通病之一,而造成跳车的主要原因是台背填土产生了较大的沉降,因此将台背填土列为一分项工程,是强调必须加强对其质量的控制。

(1)为保证碾压效果,分层的厚度宜适当小于一般路基的分层填筑厚度,并应充分碾压。

(2)按不同等级的公路分别规定其压实度的要求。

8.7 梁桥

8.7.1 预制和安装梁(板)

增加了支座底与垫石顶须密贴的规定,即支座不能产生脱空现象,否则梁(板)应重新安装。

表 8.7.1-1 对原标准有关项次进行了适当调整。删去了跨径和支座表面平整度两项,增加了断面尺寸和横坡的要求。项次 6 是指有模板的混凝土表面的平整度,并非指梁(板)顶面平整度。

8.7.2 就地浇筑梁(板)

对就地浇筑梁(板)所使用的支架模板,其强度、刚度和稳定性是施工中非常重要的因素,故将其列入基本要求。

表 8.7.2 项次 4 中的断面尺寸做了适当调整。

8.7.4 悬臂施工梁

梁体出现裂缝是悬臂施工常见的问题,为限制裂缝宽度,查明开裂原因,消除隐患,故在基本要求中增加了相关规定。

表 8.7.4-1 和表 8.7.4-2 中,检查方法和频率一栏改为要求对每个梁段进行检查。

为方便应用,外观鉴定第 2 项修改为:每孔出现两处及以上明显错台(≥3mm)时,减 2 分。

8.8 拱桥

本节纳入了原标准中有关拱桥的内容,并以此为基础进行增加及补充。近年来虽有钢拱桥建成,但数量很少,条件还不成熟,故本次修订时未编制相关评定标准。

8.8.1 就地浇筑拱圈

1)就地浇筑拱圈一般用于跨径不大的钢筋混凝土拱桥,据此补充有关支架和施工顺序的要求。

2)在实测项目中增加了拱宽的检查。

8.8.2 拱圈节段的预制

原预制拱圈节段的检查项目轴线偏位改为平面度。断面尺寸的宽度及高度允许偏差由原 +5mm, -10mm 改为 +10mm, -5mm,以减少断面削弱程度。

原桁架拱杆件的检查项目轴线偏位改为杆件旁弯。

8.8.3 拱的安装

为避免对结构受力的不利影响,应查明杆件或节点开裂原因。同时增加合龙段两侧高差的限制,以利于拱的线形。

对称接头点的反向高差对拱的稳定是极不利的,表 8.8.3-1 及 8.8.3-2 中对此列出极值限制,任一检查点不满足极值要求,该分项工程即为不合格。

由于半个拱整体施工,而且高程可调,因此拱顶面高程允许偏差比用其他方法施工的拱控制更为严格,仅列出 ±20mm,且不与跨径联系。

8.8.5 劲性骨架混凝土拱

原标准的劲性骨架加工与安装,分解成为加工以及安装两个分项工程,并各增加了焊接质量的检查项目。

对称点高差中增加了极值的要求,参见 8.8.3 说明。

8.8.6 钢管混凝土拱

原标准的钢管拱肋制作与安装,分解成为制作以及安装两个分项工程。

为控制成拱的质量,增加钢管拱肋节段制作、安装过程及管内混凝土的施工要求。

对称点高差增加了极值的限制要求,参见 8.8.3 说明。对射线探伤比例,首先应符合设计文件的要求,若设计未作规定,由于射线探伤的成本高、操作程序复杂、检测周期长及适应性差,其比例可按焊缝条数进行抽样检查,并应不少于 1 条,本标准均相同,不另说明。

8.8.7 中下承式拱吊杆和柔性系杆

把原标准吊杆安装改为吊杆的制作与安装,增加了吊杆长度的检查项目和吊杆拉力极值的限制要求,补充了柔性系杆的检查项目。

8.9 钢桥

本节适用于除本标准第 8.10 和 8.11 节以外的常规钢梁桥,内容包括钢梁的制作、防护和安装分项工程的标准。

8.9.1 钢梁制作

此为新增加的内容,参照《公路桥涵施工技术规范》(JTJ 041—2000)和一些斜拉桥、悬索桥的专项质量检验评定标准及施工经验编制而成。

1)钢梁(梁段)元件种类较多,没有专门列出检查项目,但亦应进行检查,其质量必须符合设计和规范要求。

梁段的试组装是保证工地安装质量的重要手段,验收必须合格,故在基本要求中列出。

对钢梁(段)的制作,监理工程师应到厂进行检查。

2)高强螺栓扭矩允许偏差是指采用退扣法检查的偏差,本标准均相同,不另说明。

8.9.2 钢梁防护

为新增加内容，参照已建成的钢斜拉桥、悬索桥的专项质量检验评定标准及施工经验编制而成。

实测项目除锈清洁度、粗糙度、附着力具体检查方法参见 GB 8923—88、GB/T 13288—91、GB 3505—2002、GB/T 9286—98 等标准。

对箱梁段工厂防护涂装，监理工程师应到厂检查。梁段的现场工地防护，也必须坚持按同一标准执行。

8.9.3 钢梁安装

原标准中钢梁的安装与防护为一个分项工程，修订后拆分成两个分项工程。

梁的应力与施工过程有关，故规定应按设计规定的程序进行安装。

8.10 斜拉桥

原标准有关斜拉桥的内容较少，不能满足工程建设的需要，故本节修订以增加内容为主。本节由原来的 3 个分项工程扩充为 11 个分项工程，所增加的内容主要是与钢斜拉桥和结合梁斜拉桥有关的分项工程。

我国虽已建成几座钢管混凝土斜拉桥，但实践经验还很少，其评定标准有待今后补充。

8.10.1 混凝土索塔

索柱、横梁各作为一个独立的分项工程，并把原标准中的断面细化为外轮廓尺寸和壁厚两项，分别规定其允许偏差。

8.10.2 平行钢丝斜拉索制作与防护

为新增加内容。平行钢丝斜拉索是目前最常用的斜拉索类型，至于平行钢绞线拉索，由于都是工厂化生产，而且不需监理工程师到厂检验，因此不必专门编制评定标准，工厂生产有合格证即能使用。

8.10.3 混凝土斜拉桥主墩上梁段的浇筑

为新增加内容。鉴于在主墩上的梁段，基本上属于有支架的施工，对箱形梁段直接引用梁桥相关评定标准。肋板式截面的梁常在双索面斜拉桥上采用，而且日益增多，因此也列出该类截面梁的质量标准。

8.10.4 混凝土斜拉桥梁的悬臂施工

索力和高程调整是斜拉桥施工过程中不可缺少的项目，其调整依据之一就是施工控制的结果，因此增加了相关要求。

索力检查增加了极值的限定，任一拉索的索力不满足该项要求时，必须进行调整，否则该分项工程即为不合格。悬臂浇筑中增加了横坡检查。

8.10.5 钢斜拉桥的箱梁段制作

为新增加内容，国内已有一些钢斜拉桥，如南京长江第二大桥、军山长江公路大桥、润阳长江公路大桥北汊大桥相继建成。本条参照这些桥的专项质量检验评定标准及施工经验编制而成。

8.10.6 钢斜拉桥箱梁段防护涂装和合龙后工地防护涂装

直接引用第 8.9 节的相关内容。

8.10.7 钢斜拉桥箱梁段的拼装

为新增加内容，分为支架安装（主墩附近或边段）及悬臂拼装两部分，分别列出检测项目。索力检查项目中列出了极值要求，参见 8.10.4 说明。

8.10.8 结合梁斜拉桥的工字梁段制作

为新增加内容，参照一些特大桥的专项质量检验评定标准编制而成。

8.10.9 结合梁斜拉桥工字梁段防护及合龙后工地防护

直接引用第 8.9 节的相关内容。

8.10.10 结合梁斜拉桥工字梁段的悬臂拼装

将原标准的结合梁斜拉桥分为梁段悬臂拼装及混凝土板施工两个分项工程，同时增加了索力极值的要求和横坡检查，索力极值的要求见8.10.4说明。

8.10.11 结合梁斜拉桥的混凝土板

同8.10.10条说明。

8.11 悬索桥

近年来，国内已建成多座大跨度悬索桥，积累了较丰富的实践检验，为本节修订提供了基础。本节列出工程中常用的检验项目标准，较原标准内容大大增加，由原来的6个分项工程(不计支座)扩充为16个分项工程。所增加的内容主要是有关构件制作和防护的分项工程。

8.11.1 混凝土索塔

原标准斜拉桥索塔与悬索桥索塔合在一节，本次修订把悬索桥索塔归到悬索桥中，把原断面检测项目细化为外轮廓尺寸和壁厚两项，分别规定了其允许偏差。

8.11.2 `锚碇锚固系统制作

为新增加内容。分为预应力锚固体系和刚架锚固系统两种，参照一些悬索桥的专项质量评定标准编制。

8.11.3 锚碇锚固系统安装

预应力锚固系统中，已把预应力锚索的张拉与压浆作为单独的分项工程，因此在基本要求及实测项目中，删去相应的条款和检查项目。

列出了前锚式预应力锚固系统实测项目，拉杆式刚架锚固系统安装的检查项目增加了刚架安装锚杆之平联高差一项。

8.11.4 锚碇混凝土块体

混凝土锚碇通常为大体积混凝土构件，根据以往经验，必须注意两方面，一是控制锚碇混凝土内部最高温度和内外温度差，防止开裂，必须分块、分层浇筑；二是混凝土应有良好的防渗性能，防止水渗入锚体内。据此在基本要求中增加相应的规定。

8.11.5 预应力锚索的张拉与压浆

为新增加内容，参照一些悬索桥的专项质量检验评定标准编制而成。

8.11.6 悬索桥索鞍制作

为新增加内容，分主索鞍和散索鞍。参照一些悬索桥的专项质量检验评定标准编制而成。

8.11.7 索鞍安装

主索鞍在安装时，一般留有预偏心位移，其值由设计确定，在安装加劲梁过程中，主索鞍需按设计规定的阶段和数值，将其调整，最终到达正确位置。因此，在索鞍安装后的一段时间内是允许移动的，最终应锁定牢固。散索鞍安装类似，也要按设计规定，设置预偏量，调整后最终达到正确位置。所设置的底板或格栅是索鞍滑动、固定的平台，故基本要求中增加相关规定。

散索鞍实测项目中，参照一些悬索桥的专项质量检验评定标准，增加了底板扭转及安装基线扭转两项，以更好控制质量。

8.11.8 悬索桥索股和锚头的制作与防护

为新增加内容，参照一些悬索桥的专项质量检验评定标准编制而成。

目前国内都采用工厂制索股，这里列出的是厂制索股的评定标准。国内还未采用现场编缆法制索(AS法)，故未列出其评定标准。个别桥上曾采用工地现场制索股，这不是方向，其索股也应按本条进行评定。

8.11.9 主缆架设

把原标准的主缆架设与防护分为主缆架设和主缆防护两个分项工程。为避免索股弯折，在基本要求中增加索股锚固应与锚板垂直的规定。

实测项目中作了以下改动：

1)在本标准中，对基准索股标高的标准适当放宽，中跨跨中为±1/20000跨径，比一些实桥的要求低些。这是考虑到某些场合风力较大,不易控制,而且要求放宽,对索的受力影响不大。各桥可根据自身情况,提出比本标准更严的指标。基准索股边跨跨中允许偏差为中跨跨中的2倍,主要是因为边跨索股倾斜,其挠度的控制更加困难,故对边跨索股标高要求更为宽松。

2)增加了上、下游基准索股高差的要求。一般索股的标高允许偏差,相对于基准索股,不得出现负值,以免影响基准索股标高的正确性。

3)还增加了主缆直径不圆度这一项检查项目。

4)一般索股与基准索股的相对高差调整为(0,+5mm)

8.11.10 主缆防护

主缆防护单列为一个分项工程,补充了索夹端部缠丝和缆套安装要求。

补列了3项具体检查项目,适用于涂膏、缠丝、涂层这类防护,如还采用了其他防护措施,可适当增加检查项目。

8.11.11 悬索桥索夹制作与防护

为新增加内容,参照一些悬索桥专项质量检验评定标准编制而成。

索夹的制作并不困难,控制质量重点应放在制作材料及其缺陷、损伤程度的检测上,故在基本要求中列出了相应规定。

应要求监理工程师到厂进行检查。

8.11.12 悬索桥吊索和锚头的制作与防护

为新增加内容,参照一些悬索桥专项质量检验评定标准编制而成,适用于平行钢丝、钢丝绳吊杆。

8.11.13 索夹和吊索安装

为新增加内容,选择了索夹偏位、上下游吊点高差及螺杆的紧固力三项内容作为实测项目。

8.11.14 悬索桥钢加劲梁梁段制作

为新增加内容。国内已修建了一些悬索桥,如江阴长江公路大桥、虎门大桥、厦门海沧大桥、丰都长江大桥等,既有钢箱加劲梁,也有钢桁架加劲梁。本分项工程参照这些桥的专项质量检验评定标准及施工经验编制而成。

8.11.15 悬索桥钢加劲梁段防护和工地防护

直接引用第8.9节的相关内容。

8.11.16 悬索桥钢加劲梁安装

其标准与施工技术规范完全一致。

8.12 桥面系和附属工程

新增加的一节。为了与《公路桥涵施工技术规范》(JTJ 041—2000)一致,把原标准有关内容移至本节,并补充了一部分内容。

8.12.1 桥面防水层

鉴于桥梁耐久性的要求,桥面防水层已越来越多地被采用,为此增加了这一分项工程的评定内容。由于各种桥面防水材料要求不同,在此所列规定是针对常见的柔性防水材料,评定时应予以注意。

8.12.2 桥面铺装

复合桥面的水泥混凝土铺装单独列出表8.12.2-2,其中平整度也必须作为关键检查项目,鉴于当时伸缩缝未安装,故可用3m直尺检查。

8.12.3 钢桥面板上防水黏结层

为新增加内容,参照一些特大桥的专项检验评定标准编制而成。

8.12.4 钢桥面板上沥青混凝土铺装

根据实际使用效果,钢桥面板上沥青混凝土铺装远不及环氧混凝土铺装,技术上还不太成熟。在此仅列出检验标准以满足使用之需。

8.12.5 支座垫石和挡块

支座垫石的质量好坏，对支座的安装质量有非常直接的关系，因此本次修订将支座垫石列为一个分项工程。

(1)对支座垫石规定了不得出现蜂窝、麻面及任何裂缝，是因为支座垫石是重要的受力部位。

(2)支座垫石高程应根据支座实际高度进行调整，需要体系转换、调整结构受力等情况时，应符合设计要求，从严控制。

8.12.6 支座安装

为新增加内容，参照《公路桥涵施工技术规范》(JTJ 041—2000)编制。

对四氟滑板式支座，四氟板不能设在支座底面，不锈钢板不能设置在垫石上，位置必须正确。

8.12.7 斜拉桥、悬索桥的支座安装

增加竖向支座滑板中线与桥轴线平行度、横向支座支挡垂直度和平行度3个检查项目，以保证支座滑动平顺和受力均匀。

8.12.8 伸缩缝安装

此处"大型伸缩缝"是指斜拉桥、悬索桥中所使用的伸缩缝。

为避免积水影响行车和渗漏影响支座，增加了不得积水的要求。

检查项目"缝宽"，如伸缩缝安装时的温度与设计不同时，缝宽应进行调整后再检查。对一般伸缩缝，由于两侧锚固混凝土宽度小，纵坡要求适当放宽。

8.12.9 混凝土小型构件预制

由原标准的"混凝土浇筑"一节中移至本条。根据原标准实施以来反馈的意见，表8.12.9检查项目"断面尺寸"和"长度"的检查频率由原来的50%调整为30%。

8.12.10 人行道铺设

人行道中未列宽度检查项目，因为桥梁总体检查项目中已列。要求每侧人行道均应检查。

8.12.11 栏杆安装

把原标准中的栏杆、护栏分为两个分项工程，以便于应用，内容未变。

8.12.12 混凝土防撞护栏

同8.12.11说明

8.12.13 桥头搭板

桥头设置搭板是非常普遍的做法，故增加该分项工程。基本要求中对材料、地基及混凝土的浇筑质量等作了规定。

9 涵洞工程

9.1 一般规定

9.1.1 为加强涵洞的检验评定,保障涵洞的工程质量,将每道涵洞作为一个子分部工程进行评定。评分时,可按 1 ~ 3km 组成一个分部工程进行计分。

分项工程按组成构件划分,以便对涵洞进行全面检查。

9.1.5 本条仅适用于明涵,对其他涵洞应纳入路面工程中进行评定。

9.2 涵洞总体

为新增加内容,参照《公路桥涵施工技术规范》(JTJ 041—2000)编制。从总体上对涵洞质量提出要求,各类涵洞共有的检查项目和要求也列入本节。

9.3 涵台

涵台是涵洞的重要组成部分,故增加本节,包括常用的砌体涵台和混凝土涵台。

9.4 涵管制作

作为分项工程单独列为一节。

9.5 管座及涵管安装

将原标准相关内容单独列为一节,根据施工技术规范,对管座、垫层、管底坡度及倒虹吸涵管防渗等增加了基本要求。

9.6 盖板制作

作为分项工程单独列为一节。为保证铺装厚度,调整了盖板高度偏差规定。

9.7 盖板安装

新增加的一节,对板的支承面、接缝填料等规定了基本要求,检测项目列出了支承面中心偏位和相邻板高差,以控制板的支承位置和各板平齐。

9.8 箱涵浇筑

新增加的内容,现浇箱涵作为一个分项工程。

9.9 拱涵浇(砌)筑

为新增加内容,参照《公路桥涵施工技术规范》(JTJ 041—2000)编制。

9.10 倒虹吸竖井、集水井砌筑

同9.9节说明。

9.11 一字墙和八字墙

为新增加内容,一字墙和八字墙是常用的洞口形式,一般为砌体,故按砌体分项工程要求编制。与洞身、沟槽、边坡等衔接和匹配等规定列入总体分项工程。

9.12 锥坡

锥坡单列为一个分项工程,按防护工程砌体规定进行评定。

9.13 顶入法施工的桥、涵

本次修订增加了对桥、涵各部进行评定的要求。

10　隧道工程

10.1　一般规定

10.1.1　条文中所述的山岭隧道，是指以钻爆法施工的隧道，显然，它也包括采取爆破开挖的城市隧道。采用其他方法如盾构、掘进机、沉埋法施工的隧道，其施工工艺和质量评定标准显然与之不同。

10.1.2　监控量测是判断围岩和衬砌是否稳定，保证施工安全，指导和进行施工管理，提供设计信息的重要手段。因此，标准中补充了监控量测方面的要求，与《公路隧道施工技术规范》(JTJ 042—94)相得益彰，相互补充，目的在于提高量测质量和监控量测水平，使监控量测这一新奥法的灵魂发挥应有的作用。

10.1.3　本标准新增了隧道的通风、照明、供配电、监控设施等方面的检验和评定内容。

10.1.4、**10.1.5**　洞口开挖、洞门和翼墙的浇筑、洞口边仰坡防护、截水沟、排水沟、隧道路基、路面等工程也应按照本标准相关章节进行检验评定。

10.1.6　公路隧道按其长度分类如下：

隧道分类	特长隧道	长隧道	中隧道	短隧道
隧道长度(m)	$L>3000$	$3000\geqslant L>1000$	$1000\geqslant L>250$	$L\leqslant 250$

注：隧道长度系指进出口洞门端墙墙面之间的距离，即两端墙墙面与路面的交线同路线中线交点间的距离。

原标准只笼统地提到洞身开挖分项工程分段划分，不明确，不全面。新标准对如何划分单位工程、分部工程、分项工程作了统一规定。

10.1.7　明确了隧道防排水工程应达到的质量标准，同时与《公路隧道施工技术规范》(JTJ 042—94)的要求相一致。鉴于隧道防排水的重要性和已经建成隧道存在不同程度的渗漏通病，因此将防排水要求提升到显要位置，作为一般规定，以突出其重要性。工程建设各方应切实保证防排水质量，防止病害的产生。

10.1.8　鉴于装修项目、种类的多样化，需结合具体的隧道装修设计按《建筑装饰装修工程质量验收规范》(GB 50210—2001)确定实测项目，制定相应项目的质量检验评定标准。

10.2　隧道总体

本节的目的在于从总体上保证隧道使用功能而进行的质量评定，内容与以下各节不重复。

10.2.3　高速公路、一级公路隧道渗漏水的危害较其他公路大，因此扣分的下限应提高，其他公路减1~5分，高速公路、一级公路就应扣5~10分。有冻融地区的隧道存在渗漏水，危害更大，因此应加大扣分量。

10.3　明洞浇筑

明洞是采用明挖法施工的隧道(包含棚洞)。本次修订明确了其检验评定方法。

10.4　明洞防水层

该节为新增内容，目的在于提高防排水质量，使防排结合。

10.5 明洞回填

该节为新增内容,使涉及明洞的质量检验和评定具体化、系统化。

10.6 洞身开挖

洞身开挖是控制隧道后续工序质量的关键工序,爆破成形的好坏对后续工序的质量影响极大,对喷射混凝土和防水层的质量影响尤为严重,因此本次修订将其提升为重要的分项工程,权值为2,这样才与其地位名副其实,同时也可促进开挖质量的提高。

开挖质量的检查评定应着重局部超挖的控制,采用控制爆破力求开挖轮廓线圆顺,避免局部超挖产生应力集中,影响围岩稳定性。因此,本次修订将平均超挖量要求进行适当放宽。检验评定时应突出开挖轮廓线圆顺。

(1)浅埋、软弱围岩、断层破碎带等自稳性差的岩层开挖时易发生塌方,采用辅助施工方法如超前锚杆、超前钢管、注浆等对地层进行预加固、超前支护或止水后方可进行开挖是保证施工安全,防止塌方发生的必要手段。

(2)明确了何时采用哪些方法必须探明前方的地质情况。地质情况不明就盲目开挖是造成塌方的原因之一。

(3)欠挖应严格控制,新标准进一步明确只有石质坚硬完整且岩石抗压强度大于30MPa并确认不影响衬砌结构稳定和强度时才允许欠挖。

(4)施工中常见因预留变形量不足造成侵界,导致二次衬砌厚度不够需要返工。预留变形量偏大造成不必要的浪费,因此要根据量测信息和围岩类别及时调整。

10.7 (钢纤维)喷射混凝土支护

原标准将锚喷合并作为一个分项工程,在一次支护只有锚杆或喷射混凝土时无法评定其工程质量,且钢筋网漏项。因此,将锚杆、喷射混凝土和钢筋网支护分别作为一个分项工程检验评定能更好地反映各自的工程质量。

原标准喷射混凝土的厚度评定不适用于设计厚度为50mm的情况,因此将最小厚度不得小于60mm调整为最小厚度不得小于50mm。

10.8 锚杆支护

锚杆评定仅采用拉拔力不能正确反映实际工程质量,因此增加了孔位、孔径等指标。工程实践中多采用砂浆锚杆或注浆锚杆,浆饱满是保证锚杆质量的基本保证,否则,杆体会锈蚀失效。因此,将锚杆孔内浆密实饱满列在基本要求。

10.10 仰拱

仰拱与二次衬砌(拱墙部分)不同,属隐蔽工程,及时施工非常重要。质量要求的重点是基底和结构强度,对外观的要求可适当降低,因此取消结构轮廓线条顺直美观这一要求。仰拱施工与二次衬砌(拱墙部分)施工之间存在时间差,设置仰拱段一般地质条件差。二次衬砌(拱墙部分)施工后,如不及时浇筑仰拱使支护结构闭合,会造成衬砌下沉开裂甚至酿成塌方事故。因此,本标准将仰拱作为一个分项工程单独进行评定。

10.11 混凝土衬砌

结合工程实际和调研,对本分项工程的外观鉴定部分中的条文进行了修改并补充了两条。衬砌出现错台影响外观质量,因此应视情况扣分。衬砌混凝土因混凝土养护原因或基底处理达不到承载力要求出现不影响结构的裂缝同样影响外观,因此也应扣分。如裂缝影响结构稳定,该分项工程应返工处理后进行评定。

10.12 钢支撑支护

钢支撑在软弱围岩和浅埋隧道中广泛应用,是重要的支护手段,发挥着重要作用。钢支撑质量直接影响支护质量和效果。因此,本标准新增了钢支撑的质量检验和评定。

10.13 衬砌钢筋

衬砌钢筋是本标准新增的分项工程。I、II、III 类围岩模筑混凝土支护中需要配筋,配筋质量非常关键,配筋的质量直接影响结构稳定,因此应特别重视对其的检验评定。

10.14 防水层

本节及 10.15 节和 10.16 节是本次修订新增加的分项工程。已建成运营的隧道渗漏已经成公路隧道的通病。防排水的设置没有形成系统,防水层的铺设质量欠佳,开挖质量差等是造成隧道渗漏的基本原因。因此,本次修订增加了对防排水的质量检验和评定。

10.17 超前锚杆

辅助施工措施包括超前锚杆、超前钢管、小导管周壁预注浆、深孔预注浆等。由于目前缺乏对注浆效果的有效检验方法和手段,因此本次修订没有列出涉及注浆的检验评定。

10.18 超前钢管

见 10.17 节说明。

11 交通安全设施

11.1 一般规定

11.1.1 标志、标线涂料包括玻璃珠、波形梁钢护栏、缆索护栏、突起路标、轮廓标、防眩板(网)、隔离栅、防落网等,都是工厂加工的产品,在运抵工地之前,必须保证这些产品的品质,需经有资质的检测机构检测合格;其次要保证运输环节没有受到损坏,即到达工地之后,要经工地上检验认可。

11.1.2、11.1.3 绿篱做隔离栅和混凝土桥梁护栏参考其他章节。

11.1.5 具体安全设施所采用的钢质材料必须进行防腐处理,防腐的方式有多种,都应符合相应的产品标准或设计规定。

11.2 标志

11.2.1 基本要求

交通标志制作、安装必须满足一些基本条件,例如:标志的形状要正确,尺寸符合要求,反光膜的颜色、字符的尺寸、字体等应符合《道路交通标志和标线》(GB 5768)及《公路交通标志板技术条件》(JT/T 279)的规定。

11.2.2 实测项目

标志面反光膜等级及逆反射系数是重点,标志汉字、数字、拉丁字的字体及尺寸,结构件制作质量及镀锌质量,标志基础也应特别注意。道路交通标志和标线标准中规定的汉字字体,是一种黑体(简体)。

标志板安装平整度是影响标志认读的重要因素,标志平整度差,标志面反射亮度的均匀性就差,标志亮度和颜色不均匀,会严重影响标志文字的视认性。要保证标志板的平整度,首先要保证材质、板厚、加强肋的密度及制作安装质量。

标志面的贴膜质量非常重要,包括反光膜表面是否有皱纹、划痕、裂纹及其他损伤,不能有气泡。标志板在粘贴底膜时,横向不允许有接缝。只有丝网印刷的反光膜拼接时才允许平接。

标志立柱、横梁及连接件的质量检验,除基本尺寸外,主要是检查焊接质量和镀锌质量。

金属件的焊接质量和镀锌质量应仔细检查,不得有裂缝、未熔合、夹渣和未填满弧坑等缺陷。对于镀锌构件,首先应检查镀锌层厚度,然后检查镀层是否均匀,颜色是否一致,不允许锌层发黑,起白粉。不允许有流挂、滴瘤或多余结块。镀件表面应无漏镀、露铁等缺陷。

11.3 路面标线

11.3.1 基本要求

路面标线材料应符合《路面标线材料》(JT/T 280)的规定。在路面上标线的规划设计,包括颜色、标划形状,应符合《道路交通标志和标线》(GB 5768)的规定。

路面标线应满足耐久性、柔韧性、施工性的要求,对施工人员无毒性,对环境无污染。

11.3.2 实测项目

标线线段长度主要指虚线实线段的控制精度,检查时按线段的不同规格分别进行。

标线宽度则受划线机具的影响。喷嘴的安装角度和高度对标线宽度有很大的影响。推(拉)式划线车的标线宽度由斗槽宽度决定。施工前要调整好喷嘴角度和高度,选择好划线机斗槽的宽度。

标线剥落面积是指到工程验收时，标线剥落面积占检查总面积的百分数。

11.4 波形梁钢护栏

11.4.1 基本要求

目前高速公路上波形梁钢护栏作为护栏的重要形式被大量采用。由于生产厂商较多，在设计上存在一定的随意性，因此，对护栏材质和尺寸的要求应严格按《高速公路波形梁钢护栏》（JT/T 281）和《公路三波形梁钢护栏》（JT/T 457）的规定执行。

有关波形梁钢护栏施工安装方面主要有立柱打入深度不够、连接螺栓孔位置偏移、防阻块扭弯、拼接螺栓孔对不上、基层压实度不够等质量问题，应按《高速公路交通安全设施设计及施工技术规范》（JTJ 074）的要求严加控制。

11.4.2 实测项目

波形梁板的厚度一直是质量控制的重点，有的承包商利用钢板负公差来获取非法利润，这样做严重损害了工程质量，降低了护栏板的强度，对护栏整体抗冲击能力非常不利。负公差的测点不允许大量出现。

焊接钢管立柱壁厚的允许偏差为 ±0.5mm。因此，立柱壁厚为 4.25mm 的也应视为合格。但这种负公差的立柱不允许大量出现。

钢护栏的防腐处理关系到护栏的使用寿命，热浸镀锌和热浸镀铝是比较成熟的防腐方式，由于涂塑和镀锌（铝）后涂塑新安装护栏的颜色多样、外形美观，是目前逐渐使用的方式，但是其防腐效果还有待进一步的工程检验。无论何种方式，都应符合《高速公路交通工程钢构件防腐技术条件》（GB/T 18226）的规定。

立柱外边缘距路肩边线距离的检查是为了保证护栏立柱的侧向土压力。

横梁中心高度是指从地面到横梁中心点的距离。

11.5 混凝土护栏

11.5.1 基本要求

混凝土护栏用水泥、砂石、水及添加剂的材质应符合《公路桥涵施工技术规范》（JTJ 041）的要求。混凝土的配合比、拌和、运输、浇筑等工序应严加控制，保证混凝土的浇注质量。预制混凝土护栏嵌锁在基础中或通过传力钢筋与基础连接，也应满足设计要求。混凝土护栏块件的损边、掉角应及时修补。

11.5.2 实测项目

中央分隔带混凝土护栏嵌锁在基础中或通过传力钢筋与基础连接时，基础的平整度取决于半刚性基层的施工质量。在混凝土护栏安装以前，应用水准仪控制基础顶面高程，以免造成与设计高程的较大误差。中央护栏高度应由左侧路缘带设计高到护栏顶的距离作为控制。路侧混凝土护栏高度应由右侧路缘带设计高至护栏顶的距离作为控制。

11.6 缆索护栏

11.6.1 基本要求

缆索护栏的关键材料——钢丝绳，须按《优质碳素结构钢技术条件》（GB 699）规定材质制造，其硫、磷含量各不得超过 0.036%，并符合《制绳用钢丝》（GB/T 8919）的规定。护栏用缆索主要参照日本有关标准确定，该种缆索的构造系根据缆索护栏的特殊应用要求决定的。

缆索护栏的立柱采用普通碳素结构钢制造，立柱用电焊钢管，端部结构和弓形和半弓形立柱可采用铸钢制造。

11.6.2 实测项目

缆索的初张力是保证护栏具有一定刚度和柔性的量度。缆索的初张力采用196kN。

最下一根缆索安装高度，主要考虑与碰撞车辆的作用位置。路侧缆索护栏最下一根缆索高度为430mm、缆索间距为130mm。中央分隔带缆索护栏最下一根缆索高度为440mm、缆索间距为170mm。

为保证缆索免受腐蚀而采用单丝热浸镀锌的办法。按《镀锌钢绞线》(GB 1200)规定处理，锌层重量215g/m^2。经热浸镀锌处理的钢丝表面应有一层均匀的锌层，不应出现裂纹、斑疤和露铁现象。用于镀层的锌层满足《锌锭》(GB 470)中0类的1类锌的要求。

11.7 突起路标

11.7.1 基本要求

突起路标的分类、品质应符合《突起路标》(JT/T 390)的规定，设置应符合《道路交通标志和标线》(GB 5768)的规定。

突起路标应牢固地黏结于路面上，能经受汽车轮胎的冲击而不会脱落。从实际使用情况看，突起路标脱落率高。为解决突起路标与路面牢固黏结问题，应从突起路标的结构上、黏结剂、施工工艺等方面着手。

11.7.2 实测项目

突起路标的光度性能用"发光强度系数"来表示。按发光强度系数的大小，分为I级和II级。

安装角度主要指反光面的那条边线尽可能与行车方向垂直，允许偏差在±5°以内。

纵向间距指突起路标纵向安装间距的控制精度。突起路标在安装前需精确量距放样，确定位置后，再清理路面、打洞、清渣、吹灰、涂黏结剂、装突起路标、加压、保护(一般需12h以上)。

用任何材料制作的突起路标外壳，如：钢化玻璃、陶瓷、聚酯型树脂化合物、塑钢、铝合金材料等，至少应能经受160kN的压力而不会损坏。

11.8 轮廓标

11.8.1 基本要求

轮廓标的结构、分类、技术性能应符合《轮廓标技术条件》(JT/T 388—1999)的规定。轮廓标的布设应按《高速公路交通安全设施设计及施工技术规范》(JTJ 074)的规定进行。埋设于土中的轮廓标，应保证柱体垂直，表面平整。长方形的反光片应嵌入轮廓标柱体表面内，以防逆反射材料被盗或人为破坏。附着于护栏上的轮廓标，无论安装于波形梁槽内，还是安装于护栏板上方，轮廓标反光面应尽可能垂直于交通流方向，以便获得最好的反光效果。

11.8.2 实测项目

轮廓标柱体截面为三角形，其底边长为(100±5)mm，高为(120±5)mm。柱式轮廓标的总长为(1250±10)mm。

柱式轮廓标的安装角度控制在0°~5°范围。附着于护栏上的轮廓标，其安装角度也应控制在0°~5°范围内。

逆反射系数是平面逆反射表面上发光强度系数与它表面积的商，该技术指标与《公路交通标志板技术条件》(JT/T 279)保持一致，也与ASTM D4956—93、BS 873、AS 1906、L-S-300C等国际标准保持一致。

反射器的光度性能用发光强度系数来衡量，发光强度系数是逆反射在观察方向上的发光强度除以投向逆反射体且落在垂直于入射光方向的平面内的光照度的商。这与《突起路标》(JT/T 390)保持一致，而且与国际标准BS 873、AS 1906、ASTM D4280—94a等保持一致。

11.9 防眩设施

11.9.1 基本要求

防眩设施是设置在道路中央分隔带上用于消除汽车前照灯夜间眩光影响的道路交通安全设施。防眩设施的外观、结构形式应注意和道路景观相协调,与道路线形配合顺畅,美观大方。

防眩设施的材质应符合《高速公路交通安全设施设计及施工技术规范》(JTJ 074)及《公路防眩设施技术条件》(JT/T 333)的规定或符合设计要求。合成材料应满足耐候性和耐腐蚀性的要求。

11.9.2 实测项目

防眩设施的遮光角和防眩高度应满足设计要求。防眩高度与驾驶员的视线高度和前照灯的高度有直接关系。通过实际调查,在我国实际行驶的车辆群体中,由于车辆结构和驾驶员个体等因素的差别,驾驶员的视线高度变化很大。一般小轿车的驾驶员视线高度为1.30m、大客车为2.20m、卡车为2.00m。小型车前照灯高度为0.8m、大型车为1.0m。因此,一般路段防眩设施安装相对高度为1600~1700mm、平(竖)曲线路段为1200~1800mm。

防眩板的宽度与防眩遮光角及防眩板的间距有关,一般由设计确定。一旦防眩板的宽度确定后,应按规定尺寸制作。允许偏差为±5mm。

防眩板的设置间距与防眩板的宽度及设定的遮光角有关。防眩板的间距一般取整数,并需考虑与护栏间距(节长)相配合。允许偏差应在±10mm以内。

防眩板的竖直度用垂线、直尺(或塞尺)测量。竖直度关系到防眩设施的外形美观,严重时还会影响防眩效果。

11.10 隔离栅和防落网

11.10.1 基本要求

隔离栅和防落网用的材料应符合《隔离栅技术条件》(JT/T 374)的规定,或符合设计要求。所用的各种立柱不应有明显的变形、卷边、划痕等缺陷。安装好的网面要求平整,无明显翘曲现象。

上跨桥上的防落网应能防止有人向桥下高速行驶车辆抛扔物品,网孔选择得当,网孔均匀,结构牢固,围封严密。

隔离栅的起终点,或遇桥梁、通道需要断开的地方,应针对不同情况作出专门的端头围封,以防人畜在这些围封的地方钻入隔离带内。

11.10.2 实测项目

隔离栅或防落网的网片的防腐层厚度跟钢丝直径或板材厚有关,并应符合《隔离栅技术条件》(JT/T 374)中表24的规定以及《高速公路交通工程钢构件防腐技术条件》(GB/T 18226)的规定。

网面平整度是衡量铺网质量的一项重要指标。不管是有框架的,还是整网铺设的网片,都有一个绷紧的问题。

立柱的竖直度用垂线、直尺(或塞尺)测量。

12　环保工程

12.1　一般规定

12.1.1　目前,公路行业实施的环保工程主要为声屏障工程、绿化工程以及服务区污水处理设施工程等。由于服务区污水处理设施工程与房建关系较大,因此,本标准将其划入房建工程,其质量检验与评定应参照有关专业规定进行。本部分只规定了声屏障工程和绿化工程的质量检验与评定。

12.1.2　由于一级以下等级公路一般不具有中央分隔带、服务区等设施,且其绿化工程的规模一般较小,其质量检验与评定的重点以及要求与一级以上公路不同。因此,本标准中的绿化工程部分仅适用于高速公路和一级公路绿化工程的质量检验与评定,其他等级公路在实施绿化工程时可参照使用。

12.1.3　由于绿化工程的特殊性,对其质量检验评定的时间也有特殊要求。

绿化工程的施工过程一般为:定点、放线——→土壤改良——→种植穴、槽开挖及绿地整理——→施基肥、保水剂等——→植物种植——→养护管理。因此,其工程质量检验评定应按上述过程进行。植物材料如苗木、种子以及绿化辅助材料如肥料、无纺布、土工合成材料等一般在施工前运抵施工现场,其质量应在施工前进行检验与控制。

植物材料是否成活必须经过一定的生长周期才能予以确认。一般来说,乔木、灌木以及攀缘植物从定植之日起经过一个年生长周期后,是否成活很容易确定。因此,种植材料的成活率、发芽率、覆盖率等实测项目的检验与评定应在一个年生长周期满后进行。

12.1.4　本条规定了绿化工程所使用的苗木、种子的质量必须符合设计要求。为确保植物材料的成活率,苗木挖掘、包装宜符合《城市绿化和园林绿地用植物材料——木本苗》(CJ/T 24)的规定。为防止病虫害的传播,国家法律规定在进行异地调拨苗木、种子时必须进行检疫,因此,外地调入的苗木、种子必须提供植物、种子检疫报告。同时,为控制种子的质量,须提供由国家法定种子检验机构出具的种子检验报告。所使用的绿化辅助材料均应有产品合格证、检验报告或现场试验报告,以确保绿化工程的质量。

12.1.5　土壤是植物生存的基础,其质量的好坏直接影响苗木的成活率、种子的发芽率以及生长速度。因此,《公路路基施工技术规范》(JTJ 033)中规定在路基工程施工前,应剥离并堆存自然表土,在公路施工完后回覆可绿化场地供绿化使用。因此,公路绿化用土应采用公路施工前剥离并保留的表土或适合植物生长、肥力较高的熟土、耕作土或森林腐殖质土。绿化场地的土壤理化性质对绿化工程的成败极为重要,种植地的土壤如含有建筑废土及其他有害成分,以及强酸性土、强碱土、盐土、盐碱土、重黏土、沙土等,均应根据设计规定,采用客土或采取改良土壤的技术措施后方可进行绿化植物的种植。同时,须对改良后的场地进行土质检验,并提交土质检验报告和土壤改良措施报告作为绿化用土质量检验评定的一个重要依据。

12.1.6　植物种植或养护用水对植物的成活有较大影响,应符合《农田灌溉水质标准》(GB 5084)之规定。

12.1.7　植物材料的覆盖物如塑料薄膜、无纺布以及包装材料如聚乙烯袋等在使用完毕后应及时清理出绿化场地,不得随意乱弃。

12.1.8　重要说明:本部分所指的成活率、覆盖率等指标均是指设计的可绿化场地的绿化施工质量要求,不是对整个路段的要求,即不是整个路段的绿化率的概念。

12.1.9　声屏障包括砌块体声屏障和金属结构声屏障,其中金属结构声屏障指支撑体为金属结构,其屏体可包括 PC 板、微孔吸声板、玻璃等材料。

12.2 砌块体声屏障

12.2.1 基本要求

(1)着重强调砌块体声屏障使用的材料必须符合设计要求,通过检验合格。

(2)砌筑基础前,对基础放线的尺寸严格校核,并填写记录。

(3)明确规定在砌筑体基底标高不同和折角及交接处砌筑的顺序,预留施工洞口的净宽度限值为1m,砌筑墙体的防风高度限值为2m。

(4)强调砌筑体内的钢筋在潮湿及腐蚀性环境下要采取防腐措施。

(5)强调排水设计符合设计要求。

12.2.2 实测项目确定

(1)声屏障作为降低噪声的功能性环保设施,突出其降噪效果的检验评定是必要的,一般要由具有噪声监测资质的单位进行声屏障插入损失量的监测,监测方法要符合国家的相关标准要求。

(2)减小干扰道路景观,声屏障线形应与道路线形保持一致,采用"与路肩边线位置偏移"指标进行检验。

(3)通过检验墙体的高程、竖直度、厚度及顺直度保证墙体外形尺寸符合设计要求,线形流畅。

(4)通过检验墙体的水平灰缝,约束砌块结构砌筑质量。

(5)通过检验墙体的表面平整度,保证整体美观。

12.2.3 外观鉴定

(1)重视控制施工过程中墙体表面破损程度,确保外观质量。

(2)重视对砌体缺陷及时弥补,瞎缝、透明缝是墙体的薄弱区域,应采用必要措施避免和修补。瞎缝、透明缝的概念参见建设部相关标准。

12.3 金属结构声屏障

12.3.1 基本要求

(1)着重强调基础埋置深度及基础采用的材料符合设计要求,保证基础稳定。

(2)着重强调金属立柱(支架)的规格和材质不低于设计要求。

(3)着重强调焊接材料及紧固件符合设计要求,焊接无缺陷。

(4)采取可靠措施防止声屏障立柱、连接件及屏体运输时变形及防腐层破坏,强调禁止安装变形构件。

(5)固定螺栓要求紧固,封头无缺陷,同时位置、数量要符合设计要求。

(6)强调屏体与基础的联结缝要密实,符合设计要求。

12.3.2 实测项目

(1)声屏障作为降低噪声的功能性环保设施,突出其降噪效果的检验评定是必要的,一般要由具有噪声监测资质的单位进行声屏障插入损失量的监测,监测方法要符合国家的相关标准要求。

(2)减小干扰道路景观,声屏障线形应与道路线形保持一致,采用"与路肩边线位置偏移"指标进行检验。

(3)检验"顶面高程"是为了保证声屏障设计高度。

(4)检验"立柱中距"及"竖直度"是保证立柱放线及调试质量,同时保证屏障体整齐、美观。

(5)镀涂层厚度的检验,保证金属立柱、屏体及连接件的防腐处理达到设计要求,满足设计年限的要求。

(6)屏体的外形尺寸的检验保证屏体加工质量符合设计要求。

12.3.3 外观鉴定

(1)重视对立柱表面镀涂层的保护,保证立柱美观。

(2)重视对屏体表面的保护。

(3)重视基础外观美观,同时不破坏原有的道路及构筑物。

(4)重视屏体间的缝隙密实(缝隙来自屏体加工缺陷),及时修补。

12.4 中央分隔带绿化

12.4.1 中央分隔带苗木修剪后的高度在1.4~1.6m时,既能较好地起到防眩作用,又能避免过高的树木给司乘人员带来的压抑感。因此,高于1.6m的苗木应进行修剪,达不到1.4m的苗木应进行换苗补植。由于中央分隔带在通车后进行绿化养护时危险性较大,为减少修剪维护的次数,应选择生长缓慢、枝叶繁茂、耐修剪、整形效果好、抗污染的树种。同时,为确保苗木成活率,土层厚度须满足植物生长所需的最低土层厚度,鉴于中央分隔带苗木的高度为1.4~1.6m,必须回填600mm以上的种植土。

12.4.2 为满足防眩作用,中央分隔带苗木的成活率须大于95%,在上海、广东等雨水条件较好的地区,其成活率可要求达到100%。因此,其权值较大。

12.4.3 苗木枝条伸出中央分隔带容易引发交通事故;有烧膛、偏冠现象的苗木成活率较低;苗木栽植杂乱无章、树干或树木的重心未与地面垂直等将影响中央分隔带绿化的整体效果与防眩功能。因此,凡有上述情况发生应进行减分。中央分隔带连续缺株4株以上(含4株)的,其防眩效果大大降低,每处应减2分。

12.5 路侧绿化

12.5.1 路侧绿地指路肩以外、隔离栅以内的可绿化区域。

(1)边坡绿化的主要目的是覆盖裸露的表土,防止水土流失,因此应选用生长较快、发芽率高、覆盖效果好、根系发达的种植材料,同时,出于安全考虑,高速公路边坡一般不宜种植高大的乔木树种;边沟外侧绿化的目的主要为防风、防沙,因此应选用防风、防沙功能较强的种植材料;隔离栅绿化的主要目的是覆盖隔离栅、起隔离作用,防止行人、动物等进入隔离带内,因此应选用覆盖效果好、攀缘性强的灌木和藤本植物。为防止未及时栽植的苗木因失水而降低成活率,应在绿化场地附近开沟,将苗木直立摆放在沟内覆土进行假植。

(2)边坡绿化施工的方法较多,如种子撒播、客土喷播、灌木栽植、草坪铺植等,因此,对于采取了特殊工艺的边坡绿化工程,其质量检验与评定还应根据施工方法而执行相应的施工过程质量检验与控制。

(3)边坡绿化施工应保证公路路基的稳定性。

12.5.2 由于路侧绿化主要强调地被植物的覆盖率,因此实测项目主要侧重草坪覆盖率和其他地被植物的发芽率的检验。

12.5.3 草坪连续空白面积达$0.5m^2$将造成较为严重的水土流失,因此,每处应减1~2分。

12.6 互通立交区绿化

12.6.1 互通立交区的整地较为重要,应符合设计要求,并有利于排水;植物图案的定点、放线对互通立交区的整体绿化效果极为重要,应在设计人员的指导下进行;一般来说,互通立交区的高大乔木较少,为保持整体构图效果,其成活率应达到100%;为保证行车安全,互通立交区树木种植必须与行车道保持一定距离,以满足汽车的安全视距。

12.6.2 实测项目中苗木成活率和草坪覆盖率对互通立交区绿化效果都很重要,因此其权值相等。

12.6.3 绿地中有明显的集水区将影响植物生长,同时对互通立交区整体构图的美观性有影响。

12.7 养护管理区、服务区绿化

12.7.1 养护管理区、服务区可参照城市园林绿化施工与验收规范进行施工与验收;绿地中的绿化附属设施如喷灌设施、给排水设施、绿地护栏、花池挡墙、园路、面层铺设等设施的质量检验评定应按《建筑工程施工质量验收统一标准》(GB 50300)所列项目进行;为确保绿化效果,绿地中的孤植树、珍贵树木以及乔木树种的成活率应达到100%;绿地草坪的草种选择及施工工艺应符合设计文件要求。

12.7.2 实测项目偏重于苗木成活率与草坪覆盖率的检查,在进行实测项目检验时,应注意同时满足12.7.1条第3项的要求。

12.7.3 绿地中有微地形设计的,其放线应在设计人员的指导下进行,其放线偏差不应超过±5%;绿地中树木的树干重心应与地面垂直,不符合规定应减分。

12.8 取、弃土场绿化

12.8.1 取、弃土场水土流失较为严重,因此必须结合水土保持工程措施进行绿化;取、弃土场一般为生土,建筑垃圾较多,因此应采用回填种植土、挂网客土喷播以及土壤改良等措施营造适合植物生长的环境条件后方可进行绿化。

12.8.2 由于取、弃土场立地条件较差,绿化较为困难,因此实测项目中对苗木成活率及草坪覆盖率的要求较低。

12.8.3 树木、草坪有明显病虫害及未采取水土保持工程防护措施的应减分。

附录 A　单位、分部及分项工程的划分

删除原标准中所有的“为单元”，以免造成歧义。

1　路基工程

将符合小桥标准的通道和人行天桥按小桥分部工程划分，涵洞不再按类型划分。大型挡土墙以每处为一个分部工程，对其作了定义。排水工程和砌筑防护工程应根据其数量、工程特点以及施工程序划分。

2　路面工程

路面分部工程增加路面边缘排水系统分项。

3　桥梁工程

基础及下部构造根据工程特点可以每墩台为一个分部工程，中桥也可以整座桥的下部构造为一个分部工程，以特大桥为主体建设项目的工程划分应充分考虑工程规模和标段划分。

4　互通立交工程

如立交中的独立标段包含主线路基路面，则单独作为一个分部工程。分离式立交仍归桥梁工程。

5　隧道工程

划分更细致，对中小型隧道仍可合并部分分部工程。

6　交通工程

将交通工程分为交通安全设施和交通工程机电工程，作为两个独立的单位工程。交通安全设施分部工程的路段长度进行了调整。

7　增加环保工程，房屋建筑工程也纳入进来作为单位工程。环保工程包括声屏障、绿化工程两个分部工程。

房屋建筑工程按其相应的专业工程质量检验评定标准进行评定。

如有本附录未列出的分项工程，但又无法列入其他单位工程时，可放到本单位工程另设的分部工程中。

附录 B　路基、路面压实度评定

B. 0. 1　对于标准试验组数，有些施工单位一般做一组最佳含水量和最大干密度试验确定标准密度。但是，标准密度值是衡量现场压实度的尺度，要求具有足够精度。对于均质土壤和材料，由于平行试验误差，一组试验求得的标准值难以如实反映试样的实际情况，为此，规定标准密度一般应作平行试验，以平均最大干密度作为标准密度值。

B. 0. 2　现场压实度检查试验方法，对粗粒土和路面结构采用灌砂法、水袋法，必要时采用钻孔取样蜡封法；对于细粒土，按照土工试验规程，环刀法和灌砂法两种试验方法均可采用，核子密度仪可作适时快速检控应用，但需与常规方法进行对比，以验证其可靠性。

B. 0. 3　特定土质或材料的压实质量主要取决于压实工艺及其含水量等条件，但土质和材料的均匀性对压实度指标也会带来明显影响，实际上，一定程度的不均匀性在所难免。为此，采用数理统计方法进行压实度合格评定，并增列了单点极值规定是合理的。压实度代表值和单点极值均作为否决指标，任一指标低于规定值时，相应分项工程评为不合格。

小样本数压实度检查评定见 4. 1. 3 条说明。

保证率系数表增加了大于 100 按正态分布计算的计算公式。

附录C　水泥混凝土弯拉强度评定

本附录内容与《公路水泥混凝土路面施工技术规范》(JTG F30)基本一致。

原98标准存在的问题是:

1　试件组数小于等于10组时,试件平均强度不得小于1.05设计强度。此规定偏低,实际反映小样本比多样本更容易满足规定要求。

2　对10~20组试件缺少最小强度值的规定。

3　取样频率设定不如《公路水泥混凝土路面施工技术规范》(JTG F30)明确、具体。

此次修订对上述三个问题作了修改和协调处理。

附录D　水泥混凝土抗压强度评定

最近,公路桥涵设计、施工规范都进行了修订,其中水泥混凝土以强度等级标称,与本标准及国标《混凝土强度检验评定标准》(GBJ 107—87)一致。强度等级C是以边长150mm的立方体试件,按标准方法制作和试验,28d龄期且具有95%保证率的抗压强度,与过去混凝土标号M的关系为:C = M - 2,其单位为MPa。

应该尽可能采用更加科学合理的数理统计评定方法。只要强度相同,龄期相同,材料来源、生产工艺条件和配合比相同,都应采用数理统计评定方法,以求能较真实地反映实际情况。文中同批梁可以每孔或每二、三孔作为一批,对中小跨径桥的桩、盖梁,可以数孔作为一批。每批的混凝土试件组数也不宜太多,一般不超过80~100组。

至于同批的时间范围以不超过一个季度,且日平均气温差小于15℃为宜。超过此范围时,则不应视作同批,而应分别评定。

采用数理统计评定方法时,标准差 S_n 是一个重要的参数,因为强度代表值要用强度平均值减去 K_1S_n,如果试件混凝土强度差异较大,则 S_n 大,相应强度代表值就越小。因此,施工企业必须尽可能使混凝土强度较为均匀,即减小 S_n 值,把它作为衡量企业素质的一个标准,不应在施工过程中,任意增添水泥用量,否则反而可能造成多用了水泥,但却不合格的后果。

如果用钻取芯样来检测混凝土强度,可按中国工程建设标准化委员会的《钻芯法检测混凝土强度技术规程》(CECS 03:88)进行。

附录 E　喷射混凝土抗压强度评定

喷射混凝土试件的尺寸、强度的评定方法均不同于水泥混凝土。内容按国标《锚杆喷射混凝土支护技术规范》(GBJ 86—85)及行业标准《公路隧道施工技术规范》(JTJ 042—94)编写,两者不一致时,以国标规定为准。国标仅对重点工程采用数理统计评定,由于隧道锚喷支护为一般工程,故用非数理统计评定。

附录 F　水泥砂浆强度评定

本附录内容与国标《砖石工程施工及验收规范》(GBJ 203—83)一致。

附录 G　半刚性基层和底基层材料强度评定

本附录内容摘自《公路路面基层施工技术规范》(JTJ 034—2000)。对试件数量作了合理调整。

附录 H　路面结构层厚度评定

本附录主要内容摘自《公路路面基层施工技术规范》(JTJ 034—2000)。

厚度质量评定:确保结构层的平均厚度,以代表值是否小于设计厚度减代表值的允许偏差为评定标准,如超出,则相应分项工程评为不合格;如未超出,则按单点测定值是否超过单点合格值计算合格率并计分。

对使用路面雷达测试系统等快速、高效无损检测方法,检测频率高一些,仍可按此评定。

附录I 路基、柔性基层、沥青路面弯沉值评定

本附录修改的主要内容为：

1 按《公路沥青路面设计规范》（JTJ 014—97）修改与保证率有关的系数。

2 对路基和柔性基层、底基层的弯沉代表值超出要求时的计算和处理方法提出了要求，对于路面面层未明确提出必须执行。

3 规定用两台弯沉仪同时测定左、右轮弯沉值时，应按两个独立测点计，而不能采用左、右两点的平均值。

4 增加了温度修正和季节修正的考虑因素。

使用连续式自动弯沉检测设备，当检测频率在每3～5m一处时，路段长度应进行对比计算或考虑按每200m一段（80～120个点）计算。

附录 J　工程质量检验评定用表

按分项工程、分部工程、单位工程和建设项目分别制定检验评定用表。

附表 J-5 工程汇总表用于相同结构的分部工程或单位工程汇总，也可用于分段多次评定的分项工程汇总，以便进行上一级工程质量评定。由于大桥、长隧道权值为 2，中桥、其他隧道权值为 1，故列出权值、加权得分两列，结果是加权平均分。

附录 K 路面横向力系数评定

原标准中横向力系数(SFC)在统计评价时均直接计算算术平均值及合格率,该方法不能体现出路段中的薄弱区间,由于此指标是关系到路面行车安全性的重要参数,应通过更合理的数理统计方法客观反映路段的总体安全质量水平。

根据对历年全国代表性地区高速公路路面 SFC 的原始采样数据分布检验分析,SFC 指标的数据符合正态分布。考虑到采样样本数量的原因,适合采用 t 分布单边置信度保证率系数计算 SFC 代表值进行判别评价,因此本次修订做了修改。